PONS

Fachwörterbuch Wirtschaft

Englisch - Deutsch
Deutsch - Englisch

von

P.H. Collin
Rupert Livesey
Anke Kornmüller
Sigrid Janssen
Liz Greasby

Ernst Klett Verlag
Stuttgart · Düsseldorf · Leipzig

PONS **Fachwörterbuch Wirtschaft** Englisch - Deutsch/Deutsch - Englisch

Von/by P.H. Collin, Rupert Livesey, Anke Kornmüller, Sigrid Janssen, Liz Greasby

auf der Basis von/based on

English BusinessDictionary
first publishing by
Peter Collin Publishing Ltd

Warenzeichen
Wörter, die unseres Wissens eingetragene Warenzeichen darstellen, sind als solche gekennzeichnet. Es ist jedoch zu beachten, dass weder das Vorhandensein noch das Fehlen derartiger Kennzeichnungen die Rechtslage hinsichtlich eingetragener Warenzeichen berührt.

Die Deutsche Bibliothek - CIP Einheitsaufnahme

Ein Titeldatensatz dieser Publikation ist
bei der Deutschen Bibliothek erhältlich

1. Auflage 2000 - Nachdruck 2001

Internet: www.pons.de
e- mail: info@pons.de

Einbandentwurf: Ira Häußler, Stuttgart
Logoentwurf: Erwin Poell, Heidelberg
Computer processing by Compulexis, Oxford
Computer typesetting by Tradespools Ltd, Frome, Somerset
Druck: Offsetdruck Gutmann + Co, Talheim
Printed in Germany
ISBN 3-12-517932-7

PREFACE

This new edition of the English-German Business Dictionary contains over 12,000 English words and phrases with their German equivalents. It provides a completely revised and up-to-date guide to the words used in all aspects of business life from the office to the Stock Exchange and the International Trade Fair.

Many examples are given to show how the words and phrases are used in context, especially in the form of quotations from a broad spectrum of newspapers, magazines and journals published in various English-speaking countries. Words which pose particular grammatical problems have short grammar notes attached, giving irregular forms and remarks on constructions.

More extensive coverage of many of the topics is provided by encyclopaedic comments which expand on the information given in the definitions and give further details that may be of help to the user.

In the second part of the dictionary, a glossary lists the translated German terms in alphabetical order, together with their English equivalents, thus enabling the user to refer to words both in English and in German.

VORWORT

Diese vollständig neu bearbeitete und aktualisierte Auflage des Fachwörterbuchs Wirtschaft enthält rund 12.000 englische Stichwörter und Wendungen. Aufgenommen wurden Begriffe aus allen Aspekten des Geschäftslebens, von Büro und Börse bis hin zu internationalen Handelsmessen.

Zahlreiche englische Anwendungsbeispiele verdeutlichen den Gebrauch der Begriffe. Unterschiede zwischen britischem und amerikanischem Sprachgebrauch werden berücksichtigt. Einige Themenbereiche werden noch durch enzyklopädische Kommentare vertieft. Darüber hinaus enthält das Wörterbuch Zitate aus einem breiten Spektrum von Fachzeitungen und -zeitschriften aus verschiedenen englischsprachigen Ländern.

Im zweiten Teil des Wörterbuchs sind die deutschen Fachbegriffe noch einmal als Glossar ihren englischen Entsprechungen gegenübergestellt. Der Anhang enthält weitere nützliche Informationen in Form von Illustrationen und Tabellen.

Aa

A, AA, AAA ['sɪŋgleɪ *or* 'dʌbəleɪ *or* 'trɪpl'eɪ] letters indicating that a share *or* bond *or* bank has a certain rating for reliability **A, AA, AAA Bewertung** *f* ; *these bonds have a AAA rating* (NOTE: you say: 'single A', 'double A', 'triple A')

COMMENT: the AAA rating is given by Standard & Poor's or by Moody's, and indicates a very high level of reliability for a corporate or municipal bond in the US

QUOTE the rating concern lowered its rating to single-A from double-A, and its senior debt rating to triple-B from single-A
Wall Street Journal

'A' shares ['eɪˌʃeəz] *plural noun* ordinary shares with limited voting rights or no voting rights at all **Stammaktien** *fpl* **mit bestimmtem oder keinem Stimmrecht**

A1 [eɪ'wɒn] *adjective*
(a) in very good condition **1A** *or* **erstklassig** *we sell only goods in A1 condition*
(b) ship which is A1 at Lloyd's = ship which is in best condition according to Lloyd's Register **Schiff, das von Lloyd's als erstklassig klassifiziert ist**

◇ **A1, A2, A3, A4, A5** [eɪ'wɒn *or* eɪ'tuː *or* eɪ'θriː *or* eɪ'fɔː *or* eɪ'faɪv] *noun* standard international sizes of paper **DIN A1, A2, A3, A4, A5** *you must photocopy the spreadsheet on A3 paper; we must order some more A4 headed notepaper*

abandon [ə'bændən] *verb*
(a) to give up *or* not to continue (doing something) **aufgeben** *we abandoned the idea of setting up a New York office; the development programme had to be abandoned when the company ran out of cash* **to abandon an action** = to give up a court case **eine Klage zurückziehen**
(b) to leave (something) **verlassen** *or* **aufgeben** *the crew abandoned the sinking ship*

◇ **abandonment** [ə'bændənmənt] *noun* act of giving something up **Verlassen** *n or* **Aufgabe** *f* ; **abandonment of a ship** = giving up a ship and cargo to the underwriters against payment for total loss **Aufgabe eines Schiffes** *or* **Abandon** *m*

abatement [ə'beɪtmənt] *noun* act of reducing **Senkung** *f or* **Kürzung** *f* ; **tax abatement** = reduction of tax **Steuernachlass** *m*

above par [ə'bʌv'pɑː] *adjective* **shares above par** = shares with a market price which is higher than their par value **Aktien** *fpl* **über dem Nennwert** *or* **über pari**

above the line [ə'bʌvðəˌlain] *adjective & adverb*
(a) *(companies)* referring to normal income and expenditure before tax **eingestellt in die Gewinn- und Verlustrechnung der Unternehmung** *exceptional items are noted above the line in company accounts*
(b) *(advertising)* of advertising for which payment is made (such as an ad in a magazine or a stand at a trade fair) and for which a commission is paid to an advertising agency **‚über dem Strich'** *or* **vergütungsfähig**

abroad [ə'brɔːd] *adverb* to or in another country **ins** *or* **im Ausland** *the consignment of cars was shipped abroad last week; the chairman is abroad on business; half of our profit comes from sales abroad*

absence ['æbsəns] *noun* not being at work *or* at a meeting **Abwesenheit** *f* ; **in the absence of** = when someone is not there **in Abwesenheit** *(+ Genitive) in the absence of the chairman, his deputy took the chair* **leave of absence** = being allowed to be absent from work **Beurlaubung** *f* ; *he asked for leave of absence to visit his mother in hospital*

◇ **absent** ['æbsənt] *adjective* not at work *or* not at a meeting **abwesend** *ten of the workers are absent with flu; the chairman is absent in Holland on business*

◇ **absentee** [æbsən'tiː] *noun* worker who stays away from work for no good reason **Abwesende(r)** *or* **Nichterschienene(r)**

◇ **absenteeism** [ˌæbsən'tiːɪzəm] *noun* staying away from work for no good reason **unentschuldigtes Nichterscheinen (am Arbeitsplatz)** *or* **Arbeitsausfall** *m* ; *absenteeism is high in the week before Christmas; the rate of absenteeism or the absenteeism rate always increases in fine weather*

absolute ['æbsəluːt] *adjective* complete *or* total **absolut** *or* **unbeschränkt**; **absolute monopoly** = situation where only one producer or supplier produces or supplies something **absolutes** *or* **unbeschränktes** *or* **vollkommenes Monopol** *the company has an absolute monopoly of imports of French wine*

◇ **absolutely** [ˌæbsəˈluːtlɪ] *adverb* completely **absolut** *or* **vollkommen** *or* **völlig** *we are absolutely tied to our suppliers' schedules*

absorb [əbˈzɔːb] *verb* **(a)** to take in a small item so as to form part of a larger one **absorbieren** *or* **aufnehmen**; **to absorb overheads** = to include a proportion of overhead costs into a production cost (this is done at a certain rate, called the 'absorption rate') **die Gemeinkosten tragen**; **overheads have absorbed all our profits** = all our profits have gone in paying overhead expenses **die Gemeinkosten haben unsere ganzen Gewinne geschluckt**; **to absorb a loss by a subsidiary** = to write a subsidiary company's loss into the group accounts **die Verluste einer Tochtergesellschaft auffangen** **(b) business which has been absorbed by a competitor** = a small business which has been made part of a larger one **ein Unternehmen, das von einem Konkurrenzunternehmen übernommen** *or* **geschluckt wurde**

◇ **absorption** [əbˈzɔːpʃən] *noun* **(a)** making a smaller business part of a larger one, so that the smaller company in effect no longer exists **Übernahme** *f* **(b) absorption costing** = costing a product to include both the direct costs of production and the indirect overhead costs as well **Kostenberechnung** *f* **mit Berücksichtigung der Gesamtkosten**; **absorption rate** = rate at which overhead costs are absorbed into each unit of production **Rate, um die sich bei höheren Gemeinkosten die Fertigungskosten erhöhen**

abstract [ˈæbstrækt] *noun* short form of a report or document **Kurzfassung** *f*; **Auszug** *m* *or* **Abriss** *m* ; *to make an abstract of the company accounts* **abstract of title** = summary of the details of the ownership of a property which has not been registered **Eigentumsnachweis** *m*

a/c *or* **acc** = ACCOUNT; **a/c payee** = words written between the two lines on a crossed cheque, to show that it can only be paid into the account of the person whose name is written on the cheque (all cheques have this printed on them) **zur Verrechnung**

ACAS [ˈeɪkæs] = ADVISORY, CONCILIATION AND ARBITRATION SERVICE **Schlichtungsstelle für Arbeitskonflikte**

accelerated depreciation [əkˈseləreɪtɪddɪˌpriːʃɪˈeɪʃən] *noun* system of depreciation which reduces the value of assets at a high rate in the early years to encourage companies, because of tax advantages, to invest in new equipment **beschleunigte Abschreibung; Sonderabschreibung** *f*

COMMENT: this applied in the UK until 1984; companies could depreciate new equipment at 100% in the first year

acceleration clause [əkˌseləˈreɪʃənˈklɔːz] *noun (US)* clause in a contract providing for immediate payment of the total balance if there is a breach of contract **Verfallsklausel** *m or* **Fälligkeitsklausel** *f*

accept [əkˈsept] *verb* **(a)** to take something which is being offered **annehmen** *or* **akzeptieren**; **to accept a bill of exchange** = to sign a bill of exchange to indicate that you promise to pay it **einen Wechsel akzeptieren**; **to accept delivery of a shipment** = to take goods into the warehouse officially when they are delivered **eine Warensendung abnehmen** **(b)** to say 'yes' or to agree to something **akzeptieren** *or* **annehmen** *she accepted the offer of a job in Australia; he accepted £200 for the car*

◇ **acceptable** [əkˈseptəbl] *adjective* which can be accepted **akzeptabel** *or* **annehmbar** *the offer is not acceptable to both parties*

◇ **acceptance** [əkˈseptəns] *noun* **(a)** signing a bill of exchange to show that you agree to pay it **Akzept** *n or* **Annahme** *f* ; **to present a bill for acceptance** = to ask for payment by the person who has accepted it **einen Wechsel zum Akzept vorlegen**; **acceptance house** *or (US)* **acceptance bank** = ACCEPTING HOUSE **(b) acceptance of an offer** = agreeing to an offer **Annahme** *f* **eines Angebotes**; **to give an offer a conditional acceptance** = to accept provided that certain things happen or that certain terms apply **ein Angebot bedingt annehmen**; **we have his letter of acceptance** = we have received a letter from him accepting the offer **wir haben seine Annahmeerklärung**; **acceptance sampling** = testing a small part of a batch to see if the whole batch is good enough **Abnahmekontrolle** *f* **mittels Stichproben** *fpl*

◇ **accepting house** *or* **acceptance house** [əkˈseptɪŋhaʊs *or* əkˈseptənshaʊs] *noun* firm (usually a merchant bank) which accepts bills of exchange (i.e. promises to pay them) at a discount, in return for immediate payment to the issuer, in this case the Bank of England **Akzeptbank** *f* ; **Accepting Houses Committee** = the main London merchant banks, which act as accepting houses; they receive slightly better discount rates from the Bank of England **Akzeptbankkomitee** *n*

access ['ækses]
1 *noun* **to have access to something** = to be able to obtain *or* reach something **zu etwas Zugang** *m* **haben** *he has access to large amounts of venture capital* **access time** = time taken by a computer to find data stored in it **Zugriffszeit** *f*
2 *verb* to call up (data) which is stored in a computer **aufrufen** *or* **zugreifen auf** *she accessed the address file on the computer*

accident ['æksɪdənt] *noun* something unpleasant which happens by chance (such as the crash of a plane) **Unfall** *m or* **Unglück** *n* ; **industrial accident** = accident which takes place at work **Betriebsunfall** *or* **Arbeitsunfall**; **accident insurance** = insurance which will pay when an accident takes place **Unfallversicherung** *f*

accommodation [əˌkɒmə'deɪʃən] *noun*
(a) money lent for a short time **Überbrückungskredit** *m*
(b) to reach an accommodation with creditors = to agree terms for settlement **zu einer Übereinkunft mit Gläubigern kommen**
(c) accommodation bill = bill of exchange where the person signing (the 'drawee') is helping another company (the 'drawer') to raise a loan **Gefälligkeitswechsel** *m*
(d) place to live **Unterkunft** *f* ; *visitors have difficulty in finding hotel accommodation during the summer; they are living in furnished accommodation* **accommodation address** = address used for receiving messages but which is not the real address of the company **Briefkastenadresse** *f* (NOTE: no plural in GB English, but US English can have **accommodations** for meaning (d)

> QUOTE an airline ruling requires airlines to provide a free night's hotel accommodation for full fare passengers in transit
> Business Traveller

> QUOTE any non-resident private landlord can let furnished or unfurnished accommodation to a tenant
> Times

> QUOTE the airline providing roomy accommodations at below-average fares
> Dun's Business Month

accompany [ə'kʌmpnɪ] *verb* to go with **begleiten** *the chairman came to the meeting accompanied by the finance director; they sent a formal letter of complaint, accompanied by an invoice for damage* (NOTE: accompanied **by** something)

accordance [ə'kɔːdəns] *noun* **in accordance with** = in agreement with *or* according to **entsprechend** *or* **gemäß** *in accordance with your instructions we have deposited the money in your current account; I am submitting the claim for damages in accordance with the advice of our legal advisers*

◇ **according to** [ə'kɔːdɪŋtʊ] *preposition* as someone says or writes **nach** *or* **laut** *or* **gemäß** *the computer was installed according to the manufacturer's instructions*

◇ **accordingly** [ə'kɔːdɪŋlɪ] *adverb* in agreement with what has been decided **(dem) entsprechend** *we have received your letter and have altered the contract accordingly*

> QUOTE the budget targets for employment and growth are within reach according to the latest figures
> Australian Financial Review

account [ə'kaʊnt]
1 *noun*
(a) record of financial transactions over a period of time, such as money paid, received, borrowed or owed **Konto** *n* ; **(Ab)rechnung** *f* ; *please send me your account or a detailed or an itemized account* **expense account** = money which a businessman is allowed by his company to spend on travelling and entertaining clients in connection with his business **Spesenkonto** *he charged his hotel bill to his expense account*
(b) *(in a shop)* arrangement which a customer has to buy goods and pay for them at a later date (usually the end of the month) **Kundenkonto** *n* ; *to have an account or a charge account or a credit account with Harrods; put it on my account or charge it to my account (of a customer)*; **to open an account** = to ask a shop to supply goods which you will pay for at a later date **ein Konto** *or* **ein Kundenkonto eröffnen**; *(of a shop)*; **to open an account** *or* **to close an account** = to start *or* to stop supplying a customer on credit **ein Konto** *or* **Personenkonto eröffnen** *or* **auflösen; to settle an account** = to pay all the money owed on an account **ein Konto ausgleichen; eine Rechnung begleichen; to stop an account** = to stop supplying a customer until he has paid what he owes **ein Konto sperren (lassen)**
(c) on account = as part of a total bill **als Anzahlung**; **to pay money on account** = to

pay to settle part of a bill **eine Anzahlung leisten** *or* **Geld anzahlen; advance on account** = money paid as a part payment **Anzahlung** *f*
(d) customer who does a large amount of business with a firm and has an account **(Kredit)kunde/-kundin** *he is one of our largest accounts; our salesmen call on their best accounts twice a month* **account executive** = employee who is the only person to deal with a certain customer *or* who is the link between a certain customer and his company **Kundenbetreuer/-in** *or* **Sachbearbeiter/-in für Kundenwerbung**
(e) the accounts of a business *or* **a company's accounts** = detailed records of a company's financial affairs **(Geschäfts) bücher** *npl* **to keep the accounts** = to write each sum of money in the account book **die (Geschäfts)bücher führen** *or* **die Buchhaltung machen** *the accountant's job is to enter all the money received in the accounts* **account book** = book with printed columns ready for accounts to be entered **Geschäftsbuch** *n* ; **annual accounts** = accounts prepared at the end of a financial year **Jahresabschluss** *m* ; **management accounts** = financial information (sales, expenditure, credit, and profitability) prepared for a manager so that he can take decisions **Rechnungsbericht** *m* **als Grundlage für Entscheidungen der Unternehmensleitung; Geschäftsbilanz** *f* ; **profit and loss account (P&L account)** = statement of company expenditure and income over a period of time, almost always one calendar year, showing whether the company has made a profit or loss (the balance sheet shows the state of a company's finances at a certain date; the profit and loss account shows the movements which have taken place since the last balance sheet) **Gewinn- und Verlustrechnung** *f* (NOTE: the US equivalent is the **profit and loss statement** or **income statement**); **accounts department** = department in a company which deals with money paid, received, borrowed or owed **Buchhaltung** *f* ; **accounts manager** = manager of an accounts department **Buchhaltungsleiter/-in; accounts payable** = money owed by a company **Verbindlichkeiten** *fpl* ; **Kreditoren** *mpl* **accounts receivable** = money owed to a company **Außenstände** *mpl* ; **Debitoren** *mpl*
(f) bank account *or (US)* **banking account** = arrangement to keep money in a bank **Bankkonto** *n* ; *building society account; savings bank account; Lloyds account; he has an account with Lloyds; I have an account with the Halifax Building Society; to put money in(to) your account; to take money out of your account or to withdraw money from your account* **budget account** = bank account where you plan income and expenditure to allow for periods when expenditure is high **Haushaltskonto; current account** *or* **cheque account** *or (US)* **checking account** = account which pays little or no interest but from which the customer can withdraw money when he wants by writing cheques **Girokonto; deposit account** = account which pays interest but on which notice usually has to be given to withdraw money **Sparkonto; external account** = account in a British bank of someone who is living in another country **Auslandskonto; frozen account** = account where the money cannot by used or moved because of a court order **gesperrtes Konto; joint account** = account for two people **gemeinsames Konto** *or* **Gemeinschaftskonto** *most married people have joint accounts so that they can each take money out when they want it* **overdrawn account** = account where you have taken out more money than you have put in (i.e. where the bank is lending you money) **überzogenes Konto; savings account** = account where you put money in regularly and which pays interest, often at a higher rate than a deposit account **Sparkonto; to open an account** = to start an account by putting money in **ein Konto eröffnen** *or* **einrichten** *she opened an account with the Halifax Building Society* **to close an account** = to take all money out of a bank account and stop the account **ein Konto auflösen** *he closed his account with Lloyds*
(g) *(Stock Exchange)* set period (formerly about ten working days) during which shares can be bought and at the end of which the purchaser must pay for the shares bought **Börsenhandelsperiode** *f* ; **rolling account** = system of paying for shares bought on the stock exchange, were the buyer pays at the end of a certain number of days after the purchase is made **Erfüllung von Börsengeschäften zu einem späteren, entweder feststehenden oder vereinbarten Termin; account day** = day on which shares which have been bought must be paid for **Liquidationstag** *m or* **Liquidationstermin** *m*
(h) notice **Berücksichtigung** *f* ; **to take account of inflation** *or* **to take inflation into account** = to assume that there will be a certain percentage inflation when making calculations **die Inflation berücksichtigen**
2 *verb* **to account for** = to explain and record a money transaction **erklären** *or* **Rechenschaft** *f* **ablegen** *or* **sich verantworten** *to account for a loss or a discrepancy; the reps have to account for all their expenses to the sales manager*

◊ **accountability** [əkaʊntə'bɪlɪtɪ] *noun* being responsible to someone for something (such as the accountability of directors to the shareholders) **Verantwortlichkeit** *f*

◇ **accountable** [ə'kaʊntəbl] *adjective* (person) who is responsible for something (such as to record and then explain a money transaction) **verantwortlich** (NOTE: you are accountable **to** someone **for** something)

◇ **accountancy** [ə'kaʊntənsɪ] *noun* work of an accountant **Buchhaltung** *f or* **Rechnungswesen** *n* ; *he is studying accountancy or he is an accountancy student* (NOTE: US English uses **accounting** in this meaning)

◇ **accountant** [ə'kaʊntənt] *noun* (i) person who keeps a company's accounts; (ii) person who advises a company on its finances; (iii) person who examines accounts **(i) Fachmann/Fachfrau des Rechnungswesens**; *(schließt ein Buchhalter/-in, Hauptbuchhalter/-in, Kostenrechner/-in, Revisor/-in, Buchsachverständige(r), Wirtschaftsprüfer/-in, Steuerberater/-in) the chief accountant of a manufacturing group; I send all my income tax queries to my accountant* **certified accountant** = accountant who has passed the professional examinations and is a member of the Association of Certified Accountants ≈ **geprüfte(r) Buchhalter/-in**; *(US)* **certified public accountant** = accountant who has passed professional examinations ≈ **Wirtschaftsprüfer/-in**; **chartered accountant** = accountant who has passed the professional examinations and is a member of the Institute of Chartered Accountants ≈ **amtlich zugelassene(r) Wirtschaftsprüfer/-in**; **cost accountant** = accountant who gives managers information about their business costs **Kostenrechner/-in**; **management accountant** = accountant who prepares financial information for managers so that they can take decisions **Fachmann/Fachfrau des entscheidungsorientierten Rechnungswesens (für die Unternehmensleitung)**

◇ **accounting** [ə'kaʊntɪŋ] *noun* work of recording money paid, received, borrowed or owed **Buchhaltung** *f* ; **Rechnungswesen** *n* ; **Abrechnung** *f* ; **Rechnungslegung** *f* ; *accounting methods or accounting procedures; accounting system* **accounting period** = period usually covered by a company's accounts (the balance sheet shows the state of the company's affairs at the end of the accounting period, while the profit-and-loss account shows the changes which have taken place since the end of the previous period) **Abrechnungszeitraum** *m* ; **cost accounting** = preparing special accounts of manufacturing and sales costs **Kostenrechnung** *f* ; **current cost accounting** = method of accounting which notes the cost of replacing assets at current prices, rather than valuing assets at their original cost **Rechnungslegung** *f* **zum Wiederbeschaffungswert** *m* (NOTE: the word **accounting** is used in the USA to mean the subject as a course of study, where British English uses **accountancy**)

> QUOTE applicants will be professionally qualified and have a degree in Commerce or Accounting
> Australian Financial Review

accredited [ə'kredɪtɪd] *adjective* (agent) who is appointed by a company to act on its behalf **akkreditiert** *or* **autorisiert** *or* **bevollmächtigt**

accrual [ə'kru:əl] *noun*
(a) the noting of when a financial transaction actually takes place rather than when payment is made or received **Valutierung** *f*
(b) accruals = ACCRUED LIABILITIES
(c) gradual increase by addition **Auflaufen** *n or* **Zuwachs** *m* ; **accrual of interest** = automatic addition of interest to capital **Zinszuwachs** *m or* **Zinsthesaurierung** *f*

◇ **accrue** [ə'kru:] *verb*
(a) to record a financial transaction in accounts when it takes place, and not when payment is made or received **valutieren**; **accrued liabilities** *or* **accruals** = liabilities which are recorded in an accounting period, although payment has not yet been made (this refers to liabilities such as rent, electricity, etc.) **Verbindlichkeiten** *fpl*
(b) to increase and be due for payment at a later date **auflaufen** *or* **anwachsen** *interest accrues from the beginning of the month; accrued interest is added quarterly* **accrued dividend** = dividend earned since the last dividend was paid **aufgelaufene Dividende**; **accrued interest** = interest which has been earned by an interest-bearing investment **aufgelaufene Zinsen** *mpl;* **Stückzinsen** *mpl*

acct = ACCOUNT

accumulate [ə'kju:mjʊleɪt] *verb* to grow larger by adding **akkumulieren** *or* **anhäufen** *to allow dividends to accumulate* **accumulated profit** = profit which is not paid as dividend but is taken over into the accounts of the following year **Gewinnvortrag** *m* ; **thesaurierter Gewinn**

◇ **accumulation units** [əkju:mjʊ'leɪʃn'ju:nɪts] *noun* type of units in a unit trust, where dividends accumulate and form more units (as opposed to income units, where the investor receives the dividends as income) **Fondsanteile, auf die keine Ertragsausschüttung erfolgt**; *(Gewinne und Dividenden werden dem Fondsvermögen hinzugeschlagen)*

accurate ['ækjʊrət] *adjective* correct **genau** *or* **exakt** *or* **fehlerfrei** *the sales department made an accurate forecast of sales; the designers produced an accurate copy of the plan*

◇ **accurately** ['ækjʊrətlɪ] *adverb* correctly **genau** *or* **exakt** *or* **fehlerfrei** *the second quarter's drop in sales was accurately forecast by the computer*

accuse [ə'kju:z] *verb* to say that someone has committed a crime **beschuldigen** *or* **anklagen** *she was accused of stealing from the petty cash box; he was accused of industrial espionage* (NOTE: you accuse someone **of** a crime or **of** doing something)

achieve [ə'tʃi:v] *verb* to succeed in doing something *or* to do something successfully **erreichen** *or* **schaffen** *or* **erlangen** *the company has achieved great success in the Far East; we achieved all our objectives last year*

> QUOTE the company expects to move to profits of FFr 2m for next year and achieve equally rapid growth in following years
>
> Financial Times

acid test ratio ['æsɪdtest'reɪʃɪəʊ] *noun* ratio of liquid assets (that is, current assets less stocks, but including debtors) to current liabilities, giving an indication of a company's solvency **Liquidität** *f* **ersten Grades**

acknowledge [ək'nɒlɪdʒ] *verb* to tell a sender that a letter *or* package *or* shipment has arrived **bestätigen** *he has still not acknowledged my letter of the 24th; we acknowledge receipt of your letter of June 14th*

◇ **acknowledgement** [ək'nɒlɪdʒmənt] *noun* act of acknowledging **Bestätigung** *f*; *she sent an acknowledgement of receipt; they sent a letter of acknowledgement*

acoustic hood [ə'ku:stɪk'hʊd] *noun* cover which is put over a printer to reduce the noise level **Lärmschutzhaube** *f*

acquire [ə'kwaɪə] *verb* to buy **erwerben; übernehmen** *to acquire a company*

◇ **acquirer** [ə'kwaɪərə] *noun* person *or* company which buys something **Erwerber/-in** *or* **Ankäufer/-in** *or* **Aufkäufer/-in**

◇ **acquisition** [,ækwɪ'zɪʃən] *noun*
(a) thing bought **Anschaffung** *f or* **Erwerb** *m or* **Übernahme** *f* ; *the chocolate factory is his latest acquisition*
(b) act of getting *or* buying something **Erwerb** *m* ; **data acquisition** *or* **acquisition of data** = obtaining and classifying data **Datenerfassung** *f*

acre ['eɪkə] *noun* measure of the area of land (= 0.45 hectares) **Acre** *m* (NOTE: the plural is used with figures, except before a noun: **he has bought a farm of 250 acres** *or* **he has bought a 250 acre farm)**

across-the-board [ə'krɒsðə'bɔ:d] *adjective* applying to everything *or* everyone **allgemein** *or* **generell** *an across-the-board price increase*

ACT = ADVANCE CORPORATION TAX

act [ækt]
1 *noun*
(a) law passed by parliament which must be obeyed by the people **Gesetz** *n; (GB)* **Companies Act** = Act which rules how companies should do their business ≈ **Unternehmensrecht** *n* ; **Finance Act** = annual Act of Parliament which gives the government power to raise taxes as proposed in the budget **Finanzgesetz** *n* ; **Financial Services Act** = Act of the British Parliament which regulates the offering of financial services (such as hire-purchase, mortgages, loans, etc.) to the public **Gesetzesbestimmungen (1988) für praktisch alle Bereiche des britischen Finanzsektors; Health and Safety at Work Act** = Act which rules how the health of workers should be protected by the companies they work for **Gesetz zum Schutz der Gesundheit und Sicherheit am Arbeitsplatz**
(b) act of God = something you do not expect to happen, and which cannot be avoided (such as a storm *or* flood) **höhere Gewalt**
2 *verb*
(a) to work **fungieren** *or* **handeln** *or* **agieren** *to act as an agent for an American company; to act for someone or to act on someone's behalf*
(b) to do something **handeln** *the board will have to act quickly if the company's losses are going to be reduced; the lawyers are acting on our instructions* **to act on a letter** = to do what a letter asks to be done **etwas auf einen Brief hin unternehmen**

◇ **acting** ['æktɪŋ] *adjective* working in place of someone for a short time **stellvertretend** *acting manager; the Acting Chairman*

◇ **action** ['ækʃən] *noun*

(a) thing which has been done **Handlung** *f*; **to take action** = to do something **etwas** *or* **Schritte** *mpl* **unternehmen** *you must take action if you want to stop people cheating you* **(b) direct action** = strike or go-slow by the workforce **direkte Aktion; to take industrial action** = to do something (usually to go on strike) to show that you are not happy with conditions at work **in den Arbeitskampf treten** **(c)** case in a law court where a person or company sues another person or company **Klage** *f or* **Prozess** *m or* **Rechtsstreit** *m*; **to take legal action** = to sue someone **Klage erheben** *or* **klagen** *or* **verklagen** *action for libel or libel action; to bring an action for damages against someone* **civil action** = case brought by a person *or* company against someone who has done them wrong **Zivilprozess** *or* **zivilrechtliche Klage; criminal action** = case brought by the state against someone who is charged with a crime **Strafprozess** *m* ; **strafrechtliche Verfolgung**

◇ **active** ['æktɪv] *adjective* busy **aktiv** *or* **tätig** *an active demand for oil shares; oil shares are very active; an active day on the Stock Exchange; business is active* **active partner** = partner who works in the company **tätige(r)** *or* **geschäftsführende(r) Teilhaber/-in**

◇ **actively** ['æktɪvlɪ] *adverb* in a busy way **aktiv** *the company is actively recruiting new personnel*

◇ **activity** [æk'tɪvətɪ] *noun* being active *or* busy **Aktivität** *f or* **Betriebsamkeit** *f or* **Tätigkeit** *f* ; *a low level of business activity; there was a lot of activity on the Stock Exchange* **activity chart** = plan showing work which has been done so that it can be compared to the plan of work to be done **Aktivitätsdiagramm** *n* ; **monthly activity report** = report by a department on what has been done during the past month **monatlicher Tätigkeitsbericht**

> QUOTE preliminary indications of the level of business investment and activity during the March quarter will provide a good picture of economic activity in the year
> Australian Financial Review

actual ['æktʃʊəl]
1 *adjective* real *or* correct **tatsächlich** *or* **effektiv** *what is the actual cost of one unit? the actual figures for directors' expenses are not shown to the shareholders*
2 *plural noun* **actuals** = real figures **Ist-Zahlen** *fpl these figures are the actuals for 1998*

actuary ['æktjʊərɪ] *noun* person employed by an insurance company or other organization to calculate the risk involved in an insurance, and therefore the premiums payable by persons taking out insurance **Versicherungsmathematiker/-in**

◇ **actuarial** [,æktjʊ'eərɪəl] *adjective* calculated by an actuary **versicherungsmathematisch** *the premiums are worked out according to actuarial calculations* **actuarial tables** = lists showing how long people of certain ages are likely to live, used to calculate life assurance premiums **versicherungsstatistische Tabellen** *fpl*

ad [æd] = ADVERTISEMENT

add [æd] *verb*
(a) to put figures together to make a total **hinzufügen** *or* **dazugeben** *to add interest to the capital; interest is added monthly* **added value** = amount added to the value of a product or service, being the difference between its cost and the amount received when it is sold (wages, taxes, etc., are deducted from the added value to give the retained profit) **Mehrwert** *m (see also* VALUE ADDED)
(b) to put things together to make a large group **erweitern** *we are adding to the sales force; they have added two new products to their range* **this all adds to the company's costs** = this makes the company's costs higher **all dies erhöht die Kosten der Firma**

◇ **add up** ['æd'ʌp] *verb* to put several figures together to make a total **zusammenzählen** *or* **addieren** *to add up a column of figures* **the figures do not add up** = the total given is not correct **die Zahlen** *fpl* **stimmen nicht**

◇ **add up to** ['æd'ʌptʊ] *verb* to make a total of **ergeben** *or* **sich belaufen auf** *the total expenditure adds up to more than £1,000*

◇ **adding** ['ædiŋ] *noun* which adds *or* which makes additions **Addierung** *f* ; *an adding machine*

◇ **addition** [ə'dɪʃən] *noun*
(a) thing or person added **Ergänzung** *f or* **Zusatz** *m* ; *the management has stopped all additions to the staff; we are exhibiting several additions to our product line; the marketing director is the latest addition to the board*
(b) in addition to = added to *or* as well as **zusätzlich** *or* **dazu** *or* **extra** *there are twelve registered letters to be sent in addition to this packet*
(c) putting numbers together **Addition** *f*; *you don't need a calculator to do simple addition*

◇ **additional** [ə'dɪʃənl] *adjective* extra which is added **zusätzlich** *additional costs;*

additional charges; additional clauses to a contract; additional duty will have to be paid

address [ə'dres]
1 *noun* details of number, street and town where an office is or a person lives **Adresse** *f or* **Anschrift** *f* ; *my business address and phone number are printed on the card* **accommodation address** = address used for receiving messages but which is not the real address of the company **Briefkastenadresse**; **cable address** = short address for sending cables **Telegrammanschrift**; **forwarding address** = address to which a person's mail can be sent on **Nachsendeadresse**; **home address** = address of a house or flat where someone lives **Privatadresse** *please send the documents to my home address* **address book** = special notebook, with columns printed in such a way that names, addresses and phone numbers can be entered **Adressbuch**; **address label** = label on which an address can be written **Adressenaufkleber** *m or* **Adressenanhänger** *m* ; **address list** = list of addresses **Adressenliste** *f*; *we keep an address list of two thousand addresses in Europe*
2 *verb*
(a) to write the details of an address on an envelope, etc. **adressieren** *or* **richten an** *to address a letter or a parcel; please address your enquiries to the manager; a letter addressed to the managing director; an incorrectly addressed package*
(b) to speak **sprechen zu** *the chairman addressed the meeting*

◇ **addressee** [,ædre'siː] *noun* person to whom a letter *or* package is addressed **Adressat/-in; Empfänger/-in**

◇ **addressing machine** [ə'dresɪŋmə'ʃiːn] *noun* machine which puts addresses on envelopes automatically **Adressiermaschine** *f*

adequate ['ædɪkwət] *adjective*
(a) large enough **adäquat** *or* **angemessen** *or* **hinlänglich**; **to operate without adequate cover** = to act without being completely protected by insurance **ohne hinreichenden Versicherungsschutz handeln**
(b) more or less satisfactory **zufrieden stellend** *the results of the tests on the product were adequate*

adhesive [əd'hiːzɪv]
1 *adjective* which sticks **haftend** *or* **klebend** *he sealed the parcel with adhesive tape*
2 *noun* glue **Klebstoff** *m* ; *she has a tube of adhesive in the drawer of her desk*

adjourn [ə'dʒɜːn] *verb* to stop a meeting for a period **vertagen** *to adjourn a meeting; the chairman adjourned the meeting until three o'clock; the meeting adjourned at midday*

◇ **adjournment** [ə'dʒɜːnmənt] *noun* act of adjourning **Vertagung** *f* ; *he proposed the adjournment of the meeting*

adjudicate [ə'dʒuːdɪkeɪt] *verb* to give a judgement between two parties in law; to decide a legal problem **entscheiden** *or* **Urteil fällen** *to adjudicate a claim; to adjudicate in a dispute* **he was adjudicated bankrupt** = he was declared legally bankrupt **über ihn wurde der Konkurs verhängt** *or* **er wurde für bankrott erklärt**

◇ **adjudication** [ə,dʒuːdɪ'keɪʃən] *noun* act of giving a judgement *or* of deciding a legal problem **Entscheidung** *f* ; **Beschluss** *m* ; **Gerichtsentscheidung** *f* ; **adjudication order** *or* **adjudication of bankruptcy** = order by a court making someone bankrupt **Konkurseröffnungsbeschluss** *m* ; **adjudication tribunal** = group which adjudicates in industrial disputes **Schlichtungskommission** *f*

◇ **adjudicator** [ə'dʒuːdɪ,keɪtə] *noun* person who gives a decision on a problem **Schlichter/-in; (Schieds)richter/-in** *an adjudicator in an industrial dispute*

adjust [ə'dʒʌst] *verb* to change something to fit new conditions **anpassen** *or* **angleichen; ändern; korrigieren** *to adjust prices to take account of inflation; prices are adjusted for inflation*

◇ **adjuster** [ə'dʒʌstə] *noun* person who calculates losses for an insurance company **Schadenssachverständige(r)**; **average adjuster** = person who calculates how much of a maritime insurance is to be paid by the insurer against a claim **(Havarie-)Dispacheur** *m* ; **loss adjuster** = person who calculates how much insurance should be paid on a claim **Schadensregulierer** *m*

◇ **adjustment** [ə'dʒʌstmənt] *noun* act of adjusting; slight change **Anpassung** *f or* **Angleichung** *f* ; *tax adjustment; wage adjustment; to make an adjustment to salaries; adjustment of prices to take account of rising costs* **average adjustment** = calculation of the share of cost of damage or loss of a ship **Dispache** *f*

◇ **adjustor** [ə'dʒʌstə] = ADJUSTER

> QUOTE inflation-adjusted GNP moved up at a 1.3% annual rate
> Fortune

> QUOTE Saudi Arabia will no longer adjust its production to match short-term supply with demand
> Economist

adman ['ædmæn] *noun (informal)* man who works in advertising **Werbefachmann** *m*; *the admen are using balloons as promotional material*

admin ['ædmɪn] *noun (informal)*
(a) work of administration, especially paperwork **Verwaltung** *f*; *all this admin work takes a lot of my time; there is too much admin in this job; admin costs seem to be rising each quarter; the admin people have sent the report back*
(b) administration staff **Verwaltung** *f*; *admin say they need the report immediately* (NOTE: no plural; as a group of people it can have a plural verb)

◇ **administer** [əd'mɪnɪstə] *verb* to organize *or* to manage **verwalten** *he administers a large pension fund (US)* **administered price** = price fixed by a manufacturer which cannot be varied by a retailer **Preisbindung** *f* **zweiter Hand** *or* **vertikale Preisbindung** (NOTE: in the UK this is called **resale price maintenance)**

◇ **administration** [əd,mɪnɪ'streɪʃən] *noun*
(a) organization *or* control *or* management of a company **Verwaltung** *f*; **administration costs** *or* **the expenses of the administration** *or* **administration expenses** = costs of management, not including production, marketing or distribution costs **die Verwaltungskosten** *pl*
(b) letters of administration = letter given by a court to allow someone to deal with the estate of a person who has died **Nachlassverwalter-Zeugnis** *n* *or* **Bestallungsurkunde** *f* **zum Nachlassverwalter**

◇ **administrative** [əd'mɪnɪstrətɪv] *adjective* referring to administration **administrativ** *or* **verwaltungstechnisch** *or* **Verwaltungs-** *administrative details; administrative expenses*

◇ **administrator** [əd'mɪnɪstreɪtə] *noun*
(a) person who directs the work of other employees in a business **Verwalter/-in; Verwaltungsfachmann/-frau**
(b) person appointed by a court to manage the affairs of someone who dies without leaving a will **Nachlassverwalter/-in**
(c) person appointed by a court to administer a company which is insolvent **gerichtlich eingesetzter Unternehmensverwalter**

admission [əd'mɪʃən] *noun*
(a) allowing someone to go in **Eintritt** *m* *or* **Zutritt** *m*; *there is a £1 admission charge; admission is free on presentation of this card; free admission on Sundays*
(b) saying that something really happened **Eingeständnis** *n*; **Geständnis** *n*; *he had to resign after his admission that he had passed information to the rival company*

admit [əd'mɪt] *verb*
(a) to allow someone to go in **Zutritt** *m* **gewähren; hinein-** *or* **hereinlassen** *children are not admitted to the bank; old age pensioners are admitted at half price*
(b) to say that something is correct *or* to say that something really happened **zugeben** *or* **eingestehen** *the chairman admitted he had taken the cash from the company's safe* (NOTE: **admitting - admitted)**

◇ **admittance** [əd'mɪtəns] *noun* allowing someone to go in **Zutritt** *m* *or* **Einlass** *m*; *no admittance except on business*

adopt [ə'dɒpt] *verb* to agree to (something) *or* to accept (something) **annehmen** *to adopt a resolution; the proposals were adopted unanimously*

ADR = AMERICAN DEPOSITARY RECEIPT

ad valorem [,ædvə'lɔːrəm] *Latin phrase* meaning 'according to value', showing that a tax is calculated according to the value of the goods taxed **dem Wert nach** *ad valorem duty; ad valorem tax*

> COMMENT: most taxes are 'ad valorem'; VAT is calculated as a percentage of the charge made, income tax is a percentage of income earned, etc.

advance [əd'vɑːns]
1 *noun*
(a) money paid as a loan or as a part of a payment to be made later **Vorschuss** *m*; **Anzahlung** *f*; **Darlehen** *n*; *bank advance; a cash advance; to receive an advance from the bank; an advance on account; to make an advance of £100 to someone; to pay someone an advance against a security; can I have an advance of £50 against next month's salary?*
(b) increase **Fortschritt** *m* *or* **Verbesserung** *f*; **Erhöhung** *f*; *advance in trade; advance in prices*
(c) in advance = early *or* before something happens **im Voraus** *or* **vorab** *to pay in advance; freight payable in advance; price fixed in advance*
2 *adjective* early **im Voraus** *or* **vorab; Vor-** *advance booking; advance payment; you must give seven days' advance notice of withdrawals from the account* **Advance Corporation Tax (ACT)** = tax paid by a company in advance of its main corporation tax payments; it is paid when dividends are paid to shareholders and is deducted from the

main tax payment when that falls due; it appears on the tax voucher attached to a dividend warrant **Körperschaftssteuervorauszahlung** *f*
3 *verb*
(a) to lend **leihen; vorschießen** *the bank advanced him £10,000 against the security of his house*
(b) to increase **steigen** *or* **anziehen** *prices generally advanced on the stock market*
(c) to make something happen earlier **vorverlegen** *the date of the AGM has been advanced to May 10th; the meeting with the German distributors has been advanced from 11.00 to 09.30*

advantage [əd'vɑːntɪdʒ] *noun* something useful which may help you to be successful **Vorteil** *m* ; *fast typing is an advantage in a secretary; knowledge of two foreign languages is an advantage; there is no advantage in arriving at the exhibition before it opens* **to take advantage of something** = to use something which helps you **sich etwas zunutze machen; etwas ausnutzen**

adverse ['ædvɜːs] *adjective* bad *or* not helpful **ungünstig** *or* **nachteilig** *or* **defizitär**; **adverse balance of trade** = situation when a country imports more than it exports **passive Handelsbilanz**; **adverse trading conditions** = bad conditions for trade **ungünstige Handelsbedingungen** *or* **Geschäftsbedingungen** *fpl*

advertise ['ædvətaɪz] *verb* to announce that something is for sale *or* that a job is vacant *or* that a service is offered **inserieren** *or* **annoncieren** *or* **werben** *to advertise a vacancy; to advertise for a secretary; to advertise a new product*

◇ **ad** [æd] *noun (informal)* = ADVERTISEMENT *we put an ad in the paper; she answered an ad in the paper; he found his job through an ad in the paper* **classified ads** *or* **small ads** *or* **want ads** = advertisements listed in a newspaper under special headings (like 'property for sale', 'jobs wanted') **Kleinanzeigen** *fpl look in the small ads to see if anyone has a computer for sale* **coupon ad** = advertisement with a form attached, which is to be cut out and returned to the advertiser with your name and address for further information **Couponanzeige** *f*; **display ad** = advertisement which is well designed to attract attention **Großanzeige** *f*

◇ **advert** ['ædvɜːt] *noun (GB informal)* = ADVERTISEMENT *to put an advert in the paper; to answer an advert in the paper; classified adverts; display advert*

◇ **advertisement** [əd'vɜːtɪsmənt] *noun* notice which shows that something is for sale *or* that a service is offered *or* that someone wants something *or* that a job is vacant, etc. **Anzeige** *f or* **Annonce** *f*; **Reklame** *f or* **Werbung** *f* ; *to put an advertisement in the paper; to answer an advertisement in the paper* **classified advertisements** = advertisements listed in a newspaper under special headings (such as 'property for sale' or 'jobs wanted') **Kleinanzeigen** *fpl* **display advertisement** = advertisement which is well designed to attract attention **Großanzeige** *f* ; **advertisement manager** = manager in charge of the advertisement section of a newspaper **Anzeigenleiter/-in**

◇ **advertiser** ['ædvətaɪzə] *noun* person *or* company which advertises; *(occasional)* **Inserent** *m; (regular)* **Anzeigenkunde** *m* ; *the catalogue gives a list of advertisers*

◇ **advertising** ['ædvətaɪzɪŋ] *noun* business of announcing that something is for sale *or* of trying to persuade customers to buy a product or service **Werbebranche** *f*; **Reklame** *f or* **Werbung** *f* ; *she works in advertising; he has a job in advertising; advertising agent; advertising budget; advertising campaign* **advertising agency** = office which plans, designs and manages advertising for other companies **Werbeagentur** *f* ; **advertising manager** = manager in charge of advertising a company's products **Werbeleiter/-in**; **advertising rates** = amount of money charged for advertising space in a newspaper *or* advertising time on TV **Anzeigenkosten** *pl* ; **Werbetarif** *m* ; **advertising space** = space in a newspaper set aside for advertisements **Werbefläche** *f* ; **Anzeigenraum** *m* ; **to take advertising space in a paper** = to book space for an advertisement in a newspaper **in einer Zeitung inserieren** *or* **Anzeigenraum in einer Zeitung belegen**

◇ **advertorial** [ˌædvə'tɔːrɪəl] *noun* text in a magazine, which is not written by the editorial staff but by an advertiser **Werbetext** *m* **in Form eines Leitartikels**

advice [əd'vaɪs] *noun*
(a) advice note = written notice to a customer giving details of goods ordered and shipped but not yet delivered **Versandanzeige** *f or* **Avis** *m or n* **as per advice** = according to what is written on the advice note **laut Versandanzeige** *or* **Avis**
(b) opinion as to what action to take **Rat** *m or* **Empfehlung** *f*; **to take legal advice** = to ask a lawyer to say what should be done **sich rechtlich beraten lassen** *the accountant's advice was to send the documents to the police; we sent the documents to the police on*

the advice of the accountant or we took the accountant's advice and sent the documents to the police

advise [əd'vaɪz] *verb*
(a) to tell someone what has happened **in Kenntnis setzen** *or* **informieren** *or* **unterrichten** *we have been advised that the shipment will arrive next week*
(b) to suggest to someone what should be done **raten** *or* **empfehlen** *we are advised to take the shipping company to court; the accountant advised us to send the documents to the police*
◇ **advise against** [əd'vaɪzə'genst] *verb* to suggest that something should not be done **abraten** *the bank manager advised against closing the account; my stockbroker has advised against buying those shares*
◇ **adviser** *or* **advisor** [əd'vaɪzə] *noun* person who suggests what should be done **Berater/-in; Ratgeber/-in** *he is consulting the company's legal adviser* **financial adviser** = person *or* company which gives advice on financial problems for a fee **Finanzberater/-in**
◇ **advisory** [əd'vaɪzərɪ] *adjective* as an adviser **beratend** *he is acting in an advisory capacity* **advisory board** = a group of advisers **Beratungsgremium** *n or* **Beirat** *m* ; **Advisory, Conciliation and Arbitration Service (ACAS)** = British government service which arbitrates in disputes between management and employees **Schlichtungsstelle** *f* **für Arbeitskonflikte**

aerogram ['eərə(ʊ)græm] *noun (US)* sheet of thin blue paper which when folded can be sent as an airmail letter without an envelope **Aerogramm** *n or* **Luftpostbrief** *m* (NOTE: GB English for this is **air letter)**

affair [ə'feə] *noun* business *or* dealings **Geschäft** *n or* **Handel** *m* ; **Sache** *f or* **Angelegenheit** *f* ; *are you involved in the copyright affair? his affairs were so difficult to understand that the lawyers had to ask accountants for advice*

affect [ə'fekt] *verb* to change *or* to have a bad effect on (something) **betreffen** *or* **sich auswirken auf** *or* **angehen** *the new government regulations do not affect us; the company's sales in the Far East were seriously affected by the embargo*

> QUOTE the dollar depreciation has yet to affect the underlying inflation rate
> Australian Financial Review

affidavit [æfɪ'deɪvɪt] *noun* written statement which is signed and sworn before a solicitor and which can then be used as evidence in court **Affidavit** *n*

affiliated [ə'fɪlɪeɪtɪd] *adjective* connected with *or* owned by another company **angeschlossen** *or* **verbunden** *or* **Schwester-** *one of our affiliated companies*

affinity card [ə'fɪnɪti:'kɑ:d] *noun* credit card where a percentage of each purchase made is given by the credit card company to a stated charity; *Kreditkarte, womit bei jeder Transaktion ein gewisser Prozentsatz für Wohltätigkeitszwecke abgegeben wird*

affirmative [ə'fɜ:mətɪv] *adjective* meaning 'yes' **affirmativ** *or* **bejahend** *or* **zustimmend**; **the answer was in the affirmative** = the answer was yes **die Antwort war positiv** *or* **zustimmend**; *(US)* **affirmative action program** = programme to avoid discrimination in employment **Chancengleichheitsprogramm** *n* (NOTE: the GB equivalent is 'equal opportunities')

affluent ['æflʊənt] *adjective* very rich **wohlhabend** *or* **reich** *we live in an affluent society*

afford [ə'fɔ:d] *verb* to be able to pay *or* to buy **sich leisten (können); aufbringen** *we could not afford the cost of two telephones; the company cannot afford the time to train new staff* (NOTE: only used after **can, cannot, could, could not, able to)**

AFL-CIO ['eɪef'el'si:aɪ'əʊ] = AMERICAN FEDERATION OF LABOR - CONGRESS OF INDUSTRIAL ORGANIZATIONS an organization linking US trade unions **Dachverband der amerikanischen Gewerkschaften - Industriegewerkschaftsbund**

afraid [ə'freɪd] *adjective* **I am/we are etc. afraid** = I am/we are sorry, because something has happened **leider** *I'm afraid there are no seats left on the flight to Amsterdam; we are afraid your order has been lost in the post* (NOTE: only used after the verb **to be)**

after-hours ['ɑ:ftə'aʊəz] *adjective* **after-hours buying** *or* **selling** *or* **dealing** *or* **trading** = buying *or* selling *or* dealing in shares after the Stock Exchange has officially closed for the day, such deals being subject to normal Stock Exchange rules (in this way, dealers can take advantage of the fact that because of time differences, the various stock exchanges round the world are open almost all twenty-four hours of the day) **Nachbörse** *f*

◇ **after-sales service** ['ɑːftəseɪlz'sɜːvɪs] *noun* service of a machine carried out by the seller for some time after the machine has been bought **Kundendienst** *m*

◇ **after-tax profit** ['ɑːftətæks'prɒfɪt] *noun* profit after tax has been deducted **Gewinn** *m* **nach Steuern**

against [ə'genst] *preposition* relating to *or* part of **gegen** *to pay an advance against a security; can I have an advance against next month's salary? the bank advanced him £10,000 against the security of his house*

> QUOTE investment can be written off against the marginal rate of tax
> Investors Chronicle

> QUOTE the index for the first half of the year shows that the rate of inflation went down by about 10.2 per cent against the rate as at December last year
> Business Times (Lagos)

aged debtors analysis *or* **ageing schedule** [eɪdʒd'detəzə'næləsɪs *or* eɪdʒɪŋ'ʃedjuːl] *noun* list which analyses a company's debtors, showing the number of days their payments are outstanding **Fälligkeitstabelle** *f* (NOTE: US spelling is **aging)**

> COMMENT: an ageing schedule shows all the debtors of a company and lists (usually in descending order of age) all the debts that are outstanding

agency ['eɪdʒənsɪ] *noun*
(a) office *or* job of representing another company in an area **Vertretung** *f or* **Agentur** *f*; *they signed an agency agreement or an agency contract* **sole agency** = agreement to be the only person to represent a company *or* to sell a product in a certain area **Alleinvertretung** *he has the sole agency for Ford cars*
(b) office *or* business which arranges things for other companies **Agentur** *f* ; **advertising agency** = office which plans *or* designs and manages advertising for companies **Werbeagentur; employment agency** = office which finds jobs for staff **Stellenvermittlung** *f*; **estate agency** = office which arranges for the sale of properties **Grundstücks- und Immobilienmaklerbüro** *n* ; **news agency** = office which distributes news to newspapers and television stations **Nachrichtenagentur** *f or* **Nachrichtendienst** *m* ; **travel agency** = office which arranges travel for customers **Reisebüro** *n* (NOTE: plural is **agencies)**

agenda [ə'dʒendə] *noun* list of things to be discussed at a meeting **Tagesordnung** *f or* **Programm** *n* ; *the conference agenda or the agenda of the conference; after two hours we were still discussing the first item on the agenda; the secretary put finance at the top of the agenda; the chairman wants two items removed from or taken off the agenda*

agent ['eɪdʒənt] *noun*
(a) person who represents a company *or* another person in an area **Vertreter/-in** *to be the agent for IBM* **agent's commission** = money (often a percentage of sales) paid to an agent **Vertreterprovision** *f*; **sole agent** = person who has the sole agency for a company in an area **Alleinvertreter/-in** *he is the sole agent for Ford cars*
(b) person in charge of an agency **Makler/-in** *or* **Agent/-in** *advertising agent; estate agent; travel agent* **commission agent** = agent who is paid by commission, not by fee **Kommissionär** *m or* **Provisionsagent/-in; forwarding agent** = person *or* company which arranges shipping and customs documents **Spediteur** *m* ; **insurance agent** = person who arranges insurance for clients **Versicherungsvertreter/-in; land agent** = person who runs a farm *or* a large area of land for the owner **Gutsverwalter/-in**
(c) *US* **(business) agent** = chief local official of a trade union **Gewerkschaftsfunktionär/-in** *or* **-vertreter/-in**

aggregate ['ægrɪgət] *adjective* total *or* with everything added together **angesammelt** *or* **gesamt** *or* **Gesamt-** *aggregate output*

agio ['ædʒɪəʊ] *noun* charge made for changing money of one currency into another **Agio** *n or* **Aufgeld** *n*

AGM ['eɪdʒiː'em] = ANNUAL GENERAL MEETING

agree [ə'griː] *verb*
(a) to approve **zustimmen** *or* **akzeptieren** *or* **vereinbaren** *the auditors have agreed the accounts; the figures were agreed between the two parties; we have agreed the budgets for next year; terms of the contract are still to be agreed; he has agreed your prices*
(b) to say yes *or* to accept **vereinbaren** *or* **sich einverstanden erklären** *it has been agreed that the lease will run for 25 years; after some discussion he agreed to our plan; the bank will never agree to lend the company £250,000; we all agreed on the plan* (NOTE: to agree **to** *or* **on** a plan)
(c) to agree to do something = to say that you will do something **sich einverstanden** *or* **bereit erklären, etwas zu tun** *she agreed to be*

chairman; will the finance director agree to resign?
(d) to be the same as **übereinstimmen** *the two sets of calculations do not agree*

◇ **agree with** [ə'gri: wɪ-] *verb*
(a) to say that your opinions are the same as someone else's **übereinstimmen mit** *I agree with the chairman that the figures are lower than normal*
(b) to be the same as **übereinstimmen mit** *the auditors' figures do not agree with those of the accounts department*

◇ **agreed** [ə'gri:d] *adjective* which has been accepted by everyone **vereinbart** *or* **abgemacht** *an agreed amount; on agreed terms*

◇ **agreement** [ə'gri:mənt] *noun* contract between two parties which explains how they will act **Vereinbarung** *f or* **Abkommen** *n or* **Abmachung** *f or* **Vertrag** *m* ; *written agreement; unwritten or verbal agreement; to draw up or to draft an agreement; to break an agreement; to sign an agreement; to witness an agreement; an agreement has been reached or concluded or come to; to reach an agreement or to come to an agreement on prices or salaries; an international agreement on trade; collective wage agreement; an agency agreement; a marketing agreement* **blanket agreement** = agreement which covers many different items **Generalabkommen** *n* ; **exclusive agreement** = agreement where a company is appointed sole agent for a product in a market **Alleinvertriebsvertrag** *m* ; **gentleman's agreement** *or (US)* **gentlemen's agreement** = verbal agreement between two parties who trust each other **Übereinkunft** *f* **auf Treu und Glauben** *or* **Gentleman's Agreement** *n*

> QUOTE after three days of tough negotiations the company has reached agreement with its 1,200 unionized workers
> Toronto Star

agribusiness ['ægrɪˌbɪznəs] *noun* farming, and making products used by farmers (considered as a business) **Agroindustrie** *f*

agriculture ['ægrɪkʌltʃə] *noun* use of land for growing crops *or* raising animals **Landwirtschaft** *f*

◇ **agricultural** [ˌægrɪ'kʌltʃərəl] *adjective* referring to agriculture *or* referring to farms **landwirtschaftlich** *or* **Landwirtschafts-** *or* **agrar-** *or* **Agrar-**; **agricultural co-operative** = farm run by groups of workers who are the owners and share the profits **landwirtschaftliche Genossenschaft**; **agricultural economist** = person who specializes in the study of finance and investment in agriculture **Agrarökonom/-in** *or* **Agrarwissenschaftler/-in**; **Common Agricultural Policy (CAP)** = agreement between members of the EU to protect farmers by paying subsidies to fix prices of farm produce **gemeinsame Agrarpolitik (der EU)**

ahead [ə'hed] *adverb* in front of *or* better than **vor** *or* **voraus** *we are already ahead of our sales forecast; the company has a lot of work ahead of it if it wants to increase its market share*

aim [eɪm]
1 *noun* something which you try to do **Ziel** *n* ; *one of our aims is to increase the quality of our products* **the company has achieved all its aims** = the company has done all the things it had hoped to do **das Unternehmen hat all seine Ziele erreicht**
2 *verb* to try to do something **streben nach** *we aim to be No. 1 in the market in two years' time; each salesman must aim to double his previous year's sales*

air [eə]
1 *noun* **by air** = method of travelling *or* sending goods using aircraft **mit dem Flugzeug** *n* ; **auf dem Luftweg** *m or* **per Luftpost** *f* ; *to send a letter or a shipment by air* **air carrier** = company which sends cargo *or* passengers by air **Air-Carrier** *m or* **Luftfahrtunternehmen** *n* ; **Luftfrachtführer** *m* ; **air forwarding** = arranging for goods to be shipped by air **Luftfrachtspedition** *f* ; **air letter** = special sheet of thin blue paper which when folded can be sent by air mail without an envelope **Luftpostbrief** *m* (NOTE: US English for this is **aerogramme)**
2 *verb* **to air a grievance** = to talk about *or* to discuss a grievance **eine Beschwerde vorbringen** *the management committee is useful because it allows the workers' representatives to air their grievances*

◇ **air cargo** ['eə'kɑ:gəʊ] *noun* goods sent by air **Luftfracht** *f*

◇ **aircraft** ['eəkrɑ:ft] *noun* machine which flies in the air, carrying passengers or cargo **Flugzeug** *n or* **Maschine** *f* ; *the airline has a fleet of ten commercial aircraft; the company is one of the most important American aircraft manufacturers* **to charter an aircraft** = to hire an aircraft for a special purpose **ein Flugzeug chartern** (NOTE: no plural: **one aircraft, two aircraft)**

◇ **air freight** ['eə'freɪt] *noun* method of shipping goods in an aircraft **Luftfracht** *f* ; *to* *send a shipment by air freight; air freight tariffs*

◊ **airfreight** ['eəˌfreɪt] *verb* to send goods by air **als Luftfracht befördern** *to airfreight a consignment to Mexico; we airfreighted the shipment because our agent ran out of stock*

◊ **airline** ['eəlaɪn] *noun* company which carries passengers or cargo by air **Fluggesellschaft** *f or* **Airline** *f or* **Luftverkehrsgesellschaft** *f*

◊ **airmail** ['eəmeɪl]

1 *noun* way of sending letters *or* parcels by air **Luftpost** *f* ; *to send a package by airmail; airmail charges have risen by 15%* **airmail envelope** = very light envelope for sending airmail letters **Luftpostumschlag** *m* ; **airmail sticker** = blue sticker with the words 'by air mail' which can be stuck to an envelope or packet to show it is being sent by air **Luftpostaufkleber** *m*

2 *verb* to send letters *or* parcels by air **per Luftpost schicken** *to airmail a document to New York*

◊ **airport** ['eəpɔːt] *noun* place where planes land and take off **Flughafen** *m or* **Airport** *m* ; *we leave from London Airport at 10.00; O'Hare Airport is the main airport for Chicago* **airport bus** = bus which takes passengers to and from an airport **Flughafenbus** *m* ; **airport tax** = tax added to the price of the air ticket to cover the cost of running an airport **Flughafengebühr** *f* ; **airport terminal** = main building at an airport where passengers arrive and depart **Terminal** *m/n or* **Abfertigungshalle** *f*

◊ **air terminal** ['eəˌtɜːmɪnl] *noun* building in a town where passengers meet to be taken by bus to an airport outside the town **Terminal** *m/n or* **Abfertigungsgebäude** *n* **in der Innenstadt**

◊ **airtight** ['eətaɪt] *adjective* which does not allow air to get in **luftdicht** *the goods are packed in airtight containers*

◊ **airworthiness** ['eəˌwɜːðɪnəs] *noun* being able and safe to fly **Lufttüchtigkeit** *f* ; **certificate of airworthiness** = certificate to show that an aircraft is safe to fly **Lufttüchtigkeitszeugnis** *n*

all [ɔːl] *adjective & pronoun* everyone *or* everything **all(e)** *or* **alles** *all (of) the managers attended the meeting; a salesman should know the prices of all the products he is selling*

◊ **all-in** ['ɔːl'ɪn] *adjective* including everything **einschließlich**; **all-in price** *or* **rate** = price which covers all items in a purchase (goods, delivery, tax, insurance) **Pauschal-** *or* **Gesamtpreis** *m*

allocate ['æləkeɪt] *verb* to divide (a sum of money) in various ways and share it out **zuweisen** *or* **zuteilen** *or* **vergeben; zurechnen** *we allocate 10% of revenue to publicity; $2,500 was allocated to office furniture*

◊ **allocation** [ˌælə'keɪʃən] *noun*

(a) dividing a sum of money in various ways **Zuweisung** *f or* **Zuteilung** *f or* **Vergabe** *f* ; **Zurechnung** *f* ; *allocation of capital; allocation of funds to a project*

(b) share allocation *or* **allocation of shares** = spreading a small number of shares among a large number of people who have applied for them **Aktienzuteilung** *f*

allot [ə'lɒt] *verb* to share out **zuteilen** *or* **zuweisen; verteilen; to allot shares** = to give a certain number of shares to people who have applied for them **Aktien zuteilen** (NOTE: **allotting - allotted)**

◊ **allotment** [ə'lɒtmənt] *noun*

(a) sharing out funds by giving money to various departments **Zuteilung** *f or* **Zuweisung** *f*; **Verteilung** *f*; *allotment of funds to a project*

(b) giving some shares in a new company to people who have applied for them **(Aktien) zuteilung** *f* ; *share allotment; payment in full on allotment* **letter of allotment** *or* **allotment letter** = letter which tells someone who has applied for shares in a new company how many shares he has been allotted **Zuteilungsanzeige** *f*

all-out ['ɔːlaʊt] *adjective* complete *or* very serious **total** *or* **massiv** *the union called for an all-out strike; the personnel manager has launched an all-out campaign to get the staff to work on Friday afternoons*

allow [ə'laʊ] *verb*

(a) to say that someone can do something **bewilligen** *or* **gestatten** *junior members of staff are not allowed to use the chairman's lift; the company allows all members of staff to take six days' holiday at Christmas*

(b) to give **gewähren** *to allow someone a discount; to allow 5% discount to members of staff; to allow 10% interest on large sums of money*

(c) to agree *or* to accept legally **anerkennen** *or* **stattgeben** *to allow a claim or an appeal*

◊ **allow for** [ə'laʊfɔː] *verb* to give a discount for *or* to add an extra sum to cover something **berücksichtigen** *to allow for money paid in advance; to allow 10% for packing* **delivery is not allowed for** = delivery charges are not included **Liefergebühren sind nicht inklusive; allow 28 days for delivery** = calculate that delivery will take at least 28 days **Lieferzeit bis zu 28 Tagen**

◇ **allowable** [ə'laʊəbl] *adjective* legally accepted **zulässig** *or* **erlaubt**; **allowable expenses** = expenses which can be claimed against tax **abzugsfähige Ausgaben** *fpl*

◇ **allowed time** [ə'laʊd'taɪm] *noun* paid time which the management agrees a worker can spend on rest *or* cleaning *or* meals, not working **Vorgabezeit** *f or* **Akkordzeit** *f*

allowance [ə'laʊəns] *noun*
(a) money which is given for a special reason **Zuschuss** *m* ; **Beihilfe** *f* ; **Spesen** *pl travel allowance or travelling allowance; foreign currency allowance* **cost-of-living allowance** = addition to normal salary to cover increases in the cost of living **Lebenshaltungskostenzuschuss** *m or* **Teuerungszulage** *f* ; **entertainment allowance** = money which a manager is allowed to spend each month on meals with visitors **Bewirtungsentschädigung** *f*
(b) part of an income which is not taxed **Freibetrag** *m* ; **capital allowances** = allowances which may be deducted from profits following the purchase of capital assets **Abschreibungsbeträge** *mpl* **aufgrund von Aufwendungen für Anlagegüter**; **tax allowances** *or* **allowances against tax** *or* **personal allowances** = part of someone's personal income which is not taxed **Steuerfreibeträge** *mpl*
(c) money removed in the form of a discount **Nachlass** *m or* **Rabatt** *m* ; *allowance for depreciation; allowance for exchange loss*

> QUOTE the compensation plan includes base, incentive and car allowance totalling $50,000+
> Globe and Mail (Toronto)

all-risks policy ['ɔːlrɪsks'pɒlɪsɪ] *noun* insurance policy which covers risks of any kind, with no exclusions **Universalversicherung** *f*

all-time ['ɔːl'taɪm] *adjective* **all-time high** *or* **all-time low** = highest or lowest point ever reached **historischer Höchststand** *or* **Tiefstand** *sales have fallen from their all-time high of last year*

> QUOTE shares closed at an all-time high yesterday as expectations grew of lower interest rates
> Times

alphabet ['ælfəbet] *noun* the 26 letters used to make words **Alphabet** *n*

◇ **alphabetical order** [ˌælfə'betɪkəl'ɔːdə] *noun* arrangement of records (such as files, index cards) in the order of the letters of the alphabet (A,B,C,D, etc.) **alphabetische Reihenfolge**

alter ['ɒltə] *verb* to change **abändern** *or* **verändern** *to alter the terms of a contract*

◇ **alteration** [ˌɒltə'reɪʃən] *noun* change which has been made **Änderung** *f or* **Abänderung** *f* ; *he made some alterations to the terms of a contract; the agreement was signed without any alterations*

alternate director [ɒl'tɜːnɪtdɪ'rektə] *noun* person nominated by a director to attend meetings in his place **stellvertretende(r) Direktor/-in**

alternative [ɒl'tɜːnətɪv]
1 *noun* thing which can be done instead of another **Alternative** *f* ; *what is the alternative to firing half the staff?* **we have no alternative** = there is nothing else we can do **wir haben keine Alternative** *or* **keine andere Wahl**
2 *adjective* other *or* which can take the place of something **Alternativ-**; **to find someone alternative employment** = to find someone another job **jdm eine andere Arbeitsstelle beschaffen**

altogether [ˌɔːltə'geðə] *adverb* putting everything together **insgesamt** *the staff of the three companies in the group come to 2,500 altogether; the company lost £2m last year and £4m this year, making £6m altogether for the two years*

a.m. *or (US)* **A.M.** ['eɪ'em] *adverb* in the morning *or* before 12 midday **vormittags** *or* **ante meridiem** *the flight leaves at 9.20 a.m.; telephone calls before 6 a.m. are charged at the cheap rate*

amend [ə'mend] *verb* to change and make more correct *or* acceptable **(ab)ändern** *or* **berichtigen** *or* **ergänzen** *please amend your copy of the contract accordingly*

◇ **amendment** [ə'men(d)mənt] *noun* change to a document **Änderung** *f or* **Abänderung** *f or* **Ergänzung** *f* ; *to propose an amendment to the constitution; to make amendments to a contract*

American Depositary Receipt (ADR) [ə'merɪkəndɪpɒzɪtərɪrɪ'siːt] *noun* document issued by an American bank to US citizens, making them unregistered shareholders of companies in foreign countries; the document allows them to receive dividends from their investments, and ADRs can themselves be bought or sold **ADR**; *(Zertifikat, das von US-Banken für die bei* *ihnen hinterlegten ausländischen Dividendenwerte ausgegeben wird)*

> COMMENT: buying and selling ADRs is easier for American investors than buying or selling the actual shares themselves, as it avoids stamp duty and can be carried out in dollars without incurring exchange costs

Amex ['æmeks] *noun (informal)* = AMERICAN STOCK EXCHANGE; AMERICAN EXPRESS

amortize ['æmɔːtaɪz] *verb* to pay off (a debt) by putting money aside regularly over a period of time **amortisieren** *or* **tilgen; abschreiben** *the capital cost is amortized over five years*

◇ **amortizable** [æmɔː'taɪzəbəl] *adjective* which can be amortized **amortisierbar** *the capital cost is amortizable over a period of ten years*

◇ **amortization** [əmɔːtaɪ'zeɪʃn] *noun* act of amortizing **Amortisation** *f or* **Tilgung** *f* ; **Abschreibung** *f*; *amortization of a debt*

amount [ə'maʊnt]

1 *noun* quantity of money **Betrag** *m or* **Summe** *f* ; *amount paid; amount deducted; amount owing; amount written off; what is the amount outstanding? a small amount invested in gilt-edged stock*

2 *verb* **to amount to** = to make a total of **sich belaufen auf** *or* **betragen** *their debts amount to over £1m*

analog computer ['ænəlɒgkəm'pjuːtə] *noun* computer which works on the basis of electrical impulses representing numbers **Analogrechner** *m*

analyse *or* **analyze** ['ænəlaɪz] *verb* to examine in detail **analysieren** *or* **auswerten** *to analyse a statement of account; to analyse the market potential*

◇ **analysis** [ə'næləsɪs] *noun* detailed examination and report **Analyse** *f or* **Auswertung** *f*; *job analysis; market analysis; sales analysis; to carry out an analysis of the market potential; to write an analysis of the sales position* **cost analysis** = examination in advance of the costs of a new product **Kostenanalyse**; **systems analysis** = using a computer to suggest how a company can work more efficiently by analysing the way in which it works at present **Systemanalyse** (NOTE: plural is **analyses**)

◇ **analyst** ['ænəlɪst] *noun* person who analyses **Analytiker/-in** *market analyst; systems analyst*

announce [ə'naʊns] *verb* to tell something to the public **ankündigen** *or* **bekannt geben** *to announce the results for 1998; to announce a programme of investment*

◇ **announcement** [ə'naʊnsmənt] *noun* telling something in public **Ankündigung** *f or* **Bekanntgabe** *f*; *announcement of a cutback in expenditure; announcement of the appointment of a new managing director; the managing director made an announcement to the staff*

annual ['ænjʊəl] *adjective* for one year **jährlich** *annual statement of income; he has six weeks' annual leave; the annual accounts; annual growth of 5%* **annual report** = report of a company's financial situation at the end of a year, sent to all the shareholders **Jahresbericht** *m* ; **annual return** = official report which a registered company has to make each year to the Registrar of Companies **Jahresausweis** *m* **einer britischen Aktiengesellschaft**; **on an annual basis** = each year **auf jährlicher Basis** *the figures are revised on an annual basis*

◇ **annual general meeting (AGM)** ['ænjʊəl'dʒenərəl'miːtɪŋ] *noun* annual meeting of all the members (that is, the shareholders) of a company, when the company's financial situation is presented by and discussed with the directors, when the accounts for the past year are approved, when dividends are declared and auditors are appointed, etc. **ordentliche Jahreshauptversammlung** (NOTE: the US term is **annual meeting** or **annual stockholders' meeting**)

◇ **annualized** ['ænjʊəˌlaɪzd] *adjective* shown on an annual basis **auf Jahresbasis**; **annualized percentage rate** = yearly percentage rate, calculated by multiplying the monthly rate by twelve (not as accurate as the APR, which includes fees and other charges) **Effektivzins** *m*

◇ **annually** ['ænjʊəlɪ] *adverb* each year **jährlich** *the figures are updated annually*

◇ **Annual Percentage Rate (APR)** ['ænjʊəlpə'sentidʒreɪt] *noun* rate of interest (such as on a hire-purchase agreement) shown on an annual compound basis, including fees and charges **effektiver Jahreszinssatz**

> QUOTE real wages have risen at an annual rate of only 1% in the last two years
>
> Sunday Times

> QUOTE the remuneration package will include an attractive salary, profit sharing and a company car together with four weeks annual holiday
> Times

annuity [ə'nju:ətɪ] *noun* money paid each year to a retired person, usually in return for a lump-sum payment **Rente** *f*; **Jahresrente** *f*; *to buy or to take out an annuity* **annuity for life** *or* **life annuity** = annual payments made to someone as long as he is alive **Leibrente** *f*; **reversionary annuity** = annuity paid to someone on the death of another person **Überlebensrente** *f* (NOTE: plural is **annuities)**

◇ **annuitant** [ə'nju:ɪtənt] *noun* person who receives an annuity **Rentner/-in** *or* **Empfänger/-in einer Rente**

annul [ə'nʌl] *verb* to cancel *or* to stop something being legal **annullieren** *or* **rückgängig machen** *or* **für ungültig erklären** *the contract was annulled by the court* (NOTE: **annulling - annulled)**

◇ **annullable** [ə'nʌləbl] *adjective* which can be cancelled **annullierbar** *or* **aufhebbar**

◇ **annulling** [ə'nʌlɪŋ]
1 *adjective* which cancels **Annullierungs-** *or* **Nichtigkeits-** *or* **Ungültigkeits-** *or* **Aufhebungs-** *annulling clause*
2 *noun* act of cancelling **Annullierung** *f or* **Aufhebung** *f*; *the annulling of a contract*

◇ **annulment** [ə'nʌlmənt] *noun* act of cancelling **Annullierung** *f or* **Aufhebung** *f*; *annulment of a contract*

answer ['ɑ:nsə]
1 *noun* reply, a letter or conversation coming after someone has written or spoken **Antwort** *f or* **Bescheid** *m*; *I am writing in answer to your letter of October 6th; my letter got no answer or there was no answer to my letter; I tried to phone his office but there was no answer*
2 *verb* to speak or write after someone has spoken or written to you **(be)antworten**; **to answer a letter** = to write a letter in reply to a letter which you have received **einen Brief beantworten**; **to answer the telephone** = to lift the telephone when it rings and listen to what the caller is saying **den Hörer abnehmen**

◇ **answering** ['ɑ:nsərɪŋ] *noun* **answering machine** = ANSWERPHONE; **answering service** = office which answers the telephone and takes messages for someone *or* for a company **Fernsprechauftragsdienst** *m*

◇ **answerphone** ['ɑ:nsə'fəʊn] *noun* machine which answers the telephone automatically when a person is not in the office and allows messages to be recorded **Anrufbeantworter** *m*; *he wasn't in when I called so I left a message on his answerphone*

antedate ['æntɪ'deɪt] *verb* to put an earlier date on a document **zurückdatieren** *the invoice was antedated to January 1st*

anti- ['æntɪ] *prefix* against **Anti-**

◇ **anti-dumping** ['æntɪ'dʌmpɪŋ] *adjective* which protects a country against dumping **Antidumping-** *anti-dumping legislation*

◇ **anti-inflationary** ['æntɪɪn'fleɪʃnərɪ] *adjective* which tries to restrict inflation **anti-** *or* **gegeninflationär** *anti-inflationary measures*

◇ **anti-trust** ['æntɪ'trʌst] *adjective* which attacks monopolies and encourages competition **Kartell-** *or* **Antitrust-** *anti-trust laws or legislation*

any other business (AOB) ['enɪ'ʌðə'bɪznəs] *noun* item at the end of an agenda, where any matter can be raised **Sonstiges**

AOB ['eɪəʊ'bi:] = ANY OTHER BUSINESS

aperture ['æpətjʊə] *noun* hole **Öffnung** *f*; **aperture envelope** = envelope with a hole in it so that the address on the letter inside can be seen **Fenster(brief)umschlag** *m*

apologize [ə'pɒlədʒaɪz] *verb* to say you are sorry **sich entschuldigen** *to apologize for the delay in answering; she apologized for being late*

◇ **apology** [ə'pɒlədʒɪ] *noun* saying you are sorry **Entschuldigung** *f*; *to write a letter of apology; I enclose a cheque for £10 with apologies for the delay in answering your letter*

appeal [ə'pi:l]
1 *noun*
(a) being attractive **Reiz** *m or* **Anziehungskraft** *f*; **customer appeal** = being attractive to customers **Anziehungskraft auf den Kunden**; **sales appeal** = quality which makes customers want to buy **Kaufanreiz** *m*
(b) asking a court *or* a government department to change its decision **Rechtsmittel** *n or* **Berufung** *f or* **Einspruch** *m*; *the appeal against the planning decision will be heard next month; he lost his appeal for damages against the company* **she won her case on appeal** = her case was lost in the first court, but the appeal court said that she was right **sie gewann den Prozess in der Berufung**
2 *verb*
(a) to attract **ansprechen** *or* **reizen** *this disk appeals to the under-25 market; the idea of*

working in Australia for six months appealed to her
(b) to ask a government department *or* a law court to alter its decision **Rechtsmittel** *or* **Berufung** *or* **Einspruch einlegen** *the company appealed against the decision of the planning officers* (NOTE: you appeal **to** a court or a person **against** a decision)

appear [ə'pɪə] *verb* to seem **scheinen** *the company appeared to be doing well; the managing director appears to be in control*

appendix [ə'pendɪks] *noun* additional sheets at the back of a contract; additional pages at the back of a book **Appendix** *m or* **Anhang** *m*

apply [ə'plaɪ] *verb*
(a) to ask for something, usually in writing **beantragen** *or* **sich bewerben** *to apply for a job; to apply for shares; to apply in writing; to apply in person*
(b) to affect *or* to relate to **gelten** *or* **betreffen** *this clause applies only to deals outside the EU*
◇ **applicant** ['æplɪkənt] *noun* person who applies for something **Antragsteller/-in** *applicant for a job or job applicant; there were thousands of applicants for shares in the new company*
◇ **application** [ˌæplɪ'keɪʃən] *noun* asking for something, usually in writing **Antrag** *m or* **Gesuch** *n or* **Ersuchen** *n* ; *application for shares; shares payable on application; attach the cheque to the share application form; application for a job or job application* **application form** = form to be filled in when applying **Bewerbungs-** *or* **Antragsformular** *n* ; *to fill in an application (form) for a job or a job application (form)* **letter of application** = letter in which someone applies for a job **Bewerbungsschreiben** *n*

appoint [ə'pɔɪnt] *verb* to choose someone for a job **ernennen** *or* **berufen** *to appoint James Smith (to the post of) manager; we have appointed a new distribution manager* (NOTE: you appoint a person **to** a job)
◇ **appointee** [əpɔɪn'tiː] *noun* person who is appointed to a job **Ernannte(r)** *or* **Beauftragte(r)** *or* **Kandidat/-in**
◇ **appointment** [ə'pɔɪntmənt] *noun*
(a) arrangement to meet **Termin** *m or* **Verabredung** *f* ; *to make or to fix an appointment for two o'clock; to make an appointment with someone for two o'clock; he was late for his appointment; she had to cancel her appointment* **appointments book** = desk diary in which appointments are noted **Terminkalender** *m*
(b) being appointed to a job **Ernennung** *f or* **Einsetzung** *f or* **Berufung** *f* ; **on his appointment as manager** = when he was made manager **bei seiner Ernennung zum Manager**; **letter of appointment** = letter in which someone is appointed to a job **Einstellungs-** *or* **Ernennungsschreiben** *n*
(c) job **Stelle** *f or* **Amt** *n* ; **staff appointment** = job on the staff **Anstellung** *f* **von Personal**; **appointments vacant** = list (in a newspaper) of jobs which are available **Stellenangebote** *npl or* **offene Stellen** *fpl*

apportion [ə'pɔːʃən] *verb* to share out (costs) **zuteilen** *or* **verteilen; umlegen** *costs are apportioned according to projected revenue*
◇ **apportionment** [ə'pɔːʃənmənt] *noun* sharing out of (costs) **Zuteilung** *f or* **Verteilung** *f* ; **Umlegung** *f*

appraise [ə'preɪz] *verb* to assess *or* to calculate the value of something *or* someone **abschätzen** *or* **einschätzen** *or* **bewerten**
◇ **appraisal** [ə'preɪzəl] *noun* calculation of the value of someone *or* something **Abschätzung** *f or* **Einschätzung** *f or* **Bewertung** *f* ; **staff appraisals** = reports on how well each member of staff is working **Personalbeurteilung** *f*

> QUOTE we are now reaching a stage in industry and commerce where appraisals are becoming part of the management culture. Most managers now take it for granted that they will appraise and be appraised
> Personnel Management

appreciate [ə'priːʃɪeɪt] *verb*
(a) to notice how good something is **zu schätzen wissen** *or* **schätzen** *the customer always appreciates efficient service; tourists do not appreciate long delays at banks*
(b) *(of currency, shares, etc.)* to increase in value **(im Wert) steigen** *the dollar has appreciated in terms of the yen; these shares have appreciated by 5%*
◇ **appreciation** [əˌpriːʃɪ'eɪʃən] *noun*
(a) valuing something highly **Anerkennung** *f or* **Würdigung** *f or* **Wertschätzung** *f* ; *he was given a rise in appreciation of his excellent work*
(b) increase in value **Wertsteigerung** *f or* **Wertzuwachs** *m* ; **Aufwertung** *f* ; *these shares show an appreciation of 10%; the appreciation of the dollar against the peseta*

> QUOTE faced with further appreciation of the yen, Japanese executives are accelerating their efforts to increase efficiency
> Nikkei Weekly

> QUOTE on top of an 11% appreciation of the yen to ¥116.43 for the half-year period, robust trade led to an 8.8% increase in the trade surplus
> Nikkei Weekly

apprentice [ə'prentɪs]
1 *noun* young person who works under contract with a skilled workman to learn from him **Auszubildende(r)** *or* **Lehrling** *m*
2 *verb* **to be apprenticed to someone** = to work with a skilled workman to learn from him **jdm als Lehrling unterstellt sein**
◇ **apprenticeship** [ə'prentɪsʃɪp] *noun* time spent learning a skilled trade **Ausbildung** *f or* **Lehre** *f* ; *he served a six-year apprenticeship in the steel works*

appro ['æprəʊ] *noun* = APPROVAL; **to buy something on appro** = to buy something which you will only pay for if it is satisfactory **etwas auf Probe** *or* **zur Ansicht kaufen**

approach [ə'prəʊtʃ]
1 *noun* getting in touch with someone with a proposal **Herantreten** *n* **Herangehen(sweise** *f*) *n or* **Methode** *f* ; *the company made an approach to the supermarket chain; the board turned down all approaches on the subject of mergers; we have had an approach from a Japanese company to buy our car division*
2 *verb* to get in touch with someone with a proposal **herantreten an** *or* **sich wenden an** *he approached the bank with a request for a loan; the company was approached by an American publisher with the suggestion of a merger; we have been approached several times but have turned down all offers*

appropriate [ə'prəʊprɪeɪt] *verb* to put a sum of money aside for a special purpose **bewilligen** *or* **zuweisen** *or* **bereitstellen** *to appropriate a sum of money for a capital project*
◇ **appropriation** [ə,prəʊprɪ'eɪʃən] *noun* act of putting money aside for a special purpose **Bewilligung** *f or* **Zuweisung** *f or* **Bereitstellung** *f*; *appropriation of funds to the reserve* **appropriation account** = part of a profit and loss account which shows how the profit has been dealt with (i.e. how much has been given to the shareholders as dividends, how much is being put into the reserves, etc.) **Gewinnverteilungsrechnung** *f or* **Bereitstellungskonto** *n*

approve [ə'pru:v] *verb*
(a) to approve of = to think something is good **billigen** *or* **gutheißen** *the chairman approves of the new company letter heading; the sales staff do not approve of interference from the accounts division*
(b) to agree to something officially **genehmigen** *or* **zustimmen** *to approve the terms of a contract; the proposal was approved by the board*
◇ **approval** [ə'pru:vəl] *noun*
(a) agreement **Genehmigung** *f* ; *to submit a budget for approval* **certificate of approval** = document showing that an item has been approved officially **Zulassungsbescheinigung** *f*
(b) on approval = sale where the buyer only pays for goods if they are satisfactory **auf Probe** *or* **versuchsweise** *to buy a photocopier on approval*

approximate [ə'prɒksɪmət] *adjective* not exact, but almost correct **ungefähr** *or* **annähernd** *the sales division has made an approximate forecast of expenditure*
◇ **approximately** [ə'prɒksɪmətlɪ] *adverb* almost correctly **zirka** *or* **etwa** *or* **annähernd** *expenditure is approximately 10% down on the previous quarter*
◇ **approximation** [ə,prɒksɪ'meɪʃən] *noun* rough calculation **Annäherung** *f or* **Angleichung** *f* ; *approximation of expenditure; the final figure is only an approximation*

APR = ANNUAL PERCENTAGE RATE

aptitude ['æptɪtju:d] *noun* ability to do something **Begabung** *f*; **aptitude test** = test to see if a candidate is suitable for a certain type of work **Eignungsprüfung** *f*

arbitrage ['ɑ:bɪtreɪdʒ] *noun*
(a) selling foreign currency on one market and buying on another at almost the same time to profit from different exchange rates **Arbitrage** *f*
(b) risk arbitrage = buying shares in companies which are likely to be taken over and so rise in price **Risikoarbitrage** *f* ; **arbitrage syndicate** = group of people formed to raise the capital to invest in arbitrage deals **Arbitragekonsortium** *n*
◇ **arbitrager** *or* **arbitrageur** ['ɑ:bɪtreɪdʒə *or* ɑ:bɪtrɑ:'ʒɜ:] *noun* person whose business is arbitrage **Arbitrageur** *m or* **Arbitragehändler/-in**

> COMMENT: arbitrageurs buy shares in companies which are potential takeover targets, either to force up the price of the shares before the takeover bid, or simply as a position while waiting for the takeover bid to take place. They also sell shares in the company which is expected to make the takeover bid, since one of the consequences

of a takeover bid is usually that the price of the target company rises while that of the bidding company falls. Arbitrageurs may then sell the shares in the target company at a profit, either to one of the parties making the takeover bid, or back to the company itself

arbitrate ['ɑːbɪtreɪt] *verb (of an outside party)* to be chosen by both sides to try to settle an industrial dispute **(durch Schiedsspruch) schlichten** *or* **(schiedsrichterlich) entscheiden** *to arbitrate in a dispute*

◇ **arbitration** [ˌɑːbɪ'treɪʃən] *noun* settling of a dispute by an outside person, chosen by both sides **Schlichtung(sverfahren** *n* **)** *f* ; **Schieds(gerichts)verfahren** *n* ; *to submit a dispute to arbitration; to refer a question to arbitration; to take a dispute to arbitration; to go to arbitration* **arbitration board** *or* **arbitration tribunal** = group which arbitrates **Schlichtungskommission** *f* *or* **Schiedskommission** *f*; **Schiedsgericht(shof** *m* **)** *n* ; **industrial arbitration tribunal** = court which decides in industrial disputes **Schiedsgericht für wirtschaftliche Streitigkeiten** *to accept the ruling of the arbitration board*

◇ **arbitrator** ['ɑːbɪtreɪtə] *noun* person not concerned with a dispute who is chosen by both sides to try to settle it **Schlichter/-in** *or* **Schiedsrichter/-in** *industrial arbitrator; to accept or to reject the arbitrator's ruling*

arcade [ɑː'keɪd] *noun* covered passageway **Passage** *f* ; **shopping arcade** = covered passageway with small shops on either side **Einkaufspassage** *f*

archives ['ɑːkaɪvz] *noun* old documents which are kept safely **Archiv** *n* ; *the company's archives go back to its foundation in 1892* **archive box** = cardboard box in which old documents can be kept **Archivkasten** *m*

area ['eərɪə] *noun*
(a) measurement of the space taken up by something (calculated by multiplying the length by the width) **Fläche** *f or* **Raum** *m* ; *the area of this office is 3,400 square feet; we are looking for a shop with a sales area of about 100 square metres*
(b) region of the world **Gebiet** *n or* **Zone** *f*; **free trade area** = group of countries practising free trade **Freihandelszone** *f* ; **dollar area** *or* **sterling area** = areas of the world where the dollar *or* the pound is the main trading currency **Dollarzone; Sterlingzone** *f*
(c) subject **Bereich** *m* ; *a problem area or an area for concern*
(d) district *or* part of a town **Viertel** *n or* **Teil** *m/n or* **Gebiet** *n* ; *the office is in the commercial area of the town; their factory is in a very good area for getting to the motorways and airports*
(e) part of a country, a division for commercial purposes **Bezirk** *m or* **Gebiet** *n* ; *his sales area is the North-West; he finds it difficult to cover all his area in a week*

◇ **area code** ['eərɪə'kəʊd] *noun* special telephone number which is given to a particular area **Vorwahl** *f or* **Ortsnetzkennzahl** *f* ; *the area code for central London is 0207*

◇ **area manager** ['eərɪə'mænɪdʒə] *noun* manager who is responsible for a company's work in a part of the country **Bezirks-** *or* **Gebietsleiter/-in**

argue ['ɑːgjuː] *verb* to discuss something about which you do not agree **streiten** *or* **sich auseinander setzen** *they argued over or about the price; we spent hours arguing with the managing director about the site for the new factory; the union officials argued among themselves over the best way to deal with the ultimatum from the management* (NOTE: you argue **with** someone **about** *or* **over** something)

◇ **argument** ['ɑːgjʊmənt] *noun* discussing something without agreeing **Auseinandersetzung** *f or* **Streit** *m* ; *they got into an argument with the customs officials over the documents; he was sacked after an argument with the managing director*

around [ə'raʊnd] *preposition* approximately **um** *or* **zirka** *the office costs around £2,000 a year to heat; his salary is around $85,000*

arrange [ə'reɪn(d)ʒ] *verb*
(a) to put in order **(an)ordnen** *or* **gruppieren** *the office is arranged as an open-plan area with small separate rooms for meetings; the files are arranged in alphabetical order; can you arrange the invoices in order of their dates?*
(b) to organize **vereinbaren; arrangieren** *or* **einrichten** *we arranged to have the meeting in their offices; she arranged for a car to meet him at the airport* (NOTE: you arrange **for** someone to do something; you arrange **for** something to be done; or you arrange **to** do something)

◇ **arrangement** [ə'reɪn(d)ʒmənt] *noun*
(a) way in which something is organized **Vorbereitung** *f* ; **Arrangement** *n or* **Plan** *m* ; *the company secretary is making all the arrangements for the AGM* **arrangement fee** = charge made by a bank to a client for arranging credit facilities **(Kredit) bereitstellungsprovision** *f*
(b) settling of a financial dispute **Vergleich** *m or* **Übereinkunft** *f* ; *he came to an arrangement*

with his creditors **scheme of arrangement** = scheme drawn up by an individual or company to offer ways of paying debts, so as to avoid bankruptcy proceedings **Vergleichsvorschlag** *m*

> QUOTE on the upside scenario the outlook is reasonably optimistic, bankers say, the worst scenario being that a scheme of arrangement cannot be achieved, resulting in liquidation
>
> Irish Times

arrears [ə'rɪəz] *plural noun*
(a) money which is owed, but which has not been paid at the right time **Rückstände** *mpl* *arrears of interest; to allow the payments to fall into arrears; salary with arrears effective from January 1st*
(b) in arrears = owing money which should have been paid earlier **im Rückstand** *the payments are six months in arrears; he is six weeks in arrears with his rent*

arrive [ə'raɪv] *noun*
(a) to reach a place **ankommen** *or* **eingehen** *or* **eintreffen** *the consignment has still not arrived; the shipment arrived without any documentation; the plane arrives in Sydney at 04.00; the train leaves Paris at 09.20 and arrives at Bordeaux two hours later* (NOTE: you arrive **at** *or* **in** a place or town, but only **in** a country)
(b) to arrive at = to calculate and agree **gelangen zu** *or* **erreichen** *to arrive at a price; after some discussion we arrived at a compromise*
◇ **arrival** [ə'raɪvəl] *noun* reaching a place **Ankunft** *f or* **Eingang** *m or* **Eintreffen** *n* ; *we are waiting for the arrival of a consignment of spare parts* **'to await arrival'** = note written on an envelope to ask for it to be kept safe until the person it is addressed to arrives **'nicht nachsenden'**; **arrivals** = part of an airport dealing with passengers who are arriving **Ankunft**

article ['ɑːtɪkl] *noun*
(a) product *or* thing for sale **Artikel** *m* ; *to launch a new article on the market; a black market in luxury articles*
(b) section of a legal agreement **Artikel** *m or* **Paragraf** *m or* **Absatz** *m or* **Klausel** *f*; *see article 8 of the contract*
(c) articles of association = document which lays down the rules for a company regarding the issue of shares, the conduct of meetings, the appointment of directors, etc. **Gesellschaftsvertrag** *m or* **Satzung** *f (einer Kapitalgesellschaft)* (NOTE: in the US, called **bylaws)** *director appointed under the articles of the company; this procedure is not allowed under the articles of association of the company; (US)* **articles of incorporation** = document which sets up a company and lays down the relationship between the shareholders and the company **Gründungsurkunde** *f (Teil der Satzung einer Gesellschaft)* (NOTE: in the UK called **Memorandum of Association)**
(d) articles = time when a clerk is working in a solicitor's office learning the law **Anwaltsreferendarzeit** *f*
◇ **articled clerk** ['ɑːtɪkld'klɑːk] *noun* clerk who is bound by contract to work in a lawyer's office for some years to learn the law **Rechtsreferendar/-in**

articulated lorry *or* **articulated vehicle** [ɑː'tɪkjʊleɪtɪd'lɒrɪ *or* ɑː'tɪkjʊleɪtɪd'viːɪkl] *noun* large lorry formed of two parts, the second pulled by the first **Sattelschlepper** *m or* **Sattelzug** *m*

asap ['æsæp] = AS SOON AS POSSIBLE

aside [ə'saɪd] *adverb* to one side *or* out of the way **zur Seite** *or* **beiseite**; **to put aside** *or* **to set aside** = to save (money) **auf die Seite legen** *he is putting £50 aside each week to pay for his car*

ask [ɑːsk] *verb*
(a) to put a question to someone **fragen** *he asked the information office for details of companies exhibiting at the motor show; ask the salesgirl if the bill includes VAT*
(b) to tell someone to do something **bitten; verlangen** *he asked the switchboard operator to get him a number in Germany; she asked her secretary to fetch a file from the managing director's office; the customs officials asked him to open his case*
◇ **ask for** [ɑːsk'fɔː] *verb*
(a) to say that you want *or* need something **verlangen** *or* **fragen nach** *or* **bitten** *he asked for the file on 1996 debtors; they asked for more time to repay the loan; there is a man in reception asking for Mr Smith*
(b) to put a price on something for sale **verlangen** *or* **fordern** *they are asking £24,000 for the car*
◇ **asking price** ['ɑːskɪŋˌpraɪs] *noun* price which the seller asks for the goods being sold **geforderter Preis** *the asking price is £24,000*

as per *see* PER

assay mark [ə'seɪˌmɑːk] *noun* mark put on gold or silver items to show that the metal is of the correct quality **Feingehaltsstempel** *m*

assemble [ə'sembl] *verb* to put a product together from various parts **montieren** *or* **zusammenbauen** *the engines are made in Japan and the bodies in Scotland, and the cars are assembled in France*

◇ **assembly** [ə'semblɪ] *noun*
(a) putting an item together from various parts **Montage** *f or* **Zusammenbau** *m* ; *there are no assembly instructions to show you how to put the computer together* **car assembly plant** = factory where cars are put together from parts made in other factories **KFZ-Montagewerk** *n*
(b) meeting **Versammlung** *f*

◇ **assembly line** [ə'semblɪ'laɪn] *noun* production system where the product (such as a car) moves slowly through the factory with new sections added to it as it goes along **Montageband** *n or* **Fließband** *n or* **Fertigungsstraße** *f* ; *he works on an assembly line or he is an assembly line worker*

assess [ə'ses] *verb* to calculate the value of something **schätzen; festsetzen** *or* **bemessen** *to assess damages at £1,000; to assess a property for the purposes of insurance*

◇ **assessment** [ə'sesmənt] *noun* calculation of value **Schätzung** *f* ; **Festsetzung** *f or* **Bemessung** *f* ; *assessment of damages; assessment of property; tax assessment* **staff assessment** = report on how well members of staff are working **Personalbeurteilung** *f*

asset ['æset] *noun* thing which belongs to a company or person, and which has a value **Aktiva** *pl* ; **Aktivposten** *m* ; **Vermögen(swert** *m*) *n* ; **Guthaben** *n* ; *he has an excess of assets over liabilities; her assets are only £640 as against liabilities of £24,000* **capital assets** *or* **fixed assets** = property or machinery which a company owns and uses in its business, but which the company does not buy or sell as part of its regular trade **Anlagevermögen** *n* ; **current assets** = assets used by a company in its ordinary work (such as materials, finished goods, cash, monies due) and which are held for a short time only **Umlaufvermögen** *n* ; **frozen assets** = assets of a company which cannot be sold because someone has a claim against them **eingefrorene Vermögenswerte** *mpl* **intangible assets** = assets which have a value, but which cannot be seen (such as goodwill, or a patent, or a trademark) **immaterielle Vermögenswerte** *mpl* **liquid assets** = cash, or investments which can be quickly converted into cash **flüssiges Vermögen; personal assets** = moveable assets which belong to a person **Privatvermögen** *n* ; **tangible assets** = assets which are visible (such as furniture, jewels or cash) **materielle Vermögenswerte** *mpl or* **Sachvermögen** *n or* **Sachanlagen** *fpl* **asset stripper** = person who buys a company to sell its assets **Aufkäufer** *m* **eines Unternehmens, der anschließend Unternehmensteile gewinnbringend veräußert; asset stripping** = buying a company in order to sell its assets **Aufkauf** *m* **eines Unternehmens mit anschließenden gewinnbringenden Einzelverkäufen; asset value** = value of a company calculated by adding together all its assets **Substanzwert** *m*

> QUOTE many companies are discovering that a well-recognised brand name can be a priceless asset that lessens the risk of introducing a new product
>
> Duns Business Month

assign [ə'saɪn] *verb*
(a) to give legally **übertragen** *or* **abtreten** *to assign a right to someone; to assign shares to someone*
(b) to give someone a job of work **beauftragen** *or* **betrauen** *he was assigned the job of checking the sales figures*

◇ **assignation** [ˌæsɪg'neɪʃən] *noun* legal transfer **Übertragung** *f or* **Abtretung** *f* ; *assignation of shares to someone; assignation of a patent*

◇ **assignee** [ˌæsaɪ'ni:] *noun* person who receives something which has been assigned **Rechtsnachfolger/-in** *or* **Bevollmächtigte(r)**

◇ **assignment** [ə'saɪnmənt] *noun*
(a) legal transfer of a property *or* of a right **Abtretung** *f or* **Übertragung** *f* ; *assignment of a patent or of a copyright; to sign a deed of assignment*
(b) particular job of work **Aufgabe** *f or* **Auftrag** *m* ; *he was appointed managing director with the assignment to improve the company's profits; the oil team is on an assignment in the North Sea*

◇ **assignor** [ˌæsaɪ'nɔ:] *noun* person who assigns something to someone **Abtretende(r)** *or* **Zedent** *m* ; **Übertragende(r)**

assist [ə'sɪst] *verb* to help **helfen** *or* **unterstützen** *can you assist the stock controller in counting the stock? he assists me with my income tax returns* (NOTE: you assist someone **in** doing something or **with** something)

◇ **assistance** [ə'sɪstəns] *noun* help **Hilfe** *f or* **Unterstützung** *f* ; **clerical assistance** = help with office work **Schreibhilfe** *f or* **Schreibkraft** *f* ; **financial assistance** = help in the form of money **Finanzhilfe** *f*

◇ **assistant** [ə'sɪstənt] *noun* person who helps, a clerical employee **Assistent/-in** *or*

Gehilfe/Gehilfin *or* **Mitarbeiter/-in**; **personal assistant** *or (US)* **administrative assistant** = secretary who also helps the boss in various ways **persönliche(r) Assistent/-in; Chefsekretär/-in**; **shop assistant** = person who serves the customers in a shop **Verkäufer/-in**; **assistant manager** = person who helps a manager **stellvertretende(r) Leiter/-in**

associate [ə'səʊsɪət]
1 *adjective* linked **verbunden**; **associate company** = ASSOCIATED COMPANY; **associate director** = director who attends board meetings, but has not been elected by the shareholders **außerordentliches Mitglied des Board-of-Directors**
2 *noun* person who works in the same business as someone **Teilhaber/-in** *or* **Gesellschafter/-in** *she is a business associate of mine*

◇ **associated** [ə'səʊsɪeɪtɪd] *adjective* linked **verbunden; Beteiligungs-**; **associated company** = company which is partly owned by another (though less than 50%), and where the share-owning company exerts some management control or has a close trading relationship with the associate **Beteiligungsgesellschaft** *f*; *Smith Ltd and its associated company, Jones Brothers*

◇ **association** [əˌsəʊsɪ'eɪʃən] *noun*
(a) group of people *or* of companies with the same interest **Gesellschaft** *f or* **Verband** *m or* **Bund** *m* ; *trade association; employers' association; manufacturers' association*
(b) articles of association = document which lays down the rules for a company regarding the issue of shares, the conduct of meetings, the appointment of directors, etc. **Gesellschaftsvertrag** *m or* **Satzung** *f (einer Kapitalgesellschaft)*; **Memorandum of Association** = document drawn up at the same time as the articles of association of a company, in which the company's objects are defined, the details of the share capital, directors, registered office, etc. are set out **Gründungsurkunde** *f (Teil der Satzung einer Gesellschaft)* (NOTE: in the USA, called **articles of incorporation)**

asst = ASSISTANT

assume [ə'sju:m] *verb* to take on **übernehmen** *to assume all risks; he has assumed responsibility for marketing*

◇ **assumption** [ə'sʌm(p)ʃən] *noun* taking on **Übernahme** *f*; *assumption of risks*

assure [ə'ʃʊə] *verb* to insure, to have a contract with a company where if regular payments are made, the company will pay compensation if you die **versichern** *or* **eine Versicherung abschließen für** *to assure someone's life; he has paid the premiums to have his wife's life assured* **the life assured** = the person whose life has been covered by the life assurance **der/die Versicherte (in einer Lebensversicherung)**

◇ **assurance** [ə'ʃʊərəns] *noun* insurance, an agreement that in return for regular payments, a company will pay compensation for loss of life **Versicherung** *f* ; *assurance company; assurance policy* **life assurance** = insurance which pays a sum of money when someone dies **Lebensversicherung** *f*

◇ **assurer** *or* **assuror** [ə'ʃʊərə] *noun* insurer *or* company which insures **Versicherungsträger/-in** (NOTE: **assure, assurer,** and **assurance** are used in Britain for insurance policies relating to something which will certainly happen (such as death); for other types of policy (i.e., those against something which may or may not happen, such as an accident) use the terms **insure, insurer,** and **insurance)**

at best [æt'best] *phrase* **sell at best** = instruction to a stockbroker to sell shares at the best price possible **bestens** *or* **bestmöglich verkaufen**

ATM ['eɪti:'em] *noun* = AUTOMATED TELLER MACHINE

> QUOTE Swiss banks are issuing new Eurocheque cards which will guarantee Eurocheque cash operations but will also allow cash withdrawals from ATMs in Belgium, Denmark, Spain, France, the Netherlands, Portugal and Germany
> Banking Technology

at par [æt'pɑ:] *phrase* **share at par** = share whose value on the stock market is the same as its face value **Aktie** *f* **zum Nennwert** *or* **al pari**

at sight [æt'saɪt] *phrase* (financial instrument) which is payable when it is presented **bei Sicht**

attach [ə'tætʃ] *verb* to fasten *or* to link **beifügen; befestigen** *I am attaching a copy of my previous letter; please find attached a copy of my letter of June 24th; the machine is attached to the floor so it cannot be moved; the bank attaches great importance to the deal*

◇ **attaché** [ə'tæʃeɪ] *noun* junior diplomat who does special work **Attaché** *m* ; **commercial attaché** = diplomat whose job is to promote the commercial interests of his country **Handelsattaché** *m* ; **attaché case** = small case for carrying papers and documents **Aktenkoffer** *m*

◇ **attachment** [ə'tætʃmənt] *noun* holding a debtor's property to prevent it being sold until debts are paid **dinglicher Arrest; Beschlagnahme** *f*; **Pfändung** *f*; **attachment of earnings** = legal power to take money from a person's salary to pay money, which is owed, to the court **Lohn- und Gehaltspfändung** *f*

attempt [ə'tem(p)t]
1 *noun* trying to do something **Versuch** *m or* **Bemühung** *f*; *the company made an attempt to break into the American market; the takeover attempt was turned down by the board; all his attempts to get a job have failed*
2 *verb* to try **versuchen** *or* **sich bemühen** *the company is attempting to get into the tourist market; we are attempting the takeover of a manufacturing company; he attempted to have the sales director sacked*

attend [ə'tend] *verb* to be present at **anwesend sein** *or* **beiwohnen** *the chairman has asked all managers to attend the meeting; none of the shareholders attended the AGM*

◇ **attend to** [ə'tend,tu:] *verb* to give careful thought to (something) and deal with it **sich befassen mit** *the managing director will attend to your complaint personally; we have brought in experts to attend to the problem of installing the new computer*

◇ **attention** [ə'tenʃən] *noun* giving careful thought **Aufmerksamkeit** *f or* **Beachtung** *f* ; *your orders will have our best attention* **for the attention of (attn** *or* **fao)** = words written on a letter to show that a certain person must see it and deal with it **zu Händen (von)** *mark your letter 'for the attention of the Managing Director'*

attn = FOR THE ATTENTION OF

attorney [ə'tɜ:nɪ] *noun*
(a) person who is legally allowed to act on behalf of someone else **Bevollmächtigte(r)** *or* **rechtliche(r) Vertreter/-in**; **power of attorney** = legal document giving someone the right to act on someone's behalf in legal matters **Handlungsvollmacht** *f* ; **(schriftliche) Vollmacht** *his solicitor was granted power of attorney*
(b) *(US)* **attorney-at-law** = lawyer who has a state licence to practise in a court **Rechtsanwalt/-anwältin**

attract [ə'trækt] *verb*
(a) to make something or someone join *or* come in **anziehen** *or* **gewinnen** *the company is offering free holidays in Spain to attract buyers; we have difficulty in attracting skilled staff to this part of the country*
(b) to bring something or someone to something **anlocken; einbringen** *the deposits attract interest at 15%*

◇ **attractive** [ə'træktɪv] *adjective* which attracts **attraktiv** *or* **zugkräftig**; **attractive prices** = prices which are cheap enough to make buyers want to buy **attraktive** *or* **verlockende Preise** *mpl* **attractive salary** = good salary to make high-quality applicants apply for the job **verlockendes** *or* **ansprechendes Gehalt**

> QUOTE airlines offer special stopover rates and hotel packages to attract customers and to encourage customer loyalty
> Business Traveller

attributable profit [ə'trɪbjʊtəbl'prɒfɪt] *noun* part of the total profit expected from a long-term contract which relates to the work already done **zurechenbarer Gewinn**

auction ['ɔ:kʃən]
1 *noun* selling of goods where people make bids, and the item is sold to the person who makes the highest offer **Auktion** *f or* **Versteigerung** *f* ; *sale by auction; auction rooms; to sell goods by auction or at auction* **to put something up for auction** = to offer an item for sale at an auction **etwas zur Versteigerung anbieten**; **Dutch auction** = auction where the auctioneer offers an item for sale at a high price and gradually reduces the price until someone makes a bid **holländische Versteigerung**
2 *verb* to sell at an auction **versteigern** *or* **auktionieren** *the factory was closed and the machinery was auctioned off*

◇ **auctioneer** [,ɔ:kʃə'nɪə] *noun* person who conducts an auction **Auktionator/-in**

audio-typing ['ɔ:dɪəʊ'taɪpɪŋ] *noun* typing to dictation from a recording **Tippen** *n* **nach Phonodiktat**

◇ **audio-typist** ['ɔ:dɪəʊ'taɪpɪst] *noun* typist who types to dictation from a recording on a dictating machine **Phonotypist/-in**

audit ['ɔ:dɪt]
1 *noun* examination of the books and accounts of a company **Buchprüfung** *f or* **Revision** *f* ; *to carry out the annual audit* **external** *or* **independent audit** = audit carried out by an independent auditor (who is not employed by the company) **externe** *or* **außerbetriebliche Revision**; **internal audit** = audit carried out by a department inside the company **(betriebs)interne Revision** *or*

Innenrevision *f* ; *he is the manager of the internal audit department*
2 *verb* to examine the books and accounts of a company **prüfen** *to audit the accounts; the books have not yet been audited*

◇ **auditing** ['ɔ:dɪtɪŋ] *noun* action of examining the books and accounts **Revision** *f or* **Buchprüfung** *f*

◇ **auditor** ['ɔ:dɪtə] *noun* person who audits **Revisor/-in; Rechnungsprüfer/-in; Abschlussprüfer/-in; Wirtschaftsprüfer/-in** *the AGM appoints the company's auditors* **external auditor** = independent person who audits the company's accounts **externe(r)** *or* **außerbetriebliche(r) Revisor/-in; internal auditor** = member of staff who audits a company's accounts **(betriebs)interne(r) Revisor/-in; Innenrevisor/-in; auditors' report** = report written by a company's auditors after they have examined the accounts of the company (if they are satisfied, the report certifies that, in the opinion of the auditors, the accounts give a 'true and fair' view of the company's financial position) **Prüfungsbericht** *m*

> COMMENT: auditors are appointed by the company's directors and voted by the AGM. In the USA, audited accounts are only required by corporations which are registered with the SEC, but in the UK all limited companies with a turnover over a certain limit must provide audited annual accounts

authenticate [ɔ:'θentɪkeɪt] *verb* to say that something is true **rechtsgültig machen; beglaubigen** *or* **beurkunden**

authority [ɔ:'θɒrətɪ] *noun*
(a) power to do something **Befugnis** *f or* **Ermächtigung** *f*; *he has no authority to act on our behalf*
(b) local authority = elected section of government which runs a small area of a country **örtliche Behörde; the authorities** = the government *or* the people in control **die Behörden** *fpl or* **die Obrigkeit** *f*

authorize ['ɔ:θəraɪz] *verb*
(a) to give permission for something to be done **genehmigen** *or* **bewilligen** *or* **freigeben** *to authorize payment of £10,000*
(b) to give someone the authority to do something **ermächtigen** *or* **autorisieren** *or* **bevollmächtigen** *to authorize someone to act on the company's behalf*

◇ **authorization** [,ɔ:θəraɪ'zeɪʃən] *noun* permission *or* power to do something **Genehmigung** *f or* **Bevollmächtigung** *f or* **Ermächtigung** *f or* **Freigabe** *f* ; *do you have authorization for this expenditure? he has no authorization to act on our behalf*

◇ **authorized** ['ɔ:θəraɪzd] *adjective* permitted **befugt** *or* **autorisiert** *or* **bevollmächtigt; authorized capital** = amount of capital which a company is allowed to have, as stated in the memorandum of association **Grundkapital** *n or* **autorisiertes (Aktien)kapital; authorized dealer** = person *or* company (such as a bank) which is allowed to buy and sell foreign currency **Vertragshändler/-in**

> QUOTE in 1934 Congress authorized President Franklin D. Roosevelt to seek lower tariffs with any country willing to reciprocate
> Duns Business Month

automated ['ɔ:təmeɪtɪd] *adjective* worked automatically by machines **automatisiert** *fully automated car assembly plant* **automated teller machine (ATM)** = machine which gives out cash when a special card is inserted and special instructions given **Geldautomat** *m (see also* PIN)

◇ **automation** [,ɔ:tə'meɪʃən] *noun* use of machines to do work with very little supervision by people **Automation** *f* ; **Automatisierung** *f*

automatic [,ɔ:tə'mætɪk] *adjective* which works *or* takes place without any person making it happen **automatisch** *there is an automatic increase in salaries on January 1st* **automatic data processing** = data processing done by a computer **automatische Datenverarbeitung; automatic telling machine** *or* **automated teller machine (ATM)** = machine which gives out money when a special card is inserted and special instructions given **Geldautomat** *m* ; **automatic vending machine** = machine which provides drinks, cigarettes, etc. when coins are put in **Verkaufsautomat** *m*

◇ **automatically** [,ɔ:tə'mætɪkəlɪ] *adverb* working without a person giving instructions **automatisch** *the invoices are sent out automatically; addresses are typed in automatically; a demand note is sent automatically when the invoice is overdue*

available [ə'veɪləbl] *adjective* which can be obtained *or* bought **erhältlich** *or* **verfügbar** *available in all branches; item no longer available; items available to order only; funds which are made available for investment in small businesses* **available capital** = capital which is ready to be used **verfügbares Kapital**

◇ **availability** [əˌveɪləˈbɪlətɪ] *noun* being easily obtained **Verfügbarkeit** *f or* **Disponibilität** *f*; **offer subject to availability** = the offer is valid only if the goods are available **Angebot gilt, solange Vorrat reicht**

average [ˈævərɪdʒ]

1 *noun*

(a) number calculated by adding together several figures and dividing by the number of figures added **Durchschnitt** *m or* **Mittelwert** *m*; *the average for the last three months or the last three months' average; sales average or average of sales* **moving average** = average of share prices on a stock market, where the calculation is made over a period which moves forward regularly (the commonest are 100-day or 200-day averages, or 10- or 40-week moving averages, where the average is calculated for the whole period, and moves forward one day or week at a time **gleitender Durchschnitt**; **weighted average** = average which is calculated taking several factors into account, giving some more value than others **gewogener Mittelwert** *or* **Durchschnittswert**

(b) on average = in general **im Durchschnitt** *or* **durchschnittlich** *on average, £15 worth of goods are stolen every day*

(c) sharing of the cost of damage or loss of a ship between the insurers and the owners **Havarie** *f*; **average adjuster** = person who calculates how much of an insurance is to be paid **(Havarie-)Dispacheur** *m*; **Schadensregulierer** *m*; **general average** = sharing of the cost of the lost goods by all parties to an insurance **große Havarie**; **particular average** = situation where part of a shipment is lost or damaged and the insurance costs are borne by the owner of the lost goods and not shared among all the owners of the shipment **besondere Havarie**

2 *adjective*

(a) middle (figure) **durchschnittlich** *average cost per unit; average price; average sales per representative; the average figures for the last three months; the average increase in prices*

(b) not very good **durchschnittlich** *or* **Durchschnitts-** *the company's performance has been only average; he is an average worker*

3 *verb* to produce as an average figure **durchschnittlich betragen** *or* **ausmachen** *price increases have averaged 10% per annum; days lost through sickness have averaged twenty-two over the last four years*

◇ **average due date** [ˈævərɪdʒˈdjuːˌdeɪt] *noun* the average date when several different payments fall due **mittlerer Fälligkeitstermin**

◇ **average out** [ˈævərɪdʒˈaʊt] *verb* to come to a figure as an average **sich durchschnittlich belaufen auf** *it averages out at 10% per annum; sales increases have averaged out at 15%*

◇ **averager** [ˈævərɪdʒə] *noun* person who buys the same share at various times and at various prices to get an average value **Kapitalanleger/-in, der/die nach dem Prinzip des Averaging vorgeht**

◇ **average-sized** [ˈævərɪdʒˈsaɪzd] *adjective* not large or small **von durchschnittlicher Größe** *they are an average-sized company; he has an average-sized office*

◇ **averaging** [ˈævərɪdʒɪŋ] *noun* buying shares at different times and at different prices to produce an average value **Averaging** *n (An- und Verkauf von denselben Wertpapieren zu verschiedenen Kursen und Zeitpunkten, um so einen besseren Durchschnittskurs zu erzielen)*

> QUOTE a share with an average rating might yield 5 per cent and have a PER of about 10
> Investors Chronicle

> QUOTE the average price per kilogram for this season to the end of April has been 300 cents
> Australian Financial Review

avoid [əˈvɔɪd] *verb* to try not to do something **vermeiden** *or* **umgehen** *the company is trying to avoid bankruptcy; my aim is to avoid paying too much tax; we want to avoid direct competition with Smith Ltd* (NOTE: you avoid something or avoid **doing** something)

◇ **avoidance** [əˈvɔɪdəns] *noun* trying not to do something **Vermeidung** *f or* **Umgehung** *f*; **Aufhebung** *f*; *avoidance of an agreement or of a contract* **tax avoidance** = trying (legally) to pay as little tax as possible **(legale) Steuerumgehung** *or* **Steuerausweichung**

avoirdupois [ˌævədəˈpɔɪz] *noun* non-metric system of weights used in the UK, the USA and other countries (the basic units are the ounce, the pound, the hundredweight and the ton) **Avoirdupois** *n (britisches Handelsgewicht vor der Umstellung auf das metrische System)*

> COMMENT: avoirdupois weight is divided into drams (16 drams = 1 ounce); ounces (14 ounces = one pound); pounds (100 pounds = 1 hundredweight); hundredweight (20 hundredweight = 1 ton). Avoirdupois weights are slightly heavier than troy weights with the same names: the avoirdupois pound equals 0.45kg, whereas the troy pound equals 0.37kg. See also TROY

await [ə'weɪt] *verb* to wait for **(er)warten** *or* **entgegensehen** *we are awaiting the decision of the planning department; they are awaiting a decision of the court; the agent is awaiting our instructions*

award [ə'wɔːd]
1 *noun* decision which settles a dispute *or* claim **Schiedsspruch** *m* ; *an award by an industrial tribunal; the arbitrator's award was set aside on appeal; the latest pay award has been announced*
2 *verb* to decide the amount of money to be given to someone **zuerkennen** *or* **zusprechen** *to award someone a salary increase; to award damages; the judge awarded costs to the defendant* **to award a contract to someone** = to decide that someone will have the contract to do work **einen Auftrag an jdn vergeben**

away [ə'weɪ] *adverb* not here *or* somewhere else **fort** *or* **weg** *the managing director is away on business; my secretary is away sick; the company is moving away from its down-market image*

awkward ['ɔːkwəd] *adjective* difficult to deal with **schwierig; peinlich** *the board is trying to solve the awkward problem of the managing director's son; when he asked for the loan the bank started to ask some very awkward questions; he is being very awkward about giving us further credit*

axe *or (US)* **ax** [æks]
1 *noun* **the project got the axe** = the project was stopped **das Projekt wurde gestrichen**
2 *verb* to cut *or* to stop **radikal kürzen; abbauen** *to axe expenditure; several thousand jobs are to be axed*

Bb

'B' shares ['biːˌʃeəz] *plural noun* ordinary shares with special voting rights (often owned by the founder of a company and his family) **Stammaktien** *fpl* **mit besonderem Stimmrecht**

baby bonds ['beɪbɪ'bɒndz] *plural noun (US)* bonds in small denominations (i.e. $100) which the small investor can afford to buy **Baby-Bonds** *mpl (Schuldverschreibungen mit sehr geringen Nennwerten)*

back [bæk]
1 *noun* opposite side to the front **Rückseite** *f* ; *write your address on the back of the envelope; the conditions of sale are printed on the back of the invoice; please endorse the cheque on the back*
2 *adjective* referring to the past **zurück** *or* **Rück-**; **back interest** = interest not yet paid **Zinsrückstand** *m or* **rückständige Zinsen** *mpl* **back orders** = orders received in the past and not fulfilled (usually because the item is out of stock) **unerledigte Aufträge** *mpl after the strike it took the factory six weeks to clear all the accumulated back orders* **back pay** = salary which has not been paid **Lohnnachzahlung** *f* ; *I am owed £500 in back pay* **back payment** = paying money which is owed **Nach-** *or* **Rückzahlung** *f* ; *the salesmen are claiming for back payment of unpaid commission* **back payments** = payments which are due **Nachzahlungen** *fpl* **back rent** = rent due but not paid **Mietrückstand** *m* ; *the company owes £100,000 in back rent*
3 *adverb* as things were before **zurück** *he will pay back the money in monthly instalments; the store sent back the cheque because the date was wrong; the company went back on its agreement to supply at £1.50 a unit*
4 *verb*
(a) to back someone = to help someone financially **jdn (finanziell) unterstützen** *the bank is backing him to the tune of £10,000; he is looking for someone to back his project*
(b) to back a bill = to sign a bill promising to pay it if the person it is addressed to is not able to do so **einen Wechsel indossieren**

◊ **back burner** [bæk'bɜːnə] *noun* **to put something on the back burner** = to file a plan or document as the best way of forgetting about it **etwas zurückstellen** *the whole project has been put on the back burner*

◊ **backdate** ['bæk'deɪt] *verb* to put an earlier date on a document such as a cheque or an invoice **rückdatieren** *backdate your invoice to April 1st; the pay increase is backdated to January 1st*

◊ **backer** ['bækə] *noun*
(a) person or company that backs someone **Geldgeber** *m or* **Sponsor** *m or* **Hintermann** *m* ; *he has an Australian backer; one of the company's backers has withdrawn*
(b) backer of a bill = person who backs a bill **Indossant** *m*

◊ **background** ['bækgraʊnd] *noun*
(a) past work *or* experience **Werdegang** *m or* **Vorbildung** *f* ; **Ausbildung** *f* ; *his background is in the steel industry; the company is looking*

for someone with a background of success in the electronics industry; she has a publishing background; what is his background or do you know anything about his background?
(b) past details **Hintergrund** *m or* **Zusammenhang** *m* ; *he explained the background of the claim; I know the contractual situation as it stands now, but can you fill in the background details?*

◇ **backhander** ['bæk,hændə] *noun (informal)* bribe, money given to someone to get him to help you **Schmiergeld** *n*

◇ **backing** ['bækɪŋ] *noun*
(a) financial support **finanzielle Unterstützung** *he has the backing of an Australian bank; the company will succeed only if it has sufficient backing; who is providing the backing for the project or where does the backing for the project come from?*
(b) currency backing = gold or government securities which maintain the strength of a currency **Währungsdeckung** *f*

◇ **backlog** ['bæklɒg] *noun* work (such as orders *or* letters) which has piled up waiting to be done **Rückstand** *m* ; *the warehouse is trying to cope with a backlog of orders; my secretary can't cope with the backlog of paperwork*

◇ **back office** ['bæk'ɒfɪs] *noun* (i) the part of a broking firm where the paperwork involved in buying and selling shares is processed; (ii) *(US)* part of a bank where cheques are processed, statements of account drawn up, etc. **(i) & (ii) Abwicklungsstelle** *f*

◇ **back out** [,bæk'aʊt] *verb* to stop being part of a deal *or* an agreement **aussteigen** *or* **zurücktreten von** *the bank backed out of the contract; we had to cancel the project when our German partners backed out*

◇ **back-to-back loan** [bæktəbæk'ləʊn] *noun* loan from one company to another in one currency arranged against a loan from the second company to the first in another currency (used by international companies to get round exchange controls) **Parallelkredit** *m*

◇ **back up** [bæk'ʌp] *verb*
(a) to support *or* to help **unterstützen** *he brought along a file of documents to back up his claim; the finance director said the managing director had refused to back him up in his argument with the VAT office*
(b) *(computers)* to copy a file *or* disk onto another file *or* disk **sichern**

◇ **backup** ['bækʌp] *adjective* supporting *or* helping **zusätzlich** *or* **Unterstützungs-** *we offer a free backup service to customers; after a series of sales tours by representatives, the sales director sends backup letters to all the contacts* **backup copy** = copy of a computer disk to be kept in case the original disk is damaged **Sicherungskopie** *f*

◇ **backwardation** [,bækwə'deɪʃən] *noun* penalty paid by the seller when postponing delivery of shares to the buyer **Deport** *m*

> QUOTE the businesses we back range from start-up ventures to established companies in need of further capital for expansion
> Times

> QUOTE the company has received the backing of a number of oil companies who are willing to pay for the results of the survey
> Lloyd's List

bad [bæd] *adjective* not good **schlecht; bad bargain** = item which is not worth the price asked **schlechtes Geschäft; bad buy** = thing bought which was not worth the money paid for it **schlechter Kauf; bad cheque** = cheque which is returned to the drawer for any reason **ungültiger Scheck; bad debt** = debt which will not be paid (usually because the debtor has gone out of business) and which has to be written off in the accounts **uneinbringliche Forderung** *f* ; **nicht einziehbare Außenstände** *pl the company has written off £30,000 in bad debts*

badge [bædʒ] *noun* piece of plastic or card, which can be clipped to a person's shirt or coat, and on which a name can be written **Abzeichen** *n or* **Ausweis** *m* ; *all the staff at the exhibition must wear badges; visitors have to sign in at reception, and will be given visitors' badges*

bag [bæg] *noun* thing made of paper, cloth, or plastic for carrying items **Tasche** *f or* **Tüte** *f or* **Beutel** *m* ; *he brought his files in a Harrods bag; we gave away 5,000 plastic bags at the exhibition* **shopping bag** = bag used for carrying shopping **Einkaufstasche** *f*

baggage ['bægɪdʒ] *noun* suitcases *or* bags for carrying clothes when travelling **Gepäck** *n* ; **(free) baggage allowance** = amount of baggage which a passenger can take with him free on a plane **Freigepäck** *n; (US)* **baggage cart** *or (GB)* **baggage trolley** = metal holder on wheels, on which baggage can be placed to be moved easily in an airport, train station, etc. **Kofferkuli** *m; (US)* **baggage room** = room where cases can be left while passengers are waiting for a plane or train **Gepäckaufbewahrung** *f* (NOTE: no plural; to show one suitcase, etc., you can say **a piece of baggage.** UK English also uses **luggage)**

QUOTE most airlines give business class the same baggage allowance as first class
Business Traveller

bail [beɪl] *noun* payment made to a court as guarantee that a prisoner will return after being released **Kaution** *f*; *he was released on bail of $3,000 or he was released on payment of $3,000 bail* **to stand bail of £3,000 for someone** = to pay £3,000 to a court, as a guarantee that someone will come to face trial (the money will be kept by the court and is refunded if the person comes to face trial) **für jdn £3000 Kaution stellen; to jump bail** = not to appear in court after having been released on bail **die Kaution (durch Nichterscheinen) verfallen lassen**

◊ **bail out** [beɪl'aʊt] *verb*
(a) to rescue a company which is in financial difficulties **aus (finanziellen) Schwierigkeiten helfen**
(b) to bail someone out = to pay money to a court as a guarantee that someone will return to face charges **jdn durch die Hinterlegung einer Kaution freibekommen** *she paid $3,000 to bail him out*

◊ **bail-out** ['beɪlaʊt] *noun* rescue of a company in financial difficulties **Hilfe** *f* **aus (finanziellen) Schwierigkeiten** *fpl*

QUOTE the government has decided to bail out the bank which has suffered losses to the extent that its capital has been wiped out
South China Morning Post

balance ['bæləns]
1 *noun*
(a) amount to be put in one of the columns of an account to make the total debits and credits equal **Saldo** *m* ; **balance in hand** = cash held to pay small debts **Kassenbestand** *m* ; **balance brought** *or* **carried down** *or* **forward** = the closing balance of the previous period used as the opening balance of the current period **Saldoübertrag** *m or* **Saldovortrag** *m*
(b) rest of an amount owed **Restbetrag** *m or* **Differenz** *f*; *you can pay £100 deposit and the balance within 60 days* **balance due to us** = amount owed to us which is due to be paid **fälliger Rechnungsbetrag**
(c) balance of payments = comparison between total receipts and payments arising from a country's international trade in goods, services and financial transactions **Zahlungsbilanz** *f*; **balance of trade** *or* **trade balance** = international trading position of a country, excluding invisible trade **Handelsbilanz** *f* ; **adverse** *or* **unfavourable balance of trade** = situation where a country imports more than it exports **passive Handelsbilanz; favourable trade balance** = situation where a country exports more than it imports **aktive Handelsbilanz** *the country has had an adverse balance of trade for the second month running*
(d) bank balance = state of an account at a bank at a particular time **Bankguthaben** *n or* **Kontostand** *m* ; **credit balance** = balance in an account showing that more money is owed or has been paid by the company than is due or has been received by the company **Habensaldo** *m or* **Guthaben** *n* ; **debit balance** = balance in an account showing that more money is owed to or has been received by the company than is owed or has been paid by the company **Sollsaldo** *m* ; *the account has a credit balance of £100; because of large payments to suppliers, the account has a debit balance of £1,000*
2 *verb*
(a) *(of two sides in a balance sheet)* to be equal (i.e., the assets owned must always equal the total liabilities plus capital) **ausgeglichen sein; the February accounts do not balance** = the two sides are not equal **der Februar-Abschluss ist nicht ausgeglichen**
(b) to calculate the amount needed to make the two sides of an account equal **saldieren; ausgleichen** *I have finished balancing the accounts for March*
(c) to plan a budget so that expenditure and income are equal **ausgleichen** *the president is planning for a balanced budget*

balance sheet ['bæləns,ʃiːt] *noun* statement of the financial position of a company at a particular time, such as the end of the financial year or the end of a quarter, showing the company's assets and liabilities **Bilanz** *f* ; *the company balance sheet for this year shows a worse position than for the previous year; the accountant has prepared the balance sheet for the first half-year*

COMMENT: the balance sheet shows the state of a company's finances at a certain date; the profit and loss account shows the movements which have taken place since the end of the previous accounting period. A balance sheet must balance, with the basic equation that assets (i.e., what the company owns, including money owed to the company) must equal liabilities (i.e., what the company owes to its creditors) plus capital (i.e., what it owes to its shareholders). A balance sheet can be drawn up either in the horizontal form, with (in the UK) liabilities and capital on the left-hand side of the page (in the USA, it is the reverse) or in the vertical form, with assets at the top of the page, followed by liabilities, and capital at the bottom. Most are usually drawn up in the vertical format, as opposed to the more old-fashioned horizontal style

bale [beɪl]
1 *noun* large pack of wool *or* paper *or* cotton,etc. **Ballen** *m* ; *a bale of cotton; 2,520 bales of wool were destroyed in the fire*
2 *verb* to tie wool *or* paper *or* cotton to make a bale **in Ballen packen** *or* **bündeln**

ballast ['bæləst] *noun* material carried in a ship to give it extra weight, so that it will keep steady even if it is not carrying any cargo **Ballast** *m*

balloon [bə'lu:n] *noun* (i) loan where the last repayment is larger than the others; (ii) large final payment on a loan, after a number of periodic smaller loans **(i) & (ii) Balloon** *m; (US)* **balloon mortgage** = mortgage where the final payment (called a 'balloon payment') is larger than the others **Balloon-Hypothek** *f*

ballot ['bælət]
1 *noun*
(a) election where people vote for someone by marking a cross on a paper with a list of names **(geheime) Wahl** *or* **Abstimmung** *f* ; **ballot box** = sealed box into which ballot papers are put **Wahlurne** *f* ; **ballot paper** = paper on which the voter marks a cross to show who he wants to vote for **Wahl-** *or* **Stimmzettel** *m* ; **postal ballot** = election where the voters send their ballot papers by post **Briefwahl** *f*; **secret ballot** = election where the voters vote in secret **geheime Wahl** *or* **Abstimmung**
(b) selecting by taking papers at random out of a box **Losverfahren** *f* ; *the share issue was oversubscribed, so there was a ballot for the shares*
2 *verb* to take a vote by ballot **abstimmen** *or* **eine (geheime) Wahl abhalten** *the union is balloting for the post of president*

◇ **ballot-rigging** ['bælət'rɪgɪŋ] *noun* illegal arranging of the votes in a ballot, so that a particular candidate or party wins **Manipulation** *f* **der Wahlresultate** *npl;* **Wahlbetrug** *m*

ballpark figure ['bɑ:lpɔ:k'fɪgə] *noun* general figure which can be used as the basis for discussion **Richtzahl** *f*

ban [bæn]
1 *noun* order which forbids someone from doing something **Verbot** *n* ; *a government ban on the import of weapons; a ban on the export of computer software* **overtime ban** = order by a trade union which forbids overtime work by its members **Überstundenverbot** *n* ; **to impose a ban on smoking** = to make an order which forbids smoking **ein Rauchverbot erlassen**; **to lift the ban on smoking** = to allow people to smoke **das Rauchverbot aufheben; to beat the ban on something** = to do something which is banned - usually by doing it rapidly before a ban is imposed, or by finding a legal way to avoid a ban **ein Verbot umgehen**
2 *verb* to forbid something *or* to make something illegal **verbieten** *or* **mit einem Verbot belegen** *the government has banned the sale of alcohol* (NOTE: **banning - banned)**

band [bænd] *noun*
(a) rubber band = thin ring of rubber for attaching things together **Gummiband** *m or* **Gummiring** *m* ; *put a band round the filing cards to stop them falling on the floor*
(b) range of figures between low and high, within which a figure can move (used for the range of movement which a currency is allowed to make against other currencies) **Bandbreite** *f*

bank [bæŋk]
1 *noun*
(a) business which holds money for its clients, which lends money at interest, and trades generally in money **Bank** *f* ; *Lloyds Bank; The First National Bank; The Royal Bank of Scotland; he put all his earnings into his bank; I have had a letter from my bank telling me my account is overdrawn* **bank loan** *or* **bank advance** = loan from a bank **Bankkredit** *m or* **Bankdarlehen** *n* ; *he asked for a bank loan to start his business* **bank borrowing** = money borrowed from a bank **Kreditaufnahme** *f* **bei Banken** *the new factory was financed by bank borrowing* **bank borrowings have increased** = loans given by banks have increased **Kreditaufnahmen bei Banken haben zugenommen; bank deposits** = all money placed in banks by customers **Bankeinlagen** *fpl*
(b) central bank = main government-controlled bank in a country, which controls the financial affairs of the country by fixing main interest rates, issuing currency and controlling the foreign exchange rate **Zentralbank** *f* ; **Federal Reserve Bank** = one of the twelve central banks in the USA which are owned by the state and directed by the Federal Reserve Board **eine der 12 Banken des ‚Federal Reserve System'; ≈ Landeszentralbank** *f* ; **the World Bank** = central bank, controlled by the United Nations, whose funds come from the member states of the UN and which lends money to member states **die Weltbank**
(c) savings bank = bank where you can deposit money and receive interest on it **Sparkasse** *f* ; **merchant bank** = bank which lends money to companies and deals in

international finance **Merchant-Bank** *f (Spezialinstitut für verschiedenste Finanzierungsleistungen: Groß- und Überseehandel und Emissionsgeschäfte)*; **the High Street banks** = main British banks which accept deposits from and allow withdrawals by individuals **die größten öffentlichen Bankinstitute in Großbritannien**
(d) data bank = store of information in a computer **Datenbank** *f*
2 *verb* to deposit money into a bank or to have an account with a bank **(auf ein Bankkonto) einzahlen** *he banked the cheque as soon as he received it* **where do you bank?** = where do you have a bank account? **bei welcher Bank haben Sie Ihr Konto?** *I bank at or with Barclays*

◇ **bankable** ['bæŋkəbl] *adjective* which a bank will accept as security for a loan **bankfähig** *a bankable paper*

◇ **bank account** ['bæŋkə,kaʊnt] *noun* account which a customer has with a bank, where the customer can deposit and withdraw money **Bankkonto** *n* ; *to open a bank account; to close a bank account; how much money do you have in your bank account? she has £100 in her savings bank account; if you let the balance in your bank account fall below £100, you have to pay bank charges*

◇ **bank balance** ['bæŋk,bæləns] *noun* state of a bank account at any particular time **Bankguthaben** *n or* **Kontostand** *m* ; *our bank balance went into the red last month*

◇ **bank bill** ['bæŋkbɪl] *noun*
(a) *(GB)* bill of exchange by one bank telling another bank (usually in another country) to pay money to someone **Bankakzept** *n*
(b) *(US)* piece of printed paper money **Banknote** *f or* **Schein** *m*

◇ **bank book** ['bæŋk,bʊk] *noun* book, given by a bank, which shows money which you deposit or withdraw from your savings account (also called a 'passbook') **Bankbuch** *n or* **Sparbuch** *n*

◇ **bank charges** ['bæŋk'tʃɑːdʒɪz] *plural noun* charges which a bank makes for carrying out work for a customer **Bankgebühren** *fpl* (NOTE: in US English this is **a service charge)**

◇ **bank clerk** ['bæŋk'klɑːk] *noun* person who works in a bank, but not a manager **Bankangestellte(r)**

◇ **bank draft** ['bæŋk'drɑːft] *noun* order by one bank telling another bank (usually in another country) to pay money to someone **Banktratte** *f or* **Bankwechsel** *m or* **Bankscheck** *m*

◇ **banker** ['bæŋkə] *noun*
(a) person who is in an important position in a bank **Bank(i)er** *m* ; **merchant banker** = person who has a high position in a merchant bank **Bankier in einer Merchant-Bank**
(b) generally, a bank **Bank** *f* ; *the company's banker is Barclays* **banker's bill** = order by one bank telling another bank (usually in another country) to pay money to someone **Bankwechsel** *m* ; **banker's order** = order written by a customer asking a bank to make a regular payment **Zahlungsauftrag** *m* **an eine Bank; Dauerauftrag** *m* ; *he pays his subscription by banker's order*

◇ **Bank for International Settlements (BIS)** bank (based in Basle) which acts as a clearing bank for the central banks of various countries, through which they settle their currency transactions **Bank für internationalen Zahlungsausgleich**

◇ **bank giro** ['bæŋk'dʒaɪrəʊ] *noun (GB)* method used by clearing banks to transfer money rapidly from one account to another **Bankgiro** *n*

◇ **bank holiday** ['bæŋk'hɒlədɪ] *noun* a weekday which is a public holiday when the banks are closed **gesetzlicher Feiertag** *New Year's Day is a bank holiday*

◇ **banking** ['bæŋkɪŋ] *noun* the business of banks **Bankgeschäfte** *npl or* **Bankverkehr** *m or* **Bankwesen** *n* ; *he is studying banking; she has gone into banking; (US)* **banking account** = account which a customer has with a bank **Bankkonto** *n* ; **a banking crisis** = crisis affecting the banks **eine Bankkrise**; **banking hours** = hours when a bank is open for its customers **Banköffnungszeiten** *fpl or* **Schalterstunden** *pl you cannot get money out of the bank after banking hours*

◇ **bank manager** ['bæŋk'mænɪdʒə] *noun* person in charge of a branch of a bank **Bankdirektor/-in** *he asked his bank manager for a loan*

◇ **bank note** *or* **banknote** ['bæŋknəʊt] *noun* piece of printed paper money **Banknote** *f or* **Schein** *m* ; *he pulled out a pile of used bank notes* (NOTE: US English is **bill)**

◇ **Bank of England** ['bæŋkəv'ɪŋlənd] central British bank, owned by the state, which, together with the Treasury, regulates the nation's finances **Bank von England**

> COMMENT: the Bank of England issues banknotes (which carry the signatures of its officials). It is the lender of last resort to commercial banks and puts into effect the general financial policies of the government. The Governor of the Bank of England is appointed by the government

◇ **bank on** ['bæŋk'ɒn] *verb* to do something because you are sure something will happen **sich verlassen auf** *he is banking on getting a loan from his father to set up in business; do not bank on the sale of your house*

◇ **bankroll** ['bæŋkrəʊl] *verb (informal)* to pay for *or* to finance (a project) **finanzieren**

◇ **bank statement** ['bæŋk'steɪtmənt] *noun* written statement from a bank showing the balance of an account **Kontoauszug** *m*

bankrupt ['bæŋkrʌpt]

1 *adjective* not capable of paying debts **bankrott** *or* **zahlungsunfähig** *or* **insolvent** *he was adjudicated or declared bankrupt; a bankrupt property developer; he went bankrupt after two years in business*

2 *noun* person who has been declared by a court not to be capable of paying his debts and whose affairs are put into the hands of a receiver **Konkursschuldner/-in; certificated bankrupt** = bankrupt who has been discharged from bankruptcy with a certificate to show he was not at fault **rehabilitierte(r) Konkursschuldner/-in; discharged bankrupt** = person who has been released from being bankrupt because he has paid his debts **entlastete(r) Konkursschuldner/-in; undischarged bankrupt** = person who has been declared bankrupt and has not been released from that state **nicht entlastete(r) Konkursschuldner/-in**

2 *verb* to make someone become bankrupt **ruinieren** *or* **zugrunde richten; in den Konkurs treiben** *the recession bankrupted my father*

◇ **bankruptcy** ['bæŋkrəp(t)sɪ] *noun* state of being bankrupt **Bankrott** *m or* **Konkurs** *m* ; *the recession has caused thousands of bankruptcies* **adjudication** *or* **declaration of bankruptcy** = legal order making someone bankrupt **Konkurseröffnungsbeschluss** *m* ; **discharge in bankruptcy** = being released from bankruptcy after paying debts **Entlastung** *f* **des Konkursschuldners; to file a petition in bankruptcy** = to apply officially to be made bankrupt *or* to ask officially for someone else to be made bankrupt **Konkurs anmelden** *or* **Antrag auf Konkurseröffnung stellen**

> COMMENT: in the UK, 'bankruptcy' is applied only to individual persons, but in the USA the term is also applied to corporations. In the UK, a bankrupt cannot hold public office (for example, he cannot be elected an MP) and cannot be the director of a company. He also cannot borrow money. In the USA, there are two types of bankruptcy: 'involuntary', where the creditors ask for a person or corporation to be made bankrupt; and 'voluntary', where a person or corporation applies to be made bankrupt (in the UK, this is called 'voluntary liquidation')

bar [bɑː] *noun*

(a) place where you can buy and drink alcohol **Bar** *f or* **Lokal** *n* ; *the sales reps met in the bar of the hotel*

(b) small shop **kleine Gaststätte; sandwich bar** = small shop where you can buy sandwiches to take away **Sandwich-Bar** *f* ; **snack bar** = small restaurant where you can get simple meals **Imbissstube** *f*

(c) thing which stops you doing something **Hindernis** *n or* **Hemmnis** *n* ; *government legislation is a bar to foreign trade*

(d) *(GB)* (i) the profession of barrister; (ii) all barristers or lawyers **(i) Anwaltsberuf** *m* **(vor Gericht); (ii) Anwaltschaft** *f* ; **to be called to the bar** = to become a barrister **als Anwalt/Anwältin (vor Gericht) zugelassen werden**

◇ **bar chart** ['bɑːtʃɑːt] *noun* chart where values *or* quantities are shown as columns of different heights **Balken-** *or* **Stab-** *or* **Säulendiagramm** *n*

◇ **bar code** ['bɑːkəʊd] *noun* system of lines printed on a product which when read by a computer give a reference number or price **Strichkode** *f*

bareboat charter ['beəbəʊt'tʃɑːtə] *noun* system of chartering a ship where the owner provides only the ship, but not the crew, fuel or insurance **Chartern** *n* **eines Schiffes ohne Besatzung usw.; Bareboat-Charter** *m*

barely ['beəlɪ] *adverb* almost not **kaum** *there is barely enough money left to pay the staff; she barely had time to call her lawyer before the police arrived*

bargain ['bɑːgɪn]

1 *noun*

(a) agreement on the price of something **Handel** *m or* **Geschäft** *n* ; *to make a bargain* **to drive a hard bargain** = to be a difficult negotiator **hart verhandeln** *or* **harte Bedingungen** *fpl* **stellen; to strike a hard bargain** = to agree a deal which is favourable to you **ein Geschäft nach harten Verhandlungen** *fpl* **zufrieden stellend abschließen; it is a bad bargain** = it is not worth the price **das ist ein schlechtes Geschäft**

(b) thing which is cheaper than usual **Schnäppchen** *n or* **Gelegenheitskauf** *m* ; *that car is a (real) bargain at £500* **bargain hunter** = person who looks for cheap deals **jd, der auf Sonderangebote aus ist**

(c) sale and purchase of one lot of shares on the Stock Exchange **Börsengeschäft** *n or* **Abschluss** *m* ; **bargains done** = number of deals made on the Stock Exchange during a day **die Anzahl der Abschlüsse** *or* **Börsengeschäfte**

2 *verb* to discuss a price for something **(aus)handeln** *you will have to bargain with the dealer if you want a discount; they spent two hours bargaining about or over the price* (NOTE: you bargain **with** someone **over** *or* **about** *or* **for** something)

◇ **bargain basement** ['bɑːgɪnˌbeɪsmənt] *noun* basement floor in a shop where goods are sold cheaply **Abteilung** *f* **für Sonderangebote** *npl* **im Untergeschoss eines Kaufhauses**; **I'm selling this at a bargain basement price** = I'm selling this very cheaply **ich verkaufe dies zu einem absoluten Sonderpreis** *m*

◇ **bargain counter** ['bɑːgɪn'kaʊntə] *noun* counter in a shop where goods are sold cheaply **Sonderangebotsstand** *m or* **Sondertisch** *m*

◇ **bargain offer** ['bɑːgɪn'ɒfə] *noun* sale of a particular type of goods at a cheap price **Sonderangebot** *n or* **günstiges Angebot** *this week's bargain offer - 30% off all carpet prices*

◇ **bargain price** ['bɑːgɪn'praɪs] *noun* cheap price **Sonderpreis** *m or* **Spottpreis** *m* ; *these carpets are for sale at a bargain price*

◇ **bargain sale** ['bɑːgɪn'seɪl] *noun* sale of all goods in a store at cheap prices **Ausverkauf** *m*

◇ **bargaining** ['bɑːgɪnɪŋ] *noun* act of discussing a price, also wage increases for workers **(Aus)handeln** *n* ; **(free) collective bargaining** = negotiations between employers and workers' representatives over wage increases and conditions **(autonome) Tarifverhandlungen** *fpl* **bargaining position** = statement of position by one group during negotiations **Verhandlungsposition** *f* ; **bargaining power** = strength of one person or group when discussing prices *or* wage settlements **Verhandlungsstärke** *f*

barrel ['bærəl] *noun*

(a) large round container for liquids **Fass** *n* ; *he bought twenty-five barrels of wine; to sell wine by the barrel*

(b) amount of liquid contained in a barrel **Barrel** *n* ; *the price of oil has reached $30 a barrel*

> QUOTE if signed, the deals would give effective discounts of up to $3 a barrel on Saudi oil
> Economist

> QUOTE US crude oil stocks fell last week by nearly 2.6m barrels
> Financial Times

> QUOTE the average spot price of Nigerian light crude oil for the month of July was 27.21 dollars a barrel
> Business Times (Lagos)

barrier ['bærɪə] *noun* thing which stops someone doing something, especially sending goods from one place to another **Schranke** *f* ; **customs barriers** *or* **tariff barriers** = customs duty intended to make trade more difficult **Zollschranken** *fpl* **to impose trade barriers on certain goods** = to restrict the import of certain goods by charging high duty **bestimmten Waren Handelsbeschränkungen** *fpl* **auferlegen** *the unions have asked the government to impose trade barriers on foreign cars* **to lift trade barriers from imports** = to remove restrictions on imports **Handelsbeschränkungen für Importe aufheben** *the government has lifted trade barriers on foreign cars*

> QUOTE a senior European Community official has denounced Japanese trade barriers, saying they cost European producers $3 billion a year
> Times

> QUOTE to create a single market out of the EC member states, physical, technical and tax barriers to free movement of trade between member states must be removed. Imposing VAT on importation of goods from other member states is seen as one such tax barrier
> Accountancy

barrister ['bærɪstə] *noun (GB especially in England)* lawyer who can speak or argue a case in one of the higher courts **Rechtsanwalt/-anwältin; Barrister** *m*

barter ['bɑːtə]

1 *noun* system where goods are exchanged for other goods and not sold for money **Kompensationsgeschäft** *n or* **Tauschhandel** *m or* **Tauschgeschäft** *n* ; **barter agreement** *or* **arrangement** *or* **deal** = agreement to exchange goods by barter **Tausch-** *or* **Kompensationsabkommen** *n* ; *the company has agreed a barter deal with Bulgaria*

2 *verb* to exchange goods for other goods, but not buy them for money **Tauschhandel treiben** *or* **Kompensationsgeschäfte machen** *they agreed a deal to barter tractors for barrels of wine*

◇ **bartering** ['bɑːtərɪŋ] *noun* act of exchanging goods for other goods and not for money **Tauschhandel** *m*

> QUOTE under the barter agreements, Nigeria will export 175,000 barrels a day of crude oil in exchange for trucks, food, planes and chemicals
> Wall Street Journal

base [beɪs]
1 *noun*
(a) lowest or first position **Basis** *f or* **Ausgangspunkt** *m or* **Grundlage** *f*; *turnover increased by 200%, but starting from a low base* **bank base rate** = basic rate of interest on which the actual rate a bank charges on loans to its customers is calculated **Eck-** *or* **Leitzins** *m; (US)* **base pay** = pay for a job which does not include extras such as overtime pay or bonuses **Grundlohn** *m*; **base year** = first year of an index, against which later years' changes are measured **Basis-** *or* **Vergleichsjahr** *n (see also* DATABASE)
(b) place where a company has its main office or factory *or* place where a businessman has his office **Sitz** *m*; *the company has its base in London and branches in all European countries; he has an office in Madrid which he uses as a base while he is travelling in Southern Europe*
2 *verb*
(a) to start to calculate *or* to negotiate from a position **basieren** *or* **gründen** *or* **stützen** *we based our calculations on the forecast turnover* **based on** = calculating from **basierend auf** *or* **auf der Grundlage von** *based on last year's figures; based on population forecasts*
(b) to set up a company *or* a person in a place **stationieren** *the European manager is based in our London office; our overseas branch is based in the Bahamas; a London-based sales executive*

◊ **basement** ['beɪsmənt] *noun* section of a shop which is underground **Untergeschoss** *n*; **bargain basement** = basement floor in a shop where goods are sold cheaply **Abteilung** *f* **für Sonderangebote** *npl* **im Untergeschoss eines Kaufhauses** *I am selling this at a bargain basement price*

> QUOTE the base lending rate, or prime rate, is the rate at which banks lend to their top corporate borrowers
> Wall Street Journal

> QUOTE other investments include a large stake in the Chicago-based insurance company
> Lloyd's List

basic ['beɪsɪk]
1 *adjective*
(a) normal **Grund-** *or* **Basis-; eigentlich; basic pay** *or* **basic salary** *or* **basic wage** *or (US)* **base pay** = normal salary without extra payments **Grundlohn** *m or* **Grundgehalt** *n*; **basic discount** = normal discount without extra percentages **Grund-** *or* **Normalrabatt** *m*; *our basic discount is 20%, but we offer 5% extra for rapid settlement*
(b) most important **wesentlich** *or* **hauptsächlich** *or* **Haupt-; basic commodities** = ordinary farm produce, produced in large quantities (such as corn, rice, sugar, etc.) **Grund-** *or* **Rohstoffe** *mpl*
(c) simple, from which everything starts **Grund-** *or* **elementar** *he has a basic knowledge of the market; to work at the cash desk, you need a basic qualification in maths*

◊ **basics** ['beɪsɪks] *plural noun* simple and important facts **Grundlagen** *fpl or* **Grundsachverhalt** *m*; *he has studied the basics of foreign exchange dealing* **to get back to basics** = to consider the basic facts again **zum Kern** *m* **der Sache** *or* **zu den Grundlagen zurückkommen**

◊ **basically** ['beɪsɪkəlɪ] *adverb* seen from the point from which everything starts **im Grunde** *or* **eigentlich**

◊ **BASIC** ['beɪsɪk] *noun* = BEGINNER'S ALL-PURPOSE SYMBOLIC INSTRUCTION CODE (simple language for computer programming) **BASIC**

basis ['beɪsɪs] *noun*
(a) point or number from which calculations are made **Grundlage** *f or* **Basis** *f or* **Grund** *m*; *we forecast the turnover on the basis of a 6% price increase*
(b) general terms of agreement **Basis** *f or* **Grundlage** *f*; **on a short-term** *or* **long-term basis** = for a short *or* long period **kurz-** *or* **langfristig** *he has been appointed on a short-term basis; we have three people working on a freelance basis* (NOTE: the plural is **bases)**

basket ['bɑːskɪt] *noun*
(a) container made of thin pieces of wood *or* metal *or* plastic **Korb** *m*; *a basket of apples* **filing basket** = container kept on a desk for documents which have to be filed **Ablage** *f*; **shopping basket** *or (US)* **market basket** = basket used for carrying shopping; (its imaginary contents are used to calculate a consumer price index) **Einkaufskorb** *m*; **Warenkorb** *m*; *the price of the average shopping basket or (US) the market basket has risen by 6%* **waste paper basket** *or (US)* **wastebasket** = container into which paper or pieces of rubbish can be thrown **Papierkorb** *m*
(b) currency basket *or* **basket of currencies** = group of prices *or* currencies taken as a

standard **Währungskorb** *m* ; *the pound has fallen against a basket of European currencies*
(c) *(informal)*; **basket case** = company which is in financial difficulties and is not likely to recover **hoffnungsloser Fall**

> QUOTE as a basket of European currencies, the ecu is protected from exchange-rate swings
> Economist

batch [bætʃ]
1 *noun*
(a) group of items which are made at one time **Los** *n or* **Serie** *f or* **Auflage** *f*; *this batch of shoes has the serial number 25-02*
(b) group of documents which are processed at the same time **Stapel** *m or* **Stoß** *m* ; *a batch of invoices; today's batch of orders; the accountant signed a batch of cheques; we deal with the orders in batches of fifty at a time* **batch processing** = system of data processing where information is collected into batches before being loaded into the computer **Stapelverarbeitung** *f or* **Batch-Verarbeitung** *f*
2 *verb* to put items together in groups **stapeln** *to batch invoices or cheques*
◇ **batch number** ['bætʃ'nʌmbə] *noun* number attached to a batch **Serien-** *or* **Auflagennummer** *f*; *when making a complaint always quote the batch number on the packet*

battery ['bætərɪ] *noun* small object for storing electric power **Batterie** *f* ; *the calculator needs a new battery; a battery-powered calculator*

battle ['bætl] *noun* fight **Kampf** *m* ; **boardroom battles** = arguments between directors **Auseinandersetzungen** *fpl* **in der Vorstandsetage**; **circulation battle** = fight between two newspapers to sell more copies in the same section of the market **Kampf um die Auflagenhöhe (verschiedener Zeitungen)**

bay [beɪ] *noun* **loading bay** = section of road in a warehouse, where lorries can drive in to load or unload **Ladeplatz** *m*

b/d = BARRELS PER DAY, BROUGHT DOWN

bear [beə]
1 *noun (Stock Exchange)* person who sells shares because he thinks the price will fall and he will be able to buy them again more cheaply later **Baissier** *m or* **Baissespekulant/-in**; **bear market** = period when Stock Exchange prices fall because shareholders are selling since they believe the market will fall further **Baissemarkt** *m* (NOTE: the opposite is **bull)**
2 *verb*
(a) to give interest **tragen** *or* **bringen** *government bonds which bear 5% interest*
(b) to have (a name) *or* to have something written on it **tragen** *or* **aufweisen** *the cheque bears the signature of the company secretary; envelope which bears a London postmark; a letter bearing yesterday's date; the share certificate bears his name*
(c) to pay costs **tragen** *or* **übernehmen** *the costs of the exhibition will be borne by the company; the company bore the legal costs of both parties* (NOTE: **bearing - bore - has borne)**
◇ **bearer** ['beərə] *noun* person who holds a cheque *or* certificate **Überbringer/-in** *or* **Inhaber/-in**; **the cheque is payable to bearer** = is paid to the person who holds it, not to any particular name written on it **der Scheck ist zahlbar an den Überbringer**
◇ **bearer bond** ['beərə,bɒnd] *noun* bond which is payable to the bearer and does not have a name written on it **Inhaberschuldverschreibung** *f*
◇ **bearing** ['beərɪŋ] *adjective* which bears *or* which produces **tragend** *or* **bringend** *certificate bearing interest at 5%; interest-bearing deposits*

beat [bi:t] *verb*
(a) to win in a fight against someone **schlagen** *or* **drücken** *they have beaten their rivals into second place in the computer market*
(b) to beat a ban = to do something which is forbidden by doing it rapidly before the ban is enforced **ein Verbot umgehen** (NOTE: **beating - beat - has beaten)**

become [bɪ'kʌm] *verb* to change into something different **werden** *the export market has become very difficult since the rise in the dollar; the company became very profitable in a short time* (NOTE: **becoming - became - has become)**

bed-and-breakfast deal [bedənd'brekfəstdi:l] *noun* arrangement where shares are sold one day and bought back the following day, in order to establish a profit or loss for tax declaration (doing such deals is called 'bed-and-breakfasting') **kurzfristiger Verkauf und Rückkauf von Aktien aus steuerlichen Gründen**

begin [bɪ'gɪn] *verb* to start **anfangen** *or* **beginnen** *the company began to lose its market share; he began to write the report which the shareholders had asked for; the auditors' report began with a description of* *the general principles adopted* (NOTE: you begin something *or* **begin to do** something *or* **begin with** something. Note also: **beginning - began - has begun)**

◇ **beginning** [bɪ'gɪnɪŋ] *noun* first part **Anfang** *m or* **Beginn** *m* ; *the beginning of the report gives a list of the directors and their shareholdings*

behalf [bɪ'hɑːf] *noun* **on behalf of** = acting for (someone *or* a company) **im Namen von; im Auftrag von** *I am writing on behalf of the minority shareholders; she is acting on my behalf; solicitors acting on behalf of the American company*

behind [bɪ'haɪnd]
1 *preposition* at the back *or* after **hinter** *the company is No. 2 in the market, about £4m behind their rivals*
2 *adverb* **we have fallen behind our rivals** = we have fewer sales *or* make less profit than our rivals **wir sind hinter unsere Konkurrenten zurückgefallen**; **the company has fallen behind with its deliveries** = it is late with its deliveries **die Firma ist mit ihren Lieferungen in Verzug geraten**

believe [bɪ'liːv] *verb* to think that something is true **glauben** *we believe he has offered to buy 25% of the shares; the chairman is believed to be in South America on business*

belong [bɪ'lɒŋ] *verb*
(a) to belong to = to be the property of **gehören** *the company belongs to an old American banking family; the patent belongs to the inventor's son*
(b) to belong with = to be in the correct place with **gehören zu** *those documents belong with the sales reports*

below [bɪ'ləʊ] *preposition* lower down than *or* less than **unter** *we sold the property at below the market price; you can get a ticket for New York at below £150 from a bucket shop*

◇ **below-the-line** [bɪ'ləʊðəˌlaɪn] *adjective* **below-the-line advertising** = advertising which is not paid for (such as work by staff manning an exhibition) and for which no commission is paid to the advertising agency **Werbung ‚unter dem Strich'** *or* **vergütungsunfähige Werbung**; **below-the-line expenditure** = (i) payments which do not arise from a company's normal activities (such as redundancy payments); (ii) extraordinary items which are shown in the profit and loss account below net profit after taxation (as opposed to exceptional items which are included in the figure for profit before taxation) **(i) außerordentliche Aufwendungen** *fpl;* **(ii) nicht in die Gewinn- und Verlustrechnung eingestellte Posten** *mpl*

benchmark ['ben(t)ʃˌmɑːk] *noun* figure which is important, and can be used to compare with other figures **Eckwert** *m or* **Maßstab** *m or* **Höhenmarke** *f*

> QUOTE the US bank announced a cut in its prime, the benchmark corporate lending rate, from 10½% to 10%
> Financial Times

> QUOTE the dollar dropped below three German marks - a benchmark with more psychological than economic significance - for the first time since October
> Fortune

> QUOTE the benchmark 11¾% Treasury due 2003/2007 was quoted at 107 11/32, down 13/32 from Monday
> Wall Street Journal

beneficial [ˌbenɪ'fɪʃəl] *adjective* **beneficial interest** = interest which allows someone to occupy or receive rent from a property, but not to own it **Nießbrauch** *m or* **Nutzungsrecht** *n* ; **beneficial occupier** = person who occupies a property but does not own it fully **Nießbrauchberechtigte(r)**

◇ **beneficiary** [ˌbenɪ'fɪʃərɪ] *noun* person who gains money from something **Begünstigte(r); Nutznießer/-in** *the beneficiaries of a will*

> QUOTE the pound sterling was the main beneficiary of the dollar's weakness
> Business Times (Lagos)

benefit ['benɪfɪt]
1 *noun*
(a) payments which are made to someone under a national or private insurance scheme **Leistung** *f or* **Zuschuss** *m or* **Beihilfe** *f* ; *she receives £20 a week as unemployment benefit; the sickness benefit is paid monthly; the insurance office sends out benefit cheques each week* **death benefit** = money paid to the family of someone who dies in an accident at work **Sterbegeld** *n*
(b) fringe benefits = extra items given by a company to workers in addition to their salaries (such as company cars, private health insurance) **Gehalts-** *or* **Lohnnebenleistungen** *fpl*
2 *verb*
(a) to make better *or* to improve **nützen** *or* **zugute kommen** *a fall in inflation benefits the exchange rate*

(b) to benefit from *or* **by something** = to be improved by something *or* to gain more money because of something **profitieren von** *or* **Nutzen ziehen aus** *exports have benefited from the fall in the exchange rate; the employees have benefited from the profit-sharing scheme*

> QUOTE the retail sector will also benefit from the expected influx of tourists
> Australian Financial Review

> QUOTE what benefits does the executive derive from his directorship? Compensation has increased sharply in recent years and fringe benefits for directors have proliferated
> Duns Business Month

> QUOTE salary is negotiable to £30,000, plus car and a benefits package appropriate to this senior post
> Financial Times

> QUOTE California is the latest state to enact a program forcing welfare recipients to work for their benefits
> Fortune

bequeath [bɪ'kwiːð] *verb* to leave property, money, etc. (but not freehold land) to someone in a will **vermachen** *or* **vererben**

◇ **bequest** [bɪ'kwest] *noun* giving of property, money, etc. (but not freehold land), to someone in a will **Vermächtnis** *n* ; **letztwillige Schenkung** *f* ; *he made several bequests to his staff*

berth [bɜːθ]
1 *noun* place in a harbour where a ship can tie up **Liegeplatz** *m*
2 *verb* to tie up at a berth **anlegen** *the ship will berth at Rotterdam on Wednesday*

BES ['biːiː'es] = BUSINESS EXPANSION SCHEME

best [best]
1 *adjective* very good *or* better than all others **beste(r,s)** *his best price is still higher than all the other suppliers; 1998 was the company's best year ever*
2 *noun* very good effort **der/die/das Beste** *the salesmen are doing their best, but the stock simply will not sell at that price*

◇ **best-seller** ['best'selə] *noun* item (especially a book) which sells very well **Verkaufsschlager** *m; (Buch)* **Bestseller** *m*

◇ **best-selling** ['best'selɪŋ] *adjective* which sells very well **absatzstark** *or* **meistverkauft** *these computer disks are our best-selling line*

bet [bet]
1 *noun* amount deposited when you risk money on the result of a race *or* of a game **Wetteinsatz** *m or* **Wette** *f*
2 *verb* to risk money on the result of something **wetten** *he bet £100 on the result of the election; I bet you £25 the dollar will rise against the pound* **betting tax** = tax levied on betting on horses *or* dogs, etc. **Wettsteuer** *f*
(NOTE: **betting - bet - has bet)**

better ['betə] *adjective* very good compared with something else **besser** *this year's results are better than last year's; we will shop around to see if we can get a better price*

◇ **Better Business Bureau** ['betə'bɪznəs'bjʊərəʊ] *(US)* organization of local business executives that promotes better business practices in their town; *örtliche Unternehmer, die bessere Geschäftspraktiken fördern*

beware [bɪ'weə] *verb* to be careful **sich vorsehen** *or* **sich in Acht nehmen**; **beware of imitations** = be careful not to buy cheap low-quality items which are made to look like more expensive items **vor Imitationen wird gewarnt**

b/f = BROUGHT FORWARD

bi- [baɪ] *prefix* twice **Bi-** *or* **bi-**; **biannually** = twice a year **halbjährlich** *or* **zweimal jährlich**; *(compare* BIENNIALLY)

bid [bɪd]
1 *noun*
(a) offer to buy something at a certain price **Gebot** *n or* **Angebot** *n* ; **to make a bid for something** = to offer to buy something **ein (An)gebot für etwas machen** *he made a bid for the house; the company made a bid for its rival* **to make a cash bid** = to offer to pay cash for something **ein Bargebot machen**; **to put in a bid for something** *or* **to enter a bid for something** = to offer (usually in writing) to buy something **ein Angebot abgeben**
(b) *(at an auction)*; **opening bid** = first bid **Eröffnungsgebot** *n* ; **closing bid** = last bid at an auction, the bid which is successful **Höchstgebot** *n*
(c) offer to do some work at a certain price **Kosten(vor)anschlag** *m or* **Angebot** *n* ; *he made the lowest bid for the job*
(d) *(US)* offer to sell something at a certain price **Angebot** *n* ; *they asked for bids for the supply of spare parts*

(e) takeover bid = offer to buy all or a majority of shares in a company so as to control it **Übernahmeangebot** *n* ; *to make a takeover bid for a company; to withdraw a takeover bid* **the company rejected the takeover bid** = the directors recommended that the shareholders should not accept it **das Unternehmen wies das Übernahmeangebot zurück**
2 *verb (at an auction)*; **to bid for something** = to offer to buy something **für** *or* **auf etwas bieten; he bid £1,000 for the jewels** = he offered to pay £1,000 for the jewels **er bot £1.000 für die Edelsteine** (NOTE: **bidding - bid - has bid)**

◇ **bidder** ['bɪdə] *noun* person who makes a bid (usually at an auction) **Bieter/-in; Bewerber/-in** *or* **Submittent/-in** *several bidders made offers for the house* **the property was sold to the highest bidder** = to the person who had made the highest bid *or* who offered the most money **der Besitz wurde an den Meistbietenden verkauft; the tender will go to the lowest bidder** = to the person who offers the best terms *or* the lowest price for services **der Auftrag wird an den Mindestbietenden vergeben**

◇ **bidding** ['bɪdɪŋ] *noun* action of making offers to buy (usually at an auction) **Bieten** *n or* **Gebot** *n or* **Abgabe** *f* **von Angeboten; the bidding started at £1,000** = the first and lowest bid was £1,000 **£1.000 war das Mindestgebot; the bidding stopped at £250,000** = the last bid (and the successful bid) was for £250,000 **£250.000 war das Höchstgebot; the auctioneer started the bidding at £100** = he suggested that the first bid should be £100 **der Auktionator setzte das Erstgebot mit £100 an**

biennially [baɪ'eniəli] *adverb* every two years **zweijährlich** *or* **alle zwei Jahre**

Big Bang ['bɪg'bæŋ] *noun* the change in practices on the London Stock Exchange, with the introduction of electronic trading on October 27th 1986 **Big Bang** *m*

COMMENT: the changes included the abolition of stock jobbers and the removal of the system of fixed commissions; the Stock Exchange trading floor closed and deals are now done by phone or computer

Big Board ['bɪg'bɔːd] *noun (US informal)* = NEW YORK STOCK EXCHANGE **die New-Yorker Börse**

QUOTE at the close, the Dow Jones Industrial Average was up 24.25 at 2,559.65, while New York S.E. volume totalled 180m shares. Away from the Big Board, the American S.E. Composite climbed 2.31 to 297.87
Financial Times

bilateral [baɪ'lætərəl] *adjective* between two parties *or* countries **bilateral** *or* **zweiseitig** *the minister signed a bilateral trade agreement*

QUOTE trade between Japan and China will probably exceed $30 billion to mark a record high. Ministry of Finance trade statistics show that bilateral trade in the first half of the year totalled $16.60 billion, up 29.7% from a year earlier
Nikkei Weekly

bill [bɪl]
1 *noun*
(a) written list of charges to be paid **Rechnung** *f* ; *the salesman wrote out the bill; does the bill include VAT? the bill is made out to Smith Ltd; the builder sent in his bill; he left the country without paying his bills* **to foot the bill** = to pay the costs **die Zeche** *or* **Rechnung bezahlen**
(b) list of charges in a restaurant **Rechnung** *f* ; *can I have the bill please? the bill comes to £20 including service; does the bill include service? the waiter has added 10% to the bill for service*
(c) written paper promising to pay money **Wechsel** *m or* **Tratte** *f* ; **bills payable (B/P)** = bills (especially bills of exchange) which a company will have to pay (to its creditors) **Wechselverbindlichkeiten** *fpl* **bills receivable (B/R)** = bills (especially bills of exchange) which are due to be paid by a company's debtors **Wechselforderungen** *fpl* **due bills** = bills which are owed but not yet paid **fällige Rechnungen** *fpl;* **Schuldanerkenntnis** *n or* **Zahlungsverpflichtung** *f*
(d) bill of lading = list of goods being shipped,which the transporter gives to the person sending the goods to show that the goods have been loaded **Frachtbrief** *m or* **Konnossement** *n*
(e) *(US)* piece of paper money **Banknote** *f or* **Schein** *m* ; *a $5 bill* (GB English for this is **note** *or* **banknote)**
(f) bill of sale = document which the seller gives to the buyer to show that the sale has taken place **Kaufvertrag** *m*
(g) draft of a new law which will be discussed in Parliament **Gesetzesvorlage** *f or* **Gesetzentwurf** *m*

2 *verb* to present a bill to someone so that it can be paid **berechnen** *or* **in Rechnung stellen** *the builders billed him for the repairs to his neighbour's house*

◊ **billing** ['bɪlɪŋ] *noun (US)* writing of invoices or bills **Rechnungsstellung** *f* ; **Fakturieren** *n*

◊ **bill of exchange** ['bɪləvɪks'tʃeɪnʒ] *noun* document signed by the person authorizing it, which tells another to pay money unconditionally to a named person on a certain date (usually used in payments in foreign currency) **Wechsel** *m or* **Tratte** *f* ; **accommodation bill** = bill of exchange where the person signing is helping someone else to raise a loan **Gefälligkeitswechsel** *m* ; **bank bill** = bill of exchange endorsed by a bank **Bankwechsel** *m or* **Bankakzept** *n* ; **bill broker** = discount house, a firm which buys and sells bills of exchange for a fee **Wechselmaklerfirma** *f* ; **demand bill** = bill of exchange which must be paid when payment is asked for **Sichtwechsel** *m* ; **trade bill** = bill of exchange between two companies who are trading partners **Handelswechsel** *m* ; **to accept a bill** = to sign a bill of exchange to show that you promise to pay it **einen Wechsel akzeptieren; to discount a bill** = to sell a bill of exchange at a lower price than that written on it in order to cash it before its maturity date **einen Wechsel diskontieren**

> COMMENT: a bill of exchange is a document raised by a seller and signed by a purchaser, stating that the purchaser accepts that he owes the seller money, and promises to pay it at a later date. The person raising the bill is the 'drawer', the person who accepts it is the 'drawee'. The seller can then sell the bill at a discount to raise cash. This is called a 'trade bill'. A bill can also be accepted (i.e. guaranteed) by a bank, and in this case it is called a 'bank bill'

billion ['bɪljən] one thousand million **Milliarde** *f* (NOTE: in the US it has always meant one thousand million, but in GB it formerly meant one million million, and it is still sometimes used with this meaning. With figures it is usually written **bn: $5bn** say 'five billion dollars')

> QUOTE gross wool receipts for the selling season to end June 30 appear likely to top $2 billion
> Australian Financial Review

> QUOTE at its last traded price the bank was capitalized at around $1.05 billion
> South China Morning Post

bimonthly [baɪ'mʌnθli] *adverb* (i) twice a month; (ii) every two months **(i) zweimal monatlich; (ii) jeden zweiten Monat**

bin [bɪn] *noun*
(a) large container **Tonne** *f* ; **Behälter** *m* ; **Kiste** *f* ; **dump bin** = display container like a large round box, filled with goods for sale **Wühlkorb** *m*
(b) separate section of shelves in a warehouse **Lagerfach** *n* ; **bin card** = stock record card in a warehouse **Lagerkarte** *f or* **Lagerzettel** *m*

bind [baɪnd] *verb* to tie *or* to attach **binden** *the company is bound by its articles of association; he does not consider himself bound by the agreement which was signed by his predecessor* (NOTE: **binding - bound)**

◊ **binder** ['baɪndə] *noun*
(a) stiff cardboard cover for papers **Hefter** *m* ; **ring binder** = cover with rings in it which fit into special holes made in sheets of paper **Ringbuch** *n*
(b) *(US)* temporary agreement for insurance sent before the insurance policy is issued **vorläufiger Versicherungsschein** *m* ; **Deckungszusage** *f* (NOTE: the GB English for this is **cover note)**
(c) *(US)* money paid as part of the initial agreement to purchase property **Anzahlung** *f* (NOTE: the GB English for this is **deposit)**

◊ **binding** ['baɪndɪŋ] *adjective* which legally forces someone to do something **verbindlich** *or* **bindend** *a binding contract; this document is not legally binding* **the agreement is binding on all parties** = all parties signing it must do what is agreed **die Vereinbarung ist für alle Parteien verbindlich**

BIS = BANK FOR INTERNATIONAL SETTLEMENTS

bit [bɪt] *noun* smallest unit of information on a computer **Bit** *n*

black [blæk]
1 *adjective*
(a) black market = buying and selling goods or currency in a way which is not allowed by law (as in a time of rationing) **Schwarzmarkt** *m* ; *there is a flourishing black market in spare parts for cars; you can buy gold coins on the black market* **to pay black market prices** = to pay high prices to get items which are not easily available **Schwarzmarktpreise** *mpl* **zahlen**
(b) black economy = goods and services which are paid for in cash, and therefore not declared for tax **Schattenwirtschaft** *f*

(c) in the black = in credit **in den schwarzen Zahlen** *fpl the company has moved into the black; my bank account is still in the black*
2 *verb* to forbid trading in certain goods or with certain suppliers **bestreiken; boykottieren** *three firms were blacked by the government; the union has blacked a trucking firm*

◊ **Black Friday** ['blæk'fraɪdeɪ] *noun* any sudden collapse on a stock market (called after the first major collapse of the US stock market on 24th September, 1869) **schwarzer Freitag**

◊ **blackleg** ['blækleg] *noun* worker who goes on working when there is a strike **Streikbrecher/-in**

◊ **black list** ['blæk'lɪst] *noun* list of goods *or* people *or* companies which have been blacked **schwarze Liste**

◊ **blacklist** ['blæklɪst] *verb* to put goods *or* people *or* a company on a black list **auf die schwarze Liste setzen** *his firm was blacklisted by the government*

◊ **Black Monday** [blæk'mʌndeɪ] Monday, 19th October, 1987, when world stock markets crashed **der Schwarze Montag**

◊ **Black Tuesday** [blæk'tjuːzdeɪ] Tuesday, 29th October, 1929, when the US stock market crashed **der Schwarze Dienstag**

◊ **Black Wednesday** [blæk'wenzdeɪ] Wednesday, 16th September, 1992, when the pound sterling left the ERM and was devalued against other currencies **der Schwarze Mittwoch**

> COMMENT: not always seen as 'black', since some people believe it was a good thing that the pound left the ERM

blame [bleɪm]
1 *noun* saying that someone has done something wrong *or* that someone is responsible **Schuld** *f* ; *the sales staff got the blame for the poor sales figures*
2 *verb* to say that someone has done something wrong *or* is responsible for a mistake **beschuldigen** *or* **Vorwürfe** *mpl* **machen** *the managing director blamed the chief accountant for not warning him of the loss; the union is blaming the management for poor industrial relations*

blank [blæŋk]
1 *adjective* with nothing written **leer** *or* **unausgefüllt; a blank cheque** = a cheque with no amount of money or name written on it, but signed by the drawer **ein Blankoscheck** *m*
2 *noun* space on a form which has to be completed **leere Stelle; Lücke** *f* ; *fill in the blanks and return the form to your local office*

blanket ['blæŋkɪt] *noun* **blanket agreement** = agreement which covers many items **Gesamtvereinbarung** *f* ; **blanket insurance (policy)** = insurance which covers various items (such as a house and its contents) **Generalpolice** *f* ; **blanket refusal** = refusal to accept many different items **pauschale Ablehnung**

blind testing ['blaɪnd'testɪŋ] *noun* testing a product on consumers without telling them what brand it is **Blindtesten** *n or* **anonymer Warentest** *m*

blip [blɪp] *noun* short period when movement forwards or upwards is stopped **kurzfristiger Einbruch** *or* **vorübergehendes Leistungstief** *this month's bad trade figures are only a blip*

blister pack ['blɪstəpæk] *noun* type of packing where the item for sale is covered with a stiff plastic sheet sealed to a card backing **Blister-** *or* **Klarsichtpackung** *f*

block [blɒk]
1 *noun*
(a) series of items grouped together **Paket** *n or* **Partei** *f* ; *he bought a block of 6,000 shares* **block booking** = booking of several seats *or* rooms at the same time **Gruppenbuchung** *f* ; *the company has a block booking for twenty seats on the plane or for ten rooms at the hotel* **block vote** = voting of a large number of votes at the same time (such as those of a delegation at a conference) **Blockabstimmung** *f or* **geschlossene Stimmabgabe**
(b) series of buildings forming a square with streets on all sides **Block** *m or* **Wohnblock** *they want to redevelop a block in the centre of the town* **a block of offices** *or* **an office block** = a large building which only contains offices **ein Bürogebäude** *n*
(c) block capitals *or* **block letters** = capital letters (as A,B,C) **Blockschrift** *f* ; *write your name and address in block letters*
2 *verb* to stop something taking place **blockieren** *or* **stoppen** *or* **sperren** *he used his casting vote to block the motion; the planning committee blocked the redevelopment plan* **blocked currency** = currency which cannot be taken out of a country because of exchange controls **blockierte Währung** *the company has a large account in blocked roubles*

blue [bluː] *adjective* **blue-chip investments** *or* **blue-chip shares** *or* **blue chips** = low risk shares in good companies **erstklassige** *or* **sichere Anlagen** *fpl or* **Aktien** *fpl or* **Blue Chips** *mpl* **blue-collar worker** = manual worker in a factory **Arbeiter/-in; blue-collar union** = trade union formed mainly of blue-collar workers

Arbeitergewerkschaft *f; (US)* **Blue Laws** = regulations governing business activities on Sundays **Sittengesetze** *npl (besonders gegen die Entheiligung von Sonn- und Feiertagen)*

> QUOTE soaring blue-chips and offshore buying helped Australian shares to a new high yesterday. The market opened higher as hopes of an interest rate cut buoyed sentiment
> West Australian

blurb [blɜːb] *noun* piece of advertising, especially an advertisement written by a publisher for a book **Klappentext** *m*

bn ['bɪljən] = BILLION

board [bɔːd]
1 *noun*
(a) *see* BOARD OF DIRECTORS
(b) group of people who run an organization *or* trust *or* society **Ausschuss** *m* ; **advisory board** = group of advisors **Beratungsgremium** *n or* **Beirat** *m* ; **editorial board** = group of editors **Redaktion** *f or* **Redaktionskomitee** *n* ; **training board** = government organization set up by each industry to provide and coordinate training for that industry **Ausbildungsgremium** *n*
(c) on board = (i) on a ship *or* plane; (ii) on a train **(i) an Bord; (ii) im Zug**; **free on board (f.o.b.)** = price includes all the seller's costs until the goods are on the ship for transportation **frei an Bord (f.o.b.)**
(d) large flat piece of wood or card **Brett** *n* ; **clipboard** = stiff board with a clip at the top so that a piece of paper can be clipped to the board to allow you to write on it easily **Klemmbrett**; **noticeboard** = board fixed to a wall where notices can be put up **schwarzes Brett**
2 *verb* (i) to go on to a ship *or* plane; (ii) to go on to a train **(i) an Bord gehen; (ii) einsteigen** *customs officials boarded the ship in the harbour*

◊ **boarding card** *or* **boarding pass** ['bɔːdɪŋkɑːd *or* 'bɔːdiŋpɑːs] *noun* card given to passengers who have checked in for a flight or for a sailing to allow them to board the plane or ship **Bordkarte** *f*

board of directors [ˌbɔːdəvdaɪ'rektəz] *noun*
(a) *(GB)* group of directors elected by the shareholders to run a company **board of directors** *m* . *(Aufsichts- und Geschäftsführungsorgan nach britischem Recht) the bank has two representatives on the board; he sits on the board as a representative of the bank; two directors were removed from the board at the AGM* **she was asked to join the board** = she was asked to become a director **sie wurde in den board berufen**; **board meeting** = meeting of the directors of a company **Board-Sitzung** *f*
(b) *(US)* group of people elected by the shareholders to draw up company policy and to appoint the president and other executive officers who are responsible for managing the company **board of directors** *m (Aufsichts- und Geschäftsführungsorgan nach amerikanischem Recht) see also the comment at* DIRECTOR

boardroom ['bɔːdrʊm] *noun* room where the directors of a company meet **Sitzungssaal** *m* ; **boardroom battles** = arguments between directors **Auseinandersetzungen** *fpl* **in der Vorstandsetage**

> QUOTE a proxy is the written authorization an investor sends to a stockholder meeting conveying his vote on a corporate resolution or the election of a company's board of directors
> Barrons

> QUOTE CEOs, with their wealth of practical experience, are in great demand and can pick and choose the boards they want to serve on
> Duns Business Month

boat [bəʊt] *noun* ship **Boot** *n* ; **Schiff** *n* ; *cargo boat; passenger boat; we took the night boat to Belgium; boats for Greece leave every morning*

bona fide ['bəʊnə'faɪdɪ] *adjective* trustworthy, which can be trusted **in gutem Glauben** *or* **redlich**; **a bona fide offer** = an offer which is made honestly **ein Bona-Fide-Angebot** *n or* **ein Angebot auf Treu und Glauben**

bonanza [bə'nænzə] *noun* great wealth; very profitable business **Goldgrube** *f* ; **Blütezeit** *f*; *the oil well was a bonanza for the company; 1990 was a bonanza year for the computer industry*

bond [bɒnd] *noun*
(a) contract document promising to repay money borrowed by a company *or* by the government at a certain date, and paying interest at regular intervals **Schuldverschreibung** *f or* **Obligation** *f* ; **government bonds** *or* **treasury bonds** = bonds issued by the central government **Staatsanleihen** *fpl or* **Schatzanweisungen** *fpl* **municipal bond** *or* **local authority bond** = bond issued by a town or district **Kommunalobligation**; **bearer bond** = bond

which is payable to the bearer and does not have a name written on it **Inhaberschuldverschreibung; debenture bond** = certificate showing that a debenture has been issued **Schuldverschreibung** *or* **Obligation; mortgage bond** = certificate showing that a mortgage exists and that property is security for it **hypothekarische Obligation;** *(GB)* **premium bond** = government bond, part of the National Savings scheme, which pays no interest, but gives the owner the chance to win a weekly or monthly prize ≈ **Prämienanleihe** *f*
(b) goods (held) in bond = goods held by the customs until duty has been paid **Waren** *fpl* **unter Zollverschluss** *m* ; **entry of goods under bond** = bringing goods into a country in bond **Einfuhr** *f* **von Waren unter Zollverschluss; to take goods out of bond** = to pay duty on goods so that they can be released by the customs **Waren aus dem Zollverschluss nehmen**

◇ **bonded** ['bɒndɪd] *adjective* held in bond **unter Zollverschluss** *m* ; **bonded warehouse** = warehouse where goods are stored in bond until duty is paid **Zolllager** *m*

◇ **bondholder** ['bɒndˌhəʊldə] *noun* person who holds government bonds **Pfandbrief-** *or* **Obligations-** *or* **Schuldverschreibungsgläubiger/-in**

◇ **bond-washing** ['bɒndˌwɒʃɪŋ] *noun* selling American Treasury bonds with the interest coupon, and buying them back ex coupon, so as to reduce tax **An- und Verkauf** *m* **von Wertpapieren zur Steuerausweichung**

> COMMENT: bonds are in effect another form of long-term borrowing by a company or government. They can carry a fixed interest or a floating interest, but the yield varies according to the price at which they are bought; bond prices go up and down in the same way as share prices

bonus ['bəʊnəs] *noun*
(a) extra payment (in addition to a normal payment) **Prämie** *f or* **Zulage** *f or* **Bonus** *m* ; **capital bonus** = extra payment by an insurance company which is produced by capital gain **Kapitalprämie** *f*; **Sonderdividende** *f*; **cost-of-living bonus** = money paid to meet the increase in the cost of living **Teuerungszulage** *f or* **Lebenshaltungskostenzuschuss** *m* ; **Christmas bonus** = extra payment made to staff at Christmas **Weihnachtsgeld** *n* ; **incentive bonus** = extra pay offered to a worker to encourage him to work harder **Anreizprämie; productivity bonus** = extra payment made because of increased productivity **Produktivitätsprämie**
(b) bonus issue = scrip issue *or* capitalization issue, where a company transfers money from reserves to share capital and issues free extra shares to the shareholders (the value of the company remains the same, and the total market value of shareholders' shares remains the same, the market price of each share falls to account for the new shares) **Emission** *f* **von Gratisaktien** *fpl* **bonus share** = extra share given to an existing shareholder **Gratisaktie** *f*
(c) no-claims bonus = reduction of premiums on an insurance because no claims have been made **Schadenfreiheitsrabatt** *m*
(NOTE: plural is **bonuses)**

book [bʊk]
1 *noun*
(a) set of sheets of paper attached together **Buch** *n* ; **a company's books** = the financial records of a company **die Geschäftsbücher** *npl* **eines Unternehmens; account book** = book which records sales and purchases **Rechnungsbuch; cash book** = record of cash **Kassenbuch; order book** = record of orders **Auftragsbuch; the company has a full order book** = it has sufficient orders to keep the workforce occupied **das Unternehmen hat volle Auftragsbücher; purchase book** = records of purchases **Wareneingangsbuch; sales book** = records of sales **Warenausgangsbuch; book sales** = sales as recorded in the sales book **Warenausgänge** *mpl* **book value** = value as recorded in the company's books **Buchwert** *m*
(b) bank book = book which shows money which you have deposited or withdrawn from a bank account **Bank-** *or* **Sparbuch** *n* ; **cheque book** = book of new cheques **Scheckheft** *n* ; **phone book** *or* **telephone book** = book which lists names of people or companies with their addresses and telephone numbers **Telefonbuch**
2 *verb* (i) to order something; (ii) to reserve something **(i) bestellen; (ii) buchen; reservieren** *to book a room in a hotel or a table at a restaurant or a ticket on a plane; I booked a table for 7.45; he booked a ticket through to Cairo* **to book someone into a hotel** *or* **onto a flight** = to order a room *or* a plane ticket for someone else **für jdn ein Zimmer** *or* **einen Flug buchen** *he was booked on the 09.00 flight to Zurich* **the hotel** *or* **the flight is fully booked** *or* **is booked up** = all the rooms *or* seats are reserved **das Hotel** *or* **der Flug ist ausgebucht** *the restaurant is booked up over the Christmas period*

◇ **booking** ['bʊkɪŋ] *noun* act of ordering a room *or* a seat **Buchung** *f or* **Reservierung** *f* ; *hotel bookings have fallen since the end of the tourist season* **booking clerk** = person who sells tickets in a booking office

Kartenverkäufer/-in; Schalterbeamte(r)/-beamtin; **booking office** = office where you can book seats at a theatre *or* tickets for the railway **Vorverkaufsstelle** *or* **-kasse** *f* ; **Fahrkartenschalter** *m* ; **block booking** = booking of several seats *or* rooms at the same time **Gruppenbuchung** *f* ; **to confirm a booking** = to say that a booking is certain **eine Buchung bestätigen**; **double booking** = booking by mistake of two people into the same hotel room *or* the same seat on a plane **Doppelbuchung** *f*

◊ **bookkeeper** ['bʊk,ki:pə] *noun* person who keeps the financial records of a company **Buchhalter/-in**

◊ **bookkeeping** ['bʊk,ki:pɪŋ] *noun* keeping of the financial records of a company *or* an organization **Buchführung** *f* ; **single-entry bookkeeping** = noting a deal with only one entry, as in a cash book **einfache Buchführung**; **double-entry bookkeeping** = method of bookkeeping where both credit and debit entries are recorded at the same time **doppelte Buchführung**

◊ **booklet** ['bʊklət] *noun* small book with a paper cover **Broschüre** *f*

◊ **bookseller** ['bʊk,selə] *noun* person who sells books **Buchhändler/-in**

◊ **bookshop** ['bʊkʃɒp] *noun* shop which sells books **Buchhandlung** *f*

◊ **bookstall** ['bʊkstɔ:l] *noun* small open bookshop (as in a railway station) **Bücherstand** *m*

◊ **bookstore** ['bʊkstɔ:] *noun* *(US)* bookshop **Buchhandlung** *f*

◊ **bookwork** ['bʊkwɜ:k] *noun* keeping of financial records **Buchführungsarbeit** *f*

boom [bu:m]

1 *noun* time when sales *or* production *or* business activity are increasing **Aufschwung** *m or* **Boom** *m or* **Hochkonjunktur** *f; (Börse)* **Hausse** *f* ; *a period of economic boom; the boom of the 1970s* **boom industry** = industry which is expanding rapidly **Konjunkturindustrie** *f* ; **a boom share** = share in a company which is expanding **eine schnell steigende Aktie**; **the boom years** = years when there is an economic boom **die Jahre des Aufschwungs** *or* **der Konjunktur**

2 *verb* to expand *or* to become prosperous **boomen** *or* **florieren** *or* **einen Aufschwung haben** *business is booming; sales are booming*

◊ **booming** ['bu:mɪŋ] *adjective* which is expanding *or* becoming prosperous **florierend** *or* **blühend** *a booming industry or company; technology is a booming sector of the economy*

boost [bu:st]

1 *noun* help to increase **Auftrieb** *m or* **Aufschwung** *m or* **Förderung** *f* ; *this publicity will give sales a boost; the government hopes to give a boost to industrial development*

2 *verb* to make something increase **ankurbeln** *or* **fördern** *or* **in die Höhe treiben** *we expect our publicity campaign to boost sales by 25%; the company hopes to boost its market share; incentive schemes are boosting production*

> QUOTE the company expects to boost turnover this year to FFr 16bn from FFr 13.6bn
>
> Financial Times

booth [bu:ð] *noun*

(a) small place for one person to stand or sit **Kabine** *f* ; **telephone booth** = public box with a telephone **Telefonzelle** *f* ; **ticket booth** = place outdoors where a person sells tickets **Kartenverkaufsstand** *m*

(b) *(US)* section of a commercial fair where a company exhibits its products or services **Stand** *m or* **Messestand** (NOTE: the GB English for this is **stand)**

borrow ['bɒrəʊ] *verb* to take money from someone for a time, possibly paying interest for it, and repaying it at the end of the period **leihen** *or* **borgen; Darlehen** *or* **Kredit aufnehmen** *he borrowed £1,000 from the bank; the company had to borrow heavily to repay its debts; they borrowed £25,000 against the security of the factory* **to borrow short** *or* **long** = to borrow for a short *or* long period **einen kurzfristigen** *or* **langfristigen Kredit aufnehmen**

◊ **borrower** ['bɒrəʊə] *noun* person who borrows **Kredit-** *or* **Darlehensnehmer/-in; Entleiher/-in** *borrowers from the bank pay 12% interest*

◊ **borrowing** ['bɒrəʊɪŋ] *noun*

(a) action of borrowing money **Kreditaufnahme** *f* ; *the new factory was financed by bank borrowing* **borrowing power** = amount of money which a company can borrow **Kreditfähigkeit** *f*

(b) **borrowings** = money borrowed **Kreditlasten** *fpl the company's borrowings have doubled* **bank borrowings** = loans made by banks **Kreditaufnahme** *f* **bei Banken**

> COMMENT: borrowings are sometimes shown as a percentage of shareholders' funds (i.e. capital and money in reserves); this gives a percentage which is the 'gearing' of the company

boss [bɒs] *noun (informal)* employer, person in charge of a company *or* an office

Chef/-in *or* **Boss** *m* ; *if you want a pay rise, go and talk to your boss; he became a director when he married the boss's daughter*

bottleneck ['bɒtlnek] *noun* position when business activity is slowed down because one section of the operation cannot cope with the amount of work **Engpass** *m* ; *a bottleneck in the supply system; there are serious bottlenecks in the production line*

bottom ['bɒtəm]
1 *noun* lowest part *or* point **Tiefpunkt** *or* **-stand** *m* ; **sales have reached rock bottom** = the very lowest point of all **der Absatz hat den Tiefpunkt erreicht**; **the bottom has fallen out of the market** = sales have fallen below what previously seemed to be the lowest point **die Preise sind ins Bodenlose gesunken**; **bottom price** = lowest price **niedrigster Preis** *or* **Kurs**; **rock-bottom price** = lowest price of all **Tief-** *or* **Schleuderpreis** *m* ; **bottom line** = last line on a profit-and-loss account indicating the total profit or loss **Saldo** *m* ; **the boss is interested only in the bottom line** = he is only interested in the final profit **der Chef ist nur am Ergebnis** *n* **interessiert**
2 *verb* **to bottom (out)** = to reach the lowest point **den tiefsten Stand erreichen**; **the market has bottomed out** = has reached the lowest point and does not seem likely to fall further **der Markt hat den tiefsten Stand erreicht**

bottomry ['bɒtəmrɪ] *noun* mortgage of a ship to pay for repairs **Schiffsverpfändung** *f* *or* **Bodmerei** *f*

bought [bɔːt] *see* BUY; **bought ledger** = set of accounts recording money owed to each supplier (i.e., the creditors of the company) **Einkaufsbuch** *n* ; **bought ledger clerk** = office worker who deals with the bought ledger **Einkaufsbuchhalter/-in**

bounce [baʊns] *verb (of a cheque)* to be returned to the person who has tried to cash it, because there is not enough money in the payer's account to pay it **platzen** *he paid for the car with a cheque that bounced*

bounty ['baʊntɪ] *noun* government subsidy made to help an industry **Subvention** *f* *or* **Prämie** *f*

boutique [buː'tiːk] *noun* small specialized shop, especially for up-to-date clothes; section of a department store selling up-to-date clothes **Boutique** *f* ; *a jeans boutique; a ski boutique*

box [bɒks] *noun*
(a) cardboard *or* wood *or* plastic container **Schachtel** *f* *or* **Kasten** *m* ; *the goods were sent in thin cardboard boxes; the watches are prepacked in plastic display boxes* **paperclips come in boxes of two hundred** = packed two hundred to a box **Büroklammern sind in Schachteln zu zweihundert erhältlich**; **box file** = file (for papers) made like a box **kastenförmiger Aktenordner**
(b) box number = reference number used in a post office or an advertisement to avoid giving an address **Chiffre** *f; (at Post Office)* **Postfach** *n* ; *please reply to Box No. 209; our address is: P.O. Box 74209, Edinburgh*
(c) cash box = metal box for keeping cash **Geldkassette** *f*; **letter box** *or* **mail box** = place where incoming mail is put **Briefkasten** *m* ; **call box** = outdoor telephone kiosk **Telefonzelle** *f*

◇ **boxed** [bɒkst] *adjective* put in a box *or* sold in a box **in Kisten** *fpl* *or* **Schachteln** *fpl* **verpackt**; **boxed set** = set of items sold together in a box **in einer Schachtel** *or* **Kassette verpacktes Set**

boycott ['bɔɪkɒt]
1 *noun* refusal to buy *or* to deal in certain products **Boykott** *m* ; *the union organized a boycott against or of imported cars*
2 *verb* to refuse to buy *or* to deal in a certain product **boykottieren** *we are boycotting all imports from that country* **the management boycotted the meeting** = refused to attend the meeting **die Geschäftsleitung boykottierte die Sitzung**

B/P = BILLS PAYABLE

B/R = BILLS RECEIVABLE

bracket ['brækɪt]
1 *noun* group of items *or* people taken together **Gruppe** *f* *or* **Klasse** *f* *or* **Stufe** *f* ; **people in the middle-income bracket** = people with average incomes, not high or low **Personen der mittleren Einkommensstufe**; **he is in the top tax bracket** = he pays the highest level of tax **er ist in der höchsten Steuerklasse**
2 *verb* **to bracket together** = to treat several items together in the same way **zusammenfassen** *in the sales reports, all the European countries are bracketed together*

brainstorming ['breɪnstɔːmɪŋ] *noun* intensive discussion by a small group of people as a method of producing new ideas or solving problems **Brainstorming** *n*

branch [brɑːn(t)ʃ]
1 *noun* local office of a bank or large business; local shop of a large chain of shops **Filiale** *f* *or* **Geschäfts-** *or* **Zweigstelle** *f* ; *the bank or the store has branches in most towns in the*

south of the country; the insurance company has closed its branches in South America; he is the manager of our local branch of Lloyds bank; we have decided to open a branch office in Chicago; the manager of our branch in Lagos *or of our Lagos branch* **branch manager** = manager of a branch **Filialleiter/-in**

2 *verb* **to branch out** = to start a new (but usually related) type of business **sein Geschäft erweitern** *from car retailing, the company branched out into car leasing*

> QUOTE a leading manufacturer of business, industrial and commercial products requires a branch manager to head up its mid-western Canada operations based in Winnipeg
> Globe and Mail (Toronto)

brand [brænd] *noun* make of product, which can be recognized by its name or by its design which gives the company making it an advantage over its competitors **Marke** *f* ; *the top-selling brands of toothpaste; the company is launching a new brand of soap* **brand leader** = the brand with the largest market share **Markenführer** *m* ; **brand name** = name of a brand **Markenname** *m* ; **brand image** = idea of a product which is associated with the brand name **Markenimage** *n or* **Markenprofil** *n* ; **brand loyalty** = loyalty by the customer who always buys the same brand **Markentreue** *f* ; **brand recognition** = being able to recognise a brand on sight **Markenwiedererkennung** *f* ; **Brand X** = the anonymous brand used in TV commercials to compare with the brand being advertised **Marke X; own brand** = name of a store which is used on products which are specially packed for that store **Eigen-** *or* **Hausmarke**

◇ **branded** ['brændɪd] *adjective* **branded goods** = goods sold under brand names **Markenartikel** *mpl or* **Markenwaren** *fpl*

◇ **brand new** ['bræn(d)'njuː] *adjective* quite new *or* very new **nagelneu**

breach [briːtʃ] *noun* failure to carry out the terms of an agreement **Verletzung** *f or* **Verstoß** *m* ; **breach of contract** = failing to do something which is in a contract **Vertragsbruch** *m* ; **the company is in breach of contract** = it has failed to carry out the duties of the contract **das Unternehmen ist vertragsbrüchig geworden; breach of warranty** = supplying goods which do not meet the standards of the warranty applied to them **Garantieverletzung** *or* **Verletzung einer vertraglichen Zusicherung**

break [breɪk]

1 *noun* short space of time, when you can rest **Pause** *f* ; *she typed for two hours without a break* **coffee break** *or* **tea break** = rest time during work when the workers can drink coffee or tea **Kaffeepause; Teepause**

2 *verb*

(a) to fail to carry out the duties of a contract **brechen** *or* **nicht einhalten** *or* **verletzen** *the company has broken the contract or the agreement* **to break an engagement to do something** = not to do what has been agreed **eine Abmachung nicht einhalten**

(b) to cancel (a contract) **lösen** *the company is hoping to be able to break the contract* (NOTE: **breaking - broke - has broken)**

◇ **breakages** ['breɪkɪdʒɪz] *plural noun* breaking of items **Bruch** *m or* **Bruchschaden** *m* ; *customers are expected to pay for breakages*

◇ **break down** [breɪk'daʊn] *verb*

(a) to stop working because of mechanical failure **ausfallen** *or* **kaputtgehen** *the telex machine has broken down; what do you do when your photocopier breaks down?*

(b) to stop **scheitern** *negotiations broke down after six hours*

(c) to show all the items in a total list of costs *or* expenditure **aufschlüsseln** *or* **spezifizieren** *or* **aufgliedern** *we broke the expenditure down into fixed and variable costs; can you break down this invoice into spare parts and labour?*

◇ **breakdown** ['breɪkdaʊn] *noun*

(a) stopping work because of mechanical failure **Betriebsstörung** *f* ; **Ausfall** *m* ; **Zusammenbruch** *m* ; *we cannot communicate with our Nigerian office because of the breakdown of the telex lines*

(b) stopping talking **Scheitern** *n* ; *a breakdown in wage negotiations*

(c) showing details item by item **Aufschlüsselung** *f or* **Spezifizierung** *f or* **Aufgliederung** *f* ; *give me a breakdown of investment costs*

◇ **break even** [breɪk'iːvən] *verb* to balance costs and receipts, but not make a profit **kostendeckend arbeiten** *last year the company only just broke even; we broke even in our first two months of trading*

◇ **breakeven point** [breɪk'iːvn,pɔɪnt] *noun* point at which sales cover costs, but do not show a profit **Kostendeckungspunkt** *m or* **Breakeven-Punkt** *m or* **Gewinnschwelle** *f*

◇ **break off** [breɪk'ɒf] *verb* to stop **abbrechen** *we broke off the discussion at midnight; management broke off negotiations with the union*

◇ **break up** [breɪk'ʌp] *verb*

(a) to split something large into small sections

aufteilen *or* **aufspalten** *the company was broken up and separate divisions sold off*
(b) to come to an end **(sich) auflösen** *the meeting broke up at 12.30*

bribe [braɪb]
1 *noun* money given to someone in authority to get him or her to help **Bestechungs-** *or* **Schmiergeld** *n* ; *the minister was dismissed for taking bribes*
2 *verb* to pay someone money to get him or her to do something for you **bestechen** *or* **schmieren** *we had to bribe the minister's secretary before she would let us see her boss*

bridging loan ['brɪdʒɪŋˌləʊn] *or (US)* **bridge loan** ['brɪdʒˌləʊn] *noun* short-term loan to help someone buy a new house when his old one has not yet been sold **Überbrückungskredit** *m*

brief [bri:f]
1 *noun* instructions given to a lawyer **Informationen** *fpl* **für den Prozessanwalt**
2 *verb* to explain to someone in detail **instruieren** *or* **informieren** *the salesmen were briefed on the new product; the managing director briefed the board on the progress of the negotiations*

◇ **briefcase** ['bri:fkeɪs] *noun* case with a handle for carrying papers and documents **Aktentasche** *f* ; *he put all the files into his briefcase*

◇ **briefing** ['bri:fɪŋ] *noun* telling someone details **Besprechung** *f or* **Briefing** *n* ; *all salesmen have to attend a sales briefing on the new product*

bring [brɪŋ] *verb* to come to a place with someone or something **(mit)bringen** *he brought his documents with him; the finance director brought his secretary to take notes of the meeting* **to bring a lawsuit against someone** = to tell someone to appear in court to settle an argument **jdn verklagen** (NOTE: **bringing - brought)**

◇ **bring down** [brɪŋ'daʊn] *verb*
(a) to reduce **senken** *petrol companies have brought down the price of oil*
(b) = BRING FORWARD (b)

◇ **bring forward** [brɪŋ'fɔ:wəd] *verb*
(a) to make earlier **vorverlegen** *to bring forward the date of repayment; the date of the next meeting has been brought forward to March*
(b) to take an account balance from the end of the previous period as the starting point for the current period **übertragen** *balance brought down or forward: £365.15*

◇ **bring in** [brɪŋ'ɪn] *verb* to earn (an interest) **bringen** *or* **einbringen** *the shares bring in a small amount*

◇ **bring out** [brɪŋ'aʊt] *verb* to produce something new **herausbringen** *they are bringing out a new model of the car for the Motor Show*

◇ **bring up** [brɪŋ'ʌp] *verb* to refer to something for the first time **zur Sprache bringen** *the chairman brought up the question of redundancy payments*

brisk [brɪsk] *adjective* selling actively **lebhaft** *or* **rege** *sales are brisk; the market in oil shares is particularly brisk; a brisk market in oil shares*

broadside ['brɔ:dsaɪd] *noun (US)* publicity leaflet **Prospekt** *m or* **Werbezettel** *m*

brochure ['brəʊʃə] *noun* publicity booklet **Prospekt** *m or* **Broschüre** *f* ; *we sent off for a brochure about holidays in Greece or about postal services*

broke [brəʊk] *adjective (informal)* having no money **pleite** *the company is broke; he cannot pay for the new car because he is broke* **to go broke** = to become bankrupt **pleite** *or* **bankrott gehen**

broker ['brəʊkə] *noun*
(a) dealer who acts as a middleman between a buyer and a seller **Makler/-in** *or* **Händler/-in** *or* **Broker** *m* ; **foreign exchange broker** = person who buys and sells foreign currency on behalf of other people **Devisenhändler/-in; insurance broker** = person who sells insurance to clients **Versicherungsmakler/-in; ship broker** = person who sells shipping *or* transport of goods to clients **Schiffsmakler/-in**; *(see also* HONEST)
(b) (stock)broker = person or firm that buys or sells shares for clients **Börsenmakler/-in**

◇ **brokerage** *or* **broker's commission** ['brəʊkərɪdʒ *or* 'brəʊkəzkə'mɪʃən] *noun* payment to a broker for a deal carried out **Maklergebühr** *f or* **Courtage** *f*

◇ **broking** ['brəʊkɪŋ] *noun* dealing in stocks and shares **Maklergeschäft** *n*

brought down (b/d) *or* **brought forward (b/f)** [brɔ:t'dæʊn *or* brɔ:t'fɔ:wəd] *phrase* balance in an account from the previous period taken as the starting point for the current period **vor-** *or* **übergetragen** *balance brought down or forward: £365.15*

bubble ['bʌbl] *noun* **bubble envelope** = envelope lined with a sheet of plastic with bubbles in it, which protects the contents of the envelope **Luftpolsterumschlag** *m* ; **bubble pack** *see* BLISTER PACK; **bubble wrap** = sheet of clear plastic with bubbles in it, used as a protective wrapping material **Luftpolsterfolie** *f*

buck [bʌk]
1 *noun (US informal)* dollar **Dollar** *m* ; **to make a quick** *or* **fast buck** = to make a profit very quickly **schnelles Geld machen** *or*; *(inf)* **schnell Kohle machen**
2 *verb* **to buck the trend** = to go against the trend **gegen den Strom schwimmen**

bucket shop [ˈbʌkɪtʃɒp] *noun (informal)* travel agent selling airline tickets at a discount **Reisebüro, das Graumarkttickets verkauft**

budget [ˈbʌdʒɪt]
1 *noun*
(a) plan of expected spending and income (usually for one year) **Finanzplan** *m or* **Budget** *n or* **Etat** *m* ; *to draw up a budget; we have agreed the budgets for next year* **advertising budget** = money planned for spending on advertising **Werbeetat**; **cash budget** = plan of cash income and expenditure **Kassenbudget**; **overhead budget** = plan of probable overhead costs **Gemeinkostenbudget** *n or* **Gemeinkostenplan** *m* ; **publicity budget** = money allowed for expected expenditure on publicity **Werbeetat**; **sales budget** = plan of probable sales **Absatzplan** *m*
(b) the Budget = the annual plan of taxes and government spending proposed by a finance minister **der Staatshaushalt** *or* **Etat** *the minister put forward a budget aimed at boosting the economy* **to balance the budget** = to plan income and expenditure so that they balance **den Haushalt ausgleichen** *the president is planning for a balanced budget*
(c) *(in a bank)*; **budget account** = bank account where you plan income and expenditure to allow for periods when expenditure is high, by paying a set amount each month **Haushaltskonto** *n (Bankkonto zur Einnahmen-/Ausgabenplanung, auf das monatlich feste Beträge eingezahlt werden)*
(d) *(in shops)* cheap **Billig-**; **budget department** = cheaper department **Sonderangebotsabteilung** *f* ; **budget prices** = low prices **Sparpreise** *mpl*
2 *verb* to plan probable income and expenditure **(im Budget) einplanen** *or* **veranschlagen** *we are budgeting for £10,000 of sales next year*

◇ **budgetary** [ˈbʌdʒɪtərɪ] *adjective* referring to a budget **Finanz-** *or* **Etat-** *or* **Haushalts-**; **budgetary control** = keeping check on spending **Haushalts-** *or* **Finanzkontrolle** *f* ; **budgetary policy** = policy of planning income and expenditure **Haushaltspolitik** *f* ; **budgetary requirements** = spending or income required to meet the budget forecasts **Haushaltsbedarf** *m*

◇ **budgeting** [ˈbʌdʒɪtɪŋ] *noun* preparing of budgets to help plan expenditure and income **Aufstellung** *f* **eines Haushaltsplans** *m* ; **Finanzplanung** *f*

> QUOTE he budgeted for further growth of 150,000 jobs (or 2.5 per cent) in the current financial year
> Sydney Morning Herald

> QUOTE the minister is persuading the oil, gas, electricity and coal industries to target their advertising budgets towards energy efficiency
> Times

> QUOTE the Federal government's budget targets for employment and growth are within reach according to the latest figures
> Australian Financial Review

> QUOTE an increasing number of business travellers from the US or Europe are becoming budget conscious and are spending less on hotel accommodation
> South China Morning Post

buffer stocks [ˈbʌfəˈstɒks] *noun* stocks of a commodity bought by an international body when prices are low and held to resell at a time when prices have risen (the intention is to prevent sharp movements in world prices of the commodity) **Pufferbestände** *mpl or* **Ausgleichslager** *n* **für Rohstoffe** *mpl*

build [bɪld] *verb* to make by putting pieces together **bauen** *or* **aufbauen** *to build a sales structure* **to build on past experience** = to use experience as a base on which to act in the future **auf Erfahrungen** *fpl* **aufbauen** (NOTE: **building - built)**

◇ **building** [ˈbɪldɪŋ] *noun* house *or* factory *or* office block, etc. **Gebäude** *n* ; *they have redeveloped the site of the old office building*

◇ **building and loan association** [ˈbɪldɪŋəndˈləʊnəˌsəʊsɪˈeɪʃən] *noun (US)* = SAVINGS AND LOAN ASSOCIATION

◇ **building society** [ˈbɪldɪŋsəˈsaɪətɪ] *noun (GB)* financial institution which accepts and pays interest on deposits, and lends money to people who are buying property against the security of the property which is being bought **Bausparkasse** *f* ; *he put his savings into a building society or into a*

building society account; I have an account with the Halifax Building Society; I saw the building society manager to ask for a mortgage

> COMMENT: building societies mainly invest the money deposited with them as mortgages on properties, but a percentage is invested in government securities. Societies can now offer a range of banking services, such as cheque books, standing orders, overdrafts, etc., and now operate in much the same way as banks. The comparable US institutions are the Savings & Loan Associations, or 'thrifts'

◇ **build into** [bɪld'ɪntʊ] *verb* to add something to something being set up **einbeziehen** *you must build all the forecasts into the budget* **we have built 10% for contingencies into our cost forecast** = we have added 10% to our basic forecast to allow for items which may appear suddenly **wir haben 10% für unvorhergesehene Ausgaben in unsere Kostenkalkulation einbezogen**

◇ **build up** [bɪld'ʌp] *verb* to create or expand something by adding pieces together **aufbauen** *he bought several shoe shops and gradually built up a chain; to build up a profitable business; to build up a team of salesmen*

◇ **buildup** ['bɪldʌp] *noun* gradual increase **Steigerung** *f* ; *a buildup in sales or a sales buildup; there will be a big publicity buildup before the launch of the new model*

◇ **built-in** ['bɪlt'ɪn] *adjective* forming part of the system *or* of a machine **eingebaut** *the micro has a built-in clock; the accounting system has a series of built-in checks*

bulk [bʌlk] *noun* large quantity of goods **Masse** *f or* **Menge** *f* ; **in bulk** = in large quantities **en gros** *or* **in Massen** *or* **in Mengen** *to buy rice in bulk* **bulk buying** *or* **bulk purchase** = buying large quantities of goods at a lower price **Groß-** *or* **Mengeneinkauf** *m or* **Massenankauf** *m* ; **bulk carrier** = ship which carries large quantities of loose goods (such as coal) **Massengutfrachter** *m* ; **bulk discount** = discount given to a purchaser who buys in bulk **Mengenrabatt** *m* ; **bulk shipments** = shipments of large quantities of goods **Massengutversand** *m*

◇ **bulky** ['bʌlkɪ] *adjective* large and awkward **sperrig** *the Post Office does not accept bulky packages*

bull [bʊl] *noun (Stock Exchange)* dealer who believes the market will rise, and therefore buys shares to sell at a higher price later **Haussier** *m* ; **bull market** = period when share prices rise because people are optimistic and buy shares **Haussemarkt** *m* (NOTE: the opposite is **bear**)

> QUOTE lower interest rates are always a bull factor for the stock market
>
> Financial Times

> QUOTE another factor behind the currency market's bullish mood may be the growing realisation that Japan stands to benefit from the current combination of high domestic interest rates and a steadily rising exchange rate
>
> Far Eastern Economic Review

bullion ['bʊljən] *noun* gold or silver bars **Barren** *m* ; *gold bullion; the price of bullion is fixed daily; to fix the bullion price for silver*

bumper ['bʌmpə] *adjective* exceptionally large *or* fine **Rekord-** *a bumper crop of corn* **1998 was a bumper year for computer sales** = 1998 was an excellent year for sales of computers **1998 war ein Rekordumsatzjahr für Computer**

bumping ['bʌmpɪŋ] *noun (US)* situation where a senior employee takes the place of a junior: (i) in a restaurant; (ii) in a job **(i) Verdrängung** *f* **eines untergeordneten Angestellten vom Tisch im (Betriebs) restaurant; (ii) Personalpolitik** *f* **nach dem LIFO-Prinzip** *n*

bureau ['bjʊərəʊ] *noun* office which specializes in a certain service **Büro** *n* ; **computer bureau** = office which offers to do work on its computers for companies which do not own their own computers **Rechenzentrum** *n or* **EDV-Service-Büro** *n* ; **employment bureau** = office which finds jobs for people **Stellenvermittlung** *f* ; **information bureau** = office which gives information **Information** *f or* **Auskunft** *f* ; **trade bureau** = office which specializes in commercial enquiries **Handels-** *or* **Wirtschaftsbüro** *n* ; **visitors' bureau** = office which deals with visitors' questions **Besucherinformation** *f* ; **word-processing bureau** = office which specializes in word-processing **(Computer)schreibbüro** *n* ; *we farm out the office typing to a local bureau* (NOTE: the plural is **bureaux**)

◇ **bureau de change** ['bjʊərəʊdə'ʃɑ:nʒ] *noun* office where you can change foreign currency **Wechselstube** *f*

burn [bɜ:n] *verb* to destroy by fire **verbrennen** *the chief accountant burnt the documents before the police arrived* (NOTE: **burning - burnt**)

◇ **burn down** [bɜːn'daʊn] *verb* to destroy (a building) completely in a fire **abbrennen** *the warehouse burnt down and all the stock was destroyed; the company records were all lost when the offices were burnt down*

bus [bʌs] *noun* motor vehicle for carrying passengers **Bus** *m* ; *he goes to work by bus; she took the bus to go to her office* **bus company** = company which runs the buses in a town **Busunternehmer** *m* ; **Verkehrsgesellschaft** *f*

bushel ['bʊʃl] *noun* measure of dry goods, such as corn (= 56 pounds) **Scheffel** *m or* **Bushel** *m*

business ['bɪznəs] *noun*
(a) occupation *or* trade **Geschäft** *n* ; **Gewerbe** *n* ; *business is expanding; business is slow; he does a thriving business in repairing cars; what's your line of business?* **business call** = visit to talk to someone on business **Geschäftsbesuch** *m* ; **business centre** = part of a town where the main banks, shops and offices are located **Geschäftsviertel** *n* ; **business class** = type of airline travel which is less expensive than first class and more comfortable than tourist class **Business-Class** *f*; **business college** *or* **business school** = place where commercial studies are taught **(höhere) Wirtschaftshochschule; Handelsschule** *f* ; **business correspondent** = journalist who writes articles on business news for newspapers **Wirtschaftskorrespondent/-in**; **business cycle** = period during which trade expands, then slows down and then expands again **Konjunkturzyklus** *m* ; **business efficiency exhibition** = exhibition which shows products (computers, word-processors) which help a business to be efficient **eine Ausstellung von Büromaschinen zur Betriebsrationalisierung**; **business hours** = time (usually 9 a.m. to 5 p.m.) when a business is open **Geschäftsstunden** *fpl or* **Geschäftszeit** *f*; **business letter** = letter about commercial matters **Geschäftsbrief** *m* ; **business lunch** = lunch to discuss business matters **Geschäftsessen** *n* ; **business plan** = document drawn up to show how a business is planned to work, with cash flow forecasts, sales forecasts, etc. (often used when trying to raise a loan, or when setting up a new business) **Unternehmensplan** *m* ; **business trip** = trip to discuss business matters with clients **Geschäfts-** *or* **Dienstreise** *f* ; **to be in business** = to be in a commercial firm **im Geschäft sein** *or* **Geschäftsmann/-frau sein**; **to go into business** = to start a commercial firm **ein Geschäft gründen** *he went into business as a car dealer* **to go out of business** = to stop trading **das Geschäft aufgeben** *the firm went out of business during the recession* **on business** = on commercial work **geschäftlich** *or* **dienstlich** *he had to go abroad on business; the chairman is in Holland on business*
(b) commercial company **Unternehmen** *n* ; **Geschäft** *n* ; **Betrieb** *m* ; **Firma** *f* ; *he owns a small car repair business; she runs a business from her home; he set up in business as an insurance broker* **business address** = details of number, street and town where a company is located **Geschäftsadresse** *f*; **business card** = card showing a businessman's name and the name and address of the company he works for **Visitenkarte** *f* ; **business correspondence** = letters concerned with a business **Geschäftskorrespondenz** *f* ; **business equipment** = machines used in an office **Büromaschinen** *fpl* **business expansion scheme (BES)** = formerly, a scheme in Britain where money could be invested for some years in a new company and such investment would carry full relief from income tax **Programm** *n* **zur Förderung von Unternehmenserweiterungen**; *(durch Steuerbefreiung bei Investition)*; **business expenses** = money spent on running a business, not on stock or assets **Betriebskosten** *pl* **big business** = very large commercial firms **Großunternehmertum** *n or* **Großindustrie** *f* ; **small business(es)** = small commercial concern(s) **Kleinunternehmen** *n(pl)*
(c) affairs discussed **Angelegenheit** *f* ; **Sache** *f* ; *the main business of the meeting was finished by 3 p.m.* **any other business (AOB)** = item at the end of an agenda, where any matter can be raised **Verschiedenes**

◇ **business agent** ['bɪznəs'eɪdʒənt] *noun (US)* chief local official of a trade union **Gewerkschaftsfunktionär/-in** *or* **-vertreter/-in**

◇ **businessman** *or* **businesswoman** ['bɪznɪsmæn *or* 'bɪznɪsˌwʊmən] *noun* man *or* woman engaged in business **Geschäftsmann** *m* ; **Geschäftsfrau** *f*; **she's a very good businesswoman** = she is very good at commercial deals **sie ist eine sehr gute Geschäftsfrau**; **a small businessman** *or* **businesswoman** = man *or* woman who owns a small business **ein Kleinunternehmer; eine Kleinunternehmerin**

bust [bʌst] *adjective (informal)*; **to go bust** = to become bankrupt **pleite** *or* **bankrott gehen** *the company went bust last month*

busy ['bɪzɪ] *adjective* occupied in doing something *or* in working **beschäftigt** *he is busy preparing the annual accounts; the manager is busy at the moment, but he will be free in about fifteen minutes; the busiest time of year* *for stores is the week before Christmas; summer is the busy season for hotels* **the line is busy** = the telephone line is being used **die Leitung ist besetzt**

buy [baɪ]
1 *verb* to get something by paying money **kaufen** *or* **einkaufen** *or* **aufkaufen** *he bought 10,000 shares; the company has been bought by its leading supplier; to buy wholesale and sell retail; to buy for cash* **to buy forward** = to buy foreign currency before you need it, in order to be sure of the exchange rate **auf Termin kaufen** (NOTE: **buying - bought)**
2 *noun* **good buy** *or* **bad buy** = thing bought which is *or* is not worth the money paid for it **guter Kauf; schlechter Kauf** *that watch was a good buy; this car was a bad buy*
◊ **buy back** [baɪ'bæk] *verb* to buy something which you sold earlier **zurückkaufen** *he sold the shop last year and is now trying to buy it back*
◊ **buyer** ['baɪə] *noun*
(a) person who buys **Käufer/-in; there were no buyers** = no one wanted to buy **es gab keine Käufer**; **a buyer's market** = market where products are sold cheaply because there are few buyers **Käufermarkt** *m* (NOTE: the opposite is a **seller's market)**; **buyer's risk** = risk taken by a buyer when accepting goods or services without a guarantee **Käuferrisiko** *n* ; **impulse buyer** = person who buys something when he sees it, not because he was planning to buy it **Spontankäufer/-in**
(b) person who buys stock on behalf of a trading organization for resale or for use in production **Einkäufer/-in; head buyer** = most important buyer in a store **Einkaufsleiter/-in** *she is the shoe buyer for a London department store; he is the paper buyer for a large magazine chain*
◊ **buy in** [baɪ'ɪn] *verb (of a seller at an auction)* to buy the thing which you are trying to sell because no one will pay the price you want **zurückkaufen**
◊ **buy-in** ['baɪɪn] *noun* **management buy-in** = purchase of a company by a group of outside directors **Management-Buy-in** *n*
◊ **buying** ['baɪɪŋ] *noun* getting something for money **Kaufen** *n or* **Einkauf** *m* ; **bulk buying** = getting large quantities of goods at low prices **Groß-** *or* **Mengeneinkauf** *m or* **Massenankauf** *m* ; **forward buying** *or* **buying forward** = buying shares *or* commodities *or* currency for delivery at a later date **Terminkauf** *m* ; **impulse buying** = buying items which you have just seen, not because you had planned to buy them **Impuls-** *or* **Spontankäufe** *mpl* **panic buying** = rush to buy something at any price because stocks may run out **Panikkauf** *m* ; **buying department** = department in a company which buys raw materials or goods for use in the company **Einkauf** *m or* **Einkaufsabteilung** *f* ; **buying power** = ability to buy **Kaufkraft** *f* ; *the buying power of the pound has fallen over the last five years*
◊ **buyout** ['baɪaʊt] *noun* **management buyout (MBO)** = takeover of a company by a group of employees (usually managers and directors) **Management-Buy-out** *n* ; **leveraged buyout (LBO)** = buying all the shares in a company by borrowing money against the security of the shares to be bought **Leveraged Buy-out** *n*

> QUOTE we also invest in companies whose growth and profitability could be improved by a management buyout
> *Times*

> QUOTE in a normal leveraged buyout, the acquirer raises money by borrowing against the assets or cash flow of the target company
> *Fortune*

bylaws ['baɪlɔːz] *noun*
(a) rule made by a local authority or organization, and not by central government **städtische** *or* **örtliche Verordnungen** *fpl*
(b) *(US)* rules governing the internal running of a corporation (the number of meetings, the appointment of officers, etc.) **Gesellschaftsvertrag** *m or* **Satzung** *f (einer Kapitalgesellschaft)* (NOTE: in the UK, called **Articles of Association)**

by-product ['baɪˌprɒdʌkt] *noun* product made as a result of manufacturing a main product **Neben-** *or* **Abfallprodukt** *n*

byte [baɪt] *noun* storage unit in a computer, equal to one character **Byte** *n*

Cc

cab [kæb] *noun* taxi, a car which takes people from one place to another for money **Taxi** *n* ; *he took a cab to the airport; the office is only a short cab ride from the railway station; cab fares are very high in New York*
◊ **cab driver** *or (informal)*

◇ **cabbie** ['kæbɪ] *noun* driver of a cab **Taxifahrer/-in**

cabinet ['kæbɪnət] *noun* piece of furniture for storing records or display **Schrank** *m* ; *last year's correspondence is in the bottom drawer of the filing cabinet* **display cabinet** = piece of furniture with a glass top or glass doors for showing goods for sale **Vitrine** *f*

cable ['keɪbl]
1 *noun* telegram, message sent by telegraph **Telegramm** *n* ; *he sent a cable to his office asking for more money* **cable address** = specially short address for sending cables **Telegrammanschrift** *f*
2 *verb* to send a message *or* money by telegraph **telegrafieren** *he cabled his office to ask them to send more money; the office cabled him £1,000 to cover his expenses*
◇ **cablegram** ['keɪblgræm] *noun* telegram, message sent by telegraph **Telegramm** *n*

calculate ['kælkjʊleɪt] *verb*
(a) to find the answer to a problem using numbers **(be)rechnen** *the bank clerk calculated the rate of exchange for the dollar*
(b) to estimate **kalkulieren** *or* **schätzen** *I calculate that we have six months' stock left*
◇ **calculating machine** ['kælkjʊleɪtɪŋmə'ʃi:n] *noun* machine which calculates **Rechenmaschine** *f*
◇ **calculation** [ˌkælkjʊ'leɪʃən] *noun* answer to a problem in mathematics **Berechnung** *f* *or* **Kalkulation** *f* ; **rough calculation** = approximate answer **grobe Berechnung; Überschlag** *m* ; *I made some rough calculations on the back of an envelope; according to my calculations, we have six months' stock left* **we are £20,000 out in our calculations** = we have £20,000 too much or too little **wir haben uns um £20.000 verrechnet**
◇ **calculator** ['kælkjʊleɪtə] *noun* electronic machine which works out the answers to problems in mathematics **Rechner** *m* *or* **Rechenhilfe** *f* ; *my pocket calculator needs a new battery; he worked out the discount on his calculator*

calendar ['kæləndə] *noun* book *or* set of sheets of paper showing the days and months in a year, often attached to pictures **Kalender** *m* ; *for the New Year the garage sent me a calendar with photographs of old cars* **calendar month** = a whole month as on a calendar, from the 1st to the 30th or 31st **Kalendermonat** *m* ; **calendar year** = year from the 1st January to 31st December **Kalenderjahr** *n*

call [kɔ:l]
1 *noun*
(a) conversation on the telephone **Anruf** *m* *or* **Gespräch** *n* ; **local call** = call to a number on the same exchange **Ortsgespräch; trunk call** *or* **long-distance call** = call to a number in a different zone *or* area **Ferngespräch; overseas call** *or* **international call** = call to another country **Auslandsgespräch; person-to-person call** = call where you ask the operator to connect you with a named person **Gespräch mit namentlicher Voranmeldung; reverse charge call** *or* **transferred charge call** *or* *(US)* **collect call** = call where the person receiving the call agrees to pay for it **R-Gespräch; to make a call** = to dial and speak to someone on the telephone **telefonieren** *or* **anrufen; to take a call** = to answer the telephone **ein Gespräch annehmen; to log calls** = to note all details of telephone calls made **Anrufe registrieren**
(b) demand for repayment of a loan by a lender **Zahlungsaufforderung** *f* ; **money at call** *or* **money on call** *or* **call money** = money loaned for which repayment can be demanded without notice **Tagesgeld** *n*
(c) *(Stock Exchange)* demand to pay for new shares which then become paid up **Aufruf** *m* ; **call option** = option to buy shares at a future date and at a certain price **Kaufoption** *f* (NOTE: the opposite is **put**)
(d) visit **Besuch** *m* ; *the salesmen make six calls a day* **business call** = visit to talk to someone on business **Geschäftsbesuch; cold call** = sales visit *or* telephone call where the salesman has no appointment and the client is not an established customer **unangemeldeter Vertreterbesuch** *or* **unangemeldetes Verkaufsgespräch; call rate** = number of calls (per day or per week) made by a salesman **Besuchshäufigkeit** *or* **-rate** *f*
2 *verb*
(a) to telephone to someone **anrufen** *I'll call you at your office tomorrow*
(b) to call on someone = to visit someone **jdn besuchen** *our salesmen call on their best accounts twice a month*
(c) to ask someone to do something **aufrufen; the union called a strike** = the union told its members to go on strike **die Gewerkschaft rief zum Streik auf**

◇ **callable bond** ['kɔ:ləbl'bɒnd] *noun* bond which can be redeemed before it matures **kündbare Schuldverschreibung**

◇ **call-back pay** ['kɔ:lbækˌpeɪ] *noun* pay given to a worker who has been called back to work after his normal working hours **Überstundenlohn** *m*

◇ **call box** ['kɔ:lbɒks] *noun* outdoor telephone kiosk **Telefonzelle** *f*

◇ **called up capital** ['kɔːldʌp'kæpɪtl] *noun* share capital in a company which has been called up but not yet paid for **eingefordertes Kapital**

◇ **caller** ['kɔːlə] *noun*
(a) person who telephones **Anrufer/-in**
(b) person who visits **Besucher/-in**

◇ **call in** [kɔːl'ɪn] *verb*
(a) to visit **vorbeikommen** *the sales representative called in twice last week*
(b) to telephone to make contact **anrufen** *we ask the reps to call in every Friday to report the weeks' sales*
(c) to ask for a debt to be paid **zurückfordern**; **to call in a loan** = to demand repayment of a loan **ein Darlehen kündigen**

◇ **call off** [kɔːl'ɒf] *verb* to ask for something not to take place **absagen; rückgängig machen; abbrechen** *the union has called off the strike; the deal was called off at the last moment*

◇ **call up** [kɔːl'ʌp] *verb* to ask for share capital to be paid **aufrufen; einfordern**

> QUOTE a circular to shareholders highlights that the company's net assets as at August 1, amounted to £47.9 million - less than half the company's called-up share capital of £96.8 million. Accordingly, an EGM has been called for October 7
> Times

calm [kɑːm] *adjective* quiet *or* not excited **ruhig** *the markets were calmer after the government statement on the exchange rate*

campaign [kæm'peɪn] *noun* planned method of working **Kampagne** *f or* **Aktion** *f*; **sales campaign** = planned work to achieve higher sales **Verkaufsaktion** *or* **-kampagne**; **publicity campaign** *or* **advertising campaign** = planned period when publicity takes place **Werbekampagne** *or* **-aktion** *they are working on a campaign to launch a new brand of soap*

cancel ['kænsəl] *verb*
(a) to stop something which has been agreed *or* planned **absagen; annullieren; stornieren; aufheben** *to cancel an appointment or a meeting; to cancel a contract; the government has cancelled the order for a fleet of buses*
(b) to cancel a cheque = to stop payment of a cheque which has been signed **einen Scheck entwerten** (NOTE: GB English: **cancelling - cancelled** but US English: **canceling - canceled)**

◇ **cancellation** [ˌkænsə'leɪʃən] *noun* stopping something which has been agreed *or* planned **Absage** *f* **Annullieren** *n or* **Stornierung** *f or* **Aufhebung** *f* ; *cancellation of an appointment; cancellation of an agreement* **cancellation clause** = clause in a contract which states the terms on which the contract may be cancelled **Rücktrittsklausel** *f*

◇ **cancel out** [kænsəl'aʊt] *verb (of two things)* to balance and so make each other invalid **aufheben** *the two clauses cancel each other out; costs have cancelled out the sales revenue*

candidate ['kændɪdət] *noun* person who applies for a job **Kandidat/-in** *or* **Bewerber/-in** *there are six candidates for the post of assistant manager; we have called three candidates for interview*

canteen [kæn'tiːn] *noun* restaurant which belongs to a factory or office, where the staff can eat **Kantine** *f*

canvass ['kænvəs] *verb* to visit people to ask them to buy goods *or* to vote *or* to say what they think **um Kunden** *or* **Wahlstimmen** *or* **Meinungen werben** *he's canvassing for customers for his hairdresser's shop; we have canvassed the staff about raising the prices in the staff restaurant*

◇ **canvasser** ['kænvəsə] *noun* person who canvasses **Kundenwerber/-in** *or* **Vertreter/-in; Wahlhelfer/-in; Meinungsforscher/-in**

◇ **canvassing** ['kænvəsɪŋ] *noun* action of asking people to buy *or* to vote *or* to say what they think **Kunden-** *or* **Wahlstimmenwerbung** *f* ; **Meinungsforschung** *f* ; *canvassing techniques; door-to-door canvassing*

CAP = COMMON AGRICULTURAL POLICY

cap [kæp]
1 *noun*
(a) upper level for something (such as a maximum rate of interest) **Obergrenze** *f or* **Höchstsatz** *m*
(b) informal and short for capital (letter) **großer Buchstabe; in caps** = in capital letters **in Großbuchstaben**
2 *verb* to place an upper limit on something **eine Obergrenze** *or* **einen Höchstsatz setzen** *to cap a local authority's budget* (NOTE: **capping - capped)**

capable ['keɪpəbl] *adjective*
(a) capable of = able *or* clever enough to do something **können** *or* **fähig sein zu** *she is capable of very fast typing speeds; the sales force must be capable of selling all the stock in the warehouse*

(b) efficient **fähig** *or* **kompetent** *or* **leistungsfähig** *she is a very capable departmental manager* (NOTE: you are capable **of** something or **of doing** something)

capacity [kə'pæsətɪ] *noun*
(a) amount which can be produced *or* amount of work which can be done **Kapazität** *n* ; **Ertragskraft** *f* ; *industrial or manufacturing or production capacity* **to work at full capacity** = to do as much work as possible **voll ausgelastet sein**; **to use up spare** *or* **excess capacity** = to make use of time *or* space which is not fully used **überschüssige Kapazitäten nutzen**
(b) amount of space **Fassungsvermögen** *n or* **Kapazität** *f* ; **storage capacity** = space available for storage **Lagerkapazität**; **warehouse capacity** = space available in a warehouse **Lagerhauskapazität**
(c) ability **Befähigung** *f or* **Eignung** *f* ; *he has a particular capacity for business* **earning capacity** = amount of money someone is able to earn **Verdienstmöglichkeit** *f*
(d) in a capacity = acting as **in einer Funktion** *or* **Eigenschaft**; **in his capacity as chairman** = speaking officially as the chairman **in seiner Eigenschaft als Vorsitzender** *speaking in his official capacity*

> QUOTE analysts are increasingly convinced that the industry simply has too much capacity
> Fortune

capita ['kæpɪtə] *see* PER CAPITA

capital ['kæpɪtl] *noun*
(a) money, property and assets used in a business **Kapital** *n* ; **Aktienkapital** *company with £10,000 capital or with a capital of £10,000* **authorized** *or* **registered** *or* **nominal capital** = maximum capital which is permitted by a company's memorandum of association **genehmigtes Grundkapital**; **circulating capital** = capital in the form of raw materials, finished products and work in progress needed for a company to carry on its business **Umlaufvermögen** *n or* **Betriebskapital** *n* ; **equity capital** = a company's capital which is owned by its ordinary shareholders (note that preference shares are not equity capital; if the company were wound up, none of the equity capital would be distributed to preference shareholders) **Aktienkapital**; **fixed capital** = capital in the form of fixed assets **Anlagekapital** *n* ; **issued capital** = amount of capital issued as shares to the shareholders **ausgegebenes Kapital**; **paid-up capital** = amount of money paid for the issued share capital **eingezahltes Kapital**; **risk** *or* **venture capital** = capital for investment in the early stages of projects which may easily be lost **Risiko-** *or* **Wagniskapital**; **working capital** = capital in the form of cash, stocks and debtors (less creditors) used by a company in its day-to-day operations **Betriebs-** *or* **Gewerbekapital**; **capital account** = account of dealings (money invested in the company, or taken out of the company) by the owners of a company **Kapitalkonto** *n* ; **capital assets** = property *or* machines, etc. which a company owns and uses but which the company does not buy and sell as part of its regular trade **Anlagevermögen** *n* ; **capital bonus** = bonus payment by an insurance company which is produced by capital gain **Sonderdividende** *f* ; **capital equipment** = equipment which a factory or office uses to work **Produktionsmittel** *pl or* **Investitionsgüter** *pl* **capital expenditure** *or* **investment** *or* **outlay** = money spent on fixed assets (property, machines, furniture) **Investitionsausgabe** *f or* **Investitionen** *fpl* **capital goods** = goods used to manufacture other goods (i.e. machinery) **Investitions-** *or* **Anlagegüter** *npl* **capital levy** = tax on the value of a person's property and possessions **Vermögen(s)steuer** *f* ; **capital loss** = loss made by selling assets (the opposite of a capital gain) **Kapitalverlust** *m* ; **capital reserves** = part of share capital which can be distributed to the shareholders only when a company is wound up **Kapitalreserven** *fpl* **capital structure of a company** = way in which a company's capital is made up from various sources **Kapitalstruktur** *f* **eines Unternehmens**; **capital transfer tax** = formerly, a tax on gifts or bequests of money or property **Schenkungs- und Erbschaftssteuer** *f*
(b) money for investment **Kapital** *n* ; **movements of capital** = changes of investments from one country to another **Kapitalverkehr** *m* ; **flight of capital** = rapid movement of capital out of one country because of lack of confidence in that country's economic future **Kapitalflucht** *f* ; **capital market** = places where companies can look for investment capital **Kapitalmarkt** *m*
(c) capital letters *or* **block capitals** = letters written as A, B, C, D, etc., and not a, b, c, d **Großbuchstaben** *mpl or* **Versalien** *mpl* *write your name in block capitals at the top of the form*

◊ **capital allowances** ['kæpɪtlə'laʊənsɪz] *noun* allowances based on the value of fixed assets which may be deducted from a company's profits and so reduce its tax liability **Abschreibungsbeträge** *mpl* **aufgrund von Aufwendungen für Anlagegüter** *npl*

COMMENT: under current UK law, depreciation is not allowable for tax on profits, whereas capital allowances, based on the value of fixed assets owned by the company, are tax-allowable

◇ **capital gain** ['kæpɪtl'geɪn] *noun* money made by selling fixed assets or certain other types of property (such as works of art, leases, etc.; if the asset is sold for less than its purchase price, the result is a capital loss) **Veräußerungsgewinn** *m* ; **capital gains tax (CGT)** = tax paid on capital gains **Veräußerungsgewinnsteuer** *f*

COMMENT: in the UK, capital gains tax is payable on capital gains from the sale of assets, in particular shares and properties, above a certain minimum level

◇ **capitalism** ['kæpɪtəlɪzəm] *noun* economic system where each person has the right to invest money, to work in business, to buy and sell, with no restriction from the state **Kapitalismus** *m*

◇ **capitalist** ['kæpɪtəlɪst]
1 *noun* person who invests money in a business **Kapitalist/-in**
2 *adjective* working according to the principles of capitalism **kapitalistisch** *a capitalist economy; the capitalist system; the capitalist countries or world*

◇ **capitalize** ['kæpɪtəlaɪz] *verb* to invest money in a working company **kapitalisieren** *or* **aktivieren; company capitalized at £50,000** = company with a working capital of £50,000 **mit £50.000 kapitalisiertes Unternehmen**

◇ **capitalize on** ['kæpɪtəlaɪzɒn] *verb* to make a profit from **Kapital schlagen aus** *to capitalize on one's market position*

◇ **capitalization** [ˌkæpɪtəlaɪ'zeɪʃən] *noun* **market capitalization** = value of a company calculated by multiplying the price of its shares on the stock exchange by the number of shares issued **Börsenwert** *m or* **Börsenkapitalisierung** *f*; *company with a £1m capitalization* **capitalization of reserves** = issuing free bonus shares to shareholders **Kapitalisierung von Rücklagen**

QUOTE to prevent capital from crossing the Atlantic in search of high US interest rates and exchange-rate capital gains
Duns Business Month

QUOTE Canadians' principal residences have always been exempt from capital gains tax
Toronto Star

QUOTE issued and fully paid capital is $100 million, comprising 2340 shares of $100 each and 997,660 ordinary shares of $100 each
Hongkong Standard

QUOTE at its last traded price the bank was capitalized at around $1.05 billion with 60 per cent in the hands of the family
South China Morning Post

captive market ['kæptɪv'mɑ:kɪt] *noun* market where one supplier has a monopoly and the buyer has no choice over the product which he must purchase **monopolistischer Absatzmarkt**

capture ['kæptʃə] *verb* to take *or* to get control of something **erobern** *or* **an sich bringen; to capture 10% of the market** = to sell hard, and so take a 10% market share **10% des Marktes erobern; to capture 20% of a company's shares** = to buy shares in a company rapidly and so own 20% of it **Firmenanteile von 20% erwerben**

car [kɑ:] *noun* **company car** = car owned by a company and lent to a member of staff to use for business or other purposes **Firmenwagen** *m* ; **car boot sale** = type of jumble sale, organised in a large car park or sports field, where people sell unwanted items which they bring to the sale in their cars **privater Flohmarkt, bei dem der Kofferraum des Verkäufers als Verkaufsfläche dient**

◇ **car-hire** ['kɑ:ˌhaɪə] *noun* business of lending cars to people for money **Autovermietung** *f or* **Autoverleih** *m* ; *he runs a car-hire business*

carat ['kærət] *noun* measurement of the quality of gold or precious stones (such as diamonds) **Karat** *n* ; *a 22-carat gold ring; a 5-carat diamond*

COMMENT: pure gold is 24 carats; most jewellery and other items made from gold are not pure, but between 19 and 22 carats. 22 carat gold has 22 parts of gold to two parts of alloy

carbon ['kɑ:bən] *noun*
(a) carbon paper **Durchschlag-** *or* **Kohlepapier** *n*; *you forgot to put a carbon in the typewriter*
(b) carbon copy **Durchschlag** *m* ; *make a top copy and two carbons*

◇ **carbon copy** ['kɑ:bənˌkɒpɪ] *noun* copy made with carbon paper **Durchschlag** *m* ; *give me the original, and file the carbon copy*

◇ **carbonless** ['kɑ:bənləs] *adjective* which makes a copy without using carbon paper **selbstdurchschreibend** *our reps use carbonless order pads*

◇ **carbon paper** ['kɑːbən,peɪpə] *noun* sheet of paper with a black material on one side, used in a typewriter to make a copy **Durchschlag-** *or* **Kohlepapier** *n* ; *you put the carbon paper in the typewriter the wrong way round*

card [kɑːd] *noun*

(a) stiff paper **Pappe** *f or* **Karton** *m* ; *we have printed the instructions on thick white card*

(b) small piece of stiff paper or plastic **Karte** *f*; **business card** = card showing a businessman's name and the address of the company he works for **Visitenkarte; cash card** = plastic card used to obtain money from a cash dispenser **Geldautomatenkarte; charge card** = credit card for which a fee is payable, but which does not allow the user to take out a loan (he has to pay off the total sum charged at the end of each month) **Kundenkarte; cheque (guarantee) card** = plastic card from a bank which guarantees payment of a cheque up to a certain amount, even if the user has no money in his account **Scheckkarte; credit card** = plastic card which allows you to borrow money or to buy goods without paying for them immediately **Kreditkarte; debit card** = plastic card, similar to a credit card, but which debits the holder's account immediately through an EPOS system ≈ **Eurochequekarte** *or* **EC-Karte; filing card** = card with information written on it, used to classify information in correct order **Karteikarte; index card** = card used to make a card index **Karteikarte; smart card** = credit card with a microchip, used for withdrawing money from ATMs, or for purchases at EFTPOS terminals **Chipkarte** *or* **Smart Card** *f*; **store card** = credit card issued by a department store and which can only be used for purchases within that store **Kundenkarte** *or* **Member-Card** *f*

(c) postcard **Karte** *or* **Postkarte** *or* **Ansichtskarte** *f*; **reply paid card** = card to be sent back to the sender with a reply on it, the sender having already paid the postage **freigemachte** *or* **frankierte Antwortkarte**

(d) to get one's cards = to be dismissed **entlassen werden**

◇ **cardboard** ['kɑːdbɔːd] *noun* thick stiff brown paper **Karton** *m or* **Pappe** *f*; **cardboard box** = box made of cardboard **Pappkarton** *m or* **Pappschachtel** *f*

◇ **cardholder** [kɑːd'həʊldə] *noun* person who holds a credit card or bank cash card **Karteninhaber/-in**

> QUOTE ever since October, when the banks' base rate climbed to 15 per cent, the main credit card issuers have faced the prospect of having to push interest rates above 30 per cent APR. Though store cards have charged interest at much higher rates than this for some years, 30 per cent APR is something the banks fight shy of
>
> Financial Times Review

card index ['kɑːd'ɪndeks] *noun* series of cards with information written on them, kept in special order so that the information can be found easily **Kartei** *f* ; **card-index file** = information kept on filing cards **Kartei** *f* ; **Zettelkatalog** *m*

◇ **card-index** ['kɑːd'ɪndeks] *verb* to put information onto a card index **Karteikarten** *fpl* **anlegen**

◇ **card-indexing** ['kɑːd'ɪndeksɪŋ] *noun* putting information onto a card index **Anlegen** *n* **von Karteikarten** *no one can understand her card-indexing system*

◇ **card phone** ['kɔːdfəʊn] *noun* public telephone which works when you insert a card **Kartentelefon** *n*

care of (*or* **c/o)** ['keərɒv] *phrase (or* abbreviation) *(in an address)* words to show that the person is living at the address, but only as a visitor **bei** *or* **c/o** *Herr Schmidt, care of Mr W. Brown*

◇ **caretaker** ['keərteɪkə] *noun* person who looks after a building, making sure it is clean and that the rubbish is cleared away (a caretaker often lives on the premises) **Hausmeister/-in** *go and ask the caretaker to replace the light bulb* (NOTE: US English is **janitor)**

career [kə'rɪə] *noun* job which you are trained for, and which you expect to do all your life **Beruf** *m or* **Karriere** *f or* **Laufbahn** *f*; *he made his career in electronics* **career woman** *or* **girl** = woman who is working in business and does not plan to stop working to look after the house or children **Karrierefrau** *f*

cargo ['kɑːgəʊ] *noun* load of goods which are sent in a ship *or* plane, etc. **Fracht** *f or* **Ladung** *f or* **Kargo** *m* ; **the ship was taking on cargo** = was being loaded with goods **das Schiff nahm Fracht auf; to load cargo** = to put cargo on a ship **Fracht verladen; air cargo** = goods sent by air **Luftfracht; cargo ship** = ship which carries only cargo and not passengers **Frachter** *m or* **Fracht-** *or* **Transportschiff** *n* ; **cargo plane** = plane which carries only cargo and not passengers **Transportflugzeug** *n* (NOTE: plural is **cargoes)**

carnet ['kɑːneɪ] *noun* international document which allows dutiable goods to cross several European countries by road without paying duty until the goods reach their final destination **Carnet** *n*

carriage ['kærɪdʒ] *noun* (i) transporting goods from one place to another; (ii) cost of transport of goods **(i) Transport** *m* ; **(ii) Transportkosten** *pl* *to pay for carriage; to allow 10% for carriage; carriage is 15% of the total cost* **carriage forward** = deal where the customer will pay for the shipping when the goods arrive **Fracht gegen Nachnahme** *or* **Fracht zahlt Empfänger**; **carriage free** = deal where the customer does not pay for the shipping **frachtfrei** *or* **frei Haus**; **carriage paid** = deal where the seller has paid for the shipping **frachtfrei** *or* **frei Haus**

carrier ['kærɪə] *noun*
(a) company which transports goods **Spedition** *f* *or* **Transportunternehmen** *n* *or* **Carrier** *m* ; *we only use reputable carriers* **air carrier** = company which sends cargo *or* passengers by air **Air-Carrier** *m* *or* **Luftfahrtunternehmen** *n* ; **Luftfrachtführer** *m* ; **carrier's risk** = responsibility of a carrier to pay for damage or loss of goods being shipped **Haftung** *f* **des Transportunternehmens**
(b) vehicle *or* ship which transports goods **Transporter** *m* ; **bulk carrier** = ship which carries large quantities of loose goods (such as corn or coal) **Massengutfrachter** *m*

carry ['kærɪ] *verb*
(a) to take from one place to another **befördern** *to carry goods; a tanker carrying oil from the Gulf; the train was carrying a consignment of cars for export*
(b) to vote to approve **annehmen**; **the motion was carried** = the motion was accepted after a vote **der Antrag wurde angenommen**
(c) to produce **bringen** *or* **tragen** *or* **abwerfen** *the bonds carry interest at 10%*
(d) to keep in stock **führen** *or* **auf Lager haben** *to carry a line of goods; we do not carry pens*

◇ **carry down** *or* **carry forward** ['kærɪ'daʊn *or* 'kærɪ'fɔːwəd] *verb* to take an account balance at the end of the current period as the starting point for the next period **übertragen**; **balance carried forward** *or* **balance c/f** = amount entered in an account at the end of a period or page of an account book to balance the debit and credit entries; it is then taken forward to start the next period or page **Saldoübertrag** *m*

◇ **carrying** ['kærɪɪŋ] *noun* transporting from one place to another **Beförderung** *f* *or* **Transport** *m* ; *carrying charges; carrying cost*

◇ **carry on** [kærɪ'ɒn] *verb* to continue *or* to go on doing something **weitermachen** *or* **weiter_** *the staff carried on working in spite of the fire* **to carry on a business** = to be active in running a business **ein Geschäft (weiter) betreiben; geschäftlich tätig sein**

◇ **carry over** [kærɪ'əʊvə] *verb*
(a) to carry over a balance = to take a balance from the end of one page or period to the beginning of the next **einen Saldo übertragen**
(b) to carry over stock = to hold stock from the end of one stocktaking period to the beginning of the next **Warenbestände übertragen**

cart [kɑːt] *noun (US)* **baggage cart** = metal holder on wheels, on which baggage can be placed to be moved easily in an airport, train station, etc. **Kofferkuli** *m* ; **shopping cart** = metal basket on wheels, used by shoppers to put their purchases in as they go round a supermarket **Einkaufswagen** *m* (NOTE: GB English for these are **luggage trolley** and **shopping trolley** *or* **supermarket trolley)**

cartage ['kɑːtɪdʒ] *noun* carrying goods by road **Transport** *m*

cartel [kɑː'tel] *noun* group of companies which try to fix the price *or* to regulate the supply of a product because they can then profit from this situation **Kartell** *n*

carter ['kɑːtə] *noun* person who transports goods by road **Fuhrunternehmer/-in**

carton ['kɑːtən] *noun*
(a) thick cardboard **Karton** *m* *or* **Pappe** *f* ; *a folder made of carton*
(b) box made of cardboard **(Papp)karton** *m; (für Zigaretten)* **Stange** *f; (für Milch)* **Tüte** *f*; *a carton of cigarettes*

cartridge ['kɑːtrɪdʒ] *noun* sealed box with film *or* tape *or* printer toner in it; *(für Film, Band)* **Kassette** *f; (für Tinte, Toner)* **Patrone** *f*

case [keɪs]
1 *noun*
(a) suitcase *or* box with a handle for carrying clothes and personal belongings when travelling **Koffer** *m* ; *the customs made him open his case; she had a small case which she carried onto the plane*
(b) cardboard or wooden box for packing and carrying goods **Kiste** *f*; **six cases of wine** = six boxes, each containing twelve bottles **sechs Kisten Wein**; **a packing case** = large wooden

box for carrying items which can be easily broken **eine Verpackungskiste**
(c) display case = table or counter with a glass top, used for displaying items for sale **Schau-** *or* **Glaskasten** *m or* **Vitrine** *f*
(d) court case = legal action or trial **Gerichtsverfahren** *n or* **Prozess** *m or* **Rechtsstreit** *m* ; **the case is being heard next week** = the case is coming to court next week **der Fall kommt nächste Woche zur Verhandlung**
2 *verb* to pack (items) in a case **in Kisten verpacken**

cash [kæʃ]
1 *noun*
(a) money in coins or notes **Bargeld** *n* ; **cash in hand** *or (US)* **cash on hand** = money and notes, kept to pay small amounts but not deposited in the bank **Barbestand** *m or* **Bargeld** *n* ; **hard cash** = money in notes and coins, as opposed to cheques or credit cards **Bargeld; petty cash** = small amounts of money **kleine Kasse; Neben-** *or* **Portokasse** *f* ; **ready cash** = money which is immediately available for payment **Bargeld; cash account** = account which records the money which is received and spent **Kassen-** *or* **Kassakonto** *or* **Kontokorrentkonto** *n* ; **cash advance** = loan in cash against a future payment **Barvorschuss** *m* ; **cash balance** = balance in cash, as opposed to amounts owed **Bar-** *or* **Kassenbestand** *m or* **Bankguthaben** *n* ; **cash book (CB)** = book in which cash transactions are entered **Kassenbuch** *n* ; **cash box** = metal box for keeping cash **Geldkassette** *f* ; **cash budget** = plan of cash income and expenditure **Kassenbudget** *n* ; **cash card** = card used to obtain money from a cash dispenser **Geldautomatenkarte** *f* ; **cash cow** = product or subsidiary company that consistently generates good profits but does not provide growth **Milchkuh** *f* ; **cash desk** = place in a store where you pay for the goods bought **Kasse** *f* ; **cash dispenser** = machine which gives out money when a special card is inserted and instructions given **Geldautomat** *m* ; **cash economy** = black economy, where goods and services are paid for in cash, and therefore not declared for tax **Schatten-** *or* **Schwarzgeldwirtschaft** *f* ; **cash float** = cash put into the cash box at the beginning of the day or week to allow change to be given to customers **Wechselgeld** *n* ; **cash limit** = fixed amount of money which can be spent during a certain period **Bargeldlimit** *n* ; **cash offer** = offer to pay in cash **Barzahlungsangebot** *n* ; **cash payment** = payment in cash **Barzahlung** *f* ; **cash purchases** = purchases made in cash **Barkäufe** *mpl* **cash register** *or* **cash till** = machine which shows and adds the prices of items bought, with a drawer for keeping the cash received **Kasse** *f* ; **cash reserves** = a company's reserves in cash, deposits or bills, kept in case of urgent need **Bar-** *or* **Liquiditätsreserven** *fpl*
(b) using money in coins or notes **Barzahlung** *f* ; **to pay cash down** = to pay in cash immediately **(in) bar zahlen; cash price** *or* **cash terms** = lower price *or* better terms which apply if the customer pays cash **Bar(zahlungs)preis** *m or* **Barzahlungsbedingungen** *fpl* **settlement in cash** *or* **cash settlement** = paying a bill in cash **Barzahlung** *f* ; **cash sale** *or* **cash transaction** = transaction paid for in cash **Barverkauf** *m or* **Kassageschäft** *n* ; **terms: cash with order (CWO)** = terms of sale showing the payment has to be made in cash when the order is placed **Bedingungen: Barzahlung bei Bestellung; cash on delivery (COD)** = payment in cash when goods are delivered **per Nachnahme; cash discount** *or* **discount for cash** = discount given for payment in cash **Barzahlungsrabatt** *m or* **Skonto** *m or n*
2 *verb* **to cash a cheque** = to exchange a cheque for cash **einen Scheck einlösen**

◊ **cashable** ['kæʃəbl] *adjective* which can be cashed **einlösbar** *a crossed cheque is not cashable at any bank*

◊ **cash and carry** ['kæʃənd'kærɪ] *noun* large store, selling goods at low prices, where the customer pays cash and has to take the goods away himself **Cash and Carry** *m or* **(Verbraucher)abholmarkt** *m* ; *cash and carry warehouse*

◊ **cash flow** ['kæʃ'fləʊ] *noun* cash which comes into a company from sales (cash inflow) or the money which goes out in purchases or overhead expenditure (cash outflow) **Cashflow** *m* ; **cash flow forecast** = forecast of when cash will be received or paid out **Cashflow-Prognose** *f* ; **cash flow statement** = report which shows cash sales and purchases **Cashflow-Bericht** *m* ; **net cash flow** = difference between the money coming in and the money going out **Netto-Cashflow** *m* ; **negative cash flow** = situation where more money is going out of a company than is coming in **negativer Cashflow; positive cash flow** = situation where more money is coming into a company than is going out **positiver Cashflow; the company is suffering from cash flow problems** = cash income is not coming in fast enough to pay the expenditure going out **das Unternehmen hat Cashflow-Probleme** *npl*

◊ **cashier** [kæ'ʃɪə] *noun* person who takes money from customers in a shop *or* who deals with customers' money in a bank **Kassierer/-in;** *(US)* **cashier's check** = a bank's own cheque, drawn on itself and signed by the cashier or other bank official **Bankscheck** *m*

◇ **cash in** [kæʃ'ɪn] *verb* to sell (shares) for cash **einlösen**

◇ **cash in on** [kæʃ'ɪnɒn] *verb* to profit from **sich etwas zunutze machen** *or* **aus etwas Kapital schlagen** *the company is cashing in on the interest in computer games*

◇ **cashless society** ['kæʃləssə'saɪətɪ] *noun* society where no one uses cash, all purchases being made by credit cards, charge cards or cheques **bargeldlose Gesellschaft**

◇ **cashpoint** ['kæʃpɒɪnt] *noun* place where there are cash dispensers where a card holder can get cash by using his cash card **Geldautomatenstelle** *f*

◇ **cash up** [kæʃ'ʌp] *verb* to add up the cash in a shop at the end of the day **Kasse machen**

cassette [kə'set] *noun* small plastic box with a magnetic tape on which words or information can be recorded **Kassette** *f*; *copy the information from the computer onto a cassette*

casting vote ['kɑːstɪŋ'vəʊt] *noun* vote used by the chairman in the case where the votes for and against a proposal are equal **ausschlaggebende Stimme** *the chairman has the casting vote; he used his casting vote to block the motion*

casual ['kæʒjʊəl] *adjective* not permanent *or* not regular **Aushilfs-; flüchtig; casual labour** = workers who are hired for a short period **Gelegenheitsarbeiter** *mpl* **casual work** = work where the workers are hired for a short period **Gelegenheitsarbeit** *f*; **casual labourer** *or* **casual worker** = worker who can be hired for a short period **Gelegenheitsarbeiter/-in**

catalogue *or (US)* **catalog** ['kætəlɒg]
1 *noun* list of items for sale, usually with prices **Katalog** *m or* **Prospekt** *m or* **Liste** *f*; *an office equipment catalogue; they sent us a catalogue of their new range of desks* **mail-order catalogue** = catalogue from which a customer orders items to be sent by mail **Versandhauskatalog; catalogue price** = price as marked in a catalogue **Katalog-** *or* **Listenpreis** *m*
2 *verb* to put an item into a catalogue **katalogisieren**

category ['kætəgərɪ] *noun* type *or* sort of item **Klasse** *f or* **Kategorie** *f*; *we deal only in the most expensive categories of watches*

cater for ['keɪtə'fɔː] *verb* to deal with *or* to provide for **eingestellt sein auf** *the store caters mainly for overseas customers*

◇ **caterer** ['keɪtərə] *noun* person who supplies food and drink, especially for parties **Lebensmittellieferant** *m* ; **Partyservice** *m* ; **Gastronom** *m*

◇ **catering** ['keɪtərɪŋ] *noun* supply of food and drink for a party, etc. **gastronomische Betreuung; the catering trade** = food trade, especially supplying food ready to eat **das Hotel- und Gaststättengewerbe**

cause [kɔːz]
1 *noun* thing which makes something happen **Ursache** *f*; *what was the cause of the bank's collapse? the police tried to find the cause of the fire*
2 *verb* to make something happen **verursachen** *or* **der Grund sein für** *the recession caused hundreds of bankruptcies*

caveat ['kævɪæt] *noun* warning **Warnung** *f or* **Vorbehalt** *m* ; **to enter a caveat** = to warn legally that you have an interest in a case, and that no steps can be taken without your permission **Einspruch einlegen**

◇ **caveat emptor** ['kævɪæt'emptɔː] = LET THE BUYER BEWARE phrase meaning that the buyer is himself responsible for checking that what he buys is in good order **Ausschluss** *m* **der Gewährleistung** *or* **auf Risiko (des) Käufers**

> QUOTE the idea that buyers at a car boot sale should have any rights at all is laughable. Even those who do not understand Latin know that caveat emptor is the rule
>
> Times

CB = CASH BOOK

CBI [siːbiː'aɪ] = CONFEDERATION OF BRITISH INDUSTRY

cc ['kɔpɪz] = COPIES (**NOTE: cc** is put on a letter to show who has been sent a copy of it)

CCA = CURRENT COST ACCOUNTING

CD [siː'diː] = CERTIFICATE OF DEPOSIT

c/d = CARRIED DOWN

cede [ɒiːd] *verb* to give up property to someone else **abtreten**

ceiling ['siːlɪŋ] *noun* highest point, such as the highest interest rate, the highest amount of money which a depositor may deposit, etc. **Höchstgrenze** *f*; **Limit** *n*; *output has reached its* *ceiling; there is a ceiling of $100,000 on deposits; to fix a ceiling to a budget* **ceiling price** *or* **price ceiling** = highest price that can be reached **oberste Preisgrenze**

cent [sent]
(a) *noun* small coin, one hundredth of a dollar **Cent** *m* ; *the stores are only a 25-cent bus ride away; they sell oranges at 99 cents each* (NOTE: **cent** is usually written **c** in prices: **25c,** but not when a dollar price is mentioned: **$1.25)**
(b) *see* PER CENT

centimetre *or (US)* **centimeter** ['sentɪˌmiːtə] *noun* measurement of length (one hundredth of a metre) **Zentimeter** *m or n* *the paper is fifteen centimetres wide* (NOTE: **centimetre** is usually written cm after figures: 260cm)

central ['sentrəl] *adjective* organized by one main point **zentral; central bank** = main government-controlled bank in a country, which controls the financial affairs of the country by fixing main interest rates, issuing currency, supervising the commercial banks and controlling the foreign exchange rate **Zentral-** *or* **Notenbank** *f* ; **central office** = main office which controls all smaller offices **Hauptbüro** *n or* **Zentrale** *f* ; **central purchasing** = purchasing organized by a central office for all branches of a company **Zentraleinkauf** *m or* **zentraler Einkauf**

◇ **centralization** [ˌsentrəlaɪ'zeɪʃən] *noun* organization of everything from a central point **Zentralisierung** *f*

◇ **centralize** ['sentrəlaɪz] *verb* to organize from a central point **zentralisieren** *all purchasing has been centralized in our main office; the group benefits from a highly centralized organizational structure*

> QUOTE central bankers in Europe and Japan are reassessing their intervention policy
> Duns Business Month

centre *or (US)* **center** ['sentə] *noun*
(a) **business centre** = part of a town where the main banks, shops and offices are situated **Geschäftsviertel** *n*
(b) important town **Zentrum** *n* ; *industrial centre; manufacturing centre; the centre for the shoe industry*
(c) *(GB)* **job centre** = government office which lists jobs which are vacant **Stellenvermittlung** *f* ; **shopping centre** = group of shops linked together with car parks and restaurants **Einkaufszentrum** *n*
(d) group of items in an account **Gruppe von Posten; cost centre** = person or group whose costs can be itemized in accounts **Kostenstelle** *f*; **profit centre** = person or department which is considered separately for the purposes of calculating a profit **Ertragszentrum** *n or* **Profit-Center** *n*

CEO ['siːiː'əʊ] = CHIEF EXECUTIVE OFFICER

certain ['sɜːtn] *adjective*
(a) sure **sicher; gewiss** *the chairman is certain we will pass last year's total sales*
(b) **a certain** = one particular **ein bestimmter; ein gewisser; a certain number** *or* **a certain quantity** = some **eine bestimmte Anzahl** *or* **Menge**

certificate [sə'tɪfɪkət] *noun* official document which shows that something is true **Bescheinigung** *f or* **Beglaubigung** *f or* **Bestätigung** *f* ; **clearance certificate** = document showing that goods have been passed by customs **Zollabfertigungs-** *or* **Ausklarierungsschein** *m* ; **insurance certificate** = document from an insurance company showing that an insurance policy has been issued **Versicherungsschein** *m* ; **savings certificate** = document showing you have invested money in a government savings scheme **Sparbrief** *m* ; **share certificate** = document proving that you own shares **Aktienzertifikat** *n* ; **certificate of airworthiness** *or* **seaworthiness** = document to show that an aircraft is safe to fly *or* a ship is safe to sail **Luft-** *or* **Seetüchtigkeitszeugnis** *n* ; **certificate of approval** = document showing that an item has been officially approved **Zulassungsbescheinigung** *f or* **Provenienzzertifikat** *n* ; **certificate of incorporation** = document showing that a company has been officially registered **amtliche Eintragungsbescheinigung; certificate of origin** = document showing where goods were made **Herkunftsbescheinigung** *f* ; **certificate of registration** = document showing that an item has been registered **Eintragungsbescheinigung** *f or* **Meldeschein** *m*

◇ **certificated** [sə'tɪfɪkeɪtɪd] *adjective* **certificated bankrupt** = bankrupt who has been discharged from bankruptcy with a certificate to show that he was not at fault **rehabilitierte(r) Konkursschuldner/-in**

◇ **certificate of deposit (CD)** [sə'tɪfɪkətəvdɪ'pɒzɪt] *noun* document from a bank showing that money has been deposited at a certain guaranteed interest rate for a certain period of time **Einlagenzertifikat** *n*

> COMMENT: a CD is a bearer instrument, which can be sold by the bearer. It can be sold at a discount to the value, so that the yield on CDs varies

> QUOTE interest rates on certificates of deposit may have little room to decline in August as demand for funds from major city banks is likely to remain strong. After delaying for months, banks are now expected to issue a large volume of CDs. If banks issue more CDs on the assumption that the official discount rate reduction will be delayed, it is very likely that CD rates will be pegged for a longer period than expected
> Nikkei Weekly

certify ['sɜːtɪfaɪ] *verb* to make an official declaration in writing **bescheinigen** *or* **bestätigen** *or* **beglaubigen** *I certify that this is a true copy; the document is certified as a true copy* **certified accountant** = accountant who has passed the professional examinations and is a member of the Chartered Association of Certified Accountants ≈ **geprüfte(r) Buchhalter/-in**; **certified cheque** *or (US)* **certified check** = cheque which a bank says is good and will be paid out of money put aside from the bank account **bestätigter Scheck**

cession ['seʃən] *noun* giving up property to someone (especially a creditor) **Abtretung** *f or* **Zession** *f*

c/f = CARRIED FORWARD

CFO ['siːef'əʊ] = CHIEF FINANCIAL OFFICER

CGT = CAPITAL GAINS TAX

chain [tʃeɪn] *noun* series of stores belonging to the same company **Kette** *f*; *a chain of hotels or a hotel chain; the chairman of a large do-it-yourself chain; he runs a chain of shoe shops; she bought several shoe shops and gradually built up a chain*

◇ **chain store** ['tʃeɪnstɔː] *noun* one store in a chain **Filialgeschäft** *n or* **Kettenladen** *m*

> QUOTE the giant US group is better known for its chain of cinemas and hotels rather than its involvement in shipping
> Lloyd's List

chair [tʃeə]
1 *noun* position of the chairman, presiding over a meeting **Vorsitz** *m* ; *to be in the chair; she was voted into the chair* **Mr Jones took the chair** = Mr Jones presided over the meeting **Herr Jones übernahm den Vorsitz**; *(in a meeting)*; **to address the chair** = to speak to the chairman and not to the rest of the people at the meeting **sich an den Vorsitzenden wenden** *please address your remarks to the chair*
2 *verb* to preside over a meeting **den Vorsitz führen (bei)** *the meeting was chaired by Mrs Smith*

◇ **chairman** ['tʃeəmən] *noun*
(a) person who is in charge of a meeting **Vorsitzende(r)** *mf Mr Howard was chairman or acted as chairman* **Mr Chairman** *or* **Madam Chairman** = way of speaking to the chairman **Herr Vorsitzender; Frau Vorsitzende**
(b) person who presides over the board meetings of a company **Vorsitzende(r)** *mf;* **Präsident/-in** *the chairman of the board or the company chairman* **the chairman's report** = annual report from the chairman of a company to the shareholders **der Jahresbericht des Vorsitzenden des board of directors**

◇ **chairmanship** ['tʃeəmənʃɪp] *noun* being a chairman **Vorsitz** *m or* **Leitung** *f* ; *the committee met under the chairmanship of Mr Jones*

◇ **chairperson** ['tʃeəˌpɜːsn] *noun* person who is in charge of a meeting **Vorsitzende(r)** *mf*

◇ **chairwoman** ['tʃeəˌwʊmən] *noun* woman who is in charge of a meeting **Vorsitzende** *f* (NOTE: the plurals are **chairmen, chairpersons, chairwomen.** Note also that in a UK company, the chairman is less important than the managing director, although one person can combine both posts. In the US, a company president is less important than the chairman of the board)

> QUOTE the corporation's entrepreneurial chairman seeks a dedicated but part-time president. The new president will work a three-day week
> Globe and Mail (Toronto)

Chamber of Commerce ['tʃeɪmbərəv'kɒməs] *noun* group of local business people who meet to discuss problems which they have in common and to promote commerce in their town **Handelskammer** *f*

chambers ['tʃeɪmbəz] *plural noun* office of a judge **Amtszimmer** *n* **des Richters**; **the judge heard the case in chambers** = he heard the case in his private office, and not in court **der Richter verhandelte den Fall ohne Öffentlichkeit in seinem Amtszimmer**

chance [tʃɑːns] *noun*
(a) being possible **Chancen** *fpl or* **Aussichten** *fpl the company has a good chance of winning the contract; his promotion chances are small*
(b) opportunity to do something **Chance** *f*; *she is waiting for a chance to see the managing director; he had his chance of promotion when the finance director's assistant resigned* (NOTE: you have a chance **of doing** something or **to do** something)

Chancellor of the Exchequer [ˈtʃɑːnsələrəvðiːɪksˈtʃekə] *noun (GB)* chief finance minister in the government **Finanzminister/-in** *or* **Schatzkanzler/-in** (NOTE: the US equivalent is the **Secretary of the Treasury)**

chandler [ˈtʃɑːndlə] *noun* person who deals in goods, especially supplies to ships **(Schiffs) ausrüster** *m* ; *ship chandler*

◇ **chandlery** [ˈtʃɑːndlərɪ] *noun* chandler's shop **Schiffsausrüster** *m*

change [tʃeɪn(d)ʒ]
1 *noun*
(a) money in coins or small notes **Wechselgeld** *n* ; **small change** = coins **Kleingeld** *n* ; **to give someone change for £10** = to give someone coins or notes in exchange for a ten pound note **jdm £10 wechseln**; **change machine** = machine which gives small change for a larger coin **Wechselautomat** *m or* **Geldwechsler** *m*
(b) money given back by the seller, when the buyer can pay only with a larger note or coin than the amount asked **Wechselgeld** *n* ; *he gave me the wrong change; you paid the £5.75 bill with a £10 note, so you should have £4.25 change* **keep the change** = keep it as a tip (said to waiters, etc.) **der Rest ist für Sie**
2 *verb*
(a) to change a £10 note = to give change in smaller notes or coins for a £10 note **einen £10 Schein wechseln**
(b) to give one type of currency for another **(ein)wechseln** *or* **(um)tauschen** *to change £1,000 into dollars; we want to change some traveller's cheques*
(c) *(of a business, property, etc.)*; **to change hands** = to be sold to a new owner **den Besitzer wechseln** *or* **in andere Hände übergehen** *the shop changed hands for £100,000*
(d) to change trains *or* buses *or* planes **umsteigen**

◇ **changer** [ˈtʃeɪn(d)ʒə] *noun* person who changes money **Geldwechsler** *m*

channel [ˈtʃænl]
1 *noun* way in which information or goods are passed from one place to another **Kanal** *m or* **Weg** *m* ; **to go through the official channels** = to deal with government officials (especially when making a request) **den Amts-** *or* **Dienstweg gehen**; **to open up new channels of communication** = to find new ways of communicating with someone **neue Kommunikationswege erschließen**; **distribution channels** *or* **channels of distribution** = ways of sending goods from the manufacturer for sale by retailers **Vertriebs-** *or* **Absatzwege** *mpl or* **Distributionskanäle** *mpl*
2 *verb* to send in a certain direction **in eine bestimmte Richtung lenken** *they are channelling their research funds into developing European communication systems*

chapter 11 [ˈtʃæptərɪˈlevən] *noun (US)* section of the US Bankruptcy Reform Act 1978, which allows a corporation to be protected from demands made by its creditors for a period of time, while it is reorganized with a view to paying its debts; the officers of the corporation will negotiate with its creditors as to the best way of reorganizing the business **Kapitel 11**

charge [tʃɑːdʒ]
1 *noun*
(a) money which must be paid *or* price of a service **Gebühr** *f or* **Kosten** *pl to make no charge for delivery; to make a small charge for rental; there is no charge for service or no charge is made for service* **admission charge** *or* **entry charge** = price to be paid before going into an exhibition, etc. **Eintritt** *m or* **Eintrittsgeld** *n* ; **bank charges** *or (US)* **service charge** = charges made by a bank for carrying out work for a customer **Bankgebühren** *fpl or* **Bearbeitungsgebühr** *f* ; **handling charge** = money to be paid for packing *or* invoicing *or* dealing with goods which are being shipped **Bearbeitungsgebühr** *f* ; **inclusive charge** = charge which includes all items **Inklusivpreis** *m or* **Pauschale** *f* ; **interest charges** = money paid as interest on a loan **Zinsbelastung** *f or* **Sollzinsen** *mpl* **scale of charges** = list showing various prices **Gebührenordnung** *f* ; **service charge** = (i) charge added to a bill in a restaurant to pay for service; (ii) *(US)* = BANK CHARGE **(i) Bedienung** *f* ; **(ii) Bearbeitungsgebühr** *f* ; *a 10% service charge is added; does the bill include a service charge?*

charge account = arrangement which a customer has with a store to buy goods and to pay for them at a later date, usually when the invoice is sent at the end of the month **Kundenkreditkonto** *n* ; **charges forward** = charges which will be paid by the customer **Gebühr bezahlt Empfänger; a token charge is made for heating** = a small charge is made which does not cover the real costs at all **eine nominelle Heizkostenpauschale wird erhoben; free of charge** = free *or* with no payment to be made **kostenlos** *or* **gebührenfrei** *or* **gratis**

(b) debit on an account **Belastung** *f* ; *it appears as a charge on the accounts* **floating charge** = charge linked to any of the company's assets of a certain type, but not to any specific item **schwebende Belastung; charge by way of legal mortgage** = way of borrowing money on the security of a property, where the mortgagor signs a deed which gives the mortgagee an interest in the property **formelle Hypothekenbestellung**

(c) being formally accused in a court **Anklage** *f* ; *he appeared in court on a charge of embezzling or on an embezzlement charge*

2 *verb*

(a) to ask someone to pay for services later **berechnen** *or* **in Rechnung stellen; to charge the packing to the customer** *or* **to charge the customer with the packing** = the customer has to pay for packing **dem Kunden Verpackungskosten in Rechnung stellen**

(b) to ask for money to be paid **erheben** *or* **berechnen** *or* **in Rechnung stellen** *to charge £5 for delivery; how much does he charge?* **he charges £15 an hour** = he asks to be paid £15 for an hour's work **er nimmt £15 pro Stunde**

(c) to pay for something by putting it on a charge account **in Rechnung stellen**

(d) *(in a court)* to accuse someone formally of having committed a crime **anklagen** *he was charged with embezzling his clients' money*

◇ **chargeable** ['tʃɑ:dʒəbl] *adjective* which can be charged **anrechenbar** *or* **zu berechnen** *repairs chargeable to the occupier* **sums chargeable to the reserve** = sums which can be debited to a company's reserves **auf die Rücklage zurechenbare Beträge**

◇ **charge card** ['tʃɑ:dʒ,kɑ:d] *noun* type of credit card for which a fee is payable, but which does not allow the user to take out a loan (he has to pay off the total sum charged at the end of each month) **Kundenkarte** *f*

◇ **chargee** [tʃɑ:'dʒi:] *noun* person who has the right to force a debtor to pay **Gläubiger/-in**

◇ **chargehand** ['tʃɑ:dʒhænd] *noun* chief of a group of workers under a foreman **Vorarbeiter** *m*

> QUOTE traveller's cheques cost 1% of their face value - some banks charge more for small amounts
>
> Sunday Times

chart [tʃɑ:t] *noun* diagram showing information as a series of lines *or* blocks, etc. **Diagramm** *n or* **Chart** *m or n* **bar chart** = diagram where quantities and values are shown as thick columns of different heights *or* lengths **Balken-** *or* **Stabdiagramm; flow chart** = diagram showing the arrangement of various work processes in a series **Arbeitsablauf-** *or* **Flussdiagramm; organization chart** = diagram showing how a company *or* an office is organized **Organisationsplan** *m or* **Diagramm der Unternehmensstruktur** *or* **Organigramm** *n* ; **pie chart** = diagram where information is shown as a circle cut up into sections of different sizes **Kreisdiagramm; sales chart** = diagram showing how sales vary from month to month **Absatzdiagramm**

charter ['tʃɑ:tə]

1 *noun*

(a) bank charter = official government document allowing the establishment of a bank **Bankkonzession** *f*

(b) hiring transport for a special purpose **Charter** *m* ; **charter flight** = flight in an aircraft which has been hired for that purpose **Charterflug** *m* ; **charter plane** = plane which has been chartered **Charterflugzeug** *n* ; **boat on charter to Mr Smith** = boat which Mr Smith has hired for a voyage **Boot, das von Herrn Smith gechartert wurde**

2 *verb* to hire for a special purpose **chartern** *or* **mieten** *to charter a plane or a boat or a bus*

◇ **chartered** ['tʃɑ:təd] *adjective*

(a) chartered accountant = accountant who has passed the professional examinations and is a member of the Institute of Chartered Accountants ≈ **amtlich zugelassene(r) Wirtschaftsprüfer/-in**

(b) (company) which has been set up by charter, and not registered under the Companies Act **durch Hoheitsakt geschaffen** *a chartered bank*

(c) chartered ship *or* **plane** = ship *or* plane which has been hired for a special purpose **gechartertes Schiff** *or* **Flugzeug**

◇ **charterer** ['tʃɑ:tərə] *noun* person who hires a ship, etc., for a special purpose **Charterer** *m or* **Schiffs-** *or* **Flugzeugmieter/-in**

◇ **chartering** ['tʃɑ:tərɪŋ] *noun* act of hiring for a special purpose **Chartern** *n or* **Mieten** *n*

chartist ['tʃɑːtɪst] *noun* person who studies stock market trends and forecasts future rises or falls **Chartist** *m*

chase [tʃeɪs] *verb*
(a) to run after someone *or* something to try to catch them **verfolgen** *or* **jagen**
(b) to try to speed up work by asking how it is progressing **(vor)antreiben** *we are trying to chase up the accounts department for the cheque; we will chase your order with the production department*

◊ **chaser** ['tʃeɪsə] *noun*
(a) progress chaser = person whose job is to check that work is being carried out on schedule *or* that orders are fulfilled on time **Terminjäger** *m*
(b) letter to remind someone of something (especially to remind a customer that an invoice has not been paid) **Erinnerungsschreiben** *n* ; **Mahnung** *f*

chattels ['tʃætlz] *plural noun* **goods and chattels** = moveable property (but not freehold real estate) **bewegliches Eigentum; Mobilien** *pl*

cheap [tʃiːp] *adjective & adverb* not costing a lot of money *or* not expensive **billig** *or* **preiswert; cheap labour** = workforce which does not earn much money **billige Arbeitskräfte** *fpl we have opened a factory in the Far East because of the cheap labour or because labour is cheap* **cheap money** = money which can be borrowed at low interest **billiges Geld; cheap rate** = rate which is not expensive **niedriger Tarif; Mondscheintarif** *m* ; *cheap rate phone calls* **to buy something cheap** = at a low price **etwas billig** *or* **preiswert kaufen** *he bought two companies cheap and sold them again at a profit* **they work out cheaper by the box** = these items are cheaper per unit if you buy a box of them **sie kommen pro Kiste billiger**

◊ **cheaply** ['tʃiːplɪ] *adverb* without paying much money **billig** *the salesman was living cheaply at home and claiming a large hotel bill on his expenses*

◊ **cheapness** ['tʃiːpnəs] *noun* being cheap **niedriger Preis; Schwäche** *f* ; *the cheapness of the pound means that many more tourists will come to London*

cheat [tʃiːt] *verb* to trick someone so that he loses money **betrügen** *or* **übervorteilen** *he cheated the Income Tax out of thousands of pounds; she was accused of cheating clients who came to ask her for advice*

check [tʃek]
1 *noun*
(a) sudden stop **Sperre** *f or* **Hemmnis** *n or* **Hindernis** *n* ; **to put a check on imports** = to stop some imports **Importe beschränken**
(b) investigation *or* examination **Überprüfung** *f or* **Kontrolle** *f* ; *the auditors carried out checks on the petty cash book; a routine check of the fire equipment* **baggage check** = examination of passengers' baggage to see if it contains bombs **Gepäckkontrolle**
(c) check sample = sample to be used to see if a consignment is acceptable **Prüfmuster** *n*
(d) *US (in restaurant)* bill **Rechnung** *f*
(e) *US* = CHEQUE
(f) *US* mark on paper to show that something is correct **Haken** *m* ; *make a check in the box marked 'R'* (NOTE: GB English is **tick**)
2 *verb*
(a) to stop *or* to delay **hemmen** *or* **bremsen** *or* **beschränken** *to check the entry of contraband into the country*
(b) to examine *or* to investigate **überprüfen** *or* **kontrollieren** *to check that an invoice is correct; to check and sign for goods* **he checked the computer printout against the invoices** = he examined the printout and the invoices to see if the figures were the same **er verglich den Computerausdruck mit den Rechnungen**
(c) *US* to mark with a sign to show that something is correct **abhaken** *check the box marked 'R'*

◊ **checkbook** *noun (US)* = CHEQUE BOOK

◊ **check in** [tʃek'ɪn] *verb*
(a) *(at a hotel)* to arrive at a hotel and sign for a room **sich anmelden** *he checked in at 12.15*
(b) *(at an airport)* to give in your ticket to show you are ready to take the flight **einchecken**
(c) to check baggage in = to pass your baggage to the airline to put it on the plane for you **Gepäck aufgeben** *or* **einchecken**

◊ **check-in** ['tʃekɪn] *noun* place where passengers give in their tickets for a flight **Flugabfertigung** *f* ; *the check-in is on the first floor* **check-in counter** = counter where passengers check in **Abfertigungs-** *or* **Abflugschalter** *m* ; **check-in time** = time at which passengers should check in **Eincheckzeit** *f*

◊ **checking** ['tʃekɪŋ] *noun*
(a) examination *or* investigation **Überprüfung** *f* ; *the inspectors found some defects during their checking of the building*
(b) *(US)* **checking account** = bank account on which you can write cheques **laufendes Konto; Girokonto** *n*

◊ **checklist** ['tʃeklɪst] *noun* list of points which have to be checked before something can be done **Prüf-** *or* **Checkliste** *f*

◊ **checkoff** ['tʃekɒf] *noun (US)* system where union dues are automatically deducted by the employer from a worker's paycheck **Einzug** *m* **der Gewerkschaftsbeiträge durch den Betrieb**

◊ **check out** [tʃek'aʊt] *verb (at a hotel)* to leave and pay for a room **abreisen** *we will check out before breakfast*

◊ **checkout** ['tʃekaʊt] *noun*
(a) *(in a supermarket)* place where you pay for the goods you have bought **Kasse** *f*
(b) *(in a hotel)*; **checkout time is 12.00** = time by which you have to leave your room **um 12 Uhr müssen die Zimmer geräumt sein**

◊ **checkroom** ['tʃekrʊm] *noun (US)* place where you leave your coat, luggage, etc. **Garderobe** *f or* **Gepäckaufbewahrung** *f*

cheque *or (US)* **check** [tʃek] *noun* note to a bank asking them to pay money from your account to the account of the person whose name is written on the note **Scheck** *m* ; *a cheque for £10 or a £10 cheque* **cheque account** = bank account which allows the customer to write cheques **laufendes Konto; Girokonto** *n* ; **cheque to bearer** = cheque with no name written on it, so that the person who holds it can cash it **Überbringer-** *or* **Inhaberscheck**; **crossed cheque** = cheque with two lines across it showing that it can only be deposited at a bank and not exchanged for cash **Verrechnungsscheck**; **open** *or* **uncrossed cheque** = cheque which can be cashed anywhere **Barscheck**; **blank cheque** = cheque with the amount of money and the payee left blank, but signed by the drawer **Blankoscheck**; **pay cheque** *or* **salary cheque** = monthly cheque by which an employee is paid **Lohnscheck; Gehaltsscheck**; **traveller's cheques** = cheques taken by a traveller, which can be cashed in a foreign country **Reiseschecks** *mpl* **dud cheque** *or* **bouncing cheque** *or* **cheque which bounces** *or (US)* **rubber check** = cheque which cannot be cashed because the person writing it has not enough money in the account to pay it **ungedeckter Scheck**
(b) to cash a cheque = to exchange a cheque for cash **einen Scheck einlösen**; **to endorse a cheque** = to sign a cheque on the back to show that you accept it **einen Scheck indossieren** *or* **girieren**; **to make out a cheque to someone** = to write someone's name on a cheque **einen Scheck auf jdn ausstellen** *who shall I make the cheque out to?* **to pay by cheque** = to pay by writing a cheque, and not using cash or a credit card **mit (einem) Scheck bezahlen**; **to pay a cheque into your account** = to deposit a cheque **einen Scheck auf das Konto einzahlen**; **the bank referred the cheque to drawer** = returned the cheque to the person who wrote it because there was not enough money in the account to pay it **die Bank gab den Scheck zurück an den Aussteller**; **to sign a cheque** = to sign on the front of a cheque to show that you authorize the bank to pay the money from your account **einen Scheck unterschreiben**; **to stop a cheque** = to ask a bank not to pay a cheque which has been signed and sent **einen Scheck sperren lassen**

◊ **cheque book** *or (US)* **checkbook** ['tʃekbʊk] *noun* booklet with new cheques **Scheckheft** *n*

◊ **cheque (guarantee) card** ['tʃek,gærən'ti:'kɑ:d] *noun* plastic card from a bank which guarantees payment of a cheque up to a certain amount, even if there is no money in the account **Scheckkarte** *f*

chief [tʃi:f] *adjective* most important **erste (r,s)** *or* **höchste(r,s)** *or* **Haupt-** *he is the chief accountant of an industrial group* **chief executive** *or* **chief executive officer (CEO)** = executive in charge of a company **Generaldirektor/-in**; **chief financial officer (CFO)** = executive in charge of a company's financial operations, reporting to the CEO **Leiter/-in der Finanzabteilung**

Chinese walls ['tʃaɪni:z'wɑ:lz] *noun* imaginary barriers between departments in the same organization, set up to avoid insider dealing or conflict of interest (as when a merchant bank is advising on a planned takeover bid, its investment department should not know that the bid is taking place, or they would advise their clients to invest in the company being taken over) **innere Abschottung**

chip [tʃɪp] *noun*
(a) a computer chip = a small piece of silicon able to store data, used in a computer **ein Computerchip** *m*
(b) blue chip = very safe investment *or* risk-free share in a good company **Blue Chip** *m*

chit [tʃɪt] *noun* bill (for food or drink in a club) **Bon** *m or* **Gutschein** *m* ; **Rechnung** *f*

choice [tʃɔɪs]
1 *noun*
(a) thing which is chosen **Wahl** *f* ; *you must give the customer time to make his choice*

(b) range of items to choose from **Auswahl** *f or* **Sortiment** *n* ; *we have only a limited choice of suppliers* **the shop carries a good choice of paper** = the shop carries many types of paper to choose from **das Geschäft führt ein gutes Papiersortiment**
2 *adjective* specially selected (food) **Qualitäts-** *or* **erstklassig** *choice meat; choice wines; choice foodstuffs*

choose [tʃu:z] *verb* to decide to do a particular thing *or* to buy a particular item (as opposed to something else) **wählen** *or* **auswählen** *there were several good candidates to choose from; they chose the only woman applicant as sales director; you must give the customers plenty of time to choose* (NOTE: **choosing - chose - chosen)**

chop [tʃɒp] *noun (in the Far East)* stamp, a mark made on a document to show that it has been agreed, acknowledged, paid, or that payment has been received **Stempel** *m or* **Zeichen** *n* **Paraphe** *f*

chronic ['krɒnɪk] *adjective* permanently bad **chronisch** *the company has chronic cash flow problems; we have a chronic shortage of skilled staff* **chronic unemployment** = being unemployed for more than six months **Dauerarbeitslosigkeit** *f*

chronological order [ˌkrɒnə'lɒdʒɪkəl'ɔ:də] *noun* arrangement of records (files, invoices, etc.) in order of their dates **chronologische Reihenfolge**

churning ['tʃɜ:nɪŋ] *noun*
(a) practice employed by stockbrokers, where they buy and sell on a client's discretionary account in order to earn their commission (the deals are frequently of no advantage to the client) **Effektenhandel zum Nachteil des Kunden, allein mit dem Ziel einer möglichst hohen Courtage für den Makler**
(b) practice employed by insurance salesmen where the salesman suggests that a client should change his insurance policy solely in order to earn the salesman a commission **provisionsorientierte Kundenberatung durch Versicherungsvertreter**

> QUOTE more small investors lose money through churning than almost any other abuse, yet most people have never heard of it. Churning involves brokers generating income simply by buying and selling investments on behalf of their clients. Constant and needless churning earns them hefty commissions which bites into the investment portfolio
> Guardian

c.i.f. *or* **CIF** ['si:'aɪ'ef] = COST, INSURANCE AND FREIGHT

circular ['sɜ:kjʊlə]
1 *adjective* sent to many people **Rund-**; **circular letter of credit** = letter of credit sent to all branches of the bank which issues it **Zirkularkreditbrief** *m*
2 *noun* leaflet *or* letter sent to many people **Rundschreiben** *n or* **Umlauf** *m* ; *they sent out a circular offering a 10% discount*

◇ **circularize** ['sɜ:kjʊləraɪz] *verb* to send a circular to **durch Rundschreiben informieren** *the committee has agreed to circularize the members of the society; they circularized all their customers with a new list of prices*

◇ **circulate** ['sɜ:kjʊleɪt] *verb*
(a) *(of money)*; **to circulate freely** = to move about without restriction by the government **in freiem Umlauf sein; in freien Umlauf bringen**
(b) to send *or* to give out without restrictions **in Umlauf bringen; to circulate money** = to issue money *or* to make money available to the public and industry **Geld in Umlauf bringen**
(c) to send information to **ausgeben** *or* **verbreiten** *they circulated a new list of prices to all their customers*

◇ **circulating capital** ['sɜ:kjʊleɪtɪŋ'kæpɪtəl] *noun* capital in the form of cash or debtors, raw materials, finished products and work in progress required for a company to carry on its business **Umlaufvermögen** *n*

◇ **circulation** [ˌsɜ:kjʊ'leɪʃən] *noun*
(a) movement **Umlauf** *m or* **Verbreitung** *f* ; *the company is trying to improve the circulation of information between departments* **circulation of capital** = movement of capital from one investment to another **Kapitalverkehr** *m*
(b) to put money into circulation = to issue new notes to business and the public **Geld in Umlauf** *or* **in den Verkehr bringen** *the amount of money in circulation increased more than was expected*
(c) *(of newspapers)* number of copies sold **Auflage** *f or* **Auflagenhöhe** *f or* **verkaufte Exemplare** *npl the audited circulation of a newspaper; the new editor hopes to improve the circulation* **circulation battle** = competition between two papers to try to sell more copies in the same market **Kampf** *m* **um die Auflagenhöhe (verschiedener Zeitungen)**

> QUOTE the level of currency in circulation increased to N4.9 billion in the month of August
> Business Times (Lagos)

city ['sɪtɪ] *noun*
(a) large town **(Groß)stadt** *f* ; *the largest cities*

in Europe are linked by hourly flights **capital city** = main town in a country, where the government is located **Hauptstadt**; **inter-city** = between cities **Intercity-** *or* **IC-** *inter-city train services are often quicker than going by air*
(b) the City (of London) = old centre of London, where banks and large companies have their main offices; the British financial centre **die City** *or* **das Banken- und Börsenviertel in London** *he works in the City or he is in the City* **City desk** = section of a newspaper office which deals with business news **Finanz- und Wirtschaftsredaktion** *f*; **City editor** = business *or* finance editor of a British paper **Finanz- und Wirtschaftsredakteur/-in**; **they say in the City that the company has been sold** = the business world is saying that the company has been sold **in der City wird gesagt, dass das Unternehmen verkauft wurde**

civil ['sɪvl] *adjective* referring to ordinary people **bürgerlich** *or* **zivil-** *or* **Zivil-**; **civil action** = court case brought by a person *or* a company against someone who has done them wrong **Zivilprozess** *m or* **zivilrechtliche Klage**; **civil law** = laws relating to people's rights and agreements between individuals **Zivilrecht** *n or* **bürgerliches Recht**

◇ **civil servant** ['sɪvl'sɜːvənt] *noun* person who works in the civil service **Staatsbeamte(r)** *or* **Staatsbeamtin**; *(keine Richter und Lehrer)*; ≈ **Angestellte(r) im öffentlichen Dienst**

◇ **civil service** ['sɪvl'sɜːvɪs] *noun* organization and personnel which administer a country **Staatsdienst** *m (keine Richter und Lehrer)*; ≈ **öffentlicher Dienst** *you have to pass an examination to get a job in the civil service or to get a civil service job*

claim [kleɪm]
1 *noun*
(a) asking for money **Forderung** *f or* **Anspruch** *m* ; **wage claim** = asking for an increase in wages **Lohnforderung**; **the union put in a 6% wage claim** = the union asked for a 6% increase in wages for its members **die Gewerkschaft forderte 6% mehr Lohn**
(b) legal claim = statement that you think you own something legally **Rechtsanspruch** *m or* **rechtmäßiger Anspruch** *he has no legal claim to the property*
(c) insurance claim = asking an insurance company to pay for damages *or* for loss **Versicherungsanspruch** *m* ; **claims department** = department of an insurance company which deals with claims **Schadenabteilung** *f*; **claim form** = form to be filled in when making an insurance claim **Schadenformular** *n or* **Antragsformular auf Schaden(s)ersatz**; **claims manager** = manager of a claims department **Leiter/-in der Schadenabteilung**; **no claims bonus** = lower premium paid because no claims have been made against the insurance policy **Schadenfreiheitsrabatt** *m* ; **to put in a claim** = to ask the insurance company officially to pay damages **Ansprüche** *mpl* **geltend machen** *or* **Schaden(s)ersatz fordern** *to put in a claim for repairs to the car; she put in a claim for £250,000 damages against the driver of the other car* **to settle a claim** = to agree to pay what is asked for **eine Forderung regulieren** *the insurance company refused to settle his claim for storm damage*
(d) small claims court = court which deals with claims for small amounts of money **für Geldansprüche bis zu einer gewissen Höhe zuständiges Gericht; Bagatellgericht** *n,* ≈ **Amtsgericht**
2 *verb*
(a) to ask for money **fordern** *or* **Ansprüche** *mpl* **geltend machen** *he claimed £100,000 damages against the cleaning firm; she claimed for repairs to the car against her insurance*
(b) to say that something is your property **Anspruch erheben auf** *he is claiming possession of the house; no one claimed the umbrella found in my office*
(c) to state that something is a fact **behaupten** *he claims he never received the goods; she claims that the shares are her property*

◇ **claimant** ['kleɪmənt] *noun* person who claims **Kläger/-in; Antragsteller/-in**; **rightful claimant** = person who has a legal claim to something **Anspruchsberechtigte(r)**

◇ **claim back** [kleɪm'bæk] *verb* to ask for money to be paid back **zurückfordern**

◇ **claimer** ['kleɪmə] *noun* = CLAIMANT

◇ **claiming** ['kleɪmɪŋ] *noun* act of making a claim **Anspruchstellung** *f or* **Forderung** *f*

class [klɑːs] *noun* category *or* group into which things are classified according to quality or price **Kategorie** *f or* **Klasse** *f or* **Güteklasse** *f*; **first-class** = top quality *or* most expensive **erstklassig** *he is a first-class accountant* **economy class** *or* **tourist class** = lower quality *or* less expensive way of travelling **Touristenklasse** *f*; *I travel economy class because it is cheaper; tourist class travel is less comfortable than first class; he always travels first class because tourist class is too uncomfortable; (GB)* **first-class mail** = more expensive mail service, designed to be faster **Briefpost erster Klasse** *a first-class letter should get to Scotland in a day* **second-class mail** = less expensive, slower mail service **Briefpost zweiter Klasse** *the letter took* *three days to arrive because he sent it second-class*

classify ['klæsɪfaɪ] *verb* to put into classes *or* categories **klassifizieren** *or* **einstufen**; **classified advertisements** = advertisements listed in a newspaper under special headings (such as 'property for sale' or 'jobs wanted') **Kleinanzeigen** *fpl* **classified directory** = book which lists businesses grouped under various headings (such as computer shops *or* newsagents) **Branchenverzeichnis** *n*

◇ **classification** [ˌklæsɪfɪ'keɪʃən] *noun* way of putting into classes **Klassifizierung** *f or* **Einstufung** *f*; **job classification** = describing jobs listed in various groups **Berufsklassifikation** *f*

clause [klɔːz] *noun* section of a contract **Klausel** *f or* **Paragraf** *m or* **Absatz** *m*; *there are ten clauses in the contract; according to clause six, payments will not be due until next year* **exclusion clause** = clause in an insurance policy *or* warranty which says which items are not covered by the policy **Ausschluss-** *or* **Freizeichnungsklausel**; **penalty clause** = clause which lists the penalties which will happen if the contract is not fulfilled **Strafklausel**; **termination clause** = clause which explains how and when a contract can be terminated **Kündigungsklausel**

claw back [klɔː'bæk] *verb* to take back money which has been allocated **sich zurückholen** *income tax claws back 25% of pensions paid out by the government; of the £1m allocated to the project, the government clawed back £100,000 in taxes*

◇ **clawback** ['klɔːbæk] *noun* money taken back **Rückforderung** *f*

clean bill of lading [kliːnˌbɪləv'leɪdɪŋ] *noun* bill of lading with no note to say the shipment is faulty or damaged **reines Konnossement**

clear [klɪə]

1 *adjective*

(a) easily understood **klar** *or* **deutlich** *or* **verständlich** *he made it clear that he wanted the manager to resign; you will have to make it clear to the staff that productivity is falling*

(b) clear profit = profit after all expenses have been paid **Netto-** *or* **Reingewinn** *m*; *we made $6,000 clear profit on the sale*

(c) free *or* total period of time **frei; ganz; three clear days** = three whole working days **drei ganze** *or* **volle Tage** *allow three clear days for the cheque to be paid into the bank*

2 *verb*

(a) to sell cheaply in order to get rid of stock **räumen** *or* **ausverkaufen** *'demonstration models to clear'*

(b) to clear goods through the customs = to have all documentation passed by customs so that goods can leave the country **Güter zollamtlich abfertigen**

(c) to clear 10% *or* **$5,000 on a deal** = to make 10% *or* $5,000 clear profit **bei einem Geschäft einen Gewinn von 10%** *or* **$5.000 machen**; **we cleared only our expenses** = the sales revenue only paid for the costs and expenses without making any profit **wir konnten nur unsere Kosten decken**

(d) to clear a cheque = to pass a cheque through the banking system, so that the money is transferred from the payer's account to another **einen Scheck verrechnen** *the cheque took ten days to clear or the bank took ten days to clear the cheque*

◇ **clearance** ['klɪərəns] *noun*

(a) customs clearance = passing goods through customs so that they can enter or leave the country **Zollabfertigung** *f*; **to effect customs clearance** = to clear goods through customs **die Zollabfertigung vornehmen**; **clearance certificate** = certificate showing that goods have been passed by customs **Ausklarierungs-** *or* **Zollabfertigungsschein** *m*

(b) clearance sale = sale of items at low prices to get rid of stock **Räumungsverkauf** *m*

(c) clearance of a cheque = passing of a cheque through the banking system, transferring money from one account to another **Verrechnung** *f* **eines Schecks** *you should allow six days for cheque clearance*

◇ **clearing** ['klɪərɪŋ] *noun*

(a) clearing of goods through customs = passing of goods through customs **Zollabfertigung** *f* **von Waren**

(b) clearing of a debt = paying all of a debt **Schuldenbegleichung** *or* **-tilgung** *f*

(c) passing of a cheque through the banking system, transferring money from one account to another **Clearing** *n*; **clearing bank** = bank which clears cheques, one of the major British High Street banks, specializing in normal banking business for ordinary customers (loans, cheques, overdrafts, interest-bearing deposits, etc.) **Clearing-** *or* **Geschäftsbank** *f*; **clearing house** = central office where clearing banks exchange cheques **Clearingzentrale** *or* **-stelle** *f*

◇ **clear off** [klɪər'ɒf] *verb* **to clear off a debt** = to pay all of a debt **eine Schuld begleichen** *or* **tilgen**

clerical ['klerɪkəl] *adjective* (work) done in an office *or* done by a clerk **Büro-** *or* **Schreib-**; **clerical error** = mistake made in an office

Schreibfehler *m* ; **clerical staff** = staff of an office **Schreibkräfte** *fpl or* **Büropersonal** *n* ; **clerical work** = paperwork done in an office **Schreib-** *or* **Büroarbeit** *f* ; **clerical worker** = person who works in an office **Büroangestellte(r)**

clerk [klɑːk]
1 *noun*
(a) person who works in an office **Büroangestellte(r); articled clerk** = clerk who is bound by a contract to work in a lawyer's office for some years to learn the trade **Rechtsreferendar/-in; chief clerk** *or* **head clerk** = most important clerk **Bürochef/-in; filing clerk** = clerk who files documents **Angestellte(r) in der Registratur; invoice clerk** = clerk who deals with invoices **Fakturist/-in; shipping clerk** = clerk who deals with shipping documents **Reedereiangestellte(r);** *(US)* **Spediteur** *m*
(b) bank clerk = person who works in a bank **Bankangestellte(r); booking clerk** = person who works in a booking office **Kartenverkäufer/-in;** *(US)* **sales clerk** = person who sells in a store **Verkäufer/-in**
2 *verb (US)* to work as a clerk **Verkäufer/-in sein**

◊ **clerkess** [klɑːˈkes] *noun (in Scotland)* woman clerk **Büroangestellte**

clever [ˈklevə] *adjective* intelligent, able to learn quickly **klug** *or* **geschickt** *or* **clever** *he is very clever at spotting a bargain; clever investors have made a lot of money on the share deal*

client [ˈklaɪənt] *noun* person with whom business is done *or* person who pays for a service **Kunde/Kundin** *or* **Auftraggeber/-in**

◊ **clientele** [ˌkliːənˈtel] *noun* all the clients of a business; all the customers of a shop **Kundschaft** *f or* **Kundenkreis** *m or* **Klientel** *f*

climb [klaɪm] *verb* to go up **steigen** *or* **klettern** *the company has climbed to No. 1 position in the market; profits climbed rapidly as the new management cut costs*

clinch [klɪn(t)ʃ] *verb* to settle (a business deal) *or* to come to an agreement **abschließen** *he offered an extra 5% to clinch the deal; they need approval from the board before they can clinch the deal*

clip [klɪp] *noun* thing with a spring which holds pieces of paper together **Klammer** *f* ; **paperclip** = piece of bent wire, used to hold pieces of paper together **Büroklammer**

◊ **clipboard** [ˈklɪpbɔːd] *noun* stiff board with a clip at the top so that a piece of paper can be clipped to the board to allow you to write on it easily **Klemmbrett** *n*

clipping service [ˈklɪpɪŋˌsɜːvɪs] *noun* service of cutting out references to a client in newspapers or magazines and sending them to him **Zeitungsausschnittdienst** *m*

clock [klɒk] *noun* machine which shows the time **Uhr** *f* ; *the office clock is fast; the micro has a built-in clock* **digital clock** = clock which shows the time using numbers (as 12:05) **Digitaluhr**

◊ **clock card** [ˈklɒkkɑːd] *noun* special card which a worker puts into the time clock when clocking on or off **Stechkarte** *f*

◊ **clock in** *or* **clock on** [klɒkˈɪn *or* klɒkˈɒn] *verb (of worker)* to record the time of arriving for work by putting a card into a special timing machine **(den Arbeitsbeginn) stechen**

◊ **clock out** *or* **clock off** [klɒkˈaʊt *or* klɒkˈɒf] *verb (of worker)* to record the time of leaving work by putting a card into a special timing machine **(das Arbeitsende) stechen**

◊ **clocking in** *or* **clocking on** [ˈklɒkɪŋˈɪn *or* ˈklɒkiŋˈɒn] *noun* arriving for work and recording the time on a time-card **Registrieren** *n* **des Arbeitsbeginns mit einer Stechkarte**

◊ **clocking out** *or* **clocking off** [ˈklɒkɪŋˈaʊt *or* ˈklɒkiŋˈɒf] *noun* leaving work and recording the time on a time-card **Registrieren** *n* **des Arbeitsendes mit einer Stechkarte**

close
1 [kləʊz] *noun* end of a day's trading on the Stock Exchange **(Börsen)schluss** *m* ; *at the close of the day's trading the shares had fallen 20%*
2 [kləʊs] *adjective* **close to** = very near *or* almost **nahe daran** *or* **fast** *the company was close to bankruptcy; we are close to meeting our sales targets*
3 [kləʊz] *verb*
(a) to stop doing business for the day **schließen** *or* **zumachen** *the office closes at 5.30; we close early on Saturdays*
(b) to close (off) the accounts = to come to the end of an accounting period and take the closing balances on the ledger accounts to the profit and loss account **die Bücher abschließen**
(c) to close an account = (i) to stop supplying a customer on credit; (ii) to take all the money out of a bank account and stop the account **(i) ein Kundenkreditkonto sperren; (ii) ein Konto**

auflösen; **he closed his building society account** = he took all the money out and stopped using the account **er löste sein Konto bei der Bausparkasse auf**
(d) the shares closed at $15 = at the end of the day's trading the price of the shares was $15 **die Aktien erreichten eine Schlussnotierung von $15**

◇ **close company** *or (US)* **close(d) corporation** [kləʊs'kʌmpənɪ *or* kləʊs,kɔːpə'reɪʃən *or* kləʊzd,kɔːpə'reɪʃən] *noun* privately owned company where the public may own a small number of shares **Personengesellschaft** *f*

◇ **closed** [kləʊzd] *adjective*
(a) shut *or* not open *or* not doing business **geschlossen** *the office is closed on Mondays; all the banks are closed on the National Day*
(b) restricted **begrenzt** *or* **eingeschränkt**; **closed shop** = system where a company agrees to employ only union members in certain jobs **Betrieb** *m* **mit Pflicht der Gewerkschaftszugehörigkeit** *a closed shop agreement; the union is asking the management to agree to a closed shop* **closed market** = market where a supplier deals only with one agent *or* distributor and does not supply any others direct **geschlossener Markt** *they signed a closed market agreement with an Egyptian company*

◇ **close down** [kləʊz'daʊn] *verb* to shut a shop *or* factory for a long period or for ever **schließen; stilllegen** *the company is closing down its London office; the strike closed down the railway system*

◇ **closing** ['kləʊzɪŋ]
1 *adjective*
(a) final, coming at the end **abschließend** *or* **Abschluss-** *or* **Schluss-**; **closing bid** = last bid at an auction *or* the bid which is successful **Höchstgebot** *n* ; **closing date** = last date **Schlusstag** *m* ; **letzter Termin**; *(für Inserate)* **Anzeigenschluss** *m; (für Ausschreibungsangebote)* **Schlusstag** *m or* **Endtermin** *m* ; *the closing date for tenders to be received is May 1st* **closing price** = price of a share at the end of a day's trading **Schlusskurs** *m or* **Schlussnotierung** *f*
(b) at the end of an accounting period **Abschluss-** *closing balance; closing stock*
2 *noun*
(a) shutting of a shop; being shut **Schließung** *f* ; **Sunday closing** = not opening a shop on Sundays **geschäftsfreier Sonntag**; **closing time** = time when a shop or office stops work **Geschäfts-** *or* **Ladenschluss** *m* ; **early closing day** = weekday (usually Wednesday or Thursday) when many shops close in the afternoon **Tag mit frühem Ladenschluss**
(b) closing of an account = act of stopping supply to a customer on credit **Auflösen** *n* **eines Kontos**

◇ **closing down sale** ['kləʊzɪŋdaʊn,seɪl] *noun* sale of goods when a shop is closing for ever **Totalausverkauf** *m or* **Räumungsverkauf**

◇ **closure** ['kləʊʒə] *noun* act of closing **Schließung** *f or* **Stilllegung** *f*

> QUOTE Toronto stocks closed at an all-time high, posting their fifth straight day of advances in heavy trading
>
> Financial Times

> QUOTE the best thing would be to have a few more plants close down and bring supply more in line with current demand
>
> Fortune

club [klʌb] *noun* group of people who have the same interest; place where these people meet **Klub** *m or* **Club** *m or* **Verein** *m* ; *if you want the managing director, you can phone him at his club; he has applied to join the sports club* **club membership** = all the members of a club **Klub-** *or* **Vereinsmitgliedschaft** *f* ; **club subscription** = money paid to belong to a club **Klub-** *or* **Vereins-** *or* **Mitgliedsbeitrag** *m* ; **staff club** = club for the staff of a company, which organizes staff parties, sports and meetings **Betriebsverein** *m*

cm = CENTIMETRE

C/N = CREDIT NOTE

c/o ['siː'əʊ] = CARE OF

Co. [kəʊ] = COMPANY *J. Smith & Co.*

co- [kəʊ] *prefix* working *or* acting together **Mit-** *or* **mit-**

◇ **co-creditor** ['kəʊ,kredɪtə] *noun* person who is a creditor of the same company as you are **Solidargläubiger/-in**

◇ **co-director** [,kəʊdɪ'rektə] *noun* person who is a director of the same company as you **Mitdirektor/-in**

◇ **co-insurance** [,kəʊɪn'ʃʊərəns] *noun* insurance policy where the risk is shared among several insurers **Mitversicherung** *f*

COD *or* **c.o.d.** [,siːəʊ'diː] = CASH ON DELIVERY

code [kəʊd] *noun*
(a) system of signs *or* numbers *or* letters which mean something **Kode** *m or* **Code** *m or* **Chiffre** *f or* **Schlüssel** *m* ; **area code** = numbers which

indicate an area for telephoning **Vorwahl** *f* **Ortsnetzkennzahl** *f* ; *what is the code for Edinburgh?* **bar code** = system of lines printed on a product which can be read by a computer to give a reference number or price **Strichkode** *m* ; **international dialling code** = numbers used for dialling to another country **Internationale Vorwahl**; **machine-readable codes** = sets of signs or letters (such as bar codes *or* post codes) which can be read by computers **maschinenlesbare Codes**; **post code** *or (US)* **ZIP code** = letters and numbers used to indicate a town or street in an address on an envelope **Postleitzahl** *f* ; **stock code** = numbers and letters which refer to an item of stock **Warenkode** *m*
(b) set of rules **Kodex** *m* ; **Gesetzbuch** *n* ; **code of practice** *or (US)* **code of ethics** = rules drawn up by an association which the members must follow when doing business **Verfahrensregeln** *fpl*

◇ **coding** ['kəʊdɪŋ] *noun* act of putting a code on something **Kodierung** *f or* **Chiffrierung** *f* ; *the coding of invoices*

coin [kɔɪn] *noun* piece of metal money **Münze** *f or* **Geldstück** *n* ; *he gave me two 10-franc coins in my change; I need some 10p coins for the telephone*

◇ **coinage** ['kɔɪnɪdʒ] *noun* system of metal money used in a country **Hartgeldwährung** *f*

cold [kəʊld] *adjective*
(a) not hot **kalt** *the machines work badly in cold weather; the office was so cold that the staff started complaining; the coffee machine also sells cold drinks*
(b) without being prepared **unvorbereitet**; **cold call** = sales call where the salesman has no appointment and the client is not an established customer **unangemeldeter Vertreterbesuch** *or* **unangemeldetes Verkaufsgespräch**; **cold start** = starting a new business *or* opening a new shop where there was none before **völliger Neubeginn**

> QUOTE the SIB is considering the introduction of a set of common provisions on unsolicited calls to investors. The SIB is aiming to permit the cold calling of customer agreements for the provision of services relating to listed securities. Cold calling would be allowed when the investor is not a private investor
> Accountancy

collaborate [kə'læbəreɪt] *verb* to work together **zusammenarbeiten** *to collaborate with a French firm on a building project; they collaborated on the new aircraft* (NOTE: you collaborate **with** someone **on** something)

◇ **collaboration** [kəˌlæbə'reɪʃən] *noun* working together **Zusammenarbeit** *f* ; *their collaboration on the project was very profitable*

collapse [kə'læps]
1 *noun*
(a) sudden fall in price **Sturz** *m or* **Zusammenbruch** *m* ; *the collapse of the market in silver; the collapse of the dollar on the foreign exchange markets*
(b) sudden failure of a company **Zusammenbruch** *m* ; *investors lost thousands of pounds in the collapse of the company*
2 *verb* to fall *or* fail suddenly **zusammenbrechen** *the market collapsed; the yen collapsed on the foreign exchange markets; the company collapsed with £25,000 in debts*

collar ['kɒlə] *noun* part of a coat *or* shirt which goes round the neck **Kragen** *m* ; **blue-collar worker** = manual worker in a factory **Arbeiter/-in**; **white-collar worker** = office worker **Büroangestellte(r)** *or* **Schreibtischarbeiter/-in**; **he has a white-collar job** = he works in an office **er ist Angestellter (in einem Büro)**

collateral [kɒ'lætərəl] *adjective & noun* (security) used to provide a guarantee for a loan **Sicherheit** *f or* **Deckung** *f*

> QUOTE examiners have come to inspect the collateral that thrifts may use in borrowing from the Fed
> Wall Street Journal

colleague ['kɒliːg] *noun* person who works with you **Kollege/Kollegin** *his colleagues gave him a present when he got married; I know Jane Gray - she was a colleague of mine at my last job*

collect [kə'lekt]
1 *verb*
(a) to make someone pay money which is owed **einziehen** *or* **eintreiben**; **to collect a debt** = to go and make someone pay a debt **Schulden** *fpl* **einziehen** *or* **eintreiben**
(b) to take things away from a place **abholen** *we have to collect the stock from the warehouse; can you collect my letters from the typing pool?* **letters are collected twice a day** = the post office workers take them from the letter box to the post office for dispatch **die Briefkasten werden zweimal täglich geleert**
2 *adverb & adjective (US)* (phone call) where the person receiving the call agrees to pay for

it **R-Gespräch** *n* ; *to make a collect call; he called his office collect*

◇ **collecting agency** [kəˈlektɪŋˈeɪdʒənsɪ] *noun* agency which collects money owed to other companies for a commission **Inkassobüro** *n*

◇ **collection** [kəˈlekʃən] *noun*
(a) getting money together *or* making someone pay money which is owed **Einziehung** *f or* **Eintreibung** *f* ; *tax collection or collection of tax* **debt collection** = collecting money which is owed **Schuldeneintreibung**; **debt collection agency** = company which collects debts for other companies for a commission **Inkassobüro** *n* ; **bills for collection** = bills where payment is due **fällige Rechnungen** *fpl;* **fällige Inkasssowechsel** *mpl*
(b) fetching of goods **Abholung** *f* ; *the stock is in the warehouse awaiting collection* **collection charges** *or* **collection rates** = charge for collecting something **Abholgebühren** *fpl* **to hand something in for collection** = to leave something for someone to come and collect **etwas zur Abholung hinterlegen**
(c) collections = money which has been collected **Sammlungen** *fpl*
(d) taking of letters from a letter box or mail room to the post office for dispatch **Leerung** *f* ; *there are six collections a day from the letter box*

◇ **collective** [kəˈlektɪv] *adjective* working together **gemeinsam** *or* **Gemeinschafts-**; **free collective bargaining** = negotiations between management and trade unions about wage increases and working conditions **autonome Tarifverhandlungen** *fpl* **collective ownership** = ownership of a business by the workers who work in it **Gemeineigentum** *n* ; **they signed a collective wage agreement** = an agreement was signed between management and the trade union about wages **sie haben einen Lohntarifvertrag unterzeichnet**

◇ **collector** [kəˈlektə] *noun* person who makes people pay money which is owed **Inkassobeauftragte(r); Schuldeneintreiber/-in; Einziehungsbeamte(r)/-beamtin** *collector of taxes or tax collector; debt collector*

college [ˈkɒlɪdʒ] *noun* place where people can study after they have left full-time school **College** *n or* **Institut** *n* ; **business college** *or* **commercial college** = college which teaches general business methods **(höhere) Wirtschaftsschule** *or* **Handelsschule** *f* ; **secretarial college** = college which teaches skills which a secretary needs, such as shorthand, typing and word-processing **Sekretärinnenschule** *f*

column [ˈkɒləm] *noun*
(a) series of numbers, one under the other **Kolonne** *f or* **Spalte** *f* ; *to add up a column of figures; put the total at the bottom of the column* **credit column** = right-hand side in accounts showing money received **Habenspalte**; **debit column** = left-hand side in accounts showing money paid or owed **Sollspalte**
(b) section of printed words in a newspaper *or* magazine **Kolumne** *f or* **Spalte** *f* ; **column-centimetre** = space in centimetres in a newspaper column, used for calculating charges for advertising **Maß** *n* **der Spaltenbreite in Zentimeter; Zentimeterpreis** *m*

combine
1 [ˈkɒmbaɪn] *noun* large financial or commercial group **Unternehmenszusammenschluss** *m* *(Verband, Konzern, Kartell, Trust) a German industrial combine*
2 [kəmˈbaɪn] *verb* to join together **sich zusammenschließen** *the workforce and management combined to fight the takeover bid*

◇ **combination** [ˌkɒmbɪˈneɪʃən] *noun*
(a) several things which are joined together **Kombination** *f or* **Verbindung** *f* ; *a combination of cash flow problems and difficult trading conditions caused the company's collapse*
(b) series of numbers which open a special lock **Kombination** *f* ; *I have forgotten the combination of the lock on my briefcase; the office safe has a combination lock*

comfort [ˈkʌmfət] *noun* **letter of comfort** *or* **comfort letter** = letter supporting someone who is trying to get a loan **Bonitätsbestätigung** *f*

> QUOTE comfort letters in the context of a group of companies can take the form of (a) an undertaking by a holding company to provide finance to a subsidiary; (b) an undertaking to meet the debts and liabilities of a subsidiary as they fall due. Comfort letters are encountered in numerous other situations: where a bank is to grant finance to a subsidiary company, it may seek a comfort letter from the parent to the effect that the parent will not dispose of its interest in the subsidiary
>
> Accountancy

commerce [ˈkɒmɜːs] *noun* business, the buying and selling of goods and services **Handel** *m or* **Handelsverkehr** *m* ; **Chamber of Commerce** = group of local businessmen who meet to discuss problems which they have in common and to promote business in their town **Handelskammer** *f*

◊ **commercial** [kəˈmɜːʃəl]
1 *adjective*
(a) referring to business **kommerziell** *or* **Handels-** *or* **Geschäfts-**; **commercial aircraft** = aircraft used to carry cargo *or* passengers for payment **Verkehrsflugzeug** *n* ; **commercial artist** = artist who designs advertisements *or* posters, etc. for payment **Werbegrafiker/-in**; **commercial attaché** = diplomat who represents and tries to promote his country's business interests **Handelsattaché** *m* ; **commercial bank** = bank which offers banking services to the public, as opposed to a merchant bank **Geschäftsbank** *f* *or* **kommerzielle Bank**; **commercial college** = college which teaches business studies **Handelsschule** *f* ; **commercial course** = course where business skills are studied **kaufmännischer Lehrgang** *he took a commercial course by correspondence* **commercial directory** = book which lists all the businesses and business people in a town **Branchenadressbuch** *n* ; **commercial district** = part of a town where offices and shops are **Gewerbegebiet** *n* ; **commercial law** = laws regarding business **Handelsrecht**; *(Teil des Wirtschaftsrechts)*; **commercial port** = port which has only goods traffic **Handelshafen** *m* ; **commercial traveller** = salesman who travels round an area visiting customers on behalf of his company **Handelsvertreter/-in**; **commercial vehicle** = van *or* truck, etc. used for business purposes **Nutzfahrzeug** *n* ; **sample only - of no commercial value** = not worth anything if sold **Warenprobe - ohne Handelswert**
(b) profitable **wirtschaftlich** *or* **gewinnbringend**; **not a commercial proposition** = not likely to make a profit **kein gewinnbringendes Geschäft**; **commercial load** = amount of goods *or* number of passengers which a bus *or* train *or* plane has to carry to make a profit **wirtschaftliche Auslastung**
2 *noun* advertisement on television, radio **Werbespot** *m* *or* **Werbung** *f* ; **commercial break** = time set aside for commercials on television **Programmunterbrechung** *f* *or* **Sendepause** *f* **für Werbung**

◊ **commercialization** [kəˌmɜːʃəlaɪˈzeɪʃn] *noun* making something into a business proposition **Kommerzialisierung** *f* ; *the commercialization of museums*

◊ **commercialize** [kəˈmɜːʃəlaɪz] *verb* to make something into a business **kommerzialisieren** *the holiday town has become so commercialized that it is unpleasant*

◊ **commercially** [kəˈmɜːʃəlɪ] *adverb* in a business way **geschäftlich** *or* **gewerblich** *or* **kommerziell**; **not commercially viable** = not likely to make a profit **unrentabel**

commission [kəˈmɪʃən] *noun*
(a) money paid to a salesman *or* agent, usually a percentage of the sales made **Provision** *f* *or* **Kommission** *f* *or* **Maklergebühr** *f* ; *she gets 10% commission on everything she sells* **he charges 10% commission** = he asks for 10% of sales as his payment **er nimmt 10% Provision**; **commission agent** = agent who is paid a percentage of sales **Kommissionär** *m* *or* **Provisionsagent/-in**; **commission rep** = representative who is not paid a salary, but receives a commission on sales **Provisionsvertreter/-in**; **commission sale** *or* **sale on commission** = sale where the salesman is paid a commission **Kommissionsverkauf** *m* *or* **Verkauf auf Kommissionsbasis**
(b) group of people officially appointed to examine some problem **Kommission** *f* *or* **Ausschuss** *m* ; *the government has appointed a commission of inquiry to look into the problems of small exporters; he is the chairman of the government commission on export subsidies*

commit [kəˈmɪt] *verb*
(a) to carry out (a crime) **begehen**
(b) to commit funds to a project = to agree to spend money on a project **Geldmittel für ein Projekt einsetzen** (NOTE: **committing - committed)**

◊ **commitments** [kəˈmɪtmənts] *plural noun* things which you have agreed to do, especially money which you have agreed to spend **Verpflichtungen** *fpl* **to meet one's commitments** = to pay money which you had agreed to pay **seinen Verpflichtungen nachkommen**

committee [kəˈmɪtɪ] *noun* official group of people who organize or plan for a larger group **Ausschuss** *m* *or* **Komitee** *n* ; *to be a member of a committee* *or* *to sit on a committee; he was elected to the committee of the staff club; the new plans have to be approved by the committee members* **to chair a committee** = to be the chairman of a committee **einem Ausschuss** *or* **Komitee vorsitzen** *he is the chairman of the planning committee; she is the secretary of the finance committee* **management committee** = committee which manages a club *or* a pension fund,etc. **Führungs-** *or* **Verwaltungsausschuss**

commodity [kə'mɒdətɪ] *noun* thing sold in very large quantities, especially raw materials and food, such as metals or corn **Ware** *f or* **Handelsware** *f or* **Gebrauchsartikel** *m* ; **primary** *or* **basic commodities** = farm produce grown in large quantities, such as corn, rice, cotton **Grund-** *or* **Rohstoffe** *mpl* **staple commodity** = basic food or raw material which is most important in a country's economy **Haupterzeugnis** *n or* **Haupthandelsware** *f* **(eines Landes)**; **commodity market** *or* **commodity exchange** = place where people buy and sell commodities **Warenbörse** *f* ; **commodity futures** = trading in commodities for delivery at a later date **Warentermingeschäft** *n* ; *silver rose 5% on the commodity futures market yesterday* **commodity trader** = person whose business is buying and selling commodities **Rohstoffhändler/-in**

COMMENT: commodities are either traded for immediate delivery (as 'actuals' or 'physicals'), or for delivery in the future (as 'futures'). Commodity markets deal either in metals (aluminium, copper, lead, nickel, silver, zinc) or in 'soft' items, such as cocoa, coffee, sugar and oil

common ['kɒmən] *adjective*
(a) which happens very often **häufig** *or* **weitverbreitet** *or* **allgemein** *or* **normal** *putting the carbon paper in the wrong way round is a common mistake; being caught by the customs is very common these days*
(b) belonging to several different people or to everyone **gemeinsam** *or* **Gemeinschafts-** *or* **Gemein-**; **common carrier** = firm which carries goods or passengers, and which anyone can use **Spedition** *f or* **Transport-** *or* **Verkehrsunternehmen** *n* ; **common ownership** = ownership of a company *or* a property by a group of people **Gemeineigentum** *n* ; **common pricing** = illegal fixing of prices by several businesses so that they all charge the same price **Preisabsprache** *f; (US)* **common stock** = ordinary shares in a company, giving shareholders a right to vote at meetings and to receive dividends **Stammaktien** *fpl; (in the EU)*; **Common Agricultural Policy (CAP)** = agreement between members of the EU to protect farmers by paying subsidies to fix prices of farm produce **gemeinsame Agrarpolitik**

◇ **common law** [ˌkɒmən'lɔː] *noun*
(a) law as laid down in decisions of courts, rather than by statute **Gewohnheitsrecht** *n*
(b) general system of laws which formerly were the only laws existing in England, and which in some cases have been superseded by statute **früheres englisches Gesetzessystem** (NOTE: you say **at common law** when referring to something happening according to the principles of common law)

◇ **Common Market** ['kɒmən'mɑːkɪt] *noun* **the (European) Common Market** = the European Union, organization which links several European countries for the purposes of trade **der Gemeinsame Markt**

communautaire [kəmjuːnəʊ'teə] *adjective* sympathetic to the European Union; (person) who works happily with EU officials **europhil**

communicate [kə'mjuːnɪkeɪt] *verb* to pass information to someone **sich verständigen** *or* **kommunizieren** *he finds it impossible to communicate with his staff; communicating with head office has been quicker since we installed the fax*

◇ **communication** [kəˌmjuːnɪ'keɪʃən] *noun*
(a) passing of information **Verständigung** *f or* **Kommunikation** *f* ; *communication with the head office has been made easier by the fax machine* **to enter into communication with someone** = to start discussing something with someone, usually in writing **mit jdm in Verbindung treten** *we have entered into communication with the relevant government department*
(b) official message **Mitteilung** *f*; *we have had a communication from the local tax inspector*
(c) communications = being able to contact people *or* to pass messages **Verbindungen** *fpl or* **Verkehrsverbindungen** *after the flood all communications with the outside world were broken*

community [kə'mjuːnətɪ] *noun*
(a) group of people living or working in the same place **Gemeinschaft** *f or* **Gemeinde** *f*; **the local business community** = the business people living and working in the area **die örtliche Geschäftswelt**
(b) the European Economic Community = the European Union *or* the Common Market **die Europäische Wirtschaftsgemeinschaft**; **the Community ministers** = the ministers of member states of the EU **die Minister der Europäischen Gemeinschaft**

commute [kə'mjuːt] *verb*
(a) to travel to work from home each day **pendeln** *he commutes from the country to his office in the centre of town*
(b) to change a right into cash **umwandeln** *he decided to commute part of his pension rights into a lump sum payment*

◇ **commuter** [kə'mjuːtə] *noun* person who commutes to work **Pendler/-in**; **he lives in the commuter belt** = area of country where the commuters live round a town **er wohnt im städtischen Einzugsgebiet** *n* ; **commuter train** = train which commuters take in the morning and evening **Pendel-** *or* **Nahverkehrszug** *m*

company ['kʌmpənɪ] *noun* business, a group of people organized to buy, sell or provide a service **Firma** *f or* **Unternehmen** *n* **Gesellschaft** *f* ; **to put a company into liquidation** = to close a company by selling its assets for cash **ein Unternehmen liquidieren**; **to set up a company** = to start a company legally **eine Firma gründen**; **associate company** = company which is partly owned by another company **Beteiligungsgesellschaft**; **family company** = company where most of the shares are owned by members of a family **Familienunternehmen**; **finance company** = company which provides money for hire-purchase **Finanzierungsgesellschaft**; **holding company** = company which exists only to own shares in subsidiary companies **Dach-** *or* **Holdinggesellschaft**; **insurance company** = company whose business is insurance **Versicherungsgesellschaft**; **joint-stock company** = company whose shares are held by many people **Aktiengesellschaft**; **limited (liability) company** = company where a shareholder is responsible for repaying the company's debts only to the face value of the shares he owns ≈ **Gesellschaft mit beschränkter Haftung**; **listed company** = company whose shares can be bought or sold on the Stock Exchange **börsenfähiges** *or* **börsennotiertes Unternehmen**; **parent company** = company which owns more than half of another company's shares **Muttergesellschaft**; **private (limited) company** = (i) company with a small number of shareholders whose shares are not traded on the Stock Exchange; (ii) subsidiary company whose shares are not listed on the Stock Exchange, while those of its parent company are **(i)** ≈ **Personengesellschaft (mit beschränkter Haftung)**; **GmbH**; **(ii) nicht notierte Tochtergesellschaft**; **public limited company (Plc)** = company whose shares can be bought on the Stock Exchange ≈ **Aktiengesellschaft**; **shipping company** = company whose business is in transporting goods **Reederei** *f* ; **subsidiary company** = company which is owned by a parent company **Tochtergesellschaft**; **a tractor** *or* **chocolate company** = company which makes tractors *or* chocolate **ein Traktoren-** *or* **Schokoladenhersteller** *m* ; **company car** = car which belongs to a company and is lent to an employee to use for business or other purposes **Firmenwagen** *m* ; **company director** = person appointed by the shareholders to help run a company **Direktor/-in; Firmenchef/-in**; **company doctor** = (i) doctor who works for a company and looks after sick workers; (ii) specialist businessman who rescues companies which are in difficulties **(i) Werksarzt/-ärztin; (ii) Krisenmanager/-in; Sanierer/-in**; **company law** = laws which refer to the way companies may work **Unternehmensrecht** *n* ; **company secretary** = person responsible for the company's legal and financial aaffairs **Manager/-in mit Aufgabenbereich Finanzen und Verwaltung; Prokurist/-in**; **company town** = town in which most of the property and shops are owned by a large company which employs most of the population **Firmensiedlung** *f; (GB)* **the Companies Acts** = Acts of Parliament which regulate the workings of companies, stating the legal limits within which companies may do their business ≈ **Gesetze über Aktiengesellschaften**; *(GB)* **Companies Registration Office (CRO)** *or* **Companies House** = official organization where the records of companies must be deposited, so that they can be inspected by the public **britische Gesellschaftsregistrierbehörde**

> COMMENT: a company can be incorporated (with memorandum and articles of association) as a private limited company, and adds the initials 'Ltd' after its name, or as a public limited company, when its name must end in 'Plc'. Unincorporated companies are partnerships such as firms of solicitors, architects, accountants, etc. and they add the initials Co. after their name

compare [kəm'peə] *verb* to look at several things to see how they differ **vergleichen** *the finance director compared the figures for the first and second quarters*

◇ **compare with** [kəmˌpeə'wɪð] *verb* to put two things together to see how they differ **vergleichen mit** *how do the sales this year compare with last year's? compared with 1998, last year was a boom year*

◇ **comparable** ['kɒmpərəbl] *adjective* which can be compared **vergleichbar** *or* **Vergleichs-** *the two sets of figures are not comparable* **which is the nearest company comparable to this one in size?** = which company is of a similar size and can be compared with this one? **welches Unternehmen ist von vergleichbarer Größe?**

◇ **comparability** [ˌkəmpærə'bɪlətɪ] *noun* being able to be compared **Vergleichbarkeit** *f* ; **pay comparability** = similar pay system in two different companies **Vergleichslohn** *m*

◇ **comparison** [kəm'pærɪsn] *noun* way of comparing **Vergleich** *m* ; *sales are down in* *comparison with last year* **there is no comparison between overseas and home sales** = overseas and home sales are so different they cannot be compared **der Inlandabsatz ist nicht mit dem im Ausland vergleichbar**

compensate ['kɒmpenseɪt] *verb* to pay for damage done **entschädigen** *to compensate a manager for loss of commission* (NOTE: you compensate someone **for** something)

◇ **compensation** [ˌkɒmpen'seɪʃən] *noun*
(a) compensation for damage = payment for damage done **Schaden(s)ersatz** *m* ; **compensation for loss of earnings** = payment to someone who has stopped earning money *or* who is not able to earn money **Verdienstausfallentschädigung** *f* ; **compensation for loss of office** = payment to a director who is asked to leave a company before his contract ends **Amtsverlustabfindung** *f*
(b) *(US)* salary **Lohn** *m or* **Gehalt** *n or* **Vergütung** *f* ; **compensation package** = salary, pension and other benefits offered with a job **Gesamtvergütung**

> QUOTE it was rumoured that the government was prepared to compensate small depositors
> South China Morning Post

> QUOTE golden parachutes are liberal compensation packages given to executives leaving a company
> Publishers Weekly

compete [kəm'piːt] *verb* **to compete with someone** *or* **with a company** = to try to do better than another person *or* another company **mit jdm** *or* **mit einem Unternehmen konkurrieren** *we have to compete with cheap imports from the Far East; they were competing unsuccessfully with local companies on their home territory* **the two companies are competing for a market share** *or* **for a contract** = each company is trying to win a larger part of the market *or* to win the contract **die beiden Unternehmen konkurrieren um Marktanteile** *or* **einen Vertrag**

◇ **competing** [kəm'piːtɪŋ] *adjective* which competes **konkurrierend**; **competing firms** = firms which compete with each other **konkurrierende Unternehmen** *npl* **competing products** = products from different companies which have the same use and are sold in the same markets at similar prices **Konkurrenzprodukte** *npl*

◇ **competition** [ˌkɒmpə'tɪʃən] *noun*
(a) trying to do better than another supplier **Wettbewerb** *m or* **Konkurrenz** *f* ; **free competition** = being free to compete without government interference **freier Wettbewerb**; **keen competition** = strong competition **scharfer Wettbewerb** *or* **harte Konkurrenz** *we are facing keen competition from European manufacturers*
(b) the competition = companies which are trying to compete with your product **die Konkurrenz** *we have lowered our prices to beat the competition; the competition have brought out a new range of products* (NOTE: singular, but can take a plural verb)

◇ **competitive** [kəm'petɪtɪv] *adjective* which competes fairly **wettbewerbs-** *or* **konkurrenzfähig**; **competitive price** = low price aimed to compete with a rival product **wettbewerbs-** *or* **konkurrenzfähiger Preis**; **competitive pricing** = putting low prices on goods so as to compete with other products **wettbewerbs-** *or* **konkurrenzfähige Auspreisung**; **competitive products** = products made to compete with existing products **Konkurrenzprodukte** *npl;* **konkurrenzfähige Produkte** *npl*

◇ **competitively** [kəm'petɪtɪvlɪ] *adverb* **competitively priced** = sold at a low price which competes with the price of similar products from other companies **wettbewerbsfähig im Preis**

◇ **competitiveness** [kəm'petɪtɪvnəs] *noun* being competitive **Wettbewerbs-** *or* **Konkurrenzfähigkeit** *f*

◇ **competitor** [kəm'petɪtə] *noun* person *or* company which competes **Konkurrent/-in; Mitbewerber/-in** *two German firms are our main competitors*

> QUOTE profit margins in the industries most exposed to foreign competition are worse than usual
> Sunday Times

> QUOTE competition is steadily increasing and could affect profit margins as the company tries to retain its market share
> Citizen (Ottawa)

> QUOTE the company blamed fiercely competitive market conditions in Europe for a £14m operating loss last year
> Financial Times

> QUOTE farmers are increasingly worried by the growing lack of competitiveness for their products on world markets
> Australian Financial Review

> QUOTE sterling labour costs continue to rise between 3% and 5% a year faster than in most of our competitor countries
> Sunday Times

competence *or* **competency** ['kɒmpətəns *or* 'kɒmpətənsɪ] *noun* **the case falls within the competence of the court** = the court is legally able to deal with the case **der Rechtsfall fällt in die Zuständigkeit des Gerichts**

◊ **competent** ['kɒmpətənt] *adjective*
(a) able to do something *or* efficient **fähig** *or* **kompetent** *she is a competent secretary or a competent manager*
(b) the court is not competent to deal with this case = the court is not legally able to deal with the case **das Gericht ist für diesen Rechtsfall nicht zuständig**

complain [kəm'pleɪn] *verb* to say that something is no good *or* does not work properly **sich beschweren; beanstanden; eine Mängelrüge erheben** *the office is so cold the staff have started complaining; she complained about the service; they are complaining that our prices are too high; if you want to complain, write to the manager*

◊ **complaint** [kəm'pleɪnt] *noun* statement that you feel something is wrong **Beschwerde** *f or* **Reklamation** *f* ; **Mängelrüge** *f* ; *when making a complaint, always quote the reference number; she sent her letter of complaint to the managing director* **to make** *or* **lodge a complaint against someone** = to write and send an official complaint to someone's superior **gegen jdn Beschwerde führen; complaints department** = department which deals with complaints from customers **Reklamationsabteilung** *f* ; **complaints procedure** = agreed way for workers to make complaints to the management about working conditions **Reklamationsvorgang** *m*

complete [kəm'pli:t]
1 *adjective* whole *or* with nothing missing **komplett** *or* **vollständig** *the order is complete and ready for sending; the order should be delivered only if it is complete*
2 *verb* to finish **beenden** *or* **fertig stellen** *the factory completed the order in two weeks; how long will it take you to complete the job?*

◊ **completely** [kəm'pli:tlɪ] *adverb* all *or* totally **völlig** *or* **vollkommen** *the cargo was completely ruined by water; the warehouse was completely destroyed by fire*

◊ **completion** [kəm'pli:ʃən] *noun* act of finishing something **Beendigung** *f or* **Abschluss** *m or* **Fertigstellung** *f or* **Ausführung** *f* **completion date** = date when something will be finished **Abschlusstermin** *m* ; **completion of a contract** = signing of a contract for the sale of a property when the buyer pays and the seller passes ownership to the buyer **Vertragsabschluss**

complex ['kɒmpleks]
1 *noun* series of large buildings **Komplex** *m* ; *a large industrial complex* (NOTE: plural is **complexes**)
2 *adjective* with many different parts **komplex** *a complex system of import controls; the specifications for the machine are very complex*

complimentary [ˌkɒmplɪ'mentərɪ] *adjective* **complimentary ticket** = free ticket, given as a present **Freikarte** *f*

◊ **compliments slip** ['kɒmplɪmənts,slɪp] *noun* piece of paper with the name of the company printed on it, sent with documents *or* gifts, etc. instead of a letter **ohne Begleitschreiben (oBs)** *n*

comply [kəm'plaɪ] *verb* **to comply with a court order** = to obey an order given by a court **einem Gerichtsbeschluss Folge leisten**

◊ **compliance** [kəm'plaɪəns] *noun* agreement to do what is ordered **Befolgung** *f or* **Einhaltung** *f* ; **compliance department** = department in a stockbroking firm which makes sure that the Stock Exchange rules are followed and that confidentiality is maintained in cases where the same firm represents rival clients **Aufsichtsorgan in Brokerhäusern, das über Einhaltung der Börsenordnung wacht**

component [kəm'pəʊnənt] *noun* piece of machinery *or* part which will be put into a final product **Bestandteil** *m or* **Bauteil** *m* ; *the assembly line stopped because supply of a component was delayed* **components factory** = factory which makes parts which are used in other factories to make finished products **Zulieferbetrieb** *m*

composition [ˌkɒmpə'zɪʃən] *noun* agreement between a debtor and creditors, where the debtor settles a debt by repaying only part of it **Vergleich** *m*

compound
1 ['kɒmpaʊnd] *adjective* **compound interest** = interest which is added to the capital and then earns interest itself **Zinseszins** *m*
2 [kəm'paʊnd] *verb* to agree with creditors to settle a debt by paying part of what is owed **einen Vergleich schließen**

comprehensive [ˌkɒmprɪˈhensɪv] *adjective* which includes everything **umfassend** *or* **pauschal**; **comprehensive insurance** = insurance policy which covers you against all risks which are likely to happen **kombinierte Haftpflicht- und Vollkaskoversicherung**

compromise [ˈkɒmprəmaɪz]
1 *noun* agreement between two sides, where each side gives way a little **Kompromiss** *m* ; *management offered £5 an hour, the union asked for £9, and a compromise of £7.50 was reached*
2 *verb* to reach an agreement by giving way a little **einen Kompromiss schließen** *he asked £15 for it, I offered £7 and we compromised on £10*

comptometer [kɒmpˈtɒmɪtə] *noun* machine which counts automatically **Zählmaschine** *f*

comptroller [kənˈtrəʊlə] *noun* financial controller **Controller** *m*

compulsory [kəmˈpʌlsərɪ] *adjective* which is forced *or* ordered **obligatorisch** *or* **verbindlich** *or* **Pflicht-** *or* **Zwangs-**; **compulsory liquidation** *or* **compulsory winding up** = liquidation which is ordered by a court **Zwangsliquidation** *f* ; **compulsory winding up order** = order from a court saying that a company must be wound up **Zwangsliquidationsbeschluss** *m* ; **compulsory purchase order** = order from a local authority by which property is purchased whether the owner wants to sell or not (as when buying properties to widen a road) **Enteignungsbeschluss** *m*

compute [kəmˈpjuːt] *verb* to calculate *or* to do calculations **ausrechnen** *or* **berechnen** *or* **errechnen** *or* **kalkulieren**

◇ **computable** [kəmˈpjuːtəbl] *adjective* which can be calculated **berechenbar** *or* **errechenbar** *or* **kalkulierbar**

◇ **computation** [ˌkɒmpjʊˈteɪʃən] *noun* calculation **Berechnung** *f or* **Errechnung** *f or* **Kalkulation** *f*

◇ **computational** [ˌkɒmpjʊˈteɪʃənl] *adjective* **computational error** = mistake made in calculating **Rechen-** *or* **Berechnungsfehler** *m*

◇ **computer** [kəmˈpjuːtə] *noun* electronic machine which calculates *or* stores information and processes it automatically **Computer** *m or* **Rechner** *m* ; **computer bureau** = office which offers to do work on its computers for companies which do not have their own computers **Rechenzentrum** *n or* **EDV-Service-Büro** *n* ; **computer department** = department in a company which manages the company's computers **EDV-Abteilung** *f* ; **computer error** = mistake made by a computer **Computerfehler** *m* ; **computer file** = section of information on a computer (such as the payroll, list of addresses, customer accounts) **Computerdatei** *f* ; **computer language** = system of signs, letters and words used to instruct a computer **Computersprache** *f* ; **computer listing** = printout of a list of items taken from data stored in a computer **Computerauflistung** *f* ; **computer manager** = person in charge of a computer department **Leiter/-in des EDV-Bereichs**; **computer program** = instructions to a computer, telling it to do a particular piece of work **Computerprogramm** *n* ; **computer programmer** = person who writes computer programs **(Computer)programmierer/-in**; **computer services** = work using a computer, done by a computer bureau **EDV-Service** *m* ; **computer time** = time when a computer is being used (paid for at an hourly rate) **Rechenzeit** *f* ; *running all those sales reports costs a lot in computer time* **business computer** = powerful small computer which is programmed for special business uses **kommerzieller Rechner**; **personal computer (PC)** *or* **home computer** = small computer which can be used in the home **Personalcomputer (PC)**

◇ **computerize** [kəmˈpjuːtəraɪz] *verb* to change from a manual system to one using computers **computerisieren** *or* **auf Computer** *or* **Datenverarbeitung** *or* **EDV umstellen** *our stock control has been completely computerized*

◇ **computerized** [kəmˈpjuːtəraɪzd] *adjective* worked by computers **computerisiert** *or* **EDV-gesteuert** *a computerized invoicing system*

◇ **computer-readable** [kəmˈpjuːtəˈriːdəbl] *adjective* which can be read and understood by a computer **computerlesbar** *computer-readable codes*

◇ **computing** [kəmˈpjuːtɪŋ] *noun* referring to computers **Computing** *n* ; **computing speed** = speed at which a computer calculates **Rechengeschwindigkeit** *f*

con [kɒn]
1 *noun (informal)* trick done to try to get money from someone **Schwindel** *m or* **Trick** *m* ; *trying to get us to pay him for ten hours' overtime was just a con*
2 *verb (informal)* to trick someone to try to get money **reinlegen** *they conned the bank into lending them £25,000 with no security; he*

conned the finance company out of £100,000 (NOTE: **con - conning - conned**)

concealment [kən'si:lmənt] *noun* hiding for criminal purposes **Verheimlichung** *f or* **Verschleierung** *f* ; **concealment of assets** = hiding assets so that creditors do not know they exist **Vermögensverschleierung**

concern [kən'sɜ:n]
1 *noun*
(a) business *or* company **Unternehmen** *n or* **Firma** *f*; **his business is a going concern** = the company is working (and making a profit) **er hat eine gut gehende Firma; sold as a going concern** = sold as an actively trading company **als arbeitendes** *or* **gesundes Unternehmen verkauft**
(b) being worried about a problem **Besorgnis** *f or* **Sorge** *f or* **Anteil** *m or* **Interesse** *n* ; *the management showed no concern at all for the workers' safety*
2 *verb* to deal with *or* to be connected with **betreffen** *or* **angehen** *the sales staff are not concerned with the cleaning of the store; he filled in a questionnaire concerning computer utilization*

concert ['kɒnsət] *noun (of several people)*; **to act in concert** = to work together to achieve an aim (this is illegal if the aim is to influence a share price by all selling or buying together) **konzertiert agieren; concert party** = arrangement where several people or companies work together in secret (usually to acquire another company through a takeover bid) **konzertierte Aktion** *or* **einvernehmliches Vorgehen**

concession [kən'seʃn] *noun*
(a) right to use someone else's property for business purposes **Konzession** *f* ; **mining concession** = right to dig a mine on a piece of land **Bergbaukonzession**
(b) right to be the only seller of a product in a place **Konzession** *f* ; *she runs a jewellery concession in a department store*
(c) allowance such as a reduction of tax or price **Vergünstigung** *f* ; **tax concession** = allowing less tax to be paid **Steuervergünstigung**

◇ **concessionaire** [kən,seʃə'neə] *noun* person who has the right to be the only seller of a product in a place **Konzessionär/-in** *or* **Konzessionsinhaber/-in**

◇ **concessionary fare** [kən'seʃnərı'feə] *noun* reduced fare for certain types of passenger (such as employees of a transport company) **Vorzugsfahrpreis** *m*

conciliation [kən,sılı'eıʃən] *noun* bringing together the parties in a dispute so that the dispute can be settled **Schlichtung** *f* *(see also* ACAS)

conclude [kən'klu:d] *verb*
(a) to complete successfully **abschließen** *to conclude an agreement with someone*
(b) to believe from evidence **folgern** *or* **schließen** *the police concluded that the thief had got into the building through the main entrance*

condition [kən'dıʃən] *noun*
(a) something imposed by a contract *or* duties which have to be carried out as part of a contract *or* something which has to be agreed before a contract becomes valid **Bedingung** *f or* **Kondition** *f or* **Auflage** *f* ; **conditions of employment** *or* **conditions of service** = terms of a contract of employment **Arbeitsvertragsbedingungen** *fpl* **conditions of sale** = agreed ways in which a sale takes place (such as discounts credit terms) **Verkaufsbedingungen; on condition that** = provided that **unter der Bedingung, dass** _ *they were granted the lease on condition that they paid the legal costs*
(b) general state **Zustand** *m* ; *the union has complained of the bad working conditions in the factory; item sold in good condition; what was the condition of the car when it was sold? adverse trading conditions*

◇ **conditional** [kən'dıʃənl] *adjective*
(a) provided that certain things take place **mit Auflagen** *or* **unter Vorbehalt** *or* **bedingt; to give a conditional acceptance** = to accept, provided that certain things happen *or* certain terms apply **unter Vorbehalt annehmen; he made a conditional offer** = he offered to buy, provided that certain terms applied **er machte ein bedingtes Angebot; conditional sale** = sale which is subject to certain conditions, such as a hire- purchase agreement **Verkauf mit Auflagen**
(b) to be conditional on something = subject to (certain conditions) **von etwas abhängen; the offer is conditional on the board's acceptance** = the offer is only valid provided the board accepts

condominium [,kɒndə'mınıəm] *noun (US)* system of ownership, where a person owns an apartment in a building, together with a share of the land, stairs, roof, etc. **Eigentumswohnung** *f*

conduct [kən'dʌkt] *verb* to carry on **leiten** *or* **führen** *to conduct negotiations; the chairman conducted the negotiations very efficiently*

Confederation of British Industry (CBI) [ˌkɒnfedəˈreɪʃnəvbrɪtɪʃˈɪndəstrɪ] organization which represents British employers in commerce and industry **Spitzenverband** *m* **der britischen Industrie; Arbeitgeberverband**

conference [ˈkɒnfərəns] *noun*
(a) meeting of people to discuss problems **Besprechung** *f*; **to be in conference** = to be in a meeting **sich in einer Besprechung befinden**; **conference phone** = telephone so arranged that several people can speak into it from around a table **Konferenzschaltung** *f* ; **conference room** = room where small meetings can take place **Besprechungszimmer** *n* ; **press conference** = meeting where newspaper and TV reporters are invited to hear news of a new product *or* a takeover bid, etc. **Pressekonferenz** *f* ; **sales conference** = meeting of sales managers, representatives, publicity staff, etc., to discuss future sales plans **Verkaufskonferenz** *f*
(b) meeting of an association *or* a society *or* a union **Konferenz** *f or* **Tagung** *f* ; *the annual conference of the Electricians' Union; the conference of the Booksellers' Association; the conference agenda or the agenda of the conference was drawn up by the secretary*

confidence [ˈkɒnfɪdəns] *noun*
(a) feeling sure *or* being certain **Vertrauen** *n* ; *the sales teams do not have much confidence in their manager; the board has total confidence in the managing director*
(b) in confidence = in secret **vertraulich** *or* **im Vertrauen** *I will show you the report in confidence*

◇ **confidence trick** [ˈkɒnfɪdənsˈtrɪk] *noun* business deal where someone gains another person's confidence and then tricks him **Schwindel** *m or* **Bauernfängerei** *f or* **Trickbetrug** *m*

◇ **confidence trickster** [ˈkɒnfɪdənsˌtrɪkstə] *noun* person who carries out a confidence trick on someone **Schwindler/-in** *or* **Bauernfänger/-in** *or* **Trickbetrüger/-in**

◇ **confident** [ˈkɒnfɪdənt] *adjective* certain *or* sure **zuversichtlich** *or* **überzeugt** *I am confident the turnover will increase rapidly; are you confident the sales team is capable of handling this product?*

◇ **confidential** [ˌkɒnfɪˈdenʃəl] *adjective* secret *or* not to be told or shown to other people **vertraulich** *he sent a confidential report to the chairman; please mark the letter 'Private and Confidential'*

◇ **confidentiality** [ˌkɒnfɪˌdenʃɪˈælətɪ] *noun* being secret **Vertraulichkeit** *f* ; **he broke the confidentiality of the discussions** = he told someone about the secret discussions **er verstieß gegen den vertraulichen Charakter der Unterredungen**

confirm [kənˈfɜːm] *verb* to say that something is certain **bestätigen** *to confirm a hotel reservation or a ticket or an agreement or a booking* **to confirm someone in a job** = to say that someone is now permanently in the job **jdn nach einer Probezeit fest anstellen**

◇ **confirmation** [ˌkɒnfəˈmeɪʃən] *noun*
(a) being certain **Bestätigung** *f* ; **confirmation of a booking** = checking that a booking is certain **Buchungsbestätigung**
(b) document which confirms something **Bestätigungsschreiben** *n* ; *he received confirmation from the bank that the deeds had been deposited*

conflict of interest [ˈkɒnflɪktəvˈɪntrest] *noun* (i) situation where a person may profit personally from decisions which he takes in his official capacity; (ii) situation where a firm may be recommending a course of action to clients which is not in their best interest, but may well profit the firm, or where different departments of the same firm are acting for rival clients **(i) & (ii) Interessenkonflikt** *m*

confuse [kənˈfjuːz] *verb* to make it difficult for someone to understand something *or* to make something difficult to understand **verwirren** *or* **verwechseln** *the chairman was confused by all the journalists' questions; to introduce the problem of VAT will only confuse the issue*

conglomerate [kənˈglɒmərət] *noun* group of subsidiary companies linked together and forming a group, each making very different types of products **Mischkonzern** *m*

congratulate [kənˈgrætjʊleɪt] *verb* to give someone your good wishes for having done something well **beglückwünschen** *or* **gratulieren** *the sales director congratulated the salesmen on doubling sales; I want to congratulate you on your promotion*

◇ **congratulations** [kənˌgrætjʊˈleɪʃənz] *plural noun* good wishes **Glückwünsche** *mpl or* **Gratulationen** *fpl the staff sent him their congratulations on his promotion*

conman [ˈkɒnmæn] *noun (informal)* = CONFIDENCE TRICKSTER (NOTE: plural is **conmen**)

connect [kəˈnekt] *verb*
(a) to link *or* to join **verbinden** *the company is*

connected to the government because the chairman's father is a minister
(b) the flight from New York connects with a flight to Athens = the plane from New York arrives in time for passengers to catch the plane to Athens **der Flug von New York hat Anschluss an den Flug nach Athen**

◇ **connecting flight** [kə'nektɪŋ'flaɪt] *noun* plane which a passenger will be on time to catch and which will take him to his final destination **Anschlussflug** *m* ; *check at the helicopter desk for connecting flights to the city centre*

◇ **connection** [kə'nekʃən] *noun*
(a) link *or* something which joins **Zusammenhang** *m or* **Beziehung** *f or* **Verbindung** *f* ; *is there a connection between his argument with the director and his sudden move to become warehouse manager?* **in connection with** = referring to **im** *or* **in Zusammenhang mit** *I want to speak to the managing director in connection with the sales forecasts*
(b) connections = people you know *or* customers *or* contacts **Beziehungen** *fpl or* **Verbindungen** *fpl he has useful connections in industry*

conservative [kən'sɜːvətɪv] *adjective* careful *or* not overestimating **vorsichtig** *a conservative estimate of sales; his forecast of expenditure is very conservative* **at a conservative estimate** = calculation which probably underestimates the final figure **bei vorsichtiger Schätzung** *their turnover has risen by at least 20% in the last year, and that is probably a conservative estimate*

◇ **conservatively** [kən'sɜːvətɪvlɪ] *adverb* not overestimating **vorsichtig** *the total sales are conservatively estimated at £2.3m*

consider [kən'sɪdə] *verb* to think seriously about something **bedenken** *or* **überlegen; to consider the terms of a contract** = to examine and discuss if the terms are acceptable **die Vertragsbedingungen prüfen**

◇ **consideration** [kən,sɪdə'reɪʃən] *noun*
(a) serious thought **Überlegung** *f or* **Erwägung** *f* ; *we are giving consideration to moving the head office to Scotland*
(b) something valuable exchanged as part of a contract **Gegenleistung** *f or* **Entgelt** *n* ; **for a small consideration** = for a small fee *or* payment **gegen ein geringes Entgelt**

considerable [kən'sɪdərəbl] *adjective* quite large **beträchtlich** *or* **erheblich** *we sell considerable quantities of our products to Africa; they lost a considerable amount of money on the commodity market*

◇ **considerably** [kən'sɪdərəblɪ] *adverb* quite a lot **beträchtlich** *or* **erheblich** *sales are considerably higher than they were last year*

consign [kən'saɪn] *verb* **to consign goods to someone** = to send goods to someone for him to use or to sell for you **Waren an jdn schicken**

◇ **consignation** [,kɒnsaɪ'neɪʃən] *noun* act of consigning **Versenden** *n or* **Versand** *m*

◇ **consignee** [,kɒnsaɪ'niː] *noun* person who receives goods from someone for his own use or to sell for the sender **Empfänger/-in; Kommissionär** *m*

◇ **consignment** [kən'saɪnmənt] *noun*
(a) sending of goods to someone who will sell them for you **Versand** *m or* **Versenden** *n* ; **consignment note** = note saying that goods have been sent **Avis** *m or n* **goods on consignment** = goods kept for another company to be sold on their behalf for a commission **Kommissionswaren** *fpl*
(b) group of goods sent for sale **(Waren)sendung** *f or* **Lieferung** *f* ; *a consignment of goods has arrived; we are expecting a consignment of cars from Japan*

◇ **consignor** [kən'saɪnə] *noun* person who consigns goods to someone **Absender/-in** *or* Versender/-in; Kommittent *m*

COMMENT: the goods remain the property of the consignor until the consignee sells or pays for them

QUOTE some of the most prominent stores are gradually moving away from the traditional consignment system, under which manufacturers agree to repurchase any unsold goods, and in return dictate prices and sales strategies and even dispatch staff to sell the products
Nikkei Weekly

consist of [kən'sɪstəv] *verb* to be formed of **bestehen aus** *or* **sich zusammensetzen aus** *the trade mission consists of the sales directors of ten major companies; the package tour consists of air travel, six nights in a luxury hotel, all meals and visits to places of interest*

consolidate [kən'sɒlɪdeɪt] *verb*
(a) to include the accounts of several subsidiary companies as well as the holding company in a single set of accounts **konsolidieren**
(b) to group goods together for shipping **zusammenlegen**

◇ **consolidated** [kən'sɒlɪdeɪtɪd] *adjective*

(a) consolidated accounts = accounts where the financial position of several different companies (i.e., a holding company and its subsidiaries) are recorded together **Konzernabschluss** *m*
(b) consolidated shipment = goods from different companies grouped together into a single shipment **Sammelladung** *f*

◇ **consolidation** [kənˌsɒlɪ'deɪʃən] *noun* grouping together of goods for shipping **Zusammenlegung** *f*

consols ['kɒnsɒlz] *plural noun (GB)* government bonds which pay an interest but do not have a maturity date **Konsols** *mpl*

consortium [kən'sɔːtjəm] *noun* group of companies which work together on a particular project **Konsortium** *n or* **Unternehmensgruppe** *f* ; *a consortium of Canadian companies or a Canadian consortium; a consortium of French and British companies is planning to construct the new aircraft* (NOTE: plural is **consortia**)

constant ['kɒnstənt] *adjective* which does not change **konstant** *or* **gleich bleibend** *the calculations are in constant dollars*

constitution [ˌkɒnstɪ'tjuːʃən] *noun* written rules *or* regulations of a society *or* association *or* club *or* state **Satzung** *f or* **Verfassung** *f* ; *under the society's constitution, the chairman is elected for a two-year period; payments to officers of the association are not allowed by the constitution*

◇ **constitutional** [ˌkɒnstɪ'tjuːʃənl] *adjective* according to a constitution **verfassungsmäßig; satzungsgemäß** *the reelection of the chairman is not constitutional*

construct [kən'strʌkt] *verb* to build **bauen** *the company has tendered for the contract to construct the new airport*

◇ **construction** [kən'strʌkʃən] *noun* (i) something that is being built; (ii) finished building **(i) Bau** *m or* **Aufbau** *m or* **Entwicklung** *f* **(ii) Bau** *m or* **Bauwerk** *n* ; **construction company** = company which specializes in building **Bauunternehmen** *n* ; **construction industry** = all companies specializing in building **Bauindustrie** *f* ; **under construction** = being built **in** *or* **im Bau (befindlich)** *the airport is under construction*

◇ **constructive** [kən'strʌktɪv] *adjective* which helps in the making of something **konstruktiv** *she made some constructive suggestions for improving management-worker relations; we had a constructive proposal from a distribution company in Italy*

constructive dismissal = situation when a worker does not leave his job voluntarily but because of pressure from the management **fingierte Entlassung**

◇ **constructor** [kən'strʌktə] *noun* person *or* company which constructs **Erbauer/-in** *or* **Konstrukteur/-in**

consult [kən'sʌlt] *verb* to ask an expert for advice **konsultieren** *or* **zu Rate ziehen** *he consulted his accountant about his tax*

◇ **consultancy** [kən'sʌltənsɪ] *noun* act of giving specialist advice **Beratung** *f* ; *a consultancy firm; he offers a consultancy service*

◇ **consultant** [kən'sʌltənt] *noun* specialist who gives advice **Berater/-in** *or* **Gutachter/-in** *engineering consultant; management consultant; tax consultant*

◇ **consulting** [kən'sʌltɪŋ] *adjective* (person) who gives specialist advice **beratend** *consulting engineer*

consumable goods *or* **consumables** [kən'sjuːməbl'gʊdz *or* kən'sjuːməblz] *noun* goods which are bought by members of the public and not by companies **Verbrauchs-** *or* **Konsumgüter** *npl*

◇ **consumer** [kən'sjuːmə] *noun* person *or* company which buys and uses goods and services **Verbraucher/-in** *or* **Konsument/-in** *gas consumers are protesting at the increase in prices; the factory is a heavy consumer of water* **consumer council** = group representing the interests of consumers **Verbraucherberatung** *f* ; **consumer credit** = credit given by shops, banks and other financial institutions to consumers so that they can buy goods **Kunden-** *or* **Abzahlungskredit** *m* ; **Consumer Credit Act, 1974** = Act of Parliament which licenses lenders, and requires them to state clearly the full terms of loans which they make (including the APR) **britisches Konsumentenkreditgesetz**; **consumer durables** = items such as washing machines *or* refrigerators *or* cookers which are bought and used by the public **langlebige Gebrauchs-** *or* **Konsumgüter** *npl* **consumer goods** = goods bought by consumers, that is by ordinary members of the public **Verbrauchs-** *or* **Gebrauchs-** *or* **Konsumgüter** *npl* **consumer panel** = group of consumers who report on products they have used so that the manufacturers can improve them or use what the panel says about them in advertising **Verbraucherpanel** *n or* **Verbrauchertestgruppe** *f* ; **Consumer Price Index** = American index showing how prices of consumer goods have risen over a period of time, used as a way of measuring inflation and the cost of living (the British equivalent is the Retail Prices Index or RPI) **Verbraucherpreisindex** *m* ; **consumer protection** = protecting consumers against unfair *or* illegal traders **Verbraucherschutz** *m* ; **consumer research** = research into why consumers buy goods and what goods they really want to buy **Verbraucherforschung** *f* ; **consumer resistance** = lack of interest by consumers in buying a product **Verbraucherwiderstand** *m* ; *the latest price increases have produced considerable consumer resistance* **consumer society** = type of society where consumers are encouraged to buy goods **Konsumgesellschaft** *f* ; **consumer spending** = spending by consumers **Verbraucherausgaben** *fpl*

> QUOTE analysis of the consumer price index for the first half of the year shows that the rate of inflation went down by about 12.9 per cent
> Business Times (Lagos)

consumption [kən'sʌm(p)ʃən] *noun* buying or using goods or services **Konsum** *m* *or* **Verbrauch** *m* ; *a car with low petrol consumption; the factory has a heavy consumption of coal* **home consumption** *or* **domestic consumption** = use of something in the home **Inlandsverbrauch**

contact
1 ['kɒntækt] *noun*
(a) person you know *or* person you can ask for help or advice **Verbindung** *f* *or* **Kontakt** *m* *or* **Kontaktperson** *f* ; *he has many contacts in the city; who is your contact in the ministry?*
(b) act of getting in touch with someone **Kontakt** *m* *or* **Verbindung** *f* ; **I have lost contact with them** = I do not communicate with them any longer **ich habe den Kontakt zu ihnen verloren; he put me in contact with a good lawyer** = he told me how to get in touch with a good lawyer **er hat mir einen guten Anwalt vermittelt**
2 ['kɒntækt *or* kən'tækt] *verb* to get in touch with someone *or* to communicate with someone **sich in Verbindung setzen mit** *or* **Kontakt aufnehmen zu** *he tried to contact his office by phone; can you contact the managing director at his club?*

contain [kən'teɪn] *verb* to hold something inside **enthalten** *each crate contains two computers and their peripherals; a barrel contains 250 litres; we have lost a file containing important documents*
◇ **container** [kən'teɪnə] *noun*
(a) box *or* bottle *or* can, etc. which can hold goods **Behälter** *m* ; *the gas is shipped in strong metal containers; the container burst during shipping*
(b) very large metal case of a standard size for loading and transporting goods on trucks, trains and ships **Container** *m* ; *container ship; container berth; container port; container terminal; to ship goods in containers* **a container-load of spare parts** = a shipment of spare parts sent in a container **eine Containerladung mit Ersatzteilen**
◇ **containerization** [kən,teɪnəraɪ'zeɪʃən] *noun* putting into containers; shipping in containers **Umstellung** *f* **auf Container(transport)**
◇ **containerize** [kən'teɪnəraɪz] *verb* to put goods into containers; to ship goods in containers **auf Container(transport) umstellen**

contango [kən'tæŋgəʊ] *noun* payment of interest by a stockbroker for permission to carry payment for shares from one account to the next (no longer applied on the London Stock Exchange because of the rolling account system, but still applied on some other exchanges) **Report** *m* ; **contango day** = day when the rate of contango payments is fixed **Reporttag** *m*

contempt of court [kən'temtəv'kɑːt] *noun* being rude to a court, as by bad behaviour in court or by refusing to carry out a court order **Missachtung** *f* **des Gerichts**

content ['kɒntent] *noun* the ideas inside a letter, etc. **Gehalt** *m*; **the content of the letter** = the real meaning of the letter **der Inhalt** *or* **Gehalt des Briefes**
◇ **contents** ['kɒntents] *plural noun* things contained by something *or* what is inside something **Inhalt** *m* ; *the contents of the bottle poured out onto the floor; the customs officials inspected the contents of the crate* **the contents of the letter** = the words written in the letter **der Inhalt des Briefes**

contested takeover [kən'testɪd'teɪk,əʊvə] *noun* takeover where the board of the target company does not recommend it to the shareholders and tries to fight it **angefochtene Übernahme**

contingency [kən'tɪn(d)ʒənsɪ] *noun* possible state of emergency when decisions will have to be taken quickly **unvorhergesehenes Ereignis**; **contingency fund** *or* **contingency reserve** = money set aside in case it is needed urgently **Fonds** *m* **für unvorhergesehene Ausgaben** *or* **Feuerwehrfonds** *m* *or* **Rücklagen** *fpl* **für Sonderrisiken**; **contingency plan** = plan which will be put into action if something happens which no one expects **Krisenplan** *m* ; **to add on 10% to provide for contingencies** = to provide for further expenditure which may be incurred **10% für Sonderausgaben** *fpl or* **Eventualitäten** *fpl* **aufschlagen** *we have built 10% for contingencies into our cost forecast*

◊ **contingent** [kən'tɪn(d)ʒənt] *adjective* **(a) contingent expenses** = expenses which will be incurred only if something happens **unvorhergesehene Sonderausgaben** *fpl* **contingent liability** = liability which may or may not occur, but for which provision is made in a company's accounts (as opposed to 'provisions', where money is set aside for an anticipated expenditure) **Eventualverbindlichkeit** *f*
(b) contingent policy = policy which pays out only if something happens (as if the person named in the policy dies before the person due to benefit) **Risikoversicherung** *f*

continue [kən'tɪnjʊ] *verb* to go on doing something *or* to do something which you were doing earlier **andauern; fortsetzen** *or* **fortfahren mit** *the chairman continued speaking in spite of the noise from the shareholders; the meeting started at 10 a.m. and continued until six p.m.; negotiations will continue next Monday*

◊ **continual** [kən'tɪnjʊəl] *adjective* which happens again and again **wiederholt; ständig** *or* **ununterbrochen** *production was slow because of continual breakdowns*

◊ **continually** [kən'tɪnjʊəlɪ] *adverb* again and again **wiederholt; ständig** *or* **ununterbrochen** *the photocopier is continually breaking down*

◊ **continuation** [kən,tɪnjʊ'eɪʃən] *noun* act of continuing **Fortsetzung** *f or* **Fortführung** *f* ; **continuation sheet** = second (or third) page of a document **Fortsetzungsseite** *f*

◊ **continuous** [kən'tɪnjʊəs] *adjective* with no end *or* with no breaks **kontinuierlich** *or* **stetig** *or* **gleichmäßig** *continuous production line* **continuous feed** = device which feeds continuous stationery into a printer **Endlospapiereinzug** *m* ; **continuous stationery** = paper made as one long sheet, used in the computer printers **Endlospapier** *n*

contra ['kɒntrə]
1 *noun* **contra account** = account which offsets another account (where a company's supplier is not only a creditor in that company's books but also a debtor because it has purchased goods on credit) **Gegenkonto** *n* ; **contra entry** = entry made in the opposite side of an account to offset an earlier entry **Gegenbuchung** *f*; **per contra** *or* **as per contra** = words showing that a contra entry has been made **als Gegenbuchung**
2 *verb* **to contra an entry** = to enter a similar amount in the opposite side of an account **einen Eintrag gegenbuchen** *or* **stornieren**

contraband ['kɒntrəbænd] *noun* **contraband (goods)** = goods brought into a country illegally, without paying customs duty **Schmuggelware** *f*

contract
1 ['kɒntrækt] *noun*
(a) legal agreement between two parties **Vertrag** *m* ; *to draw up a contract; to draft a contract; to sign a contract* **the contract is binding on both parties** = both parties signing the contract must do what is agreed **der Vertrag ist für beide Parteien bindend; under contract** = bound by the terms of a contract **vertraglich verpflichtet** *the firm is under contract to deliver the goods by November* **to void a contract** = to make a contract invalid **einen Vertrag aufheben** *or* **für nichtig erklären; contract of employment** = contract between management and employee showing all conditions of work **Arbeitsvertrag; service contract** = contract between a company and a director showing all conditions of work **Dienstvertrag; exchange of contracts** = point in the sale of a property when the buyer and seller both sign the contract of sale which then becomes binding **Unterzeichnung** *f* **des Kaufvertrages (bei Grundbesitz)**
(b) contract law *or* **law of contract** = laws relating to agreements **Vertrags-** *or* **Schuldrecht** *n* ; **by private contract** = by private legal agreement **durch Privatvertrag; contract note** = note showing that shares have been bought or sold but not yet paid for **Ausführungsanzeige** *f*
(c) agreement for supply of a service or goods **Liefervertrag** *m* ; *contract for the supply of spare parts; to enter into a contract to supply spare parts; to sign a contract for £10,000 worth of spare parts* **to put work out to contract** = to decide that work should be done by another company on a contract, rather than employing members of staff to do it **Arbeitsaufträge** *mpl* **vergeben; Arbeit ausschreiben; to award a contract to a company** *or* **to place a contract with a company** = to decide that a company shall have the contract to do work for you **einen Auftrag an eine Firma vergeben; to tender for a contract** = to put forward an estimate of cost for work under contract **sich um einen Auftrag bewerben** *conditions of contract or contract conditions* **breach of contract** = breaking the terms of a contract

Vertragsbruch *m* ; **the company is in breach of contract** = the company has failed to do what was agreed in the contract **die Firma ist vertragsbrüchig geworden; contract work** = work done according to a written agreement **Auftragsarbeit** *f* ; **vertragliche Leistung**
2 ['kɒntrækt *or* kən'trækt] *verb* to agree to do some work by a legally binding contract **sich vertraglich verpflichten** *or* **einen Vertrag abschließen** *to contract to supply spare parts or to contract for the supply of spare parts* **the supply of spare parts was contracted out to Smith's** = the firm of Smith was given the contract for supplying spare parts **der Vertrag für den Ersatzteilevertrieb wurde an die Fa. Smith vergeben; to contract out of an agreement** = to withdraw from an agreement with written permission of the other party **sich von einer vertraglichen Verpflichtung befreien**

◊ **contracting** [kən'træktɪŋ] *adjective* **contracting party** = person or company which signs a contract **Vertragspartner/-in**

◊ **contractor** [kən'træktə] *noun* person or company which does work according to a written agreement **Auftragnehmer/-in; haulage contractor** = company which transports goods by contract **Transport-** *or* **Fuhrunternehmer** *m or* **Spediteur** *m* ; **government contractor** = company which supplies the government with goods by contract **Betrieb** *m* **mit Staatsaufträgen**

◊ **contractual** [kən'træktjʊəl] *adjective* according to a contract **vertraglich** *or* **Vertrags-; contractual liability** = legal responsibility for something as stated in a contract **Vertragshaftung** *f* ; **to fulfil your contractual obligations** = to do what you have agreed to do in a contract **seine vertraglichen Verpflichtungen erfüllen; he is under no contractual obligation to buy** = he has signed no agreement to buy **er ist vertraglich nicht verpflichtet zu kaufen**

◊ **contractually** [kən'træktjʊəlɪ] *adverb* according to a contract **vertraglich** *or* **durch Vertrag** *the company is contractually bound to pay his expenses*

COMMENT: a contract is an agreement between two or more parties to create legal obligations between them. Some contracts are made 'under seal', i.e. they are signed and sealed by the parties; most contracts are made orally or in writing. The essential elements of a contract are: (a) that an offer made by one party should be accepted by the other; (b) consideration (i.e. payment of money); (c) the intention to create legal relations. The terms of a contract may be express or implied. A breach of contract by one party entitles the other party to sue for damages or to ask for something to be done

contrary ['kɒntrərɪ] *noun* opposite **Gegenteil** *n* ; **failing instructions to the contrary** = unless different instructions are given **sofern Sie keine gegenteiligen Anweisungen erhalten; on the contrary** = quite the opposite **im Gegenteil** *the chairman was not annoyed with his assistant - on the contrary, he promoted him*

contribute [kən'trɪbju:t] *verb* to give money *or* to add to money **beitragen** *or* **beisteuern** *or* **einen Beitrag leisten** *to contribute 10% of the profits; he contributed to the pension fund for 10 years*

◊ **contribution** [ˌkɒntrɪ'bju:ʃən] *noun* money paid to add to a sum **Beitrag** *m* ; **contribution of capital** = money paid to a company as additional capital **Kapitaleinbringung** *or* **-einlage** *f* ; **employer's contribution** = money paid by an employer towards a worker's pension **Arbeitgeberanteil** *m* ; **National Insurance contributions (NIC)** = money paid each month by a worker and the company to the National Insurance **Sozialversicherungsbeiträge** *mpl* **pension contributions** = money paid by a company or worker into a pension fund **Rentenversicherungsbeiträge** *mpl*

◊ **contributor** [kən'trɪbjʊtə] *noun* **contributor of capital** = person who contributes capital **Kapitaleinleger/-in**

◊ **contributory** [kən'trɪbjʊtərɪ] *adjective*
(a) contributory pension plan *or* **scheme** = pension plan where the employee has to contribute a percentage of salary **beitragspflichtige Rentenversicherung**
(b) which helps to cause **beitragend** *or* **mitverursachend** *falling exchange rates have been a contributory factor in or to the company's loss of profits*

con trick ['kɒnˌtrɪk] *noun (informal)* = CONFIDENCE TRICK

control [kən'trəʊl]
1 *noun*
(a) power, being able to direct something **Leitung** *f or* **Kontrolle** *f or* **Macht** *f or* **Beherrschung** *f* ; *the company is under the control of three shareholders; the family lost control of its business* **to gain control of a business** = to buy more than 50% of the shares so that you can direct the business **die Aktienmehrheit** *or* **Mehrheitsbeteiligung an einem Unternehmen erwerben; to lose control of a business** = to find that you have less than 50% of the shares in a company, and so are not longer able to direct it **die Aktienmehrheit** *or* **Mehrheitsbeteiligung an einem Unternehmen verlieren**

(b) restricting *or* checking something *or* making sure that something is kept in check **Kontrolle** *f or* **Überwachung** *f or* **Regelung** *f or* **Steuerung** *f*; **under control** = kept in check **unter Kontrolle** *expenses are kept under tight control; the company is trying to bring its overheads back under control* **out of control** = not kept in check **außer Kontrolle** *costs have got out of control* **budgetary control** = keeping check on spending **Haushalts-** *or* **Finanzkontrolle** *f*; **credit control** = checking that customers pay on time and do not exceed their credit limits **Kreditüberwachung** *or* **-kontrolle** *f*; **quality control** = making sure that the quality of a product is good **Qualitätskontrolle** *f*; **stock control** *or (US)* **inventory control** = making sure that the correct level of stock is maintained (to be able to meet demand while keeping the costs of holding stock to a minimum) **Materialwirtschaft** *f*

(c) **exchange controls** = government restrictions on changing the local currency into foreign currency **Devisenbeschränkungen** *fpl or* **Devisenkontrolle** *f*; *the government has imposed exchange controls; they say the government is going to lift exchange controls* **price controls** = legal measures to prevent prices rising too fast **Preisbindung** *or* **-kontrolle** *f*

(d) **control group** = small group which is used to check a sample group **Kontrollgruppe** *f*; **control systems** = systems used to check that a computer system is working correctly **Steuerungssytem** *n or* **Regelkreis** *m*

2 *verb*

(a) **to control a business** = to direct a business **die Mehrheitsbeteiligung an einem Unternehmen haben** *the business is controlled by a company based in Luxembourg; the company is controlled by the majority shareholder*

(b) to make sure that something is kept in check *or* is not allowed to develop **steuern** *or* **unter Kontrolle halten** *or* **regeln** *the government is fighting to control inflation or to control the rise in the cost of living* (NOTE: **controlling - controlled)**

◇ **controlled** [kən'trəʊld] *adjective* ruled *or* kept in check **gesteuert** *or* **unter Kontrolle gehalten**; **government-controlled** = ruled by a government **staatlich gelenkt** *or* **kontrolliert** *or* **unter staatlicher Aufsicht**; **controlled economy** = economy where the most business activity is directed by orders from the government **gelenkte Wirtschaft; Planwirtschaft**

◇ **controller** [kən'trəʊlə] *noun*

(a) person who controls (especially the finances of a company) **Controller** *m*; **credit controller** = member of staff whose job is to try to get payment of overdue invoices **für Kreditkontrolle zuständige(r) Angestellte(r)**; **stock controller** = person who notes movements of stock **Stock-Controller** *or* **Lagersteuerer** *m*

(b) *(US)* chief accountant in a company **Leiter/-in der Buchhaltung**

◇ **controlling** [kən'trəʊlɪŋ] *adjective* **to have a controlling interest in a company** = to own more than 50% of the shares so that you can direct how the company is run **die Mehrheitsbeteiligung an einem Unternehmen haben**

convene [kən'vi:n] *verb* to ask people to come together **einberufen; zusammenrufen** *to convene a meeting of shareholders*

convenience [kən'vi:njəns] *noun* **at your earliest convenience** = as soon as you find it possible **baldmöglichst**; **convenience foods** = food which is prepared by the shop before it is sold, so that it needs only heating to be made ready to eat **Fertiggerichte** *npl; (US)* **convenience store** = small store selling food or household goods, open until late at night, or even 24 hours per day **Einzelhandelsgeschäft** *n* **mit langer Öffnungszeit in der Nähe der Wohnung**; **ship sailing under a flag of convenience** = flying the flag of a country which may have no ships of its own but allows ships of other countries to be registered in its ports **ein Schiff, das unter Billigflagge fährt**

◇ **convenient** [kən'vi:njənt] *adjective* suitable *or* handy **bequem; geeignet; praktisch** *or* **günstig** *a bank draft is a convenient way of sending money abroad; is 9.30 a convenient time for the meeting?*

convenor [kən'vi:nə] *noun* trade unionist who organizes union meetings **jd, der Versammlungen einberuft**

conversion [kən'vɜ:ʃən] *noun* change **Umwandlung** *f or* **Konvertierung** *f*

(a) **conversion price** *or* **conversion rate** = rate at which a currency is changed into a foreign currency; price at which preference shares are converted into ordinary shares **Umrechnungskurs** *m*

(b) **conversion of funds** = using money which does not belong to you for a purpose for which it is not supposed to be used **widerrechtliche Aneignung von Geldern**

◇ **convert** [kən'vɜ:t] *verb*

(a) to change money of one country for money of another **(um)tauschen** *we converted our pounds into Swiss francs*

(b) to convert funds to one's own use = to use someone else's money for yourself **sich widerrechtlich Gelder aneignen**

◇ **convertibility** [kən,vɜːtə'bɪlətɪ] *noun* ability to exchange one currency for another easily **Konvertierbarkeit** *f*

◇ **convertible** [kən'vɜːtəbl] *adjective* **convertible currency** = currency which can be exchanged for another easily **frei konvertierbare Währung; convertible debentures** *or* **convertible loan stock** = debentures *or* loan stock which can be exchanged for ordinary shares at a later date **Wandelschuldverschreibung** *f* *or* **Wandelanleihe** *f*

conveyance [kən'veɪəns] *noun* legal document which transfers a property from the seller to the buyer **Eigentumsübertragung** *f* *or* **Übertragungsurkunde** *f*

◇ **conveyancer** [kən'veɪənsə] *noun* person who draws up a conveyance **Notar/-in (für Eigentumsübertragungen)**

◇ **conveyancing** [kən'veɪənsɪŋ] *noun* legally transferring a property from a seller to a buyer **Eigentumsübertragung** *f* *or* **Aufsetzen** *n* **einer Eigentumsübertragungsurkunde; do-it-yourself conveyancing** = drawing up a legal conveyance without the help of a lawyer **Aufsetzen einer Übertragungsurkunde ohne notarielle Hilfe**

cooling off period ['kuːlɪŋ'ɒf'piːrɪəd] *noun* (i) during an industrial dispute, a period when negotiations have to be carried on and no action can be taken by either side; (ii) period when a person is allowed to think about something which he has agreed to buy on hire-purchase and possibly change his mind; (iii) period of ten days during which a person who has signed a life assurance policy may cancel it **(i) Friedenspflicht** *f* ; **(ii) Überlegungs-** *or* **Rücktrittsfrist** *f* ; **(iii) Überdenkungsperiode** *f*

co-op ['kəʊɒp] *noun* = CO-OPERATIVE 2

◇ **co-operate** [kəʊ'ɒpəreɪt] *verb* to work together **kooperieren** *or* **zusammenarbeiten** *the governments are co-operating in the fight against piracy; the two firms have co-operated on the computer project*

◇ **co-operation** [kəʊ,ɒpə'reɪʃən] *noun* working together **Kooperation** *f* *or* **Zusammenarbeit** *f* *or* **Mitarbeit** *f* ; *the project was completed ahead of schedule with the co-operation of the workforce*

◇ **co-operative** [kəʊ'ɒpərətɪv]
1 *adjective* willing to work together **kooperativ** *the workforce has not been co-operative over the management's productivity plan* **co-operative society** = society where the customers and workers are partners and share the profits **Genossenschaft** *f*
2 *noun* business run by a group of workers who are the owners and who share the profits **Genossenschaft** *f* *or* **Kooperative** *f* ; *agricultural co-operative; to set up a workers' co-operative*

co-opt [kəʊ'ɒpt] *verb* **to co-opt someone onto a committee** = to ask someone to join a committee without being elected **jdn in ein Komitee kooptieren**

co-owner [,kəʊ'əʊnə] *noun* person who owns something with another person **Mitinhaber/-in; Miteigentümer/-in** *the two sisters are co-owners of the property*

◇ **co-ownership** [,kəʊ'əʊnəʃɪp] *noun* arrangement where two people own a property or where partners or workers have shares in a company **Miteigentum** *n*

copartner [,kəʊ'pɑːtnə] *noun* person who is a partner in a business with another person **Teilhaber/-in**

◇ **copartnership** [kəʊ'pɑːtnəʃɪp] *noun* arrangement where partners *or* workers have shares in the company **Teilhaberschaft** *f*

cope [kəʊp] *verb* to manage to do something **zurechtkommen** *or* **fertig werden** *the new assistant manager coped very well when the manager was on holiday; the warehouse is trying to cope with the backlog of orders*

copier ['kɒpɪə] *noun* = COPYING MACHINE, PHOTOCOPIER; **copier paper** = special paper used in photocopiers **Fotokopierpapier** *n*

coproperty [,kəʊ'prɒpətɪ] *noun* ownership of property by two or more people together **Miteigentum** *n*

◇ **coproprietor** [,kəʊprə'praɪətə] *noun* person who owns a property with another person or several other people **Miteigentümer/-in**

copy ['kɒpɪ]
1 *noun*
(a) document which is made to look the same as another **Kopie** *f* *or* **Durchschlag** *m* ; **carbon copy** = copy made with carbon paper **Durchschlag; certified copy** = document which is certified as being the same as another **beglaubigte Kopie; file copy** = copy of a document which is filed in an office for reference **Aktenkopie**

(b) document **Ausfertigung** *f* ; **fair copy** *or* **final copy** = document which is written or typed with no changes or mistakes **Reinschrift** *f*; **hard copy** = printout of a text which is on a computer *or* printed copy of something which is on microfilm **Ausdruck** *m* ; **rough copy** = draft of a document which, it is expected, will have changes made to it **Konzept** *n or* **Entwurf** *m or* **Skizze** *f*; **top copy** = first or top sheet of a document which is typed with carbon copies **Original** *n*
(c) **publicity copy** = text of a proposed advertisement before it is printed **Werbetexte** *mpl she writes copy for a travel firm* **knocking copy** = advertising material which criticizes competing products **aggressive** *or* **herabsetzende Werbetexte**
(d) a book *or* a newspaper **Ausgabe** *f or* **Exemplar** *n* ; *have you kept yesterday's copy of the 'Times'? I read it in the office copy of 'Fortune'; where is my copy of the telephone directory?*
2 *verb* to make a second document which is like the first **kopieren; einen Durchschlag** *or* **eine Abschrift machen** *he copied the company report at night and took it home*

◊ **copier** *or* **copying machine** ['kɒpɪə *or* 'kɒpɪɪŋmə'ʃi:n] *noun* machine which makes copies of documents **Kopierer** *m*

◊ **copyholder** ['kɒpɪhəʊldə] *noun* frame on which a document can be put, which stands next to a typewriter or keyboard, so that the operator can read the text to be copied more easily **Blatt-** *or* **Manuskripthalter** *m*

◊ **copyright** ['kɒpɪraɪt]
1 *noun* legal right (lasting for a number of years after the death of a writer) which a writer has to publish his own work and not to have it copied **Copyright** *n or* **Urheberrecht** *n* ; **Copyright Act** = Act of Parliament making copyright legal, and controlling the copying of copyright material **Urheberrechtsgesetz** *n* ; **copyright law** = laws concerning copyright **Urheberrecht**; **work which is out of copyright** = work by a writer who has been dead for seventy years **Werk, das nicht mehr urheberrechtlich geschützt ist**; **work still in copyright** = work by a living writer, or by a writer who died less than seventy years ago **urheberrechtlich geschütztes Werk**; **infringement of copyright** *or* **copyright infringement** = act of illegally copying a work which is in copyright **Verletzung** *f* **des Urheberrechts**; **copyright holder** = person who owns a copyright (and who can expect to receive royalties from it) **Urheberrechtsinhaber/-in**; **copyright notice** = note in a book showing who owns the copyright and the date of ownership **Urheberrechtsvermerk** *m*
2 *verb* to confirm the copyright of a written work by inserting a copyright notice and publishing the work **urheberrechtlich schützen**
3 *adjective* covered by the laws of copyright **urheberrechtlich geschützt** *it is illegal to photocopy a copyright work*

◊ **copyrighted** ['kɒpɪraɪtɪd] *adjective* in copyright **urheberrechtlich geschützt**

copy typing ['kɒpɪˌtaɪpɪŋ] *noun* typing documents from handwritten originals, not from dictation **Abtippen** *n* **von Dokumenten**

◊ **copy typist** ['kɒpɪˌtaɪpɪst] *noun* person who types documents from handwritten originals, not from dictation **Schreibkraft** *f* **(ohne Diktat)**

copywriter ['kɒpɪˌraɪtə] *noun* person who writes advertisements **Werbetexter/-in**

corner ['kɔ:nə]
1 *noun*
(a) place where two streets *or* two walls join **Ecke** *f or* **Straßenecke** *the Post Office is on the corner of the High Street and London Road* **corner shop** = small general store in a town on a street corner **Eckladen** *m;* ≈ **Tante-Emma-Laden**
(b) place where two sides join **Ecke** *f* ; *the box has to have specially strong corners; the corner of the crate was damaged*
2 *verb* **to corner the market** = to own most or all of the supply of a certain commodity and so control the price **den Markt** *or* **alles aufkaufen** *the syndicate tried to corner the market in silver*

corp *(US)* = CORPORATION

corporate ['kɔ:pərət] *adjective* referring to a whole company **Firmen-** *or* **Unternehmens-**; **corporate image** = idea which a company would like the public to have of it **Firmenimage** *n or* **Corporate Image** *n* ; **corporate plan** = plan for the future work of a whole company **Unternehmensplan** *m* ; **corporate planning** = planning the future work of a whole company **Unternehmensplanung** *f*; **corporate profits** = profits of a corporation **Unternehmensgewinne** *mpl* **corporate raider** = person or company which buys a stake in another company before making a hostile takeover bid **Unternehmensaufkäufer** *m*

corporation [ˌkɔ:pə'reɪʃən] *noun*
(a) large company **Unternehmen** *n or* **Kapitalgesellschaft** *f*; **finance corporation** = company which provides money for hire purchase **Finanzierungsgesellschaft** *f* ; **corporation tax (CT)** = tax on profits and

capital gains made by companies, calculated before dividends are paid **Körperschaftssteuer (KSt.)** *f* ; **Advance Corporation Tax (ACT)** = tax paid by a company in advance of its main tax payments; it is paid when dividends are paid to shareholders and appears on the tax voucher attached to a dividend warrant **Körperschaftssteuer-Vorauszahlung** *f* ; **mainstream corporation tax** = tax paid by a company on its profits (the ACT is set against this) **um die ACT reduzierte Körperschaftssteuer**
(b) *(US)* company which is incorporated in the United States **Kapital-** *or* **Aktiengesellschaft** *f* ; **corporation income tax** = tax on profits made by incorporated companies **Körperschaftssteuer** *f*
(c) *(GB)* municipal authority **Gemeinde** *f or* **Stadt** *f* ; **corporation loan** = loan issued by a local authority **Kommunalanleihe** *f*

COMMENT: a corporation is formed by registration with the Registrar of Companies under the Companies Act (in the case of public and private companies) or other Acts of Parliament (in the case of building societies and charities)

QUOTE the prime rate is the rate at which banks lend to their top corporate borrowers
Wall Street Journal

QUOTE corporate profits for the first quarter showed a 4 per cent drop from last year
Financial Times

QUOTE if corporate forecasts are met, sales will exceed $50 million next year
Citizen (Ottawa)

correct [kəˈrekt]
1 *adjective* accurate *or* right **richtig** *or* **korrekt** *the published accounts do not give a correct picture of the company's financial position*
2 *verb* to remove mistakes from something **korrigieren** *or* **verbessern** *the accounts department have corrected the invoice; you will have to correct all these typing errors before you send the letter*

◊ **correction** [kəˈrekʃən] *noun*
(a) making something correct; change which makes something correct **Korrektur** *f or* **Verbesserung** *f* ; *he made some corrections to the text of the speech* **correction fluid** = white liquid which is put on a typed document to correct mistakes **Korrekturflüssigkeit** *f*
(b) *(stock exchange)*; **technical correction** = situation where a share price *or* a currency moves up or down because it was previously too low or too high **technische Kurskorrektur**

correspond [ˌkɒrɪsˈpɒnd] *verb*
(a) to correspond with someone = to write letters to someone **mit jdm korrespondieren** *or* **in Briefwechsel stehen**
(b) to correspond with something = to fit *or* to match something **(sich) entsprechen** *or* **übereinstimmen**

◊ **correspondence** [ˌkɒrɪsˈpɒndəns] *noun* letters which are exchanged **Korrespondenz** *f or* **Schriftverkehr** *m* ; **business correspondence** = letters concerned with a business **Geschäftskorrespondenz** *f or* **Geschäftsbriefe** *mpl* **to be in correspondence with someone** = to write letters to someone and receive letters back **mit jdm in Korrespondenz** *or* **Briefwechsel stehen**; **correspondence clerk** = clerk whose responsibility it is to answer correspondence **Korrespondent/-in**

◊ **correspondent** [ˌkɒrɪsˈpɒndənt] *noun*
(a) person who writes letters **Briefpartner/-in**
(b) journalist who writes articles for a newspaper on specialist subjects **Korrespondent/-in** *a financial correspondent; the 'Times' business correspondent; he is the Berlin correspondent of 'The Guardian'*

corrupt [kəˈrʌpt] *adjective*
(a) (person, especially an official) who takes bribes **korrupt** *or* **bestechlich**
(b) (data on a computer disk) which is faulty and therefore cannot be used **korrupt**

◊ **corruption** [kəˈrʌpʃn] *noun* paying money *or* giving a favour to someone (usually an official) so that he does what you want **Korruption** *f or* **Bestechung** *f* ; *bribery and corruption are difficult to control*

cost [kɒst]
1 *noun*
(a) amount of money which has to be paid for something **Kosten** *pl or* **Preis** *m* ; *what is the cost of a first class ticket to New York? computer costs are falling each year; we cannot afford the cost of two cars* **to cover costs** = to produce enough money in sales to pay for the costs of production **die Kosten decken** *the sales revenue barely covers the costs of advertising or the advertising costs* **to sell at cost** = to sell at a price which is the same as the cost of manufacture or the wholesale cost **zum Selbstkostenpreis verkaufen**; **direct costs** = all costs (e.g. materials, labour and expenses) which can be directly related to the making of a product **Selbstkosten**; **fixed costs** = business costs which do not change with the quantity of the product made **Fix-** *or* **Gemeinkosten**; **historic**

(al) **cost** = actual cost of purchasing something which was purchased some time ago **ursprüngliche Anschaffungs-** *or* **Herstellungskosten**; **indirect costs** = costs which are not directly related to the making of a product (such as cleaning, rent, administration) **Fertigungsgemeinkosten**; **labour costs** = cost of hourly-paid workers employed to make a product **Lohnkosten**; **manufacturing costs** *or* **production costs** = costs of making a product **Fertigungs-** *or* **Herstellungs-** *or* **Produktionskosten**; **operating costs** *or* **running costs** = cost of the day-to-day organization of a company **Betriebskosten**; **variable costs** = production costs which increase with the quantity of the product made (such as wages, raw materials) **variable Kosten**

(b) cost accountant = accountant who gives managers information about their business costs **Kostenrechner/-in**; **cost accounting** = specially prepared accounts of manufacturing and sales costs **Kostenrechnung** *f* ; **cost analysis** = calculating in advance what a new product will cost **Kostenanalyse** *f* ; **cost centre** = group *or* machine whose costs can be itemized and to which costs can be allocated **Kostenstelle** *f* ; **cost, insurance and freight (CIF)** = estimate of a price, which includes the cost of the goods, the insurance and the transport charges **Kosten, Versicherung, Fracht (cif)**; **cost price** = selling price which is the same as the price which the seller paid for the item (i.e. either the manufacturing cost or the wholesale price) **Selbstkosten-** *or* **Einstandspreis** *m* ; **cost of sales** = all the costs of a product sold, including manufacturing costs and the staff costs of the production department **Absatz-** *or* **Vertriebskosten** *pl*

(c) costs = expenses involved in a court case **Gerichts-** *or* **Prozess-** *or* **Anwalts-** *or* **Verfahrenskosten** *pl* **to pay costs** = to pay the expenses of a court case **die Kosten tragen** *the judge awarded costs to the defendant; costs of the case will be borne by the prosecution*

2 *verb*

(a) to have a price **kosten** *how much does the machine cost? this cloth costs £10 a metre*

(b) to cost a product = to calculate how much money will be needed to make a product, and so work out its selling price **den Preis eines Produktes kalkulieren**

◇ **cost-benefit analysis** ['kɒst'benɪfɪtə'næləsɪs] *noun* comparing the costs and benefits of different possible ways of using available resources **Kosten-Nutzen-Analyse** *f*

◇ **cost-cutting** ['kɒst'kʌtɪŋ] *noun* reducing costs **Kostensenkung** *f* ; *we have taken out the telex as a cost-cutting exercise*

◇ **cost-effective** ['kɒstɪ'fektɪv] *adjective* which gives value, especially when compared with its cost **rentabel; kostenwirksam** *we find advertising in the Sunday newspapers very cost-effective*

◇ **cost-effectiveness** ['kɒstɪ'fektɪvnəs] *noun* being cost-effective **Kostenrentabilität** *f* *or* **Kostenwirksamkeit** *f* ; *can we calculate the cost-effectiveness of air freight against shipping by sea?*

◇ **costing** ['kɒstɪŋ] *noun* calculation of the manufacturing costs, and so the selling price of a product **Kostenberechnung** *f* ; *the costings give us a retail price of $2.95; we cannot do the costing until we have details of all the production expenditure*

◇ **costly** ['kɒstlɪ] *adjective* expensive, costing a lot of money **teuer** *or* **kostspielig**

◇ **cost of living** ['kɒstəv'lɪvɪŋ] *noun* money which has to be paid for food, heating, rent etc. **Lebenshaltungskosten** *pl to allow for the cost of living in the salaries* **cost-of-living allowance** = addition to normal salary to cover increases in the cost of living **Lebenshaltungskostenzuschuss** *m* ; **cost-of-living bonus** = extra money paid to meet the increase in the cost of living **Teuerungszulage** *f* ; **cost-of-living increase** = increase in salary to allow it to keep up with the increased cost of living **Gehaltszulage** *f* **zur Anpassung an gestiegene Lebenshaltungskosten**; **cost-of-living index** = way of measuring the cost of living which is shown as a percentage increase on the figure for the previous year (similar to the consumer price index, but including other items such as the interest on mortgages) **Lebenshaltungsindex** *m*

◇ **cost plus** ['kɒst'plʌs] *noun* system of calculating a price, by taking the cost of production of goods or services and adding a percentage to cover the supplier's overheads and margin **Istkosten** *pl* **plus prozentualer Gewinnaufschlag** *we are charging for the work on a cost plus basis*

◇ **cost-push inflation** ['kɒst,pʊʃɪn'fleɪʃən] *noun* inflation caused by increased wage demands which lead to higher prices and in turn lead to further wage demands **Kostendruckinflation** *f*

cottage industry [,kɒtɪdʒ'ɪndəstrɪ] *noun* production of goods, or other type of work, carried out by workers in their homes **Heimarbeit** *f*

council ['kaʊnsl] *noun* official group chosen to run something *or* to advise on a problem **Rat** *m* *or* **Behörde** *f* ; **consumer council** = group representing the interests of consumers **Verbraucherberatung** *f* ; **town**

council = representatives elected to run a town **Stadtrat**

counsel ['kaʊnsl]
1 *noun*
(a) lawyer acting for one of the parties in a legal action **Anwalt/Anwältin** *defence counsel; prosecution counsel (GB)* **Queen's Counsel (QC)** = senior lawyer **Kronanwalt/-anwältin**
(b) advice **Rat(schlag)** *m*
2 *verb* to advise **beraten**

◇ **counselling** *or* *(US)* **counseling** ['kaʊnsəlɪŋ] *noun* giving advice **soziale Beratung; debt counselling** = advising people in debt as to the best way of arranging their finances to pay off their debts **Schuldenberatung** *f*

count [kaʊnt] *verb*
(a) to add figures together to make a total **zählen** *he counted up the sales for the six months to December*
(b) to include **(mit)rechnen** *or* **(mit)zählen** *did you count my trip to New York as part of my sales expenses?*

◇ **counting house** ['kaʊntɪŋhaʊs] *noun (old-fashioned)* department dealing with cash **Buchhaltung** *f or* **Kontor** *n*

◇ **count on** ['kaʊntɒn] *verb* to expect something to happen **rechnen mit** *or* **sich verlassen auf** *they are counting on getting a good response from the TV advertising; do not count on a bank loan to start your business*

counter ['kaʊntə] *noun* long flat surface in a shop for displaying and selling goods **Ladentisch** *m or* **Tresen** *m*; **over the counter** = legally **über den Ladentisch** *or* **legal (verkaufen); goods sold over the counter** = retail sales of goods in shops **über den Ladentisch verkaufte Waren** *some drugs are sold over the counter, but others need to be recommended by a doctor* **over-the-counter sales** = legal selling of shares which are not listed in the official Stock Exchange list **Verkauf im Freiverkehr** *m*; **under the counter** = illegally **(illegal) unter dem Ladentisch; under-the-counter sales** = black market sales **ungesetzliche Verkäufe** *mpl* **bargain counter** = counter where things are sold cheaply **Sonderangebotsstand** *m or* **Sondertisch** *m*; **check-in counter** = place where plane passengers have to check in **Abfertigung** *f or* **Abfertigungsschalter** *m*; **checkout counter** = place where you pay for goods in a supermarket **Kasse** *f*; **glove counter** = section of a shop where gloves are sold **Handschuhstand** *m*; **ticket counter** = place where tickets are sold **Kartenschalter** *m*; **trade counter** = shop in a factory *or* warehouse where goods are sold to retailers **Warenausgabe** *f* **für den Einzelhandel; counter staff** = sales staff who serve behind counters **Verkaufspersonal** *n*

counter- ['kaʊntə] *prefix* against **Gegen-** *or* **gegen-**

◇ **counterbid** ['kaʊntəˌbɪd] *noun* higher bid in reply to a previous bid **Gegengebot** *n*; *when I bid £20 he put in a counterbid of £25*

◇ **counter-claim** ['kaʊntəkleɪm]
1 *noun* claim for damages made in reply to a previous claim **Gegenforderung** *f or* **Widerklage** *f*; *Jones claimed £25,000 in damages against Smith, and Smith entered a counter-claim of £50,000 for loss of office*
2 *verb* to put in a counter-claim **eine Gegenforderung** *or* **Widerklage erheben** *Jones claimed £25,000 in damages and Smith counter-claimed £50,000 for loss of office*

◇ **counterfeit** ['kaʊntəfɪt]
1 *adjective* false *or* imitation (money) **gefälscht** *or* **Falsch-**
2 *verb* to make imitation money **fälschen**

◇ **counterfoil** ['kaʊntəfɔɪl] *noun* slip of paper kept after writing a cheque *or* an invoice *or* a receipt, as a record of the deal which has taken place **Kontrollabschnitt** *m*

◇ **countermand** ['kaʊntə'mɑːnd] *verb* **to countermand an order** = to say that an order must not be carried out **einen Befehl widerrufen**

◇ **counter-offer** ['kaʊntərˌɒfə] *noun* higher offer made in reply to another offer **Gegengebot** *n*; *Smith Ltd made an offer of £1m for the property, and Blacks replied with a counter-offer of £1.4m*

> QUOTE the company set about paring costs and improving the design of its product. It came up with a price cut of 14%, but its counter-offer - for an order that was to have provided 8% of its workload next year - was too late and too expensive
>
> Wall Street Journal

counterpart ['kaʊntəpɑːt] *noun* person who has a similar job in another company **Kollege/Kollegin; Gegenstück** *n or* **Pendant** *n*; **John is my counterpart in Smith's** = he has the same post as I have here **John hat bei der Fa. Smith den gleichen Posten wie ich**

◇ **counterparty** ['kaʊntəˌpɑːtɪ] *noun* the other party in a deal **Gegenpartei** *f or* **Gegenseite** *f*

◇ **counter-productive** [ˌkaʊntəprə'dʌktɪv] *adjective* which has the opposite effect to what you expect **das Gegenteil des Gewünschten bewirkend; widersinnig** *increasing overtime pay was counter-productive, the workers simply worked more slowly*

◇ **countersign** ['kaʊntəsaɪn] *verb* to sign a document which has already been signed by someone else **gegenzeichnen** *all cheques have to be countersigned by the finance director; the sales director countersigns all my orders*

◇ **countervailing duty** [ˌkaʊntəveɪlɪŋ'djuːtɪ] *noun* duty imposed by a country on imported goods, where the price of the goods includes a subsidy from the government in the country of origin **Grenzausgleichsabgabe** *f*

country ['kʌntrɪ] *noun*
(a) land which is separate and governs itself **Land** *n or* **Staat** *m* ; *the contract covers distribution in the countries of the EU; some African countries export oil; the Organization of Petroleum Exporting Countries* **the managing director is out of the country** = he is on a business trip abroad **der geschäftsführende Direktor ist außer Landes** *or* **im Ausland**
(b) land which is not near a town **Land** *n* ; *distribution is difficult in country areas; his territory is mainly the country, but he is based in the town*

couple ['kʌpl] *noun* two things or people taken together **ein paar; zwei** *we only have enough stock for a couple of weeks; a couple of the directors were ill, so the board meeting was cancelled* **the negotiations lasted a couple of hours** = the negotiations went on for about two hours **die Verhandlungen dauerten ein paar Stunden**

coupon ['kuːpɒn] *noun*
(a) piece of paper used in place of money **Gutschein** *m* ; **gift coupon** = coupon from a store which is given as a gift and which must be exchanged in that store **Geschenkgutschein**
(b) piece of paper which replaces an order form **Coupon** *m* ; **coupon ad** = advertisement with a form attached, which is to be cut out and returned to the advertiser with your name and address if you want further information about the product advertised **Couponanzeige** *f* ; **reply coupon** = form attached to a coupon ad, which must be filled in and returned to the advertiser **Antwortschein** *m*
(c) interest coupon = slip of paper attached to a government bond certificate which can be cashed to provide the annual interest **Zinsschein** *m* ; **cum coupon** = with a coupon attached or before interest due on a security is paid **mit Coupon; ex coupon** = without the interest coupons or after interest has been paid **ohne Coupon**

courier ['kʊrɪə] *noun*
(a) person or company which arranges to carry parcels or take messages from one place another in a town **Kurier** *m or* **Eilbote** *m*
(b) person who goes with a party of tourists to guide them on a package tour **Reiseleiter/-in**

course [kɔːs] *noun*
(a) in the course of = during *or* while something is happening **während** *or* **im Verlauf** *or* **im Lauf(e)** *in the course of the discussion, the managing director explained the company's expansion plans; sales have risen sharply in the course of the last few months*
(b) series of lessons **Kurs(us)** *m or* **Lehrgang** *m* ; *she has finished her secretarial course; the company has paid for her to attend a course for trainee sales managers*
(c) of course = naturally **selbstverständlich** *or* **natürlich** *of course the company is interested in profits; are you willing to go on a sales trip to Australia? - of course!*

court [kɔːt] *noun* place where a judge listens to a case and decides legally which of the parties in the argument is right **Gericht** *n* ; **court case** = legal action *or* trial **Gerichtsverfahren** *n or* **Prozess** *m or* **Rechtsstreit** *m* ; **court order** = legal order made by a court, telling someone to do *or* not to do something **Gerichtsbeschluss** *m or* **gerichtliche Verfügung; to take someone to court** = to tell someone to appear in court to settle an argument **gegen jdn gerichtlich vorgehen; a settlement was reached out of court** *or* **the two parties reached an out-of-court settlement** = the dispute was settled between the two parties privately without continuing the court case **es kam zu einem außergerichtlichen Vergleich**

covenant ['kʌvənənt]
1 *noun* legal contract **Vertrag** *m or* **Abkommen** *n* ; **deed of covenant** = official signed agreement to pay someone a sum of money each year **Vertrags-** *or* **Versprechensurkunde** *f* *(über die Zahlung einer festen jährlichen Summe)*
2 *verb* to agree to pay a sum of money each year by contract **vertraglich vereinbaren;** *(jährlich einen bestimmten Betrag zu zahlen) to covenant to pay £10 per annum*

Coventry ['kɒvəntrɪ] **to send someone to Coventry** = to refuse to speak to or to have any dealings with someone, especially a fellow-worker **jdn schneiden**

cover ['kʌvə]
1 *noun*
(a) thing put over a machine, etc. to keep it clean **Schutz** *m or* **Hülle** *f*; *put the cover over your micro when you leave the office; always keep a cover over the typewriter*
(b) insurance cover = protection guaranteed by an insurance policy **Versicherungsschutz** *m*; *do you have cover against theft?* **to operate without adequate cover** = without being protected by insurance **keinen ausreichenden Versicherungsschutz haben; to ask for additional cover** = to ask the insurance company to increase the amount for which you are insured **zusätzliche Deckung verlangen; full cover** = insurance against all risks **voller Versicherungsschutz; cover note** = letter from an insurance company giving details of an insurance policy and confirming that the policy exists **vorläufiger Versicherungsschein; Deckungszusage** *f* (NOTE: the US English for this is **binder)**
(c) security to guarantee a loan **Deckung** *f or* **Sicherheiten** *fpl do you have sufficient cover for this loan?*
(d) *(in restaurant)*; **cover charge** = charge for a place at the table in addition to the charge for food **Gedeck** *n*
(e) dividend cover = ratio of profits to dividend **Dividendendeckung** *f*
(f) to send something under separate cover = in a separate envelope **etwas mit getrennter Post schicken; to send a magazine under plain cover** = in an ordinary envelope with no company name printed on it **eine Zeitschrift in neutralem Umschlag** *m* **verschicken**
2 *verb*
(a) to put something over a machine, etc. to keep it clean **ab-** *or* **zudecken** *don't forget to cover your micro before you go home*
(b) to cover a risk = to be protected by insurance against a risk **ein Risiko absichern; to be fully covered** = to have insurance against all risks **vollen Versicherungsschutz haben** *the insurance covers fire, theft and loss of work*
(c) to have enough money to pay; to ask for security against a loan which you are making **decken** *or* **abdecken; the damage was covered by the insurance** = the insurance company paid for the damage **der Schaden wurde von der Versicherung bezahlt; to cover a position** = to have enough money to be able to pay for a forward purchase **eine Position (ab)decken**
(d) to earn enough money to pay for costs, expenses, etc. **decken** *we do not make enough sales to cover the expense of running the shop; breakeven point is reached when sales cover all costs* **the dividend is covered four times** = profits are four times the dividend paid out **das Verhältnis Gewinn-Dividende ist 4:1**

◇ **coverage** ['kʌvərɪdʒ] *noun*
(a) press coverage *or* **media coverage** = reports about something in the newspapers *or* on TV, etc. **Presseberichterstattung** *or* **Medienberichterstattung** *f*; *the company had good media coverage for the launch of its new model*
(b) *(US)* protection guaranteed by insurance **Versicherungsschutz** *m*; *do you have coverage against fire damage?*

◇ **covering letter** *or* **covering note** ['kʌvərɪŋ'letə *or* 'kʌvərɪŋ'nəʊt] *noun* letter or note sent with documents to say why you are sending them **Begleitschreiben** *n*

> QUOTE three export credit agencies have agreed to provide cover for large projects in Nigeria
> Business Times (Lagos)

cowboy ['kaʊbɒɪ] *noun* workman who does bad work and charges a high price **Pfuscher** *m or* **Gauner** *m*; *the people we got in to repaint the office were a couple of cowboys* **cowboy outfit** = company which does bad work and charges high prices **Cowboy-Outfit** *n or* **Cowboyverein** *m*

Cr *or* **CR** = CREDIT

crane [kreɪn] *noun* machine for lifting heavy objects **Kran** *m*; *the container slipped as the crane was lifting it onto the ship; they had to hire a crane to get the machine into the factory*

crash [kræʃ]
1 *noun*
(a) accident to a car *or* plane *or* train **Unfall** *m or* **Zusammenstoß** *m or* **Absturz** *m*; *the car was damaged in the crash; the plane crash killed all the passengers or all the passengers were killed in the plane crash*
(b) financial collapse **Börsenkrach** *m or* **Crash** *m or* **(finanzieller) Zusammenbruch** *financial crash; he lost all his money in the crash of 1929*
2 *verb*
(a) to hit something and be damaged **einen Unfall haben; zusammenstoßen; abstürzen** *the plane crashed into the mountain; the lorry crashed into the post office*
(b) to collapse financially **Bankrott gehen** *or* **zusammenbrechen** *the company crashed with debts of over £1 million*

crate [kreɪt]
1 *noun* large wooden box **Kiste** *f*; *a crate of oranges*

2 *verb* to put goods into crates **in Kisten verpacken**

create [krɪ'eɪt] *verb* to make something new **schaffen** *by acquiring small unprofitable companies he soon created a large manufacturing group; the government scheme aims at creating new jobs for young people*

◇ **creation** [krɪ'eɪʃən] *noun* making **Schaffung** *f* ; **job creation scheme** = government-backed scheme to make work for the unemployed **Arbeitsbeschaffungsprogramm** *n*

> QUOTE he insisted that the tax advantages he directed towards small businesses will help create jobs and reduce the unemployment rate
>
> Toronto Star

creative accountancy *or* **creative accounting** [krɪˌeɪtɪvə'kaʊntɪŋ] *noun* adaptation of a company's figures to present a better picture than is correct (to appear to make a company more attractive to a potential buyer, or for some other reason which may not be strictly legal) **Bilanzkosmetik** *f*

> COMMENT: 'creative accounting' is the term used to cover a number of accounting practices which, although legal, may be used to mislead banks, investors and shareholders about the profitability or liquidity of a business

credere ['kreɪdərɪ] *see* DEL CREDERE

credit ['kredɪt]

1 *noun*

(a) period of time a customer is allowed before he has to pay a debt incurred for goods or services **Kredit** *m or* **Darlehen** *n* ; *to give someone six months' credit; to sell on good credit terms* **extended credit** = credit on very long repayment terms **verlängerter** *or* **prolongierter Kredit; langfristiges Zahlungsziel**; **interest-free credit** = arrangement to borrow money without paying interest on the loan **zinsloses Darlehen**; **long credit** = terms allowing the borrower a long time to pay **langfristiger Kredit** *or* **Kredit mit langer Laufzeit**; **open credit** = bank credit given to good customers without security **offener (ungedeckter) Kredit; Blankokredit**; **short credit** = terms allowing the customer only a short time to pay **kurzfristiger Kredit** *or* **Kredit mit kurzer Laufzeit**; **credit account** = account which a customer has with a shop which allows him to buy goods and pay for them later **Kundenkonto** *n* ; *to open a credit account* **credit agency** *or (US)* **credit bureau** = company which reports on the creditworthiness of customers to show whether they should be allowed credit **Kreditauskunftei** *f* ; **credit bank** = bank which lends money **Kreditbank** *f* ; **credit control** = check that customers pay on time and do not owe more than their credit limit **Kreditüberwachung** *or* **-kontrolle** *f* ; **credit controller** = member of staff whose job is to try to get payment of overdue invoices **für Kreditkontrolle zuständige(r) Angestellte(r)**; **credit facilities** = arrangement with a bank or supplier to have credit so as to buy goods **Kreditmodalitäten** *fpl* **credit freeze** *or* **credit squeeze** = period when lending by banks is restricted by the government **Einfrieren** *n* **von Krediten; Kreditsperre** *f or* **Kreditrestriktion** *f* ; **letter of credit (L/C)** = letter from a bank, allowing someone credit and promising to repay at a later date **Akkreditiv** *n* ; **irrevocable letter of credit** = letter of credit which cannot be cancelled **unwiderrufliches Akkreditiv**; **credit limit** = fixed amount which is the most a customer can owe on credit **Kreditlimit** *n* ; **he has exceeded his credit limit** = he has borrowed more money than he is allowed **er hat sein Kreditlimit überschritten**; **to open a line of credit** *or* **a credit line** = to make credit available to someone **eine Kreditlinie einräumen**; **credit rating** = amount which a credit agency feels a customer should be allowed to borrow **Kreditwürdigkeit** *f or* **Bonität** *f* ; **credit sale** = sale where the purchaser will pay for the goods bought at a later date **Verkauf** *m* **auf Kreditkarte**; **on credit** = without paying immediately **auf Kredit** *to live on credit we buy everything on sixty days credit; the company exists on credit from its suppliers*

(b) amount entered in accounts to show a decrease in assets or expenses or an increase in liabilities, revenue or capital (in accounts, credits are entered in the right-hand column); *(compare* DEBIT) **Haben** *n* ; *to enter £100 to someone's credit; to pay in £100 to the credit of Mr Smith* **debits and credits** = figures which are entered in the accounts to record increases or decreases in assets, expenses, liabilities, revenue or capital **Soll und Haben**; **credit balance** = balance in an account showing that more money has been received than is owed by the company **Habensaldo** *m or* **Guthaben** *n* ; *the account has a credit balance of £1,000* **credit column** = right-hand column in accounts showing money received **Habenspalte** *f* ; **credit entry** = entry on the credit side of an account **Habenbuchung** *f or* **Gutschrift** *f* ; **credit note (C/N)** = note showing that money is owed to a customer **Gutschriftanzeige** *f* ; *the company sent the* *wrong order and so had to issue a credit note* **credit side** = right-hand side of accounts showing money received **Habenseite** *f* ; **account in credit** = account where the credits are higher than the debits **Konto mit Habensaldo** *or* **Konto, das nicht überzogen ist; bank credit** = loans or overdrafts from a bank to a customer **Bankkredit** *m* ; **tax credit** = part of a dividend on which the company has already paid advance corporation tax which is deducted from the shareholder's income tax charge **Steuergutschrift** *f or* **Steueranrechnung** *f*

2 *verb* to put money into someone's account; to note money received in an account **gutschreiben; kreditieren** *to credit an account with £100 or to credit £100 to an account*

◇ **credit card** ['kredɪtkɑːd] *noun* plastic card which allows you to borrow money and to buy goods without paying for them immediately (you pay the credit card company at a later date) **Kreditkarte** *f*

◇ **creditor** ['kredɪtə] *noun* person or company that is owed money (a company's creditors are its liabilities) **Gläubiger** *m* ; **creditors** = list of all liabilities in a set of accounts, including overdrafts, amounts owing to other companies in the group, trade creditors, payments received on account for goods not yet supplied, etc. **Verbindlichkeiten** *fpl* **trade creditors** = companies which are owed money by a company (the amount owed to trade creditors is shown in the annual accounts) **Kreditoren** *mpl or* **Verbindlichkeiten** *fpl* **aus Lieferungen und Leistungen; creditors' meeting** = meeting of all persons to whom an insolvent company owes money, to decide how to obtain the money owed **Gläubigerversammlung** *f*

◇ **credit union** ['kredɪt'juːnjən] *noun (US)* group of people who pay in regular deposits or subscriptions which earn interest and are used to make loans to other members of the group **Kreditgenossenschaft** *f*

◇ **creditworthy** ['kredɪt'wɜːðɪ] *adjective* able to buy goods on credit **kreditwürdig**

◇ **creditworthiness** ['kredɪt'wɜːðɪnəs] *noun* ability of a customer to pay for goods bought on credit **Kreditwürdigkeit** *f or* **Bonität** *f*

crew [kruː] *noun* group of people who work on a plane *or* ship, etc. **Besatzung** *f or* **Crew** *f or* **Mannschaft** *f*; *the ship carries a crew of 250*

crime [kraɪm] *noun* act which is against the law **Straftat** *f or* **Verbrechen** *n or* **Delikt** *n* ; *crimes in supermarkets have risen by 25%*

◇ **criminal** ['krɪmɪnl] *adjective* illegal **kriminell** *or* **verbrecherisch** *or* **strafbar** *misappropriation of funds is a criminal act* **criminal action** = court case brought by the state against someone who is charged with a crime **Strafprozess** *m or* **strafrechtliche Verfolgung**

crisis ['kraɪsɪs] *noun* serious economic situation where decisions have to be taken rapidly **Krise** *f* ; *international crisis; banking crisis; financial crisis* **crisis management** = management of a business *or* a country's economy during a period of crisis **Krisenmanagement** *n* ; **to take crisis measures** = to take severe measures rapidly to stop a crisis developing **Krisenmaßnahmen** *fpl* **ergreifen** (NOTE: plural is **crises)**

critical path analysis [ˌkrɪtɪkəlpɑːθə'næləsɪs] *noun* analysis of the way a project is organized in terms of the minimum time it will take to complete, calculating which parts can be delayed without holding up the rest of the project **Critical-Path-Analyse** *f*

criticize ['krɪtɪsaɪz] *verb* to say that something *or* someone is wrong *or* is working badly, etc. **kritisieren** *the MD criticized the sales manager for not improving the volume of sales; the design of the new catalogue has been criticized*

CRO = COMPANIES REGISTRATION OFFICE

crore [krɔː] *noun (in India)* ten million **Crore** *f* (NOTE: one crore equals 100 lakh)

> QUOTE last year, the company clocked a sales turnover of Rs. 7.09 crore and earned a profit after tax of Rs. 10.39 lakh on an equity base of Rs. 14 lakh
> Business India

cross [krɒs] *verb*
(a) to go across **überqueren** *Concorde only takes three hours to cross the Atlantic; to get to the bank, you turn left and cross the street at the post office*
(b) to cross a cheque = to write two lines across a cheque to show that it has to be paid into a bank **einen Scheck zur Verrechnung ausstellen; crossed cheque** = cheque which has to be paid into a bank **Verrechnungsscheck** *m*

> COMMENT: crossed cheques have the words 'A/C payee' printed in the space between the two vertical lines. This means that the cheque can only be paid into a bank, and only into the account of the person whose name is written on it - it cannot be endorsed to a third party

◇ **cross holding** ['krɒs'həʊldɪŋ] *noun* situation where two companies hold shares in each other **gegenseitige Beteiligung** *or* **Kapitalverflechtung** *f*

◇ **cross off** [krɒs'ɒf] *verb* to remove something from a list **streichen** *he crossed my name off his list; you can cross him off our mailing list*

◇ **cross out** [krɒs'aʊt] *verb* to put a line through something which has been written **durchstreichen** *she crossed out £250 and put in £500*

◇ **cross rate** ['krɒs'reɪt] *noun* exchange rate between two currencies expressed in a third currency **Kreuzparität** *f or* **indirekte Parität**

crude (oil) [kru:d(ɔɪl)] *noun* raw petroleum, taken from the ground **Erdöl** *n or* **Rohöl** *n* ; *the price for Arabian crude has slipped*

cubic ['kju:bɪk] *adjective* measured in volume by multiplying length, depth and width **Kubik-** *or* **Raum-** *the crate holds six cubic metres* **cubic measure** = volume measured in cubic feet or metres **Kubikmaß** *n or* Raummaß *n* (NOTE: cubic is written in figures as ³: **6m³** = six cubic metres; **10ft³** = ten cubic feet)

cum [kʌm] *preposition* with **mit** *or* **cum**; **cum dividend** = price of a share including the next dividend still to be paid **mit Dividende**; **cum coupon** = with a coupon attached **mit Coupon**

cumulative ['kju:mjʊlətɪv] *adjective* which is added automatically each year **kumulativ** *or* **anhäufend**; **cumulative interest** = interest which is added to the capital each year **Zins und Zinseszins**; **cumulative preference share** *or (US)* **cumulative preferred stock** = preference share which will have the dividend paid at a later date even if the company is not able to pay a dividend in the current year **kumulative Vorzugsaktie**

currency ['kʌrənsɪ] *noun* money in coins and notes which is used in a particular country **Währung** *f*; **convertible currency** = currency which can easily be exchanged for another **frei konvertierbare Währung**; **foreign currency** = currency of another country **Devisen** *pl or* **Fremdwährung** *f or* **Valuta** *f*; **foreign currency account** = bank account in the currency of another country (e.g. a dollar account) **Devisen-** *or* **Valutakonto** *n* ; **foreign currency reserves** = a country's reserves in currencies of other countries **Devisenreserven** *fpl* **hard currency** = currency of a country which has a strong economy and which can be changed into other currencies easily **harte Währung** *to pay for imports in hard currency; to sell raw materials to earn hard currency* **legal currency** = money which is legally used in a country **gesetzliches Zahlungsmittel**; **soft currency** = currency of a country with a weak economy, which is cheap to buy and difficult to exchange for other currencies **weiche Währung**; **currency backing** = gold or securities which maintain the international strength of a currency **Währungsdeckung** *f or* **Stützung** *f* **der Währung**; **currency note** = bank note **Banknote** *f* (NOTE: **currency** has no plural when it refers to the money of one country: **he was arrested trying to take currency out of the country)**

> QUOTE the strong dollar's inflationary impact on European economies, as national governments struggle to support their sinking currencies and push up interest rates
>
> Duns Business Month

> QUOTE today's wide daily variations in exchange rates show the instability of a system based on a single currency, namely the dollar
>
> Economist

> QUOTE the level of currency in circulation increased to N4.9 billion in the month of August
>
> Business Times (Lagos)

current ['kʌrənt] *adjective* referring to the present time **derzeitig** *or* **gegenwärtig** *or* **aktuell**; **current assets** = assets used by a company in its ordinary work (such as materials, finished products, cash) **Umlaufvermögen** *n* ; **current cost accounting (CCA)** = method of accounting which notes the cost of replacing assets at current prices, rather than valuing assets at their original cost **Rechnungslegung** *f* **zum Wiederbeschaffungswert**; **current liabilities** = debts which a company has to pay within the next accounting period **kurzfristige Verbindlichkeiten** *fpl* **current price** = today's price **Tagespreis** *m* **Tageskurs** *m* ; **current rate of exchange** = today's rate of exchange **Tageskurs** *m* ; **current yield** = dividend calculated as a percentage of the price paid per share **laufende Rendite**

◇ **current account** *noun*

(a) account in an bank from which the customer can withdraw money when he wants (current accounts do not always pay interest) **laufendes Konto** *or* **Girokonto** *to pay money into a current account* (NOTE: the US equivalent is a **checking account)**

(b) account of the balance of payments of a country relating to the sale or purchase of raw materials, goods and invisibles **Zahlungsbilanz** *f*

◇ **currently** ['kʌrəntlɪ] *adverb* at the present time **gegenwärtig** *or* **zurzeit** *we are currently negotiating with the bank for a loan*

> QUOTE a surplus in the current account is of such vital importance to economists and currency traders because the more Japanese goods that are exported, the more dollars overseas customers have to pay for these products. That pushes up the value of the yen
>
> Nikkei Weekly

> QUOTE crude oil output plunged during the past month and is likely to remain at its current level for the near future
>
> Wall Street Journal

> QUOTE customers' current deposit and current accounts also rose to $655.31 million at the end of December
>
> Hongkong Standard

curriculum vitae (CV) [kəˌrɪkjʊləm'viːtaɪ] *noun* summary of a person's life story showing details of education and work experience **Lebenslauf** *m* ; *candidates should send a letter of application with a curriculum vitae to the personnel officer* (NOTE: the plural is **curriculums** *or* **curricula vitae.** Note also that the US English is **résumé)**

curve [kɜːv] *noun* line which bends round **Kurve** *f* ; *the graph shows an upward curve* **learning curve** = gradual process of learning (as shown on an imaginary scale) **Lernkurve**; **sales curve** = graph showing how sales increase or decrease **Umsatz-** *or* **Absatzkurve**

cushion ['kʊʃən] *noun* money which allows a company to pay interest on its borrowings *or* to survive a loss **Polster** *n or* **Puffer** *m* ; *we have sums on deposit which are a useful cushion when cash flow is tight*

custom ['kʌstəm] *noun*
(a) use of a shop by regular shoppers **Kundschaft** *f or* **Klientel** *f* ; **to lose someone's custom** = to do something which makes a regular customer go to another shop **jdn als Kunden verlieren**; **custom-built** *or* **custom-made** = made specially for one customer **spezialangefertigt** *he drives a custom-built Rolls Royce*

(b) the customs of the trade = general way of working in a trade **Handelsbrauch** *m or* **Usance** *f*

◇ **customer** ['kʌstəmə] *noun* person *or* company which buys goods **Kunde/Kundin; Auftraggeber/-in** *the shop was full of customers; can you serve this customer first please? he is a regular customer of ours* **customer appeal** = what attracts customers to a product **Anziehungskraft auf den Kunden**; **customer service department** = department which deals with customers and their complaints and orders **Kundendienst** *m*

◇ **customize** ['kʌstəmaɪz] *verb* to change something to fit the special needs of a customer **individuell anpassen** *or* **auf Bestellung anfertigen** *we use customized computer terminals*

◇ **customs** ['kʌstəmz] *plural noun* **H.M. Customs and Excise** = (i) the government department which organizes the collection of taxes on imports (and also collects VAT); (ii) office of this department at a port or airport **(i) Behörde** *f* **für Zölle und Verbrauchsteuern; (ii) Zoll** *m or* **Zollbehörden** *fpl* **to go through customs** = to pass through the area of a port or airport where customs officials examine goods **durch den Zoll gehen** *or* **den Zoll passieren**; **to smuggle something through customs** = to carry something illegal through the customs area without declaring it **etwas durch den Zoll schmuggeln** *he was stopped by customs; her car was searched by customs* **customs barrier** = customs duty intended to prevent imports **Zollschranke** *f* ; **customs broker** = person *or* company which takes goods through customs for a shipping company **Spediteur, der die Zollabfertigung übernimmt; Zollmakler/-in; customs clearance** = document given by customs to a shipper to show that customs duty has been paid and the goods can be shipped **Zollabfertigung** *f* ; *to wait for customs clearance* **customs declaration** = statement showing goods being imported on which duty will have to be paid **Zollerklärung** *f*; *to fill in a customs (declaration) form* **customs duty** = tax paid on goods brought into or taken out of a country **Zoll** *m or* **Zollabgabe** *f* ; **the crates had to go through a customs examination** = the crates had to be examined by customs officials **die Kisten wurden vom Zoll untersucht; customs formalities** = declaration of goods by the shipper and examination of them by customs **Zollformalitäten** *fpl* **customs officer** *or* **customs official** = peson working for customs **Zollbeamte(r)/-beamtin; customs tariffs** = list of duties to be paid on imported goods **Zolltarife** *mpl* **customs union** =

agreement between several countries that goods can travel between them, without paying duty, while goods from other countries have to pay special duties **Zollunion** *f*

cut [kʌt]
1 *noun*
(a) sudden lowering of a price *or* salary *or* numbers of jobs **Senkung** *f or* **Kürzung** *f*; *price cuts or cuts in prices* **job cuts** = reductions in the number of jobs **Stellenkürzungen** *fpl or* **Arbeitsplatzabbau** *m*; **he took a cut in salary** *or* **a salary cut** = he accepted a lower salary **er nahm eine Gehaltskürzung hin**
(b) share in a payment **Anteil** *m or* **Teil** *m*; *he introduces new customers and gets a cut of the salesman's commission*
2 *verb*
(a) to lower suddenly **senken; kürzen** *we are cutting prices on all our models* **to cut (back) production** = to reduce the quantity of products made **die Produktion drosseln** *the company has cut back its sales force; we have taken out the telex in order to try to cut costs*
(b) to reduce the number of something **streichen; abbauen; reduzieren; to cut jobs** = to reduce the number of jobs by making people redundant **Arbeitsplätze streichen** *or* **Stellen kürzen; he cut his losses** = he stopped doing something which was creating a loss **er hat seine Verluste vermindert** (NOTE: **cutting - cut - has cut**)

◇ **cutback** ['kʌtbæk] *noun* reduction **Kürzung** *f*; *cutbacks in government spending*

◇ **cut down (on)** [kʌt'daʊn(ɒn)] *verb* to reduce suddenly the amount of something used **kürzen; einschränken** *the government is cutting down on welfare expenditure; the office is trying to cut down on electricity consumption; we have installed a word-processor to cut down on paperwork*

◇ **cut in** [kʌt'ɪn] *verb (informal)*; **to cut someone in on a deal** = to give someone a share in the profits of a deal **jdn an einem Geschäft beteiligen**

◇ **cut-price** [kʌt'praɪs] *adjective* sold at a cheaper price than usual **herabgesetzt** *or* **ermäßigt** *cut-price goods; cut-price petrol* **cut-price store** = store selling cut-price goods **Laden** *m* **mit reduzierten Preisen** *mpl*

◇ **cut-throat competition** ['kʌtθrəʊtkɒmpɪ'tɪʃn] *noun* sharp competition by cutting prices and offering high discounts **mörderischer Wettbewerb**

◇ **cutting** ['kʌtɪŋ] *noun*
(a) cost cutting = reducing costs **Kostensenkung** *f*; *we have made three secretaries redundant as part of our cost-cutting programme* **price cutting** = sudden lowering of prices **Preissenkung** *f*; **price-cutting war** = competition between companies to get a larger market share by cutting prices **Preiskrieg** *m*
(b) press cuttings = references to a client *or* person *or* product cut out of newspapers or magazines **Zeitungsausschnitte** *mpl we have a file of press cuttings on our rivals' products* **press cutting agency** = company which cuts out references to a client from newspapers and magazines and sends them on to him **Zeitungsausschnittdienst** *m*

> QUOTE state-owned banks cut their prime rates a percentage point to 11%
> Wall Street Journal

> QUOTE the US bank announced a cut in its prime from 101/2 per cent to 10 per cent
> Financial Times

> QUOTE Opec has on average cut production by one third since 1979
> Economist

CV ['siː'viː] *noun* = CURRICULUM VITAE *please apply in writing, enclosing a current CV*

CWO = CASH WITH ORDER

cwt ['hʌndrədweɪt] = HUNDREDWEIGHT

cycle ['saɪkl] *noun* period of time when something leaves its original position and then returns to it **Zyklus** *m or* **Kreislauf** *m*; **economic cycle** *or* **trade cycle** *or* **business cycle** = period during which trade expands, then slows down and then expands again **Konjunkturzyklus**

◇ **cyclical** ['sɪklɪkəl] *adjective* which happens in cycles **zyklisch** *or* **konjunkturell** *or* **konjunkturbedingt**; **cyclical factors** = way in which a trade cycle affects businesses **zyklische** *or* **konjunkturelle Faktoren** *mpl*

Dd

daily ['deɪlɪ] *adjective* done every day **täglich**; **daily consumption** = amount used each day **Tagesverbrauch** *m or* **täglicher Verbrauch**; **daily production of cars** = number of cars produced each day

Tagesproduktion *f* **an Autos; daily sales returns** = reports of sales made each day **Tagesumsatz** *m* ; **a daily newspaper** *or* **a daily** = newspaper which is produced every day **eine Tageszeitung**

daisy-wheel printer ['deɪzɪwi:l,prɪntə] *noun* printer with characters arranged at the end of spokes on small wheels which can be changed to give different types of printing **Typenraddrucker** *m*

damage ['dæmɪdʒ]
1 *noun*
(a) harm done to things **Schaden** *m or* **Beschädigung** *f* ; **fire damage** = damage caused by a fire **Brandschaden; storm damage** = damage caused by a storm **Sturmschaden; to suffer damage** = to be harmed **Schaden erleiden** *or* **nehmen** *we are trying to assess the damage which the shipment suffered in transit* **to cause damage** = to harm something **beschädigen; Schaden verursachen** *or* **anrichten** *the fire caused damage estimated at £100,000* **damage survey** = survey of damage done **Schadenprüfung** *f or* **Schadenfeststellung** *f*
(b) damages = money claimed as compensation for harm done **Schaden(s) ersatz** *m or* **Entschädigung** *f or* **Schmerzensgeld** *n* ; *to claim £1000 in damages; to be liable for damages; to pay £25,000 in damages* **to bring an action for damages against someone** = to take someone to court and claim damages **jdn auf Schaden(s)ersatz verklagen**
2 *verb* to harm **beschädigen** *the storm damaged the cargo; stock which has been damaged by water*

◊ **damaged** ['dæmɪdʒd] *adjective* which has suffered damage *or* which has been harmed **beschädigt** *or* **schadhaft** *goods damaged in transit* **fire-damaged goods** = goods harmed in a fire **brandgeschädigte Waren** *fpl*

damp down [dæmp'daʊn] *verb* to reduce **dämpfen** *or* **abschwächen** *to damp down demand for domestic consumption of oil*

D & B = DUN & BRADSTREET

danger ['deɪn(d)ʒə] *noun* possibility of being harmed or killed **Gefahr** *f or* **Risiko** *n* ; *there is danger to the workforce in the old machinery* **there is no danger of the sales force leaving** = it is not likely that the sales force will leave **es besteht keine Gefahr, dass die Handelsvertreter kündigen; to be in danger of** = which may easily happen **Gefahr laufen; she is in danger of being made redundant** = she could be about to lose her job **ihr droht die Entlassung** *the company is in danger of being taken over*

◊ **danger money** ['deɪn(d)ʒə,mʌnɪ] *noun* extra money paid to workers in dangerous jobs **Gefahrenzulage** *f* ; *the workforce has stopped work and asked for danger money*

◊ **dangerous** ['deɪn(d)ʒərəs] *adjective* which can be harmful **gefährlich** *or* **riskant; dangerous job** = job where the workers may be killed or hurt **gefährlicher Beruf**

data ['deɪtə] *noun* information (letters or figures) available on computer **Daten** *pl* **data acquisition** = gathering information about a subject **Datenerfassung** *f* ; **data bank** *or* **bank of data** = store of information in a computer **Datenbank** *f* ; **data capture** = act of putting information onto a computer (by keyboarding or by scanning) **Datenerfassung** *f* ; **data processing** = selecting and examining data in a computer to produce special information **Datenverarbeitung** *f* (NOTE: **data** is usually singular: **the data is easily available)**

◊ **database** ['deɪtəbeɪs] *noun* store of information in a large computer **Datenbank** *f* ; *we can extract the lists of potential customers from our database*

date [deɪt]
1 *noun*
(a) number of day, month and year **Datum** *n* ; *I have received your letter of yesterday's date* **date stamp** = rubber stamp for marking the date on letters received **Datumsstempel** *m* ; **date of receipt** = date when something is received **Eingangs-** *or* **Empfangsdatum; sell-by date** = date on a food packet which is the last date when the food is still guaranteed to be good **Haltbarkeitsdatum**
(b) to date = up to now **bis jetzt** *or* **heute; interest to date** = interest up to the present time **Zinsen bis heute**
(c) up to date = current *or* recent *or* modern **aktuell** *or* **auf dem neuesten Stand** *an up-to-date computer system* **to bring something up to date** = to add the latest information to something **etwas auf den neuesten Stand bringen; to keep something up to date** = to keep adding information to something so that it is always up to date **etwas auf dem Laufenden** *or* **auf dem neuesten Stand halten** *we spend a lot of time keeping our mailing list up to date*
(d) out of date = old-fashioned **veraltet** *or* **überholt** *or* **unzeitgemäß** *their computer system is years out of date; they are still using out-of-date machinery*

(e) maturity date = date when a government stock will mature **Fälligkeitstermin** *m* ; **date of bill** = date when a bill will mature **Fälligkeitstermin eines Wechsels** *m*
2 *verb* to put a date on a document **datieren** *the cheque was dated March 24th; you forgot to date the cheque* **to date a cheque forward** = to put a later date than the present one on a cheque **einen Scheck vordatieren**
◇ **dated** ['deɪtɪd] *adjective* with a date written on it **datiert** *thank you for your letter dated June 15th* **long-dated bill** = bill which is payable more than three months from now **langfristiger Wechsel; short-dated bill** = bill which is payable within a few days **kurzfristiger Wechsel**

dawn raid [dɑːn'reɪd] *noun* sudden planned purchase of a large number of a company's shares at the beginning of a day's trading (up to 15% of a company's shares may be bought in this way, and the purchaser must wait for seven days before purchasing any more shares; sometimes a dawn raid is the first step towards a takeover of the target company) **überraschender Aktienaufkauf**

day [deɪ] *noun*
(a) period of 24 hours **Tag** *m* ; *there are thirty days in June; the first day of the month is a public holiday* **settlement day** = day when accounts have to be settled **Abrechnungstag** *m* ; **Liquidationstermin** *m* ; **three clear days** = three whole working days **drei (volle) Tage** *to give ten clear days' notice; allow four clear days for the cheque to be paid into the bank*
(b) period of work from morning to night **(Arbeits)tag** *m* ; **she took two days off** = she did not come to work for two days **sie hat sich zwei Tage frei genommen; he works three days on, two days off** = he works for three days, then has two days' holiday **er arbeitet drei Tage und hat dann zwei Tage frei; to work an eight-hour day** = to spend eight hours at work each day **einen achtstündigen Arbeitstag haben; day shift** = shift which works during the daylight hours such as from 8 a.m. to 5.30 p.m. **Tagschicht** *f* ; *there are 150 men on the day shift; he works the day shift* **day release** = arrangement where a company allows a worker to go to college to study for one or two days each week **bezahlte Freistellung für einen Tag zur beruflichen Fortbildung** *the junior sales manager is attending a day release course*
◇ **day book** ['deɪbʊk] *noun* book with an account of sales and purchases made each day **Journal** *n* ; **sales day book (SDB)** = book in which non-cash sales are recorded with details of customer, invoice, amount and date **Warenausgangsbuch** *n*

◇ **day-to-day** ['deɪtə'deɪ] *adjective* ordinary *or* which goes on all the time **täglich** *or* **Tages-** *he organizes the day-to-day running of the company; sales only just cover the day-to-day expenses*
◇ **day worker** ['deɪwɜːkə] *noun* person who works the day shift **Tagelöhner/-in**

DCF = DISCOUNTED CASH FLOW

dead [ded] *adjective*
(a) not alive **tot** *or* **verstorben** *six people were dead as a result of the accident; the founders of the company are all dead*
(b) not working **unproduktiv** *or* **ertraglos; dead account** = account which is no longer used **umsatzloses Konto; the line went dead** = the telephone line suddenly stopped working **die Verbindung brach ab; dead loss** = total loss **Totalverlust** *m* ; *the car was written off as a dead loss* **dead capital** *or* **dead money** = money which is not invested to make a profit **totes Kapital; dead season** = time of year when there are few tourists about **Nebensaison** *f*
◇ **deadline** ['dedlaɪn] *noun* date by which something has to be done **(letzter) Termin; Stichtag** *m* ; **Frist** *f* ; **to meet a deadline** = to finish something in time **einen Termin** *or* **eine Frist einhalten** *we've missed our October 1st deadline*
◇ **deadlock** ['dedlɒk]
1 *noun* point where two sides in a dispute cannot agree **Stillstand** *m* ; *the negotiations have reached a deadlock* **to break a deadlock** = to find a way to start discussions again after being at a point where no agreement was possible **aus einer Sackgasse herausfinden; den toten Punkt überwinden**
2 *verb* to be unable to agree to continue negotiations **zum Stillstand bringen; talks have been deadlocked for ten days** = after ten days the talks have not produced any agreement **seit zehn Tagen verlaufen die Gespräche ergebnislos**
◇ **deadweight** ['ded'weɪt] *noun* heavy goods like coal, iron or sand **Eigen-** *or* **Leergewicht** *n* ; **deadweight cargo** = heavy cargo which is charged by weight, not by volume **Schwergut** *n* ; **deadweight capacity** *or* **deadweight tonnage** = largest amount of cargo which a ship can carry safely **Ladefähigkeit** *f* *or* **Gesamtzuladungsgewicht** *n*

deal [diːl]
1 *noun*
(a) business agreement *or* affair *or* contract **Abkommen** *n* *or* **Abschluss** *m* *or* **Geschäft** *n* *or* **Handel** *m* ; *to arrange a deal or to set up a deal*

or to do a deal; to sign a deal; the sales director set up a deal with a Russian bank; the deal will be signed tomorrow; they did a deal with an American airline **to call off a deal** = to stop an agreement **ein Abkommen** *or* **ein Geschäft rückgängig machen** *when the chairman heard about the deal he called it off* **cash deal** = sale done for cash **Bargeschäft** *n*; **package deal** = agreement where several different items are agreed at the same time **Gesamtvereinbarung** *f* *or* **Pauschalarrangement** *n* *or* **Verhandlungspaket** *n*; *they agreed a package deal, which involves the construction of the factory, training of staff and purchase of the product*
(b) a great deal *or* **a good deal of something** = a large quantity of something **viel** *or* **eine Menge** *he has made a good deal of money on the stock market; the company lost a great deal of time asking for expert advice*
2 *verb*
(a) to deal with = to organize **sich befassen mit** *leave it to the filing clerk - he'll deal with it* **to deal with an order** = to work to supply an order **einen Auftrag ausführen** *or* **bearbeiten**
(b) to trade *or* to buy and sell **handeln** *or* **Handel treiben**; **to deal with someone** = to do business with someone **mit jdm Geschäfte machen** *or* **mit jdm in Geschäftsverbindung stehen**; **to deal in leather** *or* **to deal in options** = to buy and sell leather *or* options **in der Lederbranche tätig sein** *or* **mit Leder handeln** *or* **Leder führen; Optionsgeschäfte machen**; **he deals on the Stock Exchange** = his work involves buying and selling shares on the Stock Exchange for clients **er betreibt Börsengeschäfte** *or* **er handelt an der Börse**

◇ **dealer** ['di:lə] *noun* person who buys and sells **Händler/-in** *or* **Kaufmann/-frau; Wertpapierhändler/-in** *dealer in tobacco or tobacco dealer* **foreign exchange dealer** = person who buys and sells foreign currencies **Devisenhändler/-in** *or* **-makler/-in; retail dealer** = person who sells to the general public **Einzelhändler/-in; wholesale dealer** = person who sells in bulk to retailers **Großhändler/-in**

◇ **dealership** ['di:ləʃɪp] *noun*
(a) authorization to sell certain products or services **Vertretung** *f*
(b) business run by an authorized dealer **Vertretung** *f*

◇ **dealing** ['di:lɪŋ] *noun*
(a) buying and selling on the Stock Exchange, commodity markets or currency markets **Effektenhandel** *m*; **fair dealing** = legal trade *or* legal buying and selling of shares **lauterer Handel; geordneter Effektenhandel; foreign exchange dealing** = buying and selling foreign currencies **Devisenhandel** *m*; **forward dealing** = buying or selling commodities forward **Termingeschäft** *n*; **insider dealing** = illegal buying or selling of shares by staff of a company or other persons who have secret information about the company's plans **Insiderhandel** *m*; **option dealing** = buying and selling share options **Optionsgeschäft** *n*
(b) buying and selling goods **Handel** *m*; **to have dealings with someone** = to do business with someone **mit jdm Geschäfte machen** *or* **mit jdm in Geschäftsbeziehungen stehen**

dear [dɪə] *adjective*
(a) expensive *or* costing a lot of money **teuer** *or* **kostspielig** *property is very dear in this area* **dear money** = money which has to be borrowed at a high interest rate **teures Geld**
(b) way of starting a letter by addressing someone **Liebe(r); Sehr geehrte(r); Dear Sir** *or* **Dear Madam** = addressing a man or woman whom you do not know, or addressing a company **Sehr geehrte Damen und Herren; Dear Sirs** = addressing a company **Sehr geehrte Damen und Herren; Dear Mr Smith** *or* **Dear Mrs Smith** *or* **Dear Miss/Ms Smith** = addressing a man or woman whom you know **Lieber** *or* **Sehr geehrter Herr Smith; Liebe** *or* **Sehr geehrte Frau Smith; Dear James** *or* **Dear Julia** = addressing a friend *or* a person you do business with often **Lieber James!; Liebe Julia!; Dear James and Julia** = addressing two friends together **Lieber James, Liebe Julia!**

> COMMENT: first names are commonly used between business people in the UK; they are less often used in other European countries (France and Germany, for example, where business letters tend to be more formal)

death [deθ] *noun* act of dying **Tod** *m*; **death benefit** = insurance benefit paid to the family of someone who dies in an accident at work **Sterbegeld** *n*; **death in service** = insurance benefit or pension paid when someone dies while employed by a company **Versicherungszahlung** *f* **im Todesfall eines Betriebsangehörigen**; *(US)* **death duty** *or* **death tax** = tax paid on the property left by a dead person **Erbschaftssteuer** *f* (NOTE: the GB equivalent is **inheritance tax**)

debenture [dɪ'bentʃə] *noun* agreement to repay a debt with fixed interest using the company's assets as security **Obligation** *f* *or* **Pfandbrief** *m* *or* **Schuldverschreibung** *f*; *the bank holds a debenture on the company* **convertible debenture** = debenture which can be converted into ordinary shares at a certain date **Wandelschuldverschreibung** *f*; **mortgage debenture** = debenture where the lender can be repaid by selling the company's property **Hypothekenpfandbrief**; **debenture issue** *or* **issue of debentures** = borrowing money against the security of the company's assets **Ausgabe** *f* **von Schuldverschreibungen**; **debenture bond** = (i) certificate showing that a debenture has been issued; (ii) *(US)* unsecured loan **(i) Schuldverschreibung** *or* **Obligation; (ii) ungesicherte Schuldverschreibung; debenture capital** *or* **debenture stock** = capital borrowed by a company, using its fixed assets as security **Anleihe(erlös)kapital** *n* ; **debenture holder** = person who holds a debenture for money lent **Obligationär** *m or* **Inhaber/-in einer Schuldverschreibung** *or* **Pfandbriefinhaber/-in**; **debenture register** *or* **register of debentures** = list of debenture holders of a company **Verzeichnis** *n* **der Obligationäre**

> COMMENT: in the UK, debentures are always secured on the company's assets; in the USA, debenture bonds are not secured

debit ['debɪt]
1 *noun* money which a company owes, an entry in accounts which shows an increase in assets or expenses or a decrease in liabilities, revenue or capital (entered in the left-hand side of an account) **Soll** *n (compare* CREDIT); **debits and credits** = money which a company owes and money it receives, figures which are entered in the accounts to record increases or decreases in assets, expenses, liabilities, revenue or capital **Soll und Haben**; **debit balance** = balance in an account, showing that the company owes more money than it has received **Sollsaldo** *m* ; **debit card** = plastic card, similar to a credit card, but which debits the holder's account immediately through an EPOS system ≈ **Eurocheque-Karte** *or* **EC-Karte** *f* ; **debit column** = left-hand column in accounts showing the money paid or owed to others **Sollspalte** *f*; **debit entry** = entry on the debit side of an account **Sollbuchung** *f or* **Belastung** *f* ; **debit note** = note showing that a customer owes money **Debet-** *or* **Belastungs-** *or* **Lastschriftanzeige** *f*; *we undercharged Mr Smith and had to send him a debit note for the extra amount* **debit side** = left-hand side of an account showing the money paid or owed to others **Sollseite** *f*; **direct debit** = system where a customer allows a company to charge costs to his bank account automatically and where the amount charged can be increased or decreased with the agreement of the customer **Abbuchung** *f* **auf Grundlage einer Einzugsermächtigung** *I pay my electricity bill by direct debit*

2 *verb* **to debit an account** = to charge an account with a cost **ein Konto belasten** *his account was debited with the sum of £25*

◊ **debitable** ['debɪtəbl] *adjective* which can be debited **zu Lasten**

debt [det] *noun*
(a) money owed for goods or services **Schuld** *f*; *the company stopped trading with debts of over £1 million* **to be in debt** = to owe money **Schulden haben; he is in debt to the tune of £250** = he owes £250 **er hat Schulden in Höhe von £250; to get into debt** = to start to borrow more money than you can pay back **sich verschulden** *or* **Schulden machen; the company is out of debt** = the company does not owe money any more **das Unternehmen ist aus den Schulden heraus; to pay back a debt** = to pay all the money owed **eine Schuld zurückzahlen; to pay off a debt** = to finish paying money owed **eine Schuld begleichen** *or* **tilgen; to service a debt** = to pay interest on a debt **eine Schuld bedienen** *the company is having problems in servicing its debts* **bad debt** = debt which will not be paid (usually because the debtor has gone out of business) and which has to be written off in the accounts **uneinbringliche Forderung** *f or* **nicht einziehbare Außenstände** *pl the company has written off £30,000 in bad debts* **secured debts** *or* **unsecured debts** = debts which are guaranteed or not guaranteed by assets **gesicherte Forderungen** *fpl;* **nicht gesicherte Forderungen; debt collecting** *or* **collection** = collecting money which is owed **Forderungseinziehung** *f or* **Schuldeneintreibung** *f* ; **debt collection agency** = company which collects debts for a commission **Inkassobüro** *n* ; **debt collector** = person who collects debts **Inkassobeauftragte (r)** *or* **Schuldeneintreiber/-in; debts due** = money owed which is due for repayment **fällige Schulden** *fpl*
(b) funded debt = part of the British National Debt which pays interest, but where there is no date for repayment of the principal **fundierte Schuld; the National Debt** = money borrowed by a government **Staatsverschuldung** *f*

◊ **debtor** ['detə] *noun* person who owes money **Schuldner/-in; Kreditnehmer/-in; debtors** = all money owed to a company **Außenstände** *pl* **trade debtors** = debtors who owe money to a company in the normal course of that company's trading **Handlesdebitoren** *pl* **debtor side** = debit side of an account **Sollseite** *or* **-spalte** *f* ; **debtor nation** = country whose foreign debts are larger than money owed to it by other countries **Schuldnerland** *n*

> QUOTE the United States is now a debtor nation for the first time since 1914, owing more to foreigners than it is owed itself
> Economist

debug [diːˈbʌg] *verb* to remove errors from a computer program **bereinigen** (NOTE: **debugging - debugged)**

deceit *or* **deception** [dɪˈsiːt *or* dɪˈsepʃən] *noun* making a wrong statement to someone in order to trick him into paying money **Täuschung** *f or* **Betrug** *m or* **Betrügerei** *f* ; *he obtained £10,000 by deception*

decentralize [diːˈsentrəlaɪz] *verb* to organize from various points, away from the centre **dezentralisieren** *the group has a policy of decentralized purchasing so that each division is responsible for its own purchasing*

◇ **decentralization** [diːˌsentrəlaɪˈzeɪʃn] *noun* organization from various points, away from the centre **Dezentralisierung** *f* ; *the decentralization of the buying departments*

decide [dɪˈsaɪd] *verb* to make up your mind to do something **(sich) entscheiden** *or* **beschließen** *or* **sich entschließen** *to decide on a course of action; to decide to appoint a new managing director*

◇ **deciding** [dɪˈsaɪdɪŋ] *adjective* **deciding factor** = most important factor which influences a decision **entscheidender Faktor**

decile [ˈdesaɪl] *noun* one of a series of nine figures below which one tenth or several tenths of the total fall **Dezil** *n*

decimal [ˈdesɪməl] *noun* **decimal system** = system based on the number 10 **Dezimalsystem** *n* ; **decimal place** = place where you put the decimal point **Dezimalstelle** *f* ; **correct to three places of decimals** = correct to three figures after the decimal point (e.g. 3.485) **bis auf drei Stellen nach dem Komma** *or* **bis auf drei Dezimalstellen richtig**; **decimal point** = dot which indicates the division between the whole and its smaller parts (such as 4.75) **Komma** *n*

◇ **decimalization** [ˌdesɪməlaɪˈzeɪʃn] *noun* changing to a decimal system **Dezimalisierung** *f*

◇ **decimalize** [ˈdesɪməlaɪz] *verb* to change to a decimal system **auf das Dezimalsystem umstellen**

> COMMENT: the decimal point is used in the UK and USA. In most European countries a comma is used to indicate a decimal, so 4,75% in Germany means 4.75% in the UK

decision [dɪˈsɪʒən] *noun* making up one's mind to do something **Entscheidung** *f or* **Beschluss** *m or* **Entschluss** *m* ; *to come to a decision or to reach a decision* **decision making** = act of coming to a decision **Entscheidungsfindung** *f or* **Beschlussfassung** *f* ; **decision-making processes** = ways in which decisions are reached **Entscheidungsprozess** *m* ; **decision maker** = person who has to decide **Entscheidungsträger/-in**; **decision tree** = model for decision-making, showing the possible outcomes of different decisions **Entscheidungsbaum** *m*

deck [dek] *noun* flat floor in a ship **Deck** *n* ; **deck cargo** = cargo carried on the open top deck of a ship **Deckladung** *f* ; **deck hand** = ordinary sailor on a cargo ship **gemeiner Matrose**

declaration [ˌdekləˈreɪʃən] *noun* official statement **Erklärung** *f or* **Deklaration** *f* ; **declaration of bankruptcy** = official statement that someone is bankrupt **Konkurseröffnungsbeschluss** *m* ; **declaration of income** = statement declaring income to the tax office **Einkommen(s)steuererklärung**; **customs declaration** = statement declaring goods brought into a country on which customs duty should be paid **Zolldeklaration**; **VAT declaration** = statement declaring VAT income to the VAT office ≈ **Umsatzsteuererklärung**

◇ **declare** [dɪˈkleə] *verb* to make an official statement *or* to announce to the public **erklären** *or* **bekannt geben** *to declare someone bankrupt; to declare a dividend of 10%* **to declare goods to customs** = to state that you are importing goods which are liable to duty **Waren beim Zoll deklarieren** *or* **Waren zur Verzollung anmelden** *the customs officials asked him if he had anything to declare* **to declare an interest** = to state in public that you own shares in a company being investigated *or* that you are related to someone who can benefit from your contacts, etc. **Interesse bekunden**

◇ **declared** [dɪˈkleəd] *adjective* which has been made public or officially stated **erklärt**; **declared value** = value of goods entered on a customs declaration **angegebener Wert**

decline [diˈklaɪn]

1 *noun* gradual fall **Rückgang** *m or* **Abnahme** *f or* **Abschwächung** *f or* **Sinken** *n* ; *the decline in the value of the franc; a decline in buying power; the last year has seen a decline in real wages*

2 *verb* to fall slowly **zurückgehen** *or* **abnehmen** *or* **sinken** *or* **geringer/weniger werden** *shares declined in a weak market;*

imports have declined over the last year; the economy declined during the last government

> QUOTE last year the profits again declined to L185bn from the previous figure of L229.7bn
> Financial Times

> QUOTE Saudi oil production has declined by three quarters to around 2.5m barrels a day
> Economist

> QUOTE this gives an average monthly decline of 2.15 per cent during the period
> Business Times (Lagos)

decontrol ['di:kən'trəʊl] *verb* to stop controls **freigeben** *or* **liberalisieren**; **to decontrol the price of petrol** = to stop controlling the price of petrol so that it can be priced freely by the market **den Benzinpreis freigeben** (NOTE: **decontrolling - decontrolled)**

decrease

1 ['di:kri:s] *noun* fall *or* reduction **Rückgang** *m or* **Abnahme** *f or* **Verminderung** *f or* **Fall** *m or* **Reduzierung** *f*; *decrease in price; decrease in value; decrease in imports; exports have registered a decrease; sales show a 10% decrease on last year*

2 [dɪ'kri:s] *verb* to fall *or* to become less **zurückgehen** *or* **abnehmen** *or* **nachlassen** *or* **fallen** *or* **sich vermindern** *or* **reduzieren** *imports are decreasing; the value of the pound has decreased by 5%*

◇ **decreasing** [di:'kri:sɪŋ] *adjective* which is falling **nachlassend** *the decreasing influence of the finance director*

deduct [dɪ'dʌkt] *verb* to remove money from a total **abziehen** *to deduct £3 from the price; to deduct a sum for expenses; after deducting costs the gross margin is only 23%; expenses are still to be deducted* **tax deducted at source** = tax which is removed from a salary, interest payment *or* dividend payment on shares before the money is paid **Quellensteuer** *f*

◇ **deductible** [dɪ'dʌktəbl] *adjective* which can be deducted **abziehbar**; **tax-deductible** = which can be deducted from an income before tax is paid **steuerlich absetzbar** *or* **abzugsfähig**; **these expenses are not tax-deductible** = tax has to be paid on these expenses **diese Ausgaben sind nicht (von der Steuer) absetzbar**

◇ **deduction** [dɪ'dʌkʃən] *noun* removing of money from a total *or* money removed from a total **Abzug** *m or* **Abziehen** *n* ; *net salary is salary after deduction of tax and social security* **deductions from salary** *or* **salary deductions** *or* **deductions at source** = money which a company removes from salaries to give to the government as tax, national insurance contributions, etc. **Gehalts-** *or* **Lohnabzüge** *mpl* **tax deductions** = (i) money removed from a salary to pay tax; (ii) *(US)* business expenses which can be claimed against tax **(i) Steuerabzüge** *mpl;* **(ii) (von der Steuer) absetzbare Ausgaben** *fpl*

deed [di:d] *noun* legal document *or* written agreement **Dokument** *n or* **Urkunde** *f*; **deed of assignment** = document which legally transfers a property from a debtor to a creditor **Übereignungsurkunde**; **deed of covenant** = signed legal agreement to pay someone a sum of money every year **Vertrags-** *or* **Versprechensurkunde**; **deed of partnership** = agreement which sets up a partnership **Gesellschaftsvertrag** *m* ; **deed of transfer** = document which transfers the ownership of shares **Zessionsurkunde**; **title deeds** = document showing who owns a property **Eigentumsurkunde** *f* ≈ **Grundbucheintrag** *m* ; *we have deposited the deeds of the house in the bank*

deep discount ['di:p'dɪskaʊnt] *noun* very large discount **erheblicher Preisnachlass** *or* **Sonderrabatt** *m*

> QUOTE as the group's shares are already widely held, the listing will be via an introduction. It will also be accompanied by a deeply discounted £25m rights issue, leaving the company cash positive
> Sunday Times

defalcation [ˌdi:fæl'keɪʃən] *noun* illegal use of money by someone who is not the owner but who has been trusted to look after it **Veruntreuung** *f or* **Unterschlagung** *f*

default [dɪ'fɔ:lt]

1 *noun*

(a) failure to carry out the terms of a contract, especially failure to pay back a debt **Nichterfüllung** *f or* **Vertragsverletzung** *f or* **Versäumnis** *n or* **Unterlassung** *f or* **Nichterscheinen** *n* ; **in default of payment** = with no payment made **mangels Zahlung; bei Nichtzahlung; im Verzugsfall; in Verzug**; **the company is in default** = the company has failed to carry out the terms of the contract **die Firma ist in** *or* **im Verzug** *or* **säumig**

(b) by default = because no one else will act **im Versäumnisverfahren**; **he was elected by default** = he was elected because all the other

candidates withdrew **er wurde in Ermangelung anderer Kandidaten gewählt**
2 *verb* to fail to carry out the terms of a contract, especially to fail to pay back a debt **nicht erfüllen** *or* **nicht bezahlen** *or* **in (Zahlungs) verzug geraten; unterlassen; to default on payments** = not to make payments which are due under the terms of a contract **mit Zahlungen in Verzug geraten; Zahlungen nicht leisten**

◇ **defaulter** [dɪ'fɔːltə] *noun* person who defaults **säumige(r) Schuldner/-in; jd, der einer Verpflichtung nicht nachgekommen ist**

defeat [dɪ'fiːt]
1 *noun* loss of a vote **Niederlage** *f* ; *the chairman offered to resign after the defeat of the proposal at the AGM*
2 *verb* (i) to beat someone; (ii) to beat something in a vote **(i) schlagen; (ii) ablehnen** *the proposal was defeated by 10 votes to 23; he was heavily defeated in the ballot for union president*

defect ['diːfekt] *noun* something which is wrong *or* which stops a machine from working properly **Defekt** *m or* **Fehler** *m or* **Störung** *f* ; *a computer defect or a defect in the computer*

◇ **defective** [dɪ'fektɪv] *adjective*
(a) faulty *or* not working properly **defekt** *or* **fehlerhaft** *or* **schadhaft** *the machine broke down because of a defective cooling system*
(b) not legally valid **unzulänglich** *or* **anfechtbar** *his title to the property is defective*

defence *or (US)* **defense** [dɪ'fens] *noun*
(a) protecting someone *or* something against attack **Verteidigung** *f or* **Abwehr** *f* ; *the merchant bank is organizing the company's defence against the takeover bid*
(b) fighting a lawsuit on behalf of a defendant **Verteidigung** *f or* **Einrede** *f*; **defence counsel** = lawyer who represents the defendant in a lawsuit **Verteidiger/-in** *or* **Strafverteidiger/-in**

◇ **defend** [dɪ'fend] *verb* to fight to protect someone *or* something which is being attacked **verteidigen** *the company is defending itself against the takeover bid; he hired the best lawyers to defend him against the tax authorities* **to defend a lawsuit** = to appear in court to state your case when accused of something **einen Prozess als Beklagter führen**

◇ **defendant** [dɪ'fendənt] *noun* person who is sued *or* who is accused of doing something to harm someone **Beklagte(r)** *or* **Angeklagte(r)**

defer [dɪ'fɜː] *verb* to put back to a later date *or* to postpone **verschieben** *or* **aufschieben** *or* **zurückstellen** *or* **vertagen** *to defer payment; the decision has been deferred until the next meeting* (NOTE: **deferring - deferred**)

◇ **deferment** [dɪ'fɜːmənt] *noun* postponement *or* putting back to a later date **Aufschub** *m or* **Zurückstellung** *f or* **Vertagung** *f*; *deferment of payment; deferment of a decision*

◇ **deferred** [dɪ'fɜːd] *adjective* put back to a later date **aufgeschoben** *or* **vertagt; deferred creditor** = person who is owed money by a bankrupt but who is paid only after all other creditors **nachrangiger (Konkurs)gläubiger; deferred payment** = (i) money paid later than the agreed date; (ii) payment for goods by instalments over a long period **(i) aufgeschobene Zahlung; (ii) Ratenzahlung** *f* ; **deferred stock** = shares which receive a dividend after all other dividends have been paid **Nachzugsaktien** *fpl*

deficiency [dɪ'fɪʃənsɪ] *noun* lack; money lacking **Mangel** *m or* **Defizit** *n* ; *there is a £10 deficiency in the petty cash* **to make up a deficiency** = to put money into an account to balance it **ein Defizit** *or* **einen Mangel ausgleichen**

deficit ['defɪsɪt] *noun* amount by which spending is higher than income **Defizit** *n or* **Minusbetrag** *m or* **Verlust** *m* ; **the accounts show a deficit** = the accounts show a loss **die Bilanz weist einen Verlust auf; to make good a deficit** = to put money into an account to balance it **ein Defizit ausgleichen; balance of payments deficit** *or* **trade deficit** = situation when a country imports more than it exports **Zahlungsbilanz-** *or* **Außenhandelsdefizit; deficit financing** = planning by a government to borrow money to cover the shortfall between tax income and expenditure **Defizitfinanzierung** *f*

deflate [dɪ'fleɪt] *verb* **to deflate the economy** = to reduce activity in the economy by cutting the supply of money **eine restriktive Wirtschaftspolitik betreiben**

◇ **deflation** [dɪ'fleɪʃən] *noun* reduction in economic activity (falls in output, wages, prices, etc.) **Deflation** *f*

◇ **deflationary** [dɪ'fleɪʃnərɪ] *adjective* which can cause deflation **deflationär** *or* **Deflations-** *the government has introduced some deflationary measures in the budget*

> QUOTE the strong dollar's deflationary impact on European economies as national governments push up interest rates
> Duns Business Month

defraud [dɪ'frɔːd] *verb* to cheat someone to get money **(jdn um etwas) betrügen** (NOTE: you **defraud** someone **of** something)

defray [dɪ'freɪ] *verb* to provide money to pay (costs) **aufkommen für** *or* **tragen** *or* **übernehmen** *or* **bestreiten** *the company agreed to defray the costs of the exhibition*

degearing ['diː'gɪərɪŋ] *noun* reduction in gearing, reducing a company's loan capital in relation to the value of its ordinary shares **Reduzierung** *f* **des Verschuldungsgrads**

delay [dɪ'leɪ]
1 *noun* time when someone *or* something is later than planned **Verspätung** *f* *or* **Verzögerung** *f* *or* **Verzug** *m* ; *there was a delay of thirty minutes before the AGM started or the AGM started after a thirty minute delay; we are sorry for the delay in supplying your order or in replying to your letter*
2 *verb* to be late; to make someone late **hinausschieben** *or* **verzögern; aufhalten** *he was delayed because his taxi had an accident; the company has delayed payment of all invoices*

del credere agent [delˌkreɪdərɪ'eɪdʒənt] *noun* agent who receives a high commission because he guarantees payment by customers **Delkrederevertreter/-in**

delegate ['delɪgət]
1 *noun* person who represents others at a meeting **Delegierte(r)** *or* **Bevollmächtigte(r)** *the management refused to meet the trade union delegates*
2 *verb* to pass authority or responsibility to someone else **delegieren** *or* **bevollmächtigen** *or* **Vollmacht erteilen** *to delegate authority* **he cannot delegate** = he wants to control everything himself and refuses to give up any of his responsibilities to his subordinates **er kann nicht delegieren**

◇ **delegation** [ˌdelɪ'geɪʃən] *noun*
(a) group of delegates **Delegation** *f* *or* **Abordnung** *f* ; *a Chinese trade delegation; the management met a union delegation*
(b) act of passing authority or responsibility to someone else **Delegierung** *f*

delete [dɪ'liːt] *verb* to cut out words in a document **streichen** *they want to delete all references to credit terms from the contract; the lawyers have deleted clause two*

deliver [dɪ'lɪvə] *verb* to transport goods to a customer **liefern** *or* **zustellen; goods delivered free** *or* **free delivered goods** = goods transported to the customer's address at a price which includes transport costs **frei Haus gelieferte Waren; goods delivered on board** = goods transported free to the ship *or* plane but not to the customer's warehouse **an Bord gelieferte Waren; delivered price** = price which includes packing and transport **Lieferpreis** *m*

◇ **delivery** [dɪ'lɪvərɪ] *noun*
(a) delivery of goods = transport of goods to a customer's address **Warenlieferung** *f* *or* **Warenzustellung** *f* ; *parcels awaiting delivery; free delivery or delivery free; delivery date; delivery within 28 days; allow 28 days for delivery; delivery is not allowed for or is not included* **delivery note** = list of goods being delivered, given to the customer with the goods **Lieferschein** *m* ; **delivery order** = instructions given by the customer to the person holding his goods, to tell him to deliver them **Lieferauftrag** *m* ; **the store has a delivery service to all parts of the town** = the store will deliver goods to all parts of the town **das Geschäft liefert in alle Stadtteile; delivery time** = number of days before something will be delivered **Lieferzeit** *f* ; **delivery van** = goods van for delivering goods to retail customers **Lieferwagen** *m* ; **express delivery** = very fast delivery **Eilsendung** *f* *or* **Eilzustellung** *f*; *(US)* **General Delivery** = system where letters can be addressed to someone at a post office, where they can be collected **postlagernd** (NOTE: GB English for this is **poste restante**); **recorded delivery** = mail service where the letters are signed for by the person receiving them **Einschreiben** *n* ; *we sent the documents (by) recorded delivery* **cash on delivery (c.o.d.)** = payment in cash when the goods are delivered **per Nachnahme; to take delivery of goods** = to accept goods when they are delivered **eine Lieferung abnehmen** *or* **übernehmen** *we took delivery of the stock into our warehouse on the 25th*
(b) goods being delivered **Lieferung** *f*; *we take in three deliveries a day; there were four items missing in the last delivery*
(c) transfer of a bill of exchange **Übertragung** *f*

demand [dɪ'mɑːnd]
1 *noun*
(a) asking for payment **Forderung** *f* *or* **Aufforderung** *f* ; **payable on demand** = which must be paid when payment is asked for **zahlbar bei Aufforderung;** *(Wechsel)* **zahlbar bei Sicht; demand bill** = bill of exchange which must be paid when payment is asked for **Sichtwechsel** *m; (US)* **demand deposit** = money in a bank account which can be taken out when you want it by writing a cheque **Sichteinlage** *f* ; **final demand** = last reminder from a supplier, after which he will sue for payment **letzte Mahnung**

(b) need for goods at a certain price **Nachfrage** *f or* **Bedarf** *m* ; *there was an active demand for oil shares on the stock market* **to meet the demand** *or* **to fill the demand** = to supply what is needed **den Bedarf** *or* **die Nachfrage decken** *the factory had to increase production to meet the extra demand; the factory had to cut production when demand slackened; the office cleaning company cannot keep up with the demand for its services* **there is not much demand for this item** = not many people want to buy it **dieser Artikel ist nicht sehr gefragt; this book is in great demand** *or* **there is a great demand for this book** = many people want to buy it **dieses Buch ist sehr gefragt; effective demand** = actual demand for a product which can be paid for **effektive Nachfrage; demand price** = price at which a certain quantity of goods will be bought **Nachfragepreis** *m* ; **supply and demand** = amount of a product which is available and the amount which is wanted by customers **Angebot und Nachfrage; law of supply and demand** = general rule that the amount of a product which is available is related to the needs of potential customers **Gesetz** *n* **von Angebot und Nachfrage**

2 *verb* to ask for something and expect to get it **fordern** *or* **verlangen** *she demanded a refund; the suppliers are demanding immediate payment of their outstanding invoices*

◊ **demand-led inflation** [dɪ'mɑːnd,ledɪn'fleɪʃən] *noun* inflation caused by rising demand which cannot be met **Nachfrageinflation** *f*

> QUOTE spot prices are now relatively stable in the run-up to the winter's peak demand
> Economist

> QUOTE the demand for the company's products remained strong throughout the first six months of the year with production and sales showing significant increases
> Business Times (Lagos)

> QUOTE growth in demand is still coming from the private rather than the public sector
> Lloyd's List

demarcation dispute [,diːmɑː'keɪʃəndɪs'pjuːt] *noun* argument between different trade unions over who shall do different parts of a job **Kontroverse** *f* **um den Tätigkeitsbereich; Kompetenzstreit** *m* ; *production of the new car was held up by demarcation disputes*

demerge [diː'mɜːdʒ] *verb* to separate a company into various separate parts **entflechten (von Konzernen)**

◊ **demerger** [diː'mɜːdʒə] *noun* separation of a company into several separate parts (especially used of a companies which have grown by acquisition) **Konzernentflechtung** *f*

demise [dɪ'maɪz] *noun*

(a) death **Tod** *m or* **Ableben** *n* ; *on his demise the estate passed to his daughter*

(b) granting of a property on a lease **Verpachtung** *f*

demonetize [diː'mʌnətaɪz] *verb* to stop a coin or note being used as money **entwerten** *or* **einziehen**

◊ **demonetization** [diː,mʌnɪtaɪ'zeɪʃn] *noun* stopping a coin or note being used as money **Entwertung** *f or* **Außerkurssetzung** *f*

demonstrate ['demənstreɪt] *verb* to show how something works **vorführen** *he was demonstrating a new tractor when he was killed; the managers saw the new stock control system being demonstrated*

◊ **demonstration** [,demənsˈtreɪʃən] *noun* showing how something works **Vorführung** *f* ; *we went to a demonstration of new laser equipment* **demonstration model** = piece of equipment used in demonstrations and later sold off cheaply **Vorführmodell** *n*

◊ **demonstrator** ['demənstreɪtə] *noun* person who demonstrates pieces of equipment **Vorführer/-in**

demote [dɪ'məʊt] *verb* to give someone a less important job **zurückstufen** *or* **degradieren** *or* **niedriger einstufen** *he was demoted from manager to salesman; she lost a lot of salary when she was demoted*

◊ **demotion** [dɪ'məʊʃən] *noun* giving someone a less important job **Zurückstufung** *f or* **Degradierung** *f or* **niedrigere Einstufung** *he was very angry at his demotion*

demurrage [dɪ'mʌrɪdʒ] *noun* money paid to a customer when a shipment is delayed at a port or by customs **Liegegeld** *n*

denationalize [diː'næʃənəlaɪz] *verb* to put a nationalized industry back into private ownership **reprivatisieren** *the government has plans to denationalize the steel industry*

◊ **denationalization** ['diː,næʃnəlaɪ'zeɪʃn] *noun* act of denationalizing **Reprivatisierung** *f* ; *the denationalization of the aircraft industry*

denomination [dɪ,nɒmɪ'neɪʃən] *noun* unit of money (on a coin, banknote or stamp)

Nennwert *m or* **Stückelung** *f* ; *coins of all denominations; small denomination notes*

depart [dɪ'pɑːt] *verb*
(a) to leave **abreisen** *or* **abfahren; abfliegen** *the plane departs from Paris at 11.15*
(b) to depart from normal practice = to act in a different way from the normal practice **von der üblichen Verfahrensweise abweichen**

department [dɪ'pɑːtmənt] *noun*
(a) specialized section of a large company **Abteilung** *f* ; *complaints department; design department; dispatch department; export department; legal department* **accounts department** = section which deals with money paid or received **Buchhaltung** *f* ; **marketing department** = section of a company dealing with marketing and sales **Marketingabteilung; new issues department** = section of a bank which deals with issues of new shares **Emissionsabteilung; personnel department** = section of a company dealing with the staff. **Personalabteilung; head of department** *or* **department head** *or* **department manager** = person in charge of a department **Abteilungsleiter/-in**
(b) section of a large store selling one type of product **Abteilung** *f* ; *you will find beds in the furniture department* **budget department** = department in a large store which sells cheaper goods **Sonderangebotsabteilung**
(c) section of the British government containing several ministries **Ministerium** *n* ; **Department of Employment (DoE)** = British government department which deals with employers, employees, training, etc. **Arbeitsministerium; Department of Trade and Industry (DTI)** = British government department which deals with commerce, international trade, the stock exchange, etc. **Ministerium für Handel und Industrie** *or* **Wirtschaftsministerium**

◊ **department store** [dɪ'pɑːtmənt,stɔː] *noun* large store with sections for different types of goods **Kaufhaus** *or* **Warenhaus** *n*

◊ **departmental** [,diːpɑːt'mentl] *adjective* referring to a department **Abteilungs-; departmental manager** = manager of a department **Abteilungsleiter/-in**

departure [dɪ'pɑːtʃə] *noun*
(a) going away **Abreise** *f or* **Abfahrt** *f* ; **Abflug** *m* ; *the plane's departure was delayed by two hours* **departures** = part of an airport terminal which deals with passengers who are leaving **Abflug** *m* ; **departure lounge** = room in an airport where passengers wait to get on their planes **Abflughalle** *f* ; **Warteraum** *m*
(b) new venture *or* a new type of business **neuer Anfang** *or* **neue Richtung** *selling records will be a departure for the local bookshop*
(c) departure from normal practice = doing something in a different way from the usual one **Abweichen von**

depend [dɪ'pend] *verb*
(a) to depend on = to need someone *or* something to exist **angewiesen sein auf** *the company depends on efficient service from its suppliers; we depend on government grants to pay the salary bill*
(b) to happen because of something **abhängig sein von** *the success of the launch will depend on the publicity campaign* **depending on** = which varies according to something **abhängig von** *or* **je nach** *depending on the advertising budget, the new product will be launched on radio or on TV*

deposit [dɪ'pɒzɪt]
1 *noun*
(a) money placed in a bank for safe keeping or to earn interest **Einzahlung** *f or* **Einlage** *f* ; **certificate of deposit** = certificate from a bank to show that money has been deposited **Einlagenzertifikat** *n* ; **bank deposits** = all the money placed in banks **Bankeinlagen** *bank deposits are at an all-time high* **fixed deposit** = deposit which pays a fixed interest over a fixed period **Festgeld** *n* ; **deposit account** = bank account which pays interest but on which notice has to be given to withdraw money **Sparkonto** *n* ; **deposit at 7 days' notice** = money deposited which you can withdraw by giving seven days' notice **Sparkonto mit 7-tägiger Kündigungsfrist; deposit slip** = piece of paper stamped by the cashier to prove that you have paid money into your account **Einzahlungsbeleg** *m or* **Depotschein** *m*
(b) safe deposit = bank safe where you can leave jewellery or documents **Tresor** *m* ; **safe deposit box** = small box which you can rent, in which you can keep jewellery or documents in a bank's safe **Bankschließfach** *n*
(c) money given in advance so that the thing which you want to buy will not be sold to someone else **Anzahlung** *f* ; *to pay a deposit on a watch; to leave £10 as deposit*
2 *verb*
(a) to put documents somewhere for safe keeping **in Verwahrung geben** *or* **deponieren** *or* **hinterlegen** *to deposit shares with a bank; we have deposited the deeds of the house with the bank; he deposited his will with his solicitor*
(b) to put money into a bank account **einzahlen** *to deposit £100 in a current account*

◊ **depositary** [dɪ'pɒzɪtərɪ] *noun (US)* person or corporation which can place money or documents for safekeeping with a depository **Treuhänder** *m (see also* AMERICAN DEPOSITARY RECEIPT)

◇ **depositor** [dɪ'pɒzɪtə] *noun* person who deposits money in a bank **Einzahler/-in** *or* **Einleger/-in**

◇ **depository** [dɪ'pɒzɪtərɪ] *noun*
(a) furniture depository = warehouse where you can store household furniture **Möbellager** *n*
(b) person or company with whom money or documents can be deposited **Depositorium** *n or* **Hinterlegungsstelle** *f or* **Verwahrungsort** *m*

depot ['depəʊ] *noun*
(a) central warehouse for goods **Depot** *n or* **Lagerhaus** *n* ; *freight depot; goods depot; oil storage depot*
(b) centre for transport **Depot** *n* ; *bus depot*

depreciate [dɪ'pri:ʃɪeɪt] *verb*
(a) to reduce the value of assets in accounts **abschreiben** *we depreciate our company cars over three years*
(b) to lose value **fallen** *or* **sinken** *or* **an Wert verlieren** *share which has depreciated by 10% over the year; the pound has depreciated by 5% against the dollar*

◇ **depreciation** [dɪˌpri:ʃɪ'eɪʃən] *noun*
(a) reduction in value of an asset **Abschreibung** *f* ; **depreciation rate** = rate at which an asset is depreciated each year in the accounts **Abschreibungssatz** *m* ; **accelerated depreciation** = system of depreciation which reduces the value of assets at a high rate in the early years to encourage companies, as a result of tax advantages, to invest in new equipment **beschleunigte Abschreibung; Sonderabschreibung; annual depreciation** = reduction in the book value of an asset at a certain rate per year **jährliche Abschreibung;** *(see also* STRAIGHT LINE DEPRECIATION)
(b) loss of value **Wertminderung** *f or* **Wertverlust** *m or* **Abwertung** *f* ; *a share which has shown a depreciation of 10% over the year; the depreciation of the pound against the dollar*

> COMMENT: various methods of depreciating assets are used, such as the 'straight line method', where the asset is depreciated at a constant percentage of its cost each year and the 'reducing balance method', where the asset is depreciated at a constant percentage which is applied to the cost of the asset after each of the previous years' depreciation has been deducted

> QUOTE this involved reinvesting funds on items which could be depreciated against income for three years
> Australian Financial Review

> QUOTE buildings are depreciated at two per cent per annum on the estimated cost of construction
> Hongkong Standard

depress [dɪ'pres] *verb* to reduce **herabsetzen** *or* **drücken** *or* **senken** *or* **vermindern** *or* **verringern** *reducing the money supply has the effect of depressing demand for consumer goods*

◇ **depressed** [dɪ'prest] *adjective* **depressed area** = part of a country suffering from depression **von einer Wirtschaftskrise getroffenes Gebiet; depressed market** = market where there are more goods than customers **flauer** *or* **stagnierender Markt**

◇ **depression** [dɪ'preʃən] *noun* period of economic crisis with high unemployment and loss of trade **Depression** *f or* **Flaute** *f or* **Tiefstand** *m* ; *an economic depression* **the Great Depression** = the world economic crisis of 1929-1933 **die Weltwirtschaftskrise (von 1929)**

dept [dɪ'pɑ:tmənt] = DEPARTMENT

deputy ['depjʊtɪ] *noun* person who takes the place of another **Stellvertreter/-in** *to act as deputy for someone or to act as someone's deputy; deputy chairman; deputy manager; deputy managing director*

◇ **deputize** ['depjʊtaɪz] *verb* **to deputize for someone** = to take the place of someone who is absent **jdn vertreten** *or* **als jds Vertreter fungieren** *he deputized for the chairman who had a cold*

deregulate [di:'regjʊleɪt] *verb* to remove government controls from an industry **deregulieren** *the US government deregulated the banking sector in the 1980s*

◇ **deregulation** [di:ˌregjʊ'leɪʃn] *noun* reducing government control over an industry **Deregulierung** *f or* **Abbau** *m* **einschränkender Bestimmungen** *fpl the deregulation of the airlines*

derivatives [dɪ'rɪvətɪvz] *noun* any forms of security, such as option contracts, which are derived from ordinary bonds and shares **abgeleitete Wertpapierart**

> COMMENT: also called 'derivative instruments', they can be bought or sold on stock exchanges or futures exchanges

describe [dɪ'skraɪb] *verb* to say what someone *or* something is like **beschreiben** *or* **ausführen** *or* **schildern; bezeichnen** *the leaflet describes the services the company can offer; the managing director described the company's difficulties with cash flow*

◊ **description** [dɪ'skrɪpʃən] *noun* words which show what something is like **Beschreibung** *f or* **Schilderung** *f* ; **false description of contents** = wrongly stating the contents of a packet to trick customers into buying it **inkorrekte Inhaltsbeschreibung; job description** = official document from the management which says what a job involves **Stellenbeschreibung**; **trade description** = description of a product to attract customers **Warenbeschreibung**

design [dɪ'zaɪn]
1 *noun* planning *or* drawing of a product before it is built or manufactured **Design** *n or* **Entwurf** *m or* **Konstruktion** *f* ; **industrial design** = design of products made by machines (such as cars and refrigerators) **Industriedesign**; **product design** = design of consumer products **Produktgestaltung** *f* ; **design department** = department in a large company which designs the company's products or its advertising **Konstruktions-** *or* **Entwicklungsabteilung**; **design studio** = independent firm which specializes in creating designs **Designstudio** *n*
2 *verb* to plan *or* to draw something before it is built or manufactured **entwerfen; konstruieren** *or* **entwickeln** *he designed a new car factory; she designs garden furniture*
◊ **designer** [dɪ'zaɪnə] *noun* person who designs **Designer/-in; Konstrukteur/-in** *she is the designer of the new computer*

designate ['dezɪgnət] *adjective* (person) who has been appointed to a job but who has not yet started work **designiert** *or* **vorgesehen** *the chairman designate* (NOTE: always follows a noun)

desk [desk] *noun*
(a) writing table in an office, usually with drawers for stationery **Schreibtisch** *m* ; *desk diary; desk drawer; desk light* **a three-drawer desk** = desk with three drawers **ein Schreibtisch mit drei Schubladen; desk pad** = pad of paper kept on a desk for writing notes **Schreibblock** *m* ; **desk research** = looking for information which is in printed sources, such as directories **Sekundärforschung** *f*
(b) cash desk *or* **pay desk** = place in a store where you pay for goods bought **Kasse** *f* ; *please pay at the desk*
(c) section of a newspaper **Redaktion** *f or* **Ressort** *n* ; **the City desk** = the department in a British newspaper which deals with business news **die Wirtschaftsredaktion**
◊ **desk-top publishing (DTP)** ['desktɒp'pʌblɪʃɪŋ] *noun* writing, designing and printing of documents in an office, using a computer, a printer and special software **Desktop-Publishing (DTP)** *n*

despatch [dɪ'spætʃ] = DISPATCH

destination [ˌdestɪ'neɪʃən] *noun* place to which something is sent *or* to which something is going **Bestimmungsort** *m* ; *the ship will take ten weeks to reach its destination* **final destination** *or* **ultimate destination** = place reached at the end of a journey after stopping at several places en route **Zielort** *m*

detail ['di:teɪl]
1 *noun* small part of a description **Detail** *n or* **Einzelheit** *f* ; *the catalogue gives all the details of our product range; we are worried by some of the details in the contract* **in detail** = giving many particulars **detailliert** *the catalogue lists all the products in detail*
2 *verb* to list in detail **detailliert aufführen** *the catalogue details the payment arrangements for overseas buyers; the terms of the licence are detailed in the contract*
◊ **detailed** ['di:teɪld] *adjective* in detail **detailliert** *or* **ausführlich**; **detailed account** = account which lists every item **spezifizierte Rechnung; eingehender Bericht**

determine [dɪ'tɜ:mɪn] *verb* to fix *or* to arrange *or* to decide **bestimmen** *or* **festlegen** *or* **festsetzen** *to determine prices or quantities; conditions still to be determined*

Deutschmark ['dɔɪtʃˌmɑ:k] *noun* unit of money used in Germany **(Deutsche) Mark** *f* (NOTE: also called a **mark;** when used with a figure, usually written **DM** before the figure: **DM250** (say 'two hundred and fifty Deutschmarks')

devalue ['di:'vælju:] *verb* to reduce the value of a currency against other currencies **abwerten** *the pound has been devalued by 7%; the government has devalued the pound by 7%*
◊ **devaluation** [ˌdi:vælju'eɪʃən] *noun* reduction in value of a currency against other currencies **Abwertung** *f* ; *the devaluation of the franc*

develop [dɪ'veləp] *verb*
(a) to plan and produce **entwickeln** *to develop a new product*
(b) to plan and build an area **erschließen; ausbauen** *to develop an industrial estate*
◊ **developed country** [dɪ'veləpt'kʌntrɪ] *noun* country which has an advanced manufacturing system **Industriestaat** *m*
◊ **developer** [dɪ'veləpə] *noun* **property developer** = person who plans and builds a

group of new houses *or* new factories **Bauträger** *m*

◇ **developing country** *or* **developing nation** [dɪ'veləpɪŋ'kʌntrɪ *or* dɪ'veləpɪŋ'neɪʃən] *noun* country which is not fully industrialized **Entwicklungsland** *n*

◇ **development** [dɪ'veləpmənt] *noun* **(a)** planning the production of a new product **Entwicklung** *f*; *research and development* **(b) industrial development** = planning and building of new industries in special areas **industrielle Erschließung; development area** *or* **development zone** = area which has been given special help from a government to encourage businesses and factories to be set up there **Förderungsgebiet** *n*

> QUOTE developed countries would gain $135 billion a year and developing countries, such as the former centrally planned economies of Eastern Europe, would gain $85 billion a year. The study also notes that the poorest countries would lose an annual $7 billion
>
> Times

device [dɪ'vaɪs] *noun* small useful machine **Gerät** *n or* **Vorrichtung** *f*; *he invented a device for screwing tops on bottles*

devise [dɪ'vaɪz]
1 *noun* giving freehold land to someone in a will **testamentarische Grundbesitzverfügung**
2 *verb* to give freehold property to someone in a will **Grundbesitz vererben**

◇ **devisee** [dɪvaɪ'ziː] *noun* person who receives freehold property in a will **Grundbesitzerbe/-erbin laut Testament**

COMMENT: giving of other types of property is a **bequest**

diagram ['daɪəgræm] *noun* drawing which shows something as a plan or a map **Diagramm** *n or* **Schaubild** *n or* **grafische Darstellung** *diagram showing sales locations; he drew a diagram to show how the decision-making processes work; the paper gives a diagram of the company's organizational structure* **flow diagram** = diagram showing the arrangement of work processes in a series **Arbeitsablauf-** *or* **Flussdiagramm**

◇ **diagrammatic** [ˌdaɪəgrə'mætɪk] *adjective* **in diagrammatic form** = in the form of a diagram **grafisch dargestellt** *or* **in einem Diagramm dargestellt** *the chart showed the sales pattern in diagrammatic form*

◇ **diagrammatically** [ˌdaɪəgrə'mætikəlɪ] *adverb* using a diagram **in einem Diagramm** *or* **Schaubild** *the chart shows the sales pattern diagrammatically*

dial ['daɪəl] *verb* to call a telephone number on a telephone **wählen** *to dial a number; to dial the operator* **to dial direct** = to contact a phone number without asking the operator to do it for you **durchwählen** *you can dial New York direct from London* (NOTE: GB English is **dialling - dialled,** but US spelling is **dialing - dialed)**

◇ **dialling** ['daɪəlɪŋ] *noun* act of calling a telephone number **Wählen** *n* ; **dialling code** = special series of numbers which you use to make a call to another town or country **Vorwahl** *f or* **Ortsnetzkennzahl** *f*; **dialling tone** = noise made by a telephone to show that it is ready for you to dial a number **Wählton** *m* ; **international direct dialling (IDD)** = calling telephone numbers in other countries direct **internationaler Selbstwählferndienst**

diary ['daɪərɪ] *noun* book in which you can write notes or appointments for each day of the week **Terminkalender** *m* ; **Tagebuch** *n* ; *desk diary*

dictaphone ['dɪktəfəʊn] *noun* trademark for a brand of dictating machine **Diktaphon** *n*

dictate [dɪk'teɪt] *verb* to say something to someone who then writes down your words **diktieren** *to dictate a letter to a secretary; he was dictating orders into his pocket dictating machine* **dictating machine** = machine which records text that someone dictates, which a secretary can play back and type out **Diktiergerät** *n*

◇ **dictation** [dɪk'teɪʃən] *noun* act of dictating **Diktat** *n* ; **to take dictation** = to write down what someone is saying **ein Diktat aufnehmen** *the secretary was taking dictation from the managing director* **dictation speed** = number of words per minute which a secretary can write down in shorthand **Diktiertempo** *n*

differ ['dɪfə] *verb* not to be the same as something else **sich unterscheiden** *the two products differ considerably - one has an electric motor, the other runs on oil*

◇ **difference** ['dɪfrəns] *noun* way in which two things are not the same **Unterschied** *m* ; *what is the difference between these two products? differences in price or price differences*

◇ **different** ['dɪfrənt] *adjective* not the same **unterschiedlich** *or* **verschieden** *our product range is quite different in design from that of our rivals; we offer ten models each in six different colours*

◇ **differential** [ˌdɪfəˈrenʃəl]
1 *adjective* which shows a difference **unterschiedlich** *or* **verschieden**; **differential tariffs** = different tariffs for different classes of goods **Differenzial-** *or* **Staffeltarife** *mpl*
2 *noun* **price differential** = difference in price between products in a range **Preisunterschied** *m or* **Preisgefälle** *n* ; **wage differentials** = differences in salary between workers in similar types of jobs **Lohngefälle** *n* ; **to erode wage differentials** = to reduce differences in salary gradually **Lohngefälle abbauen**

difficult [ˈdɪfɪkəlt] *adjective* not easy **schwierig** *or* **schwer** *the company found it difficult to sell into the European market; the market for secondhand computers is very difficult at present*

◇ **difficulty** [ˈdɪfɪkəltɪ] *noun* problem *or* thing which is not easy **Schwierigkeit** *f or* **Problem** *n* ; *they had a lot of difficulty selling into the European market; we have had some difficulties with the customs over the export of computers*

digit [ˈdɪdʒɪt] *noun* single number **Ziffer** *f* ; *a seven-digit phone number*

◇ **digital** [ˈdɪdʒɪtl] *adjective* **digital clock** = clock which shows the time as a series of figures (such as 12:05:23) **Digitaluhr** *f* ; **digital computer** = computer which calculates on the basis of numbers **Digitalcomputer** *m*

dilution [daɪˈluːʃən] *noun* **dilution of equity** *or* **of shareholding** = situation where the ordinary share capital of a company has been increased but without an increase in the assets, so that each share is worth less than before **Wertminderung** *f* **von Aktien** *fpl or* **Beteiligungen** *fpl*

dime [daɪm] *noun (US informal)* ten cent coin **Zehncentstück** *n or* **Dime** *m*

diminish [dɪˈmɪnɪʃ] *verb* to become smaller **abnehmen** *or* **sich verringern** *or* **vermindern** *our share of the market has diminished over the last few years* **law of diminishing returns** = general rule that as more factors of production (land, labour and capital) are added to the existing factors, so the amount they produce is proportionately smaller **Gesetz vom abnehmenden Ertragszuwachs**

dip [dɪp]
1 *noun* sudden small fall **kurzfristiger Rückgang** *last year saw a dip in the company's performance*
2 *verb* to fall in price **fallen** *or* **sinken** *shares dipped sharply in yesterday's trading* (NOTE: **dipping - dipped**)

diplomat *or* **diplomatist** [ˈdɪpləmæt *or* dɪˈpləʊmətɪst] *noun* person (such as an ambassador) who is the official representative of his country in another country **Diplomat/-in**

◇ **diplomatic** [ˌdɪpləˈmætɪk] *adjective* referring to diplomats **diplomatisch**; **diplomatic immunity** = being outside the control of the laws of the country you are living in because of being a diplomat **diplomatische Immunität** *he claimed diplomatic immunity to avoid being arrested* **to grant someone diplomatic status** = to give someone the rights of a diplomat **jdm diplomatischen Status verleihen**

direct [daɪˈrekt]
1 *verb* to manage *or* to organize **leiten** *or* **führen** *he directs our South-East Asian operations; she was directing the development unit until last year*
2 *adjective* straight, with no interference **direkt** *or* **unmittelbar**; **direct action** = strike *or* go-slow, etc. **direkte Aktion; Arbeitskampfmaßnahmen** *fpl* **direct cost** = production cost of a product **Selbstkosten** *pl* **direct debit** = system where a customer allows a company to charge costs to his bank account automatically and where the amount charged can be increased or decreased with the agreement of the customer **Abbuchung** *f* **auf Grundlage einer Einzugsermächtigung; Gebühreneinzug** *m* **per Lastschrift** *I pay my electricity bill by direct debit* **direct selling** = selling a product direct to the customer without going through a shop **Direktverkauf** *m* ; **direct taxation** = tax, such as income tax, which is paid direct to the government **direkte Besteuerung** *the government raises more money by direct taxation than by indirect*
3 *adverb* straight, with no third party involved **direkt** *or* **unmittelbar** *we pay income tax direct to the government* **to dial direct** = to contact a phone number yourself without asking the operator to do it for you **durchwählen** *you can dial New York direct from London if you want*

◇ **direct mail** [daɪrektˈmeɪl] *noun* selling a product by sending publicity material to possible buyers through the post **Direktversand** *m* ; **Direktwerbung** *f* ; **Postwurfsendung** *f* ; *these calculators are only sold by direct mail; the company runs a successful direct-mail operation* **direct-mail advertising** = advertising by sending leaflets to people through the post **Werbung** *f* **durch Postwurfsendung**

◇ **direction** [daɪˈrekʃən] *noun*

(a) organizing *or* managing **Leitung** *f or* **Führung** *f* ; *he took over the direction of a multinational group*
(b) directions for use = instructions showing how to use something **Gebrauchsanweisung** *f or* **Benutzerhinweise** *mpl*

◇ **directly** [daɪ'rektlɪ] *adverb*
(a) immediately **sofort** *or* **gleich** *he left for the airport directly after receiving the telephone message*
(b) straight, with no third party involved **direkt** *or* **unmittelbar** *we deal directly with the manufacturer, without using a wholesaler*

director [daɪ'rektə] *noun*
(a) person appointed by the shareholders to help run a company **Direktor/-in; Mitglied** *n* **eines board of directors; managing director** = director who is in charge of the whole company **geschäftsführende(r) Direktor/-in** *or* **Geschäftsführer/-in; chairman and managing director** = managing director who is also chairman of the board of directors **Vorsitzender und geschäftsführender Direktor; board of directors** = all the directors of a company **board of directors;** *(Aufsichts- und Geschäftsführungsorgan nach britischem Recht)*; **directors' report** = annual report from the board of directors to the shareholders **Geschäftsbericht** *m* ; **directors' salaries** = salaries of directors (which have to be listed in the company's profit and loss account) ≈ **Verwaltungsratsgehälter** *npl* **associate director** = director who attends board meetings but has not been elected by the shareholders **außerordentliches Mitglied des board of directors; executive** *or* **inside director** = director who actually works full-time in the company **geschäftsführendes Mitglied des board of directors; non-executive** *or* **outside director** = director who attends board meetings only to give advice **nicht geschäftsführendes Mitglied des board of directors**
(b) person who is in charge of a project, an official institute, etc. **Leiter/-in** *or* **Direktor/-in** *the director of the government research institute; she was appointed director of the trade association*

◇ **directorate** [daɪ'rektərət] *noun* group of directors **Direktion** *f or* **Geschäftsleitung** *f or* **Aufsichtsrat** *m*

◇ **directorship** [daɪ'rektəʃɪp] *noun* post of director **Direktorenposten** *m* ; *he was offered a directorship with Smith Ltd*

COMMENT: directors are elected by shareholders at the AGM, though they are usually chosen by the chairman or chief executive. A board will consist of a chairman (who may be non-executive), a chief executive or managing director, and a series of specialist directors in change of various activities of the company (such as a finance director, production director or sales director). The company secretary will attend board meetings, but need not be a director. Apart from the executive directors, who are in fact employees of the company, there may be several non-executive directors, appointed either for their expertise and contacts, or as representatives of important shareholders such as banks. The board of an American company may be made up of a large number of non-executive directors and only one or two executive officers; a British board has more executive directors

QUOTE the research director will manage and direct a team of business analysts reporting on the latest developments in retail distribution throughout the UK
Times

QUOTE what benefits does the executive derive from his directorship? In the first place compensation has increased sharply in recent years
Duns Business Month

QUOTE after five years of explosive growth, fuelled by the boom in financial services, the direct marketing world is becoming a lot more competitive
Marketing Workshop

QUOTE all of those who had used direct marketing techniques had used direct mail, 79% had used some kind of telephone technique and 63% had tried off-the-page selling
Precision marketing

QUOTE direct marketing is all about targeting the audience, individualising the message and getting a response
PR Week

directory [daɪ'rektərɪ] *noun* list of people *or* businesses with information about their addresses and telephone numbers **Verzeichnis** *n* ; **classified directory** = list of businesses grouped under various headings, such as computer shops *or* newsagents **Branchenverzeichnis; commercial directory** *or* **trade directory** = book which lists all the businesses and business people in a town **Branchenadressbuch** *n* ; **street directory** = (i) list of people living in a street; (ii) map of a town which lists all the streets in alphabetical order in an index **(i) Adressbuch** *n* ; **(ii) Stadtplan** *m* ; **telephone directory** = book which lists all people and businesses in alphabetical order with their phone numbers **Telefonbuch** *n* ; *to look up a number in the telephone directory; his number is in the London directory*

disallow ['dɪsə'laʊ] *verb* not to accept a claim for insurance **nicht anerkennen** *he claimed £2,000 for fire damage, but the claim was disallowed*

disaster [dɪ'zɑːstə] *noun*
(a) very bad accident **Unglück** *n or* **Unglücksfall** *m* ; *ten people died in the air disaster*
(b) financial collapse **finanzielle Katastrophe**; **the company is heading for disaster** *or* **is on a disaster course** = the company is going to collapse **die Firma geht einem (finanziellen) Fiasko** *n* **entgegen**; **the advertising campaign was a disaster** = the advertising campaign was very bad *or* did not have the required effect **die Werbekampagne war ein Desaster** *n*
(c) accident in nature **Katastrophe** *f* ; *a storm disaster on the south coast; flood disaster damage*

◇ **disastrous** [dɪ'zɑːstrəs] *adjective* very bad **katastrophal** *or* **verheerend** *the company suffered a disastrous drop in sales*

disburse [dɪs'bɜːs] *verb* to pay money **aus(be)zahlen** *or* **ausgeben**

◇ **disbursement** [dɪs'bɜːsmənt] *noun* payment of money **Auszahlung** *f or* **Ausgabe** *f or* **Auslage** *f*

discharge [dɪs'tʃɑːdʒ]
1 *noun*
(a) discharge in bankruptcy = being released from bankruptcy after paying one's debts **Entlastung** *f* **eines Konkursschuldners; Konkursaufhebung** *f*
(b) payment of debt **Tilgung** *f or* **Begleichung** *f or* **Bezahlung** *f* ; **in full discharge of a debt** = paying a debt completely **Schuldentilgung in voller Höhe**; **final discharge** = final payment of what is left of a debt **letzte Tilgungsrate**
(c) in discharge of his duties as director = carrying out his duties as director **bei der Erfüllung seiner Pflichten als Direktor**
2 *verb*
(a) to discharge a bankrupt = to release someone from bankruptcy because he has paid his debts **einen Konkursschuldner entlasten**
(b) to discharge a debt *or* **to discharge one's liabilities** = to pay a debt *or* one's liabilities in full **eine Schuld begleichen** *or* **seinen Verbindlichkeiten nachkommen**
(c) to dismiss *or* to sack **entlassen** *to discharge an employee*

disciplinary procedure [,dɪsɪplɪnərɪprə'siːdʒə] *noun* way of warning a worker officially that he is breaking rules *or* that he is working badly **Disziplinarverfahren** *n*

disclaimer [dɪs'kleɪmə] *noun* legal refusal to accept responsibility **Haftungsablehnungserklärung** *f* ; **Verzichterklärung** *f*

disclose [dɪs'kləʊz] *verb* to tell details **preisgeben** *or* **aufdecken** *or* **enthüllen** *or* **offen legen** *the bank has no right to disclose details of my account to the tax office*

◇ **disclosure** [dɪs'kləʊʒə] *noun* act of telling details **Preisgabe** *f or* **Aufdeckung** *f or* **Enthüllung** *f or* **Offenlegung** *f* ; *the disclosure of the takeover bid raised the price of the shares*

discontinue ['dɪskən'tɪnjuː] *verb* to stop stocking *or* selling *or* making (a product) **auslaufen lassen** *or* **die Produktion einstellen** *these carpets are a discontinued line*

discount ['dɪskaʊnt]
1 *noun*
(a) percentage by which a full price is reduced to a buyer by the seller **Rabatt** *m or* **Preisnachlass** *m* ; *to give a discount on bulk purchases* **to sell goods at a discount** *or* **at a discount price** = to sell goods below the normal price **Waren mit Rabatt verkaufen**; **basic discount** = normal discount without extra percentages **Normal-** *or* **Grundrabatt** *we give 25% as a basic discount, but can add 5% for cash payment* **quantity discount** *or* **volume discount** = discount given to people who buy large quantities **Mengenrabatt; 10% discount for quantity purchases** = you pay 10% less if you buy a large quantity **10% Mengenrabatt; 10% discount for cash** *or* **10% cash discount** = you pay 10% less if you pay in cash **10% Skonto** *m or n* **bei Barzahlung**; **trade discount** = discount given to a customer in the same trade **Händler-** *or* **Wiederverkäuferrabatt**
(b) discount house = (i) financial company which specializes in discounting bills; (ii) shop which specializes in selling cheap goods bought at a high discount **(i) Diskontbank** *f*; **(ii) Discountgeschäft** *n or* **Discounter** *m or* **Billigladen** *m* ; **discount rate** = interest rate used to calculate the discount on the sale of commercial bills to a central bank, such as the Bank of England **Diskontsatz** *m* ; **discount store** = shop which specializes in cheap goods bought at a high discount **Discountgeschäft** *n or* **Billigladen** *m*

(c) shares which stand at a discount = shares which are lower in price than their face value **Aktien, die unter pari sind**

2 *verb*

(a) to reduce prices to increase sales **Rabatt gewähren**

(b) to discount bills of exchange = to sell bills of exchange for less than the value written on them in order to cash them before their maturity date **Wechsel** *mpl* **diskontieren; to discount invoices** = to obtain a cash advance from a discounter against the value of invoices **Rechnungen** *fpl* **diskontieren**

(c) shares are discounting a rise in the dollar = shares have risen in advance of a rise in the dollar price **die Aktien nehmen eine Aufwertung des Dollar vorweg; discounted value** = difference between the face value of a share and its lower market price **Diskontwert** *m*

◇ **discountable** [dɪs'kaʊntəbl] *adjective* which can be discounted **diskontfähig** *or* **diskontierbar** *these bills are not discountable*

◇ **discounted cash flow (DCF)** [dɪs'kaʊntɪd'kæʃfləʊ] *noun* calculating the forecast return on capital investment by discounting future cash flows from the investment, usually at a rate equivalent to the company's minimum required rate of return **diskontierter Cashflow**

◇ **discounter** [dɪs'kaʊntə] *noun* person *or* company which (i) discounts bills or invoices, or (ii) sells goods at a discount **(i) Diskontbank** *f*; **(ii) Discounter** *m*

COMMENT: discounting is necessary because it is generally accepted that money held today is worth more than money to be received in the future. The effect of discounting is to reduce future income or expenses to their 'present value'. Once discounted, future cash flows can be compared directly with the initial cost of a capital investment which is already stated in present value terms. If the present value of income is greater than the present value of costs the investment can be said to be worthwhile

QUOTE pressure on the Federal Reserve Board to ease monetary policy and possibly cut its discount rate mounted yesterday
Financial Times

QUOTE banks refrained from quoting forward US/Hongkong dollar exchange rates as premiums of 100 points replaced the previous day's discounts of up to 50 points
South China Morning Post

QUOTE invoice discounting is an instant finance raiser. Cash is advanced by a factor or discounter against the value of invoices sent out by the client company. Debt collection is still in the hands of the client company, which also continues to run its own bought ledger
Times

QUOTE a 100,000 square-foot warehouse generates ten times the volume of a discount retailer; it can turn its inventory over 18 times a year, more than triple a big discounter's turnover
Duns Business Month

discover [dɪs'kʌvə] *verb* to find something new **entdecken** *or* **ausfindig machen** *or* **herausfinden** *we discovered that our agent was selling our rival's products at the same price as ours; the auditors discovered some errors in the accounts*

discrepancy [dɪs'krepənsɪ] *noun* situation where figures are not correct **Diskrepanz** *f*; **there is a discrepancy in the accounts** = there is an error **in den Büchern ist eine Unstimmigkeit; statistical discrepancy** = amount by which sets of figures differ **statistische Abweichung**

discretion [dɪs'kreʃən] *noun* being able to decide correctly what should be done **Ermessen** *n*; **Entscheidungsfreiheit** *f*; **I leave it to your discretion** = I leave it for you to decide what to do **ich stelle es in Ihr Ermessen** *or* **ich lasse Ihnen freie Hand; at the discretion of someone** = if someone decides **nach jds Ermessen** *membership is at the discretion of the committee*

◇ **discretionary** [dɪs'kreʃənərɪ] *adjective* which can be done if someone wants **beliebig; the minister's discretionary powers** = powers which the minister could use if he thought he should do so **die Ermessungsbefugnis** *or* **der Ermessensspielraum des Ministers; discretionary account** = a client's account with a stockbroker, where the broker invests and sells at his own discretion **Kundenkonto, bei dem ein Broker Effektenhandel ohne Rücksprache mit dem Kunden vornehmen kann; on a discretionary basis** = way of managing a client's funds, where the fund manager uses his discretion to do as he wants, without the client giving him any specific instructions **mit freiem Ermessensspielraum**

discrimination [dɪsˌkrɪmɪ'neɪʃən] *noun* treating people in different ways because of class, religion, race, language, colour or sex **Diskriminierung** *f* ; **sexual discrimination** *or* **sex discrimination** *or* **discrimination on grounds of sex** = treating men and women in different ways **Diskriminerung aufgrund des Geschlechts**

discuss [dɪs'kʌs] *verb* to talk about a problem **diskutieren** *or* **besprechen** *or* **erörtern** *they spent two hours discussing the details of the contract; the committee discussed the question of import duties on cars; the board will discuss wage rises at its next meeting; we discussed delivery schedules with our suppliers*

◇ **discussion** [dɪs'kʌʃən] *noun* talking about a problem **Diskussion** *f*; **Besprechung** *f*; **Erörterung** *f* ; **Debatte** *f* ; *after ten minutes' discussion the board agreed the salary increases; we spent the whole day in discussions with our suppliers*

diseconomies of scale [dɪsiː'kɒnəmiːzəv'skeɪl] *noun* situation where increased production actually increases unit cost **Größennachteile** *mpl;* **Kostenprogression** *f*

> COMMENT: after having increased production using the existing workforce and machinery, giving economies of scale, the company finds that in order to increase production further it has to employ more workers and buy more machinery, leading to an increase in unit cost

disembark [dɪsɪm'bɑːk] *verb* to get off a boat or plane **von Bord gehen**

◇ **disembarkation** [dɪsɪmbɑː'keɪʃn] *noun* getting off a boat or plane **Landung** *f* ; **disembarkation card** = card which allows you to get off a plane or boat, and return after a short time **Einreisekarte** *f*

disenfranchise [ˌdɪsɪn'fræn(t)ʃaɪz] *verb* to take away someone's right to vote **(jdm) das Stimmrecht entziehen** *the company has tried to disenfranchise the ordinary shareholders*

dishonour *or (US)* **dishonor** [dɪs'ɒnə] *verb* **to dishonour a bill** = not to pay a bill **einen Wechsel nicht annehmen** *or* **bezahlen**; **dishonoured cheque** = cheque which the bank will not pay because there is not enough money in the account to pay it **nicht eingelöster Scheck**

disinflation [ˌdɪsɪn'fleɪʃən] *noun* reducing inflation in the economy by increasing tax, reducing the level of money supply, etc. **Desinflation** *f*

disinvest ['dɪsɪn'vest] *verb* to reduce investment by not replacing capital assets when they wear out **desinvestieren**

◇ **disinvestment** ['dɪsɪn'vestmənt] *noun* reduction in capital assets by not replacing them when they wear out **Desinvestition** *f*

disk [dɪsk] *noun* round flat object, used to store information in computers **Platte** *f* ; **Diskette** *f* ; **floppy disk** = small disk for storing information through a computer **Floppy Disk** *f* ; **hard disk** = solid disk which will store a large amount of computer information in a sealed case **Festplatte**; **disk drive** = part of a computer which makes a disk spin round in order to read it or store information on it **Laufwerk** *n*

◇ **diskette** [dɪs'ket] *noun* very small floppy disk **Diskette** *f*

dismiss [dɪs'mɪs] *verb* **to dismiss an employee** = to remove an employee from a job **einen Arbeitnehmer entlassen** *he was dismissed for being late*

◇ **dismissal** [dɪs'mɪsəl] *noun* removal of an employee from a job **Entlassung** *f* ; **constructive dismissal** = situation where an employee does not leave his job voluntarily, but because of pressure from the management **erzwungene Kündigung**; **unfair dismissal** = removing someone from a job for reasons which are not fair **ungerechtfertigte Entlassung**; **wrongful dismissal** = removing someone from a job for reasons which are wrong **unrechtmäßige Entlassung**; **dismissal procedures** = correct way of dismissing someone according to the contract of employment **Entlassungsverfahren** *n*

dispatch [dɪs'pætʃ]

1 *noun*

(a) sending of goods to a customer **Versand** *m* ; **Beförderung** *f*; *the strike held up dispatch for several weeks* **dispatch department** = department which deals with the packing and sending of goods to customers **Versandabteilung** *f* ; **dispatch note** = note saying that goods have been sent **Versandschein** *m* ; **Avis** *m or n* **dispatch rider** = motorcyclist who delivers messages or parcels in a town **Motorradbote** *m*

(b) goods which have been sent **Sendung** *f* ; *the weekly dispatch went off yesterday*

2 *verb* to send goods to customers **(ver)senden** *or* **schicken**

◇ **dispatcher** [dɪs'pætʃə] *noun*

(a) person who sends goods to customers **Expedient/-in; Absender/-in**

(b) *(US)* person responsible for the route schedules of taxis, buses, trucks, etc. **Verkehrsbetriebsregler** *m*

dispenser [dɪs'pensə] *noun* machine which automatically provides something (an object *or* a drink *or* some food), often when money is put in **Automat** *m* ; *automatic dispenser; towel dispenser* **cash dispenser** = machine which gives out money when a special card is inserted and instructions given **Geldautomat**

display [dɪs'pleɪ]
1 *noun* showing of goods for sale **Auslage** *f or* **Ausstellung** *f or* **Display** *n* ; **Vorführung** *f* ; *the shop has several car models on display; an attractive display of kitchen equipment* **display advertisement** = advertisement which is well designed to attract attention **Großanzeige** *f* ; **display cabinet** *or* **display case** = piece of furniture with a glass top or glass doors for showing goods for sale **Vitrine** *f or* **Schaukasten** *m* ; **display material** = posters, photographs, etc., to be used to attract attention to goods which are for sale **Auslagematerial** *n* ; **display pack** *or* **display box** = special box for showing goods for sale **Schau-** *or* **Präsentationspackung** *f* ; *the watches are prepacked in plastic display boxes* **display stand** *or* **display unit** = special stand for showing goods for sale **Auslagenstand** *m* ; **Vollsichtregal** *n* ; **visual display unit (VDU)** *or* **visual display terminal** = screen attached to a computer which shows the information stored in the computer **Bildschirmgerät** *n*
2 *verb* to show **ausstellen; zeigen** *or* **vorführen** *the company was displaying three new car models at the show*

dispose [dɪs'pəʊz] *verb* **to dispose of** = to get rid of *or* to sell cheaply **veräußern** *or* **verkaufen** *or* **abstoßen; beseitigen** *to dispose of excess stock; to dispose of one's business*

◊ **disposable** [dɪs'pəʊzəbl] *adjective*
(a) which can be used and then thrown away **Wegwerf-** *or* **Einweg-** *disposable cups*
(b) **disposable personal income** = income left after tax and national insurance have been deducted **verfügbares Einkommen**

◊ **disposal** [dɪs'pəʊzəl] *noun* sale **Verkauf** *m or* **Veräußerung** *f* ; **Verfügung** *f* ; *disposal of securities or of property* **lease** *or* **business for disposal** = lease *or* business for sale **Pachtvertrag** *or* **Unternehmen zu veräußern**

dispute [dɪs'pjuːt]
1 *noun* argument *or* disagreement **Streit** *m* ; **to adjudicate** *or* **to mediate in a dispute** = to try to settle a dispute between other parties **in einem Streit schlichten; industrial dispute** *or* **labour dispute** = argument between management and workers **Arbeitskampf** *m or* **Arbeitsstreitigkeiten** *fpl*
2 *verb* to argue that something is wrong **bestreiten** *or* **anfechten** *he disputed the bill*

disqualify [dɪs'kwɒlɪfaɪ] *verb* to make a person unqualified to do something, such as to be a director of a company **disqualifizieren**

◊ **disqualification** [dɪsˌkwɒlɪfɪ'keɪʃn] *noun* making someone disqualified to do something **Disqualifizierung** *f*

> QUOTE Even 'administrative offences' can result in disqualification. A person may be disqualified for up to five years following persistent breach of company legislation in terms of failing to file returns, accounts and other documents with the Registrar
> Accountancy

dissolve [dɪ'zɒlv] *verb* to bring to an end **auflösen** *or* **aufheben** *to dissolve a partnership or a company*

◊ **dissolution** [ˌdɪsə'luːʃən] *noun* ending (of a partnership) **Auflösung** *f or* **Aufhebung** *f*

distrain [dɪ'streɪn] *verb* to seize (goods) to pay for debts **beschlagnahmen** *or* **in Besitz nehmen**

◊ **distress** [dɪ'stres] *noun* taking someone's goods to pay for debts **Beschlagnahme** *f or* **Inbesitznahme** *f; (US)* **distress merchandise** = goods sold cheaply to pay a company's debts **(im Notverkauf) stark herabgesetzte Ware; distress sale** = sale of goods at low prices to pay a company's debts **Not-** *or* **Pfandverkauf** *m*

distribute [dɪ'strɪbjuːt] *verb*
(a) to share out dividends **ausschütten** *or* **verteilen** *profits were distributed among the shareholders*
(b) to send out goods from a manufacturer's warehouse to retail shops **vertreiben** *Smith Ltd distributes for several smaller companies*

◊ **distribution** [ˌdɪstrɪ'bjuːʃən] *noun*
(a) act of sending goods from the manufacturer to the wholesaler and then to retailers **Vertrieb** *m* ; **Distribution** *f or* **Verteilung** *f* ; **Ausschüttung** *f* ; *distribution costs; distribution manager* **channels of distribution** *or* **distribution channels** = ways of sending goods from the manufacturer to the retailer **Vertriebswege** *mpl or* **Distributionskanäle** *mpl* **distribution network** = series of points *or* small warehouses from which goods are sent all over a country **Vertriebs-** *or* **Verteilernetz** *n*

(b) distribution slip = paper attached to a document *or* a magazine showing all the people in an office who should read it **Verteilerzettel** *m*

◇ **distributive** [dɪ'strɪbjʊtɪv] *adjective* referring to distribution **Vertriebs-**; **distributive trade** = all business involved in the distribution of goods **Vertriebsbranche** *f*

◇ **distributor** [dɪ'strɪbjʊtə] *noun* company which sells goods for another company which makes them **Verteiler** *m* ; **Vertriebsagent/-in** *or* **Vertragshändler/-in**; **Großhändler/-in**; **exclusive distributor** *or* **sole distributor** = retailer who is the only one in an area who is allowed by the manufacturer to sell a certain product **Alleinvertreter** *m* *or* **Alleinvertriebshändler** *m* ; **network of distributors** = a series of distributors spread all over a country **Vertriebs-** *or* **Verteilernetz** *n*

◇ **distributorship** [dɪ'strɪbjʊtəˌʃɪp] *noun* position of being a distributor for a company **Vertriebsrecht** *n* *or* **Vertrieb** *m*

district ['dɪstrɪkt] *noun* section of a country *or* of a town **Gebiet** *n* *or* **Stadtteil** *m* *or* **Viertel** *n* ; *district manager* **the commercial district** *or* **the business district** = part of a town where offices and shops are located **das Gewerbegebiet; das Geschäftsviertel**

diversification [daɪˌvɜːsɪfɪ'keɪʃən] *noun* adding another quite different type of business to a firm's existing trade **Diversifikation** *f* *or* **Diversifizierung** *f* ; **Anlagenstreuung** *f* ; **product diversification** *or* **diversification into new products** = adding new types of products to the range already made **Diversifikation** *or* **Sortimentserweiterung** *f*

◇ **diversify** [daɪ'vɜːsɪfaɪ] *verb*
(a) to add new types of business to existing ones **diversifizieren** *or* **ausweiten** *to diversify into new products*
(b) to invest in different types of shares or savings so as to spread the risk of loss **auffächern**

divest [daɪ'vest] *verb* **to divest oneself of something** = to get rid of something **sich einer Sache entledigen** *the company had divested itself of its US interests*

divide [dɪ'vaɪd] *verb* to cut into separate sections **aufteilen** *or* **teilen** *the country is divided into six sales areas; the two companies agreed to divide the market between them*

dividend ['dɪvɪdend] *noun* percentage of profits paid to shareholders **Dividende** *f* ; **to raise** *or* **to increase the dividend** = to pay out a higher dividend than in the previous year **die Dividende erhöhen; to maintain the dividend** = to keep the same dividend as in the previous year **Dividenden in gleicher Höhe ausschütten; to pass the dividend** = to pay no dividend **keine Dividende ausschütten** *or* **die Dividende ausfallen lassen; final dividend** = dividend paid at the end of a year **Schluss-** *or* **Restdividende; forecast dividend** *or* **prospective dividend** = dividend which a company expects to pay at the end of the current year **zu erwartende Dividende; interim dividend** = dividend paid at the end of a half-year **Abschlags-** *or* **Zwischendividende; dividend cover** = the ratio of earnings after tax to dividend **Dividendendeckung** *f (im Verhältnis zum Gewinn)*; **the dividend is covered four times** = the profits are four times the dividend **die Dividenden sind vierfach gedeckt; dividend forecast** = forecast of the amount of an expected dividend **Dividendenprognose** *f* ; **dividend warrant** = cheque which makes payment of a dividend **Dividendenschein** *m* *or* **Dividendenzahlungsanweisung** *f* ; **dividend yield** = dividend expressed as a percentage of the price of a share **Dividendenertrag** *m* ; **cum dividend** = share sold with the dividend still to be paid **mit Dividende; ex dividend** = share sold after the dividend has been paid **ohne Dividende; the shares are quoted ex dividend** = the share price does not include the right to the dividend **die Aktien werden ohne Dividende notiert**

divider [dɪ'vaɪdə] *noun* **room divider** = moveable low wall, which can be used to make a 'room' in an open-plan office **Trennwand** *f*

division [dɪ'vɪʒən] *noun*
(a) main section of a large company **Abteilung** *f* ; **Unternehmensbereich** *m* ; **Geschäftsbereich** *m* ; **Sparte** *f* ; *marketing division; production division; retail division; the paints division of ICI; the hotel division of THF; he is in charge of one of the major divisions of the company*
(b) company which is part of a large group **Unternehmensbereich** *m* ; **Geschäftsbereich** *m* ; **Sparte** *f* ; *Smith's is now a division of the Brown group of companies*

◇ **divisional** [dɪ'vɪʒənl] *adjective* referring to a division **Abteilungs-; Bereichs-; Sparten-** *a divisional director; the divisional headquarters*

DIY ['diːaɪ'waɪ] = DO-IT-YOURSELF

DM *or* **D-mark** = DEUTSCHMARK, MARK

dock [dɒk]
1 *noun* harbour, place where ships can load or

unload **Dock** *n* ; *loading dock; a dock worker; the dock manager* **the docks** = part of a town where the harbour is **die Hafenanlagen** *pl* **dock dues** = money paid by a ship going into or out of a dock, used to keep the dock in good repair **Dockgebühr** *f*
2 *verb*
(a) to go into dock **(ein)docken** *or* **ins Dock bringen** *the ship docked at 17.00*
(b) to remove money from someone's wages **kürzen** *we will have to dock his pay if he is late for work again; he had £20 docked from his pay for being late*
◇ **docker** ['dɒkə] *noun* person who works in a dock **Docker** *m or* **Dockarbeiter** *m*
◇ **dockyard** ['dɒkjɑːd] *noun* place where ships are built **Werft** *f*

docket ['dɒkɪt] *noun* list of contents of a package which is being sent **Inhaltsverzeichnis** *n or* **Warenbegleitschein** *m*

doctor ['dɒktə] *noun* specialist who examines people when they are sick to see how they can be made well **Arzt/Ärztin** *the staff are all sent to see the company doctor once a year* **doctor's certificate** = document written by a doctor to say that a worker is ill and cannot work **Attest** *n or* **ärztliche Bescheinigung** *f* ; *he has been off sick for ten days and still has not sent in a doctor's certificate* **company doctor** = (i) doctor who works for a company and looks after sick workers; (ii) specialist businessman who rescues businesses which are in difficulties **(i) Werksarzt/-ärztin; (ii) Krisenmanager/-in; Sanierer/-in**

document ['dɒkjʊmənt] *noun* paper with writing on it **Dokument** *n or* **Urkunde** *f* ; *legal document*
◇ **documentary** [ˌdɒkjʊ'mentərɪ] *adjective* in the form of documents **dokumentarisch** *or* **urkundlich** *documentary evidence; documentary proof*
◇ **documentation** [ˌdɒkjʊmen'teɪʃən] *noun* all documents referring to something **Dokumentation** *f* **Unterlagen** *pl or* **Dokumente** *npl please send me the complete documentation concerning the sale*

DoE = DEPARTMENT OF EMPLOYMENT

dog [dɒg] *noun* product that has a low market share and a low growth rate, and so is likely to be dropped from the company's product line **armer Hund** *or* **Ladenhüter** *m*

dogsbody ['dɒgzˌbɒdɪ] *noun (informal)* person who does all types of work in an office for very low wages **Mädchen für alles** *n or* **Kalfaktor** *m*

do-it-yourself ['duːɪtjə'self] *adjective* done by an ordinary person, not by a skilled worker **Do-it-yourself-**; **do-it-yourself conveyancing** = drawing up a legal conveyance by the person selling a property, without the help of a lawyer **Übertragungsurkunde** *f* **ohne notarielle Hilfe**; **do-it-yourself magazine** = magazine with articles on work which the average person can do to repair or paint his house **Do-it-yourself-Magazin** *n* ; **Heimwerkermagazin**

dole [dəʊl] *noun* money given by the government to unemployed people **Arbeitslosengeld** *n or* **Arbeitslosenhilfe** *f* ; **to receive dole payments** *or* **to be on the dole** = to be receiving unemployment benefits **Arbeitslosenunterstützung** *f* **beziehen**; *(informal)* **stempeln gehen**; **dole queue** = line of people waiting to collect the dole **Schlange** *f* **von Arbeitslosen** *pl*

dollar ['dɒlə] *noun*
(a) unit of currency used in the USA and other countries, such as Australia, Bahamas, Barbados, Bermuda, Brunei, Canada, Fiji, Hong Kong, Jamaica, New Zealand, Singapore, Zimbabwe **Dollar** *m* ; *the US dollar rose 2%; fifty Canadian dollars; it costs six Australian dollars* **five dollar bill** = banknote for five dollars **Fünfdollarschein** *m*
(b) *(in particular)* the currency used in the USA **(US-)Dollar** *m* ; **dollar area** = area of the world where the US dollar is the main trading currency **Dollarraum** *m or* **Dollarzone** *f*; **dollar balance** = a country's trade balance expressed in US dollars **Dollarbilanz** *f*; **dollar crisis** = fall in the exchange rate for the US dollar **Dollarkrise** *f* ; **dollar gap** *or* **dollar shortage** = situation where the supply of dollars is not enough to satisfy the demand for them from overseas buyers **Dollarlücke** *f* ; **dollar stocks** = shares in US companies **US-Aktien** *fpl* (NOTE: usually written $ before a figure: **$250.** The currencies used in different countries can be shown by the initial letter of the country: **C$** (Canadian dollar) **A$** (Australian dollar), etc.)

domestic [də'mestɪk] *adjective* referring to the home market *or* the market of the country where the business is situated **Innen-** *or* **Binnen-** *or* **einheimisch** *or* **im Inland** *domestic sales; domestic turnover* **domestic consumption** = consumption on the home market **Inlandsverbrauch** *m* ; *domestic consumption of oil has fallen sharply* **domestic flight** = flight inside a country **Inlandflug** *m* ; **domestic market** = market in the country where a company is based **Binnen-** *or* **Inlandsmarkt** *m*; *they produce goods for the domestic market* **domestic production** = production of goods for domestic consumption **Inlandsproduktion** *f*; **domestic trade** = trade within the home market **Binnenhandel** *m*

domicile ['dɒmɪsaɪl]
1 *noun* (i) country where someone lives; (ii) place where a company's office is registered **(i) Wohnsitz** *m*; **Heimatland** *n*; **(ii) Sitz** *m*; **Niederlassung** *f*
2 *verb* **he is domiciled in Denmark** = he lives in Denmark officially **er hat seinen Wohnsitz in Dänemark** *or* **er ist in Dänemark ansässig**; **bills domiciled in France** = bills of exchange which have to be paid in France **in Frankreich zahlbare Wechsel** *mpl*

door [dɔː] *noun* piece of wood *or* metal, etc. which closes the entrance to a building *or* room **Tür** *f*; *the finance director knocked on the chairman's door and walked in; the sales manager's name is on her door* **the store opened its doors on June 1st** = the store started doing business on June 1st **das Geschäft öffnete am 1. Juni (erstmals) seine Türen**
◇ **door-to-door** ['dɔːtə'dɔː] *adjective* going from one house to the next, asking the occupiers to buy something or to vote for someone **(von) Haus zu Haus** *door-to-door canvassing; door-to-door selling* **door-to-door salesman** = man who calls on people in their homes to sell them things **Hausierer** *m or* **Vertreter** *m; (informal)* **Drücker** *m*

dormant ['dɔːmənt] *adjective* not active **ruhend** *or* **still** *or* **untätig**; **dormant account** = bank account which is no longer used **stillgelegtes (Bank)konto**

dossier ['dɒsɪeɪ] *noun* file of documents **Dossier** *n*

dot [dɒt] *noun* small round spot **Tupfen** *m or* **Punkt** *m or* **Pünktchen** *n*; *the order form should be cut off along the line shown by the row of dots*
◇ **dot-matrix printer** ['dɒtˌmeɪtrɪks'prɪntə] *noun* printer which makes letters by printing many small dots **Matrixdrucker** *m*
◇ **dotted line** ['dɒtɪd'laɪn] *noun* line made of a series of dots **punktierte Linie** *please sign on the dotted line; do not write anything below the dotted line*

double ['dʌbl]
1 *adjective* **(a)** twice as large *or* two times the size **doppelt** *their turnover is double ours* **to be on double time** = to earn twice the usual wages for working on Sundays or other holidays **100% Zuschlag vedienen** *or* **das Doppelte verdienen**; **double-entry bookkeeping** = system of bookkeeping where both debit and credit entries are recorded in the accounts at the same time (e.g., when a sale is credited to the sales account the purchaser's debt is debited to the debtors account) **doppelte Buchführung**; **double taxation** = taxing the same income twice **Doppelbesteuerung** *f*; **double taxation agreement** = agreement between two countries that a person living in one country shall not be taxed in both countries on the income earned in the other country **Doppelbesteuerungsabkommen** *n*
(b) in double figures = with two figures, from 10 to 99 **zweistellig** *inflation is in double figures; we have had double-figure inflation for some years*
2 *verb* to become twice as big; to make something twice as big **verdoppeln** *we have doubled our profits this year or our profits have doubled this year; the company's borrowings have doubled*
◇ **double-book** ['dʌbl'bʊk] *verb* to let the same hotel room *or* plane seat, etc., to more than one person at a time **doppelt belegen** *or* **doppelt buchen** *we had to change our flight as we were double-booked*
◇ **double-booking** ['dʌbl'bʊkɪŋ] *noun* letting by a travel agent of the same hotel room *or* the same plane seat to more than one person at a time **Doppelbuchung** *f or* **Doppelreservierung** *f*

doubtful ['daʊtfəl] *adjective* which is not certain **zweifelhaft** *or* **dubios**; **doubtful debt** = debt which may never be paid **ungesicherte Verbindlichkeit**; **doubtful loan** = loan which may never be repaid **Risikokredit** *m*

Dow Jones Index [ˌdaʊ'dʒəʊnz'ɪndeks] any of several indices published by the Dow Jones Co., based on prices on the New York Stock Exchange **Dow-Jones-Index** *m*
◇ **Dow Jones Industrial Average (DJIA)** [ˌdaʊ'dʒəʊnzɪn'dʌstrɪəl'ævrɪdʒ] index of share prices on the New York Stock Exchange, based on a group of thirty major corporations **US-Industrieaktienindex** *m*; *the Dow Jones Average rose ten points; general optimism showed in the rise on the Dow Jones Average*

down [daʊn]
1 *adverb & preposition* in a lower position *or* to a lower position **unten** *or* **herunter** *or* **hinunter** *or* **niedrig** *or* **gefallen** *the inflation*

rate is gradually coming down; shares are slightly down on the day; the price of petrol has gone down **to pay money down** = to make a deposit **Geld anzahlen** *he paid £50 down and the rest in monthly instalments*
2 *verb* **to down tools** = to stop working **die Arbeit niederlegen** *or* **streiken**

◇ **downgrade** [daʊn'greɪd] *verb* to reduce the importance of someone *or* of a job **herunter-** *or* **zurückstufen** *or* **degradieren** *or* **niedriger einstufen** *his job was downgraded in the company reorganization*

◇ **download** [daʊn'ləʊd] *verb* to load data or a program onto a computer from another computer **herunterladen**

◇ **down-market** ['daʊnmɑ:kɪt] *adverb & adjective* cheaper *or* appealing to a less wealthy section of the population **billig** *or* **Billig-** *or* **Massen-** *the company has adopted a down-market image* **the company has decided to go down-market** = the company has decided to make products which appeal to a wider section of the public **das Unternehmen hat beschlossen, sich dem Massenmarkt** *m* **zuzuwenden**

◇ **down payment** ['daʊn'peɪmənt] *noun* part of a total payment made in advance **Anzahlung** *f* ; *he made a down payment of $100*

◇ **downside** ['daʊnsaɪd] *noun* **downside factor** *or* **downside risk** = possibility of making a loss (in an investment) **Verlustfaktor** *m* ; **the sales force have been asked to give downside forecasts** = they have been asked for pessimistic forecasts **das Verkaufspersonal wurde gebeten, pessimistische Prognosen** *fpl* **zu stellen** (NOTE: the opposite is **upside)**

◇ **downsizing** ['daʊnsaɪzɪŋ] *noun* reducing the size of something, especially reducing the number of people employed in a company to make it more profitable **Stellenabbau** *m*

◇ **down time** ['daʊntaɪm] *noun* time when a machine is not working because it is broken *or* being mended, etc.; time when a worker cannot work because machines have broken down, because components are not available, etc. **Ausfallzeit** *f*

◇ **downtown** ['daʊntaʊn] *noun, adjective & adverb* in the central business district of a town **Stadtzentrum** *n* ; **Geschäftsviertel** *n* ; **Innenstadt** *f* ; *his office is in downtown New York; a downtown store; they established a business downtown*

◇ **downturn** ['daʊntɜ:n] *noun* movement towards lower prices *or* sales *or* profits **Rückgang** *m or* **Abflauen** *n* ; *a downturn in the market price; the last quarter saw a downturn in the economy*

◇ **downward** ['daʊnwəd] *adjective* towards a lower position **nach unten** *or* **abwärts** *or* **rückgängig** *or* **rückläufig**

◇ **downwards** ['daʊnwədz] *adverb* towards a lower position **nach unten** *or* **abwärts** *the company's profits have moved downwards over the last few years*

dozen ['dʌzn] *noun* twelve **Dutzend** *n* ; *to sell in sets of one dozen* **cheaper by the dozen** = the product is cheaper if you buy twelve at a time **im Dutzend billiger**

Dr *or* **DR**
(a) = DEBTOR
(b) = DRACHMA

drachma ['drækmə] *noun* currency used in Greece **Drachme** *f* (NOTE: usually written **Dr** before a figure: **Dr22bn)**

draft [drɑ:ft]
1 *noun*
(a) order for money to be paid by a bank **Wechsel** *m or* **Tratte** *f* ; *banker's draft* **to make a draft on a bank** = to ask a bank to pay money for you **einen Wechsel auf eine Bank ziehen; sight draft** = bill of exchange which is payable when it is presented **Sichtwechsel** *or* **Sichttratte**
(b) first rough plan *or* document which has not been finished **Entwurf** *m or* **Fassung** *f or* **Konzept** *n* ; *draft of a contract or draft contract; he drew up the draft agreement on the back of an envelope; the first draft of the contract was corrected by the managing director; the finance department has passed the final draft of the accounts* **rough draft** = plan of a document which may have changes made to it before it is complete **Roh-** *or* **Vorentwurf**
2 *verb* to make a first rough plan of a document **entwerfen** *or* **konzipieren** *to draft a letter; to draft a contract; the contract is still being drafted or is still in the drafting stage*

◇ **drafter** ['drɑ:ftə] *noun* person who makes a draft **Verfasser/-in eines Entwurfs** *m* ; *the drafter of the agreement*

◇ **drafting** ['drɑ:ftɪŋ] *noun* act of preparing the draft of a document **Entwerfen** *n or* **Ausarbeitung** *f* ; *the drafting of the contract took six weeks*

drain [dreɪn]
1 *noun* gradual loss of money flowing away **Belastung** *f or* **starke Inanspruchnahme** *the*

costs of the London office are a continual drain on our resources
2 *verb* to remove something gradually **aufbrauchen** *or* **aufzehren** *the expansion plan has drained all our profits; the company's capital resources have drained away*

draw [drɔː] *verb*
(a) to take money away **abheben** *to draw money out of an account* **to draw a salary** = to have a salary paid by the company **ein Gehalt beziehen** *the chairman does not draw a salary*
(b) to write a cheque **ausstellen** *he paid the invoice with a cheque drawn on an Egyptian bank* (NOTE: **drawing - drew - has drawn)**

◊ **drawback** ['drɔːbæk] *noun*
(a) thing which is not convenient *or* likely to cause problems **Nachteil** *m* ; *one of the main drawbacks of the scheme is that it will take six years to complete*
(b) paying back customs duty when imported goods are then re-exported **Zollrückvergütung** *f or* **Rückzoll** *m*

◊ **draw down** [drɔː'daʊn] *verb* to draw money which is available under a credit agreement **(Kredit) in Anspruch nehmen**

◊ **drawee** [drɔː'iː] *noun* person or bank asked to make a payment by a drawer **Bezogene(r)** *or* **Trassat** *m*

◊ **drawer** ['drɔːə] *noun* person who writes a cheque *or* a bill asking a drawee to pay money to a payee **Aussteller/-in** *or* **Trassant** *m* ; **the bank returned the cheque to drawer** = the bank would not pay the cheque because the person who wrote it did not have enough money in the account to pay it **die Bank schickte den Scheck an den Aussteller zurück**

◊ **drawing** ['drɔːɪŋ] *noun*
(a) drawing account = current account *or* account from which the customer may take money when he wants **Kontokorrentkonto** *n* ; **Girokonto** *n* ; **laufendes Konto**; *(see also* SPECIAL DRAWING RIGHTS)
(b) drawing pin = pin with a flat head for attaching a sheet of paper to something hard **Reißzwecke** *f* ; *she used drawing pins to pin the poster to the door*

◊ **draw up** [drɔː'ʌp] *verb* to write a legal document **aufsetzen** *or* **konzipieren** *or* **aufstellen** *to draw up a contract or an agreement; to draw up a company's articles of association*

drift [drɪft] *verb* to move slowly **treiben** *or* **sich langsam bewegen** *shares drifted lower in a dull market; strikers are drifting back to work*

drive [draɪv]
1 *noun*
(a) energy *or* energetic way of working **Elan** *m or* **Schwung** *m* ; **he has a lot of drive** = he is very energetic in business **er hat viel Elan**; **economy drive** = vigorous effort to save money or materials **Sparkampagne** *f* ; **sales drive** = vigorous effort to increase sales **Verkaufskampagne** *f*
(b) part of a machine which makes other parts work **Antrieb** *m* ; **disk drive** = part of a computer which makes the disk spin round in order to store information on it **Laufwerk** *n*
2 *verb*
(a) to make a car *or* lorry, etc. go in a certain direction **fahren** *he was driving to work when he heard the news on the car radio; she drives a company car*
(b) he drives a hard bargain = he is a difficult negotiator **er verhandelt hartnäckig** (NOTE: **driving - drove - has driven)**

drop [drɒp]
1 *noun* fall **Rückgang** *m* ; *drop in sales; sales show a drop of 10%; a drop in prices*
2 *verb*
(a) to fall **zurückgehen** *or* **stürzen** *or* **fallen** *sales have dropped by 10% or have dropped 10%; the pound dropped three points against the dollar*
(b) not to keep in a product range **einstellen** *we have dropped these items from the catalogue because they've been losing sales steadily for some time* (NOTE: **dropping - dropped)**

◊ **drop ship** ['drɒpʃɪp] *verb* to deliver a large order direct to a customer **direkt an den Kunden liefern**

◊ **drop shipment** [drɒp'ʃɪpmənt] *noun* delivery of a large order from the manufacturer direct to a customer's shop or warehouse without going through an agent or wholesaler **Direktlieferung** *f*

QUOTE while unemployment dropped by 1.6 per cent in the rural areas, it rose by 1.9 per cent in urban areas during the period under review
Business Times (Lagos)

QUOTE corporate profits for the first quarter showed a 4 per cent drop from last year's final three months
Financial Times

QUOTE since last summer American interest rates have dropped by between three and four percentage points
Sunday Times

drug [drʌg] *noun* medicine **Arzneimittel** *n or* **Medikament** *n* ; **a drug on the market** =

product which is difficult to sell because it has already been sold in large quantities and the market is saturated **ein Ladenhüter** *m* ; **eine schwer verkäufliche Ware**

dry [draɪ] *adjective* not wet **trocken; dry goods** = cloth, clothes and household goods **Textilwaren** *fpl* **dry measure** = way of calculating loose dry produce (such as corn) **Trockenmaß** *n*

DTI [di:ti:'aɪ] = DEPARTMENT OF TRADE AND INDUSTRY

DTP = DESK-TOP PUBLISHING

duck *see* LAME DUCK

dud [dʌd]
1 *noun (informal)* false *or* not good coin or banknote **Blüte** *f or* **Fälschung** *f* ; *the £50 note was a dud*
2 *adjective* false *or* not good **falsch** *or* **gefälscht** *or* **wertlos; dud cheque** = cheque which the bank refuses to pay because the person writing it has not enough money in his account to pay it **ungedeckter Scheck**

due [dju:] *adjective*
(a) owed **fällig** *sum due from a debtor; bond due for repayment* **to fall due** *or* **to become due** = to be ready for payment **fällig sein** *or* **werden; bill due on May 1st** = bill which has to be paid on May 1st **eine am 1. Mai fällige Rechnung; balance due to us** = amount owed to us which should be paid **fälliger Rechnungsbetrag**
(b) expected to arrive **erwartet; the plane is due to arrive at 10.30** *or* **is due at 10.30** = it is expected to arrive at 10.30 **das Flugzeug soll um 10.30 Uhr landen**
(c) in due form = written in the correct legal form **vorschriftsmäßig** *or* **rechtsgültig** *receipt in due form; contract drawn up in due form* **after due consideration** = after thinking seriously **nach reiflicher Überlegung**
(d) caused by **aufgrund** *or* **wegen** *supplies have been delayed due to a strike at the manufacturers; the company pays the wages of staff who are absent due to illness*

◇ **dues** [dju:z] *plural noun*
(a) regular subscription payments made by a union member to the union **Gewerkschaftsbeiträge** *mpl* **dock dues** *or* **port dues** *or* **harbour dues** = payment which a ship makes to the harbour authorities for the right to use the harbour **Hafengebühr** *f*
(b) orders taken but not supplied until new stock arrives **Vorbestellungen** *fpl* **to release dues** = to dispatch back orders when new stock arrives **überfällige Bestellungen abwickeln**

> QUOTE many expect the US economic indicators for April, due out this Thursday, to show faster economic growth
> Australian Financial Review

dull [dʌl] *adjective* not exciting *or* not full of life **lahm** *or* **schleppend; dull market** = market where little business is done **flauer Markt; lustlose Börse**

◇ **dullness** ['dʌlnəs] *noun* being dull **Flaute** *f or* **Lustlosigkeit** *f* ; *the dullness of the market*

duly ['dju:lɪ] *adverb*
(a) properly **vorschriftsmäßig** *or* **ordnungsgemäß** *duly authorized representative*
(b) as was expected **erwartungsgemäß** *we duly received his letter of 21st October*

dummy ['dʌmɪ] *noun* imitation product to test the reaction of potential customers to its design **Attrappe** *f; (von einem Buch)* **Blindband** *m* ; **dummy pack** = empty pack for display **Schau-** *or* **Leerpackung** *f*; **dummy run** = test run **Probelauf** *m*

dump [dʌmp] *verb* **to dump goods on a market** = to get rid of large quantities of excess goods cheaply in an overseas market **Waren zu Schleuderpreisen auf den Markt bringen**

◇ **dump bin** ['dʌmpbɪn] *noun* display container like a large box which is filled with goods for sale **Wühlkorb** *m*

◇ **dumping** ['dʌmpɪŋ] *noun* act of getting rid of excess goods cheaply in an overseas market **Dumping** *n* ; *the government has passed anti-dumping legislation; dumping of goods on the European market* **panic dumping of sterling** = rush to sell sterling at any price because of possible devaluation **Panikdumping von Sterling**

> QUOTE a serious threat lies in the 400,000 tonnes of subsidized beef in EC cold stores. If dumped, this meat will have disastrous effects in Pacific Basin markets
> Australian Financial Review

Dun & Bradstreet (D&B) ['dʌnən'brædstri:t] organization which produces reports on the financial rating of companies; it also acts as a debt collection agency **Dun & Bradstreet (D&B)**

duplicate
1 ['dju:plɪkət] *noun* copy **Duplikat** *n or*

Zweitschrift *f or* **Kopie** *f* ; *he sent me the duplicate of the contract* **duplicate receipt** *or* **duplicate of a receipt** = copy of a receipt **Quittungsduplikat; in duplicate** = with a copy **in doppelter** *or* **zweifacher Ausfertigung; receipt in duplicate** = two copies of a receipt **Quittung in doppelter Ausfertigung** *to print an invoice in duplicate*
2 ['dju:plɪkeɪt] *verb*
(a) *(of a bookkeeping entry)*; **to duplicate with another** = to repeat another entry *or* to be the same as another entry **miteinander übereinstimmen**
(b) to duplicate a letter = to make a copy of a letter **einen Brief kopieren**

◊ **duplicating** ['dju:plɪkeɪtɪŋ] *noun* copying **Kopieren** *n* ; **duplicating machine** = machine which makes copies of documents **Vervielfältigungsapparat** *n or* **Kopiergerät** *n* ; **duplicating paper** = special paper to be used in a duplicating machine **Vervielfältigungspapier** *n*

◊ **duplication** [ˌdju:plɪ'keɪʃən] *noun* copying of documents **Vervielfältigung** *f* ; **duplication of work** = work which is done twice without being necessary **doppelte Arbeit**

◊ **duplicator** ['dju:plɪkeɪtə] *noun* machine which makes copies of documents **Vervielfältigungsapparat** *n or* **Kopiergerät** *n*

durable ['djʊərəbl]
1 *adjective* **durable goods** = goods which will be used for a long time (such as washing machines or refrigerators) **langlebige Güter** *npl* **durable effects** = effects which will be felt for a long time **lang anhaltende Auswirkungen** *fpl the strike will have durable effects on the economy*
2 *noun* **consumer durables** = goods bought by the public which will be used for a long time (such as washing machines or refrigerators) **langlebige Konsum-** *or* **Gebrauchsgüter** *npl*

dust cover ['dʌstkʌvə] *noun* cover which is put over a machine (such as a typewriter, or a computer) to keep dust off **Abdeckhaube** *f*

Dutch [dʌtʃ] *adjective* **Dutch auction** = auction where the auctioneer offers an item for sale at a high price and then gradually reduces the price until someone makes a bid **holländische Versteigerung; to go Dutch** = to share the bill in a restaurant **getrennt bezahlen**

duty ['dju:tɪ] *noun*
(a) tax which has to be paid **Steuer** *f or* **Zoll** *m* ; *to take the duty off alcohol; to put a duty on cigarettes* **ad valorem duty** = duty calculated on the sales value of the goods **Wertzoll; customs duty** *or* **import duty** = tax on goods imported into a country **Zoll; Einfuhrzoll; estate duty** *or (US)* **death duty** = tax paid on the property left by a dead person **Erbschaftssteuer; excise duty** = tax on goods (such as alcohol and petrol) which are produced in the country **Verbrauchssteuer; stamp duty** = tax on legal documents (such as the conveyance of a property to a new owner) **Stempelgebühr** *f* ; **goods which are liable to duty** = goods on which customs or excise tax has to be paid **zu verzollende Güter** *npl* **duty-paid goods** = goods where the duty has been paid **verzollte Waren** *fpl*
(b) work which a person has to do **Pflicht** *f* ; *one of his duties is to see that the main doors are locked at night*
(c) official work which you have to do in a job **Dienst** *m* ; *he's on duty from 9.00 to 6.00* **night duty** = period of work during the night **Nachtdienst**

◊ **dutiable** ['dju:tjəbl] *adjective* **dutiable goods** *or* **dutiable items** = goods on which a customs duty has to be paid **zollpflichtige Güter** *npl or* **Waren** *fpl*

◊ **duty-free** ['dju:tɪ'fri:] *adjective & adverb* sold with no duty to be paid **zollfrei** *he bought a duty-free watch at the airport or he bought the watch duty-free* **duty-free shop** = shop at an airport *or* on a ship where goods can be bought without paying duty **Duty-free-Shop** *m*

> QUOTE Canadian and European negotiators agreed to a deal under which Canada could lower its import duties on $150 million worth of European goods
> Globe and Mail (Toronto)

> QUOTE the Department of Customs and Excise collected a total of N79m under the new advance duty payment scheme
> Business Times (Lagos)

Ee

e.& o.e. = ERRORS AND OMISSIONS EXCEPTED

eager ['i:gə] *adjective* wanting to do something **sehr interessiert; erpicht** *the management is eager to get into the Far*

Eastern markets; our salesmen are eager to see the new product range

early ['ɜːlɪ]
1 *adjective*
(a) before the usual time **früh** *or* **vorzeitig; early closing day** = weekday when most shops in a town close in the afternoon **Tag, an dem die Geschäfte früher als gewöhnlich schließen; at your earliest convenience** = as soon as possible **so bald wie möglich; at an early date** = very soon **bald; to take early retirement** = to leave a job with a pension before the usual age for retirement **sich vorzeitig pensionieren lassen; early withdrawal** = withdrawing money from a deposit account before due date **vorzeitige Abhebung**
(b) at the beginning of a period of time **früh** *he took an early flight to Paris* **we hope for an early resumption of negotiations** = we hope negotiations will start again soon **wir hoffen, dass die Verhandlungen schon bald wieder aufgenommen werden**
2 *adverb* before the usual time **früh** *or* **frühzeitig** *the mail left early; he retired early and bought a house in Cornwall*

earmark ['ɪəmɑːk] *verb* to reserve for a special purpose **vorsehen** *or* **bereitstellen** *to earmark funds for a project; the grant is earmarked for computer systems development*

earn [ɜːn] *verb*
(a) to be paid money for working **verdienen** *to earn £50 a week; our agent in Paris certainly does not earn his commission* **earned income** = income from wages, salaries, pensions, etc. (as opposed to 'unearned' income from investments) **Verdienst** *m or* **Erwerbseinkommen** *n*
(b) to produce interest *or* dividends **(ein) bringen** *what level of dividend do these shares earn? account which earns interest at 10%*

◇ **earning** ['ɜːnɪŋ] *noun* **earning capacity** *or* **earning power** = amount of money someone should be able to earn **Verdienstmöglichkeit** *f or* **Erwerbsfähigkeit** *f*; *he is such a fine dress designer that his earning power is very large* **earning potential** = (i) amount of money a person should be able to earn; (ii) amount of dividend a share should produce **(i) Verdienstmöglichkeit** *f or* **Erwerbsfähigkeit** *f*; **(ii) Ertragsfähigkeit** *f*

◇ **earnings** ['ɜːnɪŋz] *plural noun*
(a) salary *or* wages, profits and dividends *or* interest received **Einkommen** *n or* **Einkünfte** *pl* **compensation for loss of earnings** = payment to someone who has stopped earning money *or* who is not able to earn money **Verdienstausfallentschädigung** *f*; **invisible earnings** = foreign currency earned by a country in providing services (such as banking, tourism), not in selling goods **unsichtbare Einkünfte** *or* **Einkünfte aus unsichtbaren Leistungen** *fpl*
(b) money which is earned in interest *or* dividend **Gewinn** *m or* **Profit** *m or* **Ertrag** *m*; **earnings per share** *or* **earnings yield** = money earned in dividends per share, shown as a percentage of the market price of one share **Gewinnrendite** *f*; **gross earnings** = earnings before tax and other deductions **Bruttoeinkommen** *n or* **Bruttoeinnahmen** *fpl* **retained earnings** = profits which are not paid out to shareholders as dividend **einbehaltene Gewinne** *mpl*

◇ **price/earnings ratio (P/E ratio)** [ˌpreɪsˌɜːnɪŋz'reɪʃɪəʊ] *noun* ratio between the market price of a share and the earnings per share calculated by dividing the market price by the earnings per share **Kurs-Gewinn-Verhältnis** *n*; **these shares sell at a P/E ratio of 7** = they sell at 7 times their earnings **diese Aktien werden mit einem Kurs-Gewinn-Verhältnis von 7 gehandelt**; *(see also the comment at* PRICE)

> QUOTE the US now accounts for more than half of our world-wide sales. It has made a huge contribution to our earnings turnaround
> Duns Business Month

> QUOTE last fiscal year the chain reported a 116% jump in earnings, to $6.4 million or $1.10 a share
> Barrons

earnest ['ɜːnɪst] *noun* money paid as a down payment **Handgeld** *n or* **Draufgeld** *n*

ease [iːz] *verb* to fall a little **nachlassen** *or* **nachgeben** *the share index eased slightly today*

easement ['iːzmənt] *noun* right which someone has to use land belonging to someone else (such as for a path across someone's land to a garage) **Grunddienstbarkeit** *f*

easy ['iːzɪ] *adjective*
(a) not difficult **einfach** *or* **leicht; easy terms** = terms which are not difficult to accept *or* price which is easy to pay **günstige Bedingungen** *fpl or* **Zahlungserleichterungen** *fpl the shop is let on very easy terms* **the loan is repayable in easy payments** = with very small sums paid back regularly **das Darlehen hat günstige Rückzahlungsbedingungen; easy money** = (i) money which can be earned with no

difficulty; (ii) money available on easy repayment terms **(i) leicht verdientes Geld; (ii) billiges Geld**; **easy money policy** = government policy of expanding the economy by making money more easily available **Politik *f* des billigen Geldes**
(b) easy market = market where few people are buying, so prices are low **abbröckelnder Markt** *the Stock Exchange was easy yesterday* **share prices are easier** = prices have fallen slightly **die Aktienkurse sind niedriger**

◇ **easily** ['i:zɪlɪ] *adverb*
(a) without any difficulty **einfach** *or* **leicht** *we passed through the customs easily*
(b) much *or* a lot (compared to something else) **bei weitem** *he is easily our best salesman; the firm is easily the biggest in the market*

EC ['i:'si:] = EUROPEAN COMMUNITY **EG** *EC ministers met today in Brussels; the USA is increasing its trade with the EC* (NOTE: now called the **European Union (EU)**)

ECGD ['i:si:dʒi:'di:] = EXPORT CREDIT GUARANTEE DEPARTMENT

echelon ['eʃəlɒn] *noun* group of people of a certain grade in an organization **Ebene** *f or* **Schicht** *f or* **Rang** *m* ; *the upper echelons of industry*

econometrics [ˌi:kɒnə'metrɪks] *plural noun* study of the statistics of economics, using computers to analyse statistics and make forecasts using mathematical models **Ökonometrie** *f* (NOTE: takes a singular verb)

economic [ˌi:kə'nɒmɪk] *adjective*
(a) which provides enough money **rentabel** *or* **wirtschaftlich** *the flat is let at an economic rent; it is hardly economic for the company to run its own warehouse* **economic order quantity (EOQ)** = quantity of stocks which a company should hold, calculated on the basis of the costs of warehousing, of lower unit costs because of higher quantities purchased, the rate at which stocks are used, and the time it takes for suppliers to deliver new orders **optimale Bestellmenge**
(b) referring to the financial state of a country **Wirtschafts-** *economic planner; economic planning; the government's economic policy; the economic situation; the country's economic system; economic trends* **economic crisis** *or* **economic depression** = situation where a country is in financial collapse **Wirtschaftskrise** *f* ; *the government has introduced import controls to solve the current economic crisis* **economic cycle** = period during which trade expands, then slows down, then expands again **Konjunkturzyklus** *m* ; **economic development** = expansion of the commercial and financial situation **wirtschaftliche Entwicklung** *the economic development of the region has totally changed since oil was discovered there* **economic growth** = increase in the national income **Wirtschaftswachstum** *n* ; *the country enjoyed a period of economic growth in the 1980s* **economic indicators** = statistics which show how the economy is going to perform in the short or long term (unemployment rate, overseas trade, etc.) **Schlüsselwerte** *mpl* **für die Wirtschaft; Konjunkturindikatoren** *mpl* **economic sanctions** = restrictions on trade with a country in order to make its government change policy **Wirtschaftssanktionen** *fpl the western nations imposed economic sanctions on the country*

◇ **economical** [ˌi:kə'nɒmɪkəl] *adjective* which saves money or materials *or* which is cheap **sparsam** *or* **rationell; economical car** = car which does not use much petrol **im Benzinverbrauch sparsames Auto**; **economical use of resources** = using resources as carefully as possible **sparsamer Umgang mit Ressourcen**

◇ **economics** [ˌi:kə'nɒmɪks] *plural noun*
(a) study of production, distribution, selling and use of goods and services **Volkswirtschaft** *f or* **Wirtschaftswissenschaft** *f*
(b) study of financial structures to show how a product or service is costed and what returns it produces **ökonomischer** *or* **wirtschaftlicher Aspekt; Wirtschaftlichkeit** *f* ; *the economics of town planning; I do not understand the economics of the coal industry* (NOTE: takes a singular verb)

◇ **economist** [ɪ'kɒnəmɪst] *noun* person who specializes in the study of economics **Volkswirt/-in** *or* **Wirtschaftswissenschaftler/-in** *agricultural economist*

◇ **economize** [ɪ'kɒnəmaɪz] *verb* **to economize on petrol** = to save petrol **Benzin einsparen**

◇ **economy** [ɪ'kɒnəmɪ] *noun*
(a) being careful not to waste money or materials **Sparsamkeit** *f or* **Wirtschaftlichkeit** *f*; **an economy measure** = an action to save money or materials **eine Sparmaßnahme**; **to introduce economies** *or* **economy measures into the system** = to start using methods to save money or materials **Sparmaßnahmen in das System einführen**; **economies of scale** = making a product more profitable by

manufacturing it in larger quantities **Größenvorteile** *mpl or* **Größendigression** *f* ; **economy car** = car which does not use much petrol **im Benzinverbrauch sparsames Auto**; **economy class** = cheapest class on a plane **Touristenklasse** *f or* **Economy-Klasse** *f* ; *to travel economy class* **economy drive** = campaign to save money or materials **Sparkampagne** *f*; **economy size** = large size *or* large packet which is a bargain **Sparpackung** *f*
(b) financial state of a country *or* way in which a country makes and uses its money **Wirtschaft** *f*; *the country's economy is in ruins* **black economy** = work which is paid for in cash or goods, but not declared to the tax authorities **Schattenwirtschaft**; **capitalist economy** = system where each person has the right to invest money, to work in business, to buy and sell with no restrictions from the state **kapitalistisches Wirtschaftssystem**; **controlled economy** = system where business activity is controlled by orders from the government **staatlich gelenkte Wirtschaft**; **free market economy** = system where the government does not interfere in business activity in any way **freie Marktwirtschaft**; **mixed economy** = system which contains both nationalized industries and private enterprise **Mischwirtschaft**; **planned economy** = system where the government plans all business activity **Planwirtschaft**

> QUOTE each of the major issues on the agenda at this week's meeting is important to the government's success in overall economic management
> Australian Financial Review

> QUOTE believers in free-market economics often find it hard to sort out their views on the issue
> Economist

> QUOTE the European economies are being held back by rigid labor markets and wage structures, huge expenditures on social welfare programs and restrictions on the free movement of goods within the Common Market
> Duns Business Month

ecu *or* **ECU** ['ekju:] *noun* = EUROPEAN CURRENCY UNIT **Ecu** *or* **ECU** *m or f*

edge [edʒ]
1 *noun*
(a) side of a flat thing **Kante** *f or* **Rand** *m* ; *he sat on the edge of the managing director's desk; the printer has printed the figures right to the edge of the printout*
(b) advantage **Vorteil** *m* ; *having a local office gives us a competitive edge over Smith Ltd.* **to have the edge on a rival company** = to be slightly more profitable *or* to have a slightly larger share of the market than a rival **einer Konkurrenzfirma gegenüber im Vorteil sein**
2 *verb* to move a little **sich langsam bewegen** *or* **sich verschieben** *prices on the stock market edged upwards today; sales figures edged downwards in January*

editor ['edɪtə] *noun* person in charge of a newspaper or a section of a newspaper **Herausgeber/-in; Redakteur/-in** *the editor of the 'Times'* **the City editor** = business and finance editor of a British newspaper **der/die Wirtschaftsredakteur/-in**

◇ **editorial** [ˌedɪ'tɔ:rɪəl]
1 *adjective* referring to an editor **redaktionell** *or* **Redaktions-**; **editorial board** = group of editors (on a newspaper, etc.) **Redaktion** *f or* **Redaktionskomitee** *n*
2 *noun* main article in a newspaper, written by the editor **Leitartikel** *m or* **Editorial** *n*

EDP ['i:di:'pi:] = ELECTRONIC DATA PROCESSING **EDV**

EEA ['i:i:'eɪ] = EUROPEAN ECONOMIC AREA

EEC ['i:i:'si:] = EUROPEAN ECONOMIC COMMUNITY **EWG** *EEC ministers met today in Brussels; the USA is increasing its trade with the EEC* (NOTE: now called the **European Union (EU)**

effect [ɪ'fekt]
1 *noun*
(a) result **Auswirkung** *f or* **Effekt** *m or* **Sinn** *m* ; *the effect of the pay increase was to raise productivity levels*
(b) **terms of a contract which take effect** *or* **come into effect from January 1st** = terms which start to operate on January 1st **Vertragsbedingungen, die am 1.Januar in Kraft treten; prices are increased 10% with effect from January 1st** = new prices will apply from January 1st **mit Wirkung vom 1.Januar werden die Preise um 10% erhöht; to remain in effect** = to continue to be applied **wirksam** *or* **gültig bleiben**

(c) meaning **Sinn** *m* ; **clause to the effect that** = clause which means that **Klausel, die zum Inhalt hat, dass** *or* **Klausel, die beinhaltet, dass**; **we have made provision to this effect** = we have put into the contract terms which will make this work **wir haben diesbezüglich vorgesorgt**
(d) personal effects = personal belongings **Gegenstände** *mpl* **des persönlichen Gebrauchs**
2 *verb* to carry out **aus-** *or* **durchführen; to effect a payment** = to make a payment **eine Zahlung leisten; to effect customs clearance** = to clear something through customs **zollamtlich abfertigen lassen; to effect a settlement between two parties** = to bring two parties together and make them agree to a settlement **einen Vergleich zwischen zwei Parteien zustande bringen**

◊ **effective** [ɪ'fektɪv] *adjective*
(a) real **effektiv** *or* **Effektiv-; effective control of a company** = situation where someone owns a large number of shares in a company, but less than 50%, and so in effect controls the company because no other single shareholder can outvote him **tatsächliche Kontrolle eines Unternehmens; effective demand** = actual demand for a product which can be paid for **effektive Nachfrage; effective yield** = actual yield shown as a percentage of the price paid **Effektivertrag** *m or* **Effektivrendite** *f*
(b) effective date = date on which a rule *or* a contract starts to be applied **Stichtag** *m or* **Tag des In-Kraft-Tretens; clause effective as from January 1st** = clause which starts to be applied on January 1st **Klausel mit Wirkung vom 1.Januar**
(c) which works *or* which produces results **effektiv** *or* **wirksam** *advertising in the Sunday papers is the most effective way of selling (see* COST-EFFECTIVE)

◊ **effectiveness** [ɪ'fektɪvnəs] *noun* working *or* producing results **Wirksamkeit** *f or* **Leistungsfähigkeit** *f* ; *I doubt the effectiveness of television advertising (see* COST-EFFECTIVENESS)

◊ **effectual** [ɪ'fektʃʊəl] *adjective* which produces a correct result **wirksam**

efficiency [ɪ'fɪʃənsɪ] *noun* ability to work well *or* to produce the right result or the right work quickly **Fähigkeit** *f or* **Leistungsfähigkeit** *f or* **Effizienz** *f* ; *with a high degree of efficiency; a business efficiency exhibition; an efficiency expert*

◊ **efficient** [ɪ'fɪʃənt] *adjective* able to work well *or* to produce the right result quickly **rationell** *or* **leistungsfähig** *or* **effizient** *or* **tüchtig** *the efficient working of a system; he needs an efficient secretary to look after him; efficient machine*

◊ **efficiently** [ɪ'fɪʃəntlɪ] *adverb* in an efficient way **gut** *or* **effizient** *she organized the sales conference very efficiently*

> QUOTE increased control means improved efficiency in purchasing, shipping, sales and delivery
> Duns Business Month

efflux ['eflʌks] *noun* flowing out **Abfluss** *m* ; *efflux of capital to North America*

effort ['efət] *noun* using the mind or body to do something **Anstrengung** *f or* **Mühe** *f or* **Bemühung** *f* ; *the salesmen made great efforts to increase sales; thanks to the efforts of the finance department, overheads have been reduced; if we make one more effort, we should clear the backlog of orders*

EFT = ELECTRONIC FUNDS TRANSFER

EFTA ['eftə] = EUROPEAN FREE TRADE ASSOCIATION

EFTPOS ['eft'pɒs] = ELECTRONIC FUNDS TRANSFER AT POINT OF SALE

e.g. ['iː'dʒiː] for example *or* such as **z.B.** *the contract is valid in some countries (e.g. France and Belgium) but not in others*

EGM ['iːdʒiː'em] = EXTRAORDINARY GENERAL MEETING

800 number [eɪt'hʌndrədnʌmbə] *(US)* telephone number which can be used to reply to advertisements (the supplier pays for the call, not the caller) **gebührenfreie Telefonnummer ≈ SERVICE 0130** (NOTE: in the UK, this is a **0800 number)**

eighty/twenty rule ['eɪtɪ'twentɪ'ruːl] *noun* rule that a small percentage of customers may account for a large percentage of sales **Achtzig/Zwanzig-Regel** *f (see also* PARETO'S LAW)

elastic [ɪ'læstɪk] *adjective* which can expand or contract easily because of small changes in price **elastisch**

◊ **elasticity** [ˌelæs'tɪsətɪ] *noun* ability to change easily **Elastizität** *f* ; **elasticity of supply and demand** = changes in supply and demand of an item depending on its market price **Elastizität von Angebot und Nachfrage**

elect [ɪ'lekt] *verb* to choose someone by a vote **wählen** *to elect the officers of an association; she was elected president*

◇ **-elect** [ɪ'lekt] *suffix* person who has been elected but has not yet started the term of office **designiert** *she is the president-elect* (NOTE: the plural is **presidents-elect)**

◇ **election** [ɪ'lekʃən] *noun* act of electing **Wahl** *f* ; *the election of officers of an association; the election of directors by the shareholders* **general election** = choosing of representatives by all the voters in a country; *(Germany)* **Bundestagswahl** *f; (GB)* **Parlamentswahl** *f*

electricity [elek'trɪsətɪ] *noun* current used to make light *or* heat *or* power **Elektrizität** *f or* **Strom** *m* ; *the electricity was cut off this morning, so the computers could not work; our electricity bill has increased considerably this quarter; electricity costs are an important factor in our overheads*

◇ **electric** [ɪ'lektrɪk] *adjective* worked by electricity **elektrisch** *an electric typewriter*

◇ **electrical** [ɪ'lektrɪkəl] *adjective* referring to electricity **elektrisch** *or* **Elektrizitäts-** *the engineers are trying to repair an electrical fault*

electronic [elek'trɒnɪk] *adjective* **electronic banking** = using computers to carry out banking transactions, such as withdrawals through cash dispensers, transfer of funds at point of sale, etc. **elektronische Abwicklung von Bankgeschäften; electronic data processing (EDP)** = selecting and examining data stored in a computer to produce information **elektronische Datenverarbeitung (EDV); electronic engineer** = engineer who specializes in electronic machines **Elektroniker/-in; electronic funds transfer (EFT)** = system for transferring money from one account to another electronically (as when using a smart card) **elektronischer Zahlungsverkehr** *or* **elektronische Kontoabbuchung oder -einzahlung; electronic funds transfer at point of sale (EFTPOS)** = system for transferring money directly from the purchaser's account to the seller's, when a sale is made using a plastic card **elektronischer Zahlungsverkehr in Verbindung mit einem POS-System; electronic mail** = system of sending messages from one computer terminal to another, via telephone lines **elektronische Post** *or* **E-Mail** *f*; **electronic point of sale (EPOS)** = system where sales are charged automatically to a customer's credit card and stock is controlled by the shop's computer **(elektronisches) Kassenterminal; Datenkasse** *f*

◇ **electronics** [elek'trɒnɪks] *plural noun* applying the scientific study of electrons to produce manufactured products, such as computers, calculators or telephones **Elektronik** *f* ; *the electronics industry; an electronics specialist or expert; an electronics engineer* (NOTE: takes a singular verb)

element ['elɪmənt] *noun* basic part **Element** *n or* **Bestandteil** *m* ; *the elements of a settlement*

elevator ['elɪveɪtə] *noun (US)* lift, a machine which carries passengers or goods from one floor to another in a building **Fahrstuhl** *m or* **Lift** *m or* **Aufzug** *m* ; *take the elevator to the 26th floor*

eligible ['elɪdʒəbl] *adjective* person who can be chosen **wählbar; berechtigt; fähig** *or* **qualifiziert** *she is eligible for re-election* **eligible bill** *or* **eligible paper** = bill which will be accepted by the Bank of England or the US Federal Reserve, and which can be used as security against a loan **rediskontfähiger Wechsel**

◇ **eligibility** [ˌelɪdʒə'bɪlətɪ] *noun* being eligible **Wählbarkeit** *f* ; **Berechtigung** *f* ; **Fähigkeit** *f or* **Qualifikation** *f* ; *the chairman questioned her eligibility to stand for re-election*

eliminate [ɪ'lɪmɪneɪt] *verb* to remove **eliminieren** *or* **ausschalten** *or* **ausschließen** *or* **beseitigen** *to eliminate defects in the system; using a computer should eliminate all possibility of error*

embargo [em'bɑːgəʊ]
1 *noun*
(a) government order which stops a type of trade **Embargo** *n or* **Handelssperre** *f*; **to lay** *or* **put an embargo on trade with a country** = to say that trade with a country must not take place **ein Handelsembargo über ein Land verhängen** *the government has put an embargo on the export of computer equipment* **to lift an embargo** = to allow trade to start again **ein Embargo aufheben** *the government has lifted the embargo on the export of computers* **to be under an embargo** = to be forbidden **einem Embargo unterliegen**
(b) period of time during which certain information in a press release must not be published **Informationsstopp** *m or* **Nachrichtensperre** *f* (NOTE: plural is **embargoes)**
2 *verb*
(a) to stop trade *or* not to allow trade **ein Embargo verhängen; (Handel) sperren** *the government has embargoed trade with the Eastern countries*
(b) not to allow publication of information for a period of time **Informationsstopp verhängen**

the news of the merger has been embargoed until next Wednesday

> QUOTE the Commerce Department is planning to loosen export controls for products that have been embargoed but are readily available elsewhere in the West
> Duns Business Month

embark [ɪm'bɑːk] *verb*
(a) to go on a ship **(sich) einschiffen** *the passengers embarked at Southampton*
(b) to embark on = to start **mit etwas neu beginnen** *the company has embarked on an expansion programme*

◇ **embarkation** [ˌembɑː'keɪʃən] *noun* going on to a ship or plane **Einschiffung** *f*; **port of embarkation** = port at which you get on to a ship **Einschiffungshafen** *m*; **embarkation card** = card given to passengers getting on to a plane or ship **Bordkarte** *f*

embezzle [ɪm'bezl] *verb* to use money which is not yours, or which you are looking after for someone **unterschlagen** *or* **veruntreuen** *he was sent to prison for six months for embezzling his clients' money*

◇ **embezzlement** [ɪm'bezlmənt] *noun* act of embezzling **Unterschlagung** *f or* **Veruntreuung** *f*; *he was sent to prison for six months for embezzlement*

◇ **embezzler** [ɪm'bezlə] *noun* person who embezzles **jd, der Geld unterschlagen hat; Veruntreuer** *m*

emergency [ɪ'mɜːdʒənsɪ] *noun* dangerous situation where decisions have to be taken quickly **Notlage** *f or* **Notfall** *m or* **Notstand** *m*; **the government declared a state of emergency** = the government decided that the situation was so dangerous that the police or army had to run the country **die Regierung rief den Notstand aus**; **to take emergency measures** = to take action rapidly to stop a crisis developing **Notstandsmaßnahmen** *fpl* **ergreifen** *the company had to take emergency measures to stop losing money* **emergency reserves** = ready cash held in case it is needed suddenly **Notfonds** *m(pl)*

emoluments [ɪ'mɒljʊmənts] *plural noun* pay, salary or fees, or the earnings of directors who are not employees **Einkommen** *n or* **Honorar** *n or* **Bezüge** *pl* (NOTE: US English uses the singular **emolument)**

employ [ɪm'plɔɪ] *verb* to give someone regular paid work **beschäftigen** *or* **anstellen** *or* **einstellen**; **to employ twenty staff** = to have twenty people working for you **zwanzig Angestellte beschäftigen**; **to employ twenty new staff** = to give work to twenty new people **zwanzig neue Mitarbeiter einstellen**

◇ **employed** [ɪm'plɔɪd]
1 *adjective*
(a) in regular paid work **beschäftigt** *or* **angestellt; he is not gainfully employed** = he has no regular paid work **er ist nicht erwerbstätig**; **self-employed** = working for yourself **selbstständig** *he worked in a bank for ten years but now is self-employed*
(b) (money) used profitably **eingesetzt** *or* **angelegt**; **return on capital employed (ROCE)** = profit shown as a percentage of capital employed **Ertrag** *m* **aus Kapitalanlagen** *or* **Investitionen** *fpl*; **Kapitalrendite** *f*
2 *plural noun* people who are working **Arbeitnehmer** *pl the employers and the employed* **the self-employed** = people who work for themselves **die Selbstständigen** *pl*

◇ **employee** [ˌemplɔɪ'iː] *noun* worker, a person employed by a company **Arbeitnehmer/-in; Angestellte(r)** *employees of the firm are eligible to join a profit-sharing scheme; relations between management and employees have improved; the company has decided to take on new employees* **employee share ownership plan (ESOP)** *or (US)* **employee stock ownership plan** = scheme which allows employees to obtain shares in the company for which they work (though tax may be payable if the shares are sold to employees at a price which is lower than the current market price) **Belegschaftsaktienfonds** *m*

◇ **employer** [ɪm'plɔɪə] *noun* person *or* company which has regular workers and pays them **Arbeitgeber/-in**; **employers' organization** *or* **association** = group of employers with similar interests **Arbeitgeberverband** *m*; **employer's contribution** = money paid by an employer towards a worker's pension **Arbeitgeberanteil** *m*

◇ **employment** [ɪm'plɔɪmənt] *noun* regular paid work **Beschäftigung** *f*; **Anstellung** *f*; **Stelle** *f*; **full employment** = situation where everyone in a country who can work has a job **Vollbeschäftigung** *f*; **full-time employment** = work for all of a working day **Ganztagsbeschäftigung** *to be in full-time employment* **part-time employment** = work for part of a working day **Halbtags-** *or* **Teilzeitbeschäftigung**; **seasonal employment** = job which is available at certain times of the year only (such as in a ski resort) **Saisonbeschäftigung**; **temporary employment** = work which does not last for more than a few months **befristete Stelle**; **to be without employment** = to have no work **ohne Arbeit** *or* **erwerbslos** *or* **arbeitslos sein; to find someone alternative employment** = to find another job for someone **jdm eine andere Stelle besorgen; conditions of employment** = terms of a contract where someone is employed **Arbeitsvertragsbedingungen** *fpl* **contract of employment** *or* **employment contract** = contract between management and an employee showing all the conditions of work **Arbeitsvertrag** *m* ; **security of employment** = feeling by a worker that he has the right to keep his job until he retires **Arbeitsplatzsicherheit** *f* ; **employment office** *or* **bureau** *or* **agency** = office which finds jobs for people **Stellenvermittlung** *f* ; **employment protection** = protecting employees against unfair dismissal **Arbeitnehmerrechtsschutz** *m*

> QUOTE 70 per cent of Australia's labour force was employed in service activity
> Australian Financial Review

> QUOTE the blue-collar unions are the people who stand to lose most in terms of employment growth
> Sydney Morning Herald

> QUOTE companies introducing robotics think it important to involve individual employees in planning their introduction
> Economist

emporium [em'pɔːrɪəm] *noun* large shop **Warenhaus** *n* (NOTE: plural is **emporia**)

empower [ɪm'paʊə] *verb* to give someone the power to do something **ermächtigen** *or* **bevollmächtigen** *she was empowered by the company to sign the contract*

emptor ['em(p)tə] *see* CAVEAT

empty ['em(p)tɪ]
1 *adjective* with nothing inside **leer** *the envelope is empty; you can take that filing cabinet back to the storeroom as it is empty; start the computer file with an empty workspace*
2 *verb* to take the contents out of something **leeren** *or* **leer räumen** *or* **ausräumen** *she emptied the filing cabinet and put the files in boxes; he emptied the petty cash box into his briefcase*
◇ **empties** ['em(p)tɪz] *plural noun* empty bottles *or* cases **Leergut** *n* ; **returned empties** = empty bottles which are taken back to a shop to get back a deposit paid on them **zurückgegebenes Leergut**

EMS ['iːem'es] = EUROPEAN MONETARY SYSTEM **EWS**

EMU ['iːmjuː *or* 'iː em 'juː] = EUROPEAN MONETARY UNION **EWU**

encash [ɪn'kæʃ] *verb* to cash a cheque *or* to exchange a cheque for cash **einlösen**
◇ **encashable** [ɪn'kæʃəbl] *adjective* which can be cashed **einlösbar**
◇ **encashment** [ɪn'kæʃmənt] *noun* act of exchanging for cash **Einlösung** *f* ; **Inkasso** *n*

enc *or* **encl** = ENCLOSURE note put on a letter to show that a document is enclosed with it **Anl.**

enclose [ɪn'kləʊz] *verb* to put something inside an envelope with a letter **beilegen** *or* **beifügen** *to enclose an invoice with a letter; I am enclosing a copy of the contract; letter enclosing a cheque; please find the cheque enclosed herewith*
◇ **enclosure** [ɪn'kləʊʒə] *noun* document enclosed with a letter **Anlage** *f or* **Beilage** *f* ; *letter with enclosures*

encourage [ɪn'kʌrɪdʒ] *verb*
(a) to make it easier for something to happen **fördern** *or* **anregen** *or* **begünstigen** *the general rise in wages encourages consumer spending; leaving your credit cards on your desk encourages people to steal or encourages stealing; the company is trying to encourage sales by giving large discounts*
(b) to help someone to do something by giving advice **ermutigen** *he encouraged me to apply for the job*
◇ **encouragement** [ɪn'kʌrɪdʒmənt] *noun* giving advice to someone to help him to succeed **Anregung** *f or* **Ermutigung** *f* ; *the designers produced a very marketable product, thanks to the encouragement of the sales director*

end [end]
1 *noun*
(a) final point *or* last part **Ende** *n or* **Beendigung** *f* ; *at the end of the contract period* **at the end of six months** = after six months have passed **nach Ablauf von sechs Monaten; account end** = the end of an accounting period **Ende des Buchungzeitraums; month end** *or* **year end** = the end of a month *or* financial year, when accounts have to be drawn up **Monatsende; Jahresende; end product** = manufactured product, made at the end of a production process **Endprodukt** *n* ; *after six months' trial production, the end product is still not acceptable* **end user** = person who actually uses a product **Endverbraucher** *m or* **Endbenutzer** *m* ; *the company is creating a computer with the end user in mind* **to come to an end** = to finish **zu**

Ende gehen *or* **auslaufen** *our distribution agreement comes to an end next month*
(b) in the end = at last *or* after a lot of problems **schließlich** *in the end the company had to pull out of the US market; in the end they signed the contract at the airport; in the end the company had to call in the police*
(c) on end = for a long time *or* with no breaks **ununterbrochen** *the discussions continued for hours on end; the workforce worked at top speed for weeks on end to finish the order on time*
2 *verb* to finish **enden; beenden** *the distribution agreement ends in July; the chairman ended the discussion by getting up and walking out of the meeting*

◊ **end in** [end'ɪn] *verb* to have as a result **enden mit** *or* **ausgehen** *the AGM ended in the shareholders fighting on the floor*

◊ **end up** [end'ʌp] *verb* to finish **anlangen** *or* **enden** *we ended up with a bill for £10,000*

endorse [ɪn'dɔːs] *verb*
(a) to endorse a bill *or* **a cheque** = to sign a bill *or* a cheque on the back to show that you accept it **einen Wechsel indossieren** *or* **einen Scheck girieren**
(b) to note details of driving offences on a driver's licence **eine Strafe vermerken auf**

◊ **endorsee** [ˌendɔː'siː] *noun* person whose name is written on a bill *or* a cheque as having the right to cash it **Indossat(ar)** *m*

◊ **endorsement** [ɪn'dɔːsmənt] *noun*
(a) (i) act of endorsing; (ii) signature on a document which endorses it **(i) Indossierung** *f* **; (ii) Indossament** *n*
(b) note on an insurance policy which adds conditions to the policy **Nachtrag** *m* **(zu einer Police)**

◊ **endorser** [ɪn'dɔːsə] *noun* person who endorses a bill which is then paid to him **Indossant** *m*

COMMENT: by endorsing a cheque (i.e., signing it on the back), a person whose name is on the front of the cheque is passing ownership of it to another party, such as the bank, which can then accept it and pay him cash for it. If a cheque is deposited in an account, it does not need to be endorsed. Cheques can also be endorsed to another person: a cheque made payable to Mr A. Smith can be endorsed by Mr Smith on the back, with the words: 'Pay to Brown Ltd', and then his signature. This has the effect of making the cheque payable to Brown Ltd, and to no one else. Most cheques are now printed as crossed cheques with the words 'A/C Payee' printed in the space between the two vertical lines. These cheques can only be paid to the person whose name is written on the cheque and cannot be endorsed

endowment [ɪn'daʊmənt] *noun* giving money to provide a regular income **Stiftung** *f*; **endowment insurance** *or* **endowment policy** = insurance policy where a sum of money is paid to the insured person on a certain date, or to his heirs if he dies earlier **Versicherung** *f* **auf den Erlebens- und Todesfall; endowment mortgage** = mortgage backed by an endowment policy **mit einer gemischten Lebensversicherung gekoppelte Hypothek**

COMMENT: the borrower pays interest on the mortgage in the usual way, but does not repay the capital; the endowment assurance (a life insurance) is taken out to cover the total capital sum borrowed, and when the assurance matures the capital is paid off, and a further lump sum is usually available for payment to the borrower; a mortgage where the borrower repays both interest and capital is called a 'repayment mortgage'

energy ['enədʒɪ] *noun*
(a) force *or* strength **Energie** *f or* **Kraft** *f*; *he hasn't the energy to be a good salesman; they wasted their energies on trying to sell cars in the German market*
(b) power from electricity *or* petrol, etc. **Energie** *f*; *we try to save energy by switching off the lights when the rooms are empty; if you reduce the room temperature to eighteen degrees, you will save energy*

◊ **energetic** [ˌenə'dʒetɪk] *adjective* with a lot of energy **voller Energie; aktiv** *or* **tatkräftig** *the salesmen have made energetic attempts to sell the product*

◊ **energy-saving** ['enədʒɪ'seɪvɪŋ] *adjective* which saves energy **energiesparend** *the company is introducing energy-saving measures*

enforce [ɪn'fɔːs] *verb* to make sure something is done *or* is obeyed **erzwingen** *or* **Geltung verschaffen** *or* **durchsetzen** *to enforce the terms of a contract*

◊ **enforcement** [ɪn'fɔːsmənt] *noun* making sure that something is obeyed **Erzwingung** *f or* **Durchsetzung** *f or* **Geltendmachung** *f*; *enforcement of the terms of a contract*

engage [ɪn'geɪdʒ] *verb*
(a) to engage someone to do something = to make someone do something legally **jdn zu etwas verpflichten** *or* **jdn mit etwas beauftragen** *the contract engages us to a minimum annual purchase*
(b) to employ **jdn anstellen** *or* **einstellen** *or* **engagieren** *we have engaged the best commercial lawyer to represent us; the company has engaged twenty new salesmen*

(c) to be engaged in = to be busy with **beschäftigt sein mit** *he is engaged in work on computers; the company is engaged in trade with Africa*

◇ **engaged** [ɪn'geɪdʒd] *adjective* busy (telephone) **besetzt** *you cannot speak to the manager - his line is engaged* **engaged tone** = sound made by a telephone when the line dialled is busy **Besetztzeichen** *n* ; *I tried to phone the complaints department but got only the engaged tone*

◇ **engagement** [ɪn'geɪdʒmənt] *noun*
(a) agreement to do something **Verpflichtung** *f or* **Vereinbarung** *f or* **(formelles) Versprechen; to break an engagement (to do something)** = not to do what you have legally agreed **eine Verpflichtung nicht einhalten** *the company broke their engagement not to sell our rivals' products*
(b) engagements = arrangements to meet people **Termine** *mpl I have no engagements for the rest of the day; she noted the appointment in her engagements diary*

engine ['en(d)ʒɪn] *noun* machine which drives something **Motor** *m* ; **Maschine** *f*; *a car with a small engine is more economic than one with a large one; the lift engine has broken down again - we shall just have to walk up to the 4th floor*

◇ **engineer** [ˌen(d)ʒɪ'nɪə] *noun* person who looks after technical equipment **Ingenieur/-in; Techniker/-in; civil engineer** = person who specializes in the construction of roads, bridges, railways, etc. **Bauingenieur/-in; consulting engineer** = engineer who gives specialist advice **beratende(r) Ingenieur/-in; product engineer** = engineer in charge of the equipment for making a product **Betriebsingenieur/-in; project engineer** = engineer in charge of a project **Projektingenieur/-in; programming engineer** = engineer in charge of programming a computer system **Programmierer/-in**

◇ **engineering** [ˌen(d)ʒɪ'nɪərɪŋ] *noun* science of technical equipment **Ingenieurwesen** *n* ; **Technik** *f*; **Engineering** *n* ; **civil engineering** = construction of roads, bridges, railways, etc. **Bauwesen** *n* ; **mechanical engineering** = design and construction of machines **Maschinenbau** *m* ; **the engineering department** = section of a company dealing with equipment **die technische Abteilung; an engineering consultant** = an engineer who gives specialist advice **ein(e) technische(r) Berater/-in**

enquire, enquiry [ɪn'kwaɪə *or* ɪn'kwaɪərɪ] = INQUIRE, INQUIRY

en route [ɒn'ruːt] *adverb* on the way **unterwegs** *the tanker sank when she was en route to the Gulf*

entail [ɪn'teɪl]
1 *noun* legal condition which passes ownership of a property only to certain persons **unveräußerliches Erbgut**
2 *verb* to involve **erfordern** *or* **zur Folge haben** *or* **mit sich bringen** *itemizing the sales figures will entail about ten days' work*

enter ['entə] *verb*
(a) to go in **hereinkommen** *or* **hineingehen** *or* **einsteigen** *they all stood up when the chairman entered the room; the company has spent millions trying to enter the do-it-yourself market*
(b) to write **eintragen** *to enter a name on a list; the clerk entered the interest in my bank book; to enter up an item in a ledger* **to enter a bid for something** = to offer (usually in writing) to buy something **für etwas ein Angebot machen; to enter a caveat** = to warn legally that you have an interest in a case, and that no steps can be taken without your permission **Einspruch einlegen**

◇ **enter into** ['entə'ɪntuː] *verb* to begin **aufnehmen** *or* **eingehen** *to enter into relations with someone; to enter into negotiations with a foreign government; to enter into a partnership with a legal friend; to enter into an agreement or a contract*

◇ **entering** ['entərɪŋ] *noun* act of writing items in a record **Eintragung** *f*

enterprise ['entəpraɪz] *noun*
(a) system of carrying on a business **Unternehmertum** *n* ; **free enterprise** = system of business free from government interference **freies Unternehmertum; private enterprise** = businesses which are owned privately, not nationalized **Privatunternehmen** *n or* **Privatwirtschaft** *f* ; *the project is completely funded by private enterprise* **enterprise zone** = area of the country where businesses are encouraged to develop by offering special conditions such as easy planning permission for buildings, reduction in the business rate, etc. **Förderungsgebiet** *n*
(b) business **Unternehmen** *n* ; **a small-scale enterprise** = a small business **ein Kleinbetrieb** *m* ; **a state enterprise** = a state-controlled company **ein staatliches Unternehmen** *or* **ein Staatsbetrieb** *m* ; *bosses of state enterprises are appointed by the government*

entertain [ˌentə'teɪn] *verb*
(a) to offer meals *or* hotel accommodation *or* theatre tickets, etc., to business visitors **unterhalten** *or* **bewirten**

(b) to be ready to consider (a proposal) **in Erwägung** *or* **Betracht ziehen; erwägen** *the management will not entertain any suggestions from the union representatives*

◇ **entertainment** [ˌentəˈteɪnmənt] *noun* offering meals, etc., to business visitors **Unterhaltung** *f or* **Bewirtung** *f*; **entertainment allowance** = money which a manager is allowed by his company to spend on meals with visitors **Bewirtungsentschädigung** *f*; **entertainment expenses** = money spent on giving meals to business visitors **Bewirtungskosten** *pl*

entitle [ɪnˈtaɪtl] *verb* to give the right to something **berechtigen; he is entitled to a discount** = he has the right to be given a discount **er hat Anspruch auf Rabatt**

◇ **entitlement** [ɪnˈtaɪtlmənt] *noun* right **Anspruch** *m or* **Berechtigung** *f*; **holiday entitlement** = number of days' paid holiday which a worker has the right to take **Urlaubsanspruch** *she has not used up all her holiday entitlement* **pension entitlement** = amount of pension which someone has the right to receive when he retires **Rentenanspruch**

entrance [ˈentrəns] *noun* way in *or* going in **Eingang** *m*; *the taxi will drop you at the main entrance; deliveries should be made to the London Road entrance* **entrance (charge)** = money which you have to pay to go in **Eintritt** *m*; *entrance is £1.50 for adults and £1 for children*

entrepot [ˈɒntrəpəʊ] *noun* **entrepot port** = town with a large international commercial port dealing in re-exports **Umschlaghafen** *m*; **entrepot trade** = exporting of imported goods **Umschlaghandel** *m*

entrepreneur [ˌɒntrəprəˈnɜː] *noun* person who directs a company and takes commercial risks **Unternehmer/-in**

◇ **entrepreneurial** [ˌɒntrəprəˈnɜːrɪəl] *adjective* taking commercial risks **unternehmerisch** *an entrepreneurial decision*

entrust [ɪnˈtrʌst] *verb* **to entrust someone with something** *or* **to entrust something to someone** = to give someone the responsibility for looking after something **jdm etwas anvertrauen** *he was entrusted with the keys to the office safe*

entry [ˈentrɪ] *noun*
(a) written information put in an accounts ledger **Eintrag** *m*; **credit entry** *or* **debit entry** = entry on the credit *or* debit side of an account **Gutschrift** *f or* **Habenbuchung** *f*; **Lastschrift** *f or* **Sollbuchung** *f*; **single-entry bookkeeping** = recording only one entry per transaction (usually in the cash book) **einfache Buchführung; double-entry bookkeeping** = system of bookkeeping where both debit and credit entries are recorded in the accounts at the same time (e.g., when a sale is credited to the sales account the purchaser's debt is debited to the debtors account) **doppelte Buchführung; to make an entry in a ledger** = to write in details of a transaction **einen Eintrag in das Hauptbuch vornehmen; contra entry** = entry made in the opposite side of an account to offset an earlier entry **Gegenbuchung** *f*; **to contra an entry** = to enter a similar amount on the opposite side of the account **einen Eintrag gegenbuchen** *or* **stornieren**
(b) act of going in; place where you can go in **Eintritt** *m or* **Eingang** *m*; *to pass a customs entry point; entry of goods under bond* **entry charge** = money which you have to pay before you go in **Eintritt** *m or* **Eintrittsgeld** *n*; **entry visa** = visa allowing someone to go into a country **Einreisevisum** *n*; **multiple entry visa** = entry visa which allows someone to enter a country as often as he likes **Visum zur mehrmaligen Einreise**

envelope [ˈenvələʊp] *noun* flat paper cover for sending letters **Briefumschlag** *m*; **airmail envelope** = very light envelope for airmail letters **Luftpostumschlag; aperture** *or* **window envelope** = envelope with a hole covered with film in it so that the address on the letter inside can be seen **Fensterumschlag; sealed** *or* **unsealed envelope** = envelope where the flap has been stuck down to close it *or* envelope where the flap has been pushed into the back of the envelope **verschlossener** *or* **offener Briefumschlag** *to send the information in a sealed envelope* **a stamped addressed envelope (s.a.e.)** = an envelope with your own address written on it and a stamp stuck on it to pay for return postage **ein freigemachter** *or* **frankierter Rückumschlag** *please send a stamped addressed envelope for further details and our latest catalogue*

EOC [ˈiːˈəʊˈsiː] = EQUAL OPPORTUNITIES COMMISSION

EOQ [ˈiːˈəʊˈkjʊ] = ECONOMIC ORDER QUANTITY

epos *or* **EPOS** [ˈiːpɒs] = ELECTRONIC POINT OF SALE

equal [ˈiːkwəl]
1 *adjective* exactly the same **gleich** *male and female workers have equal pay* **Equal Opportunities Commission (EOC)** =

government body set up to make sure that no discrimination exists in employment **Kommission für die Gleichberechtigung am Arbeitsplatz**; **equal opportunities programme** = programme to avoid discrimination in employment **Chancengleichheitsprogramm** *n* (NOTE: the US equivalent is **affirmative action**); **equal pay** = paying the same rate to men and women who do the same job **gleicher Lohn**
2 *verb* to be the same as **gleichen** *or* **gleichkommen** *production this month has equalled our best month ever* (NOTE: **equalling - equalled** but US spelling is **equaling - equaled**)

◇ **equality** [ɪ'kwɒlɪtɪ] *noun* state of being equal **Gleichheit** *f or* **Gleichberechtigung** *f*; **equality of opportunity** = situation where everyone, regardless of sex, race, class, etc., has the same opportunity to get a job **Chancengleichheit** *f*

◇ **equalize** ['i:kwəlaɪz] *verb* to make equal **ausgleichen** *or* **angleichen** *to equalize dividends*

◇ **equalization** [,i:kwəlaɪ'zeɪʃən] *noun* process of making equal **Ausgleich** *m or* **Angleichung** *f*

◇ **equally** ['i:kwəlɪ] *adverb* in the same way **gleichmäßig** *or* **gleichermaßen** *costs will be shared equally between the two parties; they were both equally responsible for the disastrous launch*

equip [ɪ'kwɪp] *verb* to provide with machinery **ausrüsten** *or* **ausstatten** *to equip a factory with new machinery; the office is fully equipped with word-processors*

◇ **equipment** [ɪ'kwɪpmənt] *noun* machinery and furniture required to make a factory or office work **Ausrüstung** *f or* **Ausstattung** *f or* **Einrichtung** *f*; *office equipment or business equipment; office equipment supplier; office equipment catalogue* **capital equipment** = equipment which a factory *or* office uses to work **Investitionsgüter** *npl or* **Produktionsmittel** *pl* **heavy equipment** = large machines, such as for making cars or for printing **Schwermaschinen** *fpl*

equity ['ekwətɪ] *noun*
(a) right to receive dividends as part of the profit of a company in which you own shares **Dividendenanspruch** *m*
(b) equity *or* **shareholders' equity** = the value of a company which is the property of its ordinary shareholders (the company's assets less its liabilities, not including the ordinary share capital) **Eigenkapital** *n*; **equity capital** = nominal value of the issued shares in a company **Aktienkapital** *n*

◇ **equities** ['ekwətɪz] *plural noun* ordinary shares **Stammaktien** *fpl*

COMMENT: 'equity' (also called 'capital' or 'shareholders' equity' or 'shareholders' capital' or 'shareholders' funds') is the current net value of the company including the nominal value of the shares in issue. After several years a company would expect to increase its net worth above the value of the starting capital. 'Equity capital' on the other hand is only the nominal value of the shares in issue

QUOTE in the past three years commercial property has seriously underperformed equities and dropped out of favour as a result
Investors Chronicle

QUOTE investment trusts can raise more capital but this has to be done as a company does it, by a rights issue of equity
Investors Chronicle

equivalence [ɪ'kwɪvələns] *noun* being equivalent **Gleichwertigkeit** *f or* **Äquivalenz** *f*

◇ **equivalent** [ɪ'kwɪvələnt] *adjective* **to be equivalent to** = to have the same value as *or* to be the same as **gleichkommen** *or* **gleichwertig sein** *or* **entsprechen** *the total dividend paid is equivalent to one quarter of the pretax profits*

eraser [ɪ'reɪzə] *noun* small piece of hard rubber used to remove text which has been written in pencil **Radiergummi** *m*

ergonomics [,ɜ:gə'nɒmɪks] *plural noun* study of people at work and their working conditions **Ergonomie** *f or* **Ergonomik** *f* (NOTE: takes a singular verb)

◇ **ergonomist** [ɜ:'gɒnəmɪst] *noun* scientist who studies people at work and tries to improve their working conditions **Ergonom** *m*

ERM [i:ɑ:'em] = EXCHANGE RATE MECHANISM

erode [ɪ'rəʊd] *verb* to wear away gradually **aushöhlen** *or* **auswaschen**; **to erode wage differentials** = to reduce gradually differences in salary between different grades **Lohnunterschiede abbauen**

error ['erə] *noun* mistake **Fehler** *m*; *he made an error in calculating the total; the secretary must have made a typing error* **clerical error** = mistake made in an office **Schreibfehler**; **computer error** = mistake made by a computer **Computerfehler**; **margin of error** =

number of mistakes which are accepted in a document *or* in a calculation **Fehlerspielraum** *m* ; **errors and omissions excepted (e. & o.e.)** = words written on an invoice to show that the company has no responsibility for mistakes in the invoice **Irrtümer und Auslassungen vorbehalten**; **error rate** = number of mistakes per thousand entries *or* per page **Fehlerquote** *f*; **in error** *or* **by error** = by mistake **versehentlich** *or* **irrtümlich** *the letter was sent to the London office in error*

escalate ['eskəleɪt] *verb* to increase steadily **eskalieren** *or* **ansteigen**

◇ **escalation** [ˌeskə'leɪʃən] *noun* **escalation of prices** = steady increase in prices **Preiseskalation** *f* *or* **Preisanstieg** *m* ; **escalation clause** = ESCALATOR CLAUSE

◇ **escalator clause** ['eskəleɪtəˌklɔːz] *noun* clause in a contract allowing for regular price increases because of increased costs or regular wage increases because of the increased cost of living **Gleitklausel** *f* *or* **Preisgleitklausel**

escape [ɪs'keɪp] *noun* getting away from a difficult situation **Ausbruch** *m* *or* **Entkommen** *n* ; **escape clause** = clause in a contract which allows one of the parties to avoid carrying out the terms of the contract under certain conditions **Befreiungsklausel** *f* *or* **Rücktrittsklausel**

escrow ['eskrəʊ] *noun* **in escrow** = held in safe keeping by a third party **treuhänderisch hinterlegt**; **document held in escrow** = document given to a third party to keep and to pass on to someone when money has been paid **bei einem Treuhänder verwahrtes Dokument**; **escrow account** = account where money is held in escrow until a contract is signed *or* until goods are delivered, etc. **Treuhandkonto** *n*

escudo [es'kjʊdəʊ] *noun* currency used in Portugal **Escudo** *m*

ESOP = EMPLOYEE SHARE OWNERSHIP PLAN

espionage [ˌespɪə'nɑːʒ] *noun* **industrial espionage** = trying to find out the secrets of a competitor's work or products, usually by illegal means **Werk(s)spionage** *f* *or* **Wirtschaftsspionage**

essential [ɪ'senʃəl] *adjective* very important **wesentlich** *or* **unerlässlich** *or* **unbedingt notwendig** *it is essential that an agreement be reached before the end of the month; the factory is lacking essential spare parts*

◇ **essentials** [ɪ'senʃəlz] *plural noun* goods *or* products which are very important **Güter** *npl* **des täglichen Bedarfs**

establish [ɪs'tæblɪʃ] *verb* to set up *or* to make *or* to open **gründen** *or* **schaffen** *or* **bilden** *or* **einrichten** *the company has established a branch in Australia; the business was established in Scotland in 1823; it is a young company - it has been established for only four years* **to establish oneself in business** = to become successful in a new business **sich geschäftlich durchsetzen** *or* **etablieren**

◇ **establishment** [ɪs'tæblɪʃmənt] *noun*

(a) commercial business **Firma** *f* *or* **Geschäft** *n* *or* **Betrieb** *m* *or* **Unternehmen** *n* ; *he runs an important printing establishment*

(b) establishment charges = cost of people and property in a company's accounts **direkte Kosten** *pl*

(c) number of people working in a company **Personalbestand** *m* ; **to be on the establishment** = to be a full-time employee **zum Personal** *n* **gehören** *or* **fest angestellt sein**; **office with an establishment of fifteen** = office with a budgeted staff of fifteen **Büro mit fünfzehn Mitarbeitern** *mpl*

estate [ɪs'teɪt] *noun*

(a) real estate = property (land or buildings) **Grundbesitz** *m* ; **Immobilien** *fpl* **estate agency** = office which arranges for the sale of property **Immobilienfirma** *f* ; **estate agent** = person in charge of an estate agency **Immobilienmakler/-in**

(b) industrial estate *or* **trading estate** = area of land near a town specially for factories and warehouses **Gewerbegebiet** *n* *or* **Industriegebiet**

(c) property left by a dead person **Nachlass** *m* *or* **Erbmasse** *f* ; **estate duty** = tax on property left by a dead person **Erbschaftssteuer** *f*

estimate

1 ['estɪmət] *noun*

(a) calculation of probable cost *or* size *or* time of something **Schätzung** *f* *or* **Überschlag** *m* ; **rough estimate** = very approximate calculation **grobe Schätzung**; **at a conservative estimate** = calculation which probably underestimates the final figure **bei vorsichtiger Schätzung** *their turnover has risen by at least 20% in the last year, and that is a conservative estimate* **these figures are only an estimate** = these are not the final accurate figures **diese Zahlen sind nur geschätzt** *can you give me an estimate of how much time was spent on the job?*

(b) calculation of how much something is likely to cost, given to a client so as to get him

to make an order **Kostenvoranschlag** *m* ; *before we can give the grant we must have an estimate of the total costs involved; to ask a builder for an estimate for building the warehouse* **to put in an estimate** = to give someone a written calculation of the probable costs of carrying out a job **einen Kostenvoranschlag abgeben** *three firms put in estimates for the job*
2 ['estɪmeɪt] *verb*
(a) to calculate the probable cost *or* size *or* time of something **schätzen** *to estimate that it will cost £1m or to estimate costs at £1m; we estimate current sales at only 60% of last year* **estimated time of arrival (ETA)** = time when an aircraft *or* a coach *or* a group of tourists is expected to arrive **voraussichtliche Ankunft(szeit)**
(b) to estimate for a job = to state in writing the future costs of carrying out a piece of work so that a client can make an order **einen Kostenvoranschlag für einen Auftrag einreichen** *three firms estimated for the refitting of the offices*
◇ **estimated** ['estɪmeɪtɪd] *adjective* calculated approximately **geschätzt** *or* **veranschlagt** *estimated sales; estimated figure*
◇ **estimation** [ˌestɪ'meɪʃən] *noun* approximate calculation **Schätzung** *f*
◇ **estimator** ['estɪmeɪtə] *noun* person whose job is to calculate estimates for carrying out work **Schätzer/-in**

ETA = ESTIMATED TIME OF ARRIVAL

etc. [ɪt'setrə] and so on **usw.** *or* **etc.** *the import duty is to be paid on luxury items including cars, watches, etc.*

EU ['iː'juː] = EUROPEAN UNION **EU** *EU ministers met today in Brussels; the USA is increasing its trade with the EU*

Euro ['jʊərəʊ] *noun* currency used within the European Union **Euro** *m*
◇ **Eurobond** ['jʊərəʊbɒnd] *noun* long-term bearer bond issued by an international corporation or government outside its country of origin and sold to purchasers who pay in a eurocurrency (sold on the Eurobond market) **Eurobond** *m or* **Euroanleihe** *f*
◇ **Eurocard** ['jʊərəʊkɑːd] cheque card used when writing Eurocheques **EC-Karte** *f*
◇ **Eurocheque** ['jʊərəʊtʃek] *noun* cheque which can be cashed in any European bank (the Eurocheque system is based in Brussels) **Euroscheck** *m or* **Eurocheque** *m*
◇ **Eurocurrency** ['jʊərəʊˌkʌrənsɪ] *noun* European currencies used for trade within Europe but outside their countries of origin **Eurowährung** *f* ; *a Eurocurrency loan; the Eurocurrency market*
◇ **Eurodollar** ['jʊərəʊdɒlə] *noun* US dollar in a European bank, used for trade within Europe **Eurodollar** *m* ; *a Eurodollar loan; the Eurodollar market*
◇ **Euromarket** ['jʊərəʊmɑːkɪt] *noun* the European Union seen as a potential market for sales **Euromarkt** *m*

Europe ['jʊərəp] *noun*
(a) group of countries to the west of Asia and the north of Africa **Europa** *n* ; *most of the countries of Western Europe are members of the EU; Canadian exports to Europe have risen by 25%*
(b) European countries (especially countries of the EU) excluding the United Kingdom **europäisches Festland** *UK sales to Europe have increased this year*
◇ **European** [ˌjʊərə'piːən] *adjective* referring to Europe **europäisch**
◇ **European Commission** [ˌjʊərə'piːənkə'mɪʃn] *noun* the administration of the European Union **Europakommission** *f*
◇ **European Community (EC)** *or* **European Economic Community (EEC)** [ˌjʊərə'piːənkə'mjuːnɪtɪ] the European Union **Europäische Gemeinschaft (EG)** *or* **Europäische Wirtschaftsgemeinschaft (EWG)**

European Currency Unit (ECU) [ˌjʊərə'piːən'kʌrənsiːˌjuːnɪt] former monetary unit used within the EU **Europäische Währungseinheit (ECU)**

European Economic Area (EEA) [jʊərə'piːəniːkəˌnɒmɪk'eərɪə] agreement on trade between the EU and EFTA **Europäisches Wirtschaftsgebiet**

European Free Trade Association (EFTA) [jʊərəˌpiːənfriː'treɪdəsəʊsɪeɪʃn] group of countries (Austria, Finland, Iceland, Liechtenstein, Norway, Sweden and Switzerland) formed to encourage freedom of trade between its members **Europäische Freihandelsgemeinschaft**

European Monetary System (EMS) [jʊərəˌpiːən'mʌnɪtərɪsistəm] former system of controlled exchange rates between some of the member countries of the EU **Europäisches Währungssystem (EWS)**

European Monetary Union (EMU) [jʊərəˌpiːən 'mʌɪtri 'juːniən] the formation of a single European currency and a central

European bank (amongst the participating members of the EU) **Europäische Währungsunion (EWU)**

European Regional Development Fund (ERDF) [jʊərəˌpiːən'riːdʒənəldiː'veləpməntfʌnd] fund set up to provide grants to underdeveloped parts of Europe **Europäischer Fonds für Regionale Entwicklung**

European Union (EU) [jʊərəˌpiːən'juːnɪən] the European Community, an organization which links several European countries together for the purposes of trade as well as closer political links **Europäische Union (EU)**

evade [ɪ'veɪd] *verb* to try to avoid something **ausweichen** *or* **umgehen** *or* **sich entziehen**; **to evade tax** = to try illegally to avoid paying tax **Steuern hinterziehen**

evaluate [ɪ'væljʊeɪt] *verb* to calculate a value **abschätzen** *or* **einschätzen** *or* **festsetzen** *or* **berechnen** *to evaluate costs*

◇ **evaluation** [ɪˌvæljʊ'eɪʃən] *noun* calculation of value **Abschätzung** *f or* **Einschätzung** *f or* **Festsetzung** *f or* **Berechnung** *f*; **job evaluation** = examining different jobs within a company to see what skills and qualifications are needed to carry them out **Arbeits(platz)bewertung** *f* ; **performance evaluation** = examining how well an employee is doing his job **Leistungsbeurteilung** *f*

evasion [ɪ'veɪʒən] *noun* avoiding **Umgehung** *f or* **Ausweichen** *n* ; **tax evasion** = illegally trying not to pay tax **Steuerhinterziehung** *f*

evidence ['evɪdəns] *noun* written or spoken report at a trial **Aussage** *f* ; **documentary evidence** = evidence in the form of documents **Urkundenbeweis** *m* ; **the secretary gave evidence against her former employer** = the secretary was a witness, and her report suggested that her former employer was guilty **die Sekretärin sagte gegen ihren ehemaligen Arbeitgeber aus**

ex [eks] *preposition & prefix*
(a) out of *or* from **ab**; **price ex warehouse** = price for a product which is to be collected from the manufacturer's or agent's warehouse and so does not include delivery **Preis ab Lager**; **price ex works** *or* **ex factory** = price not including transport from the maker's factory **Preis ab Werk**
(b) ex coupon = bond without the interest coupon **ohne Coupon**; **share quoted ex dividend** = share price not including the right to receive the next dividend **ohne Dividende notierte Aktie** *the shares went ex dividend yesterday*
(c) formerly **ehemalig** *or* **Ex-** *Mr Smith, the ex-chairman of the company*
(d) to be ex-directory = to have a telephone number which is not printed in the telephone book **nicht im Telefonbuch stehen** *he has an ex-directory number*

exact [ɪg'zækt] *adjective* very correct **genau** *or* **exakt** *the exact time is 10.27; the salesgirl asked me if I had the exact sum, since the shop had no change*

◇ **exactly** [ɪg'zæktlɪ] *adverb* very correctly **genau** *the total cost was exactly £6,500*

examine [ɪg'zæmɪn] *verb*
(a) to look at someone *or* something very carefully to see if it can be accepted *or* to see if it is faulty **untersuchen** *or* **(über)prüfen** *the customs officials asked to examine the inside of the car; the police are examining the papers from the managing director's safe*
(b) to test someone to see if he or she has a passed a course **prüfen**

◇ **examination** [ɪgˌzæmɪ'neɪʃən] *noun*
(a) looking at something very carefully to see if it is acceptable **Untersuchung** *f or* **Prüfung** *f or* **Überprüfung** *f* ; **customs examination** = looking at goods *or* baggage by customs officials **Zollkontrolle** *f*
(b) test to see if someone has passed a course **Prüfung** *f or* **Examen** *n* ; *he passed his accountancy examinations; she came first in the final examination for the course; he failed his proficiency examination and so had to leave his job*

example [ɪg'zɑːmpl] *noun* something chosen to show **Beispiel** *m or* **Modell** *n or* **Muster** *n or* **Probe** *f*; *the motor show has many examples of energy-saving cars on display* **for example** = to show one thing out of many **zum Beispiel** *the government wants to encourage exports, and, for example, it gives free credit to exporters*

exceed [ɪk'siːd] *verb* to be more than **übersteigen** *or* **überschreiten** *or* **hinausgehen über** *discount not exceeding 15%; last year costs exceeded 20% of income for the first time* **he has exceeded his credit limit** = he has borrowed more money than he is allowed **er hat seinen Kredit überzogen**

excellent ['eksələnt] *adjective* very good **ausgezeichnet** *or* **erstklassig** *or* **hervorragend** *the quality of the firm's products is excellent, but its sales force is not large enough*

except [ɪk'sept] *preposition & conjunction* not including **außer** *VAT is levied on all goods and services except books, newspapers and children's clothes; sales are rising in all markets except the Far East*

◇ **excepted** [ɪk'septɪd] *adverb* not including **ausgenommen; errors and omissions excepted (e. & o.e.)** = note on an invoice to show that the company has no responsibility for mistakes in the invoice **Irrtümer und Auslassungen vorbehalten**

◇ **exceptional** [ɪk'sepʃənl] *adjective* not usual *or* different **außergewöhnlich; exceptional items** = items which arise from normal trading but which are unusual because of their size or nature (they are shown separately in a note to the company's accounts) **Sonderposten** *mpl*

excess

1 [ɪk'ses] *noun* amount which is more than what is allowed **Überschuss** *m or* **Mehrbetrag** *m* ; *an excess of expenditure over revenue* **in excess of** = above *or* more than **über** *or* **mehr als** *quantities in excess of twenty-five kilos*

2 ['ekses] *adjective* **excess baggage** = extra payment at an airport for taking baggage which is heavier than the normal passenger's allowance **Übergewicht** *n* ; **excess capacity** = spare capacity which is not being used **Überkapazität** *f*; **excess fare** = extra fare to be paid (such as for travelling first class with a second class ticket) **Nachlösegebühr** *f*; **excess profits** = profit which is more than what is thought to be normal **Übergewinn** *m or* **Mehrgewinn; excess profits tax** = tax on excess profits **Übergewinnsteuer** *f*

◇ **excessive** [ɪk'sesɪv] *adjective* too large **übermäßig** *excessive costs*

> QUOTE most airlines give business class the same baggage allowance as first class, which can save large sums in excess baggage
> Business Traveller

> QUOTE control of materials provides manufacturers with an opportunity to reduce the amount of money tied up in excess materials
> Duns Business Month

exchange [ɪks'tʃeɪn(d)ʒ]

1 *noun*

(a) giving of one thing for another **Tausch** *m or* **Austausch; to offer** *or* **take something in part exchange** = giving *or* taking an old product as part of the payment for a new one **etwas in Zahlung geben** *or* **nehmen** *to take a car in part exchange* **exchange of contracts** = point in the sale of property when the buyer and the seller both sign the contract of sale which then becomes binding **Unterzeichnung** *f* **des Kaufvertrags für Grundbesitz**

(b) foreign exchange = (i) exchanging the money of one country for that of another; (ii) money of another country **(i) Geldumtausch** *m* ; **(ii) Devisen** *pl the company has more than £1m in foreign exchange* **foreign exchange broker** = person who buys and sells foreign currency on behalf of other people **Devisenhändler/-in** *or* **Devisenmakler/-in; foreign exchange market** = dealings in foreign currencies **Devisenmarkt** *m or* **Devisenbörse** *f* ; *he trades on the foreign exchange market; foreign exchange markets were very active after the dollar devalued* **rate of exchange** *or* **exchange rate** = price at which one currency is exchanged for another **Wechselkurs** *m* ; *the current rate of exchange is 8.45 francs to the pound* **exchange controls** = control by a government of the way in which its currency may be exchanged for foreign currencies **Devisenkontrollen** *fpl the government had to impose exchange controls to stop the rush to buy dollars* **exchange dealer** = person who buys and sells foreign currency **Devisenhändler/-in; exchange dealings** = buying and selling foreign currency **Devisenhandel** *m; (GB)* **Exchange Equalization Account** = account with the Bank of England used by the government when buying or selling foreign currency to influence the sterling exchange rate **Währungsausgleichsfonds** *m* ; **exchange premium** = extra cost above the normal rate for buying a foreign currency **Agio** *n or* **Aufgeld** *n* ; **exchange rate mechanism (ERM)** = method of stabilizing exchange rates within the European Monetary System, where currencies move up or down within bands without involving a realignment of all the currencies in the system **Wechselkursmechanismus** *m*

(c) bill of exchange = document which tells a bank to pay a person (usually used in foreign currency payments) **Wechsel** *m or* **Tratte** *f*

(d) Stock Exchange = place where stocks and shares are bought and sold **Börse** *f* ; *the company's shares are traded on the New York Stock Exchange; he works on the Stock Exchange* **commodity exchange** = place where commodities are bought and sold **Warenbörse**

2 *verb*

(a) to exchange one article for another = to give one thing in place of something else **einen Artikel gegen einen anderen (um) tauschen** *he exchanged his motorcycle for a car; if the trousers are too small you can take them back and exchange them for a larger pair; goods can be exchanged only on production of the sales slip*

(b) to exchange contracts = to sign a contract when buying a property (done by both buyer and seller at the same time) **beim Kauf von Grundbesitz den Vertrag unterschreiben**
(c) to change money of one country for money of another **wechseln** *or* **tauschen** *to exchange francs for pounds*

◇ **exchangeable** [ɪks'tʃeɪn(d)ʒəbl] *adjective* which can be exchanged **austauschbar** *or* **umtauschbar**

◇ **exchanger** [ɪks'tʃeɪn(d)ʒə] *noun* person who buys and sells foreign currency **Devisenhändler/-in**

> QUOTE under the barter agreements, Nigeria will export crude oil in exchange for trucks, food, planes and chemicals
> Wall Street Journal

> QUOTE can free trade be reconciled with a strong dollar resulting from floating exchange rates
> Duns Business Month

> QUOTE a draft report on changes in the international monetary system casts doubt on any return to fixed exchange-rate parities
> Wall Street Journal

Exchequer [ɪks'tʃekə] *noun (GB)* **(the) Exchequer** = (i) fund of all money received by the government of the UK from taxes and other revenues; (ii) the British government's account with the Bank of England; (iii) the British government department dealing with public revenue **(i) Fiskus** *m*; **(ii) Staatskasse** *f*; **(iii) Finanzministerium** *n or* **Schatzamt** *n* ; **the Chancellor of the Exchequer** = the chief British finance minister **der Finanzminister** *or* **der Schatzkanzler**

excise
1 ['eksaɪz] *noun*
(a) excise duty = tax on certain goods produced in a country (such as alcohol) **Steuer** *f; (auf inländische Waren)* **Verbrauchssteuer** *f* ; *to pay excise duty on wine*
(b) Customs and Excise *or* **Excise Department** = government department which deals with taxes on imports and on products such as alcohol produced in the country; it also deals with VAT **Amt** *n* **für Zölle und Verbrauchssteuern** *an Excise officer*
2 [ɪk'saɪz] *verb* to cut out **entfernen** *or* **herausschneiden** *please excise all references to the strike in the minutes*

◇ **exciseman** ['eksaɪzmæn] *noun* person who works in the Excise Department **Steuereinnehmer** *m*

exclude [ɪks'klu:d] *verb* to keep out *or* not to include **ausschließen** *the interest charges have been excluded from the document; damage by fire is excluded from the policy*

◇ **excluding** [ɪks'klu:dɪŋ] *preposition* not including **außer** *or* **ausgenommen** *all salesmen, excluding those living in London, can claim expenses for attending the sales conference*

◇ **exclusion** [ɪks'klu:ʒən] *noun* act of not including **Ausschluss** *m* ; **exclusion clause** = clause in an insurance policy *or* warranty which says which items are not covered **Ausschluss-** *or* **Freizeichnungsklausel** *f*

◇ **exclusive** [ɪks'klu:sɪv] *adjective*
(a) exclusive agreement = agreement where a person is made sole agent for a product in a market **Exklusivvertrag** *m* ; **exclusive right to market a product** = right to be the only person to market the product **Alleinvertriebsrecht** *n* **für ein Produkt**
(b) exclusive of = not including **exklusive** *or* **ausschließlich** *all payments are exclusive of tax; the invoice is exclusive of VAT*

◇ **exclusivity** [ˌeksklu:'sɪvɪtɪ] *noun* exclusive right to market a product **Exklusivrecht** *n*

excuse
1 [ɪks'kju:s] *noun* reason for doing something wrong **Entschuldigung** *f or* **Ausrede** *f* ; *his excuse for not coming to the meeting was that he had been told about it only the day before* **the managing director refused to accept the sales manager's excuses for the poor sales** = he refused to believe that there was a good reason for the poor sales **der geschäftsführende Direktor weigerte sich, die Entschuldigungen des Verkaufsleiters für den geringen Absatz zu akzeptieren**
2 [ɪks'kju:z] *verb* to forgive a small mistake **entschuldigen** *or* **verzeihen** *she can be excused for not knowing the German for 'deadline'*

execute ['eksɪkju:t] *verb* to carry out (an order) **ausführen**

◇ **execution** [ˌeksɪ'kju:ʃən] *noun* carrying out of an order **Ausführung** *f* ; **stay of execution** = temporary stopping of a legal order **Vollstreckungsaufschub** *m* ; *the court granted the company a two-week stay of execution*

◇ **executive** [ɪg'zekjʊtɪv]
1 *adjective* which puts decisions into action **exekutiv** *or* **Exekutiv-**; **executive committee** = committee which runs a society *or* a club **Vorstand** *m* ; **executive director** = director who actually works full-time in the company (as opposed to a 'non-executive director') **geschäftsführendes Mitglied des board of**

directors; **executive powers** = right to put decisions into action **Exekutivgewalt** *f*; *he was made managing director with full executive powers over the European operation*
2 *noun* person in a business who takes decisions, a manager or director **Führungskraft** *f* ; **leitende(r) Angestellte(r)** *sales executive; senior or junior executive* **account executive** = employee who is the link between his company and certain customers **Kundenbetreuer/-in**; **chief executive** *or* *(US)* **chief executive officer (CEO)** = executive director in charge of a company **Generaldirektor/-in**; **executive search** = looking for new managers for organizations, usually by approaching managers in their existing jobs and asking them if they want to work for different companies **Suchen** *n* **nach Führungskräften** *fpl* (NOTE: a more polite term for 'headhunting')

> QUOTE one in ten students commented on the long hours which executives worked
>
> Employment Gazette

> QUOTE our executives are motivated by a desire to carry out a project to the best of their ability
>
> British Business

executor [ɪg'zekjʊtə] *noun* person who sees that the terms of a will are carried out **Testamentsvollstrecker/-in** *he was named executor of his brother's will*

exempt [ɪg'zem(p)t]
1 *adjective* not covered by a law; not forced to obey a law **ausgenommen** *or* **befreit**; **exempt supplies** = products *or* services on which the supplier does not have to charge VAT **steuerfreie Lieferungen** *fpl* **exempt from tax** *or* **tax-exempt** = not required to pay tax **von der Steuer befreit** *or* **steuerfrei** *as a non-profit-making organization we are exempt from tax*
2 *verb* to free something from having tax paid on it or from having to pay tax **befreien** *or* **freistellen** *non-profit-making organizations are exempted from tax; food is exempted from sales tax; the government exempted trusts from tax*

◇ **exemption** [ɪg'zem(p)ʃən] *noun* act of exempting something from a contract *or* from a tax **Befreiung** *f*; **exemption from tax** *or* **tax exemption** = being free from having to pay tax **Steuerbefreiung** *f*; *as a non-profit-making organization you can claim tax exemption*

exercise ['eksəsaɪz]
1 *noun* use of something **Anwendung** *f* *or* **Ausübung** *f*; **exercise of an option** = using an option *or* putting an option into action **Ausübung eines Optionsrechts**
2 *verb* to use **anwenden** *or* **ausüben**; **to exercise an option** = to put an option into action **ein Optionsrecht ausüben** *he exercised his option to acquire sole marketing rights for the product; the chairwoman exercised her veto to block the motion*

ex gratia [eks'greɪʃə] *adjective* **ex gratia payment** = payment made as a gift, with no other obligations **Zahlung** *f* **ohne Anerkennung** *f* **einer Rechtspflicht; Kulanzzahlung** *f*

exhibit [ɪg'zɪbɪt]
1 *noun*
(a) thing which is shown **Ausstellungsstück** *n* ; *the buyers admired the exhibits on our stand*
(b) single section of an exhibition **(Ausstellungs)stand** *m* ; *the British Trade Exhibit at the International Computer Fair*
2 *verb* **to exhibit at the Motor Show** = to display new models of cars **auf der Automobilausstellung ausstellen**

◇ **exhibition** [ˌeksɪ'bɪʃən] *noun* showing goods so that buyers can look at them and decide what to buy **Ausstellung** *f* ; *the government has sponsored an exhibition of good design; we have a stand at the Ideal Home Exhibition; the agricultural exhibition grounds* **exhibition room** *or* **hall** = place where goods are shown so that buyers can look at them and decide what to buy **Ausstellungsraum** *m* ; **Messehalle** *f* ; **exhibition stand** *or* *(US)* **exhibition booth** = separate section of an exhibition where a company exhibits its products or services **Messestand** *m*

◇ **exhibitor** [ɪg'zɪbɪtə] *noun* person *or* company which shows products at an exhibition **Aussteller/-in**

exist [ɪg'zɪst] *verb* to be **existieren** *I do not believe the document exists - I think it has been burnt*

exit ['eksɪt] *noun* way out of a building **Ausgang** *m* ; *the customers all rushed towards the exits* **fire exit** = door which leads to a way out of a building if there is a fire **Notausgang**

ex officio [ˌeksə'fɪʃɪəʊ] *adjective & adverb* because of an office held **ex officio** *or* **von Amts wegen** *the treasurer is ex officio a member or an ex officio member of the finance committee*

expand [ɪk'spænd] *verb* to increase *or* to get bigger *or* to make something bigger **erweitern; (sich) ausweiten** *or* **vergrößern; expandieren; ausbauen** *an expanding economy; the* *company is expanding fast; we have had to expand our sales force*

◇ **expansion** [ɪk'spænʃən] *noun* increase in size **Erweiterung** *f or* **Ausweitung** *f* **Vergrößerung** *f or* **Expansion** *f or* **Ausbau** *m*; *the expansion of the domestic market; the company had difficulty in financing its current expansion programme; (GB)* **business expansion scheme (BES)** = formerly, a scheme in Britain where money could be invested for some years in a new company and such investment would carry full relief from income tax **Programm** *n* **zur Förderung von Unternehmenserweiterungen**; *(durch Steuerbefreiung bei Investition)*

> QUOTE inflation-adjusted GNP moved up at a 1.3% annual rate, its worst performance since the economic expansion began
> Fortune

> QUOTE the businesses we back range from start-up ventures to established businesses in need of further capital for expansion
> Times

> QUOTE the group is undergoing a period of rapid expansion and this has created an exciting opportunity for a qualified accountant
> Financial Times

expect [ɪk'spekt] *verb* to hope that something is going to happen **erwarten** *we are expecting him to arrive at 10.45; they are expecting a cheque from their agent next week; the house was sold for more than the expected price*

◇ **expectancy** [ɪk'spektənsɪ] *noun* **life expectancy** = number of years a person is likely to live **Lebenserwartung** *f*

> QUOTE he observed that he expected exports to grow faster than imports in the coming year
> Sydney Morning Herald

> QUOTE American business as a whole has seen profits well above the levels normally expected at this stage of the cycle
> Sunday Times

expenditure [ɪk'spendɪtʃə] *noun* amounts of money spent **Ausgaben** *fpl or* **Aufwendungen** *fpl* **below-the-line expenditure** = exceptional payments which are separated from a company's normal accounts **außerordentliche Aufwendungen**; **capital expenditure** = money spent on fixed assets (such as property or machinery) **Investitionsausgabe** *f or* **Investitionen** *fpl* **the company's current expenditure programme** = the company's spending according to the current plan **der Plan für laufende Aufwendungen des Unternehmens**; **heavy expenditure on equipment** = spending large sums of money on equipment **hohe Ausgaben für Maschinen** (NOTE: no plural in British English, but US English often uses **expenditures**)

◇ **expense** [ɪk'spens] *noun*
(a) money spent **Ausgabe** *f or* **Kosten** *pl it is not worth the expense; the expense is too much for my bank balance* **at great expense** = having spent a lot of money **mit hohen Kosten** *or* **kostenintensiv**; **he furnished the office regardless of expense** *or* **with no expense spared** = without thinking how much it cost **er richtete das Büro ohne Rücksicht auf die Kosten ein**
(b) **expense account** = money which a businessman is allowed by his company to spend on travelling and entertaining clients in connection with his business **Spesenkonto** *n or* **Spesenrechnung** *f*; *I'll put this lunch on my expense account; expense account lunches form a large part of our current expenditure*

◇ **expenses** [ɪk'spensɪz] *plural noun* money paid to cover the costs incurred by someone when doing something **Kosten** *pl or* **Spesen** *pl the salary offered is £10,000 plus expenses* **all expenses paid** = with all costs paid by the company **Übernahme** *f* **aller Kosten** *the company sent him to San Francisco all expenses paid* **to cut down on expenses** = to try to reduce spending **die Kosten verringern**; **allowable expenses** = business expenses which are allowed against tax **abzugsfähige Geschäftsausgaben** *fpl* **business expenses** = money spent on running a business, not on stock or assets **Geschäftskosten**; **direct expenses** = expenses (excluding materials, labour or purchase of stock for resale) which are incurred in making a product **Selbstkosten**; **entertainment expenses** = money spent on giving meals to business visitors **Bewirtungskosten**; **fixed expenses** = expenses which do not vary with different levels of production (such as rent, secretaries' salaries, insurance) **Fixkosten**; **incidental expenses** = small amounts of money spent at various times, in addition to larger amounts **Nebenkosten**; **indirect expenses** = expenses (excluding materials, labour or purchase of stock for resale) which are incurred by a business, but which cannot be allocated to any particular product **Gemeinkosten** *pl* **legal expenses** = money spent on fees paid to lawyers **Anwaltskosten**; **overhead expenses** *or* **general expenses** *or* **running expenses** = money spent on the day-to-day cost of a business **Betriebskosten** *or* **Festkosten** *or* **allgemeine Kosten; travelling expenses** = money spent on travelling and hotels for business purposes **Reisespesen** *pl*

◇ **expensive** [ɪk'spensɪv] *adjective* which costs a lot of money **teuer** *or* **kostspielig** *first-class air travel is becoming more and more expensive*

experience [ɪk'spɪərɪəns]
1 *noun* having lived through various situations and therefore knowing how to make decisions **Erfahrung** *f* ; *he is a man of considerable experience; she has a lot of experience of dealing with German companies; he gained most of his experience in the Far East; some experience is required for this job*
2 *verb* to live through a situation **durchmachen** *or* **erleben** *or* **erfahren** *the company experienced a period of falling sales*

◇ **experienced** [ɪk'spɪərɪənst] *adjective* person who has lived through many situations and has learnt from them **erfahren** *or* **sachkundig** *he is the most experienced negotiator I know; we have appointed a very experienced woman as sales director*

expert ['ekspɜːt] *noun* person who knows a lot about something **Experte/Expertin** *or* **Fachmann/Fachfrau** *or* **Sachverständige(r)** *an expert in the field of electronics or an electronics expert; the company asked a financial expert for advice or asked for expert financial advice* **expert's report** = report written by an expert **Sachverständigengutachten** *n or* **Expertise** *f*

◇ **expertise** [ˌekspɜː'tiːz] *noun* specialist knowledge **Fachwissen** *n or* **Sachkenntnis** *f* ; *we hired Mr Smith because of his financial expertise or because of his expertise in the African market*

expiration [ˌekspɪ'reɪʃən] *noun* coming to an end **Ablauf** *m or* **Erlöschen** *n* ; *expiration of an insurance policy; to repay before the expiration of the stated period* **on expiration of the lease** = when the lease comes to an end **nach Ablauf des Mietvertrages**

◇ **expire** [ɪk'spaɪə] *verb* to come to an end **fällig werden** *or* **ablaufen** *or* **erlöschen** *the lease expires in 2010* **his passport has expired** = his passport is no longer valid **sein Pass ist abgelaufen**

◇ **expiry** [ɪk'spaɪərɪ] *noun* coming to an end **Ablauf** *m or* **Erlöschen** *n* ; *expiry of an insurance policy* **expiry date** = (i) date when something will end; (ii) the last date on which a credit card can be used **(i) Ablauftermin** *m* ; **Verfallstag** *m* ; **(ii) Verfallsdatum** *n*

explain [ɪk'spleɪn] *verb* to give reasons for something **erklären** *he explained to the customs officials that the two computers were presents from friends; can you explain why the sales in the first quarter are so high? the sales director tried to explain the sudden drop in unit sales*

◇ **explanation** [ˌeksplə'neɪʃən] *noun* reason for something **Erklärung** *f* ; *the VAT inspector asked for an explanation of the invoices; at the AGM, the chairman gave an explanation for the high level of interest payments*

exploit [ɪk'splɔɪt] *verb* to use something to make a profit **(aus)nutzen; ausbeuten** *the company is exploiting its contacts in the Ministry of Trade; we hope to exploit the oil resources in the China Sea*

◇ **exploitation** [ˌeksplɔɪ'teɪʃn] *noun* unfair use of cheap labour to get work done **Ausbeutung** *f or* **Ausnutzung** *f* ; *the exploitation of migrant farm workers was only stopped when they became unionized*

explore [ɪk'splɔː] *verb* to examine carefully **untersuchen** *or* **sondieren** *we are exploring the possibility of opening an office in London*

export
1 ['ekspɔːt] *noun*
(a) exports = goods sent to a foreign country to be sold **Exporte** *mpl exports to Africa have increased by 25%*
(b) action of sending goods to a foreign country to be sold **Export** *m or* **Ausfuhr** *f* ; *the export trade or the export market* **export department** = section of a company which deals in sales to foreign countries **Exportabteilung** *f* ; **export duty** = tax paid on goods sent out of a country for sale **Ausfuhrzoll** *m* ; **export house** = company which specializes in the export of goods made by other manufacturers **Exportfirma** *f* ; **export licence** = government permit allowing something to be exported **Ausfuhrgenehmigung** *f* ; *the government has refused an export licence for computer parts* **export manager** = person in charge of an export department in a company **Exportleiter/-in; Export Credit Guarantee Department (ECGD)** = British government department which insures exports sold on credit **staatliche Exportkreditabteilung** (NOTE: usually used in the plural, but the singular form is used before a noun)
2 [ɪk'spɔːt] *verb* to send goods to foreign countries for sale **exportieren** *or* **ausführen**

50% of our production is exported; the company imports raw materials and exports the finished products

◇ **exportation** [ˌekspɔːˈteɪʃən] *noun* act of sending goods to foreign countries for sale **Ausfuhr** *f or* **Export** *m*

◇ **exporter** [eksˈpɔːtə] *noun* person *or* company *or* country which sells goods in foreign countries **Exporteur** *m or* **Exportfirma** *f* ; *a major furniture exporter; Canada is an important exporter of oil or an important oil exporter*

◇ **exporting** [eksˈpɔːtɪŋ] *adjective* which exports **Ausfuhr-** *or* **Export-**; **oil exporting countries** = countries which produce oil and sell it to other countries **(Erd)öl exportierende Länder** *npl*

exposition [ˌekspəˈzɪʃən] *noun (US)* = EXHIBITION

exposure [ɪkˈspəʊʒə] *noun*
(a) publicity given to an organization or product **Publicity** *f* ; *our company has achieved more exposure since we decided to advertise nationally*
(b) amount of risk which a lender runs **Risiko** *n* ; *he is trying to cover his exposure in the property market*

> COMMENT: exposure can be the amount of money lent to a customer (a bank's exposure to a foreign country) or the amount of money which an investor may lose if his investments collapse (such as his exposure in the stock market)

> QUOTE it attributed the poor result to the bank's high exposure to residential mortgages, which showed a significant slowdown in the past few months
> South China Morning Post

express [ɪkˈspres]
1 *adjective*
(a) rapid *or* very fast **per Express** *or* **Express-** *or* **Eil-** *express letter; express delivery*
(b) clearly shown in words **ausdrücklich** *the contract has an express condition forbidding sale in Africa*
2 *verb*
(a) to put into words or diagrams **ausdrücken** *this chart shows home sales expressed as a percentage of total turnover*
(b) to send very fast **per Express** *or* **als Eilsendung schicken** *we expressed the order to the customer's warehouse*

◇ **expressly** [ɪkˈspreslɪ] *adverb* clearly in words **ausdrücklich** *the contract expressly forbids sales to the United States*

ext = EXTENSION

extend [ɪkˈstend] *verb*
(a) to make available *or* to give **gewähren** *to extend credit to a customer*
(b) to make longer **verlängern** *or* **prolongieren** *to extend a contract for two years* **extended credit** = credit allowing the borrower a very long time to pay **verlängerter** *or* **prolongierter Kredit; langfristiges Zahlungsziel** *we sell to Australia on extended credit* **extended guarantee** = guarantee offered by a dealer on consumer durables, such as dish-washers, which goes beyond the time specified in the manufacturer's guarantee **verlängerte Garantie**

◇ **extension** [ɪkˈstenʃən] *noun*
(a) allowing longer time **Verlängerung** *f or* **Prolongation** *f* ; **to get an extension of credit** = to get more time to pay back **eine Kreditverlängerung bekommen**; **extension of a contract** = continuing the contract for a further period **Vertragsverlängerung**
(b) *(in an office)* individual telephone linked to the main switchboard **Anschluss** *m* ; **Apparat** *m* ; *can you get me extension 21? extension 21 is engaged; the sales manager is on extension 53*

◇ **extensive** [ɪkˈstensɪv] *adjective* very large *or* covering a wide area **umfangreich** *or* **ausgedehnt** *or* **weit** *or* **breit** *or* **umfassend** *an extensive network of sales outlets*

> QUOTE the White House refusal to ask for an extension of the auto import quotas
> Duns Business Month

external [ɪkˈstɜːnl] *adjective*
(a) outside a country **ausländisch**; **external account** = account in a British bank of someone who is living in another country **Auslandskonto** *n* ; **external trade** = trade with foreign countries **Außenhandel** *m*
(b) outside a company **außerbetrieblich** *or* **extern**; **external audit** = audit carried out by an independent auditor **außerbetriebliche** *or* **unabhängige Revision**; **external auditor** = auditor who carries out audits of a company's accounts but is not employed by that company **externe(r)** *or* **außerbetriebliche(r) Revisor/-in**; **external growth** = growth by buying other companies, rather than by expanding existing sales or products **externes Wachstum**

extinguisher [ɪkˈstɪŋgwɪʃə] *noun* **fire extinguisher** = can (usually painted red) containing chemical foam which can be sprayed onto a fire to put it out **Feuerlöscher** *m*

extra [ˈekstrə]
1 *adjective* which is added *or* which is more than usual **extra** *or* **zusätzlich** *there is no extra*

charge for heating; to charge 10% extra for postage; he had £25 extra pay for working on Sunday; service is extra
2 *plural noun* **extras** = items which are not included in a price **Extrakosten** *pl or* **Neben-** *or* **Sonderausgaben** *fpl packing and postage are extras*

extract ['ekstrækt] *noun* printed document which is part of a larger document **Auszug** *m* ; *he sent me an extract of the accounts*

extraordinary [ɪk'strɔːdənərɪ] *adjective* different from normal **außerordentlich** *or* **außergewöhnlich**; **Extraordinary General Meeting (EGM)** = special meeting of shareholders to discuss an important matter which cannot wait until the next AGM (such as a change in the company's articles of association) **außerordentliche Hauptversammlung** *to call an Extraordinary General Meeting* **extraordinary items** = items in accounts which do not appear each year **Sonderposten** *mpl the auditors noted several extraordinary items in the accounts (see also comment at* RESOLUTION)

extremely [ɪk'striːmlɪ] *adverb* very much **äußerst** *or* **höchst** *it is extremely difficult to break into the US market; their management team is extremely efficient*

Ff

f. & f. = FIXTURES AND FITTINGS

face value ['feɪsˌvæljuː] *noun* value written on a coin *or* banknote *or* share certificate **Nominal-** *or* **Nennwert** *m*

> QUOTE travellers cheques cost 1% of their face value - some banks charge more for small amounts
> Sunday Times

facility [fə'sɪlətɪ] *noun*
(a) being able to do something easily **Erleichterung** *f* ; *we offer facilities for payment*
(b) loan **Fazilität** *f or* **Kredit** *m* ; **credit facilities** = arrangement with a bank *or* supplier to have credit so as to buy goods **Kreditfazilitäten**; **overdraft facility** = arrangement with a bank to have an overdraft **Überziehungskredit**
(c) facilities = equipment *or* buildings which make it easy to do something **Einrichtungen** *fpl storage facilities; harbour facilities; transport facilities; there are no facilities for passengers; there are no facilities for unloading or there are no unloading facilities*
(d) *(US)* single large building **Anlage** *f or* **Betriebsanlage** *we have opened our new warehouse facility*

facsimile [fæk'sɪməlɪ] *noun* **facsimile (copy)** = exact copy of a document **Faksimile** *n (see also* FAX)

fact [fækt] *noun*
(a) something which is true and real **Tatsache** *f or* **Fakt** *n or m the chairman asked to see all the facts on the income tax claim; the sales director can give you the facts and figures about the African operation* **fact sheet** = sheet of paper giving information about a product *or* service which can be used for publicity purposes **Informationsblatt** *n*
(b) the fact of the matter is = what is true is that **Tatsache ist,** *the fact of the matter is that the product does not fit the market*
(c) in fact = really **eigentlich** *or* **tatsächlich** *or* **in Wirklichkeit** *the chairman blamed the finance director for the loss when in fact he was responsible for it himself*

◇ **fact-finding** ['fæktˌfaɪndɪŋ] *adjective* looking for information **Erkundungs-** *or* **Untersuchungs-**; **fact-finding mission** = visit, usually by a group of people, to search for information about a problem **Erkundungsreise** *f* ; *the minister went on a fact-finding tour of the region*

factor ['fæktə]
1 *noun*
(a) thing which is important *or* which influences **Faktor** *m* ; *the drop in sales is an important factor in the company's lower profits* **cost factor** = problem of cost **Kostenfaktor**; **cyclical factors** = way in which a trade cycle affects businesses **zyklische** *or* **konjunkturelle Faktoren**; **deciding factor** = most important factor which influences a decision **entscheidender** *or* **ausschlaggebender Faktor**; **load factor** = number of seats in a bus *or* plane *or* train which are occupied by passengers who have paid the full fare **Sitzladefaktor** *or* **Auslastungsfaktor**; **factors of production** = things needed to produce a product (land, labour and capital) **Produktionsfaktoren**
(b) by a factor of ten = ten times **um einen Faktor von zehn**
(c) person or company which is responsible for collecting debts for companies, by buying debts at a discount on their face value **Factor** *m*

2 *verb* to buy debts from a company at a discount **Forderungen** *fpl* **aufkaufen**

◇ **factoring** ['fæktərɪŋ] *noun* business of buying debts at a discount **Factoring** *n* ; **factoring charges** = cost of selling debts to a factor for a commission **Factoring-Gebühren** *fpl* **full factoring service** = service by which the factor operates the client's bought ledger and even takes on responsibility for his bad debts **umfassender Factoring-Service**

COMMENT: a factor collects a company's debts when due, and pays the creditor in advance part of the sum to be collected, so 'buying' the debt

QUOTE factors 'buy' invoices from a company, which then gets an immediate cash advance representing most of their value. The balance is paid when the debt is met. The client company is charged a fee as well as interest on the cash advanced

Times

factory ['fæktrɪ] *noun* building where products are manufactured **Fabrik** *f or* **Werk** *n* ; *car factory; shoe factory* **the factory floor** = main works of a factory **die Fabrikhalle**; **factory hand** *or* **factory worker** = person who works in a factory **Fabrikarbeiter/-in**; **factory inspector** *or* **inspector of factories** = government official who inspects factories to see if they are well run **Gewerbeaufsichtsbeamte(r)/-beamtin**; **the factory inspectorate** = all factory inspectors **das Gewerbeaufsichtsamt**; **factory price** *or* **price ex factory** = price not including transport from the maker's factory **Fabrikpreis** *m or* **Preis ab Werk**; **factory unit** = single building on an industrial estate **Fabrikgebäude** *n*

fail [feɪl] *verb*
(a) not to do something which you were trying to do **keinen Erfolg haben** *or* **unterlassen** *or* **scheitern** *the company failed to notify the tax office of its change of address; the prototype failed its first test*
(b) to be unsuccessful commercially **Bankrott gehen**; **the company failed** = the company went bankrupt **das Unternehmen ging Bankrott** *he lost all his money when the bank failed*

◇ **failing** ['feɪlɪŋ]
1 *noun* weakness **Fehler** *m or* **Schwäche** *f* ; *the chairman has one failing - he goes to sleep at board meetings*
2 *preposition* if something does not happen **mangels; ansonsten** *or* **widrigenfalls**; **failing instructions to the contrary** = unless someone gives opposite instructions **falls keine gegenteiligen Instruktionen erfolgen**; **failing prompt payment** = if the payment is not made on time **bei nicht termingerechter Zahlung**; **failing that** = if that does not work **sonst** *or* **widrigenfalls** *try the company secretary, and failing that the chairman*

◇ **failure** ['feɪljə] *noun*
(a) breaking down *or* stopping **Scheitern** *n or* **Versagen** *n* ; *the failure of the negotiations*
(b) failure to pay a bill = not having paid the bill **Nichtbezahlen** *n* **einer Rechnung**
(c) commercial failure = financial collapse *or* bankruptcy **kommerzieller Misserfolg** *or* **kommerzielle Pleite** *he lost all his money in the bank failure*

fair [feə]
1 *noun* **trade fair** = large exhibition and meeting for advertising and selling a certain type of product **Handels-** *or* **Fachmesse** *f* ; *to organize or to run a trade fair; the fair is open from 9 a.m. to 5 p.m.; the computer fair runs from April 1st to 6th; there are two trade fairs running in London at the same time - the carpet manufacturers' and the computer dealers'*
2 *adjective*
(a) honest *or* correct **gerecht** *or* **fair**; **fair deal** = arrangement where both parties are treated equally **faire Abmachung** *the workers feel they did not get a fair deal from the management* **fair dealing** = legal buying and selling of shares **geordneter Effektenhandel**; **fair price** = good price for both buyer and seller **angemessener Preis**; **fair trade** = (i) international business system where countries agree not to charge import duties on certain items imported from their trading partners; (ii) *(US)* = RESALE PRICE MAINTENANCE **(i) Nichtdiskriminierung** *f* **im Außenhandel** *m* ; **(ii) Preisbindung** *f* **der zweiten Hand**; **fair trading** *or* **fair dealing** = way of doing business which is reasonable and does not harm the consumer **lauterer Handel**; *(GB)* **Office of Fair Trading** = government department which protects consumers against unfair or illegal business **Amt** *n* **für Verbraucherschutz** *m* ; **fair value** *or (US)* **fair market value** = (i) price paid by a buyer who knows the value of what he is buying to a seller who also knows the value of what he is selling (i.e., neither is cheating the other); (ii) method of valuing the assets and liabilities of a business based on the amount for which they could be sold to independent parties at the time of valuation **(i) & (ii) fairer Marktwert**; **fair wear and tear** = acceptable damage caused by normal use **normale Abnutzungs- und Verschleißerscheinungen** *fpl* *the insurance policy covers most damage, but not fair wear and tear to the machine*

(b) fair copy = document which is written or typed with no changes or mistakes **Reinschrift** *f*

◊ **fairly** ['feəlɪ] *adverb* quite **ziemlich** *or* **recht** *the company is fairly close to financial collapse; she is a fairly fast keyboarder*

faith [feɪθ] *noun* **to have faith in something** *or* **someone** = to believe that something *or* a person is good or will work well **Vertrauen** *n* **in etwas** *or* **jdn setzen** *the salesmen have great faith in the product; the sales teams do not have much faith in their manager; the board has faith in the managing director's judgement* **to buy something in good faith** = to buy something thinking that is of good quality *or* that it has not been stolen *or* that it is not an imitation **etwas in gutem Glauben kaufen**

◊ **faithfully** ['feɪθfəlɪ] *adverb* **Yours faithfully** = used as an ending to a formal business letter not addressed to a named person **Hochachtungsvoll** *or* **Mit freundlichen Grüßen** (NOTE: not used in US English)

fake [feɪk]
1 *noun* imitation *or* copy made for criminal purposes **Fälschung** *f or* **Imitation** *f or* **Falsifikat** *n* ; *it was difficult to tell if the passport was a fake*
2 *verb* to make an imitation for criminal purposes **fälschen** *or* **fingieren** *or* **imitieren** *fake(d) documents; he faked the results of the test*

fall [fɔːl]
1 *noun* sudden drop *or* suddenly becoming smaller *or* sudden loss of value **Sinken** *n or* **Fallen** *n or* **Rückgang** *m* ; *a fall in the exchange rate; fall in the price of gold; a fall on the Stock Exchange; profits showed a 10% fall*
2 *verb*
(a) to drop suddenly to a lower price **sinken** *or* **fallen** *shares fell on the market today; gold shares fell 10% or fell 45 cents on the Stock Exchange; the price of gold fell for the second day running; the pound fell against other European currencies*
(b) to happen *or* to take place **fallen** *or* **liegen** *the public holiday falls on a Tuesday* **payments which fall due** = payments which are now due to be made **fällige Zahlungen** *fpl* (NOTE: **falling - fell - has fallen)**

◊ **fall away** [fɔːlə'weɪ] *verb* to become less **zurückgehen** *or* **abnehmen** *or* **sinken** *hotel bookings have fallen away since the tourist season ended*

◊ **fall back** [fɔːl'bæk] *verb* to become lower or cheaper after rising in price **erneut sinken** *or* **nachgeben** *shares fell back in light trading*

◊ **fall back on** [fɔːl'bækɒn] *verb* to have to use money kept for emergencies **zurückgreifen auf** *to fall back on cash reserves*

◊ **fall behind** [fɔːlbɪ'haɪnd] *verb*
(a) to be late in doing something **in Rückstand** *or* **Verzug geraten** *he fell behind with his mortgage repayments* **the company has fallen behind with its deliveries** = it is late with its deliveries **die Firma ist mit ihren Lieferungen in Rückstand geraten**
(b) to be in a worse position than **zurückfallen hinter; we have fallen behind our rivals** = we have fewer sales *or* make less profit than our rivals **wir sind gegenüber unserer Konkurrenz zurückgefallen**

◊ **falling** ['fɔːlɪŋ] *adjective* which is growing smaller *or* dropping in price **fallend** *or* **sinkend** *or* **abnehmend**; **a falling market** = market where prices are coming down **ein Baissemarkt** *m* ; **the falling pound** = the pound which is losing its value against other currencies **das an Wert verlierende Pfund**

◊ **fall off** [fɔːl'ɒf] *verb* to become lower *or* cheaper *or* less **zurückgehen** *or* **abnehmen** *or* **fallen** *sales have fallen off since the tourist season ended*

◊ **fall out** [fɔːl'aʊt] *verb* **the bottom has fallen out of the market** = sales have fallen below what previously seemed to be their lowest point **die Preise sind ins Bodenlose gesunken**

◊ **fall through** [fɔːl'θruː] *verb* not to happen *or* not to take place **fehlschlagen** *or* **misslingen** *or* **scheitern** *the plan fell through at the last moment*

> QUOTE market analysts described the falls in the second half of last week as a technical correction to the market
> Australian Financial Review

> QUOTE for the first time since mortgage rates began falling in March a financial institution has raised charges on homeowner loans
> Globe and Mail (Toronto)

> QUOTE falling profitability means falling share prices
> Investors Chronicle

false [fɔːls] *adjective* not true *or* not correct **falsch** *or* **unrichtig** *to make a false entry in the balance sheet* **false accounting** = criminal offence of changing *or* destroying *or* hiding accounting records for a dishonest purpose, such as to gain money **vorsätzlich inkorrekte**

Buchführung; **false pretences** = doing or saying something to cheat someone **Vorspiegelung** *f* **falscher Tatsachen** *fpl he was sent to prison for obtaining money by or under false pretences* **false weight** = weight on shop scales which is wrong and so cheats customers **falsches Gewicht**

◇ **falsify** ['fɔːlsɪfaɪ] *verb* to change something to make it wrong **fälschen** *to falsify the accounts*

◇ **falsification** [ˌfɔːlsɪfɪ'keɪʃən] *noun* action of making false entries in accounts **Verfälschung** *f or* **Fälschung**

famous ['feɪməs] *adjective* very well known **berühmt** *the company owns a famous department store in the centre of London*

fancy ['fænsɪ] *adjective*
(a) fancy goods = small attractive items **Modeartikel** *mpl*
(b) fancy prices = high prices **Phantasiepreise** *mpl I don't want to pay the fancy prices they ask in London shops*

fao = FOR THE ATTENTION OF **z.Hd.**

fare [feə] *noun* price to be paid for a ticket to travel **Fahrpreis** *m or* **Flugpreis** *train fares have gone up by 5%; the government is asking the airlines to keep air fares down* **concessionary fare** = reduced fare for certain types of passenger (such as employees of the transport company) **ermäßigter Fahrpreis**; **full fare** = ticket for a journey by an adult paying the full price **voller Fahrpreis**; **half fare** = half-price ticket for a child **halber Fahrpreis**; **single fare** *or (US)* **one-way fare** = fare for a journey from one place to another **einfacher Fahrpreis**; **return fare** *or (US)* **round-trip fare** = fare for a journey from one place to another and back again **Hin- und Rückfahrpreis**

farm [fɑːm]
1 *noun* property in the country where crops are grown *or* where animals are raised for sale **Bauernhof** *m*; **fish farm** = place where fish are grown for food **Fischzucht** *f*; **mixed farm** = farm which has both animals and crops **landwirtschaftlicher Mischbetrieb**
2 *verb* to own a farm **Landwirtschaft betreiben**; *(Land)* **bewirtschaften** *he farms 150 acres*

◇ **farming** ['fɑːmɪŋ] *noun* job of working on a farm *or* of raising animals for sale *or* of growing crops for food **Landwirtschaft** *f*; *chicken farming; fish farming; mixed farming*

◇ **farm out** [fɑːm'aʊt] *verb* **to farm out work** = to hand over work for another person *or* company to do for you **Arbeit** *or* **Aufträge weitervergeben** *she farms out the office typing to various local bureaux*

fascia ['feɪʃə] *noun* (i) board over a shop on which the name of the shop is written; (ii) board above an exhibition stand on which the name of the company represented can be put **(i) Ladenschild** *n*; **(ii) Firmenschild** *n*

fast [fɑːst] *adjective & adverb* quick *or* quickly **schnell** *the train is the fastest way of getting to our supplier's factory; home computers sell fast in the pre-Christmas period*

◇ **fast-moving** *or* **fast-selling** [fɑːst'muːvɪŋ *or* fɑːst'selɪŋ] *adjective* **fast selling items** = items which sell fast **schnell verkäufliche Artikel** *mpl;* **Selbstläufer** *mpl some dictionaries are not fast-moving stock*

fault [fɔːlt] *noun*
(a) being to blame for something which is wrong **Verschulden** *n or* **Schuld** *f*; *it is the stock controller's fault if the warehouse runs out of stock; the chairman said the lower sales figures were the fault of a badly motivated sales force*
(b) wrong working **Defekt** *m or* **Fehler** *m*; *the technicians are trying to correct a programming fault; we think there is a basic fault in the product design*

◇ **faulty** ['fɔːltɪ] *adjective* which does not work properly **defekt** *or* **fehlerhaft** *faulty equipment; they installed faulty computer programs*

favour *or (US)* **favor** ['feɪvə]
1 *noun*
(a) as a favour = to help *or* to be kind to someone **aus Gefälligkeit** *f*; *he asked the secretary for a loan as a favour*
(b) in favour of = in agreement with *or* feeling that something is right **für** *or* **zugunsten** *six members of the board are in favour of the proposal, and three are against it*
2 *verb* to agree that something is right *or* to vote for something **bevorzugen; begünstigen** *the board members all favour Smith Ltd as partners in the project*

◇ **favourable** *or (US)* **favorable** ['feɪvərəbl] *adjective* which gives an advantage **vorteilhaft** *or* **günstig**; **favourable balance of trade** = situation where a country's exports are more than the imports **aktive Handelsbilanz**; **on favourable terms** = on specially good terms **zu günstigen Bedingungen** *fpl the shop is let on very favourable terms*

◇ **favourite** *or (US)* **favorite** ['feɪvərɪt]

adjective which is liked best **bevorzugt** *or* **Lieblings-** *or* **Spitzen-** *market research has shown this brand of chocolate to be the children's favourite*

fax [fæks]
1 *noun*
(a) (i) system for sending the exact copy of a document via the telephone lines; (ii) document sent by this method **(i) & (ii) (Tele)fax** *n* ; *we received a fax of the order this morning; can you confirm the booking by fax?*
(b) fax (machine) = machine for sending or receiving faxes **Faxgerät** *n or* **(Tele)fax** *n* ; **fax paper** = special paper which is used in fax machines **Faxpapier** *n* ; **fax roll** = roll of fax paper **Faxrolle** *f*
2 *verb* to send a message by fax **(tele)faxen** *the details of the offer were faxed to the brokers this morning; I've faxed the documents to our New York office*

COMMENT: banks will not accept fax messages as binding instructions (as for example, a faxed order for money to be transferred from one account to another)

feasibility [ˌfi:zəˈbɪlətɪ] *noun* ability to be done **Durchführbarkeit** *f or* **Realisierbarkeit** *f* ; *to report on the feasibility of a project* **feasibility report** = report saying if something can be done **Durchführbarkeitsbericht** *m* ; **to carry out a feasibility study on a project** = to carry out an examination of costs and profits to see if the project should be started **eine Durchführbarkeitsstudie zu einem Projekt durchführen**

federal [ˈfedərəl] *adjective* referring to a system of government where a group of states are linked together in a federation; especially the central government of the United States **Bundes-** *most federal offices are in Washington*
◊ **the Fed** [ðəˈfed] *noun (US) (informal)* = FEDERAL RESERVE BOARD

Federal Reserve (System) [ˈfedərəlrɪˈzɜ:v] system of federal government control of the US banks, where the Federal Reserve Board regulates money supply, prints money, fixes the discount rate and issues government bonds **Bundesaufsicht** *f* **der US-Banken**
◊ **Federal Reserve Bank** [ˈfedərəlrɪzɜ:vˈbæŋk] one of the twelve central banks in the USA which are owned by the state and directed by the Federal Reserve Board **eine der 12 Banken des ‚Federal Reserve System'; ≈ Landeszentralbank** *f*
◊ **Federal Reserve Board** [ˈfedərəlrɪzɜ:vˈbɔ:d] government organization which runs the central banks in the USA ≈ **Zentralbankrat** *m*

COMMENT: the Federal Reserve system is the central bank of the USA. The system is run by the Federal Reserve Board, under a chairman and seven committee members (or 'governors') who are all appointed by the President. The twelve Federal Reserve Banks act as lenders of last resort to local commercial banks. Although the board is appointed by the president, the whole system is relatively independent of the US government

QUOTE indications of weakness in the US economy were contained in figures from the Fed on industrial production for April
Financial Times

QUOTE federal examiners will determine which of the privately-insured savings and loans qualify for federal insurance
Wall Street Journal

QUOTE pressure on the Federal Reserve Board to ease monetary policy mounted yesterday with the release of a set of pessimistic economic statistics
Financial Times

QUOTE since 1978 America has freed many of its industries from federal rules that set prices and controlled the entry of new companies
Economist

QUOTE the half-point discount rate move gives the Fed room to reduce the federal funds rate further if economic weakness persists. The Fed sets the discount rate directly, but controls the federal funds rate by buying and selling Treasury securities
Wall Street Journal

federation [ˌfedəˈreɪʃən] *noun* group of societies *or* companies *or* organizations which have a central organization which represents them and looks after their common interests **Verband** *m* ; *federation of trades unions; employers' federation*

fee [fi:] *noun*
(a) money paid for work carried out by a professional person (such as an accountant *or* a doctor *or* a lawyer) **Honorar** *n* ; *we charge a small fee for our services; director's fees; consultant's fee*

(b) money paid for something **Gebühr** *f* ; *entrance fee or admission fee; registration fee*

feed [fi:d]
1 *noun* device which puts paper into a printer *or* into a photocopier **Einzug** *m or* **Vorschub** *m* ; *the paper feed has jammed* **continuous feed** = device which feeds continuous computer stationery into a printer **Endlospapiereinzug**; **sheet feed** = device which puts one sheet of paper at a time into a printer **Einzelblatteinzug**
2 *verb* to put information into a computer **speisen** *or* **eingeben** (NOTE: **feeding - fed)**

◇ **feedback** ['fi:dbæk] *noun* information, especially about people's reactions **Reaktion** *f or* **Resonanz** *f or* **Feedback** *n or* **Rückmeldung** *f*; *have you any feedback from the sales force about the customers' reaction to the new model?*

feelgood factor ['fi:lgʊd'fæktə] *noun* general feeling that everything is going well (leading to increased consumer spending) **Faktor** *m* **des allgemeinen Wohlbefindens**

feint [feɪnt] *noun* very light lines on writing paper **feine Linien** *fpl*

ferry ['ferɪ] *noun* boat which takes passengers or goods across water **Fähre** *f*; *we are going to take the night ferry to Belgium* **car ferry** = ferry which carries cars **Autofähre**; **passenger ferry** = ferry which only carries passengers **Passagierfähre**

fetch [fetʃ] *verb*
(a) to go to bring something **holen** *or* **abholen** *we have to fetch the goods from the docks; it is cheaper to buy at a cash and carry warehouse, provided you have a car to fetch the goods yourself*
(b) to be sold for a certain price **erzielen** *or* **einbringen** *to fetch a high price; it will not fetch more than £200; these computers fetch very high prices on the black market*

few [fju:] *adjective & noun*
(a) not many **wenige** *we sold so few of this item that we have discontinued the line; few of the staff stay with us more than six months*
(b) a few = some **ein paar** *or* **einige** *a few of our salesmen drive Rolls-Royces; we get only a few orders in the period from Christmas to the New Year*

fiat money ['fi:æt'mʌnɪ] *noun* coins or notes which are not worth much as paper or metal, but are said by the government to have a value **ungedecktes Papiergeld** *or* **Papiergeld ohne Deckung**

fictitious assets [fɪk'tɪʃəs'æsɪts] *noun* assets (such as prepayments) which do not have a resale value, but are entered as assets in the balance sheet **Scheinaktiva** *npl*

fiddle ['fɪdl]
1 *noun (informal)* cheating **Schiebung** *f or* **Trickserei** *f or* **Manipulation** *f* ; *it's all a fiddle* **he's on the fiddle** = he is trying to cheat **er macht faule Geschäfte** *or* **dreht krumme Dinger**
2 *verb (informal)* to cheat **frisieren** *or* **tricksen** *he tried to fiddle his tax returns; the salesman was caught fiddling his expense account*

fide *see* BONA FIDE

fiduciary [fɪ'dju:ʃjərɪ]
1 *noun* (person) acting as a trustee for someone else *or* being in a position of trust **Treuhänder** *m* ; **Vertrauensmann** *m*
2 *adjective* relating to a trust *or* a trustee **treuhänderisch** *directors have fiduciary duty to act in the best interests of the company* **fiduciary deposits** = bank deposits which are managed for the depositor by the bank **treuhänderisch verwaltete Einlagen** *fpl*

field [fi:ld] *noun*
(a) piece of ground on a farm **Feld** *n or* **Acker** *m or* **Weide** *f*; *the cows are in the field*
(b) in the field = outside the office *or* among the customers **in Außendienst** *m* ; *we have sixteen reps in the field* **to be first in the field** = to be the first company to bring out a product *or* to start a service **etwas als erster auf den Markt bringen; führend sein** *Smith Ltd has a great advantage in being first in the field with a reliable electric car* **field sales force** = salesmen working outside the company's offices, in the field **Außendienstverkaufspersonal** *n* ; *after working for a year in the field sales force, he became field sales manager* **field sales manager** = manager in charge of a group of salesmen **Außendienstleiter/-in**; **field work** = examination of the situation among possible customers **Feldforschung** *f*; *he had to do a lot of field work to find the right market for the product*

FIFO ['faɪfəʊ] = FIRST IN FIRST OUT

fifty-fifty ['fɪftɪ'fɪftɪ] *adjective & adverb* half **halbe-halbe** *or* **fifty-fifty**; **to go fifty-fifty** = to share the costs equally **halbe-halbe** *or* fifty-fifty machen; **he has a fifty-fifty chance of making a profit** = he has an equal chance of making a profit or a loss **seine Chancen, einen Gewinn zu machen, stehen fifty-fifty**

figure ['fɪgə] *noun*
(a) number *or* cost written in numbers **Zahl** *f or* **Ziffer** *f*; *the figure in the accounts for heating is very high* **he put a very low figure on the value of the lease** = he calculated the value of the lease as very low **er setzte im Pachtvertrag eine sehr niedrige Summe an**
(b) figures = written numbers **Zahlen** *fpl or* **Ziffern** *fpl* **sales figures** = total sales **Verkaufs-** *or* **Absatzzahlen**; **to work out the figures** = to calculate **Kalkulationen** *fpl* **vornehmen; die Zahlen** *fpl or* **die Beträge** *mpl* **ermitteln**; **his income runs into five figures** *or* **he has a five-figure income** = his income is more than £10,000 **er hat ein fünfstelliges Einkommen**; **in round figures** = not totally accurate, but correct to the nearest 10 or 100 **rund** *or* **in runden Zahlen** *they have a workforce of 2,500 in round figures*
(c) figures = results for a company **Zahlen** *fpl the figures for last year or last year's figures*

file [faɪl]
1 *noun*
(a) cardboard holder for documents, which can fit in the drawer of a filing cabinet **Aktenordner** *m* ; *put these letters in the customer file; look in the file marked 'Scottish sales'* **box file** = cardboard box for holding documents **kastenförmiger Aktenordner**
(b) documents kept for reference **Akte** *f* ; **to place something on file** = to keep a record of something **etwas zu den Akten nehmen**; **to keep someone's name on file** = to keep someone's name on a list for reference **jdn in den Akten führen**; **file copy** = copy of a document which is kept for reference in an office **Aktenkopie** *f* ; **card-index file** = information kept on filing cards **Kartei** *f; (US)* **file card** = card with information written on it, used to classify information into the correct order **Karteikarte** *f* (NOTE: the GB English for this is **filing card)**
(c) section of data on a computer (such as payroll, address list, customer accounts) **Datei** *f*; *how can we protect our computer files?*
2 *verb*
(a) to file documents = to put documents in order so that they can be found easily **Dokumente in Akten ablegen** *the correspondence is filed under 'complaints'*
(b) to make an official request **einreichen** *or* **vorlegen** *or* **erheben**; **to file a petition in bankruptcy** = to ask officially to be made bankrupt *or* to ask officially for someone else to be made bankrupt **Antrag** *m* **auf Konkurseröffnung** *f* **stellen**
(c) to register something officially **einreichen** *or* **vorlegen** *to file an application for a patent; to file a return to the tax office*

◊ **filing** ['faɪlɪŋ] *noun* documents which have to be put in order **Ablage** *f or* **Ablegen** *n or* **Einordnen** *n*; *there is a lot of filing to do at the end of the week; the manager looked through the week's filing to see what letters had been sent* **filing basket** *or* **filing tray** = container kept on a desk for documents which have to be filed **Ablage** *f*; **filing cabinet** = metal box with several drawers for keeping files **Aktenschrank** *m*; **filing card** *or (US)* **file card** = card with information written on it, used to classify information into the correct order **Karteikarte** *f* ; **filing clerk** = clerk who files documents **Angestellte(r) in der Registratur**; **filing system** = way of putting documents in order for reference **Ablagesystem** *n*

fill [fɪl]
1 *verb*
(a) to make something full **füllen** *or* **ausfüllen** *we have filled our order book with orders for Africa; the production department has filled the warehouse with unsellable products*
(b) to fill a gap = to provide a product *or* service which is needed, but which no one has provided before **eine Lücke schließen** *the new range of small cars fills a gap in the market*
(c) to fill a post *or* **a vacancy** = to find someone to do a job **eine Stelle besetzen** *your application arrived too late - the post has already been filled*

◊ **filler** ['fɪlə] *noun* something which fills a space **Lückenfüller** *m* ; **stocking filler** = small item which can be used to put into a Christmas stocking **kleines Geschenk für den Weihnachtsstrumpf**; *(see also* SHELF FILLER)

◊ **fill in** [fɪl'ɪn] *verb* to write in the blank spaces in a form **ausfüllen** *or* **eintragen** *fill in your name and address in block capitals*

◊ **filling station** ['fɪlɪŋ'steɪʃən] *noun* place where you can buy petrol **Tankstelle** *f* ; *he stopped at the filling station to get some petrol before going on to the motorway*

◊ **fill out** [fɪl'aʊt] *verb* to write the required information in the blank spaces in a form **ausfüllen** *to get customs clearance you must fill out three forms*

◊ **fill up** [fɪl'ʌp] *verb*
(a) to make something completely full **voll machen**; *(Auto)* **voll tanken** *he filled up the car with petrol; my appointments book is completely filled up*

(b) to finish writing on a form **ausfüllen** *he filled up the form and sent it to the bank*

FIMBRA ['fɪmbrə] = FINANCIAL INTERMEDIARIES, MANAGERS AND BROKERS REGULATORY ASSOCIATION

final ['faɪnl] *adjective* last, coming at the end of a period **letzte(r,s)** *or* **Schluss-** *or* **End-** *or* **Abschluss-** *to pay the final instalment; to make the final payment; to put the final details on a document* **final accounts** = accounts produced at the end of an accounting period, including the balance sheet and profit and loss account **Jahresabschluss** *m* ; **final date for payment** = last date by which payment should be made **letzter Zahlungstermin**; **final demand** = last reminder from a supplier, after which he will sue for payment **letzte Mahnung** *or* **Zahlungsaufforderung**; **final discharge** = last payment of what is left of a debt **letzte Tilgungsrate**; **final dividend** = dividend paid at the end of the year **Schluss-** *or* **Restdividende** *f* ; **final product** = manufactured product, made at the end of a production process **Endprodukt** *n*

◇ **finalize** ['faɪnəlaɪz] *verb* to agree final details **endgültig festlegen** *or* **abschließen** *or* **zum Abschluss bringen** *we hope to finalize the agreement tomorrow; after six weeks of negotiations the loan was finalized yesterday*

◇ **finally** ['faɪnəlɪ] *adverb* in the end **schließlich** *or* **zum Schluss** *the contract was finally signed yesterday; after weeks of trials the company finally accepted the computer system*

finance

1 ['faɪnæns] *noun*

(a) money used by a company, provided by the shareholders or by loans **Finanzierung** *f* ; **finanzielle Mittel** *pl* ; **Kapital** *n* ; *where will they get the necessary finance for the project?* **finance company** *or* **finance corporation** *or* **finance house** = company which provides money for hire-purchase **Finanzierungsgesellschaft** *f* ; **Kreditbank** *f* **für Kundenfinanzierung**; **finance market** = place where large sums of money can be lent or borrowed **Finanzmarkt** *m* ; **high finance** = lending, investing and borrowing of very large sums of money, organized by financiers **Hochfinanz** *f*

(b) money (of a club, local authority, etc.) **finanzielle Mittel** *pl* *or* **Finanzen** *pl* *she is the secretary of the local authority finance committee*

(c) **finances** = money *or* cash which is available **Finanzen** *pl* ; **Finanzlage** *f* ; *the bad state of the company's finances*

2 [fɪ'næns] *verb* to provide money to pay for something **finanzieren** *to finance an operation*

◇ **Finance Act** ['faɪnæns'ækt] *noun (GB)* annual act of parliament which gives the government the power to obtain money from taxes as proposed in the Budget **Finanzgesetz** *n*

◇ **Finance Bill** ['faɪnæns'bɪl] *noun (GB)* bill which lists the proposals in a chancellor's budget and which is debated before being voted into law as the Finance Act **jährlicher Haushaltsgesetzentwurf**

◇ **financial** [fɪ'nænʃəl] *adjective* concerning money **finanziell** *or* **Finanz-**; **financial adviser** = person *or* company which gives advice on financial matters for a fee **Finanzberater/-in**; **financial assistance** = help in the form of money **Finanzhilfe** *f* ; **financial correspondent** = journalist who writes articles on money matters for a newspaper **Wirtschafts- und Finanzkorrespondent/-in**; **financial instrument** = any form of investment in the stock market or in other financial markets, such as shares, government stocks, certificates of deposit, bills of exchange, etc. **Finanzpapier** *n* *or* **Finanztitel** *m* ; **financial intermediary** = (i) institution which takes deposits or loans from individuals and lends money to clients (banks, building societies, hire purchase companies, are all types of financial intermediaries); (ii) company which arranges insurance for a client, but is not itself an insurance company **(i) Finanzintermediär** *m* ; **Kapitalsammelstelle** *f* ; **(ii) Versicherungsmakler** *m* ; **financial position** = state of a person's or company's bank balance (assets and debts) **Finanzlage** *f* ; *he must think of his financial position* **financial resources** = money which is available for investment **Finanzmittel** *pl* *or* **finanzielle Mittel** *pl* *a company with strong financial resources* **financial risk** = possibility of losing money **finanzielles Risiko** *there is no financial risk in selling to East European countries on credit* **financial statement** = document which shows the financial situation of a company **Finanzbericht** *m* ; **Bilanz** *f* ; *the accounts department has prepared a financial statement for the shareholders* **financial year** = the twelve months' period for a firm's accounts **Finanz-** *or* **Geschäfts-** *or* **Rechnungsjahr** *n*

◇ **Financial Intermediaries, Managers and Brokers Regulatory Association (FIMBRA)** self-regulatory body set up to regulate the activities of financial advisers, insurance brokers, etc., who give financial advice or arrange financial services for small clients (it is being replaced by the PIA) **Selbstüberwachungsorganisation der Londoner City für Treuhänder, Finanz- und andere Makler**

◊ **financially** [fɪ'nænʃəlɪ] *adverb* regarding money **finanziell** *or* **finanz-**; **company which is financially sound** = company which is profitable and has strong assets **Firma, die finanziell gesund** *or* **finanzkräftig ist**

◊ **Financial Services Act** [fɪ'nænʃəl'sɜːvɪsɪzækt] Act of the British Parliament which regulates the offering of financial services to the general public and to private investors **Bestimmungen des britischen Finanzsektors**

◊ **Financial Times (FT)** [faɪ'nænʃəl'taɪmz] important British financial daily newspaper (printed on pink paper) **Financial Times** *f* ; **FT All-Share Index** = index based on the market price of about 700 companies listed on the London Stock Exchange (it includes the companies on the FT 500 Index, plus shares in financial institutions) **Aktienindex** *m* **der Financial Times**; *(auf den Aktien von ca. 700 der größten Kapitalgesellschaften Englands basierend)* (NOTE: also simply called the **All-Share Index**); **FT-Stock Exchange 100 Share Index (FT-SE 100** *or* **Footsie)** = index based on the prices of one hundred leading companies (this is the main London index) **FTSE-100-Index** *m or* **Footsie** *m* ; **FT 500 Share Index** = index based on the market prices of 500 leading companies in the manufacturing, retailing and service sectors **Aktienindex der Financial Times**; *(auf den Aktien von 500 ausgesuchten Großunternehmen basierend)* ◊ **financier** [faɪ'nænsɪə] *noun* person who lends large amounts of money to companies **Financier** *m or* **Geldgeber/-in**

◊ **financing** [fɪ'nænsɪŋ] *noun* providing money **Finanzierung** *f* ; *the financing of the project was done by two international banks* **deficit financing** = planning by a government to borrow money to cover the shortfall between expenditure and income from taxation **Defizitfinanzierung**

find [faɪnd] *verb*
(a) to get something which was not there before **finden** *to find backing for a project*
(b) to make a legal decision in court **befinden; urteilen; entscheiden** *the tribunal found that both parties were at fault* **the judge found for the defendant** = the judge decided that the defendant was right **der Richter entschied für den Angeklagten** (NOTE: **finding - found**)

◊ **findings** ['faɪndɪŋz] *plural noun* **the findings of a commission of enquiry** = the recommendations of the commission **die Ergebnisse** *npl* **einer Untersuchungskommission**

◊ **find time** [faɪnd'taɪm] *verb* to make enough time to do something **Zeit finden** *we must find time to visit the new staff sports club; the chairman never finds enough time to play golf*

fine [faɪn]
1 *noun* money paid because of something wrong which has been done **Geldstrafe** *f or* **gebührenpflichtige Verwarnung** *he was asked to pay a $25,000 fine; we had to pay a $10 parking fine*
2 *verb* to punish someone by making him pay money **zu einer Geldstrafe verurteilen; mit einer Geldstrafe belegen; eine gebührenpflichtige Verwarnung erteilen** *to fine someone £2,500 for obtaining money by false pretences*
3 *adverb* very thin *or* very small **dünn** *or* **fein; we are cutting our margins very fine** = we are reducing our margins to the smallest possible **unsere Gewinnspannen sind sehr knapp bemessen**
4 *adjective* **fine print** = very small characters often used in contracts to list exceptions and restrictions **das Kleingedruckte** *or* **die Sonderbestimmungen** *fpl did you read the fine print on the back of the agreement?*

◊ **fine tune** [faɪn'tjuːn] *verb* to make small adjustments to (a plan or the economy) so that it works better **fein abstimmen**

◊ **fine-tuning** [faɪn'tjuːnɪŋ] *noun* making small adjustments to interest rates, the tax bands, the money supply, etc., to improve a nation's economy **Feinsteuerung** *f or* **Feinabstimmung** *f*

finish ['fɪnɪʃ]
1 *noun*
(a) final appearance **Finish** *n or* **Oberfläche** *f or* **Verarbeitung** *f* ; *the product has an attractive finish*
(b) end of a day's trading on the Stock Exchange **Börsenschluss** *m* ; *oil shares rallied at the finish*
2 *verb*
(a) to do something *or* to make something completely **abschließen** *or* **erledigen** *or* **fertig machen** *the order was finished in time; she finished the test before all the other candidates*
(b) to come to an end **(be)enden** *or* **auslaufen** *the contract is due to finish next month*

◊ **finished** ['fɪnɪʃt] *adjective* **finished goods** = manufactured goods which are ready to be sold **Fertigwaren** *fpl or* **Fertigprodukte** *npl*

fink [fɪŋk] *noun (US informal)* worker hired to replace a worker who is on strike **Streikbrecher/-in**
(NOTE: GB English is **blackleg** or **scab)**

fire ['faɪə]
1 *noun* thing which burns **Feuer** *n or* **Brand** *m* ; *the shipment was damaged in the fire on board the cargo boat; half the stock was destroyed in the warehouse fire* **to catch fire** = to start to burn **Feuer fangen** *or* **in Brand geraten** *the papers in the waste paper basket caught fire* **fire damage** = damage caused by fire **Brand-** *or* **Feuerschaden** *m* ; *he claimed £250 for fire damage* **fire-damaged goods** = goods which have been damaged in a fire **brandgeschädigte Waren** *fpl* **fire door** = special door to prevent fire going from one part of a building to another **Feuer(schutz)tür** *f* ; **fire escape** = door *or* stairs which allow people to get out of a building which is on fire **Feuertreppe** *f*; **Feuerleiter** *f*; **fire extinguisher** = can (usually painted red) containing chemical foam which can be sprayed onto a fire to put it out **Feuerlöscher** *m* ; **fire hazard** *or* **fire risk** = situation *or* goods which could start a fire **Brandrisiko** *n* ; *that warehouse full of paper is a fire hazard* **fire insurance** = insurance against damage by fire **Feuer-** *or* **Brandversicherung** *f* ; **fire sale** = (i) sale of fire-damaged goods; (ii) sale of anything at a very low price **(i) Brandschädenverkauf** *m* ; **(ii) Not-** *or* **Pfandverkauf** *m*
2 *verb* **to fire someone** = to dismiss someone from a job **jdn entlassen** *or* **feuern** *the new managing director fired half the sales force* **to hire and fire** = to employ new staff and dismiss existing staff very frequently **(oft) einstellen und entlassen**

◊ **fireproof** ['faɪəpru:f] *adjective* which cannot be damaged by fire **feuerfest** *or* **feuersicher** *we packed the papers in a fireproof safe; it is impossible to make the office completely fireproof*

firm [fɜ:m]
1 *noun* business *or* partnership **Firma** *f or* **Unternehmen** *n* ; *he is a partner in a law firm; a manufacturing firm; an important publishing firm*
2 *adjective*
(a) which cannot be changed **stabil** *or* **fest** *or* **beständig** *or* **verbindlich** *or* **bindend** *to make a firm offer for something; to place a firm order for two aircraft; they are quoting a firm price of £1.22 per unit*
(b) not dropping in price, and possibly going to rise **stabil** *or* **fest** *or* **beständig** *sterling was firmer on the foreign exchange markets; shares remained firm*
3 *verb* to remain at a price and seem likely to go up **sich festigen** *or* **anziehen** *the shares firmed at £1.50*

◊ **firmness** ['fɜ:mnəs] *noun* being steady at a price *or* being likely to rise **Stabilität** *f or* **Festigkeit** *f or* **Beständigkeit** *f*; *the firmness of the pound*

◊ **firm up** [fɜ:m'ʌp] *verb* to finalize *or* to agree final details **abschließen** *or* **unter Dach und Fach bringen** *we expect to firm up the deal at the next trade fair*

> COMMENT: strictly speaking, a 'firm' is a partnership or other trading organization which is not a limited company. In practice, it is better to use the term for unincorporated businesses such as 'a firm of accountants' or 'a firm of stockbrokers', rather than for 'a major aircraft construction firm' which is likely to be a plc

> QUOTE some profit-taking was noted, but underlying sentiment remained firm
>
> Financial Times

> QUOTE Toronto failed to mirror New York's firmness as a drop in gold shares on a falling bullion price left the market closing on a mixed note
>
> Financial Times

first [fɜ:st]
1 *noun* person *or* thing which is there at the beginning *or* which is earlier than others **der/die/das Erste** *our company was one of the first to sell into the European market* **first in first out (FIFO)** = (i) redundancy policy, where the people who have been working longest are the first to be made redundant; (ii) accounting policy where it is assumed that stocks in hand were purchased last, and that stocks sold during the period were purchased first **(i) Personalpolitik** *f* **nach der FIFO-Methode; (ii) FIFO-Abschreibungsmethode** *f* *(compare* LIFO)
2 *adjective* **first quarter** = three months' period from January to the end of March **erstes Quartal**; **first half** *or* **first half-year** = six months' period from January to the end of June **erstes Halbjahr**

◊ **first-class** ['fɜ:s(t)'klɑ:s] *adjective*
(a) top quality *or* most expensive **erstklassig** *or* **Spitzen-** *he is a first-class accountant*
(b) most expensive and comfortable type of travel *or* type of hotel **erster Klasse; erstklassig** *to travel first-class; first-class travel provides the best service; a first-class ticket; to stay in first-class hotels* **first-class mail** = (i); *(GB)* most expensive mail service,

designed to be faster; (ii) *(US)* mail service for letters and postcards **(i) Briefpost** *f* **erster Klasse; (ii) Briefpost** *a first-class letter should get to Scotland in a day*

◇ **first-line** ['fɜːst'laɪn] *adjective* **first-line management** = the managers who have immediate contact with the workers **unterste Leitungsebene**

fiscal ['fɪskəl] *adjective* referring to tax *or* to government revenues **Finanz-** *or* **Steuer-; Fiskal-** *the government's fiscal policies* **fiscal measures** = tax changes made by a government to improve the working of the economy **finanzpolitische Maßnahmen** *fpl* **fiscal year** = twelve-month period on which taxes are calculated (in the UK, April 6th to April 5th) **Steuerjahr** *n*

> QUOTE the standard measure of fiscal policy - the public sector borrowing requirement - is kept misleadingly low
>
> Economist

fit [fɪt] *verb* to be the right size for something **passen** *the paper doesn't fit the typewriter* (NOTE: **fitting - fitted)**

◇ **fit in** [fɪt'ɪn] *verb* to make something go into a space **(hinein)passen** *or* **unterbringen** *or* **einschieben** *will the computer fit into that little room? the chairman tries to fit in a game of golf every afternoon; my appointments diary is full, but I shall try to fit you in tomorrow afternoon*

◇ **fit out** [fɪt'aʊt] *verb* to provide equipment *or* furniture for a business **ausrüsten** *or* **ausstatten** *they fitted out the factory with computers; the shop was fitted out at a cost of £10,000* **the fitting out of a shop** = putting shelves *or* counters in for a new shop **das Ausstatten** *or* **Einrichten eines Geschäfts**

◇ **fittings** ['fɪtɪŋz] *plural noun* items in a property which are sold with it but are not permanently fixed (such as carpets or shelves) **Einbauten** *mpl (see also* FIXTURES)

fix [fɪks] *verb*

(a) to arrange *or* to agree **beschließen; festlegen** *or* **festsetzen** *to fix a budget; to fix a meeting for 3 p.m.; the date has still to be fixed; the price of gold was fixed at $300; the mortgage rate has been fixed at 11%*

(b) to mend **in Ordnung bringen** *or* **reparieren** *the technicians are coming to fix the telephone switchboard; can you fix the photocopier?*

◇ **fixed** [fɪkst] *adjective* permanent *or* which cannot be removed **fest** *or* **gebunden** *or* **Fest-; fixed assets** = property *or* machinery which a company owns and uses, but which the company does not buy or sell as part of its regular trade, including the company's investments in shares of other companies **Anlagevermögen** *n* ; **fixed capital** = capital in the form of buildings and machinery **Anlagekapital** *n* ; **fixed costs** = costs paid to produce a product which do not increase with the amount of product made (such as rent) **Fix-** *or* **Gemeinkosten** *pl* **fixed deposit** = deposit which pays a stated interest over a set period **Festgeld** *n* ; **fixed expenses** = money which is spent regularly (such as rent, electricity, telephone) **Fixkosten** *pl* **fixed income** = income which does not change (as from an annuity) **festes Einkommen** *n or* **feste Einkünfte** *pl* **fixed-price agreement** = agreement where a company provides a service *or* a product at a price which stays the same for the whole period of the agreement **Festpreisvereinbarung** *f* ; **fixed scale of charges** = rate of charging which cannot be altered **verbindliche Gebührenordnung**

◇ **fixed-interest** ['fɪkst'ɪntrest] *adjective* which has an interest rate which does not vary **mit festem Zinssatz** *m* ; **fixed-interest investments** = investments producing an interest which does not change **festverzinsliche Kapitalanlagen** *fpl* **fixed-interest securities** = securities (such as government bonds) which produce an interest which does not change **Wertpapiere** *npl* **mit festem Zinssatz** *m*

◇ **fixer** ['fɪksə] *noun (informal)*

(a) person who has a reputation for arranging business deals (often illegally) **Schieber** *m*

(b) *(US)* house *or* car which is being sold cheaply as it needs repairing **reparaturbedürftiges Haus oder Auto, das billig verkauft wird**

◇ **fixing** ['fɪksɪŋ] *noun*

(a) arranging **Festsetzung** *f or* **Festlegung** *f* ; *fixing of charges; fixing of a mortgage rate*

(b) price fixing = illegal agreement between companies to charge the same price for competing products **Preisabsprache** *f*

(c) the London gold fixing = system where the world price for gold is set each day in London **das Londoner Gold-Fixing** *or* **Fixing des Londoner Goldpreises**

◇ **fixtures** ['fɪkstʃəz] *plural noun* items in a property which are permanently attached to it (such as sinks and lavatories) **Installationen** *fpl* **fixtures and fittings (f. & f.)** = objects in a property which are sold with the property, both those which cannot be removed and those which can **Installationen und Einbauten**

◇ **fix up with** [fɪksʌp'wɪð] *verb* to arrange **besorgen** *or* **beschaffen** *my secretary fixed me up with a car at the airport; can you fix me up* *with a room for tomorrow night?*

> QUOTE coupons are fixed by reference to interest rates at the time a gilt is first issued
> Investors Chronicle

> QUOTE you must offer shippers and importers fixed rates over a reasonable period of time
> Lloyd's List

flag [flæg]
1 *noun*
(a) piece of cloth with a design on it which shows which country it belongs to **Flagge** *f or* **Fahne** *f* ; *a ship flying a British flag* **ship sailing under a flag of convenience** = ship flying the flag of a country which may have no ships of its own, but allows ships of other countries to be registered in its ports **ein Schiff, das unter Billigflagge fährt**
(b) mark which is attached to information in a computer so that the information can be found easily **Anzeiger** *m or* **Markierung** *f*
2 *verb* to insert marks on information in a computer so that the information can be found easily **markieren** (NOTE: **flagging - flagged)**

◇ **flagship** ['flægʃɪp] *noun* key product in a range, the product on which the reputation of the producer most depends **Flaggschiff** *n*

flat [flæt]
1 *adjective*
(a) (market prices) which do not fall or rise because of low demand **lustlos; flau** *the market was flat today*
(b) fixed *or* not changing **einheitlich; flat rate** = charge which always stays the same **Grundgebühr** *f* ; **Pauschalsatz** *m or* **Einheitstarif** *m* ; *we pay a flat rate for electricity each quarter; he is paid a flat rate of £2 per thousand*
2 *adverb* in a blunt way **rundweg** *or* **glatt** *he turned down the offer flat*
3 *noun* set of rooms for one family in a building with other sets of similar rooms **Wohnung** *f*; *he has a flat in the centre of town; she is buying a flat close to her office* **company flat** = flat owned by a company and used by members of staff from time to time **Firmen-** *or* **Dienstwohnung** (NOTE: US English is **apartment)**

> QUOTE the government revised its earlier reports for July and August. Originally reported as flat in July and declining by 0.2% in August, industrial production is now seen to have risen by 0.2% and 0.1% respectively in those months
> Sunday Times

◇ **flat out** [flæt'aʊt] *adverb*
(a) working hard *or* at full speed **auf Hochtouren** *the factory worked flat out to complete the order on time*
(b) *(US)* in a blunt way **rundweg** *or* **glatt** *he refused the offer flat out*

◇ **flat-pack** ['flæt'pæk] *adjective* (goods, especially furniture) which is sold in flat sections, which the purchaser then has to try to put together **zum Selbstbauen**

flea market ['fli:ˌmɑ:kɪt] *noun* market, usually in the open air, for selling cheap secondhand goods **Flohmarkt** *m*

fleet [fli:t] *noun* group of cars belonging to a company and used by its staff **Wagen-** *or* **Fuhrpark** *m* ; *a company's fleet of representatives' cars* **a fleet car** = car which is one of a fleet of cars **ein Wagen des Fuhrparks; fleet discount** = specially cheap price for purchase or rental of a company's cars **Preisnachlass** *m* **bei Anmietung oder Kauf aller Firmenwagen; fleet rental** = renting all a company's cars at a special price **Anmieten** *n* **des gesamten Fuhrparks**

flexible ['fleksəbl] *adjective* which can be altered *or* changed **flexibel** *flexible budget; flexible prices; flexible pricing policy* **flexible working hours** = system where workers can start or stop work at different hours of the morning or evening provided that they work a certain number of hours per day or week **gleitende Arbeitszeit** *we work flexible hours*

◇ **flexibility** [ˌfleksə'bɪlətɪ] *noun* being easily changed **Flexibilität** *f* ; *there is no flexibility in the company's pricing policy*

◇ **flexitime** ['fleksɪtaɪm] *noun* system where workers can start or stop work at different hours of the morning or evening, provided that they work a certain number of hours per day or week **Gleitzeit** *f* ; *we work flexitime; the company introduced flexitime working two years ago* (NOTE: US English also uses **flextime)**

flier *or* **flyer** ['flaɪə] *noun*
(a) high flier = (i) person who is very successful *or* who is likely to rise to a very important position; (ii) share whose market price is rising rapidly **(i) Senkrechtstarter** *m* ; **(ii) Spitzenwert** *m*
(b) small advertising leaflet designed to encourage customers to ask for more information about the product for sale **Handzettel** *m*

flight [flaɪt] *noun*
(a) journey by an aircraft, leaving at a regular time **Flug** *m* ; *flight AC 267 is leaving from Gate 46; he missed his flight; I always take the*

afternoon flight to Rome; if you hurry you will catch the six o' clock flight to Paris
(b) rapid movement of money out of a country because of a lack of confidence in the country's economic future **Flucht** *f*; *the flight of capital from Europe into the USA; the flight from the franc into the dollar*
(c) series of steps **Treppe** *f*; **top-flight** = in the most important position *or* very efficient **Spitzen-** *top-flight managers can earn very high salaries*

flip chart ['flɪpˌtʃɑːt] *noun* stand with large sheets of paper clipped together (a way of showing information to a group of people; a speaker writes on a sheet of paper which can then be turned over to show the next sheet) **Flip-Chart** *f*

float [fləʊt]
1 *noun*
(a) cash taken from a central supply and used for running expenses **Wechselgeld** *n* **; kleine Kasse** *the sales reps have a float of £100 each* **cash float** = cash put into the cash box at the beginning of the day to allow business to start **Wechselgeld**; *(in der Kasse zu Geschäftsbeginn) we start the day with a £20 float in the cash desk*
(b) starting a new company by selling shares in it on the Stock Exchange **Gesellschaftsgründung** *f* **durch Aktienemission an der Börse; Börsenzulassung** *f* ; *the float of the new company was a complete failure*
(c) allowing a currency to settle at its own exchange rates, without any government intervention **flexible Wechselkurse** *mpl* **clean float** = floating a currency freely on the international markets, without any interference from the government **sauberes Floaten; völlig freigegebene Wechselkurse; dirty float** *or* **managed float** = floating a currency, where the government intervenes to regulate the exchange rate **schmutziges** *or* **kontrolliertes Floaten; beschränkt freigegebene Wechselkurse**
2 *verb*
(a) to float a company = to start a new company by selling shares in it on the Stock Exchange **eine Gesellschaft gründen durch Aktienemission an der Börse; to float a loan** = to raise a loan on the financial market by asking banks and companies to subscribe to it **eine Anleihe auflegen** *or* **begeben**
(b) to let a currency find its own exchange rate on the international markets and not be fixed **floaten** *or* **(den Wechselkurs) freigeben** *the government has let sterling float; the government has decided to float the pound*
◇ **floating** ['fləʊtɪŋ]
1 *noun*
(a) the floating of a company = starting a new company by selling shares in it on the Stock Exchange **die Gründung einer Gesellschaft durch Aktienemission an der Börse**
(b) the floating of the pound = letting the pound find its own exchange rate on the international market **das Floating** *or* **die Wechselkursfreigabe des Pfundes**
2 *adjective* which is not fixed **frei** *or* **frei schwankend** *or* **variabel** *floating exchange rates; the floating pound* **floating rate** = (i) rate of interest on a loan which is not fixed, but can change with the current bank interest rates; (ii) exchange rate for a currency which can vary according to market demand, and is not fixed by the government **(i) variabler Zinssatz; (ii) variabler Wechselkurs**

> QUOTE in a world of floating exchange rates the dollar is strong because of capital inflows rather than weak because of the nation's trade deficit
> Duns Business Month

flood [flʌd]
1 *noun* large quantity **Flut** *f or* **Strom** *m* ; *we received a flood of orders; floods of tourists filled the hotels*
2 *verb* to fill with a large quantity of something **überschwemmen** *the market was flooded with cheap imitations; the sales department is flooded with orders or with complaints*

floor [flɔː] *noun*
(a) part of the room which you walk on **Fußboden** *m or* **Boden** *m* ; **floor space** = area of floor in an office *or* warehouse **Grund-** *or* **Bodenfläche** *f*; *we have 3,500 square metres of floor space to let* **floor stand** = display stand which stands on the floor, as opposed to one which stands on a table or counter **Verkaufsstand** *m* ; **the factory floor** = main works of a factory **die Fabrikhalle; on the shop floor** = in the works *or* in the factory *or* among the ordinary workers **im Betrieb** *or* **unter der Belegschaft** *the feeling on the shop floor is that the manager does not know his job* **dealing floor** *or* **trading floor** = (i) area of a broking house where dealing in securities is carried out by phone, using monitors to display current prices and stock exchange transactions; (ii) part of a stock exchange where dealers trade in securities **(i) Geschäftsstelle** *f* **einer Brokerfirma zur Abwicklung des Effektenhandels; (ii) Börsensaal** *m or* **Börsenparkett** *n*
(b) all rooms on one level in a building **Stock** *n or* **Stockwerk** *n or* **Etage** *f* ; *the shoe department is on the first floor; her office is on*

the 26th floor (US) **floor manager** = person in charge of the sales staff in a department store **Abteilungsleiter/-in** (NOTE: the numbering of floors is different in GB and the USA. The floor at street level is the **ground floor** in GB, but the **first floor** in the USA. Each floor in the USA is one number higher than the same floor in GB)
(c) bottom level of something (such as the lowest exchange rate which a government will accept for its currency or the lower limit imposed on an interest rate; the opposite is the 'ceiling' or 'cap') **Mindestpreis** *m* ; **Minimum** *n* ; **(Zins)untergrenze** *f* ; **floor price** = lowest price, price which cannot go any lower **Mindestpreis** *m*

◊ **floorwalker** ['flɔːˌwɔːkə] *noun* employee of a department store who advises the customers, and supervises the shop assistants in a department **Ladenaufsicht** *f*

flop [flɒp]
1 *noun* failure *or* not being a success **Reinfall** *m or* **Flop** *m or* **Pleite** *f*; *the new model was a flop*
2 *verb* to fail *or* not to be a success **ein Reinfall** *or* **Flop** *or* **eine Pleite sein; Pleite machen** *the flotation of the new company flopped badly* (NOTE: **flopping - flopped)**

◊ **floppy disk** *or* **floppy** ['flɒpɪ(dɪsk)] *noun* flat circular flexible disk onto which data can be stored in a magnetic form (a floppy disk cannot store as much data as a hard disk, but is easily removed, and is protected by a plastic sleeve) **Floppy (Disk)** *f or* **Diskette** *f*

florin ['flɒrɪn] *noun* another name for the Dutch guilder **Florin** *m or* **niederländischer Gulden** (NOTE: the abbreviation for the guilder is **fl)**

flotation [fləʊ'teɪʃən] *noun* **the flotation of a new company** = starting a new company by selling shares in it **Gesellschaftsgründung** *f* **durch Aktienemission an der Börse**

flotsam ['flɒtsəm] *noun* **flotsam and jetsam** = rubbish floating in the water after a ship has been wrecked and rubbish washed on to the land **Treib- und Strandgut** *n*

flourish ['flʌrɪʃ] *verb* to be prosperous *or* to do well in business **florieren** *or* **blühen** *the company is flourishing; trade with Estonia flourished*

◊ **flourishing** ['flʌrɪʃɪŋ] *adjective* profitable **florierend** *or* **blühend** *or* **gut gehend**; **flourishing trade** = trade which is expanding profitably **reger** *or* **florierender Handel** *he runs a flourishing shoe business*

flow [fləʊ]
1 *noun*
(a) movement **Fluss** *m* ; *the flow of capital into a country; the flow of investments into Japan*
(b) **cash flow** = cash which comes into a company from sales and goes out in purchases or overhead expenditure **Cashflow** *m* ; **discounted cash flow (DCF)** = calculation of forecast sales of a product in current terms with reductions for current interest rates **diskontierter Cashflow**; **the company is suffering from cash flow problems** = cash income is not coming in fast enough to pay for the expenditure going out **das Unternehmen hat Cashflow-Probleme** *npl or* **Liquiditätsprobleme**
2 *verb* to move smoothly **ruhig laufen** *production is now flowing normally after the strike*

◊ **flowchart** *or* **flow diagram** ['fləʊtʃɑːt *or* 'fləʊˌdaɪəgræm] *noun* chart which shows the arrangement of work processes in a series **Arbeitsablauf-** *or* **Flussdiagramm** *n*

fluctuate ['flʌktjʊeɪt] *verb* to move up and down **fluktuieren** *or* **schwanken** *prices fluctuate between £1.10 and £1.25; the pound fluctuated all day on the foreign exchange markets*

◊ **fluctuating** ['flʌktjʊeɪtɪŋ] *adjective* moving up and down **fluktuierend** *or* **schwankend** *fluctuating dollar prices*

◊ **fluctuation** [ˌflʌktjʊ'eɪʃən] *noun* up and down movement **Fluktuation** *f or* **Schwankung** *f* ; *the fluctuations of the franc; the fluctuations of the exchange rate*

fly [flaɪ] *verb* to move through the air in an aircraft **fliegen** *the chairman is flying to Germany on business; the overseas sales manager flies about 100,000 miles a year visiting the agents*

◊ **fly-by-night** ['flaɪbaɪˌnaɪt] *adjective* company which is not reliable *or* which might disappear to avoid paying debts **dubios** *or* **unseriös** *or*; *(informal)* **windig** *I want a reputable builder, not one of these fly-by-night outfits*

FOB *or* **f.o.b.** ['efəʊ'biː] = FREE ON BOARD

fold [fəʊld] *verb*
(a) to bend a flat thing, so that part of it is on top of the rest **falten** *or* **zusammenlegen** *she folded the letter so that the address was clearly visible*
(b) *(informal)*; **to fold (up)** = to stop trading **eingehen** *the business folded up last December; the company folded with debts of over £1m*

◇ **-fold** [fəʊld] *suffix* times **-fach**; **four-fold** = four times **um das Vierfache**

```
QUOTE the company's sales have
nearly tripled and its profits have
risen seven-fold since 1982
                          Barrons
```

◇ **folder** ['fəʊldə] *noun* cardboard envelope for carrying papers **Aktenmappe** *f or* **Aktendeckel** *m* ; *put all the documents in a folder for the chairman*

folio ['fəʊlɪəʊ]
1 *noun* page with a number, especially two facing pages in an account book which have the same number **Folio** *n*
2 *verb* to put a number on a page **foliieren** *or* **paginieren** *or* **mit Blatt-** *or* **Seitenzahlen** *fpl* **versehen**

follow ['fɒləʊ] *verb* to come behind *or* to come afterwards **folgen** *the samples will follow by surface mail; we will pay £10,000 down, with the balance to follow in six months' time*
◇ **follow up** [fɒləʊ'ʌp] *verb* to examine something further **aufgreifen** *or* **nachgehen** *or* **nachfassen** *I'll follow up your idea of putting our address list on to the computer* **to follow up an initiative** = to take action once someone else has decided to do something **eine Initiative aufgreifen** *or* **weiterverfolgen**
◇ **follow-up letter** ['fɒləʊˌʌp'letə] *noun* letter sent to someone who has not acted on the instructions in a previous letter, or to discuss in more detail points which were raised earlier **Erinnerungsschreiben** *n*

food [fuːd] *noun* things which are eaten **Essen** *n or* **Nahrungsmittel** *n or* **Lebensmittel** *pl he is very fond of Indian food; the food in the staff restaurant is excellent (US)* **food stamp** = coupon issued by the US federal government to poor people so that they can buy food at a discounted price **Lebensmittelmarke** *f*
◇ **foodstuffs** ['fuːdstʌfs] *plural noun* **essential foodstuffs** = very important food, such as bread or rice **Grundnahrungsmittel** *n*

foolscap ['fuːlzkæp] *noun* large size of writing paper (13½ by 8½ inches) ≈ **Kanzleipapier** *n* ; *the letter was on six sheets of foolscap* **a foolscap envelope** = large envelope which takes foolscap paper **ein Briefumschlag im Foolscap-Format**; *(17 x 13½ Zoll)*

foot [fʊt]
1 *noun*
(a) part of the body at the end of the leg **Fuß** *m* ; **on foot** = walking **zu Fuß** *the reps make most of their central London calls on foot; the rush hour traffic is so bad that it is quicker to go to the office on foot*
(b) bottom part **Fuß** *m or* **Fußende** *n or* **Seitenende** *n* ; *he signed his name at the foot of the invoice*
(c) measurement of length (= 30cm) **Fuß** *m* ; *the table is six feet long; my office is ten feet by twelve* (NOTE: the plural is **feet** for (a) and (c); there is no plural for (b). In measurements, **foot** is usually written **ft** or **'** after figures: **10ft; 10')**
2 *verb*
(a) to foot the bill = to pay the bill **die (ganze) Rechnung** *or* **Zeche bezahlen** *the director footed the bill for the department's Christmas party*
(b) *(US)* **to foot up an account** = to add up a column of numbers **die Spalten einer Abrechnung addieren**

Footsie ['fʊtsiː] = FINANCIAL TIMES-STOCK EXCHANGE 100 INDEX an index based on the prices of 100 leading companies (this is the main London index) **FTSE-100-Index** *m or* **Footsie** *m*

FOR ['efəʊ'ɑːr] = FREE ON RAIL

'Forbes' 500 ['fɔːbzˌfaɪv'hʌndrəd] list of the largest US corporations, published each year in 'Forbes' magazine **Liste der 500 größten amerikanischen Unternehmen**; *(im Forbes-Magazin aufgelistet)*

forbid [fə'bɪd] *verb* to tell someone not to do something *or* to say that something must not be done **verbieten** *the contract forbids resale of the goods to the USA; the staff are forbidden to use the front entrance* (NOTE: **forbidding - forbade - forbidden)**

force [fɔːs]
1 *noun*
(a) strength **Kraft** *f* ; **to be in force** = to be operating *or* working **in Kraft sein** *the rules have been in force since 1986* **to come into force** = to start to operate *or* work **in Kraft treten** *the new regulations will come into force on January 1st*
(b) group of people **Kräfte** *pl* **labour force** *or* **workforce** = all the workers in a company *or* in an area **Belegschaft** *f or* **Arbeitskräfte** *pl or* **Arbeiterschaft** *f* ; *the management has made an increased offer to the labour force; we are opening a new factory in the Far East because of the cheap local labour force* **sales force** = group of salesmen **Verkaufspersonal** *n or* **Handelsvertreterstab** *m*
(c) force majeure = something which happens which is out of the control of the parties who have signed a contract (such as strike, war, storm) **höhere Gewalt**

2 *verb* to make someone do something **zwingen** *competition has forced the company to lower its prices*

◇ **forced** [fɔːst] *adjective* **forced sale** = sale which takes place because a court orders it *or* because it is the only way to avoid a financial crisis **Zwangs-** *or* **Notverkauf** *m*

◇ **force down** [fɔːs'daʊn] *verb* to make something become lower **drücken; to force prices down** = to make prices come down **die Preise drücken** *competition has forced prices down*

◇ **force up** [fɔːs'ʌp] *verb* to make something become higher **in die Höhe treiben; to force prices up** = to make prices go up **Preise in die Höhe treiben** *the war forced up the price of oil*

forecast ['fɔːkɑːst]
1 *noun* description *or* calculation of what will probably happen in the future **Prognose** *f or* **Vorhersage** *f or* **Vorausberechnung** *f* ; *the chairman did not believe the sales director's forecast of higher turnover; we based our calculations on the forecast turnover* **cash flow forecast** = forecast of when cash will be received or paid out **Cashflow-Prognose; population forecast** = calculation of how many people will be living in a country *or* in a town at some point in the future **Prognose über die Bevölkerungszahl; sales forecast** = calculation of future sales **Absatzprognose**
2 *verb* to calculate *or* to say what will probably happen in the future **voraussagen** *or* **prognostizieren** *he is forecasting sales of £2m; economists have forecast a fall in the exchange rate* (NOTE: **forecasting - forecast)**

◇ **forecasting** ['fɔːkɑːstɪŋ] *noun* calculating what will probably happen in the future **Voraussagen** *n or* **Prognose** *f* ; **manpower forecasting** = calculating how many workers will be needed in the future, and how many will actually be available **Personalbestandsprognose**

foreclose [fɔː'kləʊz] *verb* to sell a property because the owner cannot repay money which he has borrowed (using the property as security) **(aus einer Hypothek) zwangsvollstrecken lassen** *to foreclose on a mortgaged property*

◇ **foreclosure** [fɔː'kləʊʒə] *noun* act of foreclosing **Zwangsvollstreckung** *f* **(aus einer Hypothek)**

foreign ['fɒrən] *adjective* not belonging to one's own country **ausländisch** *or* **Auslands-** *foreign cars have flooded our market; we are increasing our trade with foreign countries* **foreign currency** = money of another country **Devisen** *pl or* **Fremdwährung** *f or* **Valuta** *f* ; **foreign goods** = goods manufactured in other countries **ausländische Waren** *fpl* **foreign investments** = money invested in other countries **Auslandsinvestitionen** *fpl* **foreign money order** = money order in a foreign currency which is payable to someone living in a foreign country **Auslandszahlungsanweisung** *f* ; **foreign trade** = trade with other countries **Außenhandel** *m*

◇ **foreign exchange** ['fɒrən,ɪks'tʃeɪn(d)ʒ] *noun*
(a) exchanging the money of one country for that of another **Geldwechsel** *m* ; **foreign exchange broker** *or* **dealer** = person who deals on the foreign exchange market **Devisenmakler/-in** *or* **-händler/-in; foreign exchange dealing** = buying and selling foreign currencies **Devisenhandel** *m* ; **the foreign exchange market** = market where people buy and sell foreign currencies **der Devisenmarkt**
(b) foreign currencies **Devisen** *pl* **foreign exchange reserves** = foreign money held by a government to support its own currency and pay its debts **Devisenreserven** *fpl* **foreign exchange transfer** = sending of money from one country to another **Devisentransfer** *m*

◇ **foreigner** ['fɒrənə] *noun* person from another country **Ausländer/-in**

> QUOTE the dollar recovered a little lost ground on the foreign exchanges yesterday
> Financial Times

> QUOTE a sharp setback in foreign trade accounted for most of the winter slowdown
> Fortune

> QUOTE the treasury says it needs the cash to rebuild its foreign reserves which have fallen from $19 billion when the government took office to $7 billion in August
> Economist

foreman *or* **forewoman** ['fɔːmən *or* 'fɔː,wʊmən] *noun* skilled worker in charge of several other workers **Vorarbeiter/-in** (NOTE: plural is **foremen** *or* **forewomen)**

forex *or* **Forex** ['fɔːreks] = FOREIGN EXCHANGE

> QUOTE the amount of reserves sold by the authorities were not sufficient to move the $200 billion Forex market permanently
> Duns Business Month

forfaiting ['fɔ:fɪtɪŋ] *noun* providing finance for exporters, where an agent (the forfaiter) accepts a bill of exchange from an overseas customer; he buys the bill at a discount, and collects the payments from the customer in due course **Forfaitierung** *f*

forfeit ['fɔ:fɪt]
1 *noun* taking something away as a punishment **Verfall** *m or* **Verwirkung** *f*; **forfeit clause** = clause in a contract which says that goods *or* deposit will be taken away if the contract is not obeyed **Verfall-** *or* **Verwirkungsklausel** *f*; **the goods were declared forfeit** = the court said that the goods had to be taken away from their owner **die Waren wurden für verwirkt erklärt**
2 *verb* to have something taken away as a punishment **verwirken; verfallen lassen**; **to forfeit a deposit** = to lose a deposit which was left for an item because you have decided not to buy that item **eine Anzahlung verwirken**; **to forfeit a patent** = to lose a patent because payments have not been made **ein Patent verfallen lassen**
◇ **forfeiture** ['fɔ:fɪtʃə] *noun* act of forfeiting a property **Verwirkung** *f or* **Verfall** *m*; **Verlust** *m*

forge [fɔ:dʒ] *verb* to copy money or a signature illegally *or* to make a document which looks like a real one **fälschen** *or* **nachmachen** *he tried to enter the country with forged documents*
◇ **forgery** ['fɔ:dʒərɪ] *noun*
(a) making an illegal copy **(Urkunden)fälschung** *f*; *he was sent to prison for forgery*
(b) illegal copy **Fälschung** *f*; *the signature was proved to be a forgery*

forget [fə'get] *verb* not to remember **vergessen** *she forgot to put a stamp on the envelope; don't forget we're having lunch together tomorrow* (NOTE: **forgetting - forgot - forgotten)**

fork-lift truck ['fɔ:klɪft'trʌk] *noun* type of small tractor with two metal arms in front, used for lifting and moving pallets **Gabelstapler** *m*

form [fɔ:m]
1 *noun*
(a) **form of words** = words correctly laid out for a legal document **Formulierung** *f*; **receipt in due form** = correctly written receipt **ordnungsgemäße Quittung**
(b) official printed paper with blank spaces which have to be filled in with information **Formular** *n or* **Vordruck** *m*; *you have to fill in form A20; a customs declaration form; a pad of order forms* **application form** = form which has to be filled in to apply for something **Antrags-** *or* **Bewerbungsformular**; **claim form** = form which has to be filled in when making an insurance claim **Schadenformular**
2 *verb* to start *or* to organize **gründen** *the brothers have formed a new company*
◇ **formation** *or* **forming** [fɔ:'meɪʃən *or* 'fɔ:mɪŋ] *noun* act of organizing **Gründung** *f*; *the formation of a new company*

forma ['fɔ:mə] *see* PRO FORMA

formal ['fɔ:məl] *adjective* clearly and legally written **offiziell; formell; förmlich** *to make a formal application; to send a formal order*
◇ **formality** [fɔ:'mælətɪ] *noun* something which has to be done to obey the law **Formalität** *f*; **customs formalities** = declaration of goods by the shipper and examination of them by the customs **Zollformalitäten**
◇ **formally** ['fɔ:məlɪ] *adverb* in a formal way **offiziell** *or* **formell** *we have formally applied for planning permission for the new shopping precinct*

former ['fɔ:mə] *adjective* before *or* at an earlier time **ehemalig** *or* **vormalig** *or* **früher** *the former chairman has taken a job with the rival company*
◇ **formerly** ['fɔ:məlɪ] *adverb* at an earlier time **vorher** *or* **früher** *he is currently managing director of Smith Ltd, but formerly he worked for Jones*

fortnight ['fɔ:tnaɪt] *noun* two weeks **zwei Wochen** *I saw him a fortnight ago; we will be on holiday during the last fortnight of July* (NOTE: not used in US English)

fortune ['fɔ:tʃu:n] *noun* large amount of money **Vermögen** *n*; *he made a fortune from investing in oil shares; she left her fortune to her three children*

'Fortune' 500 ['fɔ:tʃu:nˌfaɪv'hʌndrəd] the 500 largest companies in the USA, as listed annually in 'Fortune' magazine **Liste der 500 größten amerikanischen Unternehmen**; *(im Fortune-Magazin aufgelistet)*

forward ['fɔ:wəd]
1 *adjective* in advance *or* to be paid at a later date **im Voraus** *or* **Voraus-**; **forward buying** *or* **buying forward** = buying shares *or* currency *or* commodities at today's price for delivery at a later date **Terminkauf** *m*; **forward contract** = agreement to buy foreign currency *or* shares *or* commodities for delivery at a later date at a

certain price **Terminkontrakt** *m* ; **forward market** = market for purchasing foreign currency *or* oil *or* commodities for delivery at a later date **Terminmarkt** *m* ; **forward (exchange) rate** = rate for purchase of foreign currency at a fixed price for delivery at a later date **Devisenterminkurs** *m* ; *what are the forward rates for the pound?* **forward sales** = sales for delivery at a later date **Terminverkäufe** *mpl*
2 *adverb*
(a) to date a cheque forward = to put a later date than the present one on a cheque **einen Scheck vordatieren; carriage forward** *or* **freight forward** = deal where the customer pays for transporting the goods **Fracht** *f* **gegen Nachnahme** *or* **Fracht zahlt Empfänger; charges forward** = charges which will be paid by the customer **Gebühr bezahlt Empfänger**
(b) to buy forward = to buy foreign currency before you need it, in order to be certain of the exchange rate **auf Termin kaufen; to sell forward** = to sell foreign currency for delivery at a later date **auf Termin verkaufen**
(c) balance brought forward *or* **carried forward** = balance which is entered in an account at the end of a period and is then taken to be the starting point of the next period **Saldovortrag** *m*
3 *verb* **to forward something to someone** = to send something to someone **jdm etwas nachsenden** *or* **etwas zu jdm befördern** *to forward a consignment to Nigeria* **please forward** *or* **to be forwarded** = words written on an envelope, asking the person receiving it to send it on to the person whose name is written on it **bitte nachsenden**

◇ **(freight) forwarder** [('freɪt)'fɔːwədə] *noun* person *or* company which arranges shipping and customs documents for several shipments from different companies, putting them together to form one large shipment **Spediteur** *m* *or* **Spedition** *f*

◇ **forwarding** ['fɔːwədɪŋ] *noun*
(a) arranging shipping and customs documents **Spedition** *f* *or* **Expedierung** *f* ; **air forwarding** = arranging for goods to be shipped by air **Luftfrachtspedition; forwarding agent** = FORWARDER; **forwarding instructions** *or* **instructions for forwarding** = instructions showing how the goods are to be shipped and delivered **Versandanweisungen** *fpl*
(b) forwarding address = address to which a person's mail can be sent on **Nachsendeadresse** *f*

foul [faʊl] *adjective* **foul bill of lading** = bill of lading which says that the goods were in bad condition when received by the shipper **unreines Konnossement**

founder ['faʊndə] *noun* person who starts a company **Gründer/-in; founder's shares** = special shares issued to the person who starts a company **Gründeraktien** *fpl*

four [fɔː] *number* **the four O's** = simple way of summarizing the essentials of a marketing operation, which are objects, objectives, organization and operations **Gedächtnisstütze für das Wichtigste einer Marketingoperation; the four P's** = simple way of summarizing the essentials of the marketing mix, which are product, price, promotion and place **die vier Elemente des Marketing-Mix**

four-part ['fɔː'pɑːt] *adjective* paper (for computers *or* typewriters) with a top sheet for the original and three other sheets for copies **vierteilig** *four-part invoices; four-part stationery*

fourth quarter ['fɔːθ'kwɔːtə] *noun* period of three months from October to the end of the year **viertes Quartal**

Fr = FRANC

fraction ['frækʃən] *noun* very small amount **Bruchteil** *m* ; *only a fraction of the new share issue was subscribed*

◇ **fractional** ['frækʃənl] *adjective* very small **geringfügig; fractional certificate** = certificate for part of a share **Bruchteils-** *or* **Quotenaktie** *f*

fragile ['frædʒaɪl] *adjective* which can be easily broken **zerbrechlich** *there is an extra premium for insuring fragile goods in shipment*

franc [fræŋk] *noun* money used in France, Belgium, Switzerland and many other countries **Franc** *m; (in der Schweiz)* **Franken** *m* ; *French francs or Belgian francs or Swiss francs; it costs twenty-five Swiss francs* **franc account** = bank account in francs **Franc-Konto** *n* (NOTE: in English usually written **Fr** before the figure: **Fr2,500** (say: 'two thousand, five hundred francs'). Currencies of different countries can be shown by the initial letters of the countries: **FFr** (French francs); **SwFr** (Swiss francs); **BFr** (Belgian francs)

franchise ['fræn(t)ʃaɪz]
1 *noun* licence to trade using a brand name and paying a royalty for it **Franchise** *n* ; *he has bought a printing franchise or a hot dog franchise*
2 *verb* to sell licences for people to trade using a brand name and paying a royalty **auf**

Franchise-Basis vergeben *his sandwich bar was so successful that he decided to franchise it*

◇ **franchisee** [ˌfræn(t)ʃaɪˈziː] *noun* person who runs a franchise **Franchise-Nehmer/-in**

◇ **franchiser** [ˈfræn(t)ʃaɪzə] *noun* person who licenses a franchise **Franchise-Geber/-in**

◇ **franchising** [ˈfræn(t)ʃaɪzɪŋ] *noun* act of selling a licence to trade as a franchise **Franchise** *n* ; *he runs his sandwich chain as a franchising operation*

◇ **franchisor** [ˈfræn(t)ʃaɪzə] *noun* = FRANCHISER

franco [ˈfræŋkəʊ] *adverb* free **frei**

frank [fræŋk] *verb* to stamp the date and postage on a letter **frankieren** *or* **freimachen**; **franking machine** = machine which marks the date and postage on letters so that the sender does not need to use stamps **Frankiermaschine** *f*

fraud [frɔːd] *noun* making money by making people believe something which is not true **Betrug** *m* ; *he got possession of the property by fraud; he was accused of frauds relating to foreign currency* **to obtain money by fraud** = to obtain money by saying or doing something to cheat someone **durch Betrug Geld erlangen**; **fraud squad** = special police department which investigates frauds **Betrugsdezernat** *n* ; **Serious Fraud Office (SFO)** = government department in charge of investigating major fraud in companies **Ermittlungsbehörde** *f* **für Wirtschaftsstraftaten**

◇ **fraudulent** [ˈfrɔːdjʊlənt] *adjective* not honest *or* aiming to cheat people **betrügerisch** *a fraudulent transaction* **fraudulent misrepresentation** = making a false statement with the intention of tricking a customer **arglistige Täuschung**

◇ **fraudulently** [ˈfrɔːdjʊləntlɪ] *adverb* not honestly **auf betrügerische Weise** *or* **durch Betrug** *goods imported fraudulently*

free [friː]

1 *adjective & adverb*

(a) not costing any money **kostenlos** *or* **gratis** *or* **Frei-** *to be given a free ticket to the exhibition; the price includes free delivery; goods are delivered free; catalogue sent free on request* **carriage free** = the customer does not pay for the shipping **frachtfrei**; **free gift** = present given by a shop to a customer who buys a certain amount of goods **Werbegeschenk** *n* ; *there is a free gift worth £25 to any customer buying a washing machine* **free paper** *or* **freesheet** = newspaper which is given away free, and which relies for its income on its advertising **Anzeigenblatt** *n* ; **free sample** = sample given free to advertise a product **Gratisprobe** *f* ; **free trial** = testing of a machine with no payment involved **kostenlos zur Probe** *to send a piece of equipment for two weeks' free trial* **free of charge** = with no payment to be made **kostenlos**; **free on board (FOB)** = (i) price including all the seller's costs until the goods are on the ship for transportation; (ii) *(US)* price includes all the seller's costs until the goods are delivered to a certain place **(i) f.o.b.** *or* **frei an Bord; (ii) f.o.b. einschließlich Fracht**; **free on rail (FOR)** = price including all the seller's costs until the goods are delivered to the railway for shipment **frei Bahn** *or* **frei Waggon**

(b) with no restrictions **frei** *or* **unabhängig**; **free collective bargaining** = negotiations over wage increases and working conditions between the management and the trade unions **autonome Tarifverhandlungen** *fpl* **free competition** = being free to compete without government interference **freier Wettbewerb**; **free currency** = currency which is allowed by the government to be bought and sold without restriction **frei konvertierbare Währung**; **free enterprise** = system of business with no interference from the government **freies Unternehmertum**; **free market economy** = system where the government does not interfere in business activity in any way **freie Marktwirtschaft**; **free port** *or (EU)* **free zone** = port *or* area where there are no customs duties **Freihafen** *m or* **Zollfreigebiet** *n* ; **free of tax** *or* **tax-free** = with no tax having to be paid **steuerfrei** *he was given a tax-free sum of £25,000 when he was made redundant; interest free of tax or tax-free interest* **interest-free credit** *or* **loan** = credit *or* loan where no interest is paid by the borrower **zinsloses Darlehen**; **free of duty** *or* **duty-free** = with no duty to be paid **zollfrei** *to import wine free of duty or duty-free* **free trade** = system where goods can go from one country to another without any restrictions **Freihandel** *m* ; *the government adopted a free trade policy* **free trade area** = group of countries practising free trade **Freihandelszone** *f* ; **free trader** = person who is in favour of free trade **Befürworter/-in des Freihandels**

(c) not busy *or* not occupied **frei; unbesetzt** *are there any free tables in the restaurant? I shall be free in a few minutes; the chairman always keeps Friday afternoon free for a game of bridge*

2 *verb* to make something available *or* easy **flüssig machen** *the government's decision has* *freed millions of pounds for investment*

> QUOTE American business as a whole is increasingly free from heavy dependence on manufacturing
> Sunday Times

> QUOTE can free trade be reconciled with a strong dollar resulting from floating exchange rates?
> Duns Business Month

> QUOTE free traders hold that the strong dollar is the primary cause of the nation's trade problems
> Duns Business Month

◇ **freebie** ['fri:bi:] *noun (informal)* product *or* service supplied free of charge (especially a gift to an agent or journalist) **(Werbe) geschenk** *n*

◇ **freehold property** ['fri:həʊld'prɒpətɪ] *noun* property which the owner holds for ever and on which no rent is paid **Grundbesitz** *m* **mit zeitlich unbeschränktem Eigentumsrecht** *n*

◇ **freeholder** ['fri:ˌhəʊldə] *noun* person who owns a freehold property **Grundeigentümer/-in**

◇ **freelance** ['fri:lɑ:ns]
1 *noun* independent worker who works for several different companies but is not employed by any of them **freie(r) Mitarbeiter/-in** *we have about twenty freelances working for us*
2 *adjective* independent **freiberuflich (tätig)** *we have about twenty people working for us on a freelance basis; she is a freelance journalist*
3 *adverb* selling one's work to various firms, but not being employed by any of them **freiberuflich** *he works freelance as a designer*
4 *verb*
(a) to do work for several firms but not be employed by any of them **freiberuflich tätig sein** *or* **als freier Mitarbeiter tätig sein** *she freelances for the local newspapers*
(b) to send work out to be done by a freelancer **Arbeit an freie Mitarbeiter vergeben** *we freelance work out to several specialists*

◇ **freelancer** ['fri:lɑ:nsə] *noun* freelance worker **freie(r) Mitarbeiter/-in**

◇ **freely** ['fri:lɪ] *adverb* with no restrictions **frei** *or* **unbeschränkt** *money should circulate freely within the EU*

◇ **freephone** ['fri:ˌfəʊn] *noun (GB)* system where one can telephone to reply to an advertisement *or* to place an order *or* to ask for information and the seller pays for the call **Anruf** *m* **zum Nulltarif**

◇ **freepost** ['fri:ˌpəʊst] *noun (GB)* system where one can write to an advertiser to place an order *or* to ask for information to be sent, and the seller pays the postage **Gebühr** *f* **bezahlt Empfänger**

◇ **freesheet** ['fri:ʃi:t] *noun* = FREE PAPER

freeze [fri:z]
1 *noun* **credit freeze** = period when lending by banks is restricted by the government **Einfrieren** *n* **von Krediten** *mpl or* **Kreditsperre** *f* ; **wages and prices freeze** *or* **a freeze on wages and prices** = period when wages and prices are not allowed to be increased **Lohn- und Preisstopp** *m*
2 *verb* to keep money *or* costs, etc., at their present level and not allow them to rise **einfrieren** *or* **stoppen** *or* **sperren** *or* **festlegen** *we have frozen expenditure at last year's level; to freeze wages and prices; to freeze credits; to freeze company dividends* (NOTE: **freezing - froze - has frozen)**

◇ **freeze out** [fri:z'aʊt] *verb* **to freeze out competition** = to trade successfully and cheaply and so prevent competitors from operating **die Konkurrenz verdrängen**

freight [freɪt]
1 *noun*
(a) cost of transporting goods by air, sea or land **Fracht** *f* ; *at an auction, the buyer pays the freight* **freight charges** *or* **freight rates** = money charged for transporting goods **Frachtgebühren** *fpl or* **Frachttarife** *mpl freight charges have gone up sharply this year* **freight costs** = money paid to transport goods **Transport-** *or* **Frachtkosten** *pl* **freight forward** = deal where the customer pays for transporting the goods **Fracht gegen Nachnahme**
(b) **air freight** = shipping of goods in an aircraft **Luftfracht** *f* ; *to send a shipment by air freight* **air freight charges** *or* **rates** = money charged for sending goods by air **Luftfrachtgebühren** *fpl*
(c) goods which are transported **Frachtgut** *n* ; **to take on freight** = to load goods onto a ship, train or truck **Fracht aufnehmen** *or* **aufladen**; *(US)* **freight car** = railway wagon for carrying goods **Güterwagen** *m or* **Waggon** *m* ; **freight depot** = central point where goods are collected before being shipped **Güterbahnhof** *m* ; **freight elevator** = strong lift for carrying goods **Warenaufzug** *m* ; **freight forwarder** = person *or* company which arranges shipping and customs documents for several shipments from different companies, putting them together to form one large shipment **Spediteur** *m or* **Spedition** *f* ; **freight plane** = aircraft which carries goods, not passengers **Transportflugzeug** *n* ; **freight train** = train used for carrying goods **Güterzug** *m*

2 *verb* **to freight goods** = to send goods **Güter** *npl* **verfrachten** *or* **befördern** *we freight goods to all parts of the USA*

◇ **freightage** ['freɪtɪdʒ] *noun* cost of transporting goods **Frachtkosten** *pl*

◇ **freighter** ['freɪtə] *noun*
(a) aircraft or ship which carries goods; *(aircraft)* **Transportflugzeug** *n; (ship)* **Frachter** *m*
(b) person *or* company which organizes the transport of goods **Verfrachter** *m*

◇ **freightliner** ['freɪtˌlaɪnə] *noun* train which carries goods in containers **Containerzug** *m* ; *the shipment has to be delivered to the freightliner depot*

frequent ['fri:kwənt] *adjective* which comes *or* goes *or* takes place often **häufig; zahlreich** *there is a frequent ferry service to France; we send frequent faxes to New York; how frequent are the planes to Birmingham?*

◇ **frequently** ['fri:kwəntlɪ] *adverb* often **oft** *or* **häufig** *the photocopier is frequently out of use; we fax our New York office very frequently - at least four times a day*

friendly society ['frendlɪsə'saɪətɪ] *noun* group of people who pay regular subscriptions to a fund which is used to help members of the group when they are ill or in financial difficulties **Versicherungsverein** *m* **auf Gegenseitigkeit**

fringe benefits ['frɪn(d)ʒˌbenɪfɪts] *plural noun* extra items given by a company to workers in addition to a salary (such as company cars, private health insurance) **Gehaltsnebenleistungen** *fpl* **für Arbeitnehmer**

front [frʌnt] *noun*
(a) part of something which faces away from the back **Fassade** *f or* **Vorderseite** *f* ; *the front of the office building is on the High Street; the front page of the company report has a photograph of the managing director; our ad appeared on the front page of the newspaper*
(b) in front of = before *or* on the front side of something **vor** *they put up a 'for sale' sign in front of the factory; the chairman's name is in front of all the others on the staff list*
(c) business or person used to hide an illegal trade **Tarnung** *f* ; **Strohmann** *m* ; *his restaurant is a front for a drugs organization*
(d) money up front = payment in advance **Vorauszahlung** *f* ; *they are asking for £10,000 up front before they will consider the deal; he had to put money up front before he could clinch the deal*

◇ **front-end loaded** ['frʌntend'laʊdɪd] *adjective* (investment *or* insurance) where most of the management charges are incurred in the first year, and are not spread out over the whole period **Fälligkeit** *f* **anfallender Gebühren an den Anfang der Laufzeit**

◇ **front-line management** ['frʌntˌlaɪn'mænɪdʒmənt] *adjective* managers who have immediate contact with the workers **unterste Leitungsebene**

◇ **front man** ['frʌntmæn] *noun* person who seems honest but is hiding an illegal trade **Strohmann** *m*

frozen ['frəʊzn] *adjective* not allowed to be changed or used **gesperrt** *or* **gestoppt** *or* **eingefroren; frozen account** = bank account where the money cannot be changed or used because of a court order **gesperrtes Konto**; **frozen assets** = a company's assets which by law cannot be sold because someone has a claim against them **eingefrorene Vermögenswerte** *mpl or* **eingefrorenes Guthaben**; **frozen credits** = credit in an account which cannot be moved **gesperrte Kredite** *mpl* **his assets have been frozen by the court** = the court does not allow him to sell his assets **sein Guthaben wurde vom Gericht eingefroren**; *(see also* FREEZE)

frustrate [frʌs'treɪt] *verb* to prevent something (especially the terms of a contract) being fulfilled **vereiteln**

ft [fʊt] = FOOT

FT ['ef'ti:] = FINANCIAL TIMES

fuel [fjʊəl]
1 *noun* material (like oil, coal, gas) used to give power **Brenn-** *or* **Kraft-** *or* **Treibstoff** *m or* **Benzin** *m* ; *the annual fuel bill for the plant has doubled over the last years; he has bought a car with low fuel consumption*
2 *verb* to add to **anheizen** *market worries were fuelled by news of an increase in electricity charges; the rise in the share price was fuelled by rumours of a takeover bid* (NOTE: GB spelling **fuelled - fuelling** but US spelling **fueled - fueling)**

fulfil *or (US)* **fulfill** [fʊl'fɪl] *verb* to complete something in a satisfactory way **erfüllen** *or* **ausführen** *the clause regarding payments has not been fulfilled* **to fulfil an order** = to supply the items which have been ordered **einen Auftrag ausführen** *we are so understaffed that we cannot fulfil any more orders before Christmas*

◇ **fulfilment** *or (US)* **fulfillment** [fʊl'fɪlmənt] *noun* carrying something out in a satisfactory way **Erfüllung** *f or* **Ausführung** *f*; **order fulfilment** = supplying items which have been ordered **Auftragsausführung**

full [fʊl] *adjective*
(a) with as much inside it as possible **voll** *the train was full of commuters; is the container full yet? we sent a lorry full of spare parts to our warehouse; when the disk is full, don't forget to make a backup copy*
(b) complete *or* including everything **völlig** *or* **vollständig**; **we are working at full capacity** = we are doing as much work as possible **wir sind voll ausgelastet**; **full costs** = all the costs of manufacturing a product, including both fixed and variable costs **Vollkosten** *pl* **full cover** = insurance cover against all risks **voller Versicherungsschutz**; **in full discharge of a debt** = paying a debt completely **Schuldentilgung** *f* **in voller Höhe**; **full employment** = situation where all the people who can work have jobs **Vollbeschäftigung** *f*; **full fare** = ticket for a journey by an adult at full price **voller Fahrpreis**; **full price** = price with no discount **voller Preis** *he bought a full-price ticket* **full-service banking** = banking offering a whole range of services (including mortgages, loans, pensions, etc.) **umfassender Bankservice**
(c) in full = completely **voll** *or* **ganz** *or* **vollständig** *give your full name and address or your name and address in full; he accepted all our conditions in full; full refund or refund paid in full; he got a full refund when he complained about the service* **full payment** *or* **payment in full** = paying all money owed **Zahlung** *f* **in voller Höhe**

◇ **full-scale** ['fʊl'skeɪl] *adjective* complete *or* very thorough **total** *or* **umfassend** *the MD ordered a full-scale review of credit terms*

◇ **full-time** [fʊl'taɪm] *adjective & adverb* working all the normal working time (i.e. about seven hours a day, five days a week) **ganztags** *or* **Ganztags-** *or* **hauptberuflich** *she is in full-time work or she works full-time or she is in full-time employment; he is one of our full-time staff; she is a full-time official of the union*

◇ **full-timer** [fʊl'taɪmə] *noun* person who works full-time **ganztägig Beschäftigte(r)**

◇ **fully** ['fʊlɪ] *adverb* completely **voll** *or* **ganz** *or* **vollständig**; **fully-paid shares** = shares where the full face value has been paid **voll bezahlte Aktien** *fpl* **fully paid-up capital** = all money paid for the issued capital shares **voll einbezahltes Kapital**

> QUOTE a tax-free lump sum can be taken partly in lieu of a full pension
>
> Investors Chronicle

> QUOTE issued and fully paid capital is $100 million
>
> Hongkong Standard

> QUOTE the administration launched a full-scale investigation into maintenance procedures
>
> Fortune

function ['fʌŋ(k)ʃən]
1 *noun*
(a) duty *or* job **Funktion** *f or* **Aufgabe** *f*; **management function** *or* **function of management** = the duties of being a manager **Aufgaben des Managements; Führungsfunktion**
(b) special feature available on a computer *or* word-processor **Funktion** *f*; *the word-processor had a spelling-checker function but no built-in text-editing function* **function code** = computer code that controls an action rather than representing a character **Funktionskode** *m*; **function key** = key switch that has been assigned a particular task or sequence of instructions (function keys often form a separate group of keys on the keyboard, and have specific functions attached to them. They may be labelled F1, F2, etc.) **Funktionstaste** *f*
2 *verb* to work **funktionieren** *the advertising campaign is functioning smoothly; the new management structure does not seem to be functioning very well*

fund [fʌnd]
1 *noun*
(a) money set aside for a special purpose **Fonds** *m*; **contingency fund** = money set aside in case it is needed urgently **Fonds für außerordentliche Rückstellungen** *fpl* **pension fund** = money which provides pensions for retired members of staff **Pensionskasse** *f*; **the International Monetary Fund (IMF)** = (part of the United Nations) a type of bank which helps member states in financial difficulties, gives financial advice to members and encourages world trade **der Internationale Währungsfonds (IWF)** *or* **der Weltwährungsfonds**
(b) money invested in an investment trust as part of a unit trust or given to a financial adviser to invest on behalf of a client **Investmentfonds** *m*; **managed fund** *or* **fund of funds** = unit trust fund which is invested in specialist funds within the group and can be switched from one specialized investment

area to another **Investitionsfonds mit auswechselbarem Portefeuille; fund management** = dealing with the investment of sums of money on behalf of clients **Vermögensverwaltung** *f* ; **fund manager** = person who invests money on behalf of clients **Vermögensverwalter/-in**
2 *plural noun*
(a) money which is available for spending **(Geld)mittel** *pl the company has no funds to pay for the research programme* **the company called for extra funds** = the company asked for more money **das Unternehmen bat um zusätzliche Geldmittel; to run out of funds** = to come to the end of the money available **das Geld geht einem aus; die Mittel werden knapper; public funds** = government money available for expenditure **öffentliche Mittel** *the cost was paid for out of public funds* **conversion of funds** = using money which does not belong to you for a purpose for which it is not supposed to be used **widerrechtliche Aneignung von Geldern;** *(Veruntreuung, Unterschlagung)*; **to convert funds to another purpose** = to use money for a wrong purpose **Gelder** *npl* **veruntreuen; to convert funds to one's own use** = to use someone else's money for yourself **Gelder** *npl* **veruntreuen**
(b) *(GB)* **the Funds** = government stocks and securities **Staatspapiere** *npl*
3 *verb* to provide money for a purpose **finanzieren; to fund a company** = to provide money for a company to operate **ein Unternehmen finanzieren** *the company does not have enough resources to fund its expansion programme*

◇ **funded** ['fʌndɪd] *adjective* backed by long-term loans **fundiert** *long-term funded capital (GB)* **funded debt** = part of the National Debt which pays interest, but where there is no date for repayment of the principal **Staatspapiere** *npl or* **Staatsanleihen** *fpl*

◇ **funding** ['fʌndɪŋ] *noun*
(a) providing money for spending **Finanzierung** *f* ; *the bank is providing the funding for the new product launch*
(b) changing a short-term debt into a long-term loan **Fundierung** *f or* **Konsolidierung** *f* ; *the capital expenditure programme requires long-term funding*

> QUOTE the S&L funded all borrowers' development costs, including accrued interest
> Barrons

> QUOTE small innovative companies have been hampered for lack of funds
> Sunday Times

> QUOTE the company was set up with funds totalling NorKr 145m
> Lloyd's List

funny money ['fʌnɪ'mʌnɪ] *noun* strange types of shares or bonds offered by companies or their brokers, which are not the usual forms of loan stock **krumme Wertpapiere** *npl*

furnish ['fɜ:nɪʃ] *verb*
(a) to supply *or* to provide **beliefern** *or* **versorgen**
(b) to put furniture into an office *or* room **einrichten** *or* **möblieren** *or* **ausstatten** *he furnished his office with secondhand chairs and desks; the company spent £10,000 on furnishing the chairman's office* **furnished accommodation** = flat *or* house, etc. which is let with furniture in it **möblierte Unterkunft**

furniture ['fɜ:nɪtʃə] *noun* chairs, tables, beds, etc. **Mobiliar** *n or* **Möbel** *npl* **office furniture** = chairs, desks, filing cabinets used in an office **Büromöbel** *he deals in secondhand office furniture; an office furniture store* **furniture depository** = warehouse where you can store the furniture from a house **Möbellager** *n*

further ['fɜ:ðə]
1 *adjective*
(a) at a larger distance away **weiter** *the office is further down the High Street; the flight from Paris terminates in New York - for further destinations you must change to internal flights*
(b) additional *or* extra **weiter** *or* **zusätzlich** *further orders will be dealt with by our London office; nothing can be done while we are awaiting further instructions; to ask for further details or particulars; he had borrowed £100,000 and then tried to borrow a further £25,000; the company is asking for further credit; he asked for a further six weeks to pay*
(c) further to = referring to something in addition **im Nachtrag** *or* **über _ hinaus; further to our letter of the 21st** = in addition to what we said in our letter **Bezug nehmend auf unser Schreiben vom 21.; further to your letter of the 21st** = here is information which you asked for in your letter **Bezug nehmend auf Ihr Schreiben vom 21.; further to our telephone conversation** = here is some information which we discussed **Bezug nehmend auf unser Telefongespräch**
2 *verb* to help *or* to promote **fördern** *or* **unterstützen** *he was accused of using his membership of the council to further his own interests*

future ['fjuːtʃə]
1 *adjective* referring to time to come *or* to something which has not yet happened **zukünftig** *or* **Zukunfts-**; **future delivery** = delivery at a later date **Terminlieferung** *f*
2 *noun* time which has not yet happened **Zukunft** *f*; *try to be more careful in future; in future all reports must be sent to Australia by air*

◇ **futures** ['fjuːtʃəz] *plural noun* trading in shares or commodities for delivery at a later date **Termingeschäfte** *npl* *or* **Futures** *pl* *gold rose 5% on the commodity futures market yesterday* **futures contract** = contract for the purchase of commodities for delivery at a date in the future **Terminkontrakt** *m*

COMMENT: a futures contract is a contract to purchase; if an investor is bullish, he will buy a contract, but if he feels the market will go down, he will sell one

Gg

g = GRAM

G5, G7, G10 [dʒiː'faɪv *or* dʒiː'sevn *or* dʒiː'ten] = GROUP OF FIVE, GROUP OF SEVEN, GROUP OF TEN *see* GROUP

gain [geɪn]
1 *noun*
(a) increase *or* becoming larger **Zuwachs** *m* *or* **Zunahme** *f* ; **gain in experience** = getting more experience **Erfahrungsgewinn** *m* ; **gain in profitability** = becoming more profitable **Rentabilitätssteigerung** *f*
(b) increase in profit *or* price *or* value **Gewinn** *m* *or* **(Wert)zuwachs** *m* ; *oil shares showed gains on the Stock Exchange; property shares put on gains of 10%-15%* **capital gains** = money made by selling fixed assets *or* shares *or* certain other types of property, such as works of art, leases, etc. **Veräußerungsgewinne** *mpl* **capital gains tax** = tax paid on capital gains **Veräußerungsgewinnsteuer** *f* ; **short-term gains** = increase in price made over a short period **kurzfristige Gewinne**
2 *verb*
(a) to get *or* to obtain **erwerben** *or* **erlangen** *he gained some useful experience working in a bank* **to gain control of a business** = to buy more than 50% of the shares so that you can direct the business **die Aktienmehrheit** *or* **Mehrheitsbeteiligung an einem Unternehmen erlangen**
(b) to rise in value **steigen** *or* **an Wert gewinnen** *the dollar gained six points on the foreign exchange markets*

◇ **gainful** ['geɪnf(ʊ)l] *adjective* **gainful employment** = employment which pays money **Erwerbstätigkeit** *f*

◇ **gainfully** ['geɪnfʊlɪ] *adverb* **gainfully employed** = working and earning money **erwerbstätig sein**

gallon ['gælən] *noun* measure of liquids (= 4.5 litres) **Gallone** *f*; **the car does twenty five miles per gallon** *or* **the car does twenty-five miles to the gallon** = the car uses one gallon of petrol in travelling twenty-five miles **das Auto verbraucht eine Gallone auf fünfundzwanzig Meilen** (NOTE: usually written **gal** after figures: **25gal)**

galloping inflation ['gæləpɪŋɪn'fleɪʃən] *noun* very rapid inflation which is almost impossible to reduce **galoppierende Inflation**

gap [gæp] *noun* empty space **Lücke** *f*; **gap in the market** = opportunity to make a product which is needed but which no one has sold before **Marktlücke** *to look for or to find a gap in the market; this computer has filled a real gap in the market* **dollar gap** = situation where the supply of dollars is not enough to satisfy the demand for them from overseas buyers **Dollarlücke**; **trade gap** = difference in value between a country's imports and exports **Außenhandelsdefizit** *n*

QUOTE these savings are still not great enough to overcome the price gap between American products and those of other nations
Duns Business Month

garnishee [gɑːnɪ'ʃiː] *noun* person who owes money to a creditor and is ordered by a court to pay that money to a creditor of the creditor, and not to the creditor himself **Drittschuldner/-in**; **garnishee order** *or US* **garnishment** = court order, making a garnishee pay money not to the debtor, but to a third party **Pfändungsbeschluss** *m* **für Drittschuldner**

gasoline ['gæsəliːn] *noun (US)* liquid, made from petroleum, used to drive a car engine **Benzin** *n* (NOTE: GB English is **petrol)**

gate [geɪt] *noun*
(a) door leading into a field **Tor** *n*

(b) door leading to an aircraft at an airport **Flugsteig** *m*; *flight AZ270 is now boarding at Gate 23*
(c) number of people attending a sports match **Zuschauerzahl** *f*; *there was a gate of 50,000 at the football final*

gather ['gæðə] *verb*
(a) to collect together *or* to put together **zusammenpacken** *or* **sammeln** *he gathered his papers together before the meeting started; she has been gathering information on import controls from various sources*
(b) to understand *or* to find out **schließen** *or* **folgern; entnehmen** *I gather he has left the office; did you gather who will be at the meeting?*

GATT [gæt] = GENERAL AGREEMENT ON TARIFFS AND TRADE

gazump [gə'zʌmp] *verb* **he was gazumped** = his agreement to buy the house was cancelled because someone offered more money **entgegen mündlicher Zusage wurde das Haus, das er kaufen wollte, an einen höher Bietenden verkauft**

◇ **gazumping** [gə'zʌmpɪŋ] *noun* offering more money for a house than another buyer has done, so as to be sure of buying it **Verkauf eines Hauses entgegen mündlicher Zusage an einen höher Bietenden**

GDP ['dʒi:di:'pi:] = GROSS DOMESTIC PRODUCT

gear [gɪə] *verb*
(a) to link to *or* to connect with **ankoppeln an** *or* **ausrichten auf** *or* **anpassen (an); salary geared to the cost of living** = salary which rises as the cost of living increases **Gehalt, das an die Lebenshaltungskosten angekoppelt ist**
(b) a company which is highly geared *or* **a highly-geared company** = company which has a high proportion of its funds from fixed-interest borrowings **ein Unternehmen mit hohem Anteil** *m* **an Fremdkapital** *n*

◇ **gear up** [gɪər'ʌp] *verb* to get ready **sich bereitmachen; to gear up for a sales drive** = to make all the plans and get ready for a sales drive **sich für eine Verkaufskampagne rüsten** *the company is gearing itself up for expansion into the African market*

◇ **gearing** ['gɪərɪŋ] *noun*
(a) ratio of capital borrowed by a company at a fixed rate of interest to the company's total capital **Verhältnis** *n* **Fremdkapital/Eigenkapital; Verschuldungsgrad** *m*
(b) borrowing money at fixed interest which is then used to produce more money than the interest paid **gewinnbringend investiertes Fremdkapital**

> COMMENT: high gearing (when a company is said to be 'highly geared') indicates that the level of borrowings is high when compared to its ordinary share capital; a lowly-geared company has borrowings which are relatively low. High gearing has the effect of increasing a company's profitability when the company's trading is expanding; if the trading pattern slows down, then the high interest charges associated with gearing will increase the rate of slowdown

general ['dʒenərəl] *adjective*
(a) ordinary *or* not special **allgemein** *or* **generell; general expenses** = all kinds of minor expenses *or* money spent on the day-to-day costs of running a business **allgemeine Kosten** *pl* **general manager** = manager in charge of the administration of a company **geschäftsführende(r) Direktor/-in; general office** = main administrative office of a company **Zentrale** *f or* **Hauptgeschäftsstelle** *f*
(b) dealing with everything *or* with everybody **allgemein; general audit** = examining all the books and accounts of a company **ordentliche Buchprüfung; general average** = sharing of the cost of lost goods between all parties to an insurance **große Havarie; general election** = election of a government by all the voters in a country; *(Germany)* **Bundestagswahl** *f; (GB)* **Parlamentswahl** *f* ; **general meeting** = meeting of all the shareholders of a company **Hauptversammlung** *f* ; **Annual General Meeting (AGM)** = meeting of all the shareholders, when the company's financial situation is discussed with the directors **ordentliche Jahreshauptversammlung; Extraordinary General Meeting (EGM)** = special meeting of shareholders to discuss an important matter **außerordentliche Hauptversammlung; general strike** = strike of all the workers in a country **Generalstreik** *m*
(c) the General Agreement on Tariffs and Trade (GATT) = international organization set up with the aim of reducing restrictions in trade between countries **Allgemeines Zoll- und Handelsabkommen;** *(see also* WORLD TRADE ORGANIZATION)
(d) general trading = dealing in all types of goods **allgemeiner Handel; general store** = small country shop which sells a large range of goods **Gemischtwarenhandlung** *f*

◇ **generally** ['dʒenərəlɪ] *adverb* normally *or* usually **im Allgemeinen** *the office is generally closed between Christmas and the New Year; we generally give a 25% discount for bulk purchases*

generous ['dʒenərəs] *adjective* (person) who is glad to give money **großzügig** *the staff* *contributed a generous sum for the retirement present for the manager*

gentleman ['dʒentlmən] *noun*
(a) 'gentlemen' = way of starting to talk to a group of men **‚meine Herren'** *'good morning, gentlemen; if everyone is here, the meeting can start'; 'well, gentlemen, we have all read the report from our Australian office'* **'Ladies and Gentlemen'** = way of starting to talk to a group of women and men **‚Meine Damen und Herren!'**
(b) man **Herr** *m* ; **gentleman's agreement** *or (US)* **gentlemen's agreement** = verbal agreement between two parties who respect each other **Vereinbarung** *f* **auf Treu und Glauben; Gentleman's Agreement** *n* ; *they have a gentleman's agreement not to trade in each other's area*

genuine ['dʒenjʊɪn] *adjective* true *or* real **echt** *a genuine Picasso; a genuine leather purse* **the genuine article** = real article, not an imitation **Markenartikel** *m* ; **genuine purchaser** = someone who is really interested in buying **ernsthafter Käufer**

◇ **genuineness** ['dʒenjʊɪnnəs] *noun* being real *or* not being an imitation **Echtheit** *f*

Gesellschaft [gə'zelʃɑːft] *German for* company; **Gesellschaft mit beschränkter Haftung (GmbH)** = private limited company

get [get] *verb*
(a) to receive **bekommen** *or* **erhalten** *we got a letter from the solicitor this morning; when do you expect to get more stock? he gets £250 a week for doing nothing; she got £5,000 for her car*
(b) to arrive at a place **ankommen** *the shipment got to Canada six weeks late; she finally got to the office at 10.30* (NOTE: **getting - got - has got** *or US* **gotten)**

◇ **get across** [getə'krɒs] *verb* to make someone understand something **verständlich machen** *the manager tried to get across to the workforce why some people were being made redundant*

◇ **get along** [getə'lɒŋ] *verb* to manage **zurechtkommen** *we are getting along quite well with only half the staff*

◇ **get back** [get'bæk] *verb* to receive something which you had before **zurückbekommen** *I got my money back after I had complained to the manager; he got his initial investment back in two months*

◇ **get on** [get'ɒn] *verb*
(a) to work *or* to manage **zurechtkommen** *how is the new secretary getting on?*
(b) to succeed **Fortschritte** *mpl* **machen** *or* **vorankommen** *my son is getting on well - he has just been promoted*

◇ **get on with** [get'ɒnwɪð] *verb*
(a) to be friendly *or* to work well with someone **auskommen mit** *or* **sich verstehen mit** *she does not get on with her new boss*
(b) to go on doing work **vorankommen; weitermachen mit** *the staff got on with the work and finished the order on time*

◇ **get out** [get'aʊt] *verb*
(a) to produce something **herausbringen; vorlegen** *the accounts department got out the draft accounts in time for the meeting*
(b) to sell an investment **aussteigen** *he didn't like the annual report, so he got out before the company collapsed*

◇ **get out of** [get'aʊtəv] *verb* to stop trading in (a product *or* an area) **aufgeben; herausgehen** *the company is getting out of computers; we got out of the South American market*

◇ **get round** [get'raʊnd] *verb* to avoid **umgehen** *we tried to get round the embargo by shipping from Canada*

◇ **get through** [get'θruː] *verb*
(a) to speak to someone on the phone **durchkommen** *I tried to get through to the complaints department*
(b) to be successful **durchkommen** *or* **bestehen** *he got through his exams, so he is now a qualified engineer*
(c) to try to make someone understand **verständlich machen** *I could not get through to her that I had to be at the airport by 2.15*

gift [gɪft] *noun* thing given to someone **Geschenk** *n* ; **gift coupon** *or* **gift token** *or* **gift voucher** = card, bought in a store, which is given as a present and which must be exchanged in that store for goods **Geschenkgutschein** *m* ; *we gave her a gift token for her birthday* **gift shop** = shop selling small items which are given as presents **Geschenkboutique** *f* ; **gift inter vivos** = present given to another living person **Schenkung** *f* **zu Lebzeiten; free gift** = present given by a shop to a customer who buys a certain amount of goods **Werbegeschenk** *n*

◇ **gift-wrap** ['gɪftræp] *verb* to wrap a present in attractive paper **als Geschenk einpacken** *do you want this book gift-wrapped?*

◇ **gift-wrapping** ['gɪft,ræpɪŋ] *noun*
(a) service in a store for wrapping presents for customers **Geschenkverpackungsservice** *m*
(b) attractive paper for wrapping presents **Geschenkpapier** *n*

gilts [gɪlts] *plural noun (GB)* government securities **mündelsichere Staatspapiere** *npl*

◊ **gilt-edged** [gɪlt'edʒd] *adjective* investment which is very safe **solide; gilt-edged stock** *or* **securities** = government securities **mündelsichere Staatspapiere** *npl*

gimmick ['gɪmɪk] *noun* clever idea *or* trick **Gag** *m* ; *a publicity gimmick; the PR people thought up this new advertising gimmick*

giro ['dʒaɪrəʊ] *noun*
(a) giro system = banking system in which money can be transferred from one account to another without writing a cheque (the money is first removed from the payer's account and then credited to the payee's account; as opposed to a cheque payment, which is credited to the payee's account first and then claimed from the payer's account) **der Giroverkehr**; *(GB)* **National Giro** = banking system which allows account holders to move money from one account to another free of cost ≈ **Postgirodienst** *m* ; *a giro cheque; giro account; giro account number; she put £25 into her giro account; to pay by bank giro transfer*
(b) a giro cheque **ein Postscheck** *m*

◊ **Girobank** ['dʒaɪrəʊˌbæŋk] *noun* bank in a giro system **Postgiroamt** *n or* **Girobank** *f* ; *a National Girobank account*

give [gɪv] *verb*
(a) to pass something to someone as a present **schenken; überreichen** *the office gave him a clock when he retired*
(b) to pass something to someone **geben** *she gave the documents to the accountant; can you give me some information about the new computer system? do not give any details to the police*
(c) to organize **geben** *or* **veranstalten** *the company gave a party on a boat to publicize its new discount system* (NOTE: **giving - gave - has given)**

◊ **give away** [gɪvə'weɪ] *verb* to give something as a free present *verb* **verschenken** *or* **vergeben** *we are giving away a pocket calculator with each £10 of purchases*

◊ **giveaway** ['gɪvəweɪ]
1 *adjective* **giveaway paper** = newspaper which is given away free, and which relies for its income on its advertising **kostenlose Zeitung**; *(die sich aus Werbung finanziert)*; **to sell at giveaway prices** = to sell at very cheap prices **zu Schleuderpreisen** *mpl* **verkaufen**
2 *noun* thing which is given as a free gift when another item is bought **Werbegeschenk** *n*

global ['gləʊbəl] *adjective*
(a) referring to the whole world **global; weltweit** *we offer a 24-hour global delivery service*
(b) referring to all of something **Gesamt-; umfassend** *the management proposed a global review of salaries*

glue [glu:]
1 *noun* material which sticks items together **Klebstoff** *m or* **Leim** *m* ; *she put some glue on the back of the poster to fix it to the wall; the glue on the envelope does not stick very well*
2 *verb* to stick things together with glue **kleben** *or* **leimen** *he glued the label to the box*

glut [glʌt]
1 *noun* too much of something **Schwemme** *f or* **Überhang** *m* ; **a glut of produce** = too much produce, which is then difficult to sell **ein Produktüberangebot** *n* ; *a coffee glut or a glut of coffee* **glut of money** = situation where there is too much money available to borrowers **Geldüberhang**
2 *verb* to fill the market with something which is then difficult to sell **überschwemmen** *the market is glutted with cheap cameras* (NOTE: **glutting - glutted)**

gm = GRAM

GmbH *German* = GESELLSCHAFT MIT BESCHRÄNKTER HAFTUNG

gnome [nəʊm] *noun (informal)*; **the gnomes of Zurich** = important Swiss international bankers **die Gnomen** *mpl* **von Zürich**

> QUOTE if the Frankfurt gnomes put the interest rate brake on a government too carefree for too long about its debt-ridden fiscal policies, they did so out of concern for Germany's monetary stability
>
> Times

GNP ['dʒi:en'pi:] = GROSS NATIONAL PRODUCT

go [gəʊ] *verb*
(a) to move from one place to another **gehen** *the cheque went to your bank yesterday; the plane goes to Frankfurt, then to Rome; he is going to our Lagos office*
(b) to be placed **hingehören** *the date goes at the top of the letter* (NOTE: **going - went - has gone)**

◊ **go-ahead** ['gəʊəhed]
1 *noun* **to give something the go-ahead** = to approve something *or* to say that something

can be done **für etwas ‚grünes Licht' geben** *his project got a government go-ahead; the board refused to give the go-ahead to the expansion plan*
2 *adjective* energetic *or* keen to do well **dynamisch** *or* **progressiv** *he is a very go-ahead type; she works for a go-ahead clothing company*

◊ **go back on** [gəʊ'bækɒn] *verb* not to do what has been promised **zurücknehmen** *or* **rückgängig machen** *two months later they went back on the agreement*

◊ **going** ['gəʊɪŋ] *adjective*
(a) active *or* busy **in Betrieb** *or* **funktionierend; to sell a business as a going concern** = to sell a business as an active trading company **ein arbeitendes Unternehmen verkaufen; it is a going concern** = the company is working (and making a profit) **es ist eine gut gehende Firma** *or* **ein laufender Betrieb**
(b) the going price = the usual *or* current price *or* the price which is being charged now **der übliche** *or* **gängige Preis** *what is the going price for 1989 Minis?* **the going rate** = the usual *or* current rate of payment **der übliche** *or* **gängige Satz** *we pay the going rate for typists; the going rate for offices is £10 per square metre*

◊ **going to** ['gəʊɪŋtu:] *verb* **to be going to do something** = to be just about to start doing something **beabsichtigen** *or* **etwas tun werden** *the firm is going to open an office in New York next year; when are you going to answer my letter?*

◊ **go into** [gəʊ'ɪntʊ] *verb*
(a) to go into business = to start in business **in das Geschäftsleben einsteigen** *he went into business as a car dealer; she went into business in partnership with her son*
(b) to examine carefully **sich befassen mit** *the bank wants to go into the details of the inter-company loans*

◊ **go on** *verb*
(a) [gəʊ'ɒn] to continue **weiter-** *or* **etwas weiter tun** *the staff went on working in spite of the fire; the chairman went on speaking for two hours*
(b) ['gəʊɒn] to work with **sich stützen auf** *or* **ausgehen von** *last year's figures are all he has to go on; we have to go on the assumption that sales will not double next year* (NOTE: you go on **doing** something)

◊ **go out** [gəʊ'aʊt] *verb* **to go out of business** = to stop trading **das Geschäft aufgeben** *or* **den Betrieb schließen** *the firm went out of business last week*

goal [gəʊl] *noun* aim *or* something which you try to do **Ziel** *n* ; *our goal is to break even within twelve months; the company achieved all its goals*

godown ['gəʊdaʊn] *noun* warehouse (in the Far East) **Lagerhaus** *n*

gofer ['gəʊfə] *noun (US)* person who does all types of work in an office for low wages **Mädchen für alles** *n* ; **Kalfaktor** *m*

gold [gəʊld] *noun*
(a) very valuable yellow metal **Gold** *n* ; *to buy gold; to deal in gold; gold coins* **gold bullion** = bars of gold **Barrengold** *n*
(b) the country's gold reserves = the country's store of gold kept to pay international debts **die Goldreserven** *fpl* **des Landes; the gold standard** = linking of the value of a currency to the value of a quantity of gold **die Goldwährung** *or* **der Goldstandard; the pound came off the gold standard** = the pound stopped being linked to the value of gold **das Pfund wurde von der Goldwährung gelöst**
(c) gold point = amount by which a currency which is linked to gold can vary in price **Goldpunkt** *m*
(d) gold shares *or* **golds** = shares in gold mines **Goldminenaktien** *fpl*

◊ **gold card** ['gəʊld'kɑ:d] *noun* credit card issued to important customers (i.e., those with a certain level of income), which gives certain privileges, such as a higher spending limit than ordinary credit cards **goldene Kreditkarte**

> COMMENT: gold is the traditional hedge against investment uncertainties. People buy gold in the form of coins or bars, because they think it will maintain its value when other investments such as government bonds, foreign currency, property, etc. may not be so safe. Gold is relatively portable, and small quantities can be taken from country to country if an emergency occurs. This view, which is prevalent when the political situation is uncertain, has not been borne out in recent years, and gold has not maintained its value for some time

golden ['gəʊldən] *adjective* made of gold *or* like gold **golden; golden hallo** = cash inducement paid to someone to encourage him to change jobs and move to another company **Einstellungsprämie** *f* ; **golden handcuffs** = contractual arrangement to make sure that a valued member of staff stays in his job, by which he is offered special financial advantages if he stays and heavy penalties if he leaves; *vertragliche Vereinbarung, wobei ein geschätzter Angestellter reichlich belohnt wird, so lange er bei der Firma bleibt*; **golden handshake** =

large, usually tax-free, sum of money given to a director who resigns from a company before the end of his service contract **großzügige Entlassungsabfindung** *when the company was taken over, the sales director received a golden handshake of £25,000* **golden parachute** = special contract for a director of a company, which gives him advantageous financial terms if he has to resign when the company is taken over **großzügige Abfindungssumme; golden share** = share in a privatized company which is retained by the government and carries special privileges (such as the right to veto foreign takeover bids) **Aktienanteil** *m* **mit besonderen Vorrechten**

◇ **goldmine** ['gəʊldmaɪn] *noun* mine which produces gold **Goldmine** *f*; **that shop is a little goldmine** = that shop is a very profitable business **das Geschäft ist eine kleine Goldgrube**

gondola ['gɒndələ] *noun* display case in a supermarket on either side of which shoppers can pass **Gondel** *f*

good [gʊd] *adjective*
(a) not bad **gut; a good buy** = excellent item which has been bought cheaply **ein guter Kauf; to buy something in good faith** = to buy something thinking it is of good quality *or* that it has not been stolen *or* that it is not an imitation **etwas in gutem Glauben kaufen**
(b) a good deal of = a large quantity of **viel** *or* **eine Menge** *we wasted a good deal of time discussing the arrangements for the AGM; the company had to pay a good deal for the building site* **a good many** = very many **eine Menge** *or* **ziemlich viele** *a good many staff members have joined the union*

◇ **goods** [gʊdz] *plural noun*
(a) goods and chattels = moveable personal possessions **bewegliches Eigentum; Mobilien** *pl*
(b) items which can be moved and are for sale **Waren** *fpl* **goods in bond** = imported goods held by the customs until duty is paid **Waren unter Zollverschluss; capital goods** = machinery, buildings and raw materials which are used to make other goods **Investitionsgüter** *npl* *or* **Anlagegüter; consumer goods** *or* **consumable goods** = goods bought by the general public and not by businesses **Konsumgüter** *npl* *or* **Verbrauchsgüter; dry goods** = cloth and clothes **Textilwaren; finished goods** = manufactured goods which are ready to be sold **Fertigwaren** *fpl* *or* **Fertigprodukte** *npl* **household goods** = items which are used in the home **Haushaltswaren; luxury goods** = expensive items which are not basic necessities; **luxury goods = Luxusartikel** *mpl* *or* **Luxusgüter** *npl* **manufactured goods** = items which are made by machine **Industriegüter** *npl* *or* **Fabrikwaren** *fpl* *or* **Fertigwaren**
(c) goods depot = central warehouse where goods can be stored until they are moved **Warenlager** *n* ; **goods train** = train for carrying freight **Güterzug** *m*

◇ **goodwill** ['gʊd'wɪl] *noun* good reputation of a business **Goodwill** *m* *or* **(ideeller) Firmenwert** *he paid £10,000 for the goodwill of the shop and £4,000 for the stock*

> COMMENT: goodwill can include the trading reputation, the patents, the trade names used, the value of a 'good site', etc., and is very difficult to establish accurately. It is an intangible asset, and so is not shown as an asset in a company's accounts, unless it figures as part of the purchase price paid when acquiring another company

> QUOTE profit margins in the industries most exposed to foreign competition - machinery, transportation equipment and electrical goods
> Sunday Times

> QUOTE the minister wants people buying goods ranging from washing machines to houses to demand facts on energy costs
> Times

go-slow ['gəʊ'sləʊ] *noun* slowing down of production by workers as a protest against the management **Bummelstreik** *m* ; *a series of go-slows reduced production*

govern ['gʌvən] *verb* to rule a country **regieren** *the country is governed by a group of military leaders*

◇ **government** ['gʌvnmənt] *noun*
(a) organization which administers a country **Regierung** *f* ; **central government** = main organization dealing with the affairs of the whole country **Zentralregierung; local government** = organizations dealing with the affairs of a small area of the country **Kommunalverwaltung** *f* *or* **Gemeindeverwaltung; provincial government** *or* **state government** = organization dealing with the affairs of a province *or* of a state **Provinzregierung** *f* ; **Landesregierung**
(b) coming from the government *or* referring to the government **staatlich** *or* **der Regierung** *or* **Regierungs-** *or* **Staats-** *government employees; local government staff; government intervention or intervention by the government; a government ban on the*

import of arms; a government investigation into organized crime; government officials prevented him leaving the country; government policy is outlined in the booklet; government regulations state that import duty has to be paid on luxury items; he invested all his savings in government securities **government support** = financial help given by the government **staatliche Unterstützung** *the computer industry relies on government support* **government annuity** = money paid each year by the government **staatliche Rente**; **government bonds** *or* **government securities** = bonds or other paper issued by the government on a regular basis as a method of borrowing money for government expenditure **Staatsanleihen** *fpl or* **Staatspapiere** *npl* **government contractor** = company which supplies goods or services to the government on contract **Betrieb** *m* **mit Staatsaufträgen** *mpl*

◇ **governmental** [ˌgʌvənˈmentl] *adjective* referring to a government **staatlich** *or* **Staats-** *or* **Regierungs-**

◇ **government-backed** [ˈgʌvnməntˈbækt] *adjective* backed by the government **mit staatlicher Unterstützung**

◇ **government-controlled** [ˈgʌvnməntkənˈtrəʊld] *adjective* under the direct control of the government **staatlich gelenkt** *or* **unter staatlicher Aufsicht** *advertisements cannot be placed in the government-controlled newspapers*

◇ **government-regulated** [ˈgʌvnməntˈregjʊleɪtɪd] *adjective* regulated by the government **staatlich vorgeschrieben** *or* **gelenkt**

◇ **government-sponsored** [ˈgʌvnməntˈspɒnsəd] *adjective* encouraged by the government and backed by government money **staatlich gefördert** *he is working in a government-sponsored scheme to help small businesses*

governor [ˈgʌvnə] *noun*
(a) person in charge of an important institution **Direktor/-in** *or* **Leiter/-in**; **the Governor of the Bank of England** = person (nominated by the British government) who is in charge of the Bank of England **Direktor der Bank of England** (NOTE: the US equivalent is the Chairman of the Federal Reserve Board)
(b) *(US)* one of the members of the Federal Reserve Board **Direktionsmitglied der Federal Reserve Bank**

grace [greɪs] *noun* favour shown by granting a delay **Nachfrist** *f or* **Aufschub** *m* ; *to give a creditor a period of grace or two weeks' grace*

grade [greɪd]
1 *noun* level *or* rank **Rang** *m or* **Stufe** *f or* **Klasse** *f or* **Sorte** *f*; *top grade of civil servant; to reach the top grade in the civil service* **high-grade** = of very good quality **hochwertig** *or* **erstklassig** *or* **Qualitäts-** *high-grade petrol* **a high-grade trade delegation** = a delegation made up of important people **eine hochrangige Handelsdelegation**; **low-grade** = not very important *or* not of very good quality **untergeordnet; minderwertig** *a low-grade official from the Ministry of Commerce; the car runs well on low-grade petrol* **top-grade** = most important *or* of the best quality **hoher** *or* **Spitzen-** *top-grade petrol*
2 *verb*
(a) to sort something into different levels of quality **in Güteklassen** *fpl* **einteilen** *or* **klassifizieren** *or* **einstufen** *to grade coal*
(b) to make something rise in steps **abstufen** *or* **staffeln**; **graded advertising rates** = rates which become cheaper as you take more advertising space **gestaffelte Anzeigensätze** *mpl* **graded tax** = (i) tax which rises according to income; (ii) *(US)* tax on property which is higher if the property has not been kept in a good state by the owner **(i) & (ii) gestaffelte Steuer**
(c) graded hotel = good quality hotel **Sterne-Hotel** *n*

gradual [ˈgrædʒʊəl] *adjective* slow *or* step by step **allmählich** *last year saw a gradual return to profits; his CV describes his gradual rise to the position of company chairman*

◇ **gradually** [ˈgrædʒʊəlɪ] *adverb* slowly *or* step by step **allmählich** *the company has gradually become more profitable; she gradually learnt the details of the import-export business*

graduate [ˈgrædʒʊət] *noun* person who has a degree from a university or college **Graduierte(r)** *or* **Akademiker/-in**; **graduate entry** = entry of graduates into employment with a company **Einstellung** *f* **von Hochschulabgängern** *mpl the graduate entry into the civil service* **graduate training scheme** = training scheme for graduates **Ausbildungsprogramm** *n* **für Hochschulabgänger** *mpl* **graduate trainee** = person in a graduate training scheme **Hochschulabgänger/-in in der Berufsausbildung**

◇ **graduated** [ˈgrædʒʊeɪtɪd] *adjective* rising in steps **gestaffelt** *or* **der Progression unterliegend**; **graduated income tax** = tax which rises in steps (each level of income is taxed at a higher percentage) **gestaffelte Einkommen(s)steuer**; **graduated pension scheme** = pension scheme which is calculated on the salary of each person in the scheme **gestaffeltes Rentensystem; graduated taxation** = tax system where the percentage of tax paid rises as the income rises (also called 'progressive taxation') **gestaffelte** *or* **progressive Besteuerung**

gram *or* **gramme** [græm] *noun* measure of weight (one thousandth of a kilo) **Gramm** *n* (NOTE: usually written **g** or **gm** with figures: **25g)**

grand [grænd]
1 *adjective* important **großartig** *or* **bedeutend; grand plan** = major plan **großer** *or* **großartiger Plan** *he explained his grand plan for redeveloping the factory site* **grand total** = final total made by adding several subtotals **Gesamtsumme** *f or* **Endbetrag** *m*
2 *noun (informal)* one thousand pounds *or* dollars **tausend Pfund; tausend Dollar** *they offered him fifty grand for the information*

grant [grɑːnt]
1 *noun* money given by the government to help pay for something **Stipendium** *n or* **(Finanz)beihilfe** *f or* **Zuschuss** *m or* **Subvention** *f*; *the laboratory has a government grant to cover the cost of the development programme; the government has allocated grants towards the costs of the scheme* **grant-aided scheme** = scheme which is funded by a government grant **subventioniertes Programm**
2 *verb* to agree to give someone something **gewähren** *or* **bewilligen** *to grant someone a loan or a subsidy; the local authority granted the company an interest-free loan to start up the new factory*

> QUOTE the budget grants a tax exemption for $500,000 in capital gains
>
> Toronto Star

graph [grɑːf] *noun* diagram which shows statistics as a drawing **Schaubild** *n or* **Diagramm** *n or* **Grafik** *f*; *to set out the results in a graph; to draw a graph showing the rising profitability; the sales graph shows a steady rise* **graph paper** = special paper with many little squares, used for drawing graphs **Millimeterpapier** *n*

gratia ['greɪʃə] *see* EX GRATIA

gratis ['grætɪs] *adverb* free *or* not costing anything **gratis** *or* **umsonst** *we got into the exhibition gratis*

gratuity [grə'tjuːətɪ] *noun* tip, money given to someone who has helped you **Geldgeschenk** *n or* **Gratifikation** *f*; *the staff are instructed not to accept gratuities*

great [greɪt] *adjective* large **groß; a great deal of** = very much **sehr viel** *he made a great deal of money on the Stock Exchange; there is a great deal of work to be done before the company can be made really profitable*

greenback ['griːnbæk] *noun (US informal)* dollar bill **Dollarschein** *m or* **Greenback** *m*

> QUOTE just about a year ago, when the greenback was high, bears were an endangered species. Since then, the currency has fallen by 32% against the Deutschmark and by 30% against the Swiss franc
>
> Financial Weekly

◊ **green card** ['griːn'kɑːd] *noun*
(a) special British insurance certificate to prove that a car is insured for travel abroad **Auslandsschutzbrief** *m or* **grüne Karte** *f*
(b) work permit for a person going to live in the USA **Arbeitserlaubnis** *f*

◊ **green currency** ['griːn'kʌrənsiː] *noun* currency used in the EU for calculating agricultural payments; each country has an exchange rate fixed by the Commission, so there are 'green pounds', 'green francs', 'green marks', etc. **grüne Währung**

◊ **greenfield site** [ˌgriːnfiːld'saɪt] *noun* field which are chosen as the site for a new housing development *or* factory **Industriestandort** *m* **auf der grünen Wiese**

◊ **greenmail** ['griːnmeɪl] *noun* making a profit by buying a large number of shares in a company, threatening to take the company over, and then selling the shares back to the company at a higher price; *Androhung der Übernahme eines Unternehmens aufgrund von Teil-Aktienbesitz, um den Rückkauf der Aktien zu einem überhöhten Preis zu bewirken*

> QUOTE proposes that there should be a limit on greenmail, perhaps permitting payment of a 20% premium on a maximum of 8% of the stock
>
> Duns Business Month

◊ **Green Paper** ['griːn'peɪpə] *noun* report from the British government on proposals for a new law to be discussed in Parliament **Regierungsbericht** *m* **für eine Parlamentsdebatte** *or* **Gesetzesvorlage**

◊ **green pound** ['griːn'paʊnd] *noun* value of the British pound as used in calculating agricultural prices and subsidies in the EU **grünes Pfund**

grey market [greɪ'mɑːkɪt] *noun* unofficial market run by dealers, where new issues of shares are bought and sold before they officially become available for trading on the Stock Exchange (even before the share allocations are known) **grauer Markt**

grid [grɪd] *noun* system of numbered squares **Planquadrat** *n* ; **grid structure** = structure based on a grid **Gitterstruktur** *f*

grievance ['gri:vəns] *noun* complaint made by a trade union or a worker to the management **Beschwerde** *f* ; **grievance procedure** = way of presenting and settling complaints from a trade union to the management **Schlichtungsverfahren** *n*

> QUOTE ACAS has a legal obligation to try and resolve industrial grievances before they reach industrial tribunals
> Personnel Today

gross [grəʊs]
1 *noun* twelve dozen (144) **Gros** *n* ; *he ordered four gross of pens* (NOTE: no plural)
2 *adjective*
(a) total *or* with no deductions **brutto** *or* **Brutto-**; **gross earnings** = total earnings before tax and other deductions **Bruttoeinkommen** *n or* **Bruttoverdienst** *m* ; **gross income** *or* **gross salary** = salary before tax is deducted **Bruttoeinkommen** *n or* **Bruttogehalt** *n* ; **gross margin** = (i) percentage difference between the unit manufacturing cost and the received price; (ii) difference between the total interest paid by a borrower and the cost of the loan to the lender **(i) Handelsspanne** *f* ; **(ii) Bruttogewinnspanne** *f* ; **gross profit** = profit calculated as sales income less the cost of sales **Bruttogewinn** *m or* **Rohgewinn**; **gross receipts** = total amount of money received before expenses are deducted **Bruttoeinnahmen** *fpl* **gross tonnage** = total amount of space in a ship **Bruttoraumzahl (BRZ)** *f or* **Bruttotonnage** *f* ; **gross turnover** = total turnover including discounts, VAT charged, etc. **Bruttoumsatz** *m* ; **gross weight** = weight of both the container and its contents **Bruttogewicht** *n or* **Rohgewicht**; **gross yield** = profit from investments before the deduction of tax **Bruttoertrag** *m*
(b) gross domestic product (GDP) = annual value of goods sold and services paid for inside a country **Bruttoinlandsprodukt (BIP)** *n* ; **gross national product (GNP)** = annual value of goods and services in a country including income from other countries **Bruttosozialprodukt (BSP)** *n*
3 *adverb* with no deductions *adverb* **brutto** *his salary is paid gross*
4 *verb* to make a gross profit **brutto verdienen; brutto einnehmen** *the group grossed £25m in 1998*

> QUOTE news that gross national product increased only 1.3% in the first quarter of the year sent the dollar down on foreign exchange markets
> Fortune

> QUOTE gross wool receipts for the selling season to end June appear likely to top $2 billion
> Australian Financial Review

ground [graʊnd] *noun*
(a) soil *or* earth **Boden** *m or* **Erdboden; the factory was burnt to the ground** = the factory was completely destroyed in a fire **die Fabrik brannte bis auf die Grundmauern** *fpl* **nieder; ground hostess** = woman who looks after passengers at the airport before they board the plane **Bodenhostess** *f* ; **ground landlord** = person *or* company which owns the freehold of a property which is then leased and subleased **Grundeigentümer** *m* ; **ground lease** = first lease on a freehold building ≈ **Grundstückspacht** *f* ; **ground rent** = rent paid by a lessee to the ground landlord ≈ **Grundzins** *m*
(b) grounds = basic reasons **Gründe** *mpl or* **Begründung** *f* ; *does he have good grounds for complaint? there are no grounds on which we can be sued; what are the grounds for the demand for a pay rise?*

◊ **ground floor** ['graʊn(d)'flɔ:] *noun* floor (in a shop *or* office) which is level with the ground **Erdgeschoss** *the men's department is on the ground floor; he has a ground-floor office n* (NOTE: in the USA this is the **first floor**)

group [gru:p]
1 *noun*
(a) several things or people together **Gruppe** *f* ; *a group of the staff has sent a memo to the chairman complaining about noise in the office* **group insurance** = insurance scheme where a group of employees are covered by one policy **Gruppenversicherung** *f*
(b) several companies linked together in the same organization *the group chairman or the chairman of the group; group turnover or turnover for the group* **Konzern** *m or* **Unternehmensgruppe** *f* ; **group accounts** = accounts for a holding company and its subsidiaries **Geschäftsbücher** *npl* **eines Konzerns; group results** = results of a group of companies taken together **Konzernergebnisse** *npl*

2 *verb* **to group together** = to put several items together **zusammenfassen** *sales from six different agencies are grouped together under the heading 'European sales'*

◇ **Group of Five (G5)** ['gru:pəv'faɪv] group of major industrial nations (France, Germany, Japan, UK and the USA) **Fünfergruppe (G5)** *f*

◇ **Group of Seven (G7)** ['gru:pəv'sevn] central group of major industrial nations (France, Germany, Japan, UK, Canada, Italy and the USA) who meet regularly to discuss problems of international trade and finance **Siebenergruppe (G7)** *f*

◇ **Group of Ten (G10)** ['gru:pəv'ten] the major world economic powers working within the framework of the IMF (there are in fact eleven: Belgium, Canada, France, Germany, Italy, Japan, Netherlands, Sweden, Switzerland, United Kingdom and the United States. It is also called the 'Paris Club', since its first meeting was in Paris) **Zehnergruppe** *f* *or* **Zehnerklub** *m* **(G10)**

grow [grəʊ] *verb* to become larger **wachsen** *or* **zunehmen** *the company has grown from a small repair shop to a multinational electronics business; turnover is growing at a rate of 15% per annum; the computer industry grew fast in the 1980s* (NOTE: **growing - grew - has grown)**

◇ **growth** [grəʊθ] *noun* increase in size **Wachstum** *n or* **Zunahme** *f* ; **the company is aiming for growth** = is aiming to expand rapidly **das Unternehmen ist auf Wachstum ausgerichtet**; **economic growth** = rate at which a country's national income grows **Wirtschaftswachstum**; **a growth area** *or* **a growth market** = an area where sales are increasing rapidly **ein wachsender Absatzmarkt**; **a growth industry** = industry which is expanding rapidly **eine Wachstumsindustrie**; **growth rate** = speed at which something grows **Wachstumsrate** *f* ; **growth share** *or* **growth stock** = share which people think is likely to rise in value **Wachstumsaktie** *f*

> QUOTE a general price freeze succeeded in slowing the growth in consumer prices
> Financial Times

> QUOTE the thrift had grown from $4.7 million in assets in 1980 to $1.5 billion
> Barrons

> QUOTE growth in demand is still coming from the private rather than the public sector
> Lloyd's List

> QUOTE population growth in the south-west is again reflected by the level of rental values
> Lloyd's List

guarantee [,gærən'ti:]
1 *noun*
(a) legal document which promises that a machine will work properly *or* that an item is of good quality **Garantie** *f* ; *certificate of guarantee or guarantee certificate; the guarantee lasts for two years; it is sold with a twelve-month guarantee* **the car is still under guarantee** = is still covered by the maker's guarantee **das Auto hat noch Garantie**; **extended guarantee** = guarantee offered by a dealer on a product such as a dish-washer, which goes beyond the time specified in the manufacturer's guarantee **verlängerte Garantie** (NOTE: also called a **warranty)**
(b) promise that someone will pay another person's debts **Bürgschaft** *f* ; **to go guarantee for someone** = to act as security for someone's debts **für jdn bürgen** *or* **haften**
(c) thing given as a security **Sicherheit** *f or* **Kaution** *f* ; *to leave share certificates as a guarantee*
2 *verb*
(a) to give a promise that something will happen **garantieren; sich verbürgen; to guarantee a debt** = to promise that you will pay a debt made by someone else **für Schulden bürgen; to guarantee an associate company** = to promise that an associate company will pay its debts **für ein verbundenes Unternehmen bürgen; to guarantee a bill of exchange** = to promise that the bill will be paid **eine Wechselbürgschaft leisten**; **guaranteed minimum wage** = lowest wage which is legally guaranteed to workers (no employer can pay a worker less than this wage) **garantierter Mindestlohn**
(b) the product is guaranteed for twelve months = the manufacturer says that the product will work well for twelve months, and will mend it free of charge if it breaks down **das Produkt hat zwölf Monate Garantie**

◇ **guarantor** [,gærən'tɔ:] *noun* person who promises to pay someone's debts **Bürge** *m* ; *he stood guarantor for his brother*

guess [ges]
1 *noun* calculation made without any real information **Vermutung** *f or* **Annahme** *f or*

Schätzung *f* ; *the forecast of sales is only a guess* **he made a guess at the pretax profits** = he tried to calculate roughly what the pretax profits would be **er gab eine Schätzung der Gewinne vor Steuern ab; it is anyone's guess** = no one really knows what is the right answer **das weiß keiner so genau**
2 *verb* **to guess (at) something** = to try to calculate something without any information **etwas schätzen; etwas raten** *they could only guess at the total loss; the sales director tried to guess the turnover of the Far East division*

◊ **guesstimate** ['gestɪmət] *noun (informal)* rough calculation **grobe Schätzung**

guideline ['gaɪdlaɪn] *noun* unofficial suggestion from the government as to how something should be done **Richtlinie** *f* ; *the government has issued guidelines on increases in incomes and prices; the increase in retail price breaks or goes against the government guidelines*

guild [gɪld] *noun* association of merchants *or* of shopkeepers **Gilde** *f or* **Innung** *f or* **Zunft** *f* ; *a trade guild; the guild of master bakers*

guilder ['gɪldə] *noun* currency used in the Netherlands (also called the 'florin') **Gulden** *m* (NOTE: usually written **fl** before or after figures: **fl25, 25fl)**

> QUOTE the shares, which eased 1.10 guilders to fl49.80 earlier in the session, were suspended during the final hour of trading
> Wall Street Journal

guillotine ['gɪlətiːn] *noun* machine for cutting paper **Papierschneider** *m*

guilty ['gɪltɪ] *adjective* (person) who has done something wrong **schuldig** *he was found guilty of libel; the company was guilty of not reporting the sales to the auditors*

gum [gʌm] *noun* glue **Klebstoff** *m* ; *he stuck the label to the box with gum*

◊ **gummed** [gʌmd] *adjective* with glue on it **gummiert**; **gummed label** = label with dry glue on it, which has to be made wet to make it stick **Klebe-Etikett** *n or* **Aufkleber** *m*

Hh

ha = HECTARE

haggle ['hægl] *verb* to discuss prices and terms and try to reduce them **feilschen** *or* **handeln** *to haggle about or over the details of a contract; after two days' haggling the contract was signed*

half [hɑːf]
1 *noun* one of two equal parts into which something is divided **Hälfte** *f* ; *the first half of the agreement is acceptable* **the first half** *or* **the second half of the year** = the periods from January 1st to June 30th *or* from June 30th to December 31st **die erste Jahreshälfte** *or* **die zweite Jahreshälfte; we share the profits half and half** = we share the profits equally **wir teilen uns die Gewinne zu je 50%** (NOTE: plural is **halves)**
2 *adjective* divided into two parts **halb; half a per cent** *or* **a half per cent** = 0.5% **ein halbes Prozent (0,5%); his commission on the deal is twelve and a half per cent** = 12.5% **seine Kommission bei diesem Abschluss beträgt zwölfeinhalb Prozent (12,5%); half a dozen** *or* **a half-dozen** = six **ein halbes Dutzend; to sell goods off at half price** = at 50% of the price for which they were sold before **Waren zum halben Preis** *m* **verkaufen; half-price sale** = sale of all goods at half the price **Verkauf** *m* **zum halben Preis**

◊ **half-dollar** ['hɑːf'dɒlə] *noun (US)* fifty cents **halber Dollar**

◊ **half-year** ['hɑːf'jɪə] *noun* six months of an accounting period **Halbjahr** *n* ; **first half-year** *or* **second half-year** = first six months *or* second six months of a company's accounting year **erstes Halbjahr** *or* **zweites Halbjahr; to announce the results for the half-year to June 30th** *or* **the first half-year's results** = results for the period January 1st to June 30th **die Ergebnisse des ersten Halbjahres** *or* **die Halbjahresergebnisse bis zum 30. Juni bekannt geben** *we look forward to improvements in the second half-year*

◊ **half-yearly** ['hɑːf'jɪəlɪ]
1 *adjective* happening every six months *or* referring to a period of six months **halbjährlich**

or **Halbjahres-** *half-yearly accounts; half-yearly payment; half-yearly statement; a half-yearly meeting*
2 *adverb* every six months **halbjährlich** *we pay the account half-yearly*

> QUOTE economists believe the economy is picking up this quarter and will do better in the second half of the year
> Sunday Times

hallmark ['hɔːlmɑːk]
1 *noun* mark put on gold or silver items to show that the metal is of the correct quality **Feingehaltsstempel** *m*
2 *verb* to put a hallmark on a piece of gold or silver **mit einem Feingehaltsstempel versehen** *a hallmarked spoon*

hammer ['hæmə]
1 *noun* **auctioneer's hammer** = wooden hammer used by an auctioneer to hit his desk, showing that an item has been sold **Auktionshammer** *m* ; **to go under the hammer** = to be sold by auction **versteigert werden** *or* **unter den Hammer kommen; all the stock went under the hammer** = all the stock was sold by auction **der ganze Warenbestand kam unter den Hammer**
2 *verb* to hit hard **hämmern; to hammer the competition** = to attack and defeat the competition **die Konkurrenz aus dem Feld schlagen** *or* **der Konkurrenz eine schwere Schlappe beibringen; to hammer prices** = to reduce prices sharply **Preise drastisch senken**

◇ **hammered** ['hæməd] *adjective (on the London Stock Exchange)*; **they were hammered** = the firm was removed from the Stock Exchange because it had failed **sie wurden für zahlungsunfähig** *or* **insolvent erklärt**

◇ **hammering** ['hæmərɪŋ] *noun*
(a) beating **schwere Schlappe** *f*; **the company took a hammering in Europe** = the company had large losses in Europe *or* lost parts of its European markets **die Firma hat in Europa eine schwere Schlappe erlitten; we gave them a hammering** = we beat them commercially **wir haben ihnen eine schwere Schlappe beigebracht**
(b) *(on the London Stock Exchange)* removal of a member firm because it has failed **Insolvenzfeststellung** *f*

◇ **hammer out** ['hæmər'aʊt] *verb* **to hammer out an agreement** = to agree something after long and difficult negotiations **eine Vereinbarung aushandeln** *or* **ausarbeiten** *the contract was finally hammered out*

> QUOTE one of Britain's largest independent stockbrokers was hammered by the Stock Exchange yesterday, putting it out of business for good. The hammering leaves all clients of the firm in the dark about the value of their investments and the future of uncompleted financing deals
> Guardian

hand [hænd] *noun*
(a) part of the body at the end of each arm **Hand** *f*; **to shake hands** = to hold someone's hand when meeting to show you are pleased to meet him or to show that an agreement has been reached **sich die Hand geben** *the two negotiating teams shook hands and sat down at the conference table* **to shake hands on a deal** = to shake hands to show that a deal has been agreed **ein Geschäft mit Handschlag besiegeln**
(b) by hand = using the hands, not a machine **von Hand** *or* **Hand-** *these shoes are made by hand* **to send a letter by hand** = to ask someone to carry and deliver a letter personally, not sending it through the post **einen Brief durch Boten überbringen lassen**
(c) in hand = kept in reserve **vorrätig** *or* **zur Verfügung; balance in hand** *or* **cash in hand** = cash held to pay small debts and running costs **Kasse** *f* *or* **Kassenbestand** *m* *or* **Barbestand** *m* ; *we have £10,000 in hand* **work in hand** = work which is in progress but not finished **Halbfabrikate** *npl* (NOTE: US English is **on hand)**
(d) goods left on hand = unsold goods left with the retailer or manufacturer **unverkaufte Ware** *they were left with half the stock on their hands*
(e) to hand = here *or* present **zur Hand** *or* **zur Verfügung; I have the invoice to hand** = I have the invoice in front of me **ich habe die Rechnung zur Hand**
(f) show of hands = vote where people show how they vote by raising their hands **Abstimmung** *f* **durch Handheben** *the motion was carried on a show of hands*
(g) to change hands = to be sold to a new owner **in andere Hände übergehen** *or* **den Besitzer wechseln** *the shop changed hands for £100,000*
(h) note of hand = document where someone promises to pay money at a stated time without conditions **Schuldschein** *m* ; **in witness whereof, I set my hand** = I sign as a witness **ich bestätige die Richtigkeit durch meine Unterschrift**
(i) worker **Arbeiter/-in; Arbeitskraft** *f* ; *to take on ten more hands* **deck hand** = ordinary

sailor on a ship **gemeiner Matrose**; **factory hand** = worker in a factory **Fabrikarbeiter/-in**

◇ **handbill** ['hænbɪl] *noun* sheet of printed paper handed out to members of the public as an advertisement **Reklamezettel** *m or* **Handzettel** *m*

◇ **handbook** ['hænbʊk] *noun* book which gives instructions on how something is to be used **Handbuch** *n or* **Bedienungsanleitung** *f*; *the handbook does not say how you open the photocopier; look in the handbook to see if it tells you how to clean the typewriter* **service handbook** = book which shows how to service a machine **Wartungsbuch** *n*

◇ **hand in** [hænd'ɪn] *verb* to deliver (a letter) by hand **abgeben**; **he handed in his notice** *or* **he handed in his resignation** = he resigned **er reichte seine Kündigung ein**

◇ **hand luggage** ['hæn(d)ˌlʌgɪdʒ] *noun* small cases which passengers can carry themselves (and so can take with them into a plane) **Handgepäck** *n*

◇ **handmade** [hæn'meɪd] *adjective* made by hand, not by machine **handgearbeitet** *or* **handgemacht** *he writes all his letters on handmade paper*

◇ **hand-operated** ['hænd'ɒpəreɪtɪd] *adjective* worked by hand, not automatically **handbetrieben** *or* **von Hand bedient** *a hand-operated machine*

◇ **handout** ['hændaʊt] *noun*
(a) **publicity handout** = information sheet which is given to members of the public **Werbeprospekt** *m or* **Reklamezettel** *m or* **Flugblatt** *n*
(b) free gift **Zuwendung** *f*; *the company exists on handouts from the government*

◇ **hand over** [hænd'əʊvə] *verb* to pass something to someone **übergeben** *or* **überreichen** *she handed over the documents to the lawyer* **he handed over to his deputy** = he passed his responsibilities to his deputy **er übergab (die Verantwortung) an seinen Stellvertreter**

◇ **handover** ['hændəʊvə] *noun* passing of responsibilities to someone else **Übergabe** *f*; *the handover from the old chairman to the new went very smoothly; when the ownership of a company changes, the handover period is always difficult*

◇ **handshake** ['hænʃeɪk] *noun* **golden handshake** = large, usually tax-free, sum of money given to a director who retires from a company before the end of his service contract **großzügige Entlassungsabfindung** *the retiring director received a golden handshake of £25,000*

◇ **handwriting** ['hændraɪtɪŋ] *noun* writing done by hand **Handschrift** *f*; **to send a letter of application in your own handwriting** = written by you with a pen, and not typed **einen handgeschriebenen Bewerbungsbrief schicken**

◇ **handwritten** ['hændrɪtn] *adjective* written by hand, not typed **von Hand geschrieben** *or* **handgeschrieben** *it is more professional to send in a typed rather than a handwritten letter of application*

handle ['hændl] *verb*
(a) to deal with something *or* to organize something **handhaben** *or* **sich befassen mit** *the accounts department handles all the cash; we can handle orders for up to 15,000 units; they handle all our overseas orders*
(b) to sell *or* to trade in (a sort of product) **führen** *or* **handeln mit** *we do not handle foreign cars; they will not handle goods produced by other firms*

◇ **handling** ['hændlɪŋ] *noun* (i) moving something by hand; (ii) dealing with something **(i) Umschlag** *m or* **Handhabung** *f*; **(ii) Bearbeitung** *f or* **Erledigung** *f*; **handling charges** = money to be paid for packing and invoicing *or* for dealing with something in general *or* for moving goods from one place to another **Bearbeitungsgebühr** *f*; **Umschlagspesen** *pl the bank adds on a 5% handling charge for changing travellers' cheques* **materials handling** = moving materials from one part of a factory to another in an efficient way **innerbetriebliches Transport- und Lagerwesen**

> QUOTE shipping companies continue to bear the extra financial burden of cargo handling operations at the ports
>
> Business Times (Lagos)

handy ['hændɪ] *adjective* useful *or* convenient **praktisch** *or* **handlich** *they are sold in handy-sized packs; this small case is handy for use when travelling*

hang [hæŋ] *verb* to attach something to a hook, nail, etc. **(auf)hängen** *hang your coat on the hook behind the door; he hung his umbrella over the back of his chair* (NOTE: **hanging - hung**)

◇ **hang on** [hæŋ'ɒn] *verb* to wait (while phoning) **dranbleiben** *or* **warten** *if you hang on a moment, the chairman will be off the other line soon*

◇ **hang up** [hæŋ'ʌp] *verb* to stop a telephone conversation by putting the telephone back on its hook **aufhängen** *or* **auflegen** *when I asked him about the invoice, he hung up*

happen ['hæpən] *verb* to take place by chance **sich ereignen** *or* **geschehen** *or* **passieren** *the contract happened to arrive when the managing director was away on holiday; he happened to be in the shop when the customer placed the order* **what has happened to** = what went wrong with *or* what is the matter with *or* where is **was ist mit _ passiert?** *what has happened to that order for Japan?*

happy ['hæpɪ] *adjective* very pleased **zufrieden** *or* **erfreut** *we will be happy to supply you at 25% discount; the MD was not at all happy when the sales figures came in*

harbour *or (US)* **harbor** ['hɑːbə] *noun* port, place where ships come to load or unload **Hafen** *m* ; **harbour dues** = payment which a ship makes to the harbour authorities for the right to use the harbour **Hafengebühr** *f*; **harbour installations** *or* **harbour facilities** = buildings *or* equipment in a harbour **Hafenanlagen** *pl*

hard [hɑːd]
1 *adjective*
(a) strong *or* not weak **hart; to take a hard line in trade union negotiations** = to refuse to accept any proposal from the other side **in Verhandlungen mit der Gewerkschaft hart sein** *or* **eine harte Linie verfolgen**
(b) difficult **schwierig** *or* **schwer** *these typewriters are hard to sell; it is hard to get good people to work on low salaries*
(c) solid **hart**; **hard cash** = money in notes and coins which is ready at hand **Bargeld** *n* ; *he paid out £100 in hard cash for the chair* **hard copy** = printout of a text which is on a computer *or* printed copy of a document which is on microfilm **Ausdruck** *m* ; *he made the presentation with diagrams and ten pages of hard copy* **hard disk** = computer disk which has a sealed case and can store large quantities of information **Festplatte** *f*
(d) hard bargain = bargain with difficult terms **ein Geschäft** *n* **mit harten Bedingungen** *fpl* **to drive a hard bargain** = to be a difficult negotiator **hart verhandeln** *or* **harte Bedingungen stellen**; **to strike a hard bargain** = to agree a deal where the terms are favourable to you **ein gutes Geschäft machen**; **after weeks of hard bargaining** = after weeks of difficult discussions **nach Wochen schwierigen** *or* **harten Verhandelns** *n*
(e) hard currency = currency of a country which has a strong economy and which can be changed into other currencies easily **harte Währung** *exports which can earn hard currency; these goods must be paid for in hard currency; a hard currency deal*
2 *adverb* with a lot of effort **hart** *or* **mit aller Kraft** *the sales team sold the new product range hard into the supermarkets; if all the workforce works hard, the order should be completed on time*

◇ **harden** ['hɑːdn] *verb* **prices are hardening** = are settling at a higher price **die Preise ziehen an**

◇ **hardening** ['hɑːdnɪŋ] *noun* **a hardening of prices** = becoming settled at a higher level **ein Anziehen** *n* **der Preise**

◇ **hardness** ['hɑːdnəs] *noun* **hardness of the market** = being strong *or* not being likely to fall **Festigung** *f* **des Marktes**

◇ **hard sell** ['hɑːd'sel] *noun* **to give a product the hard sell** = to make great efforts to persuade people to buy it **beim Verkauf eines Produkts aggressive Verkaufsmethoden** *fpl* **anwenden; he tried to give me the hard sell** = he put a lot of effort into trying to make me buy **er versuchte mit allen Mitteln, mich zum Kauf zu überreden**

◇ **hard selling** ['hɑːd'selɪŋ] *noun* act of selling by using great efforts **aggressive Verkaufsmethoden** *fpl a lot of hard selling went into that deal*

◇ **hardware** ['hɑːdweə] *noun*
(a) computer hardware = machines used in data processing, including the computers and printers, but not the programs **Computer-Hardware** *f*; *hardware maintenance contract*
(b) military hardware = guns *or* rockets *or* tanks, etc. **Wehrmaterial** *n*
(c) solid goods for use in the house (such as frying pans or hammers) **Haushaltswaren** *pl or* **Eisenwaren** *a hardware shop*

> QUOTE hard disks help computers function more speedily and allow them to store more information
> Australian Financial Review

> QUOTE few of the paper millionaires sold out and transformed themselves into hard cash millionaires
> Investors Chronicle

harm [hɑːm]
1 *noun* damage done **Schaden** *m* ; *the recession has done a lot of harm to export sales*
2 *verb* to damage **schaden** *the bad publicity has harmed the company's reputation*

hatchet man ['hætʃɪt,mæn] *noun* recently appointed manager, whose job is to make staff redundant and reduce expenditure **(Krisen)manager** *m* **mit kostenreduzierendem Mandat** *n*

haul [hɔːl] *noun* distance travelled with a load of cargo **Strecke** *f*; **Transportweg** *m* ; *it is a long haul from Birmingham to Athens* **short-haul flight** = flight over a short distance (up to 1000km) **Kurzstreckenflug** *m* ; **long-haul flight** = long-distance flight, especially between continents **Langstreckenflug** *m or* **Fernflug**

◇ **haulage** ['hɔːlɪdʒ] *noun*

(a) road haulage = moving of goods by road **Güterkraftverkehr** *m* ; **road haulage depot** = centre for goods which are being moved by road, and the lorries which carry them **Güterkraftverkehrsdepot** *n* ; **haulage contractor** = company which arranges for goods to be moved by road or rail under contract **Transportunternehmer** *m or* **Fuhrunternehmer** *m or* **Spediteur** *m* ; **haulage costs** *or* **haulage rates** = cost *or* rates of transporting goods by road **Transportkosten** *pl* **haulage firm** *or* **company** = company which transports goods by road **Spedition** *f*

(b) cost of transporting goods by road **Transportkosten** *pl or* **Beförderungskosten** *haulage is increasing by 5% per annum*

◇ **haulier** ['hɔːljə] *noun* **road haulier** = company which transports goods by road **Spediteur** *m or* **Fernspediteur**

haven ['heɪvn] *noun* safe place **Zufluchtsort** *m* ; **tax haven** = country where taxes are low which encourages companies to set up their main offices there **Steueroase** *f*

hawk [hɔːk] *verb* to sell goods from door to door or in the street **hausieren mit** *or* **feilbieten; to hawk something round** = to take a product *or* an idea *or* a project to various companies to see if one will accept it **mit etwas hausieren (gehen)** *or* **etwas feilbieten** *he hawked his idea for a plastic car body round all the major car constructors*

◇ **hawker** ['hɔːkə] *noun* person who sells goods from door to door or in the street **Hausierer/-in**

hazard ['hæzəd] *noun* danger **Gefahr** *f or* **Risiko** *n* ; **fire hazard** = situation *or* goods which could start a fire **Feuerrisiko** *n* ; *that warehouse full of wood and paper is a fire hazard*

head [hed]

1 *noun*

(a) most important person **Leiter/-in** *or* **Chef/-in; Vorstand** *m* ; **head of department** *or* **department head** = person in charge of a department **Abteilungsleiter/-in**

(b) most important *or* main **Haupt-** *or* **Ober-** *head clerk; head porter; head salesman; head waiter* **head buyer** = most important buyer in a department store **Einkaufsleiter/-in; head office** = main office, where the board of directors works and meets **Hauptgeschäftsstelle** *f or* **Hauptverwaltung** *f or* **Zentrale** *f or* **Direktion** *f*

(c) top part *or* first part **Spitze** *f*; **oberes Ende** *write the name of the company at the head of the list*

(d) person **Kopf** *m* ; *representatives cost on average £25,000 per head per annum*

(e) heads of agreement = draft agreement with not all the details complete **Hauptpunkte** *mpl* **eines Vertrags** *m*

2 *verb*

(a) to be the manager *or* to be the most important person **leiten** *or* **vorstehen** *to head a department; he is heading a buying mission to China*

(b) to be first **anführen** *or* **an der Spitze stehen** *the two largest oil companies head the list of stock market results*

◇ **headed paper** ['hedɪd'peɪpə] *noun* notepaper with the name of the company and its address printed on it **Papier** *n* **mit Briefkopf** *m*

◇ **head for** [hed'fɔː] *verb* to go towards **zugehen** *or* **zusteuern auf; auf dem Weg sein zu** *or* **nach; the company is heading for disaster** = the company is going to collapse **die Firma steuert auf eine Katastrophe zu**

◇ **headhunt** ['hedhʌnt] *verb* to look for managers and offer them jobs in other companies **nach Führungskräften** *fpl* **suchen; he was headhunted** = he was approached by a headhunter and offered a new job **er wurde abgeworben** (NOTE: also called **executive search)**

◇ **headhunter** ['hedˌhʌntə] *noun* person *or* company which looks for top managers and offers them jobs in other companies **Kopfjäger** *m or* **Headhunter** *m*

◇ **heading** ['hedɪŋ] *noun*

(a) words at the top of a piece of text **Überschrift** *f or* **Stichwort** *n* ; *items are listed under several headings; look at the figure under the heading 'Costs 92-93'*

(b) letter heading *or* **heading on notepaper** = name and address of a company printed at the top of a piece of notepaper **Briefkopf** *m*

◇ **headlease** ['hedliːs] *noun* lease from a freehold owner to a lessee **Hauptmietvertrag** *m or* **Hauptpachtvertrag** *m* ; **Vermietung** *f or* **Verpachtung** *f*

◇ **headline inflation** ['hedlaɪnɪn'fleɪʃn] *noun* British inflation figure which includes all items (such as mortgage interest and local taxes, which are not included in the inflation figures for other countries) **britisches System der Inflationsratenbestimmung**

> QUOTE the UK economy is at the uncomfortable stage in the cycle where two years of tight money are having the desired effect on demand: output is falling and unemployment is rising, but headline inflation and earnings are showing no sign of decelerating
> Sunday Times

headquarters (HQ) ['hed'kwɔːtəz] *plural noun* main office, where the board of directors meets and works **(Haupt)sitz** *m or* **Hauptgeschäftsstelle** *f or* **Zentrale** *f* ; *the company's headquarters are in New York* **divisional headquarters** = main office of a division of a company **Bereichszentrale** *f or* **Zentrale** *f* **des Unternehmensbereichs** *m* ; **to reduce headquarters staff** = to have fewer people working in the main office **das Personal in der Zentrale reduzieren**

◊ **head up** [hed'ʌp] *verb* to be in charge of **führen** *or* **leiten** *he has been appointed to head up our European organization*

> QUOTE reporting to the deputy managing director, the successful candidate will be responsible for heading up a team which provides a full personnel service
> Times

health [helθ] *noun*
(a) being fit and well, not ill **Gesundheit** *f; (GB)* **Health and Safety at Work Act** = Act of Parliament which rules how the health of workers should be protected by the companies they work for **Gesetz** *n* **zum Schutz der Gesundheit und Sicherheit am Arbeitsplatz**; **health insurance** = insurance which pays the cost of treatment for illness, especially when travelling abroad **Krankenversicherung** *f* ; **private health scheme** = insurance which will pay for the cost of treatment in a private hospital, not a state one **private Krankenversicherung**
(b) to give a company a clean bill of health = to report that a company is trading profitably **bescheinigen, dass eine Firma mit Profit arbeitet**

◊ **healthy** ['helθɪ] *adjective* **a healthy balance sheet** = balance sheet which shows a good profit **eine gesunde Bilanz**; **the company made some very healthy profits** *or* **a very healthy profit** = made a large profit **die Firma machte beachtliche** *or* **gesunde Gewinne** *mpl*

> QUOTE the main US banks have been forced to pull back from international lending as nervousness continues about their financial health
> Financial Times

hear [hɪə] *verb*
(a) to sense a sound with the ears **hören** *you can hear the printer in the next office; the traffic makes so much noise that I cannot hear my phone ringing*
(b) to have a letter *or* a phone call from someone **hören** *we have not heard from them for some time; we hope to hear from the lawyers within a few days* (NOTE: **hearing - heard)**

heavy ['hevɪ] *adjective*
(a) large *or* in large quantities **hoch** *or* **groß** *or* **bedeutend** *or* **umfangreich** *a programme of heavy investment overseas; he had heavy losses on the Stock Exchange; the company is a heavy user of steel or a heavy consumer of electricity; the government imposed a heavy tax on luxury goods* **heavy costs** *or* **heavy expenditure** = spending large sums of money **hohe Kosten** *pl or* **hohe Ausgaben** *fpl*
(b) which weighs a lot **schwer** *the Post Office refused to handle the package because it was too heavy* **heavy goods vehicle (HGV)** = large lorry used for carrying big loads **Schwertransporter** *m* ; **heavy industry** = industry which makes large products (such as steel bars, ships or railway lines) **Schwerindustrie** *f*; **heavy machinery** = large machines **Schwermaschinen** *fpl*

◊ **heavily** ['hevəlɪ] *adverb* **he is heavily in debt** = he has many debts **er ist hoch verschuldet; they are heavily into property** = they have large investments in property **sie sind stark auf dem Immobilienmarkt engagiert; the company has had to borrow heavily to repay its debts** = the company has had to borrow large sums of money **das Unternehmen hat viel Geld aufnehmen müssen, um seine Schulden zu bezahlen**

> QUOTE the steel company had spent heavily on new equipment
> Fortune

> QUOTE heavy selling sent many blue chips tumbling in Tokyo yesterday
> Financial Times

hectare ['hekteə] *noun* measurement of area of land (= 2.47 acres) **Hektar** *m* (NOTE: usually written **ha** after figures: **16ha)**

hectic ['hektɪk] *adjective* wild *or* very active **hektisch** *a hectic day on the Stock Exchange;*

after last week's hectic trading, this week has been very calm

hedge [hedʒ]
1 *noun* protection against a possible loss (by taking an action which is the opposite of an action taken earlier) **Schutz** *m or* **Absicherung** *f* ; **a hedge against inflation** = investment which should increase in value more than the increase in the rate of inflation **eine Absicherung gegen Inflation** *f*; *he bought gold as a hedge against exchange losses* **hedge fund** = fund which makes money by taking advantage of very small changes in exchange rates, buying or selling currencies forward (because of the large amounts of money which these funds invest, they can influence exchange rates) **Hedging-Fonds** *m*
2 *verb* **to hedge one's bets** = to make investments in several areas so as to be protected against loss in one of them **sich absichern** *or* **auf Nummer Sicher gehen; to hedge against inflation** = to buy investments which will rise in value faster than the increase in the rate of inflation **sich gegen Inflation absichern**

◇ **hedging** ['hedʒɪŋ] *noun* buying investments at a fixed price for delivery later, so as to protect oneself against possible loss **Hedge-Geschäft** *or* **Hedging** *n* *(Warentermingeschäft zur Absicherung gegen Preisrisiken; Devisentermingeschäft zur Absicherung gegen Kursrisiken)*

> QUOTE during the 1970s commercial property was regarded by investors as an alternative to equities, with many of the same inflation-hedge qualities
> Investors Chronicle

> QUOTE much of what was described as near hysteria was the hedge funds trying to liquidate bonds to repay bank debts after losing multi-million dollar bets on speculations that the yen would fall against the dollar
> Times

height [haɪt] *noun*
(a) measurement of how tall *or* high something is **Höhe** *f*; *what is the height of the desk from the floor? he measured the height of the room from floor to ceiling*
(b) highest point **Höhepunkt** *m* ; **Gipfel** *m* ; *it is difficult to find hotel rooms at the height of the tourist season*

heir [eə] *noun* person who will receive property when someone dies **Erbe/Erbin** *his heirs split the estate between them*

helicopter ['helɪkɒptə] *noun* aircraft with a large propeller on top which allows it to lift straight off the ground **Hubschrauber** *m* ; *he took the helicopter from the airport to the centre of town; it is only a short helicopter flight from the centre of town to the factory site*

◇ **helipad** ['helɪpæd] *noun* small area where helicopters can land or take off (such as on the roof of a building) **Hubschrauberlandeplatz** *m*

◇ **heliport** ['helɪpɔːt] *noun* small airport for helicopters **Heliport** *m*

help [help]
1 *noun* thing which makes it easy to do something **Hilfe** *f* ; **Unterstützung** *f* ; *she finds the word-processor a great help in writing letters; the company was set up with financial help from the government; her assistant is not much help in the office - he cannot type or drive*
2 *verb* to make it easy for something to be done **helfen** *or* **unterstützen** *he helped the salesman carry his case of samples; the computer helps in the rapid processing of orders or helps us to process orders rapidly; the government helps exporting companies with easy credit* (NOTE: you help someone *or* **something to do** something)

hereafter [hɪər'ɑːftə] *adverb* from this time on **künftig** *or* **in Zukunft** *or* **im Folgenden** *or* **nachstehend**

◇ **hereby** [hɪə'baɪ] *adverb* in this way *or* by this letter **hiermit** *we hereby revoke the agreement of January 1st 1982*

◇ **herewith** [hɪə'wɪð] *adverb* together with this letter **anbei** *or* **als Anlage** *please find the cheque enclosed herewith*

hereditament [ˌherɪ'dɪtəmənt] *noun* property, including land and buildings **Grundbesitz** *m* ; **Grundstück** *n*

hesitate ['hezɪteɪt] *verb* not to be sure what to do next **zögern** *or* **unschlüssig sein** *the company is hesitating about starting up a new computer factory; she hesitated for some time before accepting the job*

HGV ['eɪtʃ'dʒiː'viː] = HEAVY GOODS VEHICLE

hidden ['hɪdn] *adjective* which cannot be seen **versteckt** *or* **verdeckt** *or* **verborgen**; **hidden asset** = asset which is valued much less in the company's accounts than its true market value **versteckter Vermögenswert**; **hidden reserves** = reserves which are easy to identify in the company's balance sheet (reserves which are illegally kept hidden are called 'secret reserves') **stille Reserven** *fpl* **hidden defect in the program** = defect which was not noticed when the program was tested **versteckter Fehler im Programm**

high ['haɪ]
1 *adjective*
(a) tall **hoch** *or* **hohe(r,s)** *the shelves are 30 cm high; the door is not high enough to let us get the machines into the building; they are planning a 30-storey high office block*
(b) large *or* not low **hohe(r,s)** *high overhead costs increase the unit price; high prices put customers off; they are budgeting for a high level of expenditure; investments which bring in a high rate of return; high interest rates are killing small businesses* **high finance** = lending, investing and borrowing of very large sums of money organized by financiers **Hochfinanz** *f* ; **high flier** = (i) person who is very successful *or* who is likely to get a very important job; (ii) share whose market price is rising rapidly **(i) Senkrechtstarter** *m* ; **(ii) Spitzenwert** *m* ; **high sales** = large amount of revenue produced by sales **hoher Absatz**; **high taxation** = taxation which imposes large taxes on incomes *or* profits **hohe Besteuerung**; **highest tax bracket** = the group which pays the most tax **höchste Steuerklasse**; **high volume (of sales)** = large number of items sold **hoher Absatz**
(c) highest bidder = person who offers the most money at an auction **Höchstbietende(r)** *the tender will be awarded to the highest bidder; the property was sold to the highest bidder* **a decision taken at the highest level** = decision taken by the most important person or group **eine auf höchster Ebene getroffene Entscheidung**
2 *adverb* **prices are running high** = prices are above their usual level **die Preise sind derzeit hoch**
3 *noun* point where prices *or* sales are very large **Höchststand** *m* ; *share prices have dropped by 10% since the high of January 2nd; the highs and lows on the Stock Exchange* **sales volume has reached an all-time high** = has reached the highest point it has ever been at **das Umsatzvolumen hat einen absoluten Höchststand erreicht**

◇ **high-grade** ['haɪgreɪd] *adjective* of very good quality **hochwertig** *or* **erstklassig** *high-grade petrol* **a high-grade trade delegation** = a delegation made up of very important people **eine hochrangige** *or* **hoch gestellte Handelsdelegation**

◇ **high-income** ['haɪˌɪnkʌm] *adjective* which gives a large income **mit hohem Einkommen** *n* ; *high-income shares; a high-income portfolio*

◇ **high-level** [haɪ'levl] *adjective*
(a) very important **auf höchster Ebene** *or* **Spitzen-**; **a high-level meeting** *or* **delegation** = meeting *or* delegation of the most important people (such as ministers, managing directors) **ein Treffen** *n* **auf höchster Ebene** *or* **eine Spitzendelegation**; **a high-level decision** = decision taken by the most important person or group **eine auf höchster Ebene getroffene Entscheidung**
(b) high-level language = programming language which uses normal words and figures **höhere Programmiersprache**

◇ **highlighter** ['haɪˌlaɪtə] *noun* felt-tip pen with transparent ink in bright colours (pink, red, orange, etc.) and a wide felt tip, used to put a thick line of colour to mark text in a document **Marker** *m*

◇ **highly** ['haɪlɪ] *adverb* very **hoch** *or* **höchst**; **highly-geared company** = company which has a high proportion of its funds from fixed-interest borrowings **Unternehmen** *n* **mit hohem Fremdkapitalanteil** *m* ; **highly-paid** = earning a large salary **hoch bezahlt**; **highly-placed** = occupying an important post **hoch gestellt** *the delegation met a highly-placed official in the Trade Ministry* **highly-priced** = with a large price **teuer**; **she is highly thought of by the managing director** = the managing director thinks she is very competent **der Generaldirektor hält große Stücke auf sie** *or* **hat eine hohe Meinung von ihr**

◇ **high pressure** ['haɪ'preʃə] *noun* strong force by other people to do something **Hochdruck** *m or* **großer Druck**; **working under high pressure** = working with a manager telling you what to do and to do it quickly *or* with customers asking for supplies urgently **unter Hochdruck** *or* **großem Druck arbeiten**; **high-pressure salesman** = salesman who forces the customer to buy something he does not really need **aggressiver Verkäufer**; **high-pressure sales techniques** *or* **high-pressure selling** = forcing a customer to buy something he does not really want **aggressive Verkaufsmethoden** *fpl*

◇ **high-quality** ['haɪˌkwɒlətɪ] *adjective* of very good quality **Qualitäts-** *or* **hochwertig** *high-quality goods; high-quality steel*

◇ **High Street** ['haɪstriːt] *noun* main shopping street in a British town **Hauptgeschäftsstraße** *f* ; *the High Street shops; a High Street bookshop* **the High Street banks** = main British banks which accept deposits from individual customers **die größten Bankinstitute** *npl* **in Großbritannien**

> QUOTE American interest rates remain exceptionally high in relation to likely inflation rates
> Sunday Times

> QUOTE faster economic growth would tend to push US interest rates, and therefore the dollar, higher
> Australian Financial Review

> QUOTE in a leveraged buyout the acquirer raises money by selling high-yielding debentures to private investors
> Fortune

hike [haɪk]
1 *noun (US)* increase **Anstieg** *m or* **Erhöhung** *f* ; **pay hike** = increase in salary **Lohnerhöhung**
2 *verb (US)* to increase **erhöhen** *the union hiked its demand to $13 an hour*

hire ['haɪə]
1 *noun*
(a) paying money to rent a car *or* boat *or* piece of equipment for a time **Mieten** *n* ; **Leihen** *n* ; *car hire; truck hire* **car hire firm** *or* **equipment hire firm** = company which owns cars *or* equipment and lends them to customers for a payment **Autovermietung** *f* ; **Geräteverleih** *m* ; **hire car** = car which has been rented **Leihwagen** *m or* **Mietwagen** *he was driving a hire car when the accident happened*
(b) **'for hire'** = sign on a taxi showing it is empty **,frei'**
(c) *(US)* **for hire contract** = freelance contract **Vertrag** *m* **für freie Mitarbeiter** *mpl* **to work for hire** = to work freelance **freiberuflich arbeiten**
2 *verb*
(a) **to hire staff** = to engage new staff to work for you **Personal** *n* **einstellen; to hire and fire** = to employ new staff and dismiss existing staff frequently **(oft) einstellen und entlassen** *we have hired the best lawyers to represent us; they hired a small company to paint the offices*
(b) **to hire a car** *or* **a crane** = to pay money to use a car *or* a crane for a time **einen Wagen** *or* **einen Kran mieten** *he hired a truck to move his furniture*
(c) **to hire out cars** *or* **equipment** = to lend cars *or* equipment to customers who pay for their use **Wagen** *or* **Geräte vermieten**

◇ **hired** ['haɪəd] *adjective* **a hired car** = car which has been rented **ein Mietwagen** *m*

◇ **hire purchase (HP)** ['haɪə'pɜːtʃəs] *noun* system of buying something by paying a sum regularly each month **Ratenkauf** *m or* **Teilzahlungskauf** *or* **Mietkauf** *to buy a refrigerator on hire purchase* **to sign a hire-purchase agreement** = to sign a contract to pay for something by instalments **einen Teilzahlungsvertrag unterschreiben; hire-purchase company** = company which provides money for hire purchase **Teilzahlungs(kredit)institut** *n* (NOTE: US English uses **to buy on the installment plan)**

◇ **hiring** ['haɪərɪŋ] *noun* employing **Einstellung** *f* ; *hiring of new personnel has been stopped*

> COMMENT: an agreement to hire a piece of equipment, etc., involves two parties: the hirer and the owner. The equipment remains the property of the owner while the hirer is using it. Under a hire-purchase agreement, the equipment remains the property of the owner until the hirer has complied with the terms of the agreement (i.e., until he has paid all monies due)

historic *or* **historical** [hɪs'tɒrɪk *or* hɪs'tɒrɪkəl] *adjective* which goes back over a period of time **historisch; historic(al) cost** = actual cost of something which was made some time ago **ursprüngliche Anschaffungskosten** *pl or* **ursprüngliche Herstellungskosten; historical figures** = figures which were current in the past **historische Zahlen** *fpl*

> COMMENT: by tradition, a company's accounts are usually prepared on the historic (al) cost principle, i.e. that assets are costed at their purchase price; with inflation, such assets are undervalued, and current-cost accounting or replacement-cost accounting may be preferred

> QUOTE the Federal Reserve Board has eased interest rates in the past year, but they are still at historically high levels
> Sunday Times

hit [hɪt] *verb*
(a) to knock against something **anstoßen** *or* **schlagen** *or* **treffen** *he hit his head against the table* **we have hit our export targets** = we have reached our targets **wir haben unsere Exportziele erreicht**
(b) to hurt *or* to damage **treffen** *the company was badly hit by the falling exchange rate; our sales of summer clothes have been hit by the bad weather; the new legislation has hit the small companies hardest* (NOTE: **hitting - hit)**

hive off [haɪv'ɒf] *verb* to split off part of a large company to form a smaller subsidiary **abspalten** *or* **ausgliedern** *the new managing director hived off the retail sections of the company*

hoard [hɔːd] *verb* to buy and store food in case of need; to keep cash instead of investing it **horten** *or* **ansammeln**; *(informal)* **hamstern**

◊ **hoarder** ['hɔːdə] *noun* person who buys and stores food in case of need **Hamsterer** *m*

◊ **hoarding** ['hɔːdɪŋ] *noun*
(a) hoarding of supplies = buying large quantities of money *or* food to keep in case of need **das Horten von Vorräten; Hamsterkauf** *m*
(b) advertisement hoarding = large board for posters **Reklametafel** *f or* **Plakatwand** *f*
(c) *(US)* temporary fence put up around a construction site **Bauzaun** *m*

> QUOTE as a result of hoarding, rice has become scarce with prices shooting up
> Business Times (Lagos)

hold [həʊld]
1 *noun* bottom part of a ship or aircraft, in which cargo is carried; *(Schiff)* **Laderaum** *m; (Flugzeug)* **Frachtraum** *m*
2 *verb*
(a) to own *or* to keep **halten** *he holds 10% of the company's shares* **you should hold these shares - they look likely to rise** = you should keep these shares and not sell them **du solltest diese Aktien halten - sie steigen wahrscheinlich**
(b) to contain **enthalten** *or* **fassen** *the carton holds twenty packets; each box holds 250 sheets of paper; a bag can hold twenty kilos of sugar*
(c) to make something happen **(ab)halten** *or* **stattfinden** *to hold a meeting or a discussion; the computer show will be held in London next month; board meetings are held in the boardroom; the AGM will be held on March 24th; the receiver will hold an auction of the company's assets; the accountants held a review of the company's accounting practices*
(d) *(on telephone)*; **hold the line please** = please wait **bleiben Sie bitte am Apparat** *or* **bitte warten** *the chairman is on the other line - will you hold?* (NOTE: **holding - held**)

◊ **hold back** [həʊld'bæk] *verb* to wait *or* not to go forward **(sich) zurückhalten** *or* **zögern**; **investors are holding back until after the Budget** = investors are waiting until they hear the details of the Budget before they decide whether to buy or sell **Kapitalanleger halten sich bis zur Bekanntgabe des Haushaltplans zurück**; **he held back from signing the lease until he had checked the details** = he delayed signing the lease until he had checked the details **er wartete mit der Unterzeichnung des Pachtvertrages, bis er einzelne Punkte geprüft hatte**; **payment will be held back until the contract has been signed** = payment will not be made until the contract has been signed **die Zahlungen werden zurückgehalten, bis der Vertrag unterzeichnet ist**

◊ **hold down** [həʊld'daʊn] *verb*
(a) to keep at a low level **niedrig halten** *we are cutting margins to hold our prices down*
(b) to hold down a job = to manage to do a difficult job **sich in einer Stellung halten**

◊ **holder** ['həʊldə] *noun*
(a) person who owns *or* keeps something **Besitzer/-in** *or* **Inhaber/-in** *holders of government bonds or bondholders; holder of stock or of shares in a company; holder of an insurance policy or policy holder* **credit card holder** = person who has a credit card **Kreditkarteninhaber**; **debenture holder** = person who holds a debenture for money lent **Obligationär** *m*
(b) thing which keeps something *or* which protects something **Halter** *m or* **Hülle** *f*; **card holder** *or* **message holder** = frame which protects a card *or* a message **schwarzes Brett** *n*; **credit card holder** = plastic wallet for keeping credit cards **Kreditkartenmäppchen** *n*

◊ **holding** ['həʊldɪŋ] *noun*
(a) group of shares owned **Anteil** *m or* **Beteiligung** *f or* **Bestand** *m*; *he has sold all his holdings in the Far East; the company has holdings in German manufacturing companies*
(b) cross holdings = situation where two companies own shares in each other in order to stop each from being taken over **gegenseitige Beteiligungen** *fpl or* **Kapitalverflechtung** *f*; *the two companies have protected themselves from takeover by a system of cross holdings*

◊ **holding company** ['həʊldɪŋ,kʌmpnɪ] *noun* (i) company which owns more than 50% of the shares in another company; (ii) company which exists only or mainly to own shares in subsidiary companies **(i) Gesellschaft, die die maßgebliche Beteiligung an einer anderen Firma besitzt; (ii) Holdinggesellschaft** *f or* **Dachgesellschaft** (NOTE: the US English for this is **proprietary company**; see also SUBSIDIARY)

◊ **hold on** [həʊld'ɒn] *verb* to wait *or* not to change **(ab)warten** *or* **festhalten an**; **the company's shareholders should hold on and wait for a better offer** = they should keep their shares and not sell them **die Aktionäre der Gesellschaft sollten ein besseres Angebot abwarten**

◊ **hold out for** [həʊld'aʊtfɔː] *verb* to wait and ask for **auf etwas bestehen**; **you should hold out for a 10% pay rise** = do not agree to a pay rise of less than 10% **Sie sollten auf einer Lohnerhöhung von 10% bestehen**

◇ **hold over** [həʊld'əʊvə] *verb* to postpone *or* to put back to a later date **vertagen** *or* **verschieben** *discussion of item 4 was held over until the next meeting*

◇ **hold to** [həʊld'tuː] *verb* not to allow something to change **festhalten an** *or* **einhalten**; **we will try to hold him to the contract** = we will try to stop him going against the contract **wir werden versuchen, ihn zur Einhaltung des Vertrags zu zwingen**; **the government hopes to hold wage increases to 5%** = the government hopes that wage increases will not be more than 5% **die Regierung hofft, an Lohnerhöhungen unter 5% festhalten zu können**

◇ **hold up** [həʊld'ʌp] *verb*
(a) to stay at a high level **sich behaupten** *share prices have held up well; sales held up during the tourist season*
(b) to delay **verzögern** *or* **aufhalten** *the shipment has been held up at the customs; payment will be held up until the contract has been signed; the strike will hold up dispatch for some weeks*

◇ **hold-up** ['həʊldʌp] *noun* delay **Verzögerung** *f or* **Stockung** *f*; *the strike caused hold-ups in the dispatch of goods*

> QUOTE real wages have been held down; they have risen at an annual rate of only 1% in the last two years
> Sunday Times

> QUOTE as of last night, the bank's shareholders no longer hold any rights to the bank's shares
> South China Morning Post

holiday ['hɒlədeɪ] *noun*
(a) bank holiday = weekday which is a public holiday when the banks are closed **gesetzlicher Feiertag** *New Year's Day is a bank holiday* **public holiday** = day when all workers rest and enjoy themselves instead of working **öffentlicher Feiertag**; **statutory holiday** = holiday which is fixed by law **gesetzlicher Feiertag** *the office is closed for the Christmas holiday*
(b) period when a worker does not work, but rests, goes away and enjoys himself **Urlaub** *m* ; *to take a holiday or to go on holiday; when is the manager taking his holidays? my secretary is off on holiday tomorrow; he is away on holiday for two weeks* **the job carries five weeks' holiday** = one of the conditions of the job is that you have five weeks' holiday **in dieser Stellung bekommt man fünf Wochen Urlaub**; **summer holidays** = holidays taken by the workers in the summer when the weather is good and children are not at school **Sommerferien** *pl or* **Sommerurlaub** *m* ; **holiday entitlement** = number of days' paid holiday which a worker has the right to take **Urlaubsanspruch** *m* ; **holiday pay** = salary which is still paid during the holiday **Urlaubsgeld** *n* (NOTE: US English is **vacation**)
(c) tax holiday = period when a new business is exempted from paying tax **Steuerfreijahre** *npl*

hologram ['hɒləgræm] *noun* three-dimensional picture which is used on credit cards as a means of preventing forgery **Hologramm** *n*

home [həʊm] *noun*
(a) place where a person lives **Zuhause** *n* ; *please send the letter to my home address, not my office* **home banking** = system of banking using a computer terminal in one's own home to carry out various financial transactions (such as paying invoices) **Homebanking** *n*
(b) home country = country where a company is based **Heimatland** *n* ; **home sales** *or* **sales in the home market** = sales in the country where a company is based **Inlandsabsatz** *m* ; **home-produced products** = products manufactured in the country where the company is based **einheimische Erzeugnisse** *npl*
(c) house **Haus** *n* ; **new home sales** = sales of new houses **Verkauf** *m* **von neuen Häusern** *npl or* **Wohnungen** *fpl* **home loan** = loan by a bank *or* a building society to a person buying a house **Wohnungsbaudarlehen** *n* ; **Hypothek** *f* **für Eigenheim** *n*

◇ **homegrown** ['həʊm,grəʊn] *adjective* which has been developed in a local area *or* in a country where the company is based **einheimisch** *a homegrown computer industry; India's homegrown car industry*

◇ **homemade** ['həʊm,meɪd] *adjective* made in a home **hausgemacht** *homemade jam*

◇ **homeowner** ['həʊm'əʊnə] *noun* person who owns a private house **Eigenheimbesitzer/-in**; **homeowner's insurance policy** = insurance policy covering a house and its contents and the personal liability of the people living in it **kombinierte Haus- und Hausratversicherung**

◇ **homeward** ['həʊmwəd] *adjective* going towards the home country **Heim-** *or* **Rück-** *homeward freight; homeward journey*

◇ **homewards** ['həʊmwədz] *adverb* towards the home country **Rück-** *or* **heim** *or* **nach Hause** *cargo homewards*

◇ **homeworker** ['həʊm'wʌkə] *noun* person who works at home for a company **Heimarbeiter/-in**

hon = HONORARY; **hon sec** = honorary secretary **ehrenamtliche(r) Sekretär/-in**

honest ['ɒnɪst] *adjective* respected *or* saying what is right **ehrlich** *or* **redlich**; **to play the honest broker** = to act for the parties in a negotiation to try to make them agree to a solution **die Rolle des redlichen Vermittlers** *m or* **ehrlichen Maklers** *m* **spielen**

◇ **honestly** ['ɒnɪstlɪ] *adverb* saying what is right *or* not cheating **ehrlich**

honorarium [ˌɒnə'reərɪəm] *noun* money paid to a professional person, such as an accountant *or* a lawyer, when he does not ask for a fee **Honorar** *n* (NOTE: plural is **honoraria)**

◇ **honorary** ['ɒnərərɪ] *adjective* person who is not paid a salary **ehrenamtlich** *or* **Ehren-** *honorary secretary; honorary president* **honorary member** = member who does not have to pay a subscription **Ehrenmitglied** *n*

honour *or (US)* **honor** ['ɒnə] *verb* to pay something because it is owed and is correct **begleichen** *to honour a bill* **to honour a signature** = to pay something because the signature is correct **eine Unterschrift einlösen**

hope [həʊp] *verb* to expect *or* to want something to happen **hoffen** *we hope to be able to dispatch the order next week; he is hoping to break into the US market; they had hoped the TV commercials would help sales*

horizontal [ˌhɒrɪ'zɒntl] *adjective* flat *or* going from side to side, not up and down **horizontal** *or* **waagerecht**; **horizontal communication** = communication between workers at the same level **horizontale Kommunikation**; **horizontal integration** = joining similar companies in the same type of business *or* taking over a company in the same line of business **horizontale Integration**

horse trading ['hɔːsˌtreɪdɪŋ] *noun* hard bargaining which ends with someone giving something in return for a concession from the other side **Kuhhandel** *m*

hostess ['həʊstəs] *noun* woman who looks after passengers *or* clients **Hostess** *f* ; **air hostess** *or (US)* **airline hostess** = woman who looks after passengers in a plane **Stewardess** *f* ; **ground hostess** = woman who looks after passengers before they get into the plane **Bodenhostess**

hot [hɒt] *adjective*
(a) very warm **heiß** *the staff complain that the office is too hot in the summer and too cold in the winter; the drinks machine sells coffee, tea and hot soup; switch off the machine if it gets too hot*
(b) not safe *or* very bad **heiß; to make things hot for someone** = to make it difficult for someone to work *or* to trade **jdm einheizen** *or* **jdm die Hölle heiß machen** *customs officials are making things hot for the drug smugglers* **hot money** = money which is moved from country to country to get the best interest rates **heißes Geld**; **he is in the hot seat** = his job involves making many difficult decisions **er sitzt auf dem Schleudersitz** *m*

hotel [həʊ'tel] *noun* building where you can rent a room for a night, or eat in a restaurant **Hotel** *n* ; *hotel bill; hotel expenses; hotel manager; hotel staff* **hotel accommodation** = rooms available in hotels **Hotelunterbringung** *f* ; *all hotel accommodation has been booked up for the exhibition* **hotel chain** *or* **chain of hotels** = group of hotels owned by the same company **Hotelkette** *f* ; **the hotel trade** = business of running hotels **das Hotelgewerbe**

◇ **hotelier** [həʊ'telɪə] *noun* person who owns *or* manages a hotel **Hotelier** *m*

hour ['aʊə] *noun*
(a) period of time lasting sixty minutes **Stunde** *f* ; **to work a thirty-five hour week** = to work seven hours a day each weekday **eine 35-Stunden-Woche arbeiten**; **we work an eight-hour day** = we work for eight hours a day, e.g. from 8.30 to 5.30 with one hour for lunch **wir haben einen Achtstundentag**
(b) sixty minutes of work **Stunde** *f* ; *he earns £8 an hour; we pay £10 an hour* **to pay by the hour** = to pay people a fixed amount of money for each hour worked **pro Stunde bezahlen**
(c) banking hours = time when a bank is open for its customers **Schalterstunden** *fpl or* **Banköffnungszeiten** *fpl you cannot get money out of a bank outside banking hours* **office hours** = time when an office is open **Bürozeit** *f or* **Dienststunden** *fpl or* **Geschäftsstunden** *do not telephone during office hours* **outside hours** *or* **out of hours** = when the office is not open **außerhalb der Geschäftszeit** *he worked on the accounts out of hours* **the shares rose in after-hours trading** = in trading after the Stock Exchange had closed **die Aktien stiegen an der Nachbörse**

◇ **hourly** ['aʊəlɪ] *adverb* per hour **stündlich** *or* **stundenweise**; **hourly-paid workers** = workers paid at a fixed rate for each hour worked **stundenweise bezahlte Arbeiter** *mpl* **hourly rate** = amount of money paid for an hour worked **Stundenlohn** *m*

house [haʊs] *noun* **house(a)** building in which someone lives **Haus** *n* ;

house agent = estate agent who deals in buying or selling houses **Häusermakler/-in** *or* **Immobilienmakler/-in**; **house property** = private houses, not shops, offices or factories **Hausbesitz** *m*
(b) company **Haus** *n or* **Firma** *f* ; *a German business house; the largest London finance house; he works for a broking house or a publishing house* **clearing house** = central office where clearing banks exchange cheques **Clearingzentrale** *f or* **Clearingstelle** *f* ; **discount house** = financial company which specializes in discounting bills **Diskontbank** *f* ; **export house** = company which specializes in the export of goods manufactured by other companies **Exportfirma** *f* , **house journal** *or* **house magazine** *or (US)* **house organ** = magazine produced for the workers or shareholders in a company to give them news about the company **Betriebszeitung** *f or* **Hausnachrichten** *pl* **house style** = a company's own design which is used in all its products, including packaging, stationery, etc. **Hausstil** *m* ; **house telephone** = internal telephone for calling from one office to another **Haustelefon** *n*
(c) the House = the London Stock Exchange **die Londoner Börse**

◇ **household** ['haʊs(h)əʊld] *noun* people living in a house **Haushalt** *m* ; **household expenses** = money spent on running a private house **Haushaltungskosten** *pl* **household goods** = goods which are used in a house **Haushaltswaren** *fpl* **household insurance policy** = insurance policy covering a house and its contents and the personal liability of the people living in it **Haushaltsversicherung** *f* ; **household name** = brand name which is recognised by a large number of consumers **geläufiger Markenname**

◇ **householder** ['haʊsˌ(h)əʊldə] *noun* person who owns a private house **Hausbesitzer/-in**

◇ **house starts** *or* **housing starts** ['haʊsˌstɑːts *or* 'haʊzɪŋˌstɑːts] *plural noun* number of new private houses or flats of which the construction has begun during a year **Neubauten** *mpl*

◇ **house-to-house** ['haʊstə'haʊs] *adjective* from one house to the next **von Haus zu Haus**; **house-to house canvassing** = going from one house to the next, asking people to vote for someone or to sign up as customers **Wahlstimmenwerbung** *f or* **Kundenwerbung** *f* **an der Haustür**; **house-to-house selling** going from one house to the next, asking people to buy something **Direktverkauf** *m* **an der Haustür** *house-to-house salesman*

HP ['eɪtʃ'piː] = HIRE PURCHASE

HQ ['eɪtʃ'kjuː] = HEADQUARTERS

human resources ['hjʊmənrɪ'sɑːsɪz] *noun* workers which a company has available (seen from the point of view of their skills and experience) **Personal** *n or* **Arbeitskräfte** *fpl*

> QUOTE effective use and management of human resources hold the key to future business development and success
>
> Management Today

hundredweight ['hʌndrədweɪt] *noun* weight of 112 pounds (about fifty kilos) **Zentner** *m* (NOTE: usually written **cwt** after figures: **20cwt**)

hurry ['hʌrɪ]
1 *noun* doing things fast **Eile** *f* ; *there is no hurry for the figures, we do not need them until next week* **in a hurry** = very fast **schnell** *or* **eilig** *the sales manager wants the report in a hurry*
2 *verb* to do something *or* to make something *or* to go very fast **sich beeilen; eilen; antreiben** *or* **beschleunigen** *the production team tried to hurry the order through the factory; the chairman does not want to be hurried into making a decision; the directors hurried into the meeting*

◇ **hurry up** [hʌrɪ 'ʌp] *verb* to make something go faster **vorantreiben** *or* **beschleunigen** *can you hurry up that order - the customer wants it immediately?*

hurt [hɜːt] *verb* to harm *or* to damage **schaden** *or* **Schaden zufügen** *the bad publicity did not hurt our sales; sales of summer clothes were hurt by the bad weather; the company has not been hurt by the recession* (NOTE: **hurting - hurt**)

hype [haɪp]
1 *noun* excessive claims made in advertising **(reißerische) Publicity** *f or* **Rummel** *m* ; *all the hype surrounding the launch of the new soap*
2 *verb* to make excessive claims in advertising **Publicity machen für**

hyper- ['haɪpə] *prefix meaning* very large *prefix* **Super-** *or* **Hyper-**

◇ **hyperinflation** ['haɪpərɪn'fleɪʃn] *noun* inflation which is so rapid that it is almost impossible to reduce **Hyperinflation** *f*

◇ **hypermarket** ['haɪpəˌmɑːkɪt] *noun* very large supermarket, usually on the outside of a large town **Verbrauchermarkt** *m*

Ii

ice [aɪs] *noun* **to put something on ice** = to file a plan or document as the best way of forgetting about it **zurückstellen** *the whole expansion plan was put on ice*

IDD = INTERNATIONAL DIRECT DIALLING

idea [aɪˈdɪə] *noun* thing which you think of **Gedanke** *m or* **Idee** *f*; *one of the salesman had the idea of changing the product colour; the chairman thinks it would be a good idea to ask all directors to itemize their expenses*

ideal [aɪˈdɪəl] *adjective* perfect *or* very good for something **ideal** *this is the ideal site for a new hypermarket*

◇ **Ideal Home Exhibition** [aɪˈdɪəlˈhəʊmˌeksɪˈbɪʃən] *noun* annual exhibition in London showing new houses, new kitchens, etc. ≈ **Messe** *f* **für Haus und Garten**

idle [ˈaɪdl] *adjective*

(a) not working **erwerbslos** *or* **arbeitslos** *2,000 employees were made idle by the recession*

(b) idle machinery *or* **machines lying idle** = machinery not being used **stillstehende Maschinen** *fpl* **idle time** = period of time when a machine is available for production but not doing anything **Brachzeit** *f or* **Leerzeit**

(c) idle capital = capital not being used productively **totes Kapital**; **money lying idle** *or* **idle money** = money which is not being used to produce interest *or* which is not invested in business **brachliegendes Geld**

i.e. [ˈaɪˈiː *or* ˈðætˈɪz] that is **d.h.** *the largest companies, i.e. Smith's and Brown's, had a very good first quarter; the import restrictions apply to expensive items, i.e. items costing more than $2,500*

illegal [ɪˈliːgəl] *adjective* not legal *or* against the law **illegal** *or* **ungesetzlich** *or* **rechtswidrig** *or* **unrechtmäßig**

◇ **illegality** [ˌɪlɪˈgæləti] *noun* being illegal **Illegalität** *f or* **Ungesetzlichkeit** *f or* **Rechtswidrigkeit** *f or* **Unrechtmäßigkeit** *f*

◇ **illegally** [ɪˈliːgəlɪ] *adverb* against the law **illegal** *he was accused of illegally importing arms into the country*

illicit [ɪˈlɪsɪt] *adjective* not legal *or* not permitted **unerlaubt** *or* **(gesetzlich) verboten** *illicit sale of alcohol; trade in illicit alcohol*

illiquid [ɪˈlɪkwɪd] *adjective* (i) (asset) which is not easy to change into cash; (ii) (company) which has no cash **(i) schwer realisierbar; (ii) nicht flüssig; illiquid**

ILO [ˈaɪelˈəʊ] = INTERNATIONAL LABOUR ORGANIZATION **Internationale Arbeitsorganisation (IAO)**

image [ˈɪmɪdʒ] *noun* general idea which the public has of a product *or* of a company **Image** *n*; *they are spending a lot of advertising money to improve the company's image; the company has adopted a down-market image* **brand image** = picture which people have in their minds of a product associated with the brand name **Markenimage** *n or* **Markenprofil** *n*; **corporate image** = idea which a company would like the public to have of it **Firmenimage** *or* **Corporate Image** *n*; **to promote the corporate image** = to publicize a company so that its reputation is improved **das Firmenimage pflegen**

IMF [ˈaɪemˈef] = INTERNATIONAL MONETARY FUND **Internationaler Währungsfonds** *or* **Weltwährungsfonds (IWF)**

imitate [ˈɪmɪteɪt] *verb* to do what someone else does **nachahmen** *or* **kopieren** *or* **imitieren** *they imitate all our sales gimmicks*

◇ **imitation** [ˌɪmɪˈteɪʃən] *noun* thing which copies another **Nachahmung** *f or* **Kopie** *f or* **Imitation** *f*; **beware of imitations** = be careful not to buy low quality goods which are made to look like other more expensive items **vor Imitationen wird gewarnt**

immediate [ɪˈmiːdjət] *adjective* happening at once **umgehend** *or* **prompt** *or* **sofortig** *he wrote an immediate letter of complaint; your order will receive immediate attention*

◇ **immediately** [ɪˈmiːdjətlɪ] *adverb* at once **umgehend** *or* **gleich** *or* **sofort** *he immediately placed an order for 2,000 boxes; as soon as he heard the news he immediately faxed his office; can you phone immediately you get the information?*

immovable [ɪˈmuːvəbl] *adjective* which cannot be moved **unbeweglich**; **immovable**

property = houses and other buildings on land **unbewegliches Vermögen**

immunity [ɪ'mju:nətɪ] *noun* protection against arrest **Immunität** *f* ; **diplomatic immunity** = being outside a country's laws because of being a diplomat **diplomatische Immunität**; **he was granted immunity from prosecution** = he was told he would not be prosecuted **ihm wurde Straffreiheit** *f or* **strafrechtliche Immunität gewährt**

impact ['ɪmpækt] *noun* shock or strong effect **Wirkung** *f or* **Auswirkung** *f*; *the impact of new technology on the cotton trade; the new design has made little impact on the buying public*

> QUOTE the strong dollar's deflationary impact on European economies as governments push up interest rates to support their sinking currencies
> Duns Business Month

imperfect [ɪm'pɜ:fɪkt] *adjective* not perfect **fehlerhaft** *sale of imperfect items; to check a batch for imperfect products*

◇ **imperfection** [ˌɪmpə'fekʃən] *noun* item or part of an item which is not perfect **Mangel** *m or* **Fehler** *m* ; *to check a batch for imperfections*

impersonal [ɪm'pɜ:snl] *adjective* without any personal touch, as if done by machines **unpersönlich** *an impersonal style of management*

implement ['ɪmplɪmənt]
1 *noun* tool *or* instrument used to do some work **Gerät** *n or* **Arbeitsgerät** *n or* **Werkzeug** *n*
2 *verb* to put into action **erfüllen** *or* **durchführen** *or* **vollziehen** *to implement an agreement*

◇ **implementation** [ˌɪmplɪmen'teɪʃən] *noun* putting into action **Erfüllung** *f or* **Durchführung** *f or* **Vollzug** *m* ; *the implementation of new rules*

import
1 ['ɪmpɔ:t] *noun*
(a) imports = goods brought into a country from abroad for sale **Importe** *mpl or* **Einfuhren** *fpl imports from Poland have risen to $1m a year* **invisible imports** = services (such as banking, tourism and insurance) which are paid for in foreign currency **unsichtbare Importe**; **visible imports** = real goods which are imported **sichtbare Importe**
(b) import ban = forbidding imports **Einfuhrverbot** *n or* **Einfuhrstopp** *m* ; *the government has imposed an import ban on arms* **import duty** = tax on goods imported into a country **Einfuhrzoll** *m* ; **import levy** = tax on imports, especially in the EU a tax on imports of farm produce from outside the EU **Einfuhrsteuer** *f; (EU)* **Abschöpfung** *f*; **import licence** *or* **import permit** = government licence *or* permit which allows goods to be imported **Importlizenz** *f or* **Importgenehmigung** *f* ; **import quota** = fixed quantity of a particular type of goods which the government allows to be imported **Einfuhrkontingent** *n or* **Importquote** *f* ; *the government has imposed an import quota on cars* **import restrictions** = action taken by a government to reduce the level of imports (by imposing quotas, duties, etc.) **Einfuhrbeschränkungen** *fpl* **import surcharge** = extra duty charged on imported goods, to try to prevent them from being imported and to encourage local manufacture **Importabgabe** *f*; **Einfuhrzusatzsteuer** *f* (NOTE: usually used in the plural, but the singular form is used before a noun)
2 [ɪm'pɔ:t] *verb* to bring goods from abroad into a country for sale **importieren** *or* **einführen** *the company imports television sets from Japan; this car was imported from France; the union organized a boycott of imported cars*

> QUOTE European manufacturers rely heavily on imported raw materials which are mostly priced in dollars
> Duns Business Month

◇ **importation** [ˌɪmpɔ:'teɪʃən] *noun* act of importing **Import** *m or* **Einfuhr** *f* ; *the importation of arms is forbidden*

◇ **importer** [ɪm'pɔ:tə] *noun* person *or* company which imports goods **Importeur** *m or* **Importfirma** *f*; *a cigar importer; the company is a big importer of foreign cars*

◇ **import-export** ['ɪmpɔ:t'ekspɔ:t] *noun & adjective* dealing with both bringing foreign goods into a country and sending locally made goods abroad **Import-Export(-)** *import-export trade; he is in import-export*

◇ **importing** [ɪm'pɔ:tɪŋ]
1 *adjective* which imports **Import-** *or* **Einfuhr-** *oil-importing countries; an importing company*
2 *noun* act of bringing foreign goods into a country for sale **Import** *m or* **Einfuhr** *f* ; *the importing of arms into the country is illegal*

importance [ɪm'pɔ:təns] *noun* having a value; mattering a lot **Wichtigkeit** *f or* **Bedeutung** *f* ; *the bank attaches great importance to the deal*

◇ **important** [ɪm'pɔ:tənt] *adjective* which matters a lot **wichtig** *or* **bedeutend** *he left a pile of important papers in the taxi; she has an* *important meeting at 10.30; he was promoted to a more important job*

> QUOTE each of the major issues on the agenda at this week's meeting is important to the government's success in overall economic management
> Australian Financial Review

impose [ɪm'pəʊz] *verb* to put a tax *or* a duty on goods **erheben** *or* **auferlegen** *or* **verhängen** *to impose a tax on bicycles; they tried to impose a ban on smoking; the government imposed a special duty on oil; the customs have imposed a 10% tax increase on luxury items; the unions have asked the government to impose trade barriers on foreign cars*
◇ **imposition** [ˌɪmpə'zɪʃən] *noun* putting a tax on goods or services **Verhängung** *f or* **Auferlegung** *f*

impossible [ɪm'pɒsəbl] *adjective* which cannot be done **unmöglich** *getting skilled staff is becoming impossible; government regulations make it impossible for us to export*

impound [ɪm'paʊnd] *verb* to take something away and keep it until a tax is paid **beschlagnahmen** *the customs impounded the whole cargo*
◇ **impounding** [ɪm'paʊndɪŋ] *noun* act of taking something and keeping it until a tax is paid **Beschlagnahmung** *f*

imprest system ['ɪmprest'sɪstəm] *noun* system of controlling petty cash, where cash is paid out against a written receipt and the receipt is used to get more cash to bring the float to the original level **das System der Kassenauffüllung nach Abrechnung**

improve [ɪm'pru:v] *verb* to make something better; to become better **verbessern** *or* **steigen** *or* **anziehen** *we are trying to improve our image with a series of TV commercials; they hope to improve the company's cash flow position; we hope the cash flow position will improve or we will have difficulty in paying our bills* **export trade has improved sharply during the first quarter** = export trade has increased **der Exporthandel hat während des ersten Quartals einen deutlichen Aufschwung genommen**
◇ **improved** [ɪm'pru:vd] *adjective* better **verbessert** *or* **gestiegen** *the union rejected the management's improved offer*
◇ **improvement** [ɪm'pru:vmənt] *noun* **(a)** getting better **Verbesserung** *f or* **Besserung** *f* ; **Anziehen** *n* ; **Steigen** *n* ; *there is no improvement in the cash flow situation; sales are showing a sharp improvement over last year*
(b) thing which is better **Verbesserung** *f* ; **improvement on an offer** = making a better offer **Erhöhung** *f* **eines Angebotes**
◇ **improve on** [ɪm'pru:v'ɒn] *verb* to do better than **übertreffen** *or* **überbieten**; **he refused to improve on his previous offer** = he refused to make a better offer **er weigerte sich, über sein ursprüngliches Angebot hinauszugehen**

> QUOTE the management says the rate of loss-making has come down and it expects further improvement in the next few years
> Financial Times

> QUOTE we also invest in companies whose growth and profitability could be improved by a management buyout
> Times

impulse ['ɪmpʌls] *noun* sudden decision **Impuls** *m* ; **to do something on impulse** = to do something because you have just thought of it, not because it was planned **etwas spontan** *or* **impulsiv tun**; **impulse buyer** = person who buys something on impulse, not because he intended to buy it **Spontankäufer/-in** *the store puts racks of chocolates by the checkout to attract the impulse buyer* **impulse buying** = buying things which you have just seen, not because you had planned to buy them **Impuls-** *or* **Spontankäufe** *mpl* **impulse purchase** = thing bought as soon as it is seen **Impulskauf** *m*

IMRO ['ɪmrəʊ] = INVESTMENT MANAGEMENT REGULATORY ORGANIZATION

in = INCH

inactive [ɪn'æktɪv] *adjective* not active *or* not busy **untätig** *or* **flau** *or* **unbelebt**; **inactive account** = bank account which is not used (i.e., no deposits or withdrawals are made) over a period of time **umsatzloses Konto**; **inactive market** = stock market with few buyers or sellers **lustlose Börse** *or* **umsatzschwacher Markt**

Inc [ɪŋk *or* ɪŋ'kɔ:pəreɪtɪd] *(US)* = INCORPORATED

incentive [ɪn'sentɪv] *noun* thing which encourages someone to work better **Anreiz** *m* ; **staff incentives** = pay and better conditions offered to workers to make them work better **Leistungsanreize für das Personal**; **incentive bonus** *or* **incentive payment** = extra pay offered to a worker to make him work better **Anreizprämie** *f* ; **incentive scheme** = plan to encourage better work by paying higher commission or bonuses **(Leistungs)anreizsystem** *n* ; *incentive schemes are boosting production*

> QUOTE some further profit-taking was seen yesterday as investors continued to lack fresh incentives to renew buying activity
> Financial Times

inch [ɪn(t)ʃ] *noun* measurement of length (= 2.54cm) **Inch** *m* ≈ **Zoll** *m* ; *a 3½ inch disk* (NOTE: usually written **in** or **"** after figures: **2in** or **2"**)

incidental [ˌɪnsɪ'dentl]
1 *adjective* which is not important, but connected with something else **nebensächlich** *or* **Neben-**; **incidental expenses** = small amounts of money spent at various times in addition to larger amounts **Nebenausgaben** *fpl*
2 *noun* **incidentals** = incidental expenses **Nebenkosten** *pl*

include [ɪŋ'klu:d] *verb* to count something along with other things **einschließen** *or* **einbeziehen** *or* **enthalten** *the charge includes VAT; the total comes to £1,000 including freight; the total is £140 not including insurance and freight; the account covers services up to and including the month of June*
◇ **inclusive** [ɪŋ'klu:sɪv] *adjective* which counts something in with other things **inklusive** *or* **einschließlich** *inclusive of tax; not inclusive of VAT* **inclusive sum** *or* **inclusive charge** = charge which includes all costs **Pauschale** *f* *or* **Gesamtgebühr** *f* ; **the conference runs from the 12th to the 16th inclusive** = it starts on the morning of the 12th and ends on the evening of the 16th **die Konferenz geht vom 12. bis einschließlich 16.**

income ['ɪŋkʌm] *noun*
(a) money which a person receives as salary or dividends **Einkommen** *n* *or* **Einkünfte** *pl* **annual income** = money received during a calendar year **Jahreseinkommen**; **disposable income** = income left after tax and national insurance have been deducted **verfügbares Einkommen (nach Steuerabzug)**; **Nettoeinkommen**; **earned income** = money received as a salary, wages, fees or rental income **Erwerbseinkünfte**; **Arbeitseinkommen**; **fixed income** = income which does not change from year to year **festes Einkommen**; **gross income** = income before tax has been deducted **Bruttoeinkommen**; **net income** = income left after tax has been deducted **Nettoeinkommen**; **personal income** = income received by an individual person **persönliches Einkommen**; **private income** = income from dividends *or* interest *or* rent which is not part of a salary **Privateinkommen**; **retained income** = profits which are not paid out to shareholders as dividends **nicht ausgeschüttete Gewinne** *mpl* **unearned income** = money received from interest or dividends **Kapitaleinkommen** *or* **Vermögenseinkünfte**; **lower** *or* **upper income bracket** = groups of people who earn low or high salaries considered for tax purposes **niedrige** *or* **hohe Einkommensstufe**; **he comes into the higher income bracket** = he is in a group of people earning high incomes and therefore paying more tax **er kommt in eine höheren Einkommensstufe**; **income shares** = shares in an investment trust which receive income from the investments, but do not benefit from the rise in capital value of the investments **Investmentanteile** *mpl* **, deren Erträge ausgeschüttet werden**; **income units** = units in a unit trust, where the investor receives dividends in the form of income (as opposed to accumulation units where the dividend is left to accumulate as new units) **Fondsanteile** *mpl* **, die auf Erträge ausgeschüttet werden**
(b) the government's incomes policy = the government's ideas on how incomes should be controlled **die Einkommenspolitik der Regierung**
(c) money which an organization receives as gifts or from investments **Ertrag** *m* *or* **Einnahmen** *fpl* *the hospital has a large income from gifts*
(d) *(US)* **income statement** = a statement of company expenditure and sales which shows whether the company has made a profit or loss **Gewinn- und Verlustrechnung** *f* ; **Aufwands- und Ertragsrechnung** *f* (NOTE: the UK equivalent is the **profit and loss account)**

◇ **income tax** ['ɪŋkʌmˌtæks] *noun* (i) tax on a person's income (both earned and unearned); (ii) *also (US)* tax on the profits of a corporation **(i) Einkommen(s)steuer** *f* **und Lohnsteuer; (ii) Körperschaftssteuer**; **income tax form** = form to be completed which declares all income to the tax office **Einkommen(s)steuerformular** *n* ; **declaration of income** *or* **income tax return** = statement declaring income to the tax office **Einkommen(s)steuererklärung** *f* *(see also* PAYE)

> QUOTE there is no risk-free way of taking regular income from your money much higher than the rate of inflation
> Guardian

> QUOTE the company will be paying income tax at the higher rate next year
> Citizen (Ottawa)

incoming ['ɪn,kʌmɪŋ] *adjective*
(a) **incoming call** = phone call coming into the office from someone outside **eingehendes Telefongespräch**; **incoming mail** = mail which comes into an office **Posteingang** *m*
(b) (someone) who has recently been elected *or* appointed **neu** *or* **nachfolgend**; **the incoming board of directors** = the new board which is about to start working **der neue board of directors** *the incoming chairman or president*

incompetent [ɪn'kɒmpətənt] *adjective* who cannot work well **inkompetent** *or* **unfähig** *or* **unzulänglich** *the sales manager is quite incompetent; the company has an incompetent sales director*

inconvertible [,ɪnkən'vɜːtəbl] *adjective* (currency) which cannot be easily converted into other currencies **nicht konvertierbar** *or* **nicht einlösbar**

incorporate [ɪŋ'kɔːpəreɪt] *verb*
(a) to bring something in to form part of a main group **integrieren** *or* **eingliedern** *or* **aufnehmen** *income from the recent acquisition is incorporated into the accounts*
(b) to form a registered company **eine Kapitalgesellschaft gründen** *or* **amtlich eintragen** *a company incorporated in the USA; an incorporated company; J. Doe Incorporated*
◇ **incorporation** [ɪŋ,kɔːpə'reɪʃən] *noun* act of incorporating a company **Gesellschaftsgründung** *f* ; **amtliche Eintragung**

> COMMENT: a corporation (a body which is legally separate from its members) is formed in one of three ways: 1) registration under the Companies Act (the normal method for commercial companies); 2) granting of a royal charter; 3) by a special Act of Parliament. A company is incorporated by drawing up a memorandum and articles of association, which are lodged with Companies House. In the UK, a company is either a private limited company (they print Ltd after their name) or a public limited company (they print Plc after their name). A company must be a Plc to obtain a Stock Exchange listing. In the USA, there is no distinction between private and public companies, and all are called 'corporations'; they put Inc. after their name

incorrect [,ɪnkə'rekt] *adjective* wrong *or* not correct **ungenau** *or* **fehlerhaft** *the minutes of the meeting were incorrect and had to be changed*
◇ **incorrectly** [,ɪnkə'rektlɪ] *adverb* wrongly *or* not correctly **falsch** *or* **ungenau** *the package was incorrectly addressed*

Incoterms ['ɪŋkəʊtɜːmz] *noun* standard definition (by the International Chamber of Commerce) of terms (such as 'FOB' or 'cif') used in international trade **Incoterms** *pl*

increase
1 ['ɪŋkriːs] *noun*
(a) growth, becoming larger **Erhöhung** *f or* **Steigerung** *f or* **Zunahme** *f or* **Zuwachs** *m* ; *increase in tax or tax increase; increase in price or price increase; profits showed a 10% increase or an increase of 10% on last year* **increase in the cost of living** = rise in the annual cost of living **Steigerung der Lebenshaltungskosten**
(b) higher salary **Lohnerhöhung** *f or* **Gehaltserhöhung** *increase in pay or pay increase; increase in salary or salary increase; the government hopes to hold salary increases to 3%* **he had two increases last year** = his salary went up twice **er bekam letztes Jahr zwei Gehaltserhöhungen**; **cost-of-living increase** = increase in salary to allow it to keep up with higher cost of living **Gehaltszulage** *f* **zur Anpassung an gestiegene Lebenshaltungskosten**; **merit increase** = increase in pay given to a worker whose work is good **Leistungszulage** *f*
(c) **on the increase** = growing larger *or* becoming more frequent **(ständig) zunehmen** *or* **im Wachsen begriffen sein** *stealing in shops is on the increase*
2 [ɪn'kriːs] *verb*
(a) to grow bigger *or* higher **(sich) erhöhen** *or* **(sich) steigern** *or* **zunehmen** *or* **wachsen** *or* **(an)steigen** *profits have increased faster than the increase in the rate of inflation; exports to Africa have increased by more than 25%; the price of oil has increased twice in the past week* **to increase in price** = to cost more **teurer werden**; **to increase in size** *or* **in value** = to become larger *or* more valuable **größer werden** *or* **im Wert steigen**
(b) **the company increased his salary to £20,000** = the company gave him a rise in salary to £20,000 **die Firma erhöhte sein Gehalt auf £20.000**
◇ **increasing** [ɪŋ'kriːsɪŋ] *adjective* which is growing bigger **wachsend** *or* **steigend** *or* **zunehmend** *increasing profits; the company has an increasing share of the market*
◇ **increasingly** [ɪŋ'kriːsɪŋlɪ] *adverb* more and more **immer mehr** *or* **zunehmend** *the company has to depend increasingly on the export market*

> QUOTE competition is steadily increasing and could affect profit margins as the company tries to retain its market share
> Citizen (Ottawa)

> QUOTE turnover has potential to be increased to over 1 million dollars with energetic management and very little capital
> Australian Financial Review

increment ['ɪŋkrɪmənt] *noun* regular automatic increase in salary **(regelmäßige) Gehaltserhöhung**; **salary which rises in annual increments of £1000** = each year the salary is increased by £1000 **Gehalt, das jährlich um £1000 steigt**

◇ **incremental** [ˌɪŋkrɪ'mentl] *adjective* which rises automatically in stages **zunehmend** *or* **Zuwachs-**; **incremental cost** = cost of making extra units above the number already planned (this may then include further fixed costs) **Grenzkosten** *pl* **incremental increase** = increase in salary according to an agreed annual increment **jährliche Gehaltszulage**; **incremental scale** = salary scale with regular annual salary increases **Gehaltssteigerungstabelle** *f*

incur [ɪŋ'kɜː] *verb* to make yourself liable to **auf sich nehmen** *or* **eingehen**; **to incur the risk of a penalty** = to make it possible that you risk paying a penalty **das Risiko einer Geldstrafe eingehen**; **to incur debts** *or* **costs** = to do something which means that you owe money or that you will have to pay costs **Schulden machen** *or* **Kosten auf sich nehmen**; **the company has incurred heavy costs to implement the expansion programme** = the company has had to pay large sums of money **das Unternehmen hat hohe Kosten auf sich genommen, um das Expansionsprogramm durchzuführen** (NOTE: **incurring - incurred**)

> QUOTE the company blames fiercely competitive market conditions in Europe for a £14m operating loss last year, incurred despite a record turnover
> Financial Times

indebted [ɪn'detɪd] *adjective* owing money to someone **verschuldet** *to be indebted to a property company*

◇ **indebtedness** [ɪn'detɪdnəs] *noun* **state of indebtedness** = being in debt *or* owing money **Verschuldung** *f*

indemnification [ɪnˌdemnɪfɪ'keɪʃən] *noun* payment for damage **Entschädigung** *f or* **Schaden(s)ersatz** *m*

◇ **indemnify** [ɪn'demnɪfaɪ] *verb* to pay for damage **entschädigen** *or* **Schaden(s)ersatz leisten** *to indemnify someone for a loss* **jdn für einen Verlust entschädigen**

◇ **indemnity** [ɪn'demnətɪ] *noun* guarantee of payment after a loss **Entschädigung** *f or* **Vergütung** *f* ; *he had to pay an indemnity of £100* **letter of indemnity** = letter promising payment as compensation for a loss **(schriftliche) Schadloshaltungserklärung** *f* ; **Ausfallbürgschaftserklärung** *f* ; **Konnossementsgarantie** *f*

indent

1 ['ɪndent] *noun*

(a) order placed by an importer for goods from overseas **Auslandsauftrag** *m* ; **Warenbestellung** *f* **(aus dem Ausland)** ; **Indentgeschäft** *n* ; *he put in an indent for a new stock of soap*

(b) line of typing which starts several spaces from the left-hand margin **Einrückung** *f or* **Einzug** *m*

2 [ɪn'dent] *verb*

(a) to indent for something = to put in an order for something **einen Auftrag für etwas erteilen** *or* **etwas bestellen** *the department has indented for a new computer*

(b) to start a line of typing several spaces from the left-hand margin **einrücken** *or* **einziehen** *indent the first line three spaces*

indenture [ɪn'dentʃə]

1 *noun*

(a) indentures *or* **articles of indenture** = contract by which an apprentice works for a master for some years to learn a trade **Ausbildungsvertrag** *m or* **Lehrvertrag**

(b) *(US)* formal agreement showing the terms of a bond issue **Anleihevertrag** *m*

2 *verb* to contract with an apprentice who will work for some years to learn a trade **in die Lehre nehmen** *he was indentured to a builder*

independent [ˌɪndɪ'pendənt] *adjective* free, not controlled by anyone **unabhängig** *or* **ungebunden**; **independent company** = company which is not controlled by another company **unabhängiges Unternehmen**; **independent trader** *or* **independent shop** = shop which is owned by an individual proprietor, not by a chain **selbstständiger Händler** *or* **unabhängiges Geschäft**; **the independents** = shops or companies which are owned by private individuals **unabhängige Unternehmen** *npl*

index ['ɪndeks]

1 *noun*

(a) list of items classified into groups or put in alphabetical order **Index** *m or* **Register** *n* ; **card index** = series of cards with information written on them, kept in a special order so that the information can be found easily **Kartei** *f*; **index card** = small card used for filing **Karteikarte** *f*; **index letter** *or* **index number** = letter or number of an item in an index **Indexbuchstabe** *m*; **Indexnummer** *f*

(b) regular statistical report which shows rises and falls in prices, etc. **Index** *m*; **growth index** = index showing how something has grown **Wachstumsindex; cost-of-living index** = way of measuring the cost of living, shown as a percentage increase on the figure for the previous year **Lebenshaltungsindex**; **retail price index** *or (US)* **consumer price index** = index showing how prices of consumer goods have risen over a period of time, used as a way of measuring inflation and the cost of living **Verbraucherpreisindex**; **wholesale price index** = index showing rises and falls of prices of manufactured goods as they leave the factory **Großhandelspreisindex**; **index number** = number showing the percentage rise of something over a period **Indexzahl** *f or* **Indexziffer** *f*

(c) figure based on the current market price of certain shares on a stock exchange **Aktienindex** *m or* **Börsenindex**; **the Financial Times Index (FT Index)** = index which shows percentage rises or falls in shares prices on the London Stock Exchange based on a small group of major companies **der Aktienindex der Financial Times**; **index fund** = investment fund consisting of shares in all the companies which are used to calculate a Stock Exchange index **Indexfonds** *m* (NOTE: plural is **indexes** or **indices)**

2 *verb* to link a payment to an index **indexieren**; **indexed portfolio** = portfolio of shares in all the companies which form the basis of a stock exchange index **Portefeuille, dessen Zusammensetzung und Gewichtung dem Börsenindex entspricht**

◇ **indexation** [ˌɪndek'seɪʃn] *noun* linking of something to an index **Indexbindung** *f or* **Indexierung** *f*; **indexation of wage increases** = linking of wage increases to the percentage rise in the cost of living **Indexierung von Lohnerhöhungen**

◇ **index-linked** ['ɪndeksˌlɪŋkt] *adjective* which rises automatically by the percentage increase in the cost of living **indexgebunden** *or* **der Inflationsrate angeglichen** *index-linked pensions; his pension is index-linked; index-linked government bonds*

> QUOTE the index of industrial production sank 0.2 per cent for the latest month after rising 0.3 per cent in March
>
> Financial Times

> QUOTE an analysis of the consumer price index for the first half of the year shows that the rate of inflation went down by 12.9 per cent
>
> Business Times (Lagos)

indicate ['ɪndɪkeɪt] *verb* to show **(an)zeigen** *or* **(hin)deuten auf** *the latest figures indicate a fall in the inflation rate; our sales for last year indicate a move from the home market to exports*

◇ **indicator** ['ɪndɪkeɪtə] *noun* thing which indicates **Indikator** *m*; **government economic indicators** = statistics which show how the country's economy is going to perform in the short or long term **staatliche Konjunkturindikatoren**; **leading indicator** = indicator (such as manufacturing order books) which shows a change in economic trends earlier than other indicators **vorauslaufender Indikator** *or* **Frühindikator**

> QUOTE it reduces this month's growth in the key M3 indicator from about 19% to 12%
>
> Sunday Times

> QUOTE we may expect the US leading economic indicators for April to show faster economic growth
>
> Australian Financial Review

> QUOTE other indicators, such as high real interest rates, suggest that monetary conditions are extremely tight
>
> Economist

indirect [ˌɪndaɪ'rekt] *adjective*

(a) not direct **indirekt** *or* **mittelbar**; **indirect expenses** *or* **costs** = costs which are not directly attached to the making of a product (such as cleaning, rent, administration) **Gemeinkosten** *pl* **indirect labour costs** = cost of paying workers which cannot be allocated to a cost centre (such as workers who are not directly involved in making a product, like secretaries in a typing pool, cleaners, etc.) **Fertigungsgemeinkosten** *pl*

(b) indirect taxation = tax which is paid to someone who then pays it to the government (such as sales tax or VAT) **indirekte Besteuerung** *the government raises more money by indirect taxation than by direct*

individual [ˌɪndɪ'vɪdjʊəl]

1 *noun* one single person **Einzelperson** *f or* **Individuum** *n or* **Einzelne(r)** *savings plan made to suit the requirements of the private individual*

2 *adjective* single *or* belonging to one person **einzeln** *or* **individuell** *a pension plan designed to meet each person's individual* *requirements; we sell individual portions of ice cream;* *(US)* **Individual Retirement Account (IRA)** = private pension plan, where a person can make contributions separate from a company pension plan **steuerbegünstigte Sparanlage zur privaten Altersvorsorge**; **Individual Savings Account (ISA)** = government-backed savings scheme to encourage share ownership, where individual taxpayers can each invest a certain amount of money in shares each year, free of income tax or capital gains tax **auf Effekten basierende, steuerbegünstigte Sparanlage**

inducement [ɪn'dju:smənt] *noun* thing which helps to persuade someone to do something **Anreiz** *m or* **Ansporn** *m* ; *they offered him a company car as an inducement to stay*

induction [ɪn'dʌkʃən] *noun* starting a new person in a new job **Einführung** *f or* **Einweisung** *f* ; **induction courses** *or* **induction training** = courses to train people starting new jobs **Einführungskurse** *mpl or* **Einführungslehrgang** *m*

industry ['ɪndəstrɪ] *noun*
(a) all factories *or* companies *or* processes involved in the manufacturing of products **Industrie** *f*; *all sectors of industry have shown rises in output* **basic industry** = most important industry of a country (such as coal, steel, agriculture) **Grundstoffindustrie**; **boom** *or* **growth industry** = industry which is expanding rapidly **Wachstumsindustrie** *or* **Wachstumsbranche** *f* ; **heavy industry** = industry which deals in heavy raw materials (such as coal) or makes large products (such as ships or engines) **Schwerindustrie**; **light industry** = industry making small products (such as clothes, books, calculators) **Leichtindustrie**; **primary industry** = industry dealing with basic raw materials (such as coal, wood, farm produce) **Grundstoffindustrie**; **secondary industry** = industry which uses basic raw materials to produce manufactured goods **verarbeitende Industrie**; **service industry** *or* **tertiary industry** = industry which does not produce raw materials or manufacture products but offers a service (such as banking, retailing, accountancy) **Dienstleistungsgewerbe** *n*
(b) group of companies making the same type of product or offering the same type of service **Branche** *f or* **Wirtschaftszweig** *m* ; *the aircraft industry; the building industry; the car industry; the food processing industry; the mining industry; the petroleum industry; the tourist industry*

◇ **industrial** [ɪn'dʌstrɪəl]
1 *adjective* referring to manufacturing work **Industrie-** *or* **industriell**; **industrial accident** = accident which takes place at work **Betriebsunfall** *m or* **Arbeitsunfall**; **to take industrial action** = to go on strike or go-slow **Arbeitskampfmaßnahmen** *fpl* **ergreifen** *or* **in den Ausstand treten**; **industrial capacity** = amount of work which can be done in a factory or several factories **industrielle Kapazität**; **industrial centre** = large town with many industries **Industriezentrum** *n; (GB)* **industrial court** *or* **industrial tribunal** = court which can decide in industrial disputes if both parties agree to ask it to judge between them **Arbeitsgericht** *n* ; **industrial design** = design of products made by machines (such as cars, refrigerators) **Industriedesign** *n* ; **industrielle Formgebung**; **industrial dispute** = argument between management and workers **Arbeitskampf** *m* ; **industrial espionage** = trying to find out the secrets of a competitor's work or products, usually by illegal means **Werk(s)spionage** *f or* **Wirtschaftsspionage**; **industrial estate** *or* **industrial park** = area of land near a town specially for factories and warehouses **Industriegebiet** *n or* **Industriegelände** *n* ; **industrial expansion** = growth of industries in a country *or* a region **industrielle Expansion**; **industrial injuries** = injuries which happen to workers at work **Berufsschäden** *mpl* **industrial process** = process involved in manufacturing products in factories **Herstellungsprozess** *m* ; **industrial relations** = relations between management and workers **Arbeitgeber-Arbeitnehmer-Beziehungen** *fpl* **good industrial relations** = situation where management and workers understand each others' problems and work together for the good of the company **gute Beziehungen zwischen Arbeitgebern und Arbeitnehmern**; **industrial training** = training of new workers to work in an industry **betriebliche Ausbildung**; **land zoned for light industrial use** = land where planning permission has been given to build small factories for light industry **für Leichtindustrie vorgesehenes Land**
2 *noun* **industrials** = shares in manufacturing companies **Industriewerte** *mpl*

◇ **industrialist** [ɪn'dʌstrɪəlɪst] *noun* owner or director of a factory **Industrieller** *m*

◇ **industrialization** [ɪnˌdʌstrɪəlaɪ'zeɪʃən] *noun* changing of an economy from being based on agriculture to industry **Industrialisierung** *f*

◇ **industrialize** [ɪn'dʌstrɪəlaɪz] *verb* to set up industries in a country which had none before **industrialisieren**; **industrialized societies** = countries which have many industries **Industriegesellschaften** *fpl*

QUOTE indications of renewed weakness in the US economy were contained in figures on industrial production for April
Financial Times

QUOTE central bank and finance ministry officials of the industrialized countries will continue work on the report
Wall Street Journal

QUOTE with the present overcapacity in the airline industry, discounting of tickets is widespread
Business Traveller

QUOTE ACAS has a legal obligation to try and solve industrial grievances before they reach industrial tribunals
Personnel Today

QUOTE Britain's industrial relations climate is changing
Personnel Today

inefficiency [ˌɪnɪˈfɪʃənsɪ] *noun* lack of efficiency **Ineffizienz** *f* ; **Unfähigkeit** *f* ; **mangelnde Leistungsfähigkeit** *the report criticized the inefficiency of the sales staff*
◊ **inefficient** [ˌɪnɪˈfɪʃənt] *adjective* not efficient *or* not doing a job well **ineffizient** *or* **unfähig** *an inefficient sales director*

ineligible [ɪnˈelɪdʒɪbl] *adjective* not eligible **nicht geeignet; ineligible bills** = bills of exchange which cannot be discounted by a central bank **nicht diskontfähige Wechsel** *mpl*

inertia selling [ɪˈnɜːʃjəˈselɪŋ] *noun* method of selling items by sending them when they have not been ordered and assuming that if the items are not returned, the person who has received them is willing to buy them **negative Option; Trägheitsverkauf** *m*

inexpensive [ˌɪnɪkˈspensɪv] *adjective* cheap, not expensive **preiswert** *or* **preisgünstig**
◊ **inexpensively** [ˌɪnɪkˈspensɪvlɪ] *adverb* without spending much money **preiswert** *or* **preisgünstig**

inferior [ɪnˈfɪərɪə] *adjective* not as good as others **minderwertig** *or* **zweitklassig** *inferior products or products of inferior quality*

inflate [ɪnˈfleɪt] *verb*
(a) to inflate prices = to increase prices without any reason **Preise in die Höhe treiben** *tourists don't want to pay inflated London prices*
(b) to inflate the economy = to make the economy more active by increasing the money supply **die Wirtschaft anheizen**

◊ **inflated** [ɪnˈfleɪtɪd] *adjective*
(a) inflated prices = prices which are increased without any reason **überhöhte** *or* **inflationäre Preise** *mpl*
(b) inflated currency = currency which is too high in relation to other currencies **Inflationswährung** *f*

◊ **inflation** [ɪnˈfleɪʃən] *noun* situation where prices rise to keep up with increased production costs, with the result that the purchasing power of money falls **Inflation** *f* ; **we have 15% inflation** *or* **inflation is running at 15%** = prices are 15% higher than at the same time last year **die Inflationsrate beträgt 15%** *to take measures to reduce inflation; high interest rates tend to increase inflation* **rate of inflation** *or* **inflation rate** = percentage increase in prices over a twelve-month period **Inflationsrate** *f* ; **inflation-proof** = (pension, etc.) which is index-linked, so that its value is preserved in times of inflation **inflationssicher; galloping inflation** *or* **runaway inflation** = very rapid inflation which it is almost impossible to reduce **galoppierende Inflation; spiralling inflation** = inflation where price rises make workers ask for higher wages which then increase prices again **angeheizte** *or* **durch die Lohn-Preis-Spirale bedingte Inflation**

◊ **inflationary** [ɪnˈfleɪʃnərɪ] *adjective* which tends to increase inflation **inflationär** *or* **inflatorisch** *or* **Inflations-** *inflationary trends in the economy* **the economy is in an inflationary spiral** = in a situation where price rises encourage higher wage demands which in turn make prices rise **die Wirtschaft befindet sich in einer Inflationsspirale; anti-inflationary measures** = measures to reduce inflation **Maßnahmen** *fpl* **zur Inflationsbekämpfung**

COMMENT: the inflation rate in the UK is calculated on a series of figures, including prices of consumer items; petrol, gas and electricity; interest rates, etc. This gives the 'underlying' inflation rate which can be compared to that of other countries. The calculation can also include mortgage interest and local taxes which give the 'headline' inflation figure; this is higher than in other countries because of these extra items. Inflation affects businesses, in that as their costs rise, so their profits may fall and it is necessary to take this into account when pricing products

QUOTE the decision by the government to tighten monetary policy will push the annual inflation rate above the year's previous high
Financial Times

QUOTE when you invest to get a return, you want a 'real' return - above the inflation rate
Investors Chronicle

QUOTE inflationary expectations fell somewhat this month, but remained a long way above the actual inflation rate, according to figures released yesterday. The annual rate of inflation measured by the consumer price index has been below 2 per cent for over 18 months
Australian Financial Review

QUOTE the retail prices index rose 0.4 per cent in the month, taking the annual headline inflation rate to 1.7 per cent. The underlying inflation rate, which excludes mortgage interest payments, increased to an annual rate of 3.1 per cent
Times

inflow ['ɪnfləʊ] *noun* flowing in **Zustrom** *m*; **inflow of capital from abroad** = capital which is coming into a country in order to be invested **Kapitalzufluss** *m* **aus dem Ausland**

QUOTE the dollar is strong because of capital inflows rather than weak because of the trade deficit
Duns Business Month

influence ['ɪnflʊəns]
1 *noun* effect which is had on someone *or* something **Einfluss** *m or* **Auswirkung** *f*; *the price of oil has a marked influence on the price of manufactured goods; we are suffering from the influence of a high exchange rate*
2 *verb* to have an effect on someone *or* something **beeinflussen** *the board was influenced in its decision by the memo from the managers; the price of oil has influenced the price of manufactured goods; high inflation is influencing our profitability*

influx ['ɪnflʌks] *noun* rushing in **Zufluss** *m or* **Zufuhr** *f or* **Zustrom** *m*; *an influx of foreign currency into the country; an influx of cheap labour into the cities* (NOTE: plural is **influxes**)

QUOTE the retail sector will also benefit from the expected influx of tourists
Australian Financial Review

inform [ɪn'fɔːm] *verb* to tell someone officially **informieren** *or* **mitteilen** *or* **benachrichtigen** *or* **unterrichten** *or* **in Kenntnis setzen** *I regret to inform you that your tender was not acceptable; we are pleased to inform you that your offer has been accepted; we have been informed by the Department of Trade that new tariffs are coming into force*

◇ **information** [ˌɪnfə'meɪʃən] *noun*
(a) details which explain something **Information** *f*; *please send me information on or about holidays in the USA; have you any information on or about deposit accounts? I enclose this leaflet for your information; to disclose a piece of information; to answer a request for information; for further information, please write to Department 27* **disclosure of confidential information** = telling someone information which should be secret **Enthüllung** *f* **vertraulicher Informationen**; **flight information** = information about flight times **Fluginformation**; **tourist information** = (i) information for tourists; (ii) place to get this information **(i) Touristeninformation; (ii) Fremdenverkehrsbüro** *n*
(b) information technology (IT) = working with computer data **Informationstechnik (IT)** *f*; **information retrieval** = storing and then finding data in a computer **Datenrückgewinnung** *f*
(c) information bureau *or* **information office** = office which gives information to tourists *or* visitors **Auskunft** *f or* **Information** *f*; **information officer** = person whose job is to give information about a company *or* an organization *or* a government department to the public; person whose job is to give information to other departments in the same organization **Pressereferent/-in** (NOTE: no plural; for one item say **a piece of information**)

infrastructure ['ɪnfrəˌstrʌktʃə] *noun*
(a) basic structure **Infrastruktur** *f or* **Grundstruktur**; **the company's infrastructure** = how the company is organized **die Grundstruktur des Unternehmens**
(b) basic services **Infrastruktur** *f*; **a country's infrastructure** = the road and rail systems of a country **die Infrastruktur eines Landes**

infringe [ɪn'frɪn(d)ʒ] *verb* to break a law *or* a right **verletzen** *or* **übertreten**; **to infringe a copyright** = to copy a copyright text illegally **das Urheberrecht verletzen**; **to infringe a patent** = to make a product which works in the same way as a patented product and not pay a royalty to the patent holder **das Patentrecht verletzen**

◇ **infringement** [ɪn'frɪn(d)ʒmənt] *noun* breaking a law *or* a right **Verletzung** *f or* **Verstoß** *m* ; **infringement of copyright** *or* **copyright infringement** = act of illegally copying a work which is in copyright **Verstoß gegen das Urheberrecht** *infringement of patent or patent infringement; infringement of customs regulations*

ingot ['ɪŋgət] *noun* bar of gold or silver **Barren** *m*

inherit [ɪn'herɪt] *verb* to get something from a person who has died **erben** *when her father died she inherited the shop; he inherited £10,000 from his grandfather*

◇ **inheritance** [ɪn'herɪtəns] *noun* property which is received from a dead person **Erbe** *n or* **Erbschaft** *f* ; **inheritance tax** = tax on wealth or property inherited after the death of someone **Erbschaftssteuer** *f*

in-house ['ɪn'haʊs] *adverb & adjective* working inside a company's building **betriebsintern** *or* **innerbetrieblich** *the in-house staff; we do all our data processing in-house* **in-house training** = training given to staff at their place of work **innerbetriebliche Ausbildung**

initial [ɪ'nɪʃəl]
1 *adjective* first; starting **anfänglich** *or* **Anfangs-**; **initial capital** = capital which is used to start a business **Anfangskapital** *n or* **Startkapital** *or* **Gründungskapital** *he started the business with an initial expenditure or initial investment of £500* **initial sales** = first sales of a new product **Erstverkäufe** *mpl the initial response to the TV advertising has been very good*
2 *noun* **initials** = first letters of the words in a name **Initialen** *fpl or* **Anfangsbuchstaben** *mpl or* **Paraphe** *f* ; *what do the initials IMF stand for? the chairman wrote his initials by each alteration in the contract he was signing*
3 *verb* to write your initials on a document to show you have read it and approved **abzeichnen** *or* **paraphieren** *to initial an amendment to a contract; please initial the agreement at the place marked with an X*

> QUOTE the founding group has subscribed NKr 14.5m of the initial NKr 30m share capital
> Financial Times

> QUOTE career prospects are excellent for someone with potential, and initial salary is negotiable around $45,000 per annum
> Australian Financial Review

initiate [ɪ'nɪʃɪeɪt] *verb* to start **einleiten** *or* **in Gang setzen** *to initiate discussions*

◇ **initiative** [ɪ'nɪʃɪətɪv] *noun* decision to start something **Initiative** *f* ; **to take the initiative** = to decide to do something **die Initiative ergreifen; to follow up an initiative** = to take action once someone else has decided to do something **eine Initiative aufgreifen**

inject [ɪn'dʒekt] *verb* **to inject capital into a business** = to put money into a business **einem Unternehmen Kapital zuführen** *or* **Kapital in ein Unternehmen pumpen**

◇ **injection** [ɪn'dʒekʃən] *noun* **a capital injection of £100,000** *or* **an injection of £100,000 capital** = putting £100,000 into an existing business **eine Kapitalspritze von £100.000**

injunction [ɪn'dʒʌŋ(k)ʃən] *noun* court order telling someone not to do something **einstweilige Verfügung** *he got an injunction preventing the company from selling his car; the company applied for an injunction to stop their rival from marketing a similar product*

injure ['ɪn(d)ʒə] *verb* to hurt (someone) **verletzen** *two workers were injured in the fire*

◇ **injured party** ['ɪn(d)ʒəd'pɑːtɪ] *noun* party in a court case which has been harmed by another party **geschädigte Partei**

◇ **injury** ['ɪn(d)ʒərɪ] *noun* hurt caused to a person **Verletzung** *f* ; **injury benefit** = money paid to a worker who has been hurt at work **Schaden(s)ersatz** *m or* **Unfallgeld** *n* ; **industrial injuries** = injuries caused to workers at work **Berufsschäden** *mpl*

inking pad ['ɪŋkɪŋpæd] *noun* small pad with ink on it, used for putting ink on a rubber stamp **Stempelkissen** *n*

inland ['ɪnlənd] *adjective*
(a) inside a country **Binnen-** *or* **Inlands-**; **inland freight charges** = charges for carrying goods from one part of the country to another **Inlandsfrachtkosten** *pl* **inland postage** = postage for a letter to another part of the country **Inlandsporto** *n; (US)* **inland carrier** = company which transports goods from a port to a destination inside the country **Inlandsspediteur** *m*
(b) *(GB)* **the Inland Revenue** = British government department dealing with taxes (income tax, corporation tax, capital gains tax, inheritance tax, etc.) but not duties, such as VAT, which are collected by the Customs and Excise **das Finanzamt** *or* **die Finanzbehörde** *he received a letter from the Inland Revenue* (NOTE: the US equivalent is the **Internal Revenue Service or IRS)**

innovate ['ɪnəveɪt] *verb* to bring in new ideas *or* new methods **Neuerungen** *fpl* **einführen**

◊ **innovation** [ˌɪnə'veɪʃən] *noun* new idea *or* new method *or* new product **Innovation** *f or* **Neuerung** *f*

◊ **innovative** ['ɪnəveɪtɪv] *adjective* (person or thing) which is new and makes changes **innovativ**

◊ **innovator** ['ɪnəveɪtə] *noun* person who brings in new ideas and methods **Neuerer** *m*

> QUOTE small innovative companies in IT have been hampered for lack of funds
>
> Sunday Times

input ['ɪnpʊt]

1 *noun*

(a) input of information *or* **computer input** = data fed into a computer **Dateneingabe** *f* ; **input lead** = lead for connecting the electric current to a machine **Strom(zufuhr)kabel** *n*

(b) inputs = goods or services bought by a company and which may be liable to VAT **Inputs** *pl* **input tax** = VAT paid on goods or services which a company buys **Vorsteuer** *f*

2 *verb* **to input information** = to put data into a computer **Daten** *pl* **eingeben** (NOTE: **inputting - inputted)**

inquire [ɪŋ'kwaɪə] *verb* to ask questions about something **sich erkundigen** *or* **Erkundigungen** *fpl* **einziehen** *he inquired if anything was wrong; she inquired about the mortgage rate* **'inquire within'** = ask for more details inside the office *or* shop **‚Näheres im Geschäft'**

◊ **inquire into** [ɪŋ'kwaɪə'ɪntʊ] *verb* to investigate *or* to try to find out about something **untersuchen** *or* **Nachforschungen** *fpl* **anstellen** *we are inquiring into the background of the new supplier*

◊ **inquiry** [ɪŋ'kwaɪərɪ] *noun* official question **Anfrage** *f* ; *I refer to your inquiry of May 25th; all inquiries should be addressed to this department*

inquorate [ɪn'kwɔːreɪt] *adjective* without a quorum **nicht beschlussfähig**

> COMMENT: if there is a quorum at a meeting, the meeting is said to be 'quorate'; if there aren't enough people present to make a quorum, the meeting is 'inquorate'

insert

1 ['ɪnsɜːt] *noun* thing which is put inside something **Beilage** *f* ; **an insert in a magazine mailing** *or* **a magazine insert** = advertising sheet put into a magazine when it is mailed **eine Beilage in einem Versandmagazin** *or* **eine Zeitschriftenbeilage**

2 [ɪn'sɜːt] *verb* to put something in **beilegen** *or* **einfügen** *to insert a clause into a contract; to insert a publicity piece into a magazine mailing*

inside [ɪn'saɪd]

1 *adjective & adverb* in, especially in a company's office or building **Innen-** *or* **betriebsintern; innen** *we do all our design work inside* **inside information** = information which is passed from people working in a company to people outside (and which can be valuable to investors in the company) **Insiderinformationen** *fpl* **inside worker** = worker who works in the office or factory (not in the open air, not a salesman) **Angestellte(r) im Innendienst**

2 *preposition* in **in** *or* **innerhalb** *there was nothing inside the container; we have a contact inside our rival's production department who gives us very useful information*

◊ **insider** [ɪn'saɪdə] *noun* person who works in an organization and therefore knows its secrets **Insider** *m* ; **insider dealings** *or* **insider trading** = illegal buying or selling of shares by staff of a company or other persons who have secret information about the company's plans **Insiderhandel** *m*

insolvent [ɪn'sɒlvənt] *adjective* not able to pay debts **zahlungsunfähig** *or* **insolvent**; **he was declared insolvent** = he was officially stated to be insolvent **er wurde für zahlungsunfähig erklärt**

◊ **insolvency** [ɪn'sɒlvənsɪ] *noun* not being able to pay debts **Zahlungsunfähigkeit** *f or* **Insolvenz** *f* ; **he was in a state of insolvency** = he could not pay his debts **er war zahlungsunfähig**

> COMMENT: a company is insolvent when its liabilities are higher than its assets; if this happens it must cease trading

inspect [ɪn'spekt] *verb* to examine in detail **prüfen** *or* **kontrollieren** *or* **untersuchen** *to inspect a machine or an installation; to inspect the accounts* **to inspect products for defects** = to look at products in detail to see if they have any defects **Produkte auf Mängel prüfen**

◊ **inspection** [ɪn'spekʃən] *noun* close examination of something **Prüfung** *f or* **Kontrolle** *f or* **Untersuchung** *f* ; *to make an inspection or to carry out an inspection of a machine or an installation; inspection of a product for defects* **to carry out a tour of inspection** = to visit various places *or* offices *or* factories to inspect them **eine Inspektionsreise machen; to issue an inspection order** = to order an official inspection **eine Kontrolle anordnen; VAT inspection** = visit by officials of the Customs and Excise Department to see if a company is correctly reporting its VAT **Mehrwertsteuerkontrolle; inspection stamp** = stamp placed on something to show it has been inspected **Prüfstempel** *m*

◇ **inspector** [ɪn'spektə] *noun* official who inspects **Kontrolleur/-in** *or* **Prüfer/-in; inspector of factories** *or* **factory inspector** = government official who inspects factories to see if they are safely run **Gewerbeaufsichtsbeamte(r)/-beamtin; inspector of taxes** *or* **tax inspector** = official of the Inland Revenue who examines tax returns and decides how much tax people should pay **Leiter/-in des Finanzamtes; Steuerprüfer/-in; inspector of weights and measures** = government official who inspects weighing machines and goods sold in shops to see if the quantities and weights are correct **Eichmeister** *m*

◇ **inspectorate** [ɪn'spektərət] *noun* all inspectors **Aufsichtsbehörde** *f* ; **the factory inspectorate** = all inspectors of factories **das Gewerbeaufsichtsamt**

inst [ɪnst] = INSTANT; **your letter of the 6th inst** = your letter of the 6th of this month **Ihr Brief vom 6. dieses Monats**

instability [ˌɪnstə'bɪlətɪ] *noun* being unstable *or* moving up and down **Instabilität** *f*; **period of instability in the money markets** = period when currencies fluctuate rapidly **Zeit der Instabilität auf den Geldmärkten**

install [ɪn'stɔːl] *verb* to put (a machine) into an office *or* into a factory **installieren** *or* **aufstellen** *to install new machinery; to install a new data processing system*

◇ **installation** [ˌɪnstə'leɪʃən] *noun*
(a) machines, equipment and buildings **Anlage** *f* ; *harbour installations; the fire seriously damaged the oil installations*
(b) putting new machines into an office *or* a factory **Installation** *f or* **Aufstellen** *n or* **Einbau** *m* ; *to supervise the installation of new equipment*

◇ **instalment** *or (US)* **installment** [ɪn'stɔːlmənt] *noun* part of a payment which is paid regularly until the total amount is paid **Rate** *f* ; *the first instalment is payable on signature of the agreement* **the final instalment is now due** = the last of a series of payments should be paid now **die letzte Rate ist jetzt fällig; to pay £25 down and monthly instalments of £20** = to pay a first payment of £25 and the rest in payments of £20 each month **£25 anbezahlen und den Rest in Monatsraten von £20 bezahlen; to miss an instalment** = not to pay an instalment at the right time **mit einer Rate in Rückstand geraten**

◇ **installment plan** *or* **installment sales** *or* **installment buying** [ɪn'stɔːlməntplæn *or* -seɪlz *or* -baɪɪŋ] *noun (US)* system of buying something by paying a sum regularly each month **Teilzahlungssystem** *n* ; *to buy a car on an installment plan* (NOTE: the British English equivalent is **hire purchase or HP)**

instance ['ɪnstəns] *noun* particular example *or* case **Fall** *m* ; *in this instance we will overlook the delay*

instant ['ɪnstənt] *adjective*
(a) immediately available **sofortig** *or* **unverzüglich** *instant credit*
(b) this month **dieses Monats; our letter of the 6th instant** = our letter of the 6th of this current month **unser Brief vom 6. dieses Monats**

institute ['ɪnstɪtjuːt]
1 *noun*
(a) official organization **Institut** *n* ; **research institute** = organization set up to do research **Forschungsinstitut**
(b) professional body which represents its members **Institut** *n* ; *Institute of Chartered Accountants*
2 *verb* to start **einleiten** *or* **einrichten** *or* **gründen** *to institute proceedings against someone*

◇ **institution** [ˌɪnstɪ'tjuːʃən] *noun* organization *or* society set up for a particular purpose **Institut** *n* ; **Gesellschaft** *f* ; **financial institution** = bank *or* investment trust *or* insurance company whose work involves lending or investing large sums of money **Finanzinstitut** *or* **Kreditinstitut**

◇ **institutional** [ˌɪnstɪ'tjuːʃənl] *adjective* referring to a financial institution **institutionell** *or* **Instituts-; institutional buying** *or* **selling** = buying or selling shares by financial institutions **Effektenkäufe** *mpl or* **Effektenverkäufe durch institutionelle Anleger** *mpl* **institutional investors** = financial institutions who invest money in securities **institutionelle Anleger** *mpl* ; **Kapitalsammelstellen** *fpl (Banken, Versicherungen, Investmentgesellschaften usw.)*

> QUOTE during the 1970s commercial property was regarded by big institutional investors as an alternative to equities
> Investors Chronicle

instruct [ɪn'strʌkt] *verb*
(a) to give an order to someone **anweisen** *or* **instruieren; to instruct someone to do something** = to tell someone officially to do something **jdm Anweisung geben, etwas zu tun** *he instructed the credit controller to take action*
(b) to instruct a solicitor = to give orders to a solicitor to start legal proceedings on your behalf **einen Anwalt beauftragen**

◊ **instruction** [ɪn'strʌkʃən] *noun* order which tells what should be done *or* how something is to be used **Instruktion** *f or* **Anweisung** *f* ; *he gave instructions to his stockbroker to sell the shares immediately* **to await instructions** = to wait for someone to tell you what to do **auf Anweisungen warten; to issue instructions** = to tell everyone what to do **Anweisungen geben; in accordance with** *or* **according to instructions** = as the instructions show **in Übereinstimmung mit den Anweisungen; failing instructions to the contrary** = unless someone tells you to do the opposite **sofern Sie keine gegenteiligen Anweisungen erhalten; forwarding instructions** *or* **shipping instructions** = details of how goods are to be shipped and delivered **Versandvorschriften** *fpl or* **Versandanweisungen**

◊ **instructor** [ɪn'strʌktə] *noun* person who shows how something is to be done **Ausbilder/-in** *or* **Lehrer/-in**

instrument ['ɪnstrʊmənt] *noun*
(a) tool *or* piece of equipment **Instrument** *n* ; *the technician brought instruments to measure the output of electricity*
(b) legal document **Urkunde** *f or* **Dokument** *n* ; **financial instrument** = document showing that money has been lent or borrowed or passed from one account to another (such as a bill of exchange, certificate of deposit, IOU, etc.) **Finanzpapier** *n* ; **negotiable instrument** = document (such as a bill of exchange *or* a cheque) which can be exchanged for cash **übertragbares** *or* **begebbares Wertpapier**

insufficient funds [,ɪnsəfɪʃənt'fʌndz] *noun (US)* not enough money in a checking account to pay a cheque that has been presented **unzureichende Kontendeckung**

insure [ɪn'ʃʊə] *verb* to have a contract with a company where, if regular small payments are made, the company will pay compensation for loss, damage, injury or death **versichern** *or* **eine Versicherung** *f* **abschließen** *to insure a house against fire; to insure someone's life; he was insured for £100,000; to insure baggage against loss; to insure against bad weather; to insure against loss of earnings* **the life insured** = the person whose life is covered by a life assurance **der/die Versicherte (in einer Lebensversicherung); the sum insured** = the largest amount of money that an insurer will pay under an insurance **die Versicherungssumme**

◊ **insurable** [ɪn'ʃʊərəbl] *adjective* which can be insured **versicherungsfähig** *or* **versicherbar**

◊ **insurance** [ɪn'ʃʊərəns] *noun*
(a) agreement that in return for regular small payments, a company will pay compensation for loss, damage, injury or death **Versicherung** *f* ; **to take out an insurance against fire** = to pay a premium, so that if a fire happens, compensation will be paid **eine Feuerversicherung abschließen; to take out an insurance on the house** = to pay a premium, so that if the house is damaged compensation will be paid **eine Gebäudeversicherung abschließen; the damage is covered by the insurance** = the insurance company will pay for the damage **der Schaden ist durch die Versicherung gedeckt** *repairs will be paid for by the insurance* **to pay the insurance on a car** = to pay premiums to insure a car **die Versicherung (sprämie) für ein Auto bezahlen**
(b) accident insurance = insurance which will pay if an accident takes place **Unfallversicherung** *f* ; **car** *or* **motor insurance** = insuring a car, the driver and passengers in case of accident **Kraftfahrzeugversicherung; comprehensive insurance** = insurance which covers against all risks which are likely to happen **kombinierte Haftpflicht- und Vollkaskoversicherung; endowment insurance** = insurance where a sum of money is paid to the insured person on a certain date or to his heir if he dies before that date **Versicherung auf den Erlebens- und Todesfall; fire insurance** = insurance against damage by fire **Feuerversicherung; general insurance** = insurance covering theft, loss, damage, etc. (but not life insurance) **allgemeine Versicherung; house insurance** = insuring a house and its contents against damage **Haus- und Hausratversicherung; life insurance** = insurance which pays a sum of money when someone dies **Lebensversicherung; medical insurance** = insurance which pays the cost of medical treatment, especially when travelling abroad **Krankenversicherung; term insurance** = life insurance which covers a person's life for a fixed period of time **zeitlich begrenzte Lebensversicherung; third-party insurance** = insurance which pays compensation if someone who is not the insured person incurs loss or injury

Haftpflichtversicherung; **whole-life insurance** = insurance where the insured person pays premiums for all his life and the insurance company pays a sum when he dies **Lebensversicherung auf den Todesfall**
(c) insurance agent *or* **insurance broker** = person who arranges insurance for clients **Versicherungsvertreter/-in** *or* **Versicherungsmakler/-in**; **insurance certificate** = document from an insurance company showing that an insurance policy has been issued **Versicherungsschein** *m* ; **insurance claim** = asking an insurance company to pay for damage **Versicherungsanspruch** *m* ; **Schadensanspruch**; **insurance company** = company whose business is to receive payments and pay compensation for loss or damage **Versicherungsgesellschaft** *f* ; **insurance contract** = agreement by an insurance company to insure **Versicherungsvertrag** *m* ; **insurance cover** = protection guaranteed by an insurance policy **Versicherungsschutz** *m* ; **insurance policy** = document which shows the conditions of an insurance **Versicherungspolice** *f* ; **insurance premium** = payment made by the insured person to the insurer **Versicherungsbeitrag** *m* *or* **Versicherungsprämie** *f*
(d) *(GB)* **National Insurance** = state insurance, organized by the government, which pays for medical care, hospitals, unemployment benefits, etc. **Sozialversicherung** *f* ; **National Insurance contributions (NIC)** = money paid by a worker and the employer each month to the National Insurance **Sozialversicherungsbeiträge** *mpl*
◇ **insurer** [ɪn'ʃʊərə] *noun* company which insures **Versicherer** *m* *or* **Versicherungsträger** *m* (NOTE: for life insurance, GB English prefers to use **assurance, assure, assurer**)

intangible [ɪn'tæn(d)ʒəbl] *adjective* which cannot be touched **immateriell** *or* **nicht greifbar**; **intangible assets** = assets which have a value, but which cannot be seen (such as goodwill, copyrights, patents or trademarks) **immaterielle Vermögenswerte** *mpl*

integrate ['ɪntɪgreɪt] *verb* to link things together to form one whole group **zusammenfassen** *or* **zusammenschließen** *or* **integrieren**
◇ **integration** [ˌɪntɪ'greɪʃən] *noun* bringing several businesses together under a central control **Integration** *f* *or* **Zusammenfassung** *f* *or* **Zusammenschluss** *m* ; **horizontal integration** = joining similar companies in the same type of business *or* taking over a company in the same line of business as yourself **horizontale Integration**; **vertical integration** = joining business together which deal with different stages in the production or sale of the same product **vertikale Integration**

intellectual property [ɪnteˌlektjʊəl'prɒpətɪ] *noun* ownership of something (such as a copyright *or* patent *or* design) which is in the mind of the inventor and cannot be seen or touched **geistiges Eigentum**

intend [ɪn'tend] *verb* to plan or to expect to do something **beabsichtigen** *or* **vorhaben** *the company intends to open an office in New York next year; we intend to offer jobs to 250 unemployed young people*

intensive [ɪn'tensɪv] *adjective* **intensive farming** = farming small areas of expensive land, using machines and fertilizers to obtain high crops **intensive Landwirtschaft**; **capital-intensive industry** = industry which needs a large amount of capital investment in plant to make it work **kapitalintensive Industrie**; **labour-intensive industry** = industry which needs large numbers of workers, where labour costs are high in relation to turnover **arbeitsintensive Industrie**

intent [ɪn'tent] *noun* what is planned **Absicht** *f*; **letter of intent** = letter which states what a company intends to do if something happens **Absichtserklärung** *f*

inter- ['ɪntə] *prefix* between **Zwischen-** *or* **zwischen-**; **inter-bank loan** = loan from one bank to another **Interbankkredit** *m* ; **the inter-city rail services are good** = train services between cities are good **die Intercity-Verbindungen** *fpl* **sind gut**; **inter-company comparisons** = comparing the results of one company with those of another in the same product area **Vergleiche** *mpl* **zwischen Unternehmen im gleichen Produktbereich**; **inter-company dealings** = dealings between two companies in the same group **konzerninterne Geschäfte** *npl*

interest ['ɪntrəst]
1 *noun*
(a) special attention **Interesse** *n* ; *the MD takes no interest in the staff club; the buyers showed a lot of interest in our new product range*
(b) payment made by a borrower for the use of money, calculated as a percentage of the capital borrowed **Zinsen** *mpl* **simple interest** = interest calculated on the capital only, and not added to it **einfache Zinsen**; **compound interest** = interest which is added to the

capital and then earns interest itself **Zinseszins** *m* ; **accrual of interest** = automatic addition of interest to capital **Zinszuwachs** *m or* **Zinsthesaurierung** *f* ; **accrued interest** = interest which is accumulating and is due for payment at a later date **aufgelaufene Zinsen**; **back interest** = interest which has not yet been paid **Zinsrückstand** *m* ; **fixed interest** = interest which is paid at a set rate **feste Zinsen**; **high** *or* **low interest** = interest at a high or low percentage **hohe** *or* **niedrige Zinsen**; **interest charges** = cost of paying interest **Zinsbelastung** *f or* **Sollzinsen** *mpl* **interest rate** *or* **rate of interest** = percentage charge for borrowing money **Zinssatz** *m* , **interest-free credit** *or* **loan** = credit or loan where no interest is paid by the borrower **zinsloses Darlehen** *the company gives its staff interest-free loans*

(c) money paid as income on investments or loans **Zinsen** *mpl or* **Kapitalertrag** *m* ; *the bank pays 10% interest on deposits; to receive interest at 5%; the loan pays 5% interest; deposit which yields or gives or produces or bears 5% interest; account which earns interest at 10% or which earns 10% interest* **interest-bearing deposits** = deposits which produce interest **zinstragende Bankeinlagen** *fpl* **fixed-interest investments** = investments producing an interest which does not change **festverzinsliche Kapitalanlagen** *fpl*

(d) part of the ownership of something, such as money invested in a company giving a financial share in it **Beteiligung** *f or* **Anteil** *m* ; **beneficial interest** = situation where someone is allowed to occupy or receive rent from a house without owning it **wirtschaftliches** *or* **materielles Eigentumsrecht**; **he has a controlling interest in the company** = he owns more than 50% of the shares and so can direct how the company is run **er hat die Mehrheitsbeteiligung an dem Unternehmen**; **life interest** = situation where someone benefits from a property as long as he is alive **Nutzungsrecht** *n* **auf Lebensdauer; lebenslänglicher Anspruch**; **majority interest** *or* **minority interest** = situation where someone owns a majority *or* a minority of shares in a company **Mehrheitsbeteiligung** *f* ; **Minderheitsbeteiligung** *he has a majority interest in a supermarket chain* **to acquire a substantial interest in the company** = to buy a large number of shares in the company **einen wesentlichen Anteil an dem Unternehmen erwerben**; **to declare an interest** = to state in public that you own shares in a company **seine Beteiligungen offen legen**

2 *verb* to attract someone's attention **interessieren** *or* **Interesse hervorrufen** *he tried to interest several companies in his new invention* **to be interested in** = to pay attention to **sich interessieren für** *or* **Interesse haben an** *the managing director is interested only in increasing profitability*

◇ **interested party** ['ɪntrestɪd'pɑːtɪ] *noun* person *or* company with a financial interest in a company **Anteilseigner** *m*

◇ **interesting** ['ɪntrəstɪŋ] *adjective* which attracts attention **interessant** *they made us a very interesting offer for the factory*

> QUOTE since last summer American interest rates have dropped by between three and four percentage points
>
> Sunday Times

> QUOTE a lot of money is said to be tied up in sterling because of the interest-rate differential between US and British rates
>
> Australian Financial Review

interface ['ɪntəfeɪs]

1 *noun* link between two different computer systems or pieces of hardware **Schnittstelle** *f or* **Interface** *n*

2 *verb* to meet and act with **sich aufeinander beziehen** *or* **zusammenarbeiten** *the office micros interface with the mainframe computer at head office*

interfere [ˌɪntə'fɪə] *verb* to get involved *or* to try to change something which is not your concern **sich einmischen** *or* **eingreifen** *or* **stören**

◇ **interference** [ˌɪntə'fɪərəns] *noun* the act of interfering **Einmischung** *f or* **Eingreifen** *n or* **Störung** *f* ; *the sales department complained of continual interference from the accounts department*

interim ['ɪntərɪm] *noun* **interim dividend** = dividend paid at the end of a half-year **Zwischendividende** *f* ; **interim payment** = payment of part of a dividend **Abschlagszahlung** *f or* **Interimszahlung**; **interim report** = report given at the end of a half-year **Zwischenbericht** *m or* **Halbjahresbericht**; **in the interim** = meanwhile *or* for the time being **einstweilig** *or* **in der Zwischenzeit**

> QUOTE the company plans to keep its annual dividend unchanged at ¥7.5 per share, which includes a ¥3.75 interim payout
>
> Financial Times

intermediary [ˌɪntə'miːdjərɪ] *noun* person who is the link between parties who do not agree or who are negotiating **Vermittler/-in** *he refused to act as an intermediary between the* *two directors* **financial intermediary** = (i) institution which takes deposits or loans from individuals and lends money to clients; (ii) person or company which arranges insurance for a client, but is not itself an insurance company **(i) Kapitalsammelstelle** *f* ; **(ii) Finanzvermittler** *m*

COMMENT: banks, building societies, hire purchase companies are all types of financial intermediaries

internal [ɪn'tɜ:nl] *adjective*
(a) inside a company **intern** *or* **innerbetrieblich; we decided to make an internal appointment** = we decided to appoint an existing member of staff to the post, and not bring someone in from outside the company **wir beschlossen, die Stelle intern zu besetzen; internal audit** = audit carried out by a department within the company **interne** *or* **betriebsinterne Revision** *or* **Innenrevision; internal audit department** = department which examines the internal accounting controls of its own company **(betriebs)interne(r) Revisor/-in; Innenrevisor/-in; internal telephone** = telephone which is linked to other phones in an office **Haustelefon** *n*
(b) inside a country **Inland(s)-** *or* **Binnen-** *or* **Innen-; an internal flight** = flight to a town inside the same country **ein Inlandflug;** *(US)* **Internal Revenue Service (IRS)** = government department which deals with tax **Finanzamt** *n or* **Finanzbehörde** *f* ; **internal trade** = trade between various parts of a country **Binnenhandel** *m*

◇ **internally** [ɪn'tɜ:nəlɪ] *adverb* inside a company **intern** *or* **innerbetrieblich; the job was advertised internally** = the job was advertised inside the company, but not in a public place such as a newspaper **die Stelle war intern ausgeschrieben**

international [ˌɪntə'næʃənl] *adjective* working between countries **international; international call** = telephone call to another country **Auslandsgespräch** *n* ; **international dialling code** = number used to make a telephone call to another country **internationale Vorwahl; international direct dialling (IDD)** = system by which you can telephone direct to a number in another country without going through the operator **internationaler Selbstwählferndienst; international law** = laws governing relations between countries **internationales Recht; Völkerrecht; international (postal) reply coupon** = coupon which can be used in another country to pay the postage of replying to a letter **internationaler Antwortschein** *he enclosed an international reply coupon with his letter* **international trade** = trade between different countries **internationaler Handel; Welthandel**

◇ **International Labour Organization (ILO)** [ˌɪntə'næʃənl'leɪbəˌɔ:gənaɪzeɪʃn] section of the United Nations, an organization which tries to improve working conditions and workers' pay in member countries **Internationale Arbeitsorganisation (IAO)**

◇ **International Monetary Fund (IMF)** [ˌɪntə'næʃənl'mʌnɪtrɪˌfʌnd] part of the United Nations, a type of bank which helps member states in financial difficulties, gives financial advice to members and encourages world trade **Internationaler Währungsfonds** *or* **Weltwährungsfonds (IWF)**

interpret [ɪn'tɜ:prɪt] *verb* to translate what someone has said into another language **dolmetschen** *my assistant knows Greek, so he will interpret for us*

◇ **interpreter** [ɪn'tɜ:prɪtə] *noun* person who translates what someone has said into another language **Dolmetscher/-in** *my secretary will act as interpreter*

Interstate Commerce Commission (ICC) ['ɪntəsteɪt'kɒmɜ:skə'mɪʃn] *noun (US)* federal agency which regulates business activity involving two or more of the states in the USA **Bundesverkehrsbehörde** *f*

intervene [ˌɪntə'vi:n] *verb* to try to make a change in a system **intervenieren** *or* **sich einmischen; to intervene in a dispute** = to try to settle a dispute **bei einem Streit intervenieren**

◇ **intervention** [ˌɪntə'venʃən] *noun* acting to make a change in a system **Intervention** *f or* **Eingreifen** *n or* **Eingriff** *m* ; *the government's intervention in the foreign exchange markets; the central bank's intervention in the banking crisis; the government's intervention in the labour dispute* **intervention price** = price at which the EU will buy farm produce which farmers cannot sell, in order to keep prices high **Interventionspreis** *m or* **garantierter Mindestpreis**

interview ['ɪntəvju:]
1 *noun*
(a) talking to a person who is applying for a job **Vorstellungsgespräch** *n* ; *we called six people for interview; I have an interview next week or I am going for an interview next week*

(b) asking a person questions as part of an opinion poll **Befragung** *f or* **Interview** *n*
2 *verb* (i) to talk to a person applying for a job to see if he or she is suitable; (ii) to ask a person a series of questions on radio *or* TV **(i) ein Vorstellungsgespräch führen; (ii) interviewen** *or* **ein Interview führen** *we interviewed ten candidates, but did not find anyone suitable*

◇ **interviewee** [ˈɪntəvjuːˈiː] *noun* person who is being interviewed **Bewerber/-in** *or* **Kandidat/-in; Befragte(r)** *or* **Interviewte(r)**

◇ **interviewer** [ˈɪntəvjuːə] *noun* person who is conducting the interview **Gesprächsleiter/-in; Interviewer/-in**

inter vivos [ˈɪntəˈvaɪvəs] *Latin phrase meaning* 'between living people' **unter Lebenden; gift inter vivos** = gift given to another living person **Schenkung** *f* **zu Lebzeiten**

intestate [ɪnˈtestət] *adjective* **to die intestate** = to die without having made a will **ohne Testament sterben**

◇ **intestacy** [ɪnˈtestəsi] *noun* dying without having made a will **Sterben, ohne ein Testament zu hinterlassen**

> COMMENT: when someone dies intestate, the property automatically goes to the parents or siblings of an unmarried person or, if married, to the surviving partner, unless there are children

in transit [ɪnˈtrænzɪt] *adverb* **goods in transit** = goods being transported **Transitgüter** *npl*

in tray [ˈɪntreɪ] *noun* basket on a desk for letters *or* memos which have been received and are waiting to be dealt with **Eingänge** *mpl*

introduce [ˌɪntrəˈdjuːs] *verb* to make someone get to know a new person or thing **vorstellen** *or* **einführen; to introduce a client** = to bring in a new client and make him known to someone **einen Kunden** *or* **Klienten einführen; to introduce a new product on the market** = to produce a new product and launch it on the market **ein neues Produkt auf den Markt bringen**

◇ **introduction** [ˌɪntrəˈdʌkʃən] *noun*
(a) letter making someone get to know another person **Einführungsbrief** *m* ; *I'll give you an introduction to the MD - he is an old friend of mine*
(b) bringing into use **Einführung** *f* ; **the introduction of new technology** = putting new machines (usually computers) into a business or industry **die Einführung neuer Technologien**

◇ **introductory offer** [ˌɪntrəˈdʌktərɪˈɒfə] *noun* special price offered on a new product to attract customers **Einführungsangebot** *n*

invalid [ɪnˈvælɪd] *adjective* not valid *or* not legal **ungültig** *or* **nichtig** *or* **(rechts)unwirksam** *permit that is invalid; claim which has been declared invalid*

◇ **invalidate** [ɪnˈvælɪdeɪt] *verb* to make something invalid **für ungültig** *or* **nichtig erklären** *because the company has been taken over, the contract has been invalidated*

◇ **invalidation** [ɪnˌvælɪˈdeɪʃən] *noun* making invalid **Ungültigkeitserklärung** *f or* **Nichtigerklärung**

◇ **invalidity** [ˌɪnvəˈlɪdətɪ] *noun* being invalid **Ungültigkeit** *f or* **Nichtigkeit** *or* **Rechtsungültigkeit** *the invalidity of the contract*

invent [ɪnˈvent] *verb* to make something which has never been made before **erfinden** *she invented a new type of computer terminal; who invented shorthand? the chief accountant has invented a new system of customer filing*

◇ **invention** [ɪnˈvenʃən] *noun* thing which has been invented **Erfindung** *f*; *he tried to sell his latest invention to a US car manufacturer*

◇ **inventor** [ɪnˈventə] *noun* person who invents something **Erfinder/-in** *he is the inventor of the all-plastic car*

inventory [ˈɪnvəntrɪ]
1 *noun*
(a) *(especially US)* stock, the goods in a warehouse or shop **(Waren)bestand** *m or* **(Waren)vorrat** *m* ; *to carry a high inventory; to aim to reduce inventory* **inventory control** = system of checking that there is not too much stock in a warehouse, but just enough to meet requirements **Lagerhaltungskontrolle** *f* ; **to take inventory** = to count and record the quantity of each item in stock **Inventur** *f* **machen** *or* **den Lagerbestand aufnehmen** (NOTE: the word 'inventory' is used in the USA where British English uses the word 'stock'. So, the American 'inventory control' is 'stock control' in British English)
(b) list of the contents of a house for sale, of an office for rent, etc. **Inventarverzeichnis** *n or* **Inventarliste** *f* ; *to draw up an inventory of fixtures* **to agree the inventory** = to agree that the inventory is correct **die Inventarliste bestätigen**
2 *verb* to make a list of stock or contents **inventarisieren; Inventar** *or* **den Bestand aufnehmen**

> QUOTE a warehouse needs to tie up less capital in inventory and with its huge volume spreads out costs over bigger sales
> Duns Business Month

invest [ɪn'vest] *verb*
(a) to put money into shares, bonds, a building society, etc., hoping that it will produce interest and increase in value **investieren** *or* **(Geld) anlegen** *he invested all his money in unit trusts; she was advised to invest in real estate or in government bonds* **to invest abroad** = to put money into shares *or* bonds in overseas countries **Kapital** *or* **Geld im Ausland anlegen**
(b) to spend money on something which you believe will be useful **investieren** *to invest money in new machinery; to invest capital in a new factory*

◇ **investment** [ɪn'ves(t)mənt] *noun*
(a) placing of money so that it will increase in value and produce interest **Investition** *f or* **Kapitalanlage** *f* ; *they called for more government investment in new industries; investment in real estate; to make investments in oil companies* **return on investment (ROI)** = interest or dividends shown as a percentage of the money invested **Kapitalrendite** *f or* **Ertrag** *m* **aus investiertem Kapital**
(b) shares, bonds, deposits bought with invested money **Wertpapier** *n* ; **long-term** *or* **short-term investment** = shares, etc., which are likely to increase in value over a long or short period **langfristige** *or* **kurzfristige Anlage**; **safe investment** = shares, etc. which are not likely to fall in value **sichere Kapitalanlage**; **blue-chip investments** = risk-free shares of good companies **erstklassige Effekten** *pl* ; **Spitzenanlagen** *fpl* **quoted investments** = investments which are listed on a Stock Exchange **(an der Börse) notierte Wertpapiere**; **he is trying to protect his investments** = he is trying to make sure that the money he has invested is not lost **er versucht, seine Investitionen (vor Verlusten) zu schützen**
(c) investment adviser = person who advises people on what investments to make **Anlageberater/-in**; **investment company** *or* **investment trust** = company whose shares can be bought on the Stock Exchange, and whose business is to make money by buying and selling stocks and shares **Investmentgesellschaft** *f* ; **Kapitalanlagegesellschaft**; **investment grant** = government grant to a company to help it to invest in new machinery **Investitionszuschuss** *m or* **Investitionsbeihilfe** *f* **investment income** = income (such as interest and dividends) from investments **Kapitalerträge** *mpl* ; **Erträge aus Beteiligungen** *fpl* **Investment Management Regulatory Organization (IMRO)** = organization which regulates managers of investment funds, such as pension funds **Überwachungsorganisation** *f* **der im Vermögensverwaltungsbereich tätigen Institute**

◇ **investor** [ɪn'vestə] *noun* person who invests money **Investor** *m or* **Kapitalanleger/-in**; **the small investor** *or* **the private investor** = person with a small sum of money to invest **der Kleinanleger** *or* **der private Anleger**; **an institutional investor** = an organization (like a pension fund or insurance company) with large sums of money to invest **ein institutioneller Anleger; eine Kapitalsammelstelle**

> QUOTE we have substantial venture capital to invest in good projects
> Times

> QUOTE investment trusts, like unit trusts, consist of portfolios of shares and therefore provide a spread of investments
> Investors Chronicle

> QUOTE investment companies took the view that prices had reached rock bottom and could only go up
> Lloyd's List

investigate [ɪn'vestɪgeɪt] *verb* to examine something which may be wrong **untersuchen** *or* **überprüfen** *or* **ermitteln** *or* **einer Sache nachgehen**

◇ **investigation** [ɪnˌvestɪ'geɪʃən] *noun* examination to find out what is wrong **Untersuchung** *f or* **Überprüfung** *f or* **Ermittlung** *f* ; *to conduct an investigation into irregularities in share dealings*

◇ **investigator** [ɪn'vestɪgeɪtə] *noun* person who investigates **Ermittler/-in** *government investigator*

invisible [ɪn'vɪzəbl]
1 *adjective* **invisible assets** = assets which have a value but which cannot be seen (such as goodwill or patents) **unsichtbare Vermögenswerte** *mpl* **invisible earnings** = foreign currency earned by a country by providing services, not selling goods **unsichtbare Einkünfte** *fpl or* **Einkünfte aus unsichtbaren Leistungen** *fpl* **invisible imports** *or* **exports** *or* **invisible trade** = services which are paid for in foreign currency or earn foreign currency without actually selling a product (such as banking,

insurance or tourism) **unsichtbare Einfuhren** *or* **Ausfuhren** *fpl* ; **unsichtbarer Handel**
2 *plural noun* **invisibles** = invisible imports and exports **unsichtbare Ein- und Ausfuhren** *fpl*

invite [ɪn'vaɪt] *verb* to ask someone to do something; to ask for something **einladen** *or* **auffordern** *to invite someone to an interview; to invite someone to join the board; to invite shareholders to subscribe a new issue; to invite tenders for a contract*
◇ **invitation** [ˌɪnvɪ'teɪʃən] *noun* asking someone to do something **Einladung** *f or* **Aufforderung** *f* ; *to issue an invitation to someone to join the board; invitation to tender for a contract; invitation to subscribe a new issue*

invoice ['ɪnvɔɪs]
1 *noun*
(a) note asking for payment for goods or services supplied **Rechnung** *f* ; *your invoice dated November 10th; they sent in their invoice six weeks late; to make out an invoice for £250; to settle or to pay an invoice* **the total is payable within thirty days of invoice** = the total sum has to be paid within thirty days of the date on the invoice **der volle Betrag ist innerhalb von dreißig Tagen (ab Rechnungsdatum) zahlbar**; **VAT invoice** = invoice which includes VAT **Mehrwertsteuerrechnung**
(b) invoice clerk = office worker who deals with invoices **Fakturist/-in**; **invoice price** = price as given on an invoice (including discount and VAT) **Rechnungspreis** *m* ; **total invoice value** = total amount on an invoice, including transport, VAT, etc. **voller Rechnungsbetrag**
2 *verb* to send an invoice to someone **Rechnung ausstellen** *to invoice a customer* **we invoiced you on November 10th** = we sent you the invoice on November 10th **wir stellten die Rechnung am 10. November aus**
◇ **invoicing** ['ɪnvɔɪsɪŋ] *noun* sending of invoices **Abrechnung** *f* ; *our invoicing is done by the computer* **invoicing department** = department in a company which deals with preparing and sending invoices **Rechnungsabteilung** *f* ; **invoicing in triplicate** = preparing three copies of invoices **Rechnungsausstellung** *f* **in dreifacher Ausfertigung**; **VAT invoicing** = sending of an invoice including VAT **Rechnungsausstellung** *f* **inklusive MwSt.**

inward ['ɪnwəd] *adjective* towards the home country **Binnen-** *or* **Inlands-**; **inward bill** = bill of lading for goods arriving in a country **Importkonnossement** *n* ; **inward mission** = visit to your home country by a group of foreign businessmen **Delegation** *f* **aus dem Ausland**

IOU ['aɪəʊ'juː] *noun* = I OWE YOU signed document promising that you will pay back money borrowed **Schuldschein** *m* ; *to pay a pile of IOUs*

IRA [aɪɑː'eɪ] *(US)* = INDIVIDUAL RETIREMENT ACCOUNT

irrecoverable [ˌɪrɪ'kʌvərəbl] *adjective* which cannot be recovered **nicht einziehbar**; **irrecoverable debt** = debt which will never be paid **uneinbringliche Forderung**

irredeemable [ˌɪrɪ'diːməbl] *adjective* which cannot be redeemed **nicht einlösbar**; **irredeemable bond** = government bond which has no date of maturity and which therefore provides interest but can never be redeemed at full value (in the UK, the War Loan is irredeemable) **unkündbare Anleihe**

irregular [ɪ'regjʊlə] *adjective* not correct; not done in the correct way **vorschriftswidrig** *or* **nicht ordnungsgemäß** *irregular documentation; this procedure is highly irregular*
◇ **irregularity** [ɪˌregjʊ'lærətɪ] *noun*
(a) not being regular; not being on time **Unregelmäßigkeit** *f* ; *the irregularity of the postal deliveries*
(b) irregularities = things which are not done in the correct way and which are possibly illegal **Unregelmäßigkeiten** *fpl or* **Vorschriftswidrigkeit** *f* ; *to investigate irregularities in the share dealings*

irrevocable [ɪ'revəkəbl] *adjective* which cannot be changed **unwiderruflich**; **irrevocable acceptance** = acceptance which cannot be withdrawn **unwiderrufliche Annahme**; **irrevocable letter of credit** = letter of credit which cannot be cancelled or changed **unwiderrufliches Akkreditiv**

IRS [aɪɑː'es] *(US)* = INTERNAL REVENUE SERVICE

ISA ['aɪsə] = INDIVIDUAL SAVINGS ACCOUNT

island site *or* **island display** ['aɪlənd'saɪt *or* -dɪs'pleɪ] *noun* exhibition stand separated from others **allein stehende Warenauslage** *there are only two island sites at the exhibition and we have one of them; an island site means that visitors can approach the stand from several directions*

issue ['ɪʃuː]
1 *noun*
(a) number of a newspaper *or* magazine

Ausgabe *f* ; *we have an ad in the January issue of the magazine*
(b) giving out new shares **Ausgabe** *or* **Emission** *f or* **Begebung** *f* ; **bonus issue** *or* **scrip issue** = new shares given free to shareholders **Ausgabe von Gratisaktien** *fpl* **issue of debentures** *or* **debenture issue** = borrowing money by giving debentures to lenders **Emission von Schuldverschreibungen** *fpl* **issue of new shares** *or* **share issue** = selling new shares in a company to the public **Ausgabe** *or* **Emission neuer Aktien** *fpl* **rights issue** = giving shareholders the right to buy more shares at a lower price **Bezugsrechtsemission**; **new issues department** = section of a bank which deals with issues of new shares in companies **Emissionsabteilung** *f* ; **issue price** = price of shares when they are offered for sale for the first time **Emissionskurs** *m or* **Ausgabekurs**
2 *verb* to put out *or* to give out **ausstellen** *or* **herausgeben** *or* **veröffentlichen; ausgeben** *or* **emittieren** *to issue a letter of credit; to issue shares in a new company; to issue a writ against someone; the government issued a report on London's traffic*

◇ **issued** ['ɪʃu:d] *adjective* **issued capital** = amount of capital which is given out as shares to shareholders **ausgegebenes Kapital; issued price** = price of shares in a new company when they are offered for sale for the first time **Emissionskurs** *m or* **Ausgabekurs**

◇ **issuing** ['ɪʃuɪŋ] *noun* which organizes an issue of shares **Emissions-** *or* **Ausgabe-**; **issuing bank** *or* **issuing house** = bank which organizes the selling of shares in a new company **Emissionsbank** *f* ; **Emissionshaus** *n*

> QUOTE the rights issue should overcome the cash flow problems
> Investors Chronicle

> QUOTE the company said that its recent issue of 10.5 per cent convertible preference shares at A$8.50 a share has been oversubscribed
> Financial Times

> QUOTE issued and fully paid capital is $100 million
> Hongkong Standard

IT ['aɪ'ti:] = INFORMATION TECHNOLOGY

item ['aɪtəm] *noun*
(a) thing for sale **Artikel** *m* ; **cash items** = goods sold for cash **Barposten** *mpl* **we are holding orders for out of stock items** = for goods which are not in stock **wir haben Bestellungen für Artikel, die nicht vorrätig sind** *please find enclosed an order for the following items from your catalogue*
(b) piece of information **Posten** *m* ; *items on a balance sheet* **exceptional items** = items which arise from normal trading but which are unusual because of their size or nature (they are shown separately in a note to the company's accounts) **einmalige Aufwendungen** *fpl* **extraordinary items** = items in accounts which do not appear each year **Sonderposten** *mpl* **item of expenditure** = goods or services which have been paid for and appear in the accounts **Ausgabe** *f*
(c) point on a list **Punkt** *m* ; **we will now take item four on the agenda** = we will now discuss the fourth point on the agenda **wir gehen jetzt zu Punkt vier der Tagesordnung über**

◇ **itemize** ['aɪtəmaɪz] *verb* to make a detailed list of things **aufgliedern** *or* **einzeln aufführen** *itemizing the sales figures will take about two days* **itemized account** = detailed record of money paid or owed **aufgegliederte Abrechnung**; *(US)* **itemized deductions** = deductions from a person's taxable income which are listed on his tax return **einzeln aufgeführte Abzugsbeträge** *mpl* **itemized invoice** = invoice which lists each item separately **aufgegliederte Rechnung; itemized statement** = bank statement where each transaction is recorded in detail **spezifizierter, gegliederter Kontoauszug**

itinerant worker [ɪ'tɪnərənt'wɜ:kə] *noun* worker who moves from place to place, looking for work **Wanderarbeiter/-in**

itinerary [aɪ'tɪnərərɪ] *noun* list of places to be visited on one journey **Reiseroute** *f* ; *a salesman's itinerary*

Jj

jam [dʒæm]
1 *noun* blocking **Stockung** *f or* **Stau** *m or* **Verstopfung** *f* ; **traffic jam** = situation where there is so much traffic on the road that it moves only very slowly **Verkehrsstau**
2 *verb* to stop working *or* to be blocked **(ver)klemmen** *or* **blockieren** *the paper feed has*

jammed; the switchboard was jammed with calls (NOTE: **jamming - jammed**)

janitor ['dʒænɪtə] *noun (US)* person who looks after a building, making sure it is clean and that the rubbish is cleared away **Hausmeister/-in** (NOTE: GB English is **caretaker**)

J curve ['dʒeɪ'kɜːv] *noun* line on a graph shaped like a letter 'J', with an initial short fall, followed by a longer rise (used to describe the effect of a falling exchange rate on a country's balance of trade) **J-Kurve** *f*

jetsam ['dʒetsəm] *noun* **flotsam and jetsam** = rubbish floating in the water after a ship has been wrecked and rubbish washed on to the land **Treib- und Strandgut** *n*

jettison ['dʒetɪzn] *verb* to throw cargo from a ship into the sea to make the ship lighter **über Bord werfen**

jingle ['dʒɪŋgl] *noun* **advertising** *or* **publicity jingle** = short and easily remembered tune or song to advertise a product on television, etc. **einen Werbespot begleitende Melodie; Jingle** *m*

JIT = JUST-IN-TIME

job [dʒɒb] *noun*
(a) piece of work **Arbeit** *f*; **Aufgabe** *f*; **to do a job of work** = to be given a job of work to do **eine Arbeit** *or* **Aufgabe erledigen**; **to do odd jobs** = to do various pieces of work **Gelegenheitsarbeiten verrichten** *he does odd jobs for us around the house* **odd-job-man** = person who does various pieces of work **Gelegenheitsarbeiter** *m* ; **to be paid by the job** = to be paid for each piece of work done **pro Auftrag** *or* **geleistete Arbeit bezahlt werden**
(b) order being worked on **Auftrag** *m* ; *we are working on six jobs at the moment; the shipyard has a big job starting in August*
(c) regular paid work **Job** *m or* **Arbeitsplatz** *m or* **Stellung** *f or* **Stelle** *f* ; *he is looking for a job in the computer industry; he lost his job when the factory closed; she got a job in a factory; to apply for a job in an office* **office job** *or* **white-collar job** = job in an office **Stelle** *f* **im Büro** *or* **Schreibtischjob** *m* ; **to give up one's job** = to resign from one's work **seine Stelle aufgeben**; **to look for a job** = to try to find work **auf Stellungssuche sein** *or* **Arbeit suchen**; **to retire from one's job** = to leave work and take a pension **in den Ruhestand treten**; **to be out of a job** = to have no work **arbeitslos sein**
(d) job analysis = detailed examination and report on the duties of a job **Arbeitsplatzanalyse** *f* ; **job application** *or* **application for a job** = asking for a job in writing **Stellenbewerbung** *f*; *you have to fill in a job application form* **job centre** = government office which lists jobs which are vacant **staatliche Arbeitsvermittlungsstelle** *f* ≈ **Arbeitsamt** *n* ; **job classification** = describing jobs listed under various classes **Berufsklassifikation** *f*; **job creation scheme** = government-backed plan to make work for the unemployed **Arbeitsbeschaffungsprogramm** *n or* **Beschäftigungsprogramm**; **job description** = official document from the management which says what a job involves **Stellenbeschreibung** *f* ; **job evaluation** = examining different jobs within an organization to see what skills and qualifications are needed to carry them out **Arbeits(platz)bewertung** *f* ; **job losses** = jobs which no longer exist because workers have been made redundant **verlorene Arbeitsplätze** *mpl* **job satisfaction** = a worker's feeling that he is happy in his place of work and pleased with the work he does **Zufriedenheit** *f* **am Arbeitsplatz**; **job security** = feeling which a worker has that he has a right to keep his job, or that he will stay in his job until he retires **Sicherheit** *f* **des Arbeitsplatzes**; **job sharing** = situation where a job is shared by more than one person, each working part-time **Jobsharing** *n* ; **job specification** = very detailed description of what is involved in a job **Stellenbeschreibung** *f* ; **job title** = name given to a person in a certain job **Berufsbezeichnung** *f* ; **Bezeichnung der Tätigkeit** *her job title is 'Chief Buyer'* **on-the-job training** = training given to workers at their place of work **betriebliche Ausbildung**; **off-the-job training** = training given to workers away from their place of work (i.e. at a college) **außerbetriebliche Ausbildung**
(e) job lot = group of miscellaneous items sold together **Partieware** *f* ; **Ramschware** *he sold the household furniture as a job lot*
(f) difficulty **Schwierigkeiten** *fpl or* **Mühe** *f* ; *they will have a job to borrow the money they need for the expansion programme; we had a job to find a qualified secretary*

◇ **jobber** ['dʒɒbə] *noun*
(a) *(formerly on the London Stock Exchange)*; **(stock) jobber** = person who bought and sold shares from other traders **Jobber** *m or* **(Wertpapier-)Eigenhändler/-in**
(b) *(US)* wholesaler **Großhändler/-in**; **rack jobber** = wholesaler who sells goods by putting them on racks in retail shops **externer Regalauffüller (im Supermarkt)**

◇ **jobbing** ['dʒɒbɪŋ] *noun*
(a) *(formerly on the London Stock Exchange)*; **(stock) jobbing** = buying and selling shares

from other traders **Eigenhandel** *m* **an der Börse**
(b) doing small pieces of work **Jobben** *n or* **Gelegenheitsarbeiten** *fpl* **verrichten; jobbing gardener** *or* **jobbing printer** = person who does odd jobs in the garden *or* who does small printing jobs **ungelernte(r) Gartenarbeiter/-in; Akzidenzdrucker/-in**

◇ **jobclub** ['dʒɒb'klʌb] *noun* organization which helps its members to find jobs **Arbeitsloseninitiative** *f or* **Arbeitslosenverein** *m* ; *since joining the jobclub she has improved her interview techniques and gained self-confidence*

◇ **jobless** ['dʒɒbləs] *noun* people with no jobs, the unemployed **die Arbeitslosen** *pl* (NOTE: takes a plural verb)

QUOTE he insisted that the tax advantages he directed toward small businesses will help create jobs
Toronto Star

QUOTE the contradiction between the jobless figures and latest economic review
Sunday Times

QUOTE warehouse clubs buy directly from manufacturers, eliminating jobbers and wholesale middlemen
Duns Business Month

join [dʒɒɪn] *verb*
(a) to put things together **verbinden** *or* **anfügen** *the offices were joined together by making a door in the wall; if the paper is too short to take all the accounts, you can join an extra piece on the bottom*
(b) to join a firm = to start work with a company **eine Stelle in einer Firma antreten; he joined on January 1st** = he started work on the January 1st **er trat seine Stelle am 1. Januar an**
(c) to join an association *or* **a group** = to become a member of an association *or* a group **einem Verband** *or* **einer Gruppe beitreten** *all the staff have joined the company pension plan; he was asked to join the board; Smith Ltd has applied to join the trade association*

joint [dʒɒɪnt] *adjective*
(a) combined, with two or more organizations linked together **gemeinsam** *or* **gemeinschaftlich** *or* **Gemeinschafts-** *or* **Mit-** *or* **Joint-; joint commission of inquiry** *or* **joint committee** = commission *or* committee with representatives of various organizations on it **gemeinsamer Untersuchungsausschuss** *or* **gemeinsamer Ausschuss; joint discussions** = discussions between management and workers before something is done **gemeinsame Beratung (zwischen Unternehmensleitung und Belegschaft); joint management** = management done by two or more people **gemeinsame Leitung; joint venture** = very large business project where two or more companies join together, often forming a new joint company to manage the project **Jointventure** *n or* **Gemeinschaftsunternehmen** *n*
(b) joint account = bank account for two people **gemeinsames Konto** *or* **Gemeinschaftskonto; joint-stock bank** = bank which is a public company quoted on the Stock Exchange **Aktienbank** *f* ; **joint-stock company** = a company which issues shares to those who have contributed capital to it **Aktiengesellschaft** *f*
(c) of two or more people who work together or who are linked **Gemeinschafts-** *or* **Mit-** *or* **Partner-** *joint beneficiary; joint managing director; joint owner; joint signatory* **joint ownership** = owning of a property by several owners **Miteigentum** *n or* **gemeinsames Eigentum**

◇ **jointly** ['dʒɒɪntlɪ] *adverb* together with one or more other people **gemeinsam** *to own a property jointly; to manage a company jointly; they are jointly liable for damages*

journal ['dʒɜːnl] *noun*
(a) book with the account of sales and purchases made each day **Journal** *n* ; **sales journal** = sales day book, the book in which non-cash sales are recorded with details of customer, invoice, amount and date (these details are later posted to each customer's account in the sales ledger) **Warenausgangsbuch** *n*
(b) magazine **Zeitschrift** *f* ; **Journal** *n* ; **house journal** = magazine produced for the workers in a company to give them news about the company **Werkszeitung** *f* ; **trade journal** = magazine produced for people or companies in a certain trade **Fachzeitschrift** *f or* **Fachblatt** *n*

◇ **journalist** ['dʒɜːnəlɪst] *noun* person who writes for a newspaper **Journalist/-in**

journey ['dʒɜːnɪ] *noun* long trip, especially a trip done by a salesman **Reise** *f* ; *he planned his journey so as to visit all his accounts in two days* **journey order** = order given by the shopkeeper to a salesman when he calls **Auftrag** *m* **an Vertreter; journey planning** = planning what calls a salesperson will make and how he or she will reach them most efficiently, giving priority to the more profitable accounts **(Vertreter-)Routenplanung**

◇ **journeyman** ['dʒɜːnɪmən] *noun (US)* skilled craftsman who has completed his apprenticeship **Facharbeiter** *m*

judge [dʒʌdʒ]
1 *noun* person who decides in a legal case **Richter/-in** *the judge sent him to prison for embezzlement*
2 *verb* to decide **beurteilen** *or* **halten für** *or* **erachten für** *he judged it was time to call an end to the discussions*
◇ **judgement** *or* **judgment** ['dʒʌdʒmənt] *noun* legal decision *or* official decision **Gerichtsurteil** *n* *or* **Urteil**; **to pronounce judgement** *or* **to give one's judgement on something** = to give an official or legal decision about something **ein Urteil fällen** *or* **sein Urteil zu etwas abgeben**; **judgment debtor** = debtor who has been ordered by a court to pay a debt **Urteilsschuldner/-in** (NOTE: the spelling **judgment** is used by lawyers)

judicial [dʒʊ'dɪʃəl] *adjective* referring to the law **Justiz-** *or* **Rechts-**; **judicial processes** = the ways in which the law works **gerichtliche Verfahren** *npl*

jumble sale ['dʒʌmblseɪl] *noun* sale of odd secondhand items organized by a club or organization to raise money ≈ **Wohltätigkeitsbasar** *m*

jump [dʒʌmp]
1 *noun* sudden rise **Sprung** *m or* **sprunghafter Anstieg** *jump in prices; jump in unemployment figures*
2 *verb*
(a) to go up suddenly **emporschnellen** *or* **sprunghaft steigen** *oil prices have jumped since the war started; share values jumped on the Stock Exchange*
(b) to go away suddenly **springen**; **to jump bail** = not to appear in court after having been released on bail **die Kaution (durch Nichterscheinen) verfallen lassen**; **to jump the gun** = to start to do something too early *or* before you should **voreilig sein** *or* **handeln**; **to jump the queue** = to go in front of someone who has been waiting longer **sich vordrängeln** *they jumped the queue and got their export licence before we did* **to jump ship** = to leave a ship where you work as a sailor and not to go back **ohne Erlaubnis abheuern**
◇ **jumpy** ['dʒʌmpɪ] *adjective* nervous *or* excited **nervös** *or* **schreckhaft**; **the market is jumpy** = the stock market is nervous and share prices are likely to fluctuate **der Markt ist unsicher** *or* **instabil** *or* **ist starken Schwankungen** *fpl* **unterlegen**

junior ['dʒuːnjə]
1 *adjective* younger *or* lower in rank **junior**; **untergeordnet**; **junior clerk** = clerk, usually young, who has lower status than a senior clerk **untere(r) Angestellte(r)**; **junior executive** *or* **junior manager** = young manager in a company **Nachwuchsmanager/-in**; **junior partner** = person who has been made a partner more recently than others **Juniorpartner/-in**; **John Smith, Junior** = the younger John Smith (i.e. the son of John Smith, Senior) **John Smith junior**
2 *noun*
(a) barrister who is not a Queen's counsel; *(in Britain)* **Rechtsanwaltsassessor/-in**
(b) office junior = young man or woman who does all types of work in an office **Bürohilfe** *f*

junk [dʒʌŋk] *noun* rubbish *or* useless items **Plunder** *m or* **Trödel** *m* ; *you should throw away all that junk* **junk bonds** = bonds raised as debentures on the security of a company which is the subject of a takeover bid **Risikopapiere** *npl or* **Schundanleihen** *fpl* **junk mail** = unsolicited advertising material sent through the post and thrown away immediately by the people who receive it **(unerwünschte) Reklamesendungen** *fpl* ; **Papierkorbwerbung** *f*

> QUOTE the big US textile company is running deep in the red, its junk bonds are trading as low as 33 cents on the dollar
> *Wall Street Journal*

jurisdiction [,dʒʊərɪs'dɪkʃ(ə)n] *noun* **within the jurisdiction of the court** = in the legal power of a court **in der Zuständigkeit des Gerichts** *or* **zum Gerichtsbezirk** *m* **gehören**

just-in-time (JIT) ['dʒʌstɪn'taɪm] *noun* **just-in-time (JIT) production** = making goods to order just before they are needed, so as to avoid having too many goods in stock **Just-in-Time-Production**; *(Fertigung in letzter Minute, um Lagerbestände zu vermeiden)*

Kk

K [keɪ] *abbreviation* one thousand **eintausend**; **'salary: £20K+ '** = salary more than £20,000 per annum **'Gehalt: £20.000+'**

KD = KNOCKDOWN

keen [kiːn] *adjective*
(a) eager *or* active **eifrig** *or* **aktiv**; **keen competition** = strong competition **scharfer**

Wettbewerb *or* **harte Konkurrenz** *we are facing some keen competition from European manufacturers* **keen demand** = wide demand **große** *or* **lebhafte Nachfrage** *there is a keen demand for home computers*
(b) keen prices = prices which are kept low so as to be competitive **günstige Preise** *mpl our prices are the keenest on the market*

keep [ki:p] *verb*
(a) to go on doing something **etwas weiter tun** *they kept working, even when the boss told them to stop; the other secretaries complain that she keeps singing when she is typing*
(b) to do what is necessary **(ein)halten** *or* **befolgen**; **to keep an appointment** = to be there when you said you would be **eine Verabredung einhalten**; **to keep the books of a company** *or* **to keep a company's books** = to note the accounts of a company accurately **die Geschäftsbücher einer Firma führen**
(c) to hold items for sale *or* for information **auf Lager halten** *or* **führen**; **we always keep this item in stock** = we always have this item in our warehouse *or* shop **wir haben diesen Artikel immer auf Lager**; **to keep someone's name on file** = to have someone's name on a list for reference **jds Namen in den Akten führen**
(d) to hold things at a certain level **halten** *we must keep our mailing list up to date; to keep spending to a minimum; the price of oil has kept the pound at a high level; the government is encouraging firms to keep prices low; lack of demand for typewriters has kept prices down* (NOTE: **keeping - kept)**

◇ **keep back** [ki:p'bæk] *verb* to hold on to something which you could give to someone **zurückhalten** *or* **einbehalten** *to keep back information or to keep something back from someone; to keep £10 back from someone's salary*

◇ **keeping** ['ki:pɪŋ] *noun* **safe keeping** = being looked after carefully **(sichere) Verwahrung** *or* **Aufbewahrung** *we put the documents into the bank for safe keeping*

◇ **keep on** [ki:p'ɒn] *verb* to continue to do something **weitermachen** *or* **etwas weiter tun** *the factory kept on working in spite of the fire; we keep on receiving orders for this item although it was discontinued two years ago*

◇ **keep up** [ki:p'ʌp] *verb* to hold at a certain high level **hochhalten** *or* **beibehalten** *or* **aufrechterhalten** *we must keep up the turnover in spite of the recession; she kept up a rate of sixty words per minute for several hours*

Keogh plan ['ki:əʊ,plæn] *noun (US)* private pension system allowing self-employed businessmen and professionals to set up pension and retirement plans for themselves **steuerbegünstigter Pensionsplan für Selbstständige**

key [ki:]
1 *noun*
(a) piece of metal used to open a lock **Schlüssel** *m* ; *we have lost the keys to the computer room* **key money** = premium paid when taking over the keys of a flat or office which you are renting **Provision** *f* *or* **Schlüsselgeld** *n*
(b) part of a computer *or* typewriter which you press with your fingers **Taste** *f* ; *there are sixty-four keys on the keyboard* **control key** = key on a computer which works part of a program **Kontrolltaste**; **shift key** = key which makes a typewriter or computer move to capital letters **Umschalttaste** *or* **Shift-Taste**
(c) important **Schlüssel-** *key factor; key industry; key personnel; key post; key staff*
2 *verb* **to key in data** = to put information into a computer **Daten eingeben**

◇ **keyboard** ['ki:bɔ:d]
1 *noun* part of a typewriter or computer with keys which are pressed to make letters or figures **Tastatur** *f* ; **qwerty keyboard** = English language keyboard, where the first letters are Q-W-E-R-T-Y **englische Tastatur** *the computer has a normal qwerty keyboard*
2 *verb* to press the keys on a keyboard to type something **(in den Computer) eingeben** *he is keyboarding our address list*

◇ **keyboarder** ['ki:bɔ:də] *noun* person who types information into a computer **Datentypist/-in**

◇ **keyboarding** ['ki:bɔ:dɪŋ] *noun* act of typing on a keyboard **Texteingabe** *f* ; *keyboarding costs have risen sharply*

◇ **keyed** *adjective* **keyed advertisement** = advertisement which asks customers to reply in writing to a particular address, or to a particular department, which will indicate the magazine in which the advertisement appeared and so help the advertiser gauge the effectiveness of using that magazine **Kennzifferanzeige** *f*

◇ **keypad** ['ki:pæd] *noun* small keyboard **Tastenfeld** *n* ; **numeric keypad** = part of a computer keyboard which is a programmable set of numbered keys **Zehnertastatur** *f* *or* **numerische Tastatur**

kg = KILOGRAM

kickback ['kɪkbæk] *noun* illegal commission paid to someone (especially a government official) who helps in a business deal **Schmiergeld** *n*

killing ['kɪlɪŋ] *noun (informal)* huge profit **Riesengewinn** *m or* **Reibach** *m* ; *he made a killing on the stock market*

kilo *or* **kilogram** ['ki:ləʊ *or* 'kɪləgræm] *noun* measure of weight (= one thousand grams) **Kilo** *n or* **Kilogramm** *n* (NOTE: written **kg** after figures: **20kg)**

◇ **kilobyte** ['kɪləbaɪt] *noun* unit of storage in a computer (= 1,024 bytes) **Kilobyte** *n*

◇ **kilometre** *or (US)* **kilometer** [kɪ'lɒmɪtə] *noun* measure of length (= one thousand metres) **Kilometer** *m* ; **the car does fifteen kilometres to the litre** = the car uses a litre of petrol to travel fifteen kilometres **der Wagen verbraucht einen Liter auf fünfzehn Kilometer** (NOTE: written **km** after figures: **70km)**

kind [kaɪnd] *noun* sort *or* type **Art** *f*; **Gattung** *f* ; **Sorte** *f* ; *the printer produces two kinds of printout; our drinks machine has three kinds of cold drinks* **payment in kind** = payment made by giving goods or food, but not money **Bezahlung** *f* **in Naturalien** *pl* ; **Sachleistung** *f*

king-size ['kɪŋ'saɪz] *adjective* extra large container of a product (usually comparatively economical to buy) **großformatig; King-Size(-Plakat)**

kiosk ['ki:ɒsk] *noun* small wooden shelter, for selling goods out of doors **Kiosk** *m* ; *a newspaper kiosk* **telephone kiosk** = shelter with a public telephone in it **Telefonzelle** *f*

kite [kaɪt]
1 *noun*
(a) to fly a kite = to put forward an proposal to try to interest people **ein lockendes Angebot machen** *or* **einen Versuchsballon steigen lassen**; **kite flier** = person who tries to impress by putting forward a proposal **jd, der hochtrabende Pläne** *mpl* **macht; Angeber/-in**; **kite-flying** = trying to impress by putting forward grand plans **angeben**
(b) *(GB)* **kite mark** = mark on goods to show they meet official standards **(dreieckiges) Gütezeichen**
2 *verb*
(a) *(US)* to write cheques on one account (which may not have any money in it) and deposit them in another, withdrawing money from the second account before the cheques are cleared **Kellerwechsel ausstellen**
(b) *(GB)* to use stolen credit cards or cheque books **gestohlene Kreditkarten oder Scheckbücher benutzen**

kitty ['kɪtɪ] *noun* money which has been collected by a group of people to be used later (such as for an office party) **gemeinsame Kasse**

km = KILOMETRE

knock [nɒk] *verb*
(a) to hit something **stoßen** *or* **anschlagen** *he knocked on the door and went in; she knocked her head on the filing cabinet*
(b) to knock the competition = to hit competing firms hard by vigorous selling **die Konkurrenz schlagen**; **knocking copy** = advertising material which criticizes competing products **herabsetzender Werbetext**

◇ **knock down** [nɒk'daʊn] *verb* **to knock something down to a bidder** = to sell something at an auction **einem Bieter etwas zuschlagen** *or* **einem Bieter den Zuschlag erteilen** *the stock was knocked down to him for £10,000*

◇ **knockdown** ['nɒkdaʊn] *noun*
(a) knockdown (KD) goods = goods sold in parts, which must be assembled by the buyer **in Einzelteile zerlegte Güter** *or* **Selbstbauprodukte** *npl*
(b) knockdown prices = very low prices **Schleuderpreise** *mpl he sold me the car at a knockdown price*

◇ **knock off** [nɒk'ɒf] *verb*
(a) to stop work **Feierabend machen**
(b) to reduce a price by an amount **nachlassen** *or* **ablassen** *he knocked £10 off the price for cash*

◇ **knock-on effect** ['nɒk'ɒnɪ'fekt] *noun* effect which an action will have on other situations **Folgewirkung** *f or* **Anstoßwirkung** *the strike by customs officers has had a knock-on effect on car production by slowing down exports of cars*

knot [nɒt] *noun* measure of speed used to show the speed of a ship or of the wind **Knoten** *m*

> COMMENT: one knot is one nautical mile per hour

know [nəʊ] *verb*
(a) to learn, to have information about something **wissen** *I do not know how a computer works; does he know how long it takes to get to the airport? the managing director's secretary does not know where he is; he knows the African market very well*
(b) to have met someone **kennen** *do you know Mr Jones, our new sales director?* (NOTE: **knowing - known)**

◇ **know-how** ['nəʊhaʊ] *noun* knowledge about how something works *or* how something is made **Know-how** *n* ; *electronic* *know-how; to acquire computer know-how* **know-how fund** = fund created by the UK government to provide technical training and advice to countries of Eastern Europe **Know-how-Fonds** *m*

◇ **knowledge** ['nɒlɪdʒ] *noun* what is known **Kenntnis** *f or* **Wissen** *n* ; **he had no knowledge of the contract** = he did not know that the contract existed **er hatte keine Kenntnis** *or* **er wusste nichts von dem Vertrag**

krona ['krəʊnə] *noun* currency used in Sweden and Iceland **Krone** *f*

krone ['krəʊnə] *noun* currency used in Denmark and Norway **Krone** *f*

Ll

l = LITRE

label ['leɪbl]
1 *noun*
(a) piece of paper *or* card attached to something to show its price *or* an address *or* instructions for use **Etikett** *n or* **Anhängeschild** *n* ; **gummed label** = label which you wet to make it stick on the item **Aufkleber** *m* ; **self-sticking label** = sticky label, ready to stick on an item **Selbstklebeetikett** *n* ; **tie-on label** = label with a piece of string attached so that it can be tied on to an item **Anhänger** *m or* **Anhängeschild** *n*
(b) address label = label with an address on it **Adressenaufkleber** *m or* **Adressenanhänger** *m* ; **price label** = label showing a price **Preisschild** *n* ; **quality label** = label which states the quality of something **Gütezeichen** *n*
(c) own label goods = goods specially produced for a store with the store's name on them **Eigenmarkenwaren** *fpl*
2 *verb* to attach a label to something **etikettieren** *or* **mit einem Anhänger** *or* **Aufkleber versehen; auszeichnen; incorrectly labelled parcel** = parcel with the wrong information on the label **falsch beschriftetes Paket** (NOTE: **labelling - labelled** but US **labeling - labeled**)

◇ **labelling** ['leɪblɪŋ] *noun* putting a label on something **Etikettierung** *f* ; **Auszeichnung** *f* ; **Anbringen** *n* **eines Anhängers** *m or* **Aufklebers** *m* ; **labelling department** = section of a factory where labels are attached to the product **Etikettierungsabteilung** *f*

laboratory [lə'bɒrətrɪ] *noun* place where scientific research is carried out **Labor** *n* ; *the product was developed in the company's laboratories; all products are tested in our own laboratories*

labour *or (US)* **labor** ['leɪbə] *noun*
(a) heavy work **(schwere) Arbeit**; **manual labour** = work done by hand **körperliche Arbeit; to charge for materials and labour** = to charge for both the materials used in a job and also the hours of work involved **Material und Arbeitslohn berechnen; labour costs** *or* **charges** = cost of the workers employed to make a product (not including materials or overheads) **Arbeitskosten** *pl or* **Lohnkosten** *pl* **direct labour (costs)** = cost of the workers employed which can be allocated to a product (not including materials or overheads) **Arbeitskosten** *pl* **indirect labour (costs)** = cost of the workers who are not directly involved in making the product (such as supervisors) and which cannot be allocated directly to a product **Fertigungsgemeinkosten** *pl* **labour is charged at £5 an hour** = each hour of work costs £5 **der Arbeitslohn wird mit £5 pro Stunde in Rechnung gestellt**
(b) workers *or* the workforce **Arbeiter** *mpl or* **Arbeitskräfte** *fpl or* **Arbeiterschaft** *f or* **Belegschaft** *f* ; **casual labour** = workers who are hired for a short period **Aushilfsarbeiter** *mpl* **cheap labour** = workers who do not earn much money **billige Arbeitskräfte** *fpl* **local labour** = workers recruited near a factory, not brought in from somewhere else **ortsansässige Arbeitskräfte** *fpl* **organized labour** = workers who are members of trade unions **gewerkschaftlich organisierte Arbeiter** *mpl* **skilled labour** = workers who have special knowledge or qualifications **Facharbeiter** *mpl* **labour force** = all workers **Belegschaft** *f or* **Arbeitskräfte** *fpl or* **Arbeiterschaft** *f* ; *the management has made an increased offer to the labour force; we are setting up a factory in the Far East because of the cheap labour force available* **labour market** = number of workers who are available for work **Arbeitsmarkt** *m* ; **25,000 young people have left school and have come on to the labour market** = 25,000 people have left school and become available for work **25.000 Personen haben die Schule verlassen und sind auf den Arbeitsmarkt gekommen**; **labour shortage** *or* **shortage of labour** = situation where there are not enough workers to fill jobs **Arbeitskräftemangel** *m* ; **labour-intensive industry** = industry which

needs large numbers of workers *or* where labour costs are high in relation to turnover **arbeitsintensiver Industriezweig**
(c) labour disputes = arguments between management and workers **Arbeitskämpfe** *mpl*
labour laws *or* **labour legislation** = laws relating to the employment of workers **Arbeitsgesetze** *npl or* **Arbeitsgesetzgebung** *f*; **labour relations** = relations between management and workers **Arbeitgeber-Arbeitnehmer-Beziehungen** *fpl; (US)* **labor union** = organization which represents workers who are its members in discussions about wages and conditions of work with management **Arbeitergewerkschaft** *f* (NOTE: GB English is **trade union)**
(d) International Labour Organization (ILO) = section of the United Nations which tries to improve working conditions and workers' pay in member countries **Internationale Arbeitsorganisation (IAO)**

◇ **labourer** ['leɪbərə] *noun* person who does heavy work **Arbeiter/-in** *or* **Lohnarbeiter/-in** *or* **Hilfsarbeiter/-in**; **agricultural labourer** = person who does heavy work on a farm **Landarbeiter/-in; casual labourer** = worker who can be hired for a short period **Aushilfsarbeiter/-in**; **manual labourer** = person who does heavy work with his hands **Schwerarbeiter** *m or* **ungelernte Arbeitskraft**

◇ **labour-saving** ['leɪbəˌseɪvɪŋ] *adjective* which saves you doing hard work **arbeitssparend** *a labour-saving device*

> QUOTE the possibility that British goods will price themselves back into world markets is doubtful as long as sterling labour costs continue to rise faster than in competitor countries
> Sunday Times

> QUOTE 70 per cent of Australia's labour force is employed in service activity
> Australian Financial Review

> QUOTE European economies are being held back by rigid labor markets and wage structures
> Duns Business Month

lack [læk]
1 *noun* not having enough **Mangel** *m*; **lack of data** *or* **lack of information** = not having enough information **fehlende** *or* **mangelnde Daten** *pl or* **Information** *f*; *the decision has been put back for lack of up-to-date information* **lack of funds** = not enough money **fehlende Geldmittel** *the project was cancelled because of lack of funds*
2 *verb* not to have enough of something **mangeln an** *or* **fehlen an** *the company lacks capital* **the sales staff lack motivation** = the sales staff are not motivated enough **dem Verkaufspersonal mangelt es an Motivation**

ladder ['lædə] *noun* series of steps made of wood or metal which can be moved about, and which you can climb **Leiter** *f*; *you will need a ladder to look into the machine* **promotion ladder** = series of steps by which people can be promoted **Beförderungsleiter** *by being appointed sales manager, he moved several steps up the promotion ladder*

laden ['leɪdn] *adjective* loaded **beladen; fully-laden ship** = ship with a full cargo **voll beladenes Schiff; ship laden in bulk** = ship which has a loose cargo (such as corn) which is not packed in containers **ein mit Massengut beladenes Schiff**

lading ['leɪdɪŋ] *noun* loading, putting goods on a ship **Verladen** *n*; **bill of lading** = list of goods being shipped, which the transporter gives to the person sending the goods to show that they have been loaded **Konnossement** *n or* **Frachtbrief** *m*

Laffer curve ['læfə'kɜːv] *noun* chart showing that cuts in tax rates increase output in the economy **Laffer-Kurve** *f*

laid up ['leɪd'ʌp] *adjective* **to be laid up** =
(a) *(ship)* to not be in use because there is no work **aufgelegt sein** *half the shipping fleet is laid up by the recession*
(b) *(person)* to be unable to work because of illness or injury **auf der Nase liegen** *half the staff are laid up with flu*

laissez-faire economy ['leseɪ'feəɪ'kɒnəmɪ] *noun* economy where the government does not interfere because it believes it is right to let the economy run itself **Laisser-faire-Wirtschaftspolitik** *f*

lakh [læk] *noun (in India)* one hundred thousand **Lakh** *m* (NOTE: ten lakh equal one crore)

lame duck ['leɪm'dʌk] *noun*
(a) company which is in financial difficulties **unrentable Firma** *the government has refused to help lame duck companies*
(b) official who has not been re-elected and is finishing his term of office **nicht wieder gewählte(r) Politiker/-in** *a lame-duck president*

land [lænd]
1 *noun* area of earth **Land** *n*; **land agent** = person who runs a farm *or* a large area of land for someone **Gutsverwalter/-in**; **land bank** =

undeveloped land which belongs to a property developer **Landbank** *f; (GB)* **land register** = register of land, showing who owns it and what buildings are on it **Grundbuch** *n* ; **land registration** = system of registering land and its owners **Grundbucheintragung** *f* ; **land registry** = government office where land is registered **Katasteramt** *n* ; **Grundbuchamt**; **land taxes** = taxes on the amount of land someone owns **Grundsteuern** *fpl*
2 *verb*
(a) to put goods *or* passengers on to land after a voyage by sea *or* by air **abladen** *or* **ausladen; von Bord gehen lassen; löschen** *to land goods at a port; to land passengers at an airport* **landed costs** = costs of goods which have been delivered to a port, unloaded and passed through customs **Fracht- und Löschungskosten** *pl*
(b) to come down to earth after a flight **landen** *the plane landed ten minutes late*

◇ **landing** ['lændɪŋ] *noun* **landing card** = card given to passengers who have passed customs and can land from a ship *or* an aircraft **Einreisekarte** *f* ; **landing charges** = payment for putting goods on land and the customs duties **Löschungskosten** *pl* **und Löschungszölle** *mpl* **landing order** = permit which allows goods to be unloaded into a bonded warehouse without paying customs duty **Löscherlaubnis** *f*

◇ **landlady** ['lænleɪdɪ] *noun* woman who owns a property which she lets **Vermieterin** *f*

◇ **landlord** ['lænlɔːd] *noun* person *or* company which owns a property which is let **Vermieter** *m* ; **ground landlord** = person *or* company which owns the freehold of a property which is then let and sublet **Grundeigentümer/-in** *our ground landlord is an insurance company*

◇ **landowner** ['lændəʊnə] *noun* person who owns large areas of land **Grundbesitzer/-in**

language ['læŋgwɪdʒ] *noun* words spoken or written by people in a certain country **Sprache** *f* ; *the managing director conducted the negotiations in three languages* **programming language** = system of signs, letters and words used to instruct a computer **Programmiersprache** *what language does the program run on?*

lapse [læps]
1 *noun* **a lapse of time** = a period of time which has passed **eine Zeitspanne**
2 *verb* to stop being valid *or* to stop being active **verfallen; ablaufen** *the guarantee has lapsed* **to let an offer lapse** = to allow time to pass so that an offer is no longer valid **ein Angebot verstreichen lassen**

large [lɑːdʒ] *adjective* very big *or* important **groß** *our company is one of the largest suppliers of computers to the government; he is our largest customer; why has she got an office which is larger than mine?*

◇ **largely** ['lɑːdʒlɪ] *adverb* mainly *or* mostly **weitgehend** *or* **zum größten Teil** *our sales are largely in the home market; they have largely pulled out of the American market*

◇ **large-scale** ['lɑːdʒskeɪl] *adjective* working in a large way, with large numbers of people or large amounts of money involved **umfangreich** *or* **groß angelegt** *large-scale investment in new technology; large-scale redundancies in the construction industry*

laser printer ['leɪzəprɪntə] *noun* computer printer which uses a laser source to print high-quality dot matrix characters on paper **Laserdrucker** *m*

last [lɑːst]
1 *adjective & adverb*
(a) coming at the end of a series **letzte(r,s); zuletzt** *out of a queue of twenty people, I was served last; this is our last board meeting before we move to our new offices; we finished the last items in the order just two days before the promised delivery date* **last quarter** = period of three months to the end of the financial year **letztes Quartal**
(b) most recent *or* most recently **letzte(r,s)** *where is the last batch of orders? the last ten orders were only for small quantities* **last week** *or* **last month** *or* **last year** = the week *or* month *or* year before this one **letzte Woche** *or* **letzten Monat** *or* **letztes Jahr** *last week's sales were the best we have ever had; the sales managers have been asked to report on last month's drop in unit sales; last year's accounts have to be ready by the AGM*
(c) the week *or* **month** *or* **year before last** = the week *or* month *or* year before the one before this **vorletzte Woche** *or* **vorletzten Monat** *or* **vorletztes Jahr** *last year's figures were bad, but they were an improvement on those of the year before last*
2 *verb* to go on *or* to continue **(an)dauern** *or* **(an)halten** *the boom started in the 1980s and lasted until the early 1990s; the discussions over redundancies lasted all day*

◇ **last in first out (LIFO)** ['lɑːst'ɪn'fɜːst'aʊt] *noun*
(a) redundancy policy, where the people who have been most recently appointed are the first to be made redundant **Personalpolitik** *f* **nach der LIFO-Methode**

(b) accounting method where stock is valued at the price of the earliest purchases (it is assumed that the most recently purchased stock is sold first) **LIFO-(Abschreibungs) methode** *f*

late [leɪt]
1 *adjective*
(a) after the time stated or agreed **spät** *or* **verspätet** *we apologize for the late arrival of the plane from Amsterdam* **there is a penalty for late delivery** = if delivery is later than the agreed date, the supplier has to pay a fine **verspätete Lieferungen** *fpl* **werden mit einer Strafe belegt**
(b) at the end of a period of time **letzte(r,s)**; **latest date for signature of the contract** = the last acceptable date for signing the contract **der letzte Termin für die Vertragsunterzeichnung**
(c) latest = most recent **letzte(r,s)** *or* **jüngste (r,s)** *or* **neuste(r,s)** *he always drives the latest model of car; here are the latest sales figures*
2 *adverb* after the time stated or agreed **spät** *or* **verspätet** *the shipment was landed late; the plane was two hours late*
◇ **late-night** ['leɪt,naɪt] *adjective* happening late at night **Nacht-** *or* **spät am Abend** *he had a late-night meeting at the airport; their late-night negotiations ended in an agreement which was signed at 3 a.m.*

launch [lɔːn(t)ʃ]
1 *verb* to put a new product on the market (usually spending money on advertising it) **herausbringen** *or* **auf den Markt bringen** *or* **einführen** *they launched their new car model at the motor show; the company is spending thousands of pounds to launch a new brand of soap*
2 *noun* act of putting a new product on the market **Markteinführung** *f* ; *the launch of the new model has been put back three months; the company is geared up for the launch of the new brand of soap; the management has decided on a September launch date*
◇ **launching** ['lɔːn(t)ʃɪŋ] *noun* act of putting a new product on the market **Markteinführung** *f*; **launching costs** = costs of publicity for a new product **Anlaufkosten** *pl* **launching date** = date when a new product is officially shown to the public for the first time **Markteinführungstermin** *m* ; **launching party** = party held to advertise the launching of a new product **Party** *f* **zur Markteinführung eines neuen Produkts**

launder ['lɔːndə] *verb* to pass illegal profits, money from selling drugs, money which has not been taxed, etc. into the normal banking system **waschen** *to launder money through an offshore bank*

LAUTRO ['laʊtrəʊ] = LIFE ASSURANCE AND UNIT TRUST REGULATORY ORGANIZATION

law [lɔː] *noun*
(a) laws = rules by which a country is governed and the activities of people and organizations controlled **Gesetze** *npl* **labour law** = law concerning the employment of workers **Arbeitsrecht** *n*
(b) law = all the laws of a country taken together **Recht** *n* ; **civil law** = laws relating to arguments between individuals and the rights of individuals **Zivilrecht** *or* **bürgerliches Recht**; **commercial law** = laws regarding business **Handelsrecht**; *(Teil des Wirtschaftsrechts)*; **company law** = laws which refer to the way companies work **Unternehmensrecht**; **contract law** *or* **the law of contract** = laws relating to private agreements **Vertragsrecht**; **copyright law** = laws concerning the protection of copyright **Urheberrecht**; **criminal law** = laws relating to crime **Strafrecht**; **international law** = laws referring to the way countries deal with each other **internationales Recht** *or* **Völkerrecht**; **maritime law** *or* **the law of the sea** = laws referring to ships, ports, etc. **Seerecht**; **law court** = place where a judge listens to cases and decides who is right legally **Gerichtshof** *m* *or* **Gericht** *n* ; **to take someone to law** = to tell someone to appear in court to settle an argument **jdn vor Gericht bringen** *or* **jdn verklagen**; **inside the law** *or* **within the law** = obeying the laws of a country **im Rahmen des Gesetzes**; **against** *or* **outside the law** = not according to the laws of a country **gegen das Gesetz; außerhalb des Gesetzes** *the company is operating outside the law* **to break the law** = to do something which is not allowed by law **das Gesetz brechen** *he is breaking the law by trading without a licence; you will be breaking the law if you try to take that computer out of the country without an export licence*
(c) general rule **Gesetz** *n* *or* **Gesetzmäßigkeit** *f*; **law of supply and demand** = general rule that the amount of a product which is available is related to the needs of the possible customers **Gesetz von Angebot und Nachfrage**; **law of diminishing returns** = general rule that as more factors of production (land, labour and capital) are added to the existing factors, so the amount they produce is proportionately smaller **Gesetz vom abnehmenden Ertragszuwachs**
◇ **lawful** ['lɔːfʊl] *adjective* acting within the law **rechtmäßig**; **lawful practice** = action

which is permitted by the law **rechtmäßiges Handeln**; **lawful trade** = trade which is allowed by law **erlaubter Handel**

◇ **lawfully** ['lɔ:fʊlɪ] *adverb* acting within the law **rechtmäßig** *or* **gesetzlich**

◇ **lawsuit** ['lɔ:su:t] *noun* case brought to a court **Rechtsstreit** *m or* **(Zivil)prozess** *m* ; **to bring a lawsuit against someone** = to tell someone to appear in court to settle an argument **jdn verklagen**; **to defend a lawsuit** = to appear in court to state your case **einen Prozess als Beklagter führen**

◇ **lawyer** ['lɔ:jə] *noun* person who has studied law and can act for people on legal business **Rechtsanwalt/Rechtsanwältin**; **commercial lawyer** *or* **company lawyer** = person who specializes in company law *or* who advises companies on legal problems **ein auf Handelsrecht** *or* **Unternehmensrecht spezialisierter Jurist**; **international lawyer** = person who specializes in international law **ein auf internationales Recht spezialisierter Jurist**; **maritime lawyer** = person who specializes in laws concerning ships **ein auf Seerecht spezialisierter Jurist**

lay [leɪ] *verb* to put **legen**; **to lay an embargo on trade with a country** = to forbid trade with a country **ein Handelsembargo über ein Land verhängen** (NOTE: **laying - laid**)

◇ **lay off** [leɪ'ɒf] *verb*
(a) to lay off workers = to dismiss workers for a time (until more work is available) **(vorübergehend) Arbeiter entlassen** *the factory laid off half its workers because of lack of orders*
(b) to lay off risks = to protect oneself against risk in one investment by making other investments **sich gegen Risiken absichern**

◇ **lay-off** ['leɪɒf] *noun* action of dismissing a worker for a time **vorübergehende Entlassung von Arbeitnehmern; Personalabbau** *m* ; *the recession has caused hundreds of lay-offs in the car industry*

◇ **lay out** [leɪ'aʊt] *verb* to spend money **ausgeben** *or* **investieren** *we had to lay out half our cash budget on equipping the new factory*

◇ **layout** ['leɪaʊt] *noun* arrangement of the inside of a building **Anordnung** *f or* **Anlage** *f* ; *they have altered the layout of the offices*

◇ **lay up** [leɪ'ʌp] *verb* to stop using a ship because there is no work **außer Dienst stellen** *or* **stilllegen** *or* **auflegen** *half the shipping fleet is laid up by the recession*

> QUOTE the company lost $52 million last year, and has laid off close to 2,000 employees
> Toronto Star

> QUOTE while trading conditions for the tanker are being considered, it is possible that the ship could be laid up
> Lloyd's List

lazy ['leɪzɪ] *adjective* (person) who does not want to work **faul** *she is too lazy to do any overtime; he is so lazy he does not even send in his expense claims on time*

lb = pound

LBO = LEVERAGED BUYOUT

L/C = LETTER OF CREDIT

LDT = LICENSED DEPOSIT-TAKER

lead [li:d] *verb*
(a) to be the first *or* to be in front **(an)führen** *or* **an der Spitze stehen** *the company leads the market in cheap computers*
(b) to be the main person in a group **leiten** *or* **(an)führen** *she will lead the trade mission to Nigeria; the tour of American factories will be led by the minister* (NOTE: **leading - led**)

◇ **leader** ['li:də] *noun*
(a) person who manages *or* directs others **Leiter/-in** *or* **Vorsitzende(r)** *the leader of the construction workers' union or the construction workers' leader; she is the leader of the trade mission to Nigeria; the minister was the leader of the party of industrialists on a tour of American factories*
(b) product which sells best **Spitzenreiter** *m or* **führender Artikel**; **a market leader** = product which sells most in a market *or* company which has the largest share of a market **ein Marktführer** *m* ; **loss-leader** = article which is sold very cheaply to attract customers **Lockartikel** *m*
(c) important share, a share which is often bought or sold on the Stock Exchange **erstklassige Aktie** *f or* **Spitzenwert** *m*

◇ **leading** ['li:dɪŋ] *adjective* most important **führend** *or* **maßgebend** *or* **Spitzen-** *leading industrialists feel the end of the recession is near; leading shares rose on the Stock Exchange; leading shareholders in the company forced a change in management policy; they are the leading company in the field* **leading indicator** = indicator (such as manufacturing order books) which shows a change in economic trends earlier than other indicators **vorauslaufender Indikator** *or* **Frühindikator**

◇ **lead time** ['li:dtaɪm] *noun* time between deciding to place an order and receiving the product **Lieferzeit** *f* ; *the lead time on this item is more than six weeks*

◇ **lead (up) to** [li:d'(ʌp)tu:] *verb* to come before and be the cause of **führen zu** *the discussions led to a big argument between the management and the union; we received a series of approaches leading up to the takeover bid*

> QUOTE market leaders may benefit from scale economies or other cost advantages; they may enjoy a reputation for quality simply by being at the top, or they may actually produce a superior product that gives them both a large market share and high profits
> Accountancy

leaflet ['li:flət] *noun* sheet of paper giving information, used to advertise something **Prospekt** *m or* **Waschzettel** *m* ; *to mail leaflets or to hand out leaflets describing services; they made a leaflet mailing to 20,000 addresses*

leak [li:k] *verb* to pass on a secret **zuspielen** *or* **durchsickern lassen** *information on the contract was leaked to the press; they discovered the managing director was leaking information to a rival company*

◇ **leakage** ['li:kɪdʒ] *noun* amount of goods lost in storage (by going bad *or* by being stolen *or* by escaping from the container) **Schwund** *m or* **Verlust** *m*

lean [li:n] *adjective* slim (and efficient) **mager**; **lean management** = style of management, where few managers are employed, allowing decisions to be taken rapidly **Lean Management** *n* ; **lean production** = production methods using few workers **Lean Production** *f*

leap-frogging ['li:pfrɒgɪŋ] *adjective* **leap-frogging pay demands** = pay demands where each section of workers asks for higher pay to do better than another section, which then asks for further increases in turn **sich sprunghaft entwickelnde Lohnforderungen** *fpl*

lease [li:s]

1 *noun*

(a) written contract for letting or renting of a building *or* a piece of land *or* a piece of equipment for a period against payment of a fee **Pachtvertrag** *m* ; **Mietvertrag** *m* ; **long lease** *or* **short lease** = lease which runs for fifty years or more *or* for up to two or three years **Pachtvertrag** *or* **Mietvertrag mit langer** *or* **kurzer Laufzeit** *to take an office building on a long lease; we have a short lease on our current premises; to rent office space on a twenty-year lease* **full repairing lease** = lease where the tenant has to pay for all repairs to the property **Pachtvertrag** *or* **Mietvertrag mit Reparaturklausel**; **headlease** = lease from the freeholder to a tenant **Hauptmietvertrag; Hauptpachtvertrag**; **sublease** *or* **underlease** = lease from a tenant to another tenant **Untermietvertrag; Unterpachtvertrag**; **the lease expires** *or* **runs out in 1999** = the lease comes to an end in 1999 **der Pachtvertrag** *or* **Mietvertrag läuft 1999 aus**; **on expiration of the lease** = when the lease comes to an end **bei Ablauf des Pachtvertrags** *or* **Mietvertrages**

(b) to hold an oil lease in the North Sea = to have a lease on a section of the North Sea to explore for oil **eine Ölkonzession in der Nordsee haben**

2 *verb*

(a) to let or rent offices *or* land *or* machinery for a period **verpachten; vermieten** *to lease offices to small firms; to lease equipment*

(b) to use an office *or* land *or* machinery for a time and pay a fee **pachten; mieten; leasen** *to lease an office from an insurance company; all our company cars are leased*

◇ **lease back** [li:s'bæk] *verb* to sell a property *or* machinery to a company and then take it back on a lease **verkaufen und wieder anmieten** *they sold the office building to raise cash, and then leased it back for twenty-five years*

◇ **lease-back** ['li:sˌbæk] *noun* arrangement where property is sold and then taken back on a lease **Eigentumsübertragung** *f* **mit anschließender Vermietung an den Verkäufer** *they sold the office building and then took it back under a lease-back arrangement*

◇ **leasehold** ['li:shəʊld]

1 *noun* holding property on a lease **Mietvertrag** *m* ; **Pachtvertrag; Mietbesitz** *m* ; **Pachtbesitz** *the company has some valuable leaseholds*

2 *adjective* held on a lease **gepachtet** *or* **Pacht-; gemietet** *or* **Miet-** *leasehold property; to buy a property leasehold*

◇ **leaseholder** ['li:shəʊldə] *noun* person who holds a property on a lease **Pächter/-in; Mieter/-in**; *(see also* LESSEE)

◇ **leasing** ['li:sɪŋ] *noun* (company) which leases *or* which is using equipment under a lease **Leasing** *n* ; *the company has branched out into car leasing; an equipment-leasing company; to run a copier under a leasing arrangement*

leave [li:v]

1 *noun* permission to be away from work **Urlaub** *m* ; **six weeks' annual leave** = six weeks' holiday each year **sechs Wochen Jahresurlaub**; **leave of absence** = being allowed to be away from work **Beurlaubung** *f* *or* **Sonderurlaub** *m* ; **maternity leave** =

permission given to a woman to be away from work to have a baby **Mutterschaftsurlaub; sick leave** = period when a worker is away from work because of illness **Krankheitsurlaub; to go on leave** *or* **to be on leave** = to be away from work **Urlaub nehmen** *or* **Urlaub haben** *she is away on sick leave or on maternity leave*

2 *verb*

(a) to go away from **verlassen; gehen** *he left his office early to go to the meeting; the next plane leaves at 10.20*

(b) to resign **aufgeben; kündigen** *he left his job and bought a farm* (NOTE: **leaving - left)**

◇ **leave out** [liːv'aʊt] *verb* not to include **auslassen** *or* **weglassen** *she left out the date on the letter; the contract leaves out all details of marketing arrangements*

-led [led] *suffix* which is led by something **bestimmt** *an export-led boom; the consumer-led rise in sales*

ledger ['ledʒə] *noun* book in which accounts are written **Hauptbuch** *n* ; **bought ledger** *or* **purchase ledger** = book in which purchases are recorded **Einkaufsbuch** *n* ; **bought ledger clerk** *or* **sales ledger clerk** = office worker who deals with the bought ledger *or* the sales ledger **Einkaufsbuchhalter/-in; Warenausgangsbuchhalter/-in**; **nominal ledger** *or* **general ledger** = book which records a company's transactions in the various accounts (normally, all accounts except those relating to debtors, creditors and cash, which are kept in separate ledgers) **Hauptbuch**; **payroll ledger** = list of staff and their salaries **Lohn- und Gehaltsliste** *f* ; **sales ledger** = book in which sales are noted **Warenausgangsbuch** *n* *or* **Debitorenbuch**; **stock ledger** = book which records quantities and values of stock **Bestandshauptbuch**

left [left] *adjective* on the side of the body which usually has the weaker hand *or* not right **linke(r,s)** *the numbers run down the left side of the page; put the debits in the left column (see also* LEAVE)

◇ **left-hand** ['lefthænd] *adjective* belonging to the left side **linke(r,s)** *the debits are in the left-hand column in the accounts; he keeps the personnel files in the left-hand drawer of his desk*

left luggage office [ˌleft'lʌgɪdʒˌɒfɪs] *noun* room where suitcases can be left while passengers are waiting for a plane or train **Gepäckaufbewahrung** *f*

legacy ['legəsɪ] *noun* property given by someone to someone else at his death **Vermächtnis** *n*

legal ['liːgəl] *adjective*

(a) according to the law *or* allowed by the law **legal** *or* **rechtmäßig** *the company's action was completely legal*

(b) referring to the law **juristisch** *or* **rechtlich** *or* **Rechts-**; **to take legal action** = to sue someone *or* to take someone to court **gerichtlich (gegen jdn) vorgehen**; **to take legal advice** = to ask a lawyer to advise about a legal problem **sich juristisch beraten lassen**; **legal adviser** = person who advises clients about the law **Rechtsberater/-in**; *(GB)* **legal aid** = government scheme where someone who has little money can have his legal expenses paid for him **unentgeltliche Beratungs- und Prozesskostenhilfe**; **legal claim** = statement that someone owns something legally **Rechtsanspruch** *m* ; *he has no legal claim to the property* **legal costs** *or* **legal charges** *or* **legal expenses** = money spent on fees to lawyers **Anwaltskosten** *pl* **legal currency** = money which is legally used in a country **gesetzliche Währung**; **legal department** *or* **legal section** = section of a company dealing with legal matters **Rechtsabteilung** *f*; **legal expert** = person who knows a lot about the law **juristische(r) Sachverständige(r)**; **legal holiday** = day when banks and other businesses are closed **gesetzlicher Feiertag**; **legal tender** = coins or notes which can be legally used to pay a debt (small denominations cannot be used to pay large debts) **gesetzliches Zahlungsmittel**

◇ **legality** [lɪ'gælətɪ] *noun* being allowed by law **Legalität** *f* *or* **Rechtmäßigkeit** *f*; *there is doubt about the legality of the company's action in dismissing him*

◇ **legalize** ['liːgəlaɪz] *verb* to make something legal **legalisieren**

◇ **legalization** [ˌliːgəlaɪ'zeɪʃən] *noun* making something legal **Legalisierung** *f*

◇ **legally** ['liːgəlɪ] *adverb* according to the law **rechtlich; gesetzlich; juristisch**; **the contract is legally binding** = according to the law, the contract has to be obeyed **der Vertrag ist rechtsverbindlich**; **the directors are legally responsible** = the law says that the directors are responsible **die Direktoren sind rechtlich verantwortlich**

legatee [ˌlegə'tiː] *noun* person who receives property from someone who has died **Vermächtnisnehmer/-in** *or* **Legatar** *m*

legislation [ˌledʒɪs'leɪʃən] *noun* laws **Gesetzgebung** *f* ; **labour legislation** = laws concerning the employment of workers **Arbeitsgesetzgebung**

lend [lend] *verb* to allow someone to use something for a period **verleihen** *or* **ausleihen** *to lend something to someone or to lend someone something; he lent the company money or he lent money to the company; to lend money against security; the bank lent him £50,000 to start his business* (NOTE: **lending - lent)**

◇ **lender** ['lendə] *noun* person who lends money **Gläubiger** *m* ; **Verleiher** *m* ; **lender of last resort** = central bank which lends money to commercial banks **Kreditgeber** *m* **letzter Hand**

◇ **lending** ['lendɪŋ] *noun* act of letting someone use money for a time **Verleihen** *n or* **Ausleihen** *n* ; **lending limit** = limit on the amount of money a bank can lend **Kreditlimit** *n*

length [leŋθ] *noun*
(a) measurement of how long something is **Länge** *f* ; *the boardroom table is twelve feet in length; inches and centimetres are measurements of length*
(b) to go to great lengths to get something = to do anything (even commit a crime) to get something **sich sehr viel Mühe geben, etwas zu bekommen** *they went to considerable lengths to keep the turnover secret*

less [les]
1 *adjective* smaller than *or* of a smaller size *or* of a smaller value **weniger** *we do not grant credit for sums of less than £100; he sold it for less than he had paid for it*
2 *preposition* minus, with a sum removed **abzüglich** *purchase price less 15% discount; interest less service charges*

lessee [le'siː] *noun* person who has a lease *or* who pays money for a property he leases **Pächter/-in; Mieter/-in; Leasingnehmer/-in**

◇ **lessor** [le'sɔː] *noun* person who grants a lease on a property **Verpächter/-in; Vermieter/-in; Leasinggeber/-in**

let [let]
1 *verb* to lend a house *or* an office *or* a farm to someone for a payment **vermieten; to let an office** = to allow someone to use an office for a time in return for payment of rent **ein Büro vermieten; offices to let** = offices which are available to be leased by companies **Büroräume zu vermieten** (NOTE: **letting - let)**
2 *noun* period of the lease of a property **Mietdauer** *f* ; *they took the office on a short let*

◇ **let-out clause** ['letaʊt'klɔːz] *noun* clause which allows someone to avoid doing something in a contract **Rücktrittsklausel** *f* ; *he added a let-out clause to the effect that the payments would be revised if the exchange rate fell by more than 5%*

letter ['letə] *noun*
(a) piece of writing sent from one person *or* company to another to ask for or to give information **Brief** *m* ; **business letter** = letter which deals with business matters **Geschäftsbrief; circular letter** = letter sent to many people **Rundschreiben** *n or* **Umlauf** *m* ; **covering letter** = letter sent with documents to say why they are being sent **Begleitschreiben** *n* ; **follow-up letter** = letter sent to someone after a previous letter *or* after a visit **Erinnerungsschreiben** *n* ; **private letter** = letter which deals with personal matters **persönlicher Brief; standard letter** = letter which is sent without change to various correspondents **Standardbrief** *or* **Formbrief**
(b) letter of acknowledgement = letter which says that something has been received **Bestätigungsschreiben** *n* ; **letters of administration** = letter given by a court to allow someone to deal with the estate of someone who has died **Nachlassverwalter-Zeugnis** *n or* **Bestallungsurkunde** *f* **zum Nachlassverwalter; letter of allotment** *or* **allotment letter** = letter which tells someone how many shares in a new company he has been allotted **Zuteilungsanzeige** *f* ; **letter of application** = letter in which someone applies for a job **Bewerbungsschreiben** *n* ; **letter of appointment** = letter in which someone is appointed to a job **Einstellungsschreiben** *n or* **Ernennungsschreiben; letter of comfort** = letter supporting someone who is trying to get a loan **Bonitätsbestätigung** *f* ; **letter of complaint** = letter in which someone complains **Beschwerdebrief** *m* ; **letter of indemnity** = letter promising payment of compensation for a loss **(schriftliche) Schadloshaltungserklärung** *or* **Ausfallbürgschaftserklärung; letter of intent** = letter which states what a company intends to do if something happens **Absichtserklärung** *f* ; **letters patent** = official document which gives someone the exclusive right to make and sell something which he has invented **Patenturkunde** *f* ; **letter of reference** = letter in which an employer recommends someone for a new job **Zeugnis** *n or* **Referenz** *f*
(c) air letter = special thin blue paper which when folded can be sent by air without an envelope **Luftpostleichtbrief** *m or* **Aerogramm** *n* ; **airmail letter** = letter sent by air **Luftpostbrief** *m* ; **express letter** = letter sent very fast **Eilbrief** *m* ; **registered letter** = letter which is noted by the post office before it is

sent, so that compensation can be claimed if it is lost **Einschreiben** *n*
(d) to acknowledge receipt by letter = to write a letter to say that something has been received **den Empfang schriftlich bestätigen**
(e) written or printed sign (such as A, B, C, etc.) **Buchstabe** *m* ; *write your name and address in block letters or in capital letters*

◇ **letter of credit (L/C)** ['letəʊv'kredɪt] *noun* document issued by a bank on behalf of a customer authorizing payment to a supplier when the conditions specified in the document are met (this is a common method of guaranteeing payment by overseas customers) **Akkreditiv** *n* ; **irrevocable letter of credit** = letter of credit which cannot be cancelled or changed **unwiderrufliches Akkreditiv**

◇ **letterhead** ['letəhed] *noun*
(a) name and address of a company printed at the top of a piece of notepaper **Briefkopf** *m*
(b) *(US)* sheet of paper with the name and address of the company printed on it **Briefbogen** *m* **mit gedrucktem Kopf** *m* (NOTE: GB English is **headed paper)**

letting ['letɪŋ] *noun* **letting agency** = agency which deals in property to let **Wohnungsmakler/-in**; **furnished lettings** = furnished property to let **möblierte Wohnungen** *fpl*

level ['levl]
1 *noun* position where high is large and low is small **Stand** *m or* **Niveau** *n or* **Ebene** *f*; *low level of productivity or low productivity levels; to raise the level of employee benefits; to lower the level of borrowings* **high level of investment** = large amount of money invested **hohes Investitionsniveau; a decision taken at the highest level** = decision taken by the most important person or group **eine Entscheidung auf höchster Ebene; low-level** = not very important **untergeordnet** *or* **auf unterer Ebene** *a low-level delegation* **high-level** = very important **auf hoher Ebene** *a high-level meeting or decision* **decisions taken at managerial level** = decisions taken by managers **Entscheidungen auf der Führungsebene; manning levels** *or* **staffing levels** = number of people required in each department of a company to do the work efficiently **Personalstärke** *f or* **Personalbestand** *m*
2 *verb* **to level off** *or* **to level out** = to stop rising or falling **sich ausgleichen** *or* **sich einpendeln; abflachen** *profits have levelled off over the last few years; prices are levelling out* (NOTE: **levelling - levelled** but US **leveling - leveled)**

> QUOTE figures from the Fed on industrial production for April show a decline to levels last seen in June 1984
> Sunday Times

> QUOTE applications for mortgages are running at a high level
> Times

> QUOTE employers having got their staff back up to a reasonable level are waiting until the scope for overtime working is exhausted before hiring
> Sydney Morning Herald

lever-arch file ['li:vəɑ:tʃ'faɪl] *noun* type of ring binder, where you lift up one side of the rings with a lever, place the document on the prongs of the other side and then close the rings together again **Leitz-Ordner™** *m*

leverage ['li:vərɪdʒ] *noun*
(a) influence which you can use to achieve an aim **Einfluss** *m* ; *he has no leverage over the chairman*
(b) ratio of capital borrowed by a company at a fixed rate of interest to the company's total capital (also called 'gearing') **Leverage** *n* *(Verhältnis Eigen- zu Fremdkapital)*
(c) borrowing money at fixed interest which is then used to produce more money than the interest paid **Kreditaufnahme** *f* **zu Anlagezwecken** *mpl*

◇ **leveraged buyout (LBO)** ['li:vərɪdʒd'baɪaʊt] *noun* buying all the shares in a company by borrowing money against the security of the shares to be bought **Leveraged Buy-out** *n*

> COMMENT: high leverage (or high gearing) has the effect of increasing a company's profitability when trading is expanding; if the company's trading slows down, the effect of high fixed-interest charges is to increase the rate of slowdown

> QUOTE the offer came after management had offered to take the company private through a leveraged buyout for $825 million
> Fortune

levy ['levɪ]
1 *noun* money which is demanded and collected by the government **Abgabe** *f or* **Steuer** *f* ; **capital levy** = tax on the value of a person's property and possessions **Vermögen(s)steuer; import levy** = tax on imports, especially in the EU a tax on imports of farm produce from outside the EU **Einfuhrzoll** *m; (EU)* **Abschöpfung** *f* ; **levies on luxury items** = taxes on luxury items **Luxussteuern** *fpl*

training levy = tax to be paid by companies to fund the government's training schemes **Ausbildungsabgabe**
2 *verb* to demand payment of a tax *or* an extra payment and to collect it **erheben; einziehen** *the government has decided to levy a tax on imported cars; to levy a duty on the import of luxury items* **to levy members for a new club house** = to ask members of the club to pay for the new building **von Mitgliedern Gelder für ein neues Clubhaus einziehen**

> QUOTE royalties have been levied at a rate of 12.5% of full production
> Lloyd's List

liability [ˌlaɪəˈbɪlətɪ] *noun*
(a) being legally responsible for damage *or* loss, etc. **Haftung** *f* ; **to accept liability for something** = to agree that you are responsible for something **für etwas Haftung übernehmen**; **to refuse liability for something** = to refuse to agree that you are responsible for something **die Haftung für etwas ablehnen**; **contractual liability** = legal responsibility for something as stated in a contract **Vertragshaftung**; **employers' liability insurance** = insurance to cover accidents which may happen at work, and for which the company may be responsible **Unfallhaftpflichtversicherung** *f* **der Arbeitgeber**; **limited liability** = situation where someone's liability for debt is limited by law **beschränkte Haftung**; **limited liability company** = company where a shareholder is responsible for repaying the company's debts only to the face value of the shares he owns **Gesellschaft mit beschränkter Haftung**
(b) liabilities = debts of a business **Verbindlichkeiten** *fpl* ; **Schulden** *fpl* *the balance sheet shows the company's assets and liabilities* **current liabilities** = debts which a company should pay within the next accounting period **kurzfristige Verbindlichkeiten**; **long-term liabilities** = debts which are not due to be paid for some time **langfristige Verbindlichkeiten**; **he was not able to meet his liabilities** = he could not pay his debts **er konnte seinen Zahlungsverpflichtungen nicht nachkommen**; **to discharge one's liabilities in full** = to pay everything which you owe **seinen Verbindlichkeiten in voller Höhe nachkommen**

◇ **liable** [ˈlaɪəbl] *adjective*
(a) liable for = legally responsible for **haften für** *or* **haftbar sein für** *the customer is liable for breakages; the chairman was personally liable for the company's debts*
(b) liable to = which is officially due to be paid **unterliegen** *or* **unterworfen** *goods which are liable to stamp duty*

libel [ˈlaɪbəl]
1 *noun* untrue written statement which damages someone's character **(schriftlich geäußerte) Verleumdung** *or* **Beleidigung**; **action for libel** *or* **libel action** = case in a law court where someone says that another person has written a libel **Verleumdungsklage** *f*
2 *verb* **to libel someone** = to damage someone's character in writing **jdn verleumden** (NOTE: **libelling - libelled** but US **libeling - libeled.** Compare SLANDER)

licence *or (US)* **license** [ˈlaɪsəns] *noun*
(a) official document which allows someone to do something **Genehmigung** *f* ; **Konzession** *f* ; **Lizenz** *f* ; **driving licence** = document which allows someone to drive a car *or* a truck, etc. **Führerschein** *m* ; *applicants should hold a valid driving licence* **import licence** *or* **export licence** = documents which allow goods to be exported or imported **Einfuhrlizenz** *or* **Ausfuhrlizenz**; **liquor licence** = government document allowing someone to sell alcohol **Schankkonzession**; **off licence** = (i) licence to sell alcohol to be drunk away from the place where it is bought; (ii) shop which sells alcohol for drinking at home **(i) Konzession** *f* **zum Alkoholverkauf außer Haus (ii)** *(shop)* **Wein- und Spirituosenhandlung** *f*
(b) goods manufactured under licence = goods made with the permission of the owner of the copyright or patent **in Lizenz hergestellte Waren**

◇ **license** [ˈlaɪsəns]
1 *noun (US)* = LICENCE
2 *verb* to give someone official permission to do something **amtlich genehmigen; eine Konzession** *or* **Lizenz erteilen** *licensed to sell beers, wines and spirits; to license a company to manufacture spare parts; she is licensed to run an employment agency* **licensed deposit-taker (LDT)** *or* **licensed institution** = deposit-taking institution, such as a building society *or* bank *or* friendly society, which is licensed to receive money on deposit from private individuals and to pay interest on it **autorisierter Depositennehmer**

◇ **licensee** [ˌlaɪsənˈsiː] *noun* person who has a licence, especially a licence to sell alcohol *or* to manufacture something **Konzessionsinhaber/-in; Lizenzinhaber/-in**

◇ **licensing** [ˈlaɪsənsɪŋ] *noun* which refers to licences **Schank-; Lizenz-; Konzessions-** *a licensing agreement; licensing laws (GB)* **licensing hours** = hours of the day when alcohol can be sold **Schankzeiten** *fpl (für alkoholische Getränke)*

◇ **licensor** ['laɪsensə] *noun* person who licenses someone **Lizenzgeber/-in**

lien [li:n] *noun* legal right to hold someone's goods and keep them until a debt has been paid **Pfandrecht** *n* ; **Zurückbehaltungsrecht** *n* ; **general lien** = holding goods or property until a debt has been paid **allgemeines Pfandrecht**; **particular lien** = right of a person to keep possession of another person's property until debts relating to that property have been paid **Pfandrecht an einer bestimmten Sache**

lieu [lju:] *noun* **in lieu of** = instead of **anstelle** *or* **an Stelle (von)**; **she was given two months' salary in lieu of notice** = she was given the salary and asked to leave immediately **sie bekam zwei Monatsgehälter an Stelle einer Kündigungsfrist**

life [laɪf] *noun*
(a) time when a person is alive **Leben** *n* ; **for life** = for as long as someone is alive **auf Lebenszeit** *or* **lebenslang** *his pension gives him a comfortable income for life* **life annuity** *or* **annuity for life** = annual payments made to someone as long as he is alive **Leibrente** *f*; **life assurance** *or* **life insurance** = insurance which pays a sum of money when someone dies, or at a certain date if he is still alive **Lebensversicherung** *f* ; **Life Assurance and Unit Trust Regulatory Organization (LAUTRO)** = organization set up to regulate the operations of life assurance companies and unit trusts **Selbstüberwachungsorganisation Londons für die Politik der Lebensversicherer und Investmentfonds**; **the life assured** *or* **the life insured** = the person whose life has been covered by the life assurance **der/die Versicherte (in einer Lebensversicherung)**; **life expectancy** = number of years a person is likely to live **Lebenserwartung** *f*; **life interest** = interest in a property which stops when a person dies **lebenslanges Nutzungsrecht** *or* **lebenslange Nutznießung**
(b) period of time something exists **Laufzeit** *f* *or* **Dauer** *f*; *the life of a loan; during the life of the agreement* **shelf life of a product** = length of time during which a product can stay in the shop and still be good to use **Haltbarkeit** *f* *or* **Lagerfähigkeit** *f* **eines Produktes**

◇ **lifeboat** ['laɪfbəʊt] *noun* boat used to rescue passengers from sinking ships **Rettungsboot** *n* ; **lifeboat operation** = rescue of a company (especially of a bank) which is in difficulties **Rettungsaktion** *f*

LIFO = LAST IN FIRST OUT

lift [lɪft]
1 *noun* machine which takes people or goods from one floor to another in a building **Fahrstuhl** *m* *or* **Aufzug** *m* *or* **Lift** *m* ; *he took the lift to the 27th floor; the staff could not get into their office when the lift broke down*
2 *verb* to take away *or* to remove **aufheben** *the government has lifted the ban on imports from Japan; to lift trade barriers; the minister has lifted the embargo on the export of computers to certain countries*

light [laɪt] *adjective*
(a) not heavy **leicht**; **shares fell back in light trading** = shares lost value on a day when there was little business done on the Stock Exchange **die Aktienwerte fielen bei schwachen Umsätzen**; **light industry** = industry which makes small products (such as clothes, books, calculators) **Leichtindustrie** *f*
(b) light pen = type of pen which, when passed over a bar code, can read it and pass information in it back to a central computer **Lichtstift** *m*

lighter ['laɪtə] *noun* boat used to take cargo from a cargo ship to shore **Leichter** *m*

limit ['lɪmɪt]
1 *noun* point at which something ends *or* point where you can go no further **Grenze** *f* *or* **Limit** *n* ; **to set limits to imports** *or* **to impose import limits** = to allow only a certain amount of imports **Importbeschränkungen** *fpl* **einführen**; **age limit** = top age at which you are allowed to do a job **Altersgrenze** *there is an age limit of thirty-five on the post of buyer* **credit limit** = largest amount of money which a customer can borrow **Kreditlimit**; **he has exceeded his credit limit** = he has borrowed more money than he is allowed **er hat sein Kreditlimit überschritten**; **lending limit** = restriction on the amount of money a bank can lend **Kreditlimit**; **time limit** = maximum time which can be taken to do something **Frist** *f* *or* **Zeitlimit** *n* ; *to set a time limit for acceptance of the offer* **weight limit** = maximum weight **Höchstgewicht** *n*
2 *verb* to stop something from going beyond a certain point **begrenzen** *or* **beschränken** *or* **einschränken**; **the banks have limited their credit** = the banks have allowed their customers only a certain amount of credit **die Banken haben ihre Kreditvergabe begrenzt**; **each agent is limited to twenty-five units** = each agent is allowed only twenty-five units to sell **jeder Vertreter bekommt nur 25 Einheiten**

◇ **limitation** [ˌlɪmɪ'teɪʃən] *noun*
(a) act of allowing only a certain quantity of something **Beschränkung** *f* *or* **Einschränkung** *f*

or **Begrenzung** *f* ; **limitation of liability** = making someone liable for only a part of the damage or loss **Haftungsbeschränkung; time limitation** = restricting the amount of time available **zeitliche Begrenzung** *the contract imposes limitations on the number of cars which can be imported*
(b) statute of limitations = law which allows only a certain amount of time (a few years) for someone to claim damages or property **Verjährungsfrist** *f*

◇ **limited** ['lɪmɪtɪd] *adjective* restricted *or* not open **beschränkt** *or* **begrenzt; limited company** *or* **limited liability company** = company where a shareholder is responsible for the company's debts only to the amount unpaid (if any) on his shares **Gesellschaft mit beschränkter Haftung (GmbH); private limited company** = (i) company with a small number of shareholders whose shares are not traded on the Stock Exchange; (ii) subsidiary company whose shares are not listed on the Stock Exchange, while those of its parent company are ≈ **(i) Gesellschaft mit beschränkter Haftung (GmbH); (ii) Tochtergesellschaft mit beschränkter Haftung** (NOTE: shortened to **Ltd**); **Public Limited Company** = company whose shares can be bought on the Stock Exchange **Aktiengesellschaft** *f* (NOTE: written as **Plc**); **limited market** = market which can take only a certain quantity of goods **begrenzter Absatzmarkt; limited partner** = partner in a limited partnership (he is only liable for the amount of capital he has put into the firm, and takes no part in the management of the firm) **Kommandititist/-in; limited partnership** = registered business where the liability of the partners is limited to the amount of capital they have each provided to the business and where the partners may not take part in the running of the business **Kommanditgesellschaft** *f*

◇ **limiting** ['lɪmɪtɪŋ] *adjective* which limits **beschränkend** *or* **einschränkend** *a limiting clause in a contract; the short holiday season is a limiting factor on the hotel trade*

line [laɪn] *noun*
(a) long mark **Linie** *f* ; *paper with thin blue lines; I prefer notepaper without any lines; he drew a thick line across the bottom of the column to show which figure was the total*
(b) shipping line *or* **airline** = large shipping or aircraft company which carries passengers or cargo **Reederei** *f*; **Fluggesellschaft** *f*; *profits of major airlines have been affected by the rise in fuel prices*
(c) line of business *or* **line of work** = type of business or work **Branche** *f* *or* **Geschäftsbereich** *m* *or* **Geschäftszweig** *m* ; **line of product** *or* **product line** = series of different products which form a group, all made by the same company **Produktgruppe** *f* *or* **Produktlinie** *f* ; *we do not stock that line; computers are not one of our best-selling lines; they produce an interesting line in garden tools* **line of shares** = large block of shares sold as one deal on the stock exchange **Aktienpaket** *n*
(d) row of letters *or* figures on a page **Zeile** *f* ; **bottom line** = last line in accounts, showing the net profit **Saldo** *m* ; *the boss is interested only in the bottom line* **to open a line of credit** *or* **a credit line** = to make credit available to someone **eine Kreditlinie einräumen**
(e) assembly line *or* **production line** = production system where the product (such as a car) moves slowly through a factory with new sections added to it as it goes along **Montageband** *n* *or* **Fließband** *n* *or* **Fertigungsstraße** *f* ; *he works on the production line or he is a production line worker in the car factory*
(f) line chart *or* **line graph** = chart or graph using lines to indicate values **Liniendiagramm** *n* *or* **Strichdiagramm; line printer** = machine which prints information from a computer one line at a time **Zeilendrucker** *m*
(g) line of command *or* **line management** *or* **line organization** = organization of a business where each manager is responsible for doing what his superior tells him to do **Linienmanagement** *n* *or* **Linienorganisation** *f*
(h) telephone line = wire along which telephone messages travel **Telefonleitung** *f* ; **the line is bad** = it is difficult to hear clearly what someone is saying **die Verbindung ist schlecht; a crossed line** = when two telephone conversations get mixed **jd in der Leitung; the line is engaged** = the person is already speaking on the phone **der Anschluss ist besetzt; the chairman is on the other line** = the chairman is speaking on his second telephone **der Vorsitzende telefoniert gerade; outside line** = line from an internal office telephone system to the main telephone exchange **Amtsleitung** *f*

◇ **lined** [laɪnd] *adjective* with lines **liniert** *he prefers lined paper for writing notes*

◇ **liner** ['laɪnə] *noun* large passenger ship **Passagierschiff** *n* *or* **Linienschiff**

> QUOTE the best thing would be to have a few more plants close down and bring supply more in line with current demand
> Fortune

> QUOTE cash paid for overstocked lines, factory seconds, slow sellers, etc.
> Australian Financial Review

link [lɪŋk] *verb* to join *or* to attach to something else **(ver)binden** *or* **koppeln** *to link pensions to inflation; his salary is linked to the cost of living; to link bonus payments to productivity*

liquid [ˈlɪkwɪd] *adjective* **liquid assets** = cash, or bills which can easily be changed into cash **flüssiges Vermögen**; **to go liquid** = to convert as many assets as possible into cash **Mittel flüssig machen**

◇ **liquidate** [ˈlɪkwɪdeɪt] *verb* **to liquidate a company** = to close a company and sell its assets **ein Unternehmen liquidieren** *or* **auflösen**; **to liquidate a debt** = to pay a debt in full **eine Schuld begleichen**; **to liquidate stock** = to sell stock to raise cash **Lagerbestände** *mpl* **flüssig machen**

◇ **liquidation** [ˌlɪkwɪˈdeɪʃən] *noun*
(a) liquidation of debts = payment of debts **Schuldentilgung** *f*
(b) closing of a company and selling of its assets **Liquidation** *f*; **Abwicklung** *f*; **Konkurs** *m* ; **the company went into liquidation** = the company was closed and its assets sold **das Unternehmen ging in Konkurs**; **compulsory liquidation** = liquidation which is ordered by a court **Zwangsliquidation**; **voluntary liquidation** = situation where a company itself decides it must close **freiwillige Liquidation**

◇ **liquidator** [ˈlɪkwɪdeɪtə] *noun* person named to supervise the closing of a company which is in liquidation **Liquidator** *m* ; **Abwickler** *m* ; **Konkursverwalter** *m*

◇ **liquidity** [lɪˈkwɪdətɪ] *noun* having cash or assets which can be changed into cash **Liquidität** *f* ; **liquidity crisis** = not having enough liquid assets **Liquiditätskrise** *f*

lira [ˈlɪərə] *noun* currency used in Italy **Lire** *f*; *the book cost 2,700 lira or L2,700* (NOTE: **lira** is usually written **L** before figures: **L2,700**)

list [lɪst]
1 *noun*
(a) several items written one after the other **Liste** *f* ; *list of products or product list; stock list; to add an item to a list; to cross an item off a list* **address list** *or* **mailing list** = list of names and addresses of people and companies **Adressenliste**; **black list** = list of goods *or* companies *or* countries which are banned for trade **schwarze Liste**; **picking list** = list of items in a customer's order, but listed according to where they can be found in the warehouse **Entnahmeliste**
(b) catalogue **Verzeichnis** *n or* **Liste** *f* ; **list price** = price as given in a catalogue **Listenpreis** *m* ; **price list** = sheet giving prices of goods for sale **Preisliste**
2 *verb*
(a) to write a series of items one after the other **auflisten** *to list products by category; to list representatives by area; to list products in a catalogue; the catalogue lists twenty-three models of washing machines*
(b) listed company = company whose shares can be bought or sold on the Stock Exchange **börsenfähiges** *or* **börsennotiertes Unternehmen**; **listed securities** = shares which can be bought or sold on the Stock Exchange *or* shares which appear on the official Stock Exchange list **börsennotierte Wertpapiere** *npl*

◇ **listing** [ˈlɪstɪŋ] *noun*
(a) Stock Exchange listing = being on the official list of shares which can be bought or sold on the Stock Exchange **Börsenzulassung** *f* ; *the company is planning to obtain a Stock Exchange listing*
(b) computer listing = printout of a list of items taken from the data stored in a computer **Computerauflistung** *f* ; **listing paper** = paper made as a long sheet, used in computer printers **Tabellierpapier** *n*

literature [ˈlɪtrətʃə] *noun* written information about something **Literatur** *f* ; **Informationsmaterial** *n* ; *please send me literature about your new product range*

litigation [ˌlɪtɪˈgeɪʃən] *noun* the bringing of a lawsuit against someone **Prozess** *m or* **Rechtsstreit** *m*

◇ **litigant** [ˈlɪtɪgənt] *noun* person who brings a lawsuit against someone **Prozessführende(r)** *mf or* **Prozesspartei** *f*

litre *or (US)* **liter** [ˈliːtə] *noun* measure of liquids **Liter** *m or n* **the car does fifteen kilometres to the litre** *or* **fifteen kilometres per litre** = the car uses one litre of petrol to travel fifteen kilometres **der Wagen braucht einen Liter auf fünfzehn Kilometer** (NOTE: usually written **l** after figures: **25l**)

lively [ˈlaɪvlɪ] *adjective* **lively market** = active stock market, with many shares being bought or sold **lebhafte Börse**

livery ['lɪvrɪ] *noun* a company's own special design, used on uniforms, vehicles, etc. **Firmenzeichen** *n*

living ['lɪvɪŋ] *noun* **cost of living** = money which a person has to pay for rent, food, heating, etc. **Lebenshaltungskosten** *pl* **cost-of-living allowance** = addition to normal salary to cover increases in the cost of living **Teuerungszulage** *f* *or* **Lebenshaltungskostenzuschuss** *m* ; **cost-of-living index** = way of measuring the cost of living which is shown as a percentage increase on the figure for the previous year **Lebenshaltungsindex** *m* ; **he does not earn a living wage** = he does not earn enough to pay for essentials (food, heat, rent) **er verdient nicht genug zum Leben**; **standard of living** *or* **living standards** = quality of personal home life (amount of food, clothes bought, size of the family car, etc.) **Lebensstandard** *m* ; *living standards fell as unemployment rose*

Lloyd's [lɔɪdz] *noun* central London insurance market **Lloyd's**; **Lloyd's Register** = classified list showing details of all the ships in the world and estimates of their condition **Lloyd's-Register** *n* ; **ship which is A1 at Lloyd's** = ship in very good condition **ein Schiff, das von Lloyd's als in erstklassigem Zustand befindlich beschrieben wird**

COMMENT: Lloyd's is an old-established insurance market; the underwriters who form Lloyd's are divided into syndicates, each made up of active underwriters who arrange the business and non-working underwriters (called 'names') who stand surety for any insurance claims which may arise

load [ləʊd]

1 *noun*

(a) goods which are transported **Ladung** *f* ; **load of a lorry** *or* **lorry-load** = (amount of) goods carried by a lorry **Lastwagenladung** *f* ; **load of a container** *or* **container-load** = (amount of) goods carried by a container **Containerladung** *they delivered six lorry-loads of coal; a container-load of spare parts is missing* **commercial load** = amount of goods *or* number of passengers which a bus *or* train *or* plane has to carry to make a profit **wirtschaftliche Auslastung**; **maximum load** = largest weight of goods which a lorry *or* plane can carry **Höchstbelastung** *f* *or* **maximale Nutzlast**; **load-carrying capacity** = amount of goods which a lorry is capable of carrying **Ladefähigkeit** *f* ; **load factor** = number of seats in a bus *or* train *or* plane which are occupied by passengers who have paid the full fare **Auslastungsfaktor** *m* *or* **Sitzladefaktor**

(b) workload = amount of work which a person has to do **Arbeitsbelastung** *f* ; *he has difficulty in coping with his heavy workload*

2 *verb*

(a) to load a lorry *or* **a ship** = to put goods into a lorry *or* a ship for transporting **einen Lastwagen** *or* **ein Schiff beladen** *to load cargo onto a ship; a truck loaded with boxes; a ship loaded with iron* **fully loaded ship** = ship which is full of cargo **ein voll beladenes Schiff**

(b) *(of ship)* to take on cargo **(be)laden** *the ship is loading a cargo of wood*

(c) to put a program into a computer **laden** *load the word-processing program before you start keyboarding*

(d) *(insurance)* to put charges into a certain period or into certain payments **Verwaltungsgebühr erheben**; **back-end loaded** = (insurance or investment scheme) where commission is only charged when the investor withdraws his money from the scheme **anfallende Verwaltungsgebühr beim Kündigen einer Versicherung**; **front-end loaded** = (insurance or investment scheme) where most of the management charges are incurred in the first year of the investment or insurance **anfallende Verwaltungsgebühr beim Abschluss einer Versicherung**

◊ **loading** ['ləʊdɪŋ] *noun* **loading bay** = section of road in a warehouse where lorries can drive in to be loaded **Ladeplatz** *m* ; **loading dock** = part of a harbour where ships can load or unload **Verladedock** *n* ; **loading ramp** = raised platform which makes it easier to load goods onto a lorry **Laderampe** *f*

◊ **load line** ['ləʊdlaɪn] *noun* line painted on the side of a ship to show where the water should reach for maximum safety if the ship is fully loaded **Ladelinie** *f*

loan [ləʊn]

1 *noun* money which has been lent **Kredit** *m* *or* **Darlehen** *n* ; **loan capital** = part of a company's capital which is a loan to be repaid at a later date **Fremdkapital** *n* *or* **Anleihekapital**; **loan stock** = money lent to a company at a fixed rate of interest **festverzinsliche Anleihen** *fpl* **convertible loan stock** = money which can be exchanged for shares at a later date **Wandelanleihe** *f* ; **bank loan** = money lent by a bank **Bankkredit** *or* **Bankdarlehen**; **bridging loan** = short-term loan to help someone buy a new house when he has not yet sold his old one **Überbrückungskredit**; **government loan** = money lent by the government **Staatsanleihe** *f* ; **home loan** = loan by a bank or building society to help someone buy a house **Kredit zum Hauskauf**; **short-term** *or* **long-term loan** = loans which have to be repaid within a few

weeks or some years **kurzfristiges** *or* **langfristiges Darlehen; soft loan** = loan (from a company to an employee *or* from one government to another) with no interest payable **zinsgünstiger Kredit** *or* **zinsloses Darlehen; unsecured loan** = loan made with no security **ungesichertes Darlehen**
2 *verb* to lend **(aus)leihen** *or* **verleihen**

> QUOTE over the last few weeks, companies raising new loans from international banks have been forced to pay more, and an unusually high number of attempts to syndicate loans among banks has failed
> Financial Times

lobby ['lɒbɪ]
1 *noun* group of people who try to influence MPs, members of town councils, etc. **Lobby** *f* *or* **Interessenverband** *m* ; **the energy-saving lobby** = people who try to persuade MPs to pass laws to save energy **die Lobby der Energiesparer**
2 *verb* to try to influence members of parliament, members of town councils, etc. **politische Beeinflussung betreiben** *the group lobbied the chairmen of all the committees*

local ['ləʊkəl]
1 *adjective* referring to a particular area, especially one near where a factory *or* an office is based **örtlich** *or* **Orts-** *or* **lokal; local authority** = elected section of government which runs a small area of the country **örtliche Behörde; local call** = telephone call to a number in the same area as the person making the call **Ortsgespräch** *n* ; **local currency** = the currency of a particular country where a transaction is being carried out **örtliche Währung** *because of the weakness of the local currency, all payments are in dollars* **local government** = elected administrative bodies which run areas of the country **Gemeindeverwaltung** *f* *or* **Kommunalverwaltung** *or* **örtliche Verwaltung; local labour** = workers who are recruited near a factory, and are not brought there from a distance **ortsansässige Arbeitskräfte** *fpl* **local time** = the time in the country where something is happening **Ortszeit** *f* ; *if it is 12.00 noon in London, it will be 5 o'clock in the morning local time*
2 *noun (US)* branch of a trade union **Ortsverein** *m*

◇ **locally** ['ləʊkəlɪ] *adverb* in the area near where an office or factory is based **am** *or* **vor Ort** *we recruit all our staff locally*

> QUOTE each cheque can be made out for the local equivalent of £100 rounded up to a convenient figure
> Sunday Times

> QUOTE tne business agent for Local 414 of the Store Union said his committee will recommend that the membership ratify the agreement
> Toronto Star

> QUOTE EC regulations insist that customers can buy cars anywhere in the EC at the local pre-tax price
> Financial Times

locate [ləʊ'keɪt] *verb* **to be located** = to be in a certain place **gelegen sein** *or* **seinen Sitz haben** *the warehouse is located near to the motorway*
◇ **location** [lə'keɪʃən] *noun* place where something is **Lage** *f* *or* **Standort** *m* ; **the company has moved to a new location** = the company has moved to a new office or a different town **das Unternehmen hat seinen Standort verlegt**

lock [lɒk]
1 *noun* device for closing a door *or* box so that it can be opened only with a key **Schloss** *n* ; *the lock is broken on the petty cash box; I have forgotten the combination of the lock on my briefcase*
2 *verb* to close a door with a key, so that it cannot be opened **abschließen** *the manager forgot to lock the door of the computer room; the petty cash box was not locked*
◇ **lock out** [lɒk'aʊt] *verb* **to lock out workers** = to shut the factory door so that workers cannot get in and so force them not to work until the conditions imposed by the management are met **Arbeiter aussperren**
◇ **lockout** ['lɒkaʊt] *noun* industrial dispute where the management will not let the workers into the factory until they have agreed to the management's conditions **Aussperrung** *f*
◇ **lock up** [lɒk'ʌp] *verb* **to lock up a shop** *or* **an office** = to close and lock the door at the end of the day's work **ein Geschäft** *or* **ein Büro abschließen; to lock up capital** = to have capital invested in such a way that it cannot be used for other investments **Kapital festlegen** *or* **binden**
◇ **locking up** ['lɒkɪŋ'ʌp] *noun* **the locking up of money in stock** = investing money in stock so that it cannot be used for other, possibly more profitable, investments **das Festlegen von Geldern in Aktien**
◇ **lock-up shop** *or* **lock-up premises** ['lɒkʌp'ʃɒp *or* 'premɪsɪz] *noun*

shop or other commercial building which has no living accommodation and which the proprietor locks at night when it is closed **Laden/Gebäude, der/das nur Zugang von der Straße her hat**

lodge [lɒdʒ] *verb* **to lodge a complaint against someone** = to make an official complaint about someone **gegen jdn Beschwerde einlegen; to lodge money with someone** = to deposit money with someone **Geld bei jdm hinterlegen** *or* **deponieren; to lodge securities as collateral** = to put securities into a bank to be used as collateral for a loan **Wertpapiere als Sicherheit hinterlegen**

log [lɒg] *verb* to write down all that happens **Buch führen über** *or* **aufzeichnen; to log phone calls** = to note all details of phone calls made **Anrufe registrieren; to log on** = to start a computer program by entering a password, and various other instructions **einloggen; sich anmelden; to log off** = to stop work on a computer program and close down the program **ausloggen; sich abmelden** (NOTE: **logging - logged)**

logo ['lɒgəʊ] *noun* symbol *or* design *or* group of letters used by a company as a mark on its products and in advertising **Logo** *n* ; **Firmenzeichen** *n* ; **Markenzeichen** *n* ; **Signet** *n*

long [lɒŋ]
1 *adjective* for a large period of time **lang; long credit** = credit terms which allow the borrower a long time to pay **langfristiger Kredit** *or* **Kredit mit langer Laufzeit; in the long term** = over a long period of time **auf lange Sicht; to take the long view** = to plan for a long period before current investment becomes profitable **etwas langfristig betrachten** *or* **auf lange Sicht planen**
2 *noun* **longs** = government stocks which mature in over fifteen years' time **Langläufer** *mpl or* **langfristige Staatspapiere** *npl*

◇ **long-dated** [lɒŋ'deɪtɪd] *adjective* **long-dated bills** = bills which are payable in more than three months' time **langfristige Wechsel** *mpl*

◇ **long-distance** ['lɒŋ'dɪstəns] *adjective* **long-distance call** = telephone call to a number which is not near **Ferngespräch** *n* ; **long-distance flight** = flight to a destination which is a long way away **Fernflug** *m or* **Langstreckenflug**

◇ **longhand** ['lɒŋhænd] *noun* handwriting where the words are written out in full and not typed or in shorthand **Langschrift** *f* ; *applications should be written in longhand and sent to the personnel officer*

◇ **long-haul flight** ['lɒŋhɔːl'flaɪt] *noun* long-distance flight especially between continents **Fernflug** *m or* **Langstreckenflug**

◇ **long-range** ['lɒŋ'reɪn(d)ʒ] *adjective* for a long period of time in the future **langfristig; long-range economic forecast** = forecast which covers a period of several years **langfristige Konjunkturprognose**

◇ **long-standing** [ˌlɒŋ'stændɪŋ] *adjective* which has been arranged for a long time **schon lange bestehend** *or* **alt** *long-standing agreement* **long-standing customer** *or* **customer of long standing** = person who has been a customer for many years **Stammkunde/Stammkundin; treue(r)** *or* **langjährige(r) Kunde/Kundin**

◇ **long-term** ['lɒŋtɜːm] *adjective* **on a long-term basis** = for a long period of time **langfristig; long-term debts** = debts which will be repaid many years later **langfristige Verbindlichkeiten** *fpl* **long-term forecast** = forecast for a period of over three years **langfristige Prognose; long-term loan** = loan to be repaid many years later **langfristiges Darlehen; long-term objectives** = aims which will take years to achieve **langfristige Ziele** *npl*

> QUOTE land held under long-term leases is not amortized
> Hongkong Standard

> QUOTE the company began to experience a demand for longer-term mortgages when the flow of money used to finance these loans diminished
> Globe and Mail (Toronto)

loophole ['luːphəʊl] *noun* **to find a loophole in the law** = to find a means of legally avoiding the law **eine Gesetzeslücke** *or* **ein Schlupfloch im Gesetz finden; to find a tax loophole** = to find a means of legally not paying tax; **to find a tax loophole = eine Lücke in der Steuergesetzgebung finden**

> QUOTE because capital gains are not taxed but money taken out in profits is taxed, owners of businesses will be using accountants and tax experts to find loopholes in the law
> Toronto Star

loose [luːs] *adjective* not packed together **lose** *or* **unverpackt; loose change** = money in coins **Kleingeld** *n* ; **to sell loose coffee** *or* **to sell coffee loose** = to sell coffee in separately weighed quantities, not in packets **Kaffee lose verkaufen**

◇ **loose-leaf book** ['luːsliːf'bʊk] *noun* book with loose pages which can be taken out and fixed back in again on rings **Ringbuch** *n*

lorry ['lɒrɪ] *noun (GB)* large motor vehicle for carrying goods **Last(kraft)wagen** *m or* **LKW** *m* ; *he drives a five-ton lorry* **heavy lorry** = very large lorry which carries heavy loads **schwerer LKW; lorry driver** = person who drives a lorry **Lastwagenfahrer/-in** (NOTE: US English is **truck)**

lose [lu:z] *verb*
(a) not to have something any more **verlieren; to lose an order** = not to get an order which you were hoping to get **einen Auftrag verlieren** *during the strike, the company lost six orders to American competitors* **to lose control of a company** = to find that you have less than 50% of the shares and so are no longer able to direct the company **die Aktienmehrheit** *or* **Mehrheitsbeteiligung an einem Unternehmen verlieren; to lose customers** = to have fewer customers **Kunden verlieren** *their service is so slow that they have been losing customers* **she lost her job when the factory closed** = she was made redundant **sie verlor ihre Stelle, als die Fabrik schloss**
(b) to lose money = to have less money **Geld verlieren** *or* **einbüßen** *he lost £25,000 in his father's computer company*
(c) to drop to a lower price **fallen** *the dollar lost two cents against the yen; gold shares lost 5% on the market yesterday* **the pound has lost value** = the pound is worth less **das Pfund hat an Wert verloren** (NOTE: **losing - lost)**

◇ **lose out** [lu:z'aʊt] *verb* to suffer as a result of something **schlecht wegkommen** *or* **den Kürzeren ziehen** *the company has lost out in the rush to make cheap computers*

loss [lɒs] *noun*
(a) not having something any more **Verlust** *m* ; **loss of customers** = not keeping customers because of bad service *or* high prices, etc. **Kundenverlust; loss of an order** = not getting an order which was expected **Auftragsverlust; the company suffered a loss of market penetration** = the company found it had a smaller share of the market **das Unternehmen erlitt Marktdurchdringungsverluste; compensation for loss of earnings** = payment to someone who has stopped earning money *or* who is not able to earn money **Verdienstausfallentschädigung** *f* ; **compensation for loss of office** = payment to a director who is asked to leave a company before his contract ends **Abfindung** *f* **für den Verlust des Amtes; job losses** = jobs which no longer exist because workers have been made redundant **verlorene Arbeitsplätze** *mpl*
(b) having less money than before *or* not making a profit **Verlust** *m or* **Einbuße** *f* ; **the company suffered a loss** = the company did not make a profit **die Firma erlitt Verluste; to report a loss** = not to show a profit in the accounts at the end of the year **Verluste ausweisen** *the company reported a loss of £1m on the first year's trading* **capital loss** = loss made by selling assets **Kapitalverlust; the car was written off as a dead loss** *or* **a total loss** = the car was so badly damaged that the insurers said it had no value **das Auto wurde als Totalschaden abgeschrieben; paper loss** = loss made when an asset has fallen in value but has not been sold **nicht realisierter Verlust; trading loss** = situation where the company's receipts are less than its expenditure **Betriebsverlust** *m* ; **at a loss** = making a loss *or* not making any profit **mit Verlust** *the company is trading at a loss; he sold the shop at a loss* **to cut one's losses** = to stop doing something which was losing money **seine Verluste vermindern**
(c) being worth less *or* having a lower value **Verlust** *m* ; *shares showed losses of up to 5% on the Stock Exchange*
(d) loss in weight = of goods which weigh less than when they were packed **Gewichtsverlust** *m or* **Gewichtsschwund** *m* ; **loss in transport** = amount of weight which is lost while goods are being transported **Transportverlust** *m or* **Transportschäden** *mpl*
(e) damage to property or destruction of property, which is then subject to an insurance claim **Schaden** *m* ; **Verlust** *m* ; **loss adjuster** = person who calculates how much insurance should be paid on a claim **Schadensregulierer** *m* ; **the cargo was written off as a total loss** = the cargo was so badly damaged that the insurers said it had no value **die Ladung wurde als Totalschaden abgeschrieben**

◇ **loss-leader** ['lɒs'li:də] *noun* article which is sold at a loss to attract customers **Lockartikel** *m* ; *we use these cheap films as a loss-leader*

> QUOTE against losses of FFr 7.7m in 1997, the company made a net profit of FFr 300,000 last year
> Financial Times

lot [lɒt] *noun*
(a) large quantity **Menge** *f or* **Masse** *f* ; *a lot of people or lots of people are out of work*
(b) group of items sold together at an auction **Posten** *m or* **Los** *n* ; *to bid for lot 23; at the end of the auction half the lots were unsold*
(c) group of shares which are sold **Aktienpaket** *n* ; *to sell a lot of shares; to sell shares in small lots*
(d) *(US)* piece of land, especially one to be used for redevelopment **Parzelle** *f*

lottery ['lɒtərɪ] *noun* game where numbered tickets are sold and prizes given for some of the numbers **Lotterie** *f*

lounge [laʊn(d)ʒ] *noun* comfortable room; *(in house)* **Wohnzimmer** *n; (in hotel)* **Hotelhalle** *f or* **Gesellschaftsraum** *m or* **Lounge** *f* ; **departure lounge** = room in an airport where passengers wait to board their planes **Abflughalle** *f* ; **transit lounge** = room in an airport where passengers wait for connecting flights **Transitraum** *m*

low [ləʊ]
1 *adjective* small *or* not high **niedrig** *or* **gering** *or* **schwach** *low overhead costs keep the unit cost low, we try to keep our wages bill low; the company offered him a mortgage at a low rate of interest; the pound is at a very low rate of exchange against the dollar; our aim is to buy at the lowest price possible; shares are at their lowest for two years* **low sales** = small amount of money produced by sales **geringer Absatz**; **low volume of sales** = small number of items sold **geringes Absatzvolumen**; **the tender will go to the lowest bidder** = the contract will be awarded to the person who offers the best terms **der Auftrag wird an den preisgünstigsten Anbieter vergeben**
2 *noun* point where prices *or* sales are very small **Tiefstand** *m* ; *sales have reached a new low; the highs and lows on the stock market* **shares have hit an all-time low** = shares have reached their lowest price ever **die Aktien haben einen historischen Tiefstand erreicht**
◊ **lower** ['ləʊə]
1 *adjective* smaller *or* less high **niedriger** *or* **geringer** *or* **schwächer** *a lower rate of interest; sales were lower in December than in November*
2 *verb* to make smaller *or* less expensive **senken** *to lower prices to secure a larger market share; to lower the interest rate*
◊ **lowering** ['ləʊərɪŋ] *noun* making smaller *or* less expensive **Senkung** *f or* **Minderung** *f* ; *lowering of prices; we hope to achieve low prices with no lowering of quality*
◊ **low-grade** ['ləʊgreɪd] *adjective* not very important *or* not of very good quality **untergeordnet** *or* **untere(r,s)**; **minderwertig** *a low-grade official from the Ministry of Commerce; the car runs best on low-grade petrol*
◊ **low-level** [ləʊ'levl] *adjective*
(a) not very important **untergeordnet** *or* **auf unterer Ebene** *a low-level delegation visited the ministry; a low-level meeting decided to put off making a decision*
(b) **low-level computer language** = programming language similar to machine code **niedere Programmiersprache**
◊ **low-pressure** ['ləʊ'preʃə] *adjective* **low-pressure selling** = where the salesman does not try to force someone to buy, but only encourages him or her to do so **nicht aggressive Verkaufsmethoden** *fpl*
◊ **low-quality** ['ləʊˌkwɒlətɪ] *adjective* not of good quality **minderwertig** *they tried to sell us some low-quality steel*

QUOTE after opening at 79.1 the index touched a peak of 79.2 and then drifted to a low of 78.8
Financial Times

QUOTE the pound which had been as low as $1.02 earlier this year, rose to $1.30
Fortune

QUOTE Canadian and European negotiators agreed to a deal under which Canada could keep its quotas but lower its import duties
Globe and Mail (Toronto)

QUOTE the trade-weighted dollar chart shows there has been a massive devaluation of the dollar since the mid-'80s and the currency is at its all-time low
Financial Weekly

loyalty ['lɔɪəltɪ] *noun* **brand loyalty** = feeling of a customer who always buys the same brand of product **Markentreue** *f* ; **customer loyalty** = feeling of customers who always shop at the same shop **Kundentreue** *f*

Ltd ['lɪmɪtɪd] = LIMITED

luggage ['lʌgɪdʒ] *noun* suitcases, bags for carrying clothes when travelling **Gepäck** *n* ; **hand luggage** *or* **cabin luggage** = small cases which passengers can take with them into the cabin of a plane *or* ship **Handgepäck**; **free luggage allowance** = amount of luggage which a passenger can take with him free of charge **Freigepäck**; **luggage trolley** = metal holder on wheels, on which luggage can be moved easily in an airport, train station, etc.) **Kofferkuli** *m* (NOTE: no plural; to show one suitcase, etc., say **a piece of luggage.** Note also that US English prefers to use the word **baggage)**

lull [lʌl] *noun* quiet period **Flaute** *f* ; *after last week's hectic trading this week's lull was welcome*

lump [lʌmp] *noun*
(a) **lump sum** = money paid in one single amount, not in several small sums **einmalige Summe; Pauschalbetrag** *m* ; *when he retired he was given a lump-sum bonus; she sold her house and invested the money as a lump sum*

(b) the Lump *or* **Lump labour** = self-employed workers who are paid a lump sum for a day's work *or* for the amount of work completed (often with a view to avoiding tax) **die Schwarzarbeiter** *mpl* **im Baugewerbe**

lunch [lʌn(t)ʃ] *noun* meal eaten in the middle of the day **Mittagessen** *n* ; *the hours of work are from 9.30 to 5.30 with an hour off for lunch; the chairman is out at lunch* **business lunch** = meeting between businessmen where they have lunch together to discuss business deals **Geschäftsessen** *n*

◇ **lunch hour** *or* **lunchtime** ['lʌn(t)ʃˌaʊə *or* 'lʌn(t)ʃtaɪm] *noun* time when people have lunch **Mittagszeit** *f or* **Mittag** *m* ; *the office is closed during the lunch hour or at lunchtimes*

◇ **luncheon voucher** ['lʌn(t)ʃən'vaʊtʃə] *noun* ticket given by an employer to a worker in addition to his wages, which can be exchanged for food in a restaurant **Essen(s)marke** *f*

luxury ['lʌkʃərɪ] *noun* expensive thing which is not necessary but which is good to have **Luxus** *m* ; *luxury items or luxury goods; a black market in luxury articles*

Mm

m = METRE, MILE, MILLION

M0 ['em'nɔːt] narrowest British measure of money supply, including coins and notes in circulation plus the deposits of commercial banks with the Bank of England **M0**

◇ **M1** ['em'wʌn] British measure of money supply, including all coins and notes plus personal money in current accounts **M1**

◇ **M2** ['em'tuː] British measure of money supply, including coins and notes and personal money in current and deposit accounts **M2**

◇ **M3** ['em'θriː] British measure of money supply, including coins and notes, personal money in current and deposit accounts, government deposits and deposits in currencies other than sterling **M3**; **£M3** = British measure of sterling money supply, including coins and notes, personal money in current and deposit accounts and government deposits **£M3**

QUOTE Bank of England calculations of notes in circulation suggest that the main component of the narrow measure of money supply, M0, is likely to have risen by 0.4 per cent after seasonal adjustments

Times

machine [mə'ʃiːn] *noun*
(a) device which works with power from a motor **Maschine** *f or* **Apparat** *m or* **Gerät** *n* ; **adding machine** = machine which adds numbers **Addiermaschine**; **copying machine** *or* **duplicating machine** = machine which makes copies of documents **Kopiergerät** *or* **Vervielfältigungsgerät**; **dictating machine** = machine which records what someone dictates, which a typist can then play back and type out **Diktiergerät**; **automatic vending machine** = machine which provides food or drink when money is put in it **Automat** *m* ; **machine shop** = place where working machines are placed **Maschinensaal** *m* ; **machine tools** = tools worked by motors, used to work on wood or metal **Werkzeugmaschinen**
(b) machine-made *or* **machine-produced** = manufactured by a machine, not by people **maschinell hergestellt**
(c) machine code *or* **machine language** = instructions and information shown as a series of figures (0 and 1) which can be read by a computer **Maschinencode** *m or* **Maschinensprache** *f* ; **machine-readable codes** = sets of signs or letters (such as bar codes, post codes) which a computer can read **maschinenlesbare Codes** *mpl*

◇ **machinery** [mə'ʃiːnərɪ] *noun*
(a) machines **Maschinen** *fpl* **idle machinery** *or* **machinery lying idle** = machines not being used **stillliegende Maschinen**; **machinery guards** = pieces of metal to prevent workers from getting hurt by the moving parts of a machine **Maschinen-Schutzvorrichtungen** *fpl*
(b) organization *or* system **Apparat** *m or* **Maschinerie** *f or* **Räderwerk** *n* ; *the government machinery; the machinery of local government; administrative machinery; the machinery for awarding government contracts*

◇ **machinist** [mə'ʃiːnɪst] *noun* person who works a machine **Maschinist/-in**

macro- ['mækrə(ʊ)] *prefix* very large, covering a wide area **makro-** *or* **Makro-**; **macro-economics** = study of the economics of a whole area, a whole industry, a whole group of the population, or a whole country, in order to help in economic planning **Makroökonomie** *f*

Madam ['mædəm] *noun* formal way of addressing a woman, especially one whom you do not know **gnädige Frau**; **Dear Madam** = beginning of a letter to a woman whom you do not know **Sehr geehrte gnädige Frau**; **Madam Chairman** = way of addressing a woman who is in the chair at a meeting **Frau Vorsitzende**

made [meɪd] *adjective* produced *or* manufactured **gemacht** *or* **hergestellt** *made in Japan or Japanese made (see also* MAKE)

magazine [ˌmægə'ziːn] *noun* paper, usually with pictures, which comes out regularly, every month or every week **Zeitschrift** *f* *or* **Magazin** *n* ; **computer magazine** = magazine with articles on computers and programs **Computerzeitschrift**; **do-it-yourself magazine** = magazine with articles on work which the average person can do to repair or paint the house **Heimwerkermagazin**; **house magazine** = magazine produced for the workers in a company to give them news of the company's affairs **Betriebszeitung** *f* ; **trade magazine** = magazine produced for people or companies in certain trades **Fachzeitschrift**; **travel magazine** = magazine with articles on holidays and travel **Reisemagazin**; **women's magazine** = magazine aimed at the women's market **Frauenzeitschrift**; **magazine insert** = advertising sheet put into a magazine when it is mailed or sold **Werbebeilage** *f* ; **to insert a leaflet in a specialist magazine** = to put an advertising leaflet into a magazine before it is mailed or sold **einer Fachzeitschrift einen Prospekt beilegen**; **magazine mailing** = sending of copies of a magazine by post to subscribers **Zeitschriftenzustellung** *f* **per Post**

magnate ['mægneɪt] *noun* important businessman **Magnat** *m* ; *a shipping magnate*

magnetic [mæg'netɪk] *adjective* **magnetic card** = plastic card with a strip of magnetic recording material on its surface, allowing data to be stored (used in automatic cash dispensers) **Magnetkarte** *f* ; **magnetic strip** = black strip on credit cards and cashpoint cards, on which personal information about the account is recorded **Magnetstreifen** *m* ; **magnetic tape** *or* **mag tape** = plastic tape for recording information on a large computer **Magnetband** *n*

mail [meɪl]
1 *noun*
(a) system of sending letters and parcels from one place to another **Post** *f* ; *to put a letter in the mail; the cheque was lost in the mail; the invoice was put in the mail yesterday; mail to some of the islands in the Pacific can take six weeks* **by mail** = using the postal services, not sending something by hand or by messenger **per Post**; **to send a package by surface mail** = to send a package by land or sea, not by air **ein Paket mit gewöhnlicher Post (auf dem Land- od Seeweg) schicken**; **by sea mail** = sent by post abroad, using a ship **auf dem Seeweg**; **to receive a sample by air mail** = by post using a plane **ein Muster per Luftpost erhalten**; **we sent the order by first-class mail** = by the most expensive mail service, designed to be faster **wir schickten die Bestellung per Post erster Klasse**; **electronic mail** = system of sending messages from one computer to another, using the telephone lines **elektronische Post** *or* **E-Mail**
(b) letters sent or received **Post** *f* ; *has the mail arrived yet? to open the mail; your cheque arrived in yesterday's mail; my secretary opens my mail as soon as it arrives; the receipt was in this morning's mail* **incoming mail** = mail which arrives **Posteingang** *m* ; **outgoing mail** = mail which is sent out **Postausgang** *m* ; **mail room** = room in an office where incoming letters are sorted and sent to each department, and where outgoing mail is collected for sending **Poststelle** *f*
(c) direct mail = selling a product by sending publicity material to possible buyers through the post **Direktversand** *m or* **Postwurfsendung** *f* ; *the company runs a successful direct-mail operation; these calculators are sold only by direct mail* **direct-mail advertising** = advertising by sending leaflets to people by post **Werbung** *f* **durch Postwurfsendung**; **mail shot** = leaflets sent by mail to possible customers **Rundschreiben** *n* *or* **Briefwerbeaktion** *f*
2 *verb* to send something by post **(mit der Post) verschicken** *or* **aufgeben** *to mail a letter; we mailed our order last Wednesday*

◇ **mail box** ['meɪlbɒks] *noun* one of several boxes where incoming mail is put in a large building; box for putting letters, etc. which you want to post **Postfach** *n* ; **Briefkasten** *m*

◇ **mailer** ['meɪlə] *noun* packaging made of folded cardboard, used to mail items which need protection **Briefwerbematerial** *n* ; *a diskette mailer*

◇ **mailing** ['meɪlɪŋ] *noun* sending something in the post **Verschicken** *n or* **Versenden** *n or* **Versand** *m* ; *the mailing of publicity material* **direct mailing** = sending of publicity material by post to possible buyers **Direktversand** *m or* **Direktwerbung** *f* ; **mailing list** = list of names and addresses of people who might be interested in a product *or* list of names and addresses of members of a society **Adressenliste** *f* ; *his name is on our mailing list; to build up a mailing list* **to buy a mailing list** = to pay a society, etc. money to buy the list of members so that you can use it to mail publicity material **eine Adressenliste kaufen**; **mailing piece** = leaflet suitable for sending by direct mail **Postwurfsendung** *f* ; **mailing shot** = leaflets sent by mail to possible customers **Rundschreiben** *n or* **Briefwerbeaktion** *f* ; **mailing tube** = stiff cardboard or plastic tube, used for mailing large pieces of paper (such as posters) **Papprolle** *f* **zum Verschicken von nichtfaltbarem Material**

◇ **mail merge** ['meɪlmɜːdʒ] *noun* word-processing program that allows a standard form letter to be printed out to a series of different names and addresses **Mailmerge** *n*

◇ **mail-order** ['meɪlˌɔːdə] *noun* system of buying and selling from a catalogue, placing orders and sending goods by mail **Postversand** *m* ; **mail-order business** *or* **mail-order firm** *or* **mail-order house** = company which sells a product by mail **Versandhaus** *n* ; **mail-order catalogue** = catalogue from which a customer can order items to be sent by mail **Versandhauskatalog** *m*

main [meɪn] *adjective* most important **Haupt-** *main office; main building; one of our main customers (US)* **Main Street** = most important street in a town, where the shops and banks are **Hauptgeschäftsstraße** *f*

◇ **mainframe** ['meɪnˌfreɪm] *noun* large computer **Großrechner** *m* ; *the office micro interfaces with the mainframe in the head office*

◇ **mainly** ['meɪnlɪ] *adverb* mostly; usually **hauptsächlich** *or* **in erster Linie** *their sales are mainly in the home market; we are interested mainly in buying children's gift items*

◇ **mainstream corporation tax (MCT)** ['meɪnstriːmkɒːpə'reɪʃntæks] *noun* total tax paid by a company on its profits (less any advance corporation tax, which a company has already paid when distributing profits to its shareholders in the form of dividends) **Körperschaftssteuer** *f*

maintain [meɪn'teɪn] *verb*

(a) to keep something going *or* working **aufrechterhalten** *or* **unterhalten** *or* **erhalten** *to maintain good relations with one's customers; to maintain contact with an overseas market*

(b) to keep something working at the same level **(er)halten** *the company has maintained the same volume of business in spite of the recession; to maintain an interest rate at 5%* **to maintain a dividend** = to pay the same dividend as the previous year **eine Dividende in gleicher Höhe ausschütten**

◇ **maintenance** ['meɪntənəns] *noun*

(a) keeping things going *or* working **Aufrechterhaltung** *f or* **Erhaltung** *f* ; *maintenance of contacts; maintenance of supplies*

(b) keeping a machine in good working order **Wartung** *f or* **Instandhaltung** *f* ; **maintenance contract** = contract by which a company keeps a piece of equipment in good working order **Wartungsvertrag** *m* ; *we offer a full maintenance service*

> QUOTE responsibilities include the maintenance of large computerized databases
> Times

> QUOTE the federal administration launched a full-scale investigation into the airline's maintenance procedures
> Fortune

majeure [mæ'ʒɜː] *see* FORCE MAJEURE

major ['meɪdʒə] *adjective* important **Groß-** *or* **Haupt-** *or* **bedeutend**; **major shareholder** = shareholder with a large number of shares **Hauptaktionär** *m*

> QUOTE if the share price sinks much further the company is going to look tempting to any major takeover merchant
> Australian Financial Review

> QUOTE monetary officials have reasoned that coordinated greenback sales would be able to drive the dollar down against other major currencies
> Duns Business Month

> QUOTE a client base which includes many major commercial organizations and nationalized industries
> Times

majority [mə'dʒɒrətɪ] *noun* larger group than all others **Mehrheit** *f or* **Majorität** *f* ; **the majority of the shareholders** = more than 50% of the shareholders **die Mehrheit der Aktionäre; the board accepted the proposal by a majority of three to two** = three members of the board voted to accept and two voted against **der board nahm den Vorschlag mit einer Mehrheit von drei zu zwei Stimmen an; majority vote** *or* **majority decision** = decision made after a vote according to the wishes of the largest group **Mehrheitsbeschluss** *m* ; **majority shareholding** *or* **majority interest** = group of more than half of all the shares in a company **Mehrheitsbeteiligung** *f* ; **a majority shareholder** = person who owns more than half the shares in a company **ein Mehrheitsaktionär** *m*

make [meɪk]
1 *noun* type of product manufactured **Marke** *f* *or* **Fabrikat** *n* ; *Japanese makes of cars; a standard make of equipment; what make is the new computer system or what is the make of the new computer system?*
2 *verb*
(a) to produce *or* to manufacture **herstellen** *or* **produzieren** *to make a car; to make a computer; the workmen spent ten weeks making the table; the factory makes three hundred cars a day*
(b) to agree; to do an action **(ab)schließen** *to make a deal or to make an agreement* **to make a bid for something** = to offer to buy something **ein Angebot machen; to make a payment** = to pay **eine Zahlung leisten; to make a deposit** = to pay money as a deposit **eine Anzahlung leisten**
(c) to earn **verdienen; erzielen** *he makes £50,000 a year or £25 an hour*
(d) to increase in value **gutmachen** *the shares made $2.92 in today's trading*
(e) to make a profit *or* **to make a loss** = to have more money *or* less money after a deal **einen Gewinn** *or* **einen Verlust machen; to make a killing** = to make a very large profit **einen (großen) Reibach machen** (NOTE: **making - made**)

◇ **make good** [meɪk'gʊd] *verb*
(a) to repair; to compensate for **wettmachen** *the company will make good the damage; to make good a loss*
(b) to be a success **es schaffen** *or* **es zu etwas bringen; a local boy made good** = local person who becomes successful **ein Junge vom Ort, der es zu etwas gebracht hat**

◇ **make out** [meɪk'aʊt] *verb* to write **ausstellen** *to make out an invoice; the bill is made out to Smith & Co.* **to make out a cheque to someone** = to write someone's name on a cheque **jdm einen Scheck ausstellen**

◇ **make over** [meɪk'əʊvə] *verb* to transfer property legally **überschreiben** *to make over the house to one's children*

◇ **make up** [meɪk'ʌp] *verb*
(a) to compensate for something **entschädigen; ausgleichen; to make up a loss** *or* **to make up the difference** = to pay extra so that the loss or difference is covered **einen Verlust** *or* **eine Differenz ausgleichen**
(b) to make up accounts = to complete the accounts **die Geschäftsbücher abschließen**

◇ **make up for** [meɪk'ʌpfɔː] *verb* to compensate for something **wieder gutmachen** *or* **ausgleichen** *to make up for a short payment or to make up for a late payment*

◇ **maker** ['meɪkə] *noun* person who makes something **Hersteller** *m* ; *a major car maker; a furniture maker* **decision maker** = person who decides *or* who takes decisions **Entscheidungsträger** *m* (*see also* MARKETMAKER)

◇ **making** ['meɪkɪŋ] *noun* production of an item **Herstellung** *f* ; *ten tons of concrete were used in the making of the wall* **decision making** = act of coming to a decision **Entscheidungsfindung** *f*

maladministration ['mæləd͵mɪnɪs'treɪʃən] *noun* incompetent administration **schlechte Verwaltung; Misswirtschaft** *f*

malfunction [mæl'fʌŋkʃn]
1 *noun* not working properly **Störung** *f* ; *the data was lost due to a software malfunction*
2 *verb* not to work properly **nicht richtig funktionieren** *some of the keys on the keyboard have started to malfunction*

mall [mɔːl] *noun* **shopping mall** = enclosed covered area for shopping, with shops, restaurants, banks and other facilities **Einkaufspassage** *f or* **Einkaufszentrum** *n*

man [mæn]
1 *noun* person; an ordinary worker **Mann** *m* ; *all the men went back to work yesterday*
2 *verb* to provide the workforce for something **besetzen** *to man a shift; to man an exhibition; the exhibition stand was manned by three salesgirls (see also* MANNED, MANNING)

manage ['mænɪdʒ] *verb*
(a) to direct *or* to be in charge of **leiten** *or* **führen** *to manage a department; to manage a branch office*
(b) to manage property = to look after rented property for the owner **Immobilienbesitz verwalten; managed fund** *or* **managed unit trust** = unit trust fund which is invested in specialist funds within the same group of unit trusts and can be switched from one specialized investment area to another **Investmentfonds, dessen Wertpapierbestand auswechselbar ist**
(c) to manage to = to be able to do something **es schaffen** *or* **es fertig bringen** *did you manage to see the head buyer? she managed to write six orders and take three phone calls all in two minutes*

◇ **manageable** ['mænɪdʒəbl] *adjective* which can be dealt with easily **zu bewältigen** *difficulties which are still manageable; the problems are too large to be manageable*

◇ **management** ['mænɪdʒmənt] *noun* **(a)** directing *or* running a business **Leitung** *f or* **Führung** *f or* **Management** *n* ; *to study management; good management or efficient management; bad management or inefficient management; a management graduate or a graduate in management* **fund management** = dealing with the investment of sums of money on behalf of clients **Vermögensverwaltung** *f*; **line management** = organization of a business where each manager is responsible for doing what his superior tells him to do **Linienmanagement**; **portfolio management** = buying and selling shares by a person or by a specialist on behalf of a client **Effektenmanagement** *or* **Portfoliomanagement**; **product management** = directing the making and selling of a product as an independent item **Produkt-Management**; **management accountant** = accountant who prepares specialized information for managers so that they can make decisions **Fachmann/-frau des entscheidungsorientierten Rechnungswesens (für die Unternehmensleitung)**; **management accounts** = financial information prepared for a manager so that he can make decisions (including monthly or quarterly financial statements, often in great detail, with analysis of actual performance against the budget) **Rechnungsbericht** *m* **als Grundlage für Entscheidungen der Unternehmensleitung**; **management committee** = committee which manages a club, a pension fund, etc. **geschäftsführender Ausschuss; Vorstandsgremium** *n* ; **management consultant** = person who gives advice on how to manage a business **Unternehmensberater/-in**; **management course** = training course for managers **Managerkurs** *m* ; **management by objectives** = way of managing a business by setting work targets for the managers and testing to see if they are achieved correctly and on time **Management nach Zielvorgaben**; **management team** = a group of managers working together **Führungsgruppe** *f or* **Management-Team** *n* ; **management techniques** = ways of managing a business **Führungsmethoden** *fpl* **management training** = training managers by making them study problems and work out ways of solving them **Ausbildung** *f* **für Führungsnachwuchskräfte** *fpl* ; **Manager-Ausbildung**; **management trainee** = young person being trained to be a manager **Führungsnachwuchs** *m*
(b) group of managers or directors **Unternehmensleitung** *f or* **Management** *n* ; *the management has decided to give an overall pay increase* **senior management** *or* **top management** = the main directors of a company **Unternehmensspitze** *f or* **Topmanagement** *n* ; **middle management** = the department managers of a company who carry out the policy set by the directors and organize the work of a group of workers **mittleres Management**; **management buyin (MBI)** = purchase of a subsidiary company by a group of outside directors **Management-Buy-in** *n* ; **management buyout (MBO)** = takeover of a subsidiary company by a group of employees (usually senior managers and directors) **Management-Buy-out** *n*

◇ **manager** ['mænɪdʒə] *noun* **(a)** head of a department in a company **Abteilungsleiter/-in** *or* **Manager/-in** *a department manager; personnel manager; production manager; sales manager* **accounts manager** = head of the accounts department **Buchhaltungsleiter/-in**; **area manager** = manager who is responsible for the company's work (usually sales) in an area **Bezirksleiter/-in** *or* **Gebietsleiter/-in**; **general manager** = manager in charge of the administration in a large company **geschäftsführende(r) Direktor/-in**
(b) person in charge of a branch or shop **Geschäftsführer/-in** *or* **Manager/-in** *Mr Smith is the manager of our local Lloyds Bank; the manager of our Lagos branch is in London for a series of meetings* **bank manager** = person in charge of a branch of a bank **Bankdirektor/-in**; **branch manager** = person in charge of a branch of a company **Filialleiter/-in**

◇ **manageress** ['mænɪdʒə'res] *noun* woman who runs a shop, or a department **Geschäftsführerin** *or* **Abteilungsleiterin** *or* **Managerin**

◇ **managerial** [ˌmænə'dʒɪəriəl] *adjective* referring to managers **Management-** *or* **Führungs-** *managerial staff* **to be appointed to a managerial position** = to be appointed a manager **auf eine Manager-Position** *or* **leitende Stellung berufen werden**; **decisions taken at managerial level** = decisions taken by managers **auf oberer Geschäftsebene getroffene Entscheidungen**

◇ **managership** ['mænɪdʒəʃɪp] *noun* job of being a manager **Managertätigkeit** *f or* **Geschäftsleitung** *f* ; *after six years, he was offered the managership of a branch in Scotland*

◇ **managing** ['mænɪdʒɪŋ] *adjective* **managing director (MD)** = director who is in charge of a whole company

geschäftsführende(r) Direktor/-in *or* **Geschäftsführer/-in**; **chairman and managing director** = managing director who is also chairman of the board of directors **Vorsitzende(r) und Geschäftsführer/-in**

> QUOTE the management says that the rate of loss-making has come down and it expects further improvement in the next few years
>
> Financial Times

> QUOTE the research director will manage and direct a team of graduate business analysts reporting on consumer behaviour throughout the UK
>
> Times

> QUOTE the No. 1 managerial productivity problem in America is managers who are out of touch with their people and out of touch with their customers
>
> Fortune

mandate ['mændeɪt] *noun* **bank mandate** = written order allowing someone to sign cheques on behalf of a company **Bankvollmacht** *f*

mandatory meeting ['mændətərɪ'miːtɪŋ] *noun* meeting which all members have to attend **obligatorische Sitzung**

man-hour ['mæn,aʊə] *noun* work done by one worker in one hour **Arbeitsstunde** *f*; *one million man-hours were lost through industrial action*

manifest ['mænɪfest] *noun* list of goods in a shipment **Manifest** *n* *or* **Ladeliste** *f*; **passenger manifest** = list of passengers on a ship or plane **Passagierliste** *f*

manilla [mə'nɪlə] *noun* thick brown paper **Hartpapier** *n* *or* **Packpapier** *or* **braunes Papier** *a manilla envelope*

manipulate [mə'nɪpjʊleɪt] *verb* **to manipulate the accounts** = to make false accounts so that the company seems profitable **die Bücher schönen**; **to manipulate the market** = to work to influence share prices in your favour **die Börse manipulieren**

◇ **manipulation** [mə,nɪpjʊ'leɪʃən] *noun* **stock market manipulation** = trying to influence the price of shares **Börsenmanipulation** *f*

◇ **manipulator** [mə'nɪpjʊleɪtə] *noun* **stock market manipulator** = person who tries to influence the price of shares in his own favour **Börsenmanipulant** *m*

manned [mænd] *adjective* with someone working on it **besetzt** *or* **bemannt** *the switchboard is manned twenty-four hours a day; the stand was manned by our sales staff*

◇ **manning** ['mænɪŋ] *noun* people who are needed to do a work process **Besetzung** *f* *or* **Bemannung** *f*; **manning levels** = number of people required in each department of a company to do the work efficiently **Personalstärke** *f* *or* **Personalbestand** *m*; **manning agreement** *or* **agreement on manning** = agreement between the company and the workers about how many workers are needed for a certain job ≈ **Stellenbesetzungsplan** *m*

manpower ['mæn,paʊə] *noun* number of workers **Personalbestand** *m*; **manpower forecasting** = forecasting how many workers will be needed, and how many will be available **Personalbestandsprognose** *f*; **manpower planning** = planning to obtain the right number of workers in each job **Personalplanung** *f*; **manpower requirements** = number of workers needed **Bedarf** *m* **an Arbeitskräften** *fpl* **manpower shortage** *or* **shortage of manpower** = lack of workers **Arbeitskräftemangel** *m*

manual ['mænjʊəl]

1 *adjective* done by hand *or* done using the hands **handgemacht** *or* **manuell**; **manual labour** *or* **manual work** = heavy work done by hand **körperliche Arbeit**; **manual labourer** = person who does heavy work with his hands **Schwerarbeiter** *m*; **manual worker** = person who works with his hands **Hilfsarbeiter/-in** *or* **ungelernte Arbeitskraft**

2 *noun* book of instructions **Handbuch** *n*; **operating manual** = book showing how to operate a machine **Bedienungsanleitung** *f*; **service manual** = book showing how to service a machine **Wartungshandbuch**

◇ **manually** ['mænjʊəlɪ] *adverb* done by hand, not by a machine **von Hand** *or* **manuell** *invoices have had to be typed manually because the computer has broken down*

manufacture [,mænjʊ'fæktʃə]

1 *verb* to make a product for sale, using machines **(maschinell) herstellen** *or* **fertigen** *manufactured goods; the company manufactures spare parts for cars*

2 *noun* making a product for sale, using machines **Herstellung** *f* *or* **Fertigung** *f*; **products of foreign manufacture** = products made in foreign countries **ausländische Erzeugnisse** *npl* *or* **Fabrikate** *npl*

◇ **manufacturer** [,mænjʊ'fæktʃərə] *noun* person *or* company which produces machine-made products **Hersteller** *m* *or*

Herstellerfirma *f or* **Fabrikant** *m* ; *foreign manufacturers; cotton manufacturer; sports car manufacturer* **manufacturer's recommended price (MRP)** = price at which the manufacturer suggests the product should be sold on the retail market, though often reduced by the retailer **empfohlener Abgabepreis** *or* **unverbindliche Preisempfehlung** *all typewriters - 20% off the manufacturer's recommended price*

◇ **manufacturing** [ˌmænjʊˈfæktʃərɪŋ] *noun* producing machine-made products for sale **Herstellung** *f or* **Fertigung** *f* ; *manufacturing overheads; manufacturing processes* **manufacturing capacity** = amount of a product which a factory is capable of making **Fertigungskapazität** *f* ; **manufacturing costs** = costs of making a product **Herstellungskosten** *pl* **manufacturing industry** = industry which takes raw materials and makes them into finished products **verarbeitende Industrie; Fertigungsindustrie**

margin [ˈmɑːdʒɪn] *noun*

(a) difference between the money received when selling a product and the money paid for it **Gewinnspanne** *f or* **Marge** *f*; **gross margin** = percentage difference between the received price and the unit manufacturing cost or purchase price of goods for resale **Bruttomarge**; **net margin** = percentage difference between received price and all costs, including overheads **Nettomarge**; **we have cut our margins very fine** = we have reduced our margins to the smallest possible to be competitive **wir haben unsere Gewinnspannen sehr eng bemessen**; **our margins have been squeezed** = profits have been reduced because our margins have to be smaller to stay competitive **unsere Gewinnspannen sind gedrückt worden**

(b) extra space *or* time allowed **Spielraum** *m* ; **margin of error** = degree of inaccuracy or number of mistakes which are accepted in a document *or* in a calculation **Fehlerspielraum**; **safety margin** = time *or* space allowed for something to be safe **Sicherheitsspielraum**; **margin of safety** = units produced (or sales of such units) which are above the breakeven point **Sicherheitsmarge** *f or* **Sicherheitszuschlag** *m*

◇ **marginal** [ˈmɑːdʒɪnəl] *adjective*

(a) marginal cost = cost of making a single extra unit above the number already planned **Grenzkosten** *pl* **marginal costing** = costing a product on the basis of its variable costs only, excluding fixed costs **Grenzkostenberechnung** *f*; **marginal pricing** = basing the selling price of a product on its variable costs of production plus a margin, but excluding fixed costs **Grenzkostenpreiskalkulation** *f or* **Mengenkostenrechnung** *f* ; **marginal rate of tax** = percentage of tax which a taxpayer pays at a higher rate (which he therefore pays on every further pound or dollar he earns) **Grenzsteuersatz** *m* ; **marginal revenue** = income from selling a single extra unit above the number already sold **Grenzertrag** *m*

(b) not very profitable *or* hardly worth the money paid **Marginal-, Grenz-, eben noch rentabel** *marginal return on investment* **marginal land** = land which is almost not worth farming **marginaler Boden**; **marginal purchase** = thing which a buyer feels is only just worth buying **Grenzkauf** *m or* **gerade noch vertretbarer Kauf**

> QUOTE profit margins in the industries most exposed to foreign competition - machinery, transportation equipment and electrical goods - are significantly worse than usual

> QUOTE pensioner groups claim that pensioners have the highest marginal rates of tax. Income earned by pensioners above $30 a week is taxed at 62.5 per cent, more than the highest marginal rate
> Australian Financial Review

marine [məˈriːn]

1 *adjective* referring to the sea **Meeres-** *or* **See-**; **marine insurance** = insurance of ships and their cargoes **See(transport)versicherung** *f*; **marine underwriter** = person who insures ships and their cargoes **Seeversicherer** *m*

2 *noun* **the merchant marine** = all the commercial ships of a country **die Handelsmarine**

◇ **maritime** [ˈmærɪtaɪm] *adjective* referring to the sea **See-** *or* **Schifffahrts-**; **maritime law** = laws referring to ships, ports, etc. **Seerecht** *n* ; **maritime lawyer** = lawyer who specializes in legal matters concerning ships and cargoes **ein auf Seerecht spezialisierter Jurist**; **maritime trade** = transporting commercial goods by sea **Seehandel** *m*

mark [mɑːk]

1 *noun*

(a) sign put on an item to show something **Markierung** *f or* **Zeichen** *n* ; **assay mark** = hallmark, a mark put on gold or silver items to show that the metal is of the correct quality **Feingehaltsstempel** *m; (GB)* **kite mark** = mark on goods to show that they meet official standards **(dreieckiges) Gütezeichen**

(b) money used in Germany **(D-)Mark** *f the price is twenty-five marks; the mark rose against*

the dollar (NOTE: usually written **DM** after a figure: **25DM.** Also called **Deutschmark, D-Mark)**
2 *verb* to put a sign on something **beschriften** *or* **auszeichnen** *to mark a product 'for export only'; article marked at £1.50; to mark the price on something*

◊ **mark down** [mɑːk'daʊn] *verb* to make lower **heruntersetzen** *or* **herabsetzen** *or* **senken**; **to mark down a price** = to lower the price of something **einen Preis heruntersetzen** *this range has been marked down to $24.99; we have marked all prices down by 30% for the sale*

◊ **mark-down** ['mɑːkdaʊn] *noun* reduction of the price of something to less than its usual price **Preissenkung** *f*; *we have used a 30% mark-down to fix the sale price*

◊ **marker pen** ['mɑːkəˌpen] *noun* felt pen which makes a wide coloured mark **Textmarker** *m*

◊ **mark up** [mɑːk'ʌp] *verb* to increase **erhöhen** *or* **heraufsetzen**; **to mark prices up** = to increase prices **Preise erhöhen** *these prices have been marked up by 10%*

◊ **mark-up** ['mɑːkʌp] *noun*
(a) increase in price **Preiserhöhung** *f or* **Preisaufschlag** *m*; *we put into effect a 10% mark-up of all prices in June*
(b) amount added to the cost price to give the selling price **Gewinnaufschlag** *m*; **we work to a 3.5 times mark-up** *or* **to a 350% mark-up** = we take the unit cost and multiply by 3.5 to give the selling price **wir arbeiten mit 31/2fachem Gewinnaufschlag** *or* **mit 350% Gewinnaufschlag**

market ['mɑːkɪt]
1 *noun*
(a) place (often in the open air) where farm produce is sold **Markt(platz)** *m*; *fish market; flower market; open-air market; here are this week's market prices for sheep* **flea market** = market for secondhand goods **Flohmarkt**; **market day** = day when a market is regularly held **Markttag** *m*; *Tuesday is market day, so the streets are closed to traffic* **market dues** = rent for a stall in a market **Standmiete** *f*
(b) the Common Market = the European Union **der Gemeinsame Markt** *the Common Market agricultural policy; the Common Market ministers* **the (European) single market** = the EU considered as one single market, with no tariff barriers between its member states **der Europäische Binnenmarkt**
(c) area where a product might be sold; group of people who might buy a product **Markt** *m or* **Absatzgebiet** *n*; **home** *or* **domestic market** = market in the country where the selling company is based **Binnenmarkt** *or* **Inlandsmarkt** *sales in the home market rose by 22%*
(d) possible sales of a certain type of product *or* demand for a certain type of product **(Absatz)markt** *m*; **Nachfrage** *f*; *the market for home computers has fallen sharply; we have 20% of the British car market; there is no market for electric typewriters* **a growth market** = market where sales are likely to rise rapidly **ein Wachstumsmarkt**; **the labour market** = number of workers available for work **der Arbeitsmarkt**; **25,000 graduates have come on to the labour market** = they have become available for work because they have left college **25.000 Hochschulabgänger sind auf den Arbeitsmarkt gekommen**; **the property market** = sales of houses **der Immobilien- und Grundstücksmarkt**
(e) the black market = buying and selling goods in a way which is not allowed by law **der Schwarzmarkt** *there is a flourishing black market in spare parts for cars* **to pay black market prices** = to pay high prices to get items which are not easily available **Schwarzmarktpreise** *mpl* **bezahlen**
(f) a buyer's market = market where goods are sold cheaply because there is little demand **ein Käufermarkt** *m*; **a seller's market** = market where the seller can ask high prices because there is a large demand for the product **ein Verkäufermarkt** *m*
(g) closed market = market where a supplier deals with only one agent or distributor and does not supply any others direct **geschlossener Markt**; **free market economy** = system where the government does not interfere in business activity in any way **freie Marktwirtschaft**; **open market** = market where anyone can buy and sell **freier Markt**
(h) place where money or commodities are traded **Markt** *m or* **Börse** *f*; **capital market** = place where companies can look for investment capital **Kapitalmarkt**; **commodity market** = place where commodities are bought or sold **Warenbörse**; **the foreign exchange markets** = places where currencies are bought or sold **die Devisenmärkte** *mpl* **forward market** = place where foreign currency or commodities can be bought or sold for delivery at a later date **Terminmarkt** *m*; **money market** *or* **finance market** = place where large sums of money are lent or borrowed **Geldmarkt** *m*
(i) stock market = place where shares are bought and sold **Börse** *f*; *the market in oil shares was very active or there was a brisk market in oil shares* **to buy shares in the open market** = to buy shares on the Stock Exchange, not privately **Aktien an der Börse kaufen**; **over-the-counter market** = secondary market in shares which are not

listed on the main Stock Exchange **Freiverkehr** *m (für im offiziellen Börsenhandel nicht zugelassene Aktien); (of a company)*; **to come to the market** = to apply for a Stock Exchange listing, by offering some of the existing shares for sale, or by floating it as a new company **auf den Markt kommen**
(j) market analysis = detailed examination and report on a market **Marktanalyse** *f* ; **market capitalization** = value of a company calculated by multiplying the price of its shares on the Stock Exchange by the number of shares issued **Börsenwert** *m or* **Börsenkapitalisierung** *f*; **market economist** = person who specializes in the study of financial structures and the return on investments in the stock market **Börsenbeobachter/-in**; **market forces** = influences on the sales of a product **Marktkräfte** *fpl* **market forecast** = forecast of prices on the stock market **Marktprognose** *f*; **market leader** = company with the largest market share **Marktführer** *m* ; *we are the market leader in home computers* **market opportunities** = possibility of finding new sales in a market **Marktchancen** *fpl or* **neue Absatzmöglichkeiten** *fpl* **market penetration** *or* **market share** = percentage of a total market which the sales of a company cover **Marktdurchdringung** *f* ; **Marktanteil** *m* ; *we hope our new product range will increase our market share* **market price** = price at which a product can be sold **Marktpreis** *m* ; **market rate** = normal price in the market **Marktpreis** *m or* **üblicher Tarif** *we pay the market rate for secretaries or we pay secretaries the market rate* **market research** = examining the possible sales of a product before it is put on the market **Marktforschung** *f*; **market trends** = gradual changes taking place in a market **Marktentwicklung** *f or* **Markttendenzen** *fpl* **market value** = value of a product *or* of a company if sold today **Marktwert** *m*
(k) up market *or* **down market** = more expensive *or* less expensive **exklusiver** *or* **anspruchsvoller Markt; Massenmarkt**; **to go up market** = to make products which appeal to a wealthy section of the market **sich an einen exklusiven Kundenkreis wenden**; **to go down market** = to make products which appeal to a wider, less wealthy, section of the market **sich dem Massenmarkt zuwenden**
(l) to be in the market for secondhand cars = to look for secondhand cars to buy **auf der Suche nach Gebrauchtwagen sein**; **to come on to the market** = to start to be sold **auf den Markt kommen** *this soap has just come on to the market* **to put something on the market** = to start to offer something for sale **etwas auf den Markt bringen** *they put their house on the market; I hear the company has been put on the market* **the company has priced itself out of the market** = the company has raised its prices so high that its products do not sell **das Unternehmen hat sich durch überhöhte Preise vom Markt ausgeschlossen** *or* **wettbewerbsunfähig gemacht**
2 *verb* to sell (products) **vertreiben** *or* **auf den Markt bringen** *this product is being marketed in all European countries*

◊ **marketability** *noun* being able to be sold easily **Marktfähigkeit** *f or* **Marktgängigkeit** *f*; *the marketability of privatization shares*

◊ **marketable** ['mɑːkɪtəbl] *adjective* which can be sold easily **absatzfähig** *or* **marktfähig** *or* **marktgängig**

◊ **marketing** ['mɑːkɪtɪŋ] *noun* techniques used in selling a product (such as packaging, advertising, etc.) **Marketing** *n or* **Vermarktung** *f* ; **marketing agreement** = contract by which one company will market another company's products **Marktabsprache** *f*; **marketing cost** = cost of selling a product, including advertising, packaging, etc. **Vertriebskosten** *pl* **marketing department** = department in a company which specializes in using marketing techniques to sell a product **Marketingabteilung** *f or* **Vertriebsabteilung**; **marketing manager** = person in charge of a marketing department **Absatzleiter/-in** *or* **Marketingdirektor/-in** *or* **Vertriebsleiter/-in**; **marketing policy** *or* **marketing plans** = ideas of how the company's products are going to be marketed **Absatzpolitik** *f or* **Vertriebspolitik** *f or* **Marketingplan** *m* ; *to plan the marketing of a new product*

◊ **marketmaker** ['mɑːkɪtˌmeɪkə] *noun* person who buys or sells shares on the stock market and offers to do so in a certain list of securities (a marketmaker operates a book, listing the securities he is willing to buy or sell, and makes his money by charging a commission on each transaction) **Marketmaker** *m or* **Marktmacher** *m or* **Wertpapierhändler/-in**

◊ **marketplace** ['mɑːkɪtpleɪs] *noun*
(a) open space in the middle of a town where a market is held **Marktplatz** *m*
(b) place where goods are sold **Markt** *m* ; **die Wirtschaft** *our salesmen find life difficult in the marketplace; what is the reaction to the new car in the marketplace? or what is the marketplace reaction to the new car?*

> QUOTE after the prime rate cut yesterday, there was a further fall in short-term market rates
> Financial Times

QUOTE market analysts described the falls in the second half of last week as a technical correction to a market which had been pushed by demand to over the 900 index level
Australian Financial Review

QUOTE reporting to the marketing director, the successful applicant will be responsible for the development of a training programme for the new sales force
Times

QUOTE most discounted fares are sold by bucket shops but in today's competitive marketplace any agent can supply them
Business Traveller

QUOTE market leaders may benefit from scale economies or other cost advantages; they may enjoy a reputation for quality simply by being at the top, or they may actually produce a superior product that gives them both a large market share and high profits
Accountancy

mart [mɑːt] *noun* market, a place where things are sold **Markt** *m* ; **auction mart** = auction rooms **Auktionsräume** *mpl*

mass [mæs] *noun*
(a) large group of people **Menge** *f* ; **mass marketing** = marketing which aims at reaching large numbers of people **Massenabsatzstrategie** *f* ; **mass media** = means of communication which reach large numbers of people (such as radio, television, newspapers) **Massenmedien** *pl* **mass unemployment** = unemployment of large numbers of workers **Massenarbeitslosigkeit** *f*
(b) large number **Masse** *f or* **Menge** *f*; *we have a mass of letters or masses of letters to write; they received a mass of orders or masses of orders after the TV commercials*
◇ **mass-produce** [ˌmæsprəˈdjuːs] *verb* to manufacture in large quantities **in Massen** *or* **serienmäßig produzieren** *or* **herstellen** *to mass-produce cars*
◇ **mass production** [ˌmæsprəˈdʌkʃən] *noun* manufacturing large quantities of products **Massenproduktion** *f or* **serienmäßige Herstellung**

master [ˈmɑːstə] *noun*
(a) main; original **Original** *n* ; **master budget** = budget prepared by amalgamating budgets from various profit and cost centres (sales, production, marketing, administration, etc.) to provide a main budget for the whole company **Gesamtbudget** *n* ; **master copy of a file** = main copy of a computer file, kept for security purposes **Stamm-** *or* **Bestandsdatei** *f*
(b) captain of a cargo ship **Kapitän** *m*

mate [meɪt] *noun* officer on a cargo ship below the rank of master **Erster Offizier**

material [məˈtɪərɪəl] *noun*
(a) substance which can be used to make a finished product **Material** *n* ; **building materials** = bricks, cement, etc., used in building **Baustoffe** *mpl* **raw materials** = basic materials such as wood, iron ore, crude petroleum, which have to be treated or processed in some way before they can be used **Rohstoffe** *mpl* **synthetic materials** = substances made as products of a chemical process **Kunststoffe** *mpl* **materials control** = system to check that a company has enough materials in stock to do its work **Materialsteuerung** *f* ; **material(s) cost** = cost of the materials used in making a product **Materialkosten** *pl* **materials handling** = moving materials from one part of a factory to another in an efficient way **innerbetriebliches Transport- und Lagerwesen; Materialtransport** *m*
(b) display material = posters, photographs, etc., which can be used to attract attention to goods which are for sale **Auslagematerial** *n*

maternity [məˈtɜːnətɪ] *noun* becoming a mother **Mutterschaft** *f* ; **maternity benefit** = money paid by the National Insurance to a mother when she has her child **Mutterschaftsgeld** *n* ; **maternity leave** = permission for a woman to be away from work to have a baby **Mutterschaftsurlaub** *m*

matrix [ˈmeɪtrɪks] *see* DOT-MATRIX PRINTER

matter [ˈmætə]
1 *noun*
(a) problem **Sache** *f or* **Angelegenheit** *f* ; **it is a matter of concern to the members of the committee** = the members of the committee are worried about it **die Mitglieder des Ausschusses nehmen die Angelegenheit sehr ernst**
(b) printed matter = printed books, newspapers, publicity sheets, etc. **Drucksache** *f* ; **publicity matter** = sheets *or* posters *or* leaflets used for publicity **Werbematerial** *n*
(c) question *or* problem to be discussed **Thema** *n or* **Frage** *f or* **Sache** *f* ; *the most important matter on the agenda; we shall consider first the matter of last month's fall in prices*
2 *verb* to be important **von Bedeutung sein** *does it matter if one month's sales are down?*

mature [məˈtjʊə]
1 *adjective* **mature economy** = fully

developed economy **entwickelte Volkswirtschaft**

2 *verb* **bills which mature in three weeks' time** = bills which will be due for payment in three weeks **Wechsel, die in drei Wochen fällig werden**

◇ **maturity** [məˈtjʊərətɪ] *noun* **date of maturity** *or* **maturity date** = date when a government stock *or* an assurance policy *or* a debenture will become due for payment **Fälligkeitstermin** *m* ; **amount payable on maturity** = amount received by the insured person when the policy becomes mature **Betrag zahlbar bei Fälligkeit**

maximization [ˌmæksɪmaɪˈzeɪʃən] *noun* making as large as possible **Maximierung** *f* ; *profit maximization or maximization of profit*

◇ **maximize** [ˈmæksɪmaɪz] *verb* to make as large as possible **maximieren** *to maximize profits*

maximum [ˈmæksɪməm]

1 *noun* largest possible number *or* price *or* quantity **Maximum** *n* ; **up to a maximum of £10** = no more than £10 **bis zu maximal £10; to increase exports to the maximum** = as much as possible **Exporte auf das Maximum erhöhen** *it is the maximum the insurance company will pay* (NOTE: plural is **maxima)**

2 *adjective* largest possible **maximal** *or* **Höchst-** *maximum income tax rate or maximum rate of tax; maximum load; maximum production levels; maximum price* **to increase production to the maximum level** = as much as possible **die Produktion auf das Maximum erhöhen**

MB = MEGABYTE

MBI = MANAGEMENT BUYIN

MBO = MANAGEMENT BUYOUT

MCT = MAINSTREAM CORPORATION TAX

MD [ˈemˈdiː] = MANAGING DIRECTOR *the MD is in his office; she was appointed MD of a property company*

mean [miːn]

1 *adjective* average **mittlerer** *or* **durchschnittlich** *or* **Mittel-** *mean annual increase* **mean price** = average price of a share in a day's trading **Mittelkurs** *m*

2 *noun* average, a figure calculated by adding several figures together and dividing by the number of figures added **Mittelwert** *m or* **Durchschnitt** *m* ; *unit sales are over the mean for the first quarter or above the first quarter mean*

◇ **means** [miːnz] *plural noun*

(a) way of doing something **Mittel** *n or* **Möglichkeit** *f* ; *air freight is the fastest means of getting stock to South America; do we have any means of copying all these documents quickly?*

(b) money *or* resources **Mittel** *pl the company has the means to launch the new product; such a level of investment is beyond the means of a small private company* **means test** = inquiry into how much money someone earns to see if he is eligible for state benefits **Bedürftigkeitsüberprüfung** *f* ; **he has private means** = he has income from dividends *or* interest *or* rent which is not part of his salary **er verfügt über private Mittel**

measure [ˈmeʒə]

1 *noun*

(a) way of calculating size *or* quantity **Maß** *n or* **Maßeinheit** *f* ; **cubic measure** = volume in cubic feet or metres, calculated by multiplying height, width and length **Hohlmaß; dry measure** = way of calculating the quantity of loose dry goods (such as corn) **Trockenmaß; square measure** = area in square feet or metres, calculated by multiplying width and length **Flächenmaß; inspector of weights and measures** = government inspector who inspects weighing machines and goods sold in shops to see if the quantities and weights are correct **Eichmeister** *m* ; **as a measure of the company's performance** = as a way of judging if the company's results are good or bad **als Maßstab** *m* **der Unternehmensleistung**

(b) made to measure = made specially to fit **maßgefertigt** *he has his clothes made to measure*

(c) tape measure = long tape with centimetres or inches marked on it, used to measure how long something is **Bandmaß** *n or* **Maßband** *n*

(d) type of action **Maßnahme** *f* ; **to take measures to prevent something happening** = to act to stop something happening **Maßnahmen ergreifen, um etwas zu verhindern; to take crisis** *or* **emergency measures** = to act rapidly to stop a crisis developing **Krisenmaßnahmen ergreifen; an economy measure** = an action to save money **eine Sparmaßnahme; fiscal measures** = tax changes made by the government to improve the working of the economy **finanzpolitische Maßnahmen; as a precautionary measure** = to prevent something taking place **als Vorsichtsmaßnahme; safety measures** =

actions to make sure that something is safe **Sicherheitsvorkehrungen** *fpl*

2 *verb*

(a) to find out the size *or* quantity of something; to be of a certain size *or* quantity **(ab)messen** *or* **ausmessen** *or* **vermessen; messen** *to measure the size of a package; a package which measures 10cm by 25cm or a package measuring 10cm by 25cm*

(b) to measure the government's performance = to judge how well the government is doing **die Leistung der Regierung bewerten** *or* **bemessen**

◇ **measurement** ['meʒəmənt] *noun*

(a) measurements = size (in inches, centimetres, etc.) **Maße** *npl to write down the measurements of a package*

(b) way of judging something **Messung** *f* ; *performance measurement or measurement of performance* **measurement of profitability** = way of calculating how profitable something is **Rentabilitätsmessung**

◇ **measuring tape** ['meʒərɪŋteɪp] *noun* long tape with centimetres or inches marked on it, used to measure how long something is **Maßband** *n or* **Bandmaß** *n*

mechanic [mɪ'kænɪk] *noun* person who works with engines *or* machines *noun* **Mechaniker/-in** *car mechanic*

◇ **mechanical** [mɪ'kænɪkəl] *adjective* worked by a machine **mechanisch** *a mechanical pump*

◇ **mechanism** ['mekənɪzəm] *noun* way in which something works **Mechanismus** *m* ; *a mechanism to slow down inflation; the company's discount mechanism*

◇ **mechanize** ['mekənaɪz] *verb* to use machines in place of workers **mechanisieren** *or* **technisieren** *the country is aiming to mechanize its farming industry*

◇ **mechanization** [ˌmekənaɪ'zeɪʃən] *noun* using machines in place of workers **Mechanisierung** *f* ; **Technisierung** *f* ; *farm mechanization or the mechanization of farms*

media ['mi:djə] *noun* **the media** *or* **the mass media** = means of communicating information to the public (such as television, radio, newspapers) **die Medien** *pl or* **die Massenmedien** *the product attracted a lot of interest in the media or a lot of media interest* **media analysis** *or* **media research** = examining different types of media (such as the readers of newspapers, television viewers) to see which is best for promoting a certain type of product **Medienforschung** *f* ; **media coverage** = reports about something in the media **Berichterstattung** *f* **durch die Medien** *we got good media coverage for the launch of the new model* (NOTE: **media** is followed by a singular or plural verb)

median ['mi:djən] *noun* point in the middle of a list of numbers **Zentralwert** *m or* **Median** *m*

mediate ['mi:dɪeɪt] *verb* to try to make the two sides in an argument come to an agreement **vermitteln** *to mediate between the manager and his staff; the government offered to mediate in the dispute*

◇ **mediation** [ˌmi:dɪ'eɪʃən] *noun* attempt by a third party to make the two sides in an argument agree **Vermittlung** *f* ; *the employers refused an offer of government mediation; the dispute was ended through the mediation of union officials*

◇ **mediator** ['mi:dɪeɪtə] *noun* **official mediator** = government official who tries to make the two sides in an industrial dispute agree **Unterhändler/-in** *or* **Schlichter/-in**

medical ['medɪkəl] *noun* referring to the study or treatment of illness **medizinisch** *or* **ärztlich; medical certificate** = certificate from a doctor to show that a worker has been ill **ärztliches Attest**; **medical inspection** = examining a place of work to see if the conditions will not make the workers ill **ärztliche Untersuchung**; **medical insurance** = insurance which pays the cost of medical treatment especially when travelling abroad **Krankenversicherung** *f* ; **medical officer of health** = person responsible for the health services in a town **Amtsarzt/Amtsärztin**; **he resigned for medical reasons** = he resigned because he was too ill to work **er schied aus gesundheitlichen Gründen** *mpl* **aus**

medium ['mi:djəm]

1 *adjective* middle; average **mittlere(r,s)** *the company is of medium size*

2 *noun*

(a) way of doing something *or* means of doing something **Mittel** *n or* **Medium** *n* ; **advertising medium** = type of advertisement (such as a TV commercial) **Werbemedium** *the product was advertised through the medium of the trade press* (NOTE: plural for this meaning is **media)**

(b) mediums = government stocks which mature in seven to fifteen years' time **mittelfristige Staatspapiere** *npl*

◇ **medium-sized** ['mi:djəm'saɪzd] *adjective*

(a) a medium-sized company = a company which is neither very large nor very small **Mittelständler** *m or* **Unternehmen** *n* **mittlerer Größe** *a medium-sized engineering company*

(b) *(for UK tax purposes)* company with at least two of the following characteristics: a turnover of less than £8m; net assets of less than £3.9m; and not more than 250 staff (companies of this size can file modified accounts with the Registrar of Companies) **Unternehmen** *n* **mittlerer Größe**

◊ **medium-term** ['mi:djəm'tɜ:m] *adjective* referring to a point between short term and long term **mittelfristig; medium-term forecast** = forecast for two or three years **mittelfristige Prognose; medium-term loan** = bank loan for three to five years **mittelfristiges Darlehen**

meet [mi:t] *verb*
(a) to come together with someone **(sich) treffen (mit)** *to meet a negotiating committee; to meet an agent at his hotel; the two sides met in the lawyer's office*
(b) to be satisfactory for **erfüllen** *or* **entsprechen** *to meet a customer's requirements* **to meet the demand for a new product** = to fill the demand for a product **die Nachfrage nach einem neuen Produkt befriedigen; we will try to meet your price** = we will try to offer a price which is acceptable to you **wir werden uns bemühen, Ihnen preislich entgegenzukommen; they failed to meet the deadline** = they were not able to complete in time **sie hielten die Frist nicht ein**
(c) to pay for **bezahlen** *or* **begleichen** *or* **bestreiten** *to meet someone's expenses; the company will meet your expenses; he was unable to meet his mortgage repayments* (NOTE: **meeting - met)**

◊ **meet with** [mi:t'wɪð] *verb*
(a) *(US)* to come together with someone **treffen** *or* **zusammenkommen mit; I hope to meet with him in New York** = I hope to meet him in New York **ich hoffe, ihn in New York zu treffen**
(b) his request met with a refusal = his request was refused **sein Ersuchen stieß auf Ablehnung**

◊ **meeting** ['mi:tɪŋ] *noun*
(a) coming together of a group of people **Besprechung** *f or* **Sitzung** *f* ; *management meeting; staff meeting* **board meeting** = meeting of the directors of a company **board-Sitzung** *f* ; **general meeting** *or* **meeting of shareholders** *or* **shareholders' meeting** = meeting of all the shareholders of a company *or* meeting of all the members of a society **ordentliche Hauptversammlung; Annual General Meeting (AGM)** = meeting of all the shareholders when a company's financial situation is discussed with the directors **ordentliche Jahreshauptversammlung; Extraordinary General Meeting (EGM)** = special meeting of shareholders to discuss an important matter which cannot wait until the next AGM (such as a change in the company's articles of association) **außerordentliche Hauptversammlung**
(b) to hold a meeting = to organize a meeting of a group of people **eine Sitzung** *or* **Versammlung abhalten** *the meeting will be held in the committee room* **to open a meeting** = to start a meeting **eine Sitzung eröffnen; to conduct a meeting** = to be in the chair for a meeting **eine Sitzung leiten; to close a meeting** = to end a meeting **eine Sitzung schließen; to address a meeting** = to speak to a meeting **zu einer Versammlung sprechen; to put a resolution to a meeting** = to ask a meeting to vote on a proposal **einer Versammlung eine Entschließung vorlegen**

> QUOTE if corporate forecasts are met, sales will exceed $50 million in the coming year
>
> Citizen (Ottawa)

> QUOTE in proportion to your holding you have a stake in every aspect of the company, including a vote in the general meetings
>
> Investors Chronicle

megabyte (MB) ['megəbaɪt] *noun* storage unit in computers, equal to 1,048,576 bytes **Megabyte** *n*

member ['membə] *noun*
(a) person who belongs to a group *or* a society **Mitglied** *n* ; *members of a committee or committee members; they were elected members of the board* **ordinary member** = person who pays a subscription to belong to a group **ordentliches Mitglied; honorary member** = special person who does not have to pay a subscription **Ehrenmitglied**
(b) shareholder in a company **Aktionär/-in** *or* **Gesellschafter/-in; members' voluntary winding up** = winding up of a company by the shareholders themselves **freiwillige Liquidation**
(c) organization which belongs to a society **Mitglied** *n* ; *the member states of the EU; the members of the United Nations; the member companies of a trade association*

◊ **membership** ['membəʃɪp] *noun*
(a) belonging to a group **Mitgliedschaft** *f* ; *membership qualifications; conditions of membership; membership card; to pay your membership or your membership fees; is Turkey going to apply for membership of the EU?*
(b) all the members of a group **Mitglieder** *npl the membership was asked to vote for the new president* **the club's membership secretary** = committee member who deals with the ordinary members of a society **der**

Vereinsschriftführer *or* **Clubsekretär**; **the club has a membership of five hundred** = the club has five hundred members **der Verein hat fünfhundert Mitglieder**

> QUOTE it will be the first opportunity for party members and trade union members to express their views on the tax package
> Australian Financial Review

> QUOTE the bargaining committee will recommend that its membership ratify the agreement at a meeting called for June
> Toronto Star

> QUOTE in 1984 exports to Canada from the member-states of the European Community jumped 38 per cent
> Globe and Mail (Toronto)

> QUOTE for EMS members, which means all EC countries except Britain, the ecu has performed well
> Economist

memo ['meməʊ] *noun* short message sent from one person to another in the same organization **Mitteilung** *f or* **Notiz** *f*; *to write a memo to the finance director; to send a memo to all the sales representatives; according to your memo about debtors; I sent the managing director a memo about your complaint*

◇ **memo pad** ['meməʊ'pæd] *noun* pad of paper for writing short notes **Notizblock** *m*

◇ **memorandum** [ˌmemə'rændəm] *noun* short message **Mitteilung** *f*; **memorandum (and articles) of association** = legal documents setting up a limited company and giving details of its name, aims, authorized share capital, conduct of meetings, appointment of directors, and registered office **Gründungsurkunde** *f or* **Satzung** *f*

memory ['meməri] *noun* facility for storing data in a computer **Speicher** *m*; **random access memory (RAM)** = memory that allows access to any location in any order without having to access the rest of memory **Direktzugriffsspeicher** *or* **RAM**; **read only memory (ROM)** = memory device that has had data written into it when it is manufactured, and so can only be read but not written to **Festspeicher** *or* **ROM**

mention ['menʃən] *verb* to talk about something for a short time **erwähnen** *the chairman mentioned the work of the retiring managing director; can you mention to the secretary that the date of the next meeting has been changed?*

menu ['menju:] *noun* list of options *or* programs available to the user of a computer program **Menü** *n*; **pop-up menu** *or* **pull-down menu** = menu of options that can be displayed at any time, usually covering any other text on the screen in the process **Pop-up-Menü** *or* **Pull-down-Menü** *or* **Aktionsfenster** *n*

mercantile ['mɜ:kəntaɪl] *adjective* commercial **Handel treibend** *or* **Handels-**; **mercantile country** = country which earns income from trade **Handelsnation** *f*; **mercantile law** = laws relating to business **Handelsrecht** *n (Teil des Wirtschaftsrechts)*; **mercantile marine** = all the commercial ships of a country **Handelsmarine** *f*

merchandise ['mɜ:tʃəndaɪs] *noun* goods which are for sale *or* which have been sold **Handelsware** *f*; *the merchandise is shipped through two ports*

◇ **merchandize** ['mɜ:tʃəndaɪz] *verb* to sell goods by a wide variety of means, including display, advertising, sending samples, etc. **Handel treiben** *to merchandize a product*

◇ **merchandizer** ['mɜ:tʃəndaɪzə] *noun* person *or* company which organizes the display and promotion of goods **Experte/Expertin für Verkaufsförderung**

◇ **merchandizing** ['mɜ:tʃəndaɪzɪŋ] *noun* organizing the display and promotion of goods for sale **Merchandising** *n or* **Verkaufsförderung** *f*; *merchandizing of a product; merchandizing department*

> QUOTE fill huge warehouses with large quantities but limited assortments of top-brand, first-quality merchandise and sell the goods at rock-bottom prices
> Duns Business Month

merchant ['mɜ:tʃənt] *noun*
(a) businessman who buys and sells goods (especially imported goods) in bulk for retail sale **Händler** *m*; *coal merchant; tobacco merchant; wine merchant*
(b) merchant bank = bank which arranges loans to companies and deals in international finance, buys and sells shares, launches new companies on the Stock Exchange but does not provide normal banking services to the general public **Merchant-Bank** *f*; **merchant banker** = person who has a high position in a merchant bank **Bankier** *m* **in einer Merchant-Bank**; **merchant navy** *or* **merchant marine** = all the commercial ships of a country **Handelsmarine** *f*; **merchant ship** *or* **merchant vessel** = commercial ship *or* ship which carries a cargo **Handelsschiff** *n*

◇ **merchantman** ['mɜːtʃəntmən] *noun* commercial ship **Handelsschiff** *n*

merge [mɜːdʒ] *verb* to join together **fusionieren** *or* **zusammenschließen** *the two companies have merged; the firm merged with its main competitor*
◇ **merger** ['mɜːdʒə] *noun* joining together of two or more companies **Fusion** *f or* **Unternehmenszusammenschluss** *m* ; *as a result of the merger, the company is the largest in the field*

merit ['merɪt] *noun* being good or efficient **Verdienst** *n* ; **Leistung** *f* ; **merit award** *or* **merit bonus** = extra money given to a worker because he has worked well **Leistungszulage** *f* ; **merit increase** = increase in pay given to someone because his work is good **leistungsbezogene Gehaltssteigerung**; **merit rating** = judging how well a worker does his work, so that he can be paid according to merit **Leistungsbeurteilung** *f*

message ['mesɪdʒ] *noun* piece of news which is sent to someone **Mitteilung** *f or* **Nachricht** *f*; *to send a message; I will leave a message with his secretary; can you give the director a message from his wife? he says he never received the message* **message board** = public noticeboard on which messages can be left (such as at a conference, or in a hotel lobby) **schwarzes Brett**

messenger ['mesɪndʒə] *noun* person who brings a message **Bote** *m* ; *he sent the package by special messenger or by motorcycle messenger* **office messenger** = person who carries messages from one person to another in a large office **Bürobote**; **messenger boy** = young man who carries messages **Botenjunge** *m*

Messrs ['mesəz] *noun* plural form of Mr, used only in names of firms **Firma** *f or* **Herren** *mpl Messrs White, Ltd*

meter ['miːtə]
1 *noun* device which measures the amount of something which has been used **Zähler** *m* ; *electricity meter; water meter*
2 *verb* to measure the amount of something which has been used **messen**

method ['meθəd] *noun* way of doing something **Methode** *f or* **Verfahren** *n* ; *a new method of making something or of doing something; what is the best method of payment? his organizing methods are out of date; their manufacturing methods or production methods are among the most modern in the country*

metre *or (US)* **meter** ['miːtə] *noun* measure of length (= 3.4 feet) **Meter** *m or n* (NOTE: usually written **m** after figures: **the case is 2m wide by 3m long)**
◇ **metric** ['metrɪk] *adjective* using the metre as a basic measurement **metrisch**; **metric ton** *or* **metric tonne** = 1000 kilograms **metrische Tonne**; **the metric system** = system of measuring, using metres, litres and grams **das metrische Maßsystem**

mezzanine finance ['metsəniːnfaɪ'næns] *noun* provision of finance for a company after the start-up finance has been provided **festverzinsliche, nachrangige Finanzierung**

> COMMENT: mezzanine finance is slightly less risky than start-up finance, since the company has usually already started trading; it is, however, unsecured; this type of finance is aimed at consolidating a company's trading position before it is floated on a stock exchange

mfg = MANUFACTURING

MFN = MOST FAVOURED NATION

mg = MILLIGRAM

mi = MILE

micro ['maɪkrəʊ] *noun* microcomputer **Mikrocomputer** *m* ; *we put the sales statistics on to the office micro; our office micro interfaces with the mainframe computer in London*
◇ **micro-** ['maɪkrəʊ] *prefix* very small **mikro-** *or* **Mikro-**; **micro-economics** = study of the economics of persons or single companies **Mikroökonomie** *f*
◇ **microcomputer** ['maɪkrəʊkəm'pjuːtə] *noun* small computer for general use in the home or office **Mikrocomputer** *m*
◇ **microfiche** ['maɪkrə(ʊ)fɪʃ] *noun* index sheet, made of several microfilm photographs **Mikrofiche** *n or m we hold our records on microfiche*
◇ **microfilm** ['maɪkrə(ʊ)fɪlm]
1 *noun* roll of film on which a document is photographed in very small scale **Mikrofilm** *m* ; *we hold our records on microfilm*
2 *verb* to make a very small scale photograph **Mikrofilmaufnahmen** *fpl* **machen** *send the 1990 correspondence to be microfilmed or for microfilming*
◇ **microprocessor** [ˌmaɪkrə(ʊ)'prəʊsesə] *noun* central processing unit elements, often contained on a single integrated circuit chip, which, when combined with other memory and I/O chips,

will make up a microcomputer **Mikroprozessor** *m*

mid- [mɪd] *prefix* middle **mittel-** *or* **Mittel-** *or* **mitten; from mid-1999** = from the middle of 1999 **von Mitte 1999** *the factory is closed until mid-July*

◇ **mid-month** ['mɪd'mʌnθ] *adjective* taking place in the middle of the month **(in der) Mitte des Monats; Medio-** *mid-month accounts*

◇ **mid-week** ['mɪd'wi:k] *adjective* which happens in the middle of a week **(in der) Mitte der Woche** *the mid-week lull in sales*

middle ['mɪdl] *adjective* in the centre or between two points **mittlere(r,s)** *or* **Mittel-; middle management** = department managers in a company, who carry out the policy set by the directors and organize the work of a group of workers **mittleres Management**

◇ **middle-income** [mɪdl'ɪŋkʌm] *adjective* **people in the middle-income bracket** = people with average incomes, not very high or very low **Personen der mittleren Einkommensstufe**

◇ **middleman** ['mɪdlmæn] *noun* businessman who buys from the manufacturer and sells to the public **Zwischenhändler** *m* ; *we sell direct from the factory to the customer and cut out the middleman* (NOTE: plural is **middlemen)**

◇ **middle-sized** ['mɪdlsaɪzd] *adjective* neither small nor large **von mittlerer Größe** *or* **mittelgroß** *a middle-sized company*

mile [maɪl] *noun* measure of length (= 1.609 kilometres) **Meile** *f* ; **the car does twenty-five miles to the gallon** *or* **twenty-five miles per gallon** = the car uses one gallon of petrol to travel twenty-five miles **der Wagen verbraucht eine Gallone auf 25 Meilen** (NOTE: can be shortened to **m** *or* **mi;** miles per gallon is usually written **mpg** after figures: **the car does 25mpg)**

◇ **mileage** ['maɪlɪdʒ] *noun* distance travelled in miles **gefahrene Meilen** *fpl* **mileage allowance** = money allowed as expenses to someone who uses his own car for business travel ≈ **Kilometerpauschale** *f* ; **the salesman's average annual mileage** = the number of miles which a salesman drives in a year **die im Jahresdurchschnitt gefahrene Meilenzahl eines Vertreters**

mill [mɪl] *noun* building where a certain type of material is processed or made **Mühle** *f* ; **Fabrik** *f*; **Werk** *n* ; *after lunch the visitors were shown round the mill* **cotton mill** = factory where raw cotton is processed **Spinnerei** *f* **paper mill** = factory where wood is made into paper **Papierfabrik** *f* ; **Papiermühle** *f*

milligram ['mɪlɪgræm] *noun* one thousandth of a gram **Milligramm** *n* (NOTE: usually written **mg** after figures)

◇ **millilitre** *or (US)* **milliliter** ['mɪlɪˌli:tə] *noun* one thousandth of a litre **Milliliter** *m or n* (NOTE: usually written **ml** after figures)

◇ **millimetre** *or (US)* **millimeter** ['mɪlɪˌmi:tə] *noun* one thousandth of a metre **Millimeter** *m or n* (NOTE: usually written **mm** after figures)

million ['mɪljən] number 1,000,000 **Million** *f* ; *the company lost £10 million in the African market; our turnover has risen to $13.4 million* (NOTE: can be written **m** after figures: **$5m;** say 'five million dollars'; *see also notes at* BILLION, TRILLION)

◇ **millionaire** [ˌmɪljə'neə] *noun* person who has more than one million pounds **Millionär/-in; dollar millionaire** = person who has more than one million dollars **Dollarmillionär/-in; paper millionaire** = person who owns shares which, if sold, would be worth one million pounds or dollars **Aktienmillionär/-in**

min = MINUTE, MINIMUM

mine [maɪn]

1 *noun* hole in the ground for digging out coal, gold, iron etc. **Bergwerk** *n or* **Zeche** *f or* **Mine** *f*; *the mines have been closed by a strike*

2 *verb* to dig and bring out coal, gold, etc. **fördern** *or* **abbauen** *the company is mining coal in the south of the country* **mining concession** = right to use a piece of land for mining **Abbaurechte** *npl or* **Bergbaukonzession** *f*

mineral ['mɪnərəl] *noun* natural material (usually in the ground) which can be used **Mineral** *n* ; **mineral resources** = minerals (such as coal, iron ore, natural gas, etc.) which lie under the ground in a country and form part of the country's potential wealth **Bodenschätze** *pl* **mineral rights** = the right to extract minerals from the ground **Schürfrecht** *n*

mini- ['mɪnɪ] *prefix* very small **Mini-**

◇ **minicomputer** ['mɪnɪkəm'pju:tə] *noun* computer which is larger than a micro but smaller than a mainframe **Minicomputer** *m*

◇ **minicontainer** ['mɪnɪkən'teɪnə] *noun* small container **Minicontainer** *m*

◇ **minimarket** ['mɪnɪ'mɑ:kɪt] *noun* very small self-service store **Minimarkt** *m* ; **kleiner Selbstbedienungsladen**

minimal ['mɪnɪməl] *adjective* the smallest possible **minimal** *there was a minimal quantity of imperfections in the batch; the head office exercises minimal control over the branch offices*

◇ **minimize** ['mɪnɪmaɪz] *verb* to make something seem to be very small and not very important **bagatellisieren** *or* **herabsetzen** *do not minimize the risks involved; he tends to minimize the difficulty of the project*

◇ **minimum** ['mɪnɪməm]

1 *noun* smallest possible quantity *or* price *or* number **Minimum** *n* ; *to keep expenses to a minimum; to reduce the risk of a loss to a minimum* (NOTE: plural is **minima** or **minimums)**

2 *adjective* smallest possible **Mindest-**; **minimum dividend** = smallest dividend which is legal and accepted by the shareholders **Mindestdividende** *f* ; **Minimum Lending Rate (MLR)** = rate at which the Bank of England used to lend to other banks (it replaced the 'bank rate', and itself is no longer applied) **Mindestausleihsatz** *m* ≈ **Mindestdiskontsatz**; **minimum payment** = smallest payment necessary **Mindestbetrag** *m* ; **minimum quantity** = smallest quantity which is acceptable **Mindestmenge** *f* ; **minimum stock level** = lowest level of stock in a warehouse (when this level is reached more stock has to be ordered) **Mindestlagerbestand** *m* ; **minimum wage** = lowest hourly wage which a company can legally pay its workers **(garantierter) Mindestlohn**

minister ['mɪnɪstə] *noun* member of a government who is in charge of a ministry **Minister/-in** *a government minister; the Minister of Trade or the Trade Minister; the Minister of Foreign Affairs or the Foreign Minister* (NOTE: in the UK and USA, they are called **secretary: the Foreign Secretary, Secretary for Commerce)**

◇ **ministry** ['mɪnɪstrɪ] *noun* department in the government **Ministerium** *n* ; *he works in the Ministry of Finance or the Finance Ministry; he is in charge of the Ministry of Information or of the Information Ministry; a ministry official or an official from the ministry* (NOTE: in the UK and the USA, important ministries are called **departments: the Department of Trade and Industry; the Commerce Department)**

minor ['maɪnə] *adjective* less important **unbedeutend** *or* **unwichtig** *minor expenditure; minor shareholders* **a loss of minor importance** = not a very serious loss **ein Verlust von geringer Bedeutung**

◇ **minority** [maɪ'nɒrətɪ] *noun* number *or* quantity which is less than half of the total **Minorität** *f or* **Minderheit** *f* ; *a minority of board members opposed the chairman* **minority shareholding** *or* **minority interest** = group of shares which are less than one half of the shares in a company **Minderheitsbeteiligung** *f* ; **minority shareholder** = person who owns a group of shares but less than half of the shares in a company **Minderheitsaktionär/-in**; **in the minority** = being fewer than half **in der Minderheit** *good salesmen are in the minority in our sales team*

mint [mɪnt]

1 *noun* factory where coins are made **Münzanstalt** *f*

2 *verb* to make coins **prägen**

minus ['maɪnəs]

1 *preposition* less *or* without **minus** *or* **abzüglich** *net salary is gross salary minus tax and National Insurance deductions; gross profit is sales minus production costs*

2 *adjective* **the accounts show a minus figure** = show that more has been spent than has been received **die Abrechnungen weisen ein Minus auf**; **minus factor** = unfavourable factor **Negativfaktor** *m or* **Minus** *n* ; *to have lost sales in the best quarter of the year is a minus factor for the sales team*

minute ['mɪnɪt]

1 *noun*

(a) one sixtieth part of an hour **Minute** *f* ; *I can see you for ten minutes only; if you do not mind waiting, Mr Smith will be free in about twenty minutes' time*

(b) the minutes of a meeting = notes of what happened at a meeting, written by the secretary **das Protokoll einer Sitzung**; **to take the minutes** = to write notes of what happened at a meeting **Protokoll führen**; **the chairman signed the minutes of the last meeting** = he signed them to show that they are a correct record of what was said and what decisions were taken **der Vorsitzende zeichnete das Protokoll der letzten Sitzung ab**; **this will not appear in the minutes of the meeting** = this is unofficial and will not be noted as having been said **das wird nicht in das Sitzungsprotokoll aufgenommen**

2 *verb* to put something into the minutes of a meeting **protokollieren** *or* **zu Protokoll nehmen** *the chairman's remarks about the auditors were minuted* **I do not want that to be minuted** *or* **I want that not to be minuted** = do not put that remark into the minutes of the meeting **ich möchte nicht, dass das in das Protokoll aufgenommen wird**

◇ **minutebook** ['mɪnɪtbʊk] *noun* book in which the minutes of a meeting are kept **Protokollbuch** *n*

MIRAS ['maɪrəs] = MORTGAGE INTEREST RELIEF AT SOURCE

misappropriate ['mɪsə'prəʊprɪeɪt] *verb* to use illegally money which is not yours, but with which you have been trusted **veruntreuen**
◇ **misappropriation** ['mɪsə,prəʊprɪ'eɪʃən] *noun* illegal use of money by someone who is not the owner but who has been trusted to look after it **Veruntreuung** *f*

misc = MISCELLANEOUS

miscalculate ['mɪs'kælkjʊleɪt] *verb* to calculate wrongly **falsch berechnen** *or* **kalkulieren** *the salesman miscalculated the discount, so we hardly broke even on the deal*
◇ **miscalculation** ['mɪs,kælkjʊ'leɪʃən] *noun* mistake in calculating **Fehlkalkulation** *f*

miscellaneous [,mɪsə'leɪnjəs] *adjective* various *or* mixed *or* not all of the same sort **verschieden; gemischt** *miscellaneous items; a box of miscellaneous pieces of equipment; miscellaneous expenditure*

miscount
1 ['mɪskaʊnt] *noun* mistake in counting **Rechenfehler** *m*
2 [mɪs'kaʊnt] *verb* to count wrongly **sich verzählen** *the shopkeeper miscounted, so we got twenty-five bars of chocolate instead of two dozen*

misdirect [mɪsdaɪ'rekt] *verb* to give wrong directions **irreleiten** *or* **irreführen**

mismanage [,mɪs'mænɪdʒ] *verb* to manage badly **schlecht verwalten**
◇ **mismanagement** [,mɪs'mænɪdʒmənt] *noun* bad management **Misswirtschaft** *f or* **Missmanagement** *n or* **verfehltes Management** *the company failed because of the chairman's mismanagement*

misrepresent [,mɪs,reprɪ'zent] *verb* to report facts wrongly **falsch darstellen**
◇ **misrepresentation** [mɪs,reprɪzen'teɪʃən] *noun* wrongly reporting facts **falsche Darstellung; fraudulent misrepresentation** = giving someone wrong information in order to cheat him **Vorspiegelung** *f* **falscher Tatsachen** *fpl* ; **arglistige Täuschung**

Miss [mɪs] *noun* title given to a woman who is not married **Fräulein** *n* ; *Miss Smith is our sales manager* (NOTE: Fräulein is no longer used to refer to adults)

miss [mɪs] *verb*
(a) not to hit **verfehlen; nicht erreichen** *the company has missed its profit forecast again; the sales team has missed its sales targets*
(b) not to meet **verpassen** *I arrived late, so missed most of the discussion* **he missed the chairman by ten minutes** = he left ten minutes before the chairman arrived **er verpasste den Vorsitzenden um zehn Minuten**
(c) to be late for **verpassen** *he missed the last plane to Frankfurt*

mission ['mɪʃən] *noun* group of people going on a journey for a special purpose **Gesandtschaft** *f or* **Delegation** *f* ; **trade mission** = visit by a group of businessmen to discuss trade **Handelsdelegation** *he led a trade mission to China* **inward mission** = visit to your home country by a group of foreign businessmen **Delegation aus dem Ausland; outward mission** = visit by a group of businessmen to a foreign country **Auslandsbesuch** *m* **einer Delegation; a fact-finding mission** = visit to an area to search for information about a problem **eine Erkundungsreise**

mistake [mɪ'steɪk] *noun* wrong action *or* wrong decision **Fehler** *m* ; **to make a mistake** = to do something wrong **einen Fehler machen** *the shop made a mistake and sent the wrong items; there was a mistake in the address; she made a mistake in addressing the letter* **by mistake** = in error *or* wrongly **versehentlich** *or* **aus Versehen** *they sent the wrong items by mistake; she put my letter into an envelope for the chairman by mistake*

misunderstanding ['mɪsʌndə'stændɪŋ] *noun* lack of agreement **Missverständnis** *n or* **Meinungsverschiedenheit** *f* ; *there was a misunderstanding over my tickets*

misuse [mɪs'juːs] *noun* wrong use **Zweckentfremdung** *f or* **Missbrauch** *m* ; *misuse of funds or of assets*

mix [mɪks]
1 *noun* things put together **Mischung** *f* ; **product mix** = range of different products which a company has for sale **Produktmix** *m or* **Produktpalette** *f* ; **sales mix** = sales and profitability of a wide range of different products **Absatzmix** *m*
2 *verb* to put different things together **(ver) mischen** *or* **verbinden** *I like to mix business with pleasure - why don't we discuss the deal over lunch?*
◇ **mixed** [mɪkst] *adjective*
(a) of different sorts *or* of different types

together **gemischt**; **mixed economy** = system which contains both nationalized industries and private enterprise **Mischwirtschaft** *f* ; **mixed farming** = farming involving both animals and crops **Mischlandwirtschaft** *f or* **Mischbetrieb** *m*
(b) neither good nor bad **unterschiedlich** *or* **uneinheitlich**

> QUOTE prices closed on a mixed note after a moderately active trading session
> Financial Times

ml = MILLILITRE

MLR = MINIMUM LENDING RATE

mm = MILLIMETRE

MMC = MONOPOLIES AND MERGERS COMMISSION

mobile ['məʊbaɪl] *adjective* which can move about **beweglich** *or* **mobil**; **mobile shop** = van fitted out like a small shop which travels round selling groceries or vegetables **Verkaufswagen** *m or* **mobiler Laden**; **mobile workforce** = workers who move from place to place to get work **mobile Arbeitskräfte** *fpl*
◇ **mobility** [mə'bɪlətɪ] *noun* being able to move from one place to another **Beweglichkeit** *f or* **Mobilität** *f* ; **mobility of labour** = situation when workers agree to move from one place to another to get work **Mobilität der Arbeitskräfte** *fpl*
◇ **mobilize** ['məʊbɪlaɪz] *verb* to bring together, especially to fight **mobilisieren**; **to mobilize capital** = to collect capital to support something **Gelder flüssig machen**; **to mobilize resources to defend a takeover bid** = to get the support of shareholders, etc., to stop a company being taken over **Ressourcen flüssig machen, um ein Übernahmeangebot abzuwehren**

mock-up ['mɒkʌp] *noun* model of a new product for testing or to show to possible buyers **Attrappe** *f*

mode [məʊd] *noun* way of doing something **Art (und Weise)** *f* ; **Form** *f* ; **mode of payment** = way in which payment is made (such as cash or cheque) **Zahlungsweise** *f*

model ['mɒdl]
1 *noun*
(a) small copy of something to show what it will look like when finished **Modell** *n* ; *he showed us a model of the new office building*
(b) style *or* type of product **Modell** *n* ; *this is the latest model; the model on display is last year's; he drives a 1990 model Ford* **demonstration model** = piece of equipment used in demonstrations and then sold cheaply **Vorführmodell**
(c) person whose job is to wear new clothes to show them to possible buyers **Model** *n* ; **Mannequin** *n; (man)* **Dressman** *m*
(d) economic model = computerized plan of a country's economic system, used for forecasting economic trends **Wirtschaftsmodell** *n*
2 *adjective* which is a perfect example to be copied **vorbildlich** *or* **mustergültig** *or* **Muster-** *or* **Modell-** *a model agreement*
3 *verb* to wear new clothes to show them to possible buyers **vorführen** (NOTE: **modelling - modelled** but US **modeling - modeled)**

modem ['məʊdem] *noun* device which links a computer to the telephone line, allowing data to be sent from one computer to another **Modem** *n*

moderate ['mɒdərət]
1 *adjective* not too large **gemäßigt** *or* **mäßig** *or* **maßvoll** *or* **angemessen** *the trade union made a moderate claim; the government proposed a moderate increase in the tax rate*
2 *verb* to make smaller *or* to reduce **mäßigen** *the union was forced to moderate its claim*

modern ['mɒdən] *adjective* referring to the recent past or the present time **modern** *or* **neu** *it is a fairly modern invention - it was patented only in the 1980s*
◇ **modernize** ['mɒdənaɪz] *verb* to make modern **modernisieren** *he modernized the whole product range*
◇ **modernization** [,mɒdənaɪ'zeɪʃən] *noun* making modern **Modernisierung** *f* ; *the modernization of the workshop*

modest ['mɒdɪst] *adjective* small **mäßig** *or* **gering** *oil shares showed modest gains over the week's trading*

modify ['mɒdɪfaɪ] *verb* to change *or* to make something fit a different use **modifizieren** *or* **(ver)ändern** *the management modified its proposals; this is the new modified agreement; the car will have to be modified to pass the government tests; the refrigerator was considerably modified before it went into production* **modified accounts** = less detailed annual accounts which can be deposited with the Registrar of Companies by small or medium-sized companies **modifizierter Jahresabsachluss**
◇ **modification** [,mɒdɪfɪ'keɪʃən] *noun* change **Modifizierung** *f or* **Änderung** *f* ; *to make or to carry out modifications to the plan; the*

new model has had several important modifications; we asked for modifications to the contract

modular ['mɒdjʊlə] *adjective* made of various sections **modular** *or* **aus Elementen zusammengesetzt**

momentum [mə'mentəm] *noun* movement forwards **Schwung** *m* ; **Wucht** *f*; **to gain** *or* **to lose momentum** = to move faster or more slowly **in Schwung kommen; an Schwung verlieren; the strike is gaining momentum** = more workers are joining the strike **der Streik weitet sich aus**

monetary ['mʌnɪtərɪ] *adjective* referring to money or currency **monetär** *or* **Geld-; währungspolitisch** *or* **Währungs-; the government's monetary policy** = the government's policy relating to finance (bank interest rates, taxes, government expenditure and borrowing) **die Geld- und Kreditpolitik der Regierung; monetary standard** = fixing of a fixed exchange rate for a currency **Währungseinheit** *f* *or* **Währungsstandard** *m* ; **monetary targets** = figures such as the money supply, PSBR, etc., which are given as targets by the government when setting out its budget for the forthcoming year **geldpolitische Ziele** *npl* **the international monetary system** = methods of controlling and exchanging currencies between countries **das internationale Währungssystem; the European Monetary System (EMS)** = system of controlled exchange rates between some member countries of the EU **das europäische Währungssystem; the International Monetary Fund (IMF)** = (part of the United Nations) a type of bank which helps member states in financial difficulties, gives financial advice to members and encourages world trade **der Internationale Währungsfonds (IWF)** *or* **der Weltwährungsfonds; monetary unit** = standard currency in a country (the pound, the dollar, the franc, etc.) or within a group of countries (the CFA franc, the ecu, etc.) **Währungseinheit** *f*

◇ **monetarism** ['mʌnɪtəˌrɪsəm] *noun* theory that the amount of money in the economy affects the level of prices, so that inflation can be controlled by regulating money supply **Monetarismus** *m*

◇ **monetarist** ['mʌnɪtərɪst]
1 *noun* person who believes in monetarism and acts accordingly **Monetarist/-in**
2 *adjective* according to monetarism **monetaristisch** *monetarist theories*

> QUOTE the decision by the government to tighten monetary policy will push the annual inflation rate above the year's previous high
> Financial Times

> QUOTE it is not surprising that the Fed started to ease monetary policy some months ago
> Sunday Times

> QUOTE a draft report on changes in the international monetary system
> Wall Street Journal

money ['mʌnɪ] *noun*
(a) coins and notes used for buying and selling **Geld** *n* ; **to earn money** = to have a salary **Geld verdienen; to earn good money** = to have a large salary **gut verdienen; to lose money** = to make a loss *or* not to make a profit **Geld verlieren** *or* **einbüßen; the company has been losing money for months** = the company has been working at a loss **das Unternehmen arbeitet seit Monaten mit Verlust; to get your money back** = to earn enough to cover your original investment **sein Geld wieder herausbekommen; to make money** = to make a profit **Geld verdienen; to put money into the bank** = to deposit money into a bank account **Geld auf die Bank bringen; to put money into a business** = to invest money in a business **Geld in ein Geschäft investieren** *he put all his redundancy money into a shop* **to put money down** = to pay cash, especially as a deposit **eine Anzahlung leisten** *he put £25 down and paid the rest in instalments* **money at call** *or* **call money** = money loaned for which repayment can be demanded without notice (used by commercial banks, placing money on very short-term deposit with discount houses) **Tagesgeld; cheap money** = money which can be borrowed at a low rate of interest **billiges Geld; danger money** = extra salary paid to workers in dangerous jobs **Gefahrenzulage** *f*; **dear money** = money which has to be borrowed at a high rate of interest **teures Geld; easy money** = money which can be earned with no difficulty **leicht verdientes Geld; hot money** = money which is moved from country to country to get the best returns **heißes Geld; paper money** = money in notes, not coins **Papiergeld** *n* ; **ready money** = cash *or* money which is immediately available **bares Geld** *or* **Bargeld; money lying idle** = money not being used to produce interest **totes Kapital; they are worth a lot of money** = they are valuable **sie sind viel Geld wert**
(b) money supply = amount of money which exists in a country **Geldmenge** *f* ; **money**

markets = markets for buying and selling short-term loans **Geldmärkte** *mpl* *the international money markets are nervous* **money rates** = rates of interest for borrowers or lenders **Geldkurse** *mpl*
(c) money order = document which can be bought for sending money through the post **Postanweisung** *f* *or* **Zahlungsanweisung**; **foreign money order** *or* **international money order** *or* **overseas money order** = money order in a foreign currency which is payable to someone living in a foreign country **Auslandspostanweisung** *f*
(d) monies = sums of money **Gelder** *npl* *monies owing to the company; to collect monies due*

◇ **moneylender** ['mʌnɪˌlendə] *noun* person who lends money at interest **Geldverleiher** *m*

◇ **money-making** ['mʌnɪˌmeɪkɪŋ] *adjective* which makes money **einträglich** *or* **gewinnbringend** *a money-making plan*

◇ **money-spinner** ['mʌnɪˌspɪnə] *noun* item which sells very well *or* which is very profitable **Kassenschlager** *m*

monitor ['mɒnɪtə]
1 *noun* screen (like a TV screen) on a computer **Monitor** *m or* **Bildschirm** *m*
2 *verb* to check or to examine how something is working **überwachen** *he is monitoring the progress of sales; how do you monitor the performance of the sales reps?*

monopoly [mə'nɒpəlɪ] *noun* situation where one person or company controls all the market in the supply of a product **Monopol** *n* ; *to have the monopoly of alcohol sales or to have the alcohol monopoly; to be in a monopoly situation; the company has the absolute monopoly of imports of French wine; the factory has the absolute monopoly of jobs in the town* **public** *or* **state monopoly** = situation where the state is the only supplier of a product or service (such as the Post Office, the coal industry,etc.) **staatliches Monopol**; *(GB)* **Monopolies and Mergers Commission (MMC)** = government organization which examines takeover bids at the request of the Office of Fair Trading, to see if a successful bid would result in a monopoly and so harm the consumer by reducing competition **das Kartellamt** (NOTE: **trust** is used more often in US English)

◇ **monopolize** [mə'nɒpəlaɪz] *verb* to create a monopoly, to get control of all the means of supplying a product **monopolisieren** *or* **beherrschen**

◇ **monopolization** [məˈnɒpəlaɪ'zeɪʃən] *noun* making a monopoly **Monopolisierung** *f* *or* **Marktbeherrschung** *f*

month [mʌnθ] *noun* one of twelve periods which make a year **Monat** *m* ; *the company pays him £100 a month; he earns £2,000 a month; bills due at the end of the current month* **calendar month** = whole month as on a calendar **Kalendermonat**; **paid by the month** = paid once each month **monatlich bezahlt**; **to give a customer two months' credit** = to allow a customer to pay not immediately, but after two months **einem Kunden zwei Monate Kredit geben**

◇ **month end** ['mʌnθ'end] *noun* the end of a calendar month, when accounts have to be drawn up **Monatsende** *n* *or* **Ultimo** *m* ; *month-end accounts*

◇ **monthly** ['mʌnθlɪ]
1 *adjective* happening every month *or* which is received every month **monatlich** *monthly statement; monthly payments; he is paying for his car by monthly instalments; my monthly salary cheque is late* **monthly ticket** = ticket for travel which is good for one month **Monatskarte** *f*
2 *adverb* every month **monatlich** *to pay monthly; the account is credited monthly*

moonlight ['mu:nlaɪt]
1 *noun (informal)*; **to do a moonlight flit** = to go away (at night) leaving many unpaid bills **bei Nacht und Nebel wegziehen**; *(ohne die Schulden zu bezahlen)*
2 *verb (informal)* to do a second job for cash (often in the evening) as well as a regular job **schwarzarbeiten**

◇ **moonlighter** ['mu:nˌlaɪtə] *noun* person who moonlights **Schwarzarbeiter/-in**

◇ **moonlighting** ['mu:nˌlaɪtɪŋ] *noun* doing a second job **Schwarzarbeit** *f*; *he makes thousands a year from moonlighting*

mooring(s) ['mʊərɪŋ(z)] *noun* place where boats can be tied up in a harbour **Liegeplatz** *m*

moral right [mɒrəl'raɪt] *noun* right of an editor or illustrator, etc., to have some say in the publication of a work to which he has contributed, even if he does not own the copyright **moralisches Recht**

moratorium [ˌmɒrə'tɔ:rɪəm] *noun* temporary stop to repayments of interest on loans or capital owed **Moratorium** *n* ; **Zahlungsaufschub** *m* ; *the banks called for a moratorium on payments* (NOTE: plural is **moratoria** or **moratoriums)**

mortality tables [mɔ:'tælətɪˌteɪblz] *plural noun* chart, used by insurers, which shows how long a person of a certain age can be expected to live on average **Sterbetafel** *f*

mortgage ['mɔːgɪdʒ]
1 *noun*
(a) (i) agreement where someone lends money to another person so that he can buy a property, the property being the security; (ii) money lent in this way **(i) & (ii) Hypothek** *f*; *to take out a mortgage on a house; to buy a house with a £20,000 mortgage* **mortgage payments** = money paid each month as interest on a mortgage, plus repayment of a small part of the capital borrowed **Hypothekenzahlungen** *fpl* **endowment mortgage** = mortgage backed by an endowment policy (the borrower pays interest on the mortgage in the usual way, but does not repay the capital; the endowment assurance (a life insurance) is taken out to cover the total capital sum borrowed, and when the assurance matures the capital is paid off, and a further lump sum is usually available for payment to the borrower) **mit einer Lebensversicherung gekoppelte Hypothek; first mortgage** = main mortgage on a property **Ersthypothek; repayment mortgage** = mortgage where the borrower pays back both interest and capital over the period of the mortgage **Tilgungshypothek; second mortgage** = further mortgage on a property which is already mortgaged **Zweithypothek; to pay off a mortgage** = to pay back the principal and all the interest on a loan to buy a property **eine Hypothek abzahlen**
(b) mortgage bond = certificate showing that a mortgage exists and that property is security for it **hypothekarische Obligation; mortgage debenture** = debenture where the lender can be repaid by selling the company's property **Hypothekenpfandbrief** *m* ; **mortgage famine** = situation where there is not enough money available to offer mortgages to house buyers **Hypothekenknappheit** *f* ; **mortgage queue** = list of people waiting for mortgages **Hypothekenwarteliste** *f*
2 *verb* to accept a loan with a property as security **hypothekarisch belasten; eine Hypothek aufnehmen** *the house is mortgaged; he mortgaged his house to set up in business* **to foreclose on a mortgaged property** = to sell a property because the owner cannot repay money which he has borrowed, using the property as security **aus einer Hypothek zwangsvollstrecken**

◇ **mortgagee** [ˌmɔːgəˈdʒiː] *noun* person or company which lends money for someone to buy a property **Hypothekengläubiger** *m*

◇ **mortgage interest relief at source (MIRAS)** ['mɔːgɪdʒ'ɪntrestrɪ'liːfət'sɔːs] scheme by which the borrower may repay interest on a mortgage less the standard rate tax (i.e., he does not pay the full interest and then reclaim the tax) **direkte Anrechnung einer Steuervergünstigung auf die zu leistende Hypothekenzinszahlung**

> COMMENT: Mortgage Interest Relief at Source (MIRAS) is given in the UK to individuals paying interest on a mortgage; the relief is calculated at the basic rate of income tax multiplied by the interest due on the first part of the loan and is deducted from the individual's monthly payments; the amount of the loan eligible for MIRAS is being gradually reduced and will eventually be phased out altogether

◇ **mortgager** *or* **mortgagor** ['mɔːgɪdʒə] *noun* person who borrows money to buy a property **Hypothekenschuldner** *m*

> QUOTE mortgage money is becoming tighter. Applications for mortgages are running at a high level and some building societies are introducing quotas
> Times

> QUOTE for the first time since mortgage rates began falling a financial institution has raised charges on homeowner loans
> Globe and Mail (Toronto)

most [məʊst]
1 *pronoun* very large amount *or* quantity **die meisten** *most of the staff are graduates; most of our customers live near the factory; most of the orders come in the early part of the year*
2 *adjective* very large number of **die meisten** *most orders are dealt with the same day; most salesmen have had a course of on-the-job training*

◇ **most favoured nation (MFN)** ['məʊst'feɪvəd'neɪʃən] *noun* country which has the best trade terms **meistbegünstigtes Land; most-favoured-nation clause** = agreement between two countries that each will offer the best possible terms in commercial contracts **Meistbegünstigungsklausel** *f*

◇ **mostly** ['məʊs(t)lɪ] *adverb* mainly *or* generally **hauptsächlich** *or* **meistens** *the staff are mostly girls of twenty to thirty years of age; he works mostly in the London office*

motion ['məʊʃən] *noun*
(a) moving about **Bewegung** *f* ; **time and motion study** = study in an office *or* factory of the time taken to do certain jobs and the movements workers have to make to do them **Zeit- und Bewegungsstudie** *f* ≈ **REFA-Studie**
(b) proposal which will be put to a meeting to vote on **Antrag** *m* ; *to propose or to move a*

motion; the meeting voted on the motion; ***to speak against*** *or for a motion; the motion was carried or was defeated by 220 votes to 196* **to table a motion** = to put forward a proposal for discussion by putting details of it on the table at a meeting **einen Antrag einbringen**

motivate ['məʊtɪveɪt] *verb* to encourage someone to do something, especially to work or to sell **motivieren; highly motivated sales staff** = sales staff who are very eager to sell **hoch motiviertes Verkaufspersonal**

◇ **motivation** [ˌməʊtɪ'veɪʃən] *noun* encouragement to staff; eagerness to work well or sell large quantities of a product **Motivation** *f*; **the sales staff lack motivation** = the sales staff are not motivated enough **dem Verkaufspersonal mangelt es an Motivation**

motive ['məʊtɪv] *noun* idea which makes someone do something **Motiv** *n or* **Beweggrund** *m*; **profit motive** = idea that profit is the most import aim of a business **Gewinnstreben** *n*

motor insurance ['məʊtəɪn'ʃʊrəns] *noun* insuring a car, the driver and the passengers in case of accident **Kraftfahrzeugversicherung** *f*

mountain ['maʊntɪn] *noun* pile *or* large heap **Berg** *m*; **Haufen** *m*; *I have mountains of typing to do; there is a mountain of invoices on the sales manager's desk* **butter mountain** = large amount of unsold butter kept in storage **Butterberg** *m*

mounting ['maʊntɪŋ] *adjective* increasing **steigend** *or* **zunehmend** *he resigned in the face of mounting pressure from the shareholders; the company is faced with mounting debts*

◇ **mount up** [maʊnt'ʌp] *verb* to increase rapidly **steigen** *costs are mounting up*

mouse [maʊs] *noun* small device for controlling the position of a cursor on a computer screen **Maus** *f*

> QUOTE you can use a mouse to access pop-up menus and a keyboard for a word-processor
>
> Byte

move [mu:v] *verb*
(a) to go from one place to another **umziehen; verlegen** *the company is moving from London Road to the centre of town; we have decided to move our factory to a site near the airport*
(b) to be sold *or* to sell **absetzen** *the stock is starting to move; the salesmen will have to work hard if they want to move all that stock by the end of the month*
(c) to propose formally that a motion be accepted by a meeting **beantragen** *he moved that the accounts be agreed; I move that the meeting should adjourn for ten minutes*

◇ **movable** *or* **moveable** ['mu:vəbl]
1 *adjective* which can be moved **beweglich** *moveable property*
2 *plural noun* **moveables** = moveable property **bewegliches Vermögen; Mobilien** *pl*

◇ **movement** ['mu:vmənt] *noun*
(a) changing position, going up or down **Bewegung** *f*; *movements in the money markets; cyclical movements of trade* **movements of capital** = changes of investments from one country to another **Kapitalverkehr** *m*; **stock movement** = passing of stock into *or* out of a warehouse **Lagerbewegung** *f*; *all stock movements are logged by the computer*
(b) group of people working towards the same aim **Bewegung** *f*; *the labour movement; the free trade movement*

◇ **mover** ['mu:və] *noun* person who proposes a motion **Antragsteller/-in**

mpg ['empi:'dʒi:] = MILES PER GALLON

Mr ['mɪstə] *noun* title given to a man **Herr** *m*; *Mr Smith is the Managing Director*

MRP ['emɑ:'pi:] = MANUFACTURER'S RECOMMENDED PRICE

Mrs ['mɪsɪz] *noun* title given to a married woman **Frau** *f*; *the chair was taken by Mrs Smith*

Ms [məz] *noun* title given to a woman where it is not known if she is married, or where she does not want to show if she is married or not **Frau** *f*; *Ms Smith is the personnel officer*

multi- ['mʌltɪ] *prefix* referring to many things **multi-** *or* **Multi-**

◇ **multicurrency** ['mʌ;tɪ'kʌrənsi] *adjective* **multicurrency loan** = loan in several currencies **Anleihe** *f* **in verschiedenen Währungen**

◇ **multilateral** ['mʌltɪ'lætərəl] *adjective* between several parties **multilateral** *a multilateral agreement* **multilateral trade** = trade between several countries **multilateraler Handel**

◇ **multimillion** ['mʌltɪ'mɪljən] *adjective* referring to several million pounds or dollars **über mehrere Millionen** *fpl or* **Millionen-** *they signed a multimillion pound deal*

◇ **multimillionaire** ['mʌltɪmɪljə'neə] *noun* person who owns several million pounds or dollars **Multimillionär/-in**

◇ **multinational** ['mʌltɪ'næʃənl] *noun* company which has branches or subsidiary companies in several countries **multinationaler Konzern** *the company has been bought by one of the big multinationals*

QUOTE factory automation is a multi-billion-dollar business
Duns Business Month

QUOTE the number of multinational firms has mushroomed in the past two decades. As their sweep across the global economy accelerates, multinational firms are posing pressing issues for nations rich and poor, and those in between
Australian Financial Review

multiple ['mʌltɪpl]
1 *adjective* many **mehrfach** *or* **vielfach**; **multiple entry visa** = visa which allows a visitor to enter a country many times **Visum** *n* **zur mehrmaligen Einreise**; **multiple store** = one store in a chain of stores **Filiale** *f or* **Kettenladen** *m* ; **multiple ownership** = situation where something is owned by several parties jointly **Gemeinschaftseigentum** *n*
2 *noun*
(a) share on a multiple of 5 = share with a P/E ratio of 5 (i.e. 5 is the result when dividing the current market price by the earnings per share) **Wertpapier mit einem Kurs-Gewinn-Verhältnis von 5**
(b) company with stores in several different towns **Einzelhandelskette** *f or* **Kette**

multiply ['mʌltɪplaɪ] *verb*
(a) to calculate the sum of various numbers repeated a certain number of times **multiplizieren** *to multiply twelve by three; square measurements are calculated by multiplying length by width*
(b) to grow *or* to increase **vermehren** *or* **zunehmen** *or* **vervielfachen** *profits multiplied in the boom years*

◇ **multiplication** [ˌmʌltɪplɪ'keɪʃən] *noun* act of multiplying **Multiplikation** *f* ; **multiplication sign** = sign used to show that a number is being multiplied by another **Multiplikationszeichen** *n*

municipal [mjʊ'nɪsɪpəl] *adjective* referring to a town **städtisch** *or* **Stadt-** *or* **kommunal** *or* **Kommunal-** *or* **Gemeinde-** *municipal taxes; municipal offices*

Murphy's law ['mɜːfɪz'lɔː] *noun* law, based on wide experience, which says that in commercial life if something can go wrong it will go wrong, or that when you are thinking that things are going right, they will inevitably start to go wrong **Murphys Gesetz** *n*

mutual ['mjuːtʃʊəl] *adjective* belonging to two or more people **gemeinsam**; **mutual (insurance) company** = company which belongs to insurance policy holders **Versicherungsverein** *m* **auf Gegenseitigkeit (VVaG)**; *(US)* **mutual fund** = organization which takes money from small investors and invests it in stocks and shares for them, the investment being in the form of shares in the fund **offener Investmentfonds** (NOTE: the UK equivalent is a **unit trust)**

Nn

nail [neɪl] *noun* **to pay on the nail** = to pay promptly *or* to pay rapidly **pünktlich bezahlen**

naira ['naɪrə] *noun* currency used in Nigeria **Naira** *m* (NOTE: no plural; naira is usually written **N** before figures: **N2,000** say 'two thousand naira')

name [neɪm] *noun*
(a) word used to call a thing *or* a person **Name** *m* ; **Bezeichnung** *f* ; *I cannot remember the name of the managing director of Smith's Ltd; his first name is John, but I am not sure of his other names* **brand name** = name of a particular make of product **Markenname**; **corporate name** = name of a large corporation **Firmenname**; **under the name of** = using a particular name **unter dem Namen**; **trading under the name of 'Best Foods'** = using the name 'Best Foods' as a commercial name, and not the name of the company **ein Produkt unter dem Namen ‚Best Foods' verkaufen**
(b) person who provides security for insurance arranged by a Lloyd's of London syndicate **Lloyd's-Mitglied** *n (see comment at* LLOYD'S)

◇ **named** ['neɪmd] *adjective* **person named in the policy** = person whose name is given on an insurance policy as the person insured **der/die (in der Police benannte) Versicherte**

narrow market ['nærəʊ'mɑːkɪt] *noun* market in a share where very few shares are available for sale, and where the price can vary sharply **enger** *or* **begrenzter Markt**

nation ['neɪʃən] *noun* country and the people living in it **Nation** *f or* **Volk** *n* ; **most favoured nation** = country which has the best trade terms **meistbegünstigtes Land**; **most-favoured-nation clause** = agreement between two countries that each will give the other the best possible trade terms in commercial contracts **Meistbegünstigungsklausel** *f* ; **the United Nations** = organization which links almost all the countries of the world to promote good relations between them **die Vereinten Nationen**

◊ **national** ['næʃənl] *adjective* referring to a particular country **national** *or* **National-**; **national advertising** = advertising in every part of a country, not just in the capital **landesweite** *or* **überregionale Werbung** *we took national advertising to promote our new 24-hour delivery service (US)* **national bank** = bank which is chartered by the federal government and is part of the Federal Reserve system (as opposed to a 'state bank') **Nationalbank** *f (Bank mit Konzession der Bundesregierung)*; **national campaign** = sales or publicity campaign in every part of a country **landesweite** *or* **überregionale Kampagne**; **the National Debt** = money borrowed by a government **die Staatsverschuldung**; *(GB)* **National Health Service** = scheme for free medical and hospital service for everyone, paid for by the National Insurance **Staatlicher Gesundheitsdienst**; **national income** = value of income from the sales of goods and services in a country **Volkseinkommen** *n; (GB)* **National Insurance** = state insurance which pays for medical care, hospitals, unemployment benefits, etc. **Sozialversicherung** *f* ; **National Insurance contributions (NIC)** = money paid into the National Insurance scheme by the employer and the worker **Sozialversicherungsbeiträge** *mpl* **national newspapers** *or* **the national press** = newspapers which sell in all parts of a country **überregionale Presse**; **gross national product** = annual value of goods and services in a country including income from other countries **Bruttosozialprodukt** *n; (GB)* **National Savings** = government savings scheme for small investors (including a savings bank, savings certificates and premium bonds) **britisches Sparsystem; Postsparkasse** *f*

◊ **nationality** [ˌnæʃə'nælətɪ] *noun* **he is of British nationality** = he is a British citizen **er hat die britische Staatsangehörigkeit**

◊ **nationalize** ['næʃənəlaɪz] *verb* to put a privately-owned industry under state ownership and control **verstaatlichen** *the government is planning to nationalize the banking system*

◊ **nationalized** ['næʃənəlaɪzd] *adjective* **nationalized industry** = industry which was privately owned, but is now owned by the state **verstaatlichte Industrie**

◊ **nationalization** [ˌnæʃənəlaɪ'zeɪʃən] *noun* taking over of private industry by the state **Verstaatlichung** *f*

◊ **nationwide** [neɪʃən'waɪd] *adjective* all over a country **landesweit** *the union called for a nationwide strike; we offer a nationwide delivery service; the new car is being launched with a nationwide sales campaign*

nature ['neɪtʃə] *noun* kind *or* type **Beschaffenheit** *f or* **Art** *f or* **Natur** *f* ; *what is the nature of the contents of the parcel? the nature of his business is not known*

◊ **natural** ['nætʃrəl] *adjective*

(a) found in the earth **natürlich** *or* **Natur-** *natural gas* **natural resources** = raw materials (such as coal, gas, iron) which are found in the earth **Naturschätze** *pl or* **natürliche Ressourcen** *fpl*

(b) not made by people **Natur-** *natural fibres*

(c) normal **natürlich** *it was natural for the shopkeeper to feel annoyed when the hypermarket was set up close to his shop* **natural wastage** = losing workers because they resign or retire, not through redundancy or dismissals **natürlicher Arbeitskräfteabgang** *the company is hoping to avoid redundancies and reduce its staff by natural wastage*

NAV = NET ASSET VALUE

navy ['neɪvɪ] *noun* **merchant navy** = all the commercial ships of a country **Handelsmarine** *f*

NB ['en'bi:] = NOTE

NBV = NET BOOK VALUE

near-letter-quality (NLQ) [nɪəˌletə'kwɒlɪtɪ] *noun* printing with a dot-matrix printer which provides higher quality type, almost as good as a typewriter **Schönschrift** *f or* **Briefqualität** *f*

necessary ['nesəsərɪ] *adjective* which has to be done *or* which is needed **nötig** *or* **notwendig** *or* **erforderlich** *it is necessary to fill in the form correctly if you are not to have difficulty at the customs; is it really necessary for the chairman to have six personal assistants? you must have all the necessary documentation before you apply for a subsidy*

◊ **necessity** [nɪ'sesətɪ] *noun* thing which is absolutely important, without which nothing can be done **Notwendigkeit** *f* ; **das Notwendigste** *being unemployed makes it difficult to afford even the basic necessities*

negative ['negətɪv] *adjective* meaning 'no' **negativ** *or* **verneinend**; **the answer was in the negative** = the answer was 'no' **der Bescheid war negativ** *or* **abschlägig**; **negative cash flow** = situation where a company is spending more money than it receives **negativer Cashflow**; **negative equity** = situation where a house bought with a mortgage becomes less valuable than the money borrowed to buy it (because of falling house prices) **negativer Wert eines Besitzes nach Abzug der Belastungen** (NOTE: the opposite is **positive**)

neglected [nɪ'glektɪd] *adjective* not well looked after **vernachlässigt**; **neglected business** = company which has not been actively run by its owners and could therefore do better under more efficient management **vernachlässigtes Unternehmen**; **neglected shares** = shares which are not bought or sold often **wenig nachgefragte Aktien** *fpl bank shares have been a neglected sector of the market this week*

negligence ['neglɪdʒəns] *noun* lack of proper care *or* not doing a duty **Nachlässigkeit** *f* ; **criminal negligence** = not doing a duty with the result that harm is done to the interests of people **grobe Fahrlässigkeit**

◊ **negligent** ['neglɪdʒnt] *adjective* not taking proper care **nachlässig**

◊ **negligible** ['neglɪdʒəbl] *adjective* very small *or* not worth bothering about **unbedeutend** *or* **geringfügig**; **not negligible** = quite large **wesentlich**

negotiable [nɪ'gəʊʃəbl] *adjective* **not negotiable** = which cannot be exchanged for cash **unverkäuflich**; **'not negotiable'** = words written on a cheque to show that it can be paid only to a certain person **nicht übertragbar**; **negotiable cheque** = cheque made payable to bearer (i.e. to anyone who holds it) **Inhaberscheck** *m* ; **negotiable instrument** = document (such as a bill of exchange, or cheque) which can be exchanged for cash **begebbares** *or* **übertragbares Wertpapier**

◊ **negotiate** [nɪ'gəʊʃɪeɪt] *verb* **to negotiate with someone** = to discuss a problem formally with someone, so as to reach an agreement **mit jdm verhandeln** *the management refused to negotiate with the union* **to negotiate terms and conditions** *or* **to negotiate a contract** = to discuss and agree the terms of a contract **Bestimmungen und Bedingungen verhandeln** *or* **einen Vertrag aushandeln** *or* **über einen Vertragsabschluss verhandeln**; **he negotiated a £250,000 loan with the bank** = he came to an agreement with the bank for a loan of £250,000 **er verhandelte mit der Bank über ein Darlehen in Höhe von £250.000**; **negotiating committee** = group of representatives of management or unions who negotiate a wage settlement **Verhandlungsausschuss** *m*

◊ **negotiation** [nɪˌgəʊʃɪ'eɪʃən] *noun* discussion of terms and conditions to reach an agreement **Verhandlung** *f* ; **the contract under negotiation** = contract which is being discussed **der zu verhandelnde Vertrag**; **a matter for negotiation** = something which must be discussed before a decision is reached **eine Verhandlungssache**; **to enter into negotiations** *or* **to start negotiations** = to start discussing a problem **Verhandlungen aufnehmen**; **to resume negotiations** = to start discussing a problem again, after talks have stopped for a time **Verhandlungen wieder aufnehmen**; **to break off negotiations** = to refuse to go on discussing a problem **Verhandlungen abbrechen**; **to conduct negotiations** = to negotiate **Verhandlungen führen**; **negotiations broke down after six hours** = discussions stopped because no agreement was possible **die Verhandlungen scheiterten nach sechs Stunden**; **pay** *or* **wage negotiations** = discussions between management and workers about pay **Lohnverhandlungen**

◊ **negotiator** [nɪ'gəʊʃɪeɪtə] *noun* **(a)** person who discusses with the aim of reaching an agreement **Verhandlungsführer/-in; Unterhändler/-in**; **an experienced union negotiator** = member of a union who has a lot of experience of discussing terms of employment with management **ein erfahrener Gewerkschaftsunterhändler**
(b) *(GB)* person who works in an estate agency **Makler/-in**

> QUOTE initial salary is negotiable around $45,000 per annum
> Australian Financial Review

> QUOTE after three days of tough negotiations, the company reached agreement with its 1,200 unionized workers
> Toronto Star

> QUOTE many of the large travel agency chains are able to negotiate even greater discounts
> Duns Business Month

nest egg ['nest'eg] *noun* money which someone has saved over a period of time (usually kept in an interest-bearing account, and intended for use after retirement) **Notgroschen** *m*

net [net]
1 *adjective*
(a) price *or* weight *or* pay, etc. after all deductions have been made **netto** *or* **Netto-**; **net asset value (NAV)** *or* **net worth** = total value of a company after deducting the money owed by it (it is the value of shareholders' capital plus reserves and any money retained from profits) **Reinvermögen** *n* ; **net book value (NBV)** = value of an asset in a company's books (i.e., its original purchase price less any depreciation) **Nettobuchwert** *m* ; **net cash flow** = difference between money coming in and money going out of a firm **Netto-Cashflow** *m* ; **net earnings** *or* **net income** = total earnings of a business after tax and other deductions **Reinertrag** *m or* **Nettoeinkommen** *n* ; **net income** *or* **net salary** = person's income which is left after taking away tax and other deductions **Nettoverdienst** *m or* **Nettogehalt** *n* ; **net loss** = actual loss, after deducting overheads **Nettoverlust** *m* ; **net margin** = net profit shown as a percentage of sales **Nettomarge** *f or* **Nettogewinnspanne** *f* ; **net price** = price of goods or services which cannot be reduced by a discount **Nettopreis** *m* ; **net profit** = result where income from sales is more than all expenditure **Nettogewinn** *m or* **Reingewinn**; **net profit before tax** = profit of a company after expenses have been deducted but before tax has been paid **Nettogewinn vor Besteuerung**; **net receipts** = receipts after deducting commission *or* tax *or* discounts, etc. **Nettoeinnahmen** *fpl* **net sales** = sales less damaged or returned items **Nettoumsatz** *m* ; **net weight** = weight of goods after deducting the weight of packaging material and container **Nettogewicht** *n* ; **net yield** = profit from investments after deduction of tax **Nettoertrag** *m or* **Reinertrag**
(b) terms strictly net = payment has to be the full price, with no discount allowed **Zahlung netto ohne jeden Abzug** (NOTE: the spelling **nett** is sometimes used on containers)
2 *verb* to make a true profit **netto einnehmen** *or* **verdienen** *to net a profit of £10,000* (NOTE: **netting - netted)**

> QUOTE out of its earnings a company will pay a dividend. When shareholders receive this it will be net, that is it will have had tax deducted at 30 per cent
> Investors Chronicle

> QUOTE in each of the years 1986 to 1989, Japan pumped a net sum of the order of $100bn into foreign securities markets, notably into US government bonds. In 1988, Germany was also a significant supplier of net capital to the tune of $45bn
> Financial Times Review

network ['netwɜ:k]
1 *noun* system which links different points together **Netz** *n* ; **a network of distributors** *or* **a distribution network** = series of points *or* warehouses from which goods are sent all over a country **ein Verteilernetz** *or* **Vertriebsnetz**; **computer network** = computer system where several micros are linked so that they all draw on the same database **Computernetzwerk** *n* ; **Rechnerverbund** *m* ; **television network** = system of linked television stations covering the whole country **Fernsehstationen** *fpl* ; **Sendenetz** *n*
2 *verb* to link together in a network **vernetzen**; **to network a television programme** = to send out the same television programme through several TV stations **ein Fernsehprogramm im ganzen Netzbereich senden**; **networked system** = computer system where several micros are linked together so that they all draw on the same database **Mehrplatzsystem** *n* ; **Rechnerverbund** *m*

new [nju:] *adjective* recent *or* not old **neu**; **under new management** = with a new owner **unter neuer Leitung**; **new issue** = issue of new shares **Neuemission** *f* ; **new issues department** = section of a bank which deals with issues of new shares **Neuemissionsabteilung** *f* ; **new technology** = electronic instruments which have recently been invented **neue Technologie**

◇ **news** [nju:z] *noun* information about things which have happened **Nachrichten** *pl* *business news; financial news; financial markets were shocked by the news of the devaluation* **news agency** = office which distributes news to newspapers and TV and radio stations **Nachrichtenagentur** *f or* **Nachrichtendienst** *n* ; **news release** = sheet giving information about a new event which is sent to newspapers and TV and radio stations so that they can use it **Pressemitteilung** *f* ; *the company sent out a news release about the new managing director*

◇ **newsagent** ['nju:zˌeɪdʒənt] *noun* person who runs a shop selling newspapers and magazines **Zeitungshändler/-in**

◇ **newsletter** ['nju:z,letə] *noun* **company newsletter** = printed sheet or small newspaper giving news about a company **Mitteilungsblatt** *n* **eines Unternehmens; Newsletter** *m*

NIC = NATIONAL INSURANCE CONTRIBUTIONS

niche [ni:ʃ] *noun* special place in a market, occupied by one company (a 'niche company') **Nische** *f*

nickel ['nɪkl] *noun (US)* five cent coin **Nickel** *m or* **Fünfcentstück** *n*

night [naɪt] *noun* **night safe** = safe in the outside wall of a bank where money and documents can be deposited at night using a special door **Nachtsafe** *m* ; **night shift** = shift which works at night **Nachtschicht** *f* ; *there are thirty men on the night shift; he works nights or he works the night shift*

Nikkei Average [nɪkeɪ'ævrɪdʒ] index of prices on the Tokyo Stock Exchange, based on about 200 leading shares **Nikkei-Index** *m*

nil [nɪl] *noun* zero *or* nothing **Null** *f or* **Nichts** *n* ; *to make a nil return; the advertising budget has been cut to nil*

NLQ = NEAR-LETTER-QUALITY

No. = NUMBER

no-claims bonus [,nəʊkleɪmz'bəʊnəs] *noun* reduction of premiums on an insurance policy because no claims have been made **Schadenfreiheitsrabatt** *m*

nominal ['nɒmɪnl] *adjective*
(a) very small (payment) **nominell** *we make a nominal charge for our services; they are paying a nominal rent*
(b) nominal ledger = book which records a company's income and expenditure in general, but not debtors, creditors and cash, which are recorded in separate ledgers **Hauptbuch** *n* ; **nominal share capital** = the total of the face value of all the shares which a company is authorized to issue according to its memorandum of association **Nominalaktienkapital** *n* ; **nominal value** = face value, the value written on a share *or* a coin *or* a banknote **Nennwert** *m or* **Nominalwert**

nominate ['nɒmɪneɪt] *verb* to suggest someone *or* to name someone for a job **nominieren** *or* **vorschlagen; aufstellen; to nominate someone to a post** = to appoint someone to a post without an election **jdn auf eine Stelle berufen; to nominate someone as proxy** = to name someone as your proxy **jdn als Stellvertreter nominieren**

◇ **nomination** [,nɒmɪ'neɪʃən] *noun* act of nominating **Nominierung** *f or* **Aufstellung** *f*

◇ **nominee** [,nɒmɪ'ni:] *noun* person who is nominated, especially someone who is appointed to deal with financial matters on your behalf **Nominierte(r)** *or* **Kandidat/-in; nominee account** = account held on behalf of someone **Anderkonto** *n*

> COMMENT: shares can be purchased and held in nominee accounts so that the identity of the owner of the shares cannot be discovered easily

non- [nɒn] *prefix* not **nicht-** *or* **Nicht-**

◇ **non-acceptance** ['nɒnək'septəns] *noun* situation where the person who is to pay a bill of exchange does not accept it **Akzeptverweigerung** *f*

◇ **non-contributory** ['nɒnkən'trɪbjʊtərɪ] *adjective* **non-contributory pension scheme** = pension scheme where the employee does not make any contributions and the company pays everything **beitragsfreie Rentenversicherung** *the company pension scheme is non-contributory*

◇ **non-delivery** ['nɒn,dɪ'lɪvərɪ] *noun* situation where something is not delivered **Nichtlieferung** *f*

◇ **non-durables** ['nɒn'djʊərəblz] *plural noun* goods which are used up soon after they have been bought (such as food, newspapers) **kurzlebige Konsumgüter** *npl*

◇ **non-executive director** ['nɒnɪgzekjʊtɪvdɪ'rektə] *noun* director who attends board meetings and gives advice, but does not work full-time for the company **nicht geschäftsführendes Mitglied des board of directors**

◇ **non-feasance** ['nɒn'fi:zəns] *noun* not doing something which should be done by law **pflichtwidrige Unterlassung; Nichterfüllung** *f*

◇ **non-negotiable instrument** ['nɒnnɪgəʊʃəbl'ɪnstrəmənt] *noun* document (such as a crossed cheque) which cannot be exchanged for cash **nicht begebbares Wertpapier; Namenspapier** *n*

◇ **non-payment** ['nɒn'peɪmənt] *noun* **non-payment of a debt** = not paying a debt due **Nichtbezahlen** *n* **einer Verbindlichkeit**

◇ **non profit-making organization** *or (US)* **non-profit corporation** ['nɒn'prɒfɪt,meɪkɪŋ,ɔ:gənaɪ'zeɪʃən *or* 'nɒn'prɒfɪt,kɔ:pə'reɪʃən] *noun* organization (such as a club) which is not allowed by law to make a profit **gemeinnützige Organisation** *or* **gemeinnützige Körperschaft** *non-profit-making organizations are exempted from tax*

◇ **non-recurring items** ['nɒnrɪ'kɜːrɪŋ'aɪtəmz] *noun* special items in a set of accounts which appear only once **einmalige** *or* **aperiodische Posten** *mpl*

◇ **non-refundable** ['nɒnrɪ'fʌndəbl] *adjective* which will not be refunded **nicht erstattungsfähig** *non-refundable deposit*

◇ **non-resident** ['nɒn'rezɪdənt] *noun* person who is not considered a resident of a country for tax purposes **Ausländer/-in; Steuerausländer/-in** *he has a non-resident bank account*

◇ **non-returnable** ['nɒnrɪ'tɜːnəbl] *adjective* which cannot be returned **Einweg-**; **non-returnable packing** = packing which is to be thrown away when it has been used and not returned to the sender **Einwegverpackung** *f*

◇ **non-stop** ['nɒn'stɒp] *adjective & adverb* without stopping **durchgehend** *or* **ununterbrochen** *they worked non-stop to finish the audit on time*

◇ **non-sufficient funds** ['nɒnsə'fɪʃənt'fʌndz] *noun (US)* not having enough money in a bank account to pay a cheque drawn on that account **unzureichende Kontendeckung**

◇ **non-taxable** ['nɒn'tæksəbl] *adjective* which is not subject to tax **steuerfrei** *or* **nicht steuerpflichtig** *non-taxable income*

◇ **non-union** ['nɒn'juːnjən] *adjective* **company using non-union labour** = company employing workers who do not belong to trade unions **Unternehmen, das nicht gewerkschaftlich organisierte Arbeiter beschäftigt**

◇ **non-voting shares** ['nɒn'vəʊtɪŋ'ʃeəz] *noun* shares which do not allow the shareholder to vote at meetings (also called 'A' shares) **stimmrechtslose Aktien** *fpl*

norm [nɔːm] *noun* the usual quantity *or* the usual rate **Norm** *f*; *the output from this factory is well above the norm for the industry or well above the industry norm*

◇ **normal** ['nɔːməl] *adjective* usual *or* which happens regularly **normal** *or* **üblich** *normal deliveries are made on Tuesdays and Fridays; now that the strike is over we hope to resume normal service as soon as possible* **under normal conditions** = if things work in the usual way **unter normalen Bedingungen** *under normal conditions a package takes two days to get to Copenhagen*

nosedive ['nəʊzdaɪv] *verb* to fall very sharply **einen Einbruch erleben** *the share price nosedived after the chairman was arrested*

nostro account ['nɒstrəʊə,kaʊnt] *noun* account which a bank has with a correspondent bank in another country **Nostrokonto** *n (see also* VOSTRO ACCOUNT)

notary public ['nəʊtərɪ'pʌblɪk] *noun* lawyer who has the authority to witness documents and spoken statements, making them official **Notar/-in** (NOTE: plural is **notaries public)**

note [nəʊt]

1 *noun*

(a) short document *or* short piece of information **Mitteilung** *f* *or* **Bescheid** *m* ; **advice note** = written notice to a customer giving details of goods ordered and shipped but not yet delivered **Versandanzeige** *f or* **Avis** *m or n* **contract note** = note showing that shares have been bought or sold but not yet paid for **Ausführungsanzeige** *f*; **cover note** = letter from an insurance company giving details of an insurance policy and confirming that the policy exists **vorläufiger Versicherungsschein; Deckungszusage** *f* ; **covering note** = letter sent with documents to explain why you are sending them **Begleitschreiben** *n* ; **credit note** = note showing that money is owed to a customer **Gutschriftanzeige** *f* ; **debit note** = note showing that a customer owes money **Lastschriftanzeige** *f or* **Belastungsanzeige** *or* **Debetanzeige** *we undercharged Mr Smith and had to send him a debit note for the extra amount* **delivery note** = list of goods being delivered, given to the customer with the goods **Lieferschein** *m* ; **dispatch note** = note saying that goods have been sent **Versandschein** *m* ; **note of hand** *or* **promissory note** = document stating that someone promises to pay an amount of money on a certain date **Schuldschein** *m*

(b) short letter **Notiz** *f or* **Nachricht** *f*; *to send someone a note; I left a note on his desk; she left a note for the managing director with his secretary*

(c) bank note *or* **currency note** = piece of printed paper money **Banknote** *f*; **Geldschein** *m* ; *a £5 note; he pulled out a pile of used notes* (NOTE: US English for this is **bill)**

2 *verb* to write down details of something and remember them **zur Kenntnis nehmen; vermerken** *or* **notieren** *we note that the goods were delivered in bad condition; your order has been noted and will be dispatched as soon* *as we have stock; your complaint has been noted*

◇ **notebook** ['nəʊtbʊk] *noun*
(a) book for writing notes in **Notizbuch** *n*
(b) a portable computer **Notebook** *m*

◇ **notepad** ['nəʊtpæd] *noun* pad of paper for writing short notes **Notizblock** *m*

◇ **notepaper** ['nəʊt,peɪpə] *noun*
(a) *(GB)* good quality paper for letters **Briefpapier** *n*
(b) *(US)* rough paper for writing notes **Schmierpapier** *n*

notice ['nəʊtɪs] *noun*
(a) piece of written information **Mitteilung** *f* ; **Anschlag** *m* ; *the company secretary pinned up a notice about the pension scheme* **copyright notice** = note in a book showing who owns the copyright and the date of ownership **Urheberrechtsvermerk** *m*
(b) official warning that a contract is going to end *or* that terms are going to be changed **Bescheid** *m* ; **until further notice** = until different instructions are given **bis auf weiteres** *you must pay £200 on the 30th of each month until further notice*
(c) written announcement that a worker is leaving his job on a certain date **Kündigung** *f* ; **period of notice** = time stated in the contract of employment which the worker or company has to allow between resigning or being fired and the worker actually leaving his job **Kündigungsfrist** *f* ; *we require three months' notice; he gave six months' notice; we gave him three months' wages in lieu of notice* **she gave in** *or* **handed in her notice** = she resigned **sie hat ihre Kündigung eingereicht**; **he is working out his notice** = he is working during the time between resigning and actually leaving the company **er arbeitet bis zum Ende der Kündigungsfrist**
(d) time allowed before something takes place **Frist** *f* ; **at short notice** = with very little warning **kurzfristig** *the bank manager will not see anyone at short notice* **you must give seven days' notice of withdrawal** = you must ask to take money out of the account seven days before you want it **Sie haben sieben Tage Kündigungsfrist für Abhebungen**
(e) legal document (such as telling a tenant to leave property which he is occupying) **Bescheid** *m* ; **Verfügung** *f* ; **Kündigungsschreiben** *n* ; **Vorladung** *f* ; *to give a tenant notice to quit* **to serve notice on someone** = to give someone a legal notice **jdm einen Bescheid zustellen**

◇ **noticeboard** ['nəʊtɪsbɔːd] *noun* board fixed to a wall where notices can be put up **schwarzes Brett; Anschlagbrett** *n* ; *did you see the new list of prices on the noticeboard?*

notify ['nəʊtɪfaɪ] *verb* **to notify someone of something** = to tell someone something formally **jdn von etwas in Kenntnis setzen** *or* **unterrichten** *they were notified of the arrival of the shipment*

◇ **notification** [,nəʊtɪfɪ'keɪʃən] *noun* informing someone **Benachrichtigung** *f* *or* **Mitteilung** *f*

notional ['nəʊʃənl] *adjective* probable but not known exactly *or* not quantifiable **fiktiv** *or* **angenommen**; **notional income** = invisible benefit which is not money or goods and services **fiktives Einkommen**; **notional rent** = sum put into accounts as rent where the company owns the building it is occupying and so does not pay an actual rent **fiktive Mieteinnahme**

nought [nɔːt] number 0 **Null** *f* ; *a million pounds can be written as '£1m' or as one and six noughts* (NOTE: **nought** is commoner in GB English; in US English, **zero** is more usual)

null [nʌl] *adjective* which cannot legally be enforced **nichtig** *or* **ungültig**; **the contract was declared null and void** = the contract was said to be not valid **der Vertrag wurde für ungültig** *or* **null und nichtig erklärt**; **to render a decision null** = to make a decision useless *or* to cancel a decision **eine Entscheidung aufheben** *or* **für nichtig erklären**

◇ **nullification** [,nʌlɪfɪ'keɪʃən] *noun* act of making something invalid **Annullierung** *f* *or* **Aufhebung** *f*

◇ **nullify** ['nʌlɪfaɪ] *verb* to make something invalid *or* to cancel something **annullieren** *or* **für nichtig erklären**

number ['nʌmbə]
1 *noun*
(a) quantity of things *or* people **Zahl** *f* *or* **Anzahl** *f* ; *the number of persons on the payroll has increased over the last year; the number of days lost through strikes has fallen; the number of shares sold during the month* **a number of** = some **eine Reihe von** *or* **einige** *a number of the staff will be retiring this year*
(b) written figure **Nummer** *f* *or* **Zahl** *f* ; *account number; batch number; cheque number; invoice number; order number; page number; serial number; phone number or telephone number* **box number** = reference number used when asking for mail to be sent to a post office or when asking for replies to an advertisement to be sent to the newspaper's offices **Postfach** *n* ; *please reply to Box No. 209* **index number** = (i) number of something in an index; (ii) number showing the percentage

rise of something over a period **(i) Indexzahl** *or* **Katalognummer** *f* ; **(ii) Indexziffer** *f* (NOTE: **number** is often written **No.** with figures)
2 *verb* to put a figure on a document **nummerieren** *to number an order; I refer to your invoice numbered 1234* **numbered account** = bank account (usually in Switzerland) which is referred to only by a number, the name of the person holding it being kept secret **Nummernkonto** *n*
◇ **numeric** *or* **numerical** [njʊ'merɪk *or* njʊ'merɪkl] *adjective* referring to numbers **numerisch** *or* **zahlenmäßig**; **in numerical order** = in the order of figures (such as 1 before 2, 33 before 34) **nach Nummern geordnet** *file these invoices in numerical order* **numeric data** = data in the form of figures **numerische Daten** *pl* **numeric keypad** = part of a computer keyboard which is a programmable set of numbered keys **Zehnertastatur** *f or* **numerische Tastatur**

Oo

O's *see* FOUR

0500 *or* **0800 number** [əʊˌfaɪv'hʌndrəd- *or* əʊˌeɪt'hʌndrəd'nʌmbə] telephone number which can be used to reply to advertisements (the supplier pays for the call, not the caller) **gebührenfreie Telefonnummer**; *(entspricht)* **SERVICE 0130** (NOTE: the US equivalent is a **800 number**)

O & M = ORGANIZATION AND METHODS

OAP [əʊeɪ'piː] = OLD AGE PENSIONER

oath [əʊθ] *noun* legal promise stating that something is true **Eid** *m* ; **he was under oath** = he had promised in court to say what was true **er stand unter Eid**

object [əb'dʒekt] *verb* to refuse to do something *or* to say that you do not accept something **protestieren** *or* **einen Einwand** *m* **erheben (gegen)** *or* **ablehnen** *to object to a clause in a contract* (NOTE: you object **to** something)
◇ **objection** [əb'dʒekʃən] *noun* **to raise an objection to something** = to object to something **gegen etwas Einwände** *mpl or* **Einspruch** *m* **erheben** *the union delegates raised an objection to the wording of the agreement*

objective [əb'dʒektɪv]
1 *noun* something which you try to do **Ziel** *n* ; *the company has achieved its objectives; we set the sales forces certain objectives* **long-term** *or* **short-term objective** = aim which you hope to achieve within a few years or a few months **langfristige** *or* **kurzfristige Zielsetzung**; **management by objectives** = way of managing a business by planning work for the managers to do and testing if it is completed correctly and on time **Management** *n* **nach Zielvorgaben** *fpl*
2 *adjective* considered from a general point of view not from that of the person involved **objektiv** *or* **sachlich** *you must be objective in assessing the performance of the staff; to carry out an objective survey of the market*

obligate ['ɒblɪgeɪt] *verb* **to be obligated to do something** = to have a legal duty to do something **verpflichtet sein, etwas zu tun**
◇ **obligation** [ˌɒblɪ'geɪʃən] *noun*
(a) duty to do something **Verpflichtung** *f* ; **to be under an obligation to do something** = to feel it is your duty to do something **verpflichtet sein, etwas zu tun** *there is no obligation to buy; to be under no obligation to do something* **he is under no contractual obligation to buy** = he has signed no contract which forces him to buy **er ist nicht vertraglich zum Kauf verpflichtet**; **to fulfil one's contractual obligations** = to do what is stated in a contract **seine Vertragspflicht erfüllen**; **two weeks' free trial without obligation** = the customer can try the item at home for two weeks without having to buy it at the end of the test **zwei Wochen Probezeit ohne Kaufzwang**
(b) debt **Verbindlichkeit** *f* ; **to meet one's obligations** = to pay one's debts **seinen Verbindlichkeiten nachkommen**
◇ **obligatory** [ɒ'blɪgətərɪ] *adjective* necessary according to the law or rules **obligatorisch** *or* **bindend** *or* **Pflicht-** *each person has to pass an obligatory medical examination*
◇ **oblige** [ə'blaɪdʒ] *verb* **to oblige someone to do something** = to make someone feel he must do something **jdn zu etwas verpflichten** *he felt obliged to cancel the contract*

o.b.o. ['əʊbiː'əʊ] = OR BEST OFFER

obsolescence [ˌɒbsə'lesəns] *noun* act of going out of date, and therefore becoming less useful and valuable **Obsoleszenz** *f or* **Veralten** *n* ; **built-in obsolescence** *or* **planned obsolescence** = method of ensuring continuing sales of a product by making it in such a way that it will soon become obsolete **eingebaute** *or* **qualitative Obsoleszenz; geplante Veralterung**

◇ **obsolescent** [ˌɒbsəˈlesənt] *adjective* becoming out of date **obsoleszent** *or* **veraltend; unmodern**

◇ **obsolete** [ˈɒbsəliːt] *adjective* no longer used **überholt** *or* **veraltet** *or* **obsolet** *when the office was equipped with word-processors the typewriters became obsolete*

> COMMENT: a product or asset may become obsolete because it is worn out, or because new products have been developed to replace it

obtain [əbˈteɪn] *verb* to get **erhalten** *or* **beziehen** *or* **bekommen; erwirken** *to obtain supplies from abroad; we find these items very difficult to obtain; to obtain an injunction against a company; he obtained control by buying the founder's shareholding*

◇ **obtainable** [əbˈteɪnəbl] *adjective* which can be got **erhältlich** *or* **zu bekommen** *prices fall when raw materials are easily obtainable; our products are obtainable in all computer shops*

occasional [əˈkeɪʒənl] *adjective* which happens from time to time **gelegentlich**

occupancy [ˈɒkjʊpənsɪ] *noun* act of occupying a property (such as a house, an office, a room in a hotel) **Bewohnen** *n or* **Belegung** *f*; **with immediate occupancy** = empty and available to be occupied immediately **sofort beziehbar; occupancy rate** = average number of rooms occupied in a hotel over a period of time shown as a percentage of the total number of rooms **Zimmerbelegung** *during the winter months the occupancy rate was down to 50%*

◇ **occupant** [ˈɒkjʊpənt] *noun* person or company which occupies a property **Bewohner/-in**

◇ **occupation** [ˌɒkjʊˈpeɪʃən] *noun*
(a) occupation of a building = act of occupying a building **Beziehen** *n* **eines Gebäudes**
(b) job *or* work **Beruf** *m or* **Tätigkeit** *f or* **Gewerbe** *n or* **Geschäft** *n*; *what is her occupation? his main occupation is house building; people in professional occupations*

◇ **occupational** [ˌɒkjʊˈpeɪʃənl] *adjective* referring to a job **Berufs-** *or* **beruflich; occupational accident** = accident which takes place at work **Arbeitsunfall** *m*; **occupational disease** = disease which affects people in certain jobs **Berufskrankheit** *f*; **occupational hazards** = dangers which apply to certain jobs **Berufsrisiken** *npl heart attacks are one of the occupational hazards of directors* **occupational pension scheme** = pension scheme where the worker gets a pension from the company he has worked for **Betriebsaltersversorgung** *f*

◇ **occupier** [ˈɒkjʊpaɪə] *noun* person who lives in a property **Bewohner/-in; beneficial occupier** = person who occupies a property but does not own it fully **Nießbrauchberechtigte(r); owner-occupier** = person who owns the property in which he lives **Bewohner/-in des eigenen Hauses**

◇ **occupy** [ˈɒkjʊpaɪ] *verb*
(a) to live or work in a property (such as a house, an office, a hotel room) **bewohnen** *or* **belegen** *all the rooms in the hotel are occupied; the company occupies three floors of an office block*
(b) to occupy a post = to be employed in a job **eine Stelle innehaben**

> QUOTE while occupancy rates matched those of July, August has been a much poorer month than it was the year before
> Economist

> QUOTE employment in professional occupations increased by 40 per cent between 1974 and 1983, while the share of white-collar occupations in total employment rose from 44 per cent to 49 per cent
> Sydney Morning Herald

odd [ɒd] *adjective*
(a) odd numbers = numbers (like 17 or 33) which cannot be divided by two **ungerade Zahlen** *fpl odd-numbered buildings or buildings with odd numbers are on the south side of the street*
(b) a hundred odd = approximately one hundred **etwa hundert** *or* **um die hundert; keep the odd change** = keep the small change which is left over **behalten Sie das Wechselgeld**
(c) one of a group **einzeln; an odd shoe** = one shoe of a pair **ein einzelner** *or* **überzähliger Schuh; we have a few odd boxes left** = we have a few boxes left out of the total shipment **wir haben einige wenige Kisten übrig; odd lot** = group of miscellaneous items for sale at an auction **Auktionsposten** *m*; **to do odd jobs** = to do various pieces of work **Gelegenheitsarbeiten** *fpl* **verrichten**
(d) odd sizes = strange sizes which are not usual **ausgefallene Größen** *fpl*

◇ **odd-job-man** [ɒdˈdʒɒbmæn] *noun* person who does various pieces of work **Gelegenheitsarbeiter** *m*

◇ **oddments** ['ɒdmənts] *plural noun* items left over; pieces of large items sold separately **Restposten** *mpl* ; **Restbestände** *mpl* ; **Einzelstücke** *npl*

OECD [əʊiːsiː'diː] = ORGANIZATION FOR ECONOMIC CO-OPERATION AND DEVELOPMENT

> QUOTE calling for a greater correlation between labour market policies, social policies and education and training, the OECD warned that long-term unemployment would remain unacceptably high without a reassessment of labour market trends
> Australian Financial Review

off [ɒf]
1 *adverb*
(a) not working *or* not in operation **abgesagt** *or* **ausgefallen** *or* **nicht mehr geltend** *the agreement is off; they called the strike off*
(b) lower than (a previous price) **ermäßigt** *or* **mit Ermäßigung** *the shares closed 2% off; we give 5% off for quick settlement*
2 *preposition*
(a) away from a price **von** *to take £25 off the price; we give 10% off our normal prices; these carpets are sold at £25 off the marked price*
(b) not included **außer; items off balance sheet** *or* **off balance sheet assets** = financial items which do not appear in a company's balance sheet as assets (such as equipment acquired under an operating lease) **bilanzunwirksame Posten** *mpl*
(c) away from work **frei** *to take time off work; we give the staff four days off at Christmas; it is the secretary's day off tomorrow*

> QUOTE its stock closed Monday at $21.875 a share in NYSE composite trading, off 56% from its high last July
> Wall Street Journal

> QUOTE the active December long gilt contract on the LIFFE slipped to close at 83-12 from the opening 83-24. In the cash market, one long benchmark - the 11¾ issue of 2003-07 - closed 101½ to yield 11.5 per cent, off more than ⅝ on the day
> Financial Times

offer ['ɒfə]
1 *noun*
(a) statement that you are willing to pay a certain amount of money to buy something **Angebot** *n* ; *to make an offer for a company; he made an offer of £10 a share; we made a written offer for the house; £1,000 is the best offer I can make; to accept an offer of £1,000 for the car* **the house is under offer** = someone has made an offer to buy the house and the offer has been accepted provisionally **für das Haus liegt ein Kaufangebot vor; we are open to offers** = we are ready to discuss the price which we are asking **Angebote werden entgegengenommen**; **cash offer** = being ready to pay in cash **Barzahlungsangebot**; **offer price** = price at which investors buy new shares *or* units in a unit trust (the opposite, i.e., the selling price, is called the 'bid price'; the difference between the two is the 'spread') **Emissionskurs** *m* ; **or near offer (o.n.o.)** *or (US)* **or best offer (o.b.o.)** = or an offer of a price which is slightly less than the price asked **oder gegen Höchstgebot; Verhandlungsbasis (VB)** *the car is for sale at £2,000 or near offer*
(b) statement that you are willing to sell something **Verkaufsangebot** *n* ; **offer for sale** = situation where a company advertises new shares for sale to the public as a way of launching the company on the Stock Exchange (the other ways of launching a company are a 'tender' or a 'placing') **Zeichnungsangebot** *n*
(c) he received six offers of jobs *or* **six job offers** = six companies told him he could have a job with them **ihm wurden sechs Stellen angeboten** *or* **er erhielt sechs Stellenangebote**
(d) bargain offer = sale of a particular type of goods at a cheap price **Sonderangebot** *n* ; *this week's bargain offer - 30% off all carpet prices* **introductory offer** = special price offered on a new product to attract customers **Einführungsangebot** *n* ; **special offer** = goods put on sale at a specially low price **Sonderangebot** *n* ; *we have a range of men's shirts on special offer*
2 *verb*
(a) to offer someone a job = to tell someone that he can have a job in your company **jdm eine Stelle anbieten** *he was offered a directorship with Smith Ltd*
(b) to say that you are willing to pay a certain amount of money for something **bieten** *to offer someone £100,000 for his house; he offered £10 a share*
(c) to say that you are willing to sell something **anbieten** *we offered the house for sale*

office ['ɒfɪs] *noun*
(a) set of rooms where a company works *or* where business is done **Büro** *n* *or* **Geschäftsstelle** *f* ; **branch office** = less important office, usually in a different town or country from the main office **Filiale** *f* *or* **Geschäftsstelle** *f* *or* **Niederlassung** *f* ; **head**

office *or* **main office** = office building where the board of directors works and meets **Hauptgeschäftsstelle** *f or* **Zentrale** *f or* **Direktion** *f; (GB)* **registered office** = office address of a company which is officially registered with the Companies' Registrar **eingetragener Sitz**
(b) office block *or* **a block of offices** = building which contains only offices **Bürogebäude** *n* ; **office boy** = young man who works in an office, usually taking messages from one department to another **Bürobote** *m or* **Botenjunge** *m* ; **office equipment** = furniture and machines needed to make an office work **Büroaustattung** *f* ; **office hours** = time when an office is open **Bürozeit** *f or* **Dienststunden** *fpl or* **Geschäftsstunden** *fpl open during normal office hours; do not telephone during office hours; the manager can be reached at home out of office hours* **office junior** = young man or woman who does all types of work in an office **Bürohilfe** *f* ; **office space** *or* **office accommodation** = space available for offices or occupied by offices **Büroräume** *mpl we are looking for extra office space* **office staff** = people who work in offices **Büropersonal** *n* ; **office supplies** = stationery and furniture used in an office **Bürobedarf** *m* ; **an office supplies firm** = company which sells office supplies **eine Firma für Bürobedarf**; **for office use only** = something which must only be used in an office **nur für Bürozwecke** *mpl* **office worker** = person who works in an office **Büroangestellte(r)**
(c) room where someone works and does business **Büro** *n* ; *come into my office; the manager's office is on the third floor*
(d) booking office = office where you can book seats at a theatre *or* tickets for the railway **Vorverkaufsstelle** *f or* **Vorverkaufskasse** *f* ; **Fahrkartenschalter** *m* ; **box office** = office at a theatre where tickets can be bought **Kasse** *f* ; **Theaterkasse**; **employment office** = office which finds jobs for people **Stellenvermittlung** *f* ; **general office** = main administrative office in a company **Zentrale** *f or* **Hauptbüro** *n* ; **information office** = office which gives information to tourists *or* visitors **Fremdenverkehrsamt** *n* ; **Auskunft** *f* ; **inquiry office** = office where someone can answer questions from members of the public **Auskunft** *f or* **Information** *f* ; **ticket office** = office where tickets can be bought **Kasse** *f* ; **Fahrkartenschalter** *m*
(e) *(GB)* government department **Ministerium** *n* ; **the Foreign Office** = ministry dealing with foreign affairs **das Außenministerium** *or* **das Auswärtige Amt**; **the Home Office** = ministry dealing with the internal affairs of the country **das Innenministerium**; **Office of Fair Trading (OFT)** = government department which protects consumers against unfair or illegal business **Amt** *n* **für Verbraucherschutz**; **Serious Fraud Office (SFO)** = government department in charge of investigating major fraud in companies **Ermittlungsbehörde** *f* **für Wirtschaftsstraftaten**
(f) post *or* position **Amt** *n* ; *he holds or performs the office of treasurer* **high office** = important position or job **hohe amtliche Stellung**; **compensation for loss of office** = payment to a director who is asked to leave a company before his contract ends **Amtsverlustabfindung** *f*

officer ['ɒfɪsə] *noun*

(a) person who has an official position **Beamte (r)/Beamtin; Angestellte(r) (im öffentlichen Dienst); Bedienstete(r)**; **customs officer** = person working for the Customs and Excise Department **Zollbeamte(r)/Zollbeamtin**; **fire safety officer** = person responsible for fire safety in a building **Betriebsfeuerwehrmann** *m* ; **information officer** = person who gives information about a company *or* about a government department to the public **Pressereferent/-in**; **personnel officer** = person who deals with the staff, especially interviewing new workers **Personalchef/-in** *or* **Personalreferent/-in**; **training officer** = person who deals with the training of staff **Ausbildungsleiter/-in**; **the company officers** *or* **the officers of a company** = the main executives *or* directors of a company **die Führungskräfte** *fpl* **eines Unternehmens**
(b) official (usually unpaid) of a club *or* society, etc. **Vorstandsmitglied** *n* ; **Funktionär/-in** *the election of officers of an association*

official [ə'fɪʃəl]

1 *adjective*
(a) from a government department or organization **amtlich** *or* **Amts-; dienstlich** *or* **Dienst-** *on official business; he left official documents in his car; she received an official letter of explanation* **speaking in an official capacity** = speaking officially **in amtlicher Eigenschaft sprechen**; **to go through official channels** = to deal with officials, especially when making a request **den Amtsweg** *or* **Dienstweg beschreiten**; **the official exchange rate** = exchange rate which is imposed by the government **der amtliche Wechselkurs** *the official exchange rate is ten to the dollar, but you can get fifty on the black market*
(b) done or approved by a director *or* by a person in authority **offiziell** *this must be an official order - it is written on the company's notepaper* **the strike was made official** = the local strike was approved by the main trade

union office **der Streik wurde von der Gewerkschaft genehmigt**
(c) the official receiver = government official who is appointed to close down a company which is in liquidation **Konkursverwalter** *m*
2 *noun* person working in a government department **Beamte(r)/Beamtin** *airport officials inspected the shipment; government officials stopped the import licence* **customs official** = person working for the customs **Zollbeamte(r)**; **high official** = important person in a government department **höhere(r) Beamte(r)/Beamtin**; **minor official** = person in a low position in a government department **untere(r) Beamte(r)/Beamtin** *some minor official tried to stop my request for building permission* **top official** = very important person in a government department **Spitzenbeamte(r)/Spitzenbeamtin**; **union officials** = paid organizers in a trade union **Gewerkschaftsfunktionäre** *mpl*

◇ **officialese** [əˌfɪʃə'li:z] *noun* language used in government documents which can be difficult to understand **Beamtendeutsch** *n*

◇ **officially** [ə'fɪʃəlɪ] *adverb* in an official way **offiziell** *officially he knows nothing about the problem, but unofficially he has given us a lot of advice about it*

officio [ə'fɪʃɪəʊ] *see* EX OFFICIO

off-licence ['ɒfˌlaɪsəns] *noun (GB)*
(a) licence to sell alcohol for drinking away from the place where you buy it **Konzession** *f* **zum Alkoholverkauf**
(b) shop which sells alcohol for drinking at home **Wein- und Spirituosenhandlung** *f*

off-line [ɒf'laɪn] *adverb* not connected to a network or central computer **offline**

offload [ɒf'ləʊd] *verb* to pass something which is not wanted to someone else **abstoßen** *or* **abschieben; to offload excess stock** = to try to sell excess stock **überschüssige Lagerbestände abstoßen; to offload costs onto a subsidiary company** = to try to get a subsidiary company to pay some charges so as to reduce tax **Kosten auf eine Tochtergesellschaft umlegen** (NOTE: you offload something **from** a thing or person **onto** another thing or person)

off-peak [ɒf'pi:k] *adjective* **during the off-peak period** = at the time when business is less busy **außerhalb der Stoßzeit** *or* **Hauptbelastungszeit** *or* **Hauptverkehrszeit; off-peak tariff** *or* **rate** = lower charges used when the service is not busy **Niedertarif** *m*

off-season
1 [ɒf'si:zn] *adjective* **off-season tariff** *or* **rate** = cheap fares which are charged in a season when there is less business **Nebensaisontarif** *m*
2 *noun* ['ɒfsi:zn] less busy season for travel (usually during the winter) **Nebensaison** *f*; *to travel in the off-season; air fares are cheaper in the off-season*

offset [ɒf'set] *verb* to balance one thing against another so that they cancel each other out **ausgleichen** *or* **aufwiegen** *or* **aufrechnen** *to offset losses against tax; foreign exchange losses more than offset profits in the domestic market* (NOTE: **offsetting - offset)**

off-shore [ɒf'ʃɔ:] *adjective & adverb*
(a) on an island *or* in the sea near to land **der Küste vorgelagert** *or* **Offshore-** *off-shore oil field; off-shore oil platform*
(b) on an island which is a tax haven **Offshore-; off-shore fund** = fund which is based outside the UK, and usually in a country which has less strict taxation than in the UK, such as the Bahamas, etc. **Investmentfonds** *m* **mit Sitz in einer Steueroase**

off-the-job training ['ɒfðədʒɒb'treɪnɪŋ] *noun* training given to workers away from their place of work (such as at a college or school) **außerbetriebliche Ausbildung**

off-the-shelf ['ɒfðə'ʃelf] *adjective & adverb* ready-made according to a regular design **von der Stange** *or* **Konfektions-; off-the-shelf company** = company which has already been registered by an accountant or lawyer, and which is ready for sale to someone who wants to begin trading quickly **schlüsselfertiges Unternehmen**

OFT = OFFICE OF FAIR TRADING

oil [ɔɪl] *noun* natural liquid found in the ground, used to burn to give power **Öl** *n* ; **Erdöl; Mineralöl; oil-exporting countries** = countries which produce oil and sell it to others **Erdöl exportierende Länder** *npl* **oil field** = area of land or sea under which oil is found **Erdölfeld** *n* ; **oil-importing countries** = countries which import oil **Erdöl importierende Länder** *npl* **oil-producing countries** = countries which produce oil **Ölförderländer** *npl* **oil platform** *or* **oil rig** = large construction with equipment for making holes in the ground to find oil **Bohrinsel** *f*; **oil well** = hole in the ground from which oil is pumped **Erdölquelle** *f*

old [əʊld] *adjective* having existed for a long time **alt** *the company is 125 years old next* *year; we have decided to get rid of our old computer system and install a new one*

◇ **old age** ['əʊld'eɪdʒ] *noun* period when a person is old **Alter** *n* ; **old age pension** = state pension given to people over a certain age (currently to a man who is 65 or to a woman who is 60) **Altersversorgung** *f or* **Altersrente** *f* ; **old age pensioner (OAP)** = person who receives the old age pension **Rentner/-in**

◇ **old-established** ['əʊldɪs'tæblɪʃt] *adjective* (company *or* brand) which has been in existence for a long time **alteingesessen** *or* **seit langem bestehend**

◇ **old-fashioned** ['əʊld'fæʃənd] *adjective* out of date *or* not modern **altmodisch** *he still uses an old-fashioned typewriter*

ombudsman ['ɒmbʊdzmən] *noun* Parliamentary Commissioner, an official who investigates complaints by the public against government departments or other large organizations **Ombudsmann** *m* (NOTE: plural is **ombudsmen**)

COMMENT: there are in fact several ombudsmen: the main one is the Parliamentary Commissioner, who is a civil servant. The Banking Ombudsman and the Insurance Ombudsman are independent officials who investigate complaints by the public against banks or insurance companies

QUOTE radical changes to the disciplinary system, including appointing an ombudsman to review cases where complainants are not satisfied with the outcome, are proposed in a consultative paper the Institute of Chartered Accountants issued last month

Accountancy

omit [ə(ʊ)'mɪt] *verb*
(a) to leave something out *or* not to put something in **auslassen** *or* **weglassen** *the secretary omitted the date when typing the contract*
(b) not to do something **unterlassen** *or* **versäumen** *he omitted to tell the managing director that he had lost the documents* (NOTE: **omitting - omitted**)

◇ **omission** [ə(ʊ)'mɪʃən] *noun* thing which has been omitted **Auslassung** *f* ; **Unterlassung** *f* ; **Versäumnis** *n* ; **errors and omissions excepted (e. & o.e.)** = words written on an invoice to show that the company has no responsibility for mistakes in the invoice **Irrtümer und Auslassungen vorbehalten**

omnibus agreement ['ɒmnɪbəsə'gri:mənt] *noun* agreement which covers many different items **Globalabkommen** *n*

on [ɒn] *preposition*
(a) being a member of a group **in** *or* **auf** *to sit on a committee; she is on the boards of two companies; we have 250 people on the payroll; she is on our full-time staff*
(b) in a certain way **auf** *or* **im** *on a commercial basis; to buy something on approval; on the average; to buy a car on hire-purchase; to get a mortgage on easy terms*
(c) at a time **an** *or* **am** *on weekdays; the shop is closed on Wednesday afternoons; on May 24th*
(d) doing something **in** *or* **im** *the director is on holiday; she is in the States on business; the switchboard operator is on duty from 6 to 9*

oncosts ['ɒnkɒsts] *plural noun* fixed costs *or* money paid in producing a product which does not rise with the quantity of the product made **Fixkosten** *pl*

on line *or* **online** [ɒn'laɪn] *adverb* linked directly to a mainframe computer **online** *the sales office is on line to the warehouse; we get our data on line from the stock control department*

on-the-job training ['ɒnðədʒɒb'treɪnɪŋ] *noun* training given to workers at their place of work **betriebliche Ausbildung**

one-man ['wɒn'mæn] *adjective* **one-man business** *or* **firm** *or* **company** *or* **operation** *or* **band** = business run by one person alone with no staff or partners **Einmannbetrieb** *m*

◇ **one-off** ['wɒnɒf] *adjective* done or made only once **einmalig** *one-off item; one-off deal*

◇ **one-sided** ['wɒn'saɪdɪd] *adjective* which favours one side and not the other in a negotiation **einseitig** *or* **parteiisch** *one-sided agreement*

◇ **one-way** ['wɒnweɪ] *adjective* **one-way ticket** = ticket for a journey from one place to another **einfache Fahrkarte**; *(US)* **one-way fare** = fare for a journey from one place to another **einfacher Fahrpreis** *or* **einfacher Flugpreis**; **one-way trade** = situation where one country sells to another, but does not buy anything in return **einseitiger Handel**

◇ **one-way street** [wɒnweɪ'stri:t] *noun* street where the traffic is allowed to go only in one direction **Einbahnstraße** *f* ; *the shop is in a one-way street, which makes it very difficult for parking*

onerous ['ɒnərəs] *adjective* heavy *or* needing a lot of effort or money **beschwerlich** *or* **lästig**; **the repayment terms are**

particularly onerous = the loan is particularly difficult to pay back **die Rückzahlungsbedingungen sind extrem schwer**

o.n.o. ['əʊen'əʊ] = OR NEAR OFFER

OPEC ['əʊpek] = ORGANIZATION OF PETROLEUM EXPORTING COUNTRIES **OPEC** *f*

open ['əʊpən]
1 *adjective*
(a) at work *or* not closed **geöffnet** *the store is open on Sunday mornings; our offices are open from 9 to 6; they are open for business every day of the week*
(b) ready to accept something **offen** *or* **offen stehend**; **the job is open to all applicants** = anyone can apply for the job **die Stelle steht allen Bewerbern offen**; **we will keep the job open for you until you have passed your driving test** = we will not give the job to anyone else, and will wait until you have passed your test **wir werden die Stelle für Sie offen halten, bis Sie Ihren Führerschein gemacht haben**; **open to offers** = ready to accept a reasonable offer **Angebote werden entgegengenommen**; **the company is open to offers for the empty factory** = the company is ready to discuss an offer which is lower than the suggested price **die Firma zieht Angebote für die leer stehende Fabrik in Betracht**
(c) open account = account where the supplier offers the purchaser unsecured credit **Kontokorrentkonto** *n* ; **open cheque** = cheque which is not crossed and can be cashed anywhere **Barscheck** *m* ; **open credit** = bank credit given to good customers without security up to a certain maximum sum **Blankokredit** *m or* **offener Kredit**; **open market** = market where anyone can buy or sell **freier Markt**; **to buy shares on the open market** = to buy shares on the Stock Exchange, not privately **Wertpapiere auf dem freien Markt kaufen**; **open ticket** = ticket which can be used on any date **offenes Ticket**
2 *verb*
(a) to start a new business working **eröffnen** *or* **aufmachen** *she has opened a shop in the High Street; we have opened an office in London*
(b) to start work *or* to be at work **aufmachen** *or* **öffnen** *or* **geöffnet sein** *the office opens at 9 a.m.; we open for business on Sundays*
(c) to begin **eröffnen** *or* **beginnen**; **to open negotiations** = to begin negotiating **Verhandlungen beginnen** *or* **aufnehmen** *he opened the discussions with a description of the product; the chairman opened the meeting at 10.30*
(d) to start *or* to allow something to start **eröffnen** *or* **einrichten** *to open a bank account; to open a line of credit; to open a loan*
(e) the shares opened lower = share prices were lower at the beginning of the day's trading **die Aktien eröffneten schwächer**

◊ **open-ended** *or (US)* **open-end** ['əʊpən'endɪd *or* 'əʊpən'end] *adjective* with no fixed limit *or* with some items not specified **offen** *or* **unbeschränkt** *or* **unbefristet; Blanko-** *open-ended agreement* **open-end mortgage** = mortgage where the borrower can increase the amount of the loan **offene Hypothek**

◊ **opening** ['əʊpənɪŋ]
1 *noun*
(a) act of starting a new business **Eröffnung** *f*; *the opening of a new branch; the opening of a new market or of a new distribution network*
(b) opening hours = hours when a shop *or* business is open **Öffnungszeit** *f or* **Geschäftszeit**
(c) job openings = jobs which are empty and need filling **freie Stellen** *fpl we have openings for office staff* **a market opening** = possibility of starting to do business in a new market **eine Markterschließung**
2 *adjective* at the beginning *or* first **einleitend** *or* **Eröffnungs-**; **opening balance** = balance at the beginning of an accounting period **Eröffnungsbilanz** *f*; **opening bid** = first bid at an auction **Eröffnungsgebot** *n* ; **opening entry** = first entry in an account **Eröffnungsbuchung** *f* ; **opening price** = price at the start of the day's trading **Eröffnungskurs** *m or* **Eröffnungsnotierung** *f* ; **opening stock** = stock at the beginning of the accounting period **Eröffnungsbestand** *m*

◊ **open-plan office** ['əʊpənplæn'ɒfɪs] *noun* large room divided into smaller working spaces with no fixed divisions between them **Großraumbüro** *n*

◊ **open up** ['əʊpən'ʌp] *verb* **to open up new markets** = to work to start business in markets where such business has not been done before **neue Märkte erschließen**

> QUOTE after opening at 79.1 the index touched a peak of 79.2 and then drifted to a low of 78.8
> Financial Times

operate ['ɒpəreɪt] *verb*
(a) to work **gelten** *or* **wirksam werden** *the new terms of service will operate from January 1st; the rules operate on inland postal services*
(b) to operate a machine = to make a machine work **eine Maschine bedienen** *he is*

learning to operate the new telephone switchboard

◇ **operating** ['ɒpəreɪtɪŋ] *noun* general running of a business *or* of a machine **Betrieb** *m* ; **operating budget** = forecast of income and expenditure over a period of time **Betriebsbudget** *n* ; **operating costs** *or* **operating expenses** = costs of the day-to-day organization of a company **Betriebskosten** *pl* ; **betriebliche Aufwendungen** *fpl* **operating manual** = book which shows how to work a machine **Benutzerhandbuch** *n* ; **Bedienungsanleitung** *f* ; **operating profit** *or* **operating loss** = profit or loss made by a company in its usual business **Betriebsgewinn** *m or* **Betriebsverlust** *m* ; **operativer Gewinn** *or* **operativer Verlust**; **operating system** = the main program which operates a computer **Betriebssystem** *n*

◇ **operation** [ˌɒpə'reɪʃən] *noun*
(a) business organization and work **Geschäftsbereich** *m* ; **Betrieb** *m* ; *the company's operations in West Africa; he heads up the operations in Northern Europe* **operations review** = examining the way in which a company or department works to see how it can be made more efficient and profitable **Betriebsanalyse** *f* ; **franchising operation** = selling licences to trade as a franchise **Franchise-Betrieb**
(b) Stock Exchange operation = buying or selling of shares on the Stock Exchange **Börsengeschäft** *n* ; **Effektenhandel** *m*
(c) in operation = working *or* being used **in Betrieb** *or* **in Kraft** *the system will be in operation by June; the new system came into operation on June 1st*

◇ **operational** [ˌɒpə'reɪʃənl] *adjective*
(a) referring to how something works **betrieblich** *or* **Betriebs-** *or* **Funktions-**; **operational budget** = forecast of expenditure on running a business **Betriebsbudget** *n* ; **operational costs** = costs of running a business **Betriebskosten** *pl* **operational planning** = planning how a business is to be run **Betriebsplanung** *f* ; **operational research** = study of a company's way of working to see if it can be made more efficient and profitable **betriebswirtschaftliche Forschung; Operations-Research** *f*
(b) the system became operational on June 1st = the system began working on June 1st **das System trat am 1. Juni in Kraft**

◇ **operative** ['ɒpərətɪv]
1 *adjective* **to become operative** = to start working **wirksam** *or* **gültig werden** *or* **in Kraft treten** *the new system has been operative since June 1st*
2 *noun* person who operates a machine which makes a product **Fabrikarbeiter/-in**

◇ **operator** ['ɒpəreɪtə] *noun*
(a) person who works a machine **Maschinist/-in** *a keyboard operator; a computer operator*
(b) person who works a telephone switchboard **Telefonist/-in** *switchboard operator; to call the operator or to dial the operator; to place a call through or via the operator*
(c) *(on the Stock Exchange)* person who buys and sells shares hoping to make a quick profit **Börsenspekulant/-in**
(d) tour operator = person *or* company which organizes package tours **Reiseveranstalter** *m*

> QUOTE the company blamed over capacity and competitive market conditions in Europe for a £14m operating loss last year
> Financial Times

> QUOTE a leading manufacturer of business, industrial and commercial products requires a branch manager to head up its mid-western Canada operations based in Winnipeg
> Globe and Mail (Toronto)

> QUOTE the company gets valuable restaurant locations which will be converted to the family-style restaurant chain that it operates and franchises throughout most parts of the US
> Fortune

> QUOTE a number of block bookings by American tour operators have been cancelled
> Economist

opinion [ə'pɪnjən] *noun*
(a) public opinion = what people think about something **öffentliche Meinung**; **opinion-leader** = person whose opinions influence others in society **Meinungsführer/-in** *a pop-star is the ideal opinion-leader if the product is aimed at the teenage market* **opinion poll** *or* **opinion research** = asking a sample group of people what their opinion is, so as to guess the opinion of the whole population **Meinungsumfrage** *f* ; **Meinungsforschung** *f* ; *opinion polls showed that the public preferred butter to margarine; before starting the new service, the company carried out nationwide opinion polls*
(b) piece of expert advice **Gutachten** *n or* **Ansicht** *f or* **Meinung** *f* ; *the lawyers gave their opinion; to ask an adviser for his opinion on a case*

OPM [əʊpiː'em] = OTHER PEOPLE'S MONEY

opportunity [ˌɒpəˈtjuːnətɪ] *noun* situation where you can do something successfully **Gelegenheit** *f or* **Chance** *f or* **Möglichkeit** *f* ; **investment opportunities** *or* **sales opportunities** = possibilities for making investments or sales which will be profitable **Investitionsmöglichkeiten; Absatzmöglichkeiten; a market opportunity** = possibility of going into a market for the first time **Marktchance** *or* **neue Absatzmöglichkeit; employment opportunities** *or* **job opportunities** = new jobs being available **Beschäftigungsmöglichkeiten** *the increase in export orders has created hundreds of job opportunities*

> QUOTE the group is currently undergoing a period of rapid expansion and this has created an exciting opportunity for a qualified accountant
>
> Financial Times

oppose [əˈpəʊz] *verb* to try to stop something happening; to vote against something **ablehnen** *or* **Einspruch** *m* **erheben** *or* **sich widersetzen** *or* **bekämpfen** *a minority of board members opposed the motion; we are all opposed to the takeover*

opposite number [ˈɒpəzɪtˈnʌmbə] *noun* person who has a similar job in another company **Pendant** *n* ; **John is my opposite number in Smith's** = John has the same job in Smith's as I have here **John ist mein Pendant bei Fa. Smith**

optimal [ˈɒptɪməl] *adjective* best **optimal**

◇ **optimism** [ˈɒptɪmɪzəm] *noun* being sure that everything will work out well **Optimismus** *m* ; *he has considerable optimism about sales possibilities in the Far East* **market optimism** = feeling that the stock market will rise **Börsenoptimismus**

◇ **optimistic** [ˌɒptɪˈmɪstɪk] *adjective* feeling sure that everything will work out well **optimistisch** *or* **zuversichtlich; he takes an optimistic view of the exchange rate** = he expects the exchange rate will go in his favour **er ist hinsichtlich des Wechselkurses optimistisch**

◇ **optimum** [ˈɒptɪməm] *adjective* best **optimal** *the market offers optimum conditions for sales*

option [ˈɒpʃən] *noun*

(a) option to purchase *or* **to sell** = giving someone the possibility to buy or sell something within a period of time **Kaufoption** *f* ; **Verkaufsoption; first option** = allowing someone to be the first to have the possibility of deciding something **Vorhand** *f* ; **to grant someone a six-month option on a product** = to allow someone six months to decide if he wants to be the agent *or* if he wants to manufacture the product **jdm für ein Produkt eine sechsmonatige Option gewähren; to take up** *or* **to exercise an option** = to accept the option which has been offered and to put it into action **eine Option ausüben** *he exercised his option or he took up his option to acquire sole marketing rights to the product* **I want to leave my options open** = I want to be able to decide what to do when the time is right **ich will mich nicht festlegen** *or* **ich will mir alle Möglichkeiten offen halten; to take the soft option** = to decide to do something which involves the least risk, effort or problems **den Weg des geringsten Widerstandes gehen**

(b) *(Stock Exchange)*; **call option** = option to buy shares at a certain price **Kaufoption** *f* ; **put option** = option to sell shares at a certain price **Verkaufsoption** *f* ; **share option** = right to buy or sell shares at a certain price at a time in the future **Aktienoption** *f* ; **stock option** = right to buy shares at a cheap price given by a company to its employees **Aktienbezugsrecht** *n* ; **option contract** = right to buy or sell shares at a fixed price **Optionsvertrag** *m* ; **option dealing** *or* **option trading** = buying and selling share options **Optionsgeschäft** *n* ; **Optionshandel** *m* ; **traded options** = options to buy or sell shares at a certain price at a certain date in the future, which themselves can be bought or sold **handelbare Optionen** *fpl*

◇ **optional** [ˈɒpʃənl] *adjective* which can be added if the customer wants **freiwillig** *the insurance cover is optional* **optional extras** = items (such as a radio) which can be added (to a car) if wanted **Extras** *npl or* **Sonderzubehör** *npl*

order [ˈɔːdə]

1 *noun*

(a) arrangement of records (filing cards, invoices, etc.) **Anordnung** *f or* **Reihenfolge** *f* ; **alphabetical order** = arrangement by the letters of the alphabet (A, B, C, etc.) **alphabetische Reihenfolge; chronological order** = arrangement by the order of the dates **chronologische Reihenfolge** *the reports are filed in chronological order* **numerical order** = arrangement by numbers **zahlenmäßige Reihenfolge** *put these invoices in numerical order*

(b) machine in full working order = machine which is ready and able to work properly **Maschine, die voll betriebsfähig ist; the telephone is out of order** = the telephone is not working **das Telefon funktioniert nicht; is all the documentation in order?** = are all

the documents valid and correct? **ist die Dokumentation in Ordnung?**
(c) pay to Mr Smith or order = pay money to Mr Smith or as he orders **zahlbar an Herrn Smith oder dessen Order; pay to the order of Mr Smith** = pay money directly to Mr Smith or to his account **zahlbar an Herrn Smith**
(d) official request for goods to be supplied **Auftrag** *m or* **Bestellung** *f*; *to give someone an order or to place an order with someone for twenty filing cabinets* **to fill** *or* **to fulfil an order** = to supply items which have been ordered **einen Auftrag ausführen** *we are so understaffed we cannot fulfil any more orders before Christmas; to supply an order for twenty filing cabinets* **purchase order** = official paper which places an order for something **Kaufauftrag** *m or* **Bestellung** *f* ; **order fulfilment** = supplying items which have been ordered **Auftragsausführung** *f* ; **order processing** = dealing with orders (entering details on a computer, printing out invoices, advice notes, dispatch notes, etc.) **Auftragsabwicklung** *f* ; **terms: cash with order** = the goods will be supplied only if payment in cash is made at the same time as the order is placed **Zahlungsbedingungen: Barzahlung bei Auftrag; items available to order only** = items which will be manufactured only if someone orders them **Waren sind nur auf Bestellung erhältlich; on order** = ordered but not delivered **bestellt** *this item is out of stock, but is on order* **unfulfilled orders** *or* **back orders** *or* **outstanding orders** = orders received in the past and not yet supplied **nicht ausgeführte Aufträge** *or* **unerledigte Aufträge; order book** = record of orders **Auftragsbuch** *n* ; **the company has full order books** = it has enough orders to work at full capacity **das Unternehmen hat volle Auftragsbücher; telephone orders** = orders received over the telephone **telefonische Aufträge** *since we mailed the catalogue we have had a large number of telephone orders* **a pad of order forms** = a pad of blank forms for orders to be written on **ein Bestellblock** *m*
(e) item which has been ordered **Auftrag** *m or* **Bestellung** *f* ; *the order is to be delivered to our warehouse* **order picking** = collecting various items in a warehouse to make up an order to be sent to a customer **Zusammenstellung** *f* **einer Bestellung**
(f) instruction **Anweisung** *f or* **Anordnung** *f* ; **delivery order** = instructions given by the customer to the person holding his goods, telling him to deliver them **Lieferauftrag** *m*
(g) document which allows money to be paid to someone **Orderpapier** *n* ; *he sent us an order on the Chartered Bank* **banker's order** *or* **standing order** = order written by a customer asking a bank to make a regular payment **Dauerauftrag** *m* ; *he pays his subscription by banker's order* **money order** = document which can be bought for sending money through the post **Postanweisung** *f*
2 *verb*
(a) to ask for goods to be supplied **in Auftrag geben** *or* **bestellen** *to order twenty filing cabinets to be delivered to the warehouse; they ordered a new Rolls Royce for the managing director*
(b) to put in a certain way **anordnen** *or* **ordnen** *the address list is ordered by country; that filing cabinet contains invoices ordered by date*

ordinary ['ɔːdnrɪ] *adjective* normal or not special **normal** *or* **gewöhnlich; ordinary member** = person who pays a subscription to belong to a group **ordentliches Mitglied; ordinary resolution** = resolution put before an AGM, usually referring to some general procedural matter, and which requires a simple majority of votes to be accepted **mit einfacher Mehrheit gefasster Beschluss; ordinary shares** = normal shares in a company, which have no special bonuses or restrictions **Stammaktien** *fpl* (NOTE: the US term is **common stock**); **ordinary shareholder** = person who owns ordinary shares in a company **Stammaktionär/-in**

organization [ˌɔːgənaɪ'zeɪʃən] *noun*
(a) way of arranging something so that it works efficiently **Organisation** *f or* **Planung** *f* ; **Aufbau** *m* ; **Einteilung** *f* ; *the chairman handles the organization of the AGM; the organization of the group is too centralized to be efficient; the organization of the head office into departments* **organization and methods (O & M)** = examining how an office works, and suggesting how it can be made more efficient **Organisation** *f* **und Verfahren** *npl* **organization chart** = list of people working in various departments, showing how a company *or* office is organized **Organisationsplan** *m or* **Organigramm** *n* ; **line organization** = organization of a business where each manager is responsible for doing what his superior tells him to do **Linienorganisation** *f*
(b) group or institution which is arranged for efficient work **Organisation** *f* ; **government organization** = official body, run by the government **staatliche Organisation; travel organization** = body representing companies in the travel business **Verband** *m* **der Reiseveranstalter** *mpl* **employers' organization** = group of employers with similar interests **Arbeitgeberverband** *m*
◊ **organizational** [ˌɔːgənaɪ'zeɪʃənl] *adjective* referring to the way in which

something is organized **organisatorisch** *or* **Organisations-** *the paper gives a diagram of the company's organizational structure*

◇ **Organization for Economic Co-operation and Development (OECD)** organization representing the industrialized countries, aimed at encouraging international trade, wealth and employment in member countries, etc. **Organisation für wirtschaftliche Zusammenarbeit und Entwicklung (OECD)** *f*

◇ **Organization of Petroleum Exporting Countries (OPEC)** group of major countries who are producers and exporters of oil **Organisation der Erdöl exportierenden Länder (OPEC)** *f*

◇ **organize** ['ɔːgənaɪz] *verb* to arrange something so that it works efficiently **organisieren** *or* **planen** *or* **aufbauen** *or* **einteilen** *the company is organized into six profit centres; the group is organized by areas of sales* **organized labour** = workers who are members of trade unions **gewerkschaftlich organisierte Arbeiter** *mpl*

◇ **organizer** ['ɔːgənaɪzə] *noun*
(a) person who arranges things efficiently **Organisator/-in** *address any queries about the venue to the conference organizer*
(b) personal organizer *or* **electronic organizer** = very small pocket computer in which you can enter details of names, addresses, telephone numbers, appointments, meetings, etc. **elektronischer Terminkalender**

◇ **organizing committee** ['ɔːgənaɪzɪŋkə'mɪtɪ] *noun* group of people who arrange something **Organisationskomitee** *n* ; *he is a member of the organizing committee for the conference*

> QUOTE working with a client base which includes many major commercial organizations and nationalized industries
> Times

> QUOTE we organize a rate with importers who have large orders and guarantee them space at a fixed rate so that they can plan their costs
> Lloyd's List

> QUOTE governments are coming under increasing pressure from politicians, organized labour and business to stimulate economic growth
> Duns Business Month

oriented *or* **orientated** ['ɔːrɪentɪd *or* 'ɔːrɪenteɪtɪd] *adjective* working in a certain direction **ausgerichtet** *or* **orientiert**; **profit-oriented company** = company which does everything to make a profit **ein auf Gewinn ausgerichtetes Unternehmen**; **export-oriented company** = company which produces goods mainly for export **exportorientiertes Unternehmen**

origin ['ɒrɪdʒɪn] *noun* where something comes from **Ursprung** *m or* **Herkunft** *f* ; **Provenienz** *f*; *spare parts of European origin* **certificate of origin** = document showing where goods were made **Herkunftsbescheinigung** *f* ; **Provenienzzertifikat** *n* ; **country of origin** = country where a product is manufactured **Ursprungsland** *n*

◇ **original** [ə'rɪdʒənl]
1 *adjective* which was used or made first **original** *or* **Original-** *they sent a copy of the original invoice; he kept the original receipt for reference*
2 *noun* first copy made **Original** *n* ; *send the original and file two copies*

◇ **originally** [ə'rɪdʒənəlɪ] *adverb* first *or* at the beginning **ursprünglich**

OS = OUTSIZE

O/S = OUT OF STOCK

other people's money (OPM) [ˌʌðəpiːplz'mʌniː] money which a business 'borrows' from its creditors, such as by not paying invoices on schedule, and so avoids using its own funds **anderer Leute Geld**

ounce [aʊns] *noun* measure of weight (= 28 grams) **Unze** *f* (NOTE: usually written **oz** after figures: **25oz)**

out [aʊt] *adverb*
(a) on strike **im Ausstand** *or* **im Streik** *the workers have been out on strike for four weeks; as soon as the management made the offer, the staff came out; the shop stewards called the workforce out*
(b) to be out = to be wrong in calculating something **sich verrechnen** *or* **sich vertun** *or* **nicht stimmen** *the balance is £10 out* **we are £20,000 out in our calculations** = we have £20,000 too much *or* too little **wir haben uns bei unseren Berechnungen um £20.000 vertan**
(c) *(US)* away from work because of illness **nicht am Arbeitsplatz** *or* **nicht da** (NOTE: GB English in this meaning is **off)**

◇ **outbid** [aʊt'bɪd] *verb* to offer a better price than someone else **überbieten** *we offered £100,000 for the warehouse, but another company outbid us* (NOTE: **outbidding - outbid)**

◇ **outfit** ['aʊtfɪt] *noun* small, sometimes badly run, company **Laden** *m or* **Verein** *m* ; *they* *called in a public relations outfit; he works for some finance outfit*

◊ **outflow** ['aʊtfləʊ] *noun* **outflow of capital from a country** = capital which is sent out of a country for investment abroad **Kapitalabfluss** *m or* **Kapitalabwanderung** *f* **aus einem Land**

◊ **outgoing** [aʊt'gəʊɪŋ] *adjective*
(a) outgoing mail = mail which is being sent out **Postausgang** *m*
(b) the outgoing chairman *or* **the outgoing president** = chairman *or* president who is about to retire **der ausscheidende Vorsitzende** *or* **Präsident**

◊ **outgoings** [aʊt'gəʊɪŋz] *plural noun* money which is paid out **Ausgaben** *fpl or* **Ausgänge** *mpl*

◊ **out-house** ['aʊthaʊs] *adjective & adverb* working outside a company's buildings **extern** *the out-house staff; we do all our data processing out-house*

◊ **outlay** ['aʊtleɪ] *noun* money spent, expenditure **Kosten** *pl or* **Auslagen** *fpl or* **Ausgaben** *fpl* **capital outlay** = money spent on fixed assets (such as property, machinery, furniture) **Investitionsaufwand** *m or* **Investitionsausgaben** *fpl* **for a modest outlay** = for a small sum **gegen geringe Kosten**

◊ **outlet** ['aʊtlet] *noun* place where something can be sold **Geschäft** *n* ; **Händler** *m* ; **Verkaufsstelle** *f* ; **factory outlet** = shop where merchandise is sold direct to the public from the factory, usually at wholesale prices **Verkaufsaußenstelle** *f* **einer Fabrik**; **retail outlets** = shops which sell to the general public **Einzelhandelsgeschäfte**

◊ **outline** ['aʊtlaɪn]
1 *noun* general description, without giving many details **Grundzüge** *mpl* ; **Abriss** *m* ; *they drew up the outline of a plan or an outline plan* **outline planning permission** = general permission to build a property on a piece of land, but not final because there are no details **vorläufige Baugenehmigung**
2 *verb* to make a general description **skizzieren** *or* **entwerfen** *or* **umreißen** *or* **einen Überblick geben** *the chairman outlined the company's plans for the coming year*

◊ **outlook** ['aʊtlʊk] *noun* view of what is going to happen in the future **Aussichten** *pl* ; **Perspektive** *f* ; *the economic outlook is not good; the stock market outlook is worrying*

◊ **out of court** ['aʊtəv'kɔːt] *adverb & adjective* **a settlement was reached out of court** = a dispute was settled between two parties privately without continuing a court case **es kam zu einem außergerichtlichen Vergleich** *they are hoping to reach an out-of-court settlement*

◊ **out of date** ['aʊtəv'deɪt] *adjective & adverb* old-fashioned *or* no longer modern **veraltet** *or* **altmodisch** *or* **unzeitgemäß** *they are still using out-of-date equipment; their computer system is years out of date*

◊ **out of pocket** ['aʊtəv'pɒkɪt] *adjective & adverb* having paid out money personally **aus eigener Tasche** *the deal has left me out of pocket* **out-of-pocket expenses** = amount of money to pay a worker back for his own money which he has spent on company business **Barauslagen** *fpl*

◊ **out of stock (O/S)** ['aʊtəv'stɒk] *adjective & adverb* with no stock left **nicht vorrätig** *those books are temporarily out of stock; several out-of-stock items have been on order for weeks*

◊ **out of work** ['aʊtəv'wɜːk] *adjective & adverb* with no job **arbeitslos** *the recession has put millions out of work; the company was set up by three out-of-work engineers*

QUOTE American demand has transformed the profit outlook for many European manufacturers
Duns Business Month

QUOTE Nigeria recorded foreign exchange outflow of N972.9 million for the month of June
Business Times (Lagos)

output ['aʊtpʊt]
1 *noun*
(a) amount which a company or a person or a machine produces **Produktion** *f* ; **Produktionsleistung** *f* ; **Ausstoß** *m* ; *output has increased by 10%; 25% of our output is exported* **output per hour** = amount produced in one hour **Produktionsleistung pro Stunde; Stundenleistung** *f* ; **output bonus** = extra payment for increased production **Produktionsprämie** *f* ; **output tax** = VAT charged by a company on goods or services sold, and which the company pays to the government **Bruttomehrwertsteuer** *f*
(b) information which is produced by a computer **Ausgabe** *f or* **Ausgang** *m* (NOTE: the opposite is **input)**
2 *verb* to produce (by a computer) **ausgeben** *the printer will output colour graphics; that is the information outputted from the computer* (NOTE: **outputting - outputted)**

QUOTE crude oil output plunged during the last month and is likely to remain near its present level for the near future
Wall Street Journal

outright ['aʊtraɪt] *adverb & adjective* completely **total** *or* **ganz** *or* **vollständig**; **to**

purchase something outright *or* **to make an outright purchase** = to buy something completely, including all rights in it **etwas komplett kaufen**

◇ **outsell** [aʊt'sel] *verb* to sell more than someone **höheren Umsatz haben als** *or* **mehr verkaufen (als)** *the company is easily outselling its competitors* (NOTE: **outselling - outsold)**

◇ **outside** ['aʊtsaɪd] *adjective & adverb* not in a company's office or building **außer Haus** *or* **extern; to send work to be done outside** = to send work to be done in other offices **Arbeit außer Haus geben; outside office hours** = when the office is not open **außerhalb der Bürozeit; outside dealer** = person who is not a member of the Stock Exchange but is allowed to trade **Wertpapierhändler, der nicht der Börse angehört; outside director** = director who is not employed by the company **nicht geschäftsführendes Mitglied des board of directors; outside line** = line from an internal office telephone system to the main telephone exchange **Amtsleitung** *f*; *you dial 9 to get an outside line* **outside worker** = worker who does not work in a company's offices **externe (r) Mitarbeiter/-in**

◇ **outsize (OS)** ['aʊtsaɪz] *noun* size which is larger than usual **Übergröße** *f*; **an outsize order** = a very large order **ein Riesenauftrag** *m*

◇ **outsourcing** ['aʊtsɔːsɪŋ] *noun* obtaining services from specialist bureaux or other companies, rather than employing full-time members of staff to provide them **Outsourcing** *n*

> QUOTE organizations in the public and private sectors are increasingly buying in specialist services - or outsourcing - allowing them to cut costs and concentrate on their core business activities
> Financial Times

outstanding [aʊt'stændɪŋ] *adjective* not yet paid or completed **ausstehend** *or* **unbezahlt** *or* **offen; outstanding debts** = debts which are waiting to be paid **Außenstände** *pl* **outstanding orders** = orders received but not yet supplied **unerledigte Aufträge** *mpl* **what is the amount outstanding?** = how much money is still owed? **wie hoch ist der ausstehende Betrag?; matters outstanding from the previous meeting** = questions which were not settled at the previous meeting **ungeklärte Punkte** *mpl* **aus der vorhergehenden Sitzung**

> COMMENT: note the difference between 'outstanding' and 'overdue'. If a debtor has 30 days credit, then his debts are outstanding until the end of the 30 days, and they only become overdue on the 31st day

out tray ['aʊt'treɪ] *noun* basket on a desk for letters or memos which have been dealt with and are ready to be dispatched **Ausgänge** *mpl*

◇ **outturn** ['aʊttɜːn] *noun* amount produced by a country *or* company **Produktionsleistung** *f*

◇ **outvote** [aʊt'vəʊt] *verb* to defeat in a vote **überstimmen; the chairman was outvoted** = the majority voted against the chairman **der Vorsitzende wurde überstimmt**

◇ **outward** ['aʊtwəd] *adjective* going away from the home country **Hin-** *the ship is outward bound; on the outward voyage the ship will call in at the West Indies* **outward cargo** *or* **outward freight** = goods which are being exported **Hinfracht** *f*; **outward mission** = visit by a group of businessmen to a foreign country **Delegation** *f* **ins Ausland**

◇ **outwork** ['aʊtwɜːk] *noun* work which a company pays someone to do at home **Heimarbeit** *f*

◇ **outworker** ['aʊtˌwɜːkə] *noun* person who works at home for a company **Heimarbeiter/-in**

over ['əʊvə]

1 *preposition*

(a) more than **über** *the carpet costs over £100; packages not over 200 grams; the increase in turnover was over 25%*

(b) compared with **gegenüber** *increase in output over last year; increase in debtors over the last quarter's figure*

(c) during **während** *over the last half of the year profits doubled*

2 *adverb* **held over to the next meeting** = postponed *or* put back to the next meeting **bis zur nächsten Besprechung vertagt; to carry over a balance** = to take a balance from the end of one page or period to the beginning of the next **einen Saldo übertragen**

3 *plural noun* **overs** = extra items above the agreed total **Überschuss** *m or* **Mehrbetrag** *m*; *the price includes 10% overs to compensate for damage*

◇ **over-** ['əʊvə] *prefix* more than **über-; shop which caters to the over-60s** = shop which has goods which appeal to people who are more than sixty years old **Laden, der auf Kunden über sechzig ausgerichtet ist**

◇ **overall** [əʊvər'ɔːl] *adjective* covering *or* including everything **gesamt** *or* **Gesamt-; although some divisions traded profitably, the company reported an overall fall in profits** = the company reported a general fall in profits **obwohl einige Unternehmensbereiche Gewinne erzielten,**

meldete das Unternehmen insgesamt einen Rückgang der Gewinne; overall plan = plan which covers everything **Gesamtplan** *m*

◇ **overbook** [əʊvə'bʊk] *verb* to book more people than there are seats or rooms available **überbuchen** *or* **überbelegen** *the hotel or the flight was overbooked*

◇ **overbooking** [əʊvə'bʊkɪŋ] *noun* booking of more people than there are seats or rooms available **Überbuchung** *f or* **Überbelegung** *f*

◇ **overborrowed** [əʊvə'bɒrəʊd] *adjective* (company) which has very high borrowings compared to its assets, and has difficulty in meeting its interest payments **überschuldet**

◇ **overbought** [əʊvə'bɔːt] *adjective* having bought too much **überkauft; the market is overbought** = prices on the stock market are too high, because there have been too many buyers **der Aktienmarkt ist überkauft**

◇ **overcapacity** [əʊvəkə'pæsɪtɪ] *noun* unused capacity for producing something **Überkapazität** *f*

◇ **overcapitalized** [əʊvə'kæpɪtəlaɪzd] *adjective* with more capital in a company than it needs **überkapitalisiert**

◇ **overcharge**
1 ['əʊvətʃɑːdʒ] *noun* charge which is higher than it should be **zu viel berechneter Betrag** *to pay back an overcharge*
2 [əʊvə'tʃɑːdʒ] *verb* to ask too much money **zu viel berechnen** *they overcharged us for meals; we asked for a refund because we had been overcharged*

> QUOTE they said the market was overbought when the index was between 860 and 870 points
> Australian Financial Review

> QUOTE with the present overcapacity situation in the airline industry the discounting of tickets is widespread
> Business Traveller

overdraft ['əʊvədrɑːft] *noun*
(a) *(GB)* amount of money which a company or person can withdraw from a bank account with the bank's permission, and which is more than there is in the account **Überziehungskredit** *m* ; *the bank has allowed me an overdraft of £5,000* **overdraft facilities** = arrangement with a bank to have an overdraft **Überziehungskredit; we have exceeded our overdraft facilities** = we have taken out more than the overdraft allowed by the bank **wir haben unseren Überziehungskredit überzogen**
(b) *(US)* amount of a cheque which is more than the money in the account on which it is drawn (American banks do not offer overdraft facilities in the same way as British banks) **Überziehung** *f*

◇ **overdraw** [əʊvə'drɔː] *verb* to take out more money from a bank account than there is in it **überziehen; your account is overdrawn** *or* **you are overdrawn** = you have paid out more money from your account than you have in it **Ihr Konto ist überzogen** (NOTE: **overdrawing - overdrew - overdrawn)**

overdue [əʊvə'djuː] *adjective* which has not been paid on time **überfällig; interest payments are three weeks overdue** = interest payments which should have been made three weeks ago **die Zinsen sind seit drei Wochen (über)fällig**; *(see Comment at* OUTSTANDING)

◇ **overestimate** [əʊvər'estɪmeɪt] *verb* to think something is larger or worse than it really is **überschätzen** *he overestimated the amount of time needed to fit out the factory*

◇ **overextend** [əʊvərɪk'stend] *verb* **the company overextended itself** = the company borrowed more money than its assets would allow **die Firma hat sich (finanziell) übernommen**

overhead ['əʊvəhed]
1 *adjective* **overhead costs** *or* **expenses** = money spent on the day-to-day cost of a business **Gemeinkosten** *pl* ; **indirekte Kosten** *pl* **overhead budget** = plan of probable overhead costs **Gemeinkostenbudget** *n or* **Gemeinkostenplan** *m*
2 *noun* **overheads** *or (US)* **overhead** = costs of the day-to-day running of a business **Gemeinkosten** *pl* ; **indirekte Kosten** *pl the sales revenue covers the manufacturing costs but not the overheads*

◇ **overlook** [əʊvə'lʊk] *verb*
(a) to look out over **überblicken** *the Managing Director's office overlooks the factory*
(b) not to pay attention to **hinwegsehen über** *in this instance we will overlook the delay*

◇ **overmanning** [əʊvə'mænɪŋ] *noun* having more workers than are needed to do a company's work **Überbesetzung** *f* ; *to aim to reduce overmanning*

> QUOTE it ties up less capital in inventory and with its huge volume spreads out costs over bigger sales; add in low overhead (i.e. minimum staff, no deliveries, no credit cards) and a warehouse club can offer bargain prices
> Duns Business Month

overpay [əʊvə'peɪ] *verb* to pay too much **überbezahlen** *we overpaid the invoice by $245*

◇ **overpaid** [əʊvə'peɪd] *adjective* paid too much **überbezahlt** *our staff are overpaid and underworked*

◇ **overpayment** [əʊvə'peɪmənt] *noun* paying too much **Überbezahlung** *f*

overproduce [əʊvəprə'dju:s] *verb* to produce too much **überproduzieren**

◇ **overproduction** [əʊvəprə'dʌkʃən] *noun* manufacturing too much of a product **Überproduktion** *f*

overrated [əʊvə'reɪtɪd] *adjective* valued more highly than it should be **überbewertet** *the effect of the dollar on European business cannot be overrated; their 'first-class service' is very overrated*

overrider *or* **overriding commission** ['əʊvə,raɪdə *or* 'əʊvəraɪdɪŋkə'mɪʃən] *noun* special extra commission which is above all other commissions **außerordentliche Provision**

◇ **overrun** [əʊvə'rʌn] *verb* to go beyond a limit **überschreiten** *or* **überziehen** *the company overran the time limit set to complete the factory* (NOTE: **overrunning - overran - overrun)**

overseas [əʊvə'si:z]
1 *adjective* across the sea *or* to foreign countries **überseeisch** *or* **Übersee-; ausländisch** *or* **Auslands-; an overseas call** = phone call to another country **ein Auslandsgespräch** *n* ; **the overseas division** = section of a company dealing with trade with other countries **die Auslandsabteilung; overseas markets** = markets in foreign countries **Überseemärkte** *mpl* ; **ausländische Absatzmärkte** *mpl* **overseas trade** = trade with foreign countries **Überseehandel** *m* *or* **Auslandshandel**
2 *noun* foreign countries **Übersee** *(invariable)* ; **Ausland** *n* ; *the profits from overseas are far higher than those of the home division*

overseer ['əʊvəsɪə] *noun* person who supervises other workers **Aufseher/-in** *or* **Vorarbeiter/-in**

oversell [əʊvə'sel] *verb* to sell more than you can produce **mehr verkaufen, als geliefert werden kann; he is oversold** = he has agreed to sell more product than he can produce **er hat mehr verkauft, als er liefern kann; the market is oversold** = stock market prices are too low, because there have been too many sellers **der Aktienmarkt ist überverkauft** (NOTE: **overselling - oversold)**

overspend [əʊvə'spend] *verb* to spend too much **zu viel ausgeben; to overspend one's budget** = to spend more money than is allowed in the budget **seine Budgetgrenze überschreiten** (NOTE: **overspending - overspent)**

◇ **overspending** [əʊvə'spendɪŋ] *noun* spending more than is allowed **zu hohe Ausgaben** *fpl the board decided to limit the overspending by the production departments*

◇ **overstaffed** [əʊvə'stɑ:ft] *adjective* with more workers than are needed to do the work of the company **(personell) überbesetzt**

◇ **overstock** [əʊvə'stɒk]
1 *verb* to have more stock than is needed **überbevorraten** *or* **zu hohe Bestände** *mpl* **haben; to be overstocked with spare parts** = to have too many spare parts in stock **zu viele Ersatzteile auf Lager haben**
2 *plural noun (US)* **overstocks** = more stock than is needed to supply orders **Überbestand** *m* ; *we will have to sell off the overstocks to make room in the warehouse*

◇ **oversubscribe** [əʊvəsəb'skraɪb] *verb* **the share offer was oversubscribed six times** = people applied for six times as many new shares as were available **das Aktienangebot war sechsfach überzeichnet**

◇ **over-the-counter** [əʊvəðə'kaʊntə] *adjective* **over-the-counter sales** = legal selling of shares which are not listed in the official Stock Exchange list **Verkäufe im Freiverkehr** *this share is available on the over-the-counter market*

> QUOTE Cash paid for your stock: any quantity, any products, overstocked lines, factory seconds
> Australian Financial Review

overtime ['əʊvətaɪm]
1 *noun* hours worked more than the normal working time **Überstunden** *fpl to work six hours' overtime; the overtime rate is one and a half times normal pay* **overtime ban** = order by a trade union which forbids overtime work by its members **Überstundenverbot** *n* ; **overtime pay** = pay for extra time worked **Überstundenlohn** *m*
2 *adverb* **to work overtime** = to work longer hours than in the contract of employment **Überstunden machen**

overtrading [əʊvə'treɪdɪŋ] *noun* situation where a company expands too fast, so that it runs out of cash to pay for the products it sells **Geschäftstätigkeit oberhalb der durch das Betriebskapital gesetzten Grenzen**

overvalue [əʊvə'væljuː] *verb* to give a higher value than is right **überbewerten; these shares are overvalued at £1.25** = the shares are worth less than the £1.25 for which they are selling **diese Aktien sind mit £1.25 überbewertet; the pound is overvalued against the dollar** = the exchange rate gives too many dollars to the pound, considering the strength of the two countries' economies **das Pfund ist gegenüber dem Dollar überbewertet** (NOTE: the opposite is **undervalued)**

◇ **overweight** [əʊvə'weɪt] *adjective* **the package is sixty grams overweight** = the package weighs sixty grams too much **das Paket ist sechzig Gramm zu schwer** *or* **hat sechzig Gramm Übergewicht**

◇ **overworked** [əʊvə'wɜːkt] *adjective* having too much work to do **überarbeitet** *or* **überlastet** *our staff complain of being underpaid and overworked*

owe [əʊ] *verb* to have to pay money **schulden** *he owes the bank £250,000* **he owes the company for the stock he purchased** = he has not paid for the stock **er schuldet der Firma für die eingekauften Waren**

◇ **owing** ['əʊɪŋ] *adjective*

(a) which is owed **unbezahlt** *or* **ausstehend** *money owing to the directors; how much is still owing to the company by its debtors?*

(b) owing to = because of **wegen** *the plane was late owing to fog; I am sorry that owing to pressure of work, we cannot supply your order on time*

own [əʊn] *verb* to have *or* to possess **besitzen** *he owns 50% of the shares* **a wholly-owned subsidiary** = a subsidiary which belongs completely to the parent company **eine hundertprozentige Tochtergesellschaft; a state-owned industry** = industry which is nationalized **eine staatliche Industrie**

◇ **own brand goods** [əʊn'brænd'gʊdz] *noun* products specially packed for a store with the store's name on them **Eigenmarkenwaren** *fpl*

◇ **owner** ['əʊnə] *noun* person who owns something **Eigentümer/-in; sole owner** = person who owns something by himself **Alleineigentümer/-in; owner-occupier** = person who owns and lives in a house **Bewohner/-in des eigenen Hauses; goods sent at owner's risk** = situation where the owner has to insure the goods while they are being transported **Warentransport auf Gefahr des Eigentümers**

◇ **ownership** ['əʊnəʃɪp] *noun* act of owning something **Eigentum** *n* ; **common** *or* **collective ownership** = situation where a business is owned by the workers who work in it **Gemeineigentum; joint ownership** = situation where two people own the same property **Miteigentum** *or* **gemeinsames Eigentum; public ownership** *or* **state ownership** = situation where an industry is nationalized **Staatseigentum; private ownership** = situation where a company is owned by private shareholders **Privateigentum; the ownership of the company has passed to the banks** = the banks have become owners of the company **das Eigentumsrecht an dem Unternehmen ist auf die Banken übergegangen**

◇ **own label goods** [əʊn'leɪbl'gʊdz] *noun* goods specially produced for a store with store's name on them **Eigenmarkenwaren** *fpl*

oz = OUNCE(S)

Pp

P's *see* FOUR

PA ['piː'eɪ] = PERSONAL ASSISTANT

p.a. = PER ANNUM

P&L = PROFIT AND LOSS

pack [pæk]

1 *noun* **pack of items** = items put together in a container or shrink-wrapped for selling **ein Artikelpaket** *n* ; *pack of cigarettes; pack of biscuits; pack of envelopes* **items sold in packs of 200** = sold in boxes containing 200 items **in 200-Stück-Packungen verkaufte Artikel** *or* **Artikel, die in Packungen zu 200 verkauft werden; blister pack** *or* **bubble pack** = type of packing where the item for sale is covered with a stiff plastic cover sealed to a card backing **Blisterpackung** *f* ; **display pack** = specially attractive box for showing goods for sale **Schaupackung** *f* *or* **Präsentationspackung; dummy pack** = empty pack for display in a shop **Attrappe** *f* *or* **Schaupackung** *f* *or* **Leerpackung** *f* ; **four-pack** *or* **six-pack** = box

containing four or six items (often bottles) **Viererpack** *m* ; **Sechserpack**
2 *verb* to put things into a container for selling *or* sending **verpacken** *or* **einpacken** *to pack goods into cartons; your order has been packed and is ready for shipping; the computer is packed in expanded polystyrene before being shipped*

◇ **package** ['pækɪdʒ]
1 *noun*
(a) goods packed and wrapped for sending by mail **Paket** *n* ; *the Post Office does not accept bulky packages; the goods are to be sent in airtight packages*
(b) box or bag in which goods are sold **Verpackung** *f* ; **Schachtel** *f* ; *instructions for use are printed on the package*
(c) group of different items joined together in one deal **Paket** *n* ; **pay package** *or* **salary package** *or (US)* **compensation package** = salary and other benefits offered with a job **Gesamtvergütung** *f* ; *the job carries an attractive salary package* **package deal** = agreement where several different items are agreed at the same time **Gesamtvereinbarung** *f* ; **Verhandlungspaket** *n* ; **Pauschalangebot** *n* ; *we are offering a package deal which includes the whole office computer system, staff training and hardware maintenance* **package holiday** *or* **package tour** = holiday *or* tour where the hotel, travel and meals are all included in the price **Pauschalreise** *f* ; *the travel company is arranging a package trip to the international computer exhibition*
2 *verb*
(a) to package goods = to wrap and pack goods in an attractive way **Waren verpacken**
(b) to package holidays = to sell a holiday package including travel hotels and food **Pauschalreisen anbieten**

◇ **packaging** ['pækɪdʒɪŋ] *noun*
(a) the action of putting things into packages **Packen** *n or* **Verpacken**
(b) material used to protect goods which are being packed **Verpackung** *f* ; *airtight packaging; packaging material*
(c) attractive material used to wrap goods for display **dekoratives Verpackungsmaterial**

◇ **packer** ['pækə] *noun* person who packs goods **Packer/-in**

◇ **packet** ['pækɪt] *noun* small box of goods for selling **Päckchen** *n or* **Schachtel** *f* ; *packet of cigarettes; packet of biscuits; packet of filing cards* **item sold in packets of 20** = sold in boxes containing 20 items each **in 20-Stück-Packungen verkaufte Artikel** *or* **Artikel, die in Packungen zu 20 verkauft wird**; **postal packet** = small container of goods sent by post **Postpaket** *n*

◇ **packing** ['pækɪŋ] *noun*
(a) action of putting goods into boxes and wrapping them for shipping **Verpacken** *n* ; *what is the cost of the packing? packing is included in the price* **packing case** = large wooden box for carrying easily broken items **Verpackungskiste** *f* ; **packing charges** = money charged for putting goods into boxes **Verpackungskosten** *pl* **packing list** *or* **packing slip** = list of goods which have been packed, sent with the goods to show they have been checked **Packliste** *f* ; **Packzettel** *m*
(b) material used to protect goods **Verpackung** *f* ; *packed in airtight packing* **non-returnable packing** = packing which is to be thrown away when it has been used and not returned to the sender **Einwegpackung** *f*

> QUOTE the remuneration package will include an attractive salary, profit sharing and a company car
> Times

> QUOTE airlines will book not only tickets but also hotels and car hire to provide a complete package
> Business Traveller

> QUOTE in today's fast-growing packaged goods area many companies are discovering that a well-recognized brand name can be a priceless asset
> Duns Business Month

pad [pæd] *noun*
(a) pile of sheets of paper attached together on one side **Block** *m* ; **desk pad** = pad of paper kept on a desk for writing notes **Schreibblock**; **memo pad** *or* **note pad** = pad of paper for writing memos or notes **Notizblock**; **phone pad** = pad of paper kept by a telephone for noting messages **Telefon-Notizblock**
(b) soft material like a cushion **Polster** *n* ; *the machine is protected by rubber pads* **inking pad** = cushion with ink in it, used to put ink on a rubber stamp **Stempelkissen** *n*

paid [peɪd] *adjective* money has been given **bezahlt**
(a) paid holidays = holidays where the worker's wages are still paid even though he is not working **bezahlter Urlaub**
(b) paid assistant = assistant who receives a salary **fest engagierte(r) Assistent/-in**
(c) (amount) which has been settled **bezahlt** *or* **beglichen** *carriage paid; tax paid* **paid bills** = bills which have been settled **bezahlte Rechnungen** *fpl the invoice is marked 'paid'*

◇ **paid-up** [peɪd'ʌp] *adjective* paid in full **voll bezahlt**; **paid-up (share) capital** = amount of money paid for the issued capital shares (it does not include called-up capital which has not yet been paid for) **voll**

einbezahltes Kapital; **paid-up shares** = shares which have been completely paid for by the shareholders **voll bezahlte Aktien** *fpl*

pallet ['pælət] *noun* flat wooden base on which goods can be stacked for easy handling by a fork-lift truck **Palette** *f*

◊ **palletize** ['pælətaɪz] *verb* to put goods on pallets **palettieren** *palletized cartons*

pamphlet ['pæmflət] *noun* small booklet of advertising material or of information **Prospekt** *m or* **Broschüre** *f*

panel ['pænl] *noun*
(a) flat surface standing upright **Tafel** *f or* **Brett** *n or* **Platte** *f* ; **display panel** = flat area for displaying goods in a shop window **Auslagefläche** *f* ; **advertisement panel** = specially designed large advertising space in a newspaper **Großanzeige** *f*
(b) panel of experts = group of people who give advice on a problem **Sachverständigenausschuss** *m or* **Expertengruppe** *f* ; **consumer panel** = group of consumers who report on goods they have used so that the manufacturer can improve the goods, or use the consumers' reports in his advertising **Verbraucherpanel** *n or* **Verbrauchertestgruppe** *f* ; **Panel on Takeovers and Mergers** *or* **Takeover Panel** = non-statutory body which examines takeovers and applies the Takeover Code **Kontrollorgan für Übernahmen und Fusionen**

panic ['pænɪk] *noun & adjective* being frightened **Panik** *f* ; **Panik-**; **panic buying** = rush to buy something at any price because stocks may run out or because the price may rise **Panikkauf** *m* ; *panic buying of sugar or of dollars* **panic selling of sterling** = rush to sell sterling at any price because of possible devaluation **Panikverkauf von Pfund Sterling**

paper ['peɪpə] *noun*
(a) thin material for writing on *or* for wrapping **Papier** *n* ; **brown paper** = thick paper for wrapping parcels **Packpapier** *or* **braunes Papier**; **carbon paper** = sheet of paper with a black stuff on one side used in a typewriter to make a copy **Kohlepapier** *she put the carbon paper in the wrong way round* **duplicating paper** = special paper to be used in a duplicating machine **Vervielfältigungspapier**; **graph paper** = paper with small squares printed on it, used for drawing graphs **Millimeterpapier**; **headed paper** = notepaper with the name and address of the company printed on it **Papier mit Briefkopf**; **lined paper** = paper with thin lines printed on it **liniertes Papier**; **typing paper** = thin paper for use in a typewriter **Schreibmaschinenpapier**; **wrapping paper** = paper for wrapping **Packpapier**
(b) paper bag = bag made of paper **Papiertüte** *f* ; **paper feed** = device which puts paper into a printer or photocopier **Papiervorschub** *m or* **Papiereinzug** *m*
(c) papers = documents **Papiere** *npl or* **Unterlagen** *fpl he sent me the relevant papers on the case; he has lost the customs papers; the office is asking for the VAT papers*
(d) on paper = in theory **auf dem Papier** *or* **theoretisch** *on paper the system is ideal, but we have to see it working before we will sign the contract* **paper loss** = loss made when an asset has fallen in value but has not been sold **nicht realisierter Verlust**; **paper profit** = profit made when an asset has increased in value but has not been sold **Buchgewinn** *m or* **rechnerischer Gewinn** *or* **noch nicht realisierter Gewinn**; **paper millionaire** = person who owns shares which, if he sold them, would make him a millionaire **Aktienmillionär/-in**
(e) document which can represent money (bills of exchange, promissory notes, etc.) **Geldmarktpapiere** *npl* **bankable paper** = document which a bank will accept as security for a loan **bankfähiges Papier**; **negotiable paper** = document which can be transferred from one owner to another for money **begebbares Wertpapier**
(f) paper money *or* **paper currency** = banknotes **Papiergeld** *n*
(g) newspaper **Zeitung** *f* ; **trade paper** = newspaper aimed at people working in a certain industry **Handelsblatt** *n* ; **free paper** *or* **giveaway paper** = newspaper which is given away free, and which relies for its income on its advertising **kostenlose Zeitung**; *(die sich aus Werbung finanziert)*

◊ **paperclip** ['peɪpəklɪp] *noun* piece of bent wire, used to hold pieces of paper together **Büroklammer** *f*

◊ **paperless office** ['peɪpələs'ɒfɪs] *noun* office where all work is done on computers, which should mean that less paper is used (in fact, such offices usually use far more paper than old-fashioned offices) **computerisiertes Büro**

◊ **paperwork** ['peɪpəwɜːk] *noun* office work, especially writing memos and filling in forms **Schreibarbeit** *f* ; **Papierkram** *m* ; *exporting to Russia involves a large amount of paperwork*

> QUOTE the profits were tax-free and the interest on the loans they incurred qualified for income tax relief; the paper gains were rarely changed into spending money
> Investors Chronicle

par [pɑː] *adjective* equal *or* at the same price **pari** *or* **gleich**; **par value** = face value *or* the value printed on a share certificate **Nennwert** *m*; **shares at par** = shares whose market price is the same as their face value **Aktien zum Nennwert** *or* **al pari**; **shares above par** *or* **below par** = shares with a market price higher or lower than their par value **Aktien über/unter dem Nennwert** *or* **über/unter pari**

parachute ['pærəʃuːt] *noun* **golden parachute** = large, usually tax-free, sum of money given to an executive who retires from a company before the end of his service contract **großzügige Entlassungsabfindung**

paragraph ['pærəgrɑːf] *noun* group of several lines of writing which makes a separate section **Abschnitt** *m or* **Absatz** *m*; *the first paragraph of your letter or paragraph one of your letter; please refer to the paragraph in the contract on 'shipping instructions'*

parameter [pə'ræmɪtə] *noun* fixed limit **Parameter** *m*; *the budget parameters are fixed by the finance director; spending by each department has to fall within certain parameters*

parastatal [ˌpærə'steɪtl] *noun (in Africa)* large state-controlled organization **große staatliche Organisation**

parcel ['pɑːsl]
1 *noun*
(a) goods wrapped up in paper *or* plastic, etc., to be sent by post **Paket** *n*; *to do up goods into parcels* **to tie up a parcel** = to fasten a parcel with string **ein Paket verschnüren**; **parcel delivery service** = private company which delivers parcels within a certain area **Paketzustelldienst** *m*; **parcels office** = office where parcels can be handed in for sending by mail **Paketannahme** *f*; **parcel post** = mail service for sending parcels **Paketpost** *f*; *to send a box by parcel post* **parcel rates** = charges for sending parcels by post **Paketgebühren** *fpl*
(b) parcel of shares = group of shares (such as 50 or 100) which are sold as a group **Aktienpaket** *n*; *the shares are on offer in parcels of 50*
2 *verb* to wrap and tie to make a parcel **(als Paket) verpacken** *to parcel up a consignment of books* (NOTE: **parcelling - parcelled** but US **parceling - parceled)**

parent company ['peər(ə)nt'kʌmpnɪ] *noun* company which owns more than 50% of the shares of another company **Muttergesellschaft** *f*

Pareto's Law [pə'riːtəʊz'lɔː] *noun* the theory that a small percentage of a total is responsible for a large proportion of value or resources (also called the 80/20 law, because 80/20 is the normal ratio between majority and minority figures: so 20% of accounts produce 80% of turnover; 80% of GDP enriches 20% of the population, etc.) **Pareto-Effekt** *m*

pari passu [ˌpærɪ'pæsuː] *Latin phrase* meaning 'equally' **gleichwertig** *or* **gleichrangig** *the new shares will rank pari passu with the existing ones*

Paris Club ['pærɪs'klʌb] *see* GROUP OF TEN

parity ['pærətɪ] *noun* being equal **Gleichstellung** *f or* **Parität** *f*; **the female staff want parity with the men** = they want to have the same rates of pay and conditions as the men **die weibliche Belegschaft will mit der männlichen gleichgestellt werden**; **the pound fell to parity with the dollar** = the pound fell to a point where one pound equalled one dollar **das Pfund fiel, bis es den Kurs von 1:1 gegenüber dem Dollar erreichte**

> QUOTE the draft report on changes in the international monetary system casts doubt about any return to fixed exchange-rate parities
> Wall Street Journal

park [pɑːk]
1 *noun* open space with grass and trees **Park** *m*; **business park** = group of small factories or warehouses, especially near a town **Gewerbegebiet** *n*; **car park** = place where you can leave your car **Parkplatz** *m*; *he left his car in the hotel car park; if the car park is full, you can park in the street for thirty minutes* **industrial park** = area of land near a town specially set aside for factories and warehouses **Industriegebiet** *n*; **science park** = area near a town or university set aside for technological industries **Wissenschaftspark** *m*
2 *verb* to leave your car in a place while you are not using it **parken** *the rep parked his car outside the shop; you cannot park here during the rush hour; parking is difficult in the centre of the city*

Parkinson's law ['pɑːkɪnsnz'lɔː] *noun* law, based on wide experience, that in business the amount of work increases to fill the time available for it **Parkinson'sches Gesetz**

part [pɑːt] *noun*
(a) piece *or* section **Teil** *m*; *part of the shipment was damaged; part of the workforce*

is on overtime **part of the expenses will be refunded** = some of the expenses, but not all **ein Teil der Ausgaben wird zurückerstattet**
(b) in part = not completely **teilweise** *or* **zum Teil** *to contribute in part to the costs or to pay the costs in part*
(c) spare part = small piece of machinery to replace a part of a machine which is broken **Ersatzteil** *n* ; *the photocopier will not work - we need to replace a part or a part needs replacing*
(d) part-owner = person who owns something jointly with one or more other persons **Miteigentümer/-in** *he is part-owner of the restaurant* **part-ownership** = situation where two or more persons own the same property **Miteigentum** *n*
(e) part exchange = giving an old product as part of the payment for a new one **Kauf unter Inzahlungnahme** *they refused to take my old car as part exchange for the new one* **part payment** = paying of part of a whole payment **Teilzahlung** *f or* **Abschlagszahlung** *f or* **Anzahlung** *f* ; *I gave him £250 as part payment for the car* **part delivery** *or* **part order** *or* **part shipment** = delivering *or* shipping only some of the items in an order **Teillieferung** *f*

◇ **partly** ['pɑːtlɪ] *adverb* not completely **teilweise** *or* **zum Teil**; **partly-paid capital** = capital which represents partly-paid shares **teilweise eingezahltes Aktienkapital**; **partly-paid up shares** = shares where the shareholders have not paid the full face value **teilweise eingezahlte Aktien**; **partly-secured creditors** = creditors whose debts are not fully covered by the value of the security **nur zum Teil gesicherter Gläubiger**

◇ **part-time** [pɑːt'taɪm] *adjective & adverb* not working for the whole working day **Halbtags-** *or* **Teilzeit-** *she works part-time; he is trying to find part-time work when the children are in school; a part-time worker; we are looking for part-time staff to work our computers* **part-time work** *or* **part-time employment** = work for part of a working day **Teilzeitarbeit** *f or* **Teilzeitbeschäftigung** *f*

◇ **part-timer** [pɑːt'taɪmə] *noun* person who works part-time **Teilzeitkraft** *f*

partial ['pɑːʃəl] *adjective* not complete **partiell** *or* **teilweise** *or* **Teil-**; **partial loss** = situation where only part of the insured property has been damaged or lost **Teilschaden** *m* ; **he got partial compensation for the damage to his house** = he was compensated for part of the damage **der Schaden an seinem Haus wurde zum Teil ersetzt**; *(US)* **partial payment** = payment of part of a whole payment **Teilzahlung** *f or* **Abschlagszahlung** *f* (NOTE: British English is **part payment**)

participation [pɑːˌtɪsɪ'peɪʃən] *noun* taking part **Teilnahme** *f or* **Beteiligung** *f or* **Mitwirkung** *f* ; **worker participation** = situation where the workers take part in making management decisions **Mitbestimmung** *f*

◇ **participative** [pɑː'tɪsɪˌpeɪtɪv] *adjective* where both sides take part **partizipativ** *we do not treat management-worker relations as a participative process*

particular [pə'tɪkjʊlə]
1 *adjective* special, different from others **besondere(r,s)** *or* **speziell** *the photocopier only works with a particular type of paper* **particular average** = situation where part of a shipment is lost or damaged and the insurance costs are borne by the owner of the lost goods and not shared among all the owners of the shipment **besondere Havarie**
2 *noun*
(a) particulars = details **Einzelheiten** *fpl or* **nähere Angaben** *fpl sheet which gives particulars of the items for sale; the inspector asked for particulars of the missing car* **to give full particulars of something** = to list all the known details about something **ausführliche Angaben zu etwas machen**
(b) in particular = specially *or* as a special point **besonders** *or* **insbesondere** *or* **vor allem** *fragile goods, in particular glasses, need special packing*

partner ['pɑːtnə] *noun* person who works in a business and has a share in it with other partners **Teilhaber/-in** *or* **Partner/-in** *or* **Sozius** *m* ; *he became a partner in a firm of solicitors* **active** *or* **working partner** = partner who works in a partnership **geschäftsführende(r) Teilhaber/-in**; **junior partner** *or* **senior partner** = person who has a small or large part of the shares in a partnership **Juniorpartner/-in; Seniorpartner/-in**; **limited partner** = partner who is responsible for the debts of the firm only up to the amount of money which he or she has provided to the business **Kommanditist/-in**; **sleeping partner** = partner who has a share in a business but does not work in it **stille(r) Teilhaber/-in**

◇ **partnership** ['pɑːtnəʃɪp] *noun*
(a) unregistered business where two or more people (but not more than twenty) share the risks and profits according to a partnership agreement **Partnerschaft** *f* ; **Teilhaberschaft** *f* ; **Personengesellschaft** *f* ; **Sozietät** *f* ; *to go into partnership with someone; to join with someone to form a partnership* **to offer someone a partnership** *or* **to take someone**

into partnership with you = to have a working business and bring someone in to share it with you **jdn zum Teilhaber machen**; **to dissolve a partnership** = to bring a partnership to an end **eine Personengesellschaft auflösen**
(b) limited partnership = registered business where the liability of the partners is limited to the amount of capital they have each provided to the business and where the partners may not take part in the running of the business **Kommanditgesellschaft** *f*

party ['pɑːtɪ] *noun*
(a) company *or* person involved in a legal dispute or a legal agreement **Partei** *f*; *one of the parties to the suit has died; the company is not a party to the agreement*
(b) third party = any person other than the two main parties involved in a contract (i.e., in an insurance contract, not the insurance company nor the person who is insured) **Dritte(r)** *m* ; **third party insurance** *or* **third party policy** = insurance to cover damage to any person who is not one of the people named in the insurance contract (that is, not the insured person nor the insurance company) **Haftpflichtversicherung** *f*
(c) working party = group of experts who study a problem **Arbeitsausschuss** *m* ; *the government has set up a working party to study the problems of industrial waste; Professor Smith is the chairman of the working party on computers in society*

pass [pɑːs]
1 *noun* permit to allow someone to go into a building **Ausweis** *m or* **Passierschein** *m* ; *you need a pass to enter the ministry offices; all members of staff must show a pass*
2 *verb*
(a) to pass a dividend = to pay no dividend in a certain year **keine Dividende ausschütten** *or* **eine Dividende ausfallen lassen**
(b) to approve **genehmigen** *or* **annehmen** *the finance director has to pass an invoice before it is sent out; the loan has been passed by the board* **to pass a resolution** = to vote to agree to a resolution **eine Resolution annehmen** *the meeting passed a proposal that salaries should be frozen*
(c) to be successful **bestehen** *he passed his typing test; she has passed all her exams and now is a qualified accountant*

◇ **passbook** ['pɑːsbʊk] *noun* book given by a bank or building society which shows money which you deposit *or* withdraw from your savings account or building society account **Sparbuch** *n or* **Kontobuch**

> QUOTE instead of customers having transactions recorded in their passbooks, they will present plastic cards and have the transactions printed out on a receipt
> Australian Financial Review

◇ **pass off** [pɑːs'ɒf] *verb* **to pass something off as something else** = to pretend that it is another thing in order to cheat a customer **etwas für** *or* **als etwas anderes ausgeben** *he tried to pass off the wine as French, when in fact it came from outside the EU*

passage ['pæsɪdʒ] *noun* voyage by ship **Überfahrt** *f*

passenger ['pæsɪn(d)ʒə] *noun* person who travels in a train, bus, taxi, plane, etc., but is not the driver nor a member of the crew **Passagier/-in**; **foot passenger** = passenger on a ferry who is not travelling with a car **Fußpassagier/-in**; **passenger terminal** = air terminal for people going on planes, not for cargo **Abfertigungsgebäude** *n* **für Passagiere**; **passenger train** = train which carries passengers but not freight **Personenzug** *m*

passport ['pɑːspɔːt] *noun* official document proving that you are a citizen of a country, which you have to show when you travel from one country to another **Pass** *m* ; *we had to show our passports at the customs post; his passport is out of date; the passport officer stamped my passport*

password ['pɑːswɜːd] *noun* word or characters which identifies a user and allows him access to a computer system **Kennwort** *n or* **Passwort**

patent ['peɪtənt *or* 'pætənt]
1 *noun*
(a) official document showing that a person has the exclusive right to make and sell an invention **Patent** *n* ; *to take out a patent for a new type of light bulb; to apply for a patent for a new invention* **letters patent** = official term for a patent **Patenturkunde** *f* ; **patent applied for** *or* **patent pending** = words on a product showing that the inventor has applied for a patent for it **zum Patent angemeldet**; **to forfeit a patent** = to lose a patent because payments have not been made **ein Patent verfallen lassen** *or* **verwirken**; **to infringe a patent** = to make and sell a product which works in the same way as a patented product and not pay a royalty for it **ein Patent verletzen**; **infringement of patent** *or* **patent**

infringement = act of illegally making or selling a product which is patented **Patentverletzung** *f*
(b) patent agent = person who advises on patents and applies for patents on behalf of clients **Patentanwalt/-anwältin; to file a patent application** = to apply for a patent **ein Patent anmelden** *or* **eine Patentanmeldung einreichen**; **patent medicine** = medicine which is registered as a patent **patentrechtlich geschütztes Arzneimittel**; **patent office** = government office which grants patents and supervises them **Patentamt** *n* ; **patent rights** = rights which an inventor holds under a patent **Patentrecht** *n*
2 *verb* **to patent an invention** = to register an invention with the patent office to prevent other people from copying it **eine Erfindung patentieren (lassen)**

◇ **patented** ['peɪtəntɪd *or* 'pætəntɪd] *adjective* which is protected by a patent **patentiert** *or* **patentrechtlich geschützt**

paternity leave [pə'tɜːnətɪ'liːv] *noun* permission for a man to be away from work when his wife is having a baby **Vaterschaftsurlaub** *m*

patron ['peɪtrən] *noun* regular customer (of a hotel, restaurant, etc.) **Gast** *m* ; *the car park is for the use of hotel patrons only*

pattern ['pætən] *noun*
(a) pattern book = book showing examples of design **Musterbuch** *n*
(b) general way in which something usually happens **Struktur** *f or* **übliches Schema** *pattern of prices or price pattern; pattern of sales or sales pattern* **pattern of trade** *or* **trading pattern** = general way in which trade is carried on **Handelsstruktur** *the company's trading pattern shows high export sales in the first quarter and high home sales in the third quarter*

pawn [pɔːn]
1 *noun* **to put something in pawn** = to leave a valuable object with someone in exchange for a loan which has to be repaid if you want to take back the object **etwas verpfänden; etwas versetzen** *or* **ins Leihhaus bringen**; **to take something out of pawn** = to repay the loan and so get back the object **ein Pfand auslösen**; **pawn ticket** = receipt given by the pawnbroker for the object left in pawn **Pfandschein** *m*
2 *verb* **to pawn a watch** = to leave a watch with a pawnbroker who gives a loan against it **eine Uhr verpfänden**

◇ **pawnbroker** ['pɔːnbrəʊkə] *noun* person who lends money against the security of valuable objects **Pfandleiher/-in**

◇ **pawnshop** ['pɔːnʃɒp] *noun* pawnbroker's shop **Leihhaus** *n or* **Pfandleihanstalt** *f*

pay [peɪ]
1 *noun*
(a) salary *or* wage, money given to someone for regular work **Gehalt** *n or* **Lohn** *m* ; **back pay** = salary which has not been paid **Lohnnachzahlung** *f* ; **basic pay** = normal salary without extra payments **Grundlohn** *m or* **Grundgehalt** *n* ; **take-home pay** = pay left after tax and insurance have been deducted **Nettoverdienst** *m* ; **holidays with pay** = holiday which a worker can take by contract and for which he is paid **bezahlter Urlaub**; **unemployment pay** = dole, money given by the government to someone who is unemployed **Arbeitslosengeld** *n or* **Arbeitslosenhilfe** *f*
(b) pay cheque = monthly cheque which pays a salary to a worker **Lohnscheck** *m or* **Gehaltsscheck**; **pay day** = day on which wages are paid to workers (usually Friday for workers paid once a week, and during the last week of the month for workers who are paid once a month) **Zahltag** *m* ; **pay negotiations** *or* **pay talks** = discussions between management and workers about pay increases **Lohnverhandlungen** *fpl* **pay packet** = envelope containing the pay slip and the cash pay **Lohntüte** *f* ; **pay rise** = increase in pay **Gehaltserhöhung** *f or* **Lohnerhöhung**; **pay round** = annual series of wage bargaining negotiations in various industries **Tarifrunde** *f* ; **pay slip** = piece of paper showing the full amount of a worker's pay, and the money deducted as tax, pension and National Insurance contributions **Gehalt-** *or* **Lohnstreifen** *m* ; **Gehalts-** *or* **Lohnabrechnung** *f*
(c) pay desk = place in a store where you pay for goods bought **Kasse** *f* ; **pay phone** = public telephone which works if you put coins into it **Münzfernsprecher** *m*
2 *verb*
(a) to give money to buy an item or a service **(be)zahlen** *to pay £1,000 for a car; how much did you pay to have the office cleaned?* **to pay in advance** = to give money before you receive the item bought *or* before the service has been completed **im Voraus bezahlen** *we had to pay in advance to have the new telephone system installed* **to pay in instalments** = to give money for an item by giving small amounts regularly **in Raten zahlen** *we are paying for the computer by paying instalments of £50 a month* **to pay cash** = to pay the complete sum in cash **bar bezahlen**; **to pay by cheque** = to pay by giving a cheque, not by using cash or credit

card **mit (einem) Scheck bezahlen; to pay by credit card** = to pay, using a credit card and not a cheque or cash **mit Kreditkarte bezahlen**
(b) to give money **(be)zahlen; to pay on demand** = to pay money when it is asked for, not after a period of credit **auf Anforderung zahlen; please pay the sum of £10** = please give £10 in cash or by cheque **bitte zahlen Sie den Betrag von £10; to pay a dividend** = to give shareholders a part of the profits of a company **eine Dividende ausschütten** *these shares pay a dividend of 1.5p* **to pay interest** = to give money as interest on money borrowed *or* invested **Zinsen zahlen** *building societies pay an interest of 10%*
(c) to give a worker money for work done **(be)zahlen** *or* **auszahlen** *the workforce has not been paid for three weeks; we pay good wages for skilled workers; how much do they pay you per hour?* **to be paid by the hour** = to get money for each hour worked **stundenweise bezahlt werden** *or* **einen Stundenlohn erhalten; to be paid at piece-work rates** = to get money for each piece of work finished **einen Akkordlohn** *or* **Stücklohn erhalten; im Akkord bezahlt werden**
(d) to give money which is owed *or* which has to be paid **(be)zahlen** *or* **begleichen** *to pay a bill; to pay an invoice; to pay duty on imports; to pay tax*
(e) to pay a cheque into an account = to deposit money in the form of a cheque **einen Scheck auf ein Konto einzahlen** (NOTE: **paying - paid**)

◇ **payable** ['peɪəbl] *adjective* which is due to be paid **zahlbar** *or* **fällig; payable in advance** = which has to be paid before the goods are delivered **im Voraus zahlbar; payable on delivery** = which has to be paid when the goods are delivered **zahlbar bei Lieferung; payable on demand** = which must be paid when payment is asked for **zahlbar bei Sicht** *or* **auf Verlangen; payable at sixty days** = which has to be paid by sixty days after the date of invoice **zahlbar innerhalb von sechzig Tagen; cheque made payable to bearer** = cheque which will be paid to the person who has it, not to any particular name written on it **Inhaberscheck** *m* *or* **Überbringerscheck; shares payable on application** = shares which must be paid for when you apply to buy them **bei Zeichnung zahlbare Aktien** *fpl* **accounts payable** = money owed by a company **Verbindlichkeiten** *fpl* **bills payable** = bills which a debtor will have to pay **Wechselverbindlichkeiten** *fpl* **electricity charges are payable by the tenant** = the tenant (and not the landlord) must pay for the electricity **die Stromkosten sind vom Mieter zu tragen**

◇ **pay as you earn (PAYE)** ['peɪæzjʊ'ɜːn] *(GB)* tax system, where income tax is deducted from the salary before it is paid to the worker /T Quellenabzug *m*

◇ **pay-as-you-go** ['peɪæzjʊ'gəʊ]
(a) *(US)* = PAY AS YOU EARN
(b) *(GB)* payment system where the purchaser pays in small instalments as he uses the service **Teilzahlungssystem beim Ratenkauf**

◇ **pay back** [peɪ'bæk] *verb* to give money back to someone **zurückzahlen** *to pay back a loan; I lent him £50 and he promised to pay me back in a month; he has never paid me back the money he borrowed*

◇ **payback** ['peɪbæk] *noun* paying back money which has been borrowed **Rückzahlung** *f*; **payback clause** = clause in a contract which states the terms for repaying a loan **Rückzahlungsklausel** *f*; **payback period** = period of time over which a loan is to be repaid *or* an investment is to pay for itself **Tilgungszeitraum** *m* *or* **Amortisationszeit** *f* *or* **Amortisationsdauer** *f*

◇ **pay-cheque** *or* *(US)* **paycheck** ['peɪtʃek] *noun* salary cheque given to an employee **Lohnscheck** *m* *or* **Gehaltsscheck**

◇ **pay down** [peɪ'daʊn] *verb* **to pay money down** = to make a deposit **Geld anzahlen** *he paid £50 down and the rest in monthly instalments*

◇ **PAYE** ['piːeɪwaɪ'iː] = PAY AS YOU EARN

◇ **payee** [peɪ'iː] *noun* person who receives money from someone *or* person whose name is on a cheque **Zahlungsempfänger/-in**

◇ **payer** ['peɪə] *noun* person who gives money to someone **Zahler** *m* ; **slow payer** = person *or* company which does not pay debts on time **Schuldner** *m* **mit schlechter Zahlungsmoral** *he is well known as a slow payer*

◇ **paying** ['peɪɪŋ]
1 *adjective* which makes a profit **rentabel** *or* **gewinnbringend** *or* **lukrativ** *or* **einträglich** *it is a paying business* **it is not a paying proposition** = it is not a business which is going to make a profit **das ist kein lukratives** *or* **lohnendes Geschäft**
2 *noun* giving money **Zahlen** *n* *or* **Bezahlen** *n* *or* **Begleichen** *n* ; *paying of a debt* **paying-in book** = book of forms for paying money into a bank account *or* building society **Einzahlungsbuch** *n* ; **paying-in slip** = form which is filled in when money is being deposited in a bank account *or* building society **Einzahlungsbeleg** *m*

◊ **payload** ['peɪləʊd] *noun* cargo *or* passengers carried by a ship *or* train *or* plane for which payment is made **Nutzlast** *f*

◊ **payment** ['peɪmənt] *noun*
(a) giving money **Zahlung** *f or* **Bezahlung** *f or* **Begleichung** *f* ; *payment in cash or cash payment; payment by cheque; payment of interest or interest payment* **payment on account** = paying part of the money owed **Abschlagszahlung** *or* **Akontozahlung**; **full payment** *or* **payment in full** = paying all money owed **Zahlung in voller Höhe**; **payment on invoice** = paying money as soon as an invoice is received **Zahlung bei Erhalt der Rechnung**; **payment in kind** = paying by giving goods or food, but not money **Sachleistung** *f* ; **Bezahlung in Naturalien**; **payment by results** = money given which increases with the amount of work done or goods produced **Leistungslohn** *m* ; **Erfolgshonorar** *n*
(b) money paid **Zahlung** *f* ; **back payment** = paying money which is owed **Nachzahlung** *or* **Rückzahlung**; **deferred payment** = (i) money paid later than the agreed date; (ii) payment for goods by instalments over a period of time **(i) aufgeschobene Zahlung; (ii) Ratenzahlung** *the company agreed to defer payments for three months* **down payment** = part of a total payment made in advance **Anzahlung**; **repayable in easy payments** = repayable with small sums regularly **rückzahlbar in bequemen Raten**; **incentive payments** = extra pay offered to a worker to make him work better **Leistungszulage** *f or* **Leistungsprämie** *f* ; **balance of payments** = the international financial position of a country including visible and invisible trade **Zahlungsbilanz** *f*

◊ **pay off** [peɪ'ɒf] *verb*
(a) to finish paying money which is owed **ab(be)zahlen** *or* **tilgen** *to pay off a mortgage; to pay off a loan*
(b) to pay all the money owed to someone and terminate his employment **auszahlen** *when the company was taken over the factory was closed and all the workers were paid off*

◊ **payoff** ['peɪɒf] *noun*
(a) money paid to finish paying something which is owed, such as money paid to a worker when his employment is terminated **Tilgungssumme** *f or* **Rückzahlungsbetrag** *m* ; **Auszahlung** *f*
(b) profit *or* reward **Lohn** *m or* **Vorteil** *m* ; *one of the payoffs of a university degree is increased earning power*

◊ **pay out** [peɪ'aʊt] *verb* to give money **auszahlen** *or* **ausgeben** *the company pays out thousands of pounds in legal fees; we have paid out half our profits in dividends*

◊ **payout** ['peɪaʊt] *noun* money paid to help a company in difficulty *or* subsidy **Subvention** *f* ; *the company only exists on payouts from the government*

◊ **payroll** ['peɪrəʊl] *noun* list of people employed and paid by a company *or* money paid by a company in salaries **Lohnliste** *f or* **Gehaltsliste; Löhne** *mpl* **und Gehälter** *npl the company has 250 on the payroll* **payroll ledger** = list of staff and their salaries **Lohnliste** *or* **Gehaltsliste; payroll tax** = tax on the people employed by a company **Lohnsummensteuer** *f; (US)* **payroll deduction** = money taken from an employee's gross pay for taxes, social security and pension contributions **gesetzliche Abzüge** *mpl* **vom Lohn oder Gehalt**

◊ **pay up** [peɪ'ʌp] *verb* to give money which is owed **zahlen** *or* **voll/ganz bezahlen** *the company only paid up when we sent them a letter from our solicitor; he finally paid up six months late*

> QUOTE the yield figure means that if you buy the shares at their current price you will be getting 5% before tax on your money if the company pays the same dividend as in its last financial year
> Investors Chronicle

> QUOTE after a period of recession followed by a rapid boost in incomes, many tax payers embarked upon some tax planning to minimize their payouts
> Australian Financial Review

> QUOTE recession encourages communication not because it makes redundancies easier, but because it makes low or zero pay increases easier to accept
> Economist

> QUOTE the finance director of the group is to receive a payoff of about £300,000 after deciding to leave the company and pursue other business opportunities
> Times

pc = PER CENT

PC ['pi:'si:] = PERSONAL COMPUTER

PCB = PETTY CASH BOOK

P/E [pi:'i:] *abbreviation* = PRICE/ EARNINGS; **P/E ratio (price/earnings ratio** *or* **PER)** = ratio between the current market price of a share and the earnings per share (profit after tax divided by the number of shares in issue) calculated by dividing the market price by the earnings per share **Kurs-**

Gewinn-Verhältnis *n* ; *these shares sell at a P/E ratio of 7 (see also comment at PRICE/EARNINGS)*

peak [piːk]
1 *noun* highest point **Höhepunkt** *m or* **Höchststand** *m* ; **peak period** = time of the day when most commuters are travelling *or* when most electricity is being used, etc. **Hauptverkehrszeit** *f or* **Stoßzeit** *or* **Hauptbelastungszeit; time of peak demand** = time when something is being used most **Spitzenbedarfszeit** *f* ; **peak output** = highest output **Höchstproduktion** *f* ; **peak year** = best year *or* year when the largest quantity of products was produced *or* when sales were highest **Spitzenjahr** *n* ; *the shares reached their peak in January; the share index has fallen 10% since the peak in January*
2 *verb* to reach the highest point **den Höchststand erreichen** *productivity peaked in January; shares have peaked and are beginning to slip back*

pecuniary [pɪ'kjuːnjərɪ] *adjective* referring to money **finanziell** *or* **pekuniär; he gained no pecuniary advantage** = he made no profit **er erzielte keinen finanziellen Vorteil**

peddle ['pedl] *verb* to sell goods from door to door *or* in the street **hausieren** *or* **ein Reisegewerbe betreiben**

peg [peg] *verb* to hold something at a certain point **festsetzen** *or* **halten; to peg prices** = to fix prices to stop them rising **Preise stützen** *or* **stabilisieren; to peg wage increases to the cost-of-living index** = to limit increases in wages to the increases in the cost-of-living index **Lohnerhöhungen an das Niveau des Lebenshaltungsindexes koppeln** (NOTE: **pegging - pegged)**

pen [pen] *noun* thing for writing with, using ink **Füllhalter** *m* ; **Kugelschreiber** *m* ; **felt pen** = pen with a point made of hard cloth **Filzstift** *m* ; **light pen** = type of pen which, when passed over a bar code, can read it and send information back to a computer **Lichtstift** *m or* **Lichtgriffel** *m* ; **marker pen** = pen which makes a wide coloured mark **Textmarker** *m*

penalty ['penltɪ] *noun* punishment (such as a fine) which is imposed if something is not done or is done incorrectly or illegally **Strafe** *f* ; **penalty clause** = clause which lists the penalties which will be imposed if the contract is not obeyed **Strafklausel** *f* ; *the contract contains a penalty clause which fines the company 1% for every week the completion date is late*

◇ **penalize** ['piːnəlaɪz] *verb* to punish *or* to fine **bestrafen** *or* **mit einer Strafe belegen** *to penalize a supplier for late deliveries; they were penalized for bad service*

pence [pens] *see* PENNY

pencil ['pensəl] *noun* instrument for writing, made of a stick of wood, with black or coloured material in the centre **Bleistift** *m* ; **pencil sharpener** = device for sharpening pencils **Bleistiftspitzer** *m*

pending ['pendɪŋ]
1 *adjective* waiting **schwebend** *or* **anstehend; pending tray** = basket on a desk for papers which cannot be dealt with immediately **Ablage** *f* **für Unerledigtes; patent pending** = situation where an invention is put on the market before a patent is granted **zum Patent angemeldet**
2 *preposition* **pending advice from our lawyers** = while waiting for advice from our lawyers **bis zur endgültigen Benachrichtigung durch unsere Anwälte**

penetrate ['penɪtreɪt] *verb* **to penetrate a market** = to get into a market and capture a share of it **in einen Markt eindringen**
◇ **penetration** [ˌpenɪ'treɪʃən] *noun* **market penetration** = percentage of a total market which the sales of a company cover **Marktdurchdringung** *f*

penny ['penɪ] *noun*
(a) *(GB)* small coin, of which one hundred make a pound **Penny** *m* (NOTE: written **p** after a figure: **26p;** the plural is **pence)**
(b) *(US informal)* small coin, one cent **Centstück** *n* (NOTE: plural in US English is **pennies.** In GB English, say 'pee' for the coin, and 'pee' or 'pence' for the amount: **a five 'pee' coin; it costs ten 'pee'** *or* **ten 'pence'.** In US English, say **'pennies'** for coins and **'cents'** for the amount)
◇ **penny share** *or (US)* **penny stock** ['penɪ'ʃeə *or* 'penɪ'stɒk] *noun* very cheap share, costing about 10p or less than $1 **Kleinaktie** *f or* **Billigaktie**

> COMMENT: these shares can be considered as a good speculation, since buying even large numbers of them does not involve a large amount of money, and the share price of some companies can rise dramatically; the price can of course fall, but in the case of penny shares, the loss is not likely to be as much as with shares with a higher market value

pension ['penʃən]
1 *noun*
(a) money paid regularly to someone who no longer works **Rente** *f or* **Pension** *f or*

Ruhegehalt *n* ; **retirement pension** *or* **old age pension** = state pension given to a man who is over 65 or and woman who is over 60 **Altersrente** *or* **Pension** *or* **Ruhegehalt**; **government pension** *or* **state pension** = pension paid by the state **staatliche Rente**; **occupational pension** = pension which is paid by the company by which a worker has been employed **Betriebsrente** *or* **betriebliche Altersversorgung**; **portable pension** = pension entitlement which can be moved from one company to another without loss (as a worker changes jobs) **(auf eine andere Firma) übertragbarer Rentenanspruch**; **pension contributions** = money paid by an employer or worker into a pension fund **Rentenversicherungsbeiträge** *mpl*

(b) pension plan *or* **pension scheme** = plan worked out by an insurance company which arranges for a worker to pay part of his salary over many years and receive a regular payment when he retires **Rentenversicherungssystem** *n* ; **company pension scheme** = pension which is organized by a company for its staff **betriebliche Altersversorgung** *or* **Pensionskasse** *f* ; *he decided to join the company's pension scheme* **contributory pension scheme** = scheme where the worker has to pay a proportion of his salary **beitragspflichtige Rentenversicherung**; **graduated pension scheme** = pension scheme where the benefit is calculated as a percentage of the salary of each person in the scheme **gestaffelte Rentenversicherung**; **non-contributory pension scheme** = scheme where the employer pays in all the money on behalf of the worker **beitragsfreie Rentenversicherung**; **personal pension plan** = pension plan which applies to one worker only, usually a self-employed person, not to a group **private Rentenversicherung**; **portable pension plan** = pension plan which a worker can carry from one company to another as he changes jobs **(auf eine andere Firma) übertragbarer Rentenanspruch**

(c) pension entitlement = amount of pension which someone has the right to receive when he retires **Rentenanspruch** *m* ; **pension fund** = fund which receives contributions from employers and employees, being the money which provides pensions for retired members of staff **Pensionskasse** *f*

2 *verb* **to pension someone off** = to ask someone to retire and take a pension **jdn vorzeitig pensionieren** *or* **jdn in den Ruhestand versetzen**

◇ **pensionable** ['penʃənəbl] *adjective* able to receive a pension **pensionsberechtigt** *or* **rentenberechtigt**; **pensionable age** = age after which someone can stop working and take a pension **Pensionsalter** *n or* **Rentenalter**

◇ **pensioner** ['penʃənə] *noun* person who receives a pension **Rentner/-in** *or* **Pensionär/-in**; **old age pensioner** = person who receives the retirement pension **Rentner/-in** *or* **Rentenempfänger/-in**

PEP = PERSONAL EQUITY PLAN

peppercorn rent ['pepəkɔːn'rent] *noun* very small *or* nominal rent **nominelle Miete** *or* **nominelle Pacht** *to pay a peppercorn rent; to lease a property for or at a peppercorn rent*

PER = PRICE/EARNINGS RATIO

per [pɜː] *preposition*

(a) as per = according to **gemäß** *or* **laut**; **as per invoice** = as stated in the invoice **laut Rechnung**; **as per sample** = as shown in the sample **gemäß dem Muster**; **as per previous order** = according to the details given in our previous order **gemäß der vorausgegangenen Bestellung**

(b) at a rate of **pro**; **per hour** *or* **per day** *or* **per week** *or* **per year** = for each hour *or* day *or* week *or* year **pro Stunde** *or* **pro Tag** *or* **pro Woche** *or* **pro Jahr** *the rate is £5 per hour; he makes about £250 per month* **we pay £10 per hour** = we pay £10 for each hour worked **wir bezahlen £10 pro** *or* **die Stunde**; **the car was travelling at twenty-five miles per hour** = at a speed which covered 25 miles in one hour **das Auto fuhr mit (einer Geschwindigkeit von) 25 Meilen pro Stunde**; **the earnings per share** = dividend received for each share **der Gewinn pro Aktie**; **the average sales per representative** = the average sales achieved by one representative **der durchschnittliche Absatz** *or* **Umsatz pro Handelsvertreter/-in**; **per head** = for each person **pro Kopf** *allow £15 per head for expenses; representatives cost on average £25,000 per head per annum*

(c) out of **pro** *the rate of imperfect items is about twenty-five per thousand; the birth rate has fallen to twelve per hundred*

◇ **per annum** [pər'ænəm] *adverb* in a year **im** *or* **pro Jahr** *what is their turnover per annum?*

◇ **per capita** [pə'kæpɪtə] *adjective & adverb* for each person **pro Kopf**; **average income per capita** *or* **per capita income** = average income of one person **Durchschnittseinkommen** *n* **pro Kopf** *or* **Pro-Kopf-Einkommen** *n* ; **per capita expenditure** = total money spent divided by the number of people involved **Pro-Kopf-Ausgaben** *fpl*

◇ **per cent** [pə'sent] *adjective & adverb* out of each hundred *or* for each hundred **prozentual**; **10 per cent** = ten in every hundred **10 Prozent** *what is the increase per cent? fifty per cent of nothing is still nothing*

◇ **percentage** [pəˈsentɪdʒ] *noun* amount shown as part of one hundred **Prozentsatz** *m or* **Prozent** *n* ; **percentage discount** = discount calculated at an amount per hundred **prozentualer Rabatt**; **percentage increase** = increase calculated on the basis of a rate for one hundred **prozentualer Anstieg**; **percentage point** = one per cent **Prozentpunkt** *m*

◇ **percentile** [pəˈsentaɪl] *noun* one of a series of ninety-nine figures below which a certain percentage of the total falls **Hundertstel** *n*

> QUOTE a 100,000 square-foot warehouse generates $600 in sales per square foot of space
> Duns Business Month

> QUOTE this would represent an 18 per cent growth rate - a slight slackening of the 25 per cent turnover rise in the first half
> Financial Times

> QUOTE buildings are depreciated at two per cent per annum on the estimated cost of construction
> Hongkong Standard

> QUOTE state-owned banks cut their prime rates a percentage point to 11%
> Wall Street Journal

> QUOTE a good percentage of the excess stock was taken up during the last quarter
> Australian Financial Review

> QUOTE the Federal Reserve Board, signalling its concern about the weakening American economy, cut the discount rate by one-half percentage point to 6.5%
> Wall Street Journal

perfect
1 [ˈpɜːfɪkt] *adjective* completely correct *or* with no mistakes **perfekt** *or* **fehlerlos** *or* **vollkommen** *we check each batch to make sure it is perfect; she did a perfect typing test; (in economic theory)*; **perfect competition** *or* **perfect market** = ideal market, where all products are equal in price and all customers are provided with all information about the products **vollkommene Konkurrenz; bilaterales Polypol**
2 [pəˈfekt] *verb* to make something which is completely correct **vervollkommnen** *or* **perfektionieren** *he perfected the process for making high grade steel*

◇ **perfectly** [ˈpɜːfɪktlɪ] *adverb* correctly, with no mistakes **perfekt** *or* **fehlerlos** *she typed the letter perfectly*

perform [pəˈfɔːm] *verb* to do well or badly **abschneiden; how did the shares perform?** = did the shares go up or down? **wie war die Wertentwicklung der Aktien?; the company** *or* **the shares performed badly** = the company's share price fell **das Unternehmen war nicht sehr erfolgreich** *or* **die Aktien verloren an Wert**

◇ **performance** [pəˈfɔːməns] *noun* way in which someone *or* something acts **Leistung** *f* ; **the poor performance of the shares on the stock market** = the fall in the share price on the stock market **die schlechte Wertenwicklung der Aktien an der Börse** *last year saw a dip in the company's performance* **as a measure of the company's performance** = as a way of judging if the company's results are good or bad **als Maßstab für die Leistung des Unternehmens; performance of personnel against objectives** = how personnel have worked, measured against the objectives set **Personalleistung, gemessen an den Zielen; performance fund** = fund invested in shares to provide capital growth, but probably with less dividend income than usual **Investmentfonds, der einen möglichst hohen Wertzuwachs anstrebt; performance-related pay** = pay which is linked to good work by the employee **leistungsbezogenes Gehalt; performance review** = yearly interview between a manager and each worker to discuss how the worker has worked during the year **Leistungsbeurteilung** *f* ; **earnings performance** = way in which shares earn dividends **Gewinnentwicklung** *f* ; **job performance** = doing a job well or badly **Arbeitsleistung** *f*

> QUOTE inflation-adjusted GNP edged up at a 1.3% annual rate, its worst performance since the economic expansion began
> Fortune

period [ˈpɪərɪəd] *noun*
(a) length of time **Zeit** *f or* **Zeitspanne** *f or* **Zeitraum** *m* ; *for a period of time or for a period of months or for a six-year period; sales over a period of three months; sales over the holiday period; to deposit money for a fixed period*
(b) accounting period = period of time at the end of which the firm's accounts are made up **Abrechnungszeitraum** *m*

◇ **periodic** *or* **periodical** [ˌpɪərɪˈɒdɪk *or* ˌpɪərɪˈɒdɪkəl]

1 *adjective* from time to time **periodisch** *or* **in regelmäßigen Abständen** *mpl a periodic review of the company's performance*
2 *noun* **periodical** = magazine which comes out regularly **Zeitschrift** *f*

peripherals [pə'rɪfərəlz] *plural noun* items of hardware (such as terminals, printers, monitors, etc.) which are attached to a main computer system **Peripheriegeräte** *npl*

perishable ['perɪʃəbl]
1 *adjective* which can go bad *or* become rotten easily **(leicht) verderblich** *perishable goods or items or cargo*
2 *plural noun* **perishables** = goods which can go bad easily **(leicht) verderbliche Ware**

perjury ['pɜːdʒərɪ] *noun* telling lies when you have made an oath in court to say what is true **Meineid** *m* ; *he was sent to prison for perjury; she appeared in court on a perjury charge*
◊ **perjure** ['pɜːdʒə] *verb* **to perjure yourself** = to tell lies when you have made an oath to say what is true **einen Meineid leisten**

perk [pɜːk] *noun* extra item given by a company to workers in addition to their salaries (such as a company car, private health insurance) **Nebenleistung** *f* ; **zusätzliche Vergünstigung; geldwerter Vorteil**

permanent ['pɜːmənənt] *adjective* which will last for a very long time *or* for ever **dauerhaft** *or* **fest** *or* **unbefristet** *he has found a permanent job; she is in permanent employment; the permanent staff and part-timers*
◊ **permanency** ['pɜːmənənsɪ] *noun* being permanent **Dauerhaftigkeit** *f or* **Beständigkeit** *f*
◊ **permanently** ['pɜːmənəntlɪ] *adverb* for ever **fest** *or* **ständig**

permission [pə'mɪʃən] *noun* being allowed to do something **Erlaubnis** *f or* **Genehmigung** *f or* **Bewilligung** *f* ; **written permission** = document which allows someone to do something **schriftliche Genehmigung**; **verbal permission** = telling someone that he is allowed to do something **mündliche Genehmigung**; **to give someone permission to do something** = to allow someone to do something **jdm gestatten** *or* **die Erlaubnis erteilen, etwas zu tun** *he asked the manager's permission to take a day off*

permit
1 ['pɜːmɪt] *noun* official document which allows someone to do something **Genehmigung** *f or* **Erlaubnis** *f* ; **building permit** = official document which allows someone to build on a piece of land **Baugenehmigung; export permit** *or* **import permit** = official document which allows goods to be exported *or* imported **Exportgenehmigung** *or* **Importgenehmigung; work permit** = official document which allows someone who is not a citizen to work in a country **Arbeitserlaubnis**
2 [pə'mɪt] *verb* to allow someone to do something **genehmigen** *or* **erlauben** *or* **gestatten** *this document permits you to export twenty-five computer systems; the ticket permits three people to go into the exhibition*

per pro ['pɜː'prəʊ] = PER PROCURATIONEM *the secretary signed per pro the manager*

per procurationem [,pɜːprɒkuræsɪ'əʊnəm] *Latin phrase meaning* 'with the authority of' **per procura** *or* **per Vollmacht** *or* **in Vertretung**

perquisites ['pɜːkwɪzɪts] *plural noun* = PERKS

person ['pɜːsn] *noun*
(a) someone (a man or a woman) **Person** *f* ; *insurance policy which covers a named person* **the persons named in the contract** = people whose names are given in the contract **die im Vertrag benannten Personen; the document should be witnessed by a third person** = someone who is not named in the document should witness it **das Dokument sollte von einem Dritten** *or* **von einer dritten Person als Zeuge unterschrieben werden**
(b) in person = someone himself *or* herself **persönlich; this important package is to be delivered to the chairman in person** = the package has to be given to the chairman himself (and not to his secretary, assistant, etc.) **dieses wichtige Paket muss dem Vorsitzenden persönlich übergeben werden; he came to see me in person** = he himself came to see me **er kam persönlich zu mir**
◊ **person-to-person call** ['pɜːsntə'pɜːsn'kɔːl] *noun* telephone call where you ask the operator to connect you with a named person **Gespräch** *n* **mit namentlicher Voranmeldung**
◊ **personal** ['pɜːsənl] *adjective*
(a) referring to one person **persönlich; personal allowances** = part of a person's income which is not taxed **Grundfreibeträge** *mpl* **personal assets** = moveable assets which belong to a person **bewegliches Privatvermögen; personal call** = (i) telephone call where you ask the operator to connect you with a particular person; (ii) telephone call not related to business **(i) Gespräch** *n* **mit Voranmeldung** *f* ; **(ii) Privatgespräch** *staff are*

not allowed to make personal calls during office hours **personal computer (PC)** = small computer which can be used at home **Personalcomputer** *or* **PC** *m* ; **personal effects** *or* **personal property** = things which belong to someone **Gegenstände** *mpl* **des persönlichen Gebrauchs** *or* **bewegliches Vermögen; personal income** = income received by an individual person before tax is paid **persönliches Einkommen (vor Steuern); apart from the family shares, he has a personal shareholding in the company** = he has shares which he owns himself **neben den Familienaktien hat er eine persönliche Beteiligung an dem Unternehmen; the car is for his personal use** = the car is for him to use himself **das Auto ist für seinen persönlichen Gebrauch bestimmt**

(b) private **privat** *or* **Privat-** *I want to see the director on a personal matter* **personal assistant (PA)** = secretary who also helps the boss in various ways **persönliche(r) Assistent/-in; Chefsekretär/-in**

◇ **Personal Equity Plan (PEP)** ['pɜːsənl'ekwɪtɪ'plæn] *noun* government-backed scheme to encourage share-ownership and investment in industry, where individual taxpayers can each invest a certain amount of money in shares each year, and not pay tax on either the income or the capital gains, provided that the shares are held for a certain period of time; (replaced in April 1999 by ISAs) **auf Aktien basierendes, staatliches Vermögensbildungsprogramm**

◇ **Personal Identification Number (PIN)** ['pɜːsənl,aɪdentɪfɪ'keɪʃn'nʌmbə] *noun* unique number allocated to the holder of a cash card or credit card, by which he can enter an automatic banking system, as, for example, to withdraw cash from an ATM or to pay through an EFTPOS terminal **persönliche Kennnummer** *or* **Geheimzahl**

◇ **Personal Investment Authority (PIA)** [,pɜ;snəlɪn'vestməntɔːθɒrɪtɪ] self-regulatory body set up to take over the activities of FIMBRA, regulating financial advisers, insurance brokers, etc., who give financial advice or arrange financial services for small clients **Selbstüberwachungsorganisation für Finanzberater, Versicherungsmakler usw.**

◇ **personalized** ['pɜːsnəlaɪzd] *adjective* with the name or initials of a person printed on it **mit dem Namen oder den Initialen versehen; persönlich** *personalized cheques; personalized briefcase*

◇ **personally** ['pɜːsnəlɪ] *adverb* in person **persönlich** *or* **eigenhändig** *he personally opened the envelope; she wrote to me personally*

personnel [,pɜːsə'nel] *noun* people who work in a certain place *or* for a certain company **Personal** *n* *or* **Belegschaft** *f* ; *the personnel of the warehouse or the warehouse personnel* **the personnel department** = section of the company which deals with the staff **die Personalabteilung; personnel management** = organizing and training of staff so that they work well and profitably **Personalführung** *f* ; **personnel manager** = head of the personnel department **Personalchef/-in** *or* **Personalleiter/-in**

persuade [pə'sweɪd] *verb* to talk to someone and get him to do what you want **überreden** *or* **dazu bringen** *after ten hours of discussion, they persuaded the MD to resign; we could not persuade the French company to sign the contract*

peseta [pə'seɪtə] *noun* currency used in Spain **Peseta** *or* **Pesete** *f* (NOTE: usually written **ptas** after a figure: **2,000ptas**)

peso ['peɪsəʊ] *noun* money used in Mexico and many other countries **Peso** *m*

pessimism ['pesɪmɪzəm] *noun* expecting that everything will turn out badly **Pessimismus** *m* ; *there is considerable pessimism about job opportunities* **market pessimism** *or* **pessimism on the market** = feeling that the stock market prices will fall **Pessimismus am Aktienmarkt**

◇ **pessimistic** [pesɪ'mɪstɪk] *adjective* feeling sure that things will work out badly **pessimistisch; he takes a pessimistic view of the exchange rate** = he expects the exchange rate to fall **er sieht die Entwicklung des Wechselkurses pessimistisch**

peter out ['piːtə'aʊt] *verb* to come to an end gradually **abflauen** *or* **sich legen** *or* **allmählich zu Ende gehen**

> QUOTE economists believe the economy is picking up this quarter and will do better in the second half of the year, but most expect growth to peter out next year
>
> *Sunday Times*

Peter principle ['piːtə'prɪnsəpl] *noun* law, based on wide experience, that people are promoted until they occupy positions for which they are incompetent **das Peter-Prinzip**

petition [pə'tɪʃən]

1 *noun* official request **Antrag** *m* *or* **Gesuch** *n* *or* **Petition** *f* *or* **Eingabe** *f* ; **to file a petition in bankruptcy** = to ask officially to be made bankrupt *or* to ask officially for someone else to be made bankrupt **einen Antrag auf**

Konkurseröffnung stellen *or* **einen Konkurseröffnungsantrag stellen**
2 *verb* to make an official request **ersuchen** *or* **eine Petition einreichen** *or* **eine Eingabe machen** *he petitioned the government for a special pension*

petrocurrency ['petrəʊkʌrənsɪ] *noun* foreign currency which is earned by exporting oil **Petrowährung** *f*

◇ **petrodollar** ['petrəʊdɒlə] *noun* dollar earned by a country from exporting oil, then invested outside that country **Petrodollar** *m*

petrol ['petrəl] *noun* liquid, made from petroleum, used to drive a car engine **Benzin** *n* ; *the car is very economic on petrol; we are looking for a car with a low petrol consumption* (NOTE: US English is **gasoline)**

◇ **petroleum** [pə'trəʊljəm] *noun* raw natural oil, found in the ground **Erdöl** *n or* **Mineralöl** *n* ; **crude petroleum** = raw petroleum which has not been processed **Rohöl** *n* ; **petroleum exporting countries** = countries which produce petroleum and sell it to others **Erdöl exportierende Länder** *npl* **petroleum industry** = industry which uses petroleum to make other products (petrol, soap, etc.) **Erdölindustrie** *f or* **Mineralölwirtschaft** *f* ; **petroleum products** = products (such as petrol, soap, paint) which are made from crude petroleum **Mineralölerzeugnisse** *npl* **petroleum revenues** = income from selling oil **Einnahmen** *fpl* **aus der Erdölgewinnung**

petty ['petɪ] *adjective* not important **unwichtig** *or* **belanglos** *or* **unbedeutend**; **petty cash** = small amount of money kept in an office to pay small debts **Nebenkasse** *f or* **Portokasse** *or* **kleine Kasse**; **petty cash book (PCB)** = book in which petty cash payments are noted **Portobuch** *n or* **kleines Kassenbuch**; **petty cash box** = locked metal box in an office where the petty cash is kept **Portokasse** *f* ; **petty cash voucher** = piece of paper on which cash expenditure is noted so that an employee can be reimbursed for what he has spent on company business **Portokassenbeleg** *m* ; **petty expenses** = small sums of money spent **geringfügige Ausgaben** *fpl*

phase [feɪz] *noun* period *or* part of something which takes place **Phase** *f or* **Abschnitt** *m or* **Stadium** *n or* **Stufe** *f* ; *the first phase of the expansion programme*

◇ **phase in** [feɪz'ɪn] *verb* to bring something in gradually **schrittweise einführen** *the new invoicing system will be phased in over the next two months*

◇ **phase out** [feɪz'aʊt] *verb* to remove something gradually **auslaufen lassen** *or* **allmählich einstellen** *Smith Ltd will be phased out as a supplier of spare parts*

> QUOTE the budget grants a tax exemption for $500,000 in capital gains, phased in over the next six years
>
> Toronto Star

phoenixism ['fi:nɪksɪzm] *noun* situation where phoenix companies can easily be set up **Phönix-Syndrom** *n*

◇ **phoenix company** ['fi:nɪks'kʌmpənɪ] *noun* company formed by the directors of a company which has gone into receivership, which trades in the same way as the first company, and in most respects (except its name) seems to be exactly the same as the first company **unter neuem Namen wieder auferstandenes Unternehmen, das in Konkurs geraten war**

> QUOTE the prosecution follows recent calls for a reform of insolvency legislation to prevent directors from leaving behind a trail of debt while continuing to trade in phoenix companies - businesses which fold only to rise again, often under a slightly different name in the hands of the same directors and management
>
> Financial Times

phone [fəʊn]
1 *noun* telephone, a machine used for speaking to someone over a long distance **Telefon** *n* ; *we had a new phone system installed last week* **house phone** *or* **internal phone** = telephone for calling from one room to another in an office or hotel **Haustelefon**; **by phone** = using the telephone **telefonisch** *to place an order by phone* **to be on the phone** = to be speaking to someone on the telephone **telefonieren** *she has been on the phone all morning; he spoke to the manager on the phone* **phone book** = book which lists all people and businesses in alphabetical order with their telephone numbers **Telefonbuch** *n* ; *look up his address in the phone book* **phone call** = speaking to someone on the phone **Telefongespräch** *n or* **Anruf** *m* ; **to make a phone call** = to speak to someone on the telephone **(jdn) anrufen** *or* **telefonieren**; **to answer the phone** *or* **to take a phone call** = to reply to a call on the phone **den Hörer abnehmen** *or* **ans Telefon gehen; ein Telefonat** *or* **Gespräch entgegennehmen**; **phone number** = set of figures for a particular telephone **Telefonnummer** *f* ; *he keeps a list of phone numbers in a little black book; the*

phone number is on the company notepaper; can you give me your phone number?
2 *verb* **to phone someone** = to call someone by telephone **jdn anrufen** *don't phone me, I'll phone you; his secretary phoned to say he would be late; he phoned the order through to the warehouse* **to phone for something** = to make a phone call to ask for something **etwas telefonisch bestellen** *he phoned for a taxi* **to phone about something** = to make a phone call to speak about something **wegen etwas anrufen** *he phoned about the January invoice*

◇ **phone back** [fəʊn'bæk] *verb* to reply by phone **zurückrufen** *the chairman is in a meeting, can you phone back in about half an hour? Mr Smith called while you were out and asked if you would phone him back*

◇ **phonecard** ['fəʊnkɑːd] *noun* special plastic card for use in public telephones **Telefonkarte** *f*

photocopier ['fəʊtəʊkɒpɪə] *noun* machine which makes a copy of a document by photographing and printing it **(Foto) kopierer** *m*

◇ **photocopy** ['fəʊtəʊkɒpɪ]
1 *noun* copy of a document made by photographing and printing it **Fotokopie** *f*; *make six photocopies of the contract*
2 *verb* to make a copy of a document by photographing and printing it **fotokopieren** *she photocopied the contract*

◇ **photocopying** ['fəʊtəʊkɒpɪɪŋ] *noun* making photocopies **Fotokopieren** *n*; *photocopying costs are rising each year* **photocopying bureau** = office which photocopies documents for companies which do not possess their own photocopiers **Copy-Shop** *m or* **Kopierzentrum** *n*; **there is a mass of photocopying to be done** = there are many documents waiting to be photocopied **es gibt Unmengen zu fotokopieren**

◇ **photostat** ['fəʊtəʊstæt]
1 *noun* trademark for a type of photocopy **Fotokopie** *f*
2 *verb* to make a photostat of a document **fotokopieren**

physical ['fɪzɪkl] *adjective* **physical inventory** *or* **physical stock check** *or* **physical stocktaking** = counting actual items of stock (and then checking this figure against stock records) **Warenbestandsaufnahme** *f or* **Inventur** *f*; **physical stock** = the actual items of stock held in a warehouse **Warenbestand** *m*

PIA = PERSONAL INVESTMENT AUTHORITY

pick [pɪk]
1 *noun* thing chosen **Wahl** *f*; **take your pick** = choose what you want **treffen Sie Ihre Wahl**; **the pick of the group** = the best item in the group **das Allerbeste** *or* **das Beste von allem**
2 *verb* to choose **(aus)wählen** *or* **aussuchen** *the board picked the finance director to succeed the retiring MD; the Association has picked Paris for its next meeting*

◇ **picking** ['pɪkɪŋ] *noun* **order picking** = collecting various items in a warehouse to make up an order to be sent to a customer **Zusammenstellung** *f* **einer Bestellung**; **picking list** = list of items in an order, listed according to where they can be found in the warehouse **Entnahmeliste** *f*

◇ **pick out** [pɪk'aʊt] *verb* to choose (something *or* someone) out of a lot **auswählen** *or* **aussuchen** *or* **herausgreifen** *he was picked out for promotion by the chairman*

◇ **pick up** [pɪk'ʌp] *verb* to get better *or* to improve **sich erholen** *business or trade is picking up*

◇ **pickup** ['pɪkʌp] *noun* **pickup (truck)** = type of small van for transporting goods **offener Kleintransporter**; **pickup and delivery service** = (i) service which takes goods from the warehouse and delivers them to the customer; (ii) service which takes something away for cleaning or servicing and returns it to the owner when finished **(i) & (ii) Abhol- und Zustelldienst** *m*

picket ['pɪkɪt]
1 *noun* striking worker who stands at the gate of a factory to try to persuade other workers not to go to work **Streikposten** *m*; **flying pickets** = pickets who travel round the country to try to stop workers going to work **mobile Streikposten**; **picket line** = line of pickets at the gate of a factory **Streikpostenkette** *f*; *to man a picket line or to be on the picket line* **to cross a picket line** = to go into a factory to work, even though pickets are trying to prevent workers from going in **eine Streikpostenkette durchbrechen**
2 *verb* **to picket a factory** = to put pickets at the gate of a factory to try to prevent other workers from going to work **vor einer Fabrik Streikposten** *mpl* **aufstellen**

◇ **picketing** ['pɪkɪtɪŋ] *noun* act of standing at the gates of a factory to prevent workers going to work **Streikpostenstehen** *n*; **lawful picketing** = picketing which is allowed by law **rechtmäßiges** *or* **erlaubtes Aufstellen von Streikposten**; **mass picketing** = picketing by large numbers of pickets who try to frighten workers who want to work **massives Aufgebot an Streikposten**; **peaceful picketing** = picketing which does not involve fighting **friedlich durchgeführtes Streikpostenstehen**;

secondary picketing = picketing of another factory, not directly connected with the strike, to prevent it supplying a striking factory *or* receiving supplies from it **Bestreikung** *f* **eines nur indirekt beteiligten Betriebes** *m*

piece [pi:s] *noun* small part of something **Stück** *n or* **Teil** *n* ; *to sell something by the piece; the price is 25p the piece* **mailing piece** = leaflet suitable for sending by direct mail **Postwurfsendung** *f*

◇ **piece rate** ['pi:sreɪt] *noun* rate of pay for a product produced *or* for a piece of work done and not paid for at an hourly rate **Akkordlohnsatz** *m or* **Stücklohnsatz** *to earn piece rates*

◇ **piecework** ['pi:swɜ:k] *noun* work for which workers are paid for the products produced *or* the piece of work done and not at an hourly rate **Akkordarbeit** *f*

pie chart ['paɪtʃɑ:t] *noun* diagram where information is shown as a circle cut up into sections of different sizes **Kreisdiagramm** *n*

pigeonhole ['pɪdʒɪnhəʊl]
1 *noun* one of a series of small spaces for filing documents *or* for putting letters for delivery to separate offices **Ablegefach** *n or* **Brieffach**
2 *verb* to file a plan or document as the best way of forgetting about it **zurückstellen** *the whole expansion plan was pigeonholed*

pile [paɪl]
1 *noun* lot of things put one on top of the other **Stapel** *m* ; *the Managing Director's desk is covered with piles of paper; she put the letter on the pile of letters waiting to be signed*
2 *verb* to put things on top of one another **stapeln** *he piled the papers on his desk*

◇ **pile up** [paɪl'ʌp] *verb* to put *or* get into a pile **(auf)stapeln; sich anhäufen** *the invoices were piled up on the table; complaints are piling up about the after-sales service*

pilferage *or* **pilfering** ['pɪlfərɪdʒ *or* 'pɪlfərɪŋ] *noun* stealing small amounts of money *or* small items from an office *or* shop **Bagatelldiebstahl** *m* **; das Mitgehenlassen von unbedeutenden Beträgen** *or* **Gegenständen**

pilot ['paɪlət]
1 *noun*
(a) person who flies a plane **Pilot** *m*
(b) person who guides a ship into port **Lotse** *m*
2 *adjective* used as a test, which if successful will then be expanded into a full operation **Pilot-** *or* **Versuchs-** *the company set up a pilot project to see if the proposed manufacturing system was efficient; the pilot factory has been built to test the new production processes; he is directing a pilot scheme for training unemployed young people*
3 *verb*
(a) to fly a plane **fliegen**
(b) to guide a ship into port **lotsen**
(c) to test a project on a small number of people, to see if it will work in practice **(aus)führen**

PIN (number) ['pɪn(nʌmbə)] = PERSONAL IDENTIFICATION NUMBER

pin [pɪn]
1 *noun* sharp piece of metal for attaching papers together, etc. **Nadel** *f* ; **drawing pin** = pin with a flat head for attaching a sheet of paper to something hard **Reißzwecke** *f or* **Heftzwecke** *she used drawing pins to pin the poster to the door*
2 *verb* to attach with a pin **heften** *or* **festmachen** *she pinned the papers together; pin your cheque to the application form*

◇ **pin money** ['pɪn,mʌnɪ] *noun* small amount of money earned, used for personal expenditure **Taschengeld** *n* ; *she does some typing at home to earn some pin money*

◇ **pin up** [pɪn'ʌp] *verb* to attach something with pins to a wall **(an)heften** *they pinned the posters up at the back of the exhibition stand*

pint [paɪnt] *noun* measure of liquids (= 0.568 of a litre) **Pint** *n*

pioneer [,paɪə'nɪə]
1 *noun* first to do a type of work **Pionier/-in** *or* **Wegbereiter/-in** *or* **Vorreiter/-in; pioneer project** *or* **pioneer development** = project or development which is new and has never been tried before **Pionierprojekt** *n* **; bahnbrechende Entwicklung**
2 *verb* to be the first to do something **Pionierarbeit leisten** *or* **den Weg bahnen** *the company pioneered developments in the field of electronics*

pirate ['paɪərət]
1 *noun* person who copies a patented invention or a copyright work and sells it **Plagiator** *m* ; *a pirate copy of a book*
2 *verb* to copy a copyright work **unerlaubt nachahmen** *or* **nachbauen** *or* **nachdrucken; plagiieren** *a pirated book or a pirated design; the designs for the new dress collection were pirated in the Far East*

◇ **piracy** ['paɪərəsɪ] *noun* copying of patented inventions or copyright works **Plagiat** *n*

pit [pɪt] *noun*
(a) coal mine **Kohlenbergwerk** *n or* **Zeche** *f*
(b) *(US)* part of a stock exchange or of a commodities exchange where dealers trade

Maklerstand *m* *or* **Börsenparkett** *n* *or* **Bieterraum** *m* *or* **Ring** *m* (NOTE: GB English for this was **the trading floor)**

pitch [pɪtʃ] *noun* **sales pitch** = talk by a salesman to persuade someone to buy **Verkaufsargument** *n* *or* **Verkaufsgespräch** *n*

pix [pɪks] *plural noun (informal)* pictures (used in advertising or design) **Bilder** *npl*

place [pleɪs]
1 *noun*
(a) where something is *or* where something happens **Platz** *m* *or* **Ort** *m* *or* **Stelle** *f* ; **to take place** = to happen **stattfinden** *the meeting will take place in our offices* **meeting place** = room *or* area where people can meet **Treffpunkt** *m* ; **place of work** = office *or* factory, etc. where people work **Arbeitsplatz** *m*
(b) position (in a competition) **Platz** *m* ; *three companies are fighting for first place in the home computer market*
(c) job **Stelle** *f* *or* **Anstellung** *f* ; *he was offered a place with an insurance company; she turned down three places before accepting the one we offered*
(d) position in a text **Stelle** *f* ; *she marked her place in the text with a red pen; I have lost my place and cannot remember where I have reached in my filing*
2 *verb*
(a) to put **legen** *or* **setzen** *or* **stellen; to place money in an account** = to deposit money **Geld auf ein Konto einzahlen; to place a block of shares** = to find a buyer for a block of shares **ein Aktienpaket platzieren; to place a contract** = to decide that a certain company shall have the contract to do work **einen Auftrag vergeben; to place something on file** = to file something **etwas abheften**
(b) to place an order = to order something **einen Auftrag erteilen** *or* **eine Bestellung aufgeben** *he placed an order for 250 cartons of paper*
(c) to place staff = to find jobs for staff **Personal vermitteln** *or* **unterbringen; how are you placed for work?** = have you enough work to do? **sind Sie mit Arbeit eingedeckt?** *or* **wie sieht es bei Ihnen mit der Arbeit aus?**

◇ **placement** ['pleɪsmənt] *noun* finding work for someone **Stellenvermittlung** *f* ; **Unterbringung** *f*

◇ **placing** ['pleɪsɪŋ] *noun* finding a single buyer or a group of institutional buyers for a large number of shares in a new company or a company that is going public **Platzierung** *f* *or* **Unterbringung** *f* ; **the placing of a line of shares** = finding a purchaser for a block of shares which was overhanging the market **die Platzierung eines Aktienpaketes**

plain [pleɪn] *adjective*
(a) easy to understand **klar** *or* **deutlich** *we made it plain to the union that 5% was the management's final offer* **the manager is a very plain-spoken man** = the manager says exactly what he thinks **der Manager drückt sich sehr direkt** *or* **offen aus**
(b) simple **einfach** *or* **schlicht** *the design of the package is in plain blue and white squares; we want the cheaper models to have a plain design*

◇ **plain cover** ['pleɪn'kʌvə] *noun* **to send something under plain cover** = to send something in an ordinary envelope with no company name printed on it **etwas in einem neutralen Umschlag** *m* **verschicken**

plaintiff ['pleɪntɪf] *noun* person who starts a legal action against someone **Kläger/-in**

plan [plæn]
1 *noun*
(a) organized way of doing something **Plan** *m* ; **contingency plan** = plan which will be put into action if something happens which no one expects to happen **Krisenplan; the government's economic plans** = the government's proposals for running the country's economy **das Wirtschaftsprogramm der Regierung; a Five-Year Plan** = proposals for running a country's economy over a five-year period **ein Fünfjahresplan**
(b) way of saving or investing money **Plan** *m* *or* **Programm** *n* ; *investment plan; pension plan; savings plan*
(c) drawing which shows how something is arranged *or* how something will be built **Plan** *m* *or* **Entwurf** *m* ; *the designers showed us the first plans for the new offices* **floor plan** = drawing of a floor in a building, showing where different departments are **Grundriss** *m* *or* **Raumverteilungsplan; street plan** *or* **town plan** = map of a town showing streets and buildings **Stadtplan**
2 *verb* to organize carefully how something should be done **(ein)planen; to plan for an increase in bank interest charges** = to change a way of doing things because you think there will be an increase in bank interest charges **sich auf eine Erhöhung der Bankzinsen einstellen; to plan investments** = to propose how investments should be made **Investitionen planen** (NOTE: **planning - planned)**

◇ **planned** [plænd] *adjective* **planned economy** = system where the government plans all business activity **Planwirtschaft** *f*

◇ **planner** ['plænə] *noun*
(a) person who plans **Planer/-in; the government's economic planners** = people who plan the future economy of the country

for the government **die Wirtschaftsplaner der Regierung**
(b) desk planner *or* **wall planner** = book *or* chart which shows days *or* weeks *or* months so that the work of an office can be shown by diagrams **Tischkalender** *m or* **Wandkalender zur Arbeitsplanung**

◇ **planning** ['plænɪŋ] *noun*
(a) organizing how something should be done, especially how a company should be run to make increased profits **Planung** *f* ; *long-term planning or short-term planning* **economic planning** = planning the future financial state of the country for the government **Wirtschaftsplanung**; **corporate planning** = planning the future financial state of a company or group of companies **Unternehmensplanung**; **manpower planning** = planning to get the right number of workers in each job **Personalplanung**
(b) *(GB)* **planning permission** = official document allowing a person *or* company to plan new buildings on empty land **Baugenehmigung** *f* ; *to be refused planning permission; we are waiting for planning permission before we can start building; the land is to be sold with planning permission* **the planning department** = section of a local government office which deals with requests for planning permission **das Bauordnungsamt**

> QUOTE the benefits package is attractive and the compensation plan includes base, incentive and car allowance totalling $50,000+
> Globe and Mail (Toronto)

> QUOTE buildings are closely regulated by planning restrictions
> Investors Chronicle

plane [pleɪn] *noun* aircraft, a machine which flies in the air, carrying passengers or cargo **Flugzeug** *n* ; *I plan to take the 5 o'clock plane to New York; he could not get a seat on Tuesday's plane, so he had to wait until Wednesday; there are ten planes a day from London to Paris*

plant [plɑ:nt] *noun*
(a) machinery **Maschinen** *fpl* **plant-hire firm** = company which lends large machines (such as cranes and tractors) to building companies **Baumaschinenvermietung** *f*
(b) large factory **Werk** *n or* **Betrieb** *m or* **Fabrikanlage** *f* ; *they are planning to build a car plant near the river; to set up a new plant; they closed down six plants in the north of the country; he was appointed plant manager*

plastic money ['plæstɪk'mʌnɪ] *noun* credit cards and charge cards **Plastikgeld** *n*

platform ['plætfɔ:m] *noun* high pavement in a station, so that passengers can get on or off trains **Bahnsteig** *m or* **Gleis** *n* ; *the train for Birmingham leaves from Platform 12; the ticket office is on Platform 2*

PLC *or* **Plc** [pi:el'si:] = PUBLIC LIMITED COMPANY

plead [pli:d] *verb* to speak on behalf of a client in court **plädieren**

pledge [pledʒ]
1 *noun* object given to a pawnbroker as security for money borrowed **Pfand** *n or* **Pfandsache** *f* ; **to redeem a pledge** = to pay back a loan and interest and so get back the security **ein Pfand einlösen**; **unredeemed pledge** = pledge which the borrower has not claimed back by paying back his loan **nicht eingelöstes Pfand**
2 *verb* **to pledge share certificates** = to deposit share certificates with the lender as security for money borrowed **Aktienzertifikate** *npl* **als Sicherheit verpfänden**

plenary meeting *or* **plenary session** ['pli:nərɪ'mi:tɪŋ *or* 'pli:nərɪ'seʃn] *noun* meeting at a conference when all the delegates meet together **Vollversammlung** *f or* **Plenarsitzung** *f*

plough back *or (US)* **plow back** [plaʊ'bæk] *verb* **to plough back profits into the company** = to invest the profits in the business (and not pay them out as dividends to the shareholders) by using them to buy new equipment *or* to create new products **Gewinne in das Unternehmen reinvestieren**

plug [plʌg]
1 *noun*
(a) device at the end of a wire for connecting a machine to the electricity supply **Stecker** *m* ; *the printer is supplied with a plug*
(b) to give a plug to a new product = to publicize a new product **für ein neues Produkt Reklame machen**
2 *verb*
(a) to plug in = to attach a machine to the electricity supply **anschließen** *the computer was not plugged in*
(b) to publicize *or* to advertise **anpreisen** *or* **Reklame machen für** *they ran six commercials plugging holidays in Spain*
(c) to block *or* to stop **stoppen** *or* **zum Halt bringen** *the company is trying to plug the drain on cash reserves* (NOTE: **plugging - plugged**)

plummet *or* **plunge** ['plʌmɪt *or* plʌn(d)ʒ] *verb* to fall sharply **stark fallen** *or* **stürzen** *or* absacken *share prices plummeted or plunged on the news of the devaluation*

> QUOTE in the first six months of this year secondhand values of tankers have plummeted by 40%
> Lloyd's List

> QUOTE crude oil output plunged during the past month
> Wall Street Journal

plus [plʌs]
1 *preposition*
(a) added to **plus** *or* **und** *or* **zuzüglich** *his salary plus commission comes to more than £25,000; production costs plus overheads are higher than revenue*
(b) more than **über** *or* **mehr als; houses valued at £160,000 plus** = houses valued at over £160,000 **Häuser mit einem Schätzwert von über £160.000**
2 *adjective* favourable, good and profitable **positiv** *or* **Plus-** *a plus factor for the company is that the market is much larger than they had originally thought* **the plus side of the account** = the credit side of the account **die Habenseite des Kontos; on the plus side** = this is a favourable point **als Pluspunkt** *on the plus side, we must take into account the new product line*
3 *noun* a good *or* favourable point **Plus** *n or* **Pluspunkt** *m* ; *to have achieved £1m in new sales in less than six months is certainly a plus for the sales team*

p.m. *or (US)* **P.M.** [ˌpiːˈem] *adverb* in the afternoon *or* in the evening *or* after 12 o'clock midday **nachmittags** *the train leaves at 6.50 p.m.; if you phone New York after 8 p.m. the calls are at a cheaper rate*

PO [piːˈəʊ] = POST OFFICE

pocket [ˈpɒkɪt] *noun* **pocket calculator** *or* **pocket diary** = calculator *or* diary which can be carried in the pocket **Taschenrechner** *m* ; **Taschenkalender** *m* ; **to be £25 in pocket** = to have made a profit of £25 **um £25 reicher sein; to be £25 out of pocket** = to have lost £25 **um £25 ärmer sein; out-of-pocket expenses** = amount of money paid back to an employee for his own money which he has spent on company business **Barauslagen** *fpl*

point [pɔɪnt]
1 *noun*
(a) place *or* position **Stelle** *f or* **Ort** *m* ; **point of sale (POS)** = place where a product is sold (such as a shop) **Verkaufsstelle** *or* **Verkaufsort; point of sale material** = display material (such as posters, dump bins) to advertise a product where it is being sold **Werbematerial** *n* **am Verkaufsort; breakeven point** = position at which sales cover costs but do not show a profit **Kostendeckungspunkt** *m or* **Breakeven-Punkt** *m or* **Gewinnschwelle** *f* ; **customs entry point** = place at a border between two countries where goods are declared to customs **Zollanmeldestelle** *f* ; **starting point** = place where something starts **Ausgangspunkt** *m* ; **tax point** = date on which goods or services are supplied, which is the date when VAT becomes due **Besteuerungsdatum** *n*
(b) decimal point = dot which indicates the division between a whole unit and its smaller parts (such as 4.25) **Komma** *n* ; **percentage point** = 1 per cent **Prozentpunkt** *m* ; **half a percentage point** = 0.5 per cent **ein halbes Prozent; the dollar gained two points** = the dollar increased in value against another currency by two hundredths of a cent **der Dollar legte zwei Punkte zu; the exchange fell ten points** = the stock market index fell by ten units **der Aktienindex fiel um zehn Punkte**
2 *verb* **to point out** = to show **hinweisen auf** *or* **aufmerksam machen auf** *the report points out the mistakes made by the company over the last year; he pointed out that the results were better than in previous years*

> QUOTE sterling M3, the most closely watched measure, rose by 13% in the year to August - seven percentage points faster than the rate of inflation
> Economist

> QUOTE banks refrained from quoting forward US/Hongkong dollar exchange rates as premiums of 100 points replaced discounts of up to 50 points
> South China Morning Post

poison pill [ˈpɔɪznˈpɪl] *noun* action taken by a company to make itself less attractive to a potential takeover bid **Maßnahmen zur Abwehr von Firmenübernahmen**

> COMMENT: in some cases, the officers of a company will vote themselves extremely high redundancy payments if a takeover is successful; or a company will borrow large amounts of money and give it away to the shareholders as dividends, so that the company has an unacceptably high level of borrowing

policy [ˈpɒlɪsɪ] *noun*
(a) decisions on the general way of doing something **Politik** *f or* **Kurs** *m or* **Linie** *f or* **Strategie** *f* ; *government policy on wages or government wages policy; the government's prices policy or incomes policy; the country's economic policy; a company's trading policy*

the government made a policy statement *or* **made a statement of policy** = the government declared in public what its plans were **die Regierung gab eine Grundsatzerklärung ab**; **budgetary policy** = policy of expected income and expenditure **Haushaltspolitik**

(b) company policy = the company's agreed plan of action *or* the company's way of doing things **Unternehmenspolitik** *f* ; *what is the company policy on credit? it is against company policy to give more than thirty days' credit; our policy is to submit all contracts to the legal department*

(c) accident policy = an insurance contract against accidents **Unfallversicherung** *f* ; **comprehensive** *or* **all-in** *or* **all-risks policy** = insurance which covers all risks **Universalversicherung** *f*; **contingent policy** = policy which pays out only if something happens (as if the person named in the policy dies before the person due to benefit) **Risikoversicherung** *f* ; **endowment policy** = policy where a sum of money is paid to the insured person on a certain date, or to his estate if he dies earlier **Versicherung** *f* **auf den Erlebens- und Todesfall**; **insurance policy** = document which shows the conditions of an insurance contract **Versicherungspolice** *f* ; **policy holder** = person who is insured by an insurance company **Versicherungsnehmer/-in**; **to take out a policy** = to sign the contract for an insurance and start paying the premiums **eine Versicherung abschließen** *she took out a life insurance policy* *or* *a house insurance policy* **the insurance company made out a policy** *or* **drew up a policy** = the company wrote the details of the contract on the policy **die Versicherungsgesellschaft stellte eine Police aus**

polite [pə'laɪt] *adjective* behaving in a pleasant way **höflich**; **we stipulate that our salesgirls must be polite to customers = wir verlangen, dass unsere Verkäuferinnen den Kunden gegenüber höflich sind** *we stipulate that our salesgirls must be polite to customers; we had a polite letter from the MD*

◇ **politely** [pə'laɪtlɪ] *adverb* in a pleasant way **höflich** *she politely answered the customers' questions*

political [pə'lɪtɪkəl] *adjective* referring to a certain idea of how a country should be run **politisch**; **political levy** = part of the subscription of a member of a trade union which the union pays to support a political party **Parteienbeitrag** *m* *or* **Spendenbeitrag einer Gewerkschaft**; **political party** = group of people who believe a country should be run in a certain way **politische Partei**

poll [pəʊl]

1 *noun* **opinion poll** = asking a sample group of people, taken at random, what they feel about something, so as to guess the opinion of the whole population **Meinungsumfrage** *f* ; *opinion polls showed the public preferred butter to margarine; before starting the service the company carried out a nationwide opinion poll*

2 *verb* **to poll a sample of the population** = to ask a sample group of people what they feel about something **eine repräsentative Bevölkerungsgruppe befragen**; **to poll the members of the club on an issue** = to ask the members for their opinion on an issue **die Klubmitglieder zu einem Thema befragen**

◇ **pollster** ['pəʊlstə] *noun* expert in understanding what polls mean **Meinungsforscher/-in**

polystyrene [,pɒlɪ'staɪri:n] *noun* **expanded polystyrene** = light solid plastic used for packing **Schaumpolystyrol** *n* ; *the computer is delivered packed in expanded polystyrene*

pool [pu:l]

1 *noun*

(a) typing pool = group of typists, working together in a company, offering a secretarial service to several departments **zentraler Schreibdienst**

(b) unused supply **Bestand** *m* *or* **Reserve** *f* *or* **Vorrat** *m* *or* **Ressourcen** *fpl* *a pool of unemployed labour* *or* *of expertise*

2 *verb* **to pool resources** = to put all resources together so as to be more powerful or profitable **Ressourcen** *fpl* **zusammenlegen**

poor [pɔ:] *adjective*

(a) without much money **arm** *or* **bedürftig** *or* **mittellos** *the company tries to help the poorest members of staff with soft loans; it is one of the poorest countries in the world*

(b) not very good **schlecht** *or* **schwach** *or* **dürftig** *poor quality; poor service; poor turnround time of orders* *or* *poor order turnround time*

◇ **poorly** ['pɔ:lɪ] *adverb* badly **schlecht** *or* **dürftig** *the offices are poorly laid out; the plan was poorly presented* **poorly-paid staff** = staff with low wages **schlecht bezahltes Personal**

popular ['pɒpjʊlə] *adjective* liked by many people **beliebt** *or* **populär** *this is our most popular model; the South Coast is the most popular area for holidays* **popular prices** = prices which are low and therefore liked **populäre Preise** *mpl*

population [ˌpɒpjʊˈleɪʃən] *noun* number of people who live in a country *or* in a town **Bevölkerung** *f*; *Paris has a population of over one million; the working population; population statistics; population trends* **floating population** = people who move from place to place **nicht sesshafte Bevölkerung**

port [pɔːt] *noun*
(a) harbour, a place where ships come to load *or* unload **Hafen** *m* ; *the port of Rotterdam* **inland port** = port on a river *or* canal **Binnenhafen**; **to call at a port** = to stop at a port to load or unload cargo **einen Hafen anlaufen**; **port authority** = organization which runs a port **Hafenbehörde** *f*; **port of call** = port at which a ship often stops **Anlaufhafen**; **port charges** *or* **port dues** = payment which a ship makes to the port authority for the right to use the port **Hafengebühren** *fpl* **port of embarkation** = port at which you get on a ship **Einschiffungshafen**; **port installations** = buildings and equipment of a port **Hafenanlagen** *fpl* **commercial port** = port which has only goods traffic **Handelshafen**; **fishing port** = port which is used mainly by fishing boats **Fischereihafen**; **free port** = port where there are no customs duties to be paid **Freihafen**
(b) part of a computer to which a lead can be attached **Anschluss** *m or* **Port** *m*

portable [ˈpɔːtəbl]
1 *adjective* which can be carried **tragbar** *a portable computer or a portable typewriter* **portable pension** = pension rights which a worker can take with him from one company to another as he changes jobs **(auf eine andere Firma) übertragbarer Rentenanspruch**
2 *noun* **a portable** = a computer *or* typewriter which can be carried **ein Portable** *n or* **ein tragbares Gerät**

portfolio [ˌpɔːtˈfəʊljəʊ] *noun* **a portfolio of shares** = all the shares owned by someone **ein Aktienportefeuille** *n* ; **portfolio management** = buying and selling shares to make profits for a person **Effektenmanagement** *n or* **Portfoliomanagement**

portion [ˈpɔːʃən] *noun* small quantity, especially enough food for one person **Portion** *f*; *we serve ice cream in individual portions*

POS *or* **p.o.s.** [ˈpiːəʊˈes] = POINT OF SALE

position [pəˈzɪʃən] *noun*
(a) situation *or* state of affairs **Lage** *f or* **Stand** *m* ; **what is the cash position?** = what is the state of the company's current account? **wie ist der Kassenstand?**; **bargaining position** = statement of position by one group during negotiations **Verhandlungsposition** *f* ; **to cover a position** = to have enough money to pay for a forward purchase **eine Position abdecken**
(b) job, paid work in a company **Stelle** *f or* **Position** *f*; *to apply for a position as manager; we have several positions vacant; all the vacant positions have been filled; she retired from her position in the accounts department* **he is in a key position** = he has an important job **er hat eine leitende Stelle** *or* **Schlüsselstellung**

positive [ˈpɒzətɪv] *adjective* meaning 'yes' **bejahend** *or* **positiv** *the board gave a positive reply* **positive cash flow** = situation where more money is coming in than is being spent **positiver Cashflow** (NOTE: the opposite is **negative)**

> QUOTE as the group's shares are already widely held, the listing will be via an introduction. It will also be accompanied by a deeply-discounted £25m rights issue, leaving the company cash positive
> Sunday Times

possess [pəˈzes] *verb* to own **besitzen** *the company possesses property in the centre of the town; he lost all he possessed in the collapse of his company*
◇ **possession** [pəˈzeʃən] *noun*
(a) owning something **Besitz** *m* ; **the documents are in his possession** = he is holding the documents **die Unterlagen befinden sich in seinem Besitz**; **vacant possession** = being able to occupy a property immediately after buying it because it is empty **sofort beziehbar** *or* **unbewohnt** *or* **leer stehend** *the property is to be sold with vacant possession*
(b) **possessions** = property *or* things owned **Besitz** *m or* **Besitztümer** *npl they lost all their possessions in the fire*

possible [ˈpɒsəbl] *adjective* which might happen **möglich** *the 25th and 26th are possible dates for our next meeting; it is possible that production will be held up by industrial action* **there are two possible candidates for the job** = two candidates are good enough to be appointed **für die Stelle kommen zwei Kandidaten in Frage**
◇ **possibility** [ˌpɒsəˈbɪlətɪ] *noun* being likely to happen **Möglichkeit** *f* ; *there is a possibility that the plane will be early; there is no possibility of the chairman retiring before next Christmas*

post [pəʊst]
1 *noun*
(a) system of sending letters and parcels from

one place to another **Post** *f*; *to send an invoice by post; he put the letter in the post; the cheque was lost in the post* **to send a reply by return of post** = to reply to a letter immediately **postwendend antworten; letter post** *or* **parcel post** = service for sending letters or parcels **Briefpost** *or* **Paketpost; post room** = room in an office where the post is sorted and sent to each department or collected from each department for sending **Poststelle** *f*

(b) letters sent or received **Post** *f*; *has the post arrived yet? my secretary opens the post as soon as it arrives; the receipt was in this morning's post; the letter did not arrive by first post this morning* (NOTE: US English only uses **mail** where GB English uses both **mail** and **post)**

(c) job, paid work in a company **Stelle** *f or* **Stellung** *f or* **Posten** *m* ; *to apply for a post as cashier; we have three posts vacant; all our posts have been filled; we advertised three posts in the 'Times'*

2 *verb*

(a) to send something by post **aufgeben** *or* **abschicken** *or* **mit der Post schicken** *to post a letter or to post a parcel*

(b) to post an entry = to transfer an entry to an account **einen Posten eintragen** *or* **verbuchen; to post up a ledger** = to keep a ledger up to date **ein Hauptbuch nachbuchen** *or* **auf den neuesten Stand bringen**

(c) to post up a notice = to put a notice on a wall *or* on a noticeboard **einen Anschlag machen**

(d) to post an increase = to let people know that an increase has taken place **eine Erhöhung bekannt geben**

> QUOTE Toronto stocks closed at an all-time high, posting their fifth day of advances in heavy trading
> Financial Times

post- [pəʊst] *prefix* later **nach-** *or* **Nach-** *or* **post-** *or* **Post-; post-balance sheet event** = something which happens after the date when the balance sheet is drawn up, and before the time when the balance sheet is officially approved by the directors, which affects a company's financial position **Ereignis** *n* **nach dem Bilanzstichtag**

postage ['pəʊstɪdʒ] *noun* payment for sending a letter or parcel by post **Porto** *n or* **Postgebühren** *fpl what is the postage to Nigeria?* **postage paid** = words printed on an envelope to show that the sender has paid the postage even though there is no stamp on it **Gebühr** *f or* **Porto** *n* **bezahlt** *or* **gebührenfrei; postage stamp** = small piece of paper attached to a letter or parcel to show that you have paid for it to be sent through the post **Briefmarke** *f*

postal ['pəʊstəl] *adjective* referring to the post **Post-; postal charges** *or* **postal rates** = money to be paid for sending letters or parcels by post **Postgebühren** *fpl or* **Posttarife** *mpl postal charges are going up by 10% in September* **postal order** = document bought at a post office, as a method of paying small amounts of money by post **Postanweisung** *f*

postcard ['pəʊskɑːd] *noun* piece of cardboard for sending a message by post (often with a picture on one side) **Postkarte** *f or* **Ansichtskarte**

postcode ['pəʊskəʊd] *noun* letters and numbers used to indicate a town *or* street in an address on an envelope **Postleitzahl** *f* (NOTE: US English is **zip code)**

postdate ['pəʊs'deɪt] *verb* to put a later date on a document **vordatieren** *he sent us a postdated cheque; his cheque was postdated to June*

poster ['pəʊstə] *noun* large notice *or* advertisement to be stuck up on a wall **Plakat** *n or* **Poster** *n*

poste restante ['pəʊst'restɒnt] *noun* system where letters can be addressed to someone at a post office, where they can be collected **postlagernd** *send any messages to 'Poste Restante, Athens'* (NOTE: US English for this is **General Delivery)**

post free ['pəʊst'friː] *adverb* without having to pay any postage **portofrei** *the game is obtainable post free from the manufacturer*

postmark ['pəʊsmɑːk]

1 *noun* mark stamped by the Post Office on a letter, covering the postage stamp, to show that the Post Office has accepted it **Poststempel** *m* ; *letter with a London postmark*

2 *verb* to stamp a letter with a postmark **(ab)stempeln** *the letter was postmarked New York*

post office ['pəʊst,ɒfɪs] *noun*

(a) (i) building where the postal services are based; (ii) shop where you can buy stamps, send parcels, etc. **(i) Post** *f or* **Postamt** *n* ; **(ii) Poststelle** *f*; *main post office* **sub-post office** = small post office, usually part of a general store **Zweigstelle** *f* **der Post**

(b) the Post Office = national organization which deals with sending letters and parcels; *(entspricht)* **Deutsche Bundespost** *Post Office officials or officials of the Post Office; Post*

Office van **Post Office box number** *or* **PO box number** = reference number given for delivering mail to a post office, so as not to give the actual address of the person who will receive it **Postfach** *n*

> QUOTE travellers cheques cost 1% of their face value and can be purchased from any bank, main post offices, travel agents and several building societies
> Sunday Times

postpaid [pəʊs'peɪd] *adjective* with the postage already paid **Gebühr bezahlt** *the price is £5.95 postpaid*

postpone [pəʊs'pəʊn] *verb* to arrange for something to take place later than planned **aufschieben** *or* **verschieben** *or* **vertagen** *he postponed the meeting to tomorrow; they asked if they could postpone payment until the cash situation was better*

◇ **postponement** [pəʊs'pəʊnmənt] *noun* arranging for something to take place later than planned **Aufschub** *m or* **Vertagung** *f*; *I had to change my appointments because of the postponement of the board meeting*

post scriptum *or* **postscript (P.S.)** ['pəʊs'skrɪptəm *or* 'pəʊskrɪpt] *Latin phrase meaning* 'after what has been written': an additional note at the end of a letter **Nachsatz** *m*

potential [pə'tenʃəl]
1 *adjective* possible **potenziell; potential customers** = people who could be customers **potenzielle Kunden** *mpl or* **Interessenten** *mpl* **potential market** = market which could be exploited **potenzieller Markt; the product has potential sales of 100,000 units** = the product will possibly sell 100,000 units **das Produkt hat ein Absatzpotenzial von 100.000 Stück; he is a potential managing director** = he is the sort of man who could become managing director **er kommt als geschäftsführender Direktor in Frage**
2 *noun* possibility of becoming something **Potenzial** *n* ; **share with a growth potential** *or* **with a potential for growth** = share which is likely to increase in value **Aktie mit Wachstumspotenzial; product with considerable sales potential** = product which is likely to have very large sales **Produkt mit großen Absatzchancen** *fpl* **to analyze the market potential** = to examine the market to see how large it possibly is **das Marktpotenzial** *or* **Absatzpotenzial analysieren; earning potential** = amount of money which someone should be able to earn *or* amount of dividend which a share is capable of earning **Erwerbsfähigkeit** *f or* **Verdienstmöglichkeit** *f*; **Ertragsfähigkeit** *f*

> QUOTE career prospects are excellent for someone with growth potential
> Australian Financial Review

> QUOTE for sale: established general cleaning business; has potential to be increased to over 1 million dollar turnover
> Australian Financial Review

pound [paʊnd] *noun*
(a) measure of weight (= 0.45 kilos) **Pfund** *n* ; *to sell oranges by the pound; a pound of oranges; oranges cost 50p a pound* (NOTE: usually written **lb** after a figure: **25lb)**
(b) currency used in the UK and many other countries including Cyprus, Egypt, Ireland, Lebanon, Malta, Sudan and Syria **Pfund** *n* ; **pound sterling** = official term for the British currency **Pfund Sterling** *a one pound coin; a five pound note; it costs six pounds; the pound/dollar exchange rate* (NOTE: usually written **£** before a figure: **£25)**

◇ **poundage** ['paʊndɪdʒ] *noun* (i) rate charged per pound in weight; (ii) tax charged per pound in value **(i) pro Pfund berechnete Gebühr; (ii) Abgabe** *f* **pro Pfund Gewicht**

power ['paʊə] *noun*
(a) strength *or* ability **Macht** *f or* **Stärke** *f or* **Kraft** *f or* **Vermögen** *n or* **Fähigkeit** *f* ; **bargaining power** = strength of one person *or* group when discussing prices *or* wages **Verhandlungsstärke; borrowing power** = amount of money which a company can borrow **Kreditfähigkeit; earning power** = amount of money someone should be able to earn **Verdienstmöglichkeit** *f*; *he is such a fine designer that his earning power is very large* **purchasing power** = quantity of goods which can be bought by a group of people *or* with a sum of money **Kaufkraft** *the purchasing power of the school market; the purchasing power of the pound has fallen over the last five years* **the power of a consumer group** = ability of a group to influence the government *or* manufacturers **das Einflussvermögen** *or* **die Macht einer Verbrauchergruppe**
(b) force; legal right **Vollmacht** *f or* **Ermächtigung** *f or* **Befugnis** *f* ; **executive power** = right to act as director *or* to put decisions into action **Exekutivgewalt** *f or* **ausübende Gewalt; power of attorney** = legal document which gives someone the right to act on someone's behalf in legal matters **Handlungsvollmacht** *f*; **the full power of the law** = the full force of the law when

applied **die ganze Macht des Gesetzes** *we will apply the full power of the law to get possession of our property again*

p.p. ['piː'piː] *verb* = PER PROCURATIONEM; **to p.p. a letter** = to sign a letter on behalf of someone **einen Brief in Vertretung** *or* **per Vollmacht unterschreiben** *the secretary p.p.'d the letter while the manager was at lunch*

PR ['piː'ɑː] = PUBLIC RELATIONS *a PR firm is handling all our publicity; he is working in PR; the PR people gave away 100,000 balloons*

practice ['præktɪs] *noun*
(a) way of doing things **Gewohnheit** *f or* **Verfahrensweise** *f or* **Praktik** *f* ; *his practice was to arrive at work at 7.30 and start counting the cash* **business practices** *or* **industrial practices** *or* **trade practices** = ways of managing *or* working in business, industry or trade **Geschäftspraktiken** *or* **Industriepraktiken** *or* **Handelspraktiken**; **restrictive practices** = ways of working which make people less free (such as stopping, by trade unions, of workers from doing certain jobs *or* not allowing customers a free choice of product) **restriktive Praktiken**; **sharp practice** = way of doing business which is not honest, but is not illegal **unsaubere** *or* **unlautere Geschäftspraktik**; **code of practice** = rules drawn up by an association which the members must follow when doing business **Verfahrensregeln** *fpl*
(b) in practice = when actually done **in der Praxis** *or* **tatsächlich** *the marketing plan seems very interesting, but what will it cost in practice?*

> QUOTE the EC demanded international arbitration over the pricing practices of the provincial boards
> Globe and Mail (Toronto)

pre- [prɪ] *prefix* before **Vor-** *or* **vor(-); Prä-** *or* **prä-** *a pre-stocktaking sale; there will be a pre-AGM board meeting or there will be a board meeting pre the AGM; the pre-Christmas period is always very busy*

precautionary [prɪ'kɔːʃnərɪ] *adjective* **as a precautionary measure** = in case something takes place **als Sicherheitsmaßnahme** *f or* **Vorsichtsmaßnahme**

◊ **precautions** [prɪ'kɔːʃənz] *plural noun* care taken to avoid something unpleasant **Vorkehrungen** *fpl or* **Vorsichtsmaßnahmen** *fpl* *to take precautions to prevent thefts in the office; the company did not take proper fire precautions* **safety precautions** = actions to try to make sure that something is safe **Sicherheitsvorkehrungen**

precinct ['priːsɪŋ(k)t] *noun*
(a) pedestrian precinct *or* **shopping precinct** = part of a town which is closed to traffic so that people can walk about and shop **Fußgängerzone** *f*
(b) *(US)* administrative district in a town **Verwaltungsbezirk** *m*

predatory ['predətərɪ] *adjective* which tries to destroy **räuberisch**; **predatory pricing policy** = policy of reducing prices as low as possible to try to get market share from weaker competitors **räuberische Preispolitik**

predecessor ['priːdɪsesə] *noun* person who had a job *or* position before someone else **Vorgänger/-in** *he took over from his predecessor last May; she is using the same office as her predecessor*

predict [prɪ'dɪkt] *verb* to say that something will certainly happen **voraussagen** *or* **prophezeien**

> QUOTE lower interest rates are a bull factor for the stock market and analysts predict that the Dow Jones average will soon challenge the 1,300 barrier
> Financial Times

pre-empt [prɪ'em(p)t] *verb* to get an advantage by doing something quickly before anyone else **zuvorkommen** *they staged a management buyout to pre-empt a takeover bid*
◊ **pre-emptive** [prɪ'em(p)tɪv] *adjective* which has an advantage by acting early **Präventiv-; Vorkaufs-; Bezugs-; pre-emptive right** = (i) right of a government *or* of a local authority to buy a property before anyone else; (ii) *(US)* right of a shareholder to be first to buy a new stock issue **(i) Vorkaufsrecht** *n* ; **(ii) Bezugsrecht** *n* ; **pre-emptive strike against a takeover bid** = rapid action taken to prevent a takeover bid **Präventivstreik** *m* **gegen ein Übernahmeangebot**

prefer [prɪ'fɜː] *verb* to like something better than another thing **vorziehen** *or* **bevorzugen** *we prefer the small corner shop to the large supermarket; most customers prefer to choose clothes themselves, rather than take the advice of the sales assistant*
◊ **preference** ['prefrəns] *noun* thing which is preferred **Vorliebe** *f or* **Vorzug** *m* ; *the customers' preference for small corner shops* **preference shares** = shares (often with no voting rights) which receive their dividend

before all other shares and which are repaid first (at face value) if the company is liquidated **Vorzugsaktien** *fpl* **preference shareholder** = owner of preference shares **Vorzugsaktionär/-in** *or* **Inhaber/-in von Vorzugsaktien**; **cumulative preference shares** = preference shares where the dividend will be paid at a later date even if the company cannot pay a dividend in the current year **kumulative Vorzugsaktien** *fpl*

◇ **preferential** [ˌprefəˈrenʃəl] *adjective* showing that something is preferred more than another **bevorzugt** *or* **Vorzugs-**; **preferential creditor** = creditor who must be paid first if a company is in liquidation **bevorrechtigter Konkursgläubiger**; **preferential duty** *or* **preferential tariff** = special low rate of tax **Vorzugszoll** *m* *or* **Präferenzzoll**; **preferential terms** *or* **preferential treatment** = terms *or* way of dealing which is better than usual **Vorzugsbedingungen** *fpl;* **bevorzugte Behandlung** *subsidiary companies get preferential treatment when it comes to subcontracting work*

◇ **preferred** [prɪˈfɜːd] *adjective* **preferred creditor** = creditor who must be paid first if a company is in liquidation **bevorrechtigter Konkursgläubiger**; **preferred shares** *or (US)* **preferred stock** = shares which receive their dividend before all other shares, and which are repaid first (at face value) if the company is in liquidation **Vorzugsaktien** *fpl; (US)* **cumulative preferred stock** = preference share where the dividend will be paid at a later date even if the company cannot pay a dividend in the current year **kumulative Vorzugsaktien** *fpl*

> COMMENT: preference shares, because they have less risk than ordinary shares, normally carry no voting rights

pre-financing [ˈpriːfaɪˈnænsɪŋ] *noun* financing in advance **Vorfinanzierung** *f*

prejudice [ˈpredʒʊdɪs]
1 *noun* harm done to someone **Schädigung** *f* *or* **Benachteiligung** *f* *or* **Beeinträchtigung** *f* *or* **Nachteil** *m* ; **without prejudice** = without harming any interests (words written on a letter to indicate that the writer is not legally bound to do what he offers to do in the letter) **ohne Verbindlichkeit** *f* *or* **Obligo** *n* ; **unbeschadet**; **to act to the prejudice of a claim** = to do something which may harm a claim **zum Nachteil** *m* *or* **Schaden** *m* **einer Forderung handeln**
2 *verb* to harm **beeinträchtigen** *or* **schädigen** *to prejudice someone's interest*

preliminary [prɪˈlɪmɪnərɪ] *adjective* early, happening before anything else **vorbereitend** *or* **vorausgehend** *or* **vorläufig** *or* **Vor-**; **preliminary discussion** *or* **preliminary meeting** = discussion *or* meeting which takes place before the main discussion *or* meeting starts **Vorbesprechung** *f*

> QUOTE preliminary indications of the level of business investment and activity during the March quarter will be available this week
> Australian Financial Review

premises [ˈpremɪsɪz] *plural noun* building and the land it stands on **Grundstück** *n* *or* **Anwesen** *n* ; **Örtlichkeit** *f* *or* **Räumlichkeit** *f* ; **business premises** *or* **commercial premises** = building used for commercial use **Geschäftsräume** *mpl* *or* **gewerbliche Räumlichkeiten** *fpl* **office premises** *or* **shop premises** = building which houses an office or shop **Büroräume** *mpl* ; **Ladenräume** *or* **Geschäftsräume**; **lock-up premises** = shop which is locked up at night when the owner goes home **Laden** *m* **, der nur Zugang von der Straße her hat**; **licensed premises** = shop *or* restaurant *or* public house which is licensed to sell alcohol **Lokal** *n* **mit Schankkonzession**; **on the premises** = in the building **vor Ort** *or* **an Ort und Stelle** *there is a doctor on the premises at all times*

premium [ˈpriːmjəm] *noun*
(a) payment to encourage someone **Prämie** *f*; **premium offer** = free gift offered to attract more customers **Werbegeschenk** *n*
(b) **insurance premium** = annual payment made by a person *or* a company to an insurance company **Versicherungsbeitrag** *m* *or* **Versicherungsprämie** *f*; **additional premium** = payment made to cover extra items in an existing insurance **Beitragszuschlag** *m* *or* **Prämienzuschlag** *you pay either an annual premium of £360 or twelve monthly premiums of £32*
(c) amount to be paid to a landlord or a tenant for the right to take over a lease **Abstand** *m* ; *flat to let with a premium of £10,000; annual rent: £8,500, premium: £25,000*
(d) extra charge **Zuschlag** *m* *or* **Aufgeld** *n* ; **exchange premium** = extra cost above the normal rate for buying foreign currency **Agio** *n* *or* **Aufgeld** *the dollar is at a premium* **shares sold at a premium** = shares whose price is higher than their face value; new shares whose market price is higher than their issue price **mit Aufgeld verkaufte Aktien** (NOTE: the opposite is **shares at a discount**)
(e) *(GB)* **premium bonds** = government bonds, part of the national savings scheme, which pay no interest, but give the owner the

chance to win a monthly prize ≈ **Prämienanleihen** *fpl*
(f) premium quality = top quality **erstklassige Qualität**

> QUOTE greenmail, the practice of buying back stock at a premium from an acquirer who threatens a takeover
> Duns Business Month

> QUOTE responsibilities include the production of premium quality business reports
> Times

prepack *or* **prepackage** [ˌpriːˈpæk *or* ˌpriːˈpækɪdʒ] *verb* to pack something before putting it on sale **abpacken** *or* **fertig packen** *the fruit are prepacked or prepackaged in plastic trays; the watches are prepacked in attractive display boxes*

prepaid [ˌpriːˈpeɪd] *adjective* paid in advance **vorausbezahlt**; **carriage prepaid** = note showing that the transport costs have been paid in advance **frachtfrei**; **prepaid reply card** = stamped addressed card which is sent to someone so that he can reply without paying the postage **frankierte** *or* **freigemachte Antwortkarte**

◇ **prepay** [ˌpriːˈpeɪ] *verb* to pay in advance **im Voraus bezahlen** (NOTE: **prepaying - prepaid)**

◇ **prepayment** [ˌpriːˈpeɪmənt] *noun* payment in advance **Vorauszahlung** *f*; **to ask for prepayment of a fee** = to ask for the fee to be paid before the work is done **Vorauszahlung des Honorars verlangen**

present
1 [ˈpreznt] *noun* thing which is given **Geschenk** *n* ; *these calculators make good presents; the office gave her a present when she got married*
2 [ˈpreznt] *adjective*
(a) happening now **gegenwärtig** *or* **augenblicklich** *or* **derzeitig** *or* **jetzig** *the shares are too expensive at their present price; what is the present address of the company?*
(b) being there when something happens **anwesend** *only six directors were present at the board meeting*
3 [prɪˈzent] *verb*
(a) to give someone something **überreichen** *or* **übergeben; schenken** *he was presented with a watch on completing twenty-five years' service with the company*
(b) to bring *or* send and show a document **vorlegen; to present a bill for acceptance** = to send a bill for payment by the person who has accepted it **einen Wechsel zur Annahme vorlegen; to present a bill for payment** = to send a bill to be paid **eine Rechnung zur Zahlung vorlegen**

◇ **presentation** [ˌprezənˈteɪʃən] *noun*
(a) showing a document **Vorlage** *f* ; **cheque payable on presentation** = cheque which will be paid when it is presented **Scheck bei Vorlage zahlbar**; **free admission on presentation of the card** = you do not pay to go in if you show the card **Eintritt kostenlos bei Vorlage der Karte**
(b) demonstration *or* exhibition of a proposed plan **Präsentation** *f or* **Vorstellung** *f* ; *the manufacturer made a presentation of his new product line to possible customers; the distribution company made a presentation of the services they could offer; we have asked two PR firms to make presentations of proposed publicity campaigns*

◇ **present value (PV)** [ˈpreznt ˈvæljuː] *noun*
(a) the value something has now **gegenwärtiger Wert** *or* **Gegenwartswert** *or* **Zeitwert** *in 1984 the pound was worth five times its present value*
(b) (i) the value now of a specified sum of money to be received in the future, if invested at current interest rates; (ii) price which a share must reach in the future to be the equivalent of today's price, taking inflation into account **(i) & (ii) Barwert** *m*

> COMMENT: the present value of a future sum of money is found by discounting that future sum, and can be used to decide how much money to invest now at current interest rates in order to receive the sum you want to have in a given number of years' time

preside [prɪˈzaɪd] *verb* to be chairman **den Vorsitz führen** *or* **haben** *to preside over a meeting; the meeting was held in the committee room, Mr Smith presiding*

◇ **president** [ˈprezɪdənt] *noun* head of a company, a society or a club **Präsident/-in; Vorsitzende(r)** *he was elected president of the sports club; A.B.Smith has been appointed president of the company*

> COMMENT: in the UK, president is sometimes a title given to a non-executive former chairman of a company; in the USA, the president is the main executive director of a company

press [pres] *noun* newspapers and magazines **Presse** *f* ; **the local press** = newspapers which are sold in a small area of the country **die Lokalpresse**; **the national press** = newspapers which sell in all parts of the country **die überregionale Presse** *the new car has been advertised in the national press; we plan to give the product a lot of press publicity; there was no mention of the new* *product in the press* **trade press** = all magazines produced for people working in a certain trade **Fachpresse**; **press conference** = meeting where reporters from newspapers are invited to hear news of a new product *or* of a court case *or* of a takeover bid, etc. **Pressekonferenz** *f*; **press coverage** = reports about something in the press **Presseberichterstattung** *f* ; *we were very disappointed by the press coverage of the new car* **press cutting** = piece cut out of a newspaper *or* magazine, which refers to an item which you find interesting **Zeitungsausschnitt** *m* ; *we have kept a file of press cuttings about the new car* **press office** = office in a company which deals with relations with the press, sends out press releases, organizes press conferences, etc. **Pressestelle** *f* ; **press officer** = person who works in a press office **Pressereferent** *m* ; **press release** = sheet giving news about something which is sent to newspapers and TV and radio stations so that they can use the information **Pressemitteilung** *f or* **Presseverlautbarung** *f* ; *the company sent out a press release about the launch of the new car*

◊ **pressing** ['presɪŋ] *adjective* urgent **dringend**; **pressing bills** = bills which have to be paid **dringende Rechnungen** *fpl* **pressing engagements** = meetings which have to be attended **dringende Termine** *mpl*

pressure ['preʃə] *noun* something which forces you to do something **Druck** *m* ; **he was under considerable financial pressure** = he was forced to act because he owed money **er stand unter erheblichem finanziellem Druck**; **to put pressure on someone to do something** = to try to force someone to do something **jdn unter Druck setzen, etwas zu tun** *the group tried to put pressure on the government to act; the banks put pressure on the company to reduce its borrowings* **working under high pressure** = working with customers asking for supplies urgently *or* with a manager telling you to work faster **unter Hochdruck arbeiten**; **high-pressure salesman** = salesman who forces a customer to buy something he does not really need **aggressiver Verkäufer**; **pressure group** = group of people who try to influence the government *or* the local town council, etc. **Pressure-Group** *f or* **Interessengruppe** *f*

prestige [pres'tiːʒ] *noun* importance because of high quality *or* high value, etc. **Prestige** *n* ; **prestige advertising** = advertising in high quality magazines to increase a company's reputation **Prestigewerbung** *f* ; **prestige offices** = expensive offices in a good area of the town **Repräsentationsbüros** *npl* **prestige product** = expensive luxury product **Prestigeprodukt** *n*

presume [prɪ'zjuːm] *verb* to suppose something is correct **annehmen** *I presume the account has been paid; the company is presumed to be still solvent; we presume the shipment has been stolen*

◊ **presumption** [prɪ'zʌmʃən] *noun* thing which is assumed to be correct **Annahme** *f*

pre-tax *or* **pretax** ['priːtæks] *adjective* before tax has been deducted *or* paid **vor Steuern**; **pretax profit** = profit before tax has been paid **Gewinn** *m* **vor Steuern** *the dividend paid is equivalent to one quarter of the pretax profit*

> QUOTE the company's goals are a growth in sales of up to 40 per cent, a rise in pre-tax earnings of nearly 35 per cent and a rise in after-tax earnings of more than 25 per cent
> Citizen (Ottawa)

> QUOTE EC regulations which came into effect in July insist that customers can buy cars anywhere in the EC at the local pre-tax price
> Financial Times

pretences *or* *(US)* **pretenses** [prɪ'tensɪz] *plural noun* **false pretences** = doing or saying something to cheat someone **Vorspiegelung falscher Tatsachen** *he was sent to prison for obtaining money by false pretences*

pretend [prɪ'tend] *verb* to act like someone else in order to trick *or* to act as if something is true when it really is not **vorgeben** *or* **vortäuschen** *he got in by pretending to be a telephone engineer; the chairman pretended he knew the final profit; she pretended she had flu and asked to have the day off*

prevent [prɪ'vent] *verb* to stop something happening **verhindern** *or* **verhüten** *we must try to prevent the takeover bid; the police prevented anyone from leaving the building; we have changed the locks on the doors to prevent the former MD from getting into the building*

◊ **preventive** [prɪ'ventɪv] *adjective* which tries to stop something happening **vorbeugend** *or* **präventiv**; **to take preventive measures against theft** = to try to stop things from being stolen **vorbeugende Maßnahmen** *fpl* **gegen Diebstahl ergreifen**

previous ['priːvjəs] *adjective* which happens earlier **vorig** *or* **vorhergehend** *or* **Vor-**;

he could not accept the invitation because he had a previous engagement = because he had earlier accepted another invitation to go somewhere **er konnte die Einladung nicht annehmen, weil er schon einen Termin hatte**

◇ **previously** ['priːvjəslɪ] *adverb* happening earlier **vorher**

price [praɪs]

1 *noun*

(a) money which has to be paid to buy something **Preis** *m* ; **agreed price** = price which has been accepted by both the buyer and seller **vereinbarter Preis**; **all-in price** = price which covers all items in a purchase (goods, insurance, delivery, etc.) **Pauschalpreis** *or* **Gesamtpreis**; **asking price** = price which the seller is hoping to be paid for the item when it is sold **geforderter Preis; Verhandlungsbasis** *f* ; **bargain price** = very cheap price **Sonderpreis** *or* **Spottpreis**; **catalogue price** *or* **list price** = price as marked in a catalogue or list **Katalogpreis** *or* **Listenpreis**; **competitive price** = low price aimed to compete with a rival product **wettbewerbsfähiger Preis**; **cost price** = selling price which is the same as the price which the seller paid for the item (either the manufacturing price or the wholesale price) **Selbstkostenpreis**; **cut price** = very cheap price **Niedrigpreis** *or* **herabgesetzer Preis**; **discount price** = full price less a discount **Preis nach Abzug des Rabatts**; **factory price** *or* **price ex factory** = price not including transport from the maker's factory **Fabrikpreis** *or* **Preis ab Werk**; **fair price** = good price for both buyer and seller **fairer** *or* **angemessener Preis**; **firm price** = price which will not change **Festpreis** *they are quoting a firm price of $1.23 a unit* **going price** *or* **current price** *or* **usual price** = the price which is being charged now **gängiger** *or* **jetziger** *or* **üblicher Preis**; **to sell goods off at half price** = to sell goods at half the price at which they were being sold before **Waren zum halben Preis abstoßen**; **market price** = price at which a product can be sold **Marktpreis**; **net price** = price which cannot be reduced by a discount **Nettopreis**; **retail price** = price at which the retailer sells to the final customer **Einzelhandelspreis**; **Retail Price(s) Index (RPI)** = index which shows how prices of consumer goods have increased or decreased over a period of time **Index** *m* **der Einzelhandelspreise**; **spot price** = price for immediate delivery of a commodity **Lokopreis** *the spot price of oil on the commodity markets*

(b) price ceiling = highest price which can be reached **oberste Preisgrenze**; **price control** = legal measures to stop prices rising too fast **Preiskontrolle** *f* ; **price cutting** = sudden lowering of prices **plötzliche Preissenkung**; **price war** *or* **price-cutting war** = competition between companies to get a larger market share by cutting prices **Preiskrieg** *m* ; **price differential** = difference in price between products in a range **Preisgefälle** *n* *or* **Preisunterschied** *m* ; **price fixing** = illegal agreement between companies to charge the same price for competing products **Preisabsprache** *f* ; **prices and incomes policy** = government policy which tries to control both price rises and incomes **Lohn-Preis-Politik** *f* ; **price label** *or* **price tag** = label which shows a price **Preisschild** *n* ; *the takeover bid put a $2m price tag on the company* **price list** = sheet giving prices of goods for sale **Preisliste** *f* ; **price range** = series of prices for similar products from different suppliers **Preisklasse** *f* *or* **Preislage** *f* ; **cars in the £8-9,000 price range** = cars of different makes, selling for between £8,000 and £9,000 **Wagen in der Preisklasse von £8000 bis £9000**; **price-sensitive product** = product which will not sell if the price is increased **preisempfindliches Produkt**

(c) to increase in price = to become more expensive **teurer werden** *petrol has increased in price or the price of petrol has increased* **to increase prices** *or* **to raise prices** = to make items more expensive **die Preise** *mpl* **erhöhen** *or* **anheben**; **we will try to meet your price** = we will try to offer a price which is acceptable to you **wir werden versuchen, Ihrer Preisvorstellung zu entsprechen**; **to cut prices** = to reduce prices suddenly **die Preise senken**; **to lower prices** *or* **to reduce prices** = to make items cheaper **Preise senken** *or* **herabsetzen** *or* **reduzieren; mit dem Preis heruntergehen**

(d) *(on the Stock Exchange)*; **asking price** = price which sellers are asking for shares **Briefkurs** *m* *or* **Angebotskurs**; **closing price** = price at the end of a day's trading **Schlusskurs** *m* *or* **Schlussnotierung** *f* ; **opening price** = price at the start of a day's trading **Eröffnungskurs** *m*

2 *verb* to give a price to a product **den Preis für etwas festsetzen** *car priced at £5,000* **competitively priced** = sold at a low price which competes with that of similar goods from other companies **wettbewerbsfähig im Preis**; **the company has priced itself out of the market** = the company has raised its prices so high that its products do not sell **das Unternehmen hat sich durch überhöhte Preise vom Markt ausgeschlossen** *or* **wettbewerbsunfähig gemacht**

◇ **price/earnings ratio (P/E ratio** *or* **PER)** ['praɪs'ɜːnɪŋz'reɪʃəʊ] *noun* ratio between the market price of a share and the company's earnings after tax **Kurs-Gewinn-Verhältnis** *n*

> COMMENT: the P/E ratio is an indication of the way investors think a company will perform in the future, as a high market price suggests that investors expect earnings to grow and this gives a high P/E figure; a low P/E figure implies that investors feel that earnings are not likely to rise

◇ **pricing** ['praɪsɪŋ] *noun* giving a price to a product **Preisfestsetzung** *f or* **Preiskalkulation** *f or* **Preisbildung** *f* ; **pricing policy** = a company's policy in giving prices to its products **Preispolitik** *f* ; *our pricing policy aims at producing a 35% gross margin* **common pricing** = illegal fixing of prices by several businesses so that they all charge the same price **Preisabsprache** *f* ; **competitive pricing** = putting a low price on a product so that it competes with similar products from other companies **wettbewerbsfähige Preisgestaltung**; **marginal pricing** = basing the selling price of a product on its variable costs of production plus a margin, but excluding fixed costs **Grenzkostenkalkulation** *f or* **Mengenkostenrechnung** *f*

> QUOTE that British goods will price themselves back into world markets is doubtful as long as sterling labour costs continue to rise
> Sunday Times

> QUOTE the average price per kilogram for this season has been 300c
> Australian Financial Review

> QUOTE European manufacturers rely heavily on imported raw materials which are mostly priced in dollars
> Duns Business Month

> QUOTE after years of relying on low wages for their competitive edge, Spanish companies are finding that rising costs and the strength of the peseta are pricing them out of the market
> Wall Street Journal

primary ['praɪmərɪ] *adjective* basic **grundlegend** *or* **Primär-**; **primary commodities** = raw materials or food **Grundstoffe** *mpl* **primary industry** = industry dealing with basic raw materials (such as coal, wood, farm produce) **Grundstoffindustrie** *f* ; **primary products** = products (such as wood, milk, fish) which are basic raw materials **Grundstoffe** *or* **Rohstoffe** *mpl or* **Hauptprodukte** *npl (eines Landes)*

◇ **primarily** ['praɪmərəlɪ] *adverb* mainly **hauptsächlich**

> QUOTE farmers are convinced that primary industry no longer has the capacity to meet new capital taxes or charges on farm inputs
> Australian Financial Review

prime [praɪm] *adjective*

(a) most important **Haupt-** *or* **wesentlich**; **prime time** = most expensive advertising time for TV commercials **Hauptsendezeit** *f or* **beste Sendezeit** *we are putting out a series of prime-time commercials*

(b) basic **ursprünglich**; **prime bills** = bills of exchange which do not involve any risk **erstklassige Wechsel** *mpl* **prime cost** = cost involved in producing a product, excluding overheads **Gestehungskosten** *pl or* **Herstellungskosten**

◇ **Prime Minister** [ˌpraɪm'mɪnɪstə] *noun* head of a government **Premierminister/-in; Ministerpräsident/-in** *the Australian Prime Minister or the Prime Minister of Australia*

◇ **prime rate** *or* **prime** ['praɪm'reɪt] *noun (US)* best rate of interest at which an American bank lends to its customers **Prime Rate** *f or* **Vorzugszins** *m (für erste Adressen)*

> COMMENT: not the same as the British bank base rate, which is only a notional rate, as all bank loans in the UK are at a certain percentage point above the base rate

> QUOTE the base lending rate, or prime rate, is the rate at which banks lend to their top corporate borrowers
> Wall Street Journal

priming ['praɪmɪŋ] *noun see* PUMP PRIMING

principal ['prɪnsəpl]

1 *noun*

(a) person *or* company which is represented by an agent **Auftraggeber/-in** *the agent has come to London to see his principals*

(b) money invested *or* borrowed on which interest is paid **Kapitalsumme** *f or* **Darlehensbetrag** *m* ; *to repay principal and interest*

2 *adjective* most important **Haupt-** *or* **wichtigste(r, s)** *the principal shareholders asked for a meeting; the country's principal products are paper and wood*

> QUOTE the company was set up with funds totalling NorKr 145m with the principal aim of making capital gains on the secondhand market
> Lloyd's List

principle ['prɪnsəpl] *noun* basic point *or* general rule **Prinzip** *n* ; **in principle** = in agreement with a general rule **prinzipiell** *or* **im**

Prinzip; **agreement in principle** = agreement with the basic conditions of a proposal **grundsätzliche Übereinstimmung**

print [prɪnt]
1 *noun* words made (on paper) with a machine **Gedrucktes; to read the small print** *or* **the fine print on a contract** = to read the conditions of a contract which are often printed very small so that people will not be able to read them easily **das Kleingedruckte in einem Vertrag lesen**
2 *verb*
(a) to make letters on paper with a machine **drucken** *printed agreement; printed regulations*
(b) to write in capital letters **in Druckbuchstaben** *or* **Druckschrift schreiben** *please print your name and address on the top of the form*

◇ **printer** ['prɪntə] *noun* machine which prints **Drucker** *m* ; **computer printer** *or* **line printer** = machine which prints information from a computer, printing one line at a time **Drucker** *or* **Zeilendrucker** *or* **Paralleldrucker; dot-matrix printer** = machine which prints by forming letters from many tiny dots **Matrixdrucker; printer ribbon** = inked ribbon in a cartridge which is put into a line printer **Farbband** *n*

◇ **print out** [prɪnt'aʊt] *verb* to print information from a computer through a printer **(aus)drucken**

◇ **printout** ['prɪntaʊt] *noun* **computer printout** = printed copy of information from a computer **Computerausdruck** *m* ; *the sales director asked for a printout of the agents' commissions*

prior ['praɪə] *adjective* earlier **früher** *or* **vorausgehend; prior agreement** = agreement which was reached earlier **frühere Vereinbarung; prior charge** = (capital) ranking before other capital in terms of distributions of profits and repayment when a company goes into liquidation **vorrangige Belastung; without prior knowledge** = without knowing before **ohne vorheriges Wissen**

◇ **priority** [praɪ'ɒrətɪ] *noun* **to have priority** = to have the right to be first **Vorrang haben; to have priority over** *or* **to take priority over something** = to be more important than something **vor etwas Vorrang haben** *reducing overheads takes priority over increasing turnover; debenture holders have priority over ordinary shareholders* **to give something top priority** = to make something the most important item **etwas vorrangig behandeln** *or* **einer Sache absolute Priorität einräumen**

private ['praɪvət] *adjective*
(a) belonging to a single person, not to a company or to the state **privat** *or* **Privat-; letter marked 'private and confidential'** = letter which must not be opened by anyone other than the person it is addressed to **ein Brief mit der Aufschrift ‚streng vertraulich'; private client** *or* **private customer** = client dealt with by a salesman as a person, not as a company **Privatkunde** *m* ; **private income** = income from dividends *or* interest *or* rents which is not part of a salary **Privateinkommen** *n* ; **private investor** = ordinary person with money to invest **Privatanleger** *m* ; **private property** = property which belongs to a private person, not to the public **Privatbesitz** *m* ; **Privateigentum** *n* ; **Privatgrundstück** *n*
(b) in private = away from other people **unter vier Augen** *he asked to see the managing director in private; in public he said the company would break even soon, but in private he was less optimistic*
(c) private limited company = (i) company with a small number of shareholders whose shares are not traded on the Stock Exchange; (ii) subsidiary company whose shares are not listed on the Stock Exchange, while those of its parent company are **(i) ≈ Gesellschaft** *f* **mit beschränkter Haftung; (ii) Tochtergesellschaft mit beschränkter Haftung**
(d) private enterprise = businesses which are owned by private shareholders, not by the state **Privatunternehmen** *n* ; *the project is funded by private enterprise* **the private sector** = all companies which are owned by private shareholders, not by the state **der Privatsektor**

◇ **privately** ['praɪvətlɪ] *adverb* away from other people **unter vier Augen** *or* **geheim** *the deal was negotiated privately*

◇ **privatization** [ˌpraɪvɪtaɪ'zeɪʃən] *noun* selling a nationalized industry to private owners **Privatisierung** *f*

◇ **privatize** ['praɪvətaɪz] *verb* to sell a nationalized industry to private owners **privatisieren**

> QUOTE in the private sector the total number of new house starts was 3 per cent higher than in the corresponding period last year, while public sector starts were 23 per cent lower
>
> Financial Times

> QUOTE management had offered to take the company private through a leveraged buyout for $825 million
>
> Fortune

PRO = PUBLIC RELATIONS OFFICER

pro [prəʊ] *preposition* for **für**; **per pro** = with the authority of **per procura** *or* **in Vertretung** *or* **per Vollmacht** *the secretary signed per pro the manager see also* PRO FORMA, PRO RATA, PRO TEM

probable ['prɒbəbl] *adjective* likely to happen **wahrscheinlich** *or* **zu erwarten** *he is trying to prevent the probable collapse of the company*

◇ **probably** ['prɒbəblɪ] *adverb* likely **wahrscheinlich** *or* **vermutlich** *the MD is probably going to retire next year; this shop is probably the best in town for service*

probate ['prəʊbeɪt] *noun* proving legally that a document, especially a will, is valid **gerichtliche Testamentsbestätigung**; **the executor was granted probate** = the executor was told officially that the will was valid **der Testamentsvollstrecker erhielt eine gerichtliche Testamentsbestätigung**; **probate court** = court which examines wills to see if they are valid **Nachlassgericht** *n*

◇ **probation** [prə'beɪʃən] *noun* period when a new worker is being tested before getting a permanent job **Probezeit** *f*; *he is on three months' probation; to take someone on probation*

◇ **probationary** [prə'beɪʃənərɪ] *adjective* while someone is being tested **Probe-** *a probationary period of three months; after the probationary period the company decided to offer him a full-time contract*

problem ['prɒbləm] *noun* thing to which it is difficult to find an answer **Problem** *n* ; *the company suffers from cash flow problems or staff problems* **to solve a problem** = to find an answer to a problem **ein Problem lösen** *problem solving is a test of a good manager* **problem area** = area of a company's work which is difficult to run **Problembereich** *m* ; *overseas sales is one of our biggest problem areas*

> QUOTE everyone blames the strong dollar for US trade problems, but they differ on what should be done
> Duns Business Month

procedure [prə'siːdʒə] *noun* way in which something is done **Verfahren** *n or* **Vorgehen** *n or* **Vorgehensweise** *f* ; *to follow the proper procedure* **this procedure is very irregular** = this is not the set way to do something **diese Vorgehensweise ist ganz unvorschriftsmäßig**; **accounting procedures** = set ways of doing the accounts of a company **Buchungsverfahren** *npl* **complaints procedure** *or* **grievance procedure** = way of presenting complaints formally from a trade union to a management **Beschwerdeweg** *m* ; *the trade union has followed the correct complaints procedure* **disciplinary procedure** = way of warning a worker that he is breaking the rules of a company **Disziplinarverfahren** *n* ; **dismissal procedures** = correct way to dismiss someone, following the rules in the contract of employment **Entlassungsverfahren** *npl*

proceed [prə'siːd] *verb* to go on *or* to continue **fortfahren** *or* **fortsetzen** *the negotiations are proceeding slowly* **to proceed against someone** = to start a legal action against someone **jdn verklagen** *or* **gegen jdn gerichtlich vorgehen**; **to proceed with something** = to go on doing something **mit etwas weitermachen** *or* **fortfahren** *shall we proceed with the committee meeting?*

◇ **proceedings** [prə'siːdɪŋz] *plural noun* **(a) conference proceedings** = written report of what has taken place at a conference **Konferenzprotokoll** *n*
(b) legal proceedings = legal action *or* lawsuit **Gerichtsverfahren** *n or* **Prozess** *m* ; *to take proceedings against someone; the court proceedings were adjourned* **to institute proceedings against someone** = to start a legal action against someone **gegen jdn gerichtlich vorgehen**

◇ **proceeds** ['prəʊsiːdz] *plural noun* **the proceeds of a sale** = money received from a sale after deducting expenses **der Verkaufserlös** *he sold his shop and invested the proceeds in a computer repair business*

process ['prəʊses]
1 *noun*
(a) industrial process = the various stages involved in manufacturing products in factories **industrielles Herstellungsverfahren**; **decision-making process** = way in which decisions are reached **Entscheidungsprozess** *m*
(b) due process of the law = the formal work of a legal action **ordentliches Gerichtsverfahren** *or* **ordnungsgemäßes Verfahren**
2 *verb*
(a) to process figures = to sort out information to make it easily understood **Zahlen auswerten** *the sales figures are being processed by our accounts department; data is being processed by our computer*
(b) to deal with something in the usual routine way **bearbeiten** *to process an insurance claim; orders are processed in our warehouse*

◇ **processing** ['prəʊsesɪŋ] *noun*

(a) sorting of information **Aufbereitung** *f or* **Verarbeitung** *f or* **Auswertung** *f*; *processing of information or of statistics* **batch processing** = computer system, where information is collected into batches before being loaded into the computer **Stapelverarbeitung** *f or* **Batch-Verarbeitung** *f* ; **data processing** *or* **information processing** = selecting and examining data in a computer to produce information in a special form **Datenverarbeitung** *f*; **word processing** *or* **text processing** = working with words, using a computer to produce, check and change texts, reports, letters, etc. **Textverarbeitung** *f*
(b) the processing of a claim for insurance = putting a claim for insurance through the usual office routine in the insurance company **die Bearbeitung eines Leistungsanspruchs**; **order processing** = dealing with orders **Auftragsabwicklung** *f*

◇ **processor** ['prəʊsesə] *noun* **word processor** = small computer which is used for working with words, to produce texts, reports, letters, etc. **Textverarbeitungsanlage** *f*

procurement [prə'kjʊəmənt] *noun* action of buying equipment or raw materials for a company **Beschaffung** *f*

produce
1 ['prɒdju:s] *noun* foodstuffs grown on the land **Agrarerzeugnisse** *npl or* **landwirtschaftliche Produkte** *npl* *home produce; agricultural produce or farm produce*
2 [prə'dju:s] *verb*
(a) to bring out **vorzeigen** *or* **vorlegen** *he produced documents to prove his claim; the negotiators produced a new set of figures; the customs officer asked him to produce the relevant documents*
(b) to make *or* to manufacture **herstellen** *or* **produzieren** *or* **erzeugen** *or* **fertigen** *to produce cars or engines or books* **to mass produce** = to make large quantities of a product **in Massenproduktion** *or* **serienweise herstellen**
(c) to give an interest **erbringen** *or* **erzielen** *or* **abwerfen** *investments which produce about 10% per annum*

◇ **producer** [prə'dju:sə] *noun* company *or* country which manufactures **Hersteller** *m or* **Erzeuger** *m or* **Produzent** *m* ; *country which is a producer of high quality watches; the company is a major car producer*

◇ **producing** [prə'dju:sɪŋ] *adjective* which produces **Herstellungs-** *or* **Produktions-** *or* **erzeugend**; **producing capacity** = capacity to produce **Produktionskapazität** *f* ; **oil-producing country** = country which produces oil **Ölförderland** *n*

product ['prɒdʌkt] *noun*
(a) thing which is made *or* manufactured **Produkt** *n or* **Erzeugnis** *n* ; **basic product** = main product made from a raw material **Grundprodukt**; **by-product** = product made as a result of manufacturing a main product **Nebenprodukt**; **end product** *or* **final product** *or* **finished product** = product made at the end of a production process **Endprodukt**
(b) manufactured item for sale **Produkt** *n* ; **product advertising** = advertising a particular named product, not the company which makes it **Produktwerbung** *f* ; **product analysis** = examining each separate product in a company's range to see why it sells *or* who buys it, etc. **Produktanalyse** *f* ; **product design** = design of consumer products **Produktgestaltung** *f* ; **product development** = improving an existing product line to meet the needs of the market **Produktentwicklung** *f*; **product engineer** = engineer in charge of the equipment for making a product **Betriebsingenieur** *m* ; **product liability** = liability of the maker of a product for negligence in the design or production of the product **Produkthaftung** *f or* **Produzentenhaftung**; **product line** *or* **product range** = series of different products made by the same company which form a group (such as cars in different models, pens in different colours, etc.) **Produktlinie** *f or* **Sortiment** *n* ; **product management** = directing the making and selling of a product as an independent item **Produkt-Management** *n* ; **product mix** = group of quite different products made by the same company **Produktmix** *m or* **Produktpalette** *f*
(c) gross domestic product (GDP) = annual value of goods sold and services paid for inside a country **Bruttoinlandsprodukt (BIP)** *n* ; **gross national product (GNP)** = annual value of goods and services in a country, including income from other countries **Bruttosozialprodukt (BSP)** *n*

◇ **production** [prə'dʌkʃən] *noun*
(a) showing something **Vorlage** *f or* **Vorzeigen** *n* ; **on production of** = when something is shown **bei Vorlage von** *the case will be released by the customs on production of the relevant documents; goods can be exchanged only on production of the sales slip*
(b) making *or* manufacturing of goods for sale **Produktion** *f* ; *production will probably be held up by industrial action; we are hoping to speed up production by installing new machinery* **batch production** = production in batches **Serienfertigung** *f* ; **domestic production** = production of goods in the home market **Inlandsproduktion** *f* ; **mass production** = manufacturing of large

quantities of goods **Massenproduktion** *f or* **serienmäßige Herstellung** *mass production of cars or of calculators* **rate of production** *or* **production rate** = speed at which items are made **Produktionsleistung** *f*; **production cost** = cost of making a product **Produktionskosten** *pl* **production department** = section of a company which deals with the making of the company's products **Produktionsabteilung** *f*; **production line** = system of making a product, where each item (such as a car) moves slowly through the factory with new sections added to it as it goes along **Fertigungsstraße** *f or* **Fließband** *n*; *he works on the production line; she is a production line worker* **production manager** = person in charge of the production department **Produktionsleiter/-in**; **production unit** = separate small group of workers producing a certain product **Produktionseinheit** *f*

◊ **productive** [prəˈdʌktɪv] *adjective* which produces **produktiv**; **productive capital** = capital which is invested to give interest **arbeitendes** *or* **gewinnbringendes Kapital**; **productive discussions** = useful discussions which lead to an agreement *or* decision **produktive Gespräche** *npl*

◊ **productively** [prəˈdʌktɪvlɪ] *adverb* in a productive way **produktiv**

◊ **productivity** [ˌprɒdʌkˈtɪvɪtɪ] *noun* rate of output per worker *or* per machine in a factory **Produktivität** *f*; *bonus payments are linked to productivity; the company is aiming to increase productivity; productivity has fallen or risen since the company was taken over* **productivity agreement** = agreement to pay a productivity bonus **dem Produktivitätszuwachs** *m* **angepasster Tarifabschluss** *m or* **Produktivitätsvereinbarung** *f*; **productivity bonus** = extra payments made to workers because of increased production per worker **Produktivitätsprämie** *f or* **Leistungszulage** *f*; **productivity drive** = extra effort to increase productivity **Anstrengungen** *fpl* **zur Steigerung der Produktivität**

> QUOTE though there has been productivity growth, the absolute productivity gap between many British firms and their foreign rivals remains
>
> Sunday Times

profession [prəˈfeʃən] *noun*
(a) work which needs special skills learnt over a period of time **Beruf** *m*; *the managing director is an accountant by profession*
(b) group of specialized workers **Berufsstand** *m*; **the legal profession** = all lawyers **die Anwaltschaft**; **the medical profession** = all doctors **die Ärzteschaft**

◊ **professional** [prəˈfeʃənl]
1 *adjective*
(a) referring to one of the professions **beruflich** *or* **Berufs-**; **fachlich** *or* **fachmännisch** *the accountant sent in his bill for professional services; we had to ask our lawyer for professional advice on the contract* **a professional man** = man who works in one of the professions (such as a lawyer, doctor, accountant) **Angehöriger der gehobenen Berufe**; **professional qualifications** = documents showing that someone has successfully finished a course of study which allows him to work in one of the professions **berufliche Qualifikationen** *fpl*
(b) expert *or* skilled **fachmännisch** *or* **fachgerecht** *his work is very professional; they did a very professional job in designing the new office*
(c) doing work for money **Berufs-** *or* **professionell** *a professional tennis player* **he is a professional troubleshooter** = he makes his living by helping companies to sort out their problems **er ist ein professioneller Krisenmanager**
2 *noun* skilled person, a person who does skilled work for money **Fachmann/Fachfrau** *or* **Profi** *m*

> QUOTE one of the key advantages of an accountancy qualification is its worldwide marketability. Other professions are not so lucky: lawyers, for example, are much more limited in where they can work
>
> Accountancy

proficiency [prəˈfɪʃənsɪ] *noun* skill, being capable of doing something **Fertigkeit** *f or* **Leistung** *f*; *she has a certificate of proficiency in English; to get the job he had to pass a proficiency test*

◊ **proficient** [prəˈfɪʃənt] *adjective* **tüchtig** *or* **fähig** capable of doing something well *she is quite proficient in English*

profile [ˈprəʊfaɪl] *noun* brief description **Kurzbeschreibung** *f or* **Profil** *n*; **customer profile** = description of an average customer for a product or service **Kundenprofil**; **market profile** = basic characteristics of a particular market **Marktprofil** *he asked for a company profile of the possible partners in the joint venture; the customer profile shows our average buyer to be male, aged 25-30, and employed in the service industries*

QUOTE the audience profile does vary greatly by period: 41.6% of the adult audience is aged 16 to 34 during the morning period, but this figure drops to 24% during peak viewing time
Marketing Week

profit ['prɒfɪt] *noun* money gained from a sale which is more than the money spent **Gewinn** *m or* **Profit** *m or* **Ertrag** *m* ; **clear profit** = profit after all expenses have been paid **Reingewinn** *or* **Nettogewinn** *we made $6,000 clear profit on the deal* **excess profit** = profit which is higher than what is thought to be normal **Übergewinn** *or* **Mehrgewinn**; **excess profits tax** = tax on excess profits **Übergewinnsteuer** *f* ; **gross profit** *or* **gross trading profit** = profit calculated as sales income less the cost of the goods sold (i.e., without deducting any other expenses) **Bruttogewinn** *or* **Rohgewinn**; **healthy profit** = quite a large profit **gesunder Gewinn**; **net profit** *or* **net trading profit** = result where income from sales is larger than all expenditure **Nettogewinn**; **operating profit** = result where sales from normal business activities are higher than the costs **Betriebsgewinn** *or* **operativer Gewinn**; **paper profit** = profit on an asset which has increased in price but has not been sold **Buchgewinn** *or* **rechnerischer Gewinn** *or* **noch nicht realisierter Gewinn** *he is showing a paper profit of £25,000 on his investment* **trading profit** = result where the company' receipts are higher than its expenditure **Geschäftsgewinn**; **profit margin** = percentage difference between sales income and the cost of sales **Gewinnspanne** *f* ; **profit motive** = idea that profit is the most import aim of a business **Gewinnstreben** *n* ; **profits tax** *or* **tax on profits** = tax to be paid on profits **Gewinnsteuer** *f* ; **profit before tax** *or* **pretax profit** = profit before any tax has been paid **Gewinn vor Steuern**; **profit after tax** = profit after tax has been paid **Gewinn nach Steuern**; **to make a profit** = to have more money as a result of a deal **einen Gewinn machen**; **to move into profit** = to start to make a profit **in die schwarzen Zahlen kommen** *or* **in die Gewinnzone kommen** *the company is breaking even now, and expects to move into profit within the next two months* **to sell at a profit** = to sell at a price which gives you a profit **mit Gewinn verkaufen**; **to show a profit** = to make a profit and state it in the company accounts **einen Gewinn verzeichnen** *we are showing a small profit for the first quarter* **to take one's profit** = to sell shares at a higher price than was paid for them, rather than to keep them as an investment **seinen Gewinn mitnehmen**

◊ **profitability** [ˌprɒfɪtə'bɪlətɪ] *noun* **(a)** ability to make a profit **Ertragskraft** *f* **(b)** amount of profit made as a percentage of costs **Rentabilität** *f* ; **calculation of profitability** = way of calculating how profitable something is **Rentabilitätsberechnung** *f*

◊ **profitable** ['prɒfɪtəbl] *adjective* which makes a profit **rentabel** *or* **gewinnbringend** *or* **ertragreich** *or* **einträglich**

◊ **profitably** ['prɒfɪtəblɪ] *adverb* making a profit **rentabel** *or* **gewinnbringend** *or* **ertragreich**

profit and loss account (P&L account) ['prɒfɪtənd'lɒsəkaʊnt] *noun* statement of a company's expenditure and income over a period of time, almost always one calendar year, showing whether the company has made a profit or loss **Gewinn- und Verlustrechnung** *f* ; **consolidated profit and loss account** = profit and loss accounts of the holding company and its subsidiary companies, grouped together into a single profit and loss account **konsolidierte Gewinn- und Verlustrechnung** (NOTE: the US equivalent is the **profit and loss statement** or **income statement)**

profit centre ['prɒfɪtˌsentə] *noun* person *or* department which is considered separately for the purposes of calculating a profit **Ertragszentrum** *n or* **Profit-Center** *n*

profiteer [prɒfɪ'tɪə] *noun* person who makes too much profit, especially when goods are rationed or in short supply **Geschäftemacher/-in** *or* **Wucherer/Wucherin** *or* **Profiteur/-in**

◊ **profiteering** [prɒfɪ'tɪərɪŋ] *noun* making too much profit **Geschäftemacherei** *f or* **Preistreiberei** *f or* **Wuchergeschäfte** *npl*

◊ **profit-making** ['prɒfɪtmeɪkɪŋ] *adjective* which makes a profit **gewinnbringend** *or* **rentabel** *the whole project was expected to be profit-making by 1993* **non-profit-making** = (organization, such as a club) which is not allowed by law to make a profit **gemeinnützig** *non-profit-making organizations are exempt from tax*

◊ **profit-sharing** ['prɒfɪtʃeərɪŋ] *noun* arrangement where workers get a share of the profits of the company they work for **Gewinnbeteiligung** *f* ; *the company runs a profit-sharing scheme*

◊ **profit-taking** ['prɒfɪtteɪkɪŋ] *noun* selling investments to realize the profit, rather than keeping them **Gewinnmitnahme** *f* ; *share* *prices fell under continued profit-taking*

> QUOTE because capital gains are not taxed and money taken out in profits and dividends is taxed, owners of businesses will be using accountants and tax experts to find loopholes in the law
> Toronto Star

> QUOTE the bank transferred $5 million to general reserve compared with $10 million in 1983 which made the consolidated profit and loss account look healthier
> Hongkong Standard

> QUOTE some profit-taking was seen yesterday as investors continued to lack fresh incentives to renew buying activity
> Financial Times

pro forma [prəʊ'fɔːmə]
1 *Latin phrase meaning* 'for the sake of form' **pro forma; pro forma (invoice)** = invoice sent to a buyer before the goods are sent, so that payment can be made or that goods can be sent to a consignee who is not the buyer **Pro-forma-Rechnung** *f* ; *they sent us a pro forma; we only supply that account on pro forma*
2 *verb* to issue a pro forma invoice **Pro-forma schicken** *can you pro forma this order?*

program ['prəʊgræm]
1 *noun* **computer program** = instructions to a computer telling it to do a particular piece of work **Computerprogramm** *n* ; *to buy a word-processing program; the accounts department is running a new payroll program*
2 *verb* to write a program for a computer **programmieren; to program a computer** = to install a program in a computer **einen Computer programmieren** *the computer is programmed to print labels* (NOTE: **programming - programmed)**

◇ **programme** *or* *(US)* **program** ['prəʊgræm] *noun* plan of things which will be done **Programm** *n or* **Plan** *m* ; *development programme; research programme; training programme; to draw up a programme of investment or an investment programme*

◇ **programmable** [prəʊ'græməbl] *adjective* which can be programmed **programmierbar**

◇ **programmer** ['prəʊgræmə] *noun* **computer programmer** = person who writes computer programs **Programmierer/-in**

◇ **programming** ['prəʊgræmɪŋ] *noun* **computer programming** = writing programs for computers **Computer-Programmierung** *f* ; **programming engineer** = engineer in charge of programming a computer system **Programmierer/-in**; **programming language** = system of signs, letters and words used to instruct a computer **Programmiersprache** *f*

progress
1 ['prəʊgres] *noun* movement of work forward **Fortschritt** *m or* **Verlauf** *m* ; *to report on the progress of the work or of the negotiations* **to make a progress report** = to report how work is going **einen Lagebericht** *or* **Fortschrittsbericht anfertigen; in progress** = which is being done but is not finished **laufend** *negotiations in progress; work in progress* **progress payments** = payments made as each stage of a contract is completed **Abschlagszahlungen** *fpl* *the fifth progress payment is due in March*
2 [prə'gres] *verb* to move forward *or* to go ahead **Fortschritte machen** *or* **weitergehen** *the contract is progressing through various departments*

◇ **progress chaser** ['prəʊgres'tʃeɪsə] *noun* person whose job is to check that work is being carried out on schedule *or* that orders are being fulfilled on time, etc. **Terminjäger** *m*

◇ **progressive** [prə'gresɪv] *adjective* which moves forward in stages **progressiv** *or* **gestaffelt; progressive taxation** = taxation system where tax levels increase as the income is higher (also called 'graduated taxation') **progressive** *or* **gestaffelte Besteuerung**

prohibitive [prə'hɪbɪtɪv] *adjective* with a price so high that you cannot afford to pay it **untragbar** *or* **unerschwinglich** *the cost of redeveloping the product is prohibitive*

project ['prɒdʒekt] *noun*
(a) plan **Projekt** *n or* **Plan** *m* ; *he has drawn up a project for developing new markets in Europe*
(b) particular job of work which follows a plan **Projekt** *n or* **Vorhaben** *n* ; *we are just completing an engineering project in North Africa; the company will start work on the project next month* **project analysis** = examining all costs *or* problems of a project before work on it is started **Projektanalyse** *f* ; **project engineer** = engineer in charge of a project **Projektingenieur/-in**; **project manager** = manager in charge of a project **Projektleiter/-in**

◇ **projected** [prə'dʒektɪd] *adjective* planned *or* expected **geplant** *or* **erwartet; projected sales** = forecast of sales **Absatzprognose** *f* *or* **erwarteter Umsatz** *projected sales in Europe next year should be over £1m*

◇ **projection** [prəˈdʒekʃən] *noun* forecast of something which will happen in the future **Vorhersage** *f or* **Prognose** *f* ; *projection of profits for the next three years; the sales manager was asked to draw up sales projections for the next three years*

promise [ˈprɒmɪs]
1 *noun* saying that you will do something **Versprechen** *n or* **Zusage** *f*; **to keep a promise** = to do what you said you would do **ein Versprechen halten** *he says he will pay next week, but he never keeps his promises* **to go back on a promise** = not to do what you said you would do **ein Versprechen brechen** *the management went back on its promise to increase salaries across the board* **a promise to pay** = a promissory note **ein Zahlungsversprechen**
2 *verb* to say that you will do something **versprechen** *or* **zusagen** *they promised to pay the last instalment next week; the personnel manager promised he would look into the grievances of the office staff*

◇ **promissory note** [prəˈmɪsərɪˈnəʊt] *noun* document stating that someone promises to pay an amount of money on a certain date **Schuldschein** *m*

promote [prəˈməʊt] *verb*
(a) to give someone a more important job **befördern** *he was promoted from salesman to sales manager*
(b) to advertise **werben** *or* **Reklame machen**; **to promote a new product** = to increase the sales of a new product by a sales campaign *or* TV commercials *or* free gifts **für ein neues Produkt werben**
(c) to promote a new company = to organize the setting up of a new company **eine neue Firma gründen**

◇ **promoter** [prəˈməʊtə] *noun* **company promoter** = person who organizes the setting up of a new company **Firmengründer/-in**

◇ **promotion** [prəˈməʊʃən] *noun*
(a) moving up to a more important job **Beförderung** *f* ; *promotion chances or promotion prospects; he ruined his chances of promotion when he argued with the managing director* **to earn promotion** = to work hard and efficiently and so be promoted **eine Beförderung verdienen**
(b) promotion of a product = selling a new product by publicity *or* sales campaign *or* TV commercials *or* free gifts **Werbekampagne** *f* **für ein Produkt** *promotion budget; promotion team; sales promotion; special promotion*
(c) promotion of a company = setting up a new company **Firmengründung** *f*

◇ **promotional** [prəˈməʊʃənl] *adjective* used in an advertising campaign **Werbe-** *the admen are using balloons as promotional material* **promotional budget** = forecast cost of promoting a new product **Werbeetat** *m*

prompt [prɒm(p)t] *adjective* rapid *or* done immediately **prompt** *or* **sofortig** *prompt service; prompt reply to a letter* **prompt payment** = payment made rapidly **pünktliche Zahlung**; **prompt supplier** = supplier who delivers orders rapidly **pünktlicher Lieferant**

◇ **promptly** [ˈprɒm(p)tlɪ] *adverb* rapidly **prompt** *or* **pünktlich** *he replied to my letter very promptly*

> QUOTE they keep shipping costs low and can take advantage of quantity discounts and other allowances for prompt payment
> Duns Business Month

proof [pruːf] *noun* thing which shows that something is true **Nachweis** *m or* **Beweis** *m* ; **documentary proof** = proof in the form of a document **Urkundenbeweis**

◇ **-proof** [pruːf] *suffix* which prevents something getting in *or* getting out *or* harming **-dicht** *or* **-sicher** *dustproof cover; inflation-proof pension; soundproof studio*

prop = PROPRIETOR

property [ˈprɒpətɪ] *noun*
(a) personal property = things which belong to a person **Privateigentum** *n* ; *the storm caused considerable damage to personal property; the management is not responsible for property left in the hotel rooms*
(b) land and buildings **Grundbesitz** *m* ; **(bebautes) Grundstück** *property tax; damage to property or property damage; the commercial property market is booming* **the office block has been bought by a property company** = by a company which buys buildings to lease them **das Bürohaus ist von einer Immobiliengesellschaft gekauft worden**; **property developer** = person who buys old buildings *or* empty land and builds new buildings for sale or rent **Bauträger** *m* ; **the property market** = (i) the market in letting commercial properties; (ii) the market in developing commercial properties as investments; (iii) buying or selling residential properties by individual homeowners **(i)(ii)(iii) Immobilienmarkt** *m* ; **commercial property** = building(s) used as offices or shops **Geschäftsgebäude** *n* ; **Industrieimmobilien** *fpl*

private property = property which belongs to a private person and not to the public **Privatgrundstück** *n* ; **Privatbesitz** *m*
(c) a building **Gebäude** *n* ; *we have several properties for sale in the centre of the town*

proportion [prə'pɔːʃən] *noun* part (of a total) **Teil** *m or* **Anteil** *a proportion of the pre-tax profit is set aside for contingencies; only a small proportion of our sales comes from retail shops* **in proportion to** = showing how something is related to something else **im Verhältnis zu** *profits went up in proportion to the fall in overhead costs; sales in Europe are small in proportion to those in the USA*
◇ **proportional** [prə'pɔːʃənl] *adjective* directly related **proportional** *the increase in profit is proportional to the reduction in overheads*
◇ **proportionately** [prə'pɔːʃənətlɪ] *adverb* in proportion **verhältnismäßig**

proposal [prə'pəʊzəl] *noun*
(a) suggestion *or* thing which has been suggested **Vorschlag** *m or* **Antrag** *m* ; *to make a proposal or to put forward a proposal to the board* **the committee turned down the proposal** = the committee refused to accept what was suggested **der Ausschuss hat den Antrag abgewiesen**
(b) official document with details of a property or person to be insured which is sent to the insurance company when asking for an insurance **Versicherungsantrag** *m*
◇ **propose** [prə'pəʊz] *verb*
(a) to suggest that something should be done **vorschlagen**; **to propose a motion** = to ask a meeting to vote for a motion and explain the reasons for this **einen Antrag stellen**; **to propose someone as president** = to ask a group to vote for someone to become president **jdn als Vorsitzenden vorschlagen**
(b) to propose to = to say that you intend to do something **vorhaben** *or* **beabsichtigen** *I propose to repay the loan at £20 a month*
◇ **proposer** [prə'pəʊzə] *noun* person who proposes a motion at a meeting **Antragsteller/-in**
◇ **proposition** [prɒpə'zɪʃən] *noun* commercial deal which is suggested **Angebot** *n* ; **Unternehmen** *n* ; **it will never be a commercial proposition** = it is not likely to make a profit **es wird nie ein lohnendes Geschäft sein**

proprietary [prə'praɪətərɪ] *adjective*
(a) product (such as a medicine) which is made and owned by a company **gesetzlich geschützt** *or* **Marken-**; **proprietary drug** = drug which is made by a particular company and marketed under a brand name **patentrechtlich geschütztes Arzneimittel**
(b) *(US)* **proprietary company** = company formed to invest in stock of other companies so as to control them **Dachgesellschaft** *f or* **Holdinggesellschaft** (NOTE: GB English for this **holding company)**
(c) *(in South Africa and Australia)*; **proprietary company** = private limited company **Gesellschaft** *f* **mit beschränkter Haftung**
◇ **proprietor** [prə'praɪətə] *noun* owner **Eigentümer** *m or* **Besitzer** *m or* **Inhaber** *m* ; *the proprietor of a hotel or a hotel proprietor*
◇ **proprietress** [prə'praɪətrəs] *noun* woman owner **Eigentümerin** *f or* **Besitzerin** *f or* **Inhaberin** *f*; *the proprietress of an advertising consultancy*

pro rata ['prəʊ'rɑːtə] *adjective & adverb* at a rate which varies according to the size or importance of something **anteilmäßig** *or* **anteilig** *a pro rata payment; to pay someone pro rata* **dividends are paid pro rata** = dividends are paid according to the number of shares held **Dividenden werden anteilig bezahlt**

prosecute ['prɒsɪkjuːt] *verb* to bring (someone) to court to answer a criminal charge **anklagen** *or* **strafrechtlich verfolgen** *he was prosecuted for embezzlement*
◇ **prosecution** [ˌprɒsɪ'kjuːʃən] *noun*
(a) act of bringing someone to court to answer a charge **Anklage** *f or* **strafrechtliche Verfolgung** *his prosecution for embezzlement*
(b) people who prosecute someone **Staatsanwaltschaft** *f or* **Anklagevertretung** *f* ; *the costs of the case will be borne by the prosecution* **prosecution counsel** *or* **counsel for the prosecution** = lawyer acting for the prosecution **Anklagevertreter/-in** *or* **Staatsanwalt/Staatsanwältin**

prospect ['prɒspekt] *noun*
(a) prospects = possibilities for the future **Aussichten** *fpl* **his job prospects are good** = he is very likely to find a job **er hat gute Berufsaussichten**; **prospects for the market** *or* **market prospects are worse than those of last year** = sales in the market are likely to be lower than they were last year **die Konjunkturaussichten sind schlechter als im letzten Jahr**
(b) possibility that something will happen **Aussicht** *f* ; *there is no prospect of negotiations coming to an end soon*
(c) person who may become a customer **Interessent/-in** *the salesmen were looking out for prospects*

◇ **prospective** [prə'spektɪv] *adjective* which may happen in the future **voraussichtlich**; **a prospective buyer** = someone who may buy in the future **ein potenzieller Käufer** *there is no shortage of prospective buyers for the computer*

◇ **prospectus** [prə'spektəs] *noun*
(a) document which gives information to attract buyers *or* customers **Prospekt** *m* ; *the restaurant has girls handing out prospectuses in the street*
(b) document which gives information about a company whose shares are being sold to the public for the first time **Emissionsprospekt** *m* (NOTE: plural is **prospectuses)**

> QUOTE when the prospectus emerges, existing shareholders and any prospective new investors can find out more by calling the free share information line; they will be sent a leaflet. Non-shareholders who register in this way will receive a prospectus when it is published; existing shareholders will be sent one automatically
>
> Financial Times

prosperous ['prɒspərəs] *adjective* rich **wohlhabend; gut gehend** *or* **blühend** *a prosperous shopkeeper; a prosperous town*

◇ **prosperity** [prɒ'sperətɪ] *noun* being rich **Wohlstand** *m or* **Prosperität** *f*; **in times of prosperity** = when people are rich **in Zeiten allgemeinen Wohlstandes**

protect [prə'tekt] *verb* to defend something against harm **schützen** *or* **absichern** *the workers are protected from unfair dismissal by government legislation; the computer is protected by a plastic cover; the cover is supposed to protect the machine from dust* **to protect an industry by imposing tariff barriers** = to stop a local industry from being hit by foreign competition by stopping foreign products from being imported **einen Wirtschaftszweig durch die Einführung von Zollschranken schützen**

◇ **protection** [prə'tekʃən] *noun* thing or legislation which protects **Schutz** *m* ; *the legislation offers no protection to part-time workers* **consumer protection** = protecting consumers against unfair *or* illegal traders **Verbraucherschutz**; **employment protection** = protecting employees against unfair dismissal **Arbeitnehmerrechtsschutz**

◇ **protectionism** [prə'tekʃənɪzm] *noun* protecting producers in the home country against foreign competitors by banning or taxing imports or by imposing import quotas **Protektionismus** *m*

◇ **protective** [prə'tektɪv] *adjective* which protects **Schutz-**; **protective cover** = cover which protects a machine **Schutzhülle** *f or* **Schutzabdeckung** *f*; **protective tariff** = tariff which tries to ban imports to stop them competing with local products **Schutzzoll** *m*

pro tem ['prəʊ'tem] *adverb* temporarily *or* for a time **zurzeit** *or* **zz(t).**

protest
1 ['prəʊtest] *noun*
(a) statement *or* action to show that you do not approve of something **Protest** *m* ; *to make a protest against high prices* **sit-down protest** = action by members of the staff who occupy their place of work and refuse to leave **Sit-in** *n* ; **in protest at** = showing that you do not approve of something **aus Protest gegen** *the staff occupied the offices in protest at the low pay offer* **to do something under protest** = to do something, but say that you do not approve of it **etwas unter Protest tun**
(b) official document which proves that a bill of exchange has not been paid **Wechselprotest** *m*
2 [prə(ʊ)'test] *verb*
(a) to protest against something = to say that you do not approve of something **gegen etwas protestieren** *or* **Einspruch erheben** *the importers are protesting against the ban on luxury goods* (NOTE: GB English is **to protest against something,** but US English is **to protest something)**
(b) to protest a bill = to draw up a document to prove that a bill of exchange has not been paid **Wechselprotest einlegen**

prototype ['prəʊtətaɪp] *noun* first model of a new machine before it goes into production **Prototyp** *m* ; *prototype car; prototype plane; the company is showing the prototype of the new model at the exhibition*

provide [prə'vaɪd] *verb*
(a) to provide for = to allow for something which may happen in the future **vorsehen** *or* **bestimmen** *or* **Vorsorge treffen für** *the contract provides for an annual increase in charges; £10,000 of expenses have been provided for in the budget*
(b) to put money aside in accounts to cover expenditure *or* loss in the future **bereitstellen** *£25,000 is provided against bad debts*
(c) to provide someone with something = to supply something to someone **jdm etwas zur Verfügung stellen** *or* **jdn mit etwas versorgen** *each rep is provided with a company car; staff uniforms are provided by the hotel*

◇ **provided that** *or* **providing** [prə'vaɪdɪd'ðæt *or* prə'vaɪdɪŋ] *conjunction* on condition that **vorausgesetzt, dass** *the goods* *will be delivered next week provided or providing the drivers are not on strike*

◊ **provident** ['prɒvɪdənt] *adjective* which provides benefits in case of illness *or* old age, etc. **Unterstützungs-** *or* **Fürsorge-** *a provident fund; a provident society*

province ['prɒvɪns] *noun*
(a) large division of a country **Provinz** *f* ; *the provinces of Canada*
(b) the provinces = parts of any country away from the main capital town **die Provinz** *there are fewer retail outlets in the provinces than in the capital*

◊ **provincial** [prə'vɪnʃəl] *adjective* referring to a province *or* to the provinces **Provinz-** *or* **regional; provinziell** *or* **kleinstädtisch** *a provincial government; a provincial branch of a national bank*

provision [prə'vɪʒən] *noun*
(a) to make provision for = to see that something is allowed for in the future **Vorkehrungen** *fpl or* **Vorsorge** *f* **treffen für; there is no provision for** *or* **no provision has been made for car parking in the plans for the office block** = the plans do not include space for cars to park **in den Plänen für das Bürogebäude sind keine Parkplätze vorgesehen**
(b) provisions = money put aside in accounts for anticipated expenditure where the timing or amount of expenditure is uncertain (if the expenditure is not certain to occur at all, then the money set aside is called a 'contingent liability') **Rückstellung** *f or* **Wertberichtigung** *f* ; *the bank has made a £2m provision for bad debts or a $5bn provision against Third World loans*
(c) legal condition **Klausel** *f or* **Bestimmung** *f or* **Vorschrift** *f* ; **we have made provision to this effect** = we have put into the contract terms which will make this work **wir haben für diesen Fall Klauseln eingebaut**
(d) provisions = food **Lebensmittel** *pl or* **Proviant** *m*

◊ **provisional** [prə'vɪʒənl] *adjective* temporary, not final or permanent **vorläufig** *or* **provisorisch** *or* **Interims-** *provisional forecast of sales; provisional budget; they faxed their provisional acceptance of the contract*

◊ **provisionally** [prə'vɪʒnəlɪ] *adverb* not finally **vorläufig** *or* **provisorisch** *the contract has been accepted provisionally*

> QUOTE landlords can create short lets of dwellings which will be free from the normal security of tenure provisions
> Times

proviso [prə'vaɪzəʊ] *noun* condition **Vorbehalt** *m or* **Bedingung** *f* ; *we are signing the contract with the proviso that the terms can be discussed again after six months*

proxy ['prɒksɪ] *noun*
(a) document which gives someone the power to act on behalf of someone else **Vollmacht** *f or* **Vertretung** *f* ; *to sign by proxy* **proxy form** *or* **proxy card** = form which a shareholder receives with his invitation to attend an AGM, which he fills in if he wants to appoint a proxy to vote for him on a resolution **Stimmrechtsübertragungsformular** *n* ; **proxy vote** = votes made by proxy **durch einen Stimmrechtsbevollmächtigten abgegebene Stimme** *the proxy votes were all in favour of the board's recommendation*
(b) person who acts on behalf of someone else **Bevollmächtigte(r)** *or* **(Stell)vertreter/-in** *to act as proxy for someone*

P.S. ['pi:'es] *short for* = POST SCRIPTUM additional note at the end of a letter **PS** *n* ; *did you read the P.S. at the end of the letter?*

PSBR = PUBLIC SECTOR BORROWING REQUIREMENT

pt [paɪnt] = PINT

ptas [pə'seɪtəz] = PESETAS

Pte *(Singapore)* = PRIVATE LIMITED COMPANY

Pty = PROPRIETARY COMPANY

public ['pʌblɪk]
1 *adjective*
(a) referring to all the people in general **öffentlich; public holiday** = day when all workers rest and enjoy themselves instead of working **öffentlicher Feiertag; public image** = idea which the people have of a company *or* a person **Image** *n* ; *the minister is trying to improve his public image* **public transport** = transport (such as buses, trains) which is used by any member of the public **öffentliche Verkehrsmittel** *npl* **public works** = large construction schemes which benefit the public in general (such as motorways, hospitals, etc.) **staatliche Bauvorhaben** *pl*
(b) referring to the government or the state **öffentlich; staatlich; public expenditure** = spending of money by the local *or* central government **Ausgaben** *fpl* **der öffentlichen Hand; Staatsausgaben; public finance** = the raising of money by governments (by taxes or borrowing) and the spending of it **Staatsfinanzen** *pl* **public funds** = government money available for expenditure **öffentliche Mittel** *pl or* **Gelder** *npl* **public ownership** =

situation where an industry is nationalized **öffentliches Eigentum; Staatsbesitz** *m*
(c) the company is going public = the company is going to place some of its shares for sale on the stock market so that anyone can buy them **das Unternehmen wird in eine Aktiengesellschaft umgewandelt**
2 *noun* **the public** *or* **the general public** = the people **die Öffentlichkeit; in public** = in front of everyone **in der Öffentlichkeit** *or* **öffentlich** *in public he said that the company would soon be in profit, but in private he was less optimistic*

◊ **Public Limited Company (Plc)** *noun* company in which the general public can invest and whose shares and loan stock can usually be bought and sold on the Stock Exchange **Aktiengesellschaft (AG)** *f* (NOTE: also called a **Public Company**)

◊ **public relations (PR)** ['pʌblɪkrɪ'leɪʃənz] *plural noun* keeping good relations between a company *or* a group and the public so that people know what the company is doing and can approve of it **Public Relations** *pl or* **Öffentlichkeitsarbeit** *f*; *a public relations man; he works in public relations; a public relations firm handles all our publicity* **a public relations exercise** = a campaign to improve public relations **eine PR-Kampagne; public relations officer (PRO)** = person in an organization who is responsible for public relations activities **Public-Relations-Fachmann/Fachfrau** *or* **PR-Referent/-in**

◊ **public sector** ['pʌblɪk'sektə] *noun* nationalized industries and services **öffentlicher Sektor** *a report on wage rises in the public sector or on public sector wage settlements* **public sector borrowing requirement (PSBR)** = amount of money which a government has to borrow to pay for its own spending **Kreditbedarf** *m* **der öffentlichen Hand**

publication [ˌpʌblɪ'keɪʃən] *noun*
(a) making something public **Veröffentlichung** *f* ; *the publication of the latest trade figures*
(b) printed document which is to be sold *or* given to the public **Publikation** *f or* **Veröffentlichung** *f*; *he asked the library for a list of government publications* **the company has six business publications** = the company publishes six magazines or newspapers referring to business **das Unternehmen gibt sechs Wirtschaftspublikationen heraus**

publicity [pʌb'lɪsətɪ] *noun* attracting the attention of the public to products or services by mentioning them in the media **Werbung** *f or* **Reklame** *f* ; **publicity agency** *or* **publicity bureau** = office which organizes publicity for companies who do not have publicity departments **Werbeagentur** *f* ; **publicity budget** = money allowed for expenditure on publicity **Werbeetat** *m* ; **publicity campaign** = period when planned publicity takes place **Werbeaktion** *f or* **Werbekampagne** *f*; **publicity copy** = text of an advertisement before it is printed **Werbetext(entwurf)** *m* ; **publicity department** = section of a company which organizes the company's publicity **Werbeabteilung** *f* ; **publicity expenditure** = money spent on publicity **Werbekosten** *pl* **publicity manager** = person in charge of a publicity department **Werbeleiter/-in; publicity matter** = sheets *or* posters *or* leaflets used for publicity **Werbematerial** *n*

◊ **publicize** ['pʌblɪsaɪz] *verb* to attract people's attention to a product for sale *or* a service *or* an entertainment **werben; Werbung** *or* **Reklame machen** *the campaign is intended to publicize the services of the tourist board; we are trying to publicize our products by advertisements on buses*

publish ['pʌblɪʃ] *verb* to have a document (such as a catalogue *or* book *or* magazine *or* newspaper) written and printed and then sell *or* give it to the public **veröffentlichen** *or* **herausgeben** *or* **verlegen** *the society publishes its list of members annually; the government has not published the figures on which its proposals are based; the company publishes six magazines for the business market*

◊ **publisher** ['pʌblɪʃə] *noun* person *or* company which publishes; *(person)* **Herausgeber/-in** *or* **Verleger/-in**; *(company)* **Verlag** *m*

pull off [pʊl'ɒf] *verb (informal)* to succeed in negotiating a deal **mit Erfolg abwickeln** *or* **an Land ziehen**

◊ **pull out** [pʊl'aʊt] *verb* to stop being part of a deal *or* agreement **zurücktreten** *or* **aussteigen** *our Australian partners pulled out of the contract*

pump [pʌmp] *verb* to put something in by force **antreiben** *or* **ankurbeln** *the banks have been pumping money into the company to keep it afloat*

◊ **pump priming** ['pʌmp'praɪmɪŋ] *noun* government investment in new projects which it hopes will benefit the economy **Ankurbelung** *f* **durch staatliche Investitionen** *fpl* ; **Initialzündung** *f*

> QUOTE in each of the years 1986 to 1989, Japan pumped a net sum of the order of $100bn into foreign securities, notably into US government bonds
>
> Financial Times Review

punch [pʌnʃ]
1 *noun* device for making holes (for instance, for making holes in sheets of paper so that they can be put into a ring binder) **Locher** *m*
2 *verb* to make holes in something **lochen**; **punched card** = card with holes in it which a computer can read and store as information **Lochkarte** *f*

punt [pʌnt]
1 *noun* currency used in the Republic of Ireland **irisches Pfund** (NOTE: also called **the Irish pound)**
2 *verb* to gamble *or* to bet (on something) **spielen** *or* **wetten**
◇ **punter** ['pʌntə] *noun (informal)*
(a) person who gambles or who hopes to make money on the Stock Exchange **Börsenspekulant/-in**
(b) a gambler **Spieler/-in**
(c) a customer **Kunde/Kundin**

pup [pʌp] *noun (informal)* worthless item **Schund** *m*; *I've been sold a pup*

purchase ['pɜːtʃəs]
1 *noun* thing which has been bought **Kauf** *m*; **to make a purchase** = to buy something **etwas kaufen** *or* **eine Anschaffung machen**; **purchase book** = records of purchases **Wareneingangsbuch** *n*; **purchase ledger** = book in which expenditure is noted **Einkaufsbuch** *n*; **purchase order** = official order made out by a purchasing department for goods which a company wants to buy **Kaufauftrag** *m* *or* **Bestellung** *f*; *we cannot supply you without a purchase order number* **purchase price** = price paid for something **Kaufpreis** *m*; **purchase tax** = tax paid on things which are bought **Verbrauchssteuer** *f*; **bulk purchase** *or* **quantity purchase** = buying of large quantities of goods at low prices **Mengeneinkauf; cash purchase** = purchase made in cash **Barkauf; hire purchase** = system of buying something by paying a sum regularly each month **Mietkauf** *or* **Teilzahlungskauf** *he is buying a refrigerator on hire purchase* **hire purchase agreement** = contract to pay for something by instalments **Mietkaufvertrag** *m*
2 *verb* to buy **kaufen** *or* **erwerben** *or* **erstehen** *or* **einkaufen** *or* **ankaufen; to purchase something for cash** = to pay cash for something **etwas bar kaufen**
◇ **purchaser** ['pɜːtʃəsə] *noun* person *or* company which purchases **Käufer/-in; Erwerber/-in; the company is looking for a purchaser** = the company is trying to find someone who will buy it **für das Unternehmen wird ein Käufer gesucht** *the company has found a purchaser for its warehouse*
◇ **purchasing** ['pɜːtʃəsɪŋ] *noun* buying **Einkauf** *m* *or* **Warenbeschaffung** *f*; **purchasing department** = section of a company which deals with buying of stock, raw materials, equipment, etc. **Einkaufsabteilung** *f*; **purchasing manager** = head of a purchasing department **Einkaufsleiter/-in; purchasing officer** = person in a company *or* organization who is responsible for buying stock, raw materials, equipment, etc. **Einkäufer/-in; purchasing power** = quantity of goods which can be bought by a group of people *or* with an amount of money **Kaufkraft** *f*; *the decline in the purchasing power of the pound* **central purchasing** = purchasing organized by the main office for all departments or branches **zentraler Einkauf**

purpose ['pɜːpəs] *noun* aim *or* plan **Zweck** *m*; **we need the invoice for tax purposes** *or* **for the purpose of declaration to the tax authorities** = in order for it to be declared to the tax authorities **wir benötigen die Rechnung zu Steuerzwecken** *or* **für die Steuererklärung beim Finanzamt**

put [pʊt]
1 *noun* **put option** = right to sell shares at a certain price at a certain date **Verkaufsoption** *f*
2 *verb* to place *or* to fix **festsetzen** *or* **festlegen** *or* **setzen** *or* **legen; the accounts put the stock value at £10,000** = the accounts state that the value of the stock is £10,000 **in den Büchern wird der Warenwert auf £10.000 festgesetzt; to put a proposal to the vote** = to ask a meeting to vote for *or* against the proposal **über einen Antrag abstimmen lassen; to put a proposal to the board** = to ask the board to consider a suggestion **dem board einen Antrag unterbreiten** (NOTE: **putting - put)**
◇ **put down** [pʊt'daʊn] *verb*
(a) to make a deposit **anzahlen** *to put down money on a house*
(b) to write an item in a ledger *or* an account book **eintragen** *or* **aufschreiben** *to put down a figure for expenses*
◇ **put in** [pʊt'ɪn] *verb* **to put an ad in a paper** = to have an ad printed in a newspaper **ein Inserat aufgeben; to put in a bid for something** = to offer (usually in writing) to buy something **ein Angebot für etwas machen; to put in a claim for damages** = to ask an insurance company to pay for damage **einen Schadensersatzanspruch stellen; the union put in a 6% wage claim** = the union asked for a 6% increase in wages **die Gewerkschaft stellte eine Lohnforderung von 6%; to put in an estimate for something** = to give someone a written calculation of the probable costs of carrying out a job **einen Kostenvoranschlag für etwas machen**

◇ **put into** [pʊt'ɪntʊ] *verb* **to put money into a business** = to invest money in a business **Geld in ein Geschäft stecken**
◇ **put off** [pʊt'ɒf] *verb* to arrange for something to take place later than planned **verschieben** *or* **aufschieben** *the meeting was put off for two weeks; he asked if we could put the visit off until tomorrow*
◇ **put on** [pʊt'ɒn] *verb* **to put an embargo on trade** = to forbid trade **ein Handelsembargo verhängen; to put an item on the agenda** = to list an item for discussion at a meeting **einen Punkt auf die Tagesordnung setzen; property shares put on gains of 10%-15%** = shares in property companies increased in value by 10%-15% **Immobilienaktien verzeichneten einen Wertzuwachs von 10-15%**
◇ **put out** [pʊt'aʊt] *verb* to send out **vergeben** *or* **außer Haus geben** *to put work out to freelancers; we put all our typing out to a bureau* **to put work out to contract** = to decide that work should be done by a company on a contract, rather than employ members of staff to do it **Unteraufträge vergeben**
◇ **put up** [pʊt'ʌp] *verb*
(a) who put up the money for the shop? = who provided the investment money for the shop to start? **wer hat das Geld für den Laden zur Verfügung gestellt?; to put something up for sale** = to advertise that something is for sale **etwas zum Verkauf anbieten** *when he retired he decided to put his town flat up for sale*
(b) to increase *or* to make higher **erhöhen** *or* **heraufsetzen** *the shop has put up all its prices by 5%*
PV = PRESENT VALUE
pyramid selling ['pɪrəmɪd'selɪŋ] *noun* illegal way of selling goods or investments to the public, where each selling agent pays for the franchise to sell the product or service, and sells that right on to other agents, so that in the end the person who makes most money is the original franchisor, and sub-agents or investors lose all their investments **Schneeballsystem** *n*

Qq

QC ['kju:'si:] = QUEEN'S COUNSEL
qty ['kwɒntətɪ] = QUANTITY

quadruple [kwɒ'dru:pl] *verb* to multiply four times **vervierfachen** *the company's profits have quadrupled over the last five years*

quadruplicate [kwɒ'dru:plɪkət] *noun* **in quadruplicate** = with the original and three copies **in vierfacher Ausfertigung** *the invoices are printed in quadruplicate*

qualification [ˌkwɒlɪfɪ'keɪʃ(ə)n] *noun*
(a) proof that you have completed a specialized course of study **Qualifikation** *f*; *to have the right qualifications for the job* **professional qualification** = document which shows that someone has successfully finished a course of study which allows him to work in one of the professions **fachliche Qualifikation** *or* **berufliche Eignung**
(b) period of qualification = time which has to pass before someone qualifies for something **Qualifikationsfrist** *f*
(c) auditors' qualification = a form of words in a report from the auditors of a company's accounts, stating that in their opinion the accounts are not a true reflection of the company's financial position **eingeschränkter Revisionsvermerk**; *see also* QUALIFIED AUDIT REPORT

◇ **qualify** ['kwɒlɪfaɪ] *verb*
(a) to qualify for = to be in the right position for *or* to be entitled to **berechtigt sein zu** *the company does not qualify for a government grant; she qualifies for unemployment benefit*
(b) to qualify as = to follow a specialized course and pass examinations so that you can do a certain job **seine Ausbildung zum _ abschließen** *or* **sich qualifizieren** *she has qualified as an accountant; he will qualify as a solicitor next year*
(c) the auditors have qualified the accounts = the auditors have found something in the accounts of the company which has made them unable to agree that they show a 'true and fair' view of the company's financial position **die Wirtschaftsprüfer haben nur einen eingeschränkten Revisionsbericht erteilt**

◇ **qualified** ['kwɒlɪfaɪd] *adjective*
(a) having passed special examinations in a subject **ausgebildet** *or* **qualifiziert** *she is a qualified accountant; we have appointed a qualified designer to supervise the new factory project* **highly qualified** = with very good results in examinations **hoch qualifiziert** *all our staff are highly qualified; they employ twenty-six highly qualified engineers*
(b) with some reservations *or* conditions **bedingt** *or* **mit Einschränkungen** *qualified*

acceptance of a contract; the plan received qualified approval from the board
(c) qualified accounts = accounts which have been commented on by the auditors because they contain something with which the auditors do not agree **berichtigter Jarhresabschluss; qualified auditors' report** *or* **qualified audit report** *or (US)* **qualified opinion** = report from a company's auditors which points out areas in the accounts with which the auditors do not agree or about which they are not prepared to express an opinion or where the auditors believe the accounts as a whole have not been prepared correctly or where they are unable to decide whether the accounts are correct or not **eingeschränkter Revisionsbericht** *or* **Revisionsbericht unter Vorbehalt**

◇ **qualifying** ['kwɒlɪfaɪɪŋ] *adjective*
(a) qualifying period = time which has to pass before something qualifies for a grant *or* subsidy, etc. **Karenzzeit** *f*; *there is a six-month qualifying period before you can get a grant from the local authority*
(b) qualifying shares = number of shares which you need to earn to get a bonus issue *or* to be a director of the company, etc. **Pflichtaktien** *fpl*

> QUOTE personnel management is not an activity that can ever have just one set of qualifications as a requirement for entry into it
> Personnel Management

> QUOTE federal examiners will also determine which of the privately insured savings and loans qualify for federal insurance
> Wall Street Journal

> QUOTE applicants will be professionally qualified and ideally have a degree in Commerce and postgraduate management qualifications
> Australian Financial Review

quality ['kwɒlətɪ] *noun*
(a) what something is like *or* how good or bad something is **Qualität** *f*; *good quality or bad quality* **we sell only quality farm produce** = we sell only farm produce of the best quality **wir verkaufen nur landwirtschaftliche Produkte bester Qualität** *there is a market for good quality secondhand computers* **high quality** *or* **top quality** = very best quality **Spitzenqualität** *or* **erstklassige Qualität** *the store specializes in high quality imported items*
(b) quality control = checking that the quality of a product is good **Qualitätskontrolle** *f* **quality controller** = person who checks the quality of a product **Qualitätskontrolleur/-in**

quango ['kwæŋgəʊ] *noun* official body, set up by a government to investigate or deal with a special problem **halbstaatliche Verwaltungseinrichtung**

quantify ['kwɒntɪfaɪ] *verb* **to quantify the effect of something** = to show the effect of something in figures **die Auswirkung einer Sache quantifizieren** *it is impossible to quantify the effect of the new legislation on our turnover*
◇ **quantifiable** ['kwɒntɪfaɪəbl] *adjective* which can be quantified **quantifizierbar** *the effect of the change in the discount structure is not quantifiable*

quantity ['kwɒntətɪ] *noun*
(a) amount *or* number of items **Menge** *f or* **Quantität** *f or* **Anzahl** *f* ; *a small quantity of illegal drugs; he bought a large quantity of spare parts*
(b) large amount **große Stückzahl** *the company offers a discount for quantity purchase* **quantity discount** = discount given to a customer who buys large quantities of goods **Mengenrabatt** *m*
(c) to carry out a quantity survey = to estimate the amount of materials and the cost of the labour required for a construction project **eine Baukostenschätzung erstellen; quantity surveyor** = person who carries out a quantity survey **Baukostensachverständige(r)** *or* **Kalkulator/-in**

quart [k(w)ɔːt] *noun* old measure of liquids *or* of loose goods, such as seeds (= 1.136 litres) **Quart** *n*

quarter ['k(w)ɔːtə] *noun*
(a) one of four equal parts (25%) **Viertel** *n* ; *he paid only a quarter of the list price* **a quarter of a litre** *or* **a quarter litre** = 250 millilitres **ein Viertelliter** *m or n* **a quarter of an hour** = 15 minutes **eine Viertelstunde; three quarters** = 75% **drei Viertel** *three quarters of the staff are less than thirty years old*
(b) period of three months **Quartal** *n or* **Vierteljahr** *n* ; **first quarter** *or* **second quarter** *or* **third quarter** *or* **fourth quarter** *or* **last quarter** = periods of three months from January to the end of March *or* from April to the end of June *or* from July to the end of September *or* from October to the end of the year **das erste** *or* **zweite** *or* **dritte** *or* **vierte/letzte Quartal** *the instalments are payable at the end of each quarter; the first quarter's rent is payable in advance* **quarter day** = day at the end of a quarter, when fees *or* rents, etc. should be paid **Quartalstag** *m* ; **Mietzahltag**

(c) *(US informal)* 25 cent coin **25-Centstück** *n*

COMMENT: in England, the quarter days are 25th March (Lady Day), 24th June (Midsummer Day), 29th September (Michaelmas Day) and 25th December (Christmas Day)

◇ **quarterly** ['k(w)ɔːtəlɪ] *adjective & adverb* happening every three months *or* happening four times a year **vierteljährlich** *or* **quartalsweise** *there is a quarterly charge for electricity; the bank sends us a quarterly statement; we agreed to pay the rent quarterly or on a quarterly basis*

QUOTE corporate profits for the first quarter showed a 4 per cent drop from last year's final three months
Financial Times

QUOTE economists believe the economy is picking up this quarter and will do better still in the second half of the year
Sunday Times

quartile ['k(w)ɔː'taɪl] *noun* one of three figures below which 25%, 50% or 75% of a total falls **Quartil** *n*

quasi- ['kweɪzaɪ] *prefix* almost *or* which seems like **Quasi-** *or* **quasi-** *a quasi-official body*

quay [kiː] *noun* place in a harbour where ships tie up **Kai** *m* ; **price ex quay** = price of goods after they have been unloaded, not including transport from the harbour **Preis ab Kai**

query ['kwɪərɪ]
1 *noun* question **Frage** *f or* **Rückfrage** *the chief accountant had to answer a mass of queries from the auditors*
2 *verb* to ask a question about something *or* to suggest that something may be wrong **sich erkundigen; in Frage stellen** *or* **bezweifeln** *or* **beanstanden** *the shareholders queried the payments to the chairman's son*

question ['kwestʃ(ə)n]
1 *noun*
(a) words which need an answer **Frage** *f* ; *the managing director refused to answer questions about redundancies; the market research team prepared a series of questions to test the public's reactions to colour and price*
(b) problem **Frage** *f* ; *he raised the question of moving to less expensive offices; the main question is that of cost; the board discussed the question of redundancy payments*
2 *verb*
(a) to ask questions **befragen** *or* **Fragen stellen** *or* **verhören** *the police questioned the accounts staff for four hours; she questioned the chairman on the company's investment policy*
(b) to query *or* to suggest that something may be wrong **in Frage stellen** *or* **bezweifeln** *we all question how accurate the computer printout is*

◇ **questionnaire** [ˌk(w)estʃə'neə] *noun* printed list of questions, especially used in market research **Fragebogen** *m* ; *to send out a questionnaire to test the opinions of users of the system; to answer or to fill in a questionnaire about holidays abroad*

queue [kjuː]
1 *noun*
(a) line of people waiting one behind the other **(Warte)schlange** *f* ; *to form a queue or to join a queue; queues formed at the doors of the bank when the news spread about its possible collapse* **dole queue** = line of people waiting to collect their unemployment money **Warteschlange von Arbeitslosen** (NOTE: US English is **line**)
(b) series of documents (such as orders, application forms) which are dealt with in order **Unterlagenstapel** *m* ; **his order went to the end of the queue** = his order was dealt with last **seine Bestellung wurde ganz hintangestellt**; **mortgage queue** = list of people waiting for mortgages **Hypothekenwarteliste** *f*
2 *verb* to form a line one after the other for something **Schlange stehen** *or* **anstehen** *or* **sich anstellen** *when food was rationed, people had to queue for bread; we queued for hours to get tickets; a list of companies queueing to be launched on the Stock Exchange*

quick [kwɪk] *adjective* fast *or* not taking any time **schnell** *the company made a quick recovery; he is looking for a quick return on his investments; we are hoping for a quick sale*

◇ **quickly** ['kwɪklɪ] *adverb* without taking much time **schnell** *the sale of the company went through quickly; the accountant quickly looked through the pile of invoices*

quid [kwɪd] *noun (slang)* one pound (in money) **Pfund** *m*

quid pro quo [kwɪdprəʊ'kwəʊ] *noun* money paid *or* action carried out in return for something **Gegenleistung** *f* ; *he agreed to repay the loan early, and as a quid pro quo the bank released the collateral*

quiet ['kwaɪət] *adjective* calm *or* not excited **ruhig** *or* **lustlos** *or* **flau** *the market is very quiet;*

currency exchanges were quieter after the government's statement on exchange rates **on the quiet** = in secret **heimlich** *he transferred his bank account to Switzerland on the quiet*

quit [kwɪt] *verb* to resign *or* to leave (a job) **kündigen** *or* **seine Stelle aufgeben** *he quit after an argument with the managing director; several of the managers are quitting to set up their own company* (NOTE: **quitting - quit)**

quite [kwaɪt] *adverb*
(a) more or less **ziemlich** *or* **recht** *he is quite a good salesman; she can type quite fast; sales were quite satisfactory in the first quarter*
(b) very *or* completely **durchaus** *or* **sehr wohl** *or* **wirklich** *he is quite capable of running the department alone; the company is quite possibly going to be sold*
(c) quite a few *or* **quite a lot** = many **recht** *or* **ziemlich viele** *quite a few of our sales staff are women; quite a lot of orders come in the pre-Christmas period*

quorum ['kwɔːrəm] *noun* number of people who have to be present at a meeting to make it valid **beschlussfähige Anzahl**; **to have a quorum** = to have enough people present for a meeting to go ahead **beschlussfähig sein** *do we have a quorum?* **sind wir beschlussfähig?**

◊ **quorate** ['kwɔːreɪt] *adjective* (meeting) with enough people to form a quorum **beschlussfähig**

> COMMENT: if there is a quorum at a meeting, the meeting is said to be 'quorate'; if there aren't enough people present to make a quorum, the meeting is 'inquorate'

quota ['kwəʊtə] *noun* fixed amount of something which is allowed **Quote** *f* *or* **Kontingent** *n* ; **import quota** = fixed quantity of a particular type of goods which the government allows to be imported **Einfuhrkontingent** *or* **Importquote** *the government has imposed a quota on the importation of cars; the quota on imported cars has been lifted* **quota system** = system where imports *or* supplies are regulated by fixing maximum amounts **Quotensystem** *n* ; **to arrange distribution through a quota system** = to arrange distribution by allowing each distributor only a certain number of items **den Vertrieb durch ein Quotensystem regeln**

> QUOTE Canada agreed to a new duty-free quota of 600,000 tonnes a year
> Globe and Mail (Toronto)

quote [kwəʊt]
1 *verb*
(a) to repeat words used by someone else; to repeat a reference number **zitieren** *or* **anführen; angeben** *he quoted figures from the annual report; in reply please quote this number; when making a complaint please quote the batch number printed on the box; he replied, quoting the number of the account*
(b) to estimate *or* to say what costs may be **(einen Preis) angeben** *or* **ein Preisangebot machen** *to quote a price for supplying stationery; their prices are always quoted in dollars; he quoted me a price of £1,026; can you quote for supplying 20,000 envelopes?*
2 *noun (informal)* estimate of how much something will cost **(Preis)angebot** *n* ; *to give someone a quote for supplying computers; we have asked for quotes for refitting the shop; his quote was the lowest of three; we accepted the lowest quote*

◊ **quotation** [kwə(ʊ)'teɪʃ(ə)n] *noun*
(a) estimate of how much something will cost **Preisangebot** *n* *or* **Kostenvoranschlag** *m* ; *they sent in their quotation for the job; to ask for quotations for refitting the shop; his quotation was much lower than all the others; we accepted the lowest quotation*
(b) quotation on the Stock Exchange *or* **Stock Exchange quotation** = listing of the price of a share on the Stock Exchange **Börsennotierung** *f* *or* **Börsenkurs** *m* ; **the company is going for a quotation on the Stock Exchange** = the company has applied to the Stock Exchange to have its shares listed **das Unternehmen hat die Börsennotierung beantragt** *we are seeking a stock market quotation*

◊ **quoted** ['kwəʊtɪd] *adjective* **quoted company** = company whose shares can be bought *or* sold on the Stock Exchange **an der Börse notiertes Unternehmen; quoted shares** = shares which can be bought *or* sold on the Stock Exchange **(an der Börse) notierte Aktien** *fpl*

> QUOTE a Bermudan-registered company quoted on the Luxembourg stock exchange
> Lloyd's List

> QUOTE banks operating on the foreign exchange market refrained from quoting forward US/Hongkong dollar exchange rates
> South China Morning Post

qwerty *or* **QWERTY** ['kwɜːtɪ] *noun* **qwerty keyboard** = English language keyboard for a typewriter *or* computer, where the first letters are Q-W-E-R-T-Y **englische Tastatur** *the computer has a normal qwerty keyboard*

Rr

R&D ['ɑːrən'diː] = RESEARCH AND DEVELOPMENT **Forschung und Entwicklung (F&E)** *f* ; *the R&D department; the company spends millions on R&D*

rack [ræk] *noun*
(a) frame to hold items for display **Ständer** *m or* **Gestell** *n or* **Regal** *n* ; *card rack; display rack; magazine rack* **rack jobber** = wholesaler who sells goods by putting them on racks in retail shops **externer Regalauffüller (im Supermarkt)**
(b) rack rent = (i) very high rent; (ii) full yearly rent of a property let on a normal lease **(i) Wuchermiete** *f*; **(ii) Jahresmiete** *f*

racket ['rækɪt] *noun* illegal deal which makes a lot of money **betrügerisches Geschäft** *or* **Betrügerei** *f or* **Gaunerei** *f* ; **organisierte Erpressung** *he runs a cut-price ticket racket*

◊ **racketeer** [ˌrækə'tɪə] *noun* person who runs a racket **Betrüger/-in** *or* **Gauner/-in**

◊ **racketeering** [ˌrækə'tɪərɪŋ] *noun (US)* crime of carrying on an illegal business to make money **organisierter Gelderwerb durch betrügerische Geschäfte**; *(z.B. auch Erpressung)*

raid [reɪd] *noun* **dawn raid** = buying large numbers of shares in a company at the beginning of a day's trading (up to 15% of a company's shares may be bought in this way, and the purchaser must wait for seven days before purchasing any more shares; it is assumed that a dawn raid is the first step towards a takeover of the target company) **überraschende Aktienkaufaktion bei Börsenbeginn** *or* **Versuch** *m* **, den Kurs einer Aktie zu drücken**; **bear raid** = selling large numbers of shares to try to bring down prices **Baissemanöver** *n*

◊ **raider** ['reɪdə] *noun* company which buys shares in another company before making a takeover bid **aggressiver Aktienkäufer**; *(mit Übernahmeabsicht) or* **jd, der Aktionären ein Übernahmeangebot macht**

> QUOTE bear raiding involves trying to depress a target company's share price by heavy selling of its shares, spreading adverse rumours or a combination of the two. As an added refinement, the raiders may sell short. The aim is to push down the price so that the raiders can buy back the shares they sold at a lower price
> Guardian

rail [reɪl] *noun* the railway, a system of travel using trains **Bahn** *f* ; *six million commuters travel to work by rail each day; we ship all our goods by rail; rail travellers are complaining about rising fares; rail travel is cheaper than air travel* **free on rail (FOR)** = price including all the seller's costs until the goods are delivered to the railway for shipment **frei Bahn** *or* **frei Waggon**

◊ **railhead** ['reɪlhed] *noun* end of a railway line **Endbahnhof** *m* ; *the goods will be sent to the railhead by lorry*

◊ **railway** *or (US)* **railroad** ['reɪlweɪ *or* 'reɪlrəʊd] *noun* system using trains to carry passengers and goods **Bahn** *f* ; *a railway station; a railway line; the British railway network*

raise [reɪz]
1 *noun (US)* increase in salary **Gehaltserhöhung** *f or* **Lohnerhöhung** *he asked the boss for a raise; she is pleased - she has had her raise* (NOTE: GB English is **rise)**
2 *verb*
(a) to ask a meeting to discuss a question **vorbringen** *or* **aufwerfen** *to raise a question or a point at a meeting; in answer to the questions raised by Mr Smith; the chairman tried to prevent the question of redundancies being raised*
(b) to raise an invoice = to write out or print out an invoice **eine Rechnung ausstellen**
(c) to increase *or* to make higher **erhöhen** *or* **anheben** *or* **heraufsetzen** *the government has raised the tax levels; air fares will be raised on June 1st; the company raised its dividend by 10%; when the company raised its prices, it lost half of its share of the market*
(d) to obtain (money) *or* to organize (a loan) **beschaffen** *or* **aufbringen** *the company is trying to raise the capital to fund its expansion programme; the government raises more money by indirect taxation than by direct; where will he raise the money from to start up his business?*

> QUOTE the company said yesterday that its recent share issue has been oversubscribed, raising A$225.5m
> Financial Times

> QUOTE investment trusts can raise capital, but this has to be done as a company does, by a rights issue of equity
> Investors Chronicle

> QUOTE over the past few weeks, companies raising new loans from international banks have been forced to pay more
> Financial Times

rake in [reɪk'ɪn] *verb* to gather together **kassieren** *or* **einstreichen; to rake in cash** *or* **to rake it in** = to make a lot of money **Geld** *n* **einstreichen** *or* **scheffeln**

◇ **rake-off** ['reɪkɒf] *noun* commission **Provision** *f or* **Gewinnanteil** *m* ; *the group gets a rake-off on all the company's sales; he got a £100,000 rake-off for introducing the new business* (NOTE: plural is **rake-offs**)

rally ['rælɪ]
1 *noun* rise in price when the trend has been downwards **Aufschwung** *m or* **Erholung** *f* ; *shares staged a rally on the Stock Exchange; after a brief rally shares fell back to a new low*
2 *verb* to rise in price, when the trend has been downwards **anziehen** *or* **sich erholen** *shares rallied on the news of the latest government figures*

> QUOTE when Japan rallied, it had no difficulty in surpassing its previous all-time high, and this really stretched the price-earnings ratios into the stratosphere
> Money Observer

> QUOTE bad news for the U.S. economy ultimately may have been the cause of a late rally in stock prices yesterday
> Wall Street Journal

RAM [ræm] = RANDOM ACCESS MEMORY

ramp [ræmp] *noun* **loading ramp** = raised platform which makes it easier to load goods onto a lorry **Laderampe** *f*

random ['rændəm] *adjective* done without making any special choice **Zufalls-** *or* **zufällig** *or* **willkürlich**; **random access memory (RAM)** = computer memory that allows access to any location in any order without having to access the rest of memory **Direktzugriffsspeicher** *m or* **RAM** *n* ; **random check** = check on items taken from a group without any special choice **Stichprobe** *f* ; **random error** = computer error which has no special reason **Zufallsfehler** *m* ; **random sample** = sample for testing taken without any choice **zufällige Stichprobe**; **random sampling** = choosing samples for testing without any special selection **Stichprobenauswahl** *f* ; **at random** = without special choice **wahllos** *or* **aufs Geratewohl** *the chairman picked out two salesmen's reports at random*

range [reɪn(d)ʒ]
1 *noun*
(a) series of items from which the customer can choose **Sortiment** *n or* **Angebot** *n or* **Auswahl** *f* ; *we offer a wide range of sizes or of styles; their range of products or product range is too narrow; we have the most modern range of models or model range on the market*
(b) price range = variation in price from small to large **Preislage** *f or* **Preisklasse** *f* ; *I am looking for something in the £2 - £3 price range; we make shoes in a wide range of prices*
(c) type of variety **Bereich** *m* ; *this falls within the company's range of activities*
2 *verb* to vary *or* to be different **reichen** *or* **gehen von _ bis** *the company sells products ranging from the cheap down-market pens to imported luxury items; the company's salary scale ranges from £5,000 for a trainee to £150,000 for the managing director; our activities range from mining in the USA to computer servicing in Scotland*

rank [ræŋk]
1 *noun* position in a company *or* an organization **Stellung** *f or* **Rang** *m* ; *all managers are of equal rank* **in rank order** = in order according to position of importance **nach Rangordnung** *f*
2 *verb*
(a) to classify in order of importance **einstufen** *candidates are ranked in order of appearance*
(b) to be in a certain position **Rang einnehmen** *the non-voting shares rank equally with the voting shares* **all managers rank equally** = all managers have the same status in the company **alle Manager haben den gleichen Status**

◇ **rank and file** ['ræŋkənd'faɪl] *noun* ordinary members of a trade union **Basis** *f* ; *the rank and file of the trade union membership; the decision was not liked by the rank and file* **rank-and-file members** = ordinary members **Basismitglieder** *npl*

◇ **ranking** ['ræŋkɪŋ] *adjective* in a certain position **rangmäßig** *high-ranking official* **he is the top-ranking** *or* **the senior-ranking official in the delegation** = the member of the delegation who occupies the highest official post **er ist der ranghöchste Funktionär der Delegation**

rapid ['ræpɪd] *adjective* fast *or* quick **schnell** *or* **rasch** *or* **umgehend; we offer a 5% discount for rapid settlement** = we take 5% off the price if the customer pays quickly **wir geben 5% Skonto für umgehende Bezahlung** *or* **Begleichung**
◇ **rapidly** ['ræpɪdlɪ] *adverb* quickly *or* fast **schnell** *or* **rasch** *the company rapidly ran up debts of over £1m; the new clothes shop rapidly increased sales*

rare [reə] *adjective* not common **selten** *or* **rar** *experienced salesmen are rare these days; it is rare to find a small business with good cash flow*
◇ **rarely** ['reəlɪ] *adverb* not often **selten** *the company's shares are rarely sold on the Stock Exchange; the chairman is rarely in his office on Friday afternoons*

rata ['rɑːtə] *see* PRO RATA

rate [reɪt]
1 *noun*
(a) money charged for time worked *or* work completed **Satz** *m or* **Gebühr** *f or* **Preis** *m*; **all-in rate** = price which covers all items in a purchase (such as delivery, tax and insurance, as well as the goods themselves) **Inklusivpreis; fixed rate** = charge which cannot be changed **fester Satz** *or* **Preis; flat rate** = charge which always stays the same **Pauschalsatz** *m*; **Grundgebühr** *f*; **Einheitstarif** *m*; *a flat-rate increase of 10%; we pay a flat rate for electricity each quarter; he is paid a flat rate of £2 per thousand* **freight rates** = charges for transporting goods **Frachttarife** *mpl or* **Frachtgebühren** *fpl* **full rate** = full charge, with no reductions **voller Satz** *or* **Preis; the going rate** = the usual *or* the current rate of payment **der übliche Satz** *the going rate for offices is £10 per square foot* **letter rate** *or* **parcel rate** = postage (calculated by weight) for sending a letter *or* a parcel **Briefgebühr** *f or* **Paketgebühr** *it is more expensive to send a packet letter rate but it will get there quicker* **the market rate** = normal price in the market **der Marktpreis; der übliche** *or* **gängige Satz** *we pay the market rate or the going rate for typists* **night rate** = cheap telephone calls at night **Nachttarif** *m or* **Mondscheintarif; reduced rate** = specially cheap charge **ermäßigter Tarif; rate card** = list of charges for advertising issued by a newspaper or magazine **Anzeigenpreisliste** *f*
(b) discount rate = interest rate used to calculate the discount on the sale of commercial bills to a central bank, such as the Bank of England **Diskontsatz** *m*; **insurance rate** = amount of premium which has to be paid per £1000 of insurance **(Versicherungs) prämiensatz** *m*
(c) amount of money paid **Rate** *f*; **interest rate** *or* **rate of interest** = percentage charge for borrowing money **Zinssatz** *m*; **rate of return** = amount of interest *or* dividend which comes from an investment, shown as a percentage of the money invested **Rendite** *f*; **Rentabilität** *f*; **bank base rate** = basic rate of interest which a bank uses to calculate the actual rate of interest on loans to customers **Eckzins** *m or* **Leitzins**
(d) value of one currency against another **Kurs** *m or* **Wechselkurs** *what is today's rate or the current rate for the dollar?* **cross rate** = exchange rate between two currencies expressed in a third currency **Kreuzkurs; exchange rate** *or* **rate of exchange** = rate at which one currency is exchanged for another **Wechselkurs; to calculate costs on a fixed exchange rate** = to calculate costs on an exchange rate which does not change **die Kosten anhand eines festen Wechselkurses berechnen; forward rate** = rate for purchase of foreign currency at a fixed price for delivery at a later date **Devisenterminkurs**
(e) amount *or* number *or* speed compared with something else **Rate** *f*; *the rate of increase in redundancies; the rate of absenteeism or the absenteeism rate always increases in fine weather* **birth rate** = number of children born per 1,000 of the population **Geburtenrate; call rate** = number of calls (per day *or* per week) which a salesman makes on customers **Besuchshäufigkeit** *f*; **depreciation rate** = rate at which an asset is depreciated each year in the company accounts **Abschreibungssatz** *m*; **error rate** = number of mistakes per thousand entries *or* per page **Fehlerquote** *f*; **rate of sales** = speed at which units are sold **Absatzrate**
(f) *(GB)* **rates** = local taxes on property **Steuer** *f* **für Haus- und Grundbesitz; Kommunalsteuern** *fpl* **uniform business rate (UBR)** = tax levied on business property which is the same percentage for the whole country **Kommunalsteuer für gewerbliche Betriebe** (NOTE: US English is **local property tax)**
2 *verb* **to rate someone highly** = to value someone *or* to think someone is very good **jdn hoch einschätzen**

◇ **rateable** ['reɪtəbl] *adjective* **rateable value** = value of a property as a basis for calculating local taxes **Einheitswert** *m*

◇ **ratepayer** ['reɪtpeɪə] *noun* **business ratepayer** = business which pays local taxes on a shop *or* factory, etc. **Zahler** *m* **von Kommunalsteuern für gewerbliche Betriebe**

> QUOTE state-owned banks cut their prime rate a percentage point to 11%
> Wall Street Journal

> QUOTE the unions had argued that public sector pay rates had slipped behind rates applying in private sector employment
> Australian Financial Review

> QUOTE royalties have been levied at a rate of 12.5% of full production
> Lloyd's List

ratify ['rætɪfaɪ] *verb* to approve officially **genehmigen** *or* **bestätigen** *the agreement has to be ratified by the board*

◇ **ratification** [ˌrætɪfɪ'keɪʃən] *noun* official approval **Genehmigung** *f or* **Bestätigung** *f*; *the agreement has to go to the board for ratification*

rating ['reɪtɪŋ] *noun*
(a) valuing of property **Veranlagung** *f or* **Schätzung** *f*; **rating officer** = official in a local authority who decides the rateable value of a business **Beamte(r)/Beamtin, der/die den Einheitswert festlegt**
(b) credit rating = amount which a credit agency feels a customer will be able to repay **Bonitätsbeurteilung** *f*; **merit rating** = judging how well a worker does his work, so that he can be paid according to merit **Leistungsbeurteilung** *f*; **performance rating** = judging how well a share *or* a company has performed **Leistungsbeurteilung** *f*
(c) ratings = estimated number of people who watch TV programmes **Einschaltquote** *f*; *the show is high in the ratings, which means it will attract good publicity*

ratio ['reɪʃɪəʊ] *noun* proportion *or* quantity of something compared to something else **Verhältnis** *n*; *the ratio of successes to failures; our product outsells theirs by a ratio of two to one* **price/earnings ratio (P/E ratio)** = comparison between the market price of a share and the current dividend it produces **Kurs-Gewinn-Verhältnis** *the shares sell at a P/E ratio of 7*

ration ['ræʃən] *verb* to allow someone only a certain amount (of food *or* money) **rationieren** *or* **zuteilen** *to ration investment capital or to ration funds for investment* **to ration mortgages** = to make only a certain amount of money available for house mortgages, and so restrict the number of mortgages which can be given **die Hypothekenvergabe einschränken** *mortgages are rationed for first-time buyers*

◇ **rationing** ['ræʃənɪŋ] *noun* allowing only a certain amount of something to be sold **Rationierung** *f*; *there may be a period of food rationing this winter; building societies are warning of mortgage rationing*

rationale [ræʃə'nɑːl] *noun* set of reasons for doing something **Gründe** *mpl or* **Beweggründe** *I do not understand the rationale behind the decision to sell the warehouse*

rationalization [ˌræʃnəlaɪ'zeɪʃən] *noun* streamlining *or* making more efficient **Rationalisierung** *f*

◇ **rationalize** ['ræʃnəlaɪz] *verb* to streamline *or* to make more efficient **rationalisieren** *the rail company is trying to rationalize its freight services*

rat race ['rætreɪs] *noun* competition for success in business *or* in a career **beruflicher Existenzkampf** *he decided to get out of the rat race and buy a small farm*

raw [rɔː] *adjective* in the original state *or* not processed **roh** *or* **unverarbeitet**; **raw data** = data as it is put into a computer, without being analyzed **unbearbeitete Daten** *pl or* **Rohdaten** *or* **Ursprungsdaten**; **raw materials** = substances which have not been manufactured (such as wool, wood, sand) **Rohstoffe** *mpl*

> QUOTE it makes sense for them to produce goods for sale back home in the US from plants in Britain where raw materials are relatively cheap
> Duns Business Month

R/D = REFER TO DRAWER

re [riː] *preposition* about *or* concerning *or* referring to **betreffs** *or* **bezüglich** *or* **unter Bezugnahme auf** *re your inquiry of May 29th; re: Smith's memo of yesterday; re: the agenda for the AGM*

re- [riː] *prefix* again **wieder-**

reach [riːtʃ] *verb*
(a) to arrive at a place *or* at a point **erreichen** *or* **ankommen** *the plane reaches Hong Kong at midday; sales reached £1m in the first four months of the year; I did not reply because your letter never reached me*
(b) to come to **erzielen** *or* **kommen zu**; **to reach an agreement** = to agree **zu einer Vereinbarung kommen**; **to reach an accommodation with creditors** = to agree

terms for a settlement with creditors **eine Einigung mit Gläubigern erzielen; to reach a decision** = to decide **zu einer Entscheidung kommen** *the two parties reached an agreement over the terms for the contract; the board reached a decision about closing the factory*

react [rɪ'ækt] *verb* **to react to** = to do *or* to say something in reply to what someone has done *or* said **reagieren auf** *shares reacted sharply to the fall in the exchange rate; how will the chairman react when we tell him the news?*

◇ **reaction** [rɪ'ækʃən] *noun* change *or* action in reply to something said or done **Reaktion** *f* ; *the reaction of the shares to the news of the takeover bid*

read [ri:d] *verb* to look at printed words and understand them **lesen** *the terms and conditions are printed in very small letters so that they are difficult to read; has the managing director read your report on sales in India?* **can the computer read this information?** = can the computer take in this information and understand it or analyze it? **kann der Computer diese Information lesen?**

◇ **readable** ['ri:dəbl] *adjective* which can be read **lesbar**; **machine-readable codes** = sets of signs or letters (such as bar codes, post codes) which can be read and understood by a computer **maschinenlesbare Codes** *mpl* **the data has to be presented in computer-readable form** = in a form which a computer can read **die Daten müssen in computerlesbarer Form gegeben werden**

◇ **read only memory (ROM)** [ri:d'əʊnlɪ'meməri] *noun* computer memory device that has had data written into it when it is manufactured, and so can only be read but not written to **Festspeicher** *m or* **ROM** *n*

readjust [ri:ə'dʒʌst] *verb* to adjust again **anpassen** *or* **neu regeln** *or* **korrigieren** *to readjust prices to take account of the rise in the costs of raw materials; share prices readjusted quickly to the news of the devaluation*

◇ **readjustment** [ri:ə'dʒʌstmənt] *noun* act of readjusting **Anpassung** *f or* **Neuregelung** *f or* **Korrektur** *f* ; *a readjustment in pricing; after the devaluation there was a period of readjustment in the exchange rates*

readvertise ['ri:'ædvətaɪz] *verb* to advertise again **nochmals inserieren** *or* **annoncieren; to readvertise a post** = to put in a second advertisement for a vacant post **eine Stelle nochmals inserieren** *or* **annoncieren** *all the candidates failed the test, so we will just have to readvertise*

◇ **readvertisement** ['ri:əd'vɜ:tɪsmənt] *noun* second advertisement for a vacant post **Zweitinserat** *n*

ready ['redɪ] *adjective*
(a) fit to be used *or* to be sold **fertig** *or* **bereit** *the order will be ready for delivery next week; the driver had to wait because the shipment was not ready* **make-ready time** = time to get a machine ready to start production **Rüstzeit** *f*
(b) ready cash = money which is immediately available for payment **Bargeld** *n* ; **these items find a ready sale in the Middle East** = these items sell rapidly *or* easily in the Middle East **diese Waren finden im Nahen Osten schnellen** *or* **reißenden Absatz**

◇ **ready-made** *or* **ready-to-wear** [redɪ'meɪd *or* redɪtə'weə] *adjective* (clothes) which are mass-produced, not made for each customer personally **Fertig-** *or* **fertig** *or* **gebrauchsfertig; Konfektions-** *or* **von der Stange** *or* **Prêt-à-porter-** *the ready-to-wear trade has suffered from foreign competition*

real [rɪəl] *adjective*
(a) true, not an imitation **echt** *his case is made of real leather or he has a real leather case; that car is a real bargain at £300*
(b) (price, etc.) shown in terms of money adjusted for inflation **real** *or* **Real-; real income** *or* **real wages** = income which is available for spending after tax, etc. has been deducted and after inflation has been taken into account **Realeinkommen** *n or* **Reallohn** *m* ; **in real terms** = actually *or* really **effektiv** *prices have gone up by 3% but with inflation running at 5% that is a fall in real terms*
(c) real time = time when a computer is working on the processing of data while the problem to which the data refers is actually taking place **Echtzeit** *f or* **Realzeit; real-time system** = computer system where data is inputted directly into the computer which automatically processes it to produce information which can be used immediately **Echtzeitsystem** *n*
(d) real estate = property (land or buildings) **Grundbesitz** *m or* **Immobilien** *pl he made his money from real estate deals in the 1980s; (US)* **real estate agent** = person who sells property for customers **Immobilienmakler/-in**

◇ **really** ['rɪəlɪ] *adverb* in fact **wirklich** *or* **tatsächlich** *the company is really making an acceptable profit; the office building really belongs to the chairman's father; the shop is really a general store, though it does carry some books*

QUOTE real wages have been held down dramatically: they have risen as an annual rate of only 1% in the last two years
Sunday Times

QUOTE sterling M3 rose by 13.5% in the year to August - seven percentage points faster than the rate of inflation and the biggest increase in real terms since 1982-3
Economist

QUOTE Japan's gross national product for the April-June quarter dropped 0.4% in real terms from the previous quarter
Nikkei Weekly

QUOTE on top of the cost of real estate, the investment in inventory and equipment to open a typical warehouse comes to around $5 million
Duns Business Month

realign [riːə'laɪn] *verb* to put change the relationship between things **neu festsetzen** *to realign currencies*

◇ **realignment** [rɪə'laɪnmənt] *noun* changing a system, so that different parts are in a different relationship to each other **Neufestsetzung** *f or* **Realignment** *n* ; **a currency realignment** = a change in the international exchange rates **die Neufestsetzung einer Währung**

realize ['rɪəlaɪz] *verb*
(a) to understand clearly **begreifen** *or* **sich klar werden** *or* **sich klar sein über** *he soon realized the meeting was going to vote against his proposal; the small shopkeepers realized that the hypermarket would take away some of their trade; when she went into the manager's office she did not realize she was going to be promoted*
(b) to make something become real **verwirklichen** *or* **realisieren** *or* **durchführen; to realize a project** *or* **a plan** = to put a project *or* a plan into action **ein Projekt** *or* **einen Plan ausführen**
(c) to sell for money **realisieren** *or* **verkaufen; einbringen** *to realize property or assets; the sale realized £100,000*

◇ **realizable** [rɪə'laɪzəbl] *adjective* **realizable assets** = assets which can be sold for money **realisierbare Vermögenswerte** *mpl*

◇ **realization** [ˌrɪəlaɪ'zeɪʃən] *noun*
(a) gradual understanding **Erkenntnis** *f* ; *the chairman's realization that he was going to be outvoted*
(b) making real **Realisierung** *f or* **Verwirklichung** *f or* **Durchführung** *f* ; **the realization of a plan** = putting a plan into action **die Ausführung eines Planes** *the plan moved a stage nearer realization when the contracts were signed*
(c) realization of assets = selling of assets for money **Realisierung** *f* **von Vermögenswerten**

realtor ['rɪəltə] *noun (US)* estate agent, person who sells real estate for customers **Immobilienmakler/-in**

◇ **realty** ['rɪəltɪ] *noun* property *or* real estate **Immobilien** *pl or* **Grundbesitz** *m*

reapply [riːə'plaɪ] *verb* to apply again **erneut bewerben** *when he saw that the job had still not been filled, he reapplied for it*

◇ **reapplication** ['riːæplɪ'keɪʃən] *noun* second application **erneute Bewerbung**

reappoint ['riːə'pɔɪnt] *verb* to appoint someone again **wieder ernennen** *or* **wieder einstellen** *he was reappointed chairman for a further three-year period*

◇ **reappointment** ['riːə'pɔɪntmənt] *noun* being reappointed **Wiederernennung** *f or* **Wiedereinstellung** *f*

reason ['riːzn] *noun* thing which explains why something has happened **Grund** *m or* **Motiv** *n* ; *the airline gave no reason for the plane's late arrival; the personnel officer asked him for the reason why he was late again; the chairman was asked for his reasons for closing the factory*

◇ **reasonable** ['riːzənəbl] *adjective*
(a) sensible *or* not annoyed **vernünftig** *or* **angemessen** *the manager of the shop was very reasonable when she tried to explain that she had left her credit cards at home* **no reasonable offer refused** = we will accept any offer which is not extremely low **jedes reelle** *or* **vernünftige Angebot wird angenommen**
(b) moderate *or* not expensive **annehmbar** *or* **angemessen** *or* **vernünftig** *the restaurant offers good food at reasonable prices*

reassess [riːə'ses] *verb* to assess again **neu bewerten; neu veranlagen; neu schätzen**

◇ **reassessment** [riːə'sesmənt] *noun* new assessment **Neubewertung** *f* ; **Neuveranlagung** *f* ; **Neuschätzung** *f*

reassign [riːə'saɪn] *verb* to assign again **wieder ernennen; zurückübertragen** *or* **wieder abtreten**

◇ **reassignment** [riːə'saɪnmənt] *noun* new assignment **Wiederernennung** *f* ; **Rückübertragung** *f or* **Wiederabtretung** *f*

reassure [ˌriːə'ʃʊə] *verb*

(a) to make someone calm *or* less worried **beruhigen; versichern** *the markets were reassured by the government statement on import controls; the manager tried to reassure her that she would not lose her job*
(b) to reinsure, to spread the risk of an insurance by asking another insurance company to cover part of it and receive part of the premium **rückversichern**

rebate ['ri:beɪt] *noun*
(a) reduction in the amount of money to be paid **Rabatt** *m or* **Preisnachlass** *m* ; *to offer a 10% rebate on selected goods*
(b) money returned to someone because he has paid too much **Rückzahlung** *f or* **Rückvergütung** *f or* **(Rück)erstattung** *f*; *he got a tax rebate at the end of the year*

rebound [rɪ'baʊnd] *verb* to go back up again quickly **wieder ansteigen** *the market rebounded on the news of the government's decision*

recall [rɪ'kɒl] *verb (of a manufacturer)* to ask for products to be returned because of possible faults **zurückrufen** *they recalled 10,000 washing machines because of a faulty electrical connection*

recd = RECEIVED

receipt [rɪ'si:t]
1 *noun*
(a) paper showing that money has been paid *or* that something has been received **Quittung** *f or* **Beleg** *m or* **Empfangsbestätigung** *f*; *customs receipt; rent receipt; receipt for items purchased; please produce your receipt if you want to exchange items* **receipt book** *or* **book of receipts** = book of blank receipts to be filled in when purchases are made **Quittungsblock** *m*
(b) act of receiving something **Empfang** *m or* **Eingang** *m or* **Erhalt** *m* ; **to acknowledge receipt of a letter** = to write to say that you have received a letter **den Empfang eines Schreibens bestätigen** *we acknowledge receipt of your letter of the 15th; goods will be supplied within thirty days of receipt of order; invoices are payable within thirty days of receipt; on receipt of the notification, the company lodged an appeal*
(c) **receipts** = money taken in sales **Einnahmen** *fpl to itemize receipts and expenditure; receipts are down against the same period of last year*
2 *verb* to stamp *or* to sign a document to show that it has been received *or* to stamp an invoice to show that it has been paid **quittieren** *or* **den Empfang bestätigen**

> QUOTE the public sector borrowing requirement is kept low by treating the receipts from selling public assets as a reduction in borrowing
> Economist

> QUOTE gross wool receipts for the selling season to end June appear likely to top $2 billion
> Australian Financial Review

receive [rɪ'si:v] *verb* to get something which has been delivered **erhalten** *or* **empfangen** *or* **entgegennehmen** *we received the payment ten days ago; the workers have not received any salary for six months; the goods were received in good condition* **'received with thanks'** = words put on an invoice to show that a sum has been paid **‚dankend erhalten'**
◇ **receivable** [rɪ'si:vəbl] *adjective* which can be received **offen** *or* **ausstehend; accounts receivable** = money owed to a company **Außenstände** *pl or* **Debitoren** *mpl* **bills receivable** = bills which are due to be paid by a company's debtors **Wechselforderungen** *fpl*
◇ **receivables** [rɪ'si:vəblz] *plural noun* money which is owed to a company **Außenstände** *pl or* **Forderungen** *fpl or* **Debitoren** *mpl*
◇ **receiver** [rɪ'si:və] *noun*
(a) person who receives something **Empfänger/-in** *the receiver of the shipment*
(b) **official receiver** = government official who is appointed to run a company which is in financial difficulties, to pay off its debts as far as possible, and to close it down **Konkursverwalter/-in** *the court appointed a receiver for the company; the company is in the hands of the receiver*
◇ **receivership** [rɪ'si:vəʃɪp] *noun* **the company has gone into receivership** = the company has been put into the hands of a receiver **das Unternehmen wird zwangsverwaltet**
◇ **receiving** [rɪ'si:vɪŋ] *noun*
(a) act of getting something which has been delivered **Empfang** *m or* **Annahme** *f*; **receiving clerk** = official who works in a receiving office **Angestellte(r) in der Warenannahme; receiving department** = section of a company which deals with incoming goods *or* payments **Warenannahme; receiving office** = office where goods *or* payments are received **Warenannahme** *f or* **Einzahlungsschalter** *m*
(b) **receiving order** = order from a court appointing a receiver to a company **Konkurseröffnungsbeschluss** *m*

recent ['ri:snt] *adjective* which happened not very long ago **kürzlich; neuste(r,s)** *or*

jüngste(r,s) *the company's recent acquisition of a chain of shoe shops; his recent appointment to the board; we will mail you our most recent catalogue*

◊ **recently** ['ri:sntlɪ] *adverb* not very long ago **vor kurzem** *the company recently started on an expansion programme; they recently decided to close the branch office in Australia*

reception [rɪ'sepʃən] *noun* place (in a hotel *or* office) where visitors register *or* say who they have come to see **Empfang** *m or* **Rezeption** *f* ; **reception clerk** = person who works at a reception desk **Herr** *m or* **Dame** *f* **am Empfang**; **reception desk** = desk where customers *or* visitors check in **Rezeption** *f or* **Empfang** *m*

◊ **receptionist** [rɪ'sepʃənɪst] *noun* person in a hotel *or* office who meets guests *or* clients, answers the phone, etc. **Herr** *m or* **Dame** *f* **am Empfang**

recession [rɪ'seʃən] *noun* fall in trade *or* in the economy **Rezession** *f* ; *the recession has reduced profits in many companies; several firms have closed factories because of the recession*

> COMMENT: there are various ways of deciding if a recession is taking place: the usual one is when the GNP falls for three consecutive quarters

recipient [rɪ'sɪpɪənt] *noun* person who receives **Empfänger/-in** *the recipient of an allowance from the company*

reciprocal [rɪ'sɪprəkəl] *adjective* applying from one country *or* person *or* company to another and vice versa **gegenseitig** *or* **wechselseitig** *reciprocal agreement; reciprocal contract* **reciprocal holdings** = situation where two companies own shares in each other to prevent takeover bids **wechselseitige Beteiligungen** *fpl* **reciprocal trade** = trade between two countries **zweiseitiger Handel**

◊ **reciprocate** [rɪ'sɪprəkeɪt] *verb* to do the same thing to someone as he has just done to you **etwas im Gegenzug** *or* **als Gegenleistung tun; mitziehen** *or* **sich revanchieren** *they offered us an exclusive agency for their cars and we reciprocated with an offer of the agency for our buses*

> QUOTE in 1934 Congress authorized President Roosevelt to seek lower tariffs with any country willing to reciprocate
>
> Duns Business Month

reckon ['rekən] *verb*

(a) to calculate **(be)rechnen** *or* **ansetzen** *or* **kalkulieren** *to reckon the costs at £25,000; we reckon the loss to be over £1m; they reckon the insurance costs to be too high*

(b) to reckon on = to depend on *or* to expect something to happen **mit etwas rechnen** *they reckon on being awarded the contract; he can reckon on the support of the managing director*

reclaim [rɪ'kleɪm] *verb* to claim something which you owned before **zurückbekommen; zurückerlangen** *after he stopped paying the hire purchase instalments, the finance company tried to reclaim his car*

recognize ['rekəgnaɪz] *verb*

(a) to know someone *or* something because you have seen *or* heard them before **erkennen** *or* **wieder erkennen** *I recognized his voice before he said who he was; do you recognize the handwriting on the letter?*

(b) to recognize a union = to accept that a union can act on behalf of staff **eine Gewerkschaft anerkennen** *although all the staff had joined the union, the management refused to recognize it* **recognized agent** = agent who is approved by the company for which he acts **anerkannter Vertreter**

◊ **recognition** [ˌrekəg'nɪʃən] *noun* act of recognizing **Anerkennung** *f or* **Zulassung** *f* ; **brand recognition** = ability of the consumer to recognize a brand on sight **Markenwiedererkennung** *f* ; **to grant a trade union recognition** = to recognize a trade union **eine Gewerkschaft anerkennen**

recommend [ˌrekə'mend] *verb*

(a) to suggest that something should be done **empfehlen** *or* **raten zu** *the investment adviser recommended buying shares in aircraft companies; we do not recommend bank shares as a safe investment* **manufacturer's recommended price (MRP)** *or* **recommended retail price (RRP)** = price which a manufacturer suggests the product should be sold at on the retail market, though often reduced by the retailer **empfohlener Abgabepreis** *or* **unverbindliche Preisempfehlung** *'all typewriters - 20% off MRP'*

(b) to say that someone *or* something is good **empfehlen** *he recommended a shop in the High Street for shoes; I certainly would not recommend Miss Smith for the job; the board meeting recommended a dividend of 10p a share; can you recommend a good hotel in Amsterdam?*

◊ **recommendation** [ˌrekəmen'deɪʃən] *noun* saying that someone *or* something is good **Empfehlung** *f* ; *we appointed him on the recommendation of his former employer*

reconcile ['rekənsaɪl] *verb* to make two accounts *or* statements agree **abstimmen** *or* **in Einklang bringen** *to reconcile one account with another; to reconcile the accounts*
◇ **reconciliation** [ˌrekənsɪlɪ'eɪʃən] *noun* making two accounts *or* statements agree **Abstimmung** *f* ; **bank reconciliation** = making sure that the bank statements agree with the company's ledgers **Abstimmung zwischen dem Konto einer Bank und einem Kundenkonto**; **reconciliation statement** = statement which explains why two accounts do not agree **Saldenabstimmung** *f*

reconstruction [ˌriːkən'strʌkʃən] *noun*
(a) building again **Wiederaufbau** *m* ; *the economic reconstruction of an area after a disaster*
(b) new way of organizing **Neustrukturierung** *f* ; **the financial reconstruction of a company** = restructuring the finances of a company by transferring the assets to a new company **die Neustrukturierung der Finanzen einer Firma**

record
1 ['rekɔːd] *noun*
(a) report of something which has happened **Protokoll** *n or* **Aufzeichnung** *f* ; *the chairman signed the minutes as a true record of the last meeting* **for the record** *or* **to keep the record straight** = to note something which has been done **der Ordnung halber** *or* **zur Mitschrift** *for the record, I would like these sales figures to be noted in the minutes* **on record** = correctly reported **schriftlich** *or* **im Protokoll festgehalten** *the chairman is on record as saying that profits are set to rise* **on the record** = officially *or* in public **offiziell**; **off the record** = unofficially *or* in private **inoffiziell** *he made some remarks off the record about the disastrous home sales figures*
(b) records = documents which give information **Unterlagen** *fpl or* **Aufzeichnungen** *fpl or* **Akten** *fpl the names of customers are kept in the company's records; we find from our records that our invoice number 1234 has not been paid*
(c) description of what has happened in the past **Leistungen** *fpl* **in der Vergangenheit** *the salesman's record of service or service record; the company's record in industrial relations* **track record** = success or failure of a company *or* salesman in the past **Erfolgs- und Leistungsnachweis** *m* ; *he has a good track record as a salesman; the company has no track record in the computer market*
(d) success which is better than anything before **Rekord** *m* ; **record sales** *or* **record losses** *or* **record profits** = sales *or* losses *or* profits which are higher than ever before **Spitzenumsätze** *mpl or* **Rekordverluste** *mpl or* **Höchstgewinne** *mpl 1993 was a record year for the company; sales for 1993 equalled the record of 1990; our top salesman has set a new record for sales per call* **we broke our record for June** = we sold more than we have ever sold before in June **wir haben unseren Rekord für Juni gebrochen**
2 [rɪ'kɔːd] *verb* to note *or* to report **aufzeichnen** *or* **protokollieren** *or* **registrieren** *or* **verzeichnen** *the company has recorded another year of increased sales; your complaint has been recorded and will be investigated* **recorded delivery** = mail service where the letters are signed for by the person receiving them **Einschreiben** *n*
◇ **record-breaking** ['rekɔːdˌbreɪkɪŋ] *adjective* which is better than anything which has happened before **Rekord-** *or* **Rekord brechend** *we are proud of our record-breaking profits in 1993*
◇ **recording** [rɪ'kɔːdɪŋ] *noun* making of a note **Aufzeichnung** *f or* **Eintragung** *f or* **Registrierung** *f*; *the recording of an order or of a complaint*

recoup [rɪ'kuːp] *verb* **to recoup one's losses** = to get back money which you thought you had lost **seine Verluste wieder hereinholen** *or* **hereinbekommen**

recourse [rɪ'kɔːs] *noun* right of a lender to compel a borrower to repay money borrowed **Regress** *m* ; **to decide to have recourse to the courts to obtain money due** = to decide in the end to sue someone to obtain money owed **auf gerichtlichem Wege Forderungen geltend machen**; **without recourse** = words used to show that the endorser of a bill (as an agent acting for a principal) is not responsible for paying it **ohne Regress**

recover [rɪ'kʌvə] *verb*
(a) to get back something which has been lost **zurückbekommen** *or* **(wieder) hereinholen** *he never recovered his money; the initial investment was never recovered; to recover damages from the driver of the car; to start a court action to recover property*
(b) to get better *or* to rise **sich erholen** *or* **einen Aufschwung nehmen** *the market has not recovered from the rise in oil prices; the stock market fell in the morning, but recovered during the afternoon*
◇ **recoverable** [rɪ'kʌvərəbl] *adjective* which can be got back **wiedererlangbar** *or* **einziehbar** *or* **erstattungsfähig**
◇ **recovery** [rɪ'kʌvrɪ] *noun*
(a) getting back something which has been lost **Wiedergewinnung** *f or* **Wiedererlangung** *f*

we are aiming for the complete recovery of the money invested; to start an action for recovery of property
(b) movement upwards of shares *or* of the economy **Aufschwung** *m or* **Wiederbelebung** *f*; *the economy staged a recovery; the recovery of the economy after a slump* **recovery shares** = shares which should be bought because they are likely to go up in value **Aktien** *fpl* **, deren Kurs sich erholt**

recruit [rɪ'kruːt] *verb* **to recruit new staff** = to get new staff to join a company **neues Personal rekrutieren** *or* **anwerben** *we are recruiting staff for our new store*
◇ **recruitment** *or* **recruiting** [rɪ'kruːtmənt *or* rɪ'kruːtɪŋ] *noun* **the recruitment of new staff** = looking for new staff to join a company **Personalrekrutierung** *f*

rectify ['rektɪfaɪ] *verb* to correct something *or* to make something right **berichtigen** *or* **korrigieren** *or* **bereinigen** *to rectify an entry*
◇ **rectification** [ˌrektɪfɪ'keɪʃən] *noun* correction **Berichtigung** *f or* **Korrektur** *f or* **Bereinigung** *f*

recurrent [rɪ'kʌrənt] *adjective* which happens again and again **sich wiederholend** *or* **ständig wiederkehrend** *a recurrent item of expenditure; there is a recurrent problem in supplying this part*

recycle ['riː'saɪkl] *verb* to take waste material and process it so that it can be used again **recyceln**; **recycled paper** = paper made from waste paper **Recyclingpapier** *n*

red [red] *noun* **in the red** = showing a debit or loss **in den roten Zahlen** *my bank account is in the red; the company went into the red in 1993; the company is out of the red for the first time since 1990*
◇ **red tape** ['red'teɪp] *noun* official paperwork which takes a long time to complete **Bürokratismus** *m or* **Papierkrieg** *m* ; *the Hungarian joint venture has been held up by government red tape*

redeem [rɪ'diːm] *verb*
(a) to pay off a loan *or* a debt **tilgen** *or* **ablösen** *to redeem a mortgage; to redeem a debt*
(b) to redeem a bond = to sell a bond for cash **eine Schuldverschreibung zurückzahlen** *or* **tilgen**
◇ **redeemable** [rɪ'diːməbl] *adjective* which can be sold for cash **einlösbar**

redemption [rɪ'dem(p)ʃən] *noun*
(a) repayment of a loan **Tilgung** *f* ; **redemption date** = date on which a loan, etc., is due to be repaid **Tilgungstermin** *m* ; **redemption before due date** = paying back a loan before the date when repayment is due **Tilgung vor Fälligkeit**; **redemption value** = value of a security when redeemed **Rückzahlungswert** *m* ; **redemption yield** = yield on a security including interest and its redemption value **Effektivverzinsung** *f*
(b) repayment of a debt **Tilgung** *f*; *redemption of a mortgage*

redeploy [ˌriːdɪ'plɔɪ] *verb* to move workers from one place to another *or* to give workers totally different jobs to do **verlegen; anderweitig einsetzen** *we closed the design department and redeployed the workforce in the publicity and sales departments*
◇ **redeployment** [ˌriːdɪ'plɔɪmənt] *noun* moving workers from one place to another **Verlegung** *f*

redevelop [ˌriːdɪ'veləp] *verb* to knock down the buildings on a site, and build new ones **sanieren**
◇ **redevelopment** [ˌriːdɪ'veləpmənt] *noun* knocking down of existing buildings to replace them with new ones **Sanierung** *f*; *the redevelopment plan was rejected by the planning committee*

redistribute [ˌriːdɪs'trɪbjʊt] *verb* to move items *or* work *or* money to different areas *or* people **umverteilen** *or* **umschichten** *or* **neu verteilen** *the government aims to redistribute wealth by taxing the rich and giving grants to the poor; the orders have been redistributed among the company's factories*
◇ **redistribution** [ˌriːˌdɪstrɪ'bjuːʃən] *noun* **redistribution of wealth** = sharing wealth among the whole population **Vermögensumverteilung** *f*

redraft [ˌriː'drɑːft] *verb* to draft again **umformulieren** *or* **neu abfassen** *the whole contract had to be redrafted to take in the objections from the chairman*

reduce [rɪ'djuːs] *verb* to make smaller *or* lower **reduzieren** *or* **verringern** *or* **herabsetzen** *or* **ermäßigen** *or* **senken** *to reduce expenditure; to reduce a price; to reduce taxes; we have made some staff redundant to reduce overmanning; prices have been reduced by 15%; carpets are reduced from £100 to £50; the company reduced output because of a fall in demand; the government's policy is to reduce inflation to 5%* **to reduce staff** = to sack employees in order to have a smaller number of staff **den Personalbestand abbauen**
◇ **reduced** [rɪ'djuːst] *adjective* lower **reduziert** *or* **ermäßigt** *or* **herabgesetzt** *or* **geringer** *reduced prices have increased unit sales; prices have fallen due to a reduced demand for the goods*

reduction [rɪ'dʌkʃən] *noun* lowering (of prices, etc.) **Reduzierung** *f or* **Ermäßigung** *f or* **Herabsetzung** *f or* **Verringerung** *f or* **Senkung** *f*; *price reductions; tax reductions; staff reductions; reduction of expenditure; reduction in demand; the company was forced to make job reductions*

redundancy [rɪ'dʌndənsɪ] *noun*
(a) being no longer employed, because the job is no longer necessary **Arbeitslosigkeit** *f or* **Entlassung** *f (nach Rationalisierung)*; **redundancy package** = various benefits and payments given to a worker who is being made redundant **Abfindungspaket** *n* ; **redundancy payment** = payment made to a worker to compensate for losing his job **Entlassungsabfindung** *f* ; **voluntary redundancy** = situation where the worker asks to be made redundant, usually in return for a large payment **freiwillige Arbeitsplatzaufgabe**
(b) person who has lost a job because he is not needed any more **Arbeitslose(r)** *or* **Entlassene (r)** *the takeover caused 250 redundancies*
◊ **redundant** [rɪ'dʌndənt] *adjective*
(a) more than is needed, useless **überflüssig** *or* **überzählig** *redundant capital; redundant clause in a contract; the new legislation has made clause 6 redundant*
(b) to make someone redundant = to decide that a worker is not needed any more **jdn entlassen**; **redundant staff** = staff who have lost their jobs because they are not needed any more **entlassene Arbeitskräfte** *fpl*

re-elect [ˌriːɪ'lekt] *verb* to elect again **wieder wählen** *he was re-elected chairman*
◊ **re-election** [ˌriːɪ'lekʃən] *noun* being elected again **Wiederwahl** *f*; **she is eligible to stand for re-election** = it is possible for her to be re-elected if she wants

re-employ [ˌriːɪm'plɔɪ] *verb* to employ someone again **wieder einstellen** *or* **wieder beschäftigen**
◊ **re-employment** [ˌriːɪm'plɔɪmənt] *noun* employing someone again **Wiedereinstellung** *f or* **Wiederbeschäftigung** *f*

re-engage [ˌriːɪn'geɪdʒ] *verb* **to re-engage staff** = to employ staff again **Personal wieder einstellen**

re-entry [riː'entrɪ] *noun* coming back in again **Wiedereinreise** *f* ; **re-entry visa** *or* **permit** = visa which allows someone to leave a country and go back in again **Visum, das zur Wiedereinreise berechtigt**

re-examine [ˌriːɪg'zæmɪn] *verb* to examine something again **nachprüfen** *or* **erneut prüfen**

◊ **re-examination** [ˌriːɪgˌzæmɪ'neɪʃən] *noun* examining something which has already been examined before **Nachprüfung** *f or* **erneute Prüfung**

re-export
1 ['riː'ekspɔːt] *noun* exporting of goods which have been imported **Wiederausfuhr** *f or* **Reexport** *m* ; *re-export trade; we import wool for re-export; the value of re-exports has increased*
2 [ˌriːeks'pɔːt] *verb* to export something which has been imported **wiederausführen**
◊ **re-exportation** [ˌriːekspɔː'teɪʃən] *noun* exporting goods which have been imported **Wiederausfuhr** *f or* **Reexport** *m*

ref [ref] = REFERENCE

refer [rɪ'fɜː] *verb*
(a) to mention *or* to deal with *or* to write about something **erwähnen; sich beziehen auf** *we refer to your estimate of May 26th; he referred to an article which he had seen in the 'Times'; referring to your letter of June 4th*
(b) to pass a problem on to someone else to decide **weiterleiten** *to refer a question to a committee; we have referred your complaint to our supplier*
(c) 'refer to drawer' (R/D) = words written on a cheque which a bank refuses to pay **‚zurück an Aussteller'**; **the bank referred the cheque to drawer** = the bank returned the cheque to person who wrote it because there was not enough money in the account to pay it **die Bank schickte den Scheck an den Aussteller zurück** (NOTE: **referring - referred)**
◊ **referee** [ˌrefə'riː] *noun* person who can give a report on someone's character *or* ability *or* speed of work, etc. **Referenz** *f* ; *to give someone's name as referee; she gave the name of her boss as a referee; when applying please give the names of three referees*
◊ **reference** ['refərəns] *noun*
(a) terms of reference = areas which a committee *or* an inspector can deal with **Aufgabenbereich** *m or* **Aufgabenstellung** *f* ; *under the terms of reference of the committee, it cannot investigate complaints from the public; the committee's terms of reference do not cover exports*
(b) mentioning *or* dealing with **Bezug** *m* ; *with reference to your letter of May 25th*
(c) numbers *or* letters which make it possible to find a document which has been filed **Aktenzeichen** *n or* **Geschäftszeichen** *our reference: PC/MS 1234; thank you for your letter (reference 1234); please quote this reference in all correspondence; when replying please quote reference 1234*

(d) written report on someone's character *or* ability, etc. **Referenz** *f or* **Zeugnis** *n* ; *to write someone a reference or to give someone a reference; to ask applicants to supply references* **to ask a company for trade references** *or* **for bank references** = to ask for reports from traders *or* a bank on the company's financial status and reputation **ein Unternehmen um Kreditauskünfte** *fpl* **ersuchen**; **letter of reference** = letter in which an employer *or* former employer recommends someone for a job **Zeugnis** *n or* **Referenz** *f* ; *he enclosed letters of reference from his two previous employers*
(e) person who reports on someone's character *or* ability, etc. **Referenz** *f* ; *to give someone's name as reference; please use me as a reference if you wish*

refinance [ˌriːˈfaɪnæns] *verb* (i) to replace one source of finance with another; (ii) to extend a loan by exchanging it for a new one (normally done when the terms of the new loan are better) **(i) refinanzieren; (ii) umfinanzieren** *or* **umschulden**
◇ **refinancing** [ˌriːfaɪˈnænsɪŋ] *noun* **refinancing of a loan** = taking out a new loan to pay back a previous loan **Refinanzierung** *f* **eines Kredites**

> QUOTE the refinancing consisted of a two-for-five rights issue, which took place in September this year, to offer 55.8m shares at 2p and raise about £925,000 net of expenses
> Accountancy

refit [ˌriːˈfɪt] *verb* to fit out (a shop *or* factory *or* office) again **neu ausstatten** (NOTE: **refitting - refitted)**
◇ **refitting** [ˌriːˈfɪtɪŋ] *noun* fitting out (of a shop *or* factory *or* office) again **Neuausstattung** *f or* **Umrüstung** *f*

reflate [rɪˈfleɪt] *verb* **to reflate the economy** = to stimulate the economy by increasing the money supply or by reducing taxes, leading to increased inflation **die Wirtschaft ankurbeln**; *(durch Geldvermehrung); the government's attempts to reflate the economy were not successful*
◇ **reflation** [rɪˈfleɪʃən] *noun* act of stimulating the economy by increasing the money supply or by reducing taxes **Reflation** *f*
◇ **reflationary measures** [rɪˈfleɪʃnərɪˈmeʃəz] *noun* acts which are likely to stimulate the economy **reflationäre Maßnahmen** *fpl*

refresher course [rɪˈfreʃəˈkɔːs] *noun* course of study to make you practise your skills again in order to improve them **Auffrischungskurs** *m* ; *he went on a refresher course in programming*

refund
1 [ˈriːfʌnd] *noun* money paid back **(Rück) erstattung** *f* ; *to ask for a refund; she got a refund after she had complained to the manager* **full refund** *or* **refund in full** = refund of all the money paid **Rückerstattung in voller Höhe** *he got a full refund when he complained about the service*
2 [rɪˈfʌnd] *verb* to pay back money **erstatten** *or* **rückerstatten** *or* **zurückzahlen** *to refund the cost of postage; all money will be refunded if the goods are not satisfactory*
◇ **refundable** [rɪˈfʌndəbl] *adjective* which can be paid back **zurückerstattbar** *refundable deposit; the entrance fee is refundable if you purchase £5 worth of goods*

refuse [rɪˈfjuːz] *verb* to say that you will not do something *or* will not accept something **ablehnen** *or* **nicht gewähren** *or* **verweigern** *or* **sich weigern** *they refused to pay; the bank refused to lend the company any more money; he asked for a rise but it was refused; the loan was refused by the bank; the customer refused the goods or refused to accept the goods* (NOTE: you refuse **to do something** or refuse **something)**
◇ **refusal** [rɪˈfjuːzəl] *noun* saying no **Ablehnung** *f or* **Weigerung** *f or* **Verweigerung** *f or* **Absage** *f*; **his request met with a refusal** = his request was refused **sein Gesuch wurde abschlägig beschieden** *or* **stieß auf Ablehnung**; **to give someone first refusal of something** = to allow someone to be the first to decide if they want something or not **jdm das Vorkaufsrecht einräumen**; **blanket refusal** = refusal to accept many different items **pauschale Ablehnung**

regard [rɪˈgɑːd] *noun* **with regard to** = concerning *or* dealing with **in Bezug auf** *with regard to your request for unpaid leave*
◇ **regarding** [rɪˈgɑːdɪŋ] *preposition* concerning *or* dealing with **bezüglich** *or* **betreffend** *instructions regarding the shipment of goods to Africa*
◇ **regardless** [rɪˈgɑːdləs] *adjective* **regardless of** = in spite of **ungeachtet**; **the chairman furnished his office regardless of expense** = without thinking of how much it would cost **der Vorsitzende richtete sein Büro ohne Rücksicht auf die Kosten ein**

region [ˈriːdʒən] *noun* large area of a country **Gebiet** *n or* **Gegend** *f or* **Region** *f* ; **in the region of** = about *or* approximately **um die** *he was earning a salary in the region of £25,000; the house was sold for a price in the region of £100,000*

◇ **regional** ['ri:dʒənl] *adjective* referring to a region **regional** *or* **Regional-; gebietsweise**; **regional planning** = planning the industrial development of a region **Regionalplanung** *f*

register ['redʒɪstə]

1 *noun*

(a) official list **Verzeichnis** *n or* **Liste** *f or* **Register** *n* ; *to enter something in a register; to keep a register up to date* **companies' register** *or* **register of companies** = list of companies, showing their directors and registered addresses **Handelsregister**; **register of debentures** *or* **debenture register** = list of debenture holders of a company **Verzeichnis der Obligationäre**; **register of directors** = official list of the directors of a company which has to be sent to the Registrar of Companies **Direktorenverzeichnis**; **land register** = list of pieces of land, showing who owns it and what buildings are on it **Grundbuch** *n* ; **Lloyd's Register** = classified list showing details of all the ships in the world and estimates of their condition **Lloyd's-Register**; **register of shareholders** *or* **share register** = list of shareholders in a company with their addresses **Verzeichnis der Aktionäre** *or* **Aktienbuch** *n*

(b) large book for recording details (as in a hotel, where guests sign in, or in a registry where deaths are recorded) **Eintragungsbuch** *n or* **Register** *n*

(c) **cash register** = machine which shows and adds the prices of items bought in a shop, with a drawer for keeping the cash received **Registrierkasse** *f*

2 *verb*

(a) to write something in an official list **eintragen** *or* **registrieren** *or* **eintragen lassen** *or* **erfassen** *to register a company; to register a sale; to register a property; to register a trademark*

(b) to arrive at a hotel *or* at a conference, sign your name and write your address on a list **sich eintragen** *or* **sich anmelden** *they registered at the hotel under the name of Macdonald*

(c) to send (a letter) by registered post **als** *or* **per Einschreiben schicken** *I registered the letter, because it contained some money*

◇ **registered** ['redʒɪstəd] *adjective*

(a) which has been noted on an official list **eingetragen** *or* **registriert** *or* **angemeldet** *registered share transaction; registered trademark* **registered company** = company which has been officially set up and registered with the Registrar of Companies **eingetragene Gesellschaft**; **the company's registered office** = the head office of the company as noted in the register of companies **der eingetragene Sitz der Gesellschaft**

(b) **registered letter** *or* **registered parcel** = letter *or* parcel which is noted by the post office before it is sent, so that compensation can be claimed if it is lost **Einschreibebrief** *m or* **Einschreiben** *n* ; **eingeschriebenes Päckchen**; **to send documents by registered mail** *or* **registered post** = to send documents that have been officially registered beforehand by the post office **Dokumente per Einschreiben schicken**

◇ **registrar** [,redʒɪs'trɑ:] *noun* person who keeps official records **Registerführer/-in** *or* **Gerichts-** *or* **Standesbeamte(r)/-beamtin**; **the registrar of a company** = the person who keeps the share register of a company **der Unternehmensregistrator** *or* **Führer des Gesellschaftsregisters**; **the Registrar of Companies** = government official whose duty is to ensure that companies are properly registered, and that, when registered, they file accounts and other information correctly (he is in charge of the Companies Registration Office or Companies House) **der Führer des Handelsregisters**

◇ **registration** [,redʒɪs'treɪʃən] *noun*

(a) act of having something noted on an official list **Eintragung** *f or* **Registrierung** *f or* **Anmeldung** *f or* **Erfassung** *f*; *registration of a trademark or of a share transaction* **certificate of registration** *or* **registration certificate** = document showing that an item has been registered **Eintragungsbescheinigung** *f or* **Meldeschein** *m; (für Kraftfahrzeuge)* **Zulassungspapiere** *npl* **registration fee** = money paid to have something registered *or* money paid to attend a conference **Eintragungsgebühr** *f or* **Anmeldegebühr**; **registration number** = official number (such as the number of a car) **Eintragungsnummer** *f* ; **Kraftfahrzeugkennzeichen** *n*

(b) **Companies Registration Office (CRO)** = office of the Registrar of Companies, the official organization where the records of companies must be deposited, so that they can be inspected by the public **britische Gesellschaftsregistrierbehörde**; **land registration** = system of registering land and its owners **Grundbucheintragung** *f*

◇ **registry** ['redʒɪstrɪ] *noun*

(a) place where official records are kept **Registratur** *f* ; **Ort** *m* **, an dem die Eintragung vorgenommen wird**; *(GB)* **land registry** = government office where details of land are kept **Grundbuchamt** *n or* **Katasteramt**; **registry office** = office where records of births, marriages and deaths are kept **Standesamt** *n*

(b) **port of registry** = port where a ship is registered **Heimathafen** *m*

regressive taxation [rɪ'gresɪvtæk'seɪʃn] *noun* system of taxation in which tax gets progressively less as income rises **regressive Besteuerung**

regret [rɪ'gret] *verb* to be sorry **bedauern** *I regret having to make so many staff redundant; we regret the delay in answering your letter; we regret to inform you of the death of the chairman* (NOTE: you **regret doing something** or **regret to do something** or **regret something.** Note also: **regretting - regretted)**

regular ['regjʊlə] *adjective*
(a) which happens *or* comes at the same time each day *or* each week *or* each month *or* each year **regelmäßig** *or* **regulär** *his regular train is the 12.45; the regular flight to Athens leaves at 06.00* **regular customer** = customer who always buys from the same shop **Stammkunde/Stammkundin**; **regular income** = income which comes in every week or month **geregeltes** *or* **festes Einkommen** *she works freelance so she does not have a regular income* **regular staff** = full-time staff **ständiges** *or* **fest angestelltes Personal**
(b) ordinary *or* standard **normal** *or* **regulär** *the regular price is $1.25, but we are offering them at 99c* **regular size** = ordinary size (smaller than economy size, family size, etc.) **Normalformat** *n or* **Normalgröße** *f or* **Standardgröße**

◊ **regularly** ['regjʊləlɪ] *adverb* happening often each day *or* week *or* month *or* year **regelmäßig** *or* **ständig** *the first train in the morning is regularly late*

regulate ['regjʊleɪt] *verb*
(a) to adjust something so that it works well *or* is correct **regulieren** *or* **einstellen** *or* **ordnen**
(b) to change *or* to maintain something by law **regeln**; **prices are regulated by supply and demand** = prices are increased or lowered according to supply and demand **Preise werden durch Angebot und Nachfrage bestimmt**; **government-regulated price** = price which is imposed by the government **staatlich gelenkter Preis**

◊ **regulation** [ˌregjʊ'leɪʃən] *noun*
(a) act of making sure that something will work well **Regelung** *f or* **Regulierung** *f* ; *the regulation of trading practices*
(b) regulations = laws *or* rules **Vorschriften** *fpl or* **Verordnungen** *fpl the new government regulations on housing standards; fire regulations or safety regulations; regulations concerning imports and exports*

◊ **regulator** ['regjʊleɪtə] *noun* person whose job it is to see that regulations are followed **aufsichtsführende Person**

◊ **regulatory** [regjʊ'leɪtərɪ] *adjective* which applies regulations **regulatorisch**; **regulatory powers** = powers to enforce government regulations **Aufsichts- und Kontrollbefugnisse** *fpl see also* SELF-REGULATORY

> QUOTE EC regulations which came into effect in July insist that customers can buy cars anywhere in the EC at the local pre-tax price
> Financial Times

> QUOTE the regulators have sought to protect investors and other market participants from the impact of a firm collapsing
> Banking Technology

> QUOTE a unit trust is established under the regulations of the Department of Trade, with a trustee, a management company and a stock of units
> Investors Chronicle

> QUOTE fear of audit regulation, as much as financial pressures, is a major factor behind the increasing number of small accountancy firms deciding to sell their practices or merge with another firm
> Accountancy

reimburse [ˌriːɪm'bɜːs] *verb* **to reimburse someone his expenses** = to pay someone back for money which he has spent **jdm die Auslagen erstatten** *you will be reimbursed for your expenses or your expenses will be reimbursed*

◊ **reimbursement** [ˌriːɪm'bɜːsmənt] *noun* paying back money **Erstattung** *f* ; *reimbursement of expenses*

reimport
1 [ˌriː'ɪmpɔːt] *noun* importing of goods which have been exported from the same country **Wiedereinfuhr** *f*
2 ['riːɪm'pɔːt] *verb* to import goods which have been exported **wiedereinführen**

◊ **reimportation** [ˌriːˌɪmpɔː'teɪʃən] *noun* importing goods which have been exported **Wiedereinfuhr** *f*

reinstate [ˌriːɪn'steɪt] *verb* to put someone back into a job from which he was dismissed **wieder einstellen** *the union demanded that the sacked workers should be reinstated*

◊ **reinstatement** [ˌriːɪn'steɪtmənt] *noun* putting someone back into a job from which he was dismissed **Wiedereinstellung** *f*

reinsure [ˌriːɪn'ʃʊə] *verb* to spread the risk of an insurance, by asking another insurance company to cover part of it and receive part of the premium **rückversichern**

◇ **reinsurance** [ˌriːɪn'ʃʊərəns] *noun* act of reinsuring **Rückversicherung** *f*

◇ **reinsurer** [ˌriːɪn'ʃʊərə] *noun* insurance company which accepts to insure part of the risk for another insurer **Rückversicherer** *m*

reinvest [ˌriːɪn'vest] *verb* to invest again **reinvestieren** *or* **neu anlegen** *he reinvested the money in government stocks*

◇ **reinvestment** [ˌriːɪn'vestmənt] *noun* investing again in the same securities; investing a company's earnings in its own business by using them to create new products for sale **Wiederanlage** *f or* **Reinvestition** *f*

> QUOTE many large U.S. corporations offer shareholders the option of reinvesting their cash dividend payments in additional company stock at a discount to the market price. But to some big securities firms these discount reinvestment programs are an opportunity to turn a quick profit
>
> Wall Street Journal

reissue [ˌriː'ɪʃuː]
1 *noun* issue of something again
(a) *(of shares)* **Neuemission** *f*
(b) *(of book)* **Neuauflage** *f*
2 *verb* to issue something again **neu (her) ausgeben**; *(book)* **neu auflegen** *the company reissued its catalogue with a new price list*

reject
1 ['riːdʒekt] *noun* thing which has been thrown out because it is not of the usual standard **Ausschuss** *m* ; **Ausschussware** *f* ; *sale of rejects or of reject items; to sell off reject stock* **reject shop** = shop which specializes in the sale of rejects **Laden für Ausschussware**
2 [rɪ'dʒekt] *verb* to refuse to accept *or* to say that something is not satisfactory **ablehnen** *or* **zurückweisen** *or* **abweisen** *the union rejected the management's proposals* **the company rejected the takeover bid** = the directors recommended that the shareholders should not accept the bid **das Unternehmen wies das Übernahmeangebot zurück**

◇ **rejection** [rɪ'dʒekʃən] *noun* refusal to accept **Ablehnung** *f or* **Zurückweisung** *f or* **Abweisung** *f*

related [rɪ'leɪtɪd] *adjective* connected *or* linked **zusammenhängend** *or* **verwandt** *related items on the agenda* **related company** = company in which another company makes a long-term capital investment in order to gain control or influence **verbundenes Unternehmen**; **earnings-related pension** = pension which is linked to the size of the salary **einkommensbezogene Rente**

◇ **relating to** [rɪ'leɪtɪŋ'tʊ] *adverb* referring to *or* connected with **zusammenhängend mit** *or* **bezüglich** *documents relating to the agreement*

◇ **relation** [rɪ'leɪʃən] *noun*
(a) in relation to = referring to *or* connected with **in Zusammenhang mit** *or* **in Bezug auf** *documents in relation to the agreement*
(b) relations = links (with other people *or* other companies) **Beziehungen** *pl we try to maintain good relations with our customers* **to enter into relations with a company** = to start discussing a business deal with a company **zu einem Unternehmen Beziehungen aufnehmen**; **to break off relations with someone** = to stop dealing with someone **die Beziehungen zu jdm abbrechen**; **industrial relations** *or* **labour relations** = relations between management and workers **Arbeitgeber-Arbeitnehmer-Beziehungen** *pl the company has a history of bad labour relations*
(c) public relations (PR) = keeping good links between a company *or* a group and the public so that people know what the company is doing and approve of it **Public Relations (PR)** *pl or* **Öffentlichkeitsarbeit** *f* ; **public relations department (PR department)** = section of a company which deals with relations with the public **PR-Abteilung** *f or* **Abteilung für Öffentlichkeitsarbeit**; **public relations officer (PRO)** = official who deals with relations with the public **Public-Relations-Fachmann/Fachfrau** *or* **PR-Referent/-in**

relative ['relətɪv] *adjective* which is compared to something **relativ**; **relative error** = difference between an estimate and its correct value (divided by the estimate) **Unterschied zwischen Schätzwert und Realwert**

◇ **relatively** ['relətɪvlɪ] *adverb* more or less **verhältnismäßig** *or* **relativ** *we have appointed a relatively new PR firm to handle our publicity*

release [rɪ'liːs]
1 *noun*
(a) setting free **Freistellung** *f or* **Freigabe** *f or* **Entbindung** *f* ; **Entlassung** *f* ; *release from a contract; release of goods from customs*
(b) day release = arrangement where a company allows a worker to go to college to study for one day each week **bezahlter Arbeitstag zur beruflichen Fortbildung** *the junior sales manager is attending a day release course*

(c) press release = sheet giving news about something which is sent to newspapers and TV and radio stations so that they can use the information in it **Pressemitteilung** *f or* **Presseverlautbarung** *f*; *the company sent out or issued a press release about the launch of the new car*
(d) new releases = new CDs put on the market **Neuerscheinungen** *fpl* **(auf dem Plattenmarkt)**
2 *verb*
(a) to free **freigeben** *or* **freistellen** *or* **entbinden** *or* **befreien; entlassen** *to release goods from customs; the customs released the goods against payment of a fine; to release someone from a debt*
(b) to make something public **veröffentlichen** *the company released information about the new mine in Australia; the government has refused to release figures for the number of unemployed women*
(c) to put on the market **herausbringen** *or* **veröffentlichen** *to release a new record* **to release dues** = to dispatch orders which had been piling up while a product was out of stock **überfällige Bestellungen abwickeln**

> QUOTE pressure to ease monetary policy mounted yesterday with the release of a set of pessimistic economic statistics
> Financial Times

> QUOTE the national accounts for the March quarter released by the Australian Bureau of Statistics showed a real increase in GDP
> Australian Financial Review

relevant ['reləvənt] *adjective* which has to do with what is being discussed **entsprechend** *or* **relevant** *or* **zuständig** *which is the relevant government department? can you give me the relevant papers?*

reliable [rɪ'laɪəbl] *adjective* which can be trusted **zuverlässig** *or* **seriös** *or* **verlässlich** *reliable company; the sales manager is completely reliable; we have reliable information about our rival's sales; the company makes a very reliable product*
◊ **reliability** [rɪˌlaɪə'bɪlətɪ] *noun* being reliable **Zuverlässigkeit** *f or* **Verlässlichkeit** *f*; **Sicherheit** *f*; *the product has passed its reliability tests*

relief [rɪ'li:f] *noun* help **Hilfe** *f or* **Unterstützung** *f*; **tax relief** = allowing someone to pay less tax on certain parts of his income **Steuererleichterung** *f or* **Steuervergünstigung** *f*; **there is full tax relief on mortgage interest payments** = no tax is payable on income used to pay interest on a mortgage **für Hypothekenzinszahlungen werden Steuerermäßigungen** *fpl* **in voller Höhe gewährt**; **mortgage (interest) relief** = allowing someone to pay no tax on the interest payments on a mortgage up to a certain level **Steuererleichterung** *f* **bei Hypothekenzinszahlung** *f* *(see also* MORTGAGE); **relief shift** = shift which comes to take the place of another shift, usually the shift between the day shift and the night shift **Ablöseschicht** *f*

relocate [ri:lə'keɪt] *verb* to move to a different place **verlegen; versetzen** *the board decided to relocate the company in Scotland; when the company moved its headquarters, 1500 people had to be relocated*
◊ **relocation** [ri:lə'keɪʃn] *noun* moving to a different place **Verlegung** *f*; **Versetzung** *f*

rely on [rɪ'laɪ'ɒn] *verb* to depend on *or* to trust **angewiesen sein auf** *or* **sich verlassen auf** *the chairman relies on the finance department for information on sales; we rely on part-time staff for most of our mail-order business; do not rely on the agents for accurate market reports*

remain [rɪ'meɪn] *verb*
(a) to be left **(übrig)bleiben** *half the stock remained unsold; we will sell off the old stock at half price and anything remaining will be thrown away*
(b) to stay **bleiben** *she remained behind at the office after 6.30 to finish her work*
◊ **remainder** [rɪ'meɪndə]
1 *noun*
(a) things left behind **Rest** *m*; *the remainder of the stock will be sold off at half price*
(b) remainders = new books sold cheaply **Restauflagen** *fpl* **remainder merchant** = book dealer who buys unsold new books from publishers at a very low price **auf Restauflagen spezialisierter Händler**
2 *verb* **to remainder books** = to sell new books off cheaply **Restauflagen** *fpl* **billig verkaufen** *the shop was full of piles of remaindered books*

remember [rɪ'membə] *verb* to bring back into your mind something which you have seen *or* heard *or* read before **sich erinnern** *or* **sich entsinnen; denken an** *do you remember the name of the Managing Director of Smith Ltd? I cannot remember the make of photocopier which he said was so good; did you remember to ask the switchboard to put my calls through to the boardroom? she remembered seeing the item in a supplier's catalogue* (NOTE: you **remember doing something** which you did in the past; you **remember to do something** in the future)

remind [rɪ'maɪnd] *verb* to make someone remember **erinnern** *I must remind my secretary to book the flight for New York; he reminded the chairman that the meeting had to finish at 6.30*

◊ **reminder** [rɪ'maɪndə] *noun* letter to remind a customer that he has not paid an invoice **Mahnung** *f or* **Erinnerung** *f* ; *to send someone a reminder*

remission [rɪ'mɪʃən] *noun* **remission of taxes** = refund of taxes which have been overpaid **Steuerrückzahlung** *f*

remit

1 ['ri:mɪt] *noun* task which a person *or* group is asked to deal with **Aufgabenbereich** *m or* **Aufgabenstellung** *f* ; *the new MD was appointed with the remit to improve the company's performance*

2 [rɪ'mɪt] *verb* to send (money) **überweisen** *or* **Zahlung leisten** *to remit by cheque* (NOTE: **remitting - remitted)**

◊ **remittance** [rɪ'mɪtəns] *noun* money which is sent **Überweisung** *f or* **Geldsendung** *f*; *please send remittances to the treasurer; the family lives on a weekly remittance from their father in the USA*

remnant ['remnənt] *noun* odd piece of a large item sold separately **Rest** *m* ; *remnant sale or sale of remnants*

remove [rɪ'mu:v] *verb* to take something away **entfernen** *or* **streichen** *or* **aufheben** *we can remove his name from the mailing list; the government has removed the ban on imports from Japan; the minister has removed the embargo on the sale of computer equipment* **two directors were removed from the board at the AGM** = two directors were dismissed from the board **zwei Mitglieder des board of directors wurden auf der Jahreshauptversammlung abgesetzt**

◊ **removal** [rɪ'mu:vəl] *noun*

(a) moving to a new house *or* office **Umzug** *m* ; **removal** *or* **removals company** = company which specializes in moving the contents of a house *or* an office to a new building **Spedition** *f*

(b) sacking someone (usually a director) from a job **Entlassung** *f or* **Absetzung** *f*; *the removal of the managing director is going to be very difficult*

remunerate [rɪ'mju:nəreɪt] *verb* to pay someone for doing something **bezahlen** *or* **vergüten** *to remunerate someone for their services*

◊ **remuneration** [rɪˌmju:nə'reɪʃən] *noun* payment for services **Bezahlung** *f or* **Vergütung** *f*; *she has a monthly remuneration of £400*

◊ **remunerative** [rɪ'mju:nərətɪv] *adjective* (job) which pays well **einträglich** *or* **lohnend** *he is in a very remunerative job*

> COMMENT: remuneration can take several forms: the regular monthly salary cheque, a cheque or cash payment for hours worked or for work completed, etc.

render ['rendə] *verb* **to render an account** = to send in an account **eine Abrechnung vorlegen** *payment for account rendered; please find enclosed payment per account rendered*

renew [rɪ'nju:] *verb* to continue something for a further period of time **verlängern** *or* **erneuern**; *(von Wechsel)* **prolongieren** *to renew a bill of exchange; to renew a lease* **to renew a subscription** = to pay a subscription for another year **ein Abonnement verlängern**; **to renew an insurance policy** = to pay the premium for another year's insurance **eine Versicherung erneuern** *or* **verlängern**

◊ **renewal** [rɪ'nju:əl] *noun* act of renewing **Verlängerung** *f or* **Erneuerung** *f*; *(von Wechsel)* **Prolongation** *f* ; *renewal of a lease or of a subscription or of a bill; the lease is up for renewal next month; when is the renewal date of the bill?* **renewal notice** = note sent by an insurance company asking the insured person to renew the insurance **Aufforderung** *f* **zur Zahlung der Prämie**; **renewal premium** = premium to be paid to renew an insurance **Folgeprämie** *f*

rent [rent]

1 *noun* money paid to use an office *or* house *or* factory for a period of time **Miete** *f or* **Pacht** *f*; **high rent** *or* **low rent** = expensive *or* cheap rent **hohe Miete** *or* **niedrige Miete** *rents are high in the centre of the town; we cannot afford to pay High Street rents; to pay three months' rent in advance* **back rent** = rent owed **Mietrückstand** *m* ; **the flat is let at an economic rent** = at a rent which covers all costs to the landlord **die Wohnung wird zu einem wirtschaftlichen** *or* **günstigen Preis** *m* **vermietet**; **ground rent** = rent paid by the main tenant to the ground landlord **Bodenrente** *f*; ≈ **Grundzins** *m* ; **nominal rent** = very small rent **nominelle Miete** *or* **Pacht**; **rent control** = government regulation of rents **Mietpreisbindung** *f* ; **income from rents** *or* **rent income** = income from letting offices *or* houses, etc. **Mieteinnahmen** *fpl or* **Pachteinnahmen**

2 *verb*

(a) to pay money to hire an office *or* house *or* factory *or* piece of equipment for a period of time **mieten** *or* **pachten; leihen** *to rent an office*

or a car; he rents an office in the centre of town; they were driving a rented car when they were stopped by the police
(b) to rent (out) = to own a car *or* office, etc. and let it to someone for money **vermieten** *or* **verpachten; verleihen** *we rented part of the building to an American company*
◇ **rental** ['rentl] *noun* money paid to use an office *or* house *or* factory *or* car *or* piece of equipment, etc., for a period of time **Miete** *f or* **Pacht** *f* ; **Leihgebühr** *f* ; *the telephone rental bill comes to over £500 a quarter* **rental income** *or* **income from rentals** = income from letting offices *or* houses, etc. **Mieteinnahmen** *fpl* **car rental firm** = company which specializes in offering cars for rent **Autovermietung** *f* ; **fleet rental** = renting all a company's cars from the same company at a special price **Anmietung** *f* **des gesamten Fuhrparks** *m*

> QUOTE top quality office furniture: short or long-term rental 50% cheaper than any other rental company
> Australian Financial Review

> QUOTE office rental growth has been faster in Britain in the first six months of 1985 than in 1984
> Lloyd's List

> QUOTE until the vast acres of empty office space start to fill up with rent-paying tenants, rentals will continue to fall and so will values. Despite the very sluggish economic recovery under way, it is still difficult to see where the new tenants will come from
> Australian Financial Review

renunciation [rɪˌnʌnsɪ'eɪʃən] *noun* act of giving up ownership of shares **Verzicht** *m* ; **letter of renunciation** = form sent with new shares, which allows the person who has been allotted the shares to refuse to accept them and so sell them to someone else **Abtretungsformular** *n* **für Bezugsrechte** *npl*

reopen [ˌriː'əʊpən] *verb* to open again **wieder eröffnen** *the office will reopen soon after its refit*
◇ **reopening** [ˌriː'əʊpənɪŋ] *noun* opening again **Wiedereröffnung** *f* ; *the reopening of the store after refitting*

reorder [ˌriː'ɔːdə]
1 *noun* further order for something which has been ordered before **Nachbestellung** *f* ; *the product has only been on the market ten days and we are already getting reorders* **reorder level** = minimum amount of stock of an item which must be reordered when stock falls to this amount **Mindestnachbestellung; reorder quantity** = quantity of a product which is reordered, especially the economic order quantity (EOQ) **Nachbestellungsmenge** *f*
2 *verb* to place a new order for something **nachbestellen** *we must reorder these items because stock is getting low*

reorganize [ˌriː'ɔːgənaɪz] *verb* to organize in a new way **neu organisieren** *or* **umstrukturieren** *or* **reorganisieren**
◇ **reorganization** [riːˌɔːgənaɪ'zeɪʃən] *noun*
(a) new way of organizing **Umstrukturierung** *f or* **Reorganisation** *f or* **Neuordnung** *f* ; **the reorganization of a company** *or* **a company reorganization** = restructuring the finances of a company **die Umstrukturierung eines Unternehmens** *his job was downgraded in the office reorganization or in the reorganization of the office*
(b) action of organizing a company in a different way (as in the USA, when a bankrupt company applies to be treated under Chapter 11 to be protected from its creditors while it is being reorganized) **Sanierung** *f*

rep [rep]
1 *noun (informal)* = REPRESENTATIVE *to hold a reps' meeting; our reps make on average six calls a day* **commission rep** = representative who is not paid a salary but receives a commission on sales **Provisionsvertreter/-in**
2 *verb (informal)* = REPRESENT *he reps for two firms on commission* (NOTE: **repping - repped)**

repack [ˌriː'pæk] *verb* to pack again **umpacken** *or* **wieder verpacken**
◇ **repacking** [ˌriː'pækɪŋ] *noun* packing again **Umpacken** *n*

repair [rɪ'peə]
1 *noun* mending *or* making good something which was broken **Reparatur** *f or* **Instandsetzung** *f* ; *to carry out repairs to the machinery; his car is in the garage for repair*
2 *verb* to mend *or* to make good something which is broken **reparieren** *or* **instand setzen** *the photocopier is being repaired* **repairing lease** = lease where the tenant is responsible for repairs to the building which he is renting **Mietvertrag, der den Mieter zur Instandhaltung verpflichtet**
◇ **repairer** *or* **repair man** [rɪ'peərə *or* rɪ'peəmən] *noun* person who carries out repairs **Handwerker** *m* ; *the repair man has come to mend the photocopier*

repay [rɪ'peɪ] *verb* to pay back **zurückzahlen; erstatten** *to repay money owed;*

the company had to cut back on expenditure in order to repay its debts **he repaid me in full** = he paid me back all the money he owed me **er hat mir alles zurückbezahlt** (NOTE: **repaying - repaid)**

◇ **repayable** [rɪ'peɪəbl] *adjective* which can be paid back **rückzahlbar** *loan which is repayable over ten years*

◇ **repayment** [rɪ'peɪmənt] *noun* paying back; money which is paid back **Rückzahlung** *f* ; **Rückerstattung** *f* ; *the loan is due for repayment next year* **he fell behind with his mortgage repayments** = he was late in paying back the instalments on his mortgage **er kam mit seinen Hypothekenzahlungen in Verzug**; **repayment mortgage** = mortgage where the borrower pays back both interest and capital over the period of the mortgage (as opposed to an endowment mortgage, where only the interest is repaid, and an insurance is taken out to repay the capital at the end of the term of the mortgage) **Tilgungshypothek** *f*

repeat [rɪ'pi:t] *verb*
(a) to say something again **wiederholen** *he repeated his address slowly so that the salesgirl could write it down; when asked what the company planned to do, the chairman repeated 'Nothing'*
(b) to repeat an order = to order something again **eine Nachbestellung aufgeben** *or* **etwas nachbestellen**

◇ **repeat order** [rɪ'pi:t'ɔ:də] *noun* new order for something which has been ordered before **Nachbestellung** *f*; *the product has been on the market only ten days and we are already flooded with repeat orders*

replace [rɪ'pleɪs] *verb* to put someone *or* something in the place of something else **ersetzen** *or* **austauschen** *the cost of replacing damaged stock is very high; the photocopier needs replacing; the company will replace any defective item free of charge; we are replacing all our salaried staff with freelancers*

◇ **replacement** [rɪ'pleɪsmənt] *noun*
(a) replacement cost *or* **cost of replacement** = cost of an item to replace an existing asset **Wiederbeschaffungskosten** *pl* **replacement value** = value of something for insurance purposes if it were to be replaced **Wiederbeschaffungswert** *m* ; *the computer is insured at its replacement value*
(b) item which replaces something **Ersatz** *m* ; *we are out of stock and are waiting for replacements*
(c) person who replaces someone **Ersatz** *m or* **Vertretung** *f* ; *my secretary leaves us next week, so we are advertising for a replacement*

reply [rɪ'plaɪ]
1 *noun* answer **Antwort** *f or* **Erwiderung** *f* ; *there was no reply to my letter or to my phone call; I am writing in reply to your letter of the 24th; the company's reply to the takeover bid* **reply coupon** = form attached to a coupon ad which has to be filled in and returned to the advertiser **Antwortkarte** *f or* **Antwortschein** *m or* **Rückantwort** *f* ; **international postal reply coupon** = coupon which can be used in another country to pay the postage of replying to a letter **internationaler Antwortschein** *he enclosed an international reply coupon with his letter* **reply paid card** *or* **letter** = card or letter to be sent back to the sender with a reply, the sender having already paid for the return postage **freigemachte** *or* **frankierte Antwortkarte**
2 *verb* to answer **antworten** *or* **erwidern** *to reply to a letter; the company has replied to the takeover bid by offering the shareholders higher dividends*

repo = REPURCHASE AGREEMENT

report [rɪ'pɔ:t]
1 *noun*
(a) statement describing what has happened *or* describing a state of affairs **Bericht** *m* ; *to draft a report; to make a report or to present a report or to send in a report; the sales manager reads all the reports from the sales team; the chairman has received a report from the insurance company* **confidential report** = secret document which must not be shown to other people **vertraulicher Bericht**; **feasibility report** = document which says if something can be done **Durchführbarkeitsbericht**; **financial report** = document which gives the financial position of a company *or* of a club, etc. **Finanzbericht**; **progress report** = document which describes what progress has been made **Lagebericht** *or* **Bericht über den Stand einer Angelegenheit**; **the treasurer's report** = document from the honorary treasurer of a society to explain the financial state of the society to its members **der Bericht des Schatzmeisters**
(b) the company's annual report *or* **the chairman's report** *or* **the directors' report** = document sent each year by the chairman of a company or the directors to the shareholders, explaining what the company has done during the year and what its future prospects are (the directors' report is normally part of the annual report, but the chairman's report is optional) **der Geschäftsbericht** *or* **Jahresbericht**
(c) a report in a newspaper *or* **a newspaper report** = article *or* news item **Zeitungsbericht** *m or* **Zeitungsmeldung** *f*; *can you confirm the*

report that the company is planning to close the factory?
(d) official document from a government committee **Regierungsbericht** *m* ; *the government has issued a report on the credit problems of exporters*
2 *verb*
(a) to make a statement describing something **berichten** *or* **melden** *the salesmen reported an increased demand for the product; he reported the damage to the insurance company; we asked the bank to report on his financial status; he reported seeing the absentee in a shop*
(b) to report to someone = to be responsible to *or* to be under someone **jdm unterstehen** *he reports direct to the managing director; the salesmen report to the sales director*
(c) to go to a place *or* to attend **sich melden** *to report for an interview; please report to our London office for training*

> QUOTE a draft report on changes in the international monetary system
> Wall Street Journal

> QUOTE responsibilities include the production of premium quality business reports
> Times

> QUOTE the research director will manage a team of business analysts monitoring and reporting on the latest development in retail distribution
> Times

> QUOTE the successful candidate will report to the area director for profit responsibility for sales of leading brands
> Times

repossess [ˌriːpəˈzes] *verb* to take back an item which someone is buying under a hire-purchase agreement, or a property which someone is buying under a mortgage, because the purchaser cannot continue the payments **wieder in Besitz nehmen**

◇ **repossession** [ˌriːpəˈzeʃn] *noun* act of repossessing **Wiederinbesitznahme** *f* ; *repossessions are increasing as people find it difficult to meet mortgage repayments*

represent [ˌreprɪˈzent] *verb*
(a) to work for a company, showing goods or services to possible buyers **vertreten** *he represents an American car firm in Europe; our French distributor represents several other competing firms*
(b) to act for someone **vertreten** *or* **repräsentieren** *he sent his solicitor and accountant to represent him at the meeting; three managers represent the workforce in discussions with the directors*

◇ **re-present** [ˌriːprɪˈzent] *verb* to present something again **nochmals** *or* **wieder vorlegen** *he re-presented the cheque two weeks later to try to get payment from the bank*

◇ **representation** [ˌreprɪzenˈteɪʃən] *noun*
(a) act of selling goods for a company **Vertretung** *f* ; *we offered them exclusive representation in Europe; they have no representation in the USA*
(b) having someone to act on your behalf **Stellvertretung** *f or* **Repräsentation** *f* ; *the minority shareholders want representation on the board*
(c) complaint made on behalf of someone **Vorhaltungen** *pl or* **Vorstellungen** *pl the managers made representations to the board on behalf of the hourly-paid members of staff*

◇ **representative** [ˌreprɪˈzentətɪv]
1 *adjective* which is an example of what all others are like **repräsentativ** *or* **typisch** *we displayed a representative selection of our product range; the sample chosen was not representative of the whole batch*
2 *noun*
(a) sales representative = person who works for a company, showing goods or services for sale **Handelsvertreter/-in** *or* **Vertreter/-in** *we have six representatives in Europe; they have vacancies for representatives to call on accounts in the north of the country*
(b) company which works for another company, selling their goods **Repräsentant** *m or* **Vertretung** *f* ; *we have appointed Smith & Co our exclusive representatives in Europe*
(c) person who acts on someone's behalf **Stellvertreter/-in** *or* **Vertreter/-in** *he sent his solicitor and accountant to act as his representatives at the meeting; the board refused to meet the representatives of the workforce*

reprice [ˌriːˈpraɪs] *verb* to change the price on an item (usually, to increase its price) **einen neuen Preis festsetzen**

repudiate [rɪˈpjuːdɪeɪt] *verb* to refuse to accept **zurückweisen** *or* **nicht anerkennen; to repudiate an agreement** = to refuse to continue with an agreement **eine Vereinbarung nicht anerkennen**

◇ **repudiation** [rɪˌpjuːdɪˈeɪʃən] *noun* refusal to accept **Nichtanerkennung** *f or* **Zurückweisung** *f*

repurchase [ˈriːˈpɜːtʃəs] *verb* to buy something again, especially something which you have recently bought and then sold

rückkaufen; **repurchase agreement** *or* **repo** = agreement, where a bank agrees to buy something and sell it back later (in effect, giving a cash loan to the seller; this is used especially to raise short-term finance) **Rückkaufvereinbarung** *f*

reputable ['repjʊtəbl] *adjective* with a good reputation **angesehen** *or* **seriös** *we only use reputable carriers; a reputable firm of accountants*

◊ **reputation** [ˌrepjʊ'teɪʃən] *noun* opinion of someone *or* something held by other people **Ruf** *m* ; *company with a reputation for quality; he has a reputation for being difficult to negotiate with*

request [rɪ'kwest]
1 *noun* asking for something **Bitte** *f or* **Gesuch** *m or* **Antrag** *m* ; *they put in a request for a government subsidy; his request for a loan was turned down by the bank* **on request** = if asked for **auf Wunsch** *or* **Anforderung** *we will send samples on request or 'samples available on request'*
2 *verb* to ask for **bitten** *or* **ersuchen** *or* **beantragen** *or* **anfordern** *to request assistance from the government; I am sending a catalogue as requested*

require [rɪ'kwaɪə] *verb*
(a) to ask for *or* to demand something **verlangen** *to require a full explanation of expenditure; the law requires you to submit all income to the tax authorities*
(b) to need **brauchen** *or* **benötigen** *or* **erfordern** *the document requires careful study; to write the program requires a computer specialist*

◊ **requirement** [rɪ'kwaɪəmənt] *noun* what is needed **Erfordernis** *n or* **Bedarf** *m* ; **public sector borrowing requirement (PSBR)** = amount of money which a government has to borrow to pay for its own spending **Kreditbedarf der öffentlichen Hand**

◊ **requirements** [rɪ'kwaɪəmənts] *plural noun* things which are needed **Bedarf** *m or* **Anforderungen** *fpl or* **Bedingungen** *fpl to meet a customer's requirements; if you will supply us with a list of your requirements, we shall see if we can meet them* **the requirements of a market** *or* **market requirements** = things which are needed by the market **Marktbedarf**; **budgetary requirements** = spending or income needed to meet the budget forecasts **Budgetbedarf**; **manpower requirements** = number of workers needed **Bedarf an Arbeitskräften** *fpl*

requisition [ˌrekwɪ'zɪʃən]
1 *noun* official order for something **Anforderung** *f or* **Bestellung** *f* ; *what is the number of your latest requisition?* **cheque requisition** = official note from a department to the company accounts staff asking for a cheque to be written **Scheckanforderung**
2 *verb* to put in an official order for something; to ask for supplies to be sent **anfordern**

resale [ˌriː'seɪl] *noun* selling goods which have been bought **Wiederverkauf** *m or* **Weiterverkauf** *to purchase something for resale; the contract forbids resale of the goods to the USA*

◊ **resale price maintenance** [ˌriːseɪlpraɪs'meɪntənəns] *noun* system where the price for an item is fixed by the manufacturer and the retailer is not allowed to sell it at a lower price **Preisbindung** *f* **der zweiten Hand** *or* **vertikale Preisbindung**

reschedule [ˌriː'ʃedjuːl] *verb*
(a) to arrange a new timetable for something **umplanen** *or* **verlegen** *he missed his plane, and all the meetings had to be rescheduled*
(b) to arrange new credit terms for the repayment of a loan **umschulden** *or* **umfinanzieren** *Third World countries which are unable to keep up the interest payments on their loans from western banks have asked for their loans to be rescheduled*

rescind [rɪ'sɪnd] *verb* to annul *or* to cancel **annullieren** *or* **aufheben** *or* **rückgängig machen** *or* **für nichtig erklären** *to rescind a contract or an agreement*

rescue ['reskjuː]
1 *noun* saving someone *or* something from danger **Rettung** *f or* **Hilfe** *f*; **rescue operation** = arrangement by a group of people to save a company from collapse **Rettungsaktion** *f or* **Sanierung** *f* ; *the banks planned a rescue operation for the company*
2 *verb* to save someone *or* something from danger **retten** *the company nearly collapsed, but was rescued by the banks*

research [rɪ'sɜːtʃ]
1 *noun* trying to find out facts *or* information **Forschung** *f*; **consumer research** = research into why consumers buy goods and what goods they may want to buy **Verbraucherforschung**; **market research** = examining the possible sales of a product and the possible customers for it before it is put on the market **Marktforschung**; **research and development (R & D)** = scientific investigation which leads to making new products or improving existing products **Forschung und Entwicklung (F&E)** *f* ; *the company spends millions on research and development* **research and development costs** = the costs involved in R & D

Forschungs- und Entwicklungskosten *pl* **scientific research** = study to try to find out information **wissenschaftliche Forschung** *he is engaged in research into the packaging of the new product line; the company is carrying out research into finding a medicine to cure colds* **research department** = section of a company which does research **Forschungsabteilung** *f* ; **research institute** *or* **organization** = place which exists only to carry out research **Forschungsinstitut** *n or* **Forschungsanstalt** *f* ; **research unit** = separate small group of research workers **Forschungsgruppe** *f* ; **research worker** = person who works in a research department **Forscher/-in**

2 *verb* to study *or* to try to find out information about something **forschen** *or* **Forschung betreiben** *to research the market for a product*

◇ **researcher** [rɪˈsɜːtʃə] *noun* person who carries out research **Forscher/-in**

> COMMENT: research costs can be divided into (a) applied research, which is the cost of research leading to a specific aim, and (b) basic, or pure, research, which is research carried out without a specific aim in mind: these costs are written off in the year in which they are incurred. Development costs are the costs of making the commercial products based on the research

resell [ˌriːˈsel] *verb* to sell something which has just been bought **wiederverkaufen**

◇ **reseller** [ˌriːˈselə] *noun* person who sells something he has just bought **Wiederverkäufer/-in**

reservation [ˌrezəˈveɪʃən] *noun* booking a seat *or* table *or* room **Reservierung** *f* ; *I want to make a reservation on the train to Plymouth tomorrow evening* **room reservations** = department in a hotel which deals with bookings for rooms **Zimmerreservierung** *f* ; *can you put me through to reservations?*

reserve [rɪˈzɜːv]

1 *noun*

(a) money from profits not paid as dividend, but kept back by a company in case it is needed for a special purpose **Reserve** *f or* **Rücklage** *f* ; **bank reserves** = cash and securities held by a bank to cover deposits **Bankreserven** *or* **Rücklagen einer Bank**; **capital reserves** = money from profits, which forms part of the capital of a company and can be used for distribution to shareholders only when a company is wound up **Kapitalreserven** *or* **Rücklagen**; **capitalization of reserves** = issuing free bonus shares to shareholders **Kapitalisierung** *f* **von Rücklagen**; **cash reserves** = a company's reserves in cash deposits or bills kept in case of urgent need **Barreserven** *or* **Liquiditätsreserven** *the company was forced to fall back on its cash reserves; to have to draw on reserves to pay the dividend* **contingency reserve** *or* **emergency reserves** = money set aside in case it is needed urgently **Fonds** *m* **für unvorhergesehene Ausgaben** *or* **Feuerwehrfonds** *m or* **Rücklagen** *fpl* **für Sonderrisiken**; **reserve for bad debts** = money kept by a company to cover debts which may not be paid **Rücklagen für uneinbringliche Forderungen** *fpl* **hidden reserves** = reserves which are not easy to identify in the company's balance sheet **stille Reserven**; **sums chargeable to the reserve** = sums which can be debited to a company's reserves **auf die Rücklage zurechenbare Beträge**; **reserve fund** = profits in a business which have not been paid out as dividend but have been ploughed back into the business **Rücklage** *f or* **Reservefonds** *m*

(b) reserve currency = strong currency held by other countries to support their own weaker currencies **Reservewährung** *f* ; **currency reserves** = foreign money held by a government to support its own currency and to pay its debts **Währungsreserven** *fpl* **a country's foreign currency reserves** = a country's reserves in currencies of other countries **die Devisenreserven eines Landes** *the UK's gold and dollar reserves fell by $200 million during the quarter*

(c) in reserve = kept to be used at a later date **in Reserve** *to keep something in reserve; we are keeping our new product in reserve until the launch date*

(d) reserves = supplies kept in case of need **Reserve** *f or* **Vorrat** *m* ; *our reserves of fuel fell during the winter; the country's reserves of gas or gas reserves are very large*

(e) reserve price = lowest price which a seller will accept at an auction **Mindestpreis** *m* ; *the painting was withdrawn when it did not reach its reserve*

2 *verb* **to reserve a room** *or* **a table** *or* **a seat** = to book a room *or* table *or* seat *or* to ask for a room *or* table *or* seat to be kept free for you **ein Zimmer** *or* **einen Tisch** *or* **einen Platz reservieren** *I want to reserve a table for four people; can your secretary reserve a seat for me on the train to Glasgow?*

> COMMENT: the accumulated profits retained by a company usually form its most important reserve

residence [ˈrezɪdəns] *noun*

(a) house *or* flat where someone lives **Wohnsitz** *m* ; *he has a country residence where he spends his weekends*

(b) act of living *or* operating officially in a country **Aufenthalt** *m* ; **residence permit** =

official document allowing a foreigner to live in a country **Aufenthaltsgenehmigung** *f* ; *he has applied for a residence permit; she was granted a residence permit for one year*

◇ **resident** ['rezɪdənt]

1 *noun* person *or* company living or operating in a country **Einwohner/-in; Bewohner/-in; Insasse/Insassin;** *(Hotel)* **Gast** *m*

2 *adjective* living or operating in a country **wohnhaft** *or* **ansässig** *the company is resident in France* **non-resident** = not officially resident in a country **Ausländer-** *he has a non-resident account with a French bank; she was granted a non-resident visa*

residue ['rezɪdjuː] *noun* money left over **Rest(betrag)** *m* ; *after paying various bequests the residue of his estate was split between his children*

◇ **residual** [rɪ'zɪdjʊəl] *adjective* remaining after everything else has gone **übrig** *or* **restlich**

resign [rɪ'zaɪn] *verb* to give up a job **zurücktreten** *or* **kündigen** *or* **sein Amt niederlegen** *he resigned from his post as treasurer; he has resigned with effect from July 1st; she resigned as finance director*

◇ **resignation** [ˌrezɪg'neɪʃən] *noun* act of giving up a job **Rücktritt** *m or* **Kündigung** *f or* **Amtsniederlegung** *f* ; *he wrote his letter of resignation to the chairman* **to hand in** *or* **to give in** *or* **to send in one's resignation** = to resign from a job **seine Kündigung einreichen**

resist [rɪ'zɪst] *verb* to fight against something *or* not to give in to something **Widerstand leisten (gegen)** *or* **sich wehren (gegen)** *or* **sich widersetzen** *the chairman resisted all attempts to make him resign; the company is resisting the takeover bid*

◇ **resistance** [rɪ'zɪstəns] *noun* showing that people are opposed to something **Widerstand** *m* ; *there was a lot of resistance from the shareholders to the new plan; the chairman's proposal met with strong resistance from the banks* **consumer resistance** = lack of interest by consumers in buying a new product **Käuferwiderstand** *the new product met no consumer resistance even though the price was high*

resolution [ˌrezə'luːʃən] *noun* decision to be reached at a meeting **Beschluss** *m or* **Entschließung** *f or* **Resolution** *f* ; **to put a resolution to a meeting** = to ask a meeting to vote on a proposal; **to put a resolution to a meeting** = **einer Versammlung eine Entschließung vorlegen** *the meeting passed or carried or adopted a resolution to go on strike; the meeting rejected the resolution or the resolution was defeated by ten votes to twenty*

COMMENT: there are three types or resolution which can be put to an AGM: the 'ordinary resolution', usually referring to some general procedural matter, and which requires a simple majority of votes; and the 'extraordinary resolution' and 'special resolution', such as a resolution to change a company's articles of association in some way, both of which need 75% of the votes before they can be carried

resolve [rɪ'zɒlv] *verb* to decide to do something **beschließen** *or* **einen Beschluss fassen** *the meeting resolved that a dividend should not be paid*

resources [rɪ'sɔːsɪz] *plural noun*

(a) source of supply of something **Ressourcen** *fpl* ; **Rohstoffe** *mpl* **natural resources** = supplies of gas, oil, coal, etc. which are available in the ground **Naturschätze** *pl or* **natürliche Ressourcen** *the country is rich in natural resources* **we are looking for a site with good water resources** = a site with plenty of water available **wir suchen ein Gelände mit guten Wasserressourcen**

(b) financial resources = supply of money for something **finanzielle Mittel** *pl the costs of the London office are a drain on the company's financial resources; the company's financial resources are not strong enough to support the cost of the research programme* **the cost of the new project is easily within our resources** = we have enough money to pay for the new project **die Kosten für das neue Projekt liegen durchaus im Rahmen unserer finanziellen Mittel**

respect [rɪs'pekt]

1 *noun* **with respect to** = concerning **in Bezug auf** *or* **hinsichtlich, was _ betrifft**

2 *verb* to pay attention to **respektieren** *or* **achten** *or* **berücksichtigen** *to respect a clause in an agreement; the company has not respected the terms of the contract*

◇ **respectively** [rɪs'pektɪvlɪ] *adverb* referring to each one separately **beziehungsweise** *Mr Smith and Mr Jones are respectively MD and Sales Director of Smith Ltd*

response [rɪ'spɒns] *noun* reply *or* reaction **Antwort** *f or* **Reaktion** *f* ; *there was no response to our mailing shot; we got very little response to our complaints*

responsibility [rɪˌspɒnsə'bɪlətɪ] *noun*

(a) being responsible **Verantwortung** *f or* **Verantwortlichkeit** *f* ; *there is no responsibility on the company's part for loss of customers' property; the management accepts no responsibility for loss of goods in storage*

(b) responsibilities = duties **Pflichten** *fpl or* **Verpflichtungen** *fpl he finds the* *responsibilities of being managing director too heavy*

◇ **responsible** [rɪ'spɒnsəbl] *adjective*
(a) responsible for = directing *or* being in charge of **verantwortlich** *or* **zuständig für** *he is responsible for all sales*
(b) responsible to someone = being under someone's authority **jdm unterstellt sein** *he is directly responsible to the managing director*
(c) a responsible job = job where important decisions have to be taken *or* where the employee has many responsibilities **eine verantwortungsvolle Stelle** *he is looking for a responsible job in marketing*

rest [rest] *noun* what is left **Rest** *m* ; *the chairman went home, but the rest of the directors stayed in the boardroom; we sold most of the stock before Christmas and hope to clear the rest in a sale; the rest of the money is invested in gilts*

restaurant ['restrənt] *noun* place where you can buy a meal **Restaurant** *n or* **Gaststätte** *f*; *he runs a French restaurant in New York*

◇ **restaurateur** [ˌrestərə'tɜː] *noun* person who runs a restaurant **Gastronom/-in** *or* **Gastwirt/-in**

restitution [ˌrestɪ'tjuːʃən] *noun*
(a) giving back (property) **Rückerstattung** *f or* **Rückgabe** *f*; *the court ordered the restitution of assets to the company*
(b) compensation *or* payment for damage or loss **Entschädigung** *f or* **Schaden(s)ersatz** *m*
(c) *(in the EU)*; **export restitution** = subsidies to European food exporters **Exporterstattung** *f*

restock [ˌriː'stɒk] *verb* to order more stock; *(das Lager)* **wieder auffüllen** *to restock after the Christmas sales*

◇ **restocking** [riː'stɒkɪŋ] *noun* ordering more stock **Wiederauffüllung** *f (des Lagers)*

restraint [rɪ'streɪnt] *noun* control; **pay restraint** *or* **wage restraint** = keeping increases in wages under control **Beschränkung** *f or* **Einschränkung** *f*; **restraint of trade** = (i) situation where a worker is not allowed to use his knowledge in another company if he changes jobs; (ii) attempt by companies to fix prices *or* create monopolies *or* reduce competition, which could affect free trade **(i) Geheimhaltungspflicht** *f* ; **(ii) Wettbewerbsbeschränkung** *f*

restrict [rɪ'strɪkt] *verb* to limit *or* to impose controls on **beschränken** *or* **einschränken** *to restrict credit; we are restricted to twenty staff by the size of our offices; to restrict the flow of trade or to restrict imports* **to sell into a restricted market** = to sell goods into a market where the supplier has agreed to limit sales to avoid competition **Waren auf einem beschränkten Markt absetzen**

◇ **restriction** [rɪ'strɪkʃən] *noun* limit *or* controlling **Beschränkung** *f or* **Einschränkung** *f* ; *import restrictions or restrictions on imports* **to impose restrictions on imports** *or* **on credit** = to start limiting imports *or* credit **Einfuhrbeschränkungen** *or* **Kreditrestriktionen** *fpl* **einführen; to lift credit restrictions** = to allow credit to be given freely **Kreditrestriktionen** *fpl* **aufheben**

◇ **restrictive** [rɪ'strɪktɪv] *adjective* which limits **einschränkend** *or* **restriktiv; restrictive trade practices** = arrangement between companies to fix prices *or* to share the market, etc. **wettbewerbsbeschränkende Geschäftspraktiken** *fpl*

restructure [ˌriː'strʌktʃə] *verb* to reorganize the financial basis of a company **(finanziell) umstrukturieren** *or* **reorganisieren**

◇ **restructuring** [ˌriː'strʌktʃərɪŋ] *noun* reorganizing the financial basis (of a company) **(finanzielle) Umstrukturierung**

result [rɪ'zʌlt]
1 *noun*
(a) profit or loss account for a company at the end of a trading period **Jahresergebnis** *n* ; *the company's results for 1993*
(b) something which happens because of something else **Ergebnis** *n or* **Resultat** *n or* **Folge** *f* ; *what was the result of the price investigation? the company doubled its sales force with the result that the sales rose by 26%* **the expansion programme has produced results** = has produced increased sales **das Expansionsprogramm zeigt gute Ergebnisse; payment by results** = being paid for profits *or* increased sales **Leistungslohn** *m* ; **Erfolgshonorar** *n*
2 *verb*
(a) to result in = to produce as a result **führen zu** *or* **zur Folge haben** *or* **resultieren (in)** *the doubling of the sales force resulted in increased sales; the extra orders resulted in overtime work for all the factory staff*
(b) to result from = to happen because of something **sich ergeben aus** *or* **resultieren aus** *the increase in debt resulted from the expansion programme*

> QUOTE the company has received the backing of a number of oil companies who are willing to pay for the results of the survey
> Lloyd's List

```
QUOTE some profit-taking was noted,
but underlying sentiment remained
firm in a steady stream of strong
corporate results
                    Financial Times
```

resume [rɪ'zju:m] *verb* to start again **wieder aufnehmen** *the discussions resumed after a two hour break*

résumé ['rezjʊmeɪ] *noun (US)* summary of a person's life story with details of education and work experience **Lebenslauf** *m* (NOTE: GB English is **curriculum vitae)**

resumption [rɪ'zʌm(p)ʃən] *noun* starting again **Wiederaufnahme** *f*; **we expect an early resumption of negotiations** = we expect negotiations will start again soon **wir rechnen mit einer baldigen Wiederaufnahme der Verhandlungen**

retail ['ri:teɪl]
1 *noun* sale of small quantities of goods to the general public **Einzelhandel** *m* ; **retail dealer** = person who sells to the general public **Einzelhändler** *m* ; **retail shop** *or* **retail outlet** = shop which sells goods to the general public **Einzelhandelsgeschäft** *n* ; **the retail trade** = all people *or* businesses selling goods retail **der Einzelhandel**; **the goods in stock have a retail value of £1m** = the value of the goods if sold to the public is £1m, before discounts etc. are taken into account **der Wiederverkaufswert der Waren auf Lager beträgt £1 Mio.**
2 *adverb* **he buys wholesale and sells retail** = he buys goods in bulk at a wholesale discount and sells in small quantities to the public **er kauft im Großhandel und verkauft im Einzelhandel**
3 *verb*
(a) to retail goods = to sell goods direct to the public **Waren im Einzelhandel verkaufen**
(b) to sell for a price **im Einzelhandel kosten**; **these items retail at** *or* **for £2.50** = the retail price of these items is £2.50 **diese Artikel kosten im Einzelhandel £2.50**
◇ **retailer** ['ri:teɪlə] *noun* person who runs a retail business, selling goods direct to the public **Einzelhändler/-in**
◇ **retailing** ['ri:teɪlɪŋ] *noun* selling of full price goods to the public **Einzelhandel** *m* ; *from car retailing the company branched out into car leasing*
◇ **retail price** ['ri:teɪl'praɪs] *noun* price at which the retailer sells to the final customer **Einzelhandelspreis** *m or* **Ladenpreis**; **retail price(s) index (RPI)** = index which shows how prices of consumer goods have increased or decreased over a period of time **Index** *m* **der Einzelhandelspreise**

COMMENT: in the UK, the RPI is calculated on a group of essential goods and services; it includes both VAT and mortgage interest; the US equivalent is the Consumer Price Index

retain [rɪ'teɪn] *verb*
(a) to keep **(ein)behalten** *or* **zurückbehalten** *out of the profits, the company has retained £50,000 as provision against bad debts* **retained income** = profit not distributed to the shareholders as dividend **Gewinnrücklagen** *fpl the balance sheet has £50,000 in retained income* **retained profit** = amount of profit after tax which a company does not pay out as dividend to the shareholders, but keeps within the business **einbehaltene Gewinne** *mpl*
(b) to retain a lawyer to act for a company = to agree with a lawyer that he will act for you (and pay him a fee in advance) **einen Anwalt beauftragen, ein Unternehmen zu vertreten**
◇ **retainer** [rɪ'teɪnə] *noun* money paid in advance to someone so that he will work for you, and not for someone else **Honorarpauschale** *f* ; **Anwaltsvorschuss** *m* ; *we pay him a retainer of £1,000*

retire [rɪ'taɪə] *verb*
(a) to stop work and take a pension **sich pensionieren lassen** *or* **in Pension/Rente gehen** *or* **in den Ruhestand treten** *she retired with a £6,000 pension; the founder of the company retired at the age of 85; the shop is owned by a retired policeman*
(b) to make a worker stop work and take a pension **in den Ruhestand versetzen** *they decided to retire all staff over 50*
(c) to come to the end of an elected term of office **ausscheiden** *or* **zurücktreten** *the treasurer retires from the council after six years; two retiring directors offer themselves for re-election*
◇ **retiral** [rɪ'taɪərəl] *noun (US)* = RETIREMENT
◇ **retirement** [rɪ'taɪəmənt] *noun* act of retiring from work **Pensionierung** *f* ; **Ausscheiden** *n* ; **to take early retirement** = to leave work before the usual age **vorzeitig in den Ruhestand treten** *or* **sich vorzeitig pensionieren lassen**; **retirement age** = age at which people retire (in the UK usually 65 for men and 60 for women) **Rentenalter** *n* ; **Pensionsalter**; **retirement pension** = pension which someone receives when he retires **Altersruhegeld** *n or* **Pension** *f* ; **Rente** *f*

retrain [ˌri:'treɪn] *verb* to train someone for a new job, or to do the same job in a more modern way **umschulen; fortbilden** *or* **weiterbilden**
◇ **retraining** [ˌri:'treɪnɪŋ] *noun* act of training again **Umschulung** *f* ; **Fortbildung** *f*

the shop is closed for staff retraining; he had to attend a retraining session

retrench [rɪ'tren(t)ʃ] *verb* to reduce expenditure or to shelve expansion plans because money is not available **einsparen** *or* **kürzen**

◇ **retrenchment** [rɪ'tren(t)ʃmənt] *noun* reduction of expenditure *or* of new plans **Kürzung** *f or* **Abbau** *m or* **Einschränkung** *f* ; *the company is in for a period of retrenchment*

retrieve [rɪ'tri:v] *verb* to get back (something) which has been lost; to get back (information) which is stored in a computer **zurückholen** *or* **wiedererlangen** *or* **zurückgewinnen** *or* **wiedergewinnen** *the company is fighting to retrieve its market share; all of the information was accidentally wiped off the computer so we cannot retrieve our sales figures for the last month*

◇ **retrieval** [rɪ'tri:vəl] *noun* getting back **Zurückholen** *n or* **Wiedererlangung** *f or* **Zurückgewinnung** *f or* **Wiedergewinnung** *f* ; **data retrieval** *or* **information retrieval** = getting information from the data stored in a computer **Datenrückgewinnung** *f* ; **retrieval system** = system which allows information to be retrieved **Datenrückgewinnungssystem** *n*

retroactive [ˌretrəʊ'æktɪv] *adjective* which takes effect from a time in the past **rückwirkend** *retroactive pay rise; they got a pay rise retroactive to last January*

◇ **retroactively** [ˌretrəʊ'æktɪvlɪ] *adverb* going back to a time in the past **rückwirkend**

> QUOTE salaries of civil servants should be raised by an average of 1.92% or about ¥6286 per month. The salary increases, retroactive from April of the current year, reflect the marginal rise in private sector salaries
>
> Nikkei Weekly

return [rɪ'tɜ:n]

1 *noun*

(a) going back *or* coming back **Rückkehr** *f* ; **return journey** = journey back to where you came from **Rückfahrt** *f* ; **a return ticket** *or* **a return** = a ticket for a journey to a place and back again **eine Rückfahrkarte** *I want two returns to Edinburgh* **return fare** = fare for a journey from one place to another and back again **Fahrpreis** *m* **für Hin- und Rückfahrt**

(b) sending back **Rückgabe** *f or* **Rücksendung** *f* ; **he replied by return of post** = he replied by the next post service back **er antwortete postwendend**; **return address** = address to send back something **Absender** *m* ; **these goods are all on sale or return** = if the retailer does not sell them, he sends them back to the supplier, and pays only for the items sold **alle diese Waren sind mit Rückgaberecht** *n* **gekauft**

(c) profit *or* income from money invested **Gewinn** *m or* **Ertrag** *m or* **Rendite** *f* ; *to bring in a quick return; what is the gross return on this line?* **return on capital employed (ROCE)** = profit shown as a percentage of the capital in a business **Ertrag** *m* **aus Kapitalanlage** *f* ; **return on investment (ROI)** = relationship between profit and money invested in a project or company, usually expressed as a percentage **Kapitalrendite** *f or* **Ertrag** *m* **aus investiertem Kapital**; **rate of return** = amount of interest *or* dividend produced by an investment, shown as a percentage **Rendite**

(d) official return = official report **(dienstlicher) Bericht**; **to make a return to the tax office** *or* **to make an income tax return** = to send a statement of income to the tax office **eine Einkommen(s)steuererklärung abgeben**; **to fill in a VAT return** = to complete the form showing VAT receipts and expenditure ≈ **eine Umsatzsteuererklärung ausfüllen**; **nil return** = report showing no sales *or* income *or* tax etc. **keinerlei Erträge**; **daily** *or* **weekly** *or* **quarterly sales return** = report of sales made each day *or* week *or* quarter **täglicher** *or* **wöchentlicher** *or* **vierteljährlicher Umsatzbericht**

2 *verb*

(a) to send back **zurückgeben** *or* **zurückschicken** *or* **zurücksenden** *to return unsold stock to the wholesaler; to return a letter to sender* **returned empties** = empty bottles *or* containers which are sent back to a supplier **Leergut** *n*

(b) to make a statement **erklären** *or* **angeben** *or* **melden** *to return income of £15,000 to the tax authorities*

◇ **returnable** [rɪ'tɜ:nəbl] *adjective* which can be returned **Mehrweg-** *these bottles are not returnable*

◇ **returns** [rɪ'tɜ:nz] *plural noun*

(a) profits *or* income from investment **Gewinne** *mpl or* **Erträge** *mpl the company is looking for quick returns on its investment* **law of diminishing returns** = general rule that as more factors of production (land, labour and capital) are added to the existing factors, so the amount they produce is proportionately smaller **Gesetz vom abnehmenden Ertragszuwachs**

(b) unsold goods, especially books *or* newspapers *or* magazines sent back to the supplier **Retourwaren** *fpl or* **Rücksendungen** *fpl or* **Remittenden** *fpl*

> QUOTE with interest rates running well above inflation, investors want something that offers a return for their money
>
> Business Week

> QUOTE Section 363 of the Companies Act 1985 requires companies to deliver an annual return to the Companies Registration Office. Failure to do so before the end of the period of 28 days after the company's return date could lead to directors and other officers in default being fined up to £2000
>
> Accountancy

revalue [ˌriːˈvæljuː] *verb* to value something again (at a higher value than before) **neu bewerten** *or* **aufwerten** *the company's properties have been revalued; the dollar has been revalued against all world currencies*

◇ **revaluation** [ˌriːvæljuˈeɪʃən] *noun* act of revaluing **Neubewertung** *f or* **Aufwertung** *f*; *the balance sheet takes into account the revaluation of the company's properties; the revaluation of the dollar against the franc*

revenue [ˈrevənjuː] *noun*
(a) money received **Einnahmen** *pl or* **Einkünfte** *pl or* **Einkommen** *n*; *revenue from advertising or advertising revenue; oil revenues have risen with the rise in the dollar* **revenue accounts** = accounts of a business which record money received as sales, commission etc. **Ertragskonten** *npl*
(b) money received by a government in tax **Steuereinnahmen** *pl* **Inland Revenue** *or (US)* **Internal Revenue Service** = government department which deals with tax **Finanzamt** *n or* **Finanzbehörde** *f*; **revenue officer** = person working in the government tax offices **Finanzbeamte(r)/-beamtin**

reversal [rɪˈvɜːsəl] *noun* change from being profitable to unprofitable **Umschwung** *m or* **Wende** *f*; *the company suffered a reversal in the Far East*

reverse [rɪˈvɜːs]
1 *adjective* opposite *or* in the opposite direction **umgekehrt** *or* **entgegengesetzt**; **reverse takeover** = takeover where the company which has been taken over ends up owning the company which has taken it over (the acquiring company's shareholders give up their shares in exchange for shares in the target company) **gegenläufige Fusion**; **reverse charge call** = telephone call where the person receiving the call agrees to pay for it **R-Gespräch** *n*
2 *verb*
(a) to change a decision to the opposite **umkehren** *the committee reversed its decision on import quotas*
(b) to reverse the charges = to make a phone call, asking the person receiving it to pay for it **ein R-Gespräch führen**

> QUOTE the trade balance sank $17 billion, reversing last fall's brief improvement
>
> Fortune

reversion [rɪˈvɜːʃən] *noun* return of property to an original owner **Rückfall** *m or* **Zurückfallen** *n*; **he has the reversion of the estate** = he will receive the estate when the present lease ends **er hat die Anwartschaft auf den Grundbesitz**

◇ **reversionary** [rɪˈvɜːʃənərɪ] *adjective* (property) which passes to another owner on the death of the present one **Anwartschafts-** *or* **Nach-**; **reversionary annuity** = annuity paid to someone on the death of another person **Rente** *f* **auf den Überlebensfall**

review [rɪˈvjuː]
1 *noun*
(a) general examination **Überprüfung** *f or* **Revision** *f*; *to conduct a review of distributors* **financial review** = examination of an organization's finances **Finanzprüfung** *f*; **wage review** *or* **salary review** = examination of salaries *or* wages in a company to see if the workers should earn more **Gehaltsaufbesserung** *f*; **she had a salary review last April** = her salary was examined (and increased) in April **ihr Gehalt wurde letzten April aufgebessert**
(b) magazine *or* monthly or weekly journal **Zeitschrift** *f*
2 *verb* to examine something generally **überprüfen**; **to review salaries** = to look at all salaries in a company to decide on increases **die Gehälter aufbessern** *his salary will be reviewed at the end of the year; the company has decided to review freelance payments in the light of the rising cost of living* **to review discounts** = to look at discounts offered to decide whether to change them **Rabatte neu überprüfen**

revise [rɪˈvaɪz] *verb* to change something which has been calculated *or* planned **überarbeiten** *or* **neu bearbeiten** *or* **revidieren** *sales forecasts are revised annually; the chairman is revising his speech to the AGM*

revive [rɪˈvaɪv] *verb* to make more lively; to increase (after a recession) **beleben; wieder aufblühen** *the government is introducing measures to revive trade; industry is reviving after the recession*

◇ **revival** [rɪ'vaɪvəl] *noun* **revival of trade** = increase in trade after a recession **Konjunkturaufschwung** *m or* **Konjunkturbelebung** *f*

revoke [rɪ'vəʊk] *verb* to cancel **aufheben** *or* **rückgängig machen** *to revoke a clause in an agreement; the quota on luxury items has been revoked*

revolving credit [rɪ'vɒlvɪŋ'kredɪt] *noun* system where someone can borrow money at any time up to an agreed amount, and continue to borrow while still paying off the original loan **Revolvingkredit** *m or* **revolvierender Kredit**; *(erneuert sich nach Ablauf automatisch)*

ribbon ['rɪbn] *noun* thin strip of material or plastic, with ink or carbon on it, used in typewriters or printers **Farbband** *n*

rich [rɪtʃ] *adjective*
(a) having a lot of money **reich** *or* **wohlhabend** *a rich stockbroker; a rich oil company*
(b) having a lot of natural resources **reich** *the country is rich in minerals; oil-rich territory*

rid [rɪd] **to get rid of something** = to throw something away because it is useless **etwas abstoßen** *or* **loswerden** *the company is trying to get rid of all its old stock; our department has been told to get rid of twenty staff* (NOTE: **getting rid - got rid)**

rider ['raɪdə] *noun* additional clause **Zusatzklausel** *f or* **Zusatzvereinbarung** *f* ; *to add a rider to a contract*

rig [rɪg]
1 *noun* **oil rig** = platform which holds the equipment for taking oil out of the earth **Bohrinsel** *f*
2 *verb* to arrange for a result to be changed **manipulieren** *they tried to rig the election of officers* **to rig the market** = to make share prices go up or down so as to make a profit **die Kurse manipulieren**; **rigging of ballots** *or* **ballot-rigging** = trying to change the result of an election by altering or destroying voting papers **Manipulation** *f* **der Wahlresultate** *npl or* **Wahlbetrug** *m* (NOTE: **rigging - rigged)**

right [raɪt]
1 *adjective*
(a) good *or* correct **richtig** *this is not the right plane for Paris* **to be right** = to be correct **Recht haben** *the chairman was right when he said the figures did not add up*
(b) not left **rechte(r,s); rechts** *the credits are on the right side of the page*
2 *noun*
(a) legal title to something **Recht** *n or* **Berechtigung** *f or* **Anrecht** *n or* **Anspruch** *m* *right of renewal of a contract; she has a right to the property; he has no right to the patent; the staff have a right to know how the company is doing* **foreign rights** = legal title to sell something (especially a book) in a foreign country **Auslandsrechte**; **right to strike** = legal title for workers to stop working if they have a good reason for it **Streikrecht**; **right of way** = legal title to go across someone's property **Wegerecht**
(b) rights issue = giving shareholders the right to buy new shares usually at an advantageous price (the result being that if he takes up the offer, each shareholder still holds proportionately the same percentage of the company's shares as before) **Bezugsrechtsemission** *f*

◇ **rightful** ['raɪtfʊl] *adjective* legally correct **rechtmäßig**; **rightful claimant** = person who has a legal claim to something **Anspruchsberechtigte(r)**; **rightful owner** = legal owner **rechtmäßige(r) Besitzer/-in**

◇ **right-hand** ['raɪthænd] *adjective* belonging to the right side **rechte(r,s)** *the credit side is the right-hand column in the accounts; he keeps the address list in the right-hand drawer of his desk* **right-hand man** = main assistant **rechte Hand**

ring [rɪŋ]
1 *noun* group of people who try to fix prices so as not to compete with each other and still make a large profit **Ring** *m or* **Kartell** *n*
2 *verb* to call using the telephone **anrufen** *he rang (up) his stockbroker* (NOTE: **ringing - rang - has rung)**

◇ **ring back** [rɪŋ'bæk] *verb* to telephone in reply to a phone call **zurückrufen** *the managing director rang - can you ring him back?*

◇ **ring binder** ['rɪŋˌbaɪndə] *noun* file with a stiff cover with rings in it which fit into special holes made in sheets of paper **Ringbuch** *n*

rise [raɪz]
1 *noun*
(a) increase *or* growing high **Anstieg** *m or* **Erhöhung** *f or* **Zunahme** *f or* **Steigerung** *f* ; *rise in the price of raw materials; oil price rises brought about a recession in world trade; there is a rise in sales of 10% or sales show a rise of 10%; salaries are increasing to keep up with the rises in the cost of living; the recent rise in interest rates has made mortgages dearer*
(b) increase in salary **Lohnerhöhung** *f or* **Gehaltserhöhung** *she asked her boss for a rise; he had a 6% rise in January* (NOTE: US English for this is **raise)**

2 *verb* to move upwards *or* to become higher **ansteigen** *or* **sich erhöhen** *or* **zunehmen** *or* **steigen** *or* **in die Höhe gehen** *prices are rising faster than inflation; interest rates have risen to 15%* (NOTE: **rising - rose - has risen)**

> QUOTE the index of industrial production sank 0.2 per cent for the latest month after rising 0.3 per cent in March
> Financial Times

> QUOTE the stock rose to over $20 a share, higher than the $18 bid
> Fortune

> QUOTE customers' deposit and current accounts also rose to $655.31 million at the end of December
> Hongkong Standard

> QUOTE the government reported that production in the nation's factories and mines rose 0.2% in September
> Sunday Times

risk [rɪsk] *noun*
(a) possible harm *or* chance of danger **Risiko** *n* ; **to run a risk** = to be likely to suffer harm **Gefahr laufen**; **to take a risk** = to do something which may make you lose money or suffer harm **ein Risiko eingehen**; **financial risk** = possibility of losing money **finanzielles Risiko** *there is no financial risk in selling to East European countries on credit; he is running the risk of overspending his promotion budget; the company is taking a considerable risk in manufacturing 25m units without doing any market research*
(b) risk capital = capital for investment usually in high-risk projects, but which can also provide high returns (also called 'venture capital') **Risikokapital** *n*
(c) at owner's risk = situation where goods shipped *or* stored are insured by the owner, not by the transport company or the storage company **auf eigene Gefahr** *or* **auf Verantwortung des Eigentümers** *goods left here are at owner's risk; the shipment was sent at owner's risk*
(d) loss *or* damage against which you are insured **Risiko** *n or* **Gefahr** *f or* **Gefährdung** *f* ; **fire risk** = situation *or* goods which could start a fire **Feuerrisiko** *that warehouse full of paper is a fire risk*
(e) he is a good *or* **bad risk** = it is not likely *or* it is very likely that the insurance company will have to pay out against claims where he is concerned **bei ihm besteht ein geringes** *or* **hohes Risiko**

◇ **risk-free** ['rɪsk'friː] *adjective* with no risk involved **risikolos** *or* **wenig riskant** *a risk-free investment*

◇ **risky** ['rɪskɪ] *adjective* dangerous *or* which may cause harm **gewagt** *or* **riskant** *he lost all his money in some risky ventures in South America*

> QUOTE there is no risk-free way of taking regular income from your money higher than the rate of inflation and still preserving its value
> Guardian

> QUOTE many small investors have also preferred to put their spare cash with risk-free investments such as building societies rather than take chances on the stock market. The returns on a host of risk-free investments have been well into double figures
> Money Observer

rival ['raɪvəl] *noun* person *or* company which competes in the same market **Konkurrent/-in; Konkurrenz** *f*; *a rival company; to undercut a rival; we are analyzing the rival brands on the market*

road [rəʊd] *noun*
(a) way used by cars *or* lorries, etc. to move from one place to another **Straße** *f*; *to send or to ship goods by road; road transport costs have risen; the main office is in London Road; use the Park Road entrance to get to the buying department*
(b) on the road = travelling **unterwegs** *the salesmen are on the road thirty weeks a year; we have twenty salesmen on the road*

robot ['rəʊbɒt] *noun* machine which can be programmed to work like a person **Roboter** *m* ; *the car is made by robots*

◇ **robotics** [rəʊ'bɒtɪks] *noun* study of robots *or* making of robots **Robotertechnik** *f or* **Robotik** *f* (NOTE: takes a singular verb)

ROCE = RETURN ON CAPITAL EMPLOYED

rock [rɒk] *noun* **the company is on the rocks** = the company is in great financial difficulties **das Unternehmen ist vom Pleitegeier** *m* **bedroht** *or* **ist praktisch bankrott**

◇ **rock bottom** ['rɒk'bɒtəm] *noun* **rock-bottom prices** = the lowest prices possible **Tiefstpreise** *mpl or* **Niedrigstpreise** *or* **Schleuderpreise**; **sales have reached rock bottom** = sales have reached the lowest point possible **der Absatz hat den Tiefpunkt erreicht**

> QUOTE investment companies took the view that secondhand prices had reached rock bottom and that levels could only go up
> Lloyd's List

rocket ['rɒkɪt] *verb* to rise fast **emporschnellen** *or* **sprunghaft ansteigen** *rocketing prices; prices have rocketed*

ROI = RETURN ON INVESTMENT

roll [rəʊl]
1 *noun* something which has been turned over and over to wrap round itself **Rolle** *f*; *the desk calculator uses a roll of paper; we need to order some more rolls of fax paper*
2 *verb*
(a) to make something go forward by turning it over or pushing it on wheels **rollen** *they rolled the computer into position*
(b) rolling account = ROLLING SETTLEMENT; **rolling budget** = budget which moves forward on a regular basis (such as a budget covering a twelve-month period, which moves forward each month or quarter) **rollendes Budget**; **rolling settlement** = system of paying for shares bought on the stock exchange, where the buyer pays at the end of a certain number of days after the purchase is made **Erfüllung von Börsengeschäften zu einem späteren, entweder feststehenden oder vereinbarten Termin**

◇ **roll on/roll off (RORO)** [ˌrəʊlɒnrəʊl'ɒf] *adjective* (ferry) where lorries and cars can drive straight into or off the boat **Ro-Ro-**

◇ **roll over** [rəʊl'əʊvə] *verb* **to roll over credit** *or* **a debt** = to make credit available over a continuing period *or* to allow a debt to stand after the repayment date **langfristige Einlagen** *fpl* **durch kurzfristige Einlagen neu finanzieren; umschulden**

◇ **rolling plan** ['rəʊlɪŋ'plæn] *noun* plan which runs for a period of time and is updated regularly for the same period **rollender Plan**

◇ **rolling stock** ['rəʊlɪŋstɒk] *noun* wagons, etc., used on the railway **rollendes Material**

> QUOTE at the IMF in Washington, officials are worried that Japanese and US banks might decline to roll over the principal of loans made in the 1980s to Southeast Asian and other developing countries
> Far Eastern Economic Review

ROM [rɒm] = READ ONLY MEMORY

room [ru:m] *noun*
(a) part of a building, divided off from other parts by walls **Zimmer** *n or* **Raum** *m* ; *the chairman's room is at the end of the corridor* **conference room** = room where a small meeting can take place **Besprechungszimmer** *or* **Konferenzraum**; **mail room** = section of a building where incoming letters are sorted and distributed to departments **Poststelle** *f*
(b) bedroom in a hotel **Zimmer** *n* ; *I want a room with bath for two nights* **double room** = room with two beds, for two people **Doppelzimmer**; **room service** = arrangement in a hotel where food or drink can be served in a guest's bedroom **Zimmerservice** *m*
(c) space **Platz** *m* ; *the filing cabinets take up a lot of room; there is no more room in the computer file*

rotation [rəʊ'teɪʃən] *noun* taking turns **Wechsel** *m or* **Turnus** *m or* **Rotation** *f*; **to fill the post of chairman by rotation** = each member of the group is chairman for a period then gives the post to another member **die Position des Vorsitzenden im Wechsel vergeben**; **two directors retire by rotation** = two directors retire because they have been directors longer than any others, but can offer themselves for re-election **zwei Direktoren scheiden turnusmäßig aus**

rouble *or (US)* **ruble** ['ru:bl] *noun* currency used in Russia **Rubel** *m*

rough [rʌf] *adjective*
(a) approximate *or* not very accurate **ungefähr** *or* **grob**; **rough calculation** *or* **rough estimate** = approximate answer **grobe Berechnung** *or* **grobe Schätzung** *I made some rough calculations on the back of an envelope*
(b) not finished **Roh-**; **rough copy** = draft of a document which will have changes made to it before it is complete **Konzept** *n or* **Rohentwurf** *m* ; *he made a rough draft of the new design*

◇ **roughly** ['rʌflɪ] *adverb* more or less **ungefähr** *the turnover is roughly twice last year's; the development cost of the project will be roughly £25,000*

◇ **rough out** [rʌf'aʊt] *verb* to make a draft *or* a general design **grob entwerfen** *the finance director roughed out a plan of investment*

round [raʊnd]
1 *adjective*
(a) in round figures = not totally accurate, but correct to the nearest 10 or 100 **in runden Zahlen** *or* **rund**
(b) round trip = journey from one place to another and back again **Rundreise** *f*; **Hin- und Rückfahrt** *f or* **Hin- und Rückflug** *m* ; *round-trip ticket; round-trip fare*

2 *noun* series (of meetings) **Runde** *f*; **Serie** *f*; *a round of pay negotiations*

◇ **round down** [raʊnd'daʊn] *verb* to decrease to the nearest full figure **abrunden**

◇ **round up** [raʊnd'ʌp] *verb* to increase to the nearest full figure **aufrunden** *to round up the figures to the nearest pound*

> QUOTE each cheque can be made out for the local equivalent of £100 rounded up to a convenient figure
> Sunday Times

route [ru:t] *noun*
(a) way which is regularly taken **Route** *f or* **Strecke** *f*; **bus route** = normal way taken by a bus from one place to another **Busstrecke** *companies were warned that normal shipping routes were dangerous because of the war*
(b) en route = on the way **unterwegs** *or* **auf dem Weg** *the tanker sank when she was en route to the Gulf*

routine [ru:'ti:n]
1 *noun* normal *or* regular way of doing something **Routine** *f* ; *he follows a daily routine - he takes the 8.15 train to London, then the bus to his office, and returns by the same route in the evening; refitting the conference room has disturbed the office routine*
2 *adjective* normal *or* which happens regularly **Routine-** *or* **routinemäßig** *routine work; routine call; a routine check of the fire equipment*

royalty ['rɔɪəltɪ] *noun* money paid to (i) an inventor (ii) a writer (iii) the owner of land - for the right to use his/her property (usually a certain percentage of sales, or a certain amount per sale) **(i) Lizenzgebühr** *f* ; **(ii) Tantiemen** *fpl or* **(Autoren)honorar** *n* ; **(iii) Pacht** *f or* **Pachtgeld** *n* ; *oil royalties; he is receiving royalties from his invention*

RPI [ɑ:pi:'aɪ] = RETAIL PRICE(S) INDEX

RPM = RESALE PRICE MAINTENANCE

RRP = RECOMMENDED RETAIL PRICE

RSVP ['ɑ:esvi:'pi:] = REPONDEZ S'IL VOUS PLAIT letters on an invitation asking the person invited to reply **um Antwort wird gebeten (u.A.w.g.)**

rubber ['rʌbə] *noun*
(a) elastic material from the juice of a tree **Gummi** *m or* **Kautschuk** *m* ; **rubber band** = thin ring of rubber for attaching things together **Gummiband** *n or* **Gummiring** *m* ; *put a rubber band round the filing cards to stop them falling on the floor;* *(US)* **rubber check** = cheque which cannot be cashed because the person writing it does not have enough money in the account to pay it **ungedeckter Scheck** (NOTE: the British equivalent is a **bouncing cheque)**
(b) eraser, a small piece of rubber used to remove text which has been written in pencil **(Radier)gummi** *m*

◇ **rubber stamp** [ˌrʌbə'stæmp]
1 *noun* stamp with rubber letters or figures on it to put the date *or* a note on a document **Gummistempel** *m* ; *he stamped the invoice with the rubber stamp 'Paid'*
2 *verb* to agree to something without discussing it **vorbehaltlos zustimmen** *or* **genehmigen** *the board simply rubber stamped the agreement*

rule [ru:l]
1 *noun*
(a) general way of conduct **Regel** *f*; **as a rule** = usually **in der Regel** *or* **normalerweise** *as a rule, we do not give discounts over 20%* **company rules** = general way of working in a company **Betriebsvorschriften** *fpl it is a company rule that smoking is not allowed in the offices* **rule of thumb** = easily remembered way of doing a simple calculation **Faustregel**
(b) to work to rule = to work strictly according to the rules agreed by the company and union, and therefore to work very slowly **Dienst nach Vorschrift tun**
2 *verb*
(a) to give an official decision **entscheiden** *or* **anordnen** *or* **bestimmen** *the commission of inquiry ruled that the company was in breach of contract; the judge ruled that the documents had to be deposited with the court*
(b) to be in force *or* to be current **gelten** *or* **gültig sein** *or* **notieren** *prices which are ruling at the moment*

◇ **rulebook** ['ru:lbʊk] *noun* book which lists the rules by which the members of a union or self-regulatory organization must operate **Satzung** *f*

◇ **ruling** ['ru:lɪŋ]
1 *adjective* in operation at the moment *or* current **geltend** *or* **herrschend** *we will invoice at ruling prices*
2 *noun* decision **Entscheidung** *f or* **Anordnung** *f* ; *the inquiry gave a ruling on the case; according to the ruling of the court, the contract was illegal*

run [rʌn]
1 *noun*
(a) making a machine work **Lauf** *m or* **Durchlauf; a cheque run** = series of cheques processed through a computer **ein Scheckdurchlauf; a computer run** = period of work of a computer **ein Computerlauf; ein**

Programmdurchlauf; ein Rechnerlauf; test run = trial made on a machine **Probelauf**
(b) rush to buy something **Ansturm** *m or* **Andrang** *m or* **Run** *m* ; *the Post Office reported a run on the new stamps* **a run on the bank** = rush by customers to take deposits out of a bank which they think may close down **ein Ansturm auf die Bank; a run on the pound** = rush to sell pounds and buy other currencies **Panikverkäufe** *mpl* **von Pfund Sterling**
(c) regular route (of a plane *or* bus) **Strecke** *f*
2 *verb*
(a) to be in force **gelten** *or* **gültig sein** *or* **laufen** *the lease runs for twenty years; the lease has only six months to run*
(b) to manage *or* to organize **betreiben** *or* **leiten** *or* **führen** *she runs a mail-order business from home; they run a staff sports club; he is running a multimillion-pound company*
(c) to work on a machine **bedienen** *or* **betreiben** *or* **laufen lassen** *do not run the photocopier for more than four hours at a time; the computer was running invoices all night*
(d) *(of buses, trains etc.)* to be working **verkehren** *or* **fahren** *there is an evening plane running between Manchester and Paris; this train runs on weekdays* (NOTE: **running - ran - has run)**

◇ **runaway inflation** ['rʌnəweɪɪn'fleɪʃən] *noun* very rapid inflation, which is almost impossible to reduce **galoppierende Inflation**

◇ **run down** [rʌn'daʊn] *verb*
(a) to reduce a quantity gradually **abbauen** *to run down stocks or to let stocks run down*
(b) to slow down the business activities of a company before it is going to be closed **nach und nach auflösen** *the company is being run down*

◇ **run into** [rʌn'ɪntʊ] *verb*
(a) to run into debt = to start to have debts **in Schulden geraten** *or* **sich in Schulden stürzen**
(b) to amount to **gehen** *or* **sich belaufen auf** *costs have run into thousands of pounds* **he has an income running into five figures** = he earns more than £10,000 **er hat ein Einkommen, das sich auf eine sechsstellige Zahl beläuft**

◇ **running** ['rʌnɪŋ] *noun*
(a) running total = total carried from one column of figures to the next **laufende Summe**
(b) running costs *or* **running expenses** *or* **costs of running a business** = money spent on the day-to-day cost of keeping a business going **Betriebskosten** *pl or* **laufende Kosten** *pl or* **allgemeine Ausgaben** *fpl*
(c) the company has made a profit for six years running = the company has made a profit for six years one after the other **das Unternehmen macht nun schon sechs Jahre hintereinander Gewinne**

◇ **run out of** [rʌn'aʊtəv] *verb* to have nothing left *or* to use up all the stock **nichts mehr haben; she ran out of coins** = she had no more coins (to put in the machine) **ihr gingen die Münzen aus; the printer has run out of paper** = there is no more paper in the printer **der Drucker hat kein Papier mehr** *we have run out of headed notepaper*

◇ **run up** [rʌn'ʌp] *verb* to make debts go up quickly **machen** *or* **anwachsen lassen** *he quickly ran up a bill for £250*

> QUOTE applications for mortgages are running at a high level
> Times

> QUOTE business is booming for airlines on the London to Manchester run
> Business Traveller

rupee [ru:'pi:] *noun* currency used in India and some other countries **Rupie** *f*

rush [rʌʃ]
1 *noun* doing something rapidly **Eile** *f or* **Hast** *f* ; **rush hour** = time when traffic is worst *or* when everyone is trying to travel to work or from work back home **Hauptverkehrszeit** *f or* **Rushhour** *f* ; *the taxi was delayed in the rush hour traffic* **rush job** = job which has to be done fast **Eilauftrag** *m* ; **rush order** = order which has to be supplied fast **Eilbestellung** *f or* **Eilauftrag** *m*
2 *verb* to make something go fast **drängen** *or* **hetzen** *to rush an order through the factory; to rush a shipment to Africa*

Ss

sachet ['sæʃeɪ] *noun* small package or envelope containing a product in the form of liquid or powder **Päckchen** *n or* **Briefchen** *n*

sack [sæk]
1 *noun*
(a) large bag made of strong cloth or plastic **Sack** *m* ; *a sack of potatoes; we sell onions by the sack*
(b) to get the sack = to be dismissed from a job **rausgeworfen** *or* **entlassen werden**

2 *verb* **to sack someone** = to dismiss someone from a job **jdn rauswerfen** *he was sacked after being late for work*

◊ **sacking** ['sækɪŋ] *noun* dismissal from a job **Rausschmiss** *m or* **Entlassung** *f*; *the union protested against the sackings*

SAE *or* **s.a.e.** = STAMPED ADDRESSED ENVELOPE

safe [seɪf]

1 *noun* heavy metal box which cannot be opened easily, in which valuable documents, money, etc. can be kept **Safe** *m or* **Tresor** *m* ; *put the documents in the safe; we keep the petty cash in the safe* **fireproof safe** = safe which cannot be harmed by fire **feuersicherer Tresor; night safe** = safe in the outside wall of a bank, where money and documents can be deposited at night, using a special door **Nachttresor; wall safe** = safe installed in a wall **Wandtresor**

2 *adjective*

(a) out of danger **sicher; keep the documents in a safe place** = in a place where they cannot be stolen or destroyed **bewahren Sie die Unterlagen an einem sicheren Ort auf**

(b) safe investments = shares, etc., which are not likely to fall in value **risikofreie Investitionen** *fpl or* **sichere Kapitalanlagen** *fpl*

◊ **safe deposit** ['seɪfdɪˌpɒzɪt] *noun* bank safe where you can leave jewellery or documents **Tresor** *m*

◊ **safe-deposit box** ['seɪfdɪ'pɒzɪtbɒks] *noun* small box which you can rent to keep jewellery or documents in a bank's safe **Bankschließfach** *n*

◊ **safeguard** ['seɪfgɑːd] *verb* to protect **schützen** *or* **sichern** *to safeguard the interests of the shareholders*

◊ **safekeeping** ['seɪf'kiːpɪŋ] *noun* being looked after carefully **Verwahrung** *f*; *we put the documents into the bank for safekeeping*

◊ **safely** ['seɪflɪ] *adverb* without being harmed **sicher** *or* **wohlbehalten** *the cargo was unloaded safely from the sinking ship*

safety ['seɪftɪ] *noun*

(a) being free from danger or risk **Sicherheit** *f*; **safety margin** = time *or* space allowed for something to be safe **Sicherheitsspielraum** *m* ; **margin of safety** = units produced (or sales of such units) which are above the breakeven point **Sicherheitsmarge** *f* ; **to take safety precautions** *or* **safety measures** = to act to make sure something is safe **Sicherheitsmaßnahmen** *fpl* **ergreifen; safety regulations** = rules to make a place of work safe for the workers **Sicherheitsvorschriften** *fpl*

(b) fire safety = making a place of work safe for the workers in case of fire **Brandschutz** *m* ; **fire safety officer** = person in a company responsible for seeing that the workers are safe if a fire breaks out **Betriebsfeuerwehrmann** *m*

(c) for safety = to make something safe *or* to be safe **sicherheitshalber** *or* **aus Sicherheitsgründen** *put the documents in the cupboard for safety; to take a copy of the disk for safety*

sail [seɪl] *verb* to leave harbour **fahren; ablegen** *or* **auslaufen** *the ship sails at 12.00*

◊ **sailing** ['seɪlɪŋ] *noun* departure (of a ship) **Abfahrt** *f* ; *there are no sailings to France because of the strike*

salary ['sælərɪ] *noun* payment for work, made to an employee with a contract of employment, usually in the form of a monthly cheque **Gehalt** *n* ; *she got a salary increase in June; the company froze all salaries for a six-month period* **basic salary** = normal salary without extra payments **Grundgehalt; gross salary** = salary before tax is deducted **Bruttogehalt; net salary** = salary which is left after deducting tax and national insurance contributions **Nettogehalt; starting salary** = amount of payment for an employee when starting work **Anfangsgehalt** *he was appointed at a starting salary of £10,000* **salary cheque** = monthly cheque by which an employee is paid **Gehaltsscheck** *m* ; **salary cut** = sudden reduction in salary **Gehaltskürzung** *f* ; **salary deductions** = money which a company removes from salaries to give to the government as tax, national insurance contributions, etc. **Lohnabzüge** *mpl* **salary review** = examination of salaries in a company to see if workers should earn more **Gehaltsaufbesserung** *f* ; *she had a salary review last April or her salary was reviewed last April* **scale of salaries** *or* **salary scale** = list of salaries showing different levels of pay in different jobs in the same company **Gehaltstabelle** *f* ; **the company's salary structure** = organization of salaries in a company, with different rates for different types of job **die Gehaltsstruktur** *f* **des Unternehmens**

◊ **salaried** ['sælərɪd] *adjective* earning a salary **fest angestellt** *the company has 250 salaried staff*

> QUOTE the union of hotel and personal service workers has demanded a new salary structure and uniform conditions of service for workers in the hotel and catering industry
>
> Business Times (Lagos)

sale [seɪl] *noun*
(a) act of selling, the act of giving an item or doing a service in exchange for money, or for the promise that money will be paid **Verkauf** *m* ; **cash sale** = selling something for cash **Barverkauf**; **credit card sale** = selling something for credit, using a credit card **Verkauf auf Kreditkarte**; **firm sale** = sale which does not allow the purchaser to return the goods **fester Verkauf**; **forced sale** = selling something because a court orders it *or* because it is the only thing to do to avoid a financial crisis **Zwangsverkauf**; **sale and lease-back** = situation where a company sells a property to raise cash and then leases it back from the purchaser **Verkauf bei gleichzeitiger Vermietung an den Verkäufer**; **sale or return** = system where the retailer sends goods back if they are not sold, and pays the supplier only for goods sold **Kauf mit Rückgaberecht** *we have taken 4,000 items on sale or return* **bill of sale** = document which the seller gives to the buyer to show that a sale has taken place **Kaufvertrag** *m* ; **conditions of sale** = agreed ways in which a sale takes place (such as discounts and credit terms) **Verkaufsbedingungen** *fpl*
(b) for sale = ready to be sold **zu verkaufen**; **to offer something for sale** *or* **to put something up for sale** = to announce that something is ready to be sold **etwas zum Verkauf anbieten** *they put the factory up for sale; his shop is for sale; these items are not for sale to the general public*
(c) on sale = ready to be sold in a shop **zum Verkauf** *these items are on sale in most chemists*
(d) selling of goods at specially low prices **Ausverkauf** *m or* **Räumungsverkauf** *the shop is having a sale to clear old stock; the sale price is 50% of the normal price* **bargain sale** = sale of all goods in a store at cheap prices **Ausverkauf**; **car boot sale** = type of flea market where you sell old items which you bring to the sale in your car, and sell from the back of the car **privater Flohmarkt, bei dem der Kofferraum des Verkäufers als Verkaufsfläche dient**; **clearance sale** = sale of items at low prices to get rid of the stock **Räumungsverkauf**; **half-price sale** = sale of items at half the usual price **Verkauf zum halben Preis**; **jumble sale** = sale of old used household goods ≈ **Wohltätigkeitsbasar** *m*

◇ **saleability** *or* *(US)* **salability** [ˌseɪlə'bɪlətɪ] *noun* quality of an item which makes it easy to sell **Absatzfähigkeit** *f or* **Absetzbarkeit** *f*

◇ **saleable** *or* *(US)* **salable** ['seɪləbl] *adjective* which can easily be sold **absetzbar** *or* **verkäuflich**

◇ **saleroom** ['seɪlrʊm] *noun* room where an auction takes place **Auktionsraum** *m*

sales [seɪlz] *noun*
(a) (i) money received for selling something; (ii) number of items sold **(i) Umsatz** *m* ; **(ii) Absatz** *m or* **Verkäufe** *mpl sales have risen over the first quarter* **sales analysis** = examining the reports of sales to see why items have or have not sold well **Absatzanalyse** *f or* **Umsatzanalyse**; **sales appeal** = quality which makes customers want to buy **Kaufanreiz** *m* ; **sales book** = record of sales **Warenausgangsbuch** *n* ; **book sales** = sales as recorded in the sales book **Warenausgänge** *mpl* **sales budget** = plan of probable sales **Absatzplan** *m* ; **sales campaign** = planned work to achieve higher sales **Verkaufsaktion** *f* ; **sales conference** *or* **sales meeting** = meeting of sales managers, representatives, publicity staff, etc., to discuss results and future sales plans **Verkaufskonferenz** *f* ; **cost of sales** = all the costs of a product sold, including manufacturing costs and the staff costs of the production department **Absatzkosten** *pl or* **Vertriebskosten**; **sales day book (SDB)** *or* **sales journal** = book in which non-cash sales are recorded with details of customer, invoice, amount and date; these details are later posted to each customer's account in the sales ledger **Warenausgangsbuch** *n* ; **sales department** = section of a company which deals in selling the company's products or services **Verkaufsabteilung** *f or* **Abteilung Verkauf; Vertriebsabteilung**; **domestic sales** *or* **home sales** = sales in the home market **Inlandsabsatz** *m* ; **sales drive** = vigorous work to increase sales **Verkaufskampagne** *f* ; **sales executive** = person in a company in charge of sales **Verkaufsleiter/-in**; **sales figures** = total sales, or sales broken down by category **Verkaufszahlen** *fpl or* **Absatzzahlen; Umsatzzahlen**; **sales force** = group of salesmen **Verkaufspersonal** *n* ; **Handelsvertreterstab** *m* ; **sales forecast** = estimate of future sales **Absatzprognose** *f* ; **forward sales** = sales (of shares, commodities, foreign exchange) for delivery at a later date **Terminverkäufe** *mpl* **sales invoice** = invoice relating to a sale **Verkaufsrechnung** *f* ; **sales journal** = SALES DAY BOOK; **sales ledger** = book in which sales to each customer are posted **Warenausgangsbuch** *n or* **Debitorenbuch**; **sales ledger clerk** = office worker who deals with the sales ledger **für das Warenausgangsbuch zuständige(r) Angestellte(r)**; **sales literature** = printed information (such as leaflets, prospectuses) which help sales **Werbematerial** *n or*

Verkaufsprospekte *mpl* **sales manager** = person in charge of a sales department **Verkaufsleiter/-in** *or* **Vertriebsleiter/-in**; **sales mix** = the quantity of different products sold by a single company **Absatzmix** *m* ; **sales pitch** = statements by a salesman to persuade a customer to buy **Verkaufsargument** *n or* **Verkaufsgespräch** *n* ; **sales quota** = amount of sales which a salesman is expected to make during a certain period **Verkaufsquote** *f* ; **sales report** = report made showing the number of items *or* amount of money received for selling stock **Absatzbericht** *m* ; *in the sales reports all the European countries are bracketed together* **sales revenue** = income from sales of goods or services **Verkaufserlös** *m* ; **sales tax** = tax to be paid on each item sold **Warenumsatzsteuer** *f* ; **sales volume** *or* **volume of sales** = number of units sold **Absatzvolumen** *n or* **Umsatzvolumen** *n or* **Absatzmenge** *f or* **Absatz** *m*
(b) the sales = period when major stores sell many items at specially low prices **Schlussverkauf** *I bought this in the sales or at the sales or in the January sales*

◇ **salesclerk** ['seɪlzklɑːk] *noun (US)* person who sells goods to customers in a store **Verkäufer/-in**

◇ **salesgirl** ['seɪlzgɜːl] *noun* girl who sells goods to customers in a store **Verkäuferin**

◇ **saleslady** ['seɪlzˌleɪdɪ] *noun* woman who sells goods to customers in a store **Verkäuferin**

◇ **salesman** ['seɪlzmən] *noun*
(a) man who sells goods or services to members of the public **Verkäufer** *he is the head salesman in the carpet department; a used car salesman* **door-to-door salesman** = man who goes from one house to the next, asking people to buy something **Hausierer** *m or* **Vertreter** *m* ; *(informal)* **Drücker** *m* ; **insurance salesman** = man who encourages clients to take out insurance policies **Versicherungsvertreter**
(b) person who represents a company, selling its products or services to retail shops **(Handels)vertreter** *m* ; *we have six salesmen calling on accounts in central London* (NOTE: plural is **salesmen**)

◇ **salesmanship** ['seɪlzmənʃɪp] *noun* art of selling *or* of persuading customers to buy **Verkaufskunst** *f*

◇ **saleswoman** ['seɪlzˌwʊmən] *noun* woman in a shop who sells goods to customers **Verkäuferin** (NOTE: plural is **saleswomen**)

> QUOTE the latest car sales for April show a 1.8 per cent dip from last year's total
> Investors Chronicle

> QUOTE the wage agreement includes sales clerks and commission sales people in stores in Toronto
> Toronto Star

salvage ['sælvɪdʒ]
1 *noun*
(a) saving a ship *or* a cargo from being destroyed **Bergung** *f* ; **salvage money** = payment made by the owner of a ship *or* a cargo to the person who has saved it **Bergelohn** *m or* **Bergegeld** *n* ; **salvage value** *or* **scrap value** = the value of an asset if sold for scrap **Schrottwert** *m* ; **salvage vessel** = ship which specializes in saving other ships and their cargoes **Bergungsschiff** *n*
(b) goods saved from a wrecked ship *or* from a fire, etc. **Bergungsgut** *n* ; *a sale of flood salvage items*
2 *verb*
(a) to save goods *or* a ship from being wrecked **bergen** *we are selling off a warehouse full of salvaged goods*
(b) to save something from loss **retten** *the company is trying to salvage its reputation after the managing director was sent to prison for fraud; the receiver managed to salvage something from the collapse of the company*

sample ['sɑːmpl]
1 *noun*
(a) specimen, a small part of an item which is used to show what the whole item is like **Muster** *n or* **Probe** *f or* **Warenprobe** *a sample of the cloth or a cloth sample* **check sample** = sample to be used to see if a whole consignment is acceptable **Prüfmuster**; **free sample** = sample given free to advertise a product **Gratisprobe**; **sample book** *or* **book of samples** = book showing samples of different types of cloth *or* paper, etc. **Musterbuch** *n*
(b) small group taken to show what a larger group is like **Auswahl** *f* ; *we interviewed a sample of potential customers* **random sample** = sample taken without any selection **Stichprobe** *f*
2 *verb*
(a) to test *or* to try something by taking a small amount **probieren** *or* **testen** *to sample a product before buying it*
(b) to ask a representative group of people questions to find out what the reactions of a much larger group would be **eine Repräsentativerhebung durchführen** *they sampled 2,000 people at random to test the new drink*

◇ **sampling** ['sɑːmplɪŋ] *noun*
(a) testing a product by taking a small amount **Probenentnahme** *f*; *sampling of EU produce* **acceptance sampling** = testing a small sample of a batch to see if the whole batch is good enough to be accepted **Abnahmekontrolle** *f* **mittels Stichproben** *fpl*
(b) testing the reactions of a small group of people to find out the reactions of a larger group of consumers **Stichprobenerhebung** *f or* **Befragung** *f* **eines repräsentativen Querschnitts** *m*; **random sampling** = choosing samples for testing without any special selection method **Stichprobenauswahl** *f*; **sampling error** = difference between the results achieved in a survey using a small sample and what the results would be if you used the entire population **Stichprobenfehler** *m*

sanction ['sæŋ(k)ʃən]
1 *noun*
(a) permission **Zustimmung** *f or* **Genehmigung** *f*; *you will need the sanction of the local authorities before you can knock down the office block*
(b) **economic sanctions** = restrictions on trade with a country in order to influence its political situation *or* in order to make its government change its policy **Wirtschaftssanktionen** *fpl to impose sanctions on a country or to lift sanctions*
2 *verb* to approve **sanktionieren** *or* **genehmigen** *the board sanctioned the expenditure of £1.2m on the development project*

> QUOTE members of the new Association of Coffee Producing Countries voted to cut their exports by 20 per cent to try to raise prices. The Association voted also on ways to enforce the agreement and to implement sanctions if it is breached
> Times

sandwich ['sændwɪtʃ] *noun* **sandwich boards** = boards carried in front of and behind a person with advertisements on them **Sandwich-Plakate** *npl (von einem Plakatträger getragene Werbetafeln)*; **sandwich course** = course of study where students spend a period of time working in a factory *or* office as part of a college course **Studium** *n* **mit integriertem Praktikum** *n (US)* **sandwich lease** = lease held by someone who sublets the property he is leasing **Untermietvertrag** *m*; **sandwich man** = man who carries sandwich boards **Werbeplakatträger** *m or* **Sandwichmann** *m*

satisfaction [ˌsætɪs'fækʃən] *noun* feeling of being happy *or* a good feeling **Zufriedenheit** *f or* **Befriedigung** *f or* **Zufriedenstellung** *f*; **customer satisfaction** = making a customer pleased with what he has bought **Zufriedenstellung der Kunden**; **job satisfaction** = a worker's feeling that he is happy in his place of work and pleased with the work he does **Zufriedenheit am Arbeitsplatz**

◇ **satisfy** ['sætɪsfaɪ] *verb*
(a) **to satisfy a client** = to make a client pleased with what he has purchased **einen Kunden zufrieden stellen**; **a satisfied customer** = a customer who has got what he wanted **ein zufriedener Kunde**
(b) **to satisfy a demand** = to fill a demand **Nachfrage stillen** *or* **befriedigen** *we cannot produce enough to satisfy the demand for the product*

saturation [ˌsætʃə'reɪʃən] *noun* filling completely **Sättigung** *f*; **saturation of the market** *or* **market saturation** = situation where the market has taken as much of the product as it can buy **die Sättigung des Markts** *or* **Marktsättigung**; **the market has reached saturation point** = the market is at a point where it cannot buy any more of the product **der Markt hat einen Sättigungsgrad erreicht**; **saturation advertising** = highly intensive advertising campaign **Sättigungswerbung** *f*

◇ **saturate** ['sætʃəreɪt] *verb* to fill something completely **sättigen** *to saturate the market; the market for home computers is saturated*

save [seɪv] *verb*
(a) to keep (money) *or* not to spend (money) **sparen** *he is trying to save money by walking to work; she is saving to buy a house*
(b) not to waste *or* to use less **(ein)sparen** *to save time, let us continue the discussion in the taxi to the airport; the government is encouraging companies to save energy*
(c) to store data on a computer disk **sichern** *do not forget to save your files when you have finished keyboarding them*

◇ **save-as-you-earn (SAYE)** ['seɪvæzjuː'ɜːn] *noun (GB)* scheme where workers can save money regularly by having it deducted automatically from their wages and invested in National Savings **staatliches Sparförderungsprogramm, durch monatliche, steuerfreie Kleinbeiträge**

◇ **save on** [seɪv'ɒn] *verb* not to waste *or* to use less **(ein)sparen** *by introducing shift work we find we can save on fuel*

◇ **saver** ['seɪvə] *noun* person who saves money **Sparer/-in**

◊ **save up** [seɪv'ʌp] *verb* to put money aside for a special purpose **sparen** *they are saving up for a holiday in the USA*

◊ **saving** ['seɪvɪŋ]
1 *noun* using less **Einsparung** *f* ; *we are aiming for a 10% saving in fuel*
2 *suffix* which uses less **-sparend; an energy-saving** *or* **labour-saving device** = machine which saves energy *or* labour **ein energiesparendes** *or* **ein arbeitssparendes Gerät**; **time-saving** = which takes less time **zeitsparend**

◊ **savings** ['seɪvɪŋz] *plural noun* money saved (i.e., money which is not spent) **Ersparnisse** *fpl he put all his savings into a deposit account; (GB)* **National Savings** = government scheme where small investors can invest in government savings certificates, premium bonds, etc. **britisches Sparsystem; Postsparkasse** *f* ; **savings certificate** *or (US)* **savings bond** = document showing that you have invested money in a government savings scheme (British savings certificates give an interest which is not taxable; in some cases, interest on US savings bonds is also tax exempt) **Sparbrief** *m or* **Sparschuldverschreibung** *f* ; **savings account** = bank account where you can put money in regularly and which pays interest, often at a higher rate than a deposit account **Sparkonto** *n*

◊ **savings and loan (association) (S&L)** ['seɪvɪŋzən'ləʊn(əˌsəʊsɪ'eɪʃən)] *noun (US)* financial association which accepts and pays interest on deposits from investors and lends money to people who are buying property; the loans are in the form of mortgages on the security of the property being bought ≈ **Bausparkasse** *f* (NOTE: the S&Ls are also called **thrifts;** the UK equivalents are the building societies)

> COMMENT: because of deregulation of interest rates in 1980, many S&Ls found that they were forced to raise interest on deposits to current market rates in order to secure funds, while at the same time they still were charging low fixed-interest rates on the mortgages granted to borrowers. This created considerable problems and many S&Ls had to be rescued by the Federal government

◊ **savings bank** ['seɪvɪŋzbæŋk] *noun* bank where you can deposit money and receive interest on it **Sparkasse** *f*

SAYE [ˌeseɪwaɪ'iː] = SAVE-AS-YOU-EARN

scab [skæb] *noun (informal)* worker who goes on working when there is a strike **Streikbrecher/-in** (NOTE: also called **blackleg;** US English is **fink)**

scale [skeɪl]
1 *noun*
(a) system which is graded into various levels **Skala** *f or* **Tabelle** *f* ; **scale of charges** *or* **scale of prices** = list showing various prices **Gebührenordnung** *f or* **Preisliste** *f or* **Tarife** *mpl* **fixed scale of charges** = rate of charging which does not change **verbindliche Gebührenordnung; scale of salaries** *or* **salary scale** = list of salaries showing different levels of pay in different jobs in the same company **Gehaltstabelle** *f* ; *he was appointed at the top end of the salary scale* **incremental scale** = salary scale with regular annual salary increases **Gehaltserhöhungstabelle**
(b) large scale *or* **small scale** = working with large or small amounts of investment *or* staff, etc. **großer Umfang** *or* **begrenzter Umfang; he started in business on a small scale** = he started in business with a small staff *or* few products *or* little capital **er fing klein an; economies of scale** = making a product more economical by manufacturing it or buying it in larger quantities **Größenvorteile** *mpl or* **Größendegression** *f* ; **diseconomies of scale** = situation where increased production actually increases unit cost **Größennachteile** *mpl* ; **Kostenprogression** *f*
(c) scales = machine for weighing **Waage** *f*
2 *verb* **to scale down** *or* **to scale up** = to lower *or* to increase in proportion **verringern** *or* **herabsetzen; erhöhen** *or* **heraufsetzen**

> COMMENT: if a share issue is oversubscribed, applications may be scaled down; by doing this, the small investor is protected. So, in a typical case, all applications for 1,000 shares may receive 300; all applications for 2,000 shares may receive 500; applications for 5,000 shares receive 1,000, and applications for more than 5,000 shares will go into a ballot

scam [skæm] *noun (informal)* case of fraud **Betrug** *m*

scarce [skeəs] *adjective* not easily found *or* not common **rar** *or* **selten** *or* **knapp** *scarce raw materials; reliable trained staff are scarce*

◊ **scarceness** *or* **scarcity** ['skeəsnəs *or* 'skeəsətɪ] *noun* lack *or* being scarce **Knappheit** *f or* **Seltenheit** *f* ; *the scarceness of trained staff; there is a scarcity of trained staff* **scarcity value** = value of something because it is rare and there is a large demand for it **Seltenheitswert** *m*

scenario [se'nɑːriəʊ] *noun* way in which a situation may develop **Szenario** *n*

> QUOTE on the upside scenario, the outlook is reasonably optimistic, bankers say, the worst scenario being that a scheme of arrangement cannot be achieved, resulting in liquidation
> Irish Times

schedule ['ʃedju:l]
1 *noun*
(a) timetable *or* plan of time drawn up in advance **Zeitplan** *m* ; **Arbeitsplan; Terminplan; to be ahead of schedule** = to be early **dem Zeitplan voraus sein; to be on schedule** = to be on time **pünktlich** *or* **termingerecht fertig sein; termingerecht vorankommen; to be behind schedule** = to be late **in Verzug sein** *the project is on schedule; the building was completed ahead of schedule; I am sorry to say that we are three months behind schedule; the managing director has a busy schedule of appointments; his secretary tried to fit me into his schedule*
(b) list (especially additional documents attached to a contract) **Verzeichnis** *n or* **Liste** *f or* **Aufstellung** *f* ; **Anhang** *m* ; *please find enclosed our schedule of charges; schedule of territories to which a contract applies; see the attached schedule or as per the attached schedule*
(c) list of interest rates **Verzeichnis** *n* **der Zinssätze** *mpl; (GB)* **tax schedules** = types of income as classified for tax **Steuerklassen** *fpl*
(d) details of the items covered by an insurance, sent with the policy **Urkunde** *f*
2 *verb*
(a) to list officially **festlegen** *or* **aufführen** *scheduled prices or scheduled charges*
(b) to plan the time when something will happen **ansetzen** *or* **anberaumen** *the building is scheduled for completion in May* **scheduled flight** = regular flight which is in the airline timetable **Linienflug** *m* ; *he left for Helsinki on a scheduled flight*

> COMMENT: the current British tax schedules are: **Schedule A:** rental income from land and buildings **Schedule C:** income from government stock **Schedule D:** profits of trade, profession, interest, etc., but not from employment **Schedule E:** salaries, wages, etc., from employment and pensions **Schedule F:** dividends from UK companies **(Schedule B** was formerly income from woodland)

◊ **scheduling** ['ʃedju:lɪŋ] *noun* drawing up a plan *or* a timetable **Ablaufplanung** *f or* **Terminplanung**

scheme [ski:m] *noun* plan *or* arrangement *or* way of working **Plan** *m or* **Programm** *n or* **Vorhaben** *n or* **Projekt** *n* ; *bonus scheme; pension scheme; profit-sharing scheme* **scheme of arrangement** = scheme drawn up by an individual to offer ways of paying his debts, and so avoid bankruptcy proceedings **Vergleichsvorschlag** *m*

science ['saɪəns] *noun* study *or* knowledge based on observing and testing **Wissenschaft** *f* ; **business science** *or* **management science** = the study of business *or* management techniques **Betriebswirtschaft** *f* ; *he has a master's degree in business science* **science park** = area near a town or university set aside for technological industries **Wissenschaftspark** *m*

scope [skəʊp] *noun* opportunity *or* possibility **Möglichkeiten** *fpl* ; **Spielraum** *m* ; **there is scope for improvement in our sales performance** = the sales performance could be improved **unsere Verkaufsleistung ist noch verbesserungsfähig** *there is considerable scope for expansion into the export market*

scorched earth policy [skɔ:tʃt'ɜ:θˌpɒlɪsɪ] *noun* way of combating a takeover bid, where the target company sells valuable assets or purchases unattractive assets **Politik der verbrannten Erde**; *(see also* POISON PILL)

scrap [skræp]
1 *noun* material left over after an industrial process, and which still has some value (as opposed to waste, which has no value) **Altmaterial** *n or* **Schrott** *m* ; *to sell a ship for scrap; its scrap value is £2,500* **scrap dealer** *or* **scrap merchant** = person who deals in scrap **Schrotthändler** *m* ; **scrap value** = the value of an asset if sold for scrap **Schrottwert** *m*
2 *verb*
(a) to give up *or* to stop working on **aufgeben** *or* **fallen lassen** *to scrap plans for expansion*
(b) to throw (something) away as useless **verschrotten** *they had to scrap 10,000 spare parts* (NOTE: **scrapping - scrapped)**

screen [skri:n]
1 *noun* glass surface on which computer information *or* TV pictures, etc., can be shown **Bildschirm** *m or* **Monitor** *m* ; *he brought up the information on the screen*
2 *verb* **to screen candidates** = to examine candidates to see if they are completely suitable **Bewerber überprüfen**

◊ **screening** ['skri:nɪŋ] *noun* **the screening of candidates** = examining candidates to see if they are suitable **das Überprüfen von Bewerbern**

scrip [skrɪp] *noun* security (a share, bond, or the certificate issued to show that someone has been allotted a share or bond) **Berechtigungsschein** *m* ; **scrip issue** = issue of shares, where a company transfers money from reserves to share capital and issues free extra shares to the shareholders (the value of the company remains the same, and the total market value of shareholders' shares remains the same, the market price being adjusted to account for the new shares) **Ausgabe** *f* **von Gratisaktien** *fpl*

◊ **scripophily** [skrɪˈpɒfɪlɪ] *noun* collecting old share certificates and bond certificates as a hobby and investment **Sammeln** *n* **alter Aktien und Wertpapiere**

> QUOTE under the rule, brokers who fail to deliver stock within four days of a transaction are to be fined 1% of the transaction value for each day of missing scrip
> Far Eastern Economic Review

scroll [skrəʊl] *verb* to move text up or down on a computer screen **aufrollen** *or* **abrollen** *or* **blättern**

SDB = SALES DAY BOOK

SDRs = SPECIAL DRAWING RIGHTS

sea [siː] *noun* area of salt water **Meer** *n or* **See** *f* ; *to send a shipment by sea* **by sea mail** = sent by post abroad, using a ship, not by air **Postsendung** *f* **auf dem Seeweg**

◊ **seaport** [ˈsiːpɔːt] *noun* port by the sea **Seehafen** *m*

seal [siːl]

1 *noun*

(a) common seal *or* **company's seal** = metal stamp for stamping documents with the name of the company to show they have been approved officially **Firmensiegel** *n* ; *to attach the company's seal to a document* **contract under seal** = contract which has been legally approved with the seal of the company **beurkundeter** *or* **gesiegelter Vertrag**

(b) piece of paper *or* metal *or* wax attached to close something, so that it can be opened only if the paper *or* metal *or* wax is removed or broken **Versiegelung** *f or* **Siegel** *n or* **Plombe** *f*; **customs seal** = seal attached by a customs office to a box, to show that the contents have not passed through customs **Zollverschluss** *m or* **Zollsiegel** *n*

2 *verb*

(a) to close something tightly **fest verschließen** *or* **zukleben** *the computer disks were sent in a sealed container* **sealed envelope** = envelope where the back has been stuck down to close it **verschlossener Briefumschlag** *the information was sent in a sealed envelope* **sealed tenders** = tenders sent in sealed envelopes, which will all be opened at a certain time **verschlossene Angebote** *npl the company has asked for sealed bids for the warehouse*

(b) to attach a seal *or* to stamp something with a seal **versiegeln; plombieren** *or* **verplomben** *the customs sealed the shipment*

search [sɜːtʃ] *noun* examination of records by the lawyer acting for someone who wants to buy a property, to make sure that the vendor has the right to sell it **Einsichtnahme** *f* **in das Grundbuch, um festzustellen, ob Lasten auf dem zu kaufenden Grundbesitz ruhen**

season [ˈsiːzn] *noun*

(a) one of four parts which a year is divided into (spring, summer, autumn, winter) **Jahreszeit** *f*

(b) a period of time when something usually takes place **Saison** *f* ; **low season** *or* **high season** = period when there are few travellers *or* lots of travellers **Nebensaison; Hauptsaison** *or* **Hochsaison** *air fares are cheaper in the low season* **tourist season** *or* **holiday season** = period when there are many people on holiday **Urlaubszeit** *f*; **busy season** *or* **slack season** = period when a company is busy *or* not very busy **umsatzstarke** *or* **belebte Jahreszeit; umsatzschwache Jahreszeit**; **dead season** = time of year when there are few tourists about **Nebensaison**; **end of season sale** = selling goods cheaply when the season in which they would be used is over (such as summer clothes sold cheaply in the autumn) **Saisonausverkauf** *m*

◊ **seasonal** [ˈsiːzənl] *adjective* which lasts for a season *or* which only happens during a particular season **saisonbedingt** *or* **jahreszeitlich bedingt** *or* **Saison-** *the demand for this item is very seasonal; seasonal variations in sales patterns* **seasonal adjustments** = changes made to figures to take account of seasonal variations **Saisonbereinigungen** *fpl* **seasonal demand** = demand which exists only during the high season **saisonbedingte Nachfrage**; **seasonal employment** = job which is available at certain times of the year only (such as in a ski resort) **saisonbedingte Arbeit**; **seasonal unemployment** = unemployment which rises and falls according to the season **saisonbedingte Arbeitslosigkeit**

◊ **seasonally** [ˈsiːznəlɪ] *adverb* **seasonally adjusted figures** = statistics which are adjusted to take account of seasonal variations **saisonbereinigte Beträge** *mpl*

◊ **season ticket** [ˈsiːzn,tɪkɪt] *noun* rail *or* bus ticket which can be used for any number of journeys over a period (normally 1, 3, 6 or 12 months) **Zeitkarte** *f*

SEC = SECURITIES AND EXCHANGE COMMISSION

sec = SECRETARY; **hon sec** = honorary secretary **ehrenamtliche(r) Schriftführer/-in**

second
1 ['sekənd] *adjective* (thing) which comes after the first **zweite(r,s)**; **second half-year** = six month period from July to the end of December **zweites Halbjahr**; **second mortgage** = further mortgage on a property which is already mortgaged **Zweithypothek** *f*; **second quarter** = three month period from April to the end of June **zweites Quartal**
2 *verb*
(a) ['sekənd] **to second a motion** = to be the first person to support a proposal put forward by someone else **einen Antrag unterstützen** *Mrs Smith seconded the motion or the motion was seconded by Mrs Smith*
(b) [sɪ'kɒnd] to lend a member of staff to another company *or* to a government department, etc., for a fixed period of time **abordnen** *or* **abstellen** *he was seconded to the Department of Trade for two years*

◇ **secondary** ['sekəndrɪ] *adjective* second in importance **sekundär** *or* **zweitrangig** *or* **Sekundär-** *or* **Neben-**; **secondary banks** = companies which provide money for hire-purchase deals **Finanzierungs- und Teilzahlungsinstitute** *npl* **secondary industry** = industry which uses basic raw materials to make manufactured goods **verarbeitende Industrie**; **secondary picketing** = picketing of a second factory, which is not directly connected with a strike, to prevent it supplying a striking factory or receiving supplies from it **Bestreikung** *f* **eines nur indirekt beteiligten Betriebes** *m*

◇ **second-class** [,sekən(d)'klɑːs] *adjective & adverb*
(a) less expensive *or* less comfortable way of travelling **zweiter Klasse** *to travel second-class; the price of a second-class ticket is half that of a first class; I find second-class hotels are just as comfortable as the best ones*
(b) second-class mail = *(GB)* less expensive, slower, mail service **Postsendung** *f* **zweiter Klasse**; *(US)* mail service for sending newspapers and magazines ≈ **Drucksache** *f*; *a second-class letter is slower than a first-class; send it second-class if it is not urgent*

◇ **seconder** ['sekəndə] *noun* person who seconds a proposal **Befürworter/-in** *there was no seconder for the motion so it was not put to the vote*

◇ **second half** [sekənd'hɑːf] *noun* period of six months from 1st July to end of December **zweites Halbjahr** *the figures for the second half are up on those for the first part of the year*

◇ **secondhand** [sekənd'hænd] *adjective & adverb* used *or* not new *or* which has been owned by someone before **gebraucht** *or* **Gebraucht-** *or* **Secondhand-** *a secondhand car salesman; the secondhand computer market or the market in secondhand computers; to buy something secondhand; look at the prices of secondhand cars or look at secondhand car prices* **secondhand dealer** = dealer who buys and sells secondhand items **Gebrauchtwarenhändler/-in**

◇ **secondment** [sɪ'kɒn(d)mənt] *noun* being seconded to another job for a period **Abordnung** *f*; *he is on three years' secondment to an Australian college*

◇ **second-rate** [sekən(d)'reɪt] *adjective* not of good quality **zweitklassig** *or* **minderwertig** *never buy anything second-rate*

◇ **seconds** ['sekəndz] *plural noun* items which have been turned down by the quality controller as not being top quality **Waren** *fpl* **zweiter Wahl** *or* **B-Sortiment** *n*; *the shop has a sale of seconds*

secret ['siːkrət]
1 *adjective* hidden *or* not known by many people **geheim** *or* **Geheim-** *the MD kept the contract secret from the rest of the board; they signed a secret deal with their main rivals*
2 *noun* something hidden *or* not known by many people **Geheimnis** *n*; **to keep a secret** = not to tell someone something which you know and no one else does **ein Geheimnis bewahren**

◇ **secretary** ['sekrətrɪ] *noun*
(a) person who helps to organize work *or* types letters *or* files documents *or* arranges meetings, etc. for someone **Sekretär/-in** *my secretary deals with incoming orders; his secretary phoned to say he would be late* **secretary and personal assistant** *or (US)* **executive secretary** = secretary to a top-level member of an organization (a director, or senior manager) **Sekretär/-in und persönliche (r) Assistent/-in**
(b) official of a company *or* society **Geschäftsführer/-in** *or* **Schriftführer/-in**; **company secretary** = person who is responsible for a company's legal and financial affairs **Manager/-in mit Aufgabenbereich Finanzen und Verwaltung; Prokurist/-in**; **honorary secretary** = person who keeps the minutes and official documents of a committee *or* club, but is not paid a salary **ehrenamtliche(r) Sekretär/-in** *he was elected secretary of the committee or committee secretary* **membership secretary** =

committee member who deals with the ordinary members of a society **Geschäftsführer/-in**
(c) member of the government in charge of a department **Minister/-in** *Education Secretary; Foreign Secretary (US)* **Secretary of the Treasury** *or* **Treasury Secretary** = senior member of the government in charge of financial affairs **Finanzminister/-in**

◇ **Secretary of State** ['sekrətrɪəv'steɪt] *noun*
(a) *(GB)* member of the government in charge of a department **Kabinettsminister/-in**
(b) *(US)* senior member of the government in charge of foreign affairs **Außenminister/-in** (the UK equivalent is the **Foreign Secretary**)

◇ **secretarial** [ˌsekrə'teərɪəl] *adjective* referring to the work of a secretary **Sekretariats-** *or* **Sekretärinnen-** *she is taking a secretarial course; he is looking for secretarial work; we need extra secretarial help to deal with the mailings* **secretarial college** = college which teaches typing, shorthand and word-processing **Sekretärinnenschule** *f*

◇ **secretariat** [ˌsekrə'teərɪət] *noun* important office and the officials who work in it **Sekretariat** *n* ; *the United Nations secretariat*

> QUOTE a debate has been going on over the establishment of a general secretariat for the G7. Proponents argue that this would give the G7 a sense of direction and continuity
>
> Times

section ['sekʃən] *noun* part of something **Abteilung** *f* ; **Abschnitt** *m or* **Absatz** *m* ; **legal section** = department in a company dealing with legal matters **Rechtsabteilung**

sector ['sektə] *noun* part of the economy *or* the business organization of a country **Sektor** *m or* **Bereich** *m* ; *all sectors of the economy suffered from the fall in the exchange rate; technology is a booming sector of the economy* **private sector** = all companies which are owned by private shareholders, not by the state **Privatsektor** *m or* **Privatwirtschaft** *f* ; *the expansion is funded completely by the private sector; salaries in the private sector have increased faster than in the public* **public sector** = nationalized industries and public services **öffentlicher Sektor**; **public sector borrowing requirement (PSBR)** = amount of money which a government has to borrow to pay for its own spending **Kreditbedarf** *m* **der öffentlichen Hand**

> QUOTE government services form a large part of the tertiary or service sector
>
> Sydney Morning Herald

> QUOTE in the dry cargo sector, a total of 956 dry cargo vessels are laid up - 3% of world dry cargo tonnage
>
> Lloyd's List

secure [sɪ'kjʊə]
1 *adjective* safe *or* which cannot change **sicher** *or* **gesichert**; **secure job** = job from which you are not likely to be made redundant **sicherer Arbeitsplatz**; **secure investment** = investment where you are not likely to lose money **sichere** *or* **risikofreie Investition**
2 *verb*
(a) to secure a loan = to pledge a property as a security for a loan **ein Darlehen sichern**
(b) to get (something) safely into your control **sich sichern** *to secure funds; he secured the backing of an Australian group*

◇ **secured** [sɪ'kjʊəd] *adjective* **secured creditor** = person who is owed money by someone, and can legally claim the same amount of the borrower's property if he fails to pay back the money owed **Vorzugsgläubiger** *m* ; **secured debts** = debts which are guaranteed by assets **gesicherte Verbindlichkeiten** *fpl* **secured loan** = loan which is guaranteed by the borrower giving valuable property as security **gesichertes Darlehen**

◇ **securities** [sɪ'kjʊərətɪz] *plural noun* investments in stocks and shares; certificates to show that someone owns stocks or shares **Wertpapiere** *npl or* **Effekten** *pl* **gilt-edged securities** *or* **government securities** = investments in British government stock **Staatspapiere** *npl or* **Wertpapiere der öffentlichen Hand**; **listed securities** = shares which can be bought or sold on the Stock Exchange *or* shares which appear on the official Stock Exchange list **börsennotierte Wertpapiere**; **the securities market** = Stock Exchange, a place where stocks and shares can be bought or sold **der Wertpapiermarkt**; **securities trader** = person whose business is buying and selling stocks and shares **Wertpapierhändler/-in**; *(US)* **Securities and Exchange Commission (SEC)** = the official body which regulates the securities markets in the USA **Wertpapier- und Investitionskontrollbehörde** *f*; *(GB)* **Securities and Investments Board (SIB)** = the official body which regulates the securities markets in the UK **Wertpapier- und Investitionskontrollbehörde** *f*

◇ **securitize** [sɪ'kjʊrətaɪz] *verb* to make a loan into a security which can be traded (as by issuing an IOU for a loan) **wertpapiermäßig unterlegen**

◇ **security** [sɪ'kjʊərətɪ] *noun*
(a) job security = feeling which a worker has that he has a right to keep his job *or* that he will stay in his job until he retires **Sicherheit** *f* **des Arbeitsplatzes**; **security of employment** = feeling by a worker that he has the right to keep his job until he retires **Sicherheit** *f* **des Arbeitsplatzes**; **security of tenure** = right to keep a job *or* rented accommodation, provided that certain conditions are met **gesetzlicher Kündigungsschutz**
(b) being protected **Sicherheit** *f* ; **airport security** = actions taken to protect aircraft and passengers against attack **Flugsicherheit**; **security guard** = person who protects an office *or* factory against burglars **Wachmann** *m* ; **office security** = protecting an office against theft **Sicherheitsvorkehrungen** *fpl* **(gegen Diebstahl) im Büro**
(c) being secret **Geheimhaltung** *f*; **security in this office is nil** = nothing can be kept secret in this office **in diesem Büro kann man nichts geheim halten**; **security printer** = printer who prints paper money, secret company documents, etc. **Drucker** *m* **, der Banknoten, geheime Dokumente usw. druckt**
(d) social security = money *or* help provided by the government to people who need it **Sozialhilfe** *f* ; *he lives on social security payments*
(e) guarantee that someone will repay money borrowed **Bürgschaft** *f* *or* **Sicherheitsleistung** *f* ; **to stand security for someone** = to guarantee that if the person does not repay a loan, you will repay it for him **eine Bürgschaft für jdn leisten** *or* **für jdn bürgen** *to give something as security for a debt; to use a house as security for a loan; the bank lent him £20,000 without security*

seed capital *or* **seed money** *or* **seedcorn** [si:d'kæpitəl *or* 'si:dˌmʌnɪ *or* 'si:dkɔ:n] *noun* capital invested when a new project is starting up, before it is brought to the stock market **Startkapital** *n* **von einer Kapitalbeteiligungsgesellschaft**

see-safe ['si:'seɪf] *noun* agreement where a supplier will give credit for unsold goods at the end of a period if the retailer cannot sell them **Kauf** *m* **mit Rückgaberecht** *we bought the stock see-safe*

seek [si:k] *verb* to ask for **anstreben** *or* **bitten um** *they are seeking damages for loss of revenue* **to seek an interview** = to ask if you can see someone **um ein Gespräch bitten** *she sought an interview with the minister* (NOTE: **seeking - sought)**

segment ['segmənt] *noun* part of the area of sales of a large business **Geschäftsbereich** *m*

◇ **segmentation** [segmen'teɪʃn] *noun* division of a market or buyers into certain categories according to their buying habits **Marktsegmentierung** *f*

seize [si:z] *verb* to take hold of something *or* to take possession of something **einziehen** *or* **beschlagnahmen** *or* **konfiszieren** *the customs seized the shipment of books; the court ordered the company's funds to be seized*

◇ **seizure** ['si:ʒə] *noun* taking possession of something **Einziehung** *f* *or* **Beschlagnahmung** *f* *or* **Konfiskation** *f* ; *the court ordered the seizure of the shipment or of the company's funds*

select [sɪ'lekt]
1 *adjective* of top quality *or* specially chosen **exklusiv** *or* **auserwählt** *or* **auserlesen** *our customers are very select; a select range of merchandise*
2 *verb* to choose **auswählen** *or* **aussuchen**; **selected items are reduced by 25%** = some items have been reduced by 25% **auswählen** *or* **aussuchen**

◇ **selection** [sɪ'lekʃən] *noun* choice; thing which has been chosen **Auswahl** *f*; *a selection of our product line* **selection board** *or* **selection committee** = committee which chooses a candidate for a job **Auswahlgremium** *n* ; **selection procedure** = general method of choosing a candidate for a job **Auswahlverfahren** *n*

◇ **selective** [sɪ'lektɪv] *adjective* which chooses **selektiv** *or* **gezielt**; **selective strikes** = strikes in certain areas *or* at certain factories, but not everywhere **Schwerpunktstreiks** *mpl*

self [self] *pronoun* your own person **selbst**; *(on cheques)*; **'pay self'** = pay the person who has signed the cheque **‚Zahlung an Aussteller'**

◇ **self-** [self] *prefix* referring to oneself **Selbst-** *or* **selbst-**

◇ **self-adhesive** [selfəd'hi:zɪv] *adjective* (label) which is already sticky and can be stuck on a surface without having to be licked (adhesive labels are sold stuck to a sheet of backing paper, and can be peeled off easily and stuck to an envelope, etc.) **selbstklebend**

◇ **self-contained office** [ˌselfkən'teɪnd'ɒfɪs] *noun* office which has all facilities inside it, and its own entrance, so that it is separate from other offices in the same building **separates** *or* **eigenständiges Büro**

◇ **self-employed** [ˌselfɪm'plɔɪd]
1 *adjective* working for yourself *or* not on the payroll of a company **selbstständig** *or* **freiberuflich** *a self-employed engineer; he worked for a bank for ten years but now is self-employed*
2 *noun* **the self-employed** = people who work for themselves **die Selbstständigen** *pl* (NOTE: can be followed by a verb in the plural)

◇ **self-financed** [ˌselffaɪ'nænst] *adjective* **the project is completely self-financed** = the project pays its development costs out of its own revenue, with no subsidies **das Projekt ist völlig eigenfinanziert**

◇ **self-financing** [ˌselffaɪ'nænsɪŋ]
1 *noun* the financing of development costs, purchase of capital assets, etc., by a company from its own resources **Eigenfinanzierung** *f or* **Selbstfinanzierung**
2 *adjective* **the company is completely self-financing** = the company finances its development costs *or* capital assets, etc. from its own resources **das Unternehmen finanziert sich zur Gänze selbst**

◇ **self-made man** [ˌselfmeɪd'mæn] *noun* man who is rich and successful because of his work, not because he inherited money or position **Selfmademan** *m*

◇ **self-regulation** [ˌselfregjʊ'leɪʃən] *noun* regulation of an industry by itself, through a committee which issues a rulebook and makes sure that members of the industry follow the rules (as in the case of the regulation of the Stock Exchange by the Stock Exchange Council and the SIB) **freiwillige Selbstkontrolle**

◇ **self-regulatory** [ˌselfregjʊ'leɪtərɪ] *adjective* (organization) which regulates itself **selbstregulierend**; **Self-Regulatory Organization (SRO)** = organization which regulates the way in which its own members carry on their business **Selbstüberwachungsorgan** *n*

◇ **self-service** [ˌself'sɜːvɪs] *adjective* **a self-service store** = shop where customers take goods from the shelves and pay for them at the checkout **ein Selbstbedienungsgeschäft** *n* ; **self-service petrol station** = petrol station where the customers put the petrol in their cars themselves **Tankstelle** *f* **mit Selbstbedienung**

◇ **self-sufficiency** [ˌselfsə'fɪʃənsɪ] *noun* being self-sufficient **Autarkie** *f or* **Eigenversorgung** *f; (wirtschaftliche)* **Unabhängigkeit**

◇ **self-sufficient** [ˌselfsə'fɪʃənt] *adjective* producing enough food *or* raw materials for its own needs **autark** *or* **unabhängig** *or* **selbstständig** *the country is self-sufficient in oil*

◇ **self-supporting** [ˌselfsə'pɔːtɪŋ] *adjective* which finances itself from its own resources, with no subsidies **finanziell unabhängig**

sell [sel]
1 *noun* act of selling **Verkauf** *m* ; **to give a product the hard sell** = to make great efforts to persuade customers to buy it **ein Produkt aggressiv verkaufen; he tried to give me the hard sell** = he put a lot of effort into trying to persuade me to buy his product **er versuchte es bei mir mit der aggressiven Verkaufsmethode**; **soft sell** = persuading people to buy, by encouraging and not forcing them to do so **‚weiche' Verkaufstechnik**
2 *verb*
(a) to give goods in exchange for money **verkaufen** *or* **absetzen** *to sell cars or to sell refrigerators; they have decided to sell their house; they tried to sell their house for £100,000; to sell something on credit; her house is difficult to sell; their products are easy to sell* **to sell forward** = to sell foreign currency, commodities, etc., for delivery at a later date **auf Termin verkaufen**
(b) to be sold **sich verkaufen** *or* **Absatz finden** *or* **verkauft werden** *these items sell well in the pre-Christmas period; those packs sell for £25 a dozen* (NOTE: **selling - sold)**

◇ **sell-by date** ['selbaɪdeɪt] *noun* date on a food packet which is the last date on which the food is guaranteed to be good **Haltbarkeitsdatum** *n*

◇ **seller** ['selə] *noun*
(a) person who sells **Verkäufer/-in** *there were few sellers in the market, so prices remained high* **seller's market** = market where the seller can ask high prices because there is a large demand for the product **Verkäufermarkt** *m*
(b) thing which sells **gängiger Artikel** *this book is a steady seller* **best-seller** = item (especially a book) which sells very well **Bestseller** *m*

◇ **selling** ['selɪŋ]
1 *noun* **direct selling** = selling a product direct to the customer without going through a shop **Direktverkauf** *m* ; **mail-order selling** = selling by taking orders and supplying a product by post **Versandhandel** *m* ; **selling costs** *or* **selling overheads** = amount of money to be paid for advertising, reps' commissions, etc., involved in selling something **Vertriebskosten** *pl* **selling price** =

price at which someone is willing to sell **Verkaufspreis** *m*
2 *suffix* **fast-selling items** = items which sell quickly **schnell verkäufliche Artikel** *mpl or* **Artikel mit reißendem Absatz** *m or* **Selbstläufer** *mpl* **best-selling car** = car which sells better than other models **meistverkauftes Automodell**
◇ **sell off** [sel'ɒf] *verb* to sell goods quickly to get rid of them **abstoßen**
◇ **sell out** [sel'aʊt] *verb*
(a) to sell all the stock of an item **ausverkaufen** *to sell out of a product line; we have sold out of electronic typewriters; this item has sold out*
(b) to sell one's business **seine Firma** *or* **sein Geschäft** *or* **seinen Anteil verkaufen** *he sold out and retired to the seaside*
◇ **sellout** ['selaʊt] *noun* **this item has been a sellout** = all the stock of the item has been sold **dieser Artikel war ein Verkaufsschlager** *m*
◇ **sell up** [sel'ʌp] *verb* to sell a business and all the stock **eine Firma** *or* **ein Geschäft komplett verkaufen**

semi- ['semɪ] *prefix* half **halb** *or* **Halb-**
◇ **semi-finished** [ˌsemɪ'fɪnɪʃt] *adjective* **semi-finished products** = products which are partly finished **Halbfabrikate** *npl or* **Halberzeugnisse** *npl*
◇ **semi-skilled** [ˌsemɪ'skɪld] *adjective* **semi-skilled jobs** = jobs which require some training or experience **Anlernberufe** *mpl* **semi-skilled workers** = workers who have had some training **angelernte Arbeitskräfte** *fpl*

send [send] *verb* to make someone *or* something go from one place to another **(ver)schicken** *or* **(ver)senden** *to send a letter or an order or a shipment; the company is sending him to Australia to be general manager of the Sydney office; send the letter airmail if you want it to arrive next week; the shipment was sent by rail* (NOTE: **sending - sent)**
◇ **send away for** [sendə'weɪfə] *verb* to write asking for something to be sent to you **etwas bestellen** *or* **anfordern** *we sent away for the new catalogue*
◇ **sender** ['sendə] *noun* person who sends **Absender** *m* ; **'return to sender'** = words on an envelope *or* parcel to show that it is to be sent back to the person who sent it **‚zurück an Absender'**
◇ **send for** [send'fə] *verb*
(a) to ask someone to come; to ask for something to be brought **kommen lassen; rufen; bringen lassen; anfordern** *he sent for the chief accountant; she sent for the papers on the contract*
(b) *(US)* to write to ask for something to be sent to you **bestellen** *or* **anfordern** *we sent for the new catalog* (NOTE: GB English uses **send away for, send off for** in this meaning)
◇ **send in** [send'ɪn] *verb* to send (a letter) **einsenden** *or* **einschicken** *he sent in his resignation; to send in an application*
◇ **send off** [send'ɒf] *verb* to put (a letter) in the post **abschicken**
◇ **send off for** [send'ɒffə] *verb* to write asking for something to be sent to you **bestellen** *or* **anfordern** *we sent off for the new catalogue*
◇ **send on** [send'ɒn] *verb* to post a letter which you have received, and address it to someone else **nachsenden** *he sent the letter on to his agent in Australia*

senior ['siːnjə] *adjective*
(a) older; more important; (worker) who has been employed longer than another **älter; dienstälter; leitend** *or* **übergeordnet** *or* **höher**; **senior manager** *or* **senior executive** = manager *or* director who has a higher rank than others **höhere Führungskraft** *or* **leitende(r) Angestellte(r)**; **senior partner** = most important partner in a firm of solicitors *or* accountants **Seniorpartner/-in**; **John Smith, Senior** = the older John Smith (i.e. the father of John Smith, Junior) **John Smith senior**
(b) (sum) which is repayable before others **vorrangig**; **senior debts** = debts which must be repaid in preference to other debts (such as a first mortgage over a second mortgage) **vorrangige Schulden**
◇ **seniority** [ˌsiːnɪ'ɒrətɪ] *noun* being older; being an employee of the company longer **höheres Alter; Dienstalter** *n or* **Dauer** *f* **der Betriebszugehörigkeit** *or* **Seniorität** *f* ; **the managers were listed in order of seniority** = the manager who had been an employee the longest was put at the top of the list **die Manager wurden ihrem Dienstalter entsprechend aufgeführt**

sensitive ['sensətɪv] *adjective* able to feel something sharply **empfindlich** *or* **sensibel** *the market is very sensitive to the result of the elections* **price-sensitive product** = product, for which demand will change significantly if its price is increased or decreased (products show an increased demand if the price falls and reduced demand if the price rises) **preisempfindliches Produkt**

sentiment ['sentɪmənt] *noun* **Stimmung** *f* ; **market sentiment** = general feeling among investors or financial analysts on a stock market **Börsenklima** *n or* **Börsenstimmung** *f*

COMMENT: 'sentiment' (either optimistic or pessimistic) can be influenced by external factors, and affects the prices of shares or the volume of business transacted

separate
1 ['seprət] *adjective* not together **getrennt** *or* **gesondert** *or* **einzeln** *or* **separat**; **to send something under separate cover** = to send something in a different envelope **etwas mit getrennter Post schicken**
2 ['sepəreɪt] *verb* to divide **trennen** *or* **aufteilen** *the personnel are separated into part-timers and full-time staff*

◇ **separately** ['seprətlɪ] *adverb* not together **getrennt** *or* **gesondert** *or* **einzeln** *or* **separat** *each job was invoiced separately*

◇ **separation** [ˌsepə'reɪʃən] *noun (US)* leaving a job (resigning, retiring, or being fired or made redundant) **Stellenaufgabe** *f*

sequester *or* **sequestrate** [sɪ'kwestə *or* 'sekwəstreɪt] *verb* to take and keep (property) because a court has ordered it **sequestrieren** *or* **zwangsverwalten**

◇ **sequestration** [ˌsekwes'treɪʃən] *noun* taking and keeping of property on the order of a court **Sequestration** *f or* **Zwangsverwaltung** *f*

◇ **sequestrator** ['sekwəstreɪtə] *noun* person who takes and keeps property on the order of a court **Sequester** *m or* **Zwangsverwalter/-in**

serial number ['sɪərɪəl'nʌmbə] *noun* number in a series **Fabrikationsnummer** *f* ; **Seriennummer** *this batch of shoes has the serial number 25-02*

series ['sɪəriːz] *noun* group of items following one after the other **Serie** *f or* **Reihe** *f*; *a series of successful takeovers made the company one of the largest in the trade* (NOTE: plural is **series**)

serious ['sɪərɪəs] *adjective*
(a) bad **schwer** *or* **schlimm; ernsthaft** *the storm caused serious damage; the damage to the computer was not very serious*
(b) thoughtful **ernsthaft** *the management is making serious attempts to improve working conditions*

◇ **Serious Fraud Office (SFO)** [ˌsɪərɪəs'frɔːdɒfɪs] *noun* government department in charge of investigating major fraud in companies **staatliche Behörde zur Aufdeckung von Wirtschaftskriminalität**

◇ **seriously** ['sɪərɪəslɪ] *adverb*
(a) badly **schwer** *or* **schlimm** *the cargo was seriously damaged by water*
(b) in a thoughtful way **ernst** *we are taking the threat from our competitors very seriously*

servant ['sɜːvənt] *noun* person who is paid to work in someone's house **Diener/-in**; **civil servant** = person who works for the government **Staatsbeamte(r)/-beamtin**; *(keine Richter und Lehrer);* ≈ **Angestellte(r) im öffentlichen Dienst**

serve [sɜːv] *verb*
(a) to deal with (a customer) **bedienen**; **to serve a customer** = to take a customer's order and provide what he wants **einen Kunden bedienen**; **to serve in a shop** *or* **in a restaurant** = to deal with customers' orders **in einem Laden** *or* **Restaurant bedienen**
(b) to serve someone with a writ *or* **to serve a writ on someone** = to give someone a writ officially, so that he has to receive it **jdm eine gerichtliche Verfügung zustellen**

service ['sɜːvɪs]
1 *noun*
(a) working for a company *or* in a shop, etc. **Dienst** *m* ; **length of service** = number of years someone has worked **Dienstzeit** *f* ; **service agreement** *or* **service contract** = contract between a company and a director showing all conditions of work **Dienstvertrag** *m or* **Arbeitsvertrag**
(b) the work of dealing with customers; payment for help for the customer **Bedienung** *f* ; *the service in that restaurant is extremely slow; to add on 10% for service* **the bill includes service** = includes a charge added for the work involved **die Rechnung ist inklusive Bedienung** *is the service included?*
(c) keeping a machine in good working order **Wartung** *f* ; *the machine has been sent in for service; the routine service of equipment* **service contract** = contract by which a company keeps a piece of equipment in good working order **Wartungsvertrag** *m* ; **after-sales service** = service of a machine carried out by the seller for the buyer **Kundendienst** *m* ; **service centre** = office *or* workshop which specializes in keeping machines in good working order **Reparaturwerkstatt** *f* ; **service department** = section of a company which keeps customers' machines in good working order **Kundendienstabteilung** *f* ; **service engineer** = engineer who specializes in keeping machines in good working order **Kundendienstmechaniker/-in**; **service handbook** *or* **service manual** = book which shows how to service a machine **Wartungshandbuch** *n* ; **service station** = garage where you can buy petrol and have small repairs done to a car **Tankstelle** *f* **mit Reparaturwerkstatt** *f*
(d) business of providing help in some form when it is needed **Dienst** *m or* **Service** *m* ; **answering service** = office which answers

the telephone and takes messages for a company **Fernsprechauftragsdienst; 24-hour service** = help which is available for the whole day **Tag- und Nachtdienst** *or* **24-Stunden-Service; service bureau** = office which specializes in helping other offices **Büro-Service** *m* ; **service department** = department of a company which does not deal with production or sales (accounts, personnel, etc.) **Kundendienst** *m* *or* **Kundendienstabteilung** *f* ; **service industry** = industry which does not make products, but offers a service (such as banking, insurance, transport) **Dienstleistungsgewerbe** *n* *or* **Dienstleistungssektor** *m*
(e) to put a machine into service = to start using a machine **eine Maschine in Betrieb nehmen**
(f) regular working of a public organization **Service** *m* ; **Dienst** *m* ; **Verkehr** *m* ; *the postal service is efficient; the bus service is very irregular; we have a good train service to London* **civil service** = the administration of a country **Staatsdienst**; *(keine Richter und Lehrer);* ≈ **öffentlicher Dienst** *he has a job in the civil service; civil service pensions are index-linked*
2 *verb*
(a) to keep a machine in good working order **warten** *the car needs to be serviced every six months; the computer has gone back to the manufacturer for servicing*
(b) to service a debt = to pay interest on a debt **eine Schuld bedienen** *the company is having problems in servicing its debts*

◇ **service charge** ['sɜːvɪs'tʃɑːdʒ] *noun*
(a) (i) charge added to the bill in a restaurant to pay for service; (ii) amount paid by tenants in a block of flats or offices for general maintenance, insurance, cleaning, etc. **(i) Bedienung** *f* ; **(ii) Instandhaltungskosten** *pl*
(b) *(US)* charges which a bank makes for carrying out work for a customer (the British equivalent is 'bank charges') **Bearbeitungsgebühr** *f*

session ['seʃən] *noun* meeting, a period when a group of people meets **Sitzung** *f* *or* **Besprechung** *f* ; *the morning session or the afternoon session will be held in the conference room* **opening session** *or* **closing session** = first part *or* last part of a conference **Eröffnungssitzung** *or* **Schlusssitzung; trading session** = one period (usually a day) during which trading takes place on a stock exchange **(tägliche) Börsenhandelszeit**

> QUOTE statistics from the stock exchange show that customer interest in the equity market has averaged just under £700m in recent trading sessions
> *Financial Times*

set [set]
1 *noun* group of items which go together *or* which are used together *or* which are sold together **Set** *n or* **Satz** *m or* **Sortiment** *n* ; *set of tools or set of equipment* **boxed set** = set of items sold together in a box **in einer Schachtel** *or* **Kassette verpacktes Set**
2 *adjective* fixed *or* which cannot be changed **fest** *or* **festgelegt** *or* **Fix-** *set price* **set menu** = cheaper menu in a restaurant where there are only a few choices **Tagesmenü** *n*
3 *verb* to fix *or* to arrange **festlegen** *or* **festsetzen** *we have to set a price for the new computer; the price of the calculator has been set low, so as to achieve maximum unit sales* **the auction set a record for high prices** = the prices at the auction were the highest ever reached **bei der Auktion wurden Rekordpreise erzielt** (NOTE: **setting - set)**

◇ **set against** [setə'genst] *verb* to balance one group of figures against another group to try to make them cancel each other out **gegenüberstellen** *or* **absetzen** *to set the costs against the sales revenue; can you set the expenses against tax?*

◇ **set aside** [setə'saɪd] *verb* to decide not to apply a decision **aufheben** *or* **annullieren** *the arbitrator's award was set aside on appeal*

◇ **set back** [set'bæk] *verb* to make something late **verzögern** *or* **zurückwerfen** *the project was set back six weeks by bad weather*

◇ **setback** ['setbæk] *noun* stopping progress **Rückschlag** *m* ; *the company suffered a series of setbacks in 1993; the shares had a setback on the Stock Exchange*

◇ **set out** [set'aʊt] *verb* to put clearly in writing **darlegen** *to set out the details in a report*

◇ **set up** [set'ʌp] *verb*
(a) to begin (something) *or* to organize (something) new **eröffnen** *or* **gründen; veranlassen** *or* **einsetzen** *to set up an inquiry or a working party* **to set up a company** = to start a company legally **eine Firma gründen**
(b) to set up in business = to start a new business **sich niederlassen** *or* **ein Geschäft eröffnen** *he set up in business as an insurance broker; he set himself up as a freelance representative*

◇ **setting up costs** *or* **setup costs** [setɪŋ'ʌp,kɒsts *or* 'setʌp'kɒsts] *plural noun* costs of getting a machine *or* a factory ready to make a new product after finishing work on the previous one **Anlaufkosten** *pl*

◇ **setup** ['setʌp] *noun*
(a) arrangement *or* organization **Aufbau** *m or* **Anlage** *f or* **Anordnung** *f* ; **the setup in the office** = the way the office is organized **die Organisation des Büros**
(b) commercial firm **Firma** *f* ; *he works for a PR setup*

QUOTE the concern announced that it had acquired a third large tanker since being set up in 1983
Lloyd's List

QUOTE a sharp setback in foreign trade accounted for most of the winter slowdown
Fortune

QUOTE for sale: top quality office furniture, which includes executive desks, filing cabinets, typewriters and complete office setup
Australian Financial Review

settle ['setl] *verb*
(a) to settle an account = to pay what is owed **eine Rechnung begleichen; ein Konto abschließen**
(b) to settle a claim = to agree to pay what is asked for **einen Schaden regulieren** *the insurance company refused to settle his claim for storm damage* **the two parties settled out of court** = the two parties reached an agreement privately without continuing the court case **die beiden Parteien haben sich außergerichtlich geeinigt** *or* **haben einen außergerichtlichen Vergleich geschlossen**

◇ **settlement** ['setlmənt] *noun*
(a) payment of an account **Begleichung** *f or* **Bezahlung** *f or* **Abrechnung** *f*; **settlement date** = date when a payment has to be made **Abrechnungstermin** *m* ; **settlement day** = day when accounts have to be settled **Abrechnungstag** *m* ; **Liquidationstermin** *m* ; **our basic discount is 20% but we offer an extra 5% for rapid settlement** = we take a further 5% off the price if the customer pays quickly **unser Grundrabatt ist 20%, aber wir bieten weitere 5% für umgehende Bezahlung**; **settlement in cash** *or* **cash settlement** = payment of an invoice in cash, not by cheque **Barzahlung** *f*; **final settlement** = last payment which settles a debt **letzte Tilgungsrate** *f* ; **rolling settlement** = system of paying for shares bought on the stock exchange, where the buyer pays at the end of a certain number of days after the purchase is made **Erfüllung von Börsengeschäften zu einem späteren, entweder feststehenden oder vereinbarten Termin**
(b) agreement after an argument **Beilegung** *f or* **Schlichtung** *f or* **Vergleich** *m* ; **to effect a settlement between two parties** = to bring two parties together to make them agree **einen Vergleich zwischen zwei Parteien zustande bringen**

◇ **settle on** [setl'ɒn] *verb* to leave property to someone when you die **vermachen** *he settled his property on his children*

QUOTE he emphasised that prompt settlement of all forms of industrial disputes would guarantee industrial peace in the country and ensure increased productivity
Business Times (Lagos)

several ['sevrəl] *adjective* more than a few *or* some **einige** *or* **mehrere** *several managers are retiring this year; several of our products sell well in Japan*

◇ **severally** ['sevrəlɪ] *adverb* separately *or* not jointly **einzeln; they are jointly and severally liable** = they are liable both as a group and as individuals **sie haften gesamtschuldnerisch**

severance pay ['sevərənspeɪ] *noun* money paid as compensation to someone who is losing his job **Entlassungsabfindung** *f*

severe [sɪ'vɪə] *adjective* bad *or* serious **schwer** *or* **hart** *or* **streng** *the company suffered severe losses in the European market; the government imposed severe financial restrictions*

◇ **severely** [sɪ'vɪəlɪ] *adverb* badly *or* in a serious way **schwer** *or* **hart** *or* **streng** *train services have been severely affected by snow*

SFO = SERIOUS FRAUD OFFICE

shady ['ʃeɪdɪ] *adjective* not honest **zweifelhaft** *or* **zwielichtig** *shady deal*

shake [ʃeɪk] *verb*
(a) to move something quickly from side to side **schütteln; to shake hands** = to hold someone's hand when meeting to show you are pleased to meet him or to show that an agreement has been reached **sich die Hand geben** *the two negotiating teams shook hands and sat down at the conference table* **to shake hands on a deal** = to shake hands to show that a deal has been agreed **ein Geschäft mit Handschlag besiegeln**
(b) to surprise *or* to shock **erschüttern** *the markets were shaken by the company's results* (NOTE: **shaking - shook - has shaken)**

◇ **shakeout** ['ʃeɪkaʊt] *noun*

(a) change in an industry, where some companies fail and others gain more market share **Gesundschrumpfung** *f* ; *only three companies were left after the shakeout in the computer market*
(b) reorganization in a company, where some people are left, but others go **Personalabbau** *m* ; *a shakeout in the top management*

◇ **shakeup** [ˈʃeɪkʌp] *noun* total reorganization **Umstrukturierung** *f or* **Reorganisation** *f* ; *the managing director ordered a shakeup of the sales departments*

◇ **shaky** [ˈʃeɪkɪ] *adjective* not very sure *or* not very reliable **unsicher** *the year got off to a shaky start*

share [ʃeə]
1 *noun*
(a) a divided part of something larger **Anteil** *m* ; **to have a share in** = to take part in *or* to contribute to **an etwas beteiligt sein** *to have a share in management decisions* **market share** *or* **share of the market** = percentage of a total market which the sales of a company cover **Marktanteil** *the company hopes to boost its market share; their share of the market has gone up by 10%*
(b) one of many equal parts into which a company's capital is divided (the owners of shares are shareholders or, more formally, 'members') **Aktie** *f* ; *he bought a block of shares in Marks and Spencer; shares fell on the London market; the company offered 1.8m shares on the market* **'A' shares** = ordinary shares with limited voting rights **Stammaktien mit bestimmtem oder keinem Stimmrecht**; **'B' shares** = ordinary shares with special voting rights (often owned by the founder of the company and his family) **Stammaktien mit besonderem Stimmrecht**; **bonus share** = extra share given to an existing shareholder **Gratisaktie**; **deferred shares** = shares which receive a dividend only after all other dividends have been paid **Nachzugsaktien**; **founder's shares** = special shares issued to the person who starts a company **Gründeraktien**; **ordinary shares** = normal shares in a company, which have no special benefits or restrictions **Stammaktien**; **preference shares** = shares (often with no voting rights) which receive their dividend before all other shares and are repaid first (at face value) if the company goes into liquidation **Vorzugsaktien**; **share allocation** *or* **share allotment** = sharing of a small number of shares among a large number of people who have applied to buy them **Aktienzuteilung** *f* ; **to allot shares** = to give a certain number of shares to people who have applied to buy them **Aktien zuteilen**; **share capital** = value of the assets of a company held as shares **Aktienkapital** *n* ; **share certificate** = document proving that someone owns shares **Aktienzertifikat** *n* ; **share issue** = selling new shares in a company to the public **Aktienemission** *f* ; **share option** = right to buy or sell shares at a certain price at a time in the future **Aktienoption** *f* (NOTE: US English often used the word **stock** where British English uses **share.** See the note at STOCK)
2 *verb*
(a) to own *or* use something together with someone else **sich teilen** *or* **gemeinsam besitzen** *to share a telephone; to share an office*
(b) to divide something up among several people **(sich) teilen** *or* **aufteilen** *or* **verteilen** *three companies share the market; to share computer time; to share the profits among the senior executives* **to share information** *or* **to share data** = to give someone information which you have **Information** *or* **Daten gemeinsam benutzen**

◇ **shareholder** [ˈʃeəˌhəʊldə] *noun* person who owns shares in a company **Aktionär/-in** *to call a shareholders' meeting* **shareholders' equity** = a company's capital which is owned by its ordinary shareholders (note that preference shares are not equity capital; if the company is wound up none of the equity capital would be distributed to the preference shareholders) **Eigenkapital** *n* ; **majority** *or* **minority shareholder** = person who owns more *or* less than half the shares in a company **Mehrheitsaktionär** *or* **Minderheitsaktionär** *the solicitor acting on behalf of the minority shareholders* (NOTE: American English is **stockholder)**

◇ **shareholding** [ˈʃeəhəʊldɪŋ] *noun* group of shares in a company owned by one person **Beteiligung** *f* ; **a majority shareholding** *or* **a minority shareholding** = group of shares which are more *or* less than half the total **eine Mehrheitsbeteiligung** *or* **Minderheitsbeteiligung** *he acquired a minority shareholding in the company; she has sold all her shareholdings* **dilution of shareholding** = situation where the ordinary share capital of a company has been increased, but without an increase in the assets so that each share is worth less than before **Wertminderung** *f* **von Beteiligungen** (NOTE: American English is **stockholding)**

◇ **shareout** [ˈʃeəraʊt] *noun* dividing something among many people **Verteilung** *f* ; *a shareout of the profits*

◇ **sharing** [ˈʃeərɪŋ] *noun* dividing up **Verteilung** *f or* **Aufteilung**; **job sharing** = situation where a job is shared by more than one person, each working part-time **Jobsharing** *n* ; **profit sharing** = dividing profits among workers **Gewinnbeteiligung** *f* ; *the company operates a profit-sharing scheme* **time-sharing** = (i) owning a property in part, with the right to use it for a period each year; (ii) sharing a computer system with different users using different terminals **(i) Timesharing** *n* ; **(ii) Gemeinschaftsbetrieb** *m or* **Timesharing** *n*

> QUOTE falling profitability means falling share prices
> Investors Chronicle

> QUOTE the share of blue-collar occupations declined from 48 per cent to 43 per cent
> Sydney Morning Herald

> QUOTE as of last night the bank's shareholders no longer hold any rights to the bank's shares
> South China Morning Post

> QUOTE the company said that its recent issue of 10.5% convertible preference shares at A$8.50 has been oversubscribed, boosting shareholders' funds to A$700 million plus
> Financial Times

shark [ʃɑːk] *noun* **loan shark** = person who lends money at a very high interest rate **Kredithai** *m*

sharp [ʃɑːp] *adjective*
(a) sudden **plötzlich** *or* **steil** *sharp rally on the stock market; sharp drop in prices*
(b) sharp practice = way of doing business which is not honest, but not illegal **unlautere** *or* **unsaubere Geschäftspraktik**

◇ **sharply** [ˈʃɑːplɪ] *adverb* suddenly **plötzlich** *or* **steil** *shares dipped sharply in yesterday's trading*

sheet [ʃiːt] *noun*
(a) sheet of paper = piece of paper **Blatt** *n* **Papier**; **sheet feed** = device which puts one sheet at a time into a computer printer or photocopier **Einzelblatteinzug** *m* ; **sales sheet** = paper which gives details of a product and explains why it is good **Werbeschreiben** *n* ; **time sheet** = paper showing when a worker starts work and when he leaves work in the evening **Arbeitsnachweisbogen** *m or* **Stundenzettel** *m*
(b) balance sheet = statement of the financial position of a company at a particular time, such as the end of the financial year or the end of a quarter, showing the company's assets and liabilities **Bilanz** *f* ; *the company's balance sheet for 1999; the accountants prepared a balance sheet for the first half-year*

shelf [ʃelf] *noun* horizontal flat surface attached to a wall *or* in a cupboard on which items for sale are displayed **Regal(brett)** *n* ; *the shelves in the supermarket were full of items before the Christmas rush* **shelf filler** = person whose job it is to make sure that the shelves in a shop are kept full of items for sale **Regal(auf)füller** *m* ; **shelf life of a product** = number of days or weeks when the product will stay on the shelf in the shop and still be good to use **Haltbarkeit** *f or* **Lagerfähigkeit** *f* **eines Produktes**; **shelf space** = amount of space on shelves in a shop **Regalfläche** *f* ; **shelf wobbler** = card attached to the edge of a shelf or placed on a shelf in a shop to promote a product **Regalschild** *n* ; **off-the-shelf company** = company which has already been registered by an accountant or lawyer, and which is ready for sale to someone who wants to begin trading quickly **schlüsselfertiges Unternehmen** (NOTE: plural is **shelves)**

shell company [ˈʃelˌkʌmpənɪ] *noun* company which does not trade, but exists only as a name with a quotation on the Stock Exchange; (shell companies are bought by private companies as a means of obtaining a quotation on the Stock Exchange without having to go through a flotation) **Firmenmantel** *m*

shelter [ˈʃeltə] *noun* protected place **Schutz** *m* ; **tax shelter** = financial arrangement (such as a pension scheme) where investments can be made without tax **Steuerbegünstigung** *f*

shelve [ʃelv] *verb* to postpone *or* to put back to another date **aufschieben** *or* **zurückstellen** *or* **auf Eis legen** *the project was shelved; discussion of the problem has been shelved*

◇ **shelving** [ˈʃelvɪŋ] *noun*
(a) rows of shelves *or* space on shelves *we installed metal shelving in the household goods department* **Regale** *npl*
(b) postponing **Aufschub** *m or* **Zurückstellung** *f* ; *the shelving of the project has resulted in six redundancies*

shift [ʃɪft]
1 *noun*
(a) group of workers who work for a period, and then are replaced by another group; period of time worked by a group of workers **Schicht** *f* ; **day shift** = shift worked during the daylight hours (from early morning to late afternoon) **Tagschicht**; **night shift** = shift worked during the night **Nachtschicht** *there are 150 men on the day shift; he works the day shift or night shift; we work an 8-hour shift; the management is introducing a shift*

system or *shift working* **they work double shifts** = two groups of workers are working shifts together **sie arbeiten Doppelschichten**
(b) movement or change **Änderung** *f* or **Wandel** *m* or **Verlagerung** *f*; *a shift in the company's marketing strategy; the company is taking advantage of a shift in the market towards higher priced goods*
2 *verb* to move or to sell **verkaufen**; *(informal)* **loswerden** *we shifted 20,000 items in one week*

◇ **shift key** [ˈʃɪftkiː] *noun* key on a typewriter or computer which makes capital letters **Umschalttaste** *f* or **Shift-Taste**

◇ **shift work** [ˈʃɪftwɜːk] *noun* system of work in a factory with shifts **Schichtarbeit** *f*

shilling [ˈʃɪlɪŋ] *noun* currency used in Kenya **Shilling** *m*

ship [ʃɪp]
1 *noun* large boat for carrying passengers and cargo on the sea **Schiff** *n*; **cargo ship** = ship which carries cargo, not passengers **Frachter** *m* or **Frachtschiff** *n* or **Transportschiff**; **container ship** = ship made specially to carry containers **Containerschiff**; **ship chandler** = person who supplies goods (such as food) to ships **Schiffsausrüster** *m*; **to jump ship** = to leave the ship on which you are working and not come back **ohne Erlaubnis abheuern**
2 *verb* to send (goods), but not always on a ship **versenden** or **befördern**; **verschiffen** *to ship goods to the USA; we ship all our goods by rail; the consignment of cars was shipped abroad last week* **to drop ship** = to deliver a large order direct to a customer's shop or warehouse, without going through an agent **direkt liefern** (NOTE: **shipping - shipped**)

◇ **ship broker** [ˈʃɪpˌbrəʊkə] *noun* person who arranges shipping or transport of goods for customers on behalf of ship owners **Schiffsmakler** *m*

◇ **shipment** [ˈʃɪpmənt] *noun* goods sent **(Waren)sendung** *f* or **Ladung** *f* or **Schiffsladung** *two shipments were lost in the fire; a shipment of computers was damaged; we make two shipments a week to France* **bulk shipment** = shipments of large quantities of goods **Massengutversand** *m*; **consolidated shipment** = goods from different companies grouped together into a single shipment **Sammelladung** *f*; **drop shipment** = delivery of a large order from a manufacturer direct to a customer's shop or warehouse, without going through an agent **Direktlieferung** *f*

◇ **shipper** [ˈʃɪpə] *noun* person who sends goods or who organizes the sending of goods for other customers **Spediteur** *m*; *(Seefrachtverkehr)* **Ablader** *m* or **Befrachter** *m*

◇ **shipping** [ˈʃɪpɪŋ] *noun* sending of goods **Versand** *m* or **Transport** *m* or **Verschiffung** *f*; *shipping charges* or *shipping costs* **shipping agent** = company which specializes in the sending of goods **Spediteur** *m* or **Speditionsfirma** *f*; **shipping clerk** = clerk who deals with shipping documents **Expedient** *m*; **Reedereiangestellte(r)**; **shipping company** or **shipping line** = company which owns ships **Reederei** *f*; **shipping instructions** = details of how goods are to be shipped and delivered **Versandanweisungen** *fpl* **shipping note** = note which gives details of goods being shipped **Frachtbrief** *m* or **Konnossement** *n* (NOTE: **shipping** does not always mean using a ship)

◇ **shipyard** [ˈʃɪpjɑːd] *noun* factory where ships are built **Werft** *f*

shoot up [ʃuːtˈʌp] *verb* to go up fast **in die Höhe schießen** or **sprunghaft ansteigen** *prices have shot up during the strike* (NOTE: **shooting - shot**)

shop [ʃɒp]
1 *noun*
(a) place where goods are stored and sold **Laden** *m* or **Geschäft** *n*; *a bookshop; a computer shop; an electrical goods shop; he has bought a shoe shop in the centre of town; she opened a women's wear shop; all the shops in the centre of town close on Sundays* **retail shop** = shop where goods are sold only to the public **Einzelhandelsgeschäft**; **corner shop** = small privately owned general store **Eckladen**; ≈ **Tante-Emma-Laden**; **shop assistant** = person who serves customers in a shop **Verkäufer/-in**; **shop front** = part of a shop which faces the street, including the entrance and windows **Ladenfront** *f*; **shop window** = window in a shop where goods are displayed so that customers can see them or place where goods or services can be exhibited **Schaufenster** *n* (NOTE: US English usually uses **store** where GB English uses **shop: a bookstore, a computer store, etc.**)
(b) workshop, a place where goods are made **Werkstatt** *f*; **machine shop** = place where working machines are kept **Maschinensaal** *m*; **repair shop** = small factory where machines are repaired **Reparaturwerkstatt**; **on the shop floor** = in the factory or in the works or among the ordinary workers **im Betrieb** or **unter der Belegschaft** *the feeling on the shop floor is that the manager does not know his job*
(c) **closed shop** = system where a company agrees to employ only union members in certain jobs **gewerkschaftspflichtiger Betrieb** *the union is asking the management to agree to a closed shop*

2 *verb* **to shop (for)** = to look for things in shops **etwas kaufen (gehen)** (NOTE: **shopping - shopped)**

◇ **shop around** [ʃɒpəˈraʊnd] *verb* to go to various shops or suppliers and compare prices before making a purchase *or* before placing an order **sich umsehen** *you should shop around before getting your car serviced; he is shopping around for a new computer; it pays to shop around when you are planning to ask for a mortgage*

◇ **shopkeeper** [ˈʃɒpkiːpə] *noun* person who owns or runs a shop **Ladenbesitzer/-in** *or* **Geschäftsinhaber/-in**

◇ **shoplifter** [ˈʃɒplɪftə] *noun* person who steals goods from shops **Ladendieb/-in**

◇ **shoplifting** [ˈʃɒplɪftɪŋ] *noun* stealing goods from shops **Ladendiebstahl** *m*

◇ **shopper** [ˈʃɒpə] *noun* person who buys goods in a shop **Käufer/-in** *the store stays open to midnight to cater for late-night shoppers* **shoppers' charter** = law which protects the rights of shoppers against shopkeepers who are not honest **Verbraucherschutzgesetz** *n*

◇ **shopping** [ˈʃɒpɪŋ] *noun*
(a) (i) buying goods in a shop; (ii) goods bought in a shop **(i) Einkaufen** *n* **; (ii) Einkäufe** *mpl to go shopping; to buy one's shopping or to do one's shopping in the local supermarket* **window shopping** = looking at goods in shop windows, without buying anything **Schaufensterbummel** *m*
(b) shopping basket = basket for carrying shopping **Einkaufskorb** *m; (US)* **shopping cart** = metal basket on wheels, used by shoppers to put their purchases in as they go round a supermarket **Einkaufswagen** *m* (NOTE: the GB English for this is **supermarket trolley)**; **shopping centre** = group of shops linked together with car parks and restaurants **Einkaufszentrum** *n* ; **shopping mall** = enclosed covered area for shopping, with shops, restaurants, banks and other facilities **Einkaufspassage** *f*; **shopping precinct** = part of town where the streets are closed to traffic so that people can walk about and shop **Fußgängerzone** *f*

◇ **shop-soiled** [ˈʃɒpsɔɪld] *adjective* dirty because of having been on display in a shop **angeschmutzt**

◇ **shop steward** [ˌʃɒpˈstjʊəd] *noun* elected trade union representative who reports workers' complaints to the management **betrieblicher Vertrauensmann**

◇ **shopwalker** [ˈʃɒpwɔːkə] *noun* employee of a department store who advises the customers and supervises the shop assistants in a department **Ladenaufsicht** *f*

short [ʃɔːt]
1 *adjective*
(a) for a small period of time **kurz** *or* **Kurz-**; **short credit** = terms which allow the customer only a little time to pay **kurzfristiger Kredit** *or* **Kredit mit kurzer Laufzeit**; **in the short term** = in the near future *or* quite soon **in kurzer Zeit** *or* **kurzfristig**
(b) not as much as should be **zu wenig** *the shipment was three items short* **when we cashed up we were £10 short** = we had £10 less than we should have had **als wir Kasse machten, fehlten £10**; **to give short weight** = to sell something which is lighter than it should be **etwas zu knapp abwiegen**
(c) short of = with less than needed *or* with not enough of **knapp an** *or* **fehlen an** *we are short of staff or short of money; the company is short of new ideas*
(d) to sell short = to agree to sell something (such as shares) which you do not possess, but which you think you will be able to buy for less **leer verkaufen** *or* **fixen**; **short selling** *or* **selling short** = arranging to sell something in the future which you think you can buy for less than the agreed selling price **Fixgeschäft** *n or* **Leerverkauf** *m* ; **to borrow short** = to borrow for a short period **kurzfristig aufnehmen**
2 *noun* **shorts** = government stocks which mature in less than five years' time **Kurzläufer** *mpl or* **kurzfristige Staatspapiere** *npl*

◇ **shortage** [ˈʃɔːtɪdʒ] *noun* lack *or* not having enough **Mangel** *m or* **Verknappung** *f or* **Engpass** *m* ; *a chronic shortage of skilled staff; we employ part-timers to make up for staff shortages; the import controls have resulted in the shortage of spare parts* **manpower shortage** *or* **shortage of manpower** = lack of workers **Arbeitskräftemangel**; **there is no shortage of investment advice** = there are plenty of people who want to give advice on investments **es herrscht kein Mangel an Kapitalanlageberatung**

◇ **short change** [ˌʃɔːtˈtʃeɪn(d)ʒ] *verb* to give a customer less change than is right, either by mistake or in the hope that he will not notice **zu wenig herausgeben**

◇ **short-dated** [ˌʃɔːtˈdeɪtɪd] *adjective* **short-dated bill** = bill which is payable within a few days **kurzfristiger Wechsel**; **short-dated security** = government stock which matures in less than five years time **Kurzläufer** *m or* **Papier** *n* **mit kurzer Laufzeit**

◇ **shorten** [ˈʃɔːtn] *verb* to make shorter **verkürzen**; **to shorten a credit period** = to make a credit period shorter, so as to improve the company's cash position **die Kreditlaufzeit verkürzen**

◇ **shortfall** ['ʃɔːtfɔːl] *noun* amount which is missing which would make the total expected sum **Fehlbetrag** *m or* **Deckungslücke** *f* ; *we had to borrow money to cover the shortfall between expenditure and revenue*

◇ **shorthand** ['ʃɔːthænd] *noun* rapid way of writing using a system of signs **Stenografie** *f or* **Kurzschrift** *f* ; **shorthand secretary** = secretary who takes dictation in shorthand **Stenograf/-in**; **shorthand typist** = typist who can take dictation in shorthand and then type it **Stenotypist/-in**; **to take shorthand** = to write using shorthand **stenografieren** *he took down the minutes in shorthand*

◇ **shorthanded** [ˌʃɔːt'hændɪd] *adjective* without enough staff **knapp an Personal** *we are rather shorthanded at the moment*

◇ **short-haul flight** ['ʃɔːthɔːl'flaɪt] *noun* flight over a short distance (up to 1,000 km) **Kurzstreckenflug** *m*

◇ **shortlist** ['ʃɔːtlɪst]
1 *noun* list of some of the better people who have applied for a job, who can be asked to come for a test or an interview **Auswahlliste** *f*; *to draw up a shortlist; he is on the shortlist for the job*
2 *verb* to make a shortlist **in die engere Wahl kommen** *four candidates have been shortlisted; shortlisted candidates will be asked for an interview*

◇ **short-range** [ˌʃɔːt'reɪn(d)ʒ] *adjective* **short-range forecast** = forecast which covers a period of a few months **kurzfristige Prognose**

◇ **short-staffed** [ˌʃɔːt'stɑːft] *adjective* with not enough staff **unterbesetzt** *we are rather short-staffed at the moment*

◇ **short-term** [ʃɔːt'tɜːm] *adjective* for a short period **kurzfristig** *to place money on short-term deposit; short-term contract* **on a short-term basis** = for a short period **kurzfristig** *or* **auf kurze Sicht**; **short-term debts** = debts which have to be repaid within a few weeks **kurzfristige Schulden** *fpl* **short-term forecast** = forecast which covers a period of a few months **kurzfristige Prognose**; **short-term gains** = gains made over a short period (less than 12 months) **rasch erzielte Gewinne** *mpl* **short-term loan** = loan which has to be repaid within a few weeks **kurzfristiges Darlehen**

◇ **short time** [ˌʃɔːt'taɪm] *noun* shorter working hours than usual **Kurzarbeit** *f* ; *to be on short time; the company has had to introduce short-time working because of lack of orders*

shot [ʃɒt] *noun* **mail shot** *or* **mailing shot** = leaflets sent by post to possible customers **Briefwerbeaktion** *f or* **Rundschreiben** *n*

show [ʃəʊ]
1 *noun*
(a) exhibition *or* display of goods or services for sale **Ausstellung** *f or* **Messe** *f*; *motor show; computer show* **show house** *or* **show flat** = house *or* flat built and furnished so that possible buyers can see what similar houses could be like **Musterhaus** *n or* **Musterwohnung** *f*
(b) show of hands = vote where people show how they vote by raising their hands **Handabstimmung** *f* ; *the motion was carried on a show of hands*
2 *verb* to make something be seen **zeigen** *or* **aufweisen** *to show a gain or a fall; to show a profit or a loss* (NOTE: **showing - showed - has shown)**

◇ **showcard** ['ʃəʊkɑːd] *noun* piece of cardboard with advertising material, put near an item for sale **Werbeschild** *n*

◇ **showcase** ['ʃəʊkeɪs] *noun* cupboard with a glass front or top to display items for sale **Schaukasten** *m or* **Vitrine** *f*

◇ **showroom** ['ʃəʊruːm] *noun* room where goods are displayed for sale **Ausstellungsraum** *m* ; *car showroom*

shred [ʃred] *verb* to tear (paper) into thin strips, which can then be thrown away or used as packing material **zerkleinern** *they sent a pile of old invoices to be shredded; she told the police that the manager had told her to shred all the documents in the file*

◇ **shredder** ['ʃredə] *noun* machine for shredding paper **Reißwolf** *m or* **Aktenvernichter** *m*

shrink [ʃrɪŋk] *verb* to get smaller **schrumpfen** *or* **zurückgehen** *the market has shrunk by 20%; the company is having difficulty selling into a shrinking market* (NOTE: **shrinking - shrank - has shrunk)**

◇ **shrinkage** ['ʃrɪŋkɪdʒ] *noun*
(a) amount by which something gets smaller **Schwund** *m or* **Einbuße** *f or* **Minderung** *f* ; *to allow for shrinkage*
(b) *(informal)* losses of stock through theft (especially by members of the staff of the shop) **Ladendiebstahl** *m*

◇ **shrink-wrapped** ['ʃrɪŋkræpt] *adjective* covered in tight plastic protective cover **eingeschweißt**

◇ **shrink-wrapping** [ˌʃrɪŋk'ræpɪŋ] *noun* tight plastic covering (of a book, fruit, record, etc.) **Schrumpfpackung** *f*

shroff [ʃrɒf] *noun (in the Far East)* (i) accountant; (ii) accounts clerk **(i) Buchprüfer** *m* ; **(ii) Buchhalter** *m*

shut [ʃʌt]
1 *adjective* closed *or* not open **geschlossen** *the*

office is shut on Saturdays
2 *verb* to close **schließen** *to shut a shop or a warehouse* (NOTE: **shutting - shut)**

◇ **shut down** [ʃʌt'daʊn] *verb* **to shut down a factory** = to make a factory stop working for a time **eine Fabrik schließen** *the offices will shut down for Christmas; six factories have shut down this month*

◇ **shutdown** ['ʃʌtdaʊn] *noun* shutting of a factory **Betriebsschließung** *f*

◇ **shutout** ['ʃʌtaʊt] *noun* locking of the door of a factory *or* office to stop the staff getting in **Aussperrung** *f*

SIB = SECURITIES AND INVESTMENTS BOARD

sick [sɪk] *adjective* ill, not well **krank**; **sick leave** = time when a worker is away from work because of illness **Urlaub** *m* **wegen Krankheit**; **to be on sick leave** = to have time off work because of illness **krankgeschrieben sein**; **sick pay** = pay paid to a worker who is sick, even if he cannot work **Krankengeld** *n*

◇ **sickness** ['sɪknəs] *noun* being ill **Krankheit** *f*; **sickness benefit** = payment paid by the government or private insurance to someone who is ill and cannot work **Krankengeld** *n* ; *the sickness benefit is paid monthly*

side [saɪd] *noun*
(a) part of something near the edge **Seite** *f* ; **Rand** *m* ; **credit side** = right-hand side of accounts showing money received **Habenseite**; **debit side** = left-hand side of accounts showing money owed or paid **Sollseite**
(b) one of the surfaces of a flat object **Seite** *f*; *please write on one side of the paper only*
(c) on the side = separate from your normal work, and hidden from your employer **nebenbei** *he works in an accountant's office, but he runs a construction company on the side; her salary is too small to live on, so the family lives on what she can make on the side*

◇ **sideline** ['saɪdlaɪn] *noun* business which is extra to your normal work **Nebenbeschäftigung** *f* ; *he runs a profitable sideline selling postcards to tourists*

sight [saɪt] *noun* seeing **Sicht** *f or* **Anblick** *m* ; **bill payable at sight** = bill which must be paid when it is presented **Wechsel zahlbar bei Sicht**; **sight bill** *or* **sight draft** = bill of exchange which is payable at sight **Sichtwechsel** *m or* **Sichttratte** *f* ; **to buy something sight unseen** = to buy something without having inspected it **etwas unbesehen kaufen**

sign [saɪn]
1 *noun* advertising board *or* notice which advertises something **Schild** *n* ; *they have asked for planning permission to put up a large red shop sign; advertising signs cover most of the buildings in the centre of the town*
2 *verb* to write your name in a special way on a document to show that you have written it or approved it **unterschreiben** *or* **unterzeichnen** *to sign a letter or a contract or a document or a cheque; the letter is signed by the managing director; the cheque is not valid if it has not been signed by the finance director* **the warehouse manager signed for the goods** = the manager signed a receipt to show that the goods had been received **der Lagerhausleiter bestätigte den Empfang der Waren**; **he signed the goods in** *or* **he signed the goods out** = he signed the stock report to show that the goods had arrived *or* had been dispatched **er bestätigte den Wareneingang** *or* **Warenausgang**

◇ **signatory** ['sɪgnətrɪ] *noun* person who signs a contract, etc. **Unterzeichner** *m* ; **Zeichnungsberechtigte(r)** *you have to get the permission of all the signatories to the agreement if you want to change the terms*

◇ **signature** ['sɪgnətʃə] *noun* name written in a special way to show that a document has been authorized **Unterschrift** *f*; *a pile of letters waiting for the managing director's signature; he found a pile of cheques on his desk waiting for signature; all cheques need two signatures*

◇ **sign on** [saɪn'ɒn] *verb* to start work, by signing your name in the personnel office **sich einstellen lassen** *or* **sich vertraglich verpflichten**; **to sign on for the dole** = to register as unemployed **sich arbeitslos melden**

silent partner ['saɪlənt'pɑːtnə] *noun* partner who has a share of the business but does not work in it **stille(r) Teilhaber/-in** *or* **Gesellschafter/-in**

simple interest ['sɪmpl'ɪntrəst] *noun* interest calculated on the capital only, and not added to it **einfache Zinsen** *pl*

sincerely [sɪn'sɪəlɪ] *adverb* **Yours sincerely** *or (US)* **Sincerely yours** = words used as an ending to a business letter addressed to a named person **Mit freundlichen Grüßen**

sine die [ˌsiːnɪ'diːeɪ] *phrase* **to adjourn a case sine die** = to postpone the hearing of a case without fixing a new date for it **einen Fall auf unbestimmte Zeit vertagen**

single ['sɪŋgl] *adjective* one alone **einzeln** *or* **Einzel-; einzig**

(a) single fare *or* **single ticket** *or* **a single** = fare *or* ticket for one journey from one place to another **einfacher Fahrpreis** *or* **einfache Fahrkarte** *I want two singles to London*
(b) single-entry bookkeeping = method of bookkeeping where payments or sales are noted with only one entry **einfache Buchführung; in single figures** = less than ten **in einstelligen Zahlen** *fpl sales are down to single figures; inflation is now in single figures* **single-figure inflation** = inflation rising at less than 10% per annum **einstellige Inflationsrate**; **single premium policy** = insurance policy where only one premium is paid rather than regular annual premiums **Einmalprämienpolice** *f* ; **single union agreement** = agreement between management and one union, that the union will represent all the workers in the company (whatever type of job they have) **gewerkschaftlicher Alleinvertretungsvertrag**
(c) single currency = unified European currency **einheitliche Währung**; **the single (European) market** = the EU considered as one single market, with no tariff barriers between its member states **der Binnenmarkt**

> QUOTE to create a single market out of the EU member states, physical, technical and tax barriers to the free movement of trade between member states must be removed. Imposing VAT on importation of goods from other member states is seen as one such tax barrier. This will disappear with the abolition of national frontiers under the single market concept
> Accountancy

sink [sɪŋk] *verb*
(a) to go to the bottom of the water **sinken** *or* **untergehen** *the ship sank in the storm and all the cargo was lost*
(b) to go down suddenly **sinken** *or* **fallen** *prices sank at the news of the closure of the factory*
(c) to invest money (into something) **anlegen** *or* **investieren** *he sank all his savings into a car-hire business* (NOTE: **sinking - sank - sunk**)

◇ **sinking fund** ['sɪŋkɪŋfʌnd] *noun* fund built up out of amounts of money put aside regularly to meet a future need, such as the repayment of a loan **Tilgungsfonds** *m*

sir [sɜː] *noun* **Dear Sir** = way of addressing a letter to a man whom you do not know or to a limited company **Sehr geehrter Herr**; **Dear Sirs** = way of addressing a letter to a firm **Sehr geehrte Damen und Herren**

sister ['sɪstə] *adjective* **sister company** = one of several companies which are part of the same group **Schwestergesellschaft** *f* ; **sister ship** = ship which is of the same design and belongs to the same company as another ship **Schwesterschiff** *n*

sit-down ['sɪtdaʊn] *adjective* **sit-down protest** *or* **sit-down strike** = strike where the workers stay in their place of work and refuse to work or to leave **Sitzstreik** *m*

◇ **sit-in** ['sɪtɪn] *noun* strike where the workers stay in their place of work and refuse to work or leave **Sit-in** *n* (NOTE: plural is **sit-ins**)

site [saɪt]
1 *noun* place where something is built **Gelände** *n or* **Standort** *m* ; *we have chosen a site for the new factory; the supermarket is to be built on a site near the station* **building site** *or* **construction site** = place where a building is being constructed **Baustelle** *f*; *all visitors to the site must wear safety helmets* **green field site** = site for a factory which is in the country, and not surrounded by other buildings **Industriestandort auf der grünen Wiese**; **site engineer** = engineer in charge of a building being constructed **Bauleiter/-in**
2 *verb* **to be sited** = to be placed **liegen** *the factory will be sited near the motorway*

sitting tenant [ˌsɪtɪŋ'tenənt] *noun* tenant who is occupying a building when the freehold or lease is sold **jetzige(r)** *or* **damalige (r) Mieter/-in**

situated ['sɪtjʊeɪtɪd] *adjective* placed **gelegen** *the factory is situated on the edge of the town; the office is situated near the railway station*

◇ **situation** [ˌsɪtjʊ'eɪʃən] *noun*
(a) state of affairs **Situation** *f or* **Lage** *f* ; *financial situation of a company; the general situation of the economy*
(b) job **Stelle** *f* ; **situations vacant** *or* **situations wanted** = list in a newspaper of vacancies for workers *or* of people wanting work **Stellenangebote** *npl or* **Stellengesuche** *npl*
(c) place where something is **Lage** *f* ; *the factory is in a very pleasant situation by the sea*

size [saɪz] *noun* measurements of something *or* of how big something is *or* of how many there are of something **Größe** *f* ; *what is the size of the container? the size of the staff has doubled in the last two years; this packet is the maximum size allowed by the post office*

skeleton staff ['skelɪtn'stɑːf] *noun* a few staff left to carry on essential work while most of the workforce is away **Rumpfbelegschaft** *f*

skill [skɪl] *noun* ability to do something because you have been trained **Kenntnisse** *pl or* **Fertigkeit** *f* ; *she has acquired some very useful office management skills; he will have to learn some new skills if he is going to direct the factory*

◇ **skilled** [skɪld] *adjective* having learnt certain skills **ausgebildet** *or* **qualifiziert** *or* **Fach-**; **skilled workers** *or* **skilled labour** = workers who have special skills *or* who have had long training **Facharbeiter** *mpl*

> QUOTE Britain's skills crisis has now reached such proportions that it is affecting the nation's economic growth
> Personnel Today

> QUOTE we aim to add the sensitivity of a new European to the broad skills of the new professional manager
> Management Today

slack [slæk] *adjective* not busy **flau** *or* **ruhig** *business is slack at the end of the week; January is always a slack period*

◇ **slacken off** [ˌslækən'ɒf] *verb* to become less busy **abnehmen** *or* **nachlassen** *trade has slackened off*

slander ['slɑːndə]

1 *noun* untrue spoken statement which damages someone's character **Verleumdung** *f or* **üble Nachrede**; **action for slander** *or* **slander action** = case in a law court where someone says that another person had slandered him **Verleumdungsklage** *f*

2 *verb* **to slander someone** = to damage someone's character by saying untrue things about him **jdn verleumden**; *(compare* LIBEL)

slash [slæʃ] *verb* to cut *or* to reduce sharply **stark herabsetzen** *or* **drastisch reduzieren** *to slash prices or credit terms; prices have been slashed in all departments; the bank has been forced to slash interest rates*

sleeper ['sliːpə] *noun* share which has not risen in value for some time, but which may suddenly do so in the future **‚schlafende' Aktie**

◇ **sleeping partner** ['sliːpɪŋ'pɑːtnə] *noun* partner who has a share in the business but does not work in it **stille(r) Teilhaber/-in**

slide [slaɪd] *verb* to move down steadily **absinken** *or* **abrutschen** *or* **nachgeben** *prices slid after the company reported a loss* (NOTE: **sliding - slid**)

◇ **sliding** ['slaɪdɪŋ] *adjective* which rises in steps **gleitend**; **a sliding scale of charges** = list of charges which rises gradually according to value *or* quantity *or* time, etc. **eine gleitende Gebührenordnung**

slight [slaɪt] *adjective* not very large *or* not very important **leicht** *or* **unwesentlich** *or* **geringfügig** *there was a slight improvement in the balance of trade; we saw a slight increase in sales in February*

◇ **slightly** ['slaɪtlɪ] *adverb* not very much **etwas** *or* **leicht** *the Swiss bank is offering slightly better terms; sales fell slightly in the second quarter*

slip [slɪp]

1 *noun*

(a) small piece of paper **Zettel** *m or* **Beleg** *m* ; **compliments slip** = piece of paper with the name of the company printed on it, sent with documents, gifts, etc., instead of a letter **ohne Begleitschreiben (oBs)** *n* ; **deposit slip** = piece of paper stamped by the cashier to prove that you have paid money into your account **Einzahlungsbeleg**; **distribution slip** = paper attached to a document *or* to a magazine, showing all the people in an office who should read it **Verteilerzettel**; **pay slip** = piece of paper showing the full amount of a worker's pay, and the money deducted as tax, pension and insurance contributions **Lohnstreifen** *m or* **Lohnabrechnung** *f* ; **paying-in slip** = printed form which is filled in when money is being deposited in a bank **Einzahlungsbeleg**; **sales slip** = paper showing that an article was bought at a certain shop **Kassenbeleg** *m or* **Kassenzettel** *m or* **Kassenbon** *m* ; *goods can be exchanged only on production of a sales slip*

(b) mistake **Versehen** *n or* **Schnitzer** *m or* **Fehler** *m* ; *he made a couple of slips in calculating the discount*

2 *verb* to go down and back **abrutschen** *or* **fallen** *profits slipped to £1.5m; shares slipped back at the close* (NOTE: **slipping - slipped**)

◇ **slip up** [slɪp'ʌp] *verb* to make a mistake **sich versehen** *or* **einen Fehler machen** *we slipped up badly in not signing the agreement with the Chinese company*

◇ **slip-up** ['slɪpʌp] *noun* mistake **Versehen** *n or* **Fehler** *m* (NOTE: plural is **slip-ups**)

> QUOTE the active December long gilt contract on the LIFFE slipped to close at 83-12 from the opening 83-24
> Financial Times

> QUOTE with long-term fundamentals reasonably sound, the question for brokers is when does cheap become cheap enough? The Bangkok and Taipei exchanges offer lower p/e ratios than Jakarta, but if Jakarta p/e ratios slip to the 16-18 range, foreign investors would pay more attention to it
> Far Eastern Economic Review

slogan ['sləʊgən] *noun* **publicity slogan** = group of words which can be easily remembered, and which is used in publicity for a product **Werbeslogan** *m* ; *we are using the slogan 'Smiths can make it' on all our publicity*

slot [slɒt] *noun*
(a) period of time available for a TV or radio commercial **Werbesendezeit** *f* ; *they took six 60-second slots at peak viewing time*
(b) slot machine = machine which provides drinks *or* cigarettes, plays music, etc., when a coin is put in it **Automat** *m*

slow [sləʊ]
1 *adjective* not going fast **langsam** *or* **allmählich** *a slow start to the day's trading; the sales got off to a slow start, but picked up later; business is always slow after Christmas; they were slow to reply or slow at replying to the customer's complaints; the board is slow to come to a decision; there was a slow improvement in sales in the first half of the year*
2 *adverb* **to go slow** = to protest against management by working slowly **einen Bummelstreik machen**
◇ **slow down** [sləʊ'daʊn] *verb* to stop rising *or* moving *or* falling **verlangsamen; verringern; abflauen** *inflation is slowing down; the fall in the exchange rate is slowing down; the management decided to slow down production*
◇ **slowdown** ['sləʊdaʊn] *noun* becoming less busy **Verlangsamung** *f* ; **Verringerung** *f* ; *a slowdown in the company's expansion*
◇ **slowly** ['sləʊlɪ] *adverb* not fast **langsam** *or* **allmählich** *the company's sales slowly improved; we are slowly increasing our market share*

> QUOTE a general price freeze succeeded in slowing the growth in consumer prices
> Financial Times

> QUOTE cash paid for stock: overstocked lines, factory seconds, slow sellers
> Australian Financial Review

> QUOTE the fall in short-term rates suggests a slowing economy
> Financial Times

slump [slʌmp]
1 *noun*
(a) rapid fall **Einbruch** *m or* **Sturz** *m or* **plötzlicher (anhaltender) Rückgang** ; **Baisse** *f* ; *slump in sales; slump in profits; slump in the value of the pound; the pound's slump on the foreign exchange markets*
(b) period of economic collapse with high unemployment and loss of trade **andauernde Rezession** *or* **starker Konjunkturrückgang** *we are experiencing slump conditions* **the Slump** = the world economic crisis of 1929 - 1933 **die Weltwirtschaftskrise**
2 *verb* to fall fast **stürzen** *or* **plötzlich fallen** *profits have slumped; the pound slumped on the foreign exchange markets*

slush fund ['slʌʃfʌnd] *noun* money kept to one side to give to people to persuade them to do what you want **Schmiergelder** *npl* ; **Bestechungsfonds** *m*

small [smɔːl] *adjective* not large **klein; small ads** = short private advertisements in a newspaper (selling small items, asking for jobs, etc.) **Kleinanzeigen** *fpl* **small businesses** = little companies with low turnover and few employees **Kleinbetriebe** *mpl* **small businessman** = man who runs a small business **Kleinunternehmer** *m* ; **small change** = loose coins **Kleingeld** *n; (GB)* **small claims court** = court which deals with disputes over small amounts of money **für Geldansprüche bis zu einer gewissen Höhe zuständiges Gericht; Bagatellgericht** *n;* ≈ **Amtsgericht; the small investor** = person who has a small amount of money to invest **der/die Kleinanleger/-in; to read the small print on a contract** = to read the conditions of a contract which are often printed very small so that people will not be able to read them easily **das Kleingedruckte in einem Vertrag lesen; small shopkeepers** = owners of small shops **kleine Ladenbesitzer** *mpl*
◇ **small company** [ˌsmɔːl'kʌmpnɪ] *noun* company with at least two of the following characteristics: turnover of less than £2.0m; fewer than 50 staff; net assets of less than £975,000 (small companies are allowed to file modified accounts with Companies House) **Kleinunternehmen** *n*
◇ **small-scale** ['smɔːlskeɪl] *adjective* working in a small way, with few staff and not much money **in begrenztem Umfang** *or* **Rahmen; a small-scale enterprise** = a small business **ein Kleinbetrieb** *m*

smart card ['smɑːtkɑːd] *noun* credit card with a microchip, used for withdrawing money from ATMs, or for purchases at EFTPOS terminals **Chipkarte** *f or* **Smart Card** *f*

smash [smæʃ] *verb* to break (a record) *or* to do better than (a record) **brechen** *or* **schlagen** *to smash all production records; sales have smashed all records for the first half of the year*

smokestack industries ['sməʊkstæk'ɪndʌstrɪz] *noun* heavy industries, such as steel-making **Schornsteinindustrien** *pl*

smuggle ['smʌgl] *verb* to take goods into a country without declaring them to the customs **schmuggeln** *they had to smuggle the spare parts into the country*

◇ **smuggler** ['smʌglə] *noun* person who smuggles **Schmuggler/-in**

◇ **smuggling** ['smʌglɪŋ] *noun* taking goods illegally into a country **Schmuggel** *m* ; *he made his money in arms smuggling*

snap [snæp] *adjective* rapid *or* sudden **plötzlich** *or* **spontan** *or* **schnell** *the board came to a snap decision; they carried out a snap check or a snap inspection of the expense accounts*

◇ **snap up** [snæp'ʌp] *verb* to buy something quickly **aufkaufen** *or* **an Land ziehen** *to snap up a bargain; he snapped up 15% of the company's shares* (NOTE: **snapping - snapped)**

snip [snɪp] *noun (informal)* bargain **Schnäppchen** *n* ; *these typewriters are a snip at £50*

soar [sɔː] *verb* to go up rapidly **sprunghaft ansteigen** *or* **in die Höhe schnellen** *food prices soared during the cold weather; share prices soared on the news of the takeover bid or the news of the takeover bid sent share prices soaring*

social ['səʊʃəl] *adjective* referring to society in general **gesellschaftlich** *or* **Sozial-**; **social costs** = ways in which something will affect people **Kosten** *pl* **für die Allgemeinheit** *the report examines the social costs of building the factory in the middle of the town* **social security** = money from contributions paid to the National Insurance provided by the government to people who need it **Sozialhilfe** *f* ; *he gets weekly social security payments* **the social system** = the way society is organized **die Gesellschaftsordnung**

◇ **society** [sə'saɪətɪ] *noun*
(a) way in which people in a country are organized **Gesellschaft** *f*; **consumer society** = type of society where consumers are encouraged to buy goods **Konsumgesellschaft**; **the affluent society** = type of society where most people are rich **die Wohlstandsgesellschaft**
(b) club *or* group of people with the same interests **Verein** *m* *or* **Gesellschaft** *f* ; *he has joined a computer society* **building society** = financial institution which accepts and pays interest on deposits, and lends money to people who are buying property against the security of the property which is being bought **Bausparkasse** *f* ; **co-operative society** = organization where customers and workers are partners and share the profits **Genossenschaft** *f* ; **friendly society** = group of people who pay regular subscriptions to a fund which is used to help members who are ill or in financial trouble **Versicherungsverein auf Gegenseitigkeit**

◇ **socio-economic** ['səʊʃɪəʊˌiːkə'nɒmɪk] *adjective* referring to social and economic conditions **sozialökonomisch** *the socio-economic system in capitalist countries* **socio-economic groups** = groups in society divided according to income and position **sozialökonomische Gruppierungen** *fpl*

soft [sɒft] *adjective* not hard **weich**; **soft currency** = currency of a country with a weak economy, which is cheap to buy and difficult to exchange for other currencies **weiche Währung**; **soft landing** = change in economic strategy to counteract inflation, which does not cause unemployment or a fall in the standard of living, and has only minor effects on the bulk of the population **weiche Landung**; **soft loan** = loan (from a company to an employee or from a government to another government) at very low or nil interest **zinsgünstiger Kredit** *or* **zinsloses Darlehen**; **to take the soft option** = to decide to do something which involves least risk, effort or problems **den Weg des geringsten Widerstandes** *m* **gehen**; **soft sell** = persuading people to buy by encouraging them, but not forcing them to do so **‚weiche' Verkaufstechnik**

◇ **software** ['sɒftweə] *noun* computer programs (as opposed to machines) **Software** *f*

sole [səʊl] *adjective* only **alleinig** *or* **Allein-**; **sole agency** = agreement to be the only person to represent a company *or* to sell a product in a certain area **Alleinvertretung** *f* *or* **Alleinvertrieb** *m* ; *he has the sole agency for Ford cars* **sole agent** = person who has the sole agency for a product in an area **Alleinvertreter** *m* ; **sole distributor** = retailer who is the only one in an area who is allowed to sell a certain product **Alleinvertrieb** *m* ; **sole owner** *or* **sole proprietor** = person who owns a business on his own, with no partners, without forming a company **Alleineigentümer/-in**; **sole trader** = person who runs a business by himself but has not registered it as a company **Einzelfirma** *f* ; **Einzelkaufmann** *or* **Einzelkauffrau**

solemn ['sɒləm] *adjective* **solemn and binding agreement** = agreement which is not legally binding, but which all parties are supposed to obey **förmliches und bindendes Abkommen**

solicit [sə'lɪsɪt] *verb* **to solicit orders** = to ask for orders *or* to try to get people to order goods **sich um Aufträge bemühen**

◇ **solicitor** [sə'lɪsɪtə] *noun (GB)* lawyer who gives advice to members of the public and acts for them legally **Anwalt/Anwältin**; **to instruct a solicitor** = to give orders to a solicitor to start legal proceedings on your behalf **einen Anwalt beauftragen**

solus (advertisement) ['səʊləs (əd'vɜːtɪsmənt)] *noun* advertisement which does not appear near other advertisements for similar products **Inselanzeige** *f or* **allein stehende Anzeige**

solution [sə'luːʃən] *noun* answer to a problem **Lösung** *f*; *to look for a solution to the financial problems; the programmer came up with a solution to the systems problem; we think we have found a solution to the problem of getting skilled staff*

solve [sɒlv] *verb* **to solve a problem** = to find an answer to a problem **ein Problem lösen** *the loan will solve some of our short-term problems*

solvent ['sɒlvənt] *adjective* having enough money to pay debts **zahlungsfähig** *or* **solvent** *or* **flüssig** *when he bought the company it was barely solvent*

◇ **solvency** ['sɒlvənsɪ] *noun* being able to pay all debts **Zahlungsfähigkeit** *f or* **Solvenz** *f*

sort [sɔːt] *verb* to put (a lot of things) in order **sortieren** *or* **(ein)ordnen** *she is sorting index cards into alphabetical order*

◇ **sort out** [sɔːt'aʊt] *verb* (i) to put into order; (ii) to settle (a problem) **(i) (aus) sortieren** *or* **ordnen; (ii) klären** *or* **lösen** *did you sort out the accounts problem with the auditors?*

sound [saʊnd] *adjective* reasonable *or* which can be trusted **solide** *or* **stabil; gesund; vernünftig** *the company's financial situation is very sound; he gave us some very sound advice*

◇ **soundness** ['saʊndnəs] *noun* being reasonable **Solidität** *f or* **Stabilität** *f*

source [sɔːs]
1 *noun* place where something comes from **Quelle** *f or* **Ursprung** *m*; *source of income; you must declare income from all sources to the tax office* **income which is taxed at source** = where the tax is removed before the income is paid **Einkommen** *n* **mit Quellenbesteuerung** *f*; **source and application of funds statement** = statement in a company's annual accounts, showing where new funds came from during the year, and how they were used **Mittelherkunftsrechnung und Mittelzweckbestimmung** *f*
2 *verb* to get supplies from somewhere **erwerben**

◇ **sourcing** ['sɔːsɪŋ] *noun* getting supplies from a certain place or supplier **Erwerb** *m*; *the sourcing of spare parts can be diversified to suppliers outside Europe (see also* OUTSOURCING)

space [speɪs] *noun* empty place *or* empty area **Platz** *m or* **Raum** *m*; **advertising space** = space in a newspaper set aside for advertisements **Anzeigenraum**; **to take advertising space in a newspaper** = to place a large advertisement in a newspaper **Anzeigenraum in einer Zeitung belegen**; **floor space** = area of the floor in an office **Bodenfläche** *f*; **office space** = area available for offices or used by offices **Büroräume** *mpl we are looking for extra office space for our new accounts department*

◇ **space bar** ['speɪsbɑː] *noun* key on a typewriter *or* computer which makes a single space between letters **Leertaste** *f*

◇ **space out** [speɪs'aʊt] *verb* to place things with spaces between them **(mit Abstand) verteilen; sperren** *the company name is written in spaced-out letters; payments can be spaced out over a period of ten years*

spare [speə] *adjective* extra *or* not being used **übrig** *or* **überschüssig** *he has invested his spare capital in a computer shop* **to use up spare capacity** = to make use of time or space which has not been fully used **ungenutzte Kapazität aufbrauchen**; **spare part** = small piece of machinery used to replace part of a machine which is broken **Ersatzteil** *n*; *the photocopier will not work - it needs a spare part* **spare time** = time when you are not at work **Freizeit** *f*; *he built himself a car in his spare time*

spec [spek] *noun* **to buy something on spec** = to buy something as a speculation, without being sure of its value **etwas auf gut Glück** *or* **auf Verdacht kaufen**

◇ **specs** [speks] *plural noun* = SPECIFICATIONS

special ['speʃəl] *adjective* different *or* not normal *or* referring to one particular thing

besondere(r,s) *or* **speziell** *or* **Sonder-** *he offered us special terms; the car is being offered at a special price* **special delivery** = type of postal service for rapid delivery of letters and packets **Eilzustellung** *f* ; **special deposits** = large sums of money which banks have to deposit with the Bank of England **Sondereinlagen** *fpl*

◇ **special drawing rights (SDRs)** [speʃəl'drɔːɪŋraɪts] *noun* unit of account used by the International Monetary Fund, allocated to each member country for use in loans and other international operations; their value is calculated daily on the weighted values of a group of currencies shown in dollars **Sonderziehungsrechte (SZR)** *npl*

◇ **specialist** ['speʃəlɪst] *noun* person *or* company which deals with one particular type of product or one subject **Fachmann/Fachfrau** *or* **Experte/Expertin** *or* **Spezialist/-in; Fachhandel** *m* ; *you should go to a specialist in computers or to a computer specialist for advice*

◇ **speciality** *or* **specialty** [ˌspeʃɪ'æləti *or* 'speʃəltɪ] *noun* particular interest *or* special type of product which a company deals in **Spezialität** *f or* **Spezialgebiet** *n or* **Fachgebiet** *n* ; *their speciality is computer programs; (US)* **specialty store** = shop selling a limited range of items of good quality **Spezialgeschäft** *n*

◇ **specialization** [ˌspeʃəlaɪ'zeɪʃən] *noun* study of one particular thing *or* dealing with one particular type of product **Spezialisierung** *f* ; *the company's area of specialization is accounts packages for small businesses*

◇ **specialize** ['speʃəlaɪz] *verb* to trade in one particular type of product or service **(sich) spezialisieren** *the company specializes in electronic components; they have a specialized product line; he sells very specialized equipment for the electronics industry*

◇ **special resolution** ['speʃəlrezə'luːʃn] *noun* resolution of the members of a company which is only valid if it is approved by 75% of the votes cast at a meeting (a resolution concerning an important matter, such as a change to the company's articles of association) **Sonderbeschluss** *m*

> COMMENT: 21 days' notice must be given for a special resolution to be put to a meeting, as opposed to an 'extraordinary resolution' for which notice must be given, but no minimum period is specified by law, An extraordinary resolution could be a proposal to wind up a company voluntarily, but changes to the articles of association, such as a change of name, or of the objects of the company, or a reduction in share capital, need a special resolution

> QUOTE the group specializes in the sale, lease and rental of new and second-user hardware
> Financial Times

> QUOTE airlines offer special stopover rates and hotel packages to attract customers to certain routes
> Business Traveller

specie ['spiːʃiː] *plural noun* coins **Münzgeld** *n or* **Hartgeld**

specify ['spesɪfaɪ] *verb* to state clearly what is needed **speziell angeben** *or* **einzeln aufführen** *or* **spezifizieren** *to specify full details of the goods ordered; do not include VAT on the invoice unless specified*

◇ **specification** [ˌspesɪfɪ'keɪʃən] *noun* detailed information about what is needed *or* about a product to be supplied **genaue Angabe** *or* **Beschreibung** *f or* **Spezifikation** *f* ; *to detail the specifications of a computer system* **job specification** = very detailed description of what is involved in a job **Stellenbeschreibung; to work to standard specifications** = to work to specifications which are acceptable anywhere in the industry **den Normen** *fpl* **entsprechend arbeiten; the work is not up to specification** *or* **does not meet our specifications** = the product is not made in the way which was detailed **die Arbeit wurde nicht den Angaben entsprechend ausgeführt**

specimen ['spesɪmən] *noun* thing which is given as a sample **Muster** *n or* **Probe** *f or* **Probeexemplar** *n* ; **to give specimen signatures on a bank mandate** = to write the signatures of all people who can sign cheques for an account so that the bank can recognize them **Unterschriftsproben auf einer Bankvollmacht geben**

speculate ['spekjʊleɪt] *verb* to take a risk in business which you hope will bring you profits **spekulieren; to speculate on the Stock Exchange** = to buy shares which you hope will rise in value **an der Börse spekulieren**

◇ **speculation** [ˌspekjʊ'leɪʃən] *noun* risky deal which may produce a short-term profit **Spekulation** *f* ; *he bought the company as a speculation; she lost all her money in Stock Exchange speculations*

◇ **speculative** ['spekjʊlətɪv] *adjective* **speculative builder** = builder who builds houses in the hope that someone will want to buy them **Bauspekulant** *m* ; **speculative share** = share which may go sharply up or down in value **Spekulationsaktie** *f*

◇ **speculator** ['spekjʊleɪtə] *noun* person who buys goods *or* shares *or* foreign currency in the hope that they will rise in value **Spekulant/-in** *a property speculator; a currency speculator; a speculator on the Stock Exchange or a Stock Exchange speculator*

speed [spi:d] *noun* rate at which something moves **Geschwindigkeit** *f or* **Schnelligkeit** *f*; **dictation speed** = number of words per minute which a secretary can write down in shorthand **Silben** *fpl* **pro Minute; typing speed** = number of words per minute which a typist can type **Anschläge** *mpl* **pro Minute**

◇ **speed up** [spi:d'ʌp] *verb* to make something go faster **beschleunigen** *we are aiming to speed up our delivery times*

spend [spend] *verb*
(a) to pay money **ausgeben** *or* **investieren** *they spent all their savings on buying the shop; the company spends thousands of pounds on research*
(b) to use time **verbringen** *the company spends hundreds of man-hours on meetings; the chairman spent yesterday afternoon with the auditors* (NOTE: **spending - spent)**

◇ **spending** ['spendɪŋ] *noun* paying money **Ausgaben** *fpl cash spending or credit card spending* **consumer spending** = spending by consumers **Verbraucherausgaben; spending money** = money for ordinary personal expenses **Taschengeld** *n* ; **spending power** = having money to spend on goods; amount of goods which can be bought for a certain sum of money **Kaufkraft** *f*; *the spending power of the pound has fallen over the last ten years; the spending power of the student market*

sphere [sfɪə] *noun* area **Bereich** *m or* **Gebiet** *n* ; *sphere of activity; sphere of influence*

spin off [spɪn'ɒf] *verb* **to spin off a subsidiary company** = to take a part of a large company and make a smaller subsidiary from it **eine Tochtergesellschaft ausgliedern** (NOTE: **spinning - spun)**

◇ **spinoff** ['spɪnɒf] *noun* useful product developed as a secondary product from a main item **Nebenprodukt** *n or* **Abfallprodukt** *one of the spinoffs of the research programme has been the development of the electric car*

spiral ['spaɪərəl]
1 *noun* thing which twists round and round getting higher all the time **Spirale** *f* ; **the economy is in an inflationary spiral** *or* **wage-price spiral** = the economy is in a situation where price rises encourage higher wage demands which in turn make prices rise **die Wirtschaft befindet sich in einer Inflationsspirale** *or* **einer Lohn-Preis-Spirale**
2 *verb* to twist round and round, getting higher all the time **klettern** *a period of spiralling prices* **spiralling inflation** = inflation where price rises make workers ask for higher wages which then increase prices again **angeheizte** *or* **durch die Lohn-Preis-Spirale bedingte Inflation** (NOTE: **spiralling - spiralled** but US spelling **spiraling - spiraled)**

split [splɪt]
1 *noun*
(a) dividing up **Aufteilung** *f or* **Aufsplittung** *f*; **share split** = dividing of shares into smaller denominations **Aktiensplit** *m* ; **the company is proposing a five for one split** = the company is proposing that each existing share should be divided into five smaller shares **das Unternehmen plant einen Aktiensplit im Verhältnis eins zu fünf**
(b) lack of agreement **Entzweiung** *f or* **Spaltung** *f*; *a split in the family shareholders*
2 *verb*
(a) to split shares = to divide shares into smaller denominations **Aktien splitten** *or* **aufteilen; the shares were split five for one** = five new shares were given for each existing share held **die Aktien wurden im Verhältnis eins zu fünf gesplittet** *or* **aufgeteilt**
(b) to split the difference = to come to an agreement over a price by dividing the difference between the amount the seller is asking and amount the buyer wants to pay and agreeing on a price between the two **(sich) die Differenz teilen** (NOTE: **splitting - split)**
3 *adjective* which is divided into parts **aufgespalten** *or* **aufgeteilt** *or* **gesplittet; split commission** = commission which is divided between brokers or agents **aufgeteilte Courtage** *or* **Kommission; split payment** = payment which is divided into small units **Teilzahlung** *f*

> COMMENT: a company may decide to split its shares if the share price becomes too 'heavy' (i.e., each share is priced at such a high level that small investors may be put off, and trading in the share is restricted); in the UK, a share price of £10.00 is considered 'heavy', though such prices are common on other stock markets

split-level investment trust ['splɪtlevlɪn'vestmənt,trʌst] *noun* investment trust with two categories of shares: 'income shares' which receive income from the investments, but do not benefit from the rise in their capital value; and 'capital shares', which increase in value as the value of the investments rises, but do not receive any income **Investmentfonds, der sowohl ‚capital shares' als auch ‚income shares' ausgibt**

spoil [spɔɪl] *verb* to ruin *or* to make something bad **verderben** *half the shipment was spoiled by water; the company's results were spoiled by a disastrous last quarter*

sponsor ['spɒnsə]
1 *noun*
(a) (i) person who pays money to help research *or* to pay for a business venture; (ii) company which pays to help a sport, in return for advertising rights **(i) Sponsor/-in** *or* **Geldgeber/-in; (ii) Sponsor** *m*
(b) company which advertises on TV **Fernsehwerbungtreibender** *m* ; **Sponsor** *m*
2 *verb* to pay money to help research *or* business development **sponsern** *or* **fördern** *to sponsor a television programme; the company has sponsored the football match; government-sponsored trade exhibition*
◇ **sponsorship** ['spɒnsəʃɪp] *noun* act of sponsoring **Sponsern** *n* *or* **Förderung** *f* ; *government sponsorship of overseas selling missions*

spot [spɒt] *noun*
(a) spot goods = goods available for immediate delivery **Lokowaren** *fpl* **spot cash** = cash paid for something bought immediately **sofortige Bezahlung** *or* **Sofortliquidität** *f* ; **the spot market in oil** = the market for buying oil for immediate delivery **der Spotmarkt für Öl**; **spot price** *or* **spot rate** = price *or* rate for something which is delivered immediately **Lokopreis** *m* ; **Kassakurs** *m*
(b) place **Ort** *m* *or* **Platz** *m* *or* **Stelle** *f* ; **to be on the spot** = to be at a certain place **an Ort und Stelle** *or* **vor Ort sein** *we have a man on the spot to deal with any problems which happen on the building site*
(c) TV spot = short period on TV which is used for commercials **Fernsehspot** *m* ; *we are running a series of TV spots over the next three weeks*

> QUOTE with most of the world's oil now traded on spot markets, Opec's official prices are much less significant than they once were
> Economist

> QUOTE the average spot price of Nigerian light crude oil for the month of July was 27.21 dollars per barrel
> Business Times (Lagos)

spread [spred]
1 *noun*
(a) range **Verteilung** *f* *or* **Streuung** *f* ; **he has a wide spread of investments** *or* **of interests** = he has shares in many different types of companies **er hat seine Investitionen** *or* **Beteiligungen breit gestreut**
(b) *(on the Stock Exchange)* difference between buying and selling prices (i.e., between the 'bid' and 'offer' prices) **Spanne** *f* *or* **Differenz** *f*
2 *verb* to space out over a period of time **verteilen** *to spread payments over several months* **to spread a risk** = to make the risk of insurance less great by asking other companies to help cover it **das Risiko verteilen** *or* **streuen** (NOTE: **spreading - spread)**
◇ **spreadsheet** ['spredʃi:t] *noun* computer printout showing a series of columns of figures **Tabellenkalkulation** *f*

> QUOTE dealers said markets were thin, with gaps between trades and wide spreads between bid and ask prices on the currencies
> Wall Street Journal

> QUOTE to ensure an average return you should hold a spread of different shares covering a wide cross-section of the market
> Investors Chronicle

square [skweə]
1 *noun*
(a) shape with four equal straight sides and four right angles **Quadrat** *n* ; *graph paper is drawn with a series of small squares*
(b) way of measuring area, by multiplying the length by the width **Quadrat-** *the office is ten metres by twelve - its area is one hundred and twenty square metres* **square measure** = area in square feet or metres **Flächenmaß** *n* (NOTE: written with figures as ²: **10ft²** = ten square feet; **6m²** = six square metres)
2 *adjective*
(a) with four right angles and four equal straight sides **quadratisch**
(b) *(informal)* settled *or* not owing anything **quitt**; **now we're all square** = we do not owe each other anything **jetzt sind wir quitt**
3 *verb (US)* **to square a bill** = to pay a bill **eine Rechnung begleichen**; **to square away** = to put (papers) in order **anordnen**
◇ **squared paper** [skweəd'peɪpə] *noun* paper printed with a series of small squares, like graph paper **Millimeterpapier** *n*
◇ **(the) Square Mile** ['skweə'maɪl] *noun* the City (of London), the British financial centre **das Londoner Finanzzentrum**

squeeze [skwi:z]
1 *noun* government control carried out by reducing amounts available **Druck** *m* ; **credit squeeze** = period when lending by the banks is restricted by the government

Kreditrestriktion *f* ; **profit squeeze** = control of the amount of profits which companies can pay out as dividend **Gewinndruck**
2 *verb* to crush *or* to press; to make smaller **drücken** *to squeeze margins or profits or credit* **our margins have been squeezed by the competition** = profits have been reduced because our margins have to be smaller for us to stay competitive **unsere Gewinnspannen sind durch die Konkurrenz gedrückt worden**

> QUOTE the real estate boom of the past three years has been based on the availability of easy credit. Today, money is tighter, so property should bear the brunt of the credit squeeze
>
> Money Observer

SRO = SELF-REGULATORY ORGANIZATION

SSP = STATUTORY SICK PAY

stability [stə'bɪlətɪ] *noun* being steady *or* not moving up or down **Stabilität** *f or* **Beständigkeit** *f* ; *price stability; a period of economic stability; the stability of the currency markets*
◇ **stabilization** [ˌsteɪbɪlaɪ'zeɪʃən] *noun* making stable *or* preventing sudden changes in prices, etc. **Stabilisierung** *f or* **Festigung** *f* ; **stabilization of the economy** = keeping the economy stable by preventing inflation from rising, cutting high interest rates and excess money supply **Stabilisierung der Wirtschaft**
◇ **stabilize** ['steɪbɪlaɪz] *verb* to make steady **(sich) stabilisieren** *or* **festigen**; **prices have stabilized** = prices have stopped moving up or down **die Preise haben sich stabilisiert**; **to have a stabilizing effect on the economy** = to make the economy more stable **eine stabilisierende Wirkung auf die Wirtschaft haben**
◇ **stable** ['steɪbl] *adjective* steady *or* not moving up or down **stabil** *or* **beständig** *or* **gleich bleibend** *stable prices; stable exchange rate; stable currency; stable economy*

stack [stæk]
1 *noun* pile *or* heap of things on top of each other **Stapel** *m or* **Stoß** *m or* **Haufen** *m* ; *there is a stack of replies to our advertisement*
2 *verb* to pile things on top of each other **stapeln** *the boxes are stacked in the warehouse*

staff [stɑːf]
1 *noun* people who work for a company *or* for an organization **Personal** *n or* **Mitarbeiter** *mpl or* **Belegschaft** *f* ; **to be on the staff** *or* **a member of staff** *or* **a staff member** = to be employed permanently by a company **zum Personal gehören** *or* **ein Mitglied des Personals** *or* **ein Belegschaftsmitglied sein**; **staff agency** = agency which looks for office staff for companies **Personalvermittlung** *f* ; **staff appointment** = a job on the staff **Anstellung** *f* **von Personal**; **staff association** = society formed by members of staff of a company to represent them to the management and to organize entertainments **Personalvertretung** *f* ; **accounts staff** = people who work in the accounts department **Buchhaltungspersonal**; **clerical staff** *or* **office staff** = people who work in offices **Schreibkräfte** *fpl or* **Büropersonal**; **counter staff** = sales staff who work behind counters **Verkaufspersonal**; *(hinter dem Ladentisch)*; **senior staff** *or* **junior staff** = older *or* younger members of staff; people in more important *or* less important positions in a company **ältere** *or* **jüngere Angestellte** *mpl & fpl* ; **Personal in führender** *or* **untergeordneter Position** (NOTE: **staff** refers to a group of people and so is often followed by a verb in the plural)
2 *verb* to employ workers **(mit Personal) besetzen** *to be staffed with skilled part-timers; to have difficulty in staffing the factory*
◇ **staffer** ['stɑːfə] *noun (US)* member of the permanent staff **ständige(r) Mitarbeiter/-in**
◇ **staffing** ['stɑːfɪŋ] *noun* providing workers for a company **Einstellung** *f* **von Personal**; **staffing levels** = numbers of members of staff required in a department of a company for it to work efficiently **Personalbestand** *m* ; **the company's staffing policy** = the company's views on staff - how many are needed for each department *or* if they should be full-time or part-time *or* what the salaries should be, etc. **die Personalplanung des Unternehmens**

stag [stæg]
1 *noun*
(a) person who buys new issues of shares and sells them immediately to make a profit **Neuemissionsspekulant/-in**
(b) *(US)* dealer in stocks who is not a member of a Stock Exchange **Aktienhändler, der nicht der Börse angehört**
2 *verb* **to stag an issue** = to buy a new issue of shares not as an investment, but to sell immediately at a profit **mit einer Neuemission spekulieren** (NOTE: **stagging - stagged**)

stage [steɪdʒ]
1 *noun* period, one of several points of development **Stadium** *n or* **Phase** *f or* **Etappe** *f or* **Stufe** *f or* **Abschnitt** *m* ; *the different stages of the production process* **the contract is still in the drafting stage** = the contract is still being

drafted **der Vertrag befindet sich noch im Entwurfsstadium**; **in stages** = in different steps **etappenweise** *or* **Schritt für Schritt** *the company has agreed to repay the loan in stages*
2 *verb*
(a) to put on *or* to organize (a show) **veranstalten** *the exhibition is being staged in the conference centre* **to stage a recovery** = to recover **sich erholen** *the company has staged a strong recovery from a point of near bankruptcy*
(b) staged payments = payments made in stages **Zahlungen** *fpl* **in Stufen** *fpl or* **Etappen** *fpl*

stagflation [stæg'fleɪʃən] *noun* inflation and stagnation of an economy **Stagflation** *f*

stagger ['stægə] *verb* to arrange (holidays, working hours) so that they do not all begin and end at the same time **staffeln** *or* **stufen** *or* **versetzen** *staggered holidays help the tourist industry; we have to stagger the lunch hour so that there is always someone on the switchboard*

stagnant ['stægnənt] *adjective* not active *or* not increasing **stagnierend** *or* **stockend** *turnover was stagnant for the first half of the year; a stagnant economy*

◇ **stagnate** [stæg'neɪt] *verb* not to increase *or* not to make progress **stagnieren** *or* **stocken** *the economy is stagnating; after six hours the talks were stagnating*

◇ **stagnation** [stæg'neɪʃən] *noun* not increasing *or* not making any progress **Stagnation** *f or* **Stillstand** *m* ; *the country entered a period of stagnation* **economic stagnation** = lack of expansion in the economy **wirtschaftliche Stagnation**

stake [steɪk]
1 *noun* money invested **Beteiligung** *f or* **Einlage** *f*; **to have a stake in a business** = to have money invested in a business **eine Einlage an einem Unternehmen haben**; **to acquire a stake in a business** = to buy shares in a business **eine Einlage an einem Unternehmen erwerben** *he acquired a 25% stake in the business*
2 *verb* **to stake money on something** = to risk money on something **Geld auf etwas setzen**

> QUOTE other investments include a large stake in a Chicago-based insurance company, as well as interests in tobacco products and hotels
>
> Lloyd's List

stall [stɔːl] *noun* small moveable wooden booth, used for selling goods in a market **Marktstand** *m*

◇ **stallholder** ['stɔːlhəʊldə] *noun* person who has a stall in a market and pays rent for the site it occupies **Marktstandbesitzer/-in**

stamp [stæmp]
1 *noun*
(a) device for making marks on documents; mark made in this way **Stempel** *m* ; *the invoice has the stamp 'Received with thanks' on it; the customs officer looked at the stamps in his passport* **date stamp** = stamp with rubber figures which can be moved, used for marking the date on documents **Datumsstempel**; **rubber stamp** = stamp made of hard rubber cut to form words **Gummistempel**; **stamp pad** = soft pad of cloth with ink on which a stamp is pressed, before marking the paper **Stempelkissen** *n*
(b) postage stamp = small piece of gummed paper which you buy from a post office and stick on a letter or parcel to pay for the postage **Postwertzeichen** *n or* **Briefmarke** *f*; *you'll need two £1 stamps for the parcel*
(c) stamp duty = tax on legal documents (such as the conveyance of a property to a new owner) **Stempelgebühr** *f*
2 *verb*
(a) to mark a document with a stamp **(ab)stempeln** *to stamp an invoice 'Paid'; the documents were stamped by the customs officials*
(b) to put a postage stamp on (an envelope, etc.) **frankieren**; **stamped addressed envelope (s.a.e.)** = envelope with your own address written on it and a stamp stuck on it to pay for the return postage **frankierter** *or* **freigemachter Rückumschlag** *send a stamped addressed envelope for further details and catalogue*

stand [stænd]
1 *noun* arrangement of shelves *or* tables, etc. at an exhibition for showing a company's products **Stand** *m or* **Messestand**; **display stand** = special stand for displaying goods for sale **Auslagenstand** *or* **Präsentationsstand**; **exhibition stand** = separate section of an exhibition where a company exhibits its products or services **Messestand**; **news stand** = small wooden shop on a pavement, for selling newspapers **Zeitungsstand**
2 *verb* to be *or* to stay **sein** *or* **stehen**; **to stand liable for damages** = to be liable to pay damages **schadenersatzpflichtig sein**; **the company's balance stands at £24,000** = the balance is £24,000 **der Saldo des Unternehmens liegt bei £24.000** (NOTE: **standing - stood)**

◇ **stand down** [stænd'daʊn] *verb* to withdraw your name from an election **zurücktreten**

◇ **stand in for** [stænd'ɪnfə] *verb* to take someone's place **für jdn einspringen** *Mr Smith is standing in for the chairman, who is ill*

standard ['stændəd]

1 *noun* normal quality *or* normal conditions which other things are judged against **Standard** *m or* **Norm** *f or* **Niveau** *n* ; **standard of living** *or* **living standards** = quality of personal home life (such as amount of food or clothes bought, size of family car, etc.) **Lebensstandard**; **production standards** = quality of production **Produktionsstandard**; **up to standard** = of acceptable quality **den Anforderungen** *fpl* **genügend** *this batch is not up to standard or does not meet our standards* **gold standard** = linking of the value of a currency to value of a quantity of gold **Goldstandard**

2 *adjective* normal *or* usual **üblich** *or* **handelsüblich** *or* **normal** *or* **Standard-** *a standard model car; we have a standard charge of £25 for a thirty-minute session* **standard agreement** *or* **standard contract** = normal printed contract form **Mustervertrag** *m; (US)* **standard deduction** = amount that can be deducted from income on a federal income tax form, if deductions are not itemized **Standardabzug** *m* ; **standard letter** = letter which is sent without any change to various correspondents **Standardbrief** *m or* **Formbrief**; *(computer)* **Serienbrief**; **standard rate** = basic rate of income tax which is paid by most taxpayers **Einheitssteuersatz** *m*

◇ **standardization** [ˌstændədaɪ'zeɪʃən] *noun* making sure that everything fits a standard *or* is produced in the same way **Standardisierung** *f or* **Normung** *f or* **Vereinheitlichung** *f or* **Typung** *f* ; *standardization of design; standardization of measurements* **standardization of products** = reducing a large number of different products to a series which have the same measurements *or* design *or* packaging, etc. **Produkttypung**

◇ **standardize** ['stændədaɪz] *verb* to make sure that everything fits a standard *or* is produced in the same way **standardisieren** *or* **normen** *or* **vereinheitlichen**

standby ['stæn(d)baɪ] *noun*

(a) standby ticket = cheap air ticket which allows the passenger to wait until the last moment to see if there is an empty seat on the plane **Stand-by-Ticket** *n* ; **standby fare** = cheap fare for a standby ticket **Stand-by-Flugpreis** *m*

(b) standby arrangements = plans for what should be done if an emergency happens, especially money held in reserve in the International Monetary Fund for use by a country in financial difficulties **Beistandsabkommen** *n* ; **standby credit** = credit which is available if a company needs it **Beistandskredit** *m or* **Stand-by-Kredit**

standing ['stændɪŋ]

1 *adjective* **standing order** = order written by a customer asking a bank to pay money regularly to an account **Dauerauftrag** *m* ; *I pay my subscription by standing order*

2 *noun*

(a) long-standing customer *or* **customer of long standing** = person who has been a customer for many years **Stammkunde/Stammkundin; treue(r)** *or* **langjährige(r) Kunde/Kundin**

(b) good reputation **Ansehen** *n or* **Ruf** *m* ; **Bonität** *f or* **Kreditwürdigkeit** *f* ; *the financial standing of a company* **company of good standing** = very reputable company **eine angesehene Firma**

standstill ['stæn(d)stɪl] *noun* situation where work has stopped **Stillstand** *m* ; *production is at a standstill; the strike brought the factory to a standstill*

staple ['steɪpl]

1 *adjective*

(a) staple commodity = basic food or raw material **Grundstoff** *m* ; **staple industry** = main industry in a country **Hauptindustriezweig** *m* ; **staple product** = main product **Haupthandelsware** *f*

(b) small piece of bent metal for attaching papers together **Heftklammer** *f* ; *he used a pair of scissors to take the staples out of the documents*

2 *verb* **to staple papers together** = to attach papers with staples **Papiere zusammenheften** *he could not take away separate pages, because the documents were stapled together*

◇ **stapler** ['steɪplə] *noun* small device used to attach papers together with staples **Hefter** *m*

start [stɑːt]

1 *noun* beginning **Beginn** *m or* **Anfang** *m or* **Start** *m* ; **cold start** = beginning a new business *or* opening a new shop with no previous turnover to base it on **ein völliger Neubeginn**; **house starts** *or (US)* **housing starts** = number of new private houses or flats of which construction has been started during a year **Neubauten** *mpl*

2 *verb* **to start a business from cold** *or* **from scratch** = to begin a new business, with no previous turnover to base it on **ein Unternehmen von Grund auf aufbauen**

◇ **starting** ['stɑːtɪŋ] *adjective* beginning **Start-** *or* **Anfangs-**; **starting date** = date on which something starts **Anfangsdatum** *n or* **Anlauftermin** *m* ; **starting salary** = salary for an employee when he starts work with a company **Anfangsgehalt** *n*

◇ **start-up** ['stɑːtʌp] *noun* beginning of a new company *or* new product **Gründung** *f* ; **Inbetriebnahme** *f* ; **Anlauf** *m* ; *start-up costs* **start-up financing** = the first stage in financing a new project, which is followed by several rounds of investment capital as the project gets under way **Neugründungsfinanzierung** *f* (NOTE: plural is **start-ups)**

state [steɪt]
1 *noun*
(a) (i) independent country; (ii) semi-independent section of a federal country (such as the USA) **(i) Staat** *m* ; **(ii) Bundesstaat** *m or* **Land** *n; (US)* **state bank** = commercial bank licensed by the authorities of a state, and not necessarily a member of the Federal Reserve system (as opposed to a 'national bank') **Staatsbank** *f*
(b) government of a country **Staat** *m* ; **state enterprise** = company run by the state **Staatsbetrieb** *m or* **staatliches Unternehmen** *the bosses of state industries are appointed by the government* **state ownership** = situation where an industry is nationalized **Staatseigentum** *n*
2 *verb* to say clearly **angeben** *or* **vortragen** *or* **aussagen** *the document states that all revenue has to be declared to the tax office*

◇ **state-controlled** [ˌsteɪtkən'trəʊld] *adjective* run by the state **unter staatlicher Aufsicht** *or* **staatlich gelenkt** *state-controlled television*

◇ **state-of-the-art** ['steɪtəvðɪ'ɑːt] *adjective* technically as advanced as possible **technisch auf dem neusten Stand**

◇ **state-owned** [steɪt'əʊnd] *adjective* owned by the state or by a state **staatseigen**

> QUOTE the unions had argued that public sector pay rates had slipped behind rates applying in state and local government areas
> Australian Financial Review

> QUOTE state-owned banks cut their prime rates a percentage point to 11%
> Wall Street Journal

> QUOTE each year American manufacturers increase their budget for state-of-the-art computer-based hardware and software
> Duns Business Month

statement ['steɪtmənt] *noun*
(a) saying something clearly **Angabe** *f or* **Aussage** *f or* **Erklärung** *f or* **Darstellung** *f* ; **to make a false statement** = to give wrong details **eine falsche Aussage machen**; **statement of expenses** = detailed list of money spent **Spesenaufstellung** *f*
(b) financial statement = document which shows the financial situation of a company **Finanzbericht** *m or* **Rechnungsabschluss** *m or* **Jahresabschluss** *the accounts department have prepared a financial statement for the shareholders (see also* INCOME STATEMENT)
(c) statement (of account) = list of invoices and credits and debits sent by a supplier to a customer at the end of each month **Abrechnung** *f* ; **bank statement** = written document from a bank showing the balance of an account **Kontoauszug** *m* ; **monthly** *or* **quarterly statement** = statement which is sent every month *or* every quarter by the bank **monatlicher** *or* **vierteljährlicher Kontoauszug**

static market ['stætɪk'mɑːkɪt] *noun* a market which does not increase or decrease significantly over a period of time **statischer Markt**

station ['steɪʃən] *noun*
(a) place where trains stop for passengers **Bahnhof** *m* ; *the train leaves the Central Station at 14.15*
(b) TV station *or* **radio station** = building where TV or radio programmes are produced **Sender** *m*

stationery ['steɪʃənərɪ] *noun*
(a) office supplies for writing, such as paper, carbons, pens, etc. **Schreibwaren** *pl stationery supplier* **continuous stationery** = paper made as a long sheet used in computer printers **Endlospapier** *n*
(b) in particular, letter paper, envelopes, etc., with the company's name and address printed on them **Briefpapier** *n* ; *the letter was typed on his office stationery*

statistics [stə'tɪstɪks] *plural noun* study of facts in the form of figures **Statistik** *f* ; *to examine the sales statistics for the previous six months; government trade statistics show an increase in imports*

◇ **statistical** [stə'tɪstɪkəl] *adjective* based on figures **statistisch** *statistical analysis; statistical information* **statistical discrepancy** = amount by which sets of figures differ **statistische Abweichung**

◇ **statistician** [ˌstætɪ'stɪʃən] *noun* person who analyzes statistics **Statistiker/-in**

status ['steɪtəs] *noun*
(a) importance *or* position in society **Status** *m*

or **Stellung** *f or* **Rang** *m* ; **the chairman's car is a status symbol** = the size of the car shows how important the company is **der Wagen des Direktors ist ein Statussymbol** *n* ; **loss of status** = becoming less important in a group **Prestigeverlust** *m*
(b) legal status = legal position **rechtliche Stellung** *or* **Rechtsposition** *f*; **status inquiry** = checking on a customer's credit rating **Kreditauskunft** *f*
◇ **status quo** ['steɪtəs'kwəʊ] *noun* state of things as they are now **Status quo** *m or* **gegenwärtiger Zustand** *the contract does not alter the status quo*

statute ['stætju:t] *noun* law made by parliament **Gesetz** *n* ; **statute book** = list of laws passed by parliament **Gesetzbuch** *n* ; **statute of limitations** = law which allows only a certain amount of time (a few years) for someone to claim damages or property **Verjährungsfrist** *f*
◇ **statutory** ['stætjʊtərɪ] *adjective* fixed by law **gesetzlich** *there is a statutory period of probation of thirteen weeks* **statutory holiday** = holiday which is fixed by law **gesetzlicher Feiertag**; **statutory regulations** = regulations covering financial dealings which are based on Acts of Parliament, such as the Financial Services Act (as opposed to the rules of self-regulatory organizations which are non-statutory) **gesetzliche Vorschriften** *fpl* **statutory sick pay (SSP)** = payment made each week by an employer to an employee who is away from work because of sickness **Lohnfortzahlung** *f* **bei Krankheit**

stay [steɪ]
1 *noun*
(a) length of time spent in one place **Aufenthalt** *m* ; *the tourists were in town only for a short stay* **long-stay guests** = customers who spend a long time at a hotel **Dauergäste** *mpl*
(b) stay of execution = temporary stopping of a legal order **Vollstreckungsaufschub** *m* ; *the court granted the company a two-week stay of execution*
2 *verb* to stop at a place **bleiben; übernachten** *the chairman is staying at the Hotel London; profits have stayed below 10% for two years; inflation has stayed high in spite of the government's efforts to bring it down*

STD = SUBSCRIBER TRUNK DIALLING

steady ['stedɪ]
1 *adjective* continuing in a regular way **stetig** *or* **stabil** *or* **behauptet** *steady increase in profits; the market stayed steady; there is a steady demand for computers*
2 *verb* to become firm *or* to stop fluctuating **sich festigen** *or* **sich stabilisieren** *or* **sich behaupten** *the markets steadied after last week's fluctuations; prices steadied on the commodity markets; the government's figures had a steadying influence on the exchange rate*
◇ **steadily** ['stedɪlɪ] *adverb* in a regular *or* continuous way **stetig** *or* **fortwährend** *output increased steadily over the last two quarters; the company has steadily increased its market share*
◇ **steadiness** ['stedɪnəs] *noun* being firm *or* not fluctuating **Beständigkeit** *f or* **Stabilität** *f or* **Festigkeit** *f*; *the steadiness of the markets is due to the government's intervention*

steal [sti:l] *verb* to take something which does not belong to you **wegstehlen** *the rival company stole our best clients; one of our biggest problems is stealing in the wine department* (NOTE: **stealing - stole - has stolen)**

steep [sti:p] *adjective* very sharp *or* very high (price) **steil** *or* **hoch** *a steep increase in interest charges; a steep decline in overseas sales*

stencil ['stensl] *noun* sheet of special paper which can be written or typed on, and used in a duplicating machine **Matrize** *f*

stenographer [ste'nɒgrəfə] *noun* official person who can write in shorthand **Stenograf/-in**

step [step] *noun*
(a) type of action **Schritt** *m or* **Maßnahme** *f*; *the first step taken by the new MD was to analyse all the expenses* **to take steps to prevent something happening** = to act to stop something happening **Maßnahmen ergreifen, um etwas zu verhindern**
(b) movement **Stufe** *f*; *becoming assistant to the MD is a step up the promotion ladder* **in step with** = moving at the same rate as **in Einklang mit** *the pound rose in step with the dollar* **out of step with** = not moving at the same rate as **nicht in Einklang mit** *the pound was out of step with other European currencies; wages are out of step with the cost of living*
◇ **step up** [step'ʌp] *verb* to increase **steigern** *or* **erhöhen; verstärken** *to step up industrial action; the company has stepped up production of the latest models* (NOTE: **stepping - stepped)**

sterling ['stɜ:lɪŋ] *noun* standard currency used in the United Kingdom **Sterling** *m* ; *to quote prices in sterling or to quote sterling* *prices* **pound sterling** = official term for the British currency **Pfund Sterling** *n* ; **sterling area** = formerly, an area of the world where the pound sterling was the main trading currency **Sterlinggebiet** *n or* **Sterlingzone** *f* ; **sterling balances** = a country's trade balances expressed in pounds sterling **Außenhandelsbilanz** *f* **in Sterling**; **sterling crisis** = fall in the exchange rate of the pound sterling **Sterlingkrise** *f*

> QUOTE it is doubtful that British goods will price themselves back into world markets as long as sterling labour costs continue to rise faster than in competitor countries
>
> Sunday Times

stevedore ['stiːvədɔː] *noun* person who works in a port, loading or unloading ships **Schauermann** *m or* **Stauer** *m*

steward ['stjʊəd] *noun*
(a) man who serves drinks or food on a ship or plane **Steward** *m*
(b) shop steward = elected trade union representative who reports workers' complaints to the management **betrieblicher Vertrauensmann**
◊ **stewardess** [ˌstjʊə'des] *noun* woman who serves drinks or food on a ship or plane **Stewardess** *f*

stick [stɪk] *verb*
(a) to attach with glue **kleben** *to stick a stamp on a letter; they stuck a poster on the door*
(b) to stay still *or* not to move **(stehen) bleiben** *sales have stuck at £2m for the last two years*
(NOTE: **sticking - stuck)**
◊ **sticker** ['stɪkə]
1 *noun* small piece of gummed paper or plastic to be stuck on something as an advertisement *or* to indicate a price **Aufkleber** *m or* **Etikett** *n* ; **airmail sticker** = blue sticker with the words 'air mail', which can be stuck on an envelope or parcel to show that it is being sent by air **Luftpostaufkleber**
2 *verb* to put a price sticker on an article for sale **auszeichnen** *or* **mit Preisschildern** *npl* **versehen** *we had to sticker all the stock*

stiff [stɪf] *adjective* strong *or* difficult **hart** *or* **schwierig** *he had to take a stiff test before he qualified* **stiff competition** = strong competition **scharfer Wettbewerb**

stimulate ['stɪmjʊleɪt] *verb* to encourage *or* to make (something) become more active **anregen** *or* **ankurbeln** *or* **beleben** *or* **fördern** *to stimulate the economy; to stimulate trade with the Middle East*

◊ **stimulus** ['stɪmjʊləs] *noun* thing which encourages activity **Anreiz** *m or* **Stimulus** *m* (NOTE: plural is **stimuli)**

stipulate ['stɪpjʊleɪt] *verb* to demand that a condition be put into a contract **(vertraglich) vereinbaren** *or* **festlegen** *to stipulate that the contract should run for five years; to pay the stipulated charges; the company failed to pay on the date stipulated in the contract; the contract stipulates that the seller pays the buyer's legal costs*
◊ **stipulation** [ˌstɪpjʊ'leɪʃən] *noun* condition in a contract **Vereinbarung** *f or* **Vertragsbestimmung** *f or* **Klausel** *f*

stock [stɒk]
1 *noun*
(a) quantity of raw materials **Vorrat** *m* ; *we have large stocks of oil or coal; the country's stocks of butter or sugar*
(b) quantity of goods for sale **Lagerbestand** *m or* **Warenbestand; opening stock** = details of stock at the beginning of an accounting period **Eröffnungsbestand** *m* ; **closing stock** = details of stock at the end of an accounting period **Schlussbestand** *m* ; **stock code** = number and letters which indicate an item of stock **Warenkode** *m* ; **stock control** = making sure that enough stock is kept and that quantities and movements of stock are noted **Lagersteuerung** *f* ; **stock depreciation** = reduction in value of stock which is held in a warehouse for some time **Wertminderung** *f* **des Lagerbestands; stock figures** = details of how many goods are in the warehouse *or* store, etc. **Verzeichnis** *n* **des Warenbestands; stock in hand** = stock held in a shop *or* warehouse **Waren auf Lager; stock level** = quantity of goods kept in stock **Lagerbestand** *we try to keep stock levels low during the summer* **stock turn** *or* **stock turnround** *or* **stock turnover** = total value of stock sold in a year divided by the average value of goods in stock **Lagerumschlag** *m* ; **stock valuation** = estimating the value of stock at the end of an accounting period **Bewertung** *f* **des Lagerbestands; to buy a shop with stock at valuation** = when buying a shop, to pay for the stock the same price as its value as estimated by the valuer **ein Geschäft inklusive des bewerteten Warenbestands kaufen; to purchase stock at valuation** = to pay for stock the price it is valued at **den Warenbestand zum Bewertungspreis kaufen** (NOTE: the word 'inventory' is used in the USA where British English uses the word 'stock'. So, the British 'stock control' is 'inventory control' in American English)
(c) in stock = available in the warehouse *or* store **vorrätig** *or* **auf Lager sein; out of stock** =

unavailable in the warehouse *or* store **nicht vorrätig** *or* **ausverkauft sein** *to hold 2,000 lines in stock; the item went out of stock just before Christmas but came back into stock in the first week of January; we are out of stock of this item* **to take stock** = to count the items in a warehouse **Inventur** *f* **machen** *or* **den Warenbestand aufnehmen**
(d) investments in a company, represented by shares or fixed interest securities **Aktien** *fpl* ; **Wertpapiere** *npl* **stocks and shares** = shares in ordinary companies **Effekten** *pl* *or* **Aktien** *fpl* **und Wertpapiere** *npl* **stock certificate** = document proving that someone owns stock in a company **Aktienzertifikat** *n; (US)* **common stock** = ordinary shares in a company giving the shareholders the right to vote at meetings and receive a dividend **Stammaktien** *fpl* **debenture stock** = capital borrowed by a company, using its fixed assets as security **Anleihekapital** *n* ; **dollar stocks** = shares in American companies **US-Aktien** *fpl* **government stock** = government securities **Staatsanleihen** *fpl* **loan stock** = money lent to a company at a fixed rate of interest **festverzinsliche Anleihen** *fpl* **convertible loan stock** = money lent to a company which can be converted into shares at a later date **Wandelanleihen** *fpl* *or* **Wandelschuldverschreibung** *f* (NOTE: in the UK, the term **stocks** is generally applied to government stocks and debentures, and **shares** to shares of commercial companies. In the USA, shares in corporations are usually called **stocks** while government stocks are called **bonds.** In practice, **shares** and **stocks** are interchangeable terms, and this can lead to some confusion)
(e) normal *or* usually kept in stock **Standard-** *butter is a stock item for any good grocer* **stock size** = normal size **Standardgröße** *f*; *we only carry stock sizes of shoes*
2 *verb* to hold goods for sale in a warehouse *or* store **führen** *or* **auf Lager halten** *to stock 200 lines*

◊ **stockbroker** ['stɒkbrəʊkə] *noun* person who buys or sells shares for clients **Börsenmakler/-in** *or* **Wertpapiermakler/-in**; **stockbroker's commission** = payment to a broker for a deal carried out on behalf of a client **Courtage** *f*

◊ **stockbroking** ['stɒkbrəʊkɪŋ] *noun* trade of dealing in shares for clients **Effektenhandel** *m* *or* **Wertpapierhandel** *a stockbroking firm*

◊ **stock controller** ['stɒkkən'trəʊlə] *noun* person who notes movements of stock **Stock-Controller** *m* *or* **Lagersteuerer** *m*

Stock Exchange ['stɒkɪks'tʃeɪn(d)ʒ] *noun* place where stocks and shares are bought and sold **Börse** *f* *or* **Effektenbörse** *or* **Wertpapierbörse** *he works on the Stock Exchange; shares in the company are traded on the Stock Exchange* **Stock Exchange listing** = official list of shares which can be bought or sold on the Stock Exchange **Börsenzulassung** *f* (NOTE: capital letters are used when referring to a particular stock exchange: **the London Stock Exchange;** but **the Stock Exchange** is also generally used to refer to the local stock exchange of whichever country the speaker happens to be in)

stockholder ['stɒkhəʊldə] *noun* person who holds shares in a company **Aktionär/-in**

◊ **stockholding** ['stɒkhəʊldɪŋ] *noun* shares in a company held by someone **Aktienbeteiligung** *f* *or* **Aktienbesitz** *m*

◊ **stock-in-trade** [ˌstɒkɪn'treɪd] *noun* goods held by a business for sale **Bestände** *mpl*

◊ **stockist** ['stɒkɪst] *noun* person *or* shop which stocks a certain item **Fachhändler** *m* *or* **Fachgeschäft** *n*

◊ **stock jobber** ['stɒkdʒɒbə] *noun (formerly)* person who buys and sells shares from other traders on the Stock Exchange **Jobber** *m*

◊ **stock jobbing** ['stɒkdʒɒbɪŋ] *noun (formerly)* buying and selling shares from other traders on the Stock Exchange **Eigenhandel** *m* **an der Börse**

◊ **stocklist** ['stɒklɪst] *noun* list of items carried in stock **Inventar** *n* *or* **Bestandsliste** *f* *or* **Lagerbestandsverzeichnis** *n*

stock market ['stɒkmɑːkɪt] *noun* place where shares are bought and sold (i.e., a stock exchange) **Börse** *f*; *stock market price or price on the stock market* **stock market valuation** = value of a company based on the current market price of its shares **Börsenkapitalisierung** *f*

stockout ['stɒkaʊt] *noun* situation where an item is out of stock **nicht mehr am Lager**

◊ **stockpile** ['stɒkpaɪl]
1 *noun* supplies kept by a country *or* a company in case of need **Vorrat** *m* *or* **Reserve** *f* ; *a stockpile of raw materials*
2 *verb* to buy items and keep them in case of need **Vorräte anlegen** *to stockpile raw materials*

◊ **stockroom** ['stɒkrʊm] *noun* room where stores are kept **Lager** *n*

◊ **stocktaking** ['stɒkteɪkɪŋ] *noun* counting of goods in stock at the end of an accounting period **Inventur** *f* *or*

Bestandsaufnahme *f*; *the warehouse is closed for the annual stocktaking* **stocktaking sale** = sale of goods cheaply to clear a warehouse before stocktaking **Inventurausverkauf** *m*

◇ **stock up** [stɒk'ʌp] *verb* to buy supplies of something which you will need in the future **einen Vorrat anlegen** *or* **ein Lager auffüllen** *or* **sich eindecken** *they stocked up with computer paper*

> QUOTE US crude oil stocks fell last week by nearly 2.5m barrels
> Financial Times

> QUOTE the stock rose to over $20 a share, higher than the $18 bid
> Fortune

> QUOTE the news was favourably received on the Sydney Stock Exchange, where the shares gained 40 cents to A$9.80
> Financial Times

stop [stɒp]
1 *noun*
(a) end of an action **Halt** *m or* **Stillstand** *m* ; *work came to a stop when the company could not pay the workers' wages; the new finance director put a stop to the reps' expense claims*
(b) not supplying **Sperre** *f*; **account on stop** = account which is not supplied because it has not paid its latest invoices **gesperrtes Konto** *to put an account on stop* **to put a stop on a cheque** = to tell the bank not to pay a cheque which you have written **einen Scheck sperren lassen**
2 *verb*
(a) to make (something) not to move any more **anhalten** *or* **zum Stillstand bringen** *or* **stoppen** *the shipment was stopped by the customs; the government has stopped the import of luxury items*
(b) not to do anything any more **aufhören** *or* **einstellen** *the work force stopped work when the company could not pay their wages; the office staff stop work at 5.30; we have stopped supplying Smith & Co.*
(c) to stop an account = not to supply an account any more on credit because bills have not been paid **ein Konto sperren**; **to stop a cheque** *or (US)* **to stop payment on a check** = to ask a bank not to pay a cheque you have written **einen Scheck sperren (lassen)**; **to stop payments** = not to make any further payments **die Zahlungen einstellen**
(d) to stop someone's wages = to take money out of someone's wages **einen Teil des Lohns einbehalten** *we stopped £25 from his pay because he was late* (NOTE: **stopping - stopped)**

◇ **stop-loss order** [stɒplɒs'ɔːdə] *noun* instruction to a stockbroker to sell a share if the price falls to a certain level **Stop-Loss-Auftrag** *m* (NOTE: the US equivalent is **stop order)**

◇ **stop over** [stɒp'əʊvə] *verb* to stay for a short time in a place on a long journey **Zwischenstation machen** *or* **einen Zwischenstopp einlegen** *we stopped over in Hong Kong on the way to Australia*

◇ **stopover** ['stɒpəʊvə] *noun* staying for a short time in a place on a long journey **Zwischenstopp** *m or* **Zwischenlandung** *f* ; *the ticket allows you two stopovers between London and Tokyo*

◇ **stoppage** ['stɒpɪdʒ] *noun*
(a) act of stopping **Unterbrechung** *f or* **Stillstand** *m* ; *stoppage of deliveries; stoppage of payments; deliveries will be late because of stoppages on the production line*
(b) money taken from a worker's wage packet for insurance, tax, etc. **Lohnabzug** *m* ; **Gehaltsabzug**

> QUOTE the commission noted that in the early 1960s there was an average of 203 stoppages each year arising out of dismissals
> Employment Gazette

storage ['stɔːrɪdʒ] *noun*
(a) keeping in store *or* in a warehouse **Lagerung** *f or* **Aufbewahrung** *f* ; *we put our furniture into storage* **storage capacity** = space available for storage **Lagerkapazität** *f* ; **storage company** = company which keeps items for customers **Lagerfirma** *f or* **Lagerhaus** *n* ; **storage facilities** = equipment and buildings suitable for storage **Lagermöglichkeiten** *fpl* **cold storage** = keeping food, etc., in a cold store to prevent it going bad **Kaltlagerung** *f or* **Kühlhauslagerung**; **to put a plan into cold storage** = to postpone work on a plan, usually for a very long time **einen Plan auf Eis legen**
(b) cost of keeping goods in store **Lagerkosten** *pl storage was 10% of value, so we scrapped the stock*
(c) facility for storing data in a computer **Speicher** *m* ; *disk with a storage capacity of 10Mb*

store [stɔː]
1 *noun*
(a) place where goods are kept **Lager(halle** *f*) *n or* **Lagerhaus** *n or* **Magazin** *n or* **Speicher** *m* ; **cold store** = warehouse *or* room where food can be kept cold **Kühlhaus** *n*
(b) quantity of items *or* materials kept because they will be needed **Vorrat** *m or* **Bestand** *m* ; *I*

always keep a store of envelopes ready in my desk
(c) *(GB)* large shop **Kaufhaus** *n or* **Warenhaus** *n* ; *a furniture store; a big clothing store* **chain store** = one store in a number of stores **Filialgeschäft** *n or* **Kettenladen** *m* ; **department store** = large store with sections for different types of goods **Kaufhaus** *or* **Warenhaus**; **discount store** = shop which specializes in cheap goods sold at a high discount **Diskontgeschäft** *n or* **Billigladen** *m* ; **general store** = small country shop which sells a wide range of products **Gemischtwarenhandlung** *f* ; **store card** = credit card issued by a large department store, which can only be used for purchases in that store **Kundenkarte** *f or* **Member-Card** *f*
(d) *(US)* any shop **Geschäft** *n or* **Laden** *m*
2 *verb*
(a) to keep in a warehouse **(ein)lagern** *to store goods for six months*
(b) to keep for future use **aufbewahren** *or* **speichern** *we store our pay records on computer*

◇ **storekeeper** *or* **storeman** ['stɔːkiːpə *or* 'stɔːmən] *noun* person in charge of a storeroom **Lagerverwalter** *m or* **Lagerhalter** *m or* **Lagerist** *m*

◇ **storeroom** ['stɔːrʊm] *noun* room where stock can be kept *or* small warehouse attached to a factory **Lager** *n* ; **Lagerraum** *m*

straight line depreciation ['streɪtlaɪndɪpriːʃɪ'eɪʃn] *noun* depreciation calculated by dividing the cost of an asset, less its residual value, by the number of years it is likely to be used **lineare Abschreibung**

strategy ['strætədʒɪ] *noun* plan of future action **Strategie** *f* ; *business strategy; company strategy; marketing strategy; financial strategy*

◇ **strategic** [strə'tiːdʒɪk] *adjective* based on a plan of action **strategisch**; **strategic planning** = planning the future work of a company **strategische Planung**

stream [striːm] *noun* mass of people *or* traffic, all going in the same direction **Strom** *m* ; *we had a stream of customers on the first day of the sale* **to come on stream** = to start production **in Betrieb gehen**

◇ **streamer** ['striːmə] *noun* device for attaching a tape storage unit to a computer **Magnetbandgerät** *n or* **Streamer** *m*

◇ **streamline** ['striːmlaɪn] *verb* to make (something) more efficient *or* more simple **rationalisieren** *or* **modernisieren** *or* **straffen** *to streamline the accounting system; to streamline distribution services*

◇ **streamlined** ['striːmlaɪnd] *adjective* efficient *or* rapid **rationalisiert** *or* **modernisiert** *or* **(ge)straff(t)** *streamlined production; the company introduced a streamlined system of distribution*

◇ **streamlining** ['striːmlaɪnɪŋ] *noun* making efficient **Rationalisierung** *f or* **Modernisierung** *f or* **Straffung** *f*

street [striːt] *noun* road in a town **Straße** *f* ; **High Street** = main shopping street in a British town **Hauptgeschäftsstraße; the High Street banks** = main British banks which accept deposits from individual customers **die größten öffentlichen Bankinstitute** *npl* **in Großbritannien**; **street directory** = (i) list of people living in a street; (ii) map of a town with all the streets listed in alphabetical order in an index **(i) Straßenadressbuch** *n* ; **(ii) Stadtplan** *m*

strength [streŋθ] *noun* being strong *or* at a high level **Stärke** *f* ; *the company took advantage of the strength of the demand for home computers; the strength of the pound increases the possibility of high interest rates* (NOTE: the opposite is **weakness)**

stress [stres] *noun* nervous tension *or* worry **Stress** *m* ; *people in positions of responsibility suffer from stress-related illnesses; the new work schedules caused too much stress on the shop floor* **stress management** = way of coping with stress-related problems at work **Stressbewältigung** *f*

◇ **stressful** ['stresfʊl] *adjective* (situation) which causes stress **stressig** *psychologists claim that repetitive work can be just a stressful as more demanding but varied work*

> QUOTE manual and clerical workers are more likely to suffer from stress-related diseases. Causes of stress include the introduction of new technology, job dissatisfaction, fear of job loss, poor working relations with the boss and colleagues, and bad working conditions
>
> Personnel Management

stretch [stretʃ] *verb* to pull out *or* make longer **strecken** *or* **dehnen; voll beanspruchen** *the investment programme has stretched the company's resources* **he is not fully stretched** = his job does not make him work as hard as he could **er ist nicht voll ausgelastet**

strict [strɪkt] *adjective* exact **genau** *or* **strikt** *or* **präzise** *in strict order of seniority*

◇ **strictly** ['strɪktlɪ] *adverb* exactly **genau** *or* **strikt** *or* **präzise** *the company asks all staff to follow strictly the buying procedures*

strike [straɪk]
1 *noun*
(a) stopping of work by the workers (because of lack of agreement with management *or* because of orders from a union) **Streik** *m* ; **all-out strike** = complete strike by all workers **Totalstreik; general strike** = strike of all the workers in a country **Generalstreik; official strike** = strike which has been approved by the main office of a union **offizieller Streik** *or* **gewerkschaftlich organisierter Streik; protest strike** = strike in protest at a particular grievance **Proteststreik; sit-down strike** = strike where workers stay in their place of work and refuse to work or leave **Sitzstreik; sympathy strike** = strike to show that workers agree with another group of workers who are already on strike **Solidaritätsstreik** *or* **Sympathiestreik; token strike** = short strike to show that workers have a grievance **Warnstreik; unofficial strike** = strike by local workers, which has not been approved by the main union **inoffizieller Streik; wildcat strike** = strike organized suddenly by workers without the main union office knowing about it **wilder Streik**
(b) to take strike action = to go on strike **in den Ausstand treten; strike call** = demand by a union for a strike **Streikaufruf** *m* ; **no-strike agreement** *or* **no-strike clause** = (clause in an) agreement where the workers say that they will never strike **Streikverbotsklausel** *f* ; **strike fund** = money collected by a trade union from its members, used to pay strike pay **Streikkasse** *f* ; **strike pay** = wages paid to striking workers by their trade union **Streikgelder** *npl* **strike ballot** *or* **strike vote** = vote by workers to decide if a strike should be held **Streikabstimmung** *f or* **Urabstimmung**
(c) to come out on strike *or* **to go on strike** = to stop work **in den Ausstand** *or* **Streik treten** *the office workers are on strike for higher pay* **to call the workforce out on strike** = to tell the workers to stop work **die Belegschaft zum Streik aufrufen** *the union called its members out on strike*
2 *verb*
(a) to stop working because there is no agreement with management **streiken** *to strike for higher wages or for shorter working hours; to strike in protest against bad working conditions* **to strike in sympathy with the postal workers** = to strike to show that you agree with the postal workers who are on strike **aus Solidarität mit den Postbeamten streiken**
(b) to strike a bargain with someone = to come to an agreement **mit jdm ein Geschäft abschließen; a deal was struck at £25 a unit** = we agreed the price of £25 a unit **das Geschäft wurde für £25 pro Einheit abgeschlossen; striking price** = (i) price at which a new issue of shares is offered for sale; (ii) the lowest selling price when selling a new issue of shares by tender (applicants who tendered at a higher price will get shares; those who tendered at a lower price will not) **(i) Zuteilungskurs** *m* ; **(ii) Basispreis** *m* (NOTE: **striking - struck)**

◊ **strikebound** ['straɪkbaʊnd] *adjective* not able to work *or* to move because of a strike **bestreikt** *or* **vom Streik betroffen** *six ships are strikebound in the docks*

◊ **strikebreaker** ['straɪkbreɪkə] *noun* worker who goes on working while everyone else is on strike **Streikbrecher/-in**

◊ **striker** ['straɪkə] *noun* worker who is on strike **Streikende(r)**

stripper ['strɪpə] *noun* **asset stripper** = person who buys a company to sell its assets **Aufkäufer** *m* **eines Unternehmens, der anschließend Unternehmensteile gewinnbringend veräußert**

◊ **stripping** ['strɪpɪŋ] *noun* **asset stripping** = buying a company in order to sell its assets **Aufkauf** *m* **eines Unternehmens mit anschließenden gewinnbringenden Einzelveräußerungen**

strong [strɒŋ] *adjective* with a lot of force *or* strength **stark** *a strong demand for home computers; the company needs a strong chairman* **strong currency** = currency which is high against other currencies (the opposite is a 'weak currency') **starke Währung; strong pound** = pound which is high against other currencies **starkes Pfund**

◊ **strongbox** ['strɒŋbɒks] *noun* safe *or* heavy metal box which cannot be opened easily, in which valuable documents, money, etc., can be kept **Stahlkassette** *f*

◊ **strongroom** ['strɒŋrʊm] *noun* special room (in a bank) where valuable documents, money, golds, etc., can be kept **Stahlkammer** *f or* **Tresorraum** *m*

> QUOTE everybody blames the strong dollar for US trade problems
> Duns Business Month

> QUOTE in a world of floating exchange rates the dollar is strong because of capital inflows rather than weak because of the nation's trade deficit
> Duns Business Month

structure ['strʌktʃə]
1 *noun* way in which something is organized **Struktur** *f or* **Aufbau** *m or* **Gefüge** *n* ; *the paper gives a diagram of the company's organizational structure; the price structure*

in the small car market; the career structure within a corporation; the company is reorganizing its discount structure **the capital structure of a company** = the way in which a company's capital is set up **die Kapitalstruktur einer Firma**; **the company's salary structure** = organization of salaries in a company with different rates of pay for different types of job **die Gehaltsstruktur eines Unternehmens**
2 *verb* to arrange in a certain way **strukturieren** *or* **aufbauen** *or* **gestalten** *to structure a meeting* **eine Sitzung strukturieren**

◊ **structural** ['strʌktʃərəl] *adjective* referring to a structure **strukturell** *to make structural changes in a company* **structural unemployment** = unemployment caused by the changing structure of an industry or of society **strukturelle Arbeitslosigkeit**

stub [stʌb] *noun* slip of paper left after writing a cheque *or* an invoice *or* a receipt, as a record of the deal which has taken place **Abschnitt** *m* ; **cheque stub** = piece of paper left in a cheque book after a cheque has been written and taken out **Scheckabschnitt**

studio ['stju:dɪəʊ] *noun* place where designers, film producers, artists, etc., work **Studio** *n* *or* **Atelier** *n* ; **design studio** = independent firm which specializes in creating designs for companies **Designstudio**

study ['stʌdɪ]
1 *noun* examining something carefully **Studie** *f* *or* **Untersuchung** *f* ; *the company has asked the consultants to prepare a study of new production techniques; he has read the government study on sales opportunities* **to carry out a feasibility study on a project** = to examine the costs and possible profits to see if the project should be started **eine Durchführbarkeitsstudie zu einem Projekt durchführen**
2 *verb* to examine (something) carefully **untersuchen** *or* **prüfen** *we are studying the possibility of setting up an office in New York; the government studied the committee's proposals for two months; you will need to study the market carefully before deciding on the design of the product*

stuff [stʌf] *verb* to put papers, etc., into envelopes **stecken** *we pay casual workers £2 an hour for stuffing envelopes or for envelope stuffing*

◊ **stuffer** ['stʌfə] *noun* advertising paper to be put in an envelope for mailing **Reklamebeilage** *f*

style [staɪl] *noun* way of doing *or* making something **Stil** *m* *or* **Art** *f* ; *a new style of product; old-style management techniques*

sub [sʌb] *noun*
(a) wages paid in advance **Vorschuss** *m*
(b) = SUBSCRIPTION

sub- [sʌb] *prefix* under *or* less important **Unter-** *or* **unter-** *or* **Sub-** *or* **sub-**

◊ **sub-agency** ['sʌb'eɪdʒənsɪ] *noun* small agency which is part of a large agency **Untervertretung** *f*

◊ **sub-agent** ['sʌb'eɪdʒənt] *noun* person who is in charge of a sub-agency **Untervertreter/-in**

◊ **subcommittee** ['sʌbkəˌmɪtɪ] *noun* small committee which is part of *or* set up by a main committee **Unterausschuss** *m* ; *the next item on the agenda is the report of the finance subcommittee*

◊ **subcontract**
1 [ˌsʌb'kɒntrækt] *noun* contract between the main contractor for a whole project and another firm who will do part of the work **Subunternehmervertrag** *m* *or* **Untervertrag** *they have been awarded the subcontract for all the electrical work in the new building we will put the electrical work out to subcontract*
2 [sʌbkən'trækt] *verb* to agree with a company that they will do part of the work for a project **einen Unterauftrag abschließen** *or* **einen Auftrag weitervergeben** *the electrical work has been subcontracted to Smith Ltd*

◊ **subcontractor** [sʌbkən'træktə] *noun* company which has a contract to do work for a main contractor **Subunternehmer** *m*

◊ **subdivision** ['sʌbdɪˌvɪʒən] *noun (US)* piece of empty land to be used for building new houses **Bauplatz** *m*

subject to ['sʌbdʒɪkt'tʊ] *adjective*
(a) depending on **abhängig von**; **the contract is subject to government approval** = the contract will be valid only if it is approved by the government **der Vertrag ist abhängig von der Genehmigung der Regierung** *or* **unterliegt staatlicher Genehmigung**; **agreement** *or* **sale subject to contract** = agreement *or* sale which is not legal until a proper contract has been signed **Vereinbarung** *or* **Verkauf vorbehaltlich eines Vertragsabschlusses**; **offer subject to availability** = the offer is valid only if the goods are available **Angebot solange Vorrat reicht**
(b) these articles are subject to import tax = import tax has to be paid on these articles **diese Artikel sind einfuhrzollpflichtig**

sub judice [ˌsʌb'dʒu:dɪsɪ] *adjective* being considered by a court (and so not to be mentioned in the media) **rechtshängig** *or* **noch nicht entschieden** *the papers cannot report the case because it is still sub judice*

sublease
1 ['sʌbli:s] *noun* lease from a tenant to another tenant **Untermietvertrag** *m* ; **Untervermietung** *f* ; **Unterpachtvertrag** *m* ; **Unterverpachtung** *f*
2 [sʌb'li:s] *verb* to lease a leased property from another tenant **in** *or* **zur Untermiete** *or* **Unterpacht haben** *they subleased a small office in the centre of town*

◇ **sublessee** [sʌble'si:] *noun* person *or* company which takes a property on a sublease **Untermieter/-in; Unterpächter/-in**

◇ **sublessor** [sʌble'sɔ:] *noun* tenant who lets a leased property to another tenant **Untervermieter/-in; Unterverpächter/-in**

◇ **sublet** [ˌsʌb'let] *verb* to let a leased property to another tenant **untervermieten; unterverpachten** *we have sublet part of our office to a financial consultancy* (NOTE: **subletting - sublet)**

subliminal advertising [sʌb'lɪmɪnəl'ædvətaɪzɪŋ] *noun* advertising that attempts to leave certain impressions on the mind of the person who sees it or hears it (without that person realising that this is being done) **unterschwellige Werbung**

submit [səb'mɪt] *verb* to put (something) forward to be examined **einreichen** *or* **vorlegen** *to submit a proposal to the committee; he submitted a claim to the insurers; the reps are asked to submit their expenses claims once a month* (NOTE: **submitting - submitted)**

subordinate [sə'bɔ:dɪnət]
1 less important **untergeordnet**; **subordinate to** = governed by *or* which depends on **bestimmt durch** *or* **abhängig von**
2 *noun* member of staff who is directed by someone **Untergebene(r)** *his subordinates find him difficult to work with*

subpoena [səb'pi:nə]
1 *noun* order telling someone to appear in court as a witness **Vorladung** *f (vor Gericht)*
2 *verb* to order someone to appear in court **vorladen**; *(vor Gericht) the finance director was subpoenaed by the prosecution*

subscribe [səb'skraɪb] *verb*
(a) to subscribe to a magazine = to pay for a series of issues of a magazine **eine Zeitschrift abonnieren**
(b) to subscribe for shares = to apply for shares in a new company **Aktien zeichnen**

◇ **subscriber** [səb'skraɪbə] *noun*
(a) subscriber to a magazine *or* **magazine subscriber** = person who has paid in advance for a series of issues of a magazine **Zeitschriftenabonnent/-in** *the extra issue is sent free to subscribers*
(b) subscriber to a share issue = person who has applied for shares in a new company **Zeichner/-in von Aktien**
(c) telephone subscriber = person who has a telephone **Fernsprechteilnehmer/-in**; **subscriber trunk dialling (STD)** = telephone system where you can dial long-distance numbers direct from your own telephone without going through the operator **Selbstwählferndienst** *m*

◇ **subscription** [səb'skrɪpʃən] *noun*
(a) money paid in advance for a series of issues of a magazine *or* for membership of a society **Abonnement** *n* ; **Mitgliedsbeitrag** *m* ; *did you remember to pay the subscription to the computer magazine? he forgot to renew his club subscription* **to take out a subscription to a magazine** = to start paying for a series of issues of a magazine **eine Zeitschrift abonnieren**; **to cancel a subscription to a magazine** = to stop paying for a magazine **eine Zeitschrift abbestellen** *or* **ein Zeitschriftenabonnement kündigen**; **subscription rate** = amount of money to be paid for a series of issues of a magazine **Abonnementspreis** *m or* **Bezugspreis**
(b) subscription to a new share issue = offering shares in a new company for sale **Zeichnung** *f* **einer Neuemission**; **subscription list** = list of subscribers to a new share issue **Zeichnungsliste** *f* ; **the subscription lists close at 10.00 on September 24th** = no new applicants will be allowed to subscribe for the share issue after that date **die Zeichnungslisten werden am 24. September um 10 Uhr geschlossen**

> QUOTE the rights issue is to be a one-for-four, at FFr 1,000 a share; it will grant shareholders free warrants to subscribe to further new shares
>
> Financial Times

subsidiary [səb'sɪdjərɪ]
1 *adjective* (thing) which is less important **nebensächlich** *or* **Neben-** *they agreed to most of the conditions in the contract but queried one or two subsidiary items* **subsidiary company** = company which is more than 50% owned by a holding company, and where the holding company controls the board of directors **Tochtergesellschaft** *f or* **Organgesellschaft**
2 *noun* company which is owned by a parent company **Tochtergesellschaft** *f or*

Organgesellschaft *most of the group profit was contributed by the subsidiaries in the Far East*

subsidize ['sʌbsɪdaɪz] *verb* to help by giving money **subventionieren** *the government has refused to subsidize the car industry* **subsidized accommodation** = cheap accommodation which is partly paid for by an employer or a local authority, etc. **bezuschusste Wohnung**

◇ **subsidy** ['sʌbsɪdɪ] *noun*
(a) money given to help something which is not profitable **Subvention** *f or* **Zuwendungen** *fpl the industry exists on government subsidies; the government has increased its subsidy to the car industry*
(b) money given by a government to make something cheaper **Subvention** *f or* **Beihilfe** *f or* **Zuschuss** *m* ; *the subsidy on butter or the butter subsidy*

> QUOTE a serious threat lies in the estimated 400,000 tonnes of subsidized beef in EC cold stores
> Australian Financial Review

subsistence [səb'sɪstəns] *noun* minimum amount of food, money, housing, etc., which a person needs **Lebensunterhalt** *m* ; **subsistence allowance** = money paid by a company to cover the cost of hotels, meals, etc., for a member of staff who is travelling on business **Tagegeld** *n* ; **to live at subsistence level** = to have only just enough money to live on **am Existenzminimum** *n* **leben**

substantial [səb'stænʃəl] *adjective* large *or* important **beträchtlich** *or* **namhaft** *or* **stattlich** *or* **bedeutend; she was awarded substantial damages** = she received a large sum of money as damages **ihr wurde eine namhafte Schaden(s)ersatzsumme zugesprochen; to acquire a substantial interest in a company** = to buy a large number of shares in a company **einen wesentlichen Anteil an einem Unternehmen erwerben**

substitute ['sʌbstɪtju:t]
1 *noun* person *or* thing which takes the place of someone *or* something else **Vertreter/-in** *or* **Vertretung** *f or* **Stellvertreter/-in; Ersatz** *m*
2 *verb* to take the place of something else **vertreten** *or* **ersetzen** *or* **austauschen**

subtenancy [sʌb'tenənsɪ] *noun* agreement to sublet a property **Untermiete** *f* ; **Unterpacht** *f*

◇ **subtenant** [sʌb'tenənt] *noun* person *or* company to which a property has been sublet

◇ **subtenant** *noun* **Untermieter/-in; Unterpächter/-in**

subtotal ['sʌbˌtəʊtl] *noun* total of one section of a complete set of figures **Zwischensumme** *f*

subtract [səb'trækt] *verb* to take away (something) from a total **subtrahieren** *or* **abziehen** *if the profits from the Far Eastern operations are subtracted, you will see that the group has not been profitable in the European market*

◇ **subtraction** [səb'trækʃn] *noun* taking one number away from another **Subtraktion** *f*

subvention [səb'venʃn] *noun* subsidy **Subvention** *f*

succeed [sək'si:d] *verb*
(a) to do well *or* to be profitable **Erfolg haben** *or* **erfolgreich sein** *the company has succeeded best in the overseas markets; his business has succeeded more than he had expected*
(b) to do what was planned **gelingen** *she succeeded in passing her shorthand test; they succeeded in putting their rivals out of business*
(c) to follow (someone) **folgen** *or* **Nachfolger** *m* **werden** *Mr Smith was succeeded as chairman by Mr Jones*

◇ **success** [sək'ses] *noun*
(a) doing something well **Erfolg** *m* ; *the launch of the new model was a great success; the company has had great success in the Japanese market*
(b) doing what was intended **Erfolg** *m* ; *we had no success in trying to sell the lease; he has been looking for a job for six months, but with no success*

◇ **successful** [sək'sesfʊl] *adjective* which does well **erfolgreich** *a successful businessman; a successful selling trip to Germany*

◇ **successfully** [sək'sesfəlɪ] *adverb* done well **erfolgreich** *or* **mit Erfolg** *he successfully negotiated a new contract with the unions; the new model was successfully launched last month*

◇ **successor** [sək'sesə] *noun* person who takes over from someone **Nachfolger/-in** *Mr Smith's successor as chairman will be Mr Jones*

sue [su:] *verb* to take someone to court *or* to start legal proceedings against someone to get money as compensation **(ver)klagen** *or* **Klage erheben** *or* **prozessieren** *to sue someone for damages; he is suing the company for $50,000 compensation*

suffer ['sʌfə] *verb* to be in a bad situation *or* to do badly **leiden** *or* **erleiden** *or* **kranken** *exports have suffered during the last six* *months* **to suffer from something** = to do badly because of something **unter etwas leiden** *the company's products suffer from bad design; the group suffers from bad management*

> QUOTE the bank suffered losses to the extent that its capital has been wiped out
> South China Morning Post

> QUOTE the holding company has seen its earnings suffer from big writedowns in conjunction with its agricultural loan portfolio
> Duns Business Month

sufficient [səˈfɪʃənt] *adjective* enough **ausreichend** *or* **genügend** *the company has sufficient funds to pay for its expansion programme*

suggest [səˈdʒest] *verb* to put forward a proposal **vorschlagen** *or* **anregen** *the chairman suggested (that) the next meeting should be held in October; we suggested Mr Smith for the post of treasurer*
◇ **suggestion** [səˈdʒestʃən] *noun* proposal, idea which is put forward **Vorschlag** *m or* **Anregung** *f*; **suggestion box** = place in a company where members of staff can put forward their ideas for making the company more efficient and profitable **Kasten** *m* **für Verbesserungsvorschläge**

suitable [ˈsuːtəbl] *adjective* convenient *or* which fits **passend** *or* **geeignet** *Wednesday is the most suitable day for board meetings; we had to readvertise the job because there were no suitable candidates*

suitcase [ˈsuːtkeɪs] *noun* box with a handle for carrying clothes and personal belongings when travelling **Koffer** *m* ; *the customs officer made him open his three suitcases*

sum [sʌm] *noun*
(a) quantity of money **Betrag** *m or* **Summe** *f*; *a sum of money was stolen from the personnel office; he lost large sums on the Stock Exchange; she received the sum of £500 in compensation* **the sum insured** = the largest amount which an insurer will pay under the terms of an insurance **die Versicherungssumme**; **lump sum** = money paid in one payment, not in several small payments **Pauschalbetrag** *m or* **Pauschale** *f*
(b) total of a series of figures added together **Summe** *f*

summary [ˈsʌmərɪ] *noun* short account of what has happened *or* of what has been written **Zusammenfassung** *f or* **Übersicht** *f* ; *the chairman gave a summary of his discussions with the German trade delegation; the sales department has given a summary of sales in Europe for the first six months*

summons [ˈsʌmənz] *noun* official order to appear in court to be tried **Vorladung** *f or* **Ladung** *he threw away the summons and went on holiday to Spain*

Sunday trading laws [ˌsʌndɪˈtreɪdɪŋˈlɔːz] *noun* regulations which govern business activities on Sundays **Sittengesetze** *npl (besonders gegen die Entheiligung von Sonn- und Feiertagen)* (NOTE: the US equivalent is **Blue Laws)**

sundry [ˈsʌndrɪ] *adjective & noun* various **verschieden**; **sundry items** *or* **sundries** = small items which are not listed in detail **Verschiedenes** *or* **Diverses**

sunrise industries [ˈsʌnraɪzˈɪndʌstrɪz] *noun* companies in the fields of electronics and other high-tech areas **aufstrebende, innovative Industriezweige** *mpl*
◇ **sunset industries** [ˈsʌnsetˈɪndʌstrɪz] *noun* old-style industries which are being replaced by new technology **veraltete** *or* **überholte Industriezweige** *mpl*

superannuation [ˌsuːpərˌænjʊˈeɪʃn] *noun* pension paid to someone who is too old *or* ill to work any more **Altersrente** *f or* **Pension** *f*; **superannuation plan** *or* **scheme** = pension plan *or* scheme **betriebliche Altersversorgung**

superintend [ˌsuːpərɪnˈtend] *verb* to be in charge of **beaufsichtigen** *or* **leiten** *he superintends the company's overseas sales*
◇ **superintendent** [ˌsuːpərɪnˈtendənt] *noun* person in charge **Leiter/-in** *or* **Aufsicht** *f*

superior [suːˈpɪərɪə]
1 *adjective* better *or* of better quality **besser** *or* **überlegen** *our product is superior to all competing products; their sales are higher because of their superior distribution service*
2 *noun* more important person **Vorgesetzte(r)** *each manager is responsible to his superior for accurate reporting of sales*

supermarket [ˈsuːpəˌmɑːkɪt] *noun* large store, usually selling food, where customers serve themselves and pay at a checkout **Supermarkt** *m* ; *sales in supermarkets or supermarket sales account for half the company's turnover* **supermarket trolley** = metal basket on wheels, used by shoppers to put their purchases in as they go round a supermarket **Einkaufswagen** *m* (NOTE: the US English for this is **shopping cart)**

superstore ['su:pəstɔ:] *noun* very large self-service store which sells a wide range of goods **Einkaufsmarkt** *m or* **Verbrauchermarkt**

supertanker ['su:pətæŋkə] *noun* very large oil tanker **Supertanker** *m*

supervise ['su:pəvaɪz] *verb* to watch work carefully to see if it is well done **überwachen** *or* **beaufsichtigen** *or* **die Aufsicht haben** *or* **führen** *the move to the new offices was supervised by the administrative manager; she supervises six girls in the accounts department*

◇ **supervision** [ˌsu:pə'vɪʒən] *noun* being supervised **Aufsicht** *f or* **Kontrolle** *f*; *new staff work under supervision for the first three months; she is very experienced and can be left to work without any supervision; the cash was counted under the supervision of the finance manager*

◇ **supervisor** ['su:pəvaɪzə] *noun* person who supervises **Aufsicht** *f or* **Aufsichtsbeamte (r)/-beamtin** *or* **Aufseher/-in** *or* **Kontrolleur/-in**

◇ **supervisory** [ˌsu:pə'vaɪzərɪ] *adjective* as a supervisor **Aufsichts-** *or* **Überwachungs-** *supervisory staff; he works in a supervisory capacity*

supplement ['sʌplɪmənt]
1 *noun* thing which is added **Zusatz** *m or* **Ergänzung** *f*; **Zuschlag** *m or* **Aufschlag** *m*; *the company gives him a supplement to his pension*
2 *verb* to add **ergänzen** *we will supplement the warehouse staff with six part-timers during the Christmas rush*

◇ **supplementary** [ˌsʌplɪ'mentərɪ] *adjective* in addition to **Zusatz-** *or* **zusätzlich** *or* **ergänzend**; *(GB)* **supplementary benefit** = payments from the government to people with very low incomes **Sozialhilfe** *f*; *(US)* **supplementary unemployment benefits** = payments made by a company to workers who have been laid off, in addition to regular unemployment insurance payments **zusätzliche Arbeitslosengelder** *npl*

supply [sə'plaɪ]
1 *noun*
(a) providing something which is needed **Versorgung** *f or* **Angebot** *n or* **Lieferung** *f*; **money supply** = amount of money which exists in a country **Geldmenge** *f*; **supply price** = price at which something is provided **Angebotspreis** *m or* **Lieferpreis**; **supply and demand** = amount of a product which is available and the amount which is wanted by customers **Angebot und Nachfrage**; **the law of supply and demand** = general rule that the amount of a product which is available is related to the needs of the possible customer **das Gesetz von Angebot und Nachfrage**
(b) in short supply = not available in large enough quantities to meet the demand **knapp sein** *spare parts are in short supply because of the strike*
(c) stock of something which is needed **Vorrat** *m or* **Bestand** *m*; *the factory is running short of supplies of coal; supplies of coal have been reduced* **office supplies** = goods needed to run an office (such as paper, pens, typewriters) **Bürobedarf** *m*
2 *verb* to provide something which is needed **liefern** *or* **beliefern** *or* **versorgen** *to supply a factory with spare parts; the finance department supplied the committee with the figures; details of staff addresses and phone numbers can be supplied by the personnel staff*

◇ **supply side economics** [sə'plaɪˌsaɪdi:kə'nɒmɪks] *noun* economic theory, that governments should encourage producers and suppliers of goods by cutting taxes, rather than encourage demand by making more money available in the economy **angebotsorientierte Wirtschaftspolitik**

◇ **supplier** [sə'plaɪə] *noun* person *or* company which supplies *or* sells goods or services **Lieferant** *m or* **Zulieferer** *m or* **Anbieter** *m*; *office equipment supplier; they are major suppliers of spare parts to the car industry*

support [sə'pɔ:t]
1 *noun*
(a) giving money to help **Unterstützung** *f or* **Hilfe** *f*; *the government has provided support to the electronics industry; we have no financial support from the banks*
(b) agreement *or* encouragement **Unterstützung** *f or* **Beistand** *m*; *the chairman has the support of the committee* **support price** = price (in the EU) at which a government will buy agricultural produce to stop the price falling **Stützungspreis** *m*
2 *verb*
(a) to give money to help **finanziell unterstützen** *or* **stützen** *the government is supporting the electronics industry to the tune of $2m per annum; we hope the banks will support us during the expansion period*
(b) to encourage *or* to agree with **unterstützen** *or* **beistehen** *or* **befürworten** *she hopes the other members of the committee will support her; the market will not support another price increase*

surcharge ['sɜːtʃɑːdʒ] *noun* extra charge **Zuschlag** *m or* **Aufschlag** *m or* **Aufpreis** *m* ; **import surcharge** = extra duty charged on imported goods, to try to stop them from being imported and to encourage local manufacture **Importabgabe** *f*

surety ['ʃʊərətɪ] *noun*
(a) person who guarantees that someone will do something **Bürge** *m or* **Garant** *m* ; *to stand surety for someone*
(b) deeds *or* share certificates, etc., deposited as security for a loan **Sicherheit(sleistung)** *f or* **Garantie** *f or* **Bürgschaft** *f or* **Kaution** *f*

surface ['sɜːfɪs] *noun* top part of the earth **Erdoberfläche** *f* ; **to send a package by surface mail** = to send it by land or sea, but not by air **ein Paket mit normaler Post (auf dem Landweg** *m* **oder Seeweg) schicken**; **surface transport** = transport on land or sea **Transport** *m* **auf dem Land- und Seeweg** *or* **Bodentransport**

surplus ['sɜːpləs] *noun* extra stock *or* something which is more than is needed **Überschuss** *m* ; *surplus government equipment; surplus butter is on sale in the shops; we are holding a sale of surplus stock; governments are trying to find ways of reducing the agricultural surpluses in the EU; we are trying to let surplus capacity in the warehouse* **a budget surplus** = more revenue than was planned for in the budget **ein Etatüberschuss**; **these items are surplus to our requirements** = we do not need these items **diese Waren sind mehr als wir benötigen**; **to absorb a surplus** = to take a surplus into a larger amount **einen Überschuss auffangen**

> QUOTE Both imports and exports reached record levels in the latest year. This generated a $371 million trade surplus in June, the seventh consecutive monthly surplus and close to market expectations
> Dominion (Wellington, New Zealand)

surrender [sə'rendə]
1 *noun* giving up of an insurance policy before the contracted date for maturity **frühzeitiges Einlösen**; **surrender value** = money which an insurer will pay if an insurance policy is given up **Rückkaufswert** *m*
2 *verb* **to surrender a policy** = to give up an insurance policy before the date on which it matures **eine Versicherungspolice frühzeitig einlösen**

surtax ['sɜːtæks] *noun* extra tax on high income **Zusatzsteuer** *f*

survey
1 ['sɜːveɪ] *noun*
(a) general report on a problem **Gutachten** *n or* **Untersuchung** *f* ; *the government has published a survey of population trends; we have asked the sales department to produce a survey of competing products*
(b) examining something to see if it is in good condition **Begutachtung** *f* ; *we have asked for a survey of the house before buying it; the insurance company is carrying out a survey of the damage* **damage survey** = survey of damage done **Schadenprüfung** *f*
(c) measuring exactly **Vermessung** *f* ; **quantity survey** = calculating the amount of materials and cost of labour needed for a construction project **Baukostenschätzung** *f or* **Kalkulation** *f*
2 [sə'veɪ] *verb* to examine (something) to see if it is in good condition **begutachten** *or* **untersuchen**

◇ **surveyor** [sə'veɪə] *noun* person who examines buildings to see if they are in good condition **Gutachter/-in** *or* **Sachverständige(r)**; **quantity surveyor** = person who calculates the amount of materials and cost of labour needed for a construction project **Baukostensachverständige(r)** *or* **Kalkulator/-in**

suspend [səs'pend] *verb*
(a) to stop (something) for a time **zeitweilig einstellen** *or* **aussetzen** *or* **unterbrechen** *we have suspended payments while we are waiting for news from our agent; sailings have been suspended until the weather gets better; work on the construction project has been suspended; the management decided to suspend negotiations*
(b) to stop (someone) working for a time **suspendieren** *he was suspended on full pay while the police investigations were going on*

◇ **suspense account** [səs'pensəkaʊnt] *noun* account into which payments are put temporarily when the accountant cannot be sure where they should be entered **Interimskonto** *n or* **Durchlaufkonto**

◇ **suspension** [səs'penʃən] *noun*
(a) stopping something for a time **zeitweilige Einstellung** *or* **Aussetzung** *f or* **Unterbrechung** *f* ; *suspension of payments; suspension of deliveries*
(b) suspension file = stiff card file, with metal edges, which can be hooked inside the drawer of a filing cabinet so that it hangs loose **Hängemappe** *f*

swap [swɒp]
1 *noun* exchange of one thing for another **Tausch** *m*
2 *verb* to exchange one thing for another **tauschen** *he swapped his old car for a new motorcycle* **they swapped jobs** = each of them took the other's job **sie haben ihre**

Stellen getauscht (NOTE: **swapping - swapped)**

swatch [swɒtʃ] *noun* small sample **Muster** *n* ; **colour swatch** = small sample of colour which the finished product must look like **Farbmuster**

sweated labour ['swetɪd'leɪbə] *noun*
(a) people who work hard for very little money; *(ausgebeutete)* **billige Arbeitskräfte** *fpl of course the firm makes a profit - it employs sweated labour*
(b) hard work which is very badly paid **Arbeit** *f* **für einen Hungerlohn**
◇ **sweatshop** ['swetʃɒp] *noun* factory using sweated labour **Fabrik** *f* **mit ausbeuterischen Arbeitsbedingungen** *fpl*

swipe [swaɪp] *verb* to pass a credit card or charge card through a reader **eine Kreditkarte durch ein elektronisches Lesegerät ziehen**

Swiss franc [swɪs'fræŋk] *noun* currency used in Switzerland (normally considered a very stable currency) **Schweizer Franken** *m*

switch [swɪtʃ] *verb* to change from one thing to another **wechseln** *or* **(aus)tauschen** *to switch funds from one investment to another; the job was switched from our British factory to the States*
◇ **switchboard** ['swɪtʃbɔːd] *noun* central point in a telephone system, where all lines meet **Telefonzentrale** *f* ; **switchboard operator** = person who works the central telephone system **Telefonist/-in**
◇ **switch over to** [swɪtʃ'əʊvətə] *verb* to change to something quite different **überwechseln** *or* **umstellen** *we have switched over to a French supplier; the factory has switched over to gas for heating*

swop [swɒp] = SWAP

SWOT analysis [swɒtə'næləsɪs] *noun* method of developing a marketing strategy based on an assessment of the Strengths and Weaknesses of the company and the Opportunities and Threats in the market **SWOT-Analyse** *f (Stärken, Schwächen des Unternehmens und Gelegenheiten, Gefahren des Marktes)*

symbol ['sɪmbəl] *noun* sign *or* picture *or* object which represents something **Symbol** *n* ; *they use a bear as their advertising symbol*

sympathy ['sɪmpəθɪ] *noun* feeling sorry because someone else has problems **Mitleid** *n* *or* **Verständnis** *n* ; *the manager had no sympathy for his secretary who complained of being overworked* **sympathy strike** = strike to show that workers agree with another group of workers who are already on strike **Sympathiestreik** *m* *or* **Solidaritätsstreik; to strike in sympathy** = to stop work to show that you agree with another group of workers who are on strike **aus Solidarität streiken** *the postal workers went on strike and the telephone engineers came out in sympathy*
◇ **sympathetic** [ˌsɪmpə'θetɪk] *adjective* showing sympathy **mitfühlend** *or* **verständnisvoll**; **sympathetic strike** = sympathy strike **Sympathiestreik** *m* *or* **Solidaritätsstreik**

syndicate
1 ['sɪndɪkət] *noun* group of people *or* companies working together to make money **Syndikat** *n* *or* **Konsortium** *n* *or* **Verband** *m* ; *a German finance syndicate* **arbitrage syndicate** = group of people who together raise the capital to invest in arbitrage deals **Gruppe, die Kapital für Arbitragegeschäfte beschafft**; **underwriting syndicate** = group of underwriters who insure a large risk **Übernahmekonsortium** *or* **Emissionskonsortium**
2 ['sɪndɪkeɪt] *verb*
(a) to produce an article, drawing, etc., which is published in several newspapers or magazines **an mehrere Zeitungen gleichzeitig verkaufen**
(b) to arrange for a large loan to be underwritten by several international banks **syndizieren**

> QUOTE over the past few weeks, companies raising new loans from international banks have been forced to pay more, and an unusually high number of attempts to syndicate loans among banks has failed
> Financial Times

◇ **syndicated** ['sɪndɪkeɪtɪd] *adjective* (article which is) published in several newspapers or magazines **an mehrere Zeitungen gleichzeitig verkauft** *he writes a syndicated column on personal finance*

synergy ['sɪnədʒɪ] *noun* producing greater effects by joining forces than by acting separately **Synergie** *f*

synthetic [sɪn'θetɪk] *adjective* artificial *or* made by man **synthetisch**; **synthetic fibres** *or* **synthetic materials** = materials made as products of a chemical process **Kunstfasern** *fpl* *or* **Kunststoffe** *mpl*

system ['sɪstəm] *noun*
(a) arrangement *or* organization of things which work together
(a) System *n* ; *our accounting system has worked well in spite of the large increase in*

orders **decimal system** = system of mathematics based on the number 10 **Dezimalsystem**; **filing system** = way of putting documents in order for easy reference **Ablagesystem**; **to operate a quota system** = to regulate supplies by fixing quantities which are allowed **ein Quotensystem anwenden** *we arrange our distribution using a quota system - each agent is allowed only a certain number of units*

(b) computer system = set of programs, commands, etc., which run a computer **Rechnersystem** *n*

(c) systems analysis = using a computer to suggest how a company should work by analyzing the way in which it works at present **Systemanalyse** *f* ; **systems analyst** = person who specializes in systems analysis **Systemanalytiker/-in** *or* **Systemberater/-in**

◊ **systematic** [ˌsɪstəˈmætɪk] *adjective* in order *or* using method **systematisch** *he ordered a systematic report on the distribution service*

Tt

tab [tæb] *noun* = TABULATOR

table [ˈteɪbl]

1 *noun*

(a) piece of furniture with a flat top and legs **Tisch** *m* ; **typing table** = table for a typewriter **Schreibmaschinentisch**

(b) list of figures *or* facts set out in columns **Tabelle** *f or* **Übersicht** *f* ; **table of contents** = list of contents in a book **Inhaltsverzeichnis** *n* ; **actuarial tables** = lists showing how long people of certain ages are likely to live **versicherungsstatistische Tabellen**

2 *verb*

(a) to put items of information on the table before a meeting **vorlegen; einbringen** *the report of the finance committee was tabled* **to table a motion** = to put forward a proposal for discussion by putting details of it on the table at a meeting **einen Antrag einbringen**

(b) *(US)* **to table a proposal** = to remove a proposal from discussion **einen Antrag auf die lange Bank schieben** *the motion to hold a new election was tabled*

◊ **tabular** [ˈtæbjʊlə] *adjective* **in tabular form** = arranged in a table **tabellarisch**

◊ **tabulate** [ˈtæbjʊleɪt] *verb* to set out in a table **tabellarisieren** *or* **tabellarisch darstellen**

◊ **tabulation** [ˌtæbjʊˈleɪʃən] *noun* arrangement of figures in a table **Tabellarisierung** *f or* **tabellarische Aufstellung**

◊ **tabulator** [ˈtæbjʊleɪtə] *noun* part of a typewriter *or* computer which sets words or figures automatically in columns **Tabulator** *m*

tachograph [ˈtækəgrɑːf] *noun* device in a lorry, which shows details of distance travelled and time of journeys **Fahrt(en) schreiber** *m or* **Tachograph** *m*

tacit [ˈtæsɪt] *adjective* agreed but not stated **stillschweigend** *tacit approval; tacit agreement to a proposal*

tactic [ˈtæktɪk] *noun* way of doing things so as to be at an advantage **Taktik** *f* ; *his usual tactic is to buy shares in a company, then mount a takeover bid, and sell out at a profit; the directors planned their tactics before going into the meeting with the union representatives*

tael [taɪl] *noun* measurement of the weight of gold, used in the Far East (= 1.2 oz) **Tael** *n*

tag [tæg] *noun* label **Schild** *n* ; *price tag; name tag*

tailor [ˈteɪlə] *verb* to design something for a specific purpose **zuschneiden** *or* **abstimmen** *we mail out press releases tailored to the reader interests of each particular newspaper or periodical*

take [teɪk]

1 *noun* money received in a shop **Einnahmen** *fpl*

2 *verb*

(a) to receive *or* to get **nehmen; einnehmen; bekommen; the shop takes £3,000 a week** = the shop receives £3,000 a week in cash sales **das Geschäft nimmt £3.000 pro Woche ein; he takes home £350 a week** = his salary, after deductions for tax, etc., is £350 a week **er verdient pro Woche £350 netto**

(b) to do a certain action **unternehmen** *or* **übernehmen; to take action** = to do something **etwas** *or* **Schritte** *mpl* **unternehmen** *you must take immediate action if you want to stop thefts* **to take a call** = to answer the telephone **einen Anruf entgegennehmen; to take the chair** = to be chairman of a meeting **den Vorsitz übernehmen** *in the absence of the chairman his deputy took the chair* **to take dictation** = to write down what someone is saying **ein Diktat aufnehmen** *the secretary was taking dictation from the managing director* **to take stock** = to count the items in a warehouse **Inventur machen** *or* **inventarisieren; to take stock of a situation** = to examine the state of things before deciding what to do **die Lage abschätzen**

(c) to need (a time *or* a quantity) **brauchen** *or* **benötigen** *it took the factory six weeks or the factory took six weeks to clear the backlog of orders; it will take her all morning to do my letters; it took six men and a crane to get the computer into the office* (NOTE: **taking - took - has taken)**

◇ **take away** [teɪkə'weɪ] *verb*

(a) to remove one figure from a total **abziehen** *if you take away the home sales, the total turnover is down*

(b) to remove **wegnehmen** *or* **mitnehmen** *or* **abziehen** *or* **entziehen** *we had to take the work away from the supplier because the quality was so bad; the police took away piles of documents from the office* **sales of food to take away** = cooked food sold by a shop to be eaten at some other place **Speisen außer Haus**

◇ **takeaway** ['teɪkəweɪ] *noun* shop which sells food to be eaten at some other place **Imbissstube** *f or* **Restaurant** *n* **mit Außer-Haus-Verkauf** *or* **Verkauf** *m* **über die Straße; a takeaway meal** = a meal to be eaten outside the premises where it was bought **ein Gericht** *n* **zum Mitnehmen** *a Chinese takeaway*

◇ **take back** [teɪk'bæk] *verb*

(a) to return with something **zurückbringen** *when the watch went wrong, he took it back to the shop; if you do not like the colour, you can take it back to change it*

(b) to take back dismissed workers = to allow former workers to join the company again **entlassene Arbeiter wieder einstellen**

◇ **take-home pay** ['teɪkhəʊmpeɪ] *noun* amount of money received in wages, after tax, etc., has been deducted **Nettoverdienst** *m*

◇ **take into** [teɪk'ɪntʊ] *verb* to take inside **aufnehmen** *or* **hineinnehmen** *to take items into stock or into the warehouse*

◇ **take off** [teɪk'ɒf] *verb*

(a) to remove *or* to deduct **wegnehmen; abziehen** *or* **nachlassen** *he took £25 off the price*

(b) to start to rise fast **anlaufen** *or* **schnell steigen** *sales took off after the TV commercials*

(c) she took the day off = she decided not to work for the day **sie nahm sich den Tag frei**

◇ **take on** [teɪk'ɒn] *verb*

(a) to agree to employ someone **einstellen** *to take on more staff*

(b) to agree to do something **übernehmen** *or* **annehmen** *she took on the job of preparing the VAT returns; he has taken on a lot of extra work*

◇ **take out** [teɪk'aʊt] *verb* to remove **hinausbringen; to take out a patent for an invention** = to apply for and receive a patent **ein Patent für eine Erfindung anmelden; to take out insurance against theft** = to pay a premium to an insurance company, so that if a theft takes place the company will pay compensation **eine Diebstahlversicherung abschließen**

◇ **take over** [teɪk'əʊvə] *verb*

(a) to start to do something in place of someone else **übernehmen** *or* **ablösen** *Miss Black took over from Mr Jones on May 1st; the new chairman takes over on July 1st* **the take-over period is always difficult** = the period when one person is taking over work from another **der Übernahmezeitraum ist immer problematisch** *or* **schwierig**

(b) to take over a company = to buy (a business) by offering to buy most of its shares **ein Unternehmen übernehmen** *the buyer takes over the company's liabilities; the company was taken over by a large multinational*

◇ **takeover** ['teɪkəʊvə] *noun* buying a controlling interest in a business by buying more than 50% of its shares **Übernahme** *f* ; **takeover bid** = offer to buy all or most of the shares in a company so as to control it **Übernahmeangebot** *n* ; **to make a takeover bid for a company** = to offer to buy most of the shares in a company **ein Übernahmeangebot für ein Unternehmen machen; to withdraw a takeover bid** = to say that you no longer offer to buy the shares in a company **ein Übernahmeangebot zurückziehen; the company rejected the takeover bid** = the directors recommended that the shareholders should not accept the offer **das Unternehmen wies das Übernahmeangebot zurück** *the disclosure of the takeover bid raised share prices* **contested takeover** = takeover where the board of the company being bought do not recommend it, and try to fight it **angefochtene Übernahme; Takeover Code** *or* **City Code on Takeovers and Mergers** = code of practice which regulates how takeovers should take place; it is enforced by the Takeover Panel **Richtlinien** *fpl* **für Unternehmungszusammenschlüsse (in London); Takeover Panel** *or* **Panel on Takeovers and Mergers** = non-statutory body which examines takeovers and applies the Takeover Code **Kontrollorgan** *n* **für Übernahmen und Fusionen**

◇ **taker** ['teɪkə] *noun* buyer, person who wants to buy **Abnehmer/-in** *there were no takers for the new shares*

◇ **take up** [teɪk'ʌp] *verb* **to take up an option** = to accept an option which has been offered and put into action **eine Option**

ausüben; **to take up a rights issue** = to agree to buy rights in shares which have been offered **eine Bezugsrechtsemission zeichnen** *half the rights issue was not taken up by the shareholders* **take-up rate** = percentage of acceptances for a rights issue **Zeichnungsquote** *f*

◇ **takings** ['teɪkɪŋz] *plural noun* money received in a shop *or* a business **Einnahmen** *fpl* *the week's takings were stolen from the cash desk*

> QUOTE many takeovers result in the new managers/owners rationalizing the capital of the company through better asset management
>
> Duns Business Month

> QUOTE capital gains are not taxed, but money taken out in profits and dividends is taxed
>
> Toronto Star

tally ['tælɪ]
1 *noun* **to keep a tally of** = to keep a note of things counted *or* recorded **Buch führen über** *to keep a tally of stock movements or of expenses* **tally clerk** = person whose job is to note quantities of cargo **Ladungskontrolleur/-in**; **tally sheet** = sheet on which quantities are noted **Kontrollliste** *f*
2 *verb* to agree *or* to be the same **übereinstimmen** *the invoices do not tally; the accounts department tried to make the figures tally*

tangible ['tæn(d)ʒəbl] *adjective* **tangible assets** *or* **property** = assets which are visible (such as machinery, buildings, furniture, jewellery, etc.) **Sachanlagen** *fpl or* **Sachvermögen** *n* ; **tangible fixed assets** = assets such as land, buildings, plant and equipment, etc. **Anlagevermögen** *n*

tanker ['tæŋkə] *noun* special ship or vehicle for carrying liquids (especially oil) **Tanker** *m*

tap [tæp] *noun (GB)* issue of government stocks issued direct to the Bank of England **per Daueremission begebene Staatspapiere** *npl*

◇ **tap stock** ['tæpstɒk] *noun* British government securities issued to the Bank of England **Staatsanleihe** *f*

tape [teɪp] *noun* long, flat, narrow piece of plastic **Klebestreifen** *m* ; **magnetic tape** = sensitive tape for recording information **Magnetband** *n* ; **computer tape** = magnetic tape used in computers **Magnetband** *n* ; **measuring tape** *or* **tape measure** = long tape with centimetres *or* inches marked on it for measuring how long something is **Maßband** *n or* **Bandmaß** *n*

tare [teə] *noun* (allowance made for the) weight of a container and packing which is deducted from the total weight; (allowance made for the) weight of a vehicle in calculating transport costs **Tara** *f or* **Verpackungsgewicht** *n* ; *to allow for tare*

target ['tɑːgɪt]
1 *noun* thing to aim for **Ziel** *n* ; **monetary targets** = figures such as the money supply, PSBR, etc., which are given as targets by the government when setting out its budget for the forthcoming year **geldpolitische Ziele**; **production target** = amount of units a factory is expected to produce **Produktionsziel**; **sales target** = amount of sales a representative is expected to achieve **Verkaufsziel**; **takeover target** *or* **target company** = company which is the object of a takeover bid **Übernahmeobjekt** *n* ; **target market** = market in which a company is planning to sell its goods **Zielmarkt** *m* ; **to set targets** = to fix amounts *or* quantities which workers have to produce *or* reach **Ziele setzen**; **to meet a target** = to produce the quantity of goods *or* sales which are expected **ein Ziel erreichen**; **to miss a target** = not to produce the amount of goods *or* sales which are expected **ein Ziel nicht erreichen** *they missed the target figure of £2m turnover*
2 *verb* to aim to sell **anstreben** *or* **abzielen auf**; **to target a market** = to plan to sell goods in a certain market **auf einen Markt abzielen**

> QUOTE in a normal leveraged buyout the acquirer raises money by borrowing against the assets of the target company
>
> Fortune

> QUOTE the minister is persuading the oil, gas, electricity and coal industries to target their advertising towards energy efficiency
>
> Times

tariff ['tærɪf] *noun*
(a) **customs tariffs** = tax to be paid for importing *or* exporting goods **Zolltarife** *mpl* **tariff barriers** = customs duty intended to make imports more difficult **Zollschranken** *fpl* *to impose tariff barriers on or to lift tariff barriers from a product* **differential tariffs** = different duties for different types of goods **Differenzialtarife** *mpl or* **Staffeltarife**; **General Agreement on Tariffs and Trade (GATT)** = international organization set up with the aim of reducing restrictions in trade between

countries **Allgemeines Zoll- und Handelsabkommen** *or* **GATT-Abkommen**
(b) rate of charging for electricity, hotel rooms, train tickets, etc. **Tarif** *m*

task [tɑːsk] *noun*
(a) work which has to be done **Aufgabe** *f* ; **to list task processes** = to make a list of various parts of a job which have to be done **Arbeitsabläufe** *mpl* **auflisten**
(b) task force = special group of workers *or* managers who are chosen to carry out a special job *or* to deal with a special problem **Arbeitsgruppe** *f or* **Arbeitsstab** *m*

tax [tæks]
1 *noun*
(a) money taken by the government *or* by an official body to pay for government services **Steuer** *f* ; **airport tax** = tax added to the price of an air ticket to cover the cost of running an airport **Flughafengebühr** *f* ; **capital gains tax (CGT)** = tax on capital gains **Veräußerungsgewinnsteuer**; **capital transfer tax** = tax on gifts or bequests of money or property **Erbschaft(s)- und Schenkungssteuer**; **corporation tax** = tax on profits made by companies **Körperschaftssteuer**; **advance corporation tax (ACT)** = tax paid by a company in advance of its main corporation tax payments; it is paid when dividends are paid to shareholders and is deducted from the main tax payment when that falls due; it appears on the tax voucher attached to a dividend warrant **Körperschaftssteuer-Vorauszahlung** *f* ; **mainstream corporation tax (MCT)** = total tax paid by a company on its profits (less any ACT which the company will already have paid) **Körperschaftssteuer**; **excess profits tax** = tax on profits which are higher than what is thought to be normal **Steuer auf Höchstgewinne**; **income tax** = tax on salaries and wages **Lohnsteuer und Einkommen(s) steuer**; **land tax** = tax on the amount of land owned **Grundsteuer**; **sales tax** = tax on the price of goods sold **Warenumsatzsteuer**; **turnover tax** = tax on company turnover **Umsatzsteuer**; **value added tax (VAT)** = tax on goods and services, added as a percentage to the invoiced sales price **Mehrwertsteuer (MwSt.)**
(b) ad valorem tax = tax calculated according to the value of the goods taxed **Wertsteuer** *f* ; **back tax** = tax which is owed **Steuerschuld** *f* ; **basic tax** = tax paid at the normal rate **Eingangssteuer** *f*; **direct tax** = tax paid directly to the government (such as income tax) **direkte Steuer**; **indirect tax** = tax paid to someone who then pays it to the government (such as VAT) **indirekte Steuer**; **to levy a tax** *or* **to impose a tax** = to make a tax payable **eine Steuer erheben** *the government has imposed a 15% tax on petrol* **to lift a tax** = to remove a tax **eine Steuer aufheben** *the tax on company profits has been lifted* **exclusive of tax** = not including tax **ohne Steuer** *or* **exklusive Steuer**; **tax abatement** = reduction of tax **Steuernachlass** *m* ; **tax adjustments** = changes made to tax **Steueranpassungen** *fpl* **tax adviser** *or* **tax consultant** = person who gives advice on tax problems **Steuerberater/-in**; **tax allowance** *or* **allowances against tax** = part of the income which a person is allowed to earn and not pay tax on **Steuerfreibetrag** *m* ; **tax avoidance** = trying (legally) to minimize the amount of tax to be paid **(legale) Steuerumgehung** *f or* **Steuerausweichung** *f*; **in the top tax bracket** = paying the highest level of tax **in der höchsten Steuerklasse**; **tax code** = number given to indicate the amount of tax allowances a person has **Steuerklasse** *f* ; **tax collector** = person who collects taxes which are owed **Steuereinnehmer** *m* ; **örtliche Finanzbehörde**; **tax concession** = allowing less tax to be paid **Steuervergünstigung** *f* ; **tax credit** = part of a dividend on which the company has already paid advance corporation tax which is deducted from the shareholder's income tax charge **Steuergutschrift** *f* ; **tax deductions** = (i) money removed from a salary to pay tax; (ii) *(US)* business expenses which can be claimed against tax **(i) Steuerabzüge** *mpl* ; **(ii)**; *(von der Steuer)* **absetzbare Ausgaben** *fpl* **tax deducted at source** = tax which is removed from a salary or interest before the money is paid out **Quellensteuer** *f* ; **tax evasion** = trying illegally not to pay tax **Steuerhinterziehung** *f* ; **tax exemption** = (i) being free from payment of tax; (ii) *(US)* part of income which a person is allowed to earn and not pay tax on **(i) Steuerbefreiung** *f* ; **(ii) Steuerfreibetrag** *m* ; **tax exile** = person who lives in a country where taxes are low in order to avoid paying tax at home **Steuerflüchtling** *m* ; **tax form** = blank form to be filled in with details of income and allowances and sent to the tax office each year **Vordruck** *m* **für die Steuererklärung**; **tax haven** = country where taxes are low, encouraging companies to set up their main offices there **Steueroase** *f* ; **tax holiday** = period when a new company pays no tax **Steuerfreijahre** *npl* **tax incentive** = reduction of tax to encourage people to work harder and make more money **Steueranreiz** *m* ; **tax inspector** *or* **inspector of taxes** = official of the Inland Revenue who examines tax returns and decides how much tax someone should pay **Leiter/-in des Finanzamtes**; **tax loophole** = legal means of not paying tax **Lücke** *f or* **Schlupfloch** *n* **in der Steuergesetzgebung**; **tax**

loss = loss made by a company during an accounting period, for which relief from tax is given **(steuerlich) absetzbarer Betriebsverlust**; **tax relief** = allowing someone not to pay tax on certain parts of his income **Steuervergünstigung** *f* ; **tax return** *or* **tax declaration** = completed tax form, with details of income and allowances **Steuererklärung** *f; (GB)* **tax schedules** = types of income as classified for tax **Steuerklassen** *fpl (see comment at* SCHEDULE); **tax shelter** = financial arrangement (such as a pension scheme) where investments can be made without tax **Steuerbegünstigung** *f* ; **tax threshold** = (i) point at which a person starts to pay tax; (ii) point at which another percentage of tax is payable **(i) Steuereingangsstufe** *f* ; **(ii) Schwelle** *f* **zu einer anderen Steuerstufe**; **tax year** = twelve month period on which taxes are calculated (in the UK, 6th April to 5th April of the following year) **Steuerjahr** *n*

2 *verb* to make someone pay a tax *or* to impose a tax on something **besteuern** *or* **mit einer Steuer belegen** *to tax businesses at 50%; income is taxed at 35%; luxury items are heavily taxed*

◇ **taxable** ['tæksəbl] *adjective* which can be taxed **steuerpflichtig**; **taxable items** = items on which a tax has to be paid **steuerpflichtige Artikel** *mpl* **taxable income** = income on which a person has to pay tax **steuerpflichtiges Einkommen**

◇ **taxation** [tæk'seɪʃən] *noun* act of taxing **Besteuerung** *f* *or* **Veranlagung** *f* ; **direct taxation** = taxes (such as income tax) which are paid direct to the government **direkte Besteuerung**; **indirect taxation** = taxes (such as sales tax) which are not paid direct to the government **indirekte Besteuerung** *the government raises more money by indirect taxation than by direct* **double taxation** = taxing the same income twice **Doppelbesteuerung**; **double taxation agreement** = agreement between two countries that a person living in one country will not be taxed in both countries on the income earned in the other country **Doppelbesteuerungsabkommen** *n* ; **graduated** *or* **progressive taxation** = taxation system where tax levels increase as income rises **gestaffelte** *or* **progressive Besteuerung**; **regressive taxation** = system of taxation in which tax gets progressively less as income rises **regressive Besteuerung**

◇ **tax-deductible** [tæksdɪ'dʌktəbl] *adjective* which can be deducted from an income before tax is calculated **steuerlich absetzbar** *or* **steuerlich abzugsfähig**; **these expenses are not tax-deductible** = tax has to be paid on these expenses **diese Ausgaben sind nicht steuerlich abzugsfähig**

◇ **tax-exempt** [tæksɪg'zem(p)t] *adjective* not required to pay tax; (income *or* goods) which are not subject to tax **steuerbefreit**; **Tax-Exempt Special Savings Account (TESSA)** = account into which money can be placed to earn interest free of tax, provided it is left untouched for a certain period of time (usually five years) **spezielles Sparkonto mit Steuerbefreiung**

◇ **tax-free** [tæks'fri:] *adjective* on which tax does not have to be paid **steuerfrei**

◇ **taxpayer** ['tækspeɪə] *noun* person *or* company which has to pay tax **Steuerzahler** *m* ; *basic taxpayer or taxpayer at the basic rate; corporate taxpayers*

◇ **tax point** ['tæks'pɔɪnt] *noun* date on which goods or services are supplied, which is the date when VAT becomes due **Besteuerungsdatum** *n*

taxi ['tæksɪ] *noun* car which takes people from one place to another for money **Taxi** *n or* **Taxe** *f* ; *he took a taxi to the airport; taxi fares are very high in New York*

team [ti:m] *noun* group of people who work together **Team** *n* *or* **Mannschaft** *f* ; **management team** = group of all the managers working in the same company **Management-Team** *n* *or* **Führungsgruppe** *f* ; **sales team** = all representatives, salesmen and sales managers working in a company **Verkaufsteam**

◇ **teamster** ['ti:mstə] *noun (US)* truck driver **Lastwagenfahrer** *m or* **Fernfahrer** *m*

◇ **teamwork** ['ti:mwɜ:k] *noun* being able to work together as a group without arguing **Teamwork** *n or* **Gruppenarbeit** *f*

tear sheet ['teəʃi:t] *noun* page taken from a published magazine or newspaper, sent to an advertiser as proof that his advertisement has been run **Belegseite** *f or* **Einzelbeleg** *m*

teaser ['ti:zə] *noun* advertisement that gives a little information about a product in order to attract customers by making them curious to know more **Neugier weckende Werbung; Teaser** *m*

technical ['teknɪkəl] *adjective*

(a) referring to a particular machine *or* process **technisch** *the document gives all the technical details on the new computer*

(b) technical correction = situation where a share price *or* a currency moves up or down because it was previously too low or too high **technische Kurskorrektur**

◇ **technician** [tek'nɪʃən] *noun* person who is specialized in industrial work **Facharbeiter/-in; Techniker/-in** *computer technician* **laboratory technician** = person who deals with practical work in a laboratory **Labortechniker/-in**

◇ **technique** [tek'ni:k] *noun* skilled way of doing a job **Technik** *f or* **Verfahren** *n* ; *the company has developed a new technique for processing steel; he has a special technique for answering complaints from customers* **management techniques** = skill in managing a business **Führungsmethoden** *fpl* **marketing techniques** = skill in marketing a product **Marketingmethoden** *fpl*

◇ **technology** [tek'nɒlədʒɪ] *noun* applying scientific knowledge to industrial processes **Technik** *f or* **Technologie** *f* ; **information technology** = working with data stored on computers **Informationstechnik; the introduction of new technology** = putting new electronic equipment into a business or industry **die Einführung neuer Technologien**

◇ **technological** [ˌteknə'lɒdʒɪkəl] *adjective* referring to technology **technologisch** *or* **technisch; the technological revolution** = changing of industry by introducing new technology **die technologische Revolution**

> QUOTE market analysts described the falls in the second half of last week as a technical correction
> Australian Financial Review

> QUOTE at the end of the day, it was clear the Fed had not loosened the monetary reins, and Fed Funds forged ahead on the back of technical demand
> Financial Times

tel = TELEPHONE

telecommunications [ˌtelɪkəmju:nɪ'keɪʃənz] *plural noun* systems of passing messages over long distances (by cable, radio, etc.) **Nachrichtentechnik** *f or* **Telekommunikation** *f*

teleconference [telɪ'kɒnfərəns] *noun* discussion between several people in different places, using the telephone, microphones and loudspeakers **Telekonferenz** *f*

telegram ['telɪgræm] *noun* message sent to another country by telegraph **Telegramm** *n* ; *to send an international telegram*

◇ **telegraph** ['telɪgrɑ:f]
1 *noun* system of sending messages along wires **Telegraf** *m* ; *to send a message by telegraph* **telegraph office** = office from which telegrams can be sent **Telegrafenamt** *n*
2 *verb* to send a message by telegraph **telegrafieren** *to telegraph an order*

◇ **telegraphic** [telɪ'græfɪk] *adjective* referring to a telegraph system **telegrafisch; telegraphic address** = short address used for sending telegrams **Telegrammadresse** *f*

◇ **telegraphic transfer** [telɪgræfɪk'trɑ:nsfə] *noun* transfer of money from one account to another by telex (used often for sending money abroad, it is quicker than sending a draft through the post) **telegrafische Überweisung**

◇ **telemarketing** ['telɪmɑ:kɪtɪŋ] *noun* selling a product or service by telephone **Telefonmarketing** *n*

◇ **telemessage** ['telɪmesɪdʒ] *noun (GB)* message sent by telephone, and delivered as a card **Telegramm** *n*

telephone ['telɪfəʊn]
1 *noun* machine used for speaking to someone over a long distance **Telefon** *n* ; *we had a new telephone system installed last week* **to be on the telephone** = to be speaking to someone using the telephone **telefonieren** *the managing director is on the telephone to Hong Kong; she has been on the telephone all day* **by telephone** = using the telephone **per Telefon** *to place an order by telephone; to reserve a room by telephone* **house telephone** *or* **internal telephone** = telephone for calling from one room to another in an office or hotel **Haustelefon; telephone book** *or* **telephone directory** = book which lists all people and businesses in alphabetical order with their telephone numbers **Telefonbuch** *n* ; *he looked up the number of the company in the telephone book* **telephone call** = speaking to someone on the telephone **Telefongespräch** *n or* **Anruf** *m* ; **to make a telephone call** = to speak to someone on the telephone **telefonieren** *or* **ein Telefongespräch führen; to answer the telephone** *or* **to take a telephone call** = to speak in reply to a call on the telephone **(den Hörer) abnehmen** *or* **ein Telefongespräch entgegennehmen; telephone exchange** = centre where the telephones of a whole district are linked **Telefonzentrale** *f or* **Vermittlung** *f* ; **telephone number** = set of figures for a particular telephone subscriber **Telefonnummer** *f or* **Rufnummer** *can you give me your telephone number?* **telephone operator** = person who operates a telephone switchboard **Telefonist/-in** *or* **Vermittlung** *f* ; **telephone orders** = orders received by telephone

telefonische Bestellungen *fpl since we mailed the catalogue we have received a large number of telephone orders* **telephone selling** = making sales by phoning prospective customers and trying to persuade them to buy **Telefonverkauf** *m* ; **telephone subscriber** = person who has a telephone **Fernsprechteilnehmer/-in; telephone switchboard** = central point in a telephone system where all internal and external lines meet **Telefonzentrale** *f*
2 *verb* **to telephone (a person)** = to call a place (*or* someone) by telephone **(jdn) anrufen** *his secretary telephoned to say he would be late* **he telephoned the order through to the warehouse** = he telephoned the warehouse to place an order **er gab den Auftrag telefonisch an das Lager durch**; **to telephone about something** = to make a telephone call to speak about something **wegen etwas anrufen** *he telephoned about the January invoice* **to telephone for something** = to make a telephone call to ask for something **etwas telefonisch bestellen** *he telephoned for a taxi*

◇ **telephonist** [tə'lefənɪst] *noun* person who works a telephone switchboard **Telefonist/-in**

◇ **teleprinter** ['telɪprɪntə] *noun* machine like a typewriter, which can send messages by telegraph and print incoming messages **Fernschreiber** *m* ; *teleprinter operator*

◇ **telesales** ['telɪseɪlz] *plural noun* sales made by telephone **Telefonverkauf** *m* ; **Telefonverkäufe** *mpl*

◇ **teletypewriter** ['telɪ'taɪpraɪtə] *noun (US)* = TELEPRINTER

telex ['teleks]
1 *noun*
(a) system of sending messages by teleprinter **Fernschreiber** *m or* **Telex** *n* ; *to send information by telex; the order came by telex* **telex line** = wire linking a telex machine to the telex system **Fernschreibleitung** *f* ; *we cannot communicate with our Nigerian office because of the breakdown of the telex lines* **telex operator** = person who operates a telex machine **Telexbediener/-in**; **telex subscriber** = company which has a telex **Fernschreibteilnehmer/-in**
(b) a telex = (i) a machine for sending and receiving telex messages; (ii) a message sent by telex **(i) ein Telex** *n or* **ein Fernschreiber** *m* ; **(ii) ein Telex** *n or* **ein Fernschreiben** *n* ; *he sent a telex to his head office; we received his telex this morning*
2 *verb* to send a message using a teleprinter **telegrafieren** *or* **per Telex schicken** *can you telex the Canadian office before they open? he telexed the details of the contract to New York*

teller ['telə] *noun* person who takes cash from or pays cash to customers at a bank **Kassierer/-in**

tem *see* PRO TEM

temp [temp]
1 *noun* temporary secretary **Zeitarbeiter/-in** *or* **Aushilfskraft** *f* ; *we have had two temps working in the office this week to clear the backlog of letters* **temp agency** = office which deals with finding temporary secretaries for offices **Vermittlung** *f* **für Zeitarbeiter** *or* **Aushilfskräfte**
2 *verb* to work as a temporary secretary **als Aushilfskraft arbeiten**

◇ **temping** ['tempɪŋ] *noun* working as a temporary secretary **als Aushilfe (arbeiten)** *she can earn more money from temping than from a full-time job*

temporary ['temprərɪ] *adjective* which only lasts a short time **befristet** *or* **vorübergehend** *he was granted a temporary export licence; to take temporary measures; she has a temporary post with a construction company; he has a temporary job as a filing clerk or he has a job as a temporary filing clerk* **temporary employment** = full-time work which does not last for more than a few days or months **Zeitarbeit** *f or* **vorübergehende Anstellung**; **temporary staff** = staff who are appointed for a short time **Zeitarbeitskräfte** *fpl*

◇ **temporarily** ['temprərəlɪ] *adverb* lasting only for a short time **befristet** *or* **vorübergehend**

tenancy ['tenənsɪ] *noun* (i) agreement by which a tenant can occupy a property; (ii) period during which a tenant has an agreement to occupy a property **(i) Mietverhältnis** *n* ; **Pachtverhältnis; (ii) Mietdauer** *f* ; **Pachtdauer**

◇ **tenant** ['tenənt] *noun* person *or* company which rents a house *or* flat *or* office to live or work in **Mieter/-in; Pächter/-in** *the tenant is liable for repairs* **sitting tenant** = tenant who is occupying a building when the freehold or lease is sold **durch Mieterschutz geschützter Mieter**

tend [tend] *verb* to be likely to do something **tendieren** *or* **neigen** *he tends to appoint young girls to his staff*

◇ **tendency** ['tendənsɪ] *noun* being likely to do something **Tendenz** *f* ; *the market showed an upward tendency; there has been a downward tendency in the market for several days* **the market showed a tendency to stagnate** = the market seemed to stagnate rather than advance **die Börse wies**

Stagnationstendenzen *or* **eine lustlose Tendenz auf**

tender ['tendə]
1 *noun*
(a) offer to do something for a certain price **Angebot** *n* ; *a successful tender or an unsuccessful tender* **to put a project out to tender** *or* **to ask for** *or* **to invite tenders for a project** = to ask contractors to give written estimates for a job **Angebote für ein Projekt einholen** *or* **ein Projekt ausschreiben; to put in a tender** *or* **to submit a tender** = to make an estimate for a job **ein Angebot machen; to sell shares by tender** = to ask people to offer in writing a price for shares **Aktien im Tenderverfahren verkaufen; sealed tenders** = tenders sent in sealed envelopes which will all be opened together at a certain time **verschlossene Angebote**
(b) legal tender = coins or notes which can be legally used to pay a debt (small denominations cannot be used to pay large debts) **gesetzliches Zahlungsmittel**
2 *verb*
(a) to tender for a contract = to put forward an estimate of cost for work to be carried out under contract **sich um einen Auftrag bewerben** *to tender for the construction of a hospital*
(b) to tender one's resignation = to give in one's resignation **seine Kündigung einreichen**
(c) to offer money **anbieten; bereithalten** *please tender the correct fare*

◇ **tenderer** ['tendərə] *noun* person *or* company which tenders for work **Bieter** *m or* **Submittent** *m* ; *the company was the successful tenderer for the project*

◇ **tendering** ['tendrɪŋ] *noun* act of putting forward an estimate of cost **Angebotsabgabe** *f* ; *to be successful, you must follow the tendering procedure as laid out in the documents*

tentative ['tentətɪv] *adjective* not certain **vorläufig; unverbindlich** *they reached a tentative agreement over the proposal; we suggested Wednesday May 10th as a tentative date for the next meeting*

◇ **tentatively** ['tentətɪvlɪ] *adverb* not sure **vorläufig; unverbindlich** *we tentatively suggested Wednesday as the date for our next meeting*

tenure ['tenjə] *noun*
(a) right to hold property *or* position **Besitztitel** *m or* **Besitzanspruch** *m* ; **security of tenure** = right to keep a job *or* rented accommodation provided certain conditions are met **gesetzlicher Kündigungsschutz**
(b) time when a position is held **Dienstzeit** *f or* **Amtszeit** *during his tenure of the office of chairman*

term [tɜːm] *noun*
(a) period of time when something is legally valid **Dauer** *f or* **Frist** *f or* **Laufzeit** *f* ; *the term of a lease; the term of the loan is fifteen years; to have a loan for a term of fifteen years; during his term of office as chairman* **term deposit** = money invested for a fixed period at a higher rate of interest **Termineinlage** *f* ; **term assurance** *or* **term insurance** = life assurance which covers a person's life for a period of time (at the end of the period, if the person is still alive he receives nothing from the insurance) **zeitlich begrenzte Lebensversicherung** *he took out a ten-year term insurance* **term loan** = loan for a fixed period of time **befristeter Kredit; term shares** = type of building society deposit for a fixed period of time at a higher rate of interest **Fristeinlagen** *fpl (bei einer Bausparkasse)*
(b) long-term = for a long period of time **langfristig; medium-term** = for a period of one or two years **mittelfristig; short-term** = for a period of months **kurzfristig**
(c) terms = conditions *or* duties which have to be carried out as part of a contract *or* arrangements which have to be agreed before a contract is valid **Bedingungen** *fpl he refused to agree to some of the terms of the contract; by or under the terms of the contract, the company is responsible for all damage to the property; to negotiate for better terms* **terms of payment** *or* **payment terms** = conditions for paying something **Zahlungsbedingungen; terms of sale** = conditions attached to a sale **Verkaufsbedingungen; cash terms** = lower terms which apply if the customer pays cash **Barzahlungsbedingungen; 'terms: cash with order'** = terms of sale showing that payment has to be made in cash when the order is placed **‚Bedingungen: Barzahlung bei Bestellung'; easy terms** = terms which are not difficult to accept *or* price which is easy to pay **günstige Bedingungen** *the shop is let on very easy terms; to pay for something on easy terms* **on favourable terms** = on especially good terms **zu günstigen Bedingungen** *the shop is let on very favourable terms* **trade terms** = special discount for people in the same trade **Händlerrabatt** *m*
(c) (i) part of a legal year; (ii) part of a university year **(i) Sitzungsperiode** *f* ; **(ii);** *(entspricht)* **Semester** *n*
(d) terms of employment = conditions set out in a contract of employment **Einstellungsbedingungen** *fpl*

> QUOTE companies have been improving communications, often as part of deals to cut down demarcation and to give everybody the same terms of employment
> Economist

> QUOTE the Federal Reserve Board has eased interest rates in the past year, but they are still at historically high levels in real terms
> Sunday Times

terminal ['tɜ:mɪnl]
1 *noun*
(a) computer terminal = keyboard and screen, by which information can be put into a computer or can be called up from a database **Computerterminal** *n* ; *computer system consisting of a microprocessor and six terminals*
(b) air terminal = building in a town where passengers meet to be taken by bus to an airport outside the town **Terminal** *mn or* **Abfertigungsgebäude** *n* **in der Innenstadt; airport terminal** *or* **terminal building** = main building at an airport where passengers arrive and leave **Terminal** *mn or* **Abfertigungshalle** *f* ; **container terminal** = area of a harbour where container ships are loaded or unloaded **Containerterminal** *mn* **ocean terminal** = building at a port where passengers arrive and depart **Überseeterminal** *mn*
2 *adjective* at the end **End-** *or* **Abschluss-**; **terminal bonus** = bonus received when an insurance comes to an end **Schlussdividende** *f*

terminate ['tɜ:mɪneɪt] *verb* to end (something) *or* to bring (something) to an end **(be)enden** *or* **lösen** *or* **kündigen; ablaufen** *to terminate an agreement; his employment was terminated; the offer terminates on July 31st; the flight from Paris terminates in New York*
◊ **terminable** ['tɜ:mɪnəbl] *adjective* which can be terminated **kündbar** *or* **auflösbar**
◊ **termination** [ˌtɜ:mɪ'neɪʃən] *noun*
(a) bringing to an end **Beendigung** *f or* **Lösung** *f or* **Kündigung** *f* ; **Ablauf** *m* ; **termination clause** = clause which explains how and when a contract can be terminated **Kündigungsklausel** *f*
(b) *(US)* leaving a job (resigning, retiring, or being fired or made redundant) **Kündigung** *f*

territory ['terɪtrɪ] *noun* area visited by a salesman **Bezirk** *m or* **Gebiet** *n* ; *a rep's territory; his territory covers all the north of the country*
◊ **territorial waters** [terɪ'tɔ:riəl'wɔtəz] *noun* sea waters near the coast of a country, which are part of the country and governed by the laws of that country **Hoheitsgewässer** *npl* **outside territorial waters** = in international waters, over which no single country has jurisdiction **außerhalb der Hoheitsgewässer**

tertiary ['tɜ:ʃərɪ] *adjective* **tertiary industry** = service industry, industry which does not produce or manufacture anything but offers a service (such as banking, retailing or accountancy) **Dienstleistungsgewerbe** *n* ; **tertiary sector** = section of the economy containing the service industries **Dienstleistungssektor** *m*

TESSA = TAX-EXEMPT SPECIAL SAVINGS ACCOUNT

test [test]
1 *noun*
(a) examination to see if something works well *or* is possible **Test** *m or* **Prüfung** *f* ; **test certificate** = certificate to show that something has passed a test **Abnahmebescheinigung** *f or* **Zulassungsbescheinigung; driving test** = examination to see if someone is able to drive a car **Führerscheinprüfung; feasibility test** = test to see if something is possible **Durchführbarkeitstest; market test** = examination to see if a sample of a product will sell in a market **Markttest**
(b) test case = legal action where the decision will fix a principle which other cases can follow **Musterprozess** *m*
2 *verb* to examine something to see if it is working well **testen** *or* **prüfen** *to test a computer system* **to test the market for a product** = to show samples of a product in a market to see if it will sell well **den Markt für ein Produkt testen** *we are testing the market for the toothpaste in Scotland*
◊ **test-drive** ['testdraɪv] *verb* **to test-drive a car** = to drive a car (before buying it) to see if it works well **ein Auto Probe fahren**
◊ **testing** ['testɪŋ] *noun* examining something to see if it works well **Erprobung** *f or* **Prüfung** *f* ; *during the testing of the system several defects were corrected*
◊ **test-market** ['testmɑ:kɪt] *verb* **to test market a product** = to show samples of a product in a market to see if it will sell well **den Markt für ein Produkt testen** *we are test-marketing the toothpaste in Scotland*

testament ['testəmənt] *noun* **last will and testament** = will, a document by which a person says what he wants to happen to his property when he dies **Letzter Wille** *m or* **Testament** *n*
◊ **testamentary** *adjective* referring to a will **testamentarisch; testamentary**

disposition = passing of property to someone in a will **testamentarische Verfügung**

testate ['testeɪt] *adjective* having made a will **mit Hinterlassung eines Testaments** *did he die testate? (see also* INTESTATE)

◇ **testator** [te'steɪtə] *noun* man who has made a will **Testator** *m or* **Erblasser** *m*

◇ **testatrix** [te'steɪtrɪks] *noun* woman who has made a will **Erblasserin** *f*

testimonial [ˌtestɪ'məʊnjəl] *noun* written report about someone's character *or* ability **Zeugnis** *n or* **Referenz** *f* ; *to write someone a testimonial* **unsolicited testimonial** = letter praising someone *or* a product, without the writer having been asked to write it **ohne Aufforderung gegebene Empfehlung**

text [tekst] *noun* written part of something **Text** *m* ; *he wrote notes at the side of the text of the agreement* **text processing** = working with words, using a computer to produce, check and change documents, reports, letters, etc. **Textverarbeitung** *f*

thank [θæŋk] *verb* to show someone that you are grateful for what has been done **danken** *or* **sich bedanken bei** *the committee thanked the retiring chairman for his work; 'Thank you for your letter of June 25th'*

◇ **thanks** [θæŋks] *plural noun* word showing that someone is grateful **Dank** *m* ; *'many thanks for your letter of June 25th'* **vote of thanks** = official vote at a meeting to show that the meeting is grateful for what someone has done **Dankadresse** *f* ; *the meeting passed a vote of thanks to the organizing committee for their work in setting up the international conference*

◇ **thanks to** ['θæŋkstə] *adverb* because of **dank** *the company was able to continue trading thanks to a loan from the bank* **it was no thanks to the bank that we avoided making a loss** = we avoided making a loss in spite of what the bank did **es ist nicht der Bank zu verdanken, dass wir Verluste vermeiden konnten**

theft [θeft] *noun* stealing **Diebstahl** *m* ; *we have brought in security guards to protect the store against theft; they are trying to cut their losses by theft; to take out insurance against theft*

theory ['θɪərɪ] *noun* statement of the general principle of how something should work **Theorie** *f* ; **in theory the plan should work** = the plan may work, but it has not been tried in practice **theoretisch müsste der Plan eigentlich funktionieren** *or* **gelingen**

think tank ['θɪŋktæŋk] *noun* group of experts who advise *or* put forward plans **‚Denkfabrik'** *f*

third [θɜːd] *noun* one part of something which is divided into three **Drittel** *n* ; **to sell everything at one third off** = to sell everything at a discount of 33% **alles mit einem Drittel Rabatt verkaufen**; **the company has two thirds of the total market** = the company has 66% of the total market **das Unternehmen hat zwei Drittel des Gesamtmarktes**

◇ **third party** ['θɜːd'pɑːtɪ] *noun* any person other than the two main parties involved in a contract (i.e., in an insurance contract, not the insurance company nor the person who is insured) **Dritte(r)**; **third party insurance** *or* **third party policy** = insurance to cover damage to any person who is not one of the people named in the insurance contract (that is, not the insured person nor the insurance company) **Haftpflichtversicherung** *f* ; **the case is in the hands of a third party** = the case is being dealt with by someone who is not one of the main interested parties **mit dem Fall befasst sich ein Dritter** *or* **Außenstehender** *m*

◇ **third quarter** [θɜːd'kwɔːtə] *noun* three months' period from July to September **drittes Quartal**

◇ **Third World** [θɜːd'wɜːld] *noun* countries of Africa, Asia and South America which do not all have highly developed industries **die Dritte Welt** *f* ; *we sell tractors into the Third World or to Third World countries*

three-part ['θriːpɑːt] *adjective* paper (for computers *or* typewriters) with a top sheet for the original and a two sheets for a copies **dreiteilig** *three-part invoices; three-part stationery*

threshold ['θreʃ(h)əʊld] *noun* limit, the point at which something changes **Schwelle** *f* ; **threshold agreement** = contract which says that if the cost of living goes up by more than a certain amount, pay will go up to match it **Lohnindexierung** *f* ; **threshold price** = in the EU, the lowest price at which farm produce imported into the EU can be sold **Schwellenpreis** *m* ; **pay threshold** *or* **wage threshold** = point at which pay increases because of a threshold agreement **Lohnschwelle** *f or* **Lohnindexstufe** *f* ; **tax threshold** = (i) point at which a person starts to pay tax; (ii) point at which another percentage of tax is payable **(i)**

Steuereingangsstufe *f* ; (ii) **Schwelle** *f* **zu einer anderen Steuerstufe** *the government has raised the minimum tax threshold from £6,000 to £6,500*

thrift [θrɪft] *noun*
(a) saving money by spending carefully **Sparsamkeit** *f*
(b) *(US)* private local bank *or* savings and loan association *or* credit union, which accepts and pays interest on deposits from small investors **Sparkasse** *f*

◇ **thrifty** ['θrɪftɪ] *adjective* careful not to spend too much money **sparsam**

> QUOTE the thrift, which had grown from $4.7 million in assets in 1980 to 1.5 billion this year, has ended in liquidation
> Barrons

thrive [θraɪv] *verb* to grow well *or* to be profitable **blühen** *or* **florieren** *a thriving economy; thriving black market in car radios; the company is thriving in spite of the recession*

throughput ['θru:pʊt] *noun* amount of work done *or* of goods produced in a certain time **Durchsatz** *m* ; *we hope to increase our throughput by putting in two new machines; the invoice department has a throughput of 6,000 invoices a day*

throw out [θrəʊ'aʊt] *verb*
(a) to reject *or* to refuse to accept **verwerfen** *the proposal was thrown out by the planning committee; the board threw out the draft contract submitted by the union*
(b) to get rid of (something which is not wanted) **wegwerfen** *or* **hinauswerfen** *we threw out the old telephones and installed a computerized system; the AGM threw out the old board of directors* (NOTE: **throwing - threw - has thrown)**

tick [tɪk]
1 *noun*
(a) *(informal)* credit **Pump** *m* ; *all the furniture in the house is bought on tick*
(b) mark on paper to show that something is correct *or* that something is approved **Haken** *m or* **Kreuz** *m* ; *put a tick in the box marked 'R'* (NOTE: US English for this meaning is **check)**
2 *verb* to mark with a sign to show that something is correct **abhaken** *or* **ankreuzen** *tick the box marked 'R' if you require a receipt*

◇ **ticker** ['tɪkə] *noun (US)* machine (operated by telegraph) which prints details of share prices and transactions rapidly on paper tape **Börsenticker** *m*

ticket ['tɪkɪt] *noun*
(a) piece of paper *or* card which allows you to do something **Karte** *f* ; **entrance ticket** *or* **admission ticket** = ticket which allows you to go in **Eintrittskarte**; **theatre ticket** = ticket which allows you a seat in a theatre **Theaterkarte**
(b) piece of paper *or* card which allows you to travel **Fahrkarte** *f or* **Ticket** *n* ; *train ticket or bus ticket or plane ticket* **season ticket** = train *or* bus ticket which can be used for any number of journeys over a period (usually one, three, six or twelve months) **Zeitkarte** *f or* **Dauerkarte**; **single ticket** *or (US)* **one-way ticket** = ticket for one journey from one place to another **einfache Fahrkarte**; **return ticket** *or (US)* **round-trip ticket** = ticket for a journey from one place to another and back again **Rückfahrkarte**
(c) ticket agency = shop which sells tickets to theatres **Kartenvorverkaufsstelle** *f* ; **ticket counter** = counter where tickets are sold **Fahrkartenschalter** *m*
(d) paper which shows something **Schild** *n or* **Schein** *m* ; **baggage ticket** = paper showing that you have left a piece of baggage with someone **Gepäckschein**; **price ticket** = piece of paper showing a price **Preisschild**

tie [taɪ] *verb* to attach *or* to fasten (with string, wire, etc.) **binden** *or* **befestigen** *he tied the parcel with thick string; she tied two labels on to the parcel* (NOTE: **tying - tied)**

◇ **tie-in** ['taɪɪn] *noun* type of advertising which links one product to another **Kopplungswerbung** *f* ; **tie-in promotion** = special display linking the product to a major advertising campaign, or to a TV programme **Kopplungswerbekampagne** *f*

◇ **tie-on label** ['taɪɒn'leɪbl] *noun* label with a piece of string attached so that it can be tied to an item **Anhänger** *m or* **Anhängezettel** *m*

◇ **tie up** [taɪ'ʌp] *verb*
(a) to attach *or* to fasten tightly **verschnüren; festmachen** *the parcel is tied up with string; the ship was tied up to the quay* **he is rather tied up at the moment** = he is very busy **er ist im Moment sehr beschäftigt**
(b) to invest money in one way, so that it cannot be used for other investments **festlegen** *or* **binden** *he has £100,000 tied up in long-dated gilts; the company has £250,000 tied up in stock which no one wants to buy*

◇ **tie-up** ['taɪʌp] *noun* link *or* connection **Verbindung** *f or* **Zusammenschluss** *m* ; **Zusammenarbeit** *f* ; *the company has a tie-up with a German distributor* (NOTE: plural is

tie-ups)

> QUOTE a lot of speculator money is said to be tied up in sterling because of the interest-rate differential between US and British rates
> Australian Financial Review

tight [taɪt] *adjective* which is controlled *or* which does not allow any movement **eng** *or* **streng** *the manager has a very tight schedule today - he cannot fit in any more appointments; expenses are kept under tight control* **tight money** = money which is borrowed at a high interest rate **knappes Geld**; **tight money policy** = government policy to restrict money supply **restriktive Geldmengenpolitik** *or* **Politik des knappen Geldes**

◇ **-tight** [taɪt] *suffix* which prevents something getting in **-dicht** *the computer is packed in a watertight case; send the films in an airtight container*

◇ **tighten** ['taɪtn] *verb* to make (something) tight *or* to control (something) **anziehen** *or* **verschärfen** *the accounts department is tightening its control over departmental budgets*

◇ **tighten up on** [taɪtn'ʌpɒn] *verb* to control (something) more **härter durchgreifen bei** *or* **verschärfen** *the government is tightening up on tax evasion; we must tighten up on the reps' expenses*

> QUOTE mortgage money is becoming tighter
> Times

> QUOTE the decision by the government to tighten monetary policy will push the annual inflation rate above the previous high
> Financial Times

> QUOTE a tight monetary policy by the central bank has pushed up interest rates and drawn discretionary funds into bank deposits
> Far Eastern Economic Review

> QUOTE the UK economy is at the uncomfortable stage in the cycle where the two years of tight money are having the desired effect on demand
> Sunday Times

till [tɪl] *noun* drawer for keeping cash in a shop **Kasse** *f* ; **cash till** = cash register, a machine which shows and adds prices of items bought, with a drawer for keeping the cash received **Ladenkasse** *there was not much money in the till at the end of the day*

time [taɪm] *noun*
(a) period during which something takes place (such as one hour, two days, fifty minutes, etc.) **Zeit** *f* ; **computer time** = time when a computer is being used (paid for at an hourly rate) **Rechenzeit**; **real time** = time when a computer is working on the processing of data while the problem to which the data refers is actually taking place **Echtzeit** *or* **Realzeit**; **time and motion study** = study in an office *or* factory of how long it takes to do certain jobs and the movements workers have to make to do them **Zeit- und Bewegungsstudie** *f*, ≈ **REFA-Studie**; **time and motion expert** = person who analyzes time and motion studies and suggests changes in the way work is done **Zeit- und Bewegungsfachmann** *m*, ≈ **REFA-Fachmann**
(b) hour of the day (such as 9.00, 12.15, ten o'clock at night, etc.) **Zeit** *f* ; *the time of arrival or the arrival time is indicated on the screen; departure times are delayed by up to fifteen minutes because of the volume of traffic* **on time** = at the right time **pünktlich** *the plane was on time; you will have to hurry if you want to get to the meeting on time or if you want to be on time for the meeting* **opening time** *or* **closing time** = time when a shop or office starts or stops work **Öffnungszeit** *or* **Schlusszeit**
(c) system of hours on the clock **Zeit** *f or* **Uhrzeit**; **Summer Time** *or* **Daylight Saving Time** = system where clocks are set back one hour in the summer to take advantage of the longer hours of daylight **Sommerzeit**; **Standard Time** = normal time as in the winter months **Normalzeit**
(d) hours worked **Arbeitszeit** *f* ; **he is paid time and a half on Sundays** = he is paid the normal rate plus 50% extra when he works on Sundays **sonntags bekommt er 50% Zuschlag**; **full-time** = working for the whole normal working day **ganztägig** *or* **Ganztags-**; **overtime** = hours worked more than the normal working time **Überstunden** *fpl* **part-time** = not working for a whole working day **Halbtags-** *or* **Teilzeit-**
(e) period before something happens **Zeit** *f* ; **Frist** *f* ; **time deposit** = deposit of money for a fixed period, during which it cannot be touched **Termineinlage** *f or* **befristete Einlage**; **delivery time** = number of days before something will be delivered **Lieferzeit**; **lead time** = time between placing an order and receiving the goods **Lieferzeit**; **time limit** = period during which something should be done **Frist** *f or* **Zeitlimit** *n* ; **to keep within the time limits** *or* **within the time schedule** = to complete work by the time stated **die Fristen einhalten**

◇ **time-card** *or (US)* **time-clock card** ['taɪmkɑːd *or* 'taɪm'klɒkkɑːd] *noun* card which is put into a timing machine when a worker clocks in *or* clocks out, and records the time when he starts and stops work **Stechkarte** *f*

◇ **time clock** ['taɪmklɒk] *noun* machine which records when a worker arrives for work and punches in his card **Stechuhr** *f*

◇ **time-keeping** ['taɪm,kiːpɪŋ] *noun* being on time for work **Pünktlichkeit** *f*; *he was warned for bad time-keeping*

◇ **time rate** ['taɪmreɪt] *noun* rate for work which is calculated as money per hour *or* per week, and not money for work completed **Zeitlohn** *m*

◇ **time-saving** ['taɪmseɪvɪŋ]
1 *adjective* which saves time **zeitsparend** *a time-saving device*
2 *noun* trying to save time **Zeitersparnis** *f*; *the management is keen on time-saving*

◇ **time scale** ['taɪmskeɪl] *noun* time which will be taken to complete work **zeitlicher Rahmen**, *our time scale is that all work should be completed by the end of August; he is working to a strict time scale*

◇ **time share** ['taɪmʃeə] *noun* system where several people each own part of a property (such as a holiday flat), each being able to use it for a certain period each year **Timesharing** *n*

◇ **time-sharing** ['taɪmʃeərɪŋ] *noun*
(a) = TIME SHARE
(b) sharing a computer system, with different users using different terminals **Timesharing** *n or* **Gemeinschaftsbetrieb** *m*

◇ **time sheet** ['taɪmʃiːt] *noun* paper showing when a worker starts work in the morning and leaves work in the evening **Arbeitsnachweisbogen** *m or* **Stundenzettel** *m*

◇ **timetable** ['taɪmteɪbl]
1 *noun*
(a) list showing times of arrivals *or* departures of buses *or* trains *or* planes, etc.; *(Bus or Zug)* **Fahrplan** *m; (Flugzeug)* **Flugplan** *according to the timetable, there should be a train to London at 10.22; the bus company has brought out its winter timetable*
(b) list of appointments *or* events **Terminkalender** *m or* **Programm** *n* ; *the manager has a very full timetable, so I doubt if he will be able to see you today* **conference timetable** = list of speakers *or* events at a conference **Konferenzprogramm**
2 *verb* to make a list of times **einen Zeitplan aufstellen**

◇ **time work** ['taɪmwɜːk] *noun* work which is paid for at a rate per hour *or* per day, not per piece of work completed **nach Zeit bezahlte Arbeit** *f*

◇ **timing** ['taɪmɪŋ] *noun* way in which something happens at a particular time **Timing** *n* ; *the timing of the conference is very convenient, as it comes just before my summer holiday; his arrival ten minutes after the meeting finished was very bad timing*

tip [tɪp]
1 *noun*
(a) money given to someone who has helped you **Trinkgeld** *n* ; *I gave the taxi driver a 10 cent tip; the staff are not allowed to accept tips*
(b) advice on something to buy *or* to do which could be profitable **Tipp** *m* ; *a stock market tip; he gave me a tip about a share which was likely to rise because of a takeover bid* **tip sheet** = newspaper which gives information about shares which should be bought or sold **Börsenratgeber** *m*
2 *verb*
(a) to give money to someone who has helped you **Trinkgeld geben** *he tipped the receptionist £5*
(b) to say that something is likely to happen *or* that something might be profitable **einen Tipp geben** *or* **tippen auf** *two shares were tipped in the business section of the paper; he is tipped to become the next chairman* (NOTE: **tipping - tipped**)

TIR = TRANSPORTS INTERNATIONAUX ROUTIERS

title ['taɪtl] *noun*
(a) right to own a property **Anspruch** *m or* **Anrecht** *n or* **Besitztitel** *m or* **Rechtsanspruch** *m* ; *she has no title to the property; he has a good title to the property* **title deeds** = document showing who is the owner of a property **Besitzurkunde** *f*; ≈ **Grundbucheintrag** *m*
(b) name given to a person in a certain job **Amtsbezeichnung** *f or* **Titel** *m* ; *he has the title 'Chief Executive'*
(c) name of a book *or* film, etc. **Titel** *m*

token ['təʊkən] *noun*
(a) thing which acts as a sign *or* symbol **Zeichen** *n or* **Symbol** *n* ; **token charge** = small charge which does not cover the real costs **nominelle Gebühr** *a token charge is made for heating* **token payment** = small payment to show that a payment is being made **symbolische Zahlung**; **token rent** = very low rent payment to show that some rent is being asked **nominelle Miete**; **token strike** = short strike to show that workers have a grievance **Warnstreik** *m*
(b) **book token** *or* **flower token** = card bought in a shop which is given as a present and

which must be exchanged for books or flowers **Büchergutschein** *m* *or* **Blumengutschein**; **gift token** = card bought in a shop which is given as a present and which must be exchanged in that shop for goods **Geschenkgutschein** *m*

toll [təʊl] *noun* payment for using a service (usually a bridge or a road) **Benutzungsgebühr** *f* *or* **Maut** *f*; *we had to cross a toll bridge to get to the island; you have to pay a toll to cross the bridge*

◇ **toll call** ['təʊlkɔːl] *noun (US)* long-distance telephone call **Ferngespräch** *n*

◇ **toll free** [ˌtəʊl'friː] *adverb (US)* without having to pay a charge for a long-distance telephone call **gebührenfrei** *or* **zum Nulltarif** *m*; *to call someone toll free; toll free number*

tombstone ['tuːmstəʊn] *noun (informal)* official announcement in a newspaper showing that a major loan has been subscribed **Finanzanzeige** *f*

ton [tʌn] *noun* measure of weight **Tonne** *f*; *(GB)* **long ton** = measure of weight (= 1016 kilos) **britische Tonne**; *(US)* **short ton** = measure of weight (= 907 kilos) **amerikanische Tonne**; **metric ton** = 1,000 kilos **metrische Tonne**

◇ **tonnage** ['tʌnɪdʒ] *noun* space for cargo in a ship, measured in tons **Tonnage** *f* *or* **Raumzahl** *f*; **deadweight tonnage** = largest amount of cargo which a ship can carry safely **Gesamtzuladungsgewicht** *n* *or* **Tragfähigkeit** *f*; **gross tonnage** = amount of total space in a ship **Bruttoraumzahl (BRZ)** *or* **Bruttotonnage**

◇ **tonne** [tʌn] *noun* metric ton, 1,000 kilos **Tonne** *f*

> QUOTE Canada agreed to the new duty-free quota of 600, 000 tonnes a year
> Globe and Mail (Toronto)

> QUOTE in the dry cargo sector a total of 956 cargo vessels of 11.6m tonnes are laid up - 3% of world dry cargo tonnage
> Lloyd's List

tone [təʊn] *noun* **dialling tone** = sound made by a telephone to show that it is ready for you to dial a number **Wähltton** *m*; **engaged tone** = sound made by a telephone when the line dialled is busy **Besetztzeichen** *n*; **ringing tone** = sound made by a telephone when the connection has been made and before your call is answered **Freizeichen** *n* *or* **Rufzeichen**

toner ['təʊnə] *noun* black powder, like dry ink, used in laser printers and photocopiers **Toner** *m*; **toner cartridge** = sealed plastic box containing toner **Tonerpatrone** *f*

tool [tuːl] *noun* instrument used for doing manual work (such as a hammer, screwdriver) **Werkzeug** *n*; **machine tools** = tools worked by motors, used to work on wood or metal **Werkzeugmaschinen** *fpl*

◇ **tool up** [tuːl'ʌp] *verb* to put machinery into a factory **mit Maschinen ausrüsten**

top [tɒp]

1 *adjective & noun*

(a) upper surface *or* upper part **oberer Teil** *do not put coffee cups on top of the computer* **top copy** = first sheet of a document which is typed with several carbon copies or photocopies **Original** *n*

(b) highest point *or* most important place **Spitze** *f*; **Führung** *f*; *the company is in the top six exporters* **top-flight** *or* **top-ranking** = in the most important position **hochrangig** *or* **Spitzen-** *top-flight managers can earn very high salaries; he is the top-ranking official in the delegation* **top-grade** = most important *or* of the best quality **Spitzen-** *or* **hohe(r, s)**; **erstklassig**; **Super-** *the car only runs on top-grade petrol* **top management** = the main directors of a company **Unternehmensspitze** *f* *or* **Topmanagement** *n*; **to give something top priority** = to make something the most important item, so that it is done very fast **einer Sache höchste Priorität beimessen**; **top quality** = very best quality **Spitzenqualität** *f*; *we specialize in top quality imported goods*

2 *verb* to go higher than **übersteigen** *sales topped £1m in the first quarter* (NOTE: **topping - topped**)

◇ **top-hat pension** [tɒpˌhæt'penʃən] *noun* special extra pension for senior managers **Sonderpension** *f* **für leitende Angestellte**

◇ **top out** [tɒp'aʊt]

1 *noun (US)* period of peak demand for a product **Spitzenbedarf** *m*

2 *verb* to finish the roof of a new building **das Dach richten**; **topping-out ceremony** = ceremony when the roof of a new building is finished **Richtfest** *n*

◇ **top-selling** ['tɒpselɪŋ] *adjective* which sells better than all other products **meistverkauft** *top-selling brands of toothpaste*

◇ **top up** [tɒp'ʌp] *verb*

(a) to fill up something which is not full **auffüllen** *or* **aufstocken** *to top up stocks before the Christmas rush*

(b) to add to something to make it more complete **aufstocken** *he topped up his pension contributions to make sure he received the maximum allowable pension when he retired*

> QUOTE gross wool receipts for the selling season appear likely to top $2 billion
> Australian Financial Review

> QUOTE the base lending rate, or prime rate, is the rate at which banks lend to their top corporate borrowers
> Wall Street Journal

> QUOTE fill huge warehouses with large quantities of top-brand, first-quality merchandise, sell the goods at rock-bottom prices
> Duns Business Month

tort [tɔːt] *noun* harm done to someone *or* property which can be the basis of a lawsuit **Delikt** *n*

total ['təʊtl]
1 *adjective* complete, with everything added together **gesamt** *or* **ganz; völlig** *or* **absolut** *total amount; total assets; total cost; total expenditure; total income; total output; total revenue* **the cargo was written off as a total loss** = the cargo was so badly damaged that the insurers said it had no value **die Fracht wurde als Totalverlust abgeschrieben**
2 *noun* amount which is complete *or* with everything added up **Summe** *f or* **Endbetrag** *m* ; *the total of the charges comes to more than £1,000* **grand total** = final total made by adding several subtotals **Gesamtsumme** *or* **Endbetrag**
3 *verb* to add up to **ergeben** *or* **sich belaufen auf** *costs totalling more than £25,000* (NOTE: **totalling - totalled** but US English **totaling - totaled)**
◇ **totally** ['təʊtlɪ] *adverb* completely **völlig** *or* **total** *the factory was totally destroyed in the fire; the cargo was totally ruined by water*

tour [tʊə] *noun* (holiday) journey to various places, coming back in the end to the place the journey started from **Rundreise** *f or* **Tour** *f*; *the group went on a tour of Italy; the minister went on a fact-finding tour of the region* **conducted tour** = tour with a guide who shows places to the tourists **Rundfahrt** *f* **mit Führer; Führung** *f* ; **package tour** = tour where the hotel, travel, and meals are all arranged in advance and paid for in one payment **Pauschalreise** *f* ; **tour operator** = person *or* company which organizes tours **Reiseveranstalter** *m* ; **to carry out a tour of inspection** = to visit various places *or* offices *or* factories to inspect them **eine Inspektionsreise machen**
◇ **tourism** ['tʊərɪzəm] *noun* business of providing travel, hotel rooms, food, entertainment, etc., for tourists **Tourismus** *m*
◇ **tourist** ['tʊərɪst] *noun* person who goes on holiday to visit places away from his home **Tourist/-in**; **tourist bureau** *or* **tourist information office** = office which gives information to tourists about the place where it is situated **Fremdenverkehrsbüro** *n* ; **tourist class** = lower quality or less expensive way of travelling **Touristenklasse** *f* ; *he always travels first class, because he says tourist class is too uncomfortable* **tourist visa** = visa which allows a person to visit a country for a short time on holiday **Touristenvisum** *n*

tout [taʊt]
1 *noun* person who sells tickets (to games *or* shows) for more than the price printed on them **Kartenschwarzhändler/-in**
2 *verb*
(a) to tout for custom = to try to attract customers **Kunden werben**
(b) *(US)* to make extravagant publicity for a product *or* give it the hard sell **aufschwatzen** *or*; *(informal)* **andrehen**

track record ['træk,rekɔːd] *noun* success or failure of a company *or* salesman in the past **Erfolgs- und Leistungsnachweis** *m* ; *he has a good track record as a secondhand car salesman; the company has no track record in the computer market*

trade [treɪd]
1 *noun*
(a) business of buying and selling **Handel** *m* ; **Gewerbe** *n* ; **export trade** *or* **import trade** = the business of selling to other countries *or* buying from other countries **Exporthandel** *or* **Importhandel**; **foreign trade** *or* **overseas trade** *or* **external trade** = trade with other countries **Außenhandel**; **home trade** = trade in the country where a company is based **Binnenhandel**; **trade cycle** = period during which trade expands, then slows down, then expands again **Konjunkturzyklus** *m* ; **balance of trade** *or* **trade balance** = international trading position of a country, excluding invisible trade **Handelsbilanz** *f* ; **adverse balance of trade** = situation when a country imports more than it exports **passive Handelsbilanz** *the country had an adverse balance of trade for the second month running* **favourable balance of trade** = situation where a country's exports are larger than its imports **aktive Handelsbilanz**; **trade deficit** *or* **trade gap** = difference in value between a country's low exports and higher imports **Außenhandelsdefizit** *n* ; **trade figures** = government statistics showing the value of a country's trade with other countries **Handelsziffern** *pl* **trade surplus** = difference in value between a country's high exports and lower imports **Außenhandelsüberschuss** *m*

(b) to do a good trade in a range of products = to sell a large number of a range of products **mit verschiedenen Produkten gute Absätze** *mpl* **erzielen; fair trade** = international business system where countries agree not to charge import duties on certain items imported from their trading partners **Nichtdiskriminierung** *f* **im Außenhandel; free trade** = system where goods can go from one country to another without any restrictions **Freihandel** *m* ; **free trade area** = group of countries practising free trade **Freihandelszone** *f (see also* EFTA)

(c) trade agreement = international agreement between countries over general terms of trade **Handelsabkommen** *n* ; **trade bureau** = office which specializes in commercial enquiries **Handelsbüro** *n or* **Wirtschaftsbüro; to impose trade barriers** = to restrict the import of certain goods by charging high duty **Handelsschranken** *fpl* **verhängen; trade creditors** = companies which are owed money by a company in the normal course of trading (the amount owed to trade creditors is shown in the annual accounts) **Kreditoren** *mpl* ; **Verbindlichkeiten** *fpl* **aus Lieferungen und Leistungen; trade debtors** = debtors who owe money to a company in the normal course of that company's trading **Handelsdebitoren** *mpl* **trade description** = description of a product to attract customers **Warenbeschreibung** *f; (GB)* **Trade Descriptions Act** = act which limits the way in which products can be described so as to protect customers from wrong descriptions made by manufacturers **Warenkennzeichnungsgesetz** *n* ; **trade directory** = book which lists all the businesses and business people in a town **Branchenverzeichnis** *n* ; **trade mission** = visit to a country by a group of foreign businessmen to discuss trade **Handelsdelegation** *f*

(d) people or companies dealing in the same type of product **Branche** *f or* **Gewerbe** *n* ; *he is in the secondhand car trade; she is very well known in the clothing trade* **trade association** = group which links together companies in the same trade **Handelsverband** *m* ; **Unternehmerverband; Berufsverband; trade counter** = shop in a factory *or* warehouse where goods are sold to retailers **Warenausgabe** *f* **für den Einzelhandel; Großhandelsverkauf** *m* ; **trade discount** *or* **trade terms** = reduction in price given to a customer in the same trade **Händlerrabatt** *m* ; **trade fair** = large exhibition and meeting for advertising and selling a certain type of product **Handelsmesse** *f* ; *there were two trade fairs running in London at the same time; to organize or to run a trade fair* **trade journal** *or* **trade magazine** *or* **trade paper** *or* **trade publication** = magazine or newspaper produced for people and companies in a certain trade **Fachzeitschrift** *f or* **Fachblatt** *n* ; **trade press** = all magazines produced for people working in a certain trade **Fachpresse** *f* ; **trade price** = special wholesale price paid by a retailer to the manufacturer or wholesaler **Großhandelspreis** *m* ; **to ask a company to supply trade references** = to ask a company to give names of traders who can report on the company's financial situation and reputation **ein Unternehmen um Handelsauskünfte** *fpl or* **Kreditauskünfte bitten; trade secret** = information (especially about manufacturing) which a company has and will not give to other companies **Betriebs-** *or* **Geschäftsgeheimnis** *n*

2 *verb* to buy and sell *or* to carry on a business **handeln** *or* **Handel treiben** *or* **Geschäfte machen** *to trade with another country; to trade on the Stock Exchange; the company has stopped trading; the company trades under the name 'Eeziphitt'*

◇ **trade in** [treɪd'ɪn] *verb*
(a) to buy and sell certain items **handeln mit** *or* **Handel treiben mit** *the company trades in imported goods; he trades in French wine*
(b) to give in an old item as part of the payment for a new one **in Zahlung geben** *the chairman traded in his old Rolls Royce for a new model*

◇ **trade-in** ['treɪdɪn] *noun* old item (such as a car *or* washing machine) given as part of the payment for a new one **in Zahlung gegebener Gegenstand** *to give the old car as a trade-in* **trade-in price** = amount allowed by the seller for an old item being traded in for a new one **Preis** *m* **bei Inzahlungnahme**

◇ **trademark** *or* **trade name** ['treɪdmɑːk *or* 'treɪdneɪm] *noun* particular name, design, etc., which has been registered by the manufacturer and which cannot be used by other manufacturers (it is an 'intangible asset') **Warenzeichen** *n or* **Handelsmarke** *f*; **Handelsname** *m* ; *you cannot call your beds 'Softn' kumfi' - it is a registered trademark*

◇ **trade-off** ['treɪdɒf] *noun* exchanging one thing for another as part of a business deal **Austausch** *m*

◇ **trader** ['treɪdə] *noun* person who does business **Händler/-in** *or* **Kaufmann/Kauffrau; commodity trader** = person whose business is buying and selling commodities **Rohstoffhändler/-in; free trader** = person who is in favour of free trade **Befürworter/-in des Freihandels** *m* ; **sole trader** = person who runs a business, usually by himself, but has not registered it as a company **Einzelkaufmann** *m*

◇ **tradesman** ['treɪdzmən] *noun*
(a) shopkeeper *or* person who runs a shop **Einzelhändler** *m or* **Kaufmann** *m*
(b) *(US)* skilled craftsman **Handwerker** *m* (NOTE: plural is **tradesmen)**

◇ **tradespeople** ['treɪdz,pi:pl] *plural noun* shopkeepers **Geschäftsleute** *pl*

◇ **trade union** *or* **trades union** [,treɪd'ju:njən *or* ,treɪdz'ju:njən] *noun* organization which represents workers who are its members in discussions with employers about wages and conditions of employment **Gewerkschaft** *f* ; *they are members of a trades union or they are trade union members; he has applied for trade union membership or he has applied to join a trades union* **Trades Union Congress (TUC)** = organization linking all British trade unions **britischer Gewerkschaftsbund**; *(entspricht)* **Deutscher Gewerkschaftsbund (DGB)** (NOTE: although **Trades Union Congress** is the official name for the organization, **trade union** is commoner than **trades union** in GB English. US English is **labor union)**

◇ **trade unionist** [,treɪd'ju:njənɪst] *noun* member of a trade union **Gewerkschaft(l)er/-in**

◇ **trade-weighted index** [,treɪdweɪtɪd'ɪndeks] *noun* index of the value of a currency calculated against a basket of currencies **Index** *m* **des Außenwertes**

> QUOTE the trade-weighted dollar chart shows there has been a massive devaluation of the dollar since the mid-'80s and the currency is at its all-time low. In terms of purchasing power, it is considerably undervalued
>
> Financial Weekly

trading ['treɪdɪŋ] *noun* business of buying and selling **Handel** *m* ; **trading account** = account of a company's gross profit **Verkaufskonto** *n* **ohne Berücksichtigung der Gemeinkosten**; **trading area** = group of countries which trade with each other **Absatzgebiet** *n* ; **trading bloc** = group of countries which trade with each other on special terms **Handelsblock** *m* ; **trading company** = company which specializes in buying and selling goods **Handelsgesellschaft** *f* ; **adverse trading conditions** = bad conditions for trade **ungünstige Handelsbedingungen** *fpl* **trading estate** = area of land near a town specially for building factories and warehouses **Industriegebiet** *n* ; **trading floor** *see* FLOOR; **trading loss** = situation where a company's receipts are less than its expenditure **Betriebsverlust** *m* ; **trading partner** = company *or* country which trades with another **Handelspartner** *m* ; **trading profit** = situation where a company's gross receipts are more than its gross expenditure **Betriebsgewinn** *m or* **Gewerbeertrag** *m* ; **trading stamp** = special stamp given away by a shop, which the customer can collect and exchange later for free goods **Rabattmarke** *f*; **fair trading** = way of doing business which is reasonable and does not harm the customer **lauterer Handel**; *(GB)* **Office of Fair Trading** = government department which protects consumers against unfair or illegal business **Amt** *n* **für Verbraucherschutz**; **insider trading** = illegal buying or selling of shares by staff of a company who have secret information about the company's plans **Insiderhandel** *m*

> QUOTE a sharp setback in foreign trade accounted for most of the winter slowdown. The trade balance sank $17 billion
>
> Fortune

> QUOTE at its last traded price, the bank was capitalized around $1.05 billion
>
> South China Morning Post

> QUOTE with most of the world's oil now traded on spot markets, Opec's official prices are much less significant than they once were
>
> Economist

traffic ['træfɪk]
1 *noun*
(a) movement of cars *or* lorries *or* trains *or* planes; movement of people *or* goods in vehicles **Verkehr** *m* ; *there is an increase in commuter traffic or goods traffic on the motorway; passenger traffic on the commuter lines has decreased during the summer* **air traffic controller** = person who controls the landing and taking off of planes at an airport **Fluglotse** *m*
(b) illegal trade **(illegaler) Handel** *drugs traffic or traffic in drugs*
2 *verb* to deal illegally **handeln** *or* **dealen** *they are trafficking in drugs* (NOTE: **trafficking - trafficked)**

train [treɪn]
1 *noun* set of coaches *or* wagons pulled by an engine along railway lines **Zug** *m* ; *a passenger train or a goods train; to take the 09.30 train to London; he caught his train or he missed his train; to ship goods by train* **freight train** *or* **goods train** = train used for carrying goods **Güterzug**
2 *verb* to teach (someone) to do something; to learn how to do something **ausbilden** *he*

trained as an accountant; the company has appointed a trained lawyer as its managing director

◇ **trainee** [treɪ'niː] *noun* person who is learning how to do something **Auszubildende (r)** *mf or* **Lehrling** *m* ; *we employ a trainee accountant to help in the office at peak periods; graduate trainees come to work in the laboratory when they have finished their courses at university* **management trainee** = young member of staff being trained to be a manager **Führungsnachwuchs** *m*

◇ **traineeship** [treɪ'niːʃɪp] *noun* post of trainee **Ausbildungsplatz** *m*

◇ **training** ['treɪnɪŋ] *noun* being taught how to do something **Ausbildung** *f or* **Schulung** *f* ; *there is a ten-week training period for new staff; the shop is closed for staff training* **industrial training** = training of new workers to work in an industry **betriebliche Ausbildung**; **management training** = training staff to be managers, by making them study problems and work out solutions to them **Ausbildung für Führungsnachwuchskräfte**; **on-the-job training** = training given to workers at their place of work **innerbetriebliche Ausbildung**; **off-the-job training** = training given to workers away from their place of work (such as at a college or school) **außerbetriebliche Ausbildung**; **staff training** = teaching staff better and more profitable ways of working **Angestelltenausbildung**; **training levy** = tax to be paid by companies to fund the government's training schemes **Ausbildungsabgabe** *f* ; **training officer** = person who deals with the training of staff **Ausbildungsleiter/-in**; **training unit** = special group of teachers who organize training for companies **Aus- und Weiterbildungsabteilung** *f*

tranche [trɑːnʃ] *noun* one of series of instalments (used when referring to loans to companies, government securities which are issued over a period of time, or money withdrawn by a country from the IMF) **Tranche** *f* ; *the second tranche of interest on the loan is now due for payment*

transact [træn'zækt] *verb* **to transact business** = to carry out a piece of business **Geschäfte tätigen**

◇ **transaction** [træn'zækʃən] *noun* **business transaction** = piece of business *or* buying or selling **Geschäft** *n* ; **cash transaction** = transaction paid for in cash **Barverkauf** *m or* **Kassageschäft** *n* ; **a transaction on the Stock Exchange** = purchase *or* sale of shares on the Stock Exchange **ein Börsengeschäft** *the paper publishes a daily list of Stock Exchange transactions* **exchange transaction** = purchase *or* sale of foreign currency **Devisengeschäft** *n* ; **fraudulent transaction** = transaction which aims to cheat someone **Schwindelgeschäft** *n*

transfer

1 ['trænsfə] *noun*

(a) moving someone *or* something to a new place **Transfer** *m* ; **Versetzung** *f* ; **Überweisung** *f* ; **Übertragung** *f* ; *he applied for a transfer to our branch in Scotland* **transfer of property** *or* **transfer of shares** = moving the ownership of property *or* shares from one person to another **Eigentumsübertragung** *f or* **Aktienübertragung**; **airmail transfer** = sending money from one bank to another by airmail **Überweisung per Luftpost**; **bank transfer** = moving money from a bank account to an account in another country **Banküberweisung**; **credit transfer** *or* **transfer of funds** = moving money from one account to another **Geldüberweisung**; **stock transfer form** = form to be signed by the person transferring shares **Aktienübertragungsformular** *n*

(b) changing to another form of transport **Umsteigen** *n* ; **transfer passenger** = traveller who is changing from one aircraft or train or bus to another, or to another form of transport **Transitreisende(r)**

2 [træns'fɜː] *verb*

(a) to move someone *or* something to a new place **transferieren; versetzen; überweisen; übertragen** *the accountant was transferred to our Scottish branch; he transferred his shares to a family trust; she transferred her money to a deposit account* **transferred charge call** = phone call where the person receiving the call agrees to pay for it **R-Gespräch** *n*

(b) to change from one type of travel to another **umsteigen** *when you get to London airport, you have to transfer onto an internal flight* (NOTE: **transferring - transferred)**

◇ **transferable** [træns'fɜːrəbl] *adjective* which can be passed to someone else **übertragbar**; **the season ticket is not transferable** = the ticket cannot be given or lent to someone else to use **die Zeitkarte ist nicht übertragbar**

tranship [træn'ʃɪp] *verb* to move cargo from one ship to another **umladen** *or* **umschlagen** (NOTE: **transhipping - transhipped)**

transit ['trænzɪt] *noun*

(a) movement of passengers *or* goods on the way to a destination **Beförderung** *f or* **Transport** *m* ; *to pay compensation for damage suffered in transit or for loss in*

transit; some of the goods were damaged in transit **goods in transit** = goods being transported from warehouse to customer **Transitwaren** *fpl*
(b) **transit lounge** = room in an airport where passengers wait for connecting flights **Transitraum** *m* ; **transit visa** *or* **transit permit** = document which allows someone to spend a short time in one country while travelling to another country **Transitvisum** *n or* **Durchreisevisum**

translate [træns'leɪt] *verb* to put something which is said *or* written in one language into another language **übersetzen** *he asked his secretary to translate the letter from the German agent; we have had the contract translated from French into Japanese*
◊ **translation** [træns'leɪʃən] *noun* something which has been translated **Übersetzung** *f* ; *she passed the translation of the letter to the accounts department* **translation bureau** = office which translates documents for companies **Übersetzungsbüro** *n*
◊ **translator** [træns'leɪtə] *noun* person who translates **Übersetzer/-in**

transmission [trænz'mɪʃən] *noun* sending **Übermittlung** *f* ; *transmission of a message*
◊ **transmit** [trænz'mɪt] *verb* to send (a message) **übermitteln** (NOTE: **transmitting - transmitted)**

trans-national corporation [trænz'næʃnlkɔːpə'reɪʃn] *noun* large company which operates in various countries **transnationaler Konzern**

transport
1 ['trænspɔːt] *noun* moving of goods or people **Transport** *m or* **Beförderung** *f* ; *air transport or transport by air; rail transport or transport by rail; road transport or transport by road; passenger transport or the transport of passengers; the passenger transport services of British Rail; what means of transport will you use to get to the factory?* **the visitors will be using public transport** *or* **private transport** = the visitors will be coming by bus *or* train, etc., or in their own cars **die Besucher werden öffentliche** *or* **private Verkehrsmittel benutzen**; **public transport system** = system of trains, buses, etc., used by the general public **das öffentliche Verkehrsnetz**
2 [træns'pɔːt] *verb* to move goods *or* people from one place to another in a vehicle **transportieren** *or* **befördern** *the company transports millions of tons of goods by rail each year; the visitors will be transported to the factory by air or by helicopter or by taxi*
◊ **transportable** [træns'pɔːtəbl] *adjective* which can be moved **transportfähig** *or* **transportabel**
◊ **transportation** [ˌtrænspə'teɪʃən] *noun*
(a) moving goods *or* people from one place to another **Transport** *m or* **Beförderung** *f*
(b) vehicles used to move goods *or* people from one place to another **Beförderungsmittel** *n or* **Verkehrsmittel** *the company will provide transportation to the airport* **ground transportation** = buses, taxis, etc., available to take passengers from an airport to the town **Bodentransport** *m*
◊ **transporter** [træns'pɔːtə] *noun* company which transports goods **Transportunternehmen** *n*
◊ **Transports Internationaux Routiers (TIR)** ['trɔːnspɔːzˌænte'næsjənəʊ'ruːtɪeɪ] *noun* system of international documents which allows dutiable goods to cross several European countries by road without paying duty until they reach their final destination **Transports Internationaux Routiers (TIR)**

travel ['trævl]
1 *noun* moving of people from one place to another *or* from one country to another **Reisen** *fpl business travel is a very important part of our overhead expenditure* **travel agent** = person in charge of a travel agency **Reisebürokaufmann** *m* ; **travel agency** = office which arranges travel for customers **Reisebüro** *n* ; **travel allowance** = money which an employee is allowed to spend on travelling **Reisekostenzuschuss** *m* ; **travel expenses** = money spent on travelling and hotels for business purposes **Reisespesen** *pl* **travel magazine** = magazine with articles on holidays and travel **Reisemagazin** *n* ; **the travel trade** = all businesses which organize travel for people **die Reisebranche**
2 *verb*
(a) to move from one place to another *or* from one country to another **reisen** *he travels to the States on business twice a year; in her new job, she has to travel abroad at least ten times a year*
(b) to go from one place to another, showing a company's goods to buyers and taking orders from them **Vertreter sein** *he travels in the north of the country for an insurance company* (NOTE: **travelling - travelled** but US spelling **traveling - traveled)**
◊ **traveller** *or (US)*
◊ **traveler** ['trævlə] *noun*
(a) person who travels **Reisende(r)**; **business traveller** = person who is travelling on business **Geschäftsreisende(r)**; **traveller's cheques** *or (US)* **traveler's checks** = cheques

taken by a traveller which can be cashed in a foreign country **Reiseschecks** *mpl*
(b) commercial traveller = salesman who travels round an area visiting customers on behalf of his company **Handelsvertreter/-in**

◇ **travelling expenses** ['trævəlɪŋek'spensɪz] *noun* money spent on travelling and hotels for business purposes **Reisespesen** *pl*

tray [treɪ] *noun* **filing tray** = container kept on a desk for documents which have to be filed **Ablage** *f*; **in tray** = basket on a desk for letters *or* memos which have been received and are waiting to be dealt with **Eingänge** *mpl* **out tray** = basket on a desk for letters *or* memos which have been dealt with and are ready to be sent out **Ausgänge** *mpl* **pending tray** = basket on a desk for papers which cannot be dealt with immediately **Ablage** *f* **für Unerledigtes**

treasurer ['treʒərə] *noun*
(a) person who looks after the money *or* finances of a club or society, etc. **Kassenwart** *m*; **honorary treasurer** = treasurer who does not receive any fee **ehrenamtlicher Kassenwart**
(b) *(GB, US)* company official responsible for finding new finance for the company and using its existing financial resources in the best possible way **Leiter/-in der Finanzabteilung**
(c) *(Australia)* finance minister **Finanzminister/-in**

◇ **treasury** ['treʒərɪ] *noun* **the Treasury** = government department which deals with the country's finance **das Finanzministerium** (NOTE: the term is used in both the UK and the USA; in most other countries this department is called the 'Ministry of Finance'); **treasury bill** = short-term financial instrument which does not give any interest and is sold by the government at a discount through the central bank **Schatzwechsel** *m* (NOTE: in the UK, their term varies from three to six months; in the USA, they are for 91 or 182 days, or for 52 weeks. In American English they are also called 'Treasuries' or 'T-bills'); **treasury bond** = long-term bond issued by the British or American governments **(langfristige) Schatzanweisung**; **treasury note** = medium-term bond issued by the US government **(mittelfristige) Schatzanweisung**; **treasury stocks** = stocks issued by the British government **britische Staatsanleihen** *fpl* (NOTE: also called **exchequer stocks**); *(US)* **Treasury Secretary** = member of the US government in charge of finance **US-Finanzminister/-in** (NOTE: the equivalent of the **Finance Minister** in most countries, or of the **Chancellor of the Exchequer** in the UK); *(GB)* **Chief Secretary to the Treasury** = government minister responsible to the Chancellor of the Exchequer for the control of public expenditure **Staatsminister/-in im Schatzamt** (NOTE: in the USA, this is the responsibility of the **Director of the Budget**)

treaty ['tri:tɪ] *noun*
(a) agreement between countries **Staatsvertrag** *m*; **Vertrag** *m*; *commercial treaty*
(b) agreement between individual persons **Vertrag** *m*; **to sell a house by private treaty** = to sell a home to another person not by auction **ein Haus privat verkaufen**

treble ['trebl] *verb* to increase three times **verdreifachen** *the company's borrowings have trebled; the acquisition of the chain of stores has trebled the group's turnover*

trend [trend] *noun* general way things are going **Trend** *m or* **Tendenz** *f*; *there is a trend away from old-established food stores; a downward trend in investment; we notice a general trend to sell to the student market; the report points to inflationary trends in the economy; an upward trend in sales* **economic trends** = way in which a country's economy is moving **konjunkturelle Entwicklung; Wirtschaftsentwicklung** *f*; **market trends** = gradual changes taking place in a market **Markttendenzen**

> QUOTE the quality of building design and ease of accessibility will become increasingly important, adding to the trend towards out-of-town office development
> Lloyd's List

trial ['traɪəl] *noun*
(a) court case to judge a person accused of a crime **Gerichtsverhandlung** *f*; **Prozess** *m*; *he is on trial or is standing trial for embezzlement*
(b) test to see if something is good **Probe** *f*; **Erprobung** *f* **Prüfung** *f*; **on trial** = being tested **getestet werden** *the product is on trial in our laboratories* **trial period** = time when a customer can test a product before buying it **Probezeit** *f*; **trial sample** = small piece of a product used for testing **Muster** *n or* **Probestück** *n*; **free trial** = testing of a machine *or* product with no payment involved **kostenlos zur Probe**
(c) trial balance = draft calculation of debits and credits to see if they balance **Probebilanz** *f*

tribunal [traɪ'bju:nl] *noun* official court which examines special problems and makes judgements **Gerichtshof** *m* ; **Sondergericht** *n* ; **Schiedsgericht** *n* ; **adjudication tribunal** = group which adjudicates in industrial disputes **Schlichtungskommission** *f* ; **industrial tribunal** = court which can decide in disputes about employment **Arbeitsgericht** *n* ; **rent tribunal** = court which can decide if a rent is too high or low **Schiedsgericht für Mietstreitigkeiten**

trick [trɪk] *noun* clever act to make someone believe something which is not true **Trick** *m* ; **confidence trick** = business where someone gains another person's confidence and then tricks him **Schwindel** *m or* **Bauernfängerei** *f or* **Trickbetrug** *m*

◇ **trickster** ['trɪkstə] *noun* **confidence trickster** = person who carries out a confidence trick on someone **Schwindler/-in** *or* **Bauernfänger** *m or* **Trickbetrüger/-in**

trigger ['trɪgə]

1 *noun* thing which starts a process **Auslöser** *m*

2 *verb* to start a process **auslösen**; **trigger point** = point in acquiring shares in a company where the purchaser has to declare an interest or to take certain action **Grenzwert** *m or* **kritischer Punkt**

COMMENT: if an individual or a company buys 5% of a company's shares, this shareholding must be declared to the company. If 15% is acquired it is assumed that a takeover bid will be made, and no more shares can be acquired for seven days to give the target company time to respond. There is no obligation to make a bid at this stage, but if the holding is increased to 30%, then a takeover bid must be made for the remaining 70%. If 90% of shares are owned, then the owner can purchase all outstanding shares compulsorily. These trigger points are often not crossed, and it is common to see that a company has acquired 14.9% or 29.9% of another company's shares

QUOTE the recovery is led by significant declines in short-term interest rates, which are forecast to be roughly 250 basis points below their previous peak in the second quarter of 1990. This should trigger a rebound in the housing markets and consumer spending on durables
Toronto Globe & Mail

trillion ['trɪljən] *number* one million millions **Billion** *f* (NOTE: British English now has the same meaning as American English; formerly in British English it meant one million million millions, and it is still sometimes used with this meaning; see also the note at BILLION)

QUOTE if land is assessed at roughly half its current market value, the new tax could yield up to ¥10 trillion annually
Far Eastern Economic Review

trip [trɪp] *noun* journey **Trip** *m or* **Reise** *f* ; **business trip** = journey to discuss business matters with people who live a long way away or overseas **Geschäftsreise**

triple ['trɪpl]

1 *verb* to multiply three times **(sich) verdreifachen** *the company's debts tripled in twelve months; the acquisition of the chain of stores has tripled the group's turnover*

2 *adjective* three times as much **dreifach** *the cost of airfreighting the goods is triple their manufacturing cost*

triplicate ['trɪplɪkət] *noun* **in triplicate** = with an original and two copies **in dreifacher Ausfertigung** *to print an invoice in triplicate* **invoicing in triplicate** = preparing three copies of invoices **Rechnungen in dreifacher Ausfertigung (ausstellen)**

trolley ['trɒlɪ] *noun* device on wheels which can be used to carry things **Handwagen** *m* ; **supermarket trolley** = metal basket on wheels, used by shoppers to put their purchases in as they go round a supermarket **Einkaufswagen** *m* (NOTE: the US English for this is **shopping cart**)

trouble ['trʌbl] *noun* problem *or* difficult situation **Ärger** *m* ; **Unannehmlichkeiten** *fpl we are having some computer trouble or some trouble with the computer; there was some trouble in the warehouse after the manager was fired*

◇ **troubleshooter** ['trʌblʃu:tə] *noun* person whose job is to solve problems in a company **Schlichter/-in; Sanierer** *m* ; **Krisenmanager** *m*

trough [trɒf] *noun* low point in the economic cycle **Konjunkturtief** *n or* **Talsohle** *f*

troy weight [trɔɪ'weɪt] *noun* system of measurement of weight used for gold and other metals, such as silver and platinum **Troygewicht** *n* ; **troy ounce** = measurement of weight (= 31.1 grams) **Troyunze** *f* (NOTE: in writing, often shortened to **troy oz.** after figures: **25.2 troy oz.**)

COMMENT: troy weight is divided into grains, pennyweights (24 grains = 1 pennyweight), ounces (20 pennyweights = 1 ounce) and pounds (12 troy ounces = 1 pound). Troy weights are slightly less than their avoirdupois equivalents; the troy pound equals 0.37kg or 0.82lb avoirdupois; see also AVOIRDUPOIS

truck [trʌk] *noun*
(a) large motor vehicle for carrying goods **Last(kraft)wagen** *m or* **LKW** *m* ; **fork-lift truck** = type of small tractor with two metal arms in front, used for lifting and moving pallets **Gabelstapler** *m*
(b) open railway wagon for carrying goods **Güterwagen** *m*
◊ **trucker** ['trʌkə] *noun* person who drives a truck **Lastwagenfahrer/-in** *or* **Fernfahrer/-in**
◊ **trucking** ['trʌkɪŋ] *noun* carrying goods in trucks **Güter(kraft)verkehr** *m* ; *trucking firm*
◊ **truckload** ['trʌkləʊd] *noun* quantity of goods that fills a truck **LKW-Ladung** *f*

true [tru:] *adjective* correct *or* accurate **wahr**; **true copy** = exact copy **gleich lautende Kopie** *I certify that this is a true copy; certified as a true copy* **true and fair view** = correct statement of a company's financial position as shown in its accounts and confirmed by the auditors **wahres und angemessenes Bild; den tatsächlichen Verhältnissen entsprechendes Bild**

truly ['tru:lɪ] *adverb* **Yours truly** *or (US)* **Truly yours** = ending to a formal business letter where you do not know the person you are writing to **Hochachtungsvoll**

trunk call ['trʌŋkkɔ:l] *noun* telephone call to a number which is in a different area **Ferngespräch** *n*

trust [trʌst]
1 *noun*
(a) being confident that something is correct, will work, etc. **Vertrauen** *n* ; **we took his statement on trust** = we accepted his statement without examining it to see if it was correct **wir akzeptierten seine Aussage auf Treu und Glauben** *or* **auf gut Glauben**
(b) legal arrangement to pass goods *or* money *or* valuables to someone who will look after them well **Obhut** *f*; *he left his property in trust for his grandchildren* **he was guilty of a breach of trust** = he did not act correctly *or* honestly when people expected him to **er war des Vertrauensbruchs** *m* **schuldig; he has a position of trust** = his job shows that people believe he will act correctly and honestly **er hat eine Vertrauensstellung**
(c) management of money or property for someone **Vermögensverwaltung** *f*; *they set up a family trust for their grandchildren; (US)* **trust company** = organization which supervises the financial affairs of private trusts, executes wills, and acts as a bank to a limited number of customers **Treuhandgesellschaft** *f* ; **trust deed** = document which sets out the details of a private trust **Treuhandvertrag** *m* ; **trust fund** = assets (money, securities, property) held in trust for someone **Treuhandvermögen** *n* ; **investment trust** = company whose shares can be bought on the Stock Exchange and whose business is to make money by buying and selling stocks and shares **Investmentgesellschaft** *f or* **Kapitalanlagegesellschaft; unit trust** = organization which takes money from investors and invests it in stocks and shares for them under a trust deed **offener Investmentfonds**
(d) *(US)* small group of companies which control the supply of a product **Trust** *m*
2 *verb* **to trust someone with something** = to give something to someone to look after **jdm etwas anvertrauen** *can he be trusted with all that cash?*
◊ **trustbusting** ['trʌstbʌstɪŋ] *noun (US)* breaking up monopolies to encourage competition **Monopolzerschlagung** *f or* **Trustzerschlagung**
◊ **trustee** [trʌs'ti:] *noun* person who has charge of money in trust *or* person who is responsible for a family trust **Vermögensverwalter/-in** *or* **Treuhänder/-in** *the trustees of the pension fund*
◊ **trustworthy** ['trʌstwɜ:ðɪ] *adjective* (person) who can be trusted **vertrauenswürdig** *our cashiers are completely trustworthy*

Truth in Lending Act ['tru:θɪn'ledɪŋækt] US Act of 1969, which forces lenders to state the full terms of their interest rates to borrowers **US-Konsumentenkreditgesetz** *n*

TUC ['ti:ju:'si:] = TRADES UNION CONGRESS

tune [tju:n] *noun* **the bank is backing him to the tune of £10,000** = the bank is helping him with a loan of £10,000 **die Bank unterstützt ihn mit einem Betrag in Höhe von £10.000**

turkey ['tɜ:kɪ] *noun (informal)* bad investment, investment which has turned out to be worthless **Ladenhüter** *m*

turn [tɜ:n]
1 *noun*
(a) movement in a circle *or* change of direction **Drehung** *f*; **Wendung** *f*
(b) profit *or* commission **Handelsgewinn** *m*
(c) stock turn = total value of stocks sold in a year divided by the average value of goods in stock **Lagerumschlag** *m* ; *the company has a stock turn of 6.7*
2 *verb* to change direction *or* to go round in a circle **abbiegen; (sich) drehen**

◇ **turn down** [tɜːn'daʊn] *verb* to refuse **ablehnen** *the board turned down their takeover bid; the bank turned down their request for a loan; the application for a licence was turned down*

◇ **turnkey operation** ['tɜːnkiːɒpə'reɪʃən] *noun* deal where a company takes all responsibility for constructing, fitting and staffing a building (such as a school *or* hospital *or* factory) so that it is completely ready for the purchaser to take over **schlüsselfertiges Projekt**

◇ **turn out** [tɜːn'aʊt] *verb* to produce **produzieren** *or* **herstellen** *the factory turns out fifty units per day*

◇ **turn over** [tɜːn'əʊvə] *verb* to have a certain amount of sales **umsetzen** *we turn over £2,000 a week*

◇ **turnover** ['tɜːnəʊvə] *noun*
(a) *(GB)* amount of sales of goods or services by a company **Umsatz** *m* ; *the company's turnover has increased by 235%; we based our calculations on the forecast turnover* (NOTE: the US equivalent is **sales volume**); **gross turnover** = turnover including VAT and discounts **Bruttoumsatz**; **net turnover** = turnover before VAT and after trade discounts have been deducted **Nettoumsatz**; **stock turnover** = total value of stock sold in a year divided by the average value of goods held in stock **Lagerumschlag** *m*
(b) changes in staff, when some leave and others join **Fluktuation** *f* ; *staff turnover or turnover of staff*
(c) number of times something is used *or* sold in a period (usually one year), expressed as a percentage of a total **Umschlaghäufigkeit** *f*

◇ **turn round** [tɜːn'raʊnd] *verb* to make (a company) change from making a loss to become profitable **sanieren** *or* **in die Gewinnzone bringen**; **he turned the company round in less than a year** = he made the company profitable in less than a year **in weniger als einem Jahr sanierte er das Unternehmen**

◇ **turnround** *or* *(US)* **turnaround** ['tɜːnraʊnd *or* 'tɜːnəraʊnd] *noun*
(a) value of goods sold during a year divided by the average value of goods held in stock **mittlerer Lagerumschlag**
(b) action of emptying a ship, plane, etc., and getting it ready for another commercial journey **Abfertigung** *f*
(c) making a company profitable again **Sanierung** *f* ; **Tendenzwende** *f*
(d) processing orders and sending out the goods **Bearbeitung** *f* ; **turnround time** = time taken from receiving an order and supplying the goods **Bearbeitungszeit** *f*

> QUOTE a 100,000 square foot warehouse can turn its inventory over 18 times a year, more than triple a discounter's turnover
> Duns Business Month

> QUOTE he is turning over his CEO title to one of his teammates, but will remain chairman for a year
> Duns Business Month

> QUOTE the US now accounts for more than half our world-wide sales; it has made a huge contribution to our earnings turnround
> Duns Business Month

the Twelve [ðə'twelv] *(informal, to 1995)* the member states of the EU **die zwölf Mitgliedstaaten** *mpl (der EU)*

24-hour banking [twentɪfɑːæʊə'bæŋkiŋ] banking service provided during the whole day (by cash dispensers in the street, online services, etc.) **24-Stunden-Bankservice** *m* ; **24-hour trading** = trading in bonds, securities and currencies during the whole day **24-Stunden-Börsengeschäfte** *npl*

> QUOTE time-zone differences are an attraction for Asian speculators. In Hongkong, it is 5 p.m. when the London exchange opens and 9.30 or 10 p.m. when New York starts trading
> Far Eastern Economic Review

COMMENT: 24-hour trading is now possible because of instant communication to Stock Exchanges in different time zones; the Tokyo Stock Exchange closes about two hours before the London Stock Exchange opens; the New York Stock Exchange opens at the same time as the London one closes

two-part ['tuːpɑːt] *adjective* (paper for computers *or* typewriters) with a top sheet for the original and a second sheet for a copy **zweiteilig** *two-part invoices; two-part stationery*

two-way trade ['tuːweɪ'treɪd] *noun* trade between two countries or partners **wechselseitiger Handel**

tycoon [taɪ'kuːn] *noun* important businessman **Tycoon** *m* *or* **Magnat** *m*

type [taɪp]
1 *noun* printed letters **Schrift** *f* ; *can you read the small type on the back of the contract?*
2 *verb* to write with a typewriter **tippen** *or* **(mit der) Schreibmaschine schreiben** *he can type*

quite fast; all his reports are typed on his portable typewriter

◇ **typewriter** ['taɪpraɪtə] *noun* machine which prints letters *or* figures on a piece of paper when keys are pressed **Schreibmaschine** *f* ; *portable typewriter; electronic typewriter*

◇ **typewritten** ['taɪprɪtn] *adjective* written on a typewriter **maschine(n) geschrieben** *or* **mit der Maschine geschrieben** *he sent in a typewritten job application*

◇ **typing** ['taɪpɪŋ] *noun* writing letters with a typewriter **Tippen** *n or* **Schreibmaschineschreiben** *n* ; **typing error** = mistake made when using a typewriter **Tippfehler** *m* ; *the secretary must have made a typing error* **typing pool** = group of typists, working together in a company, offering a secretarial service to several departments **zentraler Schreibdienst; copy typing** = typing documents from handwritten originals, not from dictation **Abtippen von Dokumenten**

◇ **typist** ['taɪpɪst] *noun* person whose job is to write letters using a typewriter **Schreibkraft** *f*; **copy typist** = person who types documents from handwritten originals not from dictation **Schreibkraft (ohne Diktat)**; **shorthand typist** = typist who takes dictation in shorthand and then types it **Stenotypist/-in**

Uu

UBR = UNIFORM BUSINESS RATE

ultimate ['ʌltɪmət] *adjective* last *or* final **letzte(r,s)** *or* **End-**; **ultimate consumer** = the person who actually uses the product **Endverbraucher** *m*

◇ **ultimately** ['ʌltɪmətlɪ] *adverb* in the end **schließlich** *or* **letzten Endes** *ultimately, the management had to agree to the demands of the union*

◇ **ultimatum** [ʌltɪ'meɪtəm] *noun* statement to a someone that unless he does something within a period of time, action will be taken against him **Ultimatum** *n* ; *the union officials argued among themselves over the best way to deal with the ultimatum from the management* (NOTE: plural is **ultimatums** or **ultimata)**

umbrella organization [ʌm'brelə'ɔːgənaɪzeɪʃn] *noun* large organization which includes several smaller ones **Dachorganisation** *f*

UN ['juː'en] = THE UNITED NATIONS

unable [ʌn'eɪbl] *adjective* **to be unable to do sth** = to be not able to do sth **etwas nicht tun können** *or* **außerstande sein, etwas zu tun** *the chairman was unable to come to the meeting*

unacceptable [ˌʌnək'septəbl] *adjective* which cannot be accepted **unannehmbar** *or* **nicht akzeptabel** *the terms of the contract are quite unacceptable*

unaccounted for [ˌʌnə'kaʊntɪdfɔː] *adjective* lost, without any explanation **nicht ausgewiesen** *or* **ungeklärt** *several thousand units are unaccounted for in the stocktaking*

unanimous [jʊ'nænɪməs] *adjective* where everyone votes in the same way **einstimmig** *or* **einmütig** *there was a unanimous vote against the proposal; they reached unanimous agreement*

◇ **unanimously** [jʊ'nænɪməslɪ] *adverb* with everyone agreeing **einstimmig** *or* **einmütig** *the proposals were adopted unanimously*

unaudited [ʌn'ɔːdɪtɪd] *adjective* which has not been audited **ungeprüft** *unaudited accounts*

unauthorized [ʌn'ɔːθəraɪzd] *adjective* not permitted **unbefugt** *or* **unzulässig** *unauthorized access to the company's records; unauthorized expenditure; no unauthorized persons are allowed into the laboratory*

unavailable [ʌnə'veɪləbl] *adjective* not available **nicht erhältlich** *or* **nicht verfügbar** *the following items on your order are temporarily unavailable*

◇ **unavailability** [ʌnəveɪlə'bɪlətɪ] *noun* not being available **Nichtverfügbarkeit** *f*

unavoidable [ʌnə'vɔɪdəbl] *adjective* which cannot be avoided **unvermeidlich** *or* **unumgänglich** *planes are subject to unavoidable delays*

unbalanced [ʌn'bælənst] *adjective* (budget) which does not balance *or* which is in deficit **nicht ausgeglichen**

unbanked [ʌn'bæŋt] *adjective* (cheque) which has not been deposited in a bank account **nicht eingezahlt**

uncalled [ʌn'kɔːld] *adjective* (capital) which a company is authorized to raise and has been issued but for which payment has not yet been requested **nicht eingefordert**

uncashed [ʌn'kæʃt] *adjective* which has not been cashed **nicht eingelöst** *uncashed cheques*

unchanged [ʌn'tʃeɪn(d)ʒd] *adjective* which has not changed **unverändert**

> QUOTE the dividend is unchanged at L90 per ordinary share
> Financial Times

unchecked [ʌn'tʃekt] *adjective* which has not been checked **nicht überprüft** *unchecked figures*

unclaimed [ʌn'kleɪmd] *adjective* which has not been claimed **nicht geltend gemacht; unclaimed baggage** = cases which have been left with someone and have not been claimed by their owners **nicht abgeholtes Gepäck** *unclaimed property or unclaimed baggage will be sold by auction after six months*

uncollected [ʌnkə'lektɪd] *adjective* which has not been collected **nicht eingezogen; nicht abgeholt** *uncollected subscriptions; uncollected taxes*

unconditional [ʌnkən'dɪʃənl] *adjective* with no conditions **vorbehaltlos** *unconditional acceptance of the offer by the board* **the offer went unconditional last Thursday** = the takeover bid was accepted by the majority of the shareholders and therefore the conditions attached to it no longer apply **das Angebot wurde am letzten Donnerstag vorbehaltlos angenommen**

◇ **unconditionally** [ʌnkən'dɪʃənlɪ] *adverb* without imposing any conditions **vorbehaltlos** *the offer was accepted unconditionally by the trade union*

> COMMENT: a takeover bid will become unconditional if more than 50% of shareholders accept it

unconfirmed [ˌʌnkən'fɜːmd] *adjective* which has not been confirmed **unbestätigt** *there are unconfirmed reports that our agent has been arrested*

unconstitutional [ˌʌnkɒnstɪ'tjuːʃənl] *adjective* not allowed by the rules of an organization *or* by the laws of a country **satzungswidrig** *or* **nicht satzungsgemäß** *the chairman ruled that the meeting was unconstitutional*

uncontrollable [ˌʌnkən'trəʊləbl] *adjective* which cannot be controlled **nicht unter Kontrolle zu bringen** *or* **unkontrollierbar** *uncontrollable inflation*

uncrossed cheque [ˌʌnkrɒst'tʃek] *noun* cheque which does not have two lines across it, and can be cashed anywhere (these are no longer used in the UK, but are still found in other countries) **Barscheck** *m*

undated [ʌn'deɪtɪd] *adjective* with no date written **nicht datiert** *he tried to cash an undated cheque* **undated bond** = bond with no maturity date **Schuldverschreibung** *f* **ohne Fälligkeitstermin**

under ['ʌndə] *preposition*
(a) lower than *or* less than **unter** *the interest rate is under 10%; under half of the shareholders accepted the offer*
(b) controlled by *or* according to **nach** *or* **gemäß** *or* **laut** *under the terms of the agreement, the goods should be delivered in October; he is acting under rule 23 of the union constitution*

◇ **under-** ['ʌndə] *prefix* less important than *or* lower than **Unter-** *or* **unter-**

◇ **underbid** [ʌndə'bɪd] *verb* to bid less than someone **unterbieten** (NOTE: **underbidding - underbid)**

◇ **underbidder** [ˌʌndə'bɪdə] *noun* person who bids less than the person who buys at an auction **Mitbieter/-in**

◇ **undercapitalized** [ˌʌndə'kæpɪtəlaɪzd] *adjective* without enough capital **unterkapitalisiert** *the company is severely undercapitalized*

◇ **undercharge** [ʌndə'tʃɑːdʒ] *verb* to ask for too little money **zu wenig berechnen** *he undercharged us by £25*

◇ **undercut** [ʌndə'kʌt] *verb* to offer something at a lower price than someone else **unterbieten**

◇ **underdeveloped** [ˌʌndədɪ'veləpt] *adjective* which has not been developed **unterentwickelt** *Japan is an underdeveloped market for our products* **underdeveloped countries** = countries which are not fully industrialized **unterentwickelte Länder** *npl*

◇ **underemployed** [ˌʌndərɪm'plɔɪd] *adjective* with not enough work **unterbeschäftigt** *or* **nicht ausgelastet** *the staff is underemployed because of the cutback in production* **underemployed capital** = capital which is not producing enough interest **nicht voll genutztes Kapital**

◇ **underemployment** [ˌʌndərɪm'plɔɪmənt] *noun*
(a) situation where workers in a company do not have enough work to do **Unterbeschäftigung** *f*
(b) situation where there is not enough work for all the workers in a country **Unterbeschäftigung** *f*; **Arbeitslosigkeit** *f*

◊ **underequipped** [ˌʌndərɪˈkwɪpt] *adjective* with not enough equipment **unzulänglich ausgerüstet**

◊ **underestimate**
1 [ˌʌndərˈestɪmɪt] *noun* estimate which is less than the actual figure **Unterschätzung** *f* ; **Unterbewertung** *f* ; *the figure of £50,000 in turnover was a considerable underestimate*
2 [ˌʌndərˈestɪmeɪt] *verb* to think that something is smaller *or* not as bad as it really is **unterschätzen; unterbewerten** *they underestimated the effects of the strike on their sales; he underestimated the amount of time needed to finish the work*

◊ **underlease** [ˈʌndəliːs] *noun* lease from a tenant to another tenant **Untermietvertrag** *m* ; **Unterpachtvertrag** *m* ; **Untervermietung** *f* ; **Unterverpachtung** *f*

◊ **undermanned** [ʌndəˈmænd] *adjective* with not enough staff to do the work **personell unterbesetzt**

◊ **undermanning** [ˌʌndəˈmænɪŋ] *noun* having too few workers than are needed to do the company's work **personelle Unterbesetzung** *the company's production is affected by undermanning on the assembly line*

◊ **undermentioned** [ˌʌndəˈmenʃənd] *adjective* mentioned lower down in a document **unten genannt**

◊ **underpaid** [ˌʌndəˈpeɪd] *adjective* not paid enough **unterbezahlt** *our staff say that they are underpaid and overworked*

underperform [ˌʌndəpəˈfɔːm] *verb* **to underperform the market** = to perform worse than the rest of the market **unter dem Marktdurchschnitt abschneiden** *the hotel group has underperformed the sector this year*

> QUOTE since mid-1989, Australia has been declining again. Because it has had such a long period of underperfomance, it is now not as vulnerable as other markets
> Money Observer

underrate [ˌʌndəˈreɪt] *verb* to value less highly than should be **unterbewerten** *or* **unterschätzen** *do not underrate the strength of the competition in the European market; the power of the yen is underrated*

◊ **undersell** [ˌʌndəˈsel] *verb* to sell more cheaply than **unterbieten; unter Preis verkaufen** *to undersell a competitor* **this company is never undersold** = no other company sells goods as cheaply as this one **dieses Unternehmen wird nie unterboten** *or* **ist stets der billigste Anbieter** (NOTE: **underselling - undersold)**

◊ **undersigned** [ʌndəˈsaɪnd] *noun* person who has signed a letter **Unterzeichnete (r); we, the undersigned** = we, the people who have signed below **wir, die Unterzeichneten** (NOTE: can be followed by a plural verb)

◊ **underspend** [ˌʌndəˈspend] *verb* to spend less **zu wenig ausgeben; he has underspent his budget** = he has spent less than was allowed in the budget **er hat sein Budget nicht voll ausgeschöpft** (NOTE: **underspending - underspent)**

◊ **understaffed** [ˌʌndəˈstɑːft] *adjective* with not enough staff to do the company's work **personell unterbesetzt**

◊ **understand** [ˌʌndəˈstænd] *verb* to know *or* to see what something means **verstehen** (NOTE: **understanding - understood)**

◊ **understanding** [ˌʌndəˈstændɪŋ] *noun* private agreement **Übereinkunft** *f* ; *to come to an understanding about the divisions of the market* **on the understanding that** = on condition that *or* provided that **unter der Voraussetzung, dass** *we accept the terms of the contract, on the understanding that it has to be ratified by our main board*

◊ **understate** [ˌʌndəˈsteɪt] *verb* to make something seem less than it really is **zu niedrig ausweisen** *or* **untertreiben** *the company accounts understate the real profit*

◊ **undersubscribed** [ˌʌdəsʌbˈskraɪbd] *adjective* (share issue) where applications are not made for all the shares on offer, and part of the issue remains with the underwriters **nicht in voller Höhe gezeichnet**

◊ **undertake** [ˌʌndəˈteɪk] *verb* to agree to do something **übernehmen** *or* **sich verpflichten** *to undertake an investigation of the market; they have undertaken not to sell into our territory* (NOTE: **undertaking - undertook - has undertaken)**

◊ **undertaking** [ˌʌndəˈteɪkɪŋ] *noun*
(a) business **Unternehmen** *n or* **Projekt** *n* ; *commercial undertaking*
(b) (legally binding) promise **Zusicherung** *f* ; *they have given us a written undertaking not to sell their products in competition with ours*

◊ **underutilized** [ˌʌndəˈjuːtɪlaɪzd] *adjective* not used enough **nicht voll ausgelastet**

undervalued [ˌʌndəˈvæljuːd] *adjective* not valued highly enough **unterbewertet** *or* **zu niedrig geschätzt** *or* **zu niedrig veranschlagt** *the properties are undervalued on the balance sheet; the dollar is undervalued on the foreign exchanges*

◇ **undervaluation** [ˌʌndəvæljʊˈeɪʃən] *noun* being valued at a lower worth than should be **Unterbewertung** *f* ; **zu niedrige Schätzung** *or* **Veranschlagung**

> QUOTE in terms of purchasing power, the dollar is considerably undervalued, while the US trade deficit is declining month by month
> Financial Weekly

underweight [ʌndəˈweɪt] *adjective* **the pack is twenty grams underweight** = the pack weighs twenty grams less than it should **die Packung hat zwanzig Gramm Untergewicht** *n*

◇ **underworked** [ˌʌndəˈwɜːkt] *adjective* not given enough work to do **nicht ausgelastet** *the directors think our staff are overpaid and underworked*

underwrite [ˌʌndəˈraɪt] *verb*
(a) to accept responsibility for **bürgen für; haften; to underwrite a share issue** = to guarantee that a share issue will be sold by agreeing to buy all shares which are not subscribed **die Unterbringung einer Aktienemission garantieren** *the issue was underwritten by three underwriting companies*
(b) to insure *or* to cover (a risk) **versichern** *to underwrite an insurance policy*
(c) to agree to pay for costs **Haftung** *f or* **Garantie** *f* **übernehmen für** *the government has underwritten the development costs of the project* (NOTE: **underwriting - underwrote - has underwritten)**

◇ **underwriter** [ˈʌndəraɪtə] *noun* person who underwrites a share issue *or* an insurance **Garant** *m or* **Übernehmer** *m* **einer Effektenemission;** *(of an insurance)* **Versicherer** *m* ; **Lloyd's underwriter** = member of an insurance group at Lloyd's who accepts to underwrite insurances **Einzelversicherer, der Mitglied bei Lloyd's ist; marine underwriter** = person who insures ships and their cargoes **Seeversicherer**

COMMENT: when a major company flotation or share issue or loan is prepared, a group of companies (such as merchant banks) will form a syndicate to underwrite the flotation: the syndicate will be organized by the 'lead underwriter', together with a group of main underwriters; these in turn will ask others ('sub-underwriters') to share in the underwriting

> QUOTE under the new program, mortgage brokers are allowed to underwrite mortgages and get a much higher fee
> Forbes Magazine

undischarged bankrupt [ˌʌndɪstʃɑːdʒdˈbæŋkrʌpt] *noun* person who has been declared bankrupt and has not been released from that state **nicht entlastete(r) Konkursschuldner/-in**

undistributed profit [ˌʌndɪstrɪbjuːtɪdˈprɒfɪt] *noun* profit which has not been distributed as dividends to shareholders **nicht ausgeschüttete Gewinne** *mpl*

unearned income [ˌʌnɜːndˈɪnkʌm] *noun* income (such as interest and dividends) from investments, not from salary, wages or profits of one's business (also called 'investment income') **Kapitaleinkommen** *n (compare* EARNED INCOME)

uneconomic [ˌʌniːkəˈnɒmɪk] *adjective* which does not make a commercial profit **unwirtschaftlich** *or* **unökonomisch; it is an uneconomic proposition** = it will not be commercially profitable **das ist ein unrentables Geschäft; uneconomic rent** = rent which is not enough to cover costs **unwirtschaftliche Miete** *or* **Pacht**

unemployed [ˌʌnɪmˈplɔɪd] *adjective* not employed *or* without any work **arbeitslos; unemployed office workers** = office workers with no jobs **arbeitslose Büroangestellte** *pl* **the unemployed** = the people without any jobs **die Arbeitslosen** *pl*

◇ **unemployment** [ˌʌnɪmˈplɔɪmənt] *noun* lack of work **Arbeitslosigkeit** *f* ; **mass unemployment** = unemployment of large numbers of workers **Massenarbeitslosigkeit; unemployment benefit** *or (US)* **unemployment compensation** = payment made to someone who is unemployed **Arbeitslosengeld** *n or* **Arbeitslosenhilfe** *f* ; **seasonal unemployment** = unemployment which rises and falls according to the season **saisonbedingte Arbeitslosigkeit**

> QUOTE tax advantages directed toward small businesses will help create jobs and reduce the unemployment rate
> Toronto Star

unfair [ˌʌnˈfeə] *adjective* **unfair competition** = trying to do better than another company by using techniques such as importing foreign goods at very low prices or by wrongly criticizing a competitor's products **unlauterer Wettbewerb; unfair dismissal** = removing someone from a job for reasons which are not fair **ungerechtfertigte Entlassung**

unfavourable *or (US)* **unfavorable**

[ˌʌnˈfeɪvərəbl] *adjective* not favourable **ungünstig** *or* **negativ; unfavourable balance of trade** = situation where a country imports more than it exports **passive Handelsbilanz; unfavourable exchange rate** = exchange rate which gives an amount of foreign currency for the home currency which is not good for trade **ungünstiger Wechselkurs** *the unfavourable exchange rate hit the country's exports*

unfulfilled [ˌʌnfʊlˈfɪld] *adjective* (order) which has not yet been supplied **nicht ausgeführt**

ungeared [ʌnˈgɪəd] *adjective* with no borrowings **ohne Fremdmittel**

uniform business rate (UBR) [ˈjuːnɪfɔːmˈbɪznəsreɪt] *noun* tax levied on business property which is the same percentage for the whole country **Kommunalsteuer** *f* **für gewerbliche Betriebe**

unilateral [ˌjuːnɪˈlætərəl] *adjective* on one side only *or* done by one party only **unilateral** *or* **einseitig** *they took the unilateral decision to cancel the contract*

◇ **unilaterally** [ˌjuːnɪˈlætərəlɪ] *adverb* by one party only **unilateral** *or* **einseitig** *they cancelled the contract unilaterally*

uninsured [ˌʌnɪnˈʃʊəd] *adjective* not insured **nicht versichert**

union [ˈjuːnjən] *noun*

(a) trade union *or* **trades union** *or (US)* **labor union** = organization which represents workers who are its members in discussions with management about wages and conditions of work **Gewerkschaft** *f* ; **union agreement** = agreement between a management and a trade union over wages and conditions of work **Tarifvertrag** *m* ; **union dues** *or* **union subscription** = payment made by workers to belong to a union **Gewerkschaftsbeiträge** *mpl* **union officials** = paid organizers of a union **Gewerkschaftsfunktionäre** *mpl* **union recognition** = act of agreeing that a union can act on behalf of staff in a company **Anerkennung** *f* **der Gewerkschaft**

(b) customs union = agreement between several countries that goods can go between them without paying duty, while goods from other countries have special duties charged on them **Zollunion** *f*

◇ **unionist** [ˈjuːnjənɪst] *noun* member of a trade union **Gewerkschaftsmitglied** *n*

◇ **unionized** [ˈjuːnjənaɪzd] *adjective* (company) where the members of staff belong to a trade union **gewerkschaftlich organisiert**

> QUOTE the blue-collar unions are the people who stand to lose most in terms of employment growth
> Sydney Morning Herald

> QUOTE after three days of tough negotiations, the company reached agreement with its 1,200 unionized workers
> Toronto Star

unique [juːˈniːk] *adjective* special *or* with nothing like it **einmalig** *or* **einzigartig; unique selling point** *or* **unique selling proposition (USP)** = special quality of a product which makes it different from other goods and therefore more attractive to customers **einzigartiges Verkaufsargument**

unissued capital [ˌʌnɪʃuːdˈkæpɪtl] *noun* capital which a company is authorized to issue but has not issued as shares **nicht ausgegebenes Kapital**

unit [ˈjuːnɪt] *noun*

(a) single product for sale **Stück** *n* ; **Einheit** *f* ; **unit cost** = the cost of one item (i.e total product costs divided by the number of units produced) **Stückkosten** *pl* **unit price** = the price of one item **Stückpreis** *m*

(b) separate piece of equipment or furniture **Element** *n* ; **display unit** = special stand for showing goods for sale **Schaukasten** *m or* **Vollsichtregal** *n* ; **visual display unit** = screen attached to a computer which shows the information stored in the computer **Bildschirmgerät** *n*

(c) (factory) unit = single building on an industrial estate **Fabrikanlage** *f* ; *as production has increased, we have moved to a larger unit on the same estate*

(d) production unit = separate small group of workers which produces a certain product **Produktionsgruppe** *f* ; **research unit** = separate small group of research workers **Forschungsgruppe** *f*

(e) monetary unit *or* **unit of currency** = main item of currency of a country (a dollar, pound, yen etc.) **Währungseinheit** *f* ; **unit of account** = standard unit used in financial transactions among members of a group, such as SDRs in the IMF and the ECU in the EU (used for example, when calculating the EU budget and farm prices) **Rechnungseinheit** *f*

(f) single share in a unit trust **Fondsanteil** *m* ; **accumulation units** = units in a unit trust, where the dividend is left to accumulate as new units **Fondsanteile, auf die keine Erträge ausgeschüttet werden; income units** = units in a unit trust, where the investor receives dividends in the form of income **Fondsanteile, auf die Erträge ausgeschüttet werden; unit-**

linked insurance = insurance policy which is linked to the security of units in a unit trust or fund **fondsgebundene Versicherung**

◇ **unit trust** [ˌjuːnɪt'trʌst] *noun* organization which takes money from small investors and invests it in stocks and shares for them under a trust deed, the investment being in the form of shares (or units) in the trust **offener Investmentfonds**

> COMMENT: unit trusts have to be authorized by the Department of Trade and Industry before they can offer units for sale to the public, although unauthorized private unit trusts exist. The US equivalent is the 'mutual fund'

unite [juː'naɪt] *verb* to join together **(sich) zusammenschließen** *or* **vereinigen** *the directors united with the managers to reject the takeover bid* **United Nations** = organization which links almost all the countries of the world to promote good relations between them **die Vereinten Nationen (UNO)** *fpl*

unladen [ʌn'leɪdn] *adjective* empty *or* without a cargo **unbeladen**

unlawful [ʌn'lɔːfʊl] *adjective* against the law *or* not legal **ungesetzlich** *or* **gesetzwidrig**

unlimited [ˌʌn'lɪmɪtɪd] *adjective* with no limits **unbegrenzt** *the bank offered him unlimited credit* **unlimited liability** = situation where a sole trader or each partner is responsible for all the firm's debts with no limit at the amount each may have to pay **unbeschränkte Haftung**

unlined paper [ˌʌnlaɪnd'peɪpə] *noun* paper with no lines printed on it **unlin(i)iertes Papier**

unlisted [ʌn'lɪstɪd] *adjective* **unlisted securities** = shares which are not listed on the Stock Exchange **Freiverkehrswerte** *mpl* *or* **nicht notierte Wertpapiere** *npl* **unlisted securities market (USM)** = market for buying and selling shares which are not listed on the Stock Exchange **geregelter Freiverkehr**

unload [ʌn'ləʊd] *verb*
(a) to take goods off (a ship, etc.) **entladen** *or* **ausladen** *or* **löschen** *the ship is unloading at Hamburg; we need a fork-lift truck to unload the lorry; we unloaded the spare parts at Lagos; there are no unloading facilities for container ships*
(b) to sell (shares which do not seem attractive) **abstoßen** *or* **loswerden** *we tried to unload our shareholding as soon as the company published its accounts*

unobtainable [ˌʌnəb'teɪnəbl] *adjective* which cannot be obtained **nicht erhältlich**

unofficial [ˌʌnə'fɪʃəl] *adjective* not official **inoffiziell**; **unofficial strike** = strike by local workers which has not been approved by the main union **inoffizieller Streik**

◇ **unofficially** [ˌʌnə'fɪʃəlɪ] *adverb* not officially **inoffiziell** *the tax office told the company unofficially that it would be prosecuted*

unpaid [ʌn'peɪd] *adjective* not paid **unbezahlt**; **unpaid holiday** = holiday where the worker does not receive any pay **unbezahlter Urlaub**; **unpaid invoices** = invoices which have not been paid **unbezahlte Rechnungen** *fpl*

unprofitable [ʌn'prɒfɪtəbl] *adjective* which is not profitable **unrentabel**

> QUOTE the airline has already eliminated a number of unprofitable flights
> *Duns Business Month*

unquoted shares [ˌʌnkwəʊtɪd'ʃeəz] *plural noun* shares which have no Stock Exchange quotation **nicht notierte Aktien** *fpl*

unredeemed pledge [ˌʌnrɪdiːmd'pledʒ] *noun* pledge which the borrower has not claimed back because he has not paid back his loan **uneingelöstes Pfand**

unregistered [ʌn'redʒɪstəd] *adjective* (company) which has not been registered **nicht eingetragen**

unreliable [ˌʌnrɪ'laɪəbl] *adjective* which cannot be relied on **unzuverlässig** *the postal service is very unreliable*

unsealed envelope [ˌʌnsiːld'envələʊp] *noun* envelope where the flap has been pushed into the back of the envelope, not stuck down **offener Briefumschlag**

unsecured [ˌʌnsɪ'kjʊəd] *adjective* **unsecured creditor** = creditor who is owed money, but has no security from the debtor for it **Gläubiger ohne Sicherheiten**; **unsecured debt** = debt which is not guaranteed by assets **ungesicherte Verbindlichkeit**; **unsecured loan** = loan made with no security **ungesichertes Darlehen**

unseen [ʌn'siːn] *adverb* not seen **unsichtbar**; **unbesehen**; **to buy something sight unseen** = to buy something without having inspected it **etwas unbesehen kaufen**

unsettled [ʌn'setld] *adjective* which changes often *or* which is upset **unbeständig** *or* **veränderlich; beunruhigt** *or* **verunsichert** *the market was unsettled by the news of the failure of the takeover bid*

unskilled [ʌn'skɪld] *adjective* without any particular skill **ungelernt** *unskilled labour or unskilled workforce or unskilled workers*

unsocial [ʌn'səʊʃəl] *adjective* **to work unsocial hours** = to work at times (i.e. in the evening *or* at night *or* during public holidays) when most people are not at work **außerhalb der normalen Arbeitszeiten arbeiten**

unsold [ʌn'səʊld] *adjective* not sold **unverkauft** *unsold items will be scrapped*

unsolicited [ˌʌnsə'lɪsɪtɪd] *adjective* which has not been asked for **unverlangt** *an unsolicited gift* **unsolicited testimonial** = letter praising someone *or* a product without the writer having been asked to write it **ohne Aufforderung gegebene Empfehlung**

unstable [ʌn'steɪbl] *adjective* not stable *or* changing frequently **instabil** *or* **schwankend** *or* **unsicher** *unstable exchange rates*

unsubsidized [ʌn'sʌbsɪdaɪzd] *adjective* with no subsidy **nicht subventioniert**

unsuccessful [ˌʌnsək'sesfʊl] *adjective* not successful **erfolglos** *an unsuccessful businessman; the project was expensive and unsuccessful*

◇ **unsuccessfully** [ˌʌnsək'sesfəlɪ] *adverb* with no success **erfolglos** *or* **vergeblich** *the company unsuccessfully tried to break into the South American market*

untrue [ʌn'tru:] *adjective* not true **unwahr** *or* **falsch**

unused [ʌn'ju:zd] *adjective* which has not been used **ungebraucht** *or* **unbenutzt** *we are trying to sell off six unused typewriters*

unwaged [ʌn'weɪdʒd] *adjective* **the unwaged** = people with no jobs **die Erwerbslosen** *pl* (NOTE: is followed by a plural verb)

unwritten agreement [ˌʌnrɪtnə'gri:mənt] *noun* agreement which has been reached in speaking (such as in a telephone conversation) but has not been written down **mündliche Vereinbarung**

up [ʌp] *adverb & preposition* in a higher position *or* to a higher position **hinauf** *or* **hoch; gestiegen** *the inflation rate is going up steadily; shares were up slightly at the end of the day*

◇ **up to** [ʌp'tu:] *adverb* as far as *or* as high as **bis zu** *we will buy at prices up to £25*

◇ **up to date** [ʌptə'deɪt] *adjective & adverb* current *or* recent *or* modern **aktuell** *or* **auf dem neusten Stand** *m* ; *an up-to-date computer system* **to bring something up to date** = to add the latest information or equipment to something **etwas aktualisieren** *or* **auf den neuesten Stand bringen; to keep something up to date** = to keep adding information to something so that it always has the latest information in it **etwas auf dem Laufenden halten** *we spend a lot of time keeping our mailing list up to date*

update

1 ['ʌpdeɪt] *noun* information added to something to make it up to date **Aktualisierung** *f*

2 [ʌp'deɪt] *verb* to revise something so that it is always up to date **aktualisieren** *or* **auf den neuesten Stand bringen** *the figures are updated annually*

up front [ʌp'frʌnt] *adverb* in advance **im Voraus; money up front** = payment in advance **Vorauszahlung** *f*; *they are asking for £100,000 up front before they will consider the deal; he had to put money up front before he could clinch the deal*

upgrade [ʌp'greɪd] *verb* to increase the importance of someone *or* of a job **befördern; höher stufen** *his job has been upgraded to senior manager level*

upkeep ['ʌpki:p] *noun* cost of keeping a building *or* machine in good order **Instandhaltungskosten** *pl*

uplift ['ʌplɪft] *noun* increase **Anhebung** *f* ; *the contract provides for an annual uplift of charges*

up market [ˌʌp'mɑ:kɪt] *adverb* more expensive *or* appealing to a wealthy section of the population **anspruchsvoll** *or* **exklusiv; the company has decided to move up market** = the company has decided to start to produce more luxury items **die Firma entschied sich für einen exklusiveren** *or* **anspruchsvolleren Markt**

upset price ['ʌpsetpraɪs] *noun* lowest price which the seller will accept at an auction **Mindestpreis** *m*

upside ['ʌpsaɪd] *noun* **upside potential** = possibility for a share to increase in value

potenzieller Kurszuwachs (NOTE: the opposite is **downside**)

upturn ['ʌptɜːn] *noun* movement towards higher sales or profits **Aufschwung** *m or* **Belebung** *f* ; *an upturn in the economy; an upturn in the market*

upward ['ʌpwəd] *adjective* towards a higher position **nach oben** *or* **Aufwärts-** *an upward movement*

◇ **upwards** ['ʌpwədz] *adverb* towards a higher position **aufwärts** *or* **nach oben** *the market moved upwards after the news of the budget* (NOTE: US English uses **upward** as both adjective and adverb)

urgent ['ɜːdʒənt] *adjective* which has to be done quickly **dringend** *or* **Eil-** *or* **eilig**

◇ **urgently** ['ɜːdʒəntlɪ] *adverb* immediately **dringend** *or* **dringlich**

usage ['juːzɪdʒ] *noun* how something is used **Gebrauch** *m or* **Anwendung** *f*

usance ['juːzəns] *noun* the time between the date when a bill of exchange is presented and the date when it is paid **Zahlungsfrist** *f (für ausländische Wechsel)*

use

1 [juːs] *noun* way in which something can be used **Verwendung** *f or* **Benutzung** *f or* **Gebrauch** *m* ; **directions for use** = instructions on how to run a machine **Gebrauchsanweisung** *f* ; **to make use of something** = to use something **etwas (be)nutzen**; **in use** = being worked **in Gebrauch** *or* **in Betrieb** *the computer is in use twenty-four hours a day* **items for personal use** = items which a person will use for himself, not on behalf of the company **Gegenstände des persönlichen Gebrauchs**; **he has the use of a company car** = he has a company car which he uses privately **er hat einen Firmenwagen zur Verfügung**; **land zoned for light industrial use** = land where planning permission has been given to build small factories for light industry **für Leichtindustrie vorgesehenes Land**

2 [juːz] *verb* to take a machine, a company, a process, etc., and work with it **benutzen** *or* **verwenden** *or* **einsetzen** *we use airmail for all our overseas correspondence; the photocopier is being used all the time; they use freelancers for most of their work*

◇ **useful** ['juːsfʊl] *adjective* which can help **nützlich** *or* **brauchbar**

◇ **user** ['juːzə] *noun* person who uses something **Benutzer/-in** *or* **Anwender/-in**; **end user** = person who actually uses a product **Endverbraucher** *m* ; **user's guide** *or* **handbook** = book showing someone how to use something **Bedienungshandbuch** *n*

◇ **user-friendly** [ˌjuːzə'frendlɪ] *adjective* which a user finds easy to work **benutzerfreundlich** *or* **bedienerfreundlich** *these programs are really user-friendly*

USM = UNLISTED SECURITIES MARKET

USP = UNIQUE SELLING POINT, UNIQUE SELLING PROPOSITION

usual ['juːʒʊəl] *adjective* normal *or* ordinary **gewöhnlich** *or* **normal** *or* **üblich** *our usual terms or usual conditions are thirty days' credit; the usual practice is to have the contract signed by the MD; the usual hours of work are from 9.30 to 5.30*

usury ['juːʒərɪ] *noun* lending money at high interest **Wucher** *m* ; **Kreditwucher** *m*

utility [jʊ'tɪlɪtɪ] *noun* (public) service company, such as one that supplies water, gas or electricity or runs public transport **(öffentlicher) Versorgungsbetrieb**

utilize ['juːtɪlaɪz] *verb* to use **verwenden** *or* **(be)nutzen**

◇ **utilization** [ˌjuːtɪlaɪ'zeɪʃən] *noun* making use of something **Verwendung** *f or* **Benutzung** *f or* **Nutzung** *f* ; **capacity utilization** = using something as much as possible **Kapazitätsauslastung** *f*

> QUOTE control permits the manufacturer to react to changing conditions on the plant floor and to keep people and machines at a high level of utilization
>
> Duns Business Month

Vv

vacancy ['veɪkənsɪ] *noun*

(a) job which is not filled **freie Stelle** *we advertised a vacancy in the local press; we have been unable to fill the vacancy for a skilled machinist; they have a vacancy for a secretary* **job vacancies** = jobs which are empty and need people to do them **offene Stellen** *fpl or* **Stellenangebote** *npl*

(b) empty place *or* empty room **freies Zimmer**; **vacancy rate** = (i) average number of rooms empty in a hotel over a period of time, shown as a percentage of the total number of rooms; (ii) average number of office buildings, shops, etc., which are not let at a particular time **(i) Zimmerbelegung** *f*; **(ii) Belegungsdichte** *f*

◇ **vacant** ['veɪkənt] *adjective* empty *or* not occupied **frei** *or* **unbesetzt; unbewohnt; vacant possession** = being able to occupy a property immediately after buying it because it is empty **sofort beziehbar** *the house is for sale with vacant possession* **situations vacant** *or* **appointments vacant** = list (in a newspaper) of jobs which are available **Stellenangebote** *npl or* **offene Stellen** *fpl*

> QUOTE the current vacancy rate in Tokyo stands at 7%. The supply of vacant office space, if new buildings are built at the current rate, is expected to take up to five years to absorb
>
> Nikkei Weekly

vacate [və'keɪt] *verb* **to vacate the premises** = to leave premises, so that they become empty **das Gebäude räumen**

◇ **vacation** [və'keɪʃən] *noun*
(a) *(GB)* period when the law courts are closed **Gerichtsferien** *pl*
(b) *(US)* holiday, period when people are not working **Urlaub** *m*; *the CEO is on vacation in Montana*

valid ['vælɪd] *adjective*
(a) which is acceptable because it is true **begründet** *or* **stichhaltig** *or* **triftig** *that is not a valid argument or excuse*
(b) which can be used lawfully **gültig** *or* **rechtsgültig** *the contract is not valid if it has not been witnessed; ticket which is valid for three months; he was carrying a valid passport*

◇ **validate** ['vælɪdeɪt] *verb*
(a) to check to see if something is correct **bestätigen** *or* **für gültig erklären** *the document was validated by the bank*
(b) to make (something) valid **rechtsgültig machen**

◇ **validation** [ˌvælɪ'deɪʃən] *noun* act of making something valid **Gültigkeitserklärung** *f or* **Bestätigung** *f*

◇ **validity** [və'lɪdətɪ] *noun* being valid **Gültigkeit** *f or* **Rechtsgültigkeit**; **period of validity** = length of time for which a document is valid **Gültigkeitsdauer** *f*

valorem [və'lɔːrəm] *see* AD VALOREM

valuable ['væljʊbl] *adjective* which is worth a lot of money **wertvoll** *or* **kostbar**; **valuable property** *or* **valuables** = personal items which are worth a lot of money **Wertgegenstände** *mpl*

◇ **valuation** [ˌvælju'eɪʃən] *noun* estimate of how much something is worth **Schätzung** *f or* **Bewertung** *f*; **Beurteilung** *f*; *to ask for a valuation of a property before making an offer for it* **stock valuation** = estimating the value of stock at the end of an accounting period **Bewertung** *f* **des Lagerbestandes** *m*; **to buy a shop with stock at valuation** = when buying a shop, to pay for the stock the same price as its value as estimated by the valuer **ein Geschäft inklusive des Warenbestandes zum Bewertungspreis** *m* **kaufen**; **stock market valuation** = value of a company based on the current market price of its shares **Börsenkapitalisierung** *f*

◇ **value** ['væljuː]
1 *noun* amount of money which something is worth **Wert** *m*; *he imported goods to the value of £250; the fall in the value of sterling; the valuer put the value of the stock at £25,000* **good value (for money)** = a bargain, something which is worth the price paid for it **preiswert** *or* **preisgünstig** *that restaurant gives value for money; buy that computer now - it is very good value; holidays in Italy are good value because of the exchange rate* **to rise in value** *or* **to fall in value** = to be worth more *or* less **im Wert steigen** *or* **im Wert fallen; added value** *or* **value added** = amount added to the value of a product or service, being the difference between its cost and the amount received when it is sold (wages, taxes, etc., are deducted from the added value to give the profit) **Mehrwert** *m (see also* VALUE ADDED TAX); **asset value** = value of a company calculated by adding together all its assets **Substanzwert** *or* **Nettovermögenswert**; **book value** = value as recorded in the company's accounts **Buchwert**; **'sample only - of no commercial value'** = not worth anything if sold **‚Warenprobe - ohne Handelswert'**; **declared value** = value of goods entered on a customs declaration form **angemeldeter** *or* **angegebener Wert**; **discounted value** = difference between the face value of a share and its lower market price **Diskontwert**; **face value** = value written on a coin *or* banknote *or* share **Nominalwert** *or* **Nennwert; market value** = value of an asset *or* of a product *or* of a company, if sold today **Marktwert**; **par value** = value written on a share certificate **Nennwert**; **scarcity value** = value of something which is worth a lot because it is rare and there is a large demand for it **Seltenheitswert**; *(of an insurance policy)*; **surrender value** = money which an insurer will pay if an insurance policy is given up before maturity date **Rückkaufswert**
2 *verb* to estimate how much money something is worth **schätzen** *he valued the*

stock at £25,000; we are having the jewellery valued for insurance

◊ **Value Added Tax** [ˌvælju:ˈædɪdtæks] *noun* tax imposed as a percentage of the invoice value of goods and services **Mehrwertsteuer (MwSt.)** *f (see also* VAT)

◊ **valuer** [ˈvæljʊə] *noun* person who estimates how much money something is worth **Schätzer** *m*

van [væn] *noun* small goods vehicle **Lieferwagen** *m or* **Kleintransporter** *m*; **delivery van** = van for delivering goods to customers **Lieferwagen**

variable [ˈveərɪəbl] *adjective* which changes **variabel** *or* **veränderlich** *or* **schwankend**; **variable costs** = money paid to produce a product which increases with the quantity made (such as wages, raw materials) **variable Kosten** *pl*

◊ **variability** [ˌveərɪəˈbɪlətɪ] *noun* being variable **Variabilität** *f or* **Veränderlichkeit** *f*

◊ **variance** [ˈveərɪəns] *noun* difference **Abweichung** *f*; **budget variance** = difference between the cost as estimated for the budget, and the actual cost **Budgetabweichung**; **to be at variance with** = not to agree with **abweichen von** *the actual sales are at variance with the sales reported by the reps*

◊ **variation** [ˌveərɪˈeɪʃən] *noun* amount by which something changes **Abweichung** *f or* **Veränderung** *f or* **Schwankung** *f*; **seasonal variations** = changes which take place because of the seasons **saisonbedingte Abweichungen** *seasonal variations in buying patterns*

variety [vəˈraɪətɪ] *noun* different types of things **Auswahl** *f or* **Vielfalt** *f*; *the shop stocks a variety of goods; we had a variety of visitors at the office today; (US)* **variety store** = shop selling a wide range of usually cheap items **Gemischtwarenhandlung** *f*

◊ **vary** [ˈveərɪ] *verb* to change *or* to differ **sich (ver)ändern** *or* **schwanken** *or* **variieren** *the gross margin varies from quarter to quarter; we try to prevent the flow of production from varying in the factory*

VAT [ˌvi:eɪˈti: *or* væt] = VALUE ADDED TAX **Mehrwertsteuer (MwSt.)** *f*; *the invoice includes VAT at 15%; the government is proposing to increase VAT to 17.5%; some items (such as books) are zero-rated for VAT; he does not charge VAT because he asks for payment in cash* **VAT declaration** = statement declaring VAT income to the VAT office ≈ **Umsatzsteuererklärung** *f*; **VAT inspector** = government official who examines VAT returns and checks that VAT is being paid **für die Umsatzsteuer zuständige(r) Finanzbeamte(r)/-beamtin**; **VAT invoicing** = sending of an invoice including VAT **Rechnungsausstellung** *f* **inklusive MwSt.**; **VAT invoice** = invoice which shows VAT separately **Mehrwertsteuerrechnung** *f*; **VAT office** = government office dealing with the collection of VAT in an area ≈ **Umsatzsteuerstelle** *f*

◊ **VATman** *or* **vatman** [ˈvætmæn] *noun* VAT inspector **für die Umsatzsteuer zuständiger Finanzbeamter**

> COMMENT: In the UK, VAT is organized by the Customs and Excise Department, and not by the Treasury. It is applied at each stage in the process of making or selling a product or service. Company 'A' charges VAT for their work, which is bought by Company 'B', and pays the VAT collected from 'B' to the Customs and Excise; Company 'B' can reclaim the VAT element in Company 'A''s invoice from the Customs and Excise, but will charge VAT on their work in their invoice to Company 'C'. Each company along the line charges VAT and pays it to the Customs and Excise, but claims back any VAT charged to them. The final consumer pays a price which includes VAT, and which is the final VAT revenue paid to the Customs and Excise

> QUOTE the directive means that the services of stockbrokers and managers of authorized unit trusts are now exempt from VAT; previously they were liable to VAT at the standard rate. Zero-rating for stockbrokers' services is still available as before, but only where the recipient of the service belongs outside the EC
>
> Accountancy

VDU *or* **VDT** [ˌvi:di:ˈju: *or* ˌvi:di:ˈti:] = VISUAL DISPLAY UNIT *or* VISUAL DISPLAY TERMINAL

vehicle [ˈvi:ɪkl] *noun* machine with wheels, used to carry goods *or* passengers on a road **Fahrzeug** *n*; **commercial vehicle** *or* **goods vehicle** = van *or* truck used for business purposes **Nutzfahrzeug** *n or* **Lastkraftwagen** *m*; **heavy goods vehicle (HGV)** = very large lorry **Schwertransporter** *m*; *goods vehicles can park in the loading bay*

vending [ˈvendɪŋ] *noun* selling **Verkauf** *m*; **(automatic) vending machine** = machine which provides drinks, cigarettes, etc., when a coin is put in **Verkaufsautomat** *m*

◊ **vendor** [ˈvendə] *noun*
(a) person who sells (a property) **Verkäufer** *m*; *the solicitor acting on behalf of the vendor*
(b) **street vendor** = person who sells food or small items in the street **Straßenhändler/-in**

venture ['ventʃə]
1 *noun* business *or* commercial deal which involves a risk **gewagtes** *or* **risikoreiches Unternehmen** *he lost money on several import ventures; she has started a new venture - a computer shop* **joint venture** = very large business project where two or more companies, often from different countries, join together, sometimes forming a joint company to manage the project **Jointventure** *n or* **Gemeinschaftsunternehmen** *n* ; **venture capital** = capital for investment which may easily be lost in risky projects, but can also provide high returns **Risikokapital** *n or* **Wagniskapital**
2 *verb* to risk (money) **riskieren** *or* **aufs Spiel setzen**

> QUOTE along with the stock market boom of the 1980s, the venture capitalists piled more and more funds into the buyout business, backing bigger and bigger deals with ever more extravagant financing structures
> Guardian

venue ['venju:] *noun* place where a meeting is to be held **Veranstaltungsort** *m* ; *we have changed the venue for the conference; what is the venue for the exhibition?*

verbal ['vɜ:bəl] *adjective* using spoken words, not writing **mündlich**; **verbal agreement** = agreement which is spoken (such as over the telephone) **mündliche Vereinbarung**

◇ **verbally** ['vɜ:bəlɪ] *adverb* using spoken words, not writing **mündlich** *they agreed to the terms verbally, and then started to draft the contract*

verify ['verɪfaɪ] *verb* to check to see if something is correct **(über)prüfen** *or* **bestätigen**

◇ **verification** [ˌverɪfɪ'keɪʃən] *noun* checking if something is correct **Überprüfung** *f or* **Bestätigung**; *(der Richtigkeit) the shipment was allowed into the country after verification of the documents by the customs*

vertical ['vɜ:tɪkəl] *adjective* upright, straight up or down **senkrecht** *or* **vertikal**; **vertical communication** = communication between senior managers via the middle management to the workers **vertikale Kommunikation**; **vertical integration** = joining two businesses together which deal with different stages in the production or sale of the same product **vertikale Integration**

vessel ['vesl] *noun* ship **Schiff** *n* ; **merchant vessel** = commercial ship which carries a cargo **Handelsschiff**

vested interest [vestɪd'ɪntrest] *noun* special interest in keeping an existing state of affairs **persönliches** *or* **wirtschaftliches Interesse**; **she has a vested interest in keeping the business working** = she wants to keep the business working because she will make more money if it does **sie hat ein persönliches Interesse am Weiterbestehen des Unternehmens**

vet [vet] *verb* to examine something carefully **überprüfen** *all candidates have to be vetted by the managing director; the contract has been sent to the legal department for vetting* (NOTE: **vetting - vetted)**

via ['vaɪə] *preposition* using (a means *or* a route) **via** *or* **über** *the shipment is going via the Suez Canal; we are sending the cheque via our office in New York; they sent the message via the telex line*

viable ['vaɪəbl] *adjective* which can work in practice **durchführbar** *or* **realisierbar** *or* **brauchbar**; **not commercially viable** = not likely to make a profit **nicht rentabel**

◇ **viability** [ˌvaɪə'bɪlətɪ] *noun* being viable; being able to make a profit **Durchführbarkeit** *f*; **Rentabilität** *f*

vice- [vaɪs] *prefix* deputy *or* second-in-command **stellvertretend** *or* **Vize-** *he is the vice-chairman of an industrial group; she was appointed to the vice-chairmanship of the committee*

◇ **vice-president** [ˌvaɪs'prezɪdənt] *noun (US)* one of the executive directors of a company **Vice-President** *m (ohne Entsprechung in Deutschland)*; **senior vice-president** = one of a few main executive directors of a company **Senior Vice-President**

view [vju:] *noun* way of thinking about something **Ansicht** *f or* **Standpunkt** *m* ; *we asked the sales manager for his views on the reorganization of the reps' territories; the chairman takes the view that credit should never be longer than thirty days* **to take the long view** = to plan for a long period before your current investment will become profitable **auf lange Sicht planen** *or* **etwas langfristig betrachten**; **in view of** = because of **angesichts** *or* **in Anbetracht**; *(+ gen) in view of the falling exchange rate, we have redrafted our sales forecasts*

vigorous ['vɪgərəs] *adjective* energetic *or* very active **aktiv** *or* **dynamisch** *or* **schwungvoll**

we are planning a vigorous publicity campaign

VIP [ˌviːaɪˈpiː] = VERY IMPORTANT PERSON; **VIP lounge** = special room at an airport for important travellers **VIP-Lounge** *f* ; **we laid on VIP treatment for our visitors** *or* **we gave our visitors a VIP reception** = we arranged for our visitors to be looked after and entertained well **unsere Besucher wurden wie VIPs behandelt** *or* **empfangen**

virement [ˈvaɪəmənt] *noun* transfer of money from one account to another *or* from one section of a budget to another **Virement** *n*

visa [ˈviːzə] *noun* special document *or* special stamp in a passport which allows someone to enter a country **Visum** *n* ; *you will need a visa before you go to the USA; he filled in his visa application form* **entry visa** = visa allowing someone to enter a country **Einreisevisum** *n or* **Sichtvermerk** *m* ; **multiple entry visa** = visa allowing someone to enter a country many times **Visum zur mehrmaligen Einreise**; **tourist visa** = visa which allows a person to visit a country for a short time on holiday **Touristenvisum**; **transit visa** = visa which allows someone to spend a short time in one country while travelling to another country **Transitvisum**

visible [ˈvɪzəbl] *adjective* which can be seen **sichtbar**; **visible imports** *or* **exports** = real products which are imported *or* exported **sichtbare Einfuhren** *fpl or* **sichtbare Ausfuhren**

visit [ˈvɪzɪt]
1 *noun* short stay in a place **Besuch** *m* ; *we are expecting a visit from our German agents; he is on a business visit to London; we had a visit from the VAT inspector*
2 *verb* to go to a place *or* to see someone for a short time **besuchen** *or* **aufsuchen** *he spent a week in Scotland, visiting clients in Edinburgh and Glasgow; the trade delegation visited the Ministry of Commerce*
◇ **visitor** [ˈvɪzɪtə] *noun* person who visits **Besucher/-in** *the chairman showed the Japanese visitors round the factory* **visitors' bureau** = office which deals with visitors' questions **Besucherinformation** *f*

visual display terminal (VDT) *or* **visual display unit (VDU)** [ˌvɪzjʊəldɪsˈpleɪtɜːminəl *or* ˌvɪzjuəldɪsˈpleɪjuːnɪt] *noun* screen attached to a computer which shows the information stored in the computer **Bildschirmgerät** *n*

vivos *see* INTER VIVOS

vocation [və(ʊ)ˈkeɪʃən] *noun* type of job which you feel you want to do; wanting to be in a certain type of job **Berufung** *f* ; *he followed his vocation and became an architect*
◇ **vocational** [və(ʊ)ˈkeɪʃənl] *adjective* referring to a choice of job **Berufs-**; **vocational guidance** = helping young people to choose a suitable job **Berufsberatung** *f* ; **vocational training** = training for a particular job **Berufsausbildung** *f*

void [vɔɪd]
1 *adjective* not legally valid **ungültig** *or* **nichtig**; **the contract was declared null and void** = the contract was said to be no longer valid **der Vertrag wurde für ungültig** *or* **null und nichtig erklärt**
2 *verb* **to void a contract** = to make a contract invalid **einen Vertrag für ungültig erklären**

volume [ˈvɒljuːm] *noun* quantity of items **Menge** *f or* **Umfang** *m or* **Volumen** *n* ; **volume business** = dealing in large quantities of items **Mengenabsatz** *m* ; **volume discount** = discount given to a customer who buys a large quantity of goods **Mengenrabatt** *m* ; **volume of output** = number of items produced **Produktionsvolumen**; **volume of sales** *or* **sales volume** = number of items sold **Absatzvolumen**; **low** *or* **high volume of sales** = small *or* large number of items sold **geringes** *or* **hohes Absatzvolumen**; **volume of trade** *or* **volume of business** = number of items sold *or* number of shares sold on the Stock Exchange during a day's trading **Handelsvolumen** *the company has maintained the same volume of business in spite of the recession*

voluntary [ˈvɒləntərɪ] *adjective*
(a) done without being forced **freiwillig**; **voluntary liquidation** = situation where a company itself decides it must close and sell its assets **freiwillige Liquidation**; **voluntary redundancy** = situation where a worker asks to be made redundant **freiwilliges Ausscheiden aus dem Betrieb**
(b) done without being paid **freiwillig**; **voluntary organization** = organization which does not receive funding from the government, but relies on contributions from the public **Wohltätigkeitsorganisation** *f*
◇ **voluntarily** [ˈvɒləntərəlɪ] *adverb* without being forced or paid **freiwillig**

vostro account [ˈvɒstrəʊəˌkaʊnt] *noun* account held by a correspondent bank for a foreign bank **Vostrokonto** *n (see also* NOSTRO ACCOUNT)

vote [vəʊt]
1 *noun* marking a paper, holding up your hand, etc., to show your opinion *or* to show who you want to be elected **Abstimmung** *f or* **Wahl** *f or* **Beschluss** *m* ; **to take a vote on a**

proposal *or* **to put a proposal to the vote** = to ask people present at a meeting to say if they do or do not agree with the proposal **über einen Vorschlag abstimmen (lassen)**; **block vote** = casting of a large number of votes (such as of a trade union delegation) all together in the same way **Blockabstimmung** *or* **geschlossene Stimmabgabe**; **casting vote** = vote used by the chairman in the case where the votes for and against a proposal are equal **ausschlaggebende Stimme** *the chairman has the casting vote; he used his casting vote to block the motion* **postal vote** = election where the voters send in their voting papers by post **Briefwahl** *f*
2 *verb* to show an opinion by marking a paper *or* by holding up your hand at a meeting **abstimmen** *or* **wählen** *the meeting voted to close the factory; 52% of the members voted for Mr Smith as chairman* **to vote for** *or* **against a proposal** = to say that you agree *or* do not agree with a proposal **für** *or* **gegen einen Vorschlag stimmen**; **two directors were voted off the board at the AGM** = the AGM voted to dismiss two directors **bei der Jahresversammlung wurden zwei Mitglieder des board of directors abgewählt**; **she was voted on to the committee** = she was elected a member of the committee **sie wurde in den Ausschuss gewählt**

◊ **voter** [ˈvəʊtə] *noun* person who votes **Wähler/-in**

◊ **voting** [ˈvəʊtɪŋ] *noun* act of making a vote **Wahl** *f or* **Stimmabgabe** *f*; **voting paper** = paper on which the voter puts a cross to show for whom he wants to vote **Stimmzettel** *m* ; **voting right** = right of a shareholder to vote at company meetings **Stimmrecht** *n* ; **voting shares** = shares which give the holder the right to vote at company meetings **Aktien mit Stimmrecht** *fpl* **non-voting shares** = shares which do not allow the shareholder to vote at company meetings **stimmrechtslose Aktien** *fpl*

voucher [ˈvaʊtʃə] *noun*
(a) paper which is given instead of money **Gutschein** *m or* **Bon** *m* ; **cash voucher** = paper which can be exchanged for cash **Bargeldgutschein** *with every £20 of purchases, the customer gets a cash voucher to the value of £2* **gift voucher** = card, bought in a store, which is given as a present and which must be exchanged in that store for goods **Geschenkgutschein**; **luncheon voucher** = ticket, given by an employer to a worker, which can be exchanged in a restaurant for food **Essen(s)marke** *f*
(b) written document from an auditor to show that the accounts are correct *or* that money has really been paid **Beleg** *m*

voyage [ˈvɔɪɪdʒ] *noun* long journey by ship **Seereise** *f*

Ww

wage [weɪdʒ] *noun* money paid (usually in cash each week) to a worker for work done **Lohn** *m or* **Arbeitslohn** *she is earning a good wage or good wages in the supermarket* **basic wage** = normal pay without any extra payments **Grundlohn** *the basic wage is £110 a week, but you can expect to earn more than that with overtime* **hourly wage** *or* **wage per hour** = amount of money paid for an hour's work **Stundenlohn**; **minimum wage** = lowest hourly wage which a company can legally pay its workers **Mindestlohn**; **wage adjustment** = change made to wages **Lohnausgleich** *m or* **Lohnanpassung** *f* ; **wage claim** = asking for an increase in wages **Lohnforderung** *f* ; **wages clerk** = office worker who deals with the pay of other workers **Lohnbuchhalter/-in**; **wage differentials** = differences in salary between workers in similar types of jobs **Lohngefälle** *n* ; **wage freeze** *or* **freeze on wages** = period when wages are not allowed to increase **Lohnstopp** *m or* **Einfrieren** *n* **der Löhne**; **wage level** = rate of pay for a different type of work **Lohnniveau** *n or* **Lohnhöhe** *f* ; **wage negotiations** = discussions between management and workers about pay **Lohnverhandlungen** *fpl* ; **Tarifverhandlungen** *fpl* **wage packet** = envelope containing money and pay slip **Lohntüte** *f* ; **Nettolohn** *m* ; **wages policy** = government policy on what percentage increases should be paid to workers **Lohnpolitik** *f* ; **wage-price spiral** = situation where price rises encourage higher wage demands which in turn make prices rise **Lohn-Preis-Spirale** *f* ; **wage scale** = list of wages, showing different rates of pay for different jobs in the same company **Lohnskala** *f* (NOTE: the plural **wages** is more usual when referring to the money earned, but **wage** is used before other nouns)

◊ **wage-earner** [ˈweɪdʒˌɜːnə] *noun* person who earns money paid weekly in a job **Lohnempfänger/-in**

◊ **wage-earning** [ˈweɪdʒˌɜːnɪŋ] *adjective* **the wage-earning population** = people who have jobs and earn money **die erwerbstätige Bevölkerung**

COMMENT: the term 'wages' refers to weekly or hourly pay for workers, usually paid in cash. For workers paid by a monthly cheque, the term used is 'salary'

QUOTE European economies are being held back by rigid labor markets and wage structures
Duns Business Month

QUOTE real wages have been held down dramatically: they have risen at an annual rate of only 1% in the last two years
Sunday Times

wagon ['wægən] *noun* goods truck used on the railway **Eisenbahnwaggon** *m*

waive [weɪv] *verb* to give up (a right) **verzichten auf** *he waived his claim to the estate* **to waive a payment** = to say that payment is not necessary **eine Zahlung erlassen**
◊ **waiver** ['weɪvə] *noun* (i) giving up (a right); (ii) removing the conditions (of a rule) **(i) Verzicht** *m* ; **Verzicht(s)erklärung** *f* ; **(ii) Außerkraftsetzung** *f* ; *if you want to work without a permit, you will have to apply for a waiver* **waiver clause** = clause in a contract giving the conditions under which the rights in the contract can be given up **Verzichtklausel** *f*

walk [wɔːk] *verb* to go on foot **gehen** *or* **laufen** *he walks to the office every morning; the visitors walked round the factory*
◊ **walk off** [wɔːk'ɒf] *verb* to go on strike *or* to stop working and leave an office *or* factory **die Arbeit niederlegen** *the builders walked off the site because they said it was too dangerous*
◊ **walk out** [wɔːk'aʊt] *verb* to go on strike *or* to stop working and leave an office *or* factory **streiken** *or* **die Arbeit niederlegen** *the whole workforce walked out in protest*
◊ **walk-out** ['wɔːkaʊt] *noun* strike *or* stopping work **Arbeitsniederlegung** *f* *or* **Ausstand** *m or* **Streik** *m* ; *production has been held up by the walk-out of the workers* (NOTE: plural is **walk-outs**)

Wall Street ['wɔːlstriːt] *noun* street in New York where the Stock Exchange is situated; the American financial centre **Wall Street** *f* ; *a Wall Street analyst; she writes the Wall Street column in the newspaper*

wallet ['wɒlɪt] *noun* small leather case in which you can keep bank notes, credit cards, etc., in your pocket **Brieftasche** *f* ; **wallet file** = cardboard file, with a wide pocket on one side and a flap which folds down **Heftsammler** *m or* **Jurismappe** *f*

want [wɒnt] *noun* thing which is needed **Bedarf** *m or* **Bedürfnis** *n* ; **want ads** = advertisements listed in a newspaper under special headings (such as 'property for sale', or 'jobs wanted') **Kleinanzeigen** *fpl* **to draw up a wants list** = to make a list of things which you need **eine Bedarfsliste aufstellen**

war [wɔː] *noun* fighting *or* argument between countries *or* companies **Krieg** *m* ; *price war; tariff war*

warehouse ['weəhaʊs]
1 *noun* large building where goods are stored **Lager** *n or* **Lagerhaus** *n* ; **bonded warehouse** = warehouse where goods are stored until excise duty has been paid **Zolllager**; **warehouse capacity** = space available in a warehouse **Lagerhauskapazität** *f* ; **price ex warehouse** = price for a product which is to be collected from the manufacturer's or agent's warehouse and so does not include delivery **Preis** *m* **ab Lager**
2 *verb* to store (goods) in a warehouse **lagern**
◊ **warehouseman** ['weəhaʊsmən] *noun* person who works in a warehouse **Lagerhalter** *m*
◊ **warehousing** ['weəhaʊzɪŋ] *noun* act of storing goods **Lagerung** *f* ; **Lagerhaltung** *f* ; *warehousing costs are rising rapidly*

warn [wɔːn] *verb* to say that there is a possible danger **warnen** *he warned the shareholders that the dividend might be cut; the government warned of possible import duties* (NOTE: you warn someone **of** something, or **that** something may happen)
◊ **warning** ['wɔːnɪŋ] *noun* notice of possible danger **Warnung** *f* ; *to issue a warning; warning notices were put up around the construction site*

warrant ['wɒrənt]
1 *noun* official document which allows someone to do something **Vollmacht** *f* ; **dividend warrant** = cheque which makes payment of a dividend **Dividendenschein** *m or* **Dividendenzahlungsanweisung** *f* ; **share warrant** = document which says that someone has the right to a number of shares in a company **Aktienbezugsrechtschein** *m*
2 *verb*
(a) to guarantee **garantieren** *all the spare parts are warranted*
(b) to show that something is reasonable **rechtfertigen** *the company's volume of trade with the USA does not warrant six trips a year to New York by the sales director*
◊ **warrantee** [ˌwɒrən'tiː] *noun* person who is given a warranty **Garantienehmer** *m*

◇ **warrantor** ['wɒrəntɔː] *noun* person who gives a warranty **Garant** *m*

◇ **warranty** ['wɒrəntɪ] *noun*
(a) guarantee, a legal document which promises that a machine will work properly *or* that an item is of good quality **Garantie** *f*; *the car is sold with a twelve-month warranty; the warranty covers spare parts but not labour costs*
(b) promise in a contract **vertragliche Zusicherung**; **breach of warranty** = supplying goods which do not meet the standards of the warranty applied to them **Garantieverletzung** *f or* **Verletzung einer vertraglichen Zusicherung**
(c) statement made by an insured person which declares that the facts stated by him are true **Zusicherung** *f* **der Richtigkeit der Angaben** *or* **Gewähr(leistung)** *f*

> QUOTE the rights issue will grant shareholders free warrants to subscribe for further new shares
> Financial Times

wastage ['weɪstɪdʒ] *noun* amount lost by being wasted **Schwund** *m* ; **Verschleiß** *m* ; *allow 10% extra material for wastage* **natural wastage** = losing workers because they resign *or* retire, not because they are made redundant or are sacked **natürlicher Arbeitskräfteabgang**

◇ **waste** [weɪst]
1 *noun* rubbish *or* things which are not used **Abfall** *m* ; *the company was fined for putting industrial waste into the river; it is a waste of time asking the chairman for a rise; that computer is a waste of money - there are plenty of cheaper models which would do the work just as well*
2 *adjective* not used **überschüssig; Abfall-** *waste materials; cardboard is made from recycled waste paper* **waste paper basket** *or (US)* **wastebasket** = container near an office desk into which pieces of rubbish can be put **Papierkorb** *m*
3 *verb* to use more than is needed **verschwenden** *or* **vergeuden** *to waste money or paper or electricity or time; the MD does not like people wasting his time with minor details; we turned off all the heating so as not to waste energy*

> COMMENT: industrial waste has no value, as opposed to scrap which may be sold to a scrap dealer

◇ **wastebasket** ['weɪs(t)ˌbɑːskɪt] *noun (US)* = WASTE PAPER BASKET

◇ **wasteful** ['weɪstfʊl] *adjective* which wastes a lot of something **verschwenderisch; unwirtschaftlich** *this photocopier is very wasteful of paper*

◇ **wasting asset** *noun* asset which becomes gradually less valuable as time goes by (for example a short lease on a property) **abnutzbares Wirtschaftsgut**

waterproof ['wɔːtəpruːf] *adjective* which will not let water through **wasserdicht** *or* **wasserfest** *the parts are sent in waterproof packing*

waybill ['weɪbɪl] *noun* list of goods carried, made out by the carrier **Frachtbrief** *m*

weak [wiːk] *adjective* not strong *or* not active **schwach**; **weak market** = share market where prices tend to fall because there are no buyers **schwacher Markt**; **share prices remained weak** = share prices did not rise **die Aktienkurse blieben schwach**

◇ **weaken** ['wiːkən] *verb* to become weak **schwächer werden** *or* **nachlassen**; **the market weakened** = share prices fell **der Markt wurde schwächer**

◇ **weakness** ['wiːknəs] *noun* being weak **Schwäche** *f*

> QUOTE the Fed started to ease monetary policy months ago as the first stories appeared about weakening demand in manufacturing industry
> Sunday Times

> QUOTE indications of weakness in the US economy were contained in figures from the Fed on industrial production
> Financial Times

wealth [welθ] *noun* large quantity of money owned by a person **Vermögen** *n or* **Wohlstand** *m* ; **wealth tax** = tax on money *or* property *or* investments owned by a person **Vermögen(s)steuer** *f*

◇ **wealthy** ['welθɪ] *adjective* very rich **wohlhabend**

wear and tear [ˌweərən'teə] *noun* **fair wear and tear** = acceptable damage caused by normal use **normale Abnutzungserscheinungen** *fpl or* **Verschleißerscheinungen** *the insurance policy covers most damage but not fair wear and tear to the machine*

week [wiːk] *noun* period of seven days (from Monday to Sunday) **Woche** *f* ; **to be paid by the week** = to be paid a certain amount of money each week **wöchentlich bezahlt werden** *he earns £500 a week or per week; she works thirty-five hours per week or she works a thirty-five-hour week*

◇ **weekday** ['wi:kdeɪ] *noun* normal working day (not Saturday or Sunday) **Wochentag** *m*

◇ **weekly** ['wi:klɪ] *adjective* done every week **wöchentlich** *the weekly rate for the job is £250* **a weekly magazine** *or* **a weekly** = magazine which is published each week **eine Wochenzeitschrift**

weigh [weɪ] *verb*
(a) to measure how heavy something is **(ab)wiegen** *he weighed the packet at the post office*
(b) to have a certain weight **wiegen** *the packet weighs twenty-five grams*

◇ **weighbridge** ['weɪbrɪdʒ] *noun* platform for weighing a lorry and its load **Brückenwaage** *f*

◇ **weighing machine** [ˌweɪɪŋməˌʃi:n] *noun* machine which measures how heavy a thing *or* a person is **Waage** *f*

◇ **weight** [weɪt] *noun* measurement of how heavy something is **Gewicht** *n* ; **to sell fruit by weight** = the price is per pound *or* per kilo of the fruit **Obst nach Gewicht verkaufen**; **false weight** = weight on a shop scales which is wrong and so cheats customers **falsches Gewicht**; **gross weight** = weight of both the container and its contents **Bruttogewicht**; **net weight** = weight of goods after deducting the packing material and container **Nettogewicht**; **to give short weight** = to give less than you should **zu knapp abwiegen**; **inspector of weights and measures** = government official who inspects goods sold in shops to see if the quantities and weights are correct **Eichmeister** *m*

◇ **weighted** ['weɪtɪd] *adjective* **weighted average** = average which is calculated taking several factors into account, giving some more value than others **gewogener Mittelwert**; **weighted index** = index where some important items are given more value than less important ones **gewogener Index**

◇ **weighting** ['weɪtɪŋ] *noun* additional salary *or* wages paid to compensate for living in an expensive part of the country **Zulage** *f* ; *salary plus a London weighting*

welfare ['welfeə] *noun*
(a) looking after people **Fürsorge** *f* ; *the chairman is interested in the welfare of the workers' families* **welfare state** = country which looks after the health, education, etc., of the people **Sozialstaat** *m or* **Wohlfahrtsstaat**
(b) money paid by the government to people who need it **Sozialhilfe** *f*

> QUOTE California become the latest state for enact a program forcing welfare recipients to work for their benefits
>
> Fortune

well-known [wel'nəʊn] *adjective* known by many people **(wohl) bekannt**

◇ **well paid** ['welpeɪd] *adjective* **to be well paid** = to earn a high salary **gut bezahlt werden**; **a well-paid job** = a job that commands a high salary **eine gut bezahlte Stelle**

wharf [wɔ:f] *noun* place in a dock where a ship can tie up to load or unload **Kai** *m* (NOTE: plural is **wharfs** or **wharves**)

◇ **wharfage** ['wɔ:fɪdʒ] *noun* charge for tying up at a wharf **Kaigebühren** *fpl*

◇ **wharfinger** ['wɔ:fɪn(d)ʒə] *noun* person who works on a wharf **Kaimeister** *m*

wheeler-dealer [ˌwi:lə'di:lə] *noun* person who lives on money from a series of profitable business deals **Geschäftemacher** *m*

whereof [weər'ɒv] *adverb (formal)*; **in witness whereof I sign my hand** = I sign as a witness that this is correct **ich bestätige die Richtigkeit durch meine Unterschrift**

white-collar ['waɪtkɒlə] *adjective* **white-collar crime** = crime (especially fraud) committed by office workers, such as computer analysts **Wirtschaftsverbrechen** *n* ; **white-collar union** = trade union formed of white-collar workers **Angestelltengewerkschaft** *f* ; **white-collar worker** = worker in an office, not in a factory **Angestellte(r)**

◇ **white goods** ['waɪtgʊdz] *plural noun*
(a) machines (such as refrigerators, washing machines) which are used in the kitchen **elektrische Haushaltsgeräte** *npl*
(b) sheets *or* towels, etc. **Bett- und Tischwäsche** *f*

◇ **white knight** [ˌwaɪt'naɪt] *noun* person *or* company which rescues a firm in financial difficulties, especially one which saves a firm from being taken over by an unacceptable purchaser **‚weißer Ritter'**; *(Investor (oder Unternehmen), der einem Unternehmen, dem ein ‚feindliches' Übernahmeangebot vorliegt, ein akzeptables Übernahmeangebot macht)*

◇ **White Paper** [ˌwaɪt'peɪpə] *noun (GB)* report from the government on a particular problem **Weißbuch** *n*

◇ **white sale** ['waɪtseɪl] *noun* sale of sheets *or* towels, etc. **Verkauf** *m* **von Bett- und Tischwäsche** *f*

> QUOTE the share of white-collar occupations in total employment rose from 44 per cent to 49 per cent
> Sydney Morning Herald

whole-life insurance [ˌhəʊllaɪfɪnˈʃʊərəns] *noun* insurance where the insured person pays a fixed premium each year and the insurance company pays a sum when he or she dies (also called 'whole-of-life assurance') **Lebensversicherung** *f* **auf den Todesfall**

wholesale [ˈhəʊlseɪl] *noun & adverb* buying goods from manufacturers and selling in large quantities to traders who then sell in smaller quantities to the general public **(im) Großhandel** *or* **Großhandels-** *wholesale discount; wholesale shop* **wholesale dealer** = person who buys in bulk from manufacturers and sells to retailers **Großhändler/-in**; **wholesale price index** = index showing the rises and falls of prices of manufactured goods as they leave the factory **Index** *m* **der Großhandelspreise** *mpl* **he buys wholesale and sells retail** = he buys goods in bulk at a wholesale discount and then sells in small quantities to the public **er kauft im Großhandel und verkauft im Einzelhandel**

◇ **wholesaler** [ˈhəʊlˌseɪlə] *noun* person who buys goods in bulk from manufacturers and sells them to retailers **Großhändler/-in**

wholly-owned subsidiary [ˌhəʊllɪəʊndsəbˈsɪdjərɪ] *noun* company which is owned completely by another company **100%ige Tochtergesellschaft**

wildcat strike [ˌwaɪldkætˈstraɪk] *noun* strike organized suddenly by workers without the main union office knowing about it **wilder Streik**

will [wɪl] *noun* legal document where someone says what should happen to his property when he dies **Testament** *n* ; *he wrote his will in 1984; according to her will, all her property is left to her children*

> COMMENT: a will should best be drawn up by a solicitor; it can also be written on a form which can be bought from a stationery shop. To be valid, a will must be dated and witnessed by a third party (i.e., by someone who is not mentioned in the will)

win [wɪn] *verb* to be successful **gewinnen**; **to win a contract** = to be successful in tendering for a contract **einen Auftrag erhalten** *the company announced that it had won a contract worth £25m to supply buses and trucks* (NOTE: **winning - won)**

windfall [ˈwɪn(d)fɔːl] *noun* sudden winning of money *or* sudden profit which is not expected **unerwartete Einkünfte** *pl or* **unerwarteter** *or* **unverhoffter Gewinn** *or*; *(informal)* **warmer Regen**; **windfall profit** = sudden profit which is not expected **unerwarteter Gewinn**; **windfall (profits) tax** = tax on sudden profits **Sondergewinnsteuer** *f*

wind up [wɪndˈʌp] *verb*

(a) to end (a meeting) **schließen** *he wound up the meeting with a vote of thanks to the committee*

(b) to wind up a company = to put a company into liquidation **ein Unternehmen liquidieren** *the court ordered the company to be wound up* (NOTE: **winding - wound)**

◇ **winding-up** [ˌwaɪndɪŋˈʌp] *noun* liquidation, closing of a company and selling its assets **Liquidation** *f* ; **compulsory winding-up** = liquidation which is ordered by a court **Zwangsliquidation**; **compulsory winding-up order** = order from a court saying that a company must be wound up **Zwangsliquidationsbeschluss** *m*

window [ˈwɪndəʊ] *noun*

(a) opening in a wall, with glass in it **Fenster** *n* ; **shop window** = large window in a shop front, where customers can see goods displayed **Schaufenster**; **window display** = display of goods in a shop window **Auslage** *f or* **Schaufensterdekoration** *f* ; **window envelope** = envelope with a hole in it covered with plastic like a window, so that the address on the letter inside can be seen **Fenster(brief) umschlag** *m* ; **window shopping** = looking at goods in shop windows, without buying anything **Schaufensterbummel** *m*

(b) short period when something is available **Fenster** *n or* **Gelegenheit** *f* ; **window of opportunity** = short period which allows an action to take place **günstiger Zeitpunkt**

◇ **window dressing** [ˈwɪndəʊˌdresɪŋ] *noun*

(a) putting goods on display in a shop window, so that they attract customers **Schaufensterdekoration** *f*

(b) putting on a display to make a business seem better *or* more profitable *or* more efficient than it really is **Bilanzschönung** *f or* **Frisieren** *n* **der Bilanz**

WIP = WORK IN PROGRESS

wire [ˈwaɪə]

1 *noun* telegram *to send someone a wire* **Telegramm** *n*

2 *verb* to send a telegram to (someone) **telegrafieren** *or* **ein Telegramm schicken** *he wired the head office to say that the deal had been signed*

withdraw [wɪθ'drɔː] *verb*
(a) to take (money) out of an account **abheben** *to withdraw money from the bank or from your account; you can withdraw up to £50 from any bank on presentation of a banker's card*
(b) to take back (an offer) **zurückziehen** *or* **widerrufen**; **one of the company's backers has withdrawn** = he stopped supporting the company financially **einer der Kapitalgeber des Unternehmens hat sich zurückgezogen** *to withdraw a takeover bid; the chairman asked him to withdraw the remarks he has made about the finance director* (NOTE: **withdrawing - withdrew - has withdrawn)**

◇ **withdrawal** [wɪθ'drɔːəl] *noun* removing money from an account **Abhebung** *f* ; **withdrawal without penalty at seven days' notice** = money can be taken out of a deposit account, without losing any interest, provided that seven days' notice has been given **Abhebung ohne Sondergebühren bei 7-tägiger Kündigung** *to give seven days' notice of withdrawal*

withholding tax [wɪθ'həʊldɪŋtæks] *noun* (i) tax which removes money from interest or dividends before they are paid to the investor (usually applied to non-resident investors); (ii) any amount deducted from a person's income which is an advance payment of tax owed (such as PAYE); (iii) *(US)* income tax deducted from the paycheck of a worker before he is paid **(i) Quellensteuer** *f* ; **Couponsteuer; (ii) & (iii) Quellensteuer**

with profits ['wɪθprɒfɪts] *adverb* (insurance policy) which guarantees the policyholder a share in the profits of the fund in which the premiums are invested **mit Gewinnbeteiligung**

witness ['wɪtnəs]
1 *noun* person who sees something happen **Zeuge/Zeugin**; **to act as a witness to a document** *or* **a signature** = to sign a document to show that you have watched the main signatory sign it **ein Dokument** *or* **eine Unterschrift bestätigen** *the MD signed as a witness; the contract has to be signed in front of two witnesses*
2 *verb* to sign (a document) to show that you guarantee that the other signatures on it are genuine **bestätigen** *or* **bezeugen** *to witness an agreement or a signature*

wobbler ['wɒblə] *noun* **shelf wobbler** = card placed on the shelf in a shop to promote a product **Regalschild** *n*

wording ['wɜːdɪŋ] *noun* series of words **Formulierung** *f*; **Wortlaut** *m* ; *did you read the wording on the contract?*

word-processing ['wɜːdˌprəʊsesɪŋ] *noun* working with words, using a computer to produce, check and change texts, reports, letters, etc. **Textverarbeitung** *f* ; *load the word-processing program before you start keyboarding* **word-processing bureau** = office which specializes in word-processing for other companies **(Computer-)Schreibbüro** *n*

◇ **word-processor** ['wɜːdˌprəʊsesə] *noun* small computer (or typewriter with a computer in it), used for working with words to produce texts, reports, letters, etc. **Textverarbeitungsanlage** *f*

work [wɜːk]
1 *noun*
(a) things done using the hands *or* brain **Arbeit** *f*; **casual work** = work where the workers are hired for a short period **Gelegenheitsarbeit**; **clerical work** = work done in an office **Schreibarbeit** *or* **Büroarbeit**; **manual work** = heavy work done by hand **körperliche Arbeit**; **work in progress (WIP)** = value of goods being manufactured which are not complete at the end of an accounting period **Halbfabrikate** *npl*
(b) job *or* something done to earn money **Arbeit** *f* ; *he goes to work by bus; she never gets home from work before 8 p.m.; his work involves a lot of travelling; he is still looking for work; she has been out of work for six months* **work permit** = official document which allows someone who is not a citizen to work in a country **Arbeitserlaubnis** *f*
2 *verb*
(a) to do things with your hands *or* brain, for money **arbeiten** *the factory is working hard to complete the order; she works better now that she has been promoted* **to work a machine** = to make a machine function **eine Maschine bedienen**; **to work to rule** = to work strictly according to rules agreed between the company and the trade union, and therefore work very slowly **Dienst nach Vorschrift tun**
(b) to have a paid job **arbeiten** *she works in an office; he works at Smith's; he is working as a cashier in a supermarket*

◇ **workaholic** [wɜːkə'hɒlɪk] *noun* person who works all the time, and is unhappy when not working **arbeitswütiger Mensch; Workaholic** *m*

◇ **worker** ['wɜːkə] *noun*
(a) person who is employed **Berufstätige(r)** *or* **Arbeiter/-in** *or* **Arbeitnehmer/-in**; **blue-collar worker** = manual worker in a factory **Fabrikarbeiter/-in**; **casual worker** = worker who can be hired for a short period **Gelegenheitsarbeiter/-in**; **clerical worker** = person who works in an office **Büroangestellte**

(r); **factory worker** = person who works in a factory **Fabrikarbeiter/-in**; **manual worker** = worker who works with his hands **ungelernte Arbeitskraft**; **white-collar worker** = office worker **Angestellte(r)**; **worker director** = director of a company who is a representative of the workforce ≈ **Arbeitsdirektor/-in**; **worker representation on the board** = having a representative of the workers as a director of the company **Betriebsrat** *m* ; **Belegschaftsvertretung** *f*

(b) person who works hard **Arbeitstier** *n* ; *she's a real worker* **sie ist ein richtiges Arbeitstier**

◇ **workforce** ['wɜːkfɔːs] *noun* all the workers (in an office *or* factory) **Belegschaft** *f*; **Arbeitskräfte** *fpl or* **Arbeiterschaft** *f*

◇ **working** ['wɜːkɪŋ] *adjective*

(a) (person) who works **arbeitend** *or* **berufstätig** *the working population of a country* **working partner** = partner who works in a partnership **geschäftsführende(r) Teilhaber/-in**; **working party** = group of experts who study a problem **Arbeitsausschuss** *m* ; *the government set up a working party to examine the problem of computers in schools*

(b) referring to work **arbeitend** *or* **Arbeits-**; **working capital** = capital in cash and stocks needed for a company to be able to work **Betriebskapital** *n* ; **working conditions** = general state of the place where people work (if it is hot, noisy, dark, dangerous, etc.) **Arbeitsbedingungen** *pl* **the normal working week** = the usual number of hours worked per week **die normale Arbeitswoche** *even though he is a freelance, he works a normal working week*

◇ **workload** ['wɜːkləʊd] *noun* amount of work which a person has to do **Arbeitsbelastung** *f*; *he has difficulty in coping with his heavy workload*

◇ **workman** ['wɜːkmən] *noun* man who works with his hands **Arbeiter** *m* (NOTE: plural is **workmen**)

◇ **workmanship** ['wɜːkmənʃɪp] *noun* skill of a good workman **handwerkliches Können; Kunstfertigkeit** *f* ; **bad** *or* **shoddy workmanship** = bad work done by a workman **schludrige Handwerkerarbeit**

◇ **work out** [wɜːk'aʊt] *verb*

(a) to calculate **ausrechnen** *or* **berechnen** *or* **errechnen** *he worked out the costs on the back of an envelope; he worked out the discount at 15%; she worked out the discount on her calculator*

(b) he is working out his notice = he is working during the time between resigning and actually leaving the company **er arbeitet bis zum Ablauf seiner Kündigungsfrist**

◇ **workplace** ['wɜːkpleɪs] *noun* place where you work **Arbeitsplatz** *m*

◇ **works** [wɜːks] *noun* factory **Werk** *n or* **Fabrik** *f or* **Betrieb** *m* ; *an industrial works; an engineering works; the steel works is expanding* **works committee** *or* **works council** = committee of workers and management which discusses the organization of work in a factory **Betriebsrat** *m* ; **price ex works** = price not including transport from the manufacturer's factory **Preis ab Werk**; **the works manager** = person in charge of a works **der Betriebsleiter** (NOTE: not plural, and takes a singular verb)

◇ **work-sharing** ['wɜːkˌʃeərɪŋ] *noun* system where two part-timers share one job **Arbeitsplatzteilung** *f or* **Jobsharing** *n*

◇ **workshop** ['wɜːkʃɒp] *noun*

(a) small factory **Werkstatt** *f*

(b) discussion group **Workshop** *m*

◇ **workspace** ['wɜːkspeɪs] *noun* memory, the space available on a computer for temporary work **Arbeitsspeicher** *m*

◇ **workstation** ['wɜːkˌsteɪʃn] *noun* desk with a computer terminal, printer, telephone, etc., where a word-processing operator works **Workstation** *f or* **Datenstation**

◇ **work-to-rule** [ˌwɜːktə'ruːl] *noun* working strictly according to the rules agreed between the union and management and therefore very slowly, as a protest **Dienst** *m* **nach Vorschrift**

◇ **workweek** ['wɜːkwiːk] *noun (US)* the usual number of hours worked per week **Arbeitswoche** *f*

> QUOTE the control of materials from purchased parts through work in progress to finished goods provides manufacturers with an opportunity to reduce the amount of money tied up in materials
>
> Duns Business Month

> QUOTE the quality of the work environment demanded by employers and employees alike
>
> Lloyd's List

> QUOTE every house and workplace in Britain is to be directly involved in an energy efficiency campaign
>
> Times

world [wɜːld] *noun*

(a) the earth **Welt** *f* ; **the world market for steel** = the possible sales of steel in the whole world **der Weltmarkt für Stahl**; **to have world rights to a product** = to have the right to sell the product anywhere in the world **die Rechte** *npl* **für ein Produkt weltweit haben**

(b) people in a particular business *or* people with a special interest **Welt** *f or* **Berufssphäre** *f*; *the world of big business; the world of publishing or the publishing world; the world of lawyers or the legal world*

◊ **World Bank** [ˌwɜːld'bæŋk] *noun* central bank, controlled by the United Nations, whose funds come from the member states of the UN and which lends money to member states (its official title is the International Bank for Reconstruction and Development) **Weltbank** *f*

◊ **World Trade Organization (WTO)** [ˌwɜːld'treɪdɑːgənaɪzeɪʃn] international organization set up with the aim of reducing restrictions in trade between countries (replacing GATT) **Welthandelsorganisation** *f*

◊ **worldwide** [ˌwɜːld'waɪd] *adjective & adverb* everywhere in the world **weltweit** *the company has a worldwide network of distributors; worldwide sales or sales worldwide have topped two million units; this make of computer is available worldwide*

> QUOTE the EC pays farmers 27 cents a pound for sugar and sells it on the world market for 5 cents
> Duns Business Month

> QUOTE manufactures and services were the fastest growing sectors of world trade
> Australian Financial Review

worth [wɜːθ]
1 *adjective* having a value *or* a price **wert** *do not get it repaired - it is worth only £25; the car is worth £6,000 on the secondhand market* **he is worth £10m** = his property *or* investments, etc. would sell for £10m **er besitzt £10 Mio**; **what are ten pounds worth in dollars?** = what is the equivalent of £10 in dollars? **wieviel sind zehn Pfund in Dollar?** (NOTE: always follows the verb **to be)**
2 *noun* value **Wert** *m* ; **give me ten pounds' worth of petrol** = give me as much petrol as £10 will buy **geben Sie mir für zehn Pfund Benzin**

◊ **worthless** ['wɜːθləs] *adjective* having no value **wertlos** *the cheque is worthless if it is not signed*

wrap (up) [ræp('ʌp)] *verb* to cover something all over (in paper) **einwickeln** *or* **einschlagen** *he wrapped (up) the parcel in green paper* **to gift-wrap a present** = to wrap a present in special coloured paper **ein Geschenk einschlagen** *or* **einpacken**; **shrink-wrapped** = covered in tight plastic protective cover **eingeschweißt** (NOTE: **wrapping - wrapped)**

◊ **wrapper** ['ræpə] *noun* material which wraps something **Papier** *n* ; *the biscuits are packed in plastic wrappers*

◊ **wrapping** ['ræpɪŋ] *noun* **wrapping paper** = special coloured paper for wrapping presents **Packpapier** *n* ; **Geschenkpapier**; **gift-wrapping** = (i) service in a store for wrapping presents for customers; (ii) coloured paper for wrapping presents **(i) Geschenkverpackungsdienst** *m* ; **(ii) Geschenkpapier** *n* ; **shrink-wrapping** = act of covering (a book, fruit, record etc.) in a tight plastic film **Schrumpfpackung** *f*

wreck [rek]
1 *noun*
(a) ship which has sunk *or* which has been badly damaged and cannot float **Wrack** *n* ; *they saved the cargo from the wreck; oil poured out of the wreck of the tanker*
(b) company which has collapsed **Konkursunternehmen** *n* ; *he managed to save some of his investment from the wreck of the company; investors lost thousands of pounds in the wreck of the investment company*
2 *verb* to damage badly *or* to ruin **zerstören; zugrunde richten** *they are trying to salvage the wrecked tanker; the negotiations were wrecked by the unions*

writ [rɪt] *noun* legal document ordering someone to do something *or* not to do something **gerichtliche Verfügung** *the court issued a writ to prevent the trade union from going on strike* **to serve someone with a writ** *or* **to serve a writ on someone** = to give someone a writ officially, so that he has to obey it **jdm eine gerichtliche Verfügung zustellen**

write [raɪt] *verb* to put words *or* figures on to paper **schreiben** *she wrote a letter of complaint to the manager; the telephone number is written at the bottom of the notepaper* (NOTE: **writing - wrote - has written)**

◊ **write down** [raɪt'daʊn] *verb* to note an asset at a lower value than previously **(teil) abschreiben** *written down value; the car is written down in the company's books*

◊ **writedown** ['raɪtdaʊn] *noun* noting of an asset at a lower value **Teilabschreibung** *f*

◊ **write off** [raɪt'ɒf] *verb* to cancel (a debt) *or* to remove an asset from the accounts as having no value **voll abschreiben** *to write off bad debts* **two cars were written off after the accident** = the insurance company considered that both cars were a total loss **zwei Autos wurden nach dem Unfall als**

Totalschaden abgeschrieben; the cargo was written off as a total loss = the cargo was so badly damaged that the insurers said it had no value **die Fracht wurde als Totalverlust abgeschrieben**

◇ **write-off** ['raɪtɒf] *noun* total loss *or* cancellation of a bad debt *or* removal of an asset's value in a company's accounts **Vollabschreibung** *f*; *the car was a write-off; to allow for write-offs in the yearly accounts*

◇ **write out** [raɪt'aʊt] *verb* to write in full **ausschreiben** *she wrote out the minutes of the meeting from her notes* **to write out a cheque** = to write the words and figures on a cheque and then sign it **einen Scheck ausstellen**

◇ **writing** ['raɪtɪŋ] *noun* something which has been written **Schreiben** *n* ; **schriftliche Abfassung; Schrift** *f*; *to put the agreement in writing; he has difficulty in reading my writing*

> QUOTE $30 million from usual company borrowings will either be amortized or written off in one sum
> Australian Financial Review

> QUOTE the holding company has seen its earnings suffer from big writedowns in conjunction with its $1 billion loan portfolio
> Duns Business Month

wrong [rɒŋ] *adjective* not right *or* not correct **falsch** *the total in the last column is wrong; the sales director reported the wrong figures to the meeting; I tried to phone, but I got the wrong number*

◇ **wrongful** ['rɒŋfʊl] *adjective* unlawful **rechtswidrig**; **wrongful dismissal** = removing someone from a job for reasons which are wrong **unrechtmäßige Entlassung**

◇ **wrongly** ['rɒŋlɪ] *adverb* not correctly *or* badly **zu Unrecht; fälschlicherweise** *he wrongly invoiced Smith Ltd for £250, when he should have credited them with the same amount*

WTO = WORLD TRADE ORGANIZATION

Xx Yy Zz

X = EXTENSION

brand X [brænd'eks] *noun* the anonymous brand used in TV commercials to compare with the brand being advertised **Marke X**

Xerox ['zɪərɒks]
1 *noun*
(a) trademark for a type of photocopier **Xerox** *to make a xerox copy of a letter; we must order some more xerox paper for the copier; we are having a new xerox machine installed tomorrow*
(b) photocopy made with a Xerox machine **Xerokopie** *f*; *to send the other party a xerox of the contract; we have sent xeroxes to each of the agents*
2 *verb* to make a photocopy with a Xerox machine **xerokopieren** *or* **xerographieren** *to xerox a document; she xeroxed all the file*

yard [jɑːd] *noun*
(a) measure of length (= 0.91 metres) **Yard** *n* (NOTE: can be written **yd** after figures: **10yd**)
(b) factory which builds ships **Werft** *f*

yd = YARD

year [jɜː] *noun* period of twelve months **Jahr** *n* ; **calendar year** = year from January 1st to December 31st **Kalenderjahr; financial year** = the twelve month period for a firm's accounts (it does not need to be the same as a calendar year) **Finanzjahr** *or* **Geschäftsjahr** *or* **Rechnungsjahr; fiscal year** = twelve month period on which taxes are calculated (in the UK it is April 6th to April 5th of the following year) **Steuerjahr; year end** = the end of the financial year, when a company's accounts are prepared **Jahresende** *n* ; *the accounts department has started work on the year-end accounts* **year planner** = large wall planner covering all the days of a whole year **Plakatkalender** *m*

◇ **yearbook** ['jɜːbʊk] *noun* reference book which is published each year with updated or new information **Jahrbuch** *n*

◇ **yearly** ['jɜːlɪ] *adjective* happening once a year **jährlich** *yearly payment; yearly premium of £250*

yellow pages [ˌjeləʊ'peɪdʒɪz] *plural noun* section of a telephone directory (printed on yellow paper) which lists businesses under various headings (such as computer shops or newsagents, etc.) **gelbe Seiten** *pl or* **Branchenverzeichnis** *n*

yen [jen] *noun* currency used in Japan **Yen** *m* (NOTE: usually written as ¥ before a figure: ¥ **2,700**; say 'two thousand seven hundred yen')

yield [jiːld]
1 *noun* money produced as a return on an investment **Ertrag** *m or* **Rendite** *f or*

Effektivverzinsung *f* ; **current yield** = dividend calculated as a percentage of the price paid per share **laufende Rendite** *share with a current yield of 5%* **dividend yield** = dividend expressed as a percentage of the price of a share **Dividendenertrag**; **earnings yield** = money earned in dividends per share as a percentage of the market price of the share **Gewinnrendite**; **effective yield** = actual yield shown as a percentage of the price paid **Effektivertrag** *or* **Effektivrendite**; **fixed yield** = fixed percentage return which does not change **Festertrag**; **gross yield** = profit from investments before tax is deducted **Bruttoertrag**; **maturity yield** *or (US)* **yield to maturity** = calculation of the yield on a fixed-interest investment, assuming it is bought at a certain price and held to maturity **Fälligkeitsrendite**
2 *verb* to produce (as interest *or* dividend, etc.) **(Gewinn) einbringen** *or* **abwerfen** *government stocks which yield a small interest; shares which yield 10%*

COMMENT: to work out the yield on an investment, take the gross dividend per annum, multiply it by 100 and divide by the price you paid for it (in pence): an investment paying a dividend of 20p per share and costing £3.00, is yielding 6.66%

QUOTE if you wish to cut your risks you should go for shares with yields higher than average
Investors Chronicle

zero ['zɪərəʊ] *noun* nought, the number 0 **Null** *f* ; *the code for international calls is zero zero (00)* **zero inflation** = inflation at 0% **Nullinflation** *f*

◇ **zero-coupon bond** [ˌzɪərəʊkuːpɒn'bɒnd] *noun* bond which carries no interest, but which is issued at a discount and so provides a capital gain when it is redeemed at face value **Zerobond** *m or* **Nullkupon-Anleihe** *f*

◇ **zero-rated** [ˌzɪərəʊ'reɪtɪd] *adjective* (item) which has a VAT rate of 0% **von der Mehrwertsteuer befreit**

◇ **zero-rating** [ˌzɪərəʊ'reɪtɪŋ] *noun* rating of an item at 0% VAT **Mehrwertsteuerbefreiung** *f*

ZIP code ['zɪpkəʊd] *noun (US)* numbers used to indicate a postal delivery area in an address on an envelope **Postleitzahl** *f* (NOTE: the GB English for this is **postcode**)

zipper clause [ˌzɪpə'klɔːz] *noun (US)* clause in a contract of employment which prevents any discussion of employment conditions during the term of the contract **Schweigepflichtklausel** *f*

zone [zəʊn]
1 *noun* area of a town *or* country (for administrative purposes) **Zone** *f or* **Gebiet** *n* ; **development zone** *or* **enterprise zone** = area which has been given special help from the government to encourage businesses and factories to set up there **Förderungsgebiet**; **free zone** = area where there are no customs duties **Zollfreigebiet** *n*
2 *verb* to divide (a town) into different areas for planning purposes **in Bezirke** *mpl* **mit verschiedenen Verwendungszwecken** *mpl* **aufteilen**; **land zoned for light industrial use** = land where planning permission has been given to build small factories for light industry **für Leichtindustrie vorgesehenes Land**; **zoning regulations** *or (US)* **zoning ordinances** = local bylaws which regulate the types of building and land use in a town **Bauordnungsbestimmungen** *fpl*

Deutsch – Englisches Register

Aa

ab *from; ex*
abändern *to alter*
Abänderung *alteration, amendment*
Abandon *abandonment (of a ship)*
Abbau einschränkender Bestimmungen *deregulation*
Abbau *retrenchment*
abbauen *to cut (back), reduce, run down; mine*
Abbaurechte *mining concession*
abbezahlen *to pay off*
abbiegen *to turn*
abbrechen *to break off, call off*
abbrennen *to burn down*
abbröckelnder Markt *easy market*
Abbuchung auf Grundlage einer Einzugsermächtigung *direct debit*
Abdeckhaube *dust cover*
abfahren *to depart*
Abfahrt *departure; sailing*
Abfall *waste*
Abfallprodukt *by-product, spinoff*
Abfertigung *check-in; clearance; turnround*
Abfertigungsgebäude in der Innenstadt *air terminal*
Abfertigungshalle *airport terminal*
Abfertigungsschalter *check-in counter*
Abfindung *compensation*
Abfindungspaket *redundancy package*
Abflauen *downturn*
abflauen *to peter out, slow down*
abfliegen *to depart*
Abflug *departure(s)*
Abflughalle *departure lounge*
Abflugschalter *check-in counter*
Abfluss *efflux*
Abgabe *handing over, delivery; tax, duty, levy; sale*
Abgabe pro Pfund Gewicht *poundage*
abgeben *to hand in*
abgemacht *agreed*
abgesagt *cancelled, off*
abhaken *to check* or *tick (off)*
abhängig sein von *to depend on*
abhängig von *depending on, subject to*
abheben *to draw*
Abhebung *withdrawal*
abheften *to place on file*
Abhol- und Zustelldienst *pickup and delivery service*
abholen *to collect, fetch*
Abholgebühren *collection charges* or *collection rates*
Abkommen *agreement, covenant, deal*
abladen *to land, off-load, unload*
Ablage *filing; filing basket* or *filing tray*
Ablage für Unerledigtes *pending tray*
Ablagesystem *filing system*
ablassen *to knock off*
Ablauf *expiration, expiry*
ablaufen *to expire; lapse*
Ablaufplanung *scheduling*
Ablauftermin *expiry date*
Ableben *demise*
Ablegefach *pigeonhole*
Ablegen *filing*
ablehnen *to defeat, object, oppose, refuse, reject, turn down*
Ablehnung *refusal, rejection*
ablösen *to redeem; take over*
Ablöseschicht *relief shift*
Abmachung *agreement*
Abnahme *decline, decrease*
Abnahmebescheinigung *test certificate*
Abnahmekontrolle mittels Stichproben *acceptance sampling*
abnehmen *to accept; decline, decrease, diminish, fall away, fall off, slacken off*
abnehmend *falling*
Abnehmer/-in *taker*
abnutzbares Wirtschaftsgut *wasting asset*
Abonnement *subscription*
Abonnementspreis *subscription rate*
abonnieren *to subscribe*
Abordnung *delegation; secondment*
abpacken *to prepack(age)*
abraten *to advise against*
Abrechnung *(statement of) account; accounting, invoicing; settlement*
Abrechnungstag *settlement day*
Abrechnungstermin *settlement date*
Abrechnungszeitraum *accounting period*
Abreise *departure*
abreisen *to check out, depart*
Abriss *abstract, outline*
abrollen *to scroll*
abrunden *to round down*
abrutschen *to slip, slide*
absacken *to plummet, plunge*
Absage *cancellation, refusal*
absagen *to cancel, call off*
Absatz *article, clause, paragraph, section; sales*
Absatz finden *to sell*
Absatzanalyse *sales analysis*
Absatzbericht *sales report*
Absatzdiagramm *sales chart*
absatzfähig *marketable*
Absatzfähigkeit *saleability*
Absatzgebiet *trading area*
Absatzkosten *cost of sales*
Absatzkurve *sales curve*
Absatzleiter/-in *marketing manager*
Absatzmenge *sales volume* or *volume of sales*
Absatzmix *sales mix*
Absatzmöglichkeiten *sales opportunities*
Absatzplan *sales budget*
Absatzpolitik *marketing policy*
Absatzpotenzial *potential sales, market potential*
Absatzprognose *projected sales, sales forecast*
Absatzrate *rate of sales*
absatzstark *best-selling*
Absatzvolumen *sales volume* or *volume of sales*
Absatzwege *distribution channels* or *channels of distribution*
Absatzzahlen *sales figures*
abschätzen *to appraise, evaluate*
Abschätzung *appraisal, evaluation*
abschicken *to post, send off*
abschieben *to offload*
abschlägig *negative, unfavourable*
Abschlagszahlung *interim payment, payment on account*

abschließen *to conclude, clinch, finalize, finish, firm up; lock (up)*
abschließend *closing*
Abschluss *bargain, deal; completion*
Abschlussprüfer/-in *auditor*
Abschlusstermin *completion date*
abschneiden *to perform*
Abschnitt *paragraph, section; phase, stage; stub*
abschreiben *to amortize, depreciate, write down; write off*
Abschreibung *amortization, depreciation*
Abschreibungssatz *depreciation rate*
abschwächen *to damp down*
Abschwächung *decline*
Absender/-in *sender, consignor, dispatcher*
absetzbar *saleable; deductible*
absetzbar: von der Steuer ~ *tax-deductible*
absetzbare Ausgaben *tax deductions*
Absetzbarkeit *saleability*
absetzen *to sell; set against*
Absetzung *removal*
absichern *to protect*
Absicherung *hedge*
Absicht *intent*
Absichtserklärung *letter of intent*
absinken *to slide*
absolut *absolute(ly), total(ly)*
absorbieren *to absorb*
abspalten *to hive off*
abstellen *to second*
abstimmen *to ballot, vote; reconcile*
Abstimmung *ballot, vote; reconciliation*
Abstimmung durch Handheben *show of hands*
abstoßen *to dispose of, get rid of, offload, sell off, unload*
abstufen *to grade*
Absturz *crash*
abstürzen *to crash*
Abteilung *department, division, section*
Abteilung Verkauf *sales department*
Abteilungsleiter/-in *department(al) manager (ess), head of department*
Abtippen von Dokumenten *copy typing*
abtreten *to assign, cede*
Abtretende(r) *assignor*
Abtretung *assignation, assignment, cession*
abwärts *downward(s)*
Abwehr *defence*
Abweichen von *departure from*
abweichen von *to be at variance with*
Abweichung *variance, variation*
abweisen *to reject*
Abweisung *rejection*
abwerben *to headhunt*
abwerfen *to mass produce; yield*
abwerten *to devalue*
Abwertung *depreciation, devaluation*
abwesend *absent*
Abwesende(r) *absentee*
Abwesenheit *absence*
Abwesenheit *absence*
Abwicklungsstelle *back office*
abzahlen *to pay off*
Abzahlungskredit *consumer credit*
Abzeichen *badge*
abzeichnen *to initial*
abziehbar *deductible*
Abziehen *deduction*
abziehen *to deduct, subtract, take away, take off*
abzielen auf *to target*
Abzug *deduction*
abzüglich *less, minus*
abzugsfähig *tax-deductible*
abzugsfähige Geschäftsausgaben *allowable expenses*
achten *to respect*
Achtstundentag *eight-hour day*
Achtzig/Zwanzig-Regel *eighty/twenty rule*
Acker *field*
adäquat *adequate*
addieren *to add up*
Addiermaschine *adding machine*
Addierung *adding*
administrativ *administrative*
Adressat/-in *addressee*
Adressbuch *address book*
Adresse *address*
Adressenanhänger *address label*
Adressenaufkleber *address label*
Adressenliste *address list or mailing list*
adressieren *to address*
Adressiermaschine *addressing machine*
Aerogramm *aerogram, air letter*
Affidavit *affidavit*
affirmativ *affirmative*
Agent/-in *agent*
Agentur *agency*
aggressive Verkaufsmethoden *high-pressure sales techniques*
agieren *to act*
Agio *agio, exchange premium*
Agrarerzeugnisse *agricultural produce*
Agrarökonom/-in *or Agrarwissenschaftler/-in agricultural economist*
Agroindustrie *agribusiness*
Air-Carrier *air carrier*
Airline *airline*
Airport *airport*
Akademiker/-in *graduate*
Akkordarbeit *piecework*
Akkordlohnsatz *piece rate*
Akkordzeit *allowed time*
akkreditiert *accredited*
Akkreditiv *letter of credit (L/C)*
akkumulieren *to accumulate*
Akontozahlung *payment on account*
Akte *file, record*
Aktendeckel *folder*
Aktenkoffer *attaché case*
Aktenkopie *file copy*
Aktenmappe *folder*
Aktenordner *file*
Aktenschrank *filing cabinet*
Aktentasche *briefcase*
Aktenvernichter *shredder*
Aktie *share*
Aktie zum Nennwert *share at par*
Aktien mit Stimmrecht *voting shares*
Aktien splitten *to split shares*
Aktien über/unter dem Nennwert *shares above/below par*
Aktien und Wertpapiere *stocks and shares*
Aktien zeichnen *to subscribe for shares*
Aktien zuteilen *to allot shares*
Aktienbank *joint-stock bank*
Aktienbesitz *stockholding*
Aktienbeteiligung *stockholding*

Aktienbezugsrecht *stock option*
Aktienbezugsrechtschein *share warrant*
Aktienbuch *register of shareholders or share register*
Aktienemission *share issue*
Aktiengesellschaft (AG) *Public Limited Company (Plc); joint-stock company*
Aktienkapital *equity capital or share capital*
Aktienkurse *share prices*
Aktienmillionär/-in *paper millionaire*
Aktienoption *share option*
Aktienpaket *block or line or parcel of shares*
Aktienportefeuille *portfolio of shares*
Aktiensplit *share split*
Aktienübertragung *transfer of shares*
Aktienübertragungsformular *stock transfer form*
Aktienzertifikat *share certificate or stock certificate*
Aktienzuteilung *share allocation or allocation of shares or share allotment*
Aktion *campaign*
Aktionär/-in *shareholder or stockholder*
Aktionsfenster *pop-up menu or pull-down menu*
aktiv *active(ly); keen; vigorous*
aktive Handelsbilanz *favourable balance of trade or trade balance*
aktivieren *to capitalize*
Aktivität *activity*
Aktivitätsdiagramm *activity chart*
aktualisieren *to bring up to date, update*
Aktualisierung *update*
aktuell *current, up to date*
Akzept *acceptance*
akzeptabel *acceptable*
Akzeptbank *accepting house or acceptance house*
akzeptieren *to accept; agree*
Akzeptverweigerung *non-acceptance*
Akzidenzdrucker/-in *jobbing printer*
al pari *at par*
allein stehende Anzeige *solus (advertisement)*
Alleineigentümer/-in *sole owner or sole proprietor*
alleinig *sole*
Alleinvertreter/-in *exclusive or sole distributor, sole agent*
Alleinvertretung *sole agency*
Alleinvertrieb *sole distributor*
Alleinvertriebshändler *exclusive or sole distributor*
Alleinvertriebsrecht *exclusive right*
Alleinvertriebsvertrag *exclusive agreement*
allgemein *across-the-board, common, general*
allgemeine Ausgaben *general or running expenses*
allgemeine Kosten *overhead costs*
allgemeine Versicherung *general insurance*
Allgemeinen: im ~ *generally*
allgemeiner Handel *general trading*
allgemeines Pfandrecht *general lien*
Allgemeines Zoll- und Handelsabkommen *General Agreement on Tariffs and Trade (GATT)*
allmählich einstellen *to phase out*
allmählich zu Ende gehen *to peter out*
allmählich *gradual(ly), slowl(y)*
Alphabet *alphabet*
alphabetische Reihenfolge *alphabetical order*
alteingesessen *old-established*
älter *older, senior*
Alter *old age*
Alternative *alternative*
Altersgrenze *age limit*
Altersrente, Altersruhegeld,
Altersversorgung *old age or retirement pension, superannuation*
Altmaterial *scrap*
altmodisch *old-fashioned, out of date*
Amortisation *amortization*
Amortisationszeit *payback period*
amortisierbar *amortizable*
amortisieren *to amortize*
Amt für Verbraucherschutz *Office of Fair Trading (OFT)*
Amt für Zölle und Verbrauchssteuern *Customs and Excise or Excise Department*
amtlich *official*
amtlich eintragen *to incorporate*
amtlich genehmigen *to license*
amtlich zugelassene(r)
Wirtschaftsprüfer/-in *chartered accountant*
amtliche Eigenschaft *official capacity*
amtliche Eintragung *incorporation*
amtliche Eintragungsbescheinigung *certificate of incorporation*
Amtsarzt/Amtsärztin *medical officer of health*
Amtsgericht *small claims court*
Amtsleitung *outside line*
Amtsniederlegung *resignation*
Amtsverlustabfindung *compensation for loss of office*
Amtsweg *official channel(s)*
Analogrechner *analog computer*
Analyse *analysis*
analysieren *to analyse or analyze*
Analytiker/-in *analyst*
anbei *herewith*
Anbetracht: in ~ *in view of*
Anbieter *supplier*
Anblick *sight*
Anderkonto *nominee account*
ändern *to adjust*
Änderung *alteration, amendment, modification*
anerkannter Vertreter *recognized agent*
anerkennen *to allow; recognize*
Anerkennung *appreciation; recognition*
Anerkennung der Gewerkschaft *union recognition*
Anfang *beginning, start*
anfangen *to begin*
anfänglich *initial*
Anfangsbuchstaben *initials*
Anfangsdatum *starting date*
Anfangsgehalt *starting salary*
Anfangskapital *initial capital*
anfechtbar *defective*
anfordern *to send (off/away) for*
Anforderung *request, requisition*
Anforderungen *requirements*
Anfrage *inquiry*
anfügen *to join*
anführen *to quote; head, lead*
Angabe *statement*
Angebot *bid, offer, tender; range; supply*
Angebot gilt, solange Vorrat reicht *offer subject to availability*
Angebot und Nachfrage *supply and demand*

Angebote werden entgegengenommen *open to offers*
Angebotsabgabe *tendering*
Angebotskurs *asking price*
angebotsorientierte Wirtschaftspolitik *supply side economics*
Angebotspreis *supply price*
angefochtene Übernahme *contested takeover*
angegebener Wert *declared value*
Angeklagte(r) *defendant*
Angelegenheit *affair, matter*
angelernte Arbeitskräfte *semi-skilled workers*
angemeldet *registered*
angemessen *adequate, moderate, reasonable*
angemessener Preis *fair price*
angenommen *notional*
angesammelt *aggregate*
angeschlossen *affiliated*
angeschmutzt *shop-soiled*
angesehen *reputable*
angesichts *in view of*
angestellt *employed*
Angestellte(r) *employee*
Angestelltenausbildung *staff training*
Angestelltengewerkschaft *white-collar union*
angewiesen sein auf *to depend on, rely on*
angleichen *to adjust, equalize*
Angleichung *adjustment, approximation, equalization*
Anhang *appendix*
Anhängeschild, Anhängezettel *(tie-on) label*
anhäufen *to accumulate*
anhäufend *cumulative*
Anhebung *uplift*
anheizen *to fuel*
ankaufen *to purchase*
Ankäufer/-in *acquirer*
Anklage *prosecution*
anklagen *to accuse, prosecute*
Anklagevertreter/-in *prosecution counsel* or *counsel for the prosecution*
Anklagevertretung *prosecution*
ankommen *to arrive, reach*
ankreuzen *to tick*
ankündigen *to announce*
Ankündigung *announcement*
Ankunft *arrival; arrivals*
ankurbeln *to boost, stimulate*
Anl. *enc* or *encl*
Anlage *enclosure; facility, installation, setup; layout*
Anlageberater/-in *investment adviser*
Anlagegüter *capital goods*
Anlagekapital *fixed capital*
Anlagenstreuung *diversification*
Anlagevermögen *capital assets* or *fixed assets*
anlangen *to end up*
anlaufen *to start up, take off; call at*
Anlaufhafen *port of call*
Anlaufkosten *setting up* or *setup* or *launching costs*
Anlauftermin *starting date*
anlegen *to berth*
Anleihe *loan*
Anleihekapital *loan capital*
Anlernberufe *semi-skilled jobs*
anlocken *to attract*
Anmeldegebühr *registration fee*
anmelden: sich ~ *to register*
Anmeldung *registration*
annähernd *approximate(ly)*
Annäherung *approximation*
Annahme *acceptance, receiving; guess, presumption*
Annahmeerklärung *letter of acceptance*
annehmbar *acceptable*
annehmen *to accept, adopt, presume, take on*
Annonce *advertisement*
annoncieren *to advertise*
annullierbar *annullable*
annullieren *to annul, nullify, rescind, set aside*
Annullierung *annulling, annulment, nullification*
anordnen *to order*
Anordnung *layout, order, ruling, setup*
anpassen *to adjust*
Anpassung *adjustment*
anpreisen *to plug*
anrechenbar *chargeable*
Anrecht *title*
anregen *to encourage, stimulate; suggest*
Anregung *encouragement; suggestion*
Anreiz *incentive, inducement, stimulus*
Anreizprämie *incentive bonus* or *payment*
Anruf *(telephone) call*
Anruf zum Nulltarif *freephone*
Anrufbeantworter *answerphone*
anrufen *to make a call, to phone, ring*
Anrufer/-in *caller*
ansässig *resident*
Anschaffung *acquisition, purchase*
Anschlag *notice*
Anschlagbrett *noticeboard*
anschlagen *to knock*
anschließen *to plug in*
Anschluss *extension; connecting point, port; connection*
Anschlussflug *connecting flight*
Anschrift *address*
Ansehen *standing*
Ansicht *opinion, view*
Ansichtskarte *postcard*
Ansporn *inducement*
ansprechen *to appeal*
Anspruch *claim, entitlement, right, title*
Anspruchsberechtigte(r) *rightful claimant*
Anspruchstellung *claiming*
anstehen *to queue*
anstehend *pending*
ansteigen *to escalate, rise*
anstelle *in lieu of*
anstellen *to employ*
anstellen: sich ~ *to queue*
Anstellung *employment; place, position*
Anstellung von Personal *appointment of staff*
Anstieg *rise*
anstoßen *to hit*
Anstoßwirkung *knock-on effect*
anstreben *to seek*
Anstrengung *effort*
Ansturm *run*
Anteil *holding, interest, proportion, share*
anteilig or *anteilmäßig pro rata*
Anteilseigner *interested party*
Antrag *application, motion, petition, proposal, request*
Antragsformular *application form*
Antragsteller/-in *applicant, claimant; mover, proposer*

Antrieb *drive*
Antwort *answer, reply, response*
Antwort: um ~ wird gebeten (u.A.w.g.) *RSVP*
antworten *to reply*
Antwortschein *reply coupon*
anwachsen *to accrue*
Anwalt/Anwältin *lawyer, counsel, solicitor*
Anwaltschaft: die ~ *the legal profession*
Anwaltskosten *legal costs or legal charges or legal expenses*
Anwaltsreferendarzeit *articles*
Anwaltsvorschuss *retainer*
anweisen *to instruct*
Anweisung *instruction*
anwenden *to exercise*
Anwender/-in *user*
Anwendung *exercise, usage*
anwerben *to recruit*
anwesend sein *to attend*
anwesend *present*
Anzahl *number, quantity*
Anzahlung *advance, deposit, down payment*
Anzeige *advertisement*
Anzeigenblatt *free paper or freesheet*
Anzeigenkunde *advertiser*
Anzeigenleiter/-in *advertisement manager*
Anzeigenpreisliste *rate card*
Anzeigenraum *advertising space*
Anziehen *hardening*
anziehen *to attract; improve, rally*
Anziehungskraft *appeal*
aperiodische Posten *non-recurring items*
Apparat *machine, appliance; machinery, apparatus; (tele)phone, extension*
Appendix *appendix*
Äquivalenz *equivalence*
Arbeit *work, employment, job*
Arbeit ausschreiben *to put work out to contract*
Arbeit für einen Hungerlohn *sweated labour*
Arbeit suchen *to look for a job*
arbeiten *to work*
arbeitend *working*
arbeitendes Unternehmen *going concern*
Arbeiter/-in *(blue-collar) worker, labourer*
Arbeitergewerkschaft *blue-collar or labor union*
Arbeiterschaft *labour force or workforce*
Arbeitgeber/-in *employer*
Arbeitgeberanteil *employer's contribution*
Arbeitgeber-Arbeitnehmer-Beziehungen *industrial or labour relations*
Arbeitgeberverband *employers' organization or association*
Arbeitnehmer/-in *employee, worker*
Arbeitnehmerrechtsschutz *employment protection*
Arbeits(platz)bewertung *job evaluation*
Arbeitsablaufdiagramm *flowchart or flow diagram*
Arbeitsabläufe auflisten *to list task processes*
Arbeitsamt *job centre*
Arbeitsaufträge vergeben *to put work out to contract*
Arbeitsausfall *absenteeism*
Arbeitsausschuss *working party*
Arbeitsbedingungen *working conditions*
Arbeitsbelastung *workload*
Arbeitsbeschaffungsprogramm *job creation scheme*
Arbeitsdirektor/-in *worker director*
Arbeitseinkommen *earned income*
Arbeitserlaubnis *work permit*
Arbeitsgerät *implement*
Arbeitsgericht *industrial court or industrial tribunal*
Arbeitsgesetze *labour laws*
Arbeitsgesetzgebung *labour legislation*
Arbeitsgruppe *task force*
arbeitsintensive Industrie *labour-intensive industry*
Arbeitskampf *industrial dispute or labour dispute*
Arbeitskampfmaßnahmen ergreifen *to take industrial action*
Arbeitskosten *labour costs or charges*
Arbeitskräfte *human resources, labour force or workforce*
Arbeitskräftemangel *labour or manpower shortage*
Arbeitsleistung *job performance*
Arbeitslohn *wage*
arbeitslos *out of work, unemployed*
Arbeitslosen: die ~ *the jobless or unemployed*
Arbeitslosengeld *dole, unemployment pay or (US) compensation*
Arbeitslosenhilfe *unemployment benefit*
Arbeitslosenverein *jobclub*
Arbeitslosigkeit *redundancy, unemployment*
Arbeitsmarkt *labour market*
Arbeitsministerium *(GB) Department of Employment (DoE)*
Arbeitsnachweisbogen *time sheet*
Arbeitsniederlegung *walk-out*
Arbeitsplan *schedule*
Arbeitsplatz *place of work or workplace*
Arbeitsplatzabbau *job cuts*
Arbeitsplatzanalyse *job analysis*
Arbeitsplätze streichen *to cut jobs*
Arbeitsplatzsicherheit *security of employment*
Arbeitsplatzteilung *work-sharing*
Arbeitsrecht *labour law*
arbeitssparend *labour-saving*
arbeitssparendes Gerät *energy-saving or labour-saving device*
Arbeitsspeicher *workspace*
Arbeitsstab *task force*
Arbeitsstreitigkeiten *industrial or labour dispute*
Arbeitsstunde *man-hour*
Arbeitsunfall *industrial or occupational accident*
Arbeitsvertrag *contract of employment or employment contract*
Arbeitsvertragsbedingungen *conditions of employment or service*
Arbeitswoche *working week, workweek*
arbeitswütiger Mensch *workaholic*
Arbitrage *arbitrage*
Arbitragehändler/-in *or Arbitrageur arbitrager or arbitrageur*
Arbitragekonsortium *arbitrage syndicate*
Archiv *archives*
Archivkasten *archive box*
Ärger *trouble*
arglistige Täuschung *fraudulent misrepresentation*
arm *poor*
Arrangement *arrangement*
arrangieren *to arrange*

Art *kind, nature; method, mode, way*
Artikel *article, item*
Artikelpaket *pack of items*
Arzneimittel *drug*
Arzt/Ärztin *doctor*
Ärzteschaft: die ~ *the medical profession*
ärztlich *medical*
ärztliche Bescheinigung *doctor's certificate*
ärztliche Untersuchung *medical inspection*
ärztliches Attest *medical certificate*
Assistent/-in *assistant*
Atelier *studio*
Attaché *attaché*
Attest *doctor's certificate*
attraktiv *attractive*
Attrappe *dummy (pack), mock-up*
Aufbau *construction, setup, structure*
aufbauen *to build (up); organize*
Aufbereitung *processing*
Aufbewahrung *safe keeping, storage*
aufbrauchen *to drain*
aufbringen *to raise*
aufdecken *to disclose*
Aufdeckung *disclosure*
Aufenthalt *residence, stay*
Aufenthaltsgenehmigung *residence permit*
auferlegen *to impose*
Auferlegung *imposition*
auffächern *to diversify*
auffordern *to invite*
Aufforderung *demand, invitation*
Auffrischungskurs *refresher course*
auffüllen *to top up*
Aufgabe *abandonment; assignment, job, task; function*
Aufgabe eines Schiffes *abandonment of a ship*
Aufgabe erledigen *to do a job of work*
Aufgabenbereich *remit, terms of reference*
aufgeben *to abandon, scrap; leave, resign; post, mail; give, place; check in, register*
aufgegliederte Rechnung *itemized invoice*
aufgelaufene Dividende/Zinsen *accrued dividend/interest*
Aufgeld *agio, exchange premium*
aufgeschobene Zahlung *deferred payment*
aufgeteilte Courtage *split commission*
aufgliedern *to break down, itemize*
Aufgliederung *breakdown*
aufgreifen *to follow up*
aufhalten *to delay, hold up*
aufhängen *to hang up*
aufhebbar *annullable*
aufheben *to cancel (out), dissolve, lift, remove, rescind, revoke, set aside*
Aufhebung *annulling, annulment, cancellation, dissolution, nullification*
aufhören *to stop*
aufkaufen *to buy or snap up*
Aufkäufer/-in *acquirer*
Aufkleber *gummed label, sticker*
aufladen *to take on freight*
Auflage *batch; condition*
Auflagenhöhe *circulation*
Auflagennummer *batch number*
Auflaufen *accrual*
auflegen *to hang up; lay up*
auflisten *to list*
auflösbar *terminable*
auflösen *to break up, dissolve, liquidate; close*
Auflösung *liquidation, dissolution, winding-up; closing; breaking up*
aufmachen *to open*
aufmerksam machen auf *to point out*
Aufmerksamkeit *attention*
aufnehmen *to absorb, incorporate; enter into; take down; take in; take up*
Aufpreis *surcharge*
aufrechnen *to offset*
aufrechterhalten *to keep up, maintain*
Aufrechterhaltung *maintenance*
aufrollen *to scroll*
aufrufen *to access, call up*
aufrunden *to round up*
aufschieben *to defer, postpone, put off, shelve*
Aufschlag *supplement, surcharge*
aufschlüsseln *to break down*
Aufschlüsselung *breakdown*
aufschreiben *to put down*
Aufschub *deferment, grace, postponement*
Aufschwung *rally, recovery, upturn, boost, boom*
Aufseher/-in *overseer, supervisor*
aufsetzen *to draw up*
Aufsicht *supervision; supervisor*
Aufsichts- und Kontrollbefugnisse *regulatory powers*
Aufsichtsbeamte(r)/-beamtin *supervisor*
Aufsichtsbehörde *inspectorate*
Aufsichtsrat *directorate, supervisory board*
aufspalten *to break up*
Aufsplittung *split*
aufstellen *to draw up, compile; set up, install; put up, nominate*
Aufstellung *compilation; installation; nomination; list, schedule*
aufstocken *to top up*
aufsuchen *to visit*
aufteilen *to break up, divide, separate, share, split*
Aufteilung *sharing, split*
Auftrag *assignment, order*
Auftrag: im ~ von *on behalf of*
Auftraggeber/-in *client, customer, principal*
Auftragnehmer/-in *contractor*
Auftragsabwicklung *order processing*
Auftragsarbeit *contract work*
Auftragsausführung *order fulfilment*
Auftragsbuch *order book*
Auftragsverlust *loss of an order*
Auftrieb *boost*
Aufwands- und Ertragsrechnung *income statement*
aufwärts *upwards*
aufweisen *to show*
Aufwendungen *expenditure*
aufwerfen *to raise*
aufwerten *to revalue*
Aufwertung *appreciation, revaluation*
aufwiegen *to offset*
aufzehren *to drain*
aufzeichnen *to log, record*
Aufzeichnung *record(ing)*
Aufzug *elevator, lift*
augenblicklich *present*
Auktion *auction*
Auktionator/-in *auctioneer*
auktionieren *to auction*
Auktionshammer *auctioneer's hammer*
Auktionsposten *odd lot*
Auktionsraum *saleroom*

Ausarbeitung *drafting*
Ausbau *expansion*
ausbauen *to develop, expand*
Ausbeutung *exploitation*
ausbezahlen *to pay out, disburse*
ausbilden *to train*
Ausbilder/-in *instructor*
Ausbildung *apprenticeship, training*
Ausbildung für Führungsnachwuchskräfte *management training*
Ausbildungsabgabe *training levy*
Ausbildungsgremium *training board*
Ausbildungsleiter/-in *training officer*
Ausbildungsplatz *traineeship*
Ausbildungsprogramm für Hochschulabgänger *graduate training scheme*
Ausbildungsvertrag *indentures or articles of indenture*
Ausbruch *escape*
ausscheiden *to resign*
Ausdruck *hard copy*
ausdrücken *to express*
ausdrücklich *express(ly)*
Auseinandersetzung *argument*
auserlesen *or auserwählt select*
Ausfall *breakdown*
Ausfallbürgschaftserklärung *letter of indemnity*
ausfallen *to break down*
Ausfallzeit *down time*
Ausfertigung *copy*
Ausfertigung: in dreifacher *~ in triplicate*
ausfindig machen *to discover*
Ausfuhr *export(ation)*
ausführen *to deal with, execute, fill, fulfil; export; describe, detail*
Ausfuhrgenehmigung *export licence*
ausführlich *detailed*
Ausfuhrlizenz *export licence*
Ausführung *completion; execution, fulfillment; realization*
Ausführungsanzeige *contract note*
Ausfuhrzoll *export duty*
ausfüllen *to fill in, fill out, fill up*
Ausgabe *issue, output; disbursement, expense; copy, edition*
Ausgabe von Gratisaktien *scrip issue*
Ausgabekurs *issue(d) price*
Ausgaben *expenditure, expenses, outgoings, outlay, spending*
Ausgang *exit*
Ausgänge *out tray; outgoings*
Ausgangspunkt *starting point*
ausgeben *to disburse, lay out, output, pay out, spend; issue*
ausgebildet *qualified, skilled*
ausgebucht *fully booked or booked up*
ausgedehnt *extensive*
ausgefallene Größen *odd sizes*
ausgegebenes Kapital *issued capital*
ausgeglichen *balanced*
ausgenommen *except (for), excluding*
ausgerichtet *oriented or orientated*
ausgezeichnet *excellent*
Ausgleich *equalization*
ausgleichen *to balance, equalize, make up for, offset*
ausgliedern *to hive off, spin off*
aushandeln *to negotiate*
Aushilfsarbeiter/-in *casual labourer*
Aushilfskraft *casual worker, temp*
Aushilfskraft: als ~ arbeiten *to temp*
aushöhlen *to erode*
Ausklarierungsschein *clearance certificate*
auskommen mit *to get on with*
Auskunft *information (bureau or office)*
ausladen *to land, unload*
Auslage *disbursement; display*
Auslagefläche *display panel*
Auslagematerial *display material*
Auslagen *expenses, outlay*
Auslagenstand *display stand*
Ausland: im *~ abroad, overseas*
Ausländer/-in *foreigner*
ausländisch *external, foreign, overseas*
ausländische Erzeugnisse *products of foreign manufacture*
ausländische Waren *foreign goods*
Auslandsabteilung *overseas department*
Auslandsgespräch *overseas or international call*
Auslandshandel *overseas trade*
Auslandsinvestitionen *foreign investments*
Auslandskonto *external account*
Auslandspostanweisung *foreign or international or overseas money order*
Auslandsrechte *foreign rights*
Auslandsschutzbrief *green card*
Auslandszahlungsanweisung *foreign money order*
auslassen *to leave out, omit*
Auslassung *omission*
Auslastungsfaktor *load factor*
auslaufen lassen *to discontinue, phase out*
auslaufen *to finish, come to an end; sail*
Ausleihen *lending*
ausleihen *to lend*
ausloggen *to log off*
auslösen *to trigger*
Auslöser *trigger*
ausmessen *to measure*
Ausnutzung *exploitation*
ausräumen *to empty*
ausrechnen *to compute, work out*
Ausrede *excuse*
ausreichend *sufficient*
ausrichten auf *to aim at, gear to*
ausrüsten *to equip, fit out*
Ausrüstung *equipment*
Aussage *evidence, statement*
aussagen *to state*
ausschalten *to eliminate*
ausscheidend *outgoing*
ausschlaggebende Stimme *casting vote*
ausschließen *to eliminate, exclude*
ausschließlich *exclusive of*
Ausschluss *exclusion*
Ausschluss der Gewährleistung *caveat emptor*
ausschreiben *to write out*
Ausschuss *board, commission, committee*
Ausschussware *reject*
ausschütten *to distribute*
Ausschüttung *distribution*
Außendienstleiter/-in *field sales manager*
Außendienstverkaufspersonal *field sales force*

Außenhandel *external or foreign or overseas trade*
Außenhandelsdefizit *trade deficit or trade gap*
Außenhandelsüberschuss *trade surplus*
Außenministerium *Foreign Office*
Außenstände *accounts receivable, outstanding debts, receivables*
Außenstehender *outsider*
außer *except, excluding*
außer Kontrolle *out of control*
außerbetrieblich *external*
außerbetriebliche Ausbildung *off-the-job training*
außerbetriebliche Revision *external or independent audit*
außerbetriebliche(r) Revisor/-in *external auditor*
außergerichtlich *out of court*
außergerichtlicher Vergleich *out-of-court settlement*
außergewöhnlich *exceptional, extraordinary*
außerhalb der Bürozeit *outside office hours*
außerhalb der Hoheitsgewässer *outside territorial waters*
Außerkraftsetzung *waiver*
Außerkurssetzung *demonetization*
außerordentlich *extraordinary*
außerordentliche Hauptversammlung *Extraordinary General Meeting (EGM)*
außerordentliche Provision *overrider or overriding commission*
äußerst *extremely*
außerstande sein, etwas zu tun *to be unable to do sth*
aussetzen *to suspend*
Aussetzung *suspension*
Aussichten *cance, outlook, prospects*
aussperren *to lock out*
Aussperrung *lockout, shutout*
Ausstand *walk-out*
ausstatten *to equip, fit out, furnish*
Ausstattung *equipment*
ausstehend *outstanding, owing, receivable*
aussteigen *to get out; back out, pull out*
ausstellen *to display, exhibit; draw, issue, make out*
Aussteller/-in *exhibitor; drawer*
Ausstellung *display, exhibition, show*
Ausstellungsraum *exhibition room, showroom*
Ausstellungsstück *exhibit*
Ausstoß *output*
aussuchen *to pick out, select*
Austausch *exchange, trade-off*
austauschbar *exchangeable*
austauschen *to substitute, replace*
ausüben *to take up or exercise*
Ausübung *exercise*
Ausübung eines Optionsrechts *exercise of an option*
Ausverkauf *(bargain) sale*
ausverkaufen *to sell off, clear*
ausverkauft sein *to be out of stock*
Auswahl *choice; range, selection, variety*
auswählen *to choose, pick out, select*
Auswahlgremium *selection board or committee*
Auswahlliste *shortlist*
Auswahlverfahren *selection procedure*
Auswärtiges Amt *Foreign Office*
auswaschen *to erode*
Ausweichen *evasion*
ausweichen *to evade*
Ausweis *badge, pass*
ausweiten *to diversify, expand*
Ausweitung *expansion*
auswerten *to analyse or analyze*
Auswertung *analysis*
Auswirkung *effect, impact, influence*
auszahlen *to pay off, pay out*
Auszahlung *payment, payoff, disbursement*
auszeichnen *to label, mark, sticker*
Auszeichnung *labelling*
Auszubildende(r) *apprentice, trainee*
Auszug *extract*
autark *self-sufficient*
Autarkie *self-sufficiency*
Autofähre *car ferry*
Automat *automatic vending machine, dispenser, slot machine*
Automation *automation*
automatisch *automatic(ally)*
automatische Datenverarbeitung *automatic data processing*
automatisiert *automated*
Automatisierung *automation*
autonome Tarifverhandlungen *free collective bargaining*
autorisieren *to authorize*
autorisiert *accredited, authorized*
autorisiertes (Aktien)kapital *authorized capital*
autorisierter Depositennehmer *licensed deposit-taker (LDT)*
Autoverleih *car-hire*
Autovermietung *car rental or hire (firm)*
Averaging *averaging*
Avis *advice note, consignment note, dispatch note*

Bb

Bagatelldiebstahl *pilferage or pilfering*
Bagatellgericht *small claims court*
bagatellisieren *to minimize*
Bahn *rail, railroad*
bahnbrechende Entwicklung *pioneer development*
bahnen: den Weg ~ *to pioneer*
Bahnhof *station*
Bahnsteig *platform*
Baissemanöver *bear raid*
Baissemarkt *bear market, falling market*
Baissespekulant/-in *or Baissier bear*
baldmöglichst *at your earliest convenience*
Balkendiagramm *bar chart*
Ballast *ballast*
Ballen *bale*
Bandbreite *band*
Bandmaß *measuring tape or tape measure*
Bank *bank*
Bank für internationalen Zahlungsausgleich *Bank for International Settlements (BIS)*
Bankakzept *bank bill*
Bankangestellte(r) *bank clerk*
Bankbuch *bank book*
Bankdarlehen *bank loan or bank advance*
Bankdirektor/-in *bank manager*
Bankeinlagen *bank deposits*
Banker *banker*

bankfähig *bankable*
bankfähiges Papier *bankable paper*
Bankgebühren *bank charges*
Bankgiro *bank giro*
Bankguthaben *bank balance*
Bankier *banker*
Bankkonto *bank(ing) account*
Bankkredit *bank loan* or *bank advance* or *bank credit*
Bankkrise *banking crisis*
Banknote *bank note* or *banknote* or *currency note*
Banköffnungszeiten *banking hours*
Bankreserven *bank reserves*
bankrott *bankrupt*
Bankrott *bankruptcy*
Bankscheck *bank draft* or *(US) cashier's check*
Bankschließfach *safe-deposit box*
Banktratte *bank draft*
Banküberweisung *bank transfer*
Bankvollmacht *bank mandate*
Bankwechsel *bank(er's) bill, bank draft*
Bankwesen *banking*
bar bezahlen *to pay cash*
bar kaufen *to purchase for cash*
Bar *bar*
Barauslagen *out-of-pocket expenses*
Barbestand *balance in hand* or *cash in hand*
bares Geld *ready money*
Bargebot *cash bid*
Bargeld *cash, cash on hand, hard cash, ready cash, ready money*
Bargeldgutschein *cash voucher*
Bargeldlimit *cash limit*
bargeldlose Gesellschaft *cashlesssociety*
Bargeschäft *cash deal*
Barkauf *cash purchase*
Barposten *cash item(s)*
Barren *bullion; ingot*
Barrengold *gold bullion*
Barreserven *cash reserves*
Barscheck *open* or *uncrossed cheque*
Barverkauf *cash sale* or *cash transaction*
Barvorschuss *cash advance*
Barzahlung *cash payment, settlement in cash* or *cash settlement*
Barzahlungsangebot *cash offer*
Barzahlungsbedingungen *cash terms*
Bar(zahlungs)preis *cash price*
Barzahlungsrabatt *cash discount* or *discount for cash*
basieren *to base*
basierend auf *based on*
Basis *base, basis*
Basismitglieder *rank-and-file members*
Basispreis *striking price*
Batch-Verarbeitung *batch processing*
Batterie *battery*
Bau *construction*
Bau: im ~ (befindlich) *under construction*
bauen *to build, construct*
Bauernfänger/-in *confidence trickster*
Bauernfängerei *confidence trick*
Bauernhof *farm*
Baugenehmigung *building permit, planning permission*
Bauindustrie *construction industry*
Bauingenieur/-in *civil engineer*
Baukostensachverständige(r) *quantity surveyor*
Baukostenschätzung *quantity survey*
Bauleiter/-in *site engineer*
Baumaschinenvermietung *plant-hire (firm)*
Bauordnungsamt *planning department*
Bauordnungsbestimmungen *zoning ordinances*
Bauplatz *building site* or *(US) subdivision*
Bausparkasse *building society* or *(US) savings and loan (association) (S&L)*
Bauspekulant *speculative builder*
Baustelle *building site* or *construction site*
Baustoffe *building materials*
Bauteil *component*
Bauträger *property developer*
Bauunternehmen *construction company*
Bauwerk *construction*
Bauwesen *civil engineering*
beabsichtigen *to intend, propose*
Beachtung *attention*
Beamte(r)/Beamtin *officer, official*
Beamtendeutsch *officialese*
beanstanden *to query*
beantragen *to apply for*
beantworten *to answer*
bearbeiten *to process; deal with*
Bearbeitung *processing*
Bearbeitungsgebühr *handling* or *service charge*
Bearbeitungszeit *turnround time*
beaufsichtigen *to superintend, supervise*
beauftragen *to appoint, assign, instruct*
Beauftragte(r) *appointee*
Bedarf *demand, requirement(s), want*
Bedarf an Arbeitskräften *manpower requirements*
Bedarfsliste *wants list*
bedauern *to regret*
bedenken *to consider*
bedeutend *grand, important, major, substantial*
Bedeutung *importance*
bedienen *to operate, work; serve, service*
bedienerfreundlich *user-friendly*
Bedienung *service; service charge*
Bedienungsanleitung *operating instructions*
Bedienungshandbuch *user's guide* or *handbook, operating manual*
bedingt *conditional, qualified*
Bedingung *condition, proviso*
Bedingungen *requirements, terms*
Bedürfnis *want*
bedürftig *poor*
Bedürftigkeitsüberprüfung *means test*
beeinflussen *to influence*
beeinträchtigen *to harm* or *prejudice*
Beeinträchtigung *prejudice*
beenden *to complete, end, finish, terminate*
Beendigung *completion, end, termination*
Befähigung *capacity*
befassen: sich ~ mit *to attend to, deal with, handle*
befestigen *to attach, tie*
befolgen *to comply with, follow*
Befolgung *compliance*
befördern *to carry, freight, ship, transport; promote, upgrade; forward*
Beförderung *carrying, dispatch(ing), transit, transport(ation); promotion*
Beförderungskosten *haulage*
Beförderungsleiter *promotion ladder*
Beförderungsmittel *transportation*

Befrachter *shipper*
befragen *to question*
Befragte(r) *interviewee*
Befragung *interview, survey, poll*
befreien *to release; exempt from tax*
befreit *exempt*
Befreiung *exemption*
Befreiungsklausel *escape clause*
befriedigen *to satisfy*
Befriedigung *satisfaction*
befristet *temporarily, temporary*
befristete Einlage *time deposit*
befristete Stelle *temporary employment*
befristeter Kredit *term loan*
Befugnis *authority, power*
befugt *authorized*
befürworten *to support*
Befürworter/-in *supporter, seconder*
Begabung *aptitude*
begebbares Wertpapier *negotiable instrument or paper*
begeben *to float*
Begebung *issue*
begehen *to commit*
Beginn *beginning, start*
beginnen *to begin*
beglaubigen *to authenticate, certify*
beglaubigte Kopie *certified copy*
Beglaubigung *certificate*
Begleichen *paying*
begleichen *to pay, settle; clear (off), discharge, honour, liquidate, pay off*
Begleichung *discharge, payment, settlement*
begleiten *to accompany*
Begleitschreiben *covering letter or note*
beglichen *paid*
beglückwünschen *to congratulate*
begreifen *to realize*
begrenzen *to limit*
begrenzt *limited*
begrenzter Absatzmarkt *limited or narrow market*
begrenzter Umfang *small scale*
Begrenzung *limitation*
begründet *valid*
Begründung *grounds*
begünstigen *to encourage, favour*
Begünstigte(r) *beneficiary*
begutachten *to survey*
Begutachtung *survey*
behalten *to keep*
Behälter *container*
behaupten *to claim*
beherrschen *to control*
Beherrschung *control*
Behörde *council*
bei *care of, c/o*
beibehalten *to keep up*
beifügen *to attach; enclose*
Beihilfe *allowance, subsidy, grant*
Beilage *enclosure, insert*
beilegen *to enclose, insert*
Beirat *advisory board*
beiseite *aside*
Beispiel *example*
Beispiel: zum ~ *for example*
Beistand *support*
Beistandsabkommen *standby arrangements*
Beistandskredit *standby credit*
beistehen *to support*
beisteuern *to contribute*
Beitrag *contribution*
beitragen *to contribute*
beitragsfreie Rentenversicherung *non-contributory pension scheme*
beitragspflichtige Rentenversicherung *contributory pension scheme*
Beitragszuschlag *additional premium*
beitreten *to join*
beiwohnen *to attend*
bejahend *affirmative, positive*
bekämpfen *to oppose*
bekannt geben *to announce, declare*
Bekanntgabe *announcement*
Beklagte(r) *defendant*
bekommen *to get, obtain*
beladen *to load*
belanglos *petty*
belasten *to debit*
Belastung *burden, drain, strain; charge, debit entry*
Belastungsanzeige *debit note*
belaufen: sich ~ auf *to add up to, amount to, total*
beleben *to revive, stimulate*
belebte Jahreszeit *busy season*
Belebung *upturn*
Beleg *receipt, slip, voucher*
belegen *to occupy*
Belegschaft *labour force or workforce; personnel or staff*
Belegschaftsmitglied *member of staff or staff member*
Belegschaftsvertretung *worker representation*
Belegseite *tear sheet*
Belegung *occupancy*
Belegungsdichte *vacancy rate*
Beleidigung *libel*
beliebig *discretionary*
beliebt *popular*
beliefern *to supply, furnish*
bemannt *manned*
Bemannung *manning*
bemessen *to assess, measure*
Bemessung *assessment*
Bemühung *attempt, effort*
benachrichtigen *to inform*
Benachrichtigung *notification*
Benachteiligung *prejudice*
benötigen *to require, take*
benutzen *to use*
Benutzer/-in *user*
benutzerfreundlich *user-friendly*
Benutzerhandbuch *operating manual*
Benutzerhinweise *directions for use*
Benutzung *use, utilization*
Benutzungsgebühr *toll*
Benzin *fuel, gasoline, petrol*
Benzinpreis *price of petrol*
bequem *convenient*
beraten *to advise, counsel*
beratend *advisory, consulting*
beratende(r) Ingenieur/-in *consulting engineer*
Berater/-in *adviser or advisor, consultant*
Beratung *consultancy*
Beratungsgremium *advisory board*
berechenbar *computable*

berechnen *to bill, charge; compute, evaluate, work out*
Berechnung *calculation, computation, evaluation*
Berechnungsfehler *computational error*
berechtigen *to entitle*
berechtigt sein zu *to qualify for, be eligible for*
Berechtigung *entitlement, eligibility, right*
Bereich *area, sector, sphere; range, bounds*
Bereichszentrale *divisional headquarters*
bereinigen *to debug, rectify*
Bereinigung *rectification*
bereit *ready*
bereitstellen *to appropriate, earmark, provide*
Bereitstellung *appropriation*
Bereitstellungskonto *appropriation account*
Berg *mountain*
Bergbaukonzession *mining concession*
Bergelohn *salvage money*
bergen *to salvage*
Bergung *salvage*
Bergungsgut *salvage*
Bergungsschiff *salvage vessel*
Bergwerk *mine*
Bericht *report*
berichten *to report*
Berichterstattung durch die Medien *media coverage*
berichtigen *to amend, rectify*
Berichtigung *rectification*
berücksichtigen *to allow for, take account of, take into account or consideration*
Beruf *career, occupation, profession*
berufen *to appoint*
beruflich *occupational, professional, vocational*
berufliche Qualifikationen *professional qualifications*
beruflicher Existenzkampf *rat race*
Berufsausbildung *vocational training*
Berufsaussichten *job prospects*
Berufsberatung *vocational guidance*
Berufsbezeichnung *job title*
Berufsklassifikation *job classification*
Berufskrankheit *occupational disease*
Berufsrisiken *occupational hazards*
Berufsschäden *industrial injuries*
Berufsstand *profession*
berufstätig *working*
Berufstätige(r) *worker*
Berufung *appeal; appointment; vocation*
beruhigen *to reassure*
berühmt *famous*
Besatzung *crew*
beschädigen *to (cause) damage*
beschädigt *damaged*
Beschädigung *damage*
Beschaffenheit *nature*
Beschaffung *procurement*
beschäftigen *to employ*
beschäftigt sein mit *to be engaged in*
beschäftigt *busy, employed*
Beschäftigung *employment*
Beschäftigungsmöglichkeiten *employment or job opportunities*
Beschäftigungsprogramm *job creation scheme*
Bescheid *answer; note*
bescheinigen *to certify*
Bescheinigung *certificate*
Beschlagnahme *attachment*
beschlagnahmen *to distrain, impound, seize*
Beschlagnahmung *impounding, seizure*
beschleunigen *to hurry (up), speed up*
beschleunigte Abschreibung *accelerated depreciation*
beschließen *to decide, resolve; fix*
Beschluss *decision, resolution, vote*
beschlussfähig *quorate*
beschlussfähige Anzahl *quorum*
Beschlussfassung *decision making*
beschränken *to check, limit, restrict*
beschränkend *limiting*
beschränkt *limited*
beschränkte Haftung *limited liability*
Beschränkung *limitation, restraint, restriction*
beschreiben *to describe*
Beschreibung *description, specification*
beschriften *to mark, label*
beschuldigen *to accuse, blame*
Beschwerde *complaint, grievance*
Beschwerdebrief *letter of complaint*
Beschwerdeweg *complaints or grievance procedure*
beschweren: sich ~ *to complain*
beschwerlich *onerous*
beseitigen *to dispose of, eliminate*
besetzen *to man*
besetzt *busy, engaged; manned*
Besetztzeichen *engaged tone*
Besetzung *manning*
Besitz *possession(s)*
Besitzanspruch *tenure*
besitzen *to own, possess*
Besitzer/-in *holder, proprietor/proprietress*
Besitztitel *tenure, title*
Besitztümer *possessions*
besondere(r,s) *particular, special*
besondere Havarie *particular average*
besonders *in particular*
besorgen *to get (hold of), take care of, fix up with*
Besorgnis *concern*
besprechen *to discuss*
Besprechung *briefing, conference, meeting, session; discussion*
Besprechungszimmer *conference room*
besser *better*
Besserung *improvement*
Bestallungsurkunde zum Nachlassverwalter *letters of administration*
Bestand *stock(s), store(s), supply, inventory*
beständig *firm, stable*
Beständigkeit *firmness, permanency, stability, steadiness*
Bestandsaufnahme *stocktaking*
Bestandshauptbuch *stock ledger*
Bestandsliste *stocklist*
Bestandteil *component, element*
bestätigen *to acknowledge, certify, confirm, ratify, validate, verify, witness*
bestätigter Scheck *certified cheque*
Bestätigung *acknowledgement, certificate, confirmation, ratification, validation, verification*
Bestätigungsschreiben *confirmation, letter of acknowledgement*
beste(r,s) *best*
bestechen *to bribe*
bestechlich *corrupt*
Bestechung *corruption*

Bestechungsfonds *slush fund*
bestehen aus *to consist of*
Bestellblock *pad of order forms*
bestellen *to order, send off for*
bestellt *on order*
Bestellung *(purchase) order; requisition*
Bestellung: auf ~ anfertigen *to customize*
bestens *at best*
besteuern *to tax*
Besteuerung *taxation*
Besteuerungsdatum *tax point*
bestimmen *to determine; provide for; rule*
Bestimmung *provision; rule, regulation; determination, fixing*
Bestimmungen und Bedingungen verhandeln *to negotiate terms and conditions*
Bestimmungsort *destination*
bestmöglich verkaufen *to sell at best*
bestrafen *to penalize*
bestreiken *to be on strike against, to black*
bestreikt *strikebound*
bestreiten *to defray; dispute*
Bestseller *best-seller*
Besuch *visit*
besuchen *to visit*
Besucher/-in *caller, visitor*
Besucherinformation *visitors' bureau*
Besuchshäufigkeit *call rate*
Beteiligung *holding, participation, shareholding, stake*
Beteiligungsgesellschaft *associate(d) company*
beträchtlich *considerable, considerably, substantial(ly)*
Betrag *amount, sum*
betragen *to amount to*
betrauen *to assign*
betreffen *to affect, apply, concern*
betreffend *regarding*
betreffs *re*
Betrieb *business, establishment, operation, plant; running, operating; service*
betrieblich *operational*
betriebliche Altersversorgung *company or occupational pension (scheme)*
betriebliche Aufwendungen *operating costs or expenses*
betriebliche Ausbildung *industrial training*
betrieblicher Vertrauensmann *shop steward*
Betriebsaltersversorgung *occupational pension scheme*
Betriebsamkeit *activity*
Betriebsanalyse *operations review*
Betriebsanlage *facilities*
Betriebsbudget *operating or operational budget*
Betriebsfeuerwehrmann *fire safety officer*
Betriebsgewinn *operating or trading profit*
Betriebsingenieur/-in *product engineer*
betriebsintern *in-house*
betriebsinterne Revision *internal audit*
Betriebskapital *circulating or working capital*
Betriebskosten *operating or operational or running costs; business or overhead or general or running expenses; costs of running a business*
Betriebsleiter *works manager*
Betriebsplanung *operational planning*
Betriebsrat *works committee or workscouncil*
Betriebsrente *occupational pension*
Betriebsschließung *shutdown*
Betriebsstörung *breakdown*
Betriebssystem *operating system*
Betriebsunfall *industrial accident*
Betriebsverein *staff club*
Betriebsverlust *operating or trading loss*
Betriebsvorschriften *company rules*
Betriebswirtschaft *business or management science*
betriebswirtschaftliche Forschung *operational research*
Betriebszeitung *house magazine, house organ*
Betrug *deceit or deception, fraud, scam*
Betrug: durch *~ fraudulently*
betrügen *to cheat*
Betrüger/-in *racketeer*
Betrügerei *deceit or deception*
betrügerisch *fraudulent*
betrügerisch: auf ~e Weise *fraudulently*
Betrugsdezernat *fraud squad*
beunruhigt *unsettled, worried*
beurkunden *to authenticate*
Beurlaubung *leave of absence*
beurteilen *to judge*
Beurteilung *valuation*
Beutel *bag*
Bevölkerung *population*
bevollmächtigen *to authorize, delegate, empower*
bevollmächtigt *accredited, authorized*
Bevollmächtigte(r) *assignee, attorney, delegate*
Bevollmächtigung *authorization*
bevorrechtigter Konkursgläubiger *preferential or preferred creditor*
bevorzugen *to favour, prefer*
bevorzugt *favourite, preferential*
bevorzugte Behandlung *preferential treatment*
Beweggrund *motive*
Beweggründe *rationale*
beweglich *mobile, mov(e)able*
bewegliches Eigentum *goods and chattels*
bewegliches Vermögen *personal effects or personal property*
Beweglichkeit *mobility*
Bewegung *motion, movement*
Beweis *proof*
bewerben: sich *~ to apply*
Bewerber/-in *applicant, candidate, interviewee; bidder*
Bewerbungsbrief *letter of application*
Bewerbungsformular *application form*
Bewerbungsschreiben *letter of application*
bewerten *to appraise, measure*
Bewertung *appraisal, valuation*
Bewertung des Lagerbestandes *stock valuation*
Bewertungspreis *valuation*
bewilligen *to allow, appropriate, authorize, grant*
Bewilligung *appropriation, permission*
bewirten *to entertain*
Bewirtung *entertainment*
Bewirtungsentschädigung *entertainment allowance*
Bewirtungskosten *entertainment expenses*
Bewohnen *occupancy*
bewohnen *to occupy*
Bewohner/-in *occupant, occupier, resident*
bezahlen *to pay*
bezahlt *paid*
Bezahlung *payment, remuneration, settlement*

Bezahlung in Naturalien *payment in kind*
bezeugen *to witness*
Beziehen eines Gebäudes *occupation of a building*
beziehen *to obtain; move into or occupy*
Beziehung *connection*
Beziehungen *connections, relations*
beziehungsweise *respectively*
Bezirk *area, territory*
Bezirksleiter/-in *area manager*
Bezogene(r) *drawee*
Bezug nehmend auf *further to*
Bezug: in ~ auf *in relation to, with regard to, with respect to*
Bezüge *emoluments*
bezüglich *re, regarding, relating to*
Bezugspreis *subscription rate*
Bezugsrecht *pre-emptive right*
Bezugsrechtsemission *rights issue*
bezuschusste Wohnung *subsidized accommodation*
bezweifeln *to query, question*
Bieten *bidding*
Bieter/-in *bidder, tenderer*
Bilanz *balance sheet*
Bilanzkosmetik *creative accounting*
Bilanzschönung *window dressing*
bilateral *bilateral*
bilden *to establish*
Bildschirm *monitor, screen*
Bildschirmgerät *visual display unit (VDU) or terminal (VDT)*
billig *cheap(ly)*
Billigaktie *penny stock*
billige Arbeitskräfte *cheap or sweated labour*
billigen *to approve of*
billiges Geld *cheap or easy money*
Billigflagge *flag of convenience*
Billigladen *discount house or store*
Billion *trillion*
binden *to bind, tie*
bindend *binding, obligatory*
Binnenhafen *inland port*
Binnenhandel *domestic or home or internal trade*
Binnenmarkt *home or domestic market*
bis jetzt *to date*
Bit *bit*
bitte nachsenden *please forward or to be forwarded*
bitte warten *hold the line please*
Bitte *request*
bitten um *to ask for, request, seek*
Blankokredit *open credit*
Blankoscheck *blank cheque*
Blatt Papier *sheet of paper*
blättern *to scroll*
bleiben *to stay*
Bleistift *pencil*
Bleistiftspitzer *pencil sharpener*
Blindband *dummy*
Blindtesten *blind testing*
Blisterpackung *blister or bubble pack*
Block *pad*
Blockabstimmung *block vote*
blockieren *to block*
blockierte Währung *blocked currency*
Blockschrift *block capitals or block letters*
blühen *to flourish, thrive*
blühend *booming, flourishing, prosperous*
Blumengutschein *flower token*
Blüte *flowering, boom; dud*
Blütezeit *bonanza*
Boden *floor, ground*
Bodenfläche *floor space*
Bodenhostess *ground hostess*
Bodenrente *ground rent*
Bodenschätze *mineral resources*
Bodentransport *ground or surface transport (ation)*
Bodmerei *bottomry*
Bohrinsel *oil platform or oil rig*
Bon *chit, voucher*
Bona-Fide-Angebot *bona fide offer*
Bonität *credit rating, creditworthiness, standing*
Bonitätsbestätigung *letter of comfort or comfort letter*
Bonitätsbeurteilung *credit rating*
Bonus *bonus*
Boom *boom*
boomen *to boom*
Boot *boat*
Bord *board*
Bord: an ~ *on board*
Bord: an ~ gehen *to board*
Bord: von ~ gehen *to disembark*
Bordkarte *boarding card or pass, embarkation card*
borgen *to borrow*
Börse *stock market, Stock Exchange*
Börsenbeobachter/-in *market economist*
börsenfähig *listed*
Börsengeschäft *transaction on the Stock Exchange*
Börsenindex *index number*
Börsenkapitalisierung *market capitalization, stock market valuation*
Börsenklima *market sentiment*
Börsenmakler/-in *(stock)broker*
Börsenmanipulant *stock market manipulator*
Börsenmanipulation *stock market manipulation*
börsennotierte Wertpapiere *listed securities*
börsennotiertes Unternehmen *listed company*
Börsenoptimismus *market optimism*
Börsenparkett *dealing or trading floor, pit*
Börsenratgeber *tip sheet*
Börsenstimmung *market sentiment*
Börsenticker *ticker*
Börsenwert *market capitalization*
Börsenzulassung *Stock Exchange listing*
Boss *boss*
Bote *messenger*
Botenjunge *messenger boy, office boy*
Boutique *boutique*
Boykott *boycott*
boykottieren *to boycott, black*
brachliegendes Geld *idle money*
Brachzeit *idle time*
Brainstorming *brainstorming*
Branche *line of business or line of work*
Branchenadressbuch *commercial directory or trade directory*
Branchenverzeichnis *classified or trade directory*
Brand *fire*
brandgeschädigte Waren *fire-damaged goods*
Brandrisiko *fire hazard or fire risk*
Brandschaden *fire damage*
Brandschädenverkauf *fire sale*

Brandschutz *fire safety*
Brandversicherung *fire insurance*
brauchbar *useful; viable*
brauchen *to need, require, take, use*
braunes Papier *brown paper, manilla*
Breakeven-Punkt *breakeven point*
brechen *to break*
bremsen *to brake, check*
Brett *panel*
Brief *letter*
Briefbogen mit gedrucktem Kopf *letterhead*
Briefchen *sachet*
Brieffach *pigeonhole*
Briefgebühr *letter rate*
Briefing *briefing*
Briefkasten *letter box or mail box*
Briefkastenadresse *accommodation address*
Briefkopf *letter head(ing)*
Briefkurs *asking price*
Briefmarke *postage stamp*
Briefpapier *notepaper, stationery*
Briefpartner/-in *correspondent*
Briefpost *letter post*
Brieftasche *wallet*
Briefumschlag *envelope*
Briefwahl *postal ballot or postal vote*
Briefwechsel *correspondence*
Briefwerbeaktion *mail(ing) shot*
Briefwerbematerial *mailer*
bringen *to bring (in)*
britische Tonne *long ton*
Broker *broker*
Broschüre *brochure, booklet, pamphlet*
Bruchschaden *breakages*
Bruchteil *fraction*
Brückenwaage *weighbridge*
brutto *gross*
Bruttoeinkommen *gross income*
Bruttoeinnahmen *gross receipts*
Bruttoertrag *gross yield*
Bruttogehalt *gross salary*
Bruttogewicht *gross weight*
Bruttogewinn *gross profit*
Bruttogewinnspanne *gross margin*
Bruttoinlandsprodukt (BIP) *gross domestic product (GDP)*
Bruttomarge *gross margin*
Bruttoraumzahl (BRZ) *gross tonnage*
Bruttosozialprodukt (BSP) *gross national product (GNP)*
Bruttotonnage *gross tonnage*
Bruttoumsatz *gross turnover*
Bruttoverdienst *gross earnings*
B-Sortiment *seconds*
Buch *book*
Buch führen über *to log, keep a tally of*
buchen *to book*
Büchergutschein *book token*
Bücherstand *bookstall*
Buchführung *bookkeeping*
Buchführungsarbeit *bookwork*
Buchgewinn *paper profit*
Buchhalter/-in *bookkeeper*
Buchhaltung *accountancy, accounting; accounts department*
Buchhaltungsleiter/-in *accounts manager*
Buchhaltungspersonal *accounts staff*
Buchhändler/-in *bookseller*
Buchhandlung *bookshop, bookstore*
Buchprüfung *audit(ing)*
Buchstabe *letter*
Buchung *booking*
Buchungsbestätigung *confirmation of a booking*
Buchungsverfahren *accounting procedures*
Buchwert *book value*
Budget *budget*
Budgetabweichung *budget variance*
Budgetbedarf *budgetary requirements*
Bummelstreik *go-slow*
Bund *association*
bündeln *to bale*
Bundesstaat *state*
Bundestagswahl *general election*
Bürge *guarantor, surety*
bürgen haften *to guarantee, underwrite*
bürgerlich *civil*
bürgerliches Recht *civil law*
Bürgschaft *guarantee, security, surety*
Büro *office; bureau*
Büroangestellte(r) *clerical or office worker, white-collar worker*
Büroarbeit *clerical work*
Büroaustattung *office equipment*
Bürobedarf *office supplies*
Bürobote *office boy or office messenger*
Bürogebäude *block of offices or office block*
Bürohilfe *office junior*
Büroklammer *paperclip*
Bürokratismus *red tape*
Büromaschinen *business equipment*
Büromöbel *office furniture*
Büropersonal *clerical staff or office staff*
Büroräume *office premises, office space*
Büro-Service *service bureau*
Bürozeit *office hours*
Bus *bus*
Business-Class *business class*
Busstrecke *bus route*
Busunternehmer *bus company*
Butterberg *butter mountain*
Byte *byte*

Cc

Carnet *carnet*
Carrier *carrier*
Cashflow *cash flow*
Cashflow-Bericht *cash flow statement*
Cashflow-Probleme *cash flow problems*
Cashflow-Prognose *cash flow forecast*
Cent *cent*
Chance *chance, opportunity*
Chancengleichheit *equality of opportunity*
Chancengleichheitsprogramm *equal opportunities programme*
Chart *chart*
Charterer *charterer*
Charterflug *charter flight*
Charterflugzeug *charter plane*
Chartern *chartering*
chartern *to charter*
Chartist *chartist*
Checkliste *checklist*
Chef/-in *boss, head*
Chiffre *code*

Chiffrierung *coding*
Chipkarte *smart card*
chronisch *chronic*
chronologische Reihenfolge *chronological order*
Clearingstelle or *Clearingzentrale clearing house*
Club *club*
Code *code*
College *college*
Computer *computer*
Computerauflistung *computer listing*
Computerausdruck *computer printout*
Computerchip *computer chip*
Computerdatei *computer file*
Computerfehler *computer error*
computerisieren *to computerize*
computerisiert *computerized*
Computerlauf *computer run*
computerlesbar *computer-readable*
Computernetzwerk *computer network*
Computerprogramm *computer program*
Computersprache *computer language*
Computerterminal *computer terminal*
Computerzeitschrift *computer magazine*
Computing *computing*
Container *container*
Containerladung *load of a container* or *container-load*
Containerschiff *container ship*
Containerterminal *container terminal*
Container(transport): auf ~ umstellen *to containerize*
Containerzug *freightliner*
Controller *controller, comptroller*
Copyright *copyright*
Copy-Shop *photocopying bureau*
Coupon *coupon*
Couponanzeige *coupon ad*
Couponsteuer *withholding tax*
Courtage *brokerage* or *broker's commission*
Crew *crew*
Critical-Path-Analyse *critical path analysis*
Crore *crore*

Dd

d.h. *i.e.*
Dachgesellschaft *holding* or *proprietary company*
Dachorganisation *umbrella organization*
dämpfen *to damp down*
Dank *thanks*
dank *thanks to*
Dankadresse *vote of thanks*
danken *to thank*
darlegen *to set out*
Darlehen *loan, credit, advance*
Darlehensbetrag *principal*
Darlehensnehmer/-in *borrower*
Darstellung *statement*
Datei *file*
Daten *data*
Daten eingeben *to input information, key in data*
Datenbank *data bank, database*
Dateneingabe *input of information*
Datenerfassung *data acquisition* or *acquisition of data, data capture*
Datenrückgewinnung *data retrieval* or *information retrieval*
Datenrückgewinnungssystem *retrieval system*
Datenstation *workstation*
Datentypist/-in *keyboarder*
Datenverarbeitung *data* or *information processing*
datieren *to date*
datiert *dated*
Datum *date*
Datumsstempel *date stamp*
Dauer *term*
Dauerarbeitslosigkeit *long-term* or *chronic unemployment*
Dauerauftrag *banker's order* or *standing order*
Dauergäste *long-stay guests*
dauerhaft *permanent*
Dauerhaftigkeit *permanency*
Dauerkarte *season ticket*
dazu *in addition to*
dazugeben *to add*
Debetanzeige *debit note*
Debitoren *accounts receivable, receivables*
Debitorenbuch *sales ledger*
Deck *deck*
Deckladung *deck cargo*
Deckung *collateral*
Deckungslücke *shortfall*
Deckungszusage *cover note*
Defekt *defect, fault*
defekt *defective, faulty*
Defizit *deficiency, deficit*
defizitär *in deficit, loss-making, adverse*
Defizitfinanzierung *deficit financing*
Deflation *deflation*
deflationär *deflationary*
degradieren *to demote, downgrade*
Degradierung *demotion*
dehnen *to stretch*
Deklaration *declaration*
Delegation *delegation, mission*
delegieren *to delegate*
Delegierte(r) *delegate*
Delegierung *delegation*
Delikt *crime, tort*
Delkrederevertreter/-in *del credere agent*
Denkfabrik *think tank*
deponieren *to deposit*
Deport *backwardation*
Depositorium *depository*
Depot *depot*
Depotschein *deposit slip*
Depression *depression*
deregulieren *to deregulate*
Deregulierung *deregulation*
derzeitig *current, present*
Desaster *disaster*
Design *design*
Designer/-in *designer*
designiert *designate, -elect*
Designstudio *design studio*
Desinflation *disinflation*
desinvestieren *to disinvest*
Desinvestition *disinvestment*
Desktop-Publishing (DTP) *desk-top publishing (DTP)*

Detail *detail*
detailliert aufführen *to detail*
detailliert *detailed, in detail*
deutlich *clear, plain*
Devisen *foreign currency, foreign exchange*
Devisenbeschränkungen *exchange controls*
Devisenbörse *foreign exchange market*
Devisengeschäft *exchange transaction*
Devisenhandel *foreign exchange dealing*
Devisenhändler/-in *foreign exchange dealer, exchanger*
Devisenkontrollen *exchange controls*
Devisenmakler/-in *foreign exchange broker*
Devisenmarkt *foreign exchange market*
Devisenreserven *foreign currency reserves*
Devisenterminkurs *forward (exchange) rate*
Devisentransfer *foreign exchange transfer*
dezentralisieren *to decentralize*
Dezentralisierung *decentralization*
Dezil *decile*
Dezimalisierung *decimalization*
Dezimalstelle *decimal place*
Dezimalsystem *decimal system*
Dezimalsystem: auf das ~ umstellen *to decimalize*
Diagramm *chart, diagram, graph*
Diagramm der Unternehmensstruktur *organization chart*
Diebstahl *theft*
Diebstahlversicherung *insurance against theft*
Diener/-in *servant*
Dienst *service*
Dienst nach Vorschrift tun *to work to rule*
Dienstalter *seniority*
dienstälter *senior*
Dienstleistungsgewerbe *service* or *tertiary industry*
dienstlich *official(ly); on business*
Dienstreise *business trip*
Dienststunden *office hours*
Dienstvertrag *service agreement* or *service contract*
Dienstweg beschreiten *to go through official channels*
Dienstwohnung *company flat*
Dienstzeit *length of service, tenure*
Differenzialtarife *differential tariffs*
Digitalcomputer *digital computer*
Digitaluhr *digital clock*
Diktaphon *dictaphone*
Diktat *dictation*
diktieren *to dictate*
Diktiergerät *dictating machine*
Diktiertempo *dictation speed*
dinglicher Arrest *attachment*
Diplomat/-in *diplomat* or *diplomatist*
diplomatisch *diplomatic*
diplomatische Immunität *diplomatic immunity*
direkt *direct*
direkt liefern *to drop ship*
direkte Aktion *direct action*
direkte Besteuerung *direct taxation*
direkte Steuer *direct tax*
Direktion *directorate, head* or *main office*
Direktlieferung *drop shipment*
Direktor/-in *director; governor*
Direktorenposten *directorship*
Direktorenverzeichnis *register of directors*
Direktverkauf an der Haustür *house-to-house selling*
Direktverkauf *direct selling*
Direktversand *direct mail(ing)*
Direktwerbung *direct mail(ing)*
Direktzugriffsspeicher *random access memory (RAM)*
Discounter *discounter, discount house*
Discountgeschäft *discount house; discount store*
Diskette *diskette*
Diskontbank *discount house*
diskontfähig *discountable*
Diskontgeschäft *discount store*
diskontierbar *discountable*
diskontieren *to discount*
diskontierter Cashflow *discounted cash flow (DCF)*
Diskontsatz *discount rate*
Diskontwert *discounted value*
Diskrepanz *discrepancy*
Diskriminierung *discrimination*
Diskriminerung aufgrund des Geschlechts *sex(ual) discrimination* or *discrimination on grounds of sex*
Diskussion *discussion*
diskutieren *to discuss*
Dispache *average adjustment*
Display *display*
Disponibilität *availability*
disqualifizieren *to disqualify*
Disqualifizierung *disqualification*
Distribution *distribution*
Distributionskanäle *distribution channels* or *channels of distribution*
Disziplinarverfahren *disciplinary procedure*
Diverses *sundry items* or *sundries*
Diversifikation *diversification*
diversifizieren *to diversify*
Diversifizierung *diversification*
Dividende *dividend*
Dividendendeckung *dividend cover*
Dividendenertrag *dividend yield*
Dividendenprognose *dividend forecast*
Dividendenschein *dividend warrant*
Dividendenzahlungsanweisung *dividend warrant*
Dock *dock*
Dockarbeiter or *Docker docker*
Dockgebühr *dock dues*
Dokument *document*
dokumentarisch *documentary*
Dokumentation *documentation*
Dollar *dollar, buck*
Dollarbilanz *dollar balance*
Dollarkrise *dollar crisis*
Dollarlücke *dollar gap*
Dollarmillionär/-in *dollar millionaire*
Dollarraum *dollar area*
Dollarschein *greenback*
Dollarzone *dollar area*
dolmetschen *to interpret*
Dolmetscher/-in *interpreter*
Doppelbesteuerung *double taxation*
Doppelbesteuerungsabkommen *double taxation agreement*
Doppelbuchung or *Doppelreservierung double-booking*
Doppelschichten *double shifts*

doppelt *double*
doppelt belegen *or buchen to double-book*
doppelte Buchführung *double-entry bookkeeping*
Doppelte: das ~ verdienen *to be on double time*
Doppelzimmer *double room*
Dossier *dossier*
Drachme *drachma*
dranbleiben *to hang on*
drängen *to rush*
Draufgeld *earnest*
drehen *to turn*
Drehung *turn*
dreifach *triple*
dreiteilig *three-part*
Dressman *model*
dringend *pressing, urgent*
dringlich *urgently*
Dritte Welt *Third World*
Dritte(r) *third party*
Drittel *third*
drittes Quartal *third quarter*
Drittschuldner/-in *garnishee*
drosseln *to cut (back)*
Druck *pressure, squeeze*
drücken *to beat, depress, force down, squeeze*
Drücker *door-to-door salesman*
Drucker *printer*
Drucksache *printed matter*
dubios *doubtful*
Dumping *dumping*
Duplikat *duplicate*
durchführbar *viable*
Durchführbarkeit *feasibility, viability*
Durchführbarkeitsbericht *feasibility report*
Durchführbarkeitsstudie *feasibility study*
Durchführbarkeitstest *feasibility test*
durchführen *to implement, effect*
Durchführung *implementation, realization*
durchgehend *non-stop*
durchkommen *to get through*
Durchlauf *run*
Durchlaufkonto *suspense account*
durchmachen *to experience*
Durchreisevisum *transit visa*
Durchsatz *throughput*
Durchschlag *(carbon) copy*
Durchschnitt *average, mean*
Durchschnitt: im ~ *on average*
durchschnittlich *average*
Durchschnittseinkommen *average income*
Durchschnittswert *weighted average*
durchsetzen *to enforce*
Durchsetzung *enforcement*
durchsickern lassen *to leak*
durchstreichen *to cross out*
durchwählen *to dial direct*
dürftig *poor(ly)*
Dutzend *dozen*
Dutzend: im ~ *by the dozen*
dynamisch *dynamic, go-ahead, vigorous*

Ee

Ebene *level, echelon*
echt *genuine, real*
Echtheit *genuineness*
Echtzeit *real time*
Echtzeitsystem *real-time system*
EC-Karte *debit card, Eurocard*
Ecke *corner*
Eckladen *corner shop*
Eckwert *benchmark*
Eckzins *bank base rate*
Economy-Klasse *economy class*
Edelstein *jewel*
EDV *EDP*
EDV-Abteilung *computer department*
EDV-gesteuert *computerized*
EDV-Service *computer services*
EDV-Service-Büro *computer bureau*
Effekt *effect*
Effekten *securities, stocks and shares*
Effektenbörse *Stock Exchange*
Effektenhandel *dealing, stockbroking*
Effektenmanagement *portfolio management*
effektiv *actual, effective, in real terms*
effektive Nachfrage *effective demand*
effektiver Jahreszinssatz *Annual Percentage Rate (APR)*
Effektivertrag *or Effektivrendite effective yield*
effizient *efficient(ly)*
Effizienz *efficiency*
ehemalig *former*
ehrenamtlich *honorary*
ehrenamtliche(r) Schriftführer/-in *or Sekretär/-in honorary secretary*
Ehrenmitglied *honorary member*
ehrlich *honest(ly)*
Eichmeister *inspector of weights and measures*
Eid *oath*
eifrig *keen*
eigenfinanziert *self-financed*
Eigenfinanzierung *self-financing*
eigenhändig *personally*
Eigenheimbesitzer/-in *homeowner*
Eigenkapital *equity or shareholders' equity*
Eigenmarkenwaren *own brand or own label goods*
Eigenschaft *capacity or position*
eigenständig *self-contained*
eigentlich *basically, in fact*
Eigentum *ownership*
Eigentümer/-in *owner, proprietor/proprietress*
Eigentumsnachweis *abstract of title*
Eigentumsübertragung *transfer of property*
Eigentumsurkunde *title deeds*
Eigentumswohnung *condominium*
Eigenversorgung *self-sufficiency*
Eignungsprüfung *aptitude test*
Eilauftrag *rush job, rush order*
Eilbestellung *rush order*
Eilbote *courier*
Eilbrief *express letter*
Eile *hurry, rush*
eilig *in a hurry, urgent(ly)*
Eilsendung *express delivery*
Eilsendung: als ~ schicken *to express*
Eilzustellung *express or special delivery*
Einbahnstraße *one-way street*
Einbau *installation*
Einbauten *fittings*
einbehalten *to keep back*
einbehaltene Gewinne *retained profit*
einberufen *to convene*
einbeziehen *to build into, include*

einbringen *to bring in, fetch, return, yield; table*
Einbruch *slump*
Einbuße *job losses, shrinkage*
einbüßen *to lose money*
einchecken *to check baggage in*
Eincheckzeit *check-in time*
eindringen *to penetrate*
einfache Buchführung *single-entry bookkeeping*
einfache Fahrkarte *one-way ticket, single (ticket)*
einfache Zinsen *simple interest*
einfacher Fahrpreis *or Flugpreis one-way or single fare*
Einfluss *influence*
einfordern *to call up*
einfrieren *to freeze*
einfügen *to insert*
Einfuhr *import(ation), importing*
Einfuhrbeschränkungen *import restrictions*
einführen *to import, introduce; launch*
Einfuhrkontingent *import quota*
Einfuhrlizenz *import licence*
Einfuhrsteuer *import levy*
Einfuhrstopp *import ban*
Einführung *introduction; induction*
Einführungsangebot *introductory offer*
Einführungsbrief *letter of introduction*
Einführungskurs *induction course*
Einführungslehrgang *induction training*
Einfuhrverbot *import ban*
Einfuhrzoll *import levy or import duty*
einfuhrzollpflichtig *subject to import tax*
Einfuhrzusatzsteuer *import surcharge*
Eingabe *petition*
Eingang *arrival; entrance, entry*
Eingänge *in tray*
Eingangssteuer *basic tax*
eingebaut *built-in*
eingeben *to feed*
eingefordertes Kapital *called up capital*
eingefroren *frozen*
eingefrorene Vermögenswerte *frozen assets*
eingehen *to arrive; enter into, incur; to fold (up)*
eingehendes Telefongespräch *incoming call*
eingeschränkt *closed*
eingeschränkter Revisionsvermerk *auditors' qualification*
eingeschriebens Päckchen *registered parcel*
eingeschweißt *shrink-wrapped*
Eingeständnis *admission*
eingestehen *to admit*
eingestellt sein auf *to cater for*
eingetragen *registered*
eingetragene Gesellschaft *registered company*
eingetragener Sitz *registered office*
eingezahltes Kapital *paid-up capital*
eingliedern *to incorporate*
Eingreifen *interference, intervention*
eingreifen *to interfere*
Eingriff *intervention*
einhalten *to hold to, keep*
Einhaltung *compliance*
einheimisch *domestic, homegrown*
einheimische Erzeugnisse *home-produced products*
Einheit *unit*
einheitliche Währung *single currency*
Einheitssteuersatz *standard rate*
Einheitstarif *flat rate*
Einheitswert *rateable value*
Einigung *accommodation*
Einkauf *buying, purchasing*
Einkäufe *shopping*
Einkaufen *shopping*
einkaufen *to buy, purchase, shop*
Einkäufer/-in *buyer, purchaser, purchasing officer*
Einkaufsabteilung *buying or purchasing department*
Einkaufsbuch *bought ledger or purchase ledger*
Einkaufsbuchhalter/-in *bought ledger clerk*
Einkaufskorb *shopping basket*
Einkaufsleiter/-in *head buyer, purchasing manager*
Einkaufsmarkt *superstore*
Einkaufspassage *shopping arcade, shopping mall*
Einkaufstasche *shopping bag*
Einkaufswagen *shopping cart, supermarket trolley*
Einkaufszentrum *shopping centre, shopping mall*
Einklang: in ~ bringen *to reconcile*
Einkommen *income, earnings, emoluments, revenue*
Einkommen(s)steuer und Lohnsteuer *income tax*
Einkommen(s)steuererklärung *declaration of income, income tax return*
Einkommen(s)steuerformular *income tax form*
einkommensbezogene Rente *earnings-related pension*
Einkommenspolitik *incomes policy*
Einkommensstufe *income bracket*
Einkünfte *earnings, income, revenue*
einladen *to invite*
Einladung *invitation*
Einlage *deposit, stake*
Einlagenzertifikat *certificate of deposit (CD)*
Einlass *admittance*
Einleger/-in *depositor*
einleiten *to initiate, institute*
einloggen *to log on*
einlösbar *(en)cashable, redeemable*
einlösen *to cash in, encash*
Einlösung *encashment*
einmalig *one-off, unique*
einmalige Aufwendungen *exceptional items*
Einmalprämienpolice *single premium policy*
Einmannbetrieb *one-man business or firm or company or operation or band*
einmischen: sich ~ *to interfere, intervene*
Einmischung *interference*
einmütig *unanimous(ly)*
Einnahmen *receipts, revenue, take, takings*
Einordnen *filing*
einpacken *to pack, wrap*
Einrede *defence*
einreichen *to hand in, submit*
Einreisekarte *disembarkation or landing card*
Einreisevisum *entry visa*
Einrichten *fitting out*
einrichten *to arrange, establish, institute, open; furnish*
Einrichtung *equipment*
Einrichtungen *facilities*
einrücken *to indent*

Einschaltquote *ratings*
einschätzen *to appraise, evaluate, rate*
Einschätzung *appraisal, evaluation*
einschicken *to send in*
einschieben *to fit in*
Einschiffung *embarkation*
Einschiffungshafen *port of embarkation*
einschlagen *to wrap (up)*
einschließen *to include*
einschließlich *all-in, inclusive*
einschränken *to limit, restrict*
einschränkend *limiting, restrictive*
Einschränkung *limitation, restraint, restriction, retrenchment*
Einschreibebrief *registered letter*
Einschreiben *recorded delivery; registered mail* or *post*
einseitig *one-sided, unilateral(ly)*
einseitiger Handel *one-way trade*
einsenden *to send in*
einsetzen *to set up; use*
Einsetzung *appointment*
einsparen *to economize, save (on)*
Einsparung *saving*
Einspruch *appeal; objection*
Einspruch einlegen *to appeal; enter a caveat*
Einspruch erheben *to oppose, protest, raise an objection*
Einstandspreis *cost price*
einsteigen *to board, enter*
einstellen *to employ, engage, take on; regulate; discontinue, put a stop on*
einstellige Inflationsrate *single-figure inflation*
einstellige Zahlen *single figures*
Einstellung *hiring*
Einstellungsbedingungen *terms of employment*
Einstellungsschreiben *letter of appointment*
einstimmig *unanimous(ly)*
einstreichen *to rake in*
einstufen *to classify, grade, rank*
Einstufung *classification*
einstweilig *in the interim*
einstweilige Verfügung *interim injunction*
einteilen *to organize*
Eintrag *entry*
eintragen *to enter, fill in, put down, register*
einträglich *money-making, paying, profitable, remunerative*
Eintragung *entering, recording, registration*
Eintragungsbescheinigung *certificate of registration* or *registration certificate*
Eintragungsgebühr *registration fee*
Eintragungsnummer *registration number*
Eintreffen *arrival*
eintreffen *to arrive*
eintreiben *to collect*
Eintreibung *collection*
Eintritt *admission (charge), entrance (charge), entry (charge)*
Eintrittsgeld *admission charge* or *entry charge*
Eintrittskarte *entrance ticket* or *admission ticket*
einverstanden: sich ~ erklären *to agree*
Einweg(ver)packung *disposable* or *non-returnable packing*
Einweisung *induction*
einwickeln *to wrap (up)*
Einwohner/-in *resident*
einzahlen *to deposit, pay in*
Einzahler/-in *depositor*
Einzahlung *deposit*
Einzahlungsbeleg *deposit slip, paying-in slip*
Einzahlungsbuch *paying-in book*
Einzahlungsschalter *receiving office*
Einzelbeleg *tear sheet*
Einzelblatteinzug *sheet feed*
Einzelhandel *retail trade, retail(ing)*
Einzelhandelsgeschäft *retail shop* or *retail outlet*
Einzelhandelspreis *retail price*
Einzelhändler *retail dealer, retailer, tradesman*
Einzelheiten *details, particulars*
Einzelkaufmann *sole trader*
einzeln *individual(ly), separate(ly), severally, single, singly*
einzeln aufführen *to itemize, specify*
Einzelne(r) or *Einzelperson individual*
einziehbar *recoverable*
einziehen *to collect; levy; seize; call in, withdraw, demonetize; indent*
Einziehung *collection, seizure*
einzig *single*
einzigartig *unique*
Einzug *feed, indent*
Eis: auf ~ legen *to put on ice, shelve*
Eisenbahnwaggon *wagon*
Eisenwaren *hardware*
Elan *élan, energy, drive*
elastisch *elastic*
Elastizität *elasticity*
elektrisch *electric(al)*
Elektrizität *electricity*
Elektronik *electronics*
Elektroniker/-in *electronic engineer*
elektronische Datenverarbeitung (EDV) *electronic data processing (EDP)*
elektronische Post *electronic mail*
elektronischer Terminkalender *electronic organizer*
elektronischer Zahlungsverkehr *electronic funds transfer (EFT)*
Element *element*
elementar *basic*
eliminieren *to eliminate*
Embargo *embargo*
Emission *issue*
Emissionsabteilung *new issues department*
Emissionsbank *issuing bank*
Emissionshaus *issuing house*
Emissionskonsortium *underwriting syndicate*
Emissionskurs *issue(d)* or *offer price*
Emissionsprospekt *prospectus*
emittieren *to issue*
Empfang *receipt, reception; reception (desk)*
empfangen *to receive*
Empfänger/-in *receiver, recipient, consignee*
Empfangsbestätigung *receipt*
Empfangsdatum *date of receipt*
empfehlen *to advise, recommend*
Empfehlung *advice, recommendation*
empfindlich *sensitive*
empfohlener Abgabepreis *manufacturer's recommended price (MRP)* or *recommended retail price (RRP)*
emporschnellen *to jump, rocket*
en gros *in bulk*
Endbahnhof *railhead*
Endbenutzer *end user*
Endbetrag *(grand) total*

Ende *end*
enden *to end (up)*
endgültig festlegen *to finalize*
Endlospapier *continuous stationery*
Endlospapiereinzug *continuous feed*
Endprodukt *end or final or finished product*
Endtermin *closing date*
Endverbraucher *end user, ultimate consumer*
Energie *energy*
energiesparend *energy-saving*
engagieren *to engage*
englische Tastatur *qwerty keyboard*
Engpass *bottleneck, shortage*
entbinden *to release*
Entbindung *release*
entdecken *to discover*
Enteignungsbeschluss *compulsory purchase order*
entfernen *to remove*
entflechten (von Konzernen) *to break up, demerge*
entgegengesetzt *reverse*
entgegennehmen *to receive*
entgegensehen *to await*
Entgelt *consideration*
enthalten *to contain, include*
enthüllen *to disclose*
Enthüllung *disclosure*
Entkommen *escape*
entladen *to unload*
entlassen *to dismiss; release; fire, make redundant*
entlassen werden *to get one's cards, get the sack*
entlassene Arbeitskräfte *redundant staff*
Entlassung *dismissal, redundancy, removal, sacking; release*
Entlassungsabfindung *redundancy payment, severance pay*
Entlassungsverfahren *dismissal procedures*
entlasten *to discharge*
entlastete(r) Konkursschuldner/-in *discharged bankrupt*
Entlastung des Konkursschuldners *discharge in bankruptcy*
Entleiher/-in *borrower*
Entnahmeliste *picking list*
entschädigen *to compensate, indemnify, make up*
Entschädigung *damages, indemnification, indemnity*
entscheiden *to decide; adjudicate, rule*
entscheidender Faktor *deciding factor*
Entscheidung *decision, adjudication, ruling*
Entscheidungsbaum *decision tree*
Entscheidungsfindung *decision making*
Entscheidungsfreiheit *discretion*
Entscheidungsprozess *decision-making process*
Entscheidungsträger/-in *decision maker*
entschließen: sich ~ *to decide*
Entschließung *resolution*
Entschluss *decision*
entschuldigen *to excuse*
entschuldigen: sich ~ *to apologize*
Entschuldigung *apology, excuse*
entsprechen *to meet, be equivalent to*
entsprechend *in accordance with, relevant*
Entwerfen *drafting*
entwerfen *to design, draft, outline*
entwerten *to devalue, depreciate; demonetize; withdraw, cancel*
Entwertung *devaluation, depreciation; demonetization; cancellation*
entwickeln *to develop*
Entwicklung *development*
Entwicklungsabteilung *design department*
Entwicklungsland *developing country or nation*
Entwurf *design, draft, plan, rough copy*
Entwurfsstadium *drafting stage*
entziehen *to take away*
erachten für *to judge*
Erbauer/-in *constructor*
Erbe/Erbin *heir*
Erbe *inheritance*
erben *to inherit*
Erblasser *testator*
Erblasserin *testatrix*
Erbmasse *estate*
Erbschaft *inheritance*
Erbschaftssteuer *death duty or tax, estate duty, inheritance tax*
Erdboden *ground*
Erdgeschoss *ground floor*
Erdoberfläche *surface*
Erdöl *crude (oil), petroleum*
Erdöl exportierende Länder *oil-exporting countries*
Erdöl importierende Länder *oil-importing countries*
Erdölfeld *oil field*
Erdölindustrie *petroleum industry*
Erdölquelle *oil well*
erfahren *to experience; experienced*
Erfahrung *experience*
Erfahrungsgewinn *gain in experience*
erfassen *to register*
Erfassung *registration*
erfinden *to invent*
Erfinder/-in *inventor*
Erfindung *invention*
Erfolg *success*
Erfolg haben *to succeed*
erfolglos *unsuccessful(ly)*
erfolgreich *successful(ly)*
erfolgreich sein *to succeed*
Erfolgs- und Leistungsnachweis *track record*
erforderlich *necessary*
erfordern *to entail, require*
Erfordernis *requirement*
erfreut *happy*
erfüllen *to fulfill, implement*
Erfüllung *fulfillment, implementation, discharge*
ergänzen *to amend; supplement*
ergänzend *supplementary*
Ergänzung *addition, amendment, supplement*
ergeben *to add up to, total*
Ergebnis *result*
Ergonom *ergonomist*
Ergonomie or *Ergonomik ergonomics*
Erhalt *receipt*
erhalten *to get, obtain, receive; maintain*
erhältlich *available, obtainable*
Erhaltung *maintenance*
erheben *to impose, levy*
erheblich *considerable, considerably*
erhöhen *to increase or raise*
Erhöhung *hike, increase, rise*

Erholung *rally*
erinnern *to remind*
erinnern: sich ~ *to remember*
Erinnerung *reminder*
Erinnerungsschreiben *follow-up letter, chaser*
erkennen *to recognize*
Erkenntnis *realization*
erklären *to declare; explain, account for*
erklärt *declared*
Erklärung *declaration; explanation; statement*
erkundigen: sich ~ *to inquire*
Erkundigungen einziehen *to inquire*
Erkundungsreise *fact-finding mission*
erlangen *to achieve, gain*
erlauben *to permit*
Erlaubnis *permission, permit*
erlaubt *allowable*
erlaubter Handel *lawful trade*
erleben *to experience*
erledigen *to finish*
Erledigung *handling*
erleiden *to suffer*
Erlöschen *expiration, expiry*
erlöschen *to expire*
ermächtigen *to authorize, empower*
Ermächtigung *authority, authorization, power*
ermäßigen *to reduce*
ermäßigt *reduced, cut-price*
ermäßigter Fahrpreis *concessionary fare*
ermäßigter Tarif *reduced rate*
Ermäßigung *reduction*
Ermessen *discretion*
Ermessensspielraum *discretionary powers*
Ermessungsbefugnis *discretionary powers*
ermitteln *to investigate*
Ermittler/-in *investigator*
Ermittlung *investigation*
ermutigen *to encourage*
Ermutigung *encouragement*
Ernannte(r) *appointee*
ernennen *to appoint*
Ernennung *appointment*
Ernennungsschreiben *letter of appointment*
erneuern *to renew*
Erneuerung *renewal*
erneut bewerben *to reapply*
erneut prüfen *to re-examine*
erneut sinken *to fall back*
erneute Bewerbung *reapplication*
erneute Prüfung *re-examination*
ernst(haft) *serious*
ernsthafter Käufer *genuine purchaser*
erobern *to capture*
eröffnen *to open, set up*
Eröffnung *opening*
Eröffnungsbestand *opening stock*
Eröffnungsbilanz *opening balance*
Eröffnungsbuchung *opening entry*
Eröffnungsgebot *opening bid*
Eröffnungskurs *opening price*
Eröffnungsnotierung *opening price*
Eröffnungssitzung *opening session*
erörtern *to discuss*
Erörterung *discussion*
erpicht *eager*
Erprobung *testing, trial*
errechenbar *computable*
errechnen *to compute, work out*
Errechnung *computation*
erreichen *to reach, achieve,arrive at*
Ersatz *replacement, substitute*
Ersatzteil *spare part*
erschließen *to develop, open up*
ersetzen *to replace, substitute*
Ersparnisse *savings*
erstatten *to refund, reimburse, repay*
Erstattung *rebate, refund, reimbursement*
erstattungsfähig *recoverable*
erstehen *to purchase*
erstes Halbjahr *first half* or *first half-year*
erstes Quartal *first quarter*
Ersthypothek *first mortgage*
erstklassig *excellent, first-class, high-grade, premium, prime*
Erstverkäufe *initial sales*
Ersuchen *application*
ersuchen *to petition, request*
erteilen *to place*
Ertrag *profit, return, yield*
ertraglos *dead*
ertragreich *profitable, profitably*
Ertragsfähigkeit *earning capacity* or *potential*
Ertragskonten *revenue accounts*
Ertragskraft *earning power, profitability*
Ertragszentrum *profit centre*
Erwägung *consideration*
erwähnen *to mention, refer to*
erwarten *to expect*
erwarteter Umsatz *projected sales*
erwartungsgemäß *duly*
erweitern *to expand*
Erweiterung *expansion*
Erwerb *acquisition*
erwerben *to acquire, gain, purchase; earn*
Erwerber/-in *acquirer, purchaser*
Erwerbseinkommen *earned income*
Erwerbsfähigkeit *fitness for work*
erwerbslos *unemployed, jobless, out of work*
Erwerbslosen: die ~ *the unwaged*
erwerbstätig *gainfully employed, wage-earning*
Erwerbstätigkeit *gainful employment*
erwidern *to reply*
Erwiderung *reply*
erwirken *to obtain*
erzeugen *to produce*
Erzeuger *producer*
Erzeugnis *product*
erzielen *to fetch, make, realize; reach*
erzwingen *to enforce*
Erzwingung *enforcement*
erzwungene Kündigung *constructive dismissal*
Escudo *escudo*
eskalieren *to escalate*
Essen *food*
Essen(s)marke *luncheon voucher*
etablieren *to establish*
Etage *floor*
Etappe *stage*
etappenweise *in stages*
Etat *budget*
Etatüberschuss *budget surplus*
Etikett *label, sticker*
etikettieren *to label*
Etikettierung *labelling*
Etikettierungsabteilung *labelling department*
etwa *approximately*
Euro *euro*
Eurocheque-Karte *debit card*

Eurodollar *Eurodollar*
Euromarkt *Euromarket*
Europa *Europe*
europäisch *European*
Europäische Freihandelsgemeinschaft *European Free Trade Association (EFTA)*
Europäische Union (EU) *European Union (EU)*
Europäische Währungsunion (EWU) *European Monetary Union (EMU)*
Europäischer Fonds für Regionale Entwicklung *European Regional Development Fund (ERDF)*
Europäisches Währungssystem (EWS) *European Monetary System (EMS)*
Europäisches Wirtschaftsgebiet *European Economic Area (EEA)*
Europakommission *European Commission*
Euroscheck *Eurocheque*
Eurowährung *Eurocurrency*
Eventualität *contingency*
Eventualverbindlichkeit *contingent liability*
EWG *EEC*
EWS *EMS*
EWU *EMU*
exakt *accurate(ly), exact(ly)*
Examen *examination*
exekutiv *executive*
Exekutivgewalt *executive power(s)*
Exemplar *copy*
Existenzminimum *subsistence level*
existieren *to exist*
exklusiv *exclusive, select, up-market*
exklusive *exclusive of*
exklusive Steuer *exclusive of tax*
Exklusivrecht *exclusivity*
Exklusivvertrag *exclusive agreement*
expandieren *to expand*
Expansion *expansion*
Expansionsprogramm *expansion programme*
Expedient/-in *dispatcher; shipping clerk*
Expedierung *forwarding*
Experte/Expertin *expert*
Expertengruppe *panel of experts*
Expertise *expert's report*
Export *export, exportation*
Exportabteilung *export department*
Exporterstattung *export restitution*
Exporteur *exporter*
Exportfirma *export house, exporter*
Exportgenehmigung *export permit*
Exporthandel *export trade*
exportieren *to export*
Exportleiter/-in *export manager*
exportorientiertes Unternehmen *export-oriented company*
Exportziele *export targets*
extern *external, out-house, outside*

Ff

Fabrik *factory*
Fabrikanlage *(factory) unit*
Fabrikant *manufacturer*
Fabrikarbeiter/-in *factory hand or factory worker, blue-collar worker*
Fabrikat *brand, make; product*
Fabrikationsnummer *serial number*
Fabrikgebäude *factory unit*
Fabrikhalle *factory floor*
Fabrikpreis *factory price or price ex factory*
Fabrikwaren *manufactured goods*
Fach- *expert, skilled, specialist*
-fach *-fold*
Facharbeiter/-in *skilled worker, specialist, technician*
Fachblatt *trade journal or magazine or paper or publication*
Fachgebiet *speciality or specialty*
fachgerecht *professional*
fachlich *professional*
fachliche Qualifikation *professional qualification*
Fachmann/Fachfrau *expert, specialist*
fachmännisch *professional*
Fachmesse *trade fair*
Fachpresse *trade press*
Fachwissen *expertise*
Fachzeitschrift *specialist magazine, trade journal or magazine or paper or publication*
Factoring *factoring*
Factoring-Gebühren *factoring charges*
fähig *capable, competent, proficient; eligible, qualified*
Fähigkeit *ability, capability, efficiency; power; eligibility, qualification*
Fahne *flag*
Fähre *ferry*
Fahrkarte *ticket*
Fahrkartenschalter *ticket office, booking office, ticket counter*
Fahrplan *timetable*
Fahrpreis *fare*
Fahrstuhl *elevator, lift*
Fahrt(en)schreiber *tachograph*
Fahrzeug *vehicle*
faire Abmachung *fair deal*
fairer Marktwert *fair market value*
Faksimile *facsimile (copy)*
Fakt *fact*
Faktor *factor*
Faktor des allgemeinen Wohlbefindens *feelgood factor*
Fakturieren *invoicing, billing*
Fakturist/-in *invoice clerk*
Fall *case, instance; decrease, drop, fall*
fallen *to fall (off), decrease, dip, drop, slip*
fallend *falling*
fällig *due, payable*
Fälligkeitsklausel *acceleration clause*
Fälligkeitsrendite *yield to maturity*
Fälligkeitstabelle *ageing schedule*
Fälligkeitstermin *date of maturity or maturity date*
falsch *false, dud, incorrect, untrue, wrong*
falsch berechnen *to miscalculate*
falsch beschriftet *incorrectly labelled*
falsch darstellen *to misrepresent*
falsche Darstellung *misrepresentation*
fälschen *to counterfeit, fake, falsify, forge*
fälschlicherweise *wrongly*
Fälschung *falsification, dud, fake*
Falsifikat *fake*
falten *to fold*
Familienunternehmen *family company*
Farbband *ribbon*
Farbmuster *colour swatch*
Fass *barrel*

Fassade *front*
Fassung *version, draft*
Fassungsvermögen *capacity*
faul *lazy*
Faustregel *rule of thumb*
Faxgerät *fax (machine)*
Faxpapier *fax paper*
Faxrolle *fax roll*
Fazilität *facility*
Feedback *feedback*
Fehlbetrag *shortfall*
Fehler *defect, error, failing, fault, imperfection, mistake, slip-up*
fehlerfrei *accurate(ly)*
fehlerhaft *defective, faulty, imperfect, incorrect*
fehlerlos *perfect(ly)*
Fehlerquote *error rate*
Fehlerspielraum *margin of error*
Fehlkalkulation *miscalculation*
fehlschlagen *to fall through*
Feierabend machen *to knock off*
feilbieten *to hawk (round)*
feilschen *to haggle*
fein abstimmen *to fine tune*
Feinabstimmung *fine-tuning*
feine Linien *feint*
Feingehaltsstempel *assay mark, hallmark*
Feinsteuerung *fine-tuning*
Feld *field*
Feldforschung *field work*
Fenster *window*
Fensterumschlag *aperture* or *window envelope*
Fernfahrer/-in *trucker*
Fernflug *long-distance* or *long-haul flight*
Ferngespräch *long-distance* or *trunk call*
Fernschreiben *telex*
Fernschreiber *teleprinter, telex*
Fernschreibleitung *telex line*
Fernschreibteilnehmer/-in *telex subscriber*
Fernsehprogramm *television programme*
Fernsehspot *TV spot*
Fernspediteur *road haulier*
Fernsprechauftragsdienst *answering service*
Fernsprechteilnehmer/-in *telephone subscriber*
fertig *ready*
fertigen *to manufacture, produce*
Fertiggerichte *convenience foods*
Fertigkeit *proficiency, skill*
Fertigprodukte *finished goods*
Fertigstellung *completion*
Fertigung *manufacture, manufacturing*
Fertigungsgemeinkosten *indirect labour costs*
Fertigungsindustrie *manufacturing industry*
Fertigungskapazität *manufacturing capacity*
Fertigungsstraße *assembly line* or *production line*
Fertigwaren *finished* or *manufactured goods*
fest angestellt *salaried*
fester Satz *fixed rate*
Festertrag *fixed yield*
festes Einkommen *fixed income*
Festgeld *fixed deposit*
festhalten an *to hold to*
festigen *to stabilize*
Festigkeit *firmness, steadiness*
Festigung *stabilization*
Festkosten *overhead* or *general* or *running expenses*
festlegen *to determine, fix, set, stipulate; schedule; freeze, tie up*
festlegen *to fix*
Festlegung *fixing*
festmachen *to tie up*
Festplatte *hard disk*
Festpreis *firm price*
Festpreisvereinbarung *fixed-price agreement*
festsetzen *to assess, determine, evaluate; fix, peg, set*
Festsetzung *assessment, evaluation, fixing*
Festspeicher *read only memory (ROM)*
festverzinsliche Anleihen *loan stock*
festverzinsliche Kapitalanlagen *fixed-interest investments*
Feuer *fire*
Feuer fangen *to catch fire*
Feuer(schutz)tür *fire door*
feuerfest *fireproof*
Feuerleiter *fire escape*
Feuerlöscher *fire extinguisher*
feuern: jdn ~ *to fire someone*
Feuerrisiko *fire hazard* or *fire risk*
Feuerschaden *fire damage*
feuersicher *fireproof*
Feuertreppe *fire escape*
Feuerversicherung *fire insurance, insurance against fire*
Feuerwehrfonds *contingency fund* or *reserve*
fiktiv *notional*
Filiale *branch (office)*
Filialgeschäft *chain store*
Filialleiter/-in *branch manager*
Filzstift *felt pen*
Financier *financier*
Finanzanzeige *tombstone*
Finanzbeamte(r)/-beamtin *revenue officer*
Finanzbehörde *Inland Revenue*
Finanzberater/-in *financial adviser*
Finanzbericht *financial report* or *statement*
Finanzen *finances*
Finanzgesetz *Finance Act*
Finanzhilfe *financial assistance*
finanziell *financial(ly), pecuniary*
finanziell gesund *financially sound*
finanzielle Mittel *financial resources*
finanzielle Unterstützung *financial backing*
finanzieller Vorteil *pecuniary advantage*
finanzielles Risiko *financial risk*
finanzieren *to finance, fund, bankroll*
Finanzierung *financing, funding*
Finanzierungsgesellschaft *finance company* or *corporation*
Finanzinstitut *financial institution*
Finanzintermediär *financial intermediary*
Finanzjahr *financial year*
Finanzkontrolle *budgetary control*
finanzkräftig *financially sound*
Finanzlage *financial position*
Finanzmarkt *finance market*
Finanzminister/-in *finance minister, (GB) Chancellor of the Exchequer, (US) Treasury Secretary*
Finanzmittel *financial resources*
Finanzpapier *financial instrument*
Finanzplan *budget*
finanzpolitische Maßnahmen *fiscal measures*
Finanzprüfung *financial review*
Finanztitel *financial instrument*

Finanzvermittler *financial intermediary*
fingieren *to fake*
fingierte Entlassung *constructive dismissal*
Firma *business, company, concern, establishment, firm*
Firmengründer/-in *company promoter*
Firmengründung *promotion of a company*
Firmenimage *corporate image*
Firmenmantel *shell company*
Firmenname *corporate name*
Firmenschild *fascia*
Firmensiedlung *company town*
Firmensiegel *company's seal*
Firmenwagen *company car*
Firmenzeichen *logo*
Fischereihafen *fishing port*
Fischzucht *fish farm*
Fiskus *(the) Exchequer*
fixen *to sell short*
Fixgeschäft *short selling* or *selling short*
Fixing *fixing*
Fixkosten *fixed expenses, oncosts*
Fläche *area*
Flächenmaß *square measure*
Flagge *flag*
Flaggschiff *flagship*
flau *depressed, dull, inactive, quiet, slack*
Flaute *depression, dullness, lull*
flexibel *flexible*
Flexibilität *flexibility*
fliegen *to fly, pilot*
Fließband *assembly line* or *production line*
Flip-Chart *flip chart*
floaten *to float*
Flohmarkt *flea market*
Flop *flop*
Floppy (Disk) *floppy (disk)*
florieren *to flourish, boom, thrive*
Florin *florin*
flüchtig *casual*
Flug *flight*
Flugabfertigung *check-in*
Flugblatt *publicity handout*
Fluggesellschaft *airline*
Flughafen *airport*
Flughafenbus *airport bus*
Flughafengebühr *airport tax*
Fluginformation *flight information*
Fluglotse *air traffic controller*
Flugpreis *air fare*
Flugsicherheit *airport security*
Flugsteig *gate*
Flugzeug *aircraft, plane*
Fluktuation *fluctuation; turnover*
fluktuieren *to fluctuate*
Fluss *flow*
Flussdiagramm *flow chart* or *flow diagram*
flüssiges Vermögen *liquid assets*
Flut *flood*
Folge *result*
folgen *to follow; succeed*
Folgeprämie *renewal premium*
folgern *to conclude, gather*
Folgewirkung *knock-on effect*
foliieren *to folio*
Folio *folio*
Fonds *fund*
fordern *to ask for, claim, demand*
fördern *to boost, encourage, further, sponsor, stimulate; mine, extract*
Forderung *claim, claiming, demand; amount owing* or *outstanding*
Förderung *boost, sponsorship*
Forderungseinziehung *debt collecting* or *collection*
Förderungsgebiet *development area* or *zone, enterprise zone*
Forfaitierung *forfaiting*
Formalität *formality*
Formbrief *standard letter*
formell *formal(ly)*
förmlich *formal*
Formular *form*
Formulierung *wording, form of words*
forschen *to research*
Forscher/-in *research worker, researcher*
Forschung *research*
Forschung betreiben *to research*
Forschung und Entwicklung (F&E) *research and development (R & D)*
Forschungs- und Entwicklungskosten *research and development costs*
Forschungsabteilung *research department*
Forschungsanstalt *research institute* or *organization*
Forschungsgruppe *research unit*
Forschungsinstitut *research institute* or *organization*
fortfahren *to continue, proceed*
Fortführung *continuation*
Fortschritt *advance, progress*
Fortschrittsbericht anfertigen *to make a progress report*
fortsetzen *to continue, proceed*
Fortsetzung *continuation*
Fortsetzungsseite *continuation sheet*
fortwährend *steadily*
Fotokopie *photocopy*
Fotokopieren *photocopying*
fotokopieren *to photocopy*
Fotokopierpapier *copier paper*
Fracht *cargo, freight*
Fracht aufnehmen *to take on freight*
Fracht gegen Nachnahme *carriage forward* or *freight forward*
Fracht- und Löschungskosten *landed costs*
Fracht verladen *to load cargo*
Fracht zahlt Empfänger *carriage forward* or *freight forward*
Frachtbrief *bill of lading, shipping note, waybill*
Frachter *freighter, cargo ship*
frachtfrei *carriage free, carriage (pre)paid*
Frachtgebühren *freight charges*
Frachtkosten *freight costs, freightage*
Frachtraum *hold*
Frachtschiff *cargo ship*
Frachttarife *freight rates*
Frage *query, question*
Fragebogen *questionnaire*
fragen nach *ask for*
Fragen stellen *to question*
Franc, Franken *franc*
Franchise *franchise*
Franchise-Betrieb *franchising operation*
Franchise-Geber/-in *franchiser*
Franchise-Nehmer/-in *franchisee*
Franc-Konto *franc account*

frankieren *to frank*
Frankiermaschine *franking machine*
frankierte Antwortkarte *reply paid card*
frankierter Rückumschlag *stamped addressed envelope (s.a.e.)*
Frau Vorsitzende *Madam Chairman*
Frauenzeitschrift *women's magazine*
frei *free, freely; for hire, vacant*
frei an Bord (f.o.b.) *free on board (f.o.b.)*
frei Bahn *free on rail (FOR)*
frei Haus *carriage paid, carriage free*
frei konvertierbare Währung *convertible currency*
frei Waggon *free on rail (FOR)*
freiberuflich *freelance, self-employed*
freie Marktwirtschaft *free market economy*
freie Stelle *vacancy*
freie(r) Mitarbeiter/-in *freelance(r)*
freier Markt *open market*
freier Wettbewerb *free competition*
freies Unternehmertum *free enterprise*
Freigabe *release*
freigeben *to decontrol, release*
freigemachte Antwortkarte *prepaid reply card*
freigemachter Rückumschlag *stamped addressed envelope (s.a.e.)*
Freigepäck *(free) baggage allowance*
Freihafen *free port, free zone*
Freihandel *free trade*
Freihandelszone *free trade area*
Freikarte *complimentary ticket*
freimachen *to frank, stamp*
freistellen *to exempt; release*
Freistellung *release*
Freiverkehr *over-the-counter market*
Freiverkehrswerte *unlisted securities*
freiwillig *optional, voluntary, voluntarily*
freiwillige Arbeitsplatzaufgabe *voluntary redundancy*
freiwillige Liquidation *voluntary liquidation*
freiwillige Selbstkontrolle *self-regulation*
Freizeichen *ringing tone*
Freizeichnungsklausel *exclusion clause*
Freizeit *spare time*
Fremdenverkehrsbüro *tourist bureau* or *tourist information office*
Fremdkapital *loan capital*
Fremdwährung *foreign currency*
Friedenspflicht *cooling off period*
Frisieren der Bilanz *window dressing*
frisieren *to fiddle*
Frist *deadline, time limit; term; (period of) notice; extension*
Fristeinlagen *term shares*
früh *early*
früher *former, formerly, prior*
Frühindikator *leading indicator*
frühzeitig *early*
führen *to conduct, direct, head up, keep, manage, stock*
führen zu *to lead (up) to, result in*
führend *leading*
Führerschein *driving licence*
Führerscheinprüfung *driving test*
Fuhrpark *fleet*
Führung *direction, management; conducted tour*
Führungsgruppe *management team*
Führungsmethoden *management techniques*
Führungsnachwuchs *management trainee*
Fuhrunternehmer *haulage contractor*
füllen *to fill*
fundiert *funded*
fundierte Schuld *funded debt*
Fundierung *funding*
Fünfjahresplan *Five-Year Plan*
fungieren *to act*
Funktion *function*
funktionieren *to function*
Funktionskode *function code*
Funktionstaste *function key*
Fürsorge *welfare*
Fusion *merger*
fusionieren *to merge*
Fuß *foot*
Fuß: zu ~ *on foot*
Fußboden *floor*
Fußgängerzone *pedestrian* or *shopping precinct*
Fußpassagier/-in *foot passenger*

Gg

Gabelstapler *fork-lift truck*
Gag *gimmick*
Gallone *gallon*
galoppierende Inflation *galloping* or *runaway inflation*
Gang: in ~ setzen *to initiate*
gängiger Preis/Satz *going price/rate*
ganztägig *full-time*
ganztags *full-time*
Ganztagsbeschäftigung *full-time employment*
Garant *surety; underwriter, warrantor*
Garantie *guarantee, surety, warranty*
Garantienehmer *warrantee*
garantieren *to guarantee, warrant*
garantierter Mindestlohn *guaranteed minimum wage*
garantierter Mindestpreis *intervention price*
Garantieverletzung *breach of warranty*
Garderobe *checkroom*
Gast *guest, patron, resident*
Gastronom/-in *restaurateur*
Gaststätte *restaurant*
Gastwirt/-in *restaurateur*
Gattung *kind*
Gauner/-in *racketeer*
Gebäude *building*
Gebäudeversicherung *house insurance*
Gebiet *area, district, region, sphere, territory, zone*
Gebietsleiter/-in *area manager*
Gebot *bid*
Gebrauch *usage, use*
Gebrauchsanweisung *directions for use*
Gebrauchsartikel *commodity*
gebrauchsfertig *ready-made*
Gebrauchsgüter *consumer durables*
gebraucht *secondhand*
Gebrauchtwarenhändler/-in *secondhand dealer*
Gebühr *charge, fee, rate*
Gebühr bezahlt *postpaid*
Gebühr bezahlt Empfänger *charges forward*
gebührenfrei *free of charge, postage paid, toll free*
Gebührenordnung *scale of charges*

gebunden *fixed*
Geburtenrate *birth rate*
Gedanke *idea*
Gedeck *cover charge*
geeignet *suitable*
Gefahr *danger, hazard, risk*
Gefahr: auf eigene ~ *at owner's risk*
Gefahr laufen *to run a risk*
Gefährdung *risk*
Gefahrenzulage *danger money*
gefährlich *dangerous*
Gefälligkeitswechsel *accommodation bill*
gefälscht *counterfeit, dud*
geforderter Preis *asking price*
gefragt sein *to be in demand*
Gefüge *structure*
gegenbuchen *to contra*
Gegenbuchung *contra entry*
Gegend *region*
Gegenforderung *counter-claim*
Gegengebot *counterbid, counter-offer*
gegeninflationär *anti-inflationary*
Gegenkonto *contra account*
gegenläufige Fusion *reverse takeover*
Gegenleistung *consideration, service in return*
Gegenpartei or *Gegenseite counterparty*
gegenseitig *reciprocal*
gegenseitige Beteiligung *cross holding*
Gegenstände des persönlichen Gebrauchs *personal effects*
Gegenstück *counterpart*
Gegenteil *contrary*
Gegenteil: im ~ *on the contrary*
gegenüberstellen *to set against*
gegenwärtig *current(ly), present(ly)*
gegenwärtiger Wert *present value (PV)*
gegenwärtiger Zustand *status quo*
Gegenwartswert *present value (PV)*
gegenzeichnen *to countersign*
Gehalt *content; pay, salary*
Gehaltsaufbesserung *salary review*
Gehaltserhöhung *pay rise, raise*
Gehaltserhöhungstabelle *incremental scale*
Gehaltskürzung *cut in salary* or *salary cut*
Gehaltsliste *payroll ledger*
Gehaltsscheck *pay cheque* or *(US) paycheck, salary cheque*
Gehaltssteigerungstabelle *incremental scale*
Gehaltsstruktur *salary structure*
Gehaltstabelle *scale of salaries* or *salary scale*
geheim *secret(ly), private(ly)*
geheime Wahl *secret ballot*
Geheimnis *secret*
Gehilfe/Gehilfin *assistant*
gehören *to belong to*
geistiges Eigentum *intellectual property*
Gelände *site*
gelangen zu *to arrive at*
geläufiger Markenname *household name*
gelbe Seiten *yellow pages*
Geld *money*
Geld anzahlen *to pay money down* or *on account*
Geld- und Kreditpolitik *monetary policy*
Geld verdienen *to earn money*
Geldautomat *cash dispenser, automatic* or *automated teller machine (ATM)*
Geldautomatenkarte *cash card*
Geldautomatenstelle *cashpoint*
Gelder *monies*
Geldgeber/-in *backer, financier, sponsor*
Geldgeschenk *gratuity*
Geldkassette *cash box*
Geldkurse *money rates*
Geldmarkt *money market*
Geldmenge *money supply*
geldpolitische Ziele *monetary targets*
Geldschein *bank note* or *currency note*
Geldsendung *remittance*
Geldstrafe *fine*
Geldstück *coin*
Geldüberhang *glut of money*
Geldüberweisung *credit transfer* or *transfer of funds*
Geldumtausch *foreign exchange*
Geldverleiher *moneylender*
Geldwechsel *foreign exchange*
Geldwechsler *changer, change machine*
gelegen sein *to be located* or *situated*
Gelegenheit *opportunity*
Gelegenheitsarbeit *casual work*
Gelegenheitsarbeiter/-in *casual worker*
Gelegenheitskauf *bargain*
gelegentlich *occasional*
gelenkte Wirtschaft *controlled economy*
gelingen *to succeed*
gelten *to rule*
geltend *ruling*
Geltendmachung *enforcement*
Geltung verschaffen *to enforce*
gemäß *according to, as per, in accordance with, under*
gemäßigt *moderate*
Gemeinde *community*
Gemeindeverwaltung *local government*
Gemeineigentum *common* or *collective ownership*
gemeiner Matrose *deck hand*
Gemeinkosten *fixed* or *indirect costs, overheads*
Gemeinkostenbudget *overhead budget*
gemeinnützig *non-profit-making*
gemeinnützige Organisation *non-profit organization*
gemeinsam *collective, joint, mutual*
gemeinsame Agrarpolitik (der EU) *Common Agricultural Policy (CAP)*
gemeinsame Kasse *kitty*
gemeinsame Leitung *joint management*
gemeinsamer Ausschuss *joint committee*
gemeinsamer Untersuchungsausschuss *joint commission of inquiry*
gemeinsames Eigentum *joint ownership*
gemeinsames Konto *joint account*
Gemeinschaft *community*
gemeinschaftlich *joint*
Gemeinschaftseigentum *multiple ownership*
Gemeinschaftskonto *joint account*
Gemeinschaftsunternehmen *joint venture*
gemischt *mixed*
Gemischtwarenhandlung *general store, (US) variety store*
genau *accurate(ly), exact(ly), strict(ly)*
genehmigen *to approve, authorize, license, pass, permit, ratify, sanction*
genehmigtes Grundkapital *authorized capital*
Genehmigung *approval, authorization, licence, permission, permit, ratification, sanction*
Generalabkommen *blanket agreement*

Generaldirektor/-in *chairman, (US) president (of a company)*
Generalpolice *blanket insurance (policy)*
Generalstreik *general strike*
generell *general, across-the-board*
Genossenschaft *co-operative society*
genügend *sufficient*
geöffnet *open*
Gepäck *baggage, luggage*
Gepäckaufbewahrung *baggage room, checkroom, left luggage office*
Gepäckkontrolle *baggage check*
Gepäckschein *baggage ticket*
geplant *planned, projected*
geplante Veralterung *planned obsolescence*
geprüfte(r) Buchhalter/-in *certified accountant*
Gerät *device, implement, machine*
Geräteverleih *equipment hire firm*
Geratewohl: aufs ~ *at random*
gerecht *fair*
Gericht *(law) court*
gerichtlich vorgehen *to take legal action*
gerichtliche Testamentsbestätigung *probate*
gerichtliche Verfahren *judicial processes*
gerichtliche Verfügung *court order, writ*
Gerichtsbeschluss *court order*
Gerichtsentscheidung *adjudication*
Gerichtshof *law court*
Gerichtsurteil *judgement or judgment*
Gerichtsverfahren *court case, legal proceedings*
Gerichtsverhandlung *trial*
gering *low, modest*
geringfügig *fractional, negligible, slight*
geringfügige Ausgaben *petty expenses*
gesamt *aggregate, overall, total*
Gesamtbudget *master budget*
Gesamtgebühr *inclusive charge*
Gesamtmarkt *total market*
Gesamtplan *overall plan*
Gesamtpreis *all-in price*
Gesamtsumme *grand total*
Gesamtvereinbarung *blanket agreement, package deal*
Gesamtvergütung *compensation package*
Gesamtzuladungsgewicht *deadweight capacity or deadweight tonnage*
Gesandtschaft *mission*
geschädigte Partei *injured party*
Geschäft *business, establishment, shop; bargain, deal; affair*
Geschäftemacher/-in *profiteer, wheeler-dealer*
Geschäftemacherei *profiteering*
geschäftlich *commercially, on business*
Geschäftsadresse *business address*
Geschäftsbank *clearing bank, commercial bank*
Geschäftsbedingungen *trading conditions*
Geschäftsbereich *division, segment; line of business or work; operation*
Geschäftsbericht *business report*
Geschäftsbesuch *business call*
Geschäftsbrief *business letter*
Geschäftsbuch *account book*
Geschäftsessen *business lunch*
geschäftsführende(r) Direktor/-in *managing director (MD)*
geschäftsführende(r) Teilhaber/-in *active or working partner*
geschäftsführender Ausschuss *management committee*
Geschäftsführer/-in *general manager; managing director (MD)*
Geschäftsgebäude *commercial property*
Geschäftsgeheimnis *trade secret*
Geschäftsgewinn *trading profit*
Geschäftsinhaber/-in *shopkeeper*
Geschäftsjahr *financial year*
Geschäftskorrespondenz *business correspondence*
Geschäftskosten *business expenses*
Geschäftsleitung *management*
Geschäftsmann/-frau *businessman/-woman*
Geschäftspraktiken *business practices*
Geschäftsräume *business or commercial premises*
Geschäftsreise *business trip*
Geschäftsreisende(r) *business traveller*
Geschäftsstelle *branch, office*
Geschäftsstunden *business hours, office hours*
Geschäftsviertel *business district*
Geschäftswelt *business community*
Geschäftszeichen *reference*
Geschäftszeit *business hours, opening hours*
Geschäftszweig *line of business or line of work*
geschätzt *estimated*
geschehen *to happen*
Geschenk *gift, present*
Geschenkboutique *gift shop*
Geschenkgutschein *gift coupon or token or voucher*
Geschenkpapier *wrapping paper, gift-wrapping (paper)*
geschickt *clever*
geschlossen *closed, shut*
geschlossene Stimmabgabe *block vote*
geschlossener Markt *closed market*
Geschwindigkeit *speed*
Gesellschaft *association, institution, society; company*
Gesellschaft mit beschränkter Haftung (GmbH) *private limited company (plc); limited (liability) company*
Gesellschafter/-in *associate, partner*
gesellschaftlich *social*
Gesellschaftsgründung *incorporation*
Gesellschaftsordnung *social system*
Gesellschaftsraum *lounge*
Gesellschaftsvertrag *articles of association*
Gesetz *act, law, statute*
Gesetz vom abnehmenden Ertragszuwachs *law of diminishing returns*
Gesetz von Angebot und Nachfrage *law of supply and demand*
Gesetzbuch *statute book*
Gesetzentwurf *bill*
Gesetzeslücke *loophole in the law*
Gesetzesvorlage *bill*
Gesetzgebung *legislation*
gesetzlich *legal(ly), lawfully, statutory*
gesetzlich geschützt *proprietary*
gesetzliche Vorschriften *statutory regulations*
gesetzliche Währung *legal currency*
gesetzlicher Feiertag *bank holiday, legal holiday, statutory holiday*
gesetzlicher Kündigungsschutz *security of tenure*
gesetzliches Zahlungsmittel *legal currency, legal tender*
Gesetzmäßigkeit *law; legality*

gesetzwidrig *unlawful*
gesichert *secure*
gesicherte Verbindlichkeiten *secured debts*
gesichertes Darlehen *secured loan*
gesiegelter Vertrag *contract under seal*
gesondert *separate(ly)*
gesperrte Kredite *frozen credits*
gesperrtes Konto *account on stop, frozen account*
Gespräch *conversation, discussion; (telephone) call*
Gespräch mit namentlicher Voranmeldung *person-to-person call*
Gesprächsleiter/-in *interviewer*
gestaffelt *graduated, progressive*
gestaffelte Anzeigensätze *graded advertising rates*
gestaffelte Besteuerung *progressive taxation*
gestaffelte Einkommen(s)steuer *graduated income tax*
gestaffelte Rentenversicherung *graduated pension scheme*
gestaffelte Steuer *graded tax*
gestaffeltes Rentensystem *graduated pension scheme*
Geständnis *admission*
gestatten *to allow, permit*
Gestehungskosten *prime cost*
Gestell *rack*
gesteuert *controlled*
gestoppt *stopped, frozen*
Gesuch *application, petition, request*
gesunder Gewinn *healthy profit*
Gesundheit *health*
Gesundschrumpfung *shakeout*
getrennt *separate(ly)*
gewagt *risky*
Gewähr(leistung) *warranty*
gewähren *to allow, grant*
Gewerbe *business, occupation, trade*
Gewerbeaufsichtsamt *factory inspectorate*
Gewerbeaufsichtsbeamte(r)/-beamtin *factory inspector or inspector of factories*
Gewerbeertrag *trading profit*
Gewerbegebiet *business park, commercial district, industrial or trading estate*
Gewerbekapital *working capital*
gewerblich *commercially*
gewerbliche Räumlichkeiten *commercial premises*
Gewerkschaft *trade(s) union, (US) labor union*
Gewerkschaft(l)er/-in *trade unionist*
gewerkschaftlich organisiert *unionized*
gewerkschaftlich organisierte Arbeiter *organized labour*
gewerkschaftlich organisierter Streik *official strike*
Gewerkschaftsbeiträge *union dues*
Gewerkschaftsfunktionär/-in *union official, business agent*
Gewerkschaftsmitglied *unionist*
Gewerkschaftsunterhändler *union negotiator*
Gewicht *weight*
Gewichtsschwund or *Gewichtsverlust loss in weight*
Gewinn *profit*
Gewinn nach Steuern *after-tax profit* or *profit after tax*
Gewinn pro Aktie *earnings per share*
Gewinn- und Verlustrechnung *profit and loss account (P&L account)*
Gewinn vor Steuern *profit before tax* or *pretax profit*
Gewinnanteil *share of profits; rake-off*
Gewinnaufschlag *mark-up*
Gewinnbeteiligung *profit-sharing*
gewinnbringend *money-making, paying, profitable, profit-making*
gewinnbringendes Kapital *productive capital*
Gewinndruck *profit squeeze*
gewinnen *to win*
Gewinnentwicklung *earnings performance*
Gewinnmitnahme *profit-taking*
Gewinnrendite *earnings per share* or *earnings yield*
Gewinnrücklagen *retained income*
Gewinnschwelle *breakeven point*
Gewinnspanne *profit margin*
Gewinnsteuer *profits tax* or *tax on profits*
Gewinnstreben *profit motive*
Gewinnverteilungsrechnung *appropriation account*
Gewinnvortrag *accumulated profit*
gewiss *certain*
gewogener Index *weighted index*
gewogener Mittelwert *weighted average*
Gewohnheit *practice*
Gewohnheitsrecht *common law*
gewöhnlich *ordinary, usual*
gezielt *selective*
Gilde *guild*
Gipfel *height*
girieren *to endorse*
Girokonto *current* or *checking account*
Giroverkehr *giro system*
Gitterstruktur *grid structure*
Glaskasten *display case*
glauben *to believe*
Glauben *belief, faith, trust*
Glauben: in gutem ~ *bona fide, in good faith*
Gläubiger/-in *creditor, lender, chargee*
Gläubiger ohne Sicherheiten *unsecured creditor*
Gläubigerversammlung *creditors' meeting*
gleich bleibend *constant, stable*
Gleichberechtigung *equality*
gleichen *to equal*
gleicher Lohn *equal pay*
gleichermaßen *equally*
Gleichheit *equality*
gleichkommen *to equal, be equivalent to*
Gleichstellung *parity*
gleichwertig sein *to be equivalent to*
Gleichwertigkeit *equivalence*
Gleis *platform*
gleitend *sliding*
gleitende Arbeitszeit *flexible working hours*
gleitender Durchschnitt *moving average*
Gleitklausel *escalator clause*
Gleitzeit *flexitime*
global *global*
Globalabkommen *omnibus agreement*
Glück: auf gut ~ *on spec*
Glückwünsche *congratulations*
gnädige Frau *Madam*
Gold *gold*
golden *golden*
Goldgrube or *Goldmine goldmine*

Goldminenaktien *gold shares or golds*
Goldpunkt *gold point*
Goldreserven *gold reserves*
Goldstandard *or Goldwährung gold standard*
Gondel *gondola*
Goodwill *goodwill*
Graduierte(r) *graduate*
Grafik *graph*
grafisch dargestellt *in diagrammatic form*
grafische Darstellung *diagram*
Gramm *gram or gramme*
Gratifikation *gratuity*
gratis *free, gratis*
Gratisaktie *bonus share*
Gratisprobe *free sample*
Gratulationen *congratulations*
gratulieren *to congratulate*
grauer Markt *grey market*
Grenzausgleichsabgabe *countervailing duty*
Grenze *limit*
Grenzertrag *marginal revenue*
Grenzkauf *marginal purchase*
Grenzkosten *incremental or marginal cost*
Grenzkostenberechnung *marginal costing*
Grenzkosten(preis)kalkulation *marginal pricing*
Grenzsteuersatz *marginal rate of tax*
Grenzwert *trigger point*
grob entwerfen *to rough out*
grobe Berechnung *rough calculation*
grobe Fahrlässigkeit *criminal negligence*
grobe Schätzung *rough estimate, guesstimate*
Gros *gross*
Großanzeige *display advertisement*
großartiger Plan *grand plan*
Großbuchstaben *capital letters or block capitals or capitals or caps*
große Havarie *general average*
Größe *size*
Größendigression *or Größenvorteile economies of scale*
Größennachteile *diseconomies of scale*
Großhandel *wholesale*
Großhandelspreis *trade price*
Großhandelspreisindex *wholesale price index*
Großhändler/-in *wholesale dealer, wholesaler*
Großindustrie *big business*
Großraumbüro *open-plan office*
Großrechner *mainframe*
Großunternehmertum *big business*
großzügig *generous*
Grund *reason; ground, bottom, basis*
Grundbesitz *real estate, realty*
Grundbesitzer/-in *landowner*
Grundbuch *land register*
Grundbuchamt *land registry*
Grundbucheintragung *land registration*
Grunddienstbarkeit *easement*
Gründe *grounds, rationale*
Grundeigentümer/-in *ground landlord, freeholder*
gründen *to base, claim; establish, institute, set up*
Gründer/-in *founder*
Gründeraktien *founder's shares*
Grundfreibeträge *personal allowances*
Grundgebühr *basic or standing charge*
Grundgehalt *base or basic pay or salary*
Grundkapital *(original) capital*
Grundlage *base, basis*
grundlegend *primary*
Grundlohn *base or basic pay or wage*
Grundnahrungsmittel *essential foodstuffs*
Grundprodukt *basic product*
Grundrabatt *basic discount*
Grundriss *floor plan*
Grundsachverhalt *basics*
Grundsatzerklärung *policy statement or statement of policy*
grundsätzliche Übereinstimmung *agreement in principle*
Grundsteuer *land tax*
Grundstoffe *basic or primary commodities or products*
Grundstoffindustrie *basic or primary industry*
Grundstruktur *infrastructure*
Grundstück *plot, property*
Grundstücks- und Immobilienmaklerbüro *estate agency*
Grundstückspacht *ground lease*
Gründung *formation, forming, start-up*
Gründungskapital *initial capital*
Gründungsurkunde *memorandum (and articles) of association*
Grundzins *ground rent*
Grundzüge *outline*
grüne Währung *green currency*
grünes Pfund *green pound*
Gruppe *group; bracket, category, class*
Gruppenarbeit *teamwork*
Gruppenbuchung *block booking*
Gruppenversicherung *group insurance*
Gulden *guilder*
Gültigkeit *validity*
Gültigkeitsdauer *period of validity*
Gültigkeitserklärung *validation*
Gummi *rubber*
Gummiband *rubber band*
gummiert *gummed*
Gummiring *rubber band*
Gummistempel *rubber stamp*
günstig *convenient; favourable*
günstige Bedingungen *easy terms*
günstige Preise *keen prices*
günstiger Zeitpunkt *window of opportunity*
günstiges Angebot *bargain offer*
gut bezahlt werden *to be well paid*
gut gehend *flourishing*
gut verdienen *to earn good money*
Gutachten *survey*
Gutachter/-in *consultant; surveyor*
Güteklasse *class*
Güterbahnhof *freight depot*
Güter(kraft)verkehr *freight traffic, road haulage, trucking*
Güterkraftverkehrsdepot *road haulage depot*
Güterwagen *truck, railway goods wagon, freight car*
Güterzug *freight train or goods train*
Gütezeichen *quality label*
Guthaben *credit balance*
gutheißen *to approve of*
Gutschein *coupon, voucher*
gutschreiben *to credit*
Gutschrift *credit entry*
Gutschriftanzeige *credit note (C/N)*
Gutsverwalter/-in *land agent*

Hh

Habenbuchung *credit entry*
Habensaldo *credit balance*
Habenseite *credit side*
Habenspalte *credit column*
Hafen *harbour, port*
Hafenanlagen *docks, harbour installations, port facilities*
Hafenbehörde *port authority*
Hafengebühr *dock dues or port dues or harbour dues*
haftbar (sein) für *to be liable for*
haften *to guarantee*
haftend *adhesive*
Haftpflichtversicherung *third party insurance or third party policy*
Haftung *liability*
Haftung des Transportunternehmens *carrier's risk*
Haftung übernehmen *to accept liability*
Haftungsablehnungserklärung *disclaimer*
Haftungsbeschränkung *limitation of liability*
Haken *tick or (US) check*
halb *half, semi-*
halbe-halbe *fifty-fifty*
halber Fahrpreis *half fare*
Halberzeugnisse *semi-finished products*
Halbfabrikat *work in progress (WIP) or work in hand; semi-finished product*
Halbjahr *half-year*
Halbjahresbericht *half-yearly or interim report*
Halbjahresergebnisse *half-year's results*
halbjährlich *bi-annually or half-yearly*
Halbtagsbeschäftigung *half-day job, part-time employment*
Hälfte *half*
Halt *stop*
Haltbarkeit eines Produktes *shelf life of a product*
Haltbarkeitsdatum *sell-by date*
halten *to maintain*
Halter *holder*
Hamsterer *hoarder*
hamstern *to hoard*
Hand: zur ~ *to hand*
Handabstimmung *show of hands*
handbetrieben *hand-operated*
Handbuch *handbook, manual*
Handel *commerce, trade, trading; deal, transaction*
Handel treiben *to trade, merchandize*
Handel treibend *mercantile*
handelbare Optionen *traded options*
handeln *to deal, trade; bargain, haggle; act*
Handelsabkommen *trade agreement*
Handelsattaché *commercial attaché*
Handelsauskünfte *trade references*
Handelsbeschränkungen *trade barriers*
Handelsbilanz *balance of trade or trade balance*
Handelsblatt *trade paper*
Handelsblock *trading bloc*
Handelsbrauch *customs of the trade*
Handelsbüro *trade bureau*
Handelsdebitoren *trade debtors*
Handelsdelegation *trade delegation, trade mission*
Handelsembargo *trade embargo*
Handelsgesellschaft *trading company*
Handelsgewinn *trading profit, turn*
Handelshafen *commercial port*
Handelskammer *Chamber of Commerce*
Handelsmarine *mercantile or merchant marine, merchant navy*
Handelsmarke *trademark*
Handelsmesse *trade fair*
Handelsname *trade name*
Handelsnation *trading nation, mercantile country*
Handelspartner *trading partner*
Handelspraktiken *trade practices*
Handelsrecht *commercial law, mercantile law*
Handelsregister *companies' register or register of companies*
Handelsschiff *merchant ship or merchant vessel or merchantman*
Handelsschranken verhängen *to impose trade barriers*
Handelsschule *commercial college*
Handelsspanne *gross margin*
Handelssperre *trade embargo*
Handelsstruktur *pattern of trade or trading pattern*
handelsüblich *standard*
Handelsverband *trade association*
Handelsverkehr *commerce*
Handelsvertreter/-in *commercial traveller, sales representative*
Handelsvertreterstab *sales force*
Handelsvolumen *volume of trade*
Handelsware *commodity, merchandise*
Handelswechsel *trade bill*
Handelsziffern *trade figures*
Händen: zu ~ (von) *for the attention of (attn or fao)*
handgearbeitet *handmade*
Handgeld *earnest*
handgemacht *handmade*
Handgepäck *hand luggage*
handgeschrieben *handwritten*
handhaben *to handle*
Handhabung *handling*
Händler/-in *dealer, trader, merchant, broker*
Händlerrabatt *trade discount or trade terms*
Handlesdebitoren *trade debtors*
handlich *handy*
Handlung *action*
Handlungsvollmacht *power of attorney*
Handschrift *handwriting*
Handschuhstand *glove counter*
Handwagen *trolley*
Handwerker *repairer or repair man, skilled workman, craftsman*
handwerkliches Können *workmanship*
Handzettel *handbill, flier, flyer*
Hängemappe *suspension file*
harte Konkurrenz *keen competition*
harte Währung *hard currency*
Hartgeld *specie*
Hartgeldwährung *coinage*
Hartpapier *manilla*
Hast *rush*
Haufen *stack*
häufig *common, frequent(ly)*

Hauptaktionär *major shareholder*
Hauptbelastungszeit *peak period*
hauptberuflich *full-time*
Hauptbuch *(nominal) ledger*
Hauptbüro *central office*
Haupterzeugnis *staple commodity*
Hauptgeschäftsstelle *head office or main office, headquarters (HQ)*
Haupthandelsware (eines Landes) *staple commodity or product*
Hauptindustriezweig *staple industry*
Hauptmietvertrag *headlease*
Hauptpachtvertrag *headlease*
Hauptprodukte *primary products*
Hauptpunkte eines Vertrags *heads of agreement*
hauptsächlich *basic, mainly, mostly, primarily*
Hauptsaison *high season*
Hauptsendezeit *prime time*
Hauptstadt *capital city*
Hauptverkehrszeit *peak period, rush hour*
Hauptversammlung *general meeting*
Hauptverwaltung *head office*
Haus *house*
Haus- und Hausratversicherung *house insurance*
Hausbesitzer/-in *householder*
Häusermakler/-in *house agent*
hausgemacht *homemade*
Haushalt *household*
Haushaltsbedarf *budgetary requirements*
Haushaltskonto *budget account*
Haushaltspolitik *budgetary policy*
Haushaltsversicherung *household insurance policy*
Haushaltswaren *household goods*
Haushaltungskosten *household expenses*
hausieren *to hawk, peddle*
Hausierer/-in *door-to-door or house-to-house salesman, hawker, pedlar*
Hausmarke *own brand*
Hausmeister/-in *caretaker, janitor*
Hausse *boom*
Haussemarkt *bull market*
Haussier *bull*
Hausstil *house style*
Haustelefon *house or internal telephone*
Hedge-Geschäft *or Hedging hedging*
Hedging-Fonds *hedge fund*
heften *to pin*
Hefter *binder; stapler*
Heftklammer *staple*
Heftzwecke *drawing pin*
heim *homewards*
Heimarbeit *outwork*
Heimarbeiter/-in *homeworker, outworker*
Heimathafen *port of registry*
Heimatland *homeland, home or native country, domicile*
heimlich *on the quiet*
Heimwerkermagazin *do-it-yourself magazine*
Heimwerkermagazin *do-it-yourself magazine*
heißes Geld *hot money*
Hektar *hectare*
hektisch *hectic*
helfen *to assist, help*
Heliport *heliport*
hemmen *to check*
Hemmnis *bar, check*
herabgesetzt *cut-price, reduced*
herabsetzen *to reduce, mark down; disparage, belittle*
herabsetzender Werbetext *knocking copy*
Herabsetzung *reduction*
herantreten an *to approach*
heraufsetzen *to mark up, put up, raise*
herausbringen *to bring out, launch, release*
herausfinden *to discover*
herausgeben *to issue, publish*
Herausgeber/-in *editor; publisher*
herausgreifen *to pick out*
herausschneiden *to excise*
hereinbekommen *to recover, recoup*
hereinkommen *to enter*
hereinlassen *to admit*
hergestellt *made*
Herkunft *origin*
Herkunftsbescheinigung *certificate of origin*
herrschend *ruling*
herstellen *to make, produce, turn out*
Hersteller(firma) *maker, manufacturer, producer*
Herstellung *making, manufacture, manufacturing*
Herstellungskosten *manufacturing or prime cost*
Herstellungsprozess *industrial process*
herunterladen *to download*
heruntersetzen *to mark down*
hervorragend *excellent*
hetzen *to rush*
heute *today*
hiermit *hereby*
Hilfe *help, assistance, support*
Hilfsarbeiter/-in *manual worker, labourer*
Hin- und Rückfahrpreis *round-trip fare*
Hin- und Rückflug *round trip*
hinausschieben *to delay*
hinauswerfen *to throw out*
Hindernis *obstacle, hindrance, bar, check*
hineingehen *to enter*
Hinfracht *outward cargo or outward freight*
hinlänglich *adequate*
hinsichtlich *with regard to*
Hintergrund *background*
hinterlegen *to deposit*
Hinterlegungsstelle *depository*
Hintermann *backer*
hinwegsehen über *to overlook*
hinweisen auf *to point out*
hinzufügen *to add*
historisch *historic or historical*
historische Zahlen *historical figures*
historischer Höchststand *all-time high*
hoch bezahlt *highly-paid*
hoch gestellt *highly-placed*
hoch motiviertes Verkaufspersonal *highly motivated sales staff*
hoch qualifiziert *highly qualified*
Hochachtungsvoll *Yours faithfully*
Hochdruck *high pressure*
Hochfinanz *high finance*
hochhalten *to keep up*
Hochkonjunktur *boom*
hochrangig *high-ranking, top-ranking, top-flight*
Hochsaison *high season*
höchst *extremely, highly*
Höchstbelastung *maximum load*
Höchstbietende(r) *highest bidder*
höchste Steuerklasse *highest tax bracket*

Höchstgebot *highest or closing bid*
Höchstgewicht *maximum weight, weight limit*
Höchstgewinne *record profits*
Höchstgrenze *upper limit, ceiling*
Höchstproduktion *peak output*
Höchststand *high, peak*
Hochtouren: auf ~ *flat out*
hochwertig *high-grade, high-quality*
hoffen *to hope*
hoffnungsloser Fall *basket case*
höflich *polite(ly)*
Höhe *height*
hohe amtliche Stellung *high office*
hohe Ausgaben *heavy expenditure*
hohe Besteuerung *high taxation*
hohe Einkommensstufe *upper income bracket*
hohe Kosten *heavy costs*
hohe Miete *high rent*
Hoheitsgewässer *territorial waters*
Höhenmarke *benchmark*
Höhepunkt *height, peak*
höher stufen *to upgrade*
höhere Führungskraft *senior manager or senior executive*
höhere Gewalt *act of God or force majeure*
Hohlmaß *cubic measure*
Holdinggesellschaft *holding or proprietary company*
holen *to fetch*
holländische Versteigerung *Dutch auction*
Hologramm *hologram*
Homebanking *home banking*
Honorar *fee, emolument, honorarium*
Honorarpauschale *retainer*
hören *to hear*
Hörer: den ~ abnehmen *to answer the (tele) phone*
horizontale Integration *horizontal integration*
horizontale Kommunikation *horizontal communication*
horten *to hoard*
Hostess *hostess*
Hotel- und Gaststättengewerbe *catering trade*
Hotelgewerbe *hotel trade*
Hotelhalle *(hotel) lounge*
Hotelier *hotelier*
Hotelkette *hotel chain or chain of hotels*
Hotelunterbringung *hotel accommodation*
Hubschrauber *helicopter*
Hubschrauberlandeplatz *helipad*
Hülle *cover*
Hundertstel *percentile*
Hyperinflation *hyperinflation*
Hypothek *mortgage*
hypothekarisch belasten *to mortgage*
hypothekarische Obligation *mortgage bond*
Hypothekengläubiger *mortgagee*
Hypothekenknappheit *mortgage famine*
Hypothekenpfandbrief *mortgage debenture*
Hypothekenschuldner *mortgager or mortgagor*
Hypothekenwarteliste *mortgage queue*
Hypothekenzahlungen *mortgage payments*
Hypothekenzinszahlungen *mortgage interest payments*

Ii

ideal *ideal*
Idee *idea*
illegal *illegal(ly)*
Illegalität *illegality*
illiquid *illiquid*
Image *image*
Imbissstube *snack bar*
Imitation *imitation; fake*
Imitationen: vor ~ wird gewarnt *beware of imitations*
imitieren *to imitate; fake*
immaterielle Vermögenswerte *intangible assets*
Immobilien *real estate, realty*
Immobilien- und Grundstücksmarkt *property market*
Immobilienaktien *property shares*
Immobilienfirma *estate agency*
Immobilienmakler/-in *(real) estate agent, house agent, realtor*
Immobilienmarkt *property market*
Immunität *immunity*
Import *import(ation), importing*
Importabgabe *import surcharge*
Importbeschränkungen einführen *to impose import limits*
Importeur *importer*
Importfirma *import company, importer*
Importgenehmigung *import permit*
Importhandel *import trade*
importieren *to import*
Importkonnossement *inward bill*
Importlizenz *import licence*
Importquote *import quota*
Impuls *impulse*
Impulskauf *impulse purchase*
Inbetriebnahme *start-up*
Index *index*
Indexbindung *indexation*
Indexbuchstabe *index letter*
Indexfonds *index fund*
indexgebunden *index-linked*
indexieren *to index*
Indexierung *indexation*
Indexnummer *index number*
Indexzahl *or Indexziffer index number*
Indikator *indicator*
indirekte Besteuerung *indirect taxation*
indirekte Parität *cross rate*
indirekte Steuer *indirect tax*
individuell *individual*
individuell anpassen *to customize*
Individuum *individual*
Indossament *endorsement*
Indossant *backer of a bill, endorser*
Indossat(ar) *endorsee*
indossieren *to back, endorse*
Indossierung (zu einer Police) *endorsement*
industrialisieren *to industrialize*
Industrialisierung *industrialization*
Industrie *industry*
Industriedesign *industrial design*
Industriegebiet *or Industriegelände industrial or trading estate, industrial park*

Industriegesellschaften *industrialized societies*
Industriegüter *manufactured goods*
industriell *industrial*
industrielle Erschließung *industrial development*
industrielle Expansion *industrial expansion*
industrielle Formgebung *industrial design*
industrielle Kapazität *industrial capacity*
Industrieller *industrialist*
industrielles Herstellungsverfahren *industrial process*
Industriepraktiken *industrial practices*
Industriestaat *developed country*
Industriewerte *industrials*
Industriezentrum *industrial centre*
ineffizient *inefficient*
Ineffizienz *inefficiency*
Inflation *inflation*
inflationär *inflationary*
inflationäre Preise *inflated prices*
Inflationsrate *rate of inflation or inflation rate*
inflationssicher *inflation-proof*
Inflationsspirale *inflationary spiral*
Inflationswährung *inflated currency*
inflatorisch *inflationary*
Information *information, information bureau or office*
Informationsblatt *fact sheet*
Informationsmaterial *informative material, literature*
Informationstechnik (IT) *information technology (IT)*
informieren *to inform, advise, brief*
Infrastruktur *infrastructure*
Ingenieur/-in *engineer*
Ingenieurwesen *engineering*
Inhaber/-in *bearer, holder; proprietor/ proprietress*
Inhaber/-in einer Schuldverschreibung *debenture holder*
Inhaber/-in von Vorzugsaktien *preference shareholder*
Inhaberscheck *cheque to bearer, negotiable cheque*
Inhaberschuldverschreibung *bearer bond*
Inhalt *content(s)*
Inhaltsbeschreibung *description of contents*
Inhaltsverzeichnis *table of contents; list of contents, docket*
Initialen *initials*
Initialzündung *pump priming*
Initiative *initiative*
Inkasso *encashment*
Inkassobeauftragte(r) *debt collector*
Inkassobüro *debt collection agency*
inklusive *inclusive*
Inklusivpreis *all-in price, inclusive charge*
inkompetent *incompetent*
Inlandabsatz *home sales*
Inlandflug *domestic or internal flight*
Inlandsabsatz *domestic or home sales*
Inlandsfrachtkosten *inland freight charges*
Inlandsmarkt *domestic or home market*
Inlandsporto *inland postage*
Inlandsproduktion *domestic production*
Inlandsspediteur *inland carrier*
Inlandsverbrauch *domestic or home consumption*
innen *inside*
Innenministerium *Home Office (GB)*
Innenrevision *internal audit*
innerbetrieblich *in-house, internal*
innerbetriebliche Ausbildung *in-house or on-the-job training*
innerhalb *inside*
Innovation *innovation*
innovativ *innovative*
Innung *guild*
inoffiziell *unofficial(ly), off the record*
Insasse/Insassin *resident*
insbesondere *in particular*
Inselanzeige *solus (advertisement)*
Inserat *advertisement*
Inserent *advertiser*
inserieren *to advertise*
insgesamt *altogether*
Insiderhandel *insider dealing or trading*
Insiderinformationen *inside information*
insolvent *insolvent*
Insolvenz *insolvency*
Inspektionsreise *tour of inspection*
instabil *unstable*
Instabilität *instability*
Installation *installation*
Installationen und Einbauten *fixtures and fittings (f. & f.)*
installieren *to install*
instand setzen *to repair*
Instandhaltung *maintenance*
Instandhaltungskosten *maintenance costs, upkeep*
Instandsetzung *repair*
Institut *college, institute, institution*
institutionell *institutional*
instruieren *to brief, instruct*
Instruktion *instruction*
Instrument *instrument*
Integration *integration*
integrieren *to incorporate, integrate*
intensive Landwirtschaft *intensive farming*
Interbankkredit *inter-bank loan*
interessant *interesting*
Interesse *interest*
Interesse bekunden *to declare an interest*
Interesse haben an *to be interested in*
Interesse hervorrufen *to interest*
Interessengruppe *pressure group*
Interessenkonflikt *conflict of interest*
Interessenten *potential customers*
Interessenverband *lobby*
interessieren *to interest*
interessieren: sich ~ für *to be interested in*
Interface *interface*
Interimskonto *suspense account*
Interimszahlung *interim payment*
intern *internal(ly)*
international *international*
Internationale Arbeitsorganisation (IAO) *International Labour Organization (ILO)*
internationale Vorwahl *international dialling code*
internationaler Antwortschein *international (postal) reply coupon*
internationaler Handel *international trade*
internationaler Selbstwählferndienst *international direct dialling (IDD)*
Internationaler Währungsfonds (IWF) *International Monetary Fund (IMF)*

internationales Recht *international law*
internationales Währungssystem *international monetary system*
intervenieren *to intervene*
Intervention *intervention*
Interventionspreis *intervention price*
Interview *interview*
interviewen *to interview*
Interviewer/-in *interviewer*
Interviewte(r) *interviewee*
Inventar *inventory, stocklist*
inventarisieren *to make an inventory, take stock*
Inventarliste or *Inventarverzeichnis inventory*
Inventur *stocktaking*
Inventur machen *to take inventory, take stock*
Inventurausverkauf *stocktaking sale*
investieren *to invest, lay out*
Investition *investment*
Investitionsaufwand or *Investitionsausgabe capital expenditure* or *investment* or *outlay*
Investitionsbeihilfe *investment grant*
Investitionsgüter *capital equipment, capital goods*
Investitionsmöglichkeiten *investment opportunities*
Investitionszuschuss *investment grant*
Investmentgesellschaft *investment trust*
Investor *investor*
irreführen or *irreleiten to misdirect*
Irrtümer und Auslassungen vorbehalten *errors and omissions excepted (e. & o.e.)*
irrtümlich *in error* or *by error*
Ist-Zahlen *actuals*

Jj

Jahr *year*
Jahrbuch *yearbook*
Jahresabschluss *annual* or *final accounts; financial statement*
Jahresbericht *annual report*
Jahreseinkommen *annual income*
Jahresende *year end*
Jahreshälfte *half of the year*
Jahresrente *annuity*
Jahreszeit *season*
jahreszeitlich bedingt *seasonal*
jährlich *annual(ly), yearly*
jährliche Abschreibung *annual depreciation*
jährliche Gehaltszulage *incremental increase*
je nach *depending on*
jeden zweiten Monat *bi-monthly*
jetzig *current, present*
J-Kurve *J curve*
Jobber *(stock) jobber*
Jobsharing *job sharing*
Journal *journal, day book*
Journalist/-in *journalist*
junior *junior*
Juniorpartner/-in *junior partner*
juristisch *legal(ly)*
juristisch: sich ~ beraten lassen *to take legal advice*
juristische(r) Sachverständige(r) *legal expert*
Just-in-Time-Production *just-in-time (JIT) production*

Kk

Kabine *booth*
Kabinettsminister/-in *cabinet minister, (GB) Secretary of State*
Kaffeepause *coffee break*
Kai *quay, wharf*
Kaigebühren *wharfage*
Kaimeister *wharfinger*
Kalender *calendar*
Kalenderjahr *calendar year*
Kalendermonat *calendar month*
Kalfaktor *dogsbody*
Kalkulation *calculation, computation*
Kalkulator/-in *quantity surveyor*
kalkulierbar *computable*
kalkulieren *to calculate, compute, reckon*
Kaltlagerung *cold storage*
Kampagne *campaign*
Kampf *battle*
Kanal *channel*
Kandidat/-in *appointee, candidate, interviewee, nominee*
Kante *edge*
Kantine *canteen*
Kanzleipapier *foolscap*
Kapazität *capacity*
Kapazitätsauslastung *capacity utilization*
Kapital *capital*
Kapital festlegen *to lock up capital*
Kapital schlagen aus *to capitalize on, cash in on*
Kapitalabfluss or *Kapitalabwanderung outflow of capital*
Kapitalanlage *investment*
Kapitalanlagegesellschaft *investment trust*
Kapitalanleger/-in *investor*
Kapitaleinbringung *contribution of capital*
Kapitaleinkommen *unearned income*
Kapitaleinleger/-in *contributor of capital*
Kapitalertrag *interest-free credit* or *loan*
Kapitalflucht *flight of capital*
Kapitalgesellschaft *corporation*
kapitalintensive Industrie *capital-intensive industry*
kapitalisieren *to capitalize*
Kapitalisierung von Rücklagen *capitalization of reserves*
Kapitalismus *capitalism*
Kapitalist/-in *capitalist*
kapitalistisch *capitalist*
kapitalistisches Wirtschaftssystem *capitalist economy*
Kapitalkonto *capital account*
Kapitalmarkt *capital market*
Kapitalprämie *capital bonus*
Kapitalrendite *return on investment (ROI)*
Kapitalreserven *capital reserves*
Kapitalsammelstelle *financial intermediary*
Kapitalspritze *capital injection* or *injection of capital*
Kapitalstruktur *capital structure*
Kapitalsumme *principal*
Kapitalverflechtung *cross holding(s)*
Kapitalverkehr *circulation* or *movements of capital*

Kapitalverlust *capital loss*
Kapitalzufluss *inflow of capital*
kaputtgehen *to break down*
Karat *carat*
Karenzzeit *qualifying period*
Kargo *cargo*
Karriere *career*
Karrierefrau *career woman* or *girl*
Karte *card; ticket*
Kartei *card index, card-index file*
Karteikarte *index card, filing card* or *(US) file card*
Karteikarten anlegen *to card-index*
Kartell *cartel, ring*
Kartellamt *monopolies* or *anti-trust commission*
Karteninhaber/-in *cardholder*
Kartenschalter *ticket counter*
Kartenschwarzhändler/-in *tout*
Kartentelefon *card phone*
Kartenverkäufer/-in *booking clerk*
Kartenverkaufsstand *ticket booth*
Kartenvorverkaufsstelle *ticket agency*
Karton *cardboard; carton*
Kassageschäft *cash transaction*
Kassakonto *cash account*
Kassakurs *spot rate*
Kasse *cash desk* or *pay desk* or *checkout (counter); (cash) register* or *till; balance* or *cash in hand; ticket office* or *box office*
Kasse machen *to cash up*
Kassenbeleg *sales slip*
Kassenbestand *balance* or *cash in hand, cash balance*
Kassenbon *sales slip*
Kassenbuch *cash book (CB)*
Kassenbudget *cash budget*
Kassenschlager *money-spinner*
Kassenstand *cash position*
Kassenwart *treasurer*
Kassenzettel *sales slip*
Kassette *cassette*
kassieren *to collect, take in; rake in*
Kassierer/-in *cashier, teller*
Kasten *box*
kastenförmiger Aktenordner *box file*
Katalog *catalogue*
katalogisieren *to catalogue*
Katalogpreis *catalogue price*
Katasteramt *land registry*
katastrophal *disastrous*
Kategorie *category, class*
Kauf *purchase*
Kauf mit Rückgaberecht *sale or return, see-safe*
Kauf unter Inzahlungnahme *part exchange*
Kaufanreiz *sales appeal*
Kaufauftrag *purchase order*
Kaufen *buying*
kaufen *to buy, purchase*
Käufer/-in *buyer, purchaser, shopper*
Käufermarkt *buyer's market*
Käuferrisiko *buyer's risk*
Käuferwiderstand *consumer resistance*
Kaufhaus *department store*
Kaufkraft *buying* or *purchasing* or *spending power*
Kaufmann/-frau *trader*
kaufmännischer Lehrgang *commercial course*
Kaufoption *call option, option to purchase*
Kaufpreis *purchase price*
Kaufvertrag *bill of sale*
Kaution *bail; deposit*
Kaution stellen *to stand bail*
Kautschuk *rubber*
kennen *to know*
Kenntnis *knowledge*
Kenntnis: in ~ setzen *to advise, inform, notify*
Kenntnisse *skills*
Kennwort *password*
Kennzifferanzeige *keyed advertisement*
Kette *chain*
Kettenladen *chain store, multiple store*
KFZ-Montagewerk *car assembly plant*
Kilo *kilo*
Kilobyte *kilobyte*
Kilogramm *kilogram*
Kilometer *kilometer*
Kilometerpauschale *mileage allowance*
Kiosk *kiosk*
Kiste *case, crate*
Klage *complaint, action, suit*
Klage erheben *to sue, take legal action*
klagen *to complain; to sue, take legal action*
Kläger/-in *claimant, plaintiff*
Klammer *clip*
Klappentext *blurb*
klar: sich ~ werden *to realize*
klären *to sort out*
Klarsichtpackung *blister pack*
Klasse *class; bracket, category, grade*
klassifizieren *to classify, grade*
Klassifizierung *classification*
Klausel *article,clause; stipulation*
Klebe-Etikett *gummed label*
kleben *to glue, stick*
klebend *adhesive*
Klebestreifen *tape*
Klebstoff *adhesive, glue, gum*
Kleinaktie *penny stock*
Kleinanleger/-in *small investor*
Kleinanzeigen *classified ad(vertisement)s* or *small ads* or *want ads*
Kleinbetrieb *small business, small-scale enterprise*
kleine Kasse *petty cash*
Kleingedrucktes *small print* or *fine print*
Kleingeld *loose* or *small change*
kleinstädtisch *provincial*
Kleintransporter *van*
Kleinunternehmen *small business(es)*
Kleinunternehmer/-in *small businessman/-woman*
Klemmbrett *clipboard*
klettern *to climb*
Klientel *clientele*
Klub *club*
klug *clever*
knapp *scarce*
knapp an *short of*
knapp an Personal *shorthanded*
knappes Geld *tight money*
Knappheit *scarceness* or *scarcity*
Knoten *knot*
Know-how-Fonds *know-how fund*
Kode *code*
Kodex *code(x)*
Kodierung *coding*
Koffer *suitcase*

Kofferkuli *baggage cart or trolley, luggage cart or trolley*
Kohlenbergwerk *coal mine, pit*
Kohlepapier *carbon paper*
Kollege/Kollegin *colleague*
Kolonne *column*
Kolumne *column*
Kombination *combination*
Komitee *committee*
Komma *comma; decimal point*
Kommanditgesellschaft *limited partnership*
Kommanditist/-in *limited partner*
kommerzialisieren *to commercialize*
Kommerzialisierung *commercialization*
kommerziell *commercial(ly)*
kommerzielle Bank *commercial bank*
kommerzieller Misserfolg *commercial failure*
kommerzieller Rechner *business computer*
Kommission *commission*
Kommissionär *commission agent; consignee*
Kommissionsverkauf *commission sale or sale on commission*
Kommissionswaren *goods on consignment*
Kommittent *consignor*
kommunal *municipal*
Kommunalanleihe *corporation loan*
Kommunalobligation *municipal bond or local authority bond*
Kommunalsteuern *rates*
Kommunalverwaltung *local government*
Kommunikation *communication*
kommunizieren *to communicate*
Kompensationsabkommen *barter agreement or arrangement*
Kompensationsgeschäft *barter*
kompetent *competent, capable*
Kompetenzstreit *demarcation dispute*
komplett *complete*
Komplex *complex*
komplex *complex*
Kompromiss *compromise*
Kondition *condition*
Konfektions- *ready-to-wear, off-the-shelf*
Konferenz *conference*
Konferenzprogramm *conference timetable*
Konferenzprotokoll *conference proceedings*
Konferenzraum *conference room*
Konferenzschaltung *conference phone*
Konfiskation *confiscation, seizure*
konfiszieren *to confiscate, seize*
Konjunkturaufschwung *revival of trade*
Konjunkturaussichten *market prospects*
konjunkturbedingt *cyclical*
Konjunkturbelebung *revival of trade*
konjunkturell *cyclical*
konjunkturelle Entwicklung *economic trend*
konjunkturelle Faktoren *cyclical factors*
Konjunkturindikatoren *economic indicators*
Konjunkturindustrie *boom industry*
Konjunkturtief *trough*
Konjunkturzyklus *economic or trade or business cycle*
Konkurrent/-in *rival*
Konkurrenz *competition*
konkurrenzfähig *competitive*
Konkurrenzfähigkeit *competitiveness*
Konkurrenzfirma *rival company, competitor*
Konkurrenzprodukt *competing or rival product*
Konkurrenzunternehmen *rival company, competitor*
konkurrieren *to compete*
konkurrierend *competing*
Konkurs *bankruptcy, insolvency, liquidation*
Konkurs anmelden *to file a petition in bankruptcy*
Konkurseröffnungsantrag *petition in bankruptcy*
Konkurseröffnungsbeschluss *adjudication or receiving order, adjudication or declaration of bankruptcy*
Konkursschuldner/-in *bankrupt*
Konkursverwalter/-in *official receiver, liquidator*
Konnossement *bill of lading, shipping note*
konsolidieren *to consolidate*
Konsolidierung *consolidation*
Konsols *consols*
Konsortium *consortium, syndicate*
konstant *constant*
konstruieren *to design, construct*
Konstrukteur/-in *constructor*
Konstruktion *design*
konstruktiv *constructive*
konsultieren *to consult*
Konsum *consumption*
Konsument/-in *consumer*
Konsumgesellschaft *consumer society*
Konsumgüter *consumable goods or consumables*
Kontakt *contact*
Kontingent *quota*
kontinuierlich *continuous*
Konto *account*
Kontoauszug *bank statement*
Kontobuch *passbook*
Kontokorrentkonto *cash or drawing or open account*
Kontor *counting house*
Kontostand *bank balance*
Kontrollabschnitt *counterfoil*
Kontrolle *control, check, inspection, supervision*
Kontrolleur/-in *inspector, supervisor*
Kontrollgruppe *control group*
kontrollieren *to control, check, inspect*
Kontrollliste *tally sheet*
Kontrolltaste *control key*
Konvertierbarkeit *convertibility*
Konvertierung *conversion*
Konzept *draft, rough copy*
Konzern *group*
Konzernabschluss *consolidated accounts*
Konzernentflechtung *demerger*
Konzernergebnisse *group results*
konzerninterne Geschäfte *inter-company dealings*
konzertiert agieren *to act in concert*
Konzession *concession, licence*
Konzessionär/-in or *Konzessionsinhaber/-in concessionaire, licensee*
konzipieren *to draft, draw up*
Kooperation *co-operation*
kooperativ *co-operative*
Kooperative *co-operative society*
kooperieren *to co-operate*
kooptieren *to co-opt*
Kopfjäger *headhunter*
Kopie *copy, duplicate; imitation*
kopieren *to copy; imitate*

Kopierer *copier*
Kopiergerät *copying or duplicating machine*
Kopierzentrum *photocopying bureau*
koppeln *to link*
Kopplungswerbekampagne *tie-in promotion*
Kopplungswerbung *tie-in*
Korb *basket*
körperliche Arbeit *manual labour or manual work*
Körperschaftssteuer (KSt.) *corporation tax (CT)*
korrekt *correct*
Korrektur *correction, readjustment, rectification*
Korrekturflüssigkeit *correction fluid*
Korrespondent/-in *correspondent; correspondence clerk*
Korrespondenz *correspondence*
korrespondieren *to correspond*
korrigieren *to correct, readjust, rectify*
korrupt *corrupt*
Korruption *corruption*
kostbar *valuable*
Kosten *charge(s), cost(s), expense(s), outlay*
Kosten, Versicherung, Fracht (cif) *cost, insurance and freight (CIF)*
Kostenanalyse *cost analysis*
Kostenberechnung *costing*
kostendeckend arbeiten *to break even*
Kostendeckungspunkt *breakeven point*
Kostendruckinflation *cost-push inflation*
Kostenfaktor *cost factor*
kostenlos *free of charge*
kostenlos zur Probe *free trial*
kostenlose Zeitung *free paper or giveaway paper*
Kosten-Nutzen-Analyse *cost-benefit analysis*
Kostenprogression *diseconomies of scale*
Kostenrechner/-in *cost accountant*
Kostenrechnung *cost accounting*
Kostenrentabilität *cost-effectiveness*
Kostensenkung *cost cutting*
Kostenstelle *cost centre*
Kostenvoranschlag *estimate, quotation, bid*
kostenwirksam *cost-effective*
Kostenwirksamkeit *cost-effectiveness*
kostspielig *costly, dear, expensive*
Kraft *energy, force, power*
Kraft: in ~ sein/treten *to be in/come into force or become operative*
Kraftfahrzeug *(motor) car*
Kraftfahrzeugkennzeichen *registration number*
Kraftfahrzeugversicherung *car or motor insurance*
Kragen *collar*
Kran *crane*
krank *sick*
kranken *to suffer*
Krankengeld *sick pay, sickness benefit*
Krankenversicherung *health or medical insurance*
krankgeschrieben sein *to be on sick leave*
Krankheit *sickness*
Krankheitsurlaub *sick leave*
Kredit *credit, loan*
Kredit aufnehmen *to borrow*
Kredit mit kurzer/langer Laufzeit *short/long credit*
Kreditaufnahme *borrowing*
Kreditauskunft *credit or status inquiry*
Kreditauskunftei *credit bureau*
Kreditbank *credit bank*
Kreditbedarf der öffentlichen Hand *public sector borrowing requirement (PSBR)*
Kreditfähigkeit *borrowing power*
Kreditfazilitäten *credit facilities*
Kreditgeber letzter Hand *lender of last resort*
Kreditgenossenschaft *credit union*
Kredithai *loan shark*
kreditieren *to credit*
Kreditinstitut *financial institution*
Kreditkarte *credit card*
Kreditkarteninhaber/-in *credit card holder*
Kreditkartenmäppchen *credit card holder*
Kreditlasten *borrowings*
Kreditlaufzeit *credit period*
Kreditlimit *credit limit, lending limit*
Kreditlinie *line of credit or credit line*
Kreditmodalitäten *credit facilities*
Kreditoren *creditors*
Kreditrestriktion *credit restriction or credit squeeze*
Kreditsperre *credit freeze*
Kreditüberwachung *credit control*
Kreditverlängerung *extension of credit*
Kreditwucher *usury*
kreditwürdig *creditworthy*
Kreditwürdigkeit *credit rating, creditworthiness*
Kreisdiagramm *pie chart*
Kreislauf *cycle*
Kreuz *tick*
Kreuzkurs *or Kreuzparität cross rate*
Krieg *war*
kriminell *criminal*
Krise *crisis*
Krisenmanagement *crisis management*
Krisenmanager/-in *crisis manager, company doctor, troubleshooter*
Krisenmaßnahmen ergreifen *to take crisis or emergency measures*
Krisenplan *contingency plan*
kritisieren *to criticize*
Krone *krona; krone*
Kubikmaß *cubic measure*
Kuhhandel *horse trading*
Kühlhaus *cold store*
Kühlhauslagerung *cold storage*
Kulanzzahlung *ex gratia payment*
kumulativ *cumulative*
kumulative Vorzugsaktien *cumulative preference shares*
kündbar *terminable*
kündbare Schuldverschreibung *callable bond*
Kunde/Kundin *customer, client*
Kundenbetreuer/-in *account executive*
Kundendienst *after-sales service, customer service (department)*
Kundendienstabteilung *service department*
Kundendienstmechaniker/-in *service engineer*
Kundenkarte *charge card, store card*
Kunden(kredit)konto *(charge or credit) account*
Kundenkreis *clientele*
Kundenprofil *customer profile*
Kundentreue *customer loyalty*
Kundenverlust *loss of customers*
Kundenwerber/-in *canvasser*
kündigen *to quit, resign; terminate, cancel*

Kündigung *resignation; notice, termination, cancellation*
Kündigungsfrist *period of notice*
Kündigungsklausel *termination clause*
Kundschaft *clientele, custom*
künftig *hereafter*
Kunstfasern *synthetic fibres*
Kunstfertigkeit *workmanship, skill*
Kunststoffe *synthetic materials*
Kurier *courier*
Kurs *course; price, rate*
Kurs-Gewinn-Verhältnis *price/earnings ratio (P/E ratio or PER)*
Kurve *curve*
Kurzarbeit *short time*
Kurzbeschreibung *profile*
kürzen *to shorten, cut (down on); dock, reduce*
Kurzfassung *abstract*
kurzfristig *short-term*
kurzfristig aufnehmen *to borrow short*
kurzfristige Anlage *short-term investment*
kurzfristige Gewinne *short-term gains*
kurzfristige Prognose *short-range or short-term forecast*
kurzfristige Schulden *short-term debts*
kurzfristige Staatspapiere *shorts*
kurzfristige Verbindlichkeiten *current liabilities*
kurzfristige Zielsetzung *short-term objective*
kurzfristiger Kredit *short credit*
kurzfristiger Wechsel *short-dated bill*
kurzfristiges Darlehen *short-term loan*
Kurzläufer *short-dated securities or shorts*
kurzlebige Konsumgüter *non-durables*
kürzlich *recent*
Kurzschrift *shorthand*
Kurzstreckenflug *short-haul flight*
Kürzung *abatement, cut, cutback, reduction*

Ll

Labor *laboratory*
Labortechniker/-in *laboratory technician*
Ladefähigkeit *deadweight capacity or tonnage, load-carrying capacity*
Ladelinie *load line*
Ladeliste *manifest*
Laden *shop, store*
Ladenaufsicht *floorwalker, shopwalker*
Ladenbesitzer/-in *shopkeeper*
Ladendieb/-in *shoplifter*
Ladendiebstahl *shoplifting, shrinkage*
Ladenfront *shop front*
Ladenhüter *non-seller, drug on the market, dog, turkey*
Ladenkasse *cash till*
Ladenpreis *retail price*
Ladenräume *shop premises*
Ladenschild *fascia*
Ladenschluss *closing time*
Ladentisch *counter*
Ladeplatz *loading bay*
Laderampe *loading ramp*
Laderaum *hold*
Ladung *cargo, load, shipment; summons*
Ladungskontrolleur/-in *tally clerk*
Laffer-Kurve *Laffer curve*
Lage *location, position, situation*
Lagebericht *progress report*
Lager *store, storeroom, stockroom, warehouse*
Lager: auf ~ haben/sein *to carry, stock/be in stock*
Lagerbestand *stock (level)*
Lagerbestandsverzeichnis *stocklist*
Lagerbewegung *stock movement*
Lagerfach *dump bin*
Lagerfähigkeit eines Produktes *shelf life of a product*
Lagerfirma *storage company*
Lagerhalle *warehouse, store(house)*
Lagerhalter *storekeeper, storeman, warehouseman*
Lagerhaltung *warehousing*
Lagerhaltungskontrolle *inventory control*
Lagerhaus *store, warehouse, depot, godown*
Lagerhauskapazität *warehouse capacity*
Lagerhausleiter/-in *warehouse manager*
Lagerist *storekeeper or storeman*
Lagerkapazität *storage capacity*
Lagerkarte *bin card*
Lagerkosten *storage (costs)*
Lagermöglichkeiten *storage facilities*
lagern *to store, warehouse*
Lagerraum *storeroom*
Lagersteuerer *stock controller*
Lagersteuerung *stock control*
Lagerumschlag *stock turn or stock turnround or stock turnover*
Lagerung *storage*
Lagerverwalter *storekeeper or storeman*
Lagerzettel *bin card*
Laisser-faire-Wirtschaftspolitik *laissez-faire economy*
Lakh *lakh*
Land *country; land; state*
Landarbeiter/-in *agricultural labourer*
Landbank *land bank*
landesweit *nationwide, national*
Landwirtschaft *agriculture, farming*
Landwirtschaft betreiben *to farm*
landwirtschaftlich *agricultural*
landwirtschaftliche Genossenschaft *agricultural co-operative*
landwirtschaftliche Produkte *agricultural produce*
landwirtschaftlicher Mischbetrieb *mixed farm*
Länge *length*
langfristig *long-range, long-term, on a long-term basis*
langfristig betrachten *to take the long view*
langfristige (Konjunktur)prognose *long-range (economic) forecast*
langfristige Verbindlichkeiten *long-term debts or liabilities*
langfristige Wechsel *long-dated bills*
langfristige Ziele *long-term objectives*
langfristiger Kredit *long credit*
langfristiger Wechsel *long-dated bill*
langfristiges Darlehen *long-term loan*
langjährige(r) Kunde/Kundin *long-standing customer or customer of long standing*
Langläufer *longs*
langlebige Gebrauchsgüter/Konsumgüter *consumer durables*
langlebige Güter *durable goods*

langsam *slow(ly)*
Langschrift *longhand*
Langstreckenflug *long-distance or long-haul flight*
Lärmschutzhaube *acoustic hood*
Laserdrucker *laser printer*
lästig *onerous*
Lastkraftwagen *lorry, truck, goods vehicle*
Lastschrift *debit entry*
Lastschriftanzeige *debit note*
Lastwagen *lorry, truck*
Lastwagenfahrer/-in *lorry driver, trucker*
Lastwagenladung *load of a lorry or lorry-load*
Lauf *run*
Laufbahn *career*
laufende Kosten *running costs or costs of running a business*
laufende Rendite *current yield*
laufende Summe *running total*
Laufenden: auf dem ~ halten *to keep up to date*
laufender Betrieb *going concern*
laufendes Konto *current or checking or drawing account*
Laufwerk *disk drive*
Laufzeit *term*
laut *according to, as per, under*
laut Rechnung/Versandanzeige *as per invoice/advice*
lauterer Handel *fair trading or fair dealing*
leasen *to lease*
Leasing *leasing*
Leasinggeber/-in *lessor*
Leasingnehmer/-in *lessee*
Leben *life*
Lebenserwartung *life expectancy*
Lebenshaltungsindex *cost-of-living index*
Lebenshaltungskosten *cost of living*
Lebenshaltungskostenzuschuss *cost-of-living allowance*
lebenslang *for life*
lebenslange Nutznießung *or lebenslanges Nutzungsrecht life interest*
Lebenslauf *curriculum vitae (CV) or résumé*
Lebensmittel *food, provisions*
Lebensmittellieferant *caterer*
Lebensmittelmarke *food stamp*
Lebensstandard *standard of living or living standards*
Lebensunterhalt *subsistence*
Lebensversicherung *life assurance or life insurance*
Lebensversicherung auf den Todesfall *whole-life insurance*
Lebenszeit *lifetime*
Lebenszeit: auf ~ *for life*
lebhaft *brisk, lively*
lebhafte Nachfrage *keen demand*
leer *empty; blank*
leer räumen *to empty*
leer verkaufen *to sell short*
leere Stelle *blank*
leeren *to empty*
Leergewicht *deadweight*
Leergut *empties*
Leerpackung *dummy pack*
Leertaste *space bar*
Leerung *collection*
Leerverkauf *short selling or selling short*
Leerzeit *idle time*
legal *legal*
legalisieren *to legalize*
Legalisierung *legalization*
Legalität *legality*
Legatar *legatee*
legen *to lay, place, put*
legen: sich ~ *to die down, peter out*
Lehre *apprenticeship*
Lehrer/-in *instructor*
Lehrgang *course*
Lehrling *apprentice, trainee*
Lehrvertrag *indentures or articles of indenture*
Leibrente *life annuity or annuity for life*
leicht verdientes Geld *easy money*
Leichter *lighter*
Leichtindustrie *light industry*
leiden *to suffer*
Leihen *hire*
leihen *to borrow*
Leihgebühr *rental*
Leihhaus *pawnshop*
Leihwagen *hire car*
Leim *glue*
leimen *to glue*
leisten: sich ~ (können) *(to be able) to afford*
Leistung *performance, achievement, merit; benefit*
Leistungsanreize für das Personal *staff incentives*
Leistungsbeurteilung *merit or performance rating or evaluation; performance review*
leistungsbezogene Gehaltssteigerung *merit increase*
leistungsbezogenes Gehalt *performance-related pay*
leistungsfähig *capable, efficient*
Leistungsfähigkeit *effectiveness, efficiency*
Leistungsprämie *or Leistungszulage performance or productivity bonus, merit award*
Leitartikel *editorial*
leiten *to conduct, direct, head (up), manage, run, superintend*
leitende(r) Angestellte(r) *senior executive*
Leiter *ladder*
Leiter/-in *leader, head, manager, director, superintendent*
Leitung *leadership, management, chairmanship, control, direction*
Leitzins *bank base rate*
Leitz-Ordner *lever-arch file*
Lernkurve *learning curve*
lesbar *readable*
letzte(r,s) *last, final, ultimate*
letzte Mahnung *final demand*
letzte Tilgungsrate *final discharge or settlement*
letzten Endes *ultimately*
letzten Monat *last month*
Letzter Wille *last will and testament*
letzter Zahlungstermin *final date for payment*
letztes Jahr *last year*
Leveraged Buy-out *leveraged buyout (LBO)*
liberalisieren *to liberalize, decontrol*
Lichtgriffel *or Lichtstift light pen*
Lieferant *supplier*
Lieferauftrag *delivery order*
liefern *to deliver, supply*
Lieferpreis *delivered or supply price*
Lieferschein *delivery note*
Lieferung *delivery; supply; consignment*

Liefervertrag *contract note*
Lieferwagen *delivery van*
Lieferzeit *delivery time, lead time*
Liegegeld *demurrage*
Liegeplatz *berth, mooring(s)*
Lift *lift, elevator*
Limit *limit*
lineare Abschreibung *straight line depreciation*
Linie *line; policy*
Liniendiagramm *line chart or line graph*
Linienflug *scheduled flight*
Linienmanagement *line management*
Linienorganisation *line organization*
Linienschiff *liner*
liniert *lined*
linke(r,s) *left, left-hand*
Liquidation *liquidation, winding-up*
Liquidationstag *account day, settlement day*
Liquidator *liquidator*
liquidieren *to liquidate, wind up*
Liquidität *liquidity*
Liquiditätskrise *liquidity crisis*
Liquiditätsreserven *cash reserves*
Lire *lira*
Liste *list, register, schedule*
Listenpreis *catalogue price or list price*
Liter *liter*
Literatur *literature*
Lizenz *licence or (US) license*
Lizenz erteilen *to license*
Lizenzgeber/-in *licensor*
Lizenzgebühr *royalty*
Lizenzinhaber/-in *licensee*
LKW *lorry, truck*
LKW-Ladung *truckload*
lochen *to punch*
Locher *punch*
Lochkarte *punched card*
Lockartikel *loss-leader*
Logo *logo*
Lohn *pay, wage*
Lohn- und Gehaltsliste *payroll ledger*
Lohn- und Gehaltspfändung *attachment of earnings*
Lohn- und Preisstopp *wages and prices freeze*
Lohnabrechnung *pay slip*
Lohnabzüge *salary deductions*
Lohnanpassung *wage adjustment*
Lohnarbeiter/-in *labourer*
Lohnausgleich *wage adjustment*
Lohnbuchhalter/-in *wages clerk*
Lohnempfänger/-in *wage-earner*
lohnend *remunerative*
lohnendes Geschäft *paying or commercial proposition*
Lohnerhöhung *pay or wage increase, (pay) rise, raise*
Lohnforderung *wage claim*
Lohngefälle *wage differentials*
Lohnhöhe *wage level*
Lohnindexstufe *pay or wage threshold*
Lohnkosten *labour costs or charges*
Lohnliste *payroll (ledger)*
Lohnnachzahlung *back pay*
Lohnnebenleistungen *fringe benefits*
Lohnniveau *wage level*
Lohnpolitik *wages policy*
Lohn-Preis-Politik *prices and incomes policy*
Lohn-Preis-Spirale *wage-price spiral*
Lohnscheck *pay cheque or (US) paycheck*
Lohnschwelle *pay or wage threshold*
Lohnskala *wage scale*
Lohnsteuer *(earned) income tax*
Lohnstopp *wage freeze or freeze on wages*
Lohnstreifen *pay slip*
Lohnsummensteuer *payroll tax*
Lohntüte *pay or wage packet*
Lohnverhandlungen *pay or wage negotiations*
lokal *local*
Lokalpresse *local press*
Lokopreis *spot price*
Lokowaren *spot goods*
Los *batch; lot*
löschen *to land, unload*
Löscherlaubnis *landing order*
Löschungskosten und Löschungszölle *landing charges*
lose *loose*
lösen *to solve, sort out; break off, cancel, terminate*
Lösung *solution; termination*
loswerden *to get rid of something*
Lotse *pilot*
lotsen *to pilot*
Lotterie *lottery*
Lounge *lounge*
Lücke *gap; blank, space*
Lückenfüller *filler*
luftdicht *airtight*
Luftfracht *air cargo or air freight*
Luftfracht: als ~ befördern *to airfreight*
Luftfrachtführer *air carrier*
Luftfrachtgebühren *air freight charges or rates*
Luftfrachtspedition *air forwarding*
Luftpolsterfolie *bubble wrap*
Luftpolsterumschlag *bubble envelope*
Luftpost *airmail*
Luftpostaufkleber *airmail sticker*
Luftpostbrief *aerogram, air(mail) letter*
Luftpostumschlag *airmail envelope*
Lufttüchtigkeit *airworthiness*
Lufttüchtigkeitszeugnis *certificate of airworthiness*
Luftverkehrsgesellschaft *airline*
lukrativ *paying*
lustlose Börse *dull or inactive or quiet market*
Lustlosigkeit *dullness*
Luxus *luxury*
Luxusgüter *luxury goods*
Luxussteuer *levy on luxury items*

Mm

Macht *power*
Magazin *magazine; store*
mager *lean*
Magnat *magnate, tycoon*
Magnetband *computer or mag(netic) tape*
Magnetbandgerät *streamer*
Magnetkarte *magnetic card*
Magnetstreifen *magnetic strip*
Mahnung *reminder, chaser*
Majorität *majority*
Makler/-in *broker*
Maklergebühr *brokerage or broker's commission*
Maklergeschäft *broking*

Makroökonomie *macro-economics*
Management *management*
Management nach Zielvorgaben *management by objectives*
Management-Buy-in *management buyin (MBI)*
Management-Buy-out *management buyout (MBO)*
Management-Team *management team*
Manager/-in *manager/manageress*
Manager-Ausbildung *management training*
Mangel *deficiency*
Managerkurs *management course*
Managertätigkeit *managership*
Mangel *deficiency, lack, shortage; imperfection*
mangeln an *to lack*
mangelnde Daten *lack of data*
Mängelrüge *(letter of) complaint*
mangels *failing*
Manifest *manifest*
Manipulation *manipulation, rigging, fiddling, fiddle*
Manipulation der Wahlresultate *rigging of ballots* or *ballot-rigging*
manipulieren *to manipulate, rig*
Mann *man*
Mannequin *model*
Mannschaft *crew, team*
manuell *manual(ly)*
Manuskripthalter *copyholder*
Marge *margin*
marginaler Boden *marginal land*
Marke *brand, make*
Markenartikel *branded goods*
Markenführer *brand leader*
Markenname *brand name*
Markenprofil *brand image*
Markentreue *brand loyalty*
Markenwaren *branded goods*
Markenwiedererkennung *brand recognition*
Markenzeichen *logo*
Marker *highlighter*
Marketing *marketing*
Marketingabteilung *marketing department*
Marketingdirektor/-in *marketing manager*
Marketingmethoden *marketing techniques*
Marketingplan *marketing plan*
Marketmaker *marketmaker*
markieren *to mark, flag*
Markierung *mark, flag*
Markt *market, mart*
Marktabsprache *marketing agreement*
Marktanalyse *market analysis*
Marktanteil *market share* or *share of the market*
Marktbedarf *market requirements*
Marktbeherrschung *market domination, monopolization*
Marktchancen *market opportunities*
Marktdurchdringung *market penetration*
Markteinführung *launch(ing)*
Markteinführungstermin *launching date*
Marktentwicklung *market trends*
Markterschließung *market opening*
marktfähig *marketable*
Marktfähigkeit *marketability*
Marktforschung *market research*
Marktführer *market leader*
marktgängig *marketable*
Marktgängigkeit *marketability*
Marktkräfte *market forces*
Marktlücke *gap in the market*
Marktmacher *marketmaker*
Marktplatz *market(place)*
Marktpreis *market price* or *rate*
Marktpotenzial *market potential*
Marktprofil *market profile*
Marktprognose *market forecast*
Marktsättigung *saturation of the market* or *market saturation*
Marktsegmentierung *segmentation*
Marktstand *stall*
Marktstandbesitzer/-in *stallholder*
Markttag *market day*
Markttendenzen *market trends*
Markttest *market test*
Marktwert *market value*
Maschine *machine; aircraft*
maschinell hergestellt *machine-made* or *machine-produced*
Maschinen *machinery, plant*
Maschinenbau *mechanical engineering*
Maschinencode *machine code*
maschine(n)geschrieben *typewritten*
maschinenlesbare Codes *machine-readable codes*
Maschinensaal *machine shop*
Maschinen-Schutzvorrichtungen *machinery guards*
Maschinensprache *machine language*
Maschinerie *machinery*
Maschinist/-in *machinist, operator*
Maß *measure(ment)*
Maßband *measuring tape* or *tape measure*
Masse *bulk, lot, mass*
Maßeinheit *measure*
Massenabsatzstrategie *mass marketing*
Massenankauf *bulk buying* or *bulk purchase*
Massenarbeitslosigkeit *mass unemployment*
Massengutfrachter *bulk carrier*
Massengutversand *bulk shipment*
Massenmedien *mass media*
Massenproduktion *mass production*
maßgebend *leading*
maßgefertigt *made to measure*
mäßig *moderate, modest*
massiv *massive, all-out*
Maßnahme *step, measure*
Maßstab *benchmark*
maßvoll *moderate*
Material *material*
Materialkosten *material(s) cost*
Materialsteuerung *materials control*
Materialwirtschaft *inventory control*
materielle Vermögenswerte *tangible assets*
Matrixdrucker *dot-matrix printer*
Matrize *stencil*
Maus *mouse*
Maut *toll*
maximale Nutzlast *maximum load*
maximieren *to maximize*
Maximierung *maximization*
Maximum *maximum*
Mechaniker/-in *mechanic*
mechanisch *mechanical*
mechanisieren *to mechanize*
Mechanisierung *mechanization*
Mechanismus *mechanism*
Median *median*
Medien *media*

Medienberichterstattung *media coverage*
Medienforschung *media research*
Medikament *drug*
Medium *medium*
medizinisch *medical*
Meer *sea*
Meeres- *marine*
Megabyte *megabyte (MB)*
Mehrbetrag *extra* or *additional amount, excess; surplus, overs*
mehrere *several*
mehrfach *multiple*
Mehrgewinn *excess profits*
Mehrheit *majority*
Mehrheitsaktionär *majority shareholder*
Mehrheitsbeschluss *majority vote* or *majority decision*
Mehrheitsbeteiligung *majority shareholding* or *interest*
Mehrplatzsystem *networked system*
Mehrweg- *returnable, reusable*
Mehrwert *added value* or *value added*
Mehrwertsteuer (MwSt.) *value added tax (VAT)*
Mehrwertsteuerbefreiung *zero-rating*
Mehrwertsteuerkontrolle *VAT inspection*
Mehrwertsteuerrechnung *VAT invoice*
Meile *mile*
Meineid *perjury*
Meinung *opinion*
Meinungsforscher/-in *(opinion) pollster*
Meinungsforschung *(public) opinion research*
Meinungsführer/-in *opinion-leader*
Meinungsumfrage *opinion poll*
Meinungsverschiedenheit *misunderstanding*
meistbegünstigtes Land *most favoured nation (MFN)*
Meistbegünstigungsklausel *most-favoured-nation clause*
Meistbietende(r) *highest bidder*
meistens *mostly*
meistverkauft *best-selling, top-selling*
melden *to report*
Meldeschein *registration certificate* or *certificate of registration*
Member-Card *store card*
Menge *bulk, lot, mass, quantity, volume*
Mengenabsatz *volume business*
Mengeneinkauf *bulk buying* or *bulk purchase* or *quantity purchase*
Mengenkostenrechnung *marginal pricing*
Mengenrabatt *bulk* or *quantity* or *volume discount*
Menü *menu*
Merchandising *merchandizing*
Messe *(trade) fair, exhibition, show*
Messehalle *exhibition hall*
messen *to measure, meter*
Messestand *exhibition stand*
Messung *measurement*
Meter *metre* or *(US) meter*
Methode *method*
metrisch *metric*
metrische Tonne *metric ton(ne)*
metrisches (Maß)system *metric system*
Mietbesitz *leasehold*
Mietdauer *let* or *tenancy (period)*
Miete *rent(al)*
Mieteinnahmen *rental income*
mieten *to rent, hire*
Mieter/-in *tenant*
Mietkauf *hire purchase (HP)*
Mietkaufvertrag *hire purchase agreement*
Mietpreisbindung *rent control*
Mietrückstand *back rent*
Mietverhältnis *tenancy*
Mietvertrag *lease*
Mietwagen *hire car*
Mikrocomputer *microcomputer*
Mikrofiche *microfiche*
Mikrofilm *microfilm*
Mikroökonomie *micro-economics*
Mikroprozessor *microprocessor*
Milchkuh *cash cow*
Milliarde *billion*
Milligramm *milligram*
Milliliter *millilitre*
Millimeter *millimetre*
Millimeterpapier *graph paper*
Million *million*
Millionär/-in *millionaire*
Minderheit *minority*
Minderheitsaktionär/-in *minority shareholder*
Minderheitsbeteiligung *minority shareholding* or *minority interest*
Minderung *diminution, lowering, reduction, depreciation*
minderwertig *inferior, low-grade, low-quality, second-rate*
Mindestbetrag *minimum amount*
Mindestbietende(r) *lowest bidder*
Mindestdividende *minimum dividend*
Mindestlagerbestand *minimum stock level*
Mindestlohn *minimum wage*
Mindestmenge *minimum quantity*
Mindestnachbestellung *reorder level*
Mindestpreis *floor* or *reserve* or *upset price*
Mine *mine*
Mineral *mineral*
Mineralöl *petroleum*
Mineralölerzeugnisse *petroleum products*
Mineralölwirtschaft *petroleum industry*
Minicomputer *minicomputer*
Minicontainer *minicontainer*
minimal *minimal*
Minimarkt *minimarket*
Minimum *minimum*
Minister/-in *minister*
Ministerium *ministry*
Minorität *minority*
minus *minus*
Minus *minus (figure)*
Minusbetrag *deficit*
Minute *minute*
Mischkonzern *conglomerate*
Mischlandwirtschaft *mixed farming*
Mischung *mix*
Mischwirtschaft *mixed economy*
Missachtung des Gerichts *contempt of court*
Missbrauch *misuse*
misslingen *to fail, fall through*
Missmanagement *mismanagement*
Missverständnis *misunderstanding*
Misswirtschaft *mismanagement, maladministration*
mit *with, cum*
Mitarbeit *co-operation*

Mitarbeiter/-in *staff member, employee, colleague, assistant*
Mitbestimmung *(worker) participation*
Mitbewerber/-in *competitor*
Mitbieter/-in *underbidder*
Mitdirektor/-in *co-director*
Miteigentum *co-ownership, joint ownership, part-ownership; coproperty*
Miteigentümer/-in *co-owner, part-owner, coproprietor*
mitfühlend *sympathetic*
Mitglied *member*
Mitgliedsbeitrag *club subscription*
Mitgliedschaft *membership*
Mitinhaber/-in *co-owner*
Mitleid *sympathy*
mitnehmen *to take away*
Mitschrift: zur ~ *for the record*
Mittagessen *lunch*
Mittagszeit *lunch hour* or *lunchtime*
mitteilen *to inform*
Mitteilung *memo(randum), message, note, notification*
Mitteilungsblatt *newsletter*
Mittel *means, medium*
mittelbar *indirect*
mittelfristige Prognose *medium-term forecast*
mittelfristige Staatspapiere *mediums*
mittelfristiges Darlehen *medium-term loan*
mittelgroß *middle-sized*
Mittelherkunft *source of funds*
Mittelkurs *mean price*
Mittelständler *medium-sized company*
Mittelwert *average, mean price*
mittlere(r,s) *middle, medium, average, mean*
mittlerer Fälligkeitstermin *average due date*
mittleres Management *middle management*
Mitversicherung *co-insurance*
mitverursachend *contributory*
Mitwirkung *participation*
Möbel *furniture*
Möbellager *furniture depository*
mobil *mobile*
mobile Arbeitskräfte *mobile workforce*
mobile Streikposten *flying pickets*
mobiler Laden *mobile shop*
Mobiliar *furniture*
Mobilien *moveable property* or *moveables*
mobilisieren *to mobilize*
Mobilität *mobility*
möblieren *to furnish*
möblierte Unterkunft/Wohnungen *furnished accommodation/lettings*
Modeartikel *fancy goods*
Model *model*
Modell *model, example*
Modem *modem*
modern *modern*
modernisieren *to modernize, streamline*
Modernisierung *modernization, streamlining*
modifizieren *to modify*
modifizierter Jahresabsachluss *modified accounts*
Modifizierung *modification*
modular *modular*
möglich *possible*
Möglichkeit *opportunity, possibility, scope, means*
Monat *month*
monatlich *monthly, by the month*
Monatsende *month end*
Monatskarte *monthly ticket*
Mondscheintarif *cheap rate, night rate*
monetär *monetary*
Monetarismus *monetarism*
Monetarist/-in *monetarist*
monetaristisch *monetarist*
Monitor *monitor, screen*
Monopol *monopoly*
monopolisieren *to monopolize*
Monopolisierung *monopolization*
Monopolzerschlagung *trustbusting*
Montage *assembly*
Montageband *assembly line* or *production line*
montieren *to assemble*
moralisches Recht *moral right*
Moratorium *moratorium*
mörderischer Wettbewerb *cut-throat competition*
Motiv *motive, reason*
Motivation *motivation*
motivieren *to motivate*
Motor *engine*
Motorradbote *dispatch rider*
Mühe *effort*
Mühle *mill*
multilateraler Handel *multilateral trade*
Multimillionär/-in *multimillionaire*
multinationaler Konzern *multinational*
Multiplikation *multiplication*
Multiplikationszeichen *multiplication sign*
multiplizieren *to multiply*
mündelsichere Staatspapiere *gilt-edged stock or securities, gilts*
mündlich *verbal(ly)*
mündliche Genehmigung *verbal permission*
mündliche Vereinbarung *unwritten* or *verbal agreement*
Münzanstalt *mint*
Münze *coin*
Münzfernsprecher *pay phone*
Münzgeld *specie*
Muster *example, sample, specimen, swatch*
Musterbuch *sample book* or *book of samples, pattern book*
mustergültig *model*
Musterhaus *show house*
Musterprozess *test case*
Mustervertrag *standard contract* or *agreement*
Musterwohnung *show flat*
Muttergesellschaft *parent company*
Mutterschaft *maternity*
Mutterschaftsgeld *maternity benefit*
Mutterschaftsurlaub *maternity leave*

Nn

nachahmen *to imitate*
Nachahmung *imitation*
nachbestellen *to reorder*
Nachbestellung *reorder, repeat order*
Nachbestellungsmenge *reorder quantity*
Nachbörse *kerb market, after-hours dealing (on the stock market)*
nachfassen *follow up*
nachfolgend *following, incoming*

Nachfolger werden *to succeed*
Nachfolger/-in *successor*
Nachforschungen anstellen *to inquire into*
Nachfrage *demand*
Nachfrage stillen *to satisfy (a) demand*
Nachfrageinflation *demand-led inflation*
Nachfragepreis *demand price*
Nachfrist *grace*
nachgeben *to ease, fall back, slide*
nachgehen *to follow up*
Nachlass *estate*
nachlassen *to take* or *knock off; decrease, ease, slacken off, weaken*
nachlassend *decreasing*
Nachlassgericht *probate court*
nachlässig *negligent*
Nachlässigkeit *negligence*
Nachlassverwalter/-in *administrator*
Nachlassverwalter-Zeugnis *letters of administration*
Nachlösegebühr *excess fare*
nachprüfen *to re-examine*
Nachprüfung *re-examination*
nachrangiger (Konkurs)gläubiger *deferred creditor*
Nachricht *message, note, (piece of) news*
Nachrichten *news*
Nachrichtenagentur *news agency*
Nachrichtendienst *news service*
Nachrichtensperre *news blackout* or *embargo*
Nachrichtentechnik *telecommunications*
Nachsatz *post scriptum* or *postscript (P.S.)*
Nachsendeadresse *forwarding address*
nachsenden *to send on, forward*
nachstehend *hereafter*
Nachtdienst *night duty*
Nachteil *disadvantage, drawback; detriment, prejudice*
nachteilig *adverse, detrimental*
Nachtrag (zu einer Police) *endorsement*
Nachtsafe *night safe*
Nachtschicht *night shift*
Nachttarif *night rate*
Nachttresor *night safe*
Nachweis *proof*
Nachwuchsmanager/-in *junior executive* or *junior manager*
Nachzahlung *back payment*
Nachzugsaktien *deferred shares* or *stock*
Nadel *pin*
nagelneu *brand new*
nahe daran *close to*
nähere Angaben *particulars*
Näheres im Geschäft *inquire within*
Nahrungsmittel *food*
Nahverkehrszug *local* or *commuter train*
Naira *naira*
Name *name*
namhaft *substantial*
Nation *nation*
national *national*
Nationalbank *national bank*
Natur *nature*
natürlich *natural(ly); of course*
natürliche Ressourcen *natural resources*
natürlicher Arbeitskräfteabgang *natural wastage*
Naturschätze *natural resources*
Nebenausgaben *incidental expenses*
nebenbei *on the side*
Nebenbeschäftigung *sideline*
Nebenkasse *petty cash*
Nebenkosten *incidental expenses* or *incidentals*
Nebenprodukt *by-product, spinoff*
nebensächlich *incidental, subsidiary*
Nebensaison *low season, off-season*
Nebensaisontarif *off-season tariff* or *rate*
negativ *negative, unfavorable*
negativer Cashflow *negative cash flow*
Negativfaktor *minus factor*
nehmen: auf sich ~ *to incur*
neigen *to tend*
Nennwert *denomination; nominal* or *face* or *par value*
netto *net*
Nettobuchwert *net book value (NBV)*
Netto-Cashflow *net cash flow*
Nettoeinkommen *net* or *disposable income*
Nettoeinnahmen *net receipts*
Nettoertrag *net yield*
Nettogehalt *net salary*
Nettogewicht *net weight*
Nettogewinn vor Besteuerung *net profit before tax*
Nettomarge *net margin*
Nettopreis *net price*
Nettoumsatz *net sales, net turnover*
Nettoverdienst *net earnings* or *take-home pay*
Nettoverlust *net loss*
Nettovermögenswert *net asset value*
Netz *network*
neu *new; modern*
neu ausstatten *to refit*
neu bearbeiten *to revise*
neu bewerten *to revalue*
neu organisieren *to reorganize*
Neuauflage *reissue (of a book)*
Neuausstattung *refitting*
Neubauten *house starts* or *housing starts*
Neubewertung *revaluation, reassessment*
Neuemission *new issue (of shares)*
Neuemissionsabteilung *new issues department*
Neuemissionsspekulant/-in *stag*
Neuerer *innovator*
Neuerscheinungen *new releases*
Neuerung *innovation*
Neuerungen einführen *to innovate*
Neufestsetzung *realignment*
Neugründungsfinanzierung *start-up financing*
Neuordnung *reorganization*
Neuregelung *readjustment*
Neuschätzung *reassessment*
neuste(r,s) *newest, latest*
Neustrukturierung *reconstruction*
Neuveranlagung *reassessment*
nicht abgeholt *uncollected*
nicht akzeptabel *unacceptable*
nicht anerkennen *to disallow, repudiate*
nicht ausgeführte Aufträge *unfulfilled* or *back* or *outstanding orders*
nicht ausgeglichen *unbalanced*
nicht ausgelastet *underemployed, underworked*
nicht begebbares Wertpapier *non-negotiable instrument*
nicht beschlussfähig *inquorate*
nicht datiert *undated*
nicht eingetragen *unregistered*
nicht eingezahlt *unbanked*

nicht einlösbar *inconvertible, irredeemable*
nicht einziehbar *irrecoverable*
nicht einziehbare Außenstände *bad debt*
nicht entlastete(r) Konkursschuldner/-in *undischarged bankrupt*
nicht erhältlich *unobtainable, unavailable*
nicht erstattungsfähig *non-refundable*
nicht geeignet *ineligible*
nicht konvertierbar *inconvertible*
nicht notiert *unlisted* or *unquoted*
nicht realisierter Verlust *paper loss*
nicht satzungsgemäß *unconstitutional*
nicht sesshafte Bevölkerung *floating population*
nicht steuerpflichtig *non-taxable*
nicht subventioniert *unsubsidized*
nicht überprüft *unchecked*
nicht verfügbar *unavailable*
nicht versichert *uninsured*
nicht voll ausgelastet *underutilized*
nicht vorrätig *out of stock (O/S)*
Nichtanerkennung *repudiation*
Nichtbezahlen *non-payment*
Nichtdiskriminierung im Außenhandel *fair trade*
Nichterfüllung *default*
Nichterschienene(r) *absentee*
nichtig *invalid, null, void*
nichtig erklären *to invalidate*
Nichtigerklärung *invalidation*
Nichtigkeit *invalidity*
Nichtlieferung *non-delivery*
Nichtverfügbarkeit *unavailability*
Nickel *nickel*
Niederlage *defeat*
niederlassen: sich ~ *to set up in business*
Niederlassung *branch office; domicile*
niederlegen *to lay* or *put down; resign, give up*
niederlegen: die Arbeit ~ *to down tools, walk out*
Niedertarif *off-peak tariff* or *rate*
niedrig *low*
niedriger einstufen *to demote, downgrade*
Niedrigpreis *cut price*
Nießbrauch *beneficial interest*
Nießbrauchberechtigte(r) *beneficial occupier*
Nische *niche*
Niveau *level, standard*
Nominalaktienkapital *nominal share capital*
Nominalwert *nominal* or *face value*
nominell *nominal, token*
nominelle Gebühr *token charge*
nominelle Miete *nominal* or *peppercorn* or *token rent*
nominieren *to nominate*
Nominierte(r) *nominee*
Nominierung *nomination*
Norm *norm, standard*
normal *normal, ordinary, standard, usual*
normale Abnutzungs- und Verschleißerscheinungen *fair wear and tear*
normalerweise *as a rule*
Normalformat or *Normalgröße regular size*
Normalrabatt *discount*
Normalzeit *standard time*
normen *to standardize*
Normung *standardization*
Nostrokonto *nostro account*
Notar/-in *notary public*
Notausgang *emergency exit, fire exit*
Notenbank *central bank*
Notfall *emergency*
Notfonds *emergency reserves*
Notgroschen *nest egg*
notieren *to note; quote*
nötig *necessary*
Notiz *memo, note*
Notizblock *memo pad* or *note pad*
Notizbuch *notebook*
Notlage *emergency*
Notstand *(state of) emergency*
Notstandsmaßnahmen ergreifen *to take emergency measures*
Notverkauf *forced sale*
notwendig *necessary*
Notwendigkeit *necessity*
Null *nil, nought, zero*
null und nichtig *null and void*
Nullinflation *zero inflation*
Nullkupon-Anleihe *zero-coupon bond*
numerisch *numeric* or *numerical*
numerische Daten *numeric data*
numerische Tastatur *numeric keypad*
nummerieren *to number*
Nummernkonto *numbered account*
Nutzen ziehen aus *to benefit from* or *by (something)*
Nutzfahrzeug *commercial vehicle* or *goods vehicle*
Nutzlast *payload*
nützlich *useful*
Nutznießer/-in *beneficiary*
Nutzung *utilization*
Nutzungsrecht *beneficial interest*

Oo

Oberfläche *surface, finish*
Obergrenze *upper limit, cap*
oberste Preisgrenze *ceiling price* or *price ceiling*
Obligation *bond, debenture*
Obligationär *debenture holder*
obligatorisch *compulsory, obligatory*
obligatorische Sitzung *mandatory meeting*
Obrigkeit *authorities*
obsoleszent *obsolescent*
Obsoleszenz *obsolescence*
obsolet *obsolete*
offen *open; outstanding, unsettled*
offen legen *to disclose*
offene Hypothek *open-end mortgage*
offene Stellen *situations* or *appointments vacant, job vacancies*
offener Briefumschlag *unsealed envelope*
offener Kleintransporter *pickup (truck)*
offener Kredit *open credit*
offenes Ticket *open ticket*
Offenlegung *disclosure*
öffentlich *(in) public*
öffentliche Meinung *public opinion*
öffentliche Mittel *public funds*
öffentliche Verkehrsmittel *public transport*
öffentlicher Feiertag *public holiday*
öffentlicher Sektor *public sector*
öffentliches Eigentum *public ownership*

öffentliches Verkehrsnetz *public transport system*
Öffentlichkeitsarbeit *public relations (PR)*
offiziell *formally, officially, on the record*
offizieller Streik *official strike*
öffnen *to open*
Öffnung *opening, aperture*
Öffnungszeiten *opening hours, hours of business*
ohne *without, ex*
ohne Handelswert *of no commercial value*
ohne Steuer *exclusive of tax*
ohne Testament sterben *to die intestate*
ohne Verbindlichkeit *without prejudice*
Ökonometrie *econometrics*
Öl *oil*
Ölförderland *oil-producing country*
Ölkonzession *oil lease*
Ombudsmann *ombudsman*
Operations-Research *operational research*
operativer Gewinn/Verlust *operating profit or loss*
optimal *optimal, optimum*
optimale Bestellmenge Wirtschafts- *economic order quantity (EOQ)*
Optimismus *optimism*
optimistisch *optimistic*
Optionsgeschäft/Optionshandel *option dealing or trading*
Optionsvertrag *option contract*
ordentliche Buchprüfung *general audit*
ordentliche Jahreshauptversammlung *annual general meeting (AGM)*
ordentliches Gerichtsverfahren *due process of the law*
ordentliches Mitglied *ordinary member*
ordnen *to order, arrange, sort out; regulate*
ordnungsgemäße Quittung *receipt in due form*
ordnungsgemäßes Verfahren *due process of the law*
Organgesellschaft *subsidiary company*
Organigramm *organization chart*
Organisation *organization*
Organisation und Verfahren *organization and methods (O & M)*
Organisationskomitee *organizing committee*
Organisationsplan *organization chart*
Organisator/-in *organizer*
organisatorisch *organizational*
organisieren *to organize*
orientiert *oriented or orientated*
Original *master, original, top copy*
original *original*
Ort *place, point, spot*
Ort: an ~ und Stelle *on the premises, on the spot*
örtlich *local*
örtliche Behörde *local authority*
örtliche Verordnungen *bylaws*
örtliche Verwaltung *local government*
örtliche Währung *local currency*
ortsansässige Arbeitskräfte *local labour*
Ortsgespräch *local call*
Ortsnetzkennzahl *area code or dialling code*
Ortszeit *local time*
Outsourcing *outsourcing*

Pp

Pacht *lease; rent(al)*
Pachtbesitz *leasehold*
Pachtdauer *tenancy*
Pachteinnahmen *income from rents or rent(al) income*
pachten *to lease, rent*
Pächter/-in *leaseholder, lessee, tenant*
Pachtgeld *rent*
Pachtverhältnis *tenancy*
Pachtvertrag *lease*
Päckchen *packet, sachet*
Packer/-in *packer*
Packliste *packing list*
Packpapier *wrapping paper, manilla, brown paper*
Packung *pack*
Packzettel *packing slip*
paginieren *to paginate*
Paket *parcel; pack, package, packet; block*
Paketannahme *parcels office*
Paketgebühr *parcel rate*
Paketpost *parcel post*
Paketzustelldienst *parcel delivery service*
Palette *pallet*
palettieren *to palletize*
Panik *panic*
Panikkauf *panic buying*
Panikverkauf *panic selling*
Papier *paper; document*
Papiereinzug *paper feed*
Papiergeld *paper money*
Papierkorb *wastebasket*
Papierkram *paperwork*
Papierkrieg *red tape*
Papiermühle *paper mill*
Papierschneider *guillotine*
Papiertüte *paper bag*
Papiervorschub *paper feed*
Pappe *card, cardboard*
Pappkarton *cardboard box, carton*
Pappschachtel *cardboard box*
Paragraf *paragraph, article, section*
Paralleldrucker *computer printer or line printer*
Parameter *parameter*
Paraphe *initials*
paraphieren *to initial*
pari *par*
Parität *parity*
Park *park*
parken *to park*
Parkplatz *car park*
Partei *party*
Parteienbeitrag *political levy*
parteiisch *biased, partial, one-sided*
partiell *partial*
Partieware *job lot*
partizipativ *participative*
Partner/-in *partner*
Partnerschaft *partnership*
Partyservice *caterer*
Parzelle *lot*
Pass *passport*
Passage *arcade*
Passagier/-in *passenger*

Passagierfähre *passenger ferry*
Passagierliste *passenger manifest*
Passagierschiff *liner*
passen *to fit, be suitable or convenient*
passend *suitable*
passieren *to happen*
Passierschein *pass*
passive Handelsbilanz *adverse or unfavourable balance of trade*
Passwort *password*
Patent *patent*
Patentamt *patent office*
Patentanmeldung *patent application*
Patentanwalt/-anwältin *patent lawyer or agent*
patentieren (lassen) *to patent*
Patentrecht *patent rights*
patentrechtlich geschützt *patented*
patentrechtlich geschütztes Arzneimittel *patent medicine, proprietary drug*
Patenturkunde *letters patent*
Patentverletzung *infringement of patent or patent infringement*
Patrone *cartridge*
pauschal *comprehensive*
Pauschalangebot or **Pauschalarrangement** *package deal*
Pauschalbetrag *lump sum*
pauschale Ablehnung *blanket refusal*
Pauschale *lump sum; inclusive sum or charge*
Pauschalpreis *all-in price*
Pauschalreise *package holiday or package tour*
Pauschalsatz *flat rate*
Pause *break*
peinlich *awkward*
pekuniär *pecuniary*
Pendant *counterpart, opposite number*
pendeln *to commute*
Pendler/-in *commuter*
Pension *retirement; pension, superannuation*
Pensionär/-in *pensioner*
pensionieren *to pension off*
pensionieren: sich vorzeitig ~ lassen *to take early retirement*
Pensionierung *retirement*
Pensionsalter *pensionable or retirement age*
pensionsberechtigt *pensionable*
Pensionskasse *pension fund*
per Luftpost *by air*
per Nachnahme *cash on delivery (c.o.d.)*
per procura or *per Vollmacht per pro (curationem)*
perfekt *perfect(ly)*
perfektionieren *to perfect*
periodisch *periodic(al)*
Peripheriegeräte *peripherals*
Person *person*
Personal *personnel, staff*
Personal einstellen *to hire staff*
Personalabbau *shakeout*
Personalabteilung *personnel department*
Personalbestand *number of staff, manpower*
Personalbestandsprognose *manpower forecasting*
Personalbeurteilung *staff appraisal or assessment*
Personalchef/-in *personnel manager, personnel officer*
Personalcomputer (PC) *personal computer (PC)*
Personalführung *personnel management*
Personalleiter/-in *personnel manager*
Personalplanung *manpower planning*
Personalreferent/-in *personnel officer*
Personalstärke *manning levels or staffing levels*
Personalvermittlung *staff agency*
Personalvertretung *staff representation or association*
personell unterbesetzt *undermanned or understaffed*
personelle Unterbesetzung *undermanning*
Personengesellschaft *partnership; close company, closed corporation*
Personenkonto *personal account*
Personenzug *passenger train*
persönlich *personal(ly), in person*
persönliche Kennnummer *Personal Identification Number (PIN)*
persönliche(r) Assistent/-in *personal assistant (PA)*
persönlicher Brief *private letter*
persönliches Einkommen *personal income*
Perspektive *perspective, point of view, outlook*
Pessimismus *pessimism*
pessimistisch *pessimistic*
Petition *petition*
Petrodollar *petrodollar*
Petrowährung *petrocurrency*
Pfand *pledge*
Pfandbrief *debenture*
Pfandbriefinhaber/-in *debenture holder*
Pfandleihanstalt *pawnshop*
Pfandleiher/-in *pawnbroker*
Pfandrecht *lien*
Pfandsache *pledge*
Pfandschein *pawn ticket*
Pfändung *seizure, distraint, attachment (of goods)*
Pfandverkauf *distress sale*
Pflichtaktien *qualifying shares*
Pflichten *responsibilities*
Pfund *pound, quid*
Pfund Sterling *pound sterling*
Phantasiepreise *fancy prices*
Phase *phase, stage*
Phönix-Syndrom *phoenix syndrome, phoenixism*
Phonotypist/-in *audio-typist*
Pilot *pilot*
Pionier/-in *pioneer*
Pionierarbeit leisten *to pioneer*
Pionierprojekt *pioneer project*
plädieren *to plead*
Plagiat *plagiarism, (literary) piracy*
Plagiator *plagiarist, (literary) pirate*
Plakat *poster*
Plakatwand *advertisement hoarding*
Plan *plan*
planen *to plan, organize*
Planer/-in *planner*
Planquadrat *grid*
Planung *planning, organization*
Planwirtschaft *planned or controlled economy*
Plastikgeld *plastic money*
Platte *disk; panel*
Platz *place; space; seat; spot*
platzen *to bounce*
Platzierung *placing*
pleite gehen *to go broke or bust*
Pleite *flop*

Plenarsitzung *plenary meeting or plenary session*
Plombe *seal*
plombieren *to seal*
Plunder *junk*
plus *plus*
Pluspunkt *plus*
Politik *policy*
Politik der verbrannten Erde *scorched earth policy*
Politik des billigen/knappen Geldes *easy/ tight money policy*
politisch *political*
politische Partei *political party*
Polster *cushion*
populär *popular*
populäre Preise *popular prices*
Pop-up-Menü *pop-up menu*
Port *port*
Portefeuille *portfolio*
Portfoliomanagement *portfolio management*
Portion *portion*
Porto bezahlt *postage paid*
Portobuch *petty cash book (PCB)*
portofrei *post free*
Portokasse *petty cash; petty cash box*
Portokassenbeleg *petty cash voucher*
Position *position*
positiv *positive*
positiver Cashflow *positive cash flow*
Post *post or mail; post office*
Post: mit getrennter ~ *under separate cover*
Postamt *post office*
Postanweisung *money order, postal order*
Postausgang *outgoing mail*
Posteingang *incoming mail*
Posten *quantity, lot; item, entry; post, position, job*
Poster *poster*
Postfach *Post Office box or PO box (number)*
Postgebühren *postage or postal charges or rates*
Postkarte *postcard*
postlagernd *poste restante or (US) General Delivery*
Postleitzahl *postcodeor (US) ZIP code*
Postpaket *postal packet*
Poststelle *post room or mail room; (sub) post office*
Poststempel *postmark*
Posttarife *postal charges or postal rates*
Postversand *mail-order*
postwendend antworten *to reply by return of post*
Postwertzeichen *postage stamp*
Postwurfsendung *direct mail, mailing piece*
Potenzial *potential*
potenziell *potential, prospective*
prä- *pre-*
PR-Abteilung *PR department*
Präferenzzoll *preferential duty or tariff*
prägen *to mint*
Praktik *practice*
praktisch *practical, handy, convenient*
Prämie *bonus; bounty; premium*
Prämienanleihe *premium bond*
Prämienzuschlag *additional premium*
Präsentation *presentation*
Präsentationspackung *presentation or display pack*
Präsentationsstand *display stand*
Präsident/-in *president*
präventiv *preventive*
Präventivstreik *pre-emptive strike*
Praxis *practice*
Praxis: in der ~ *in practice*
Preis *price, rate*
Preis ab Kai/Lager/Werk *price ex quay/ warehouse/ factory or works*
Preis bei Inzahlungnahme *trade-in price*
Preisabsprache *price fixing or(US) common pricing*
Preisangebot *quotation, quote*
Preisanstieg *escalation of prices*
Preisaufschlag *mark-up*
Preisbildung *pricing*
Preisbindung *price fixing or control(s)*
preisempfindliches Produkt *price-sensitive product*
Preiserhöhung *mark-up*
Preiseskalation *escalation of prices*
Preisfestsetzung *pricing*
Preisgabe *disclosure*
preisgeben *to disclose*
Preisgefälle *price differential*
Preisgleitklausel *escalator clause*
preisgünstig *inexpensive, good value (for money)*
Preiskalkulation *pricing*
Preisklasse *price range*
Preiskontrolle *price control*
Preiskrieg *price war or price-cutting war*
Preislage *price range*
Preisliste *price list*
Preisnachlass *price reduction, discount, rebate*
Preispolitik *pricing policy*
Preisschild *price label or price tag*
Preissenkung *price cutting or reduction, mark-down*
Preistreiberei *profiteering*
Preisunterschied *price differential*
preiswert *cheap, good value (for money), inexpensive*
Presse *press*
Pressebericht *press report*
Presseberichterstattung *press coverage*
Pressekonferenz *press conference*
Pressemitteilung *press release*
Pressereferent/-in *press or information officer*
Pressestelle *press office*
Presseverlautbarung *press release*
Prestige *prestige*
Prestigeprodukt *prestige product*
Prestigeverlust *loss of status*
Prestigewerbung *prestige advertising*
Primärprodukt *primary product*
Prinzip *principle*
prinzipiell *in principle*
Priorität *priority*
privat *private*
Privatadresse *home address*
Privatanleger *private investor*
Privatbesitz *private property*
private Krankenversicherung *private health scheme*
private Mittel *private means*
private Rentenversicherung *personal pension plan*
privater Anleger *private investor*
Privateigentum *private ownership; private property*

Privateinkommen *private income*
Privatgespräch *personal call*
Privatgrundstück *private property*
privatisieren *to privatize*
Privatisierung *privatization*
Privatkunde *private client or private customer*
Privatsektor *private sector*
Privatunternehmen *private enterprise*
Privatvermögen *personal assets*
Privatvertrag *private contract*
Privatwirtschaft *private enterprise, (the) private sector*
pro forma *pro forma*
pro Jahr *per annum or per year*
pro Kopf *per capita or per head*
pro Stunde *per hour, by the hour*
pro Tag/Woche *per day/week*
Probe *example, sample, specimen; test, trial*
Probe: auf ~ *on approval*
Probebilanz *trial balance*
Probeexemplar *specimen (copy)*
Probelauf *test or dummy run*
Probenentnahme *sampling*
Probestück *trial sample*
Probezeit *probation, trial period*
probieren *to sample*
Problem *problem, difficulty*
Problembereich *problem area*
Produkt *product*
Produktanalyse *product analysis*
Produktentwicklung *product development*
Produktgestaltung *product design*
Produktgruppe *line of product or product line*
Produkthaftung *product liability*
Produktion *production, output*
Produktionsabteilung *production department*
Produktionseinheit *production unit*
Produktionsfaktoren *factors of production*
Produktionsgruppe *production unit*
Produktionskapazität *producing capacity*
Produktionskosten *production cost(s)*
Produktionsleistung *output; rate of production or production rate*
Produktionsleiter/-in *production manager*
Produktionsmittel *capital equipment*
Produktionsprämie *output bonus*
Produktionsstandard *production standards*
Produktionsvolumen *volume of output*
Produktionsziel *production target*
produktiv *productive(ly)*
produktive Gespräche *productive discussions*
Produktivität *productivity*
Produktivitätsprämie *productivity bonus*
Produktivitätsvereinbarung *productivity agreement*
Produktlinie *line of product or product line*
Produkt-Management *product management*
Produktmix *product mix*
Produktpalette *product mix*
Produkttypung *standardization of products*
Produktüberangebot *glut of produce*
Produktwerbung *product advertising*
Produzent *producer*
Produzentenhaftung *product liability*
produzieren *to produce, make, turn out*
professionell *professional*
Profil *profile*
Profit *profit*
Profit-Center *profit centre*
Profiteur/-in *profiteer*
profitieren von *to benefit from or by something*
Pro-forma-Rechnung *pro forma (invoice)*
Prognose *forecast, projection*
prognostizieren *to forecast*
Programm *program(me); plan, scheme; agenda, timetable; range*
programmierbar *programmable*
programmieren *to program*
Programmierer/-in *computer programmer, programming engineer*
Programmiersprache *programming language*
Programmunterbrechung *commercial break*
progressiv *progressive, go-ahead*
progressive Besteuerung *progressive taxation*
Projekt *project, scheme, undertaking*
Projektanalyse *project analysis*
Projektingenieur/-in *project engineer*
Projektleiter/-in *project manager*
Pro-Kopf-Ausgaben *per capita expenditure*
Pro-Kopf-Einkommen *average income per capita or per capita income*
Prolongation *extension, prolongation, renewal*
prolongieren *to extend, prolong, renew*
prolongierter Kredit *extended credit*
prompt *prompt, immediate*
prophezeien *to predict*
proportional *proportional*
Prospekt *broadside, brochure, leaflet, pamphlet; catalogue*
Prosperität *prosperity*
Protektionismus *protectionism*
Protest *protest*
Protest: aus ~ gegen *in protest at*
protestieren *to protest, object*
Proteststreik *protest strike*
Protokoll *record; minutes*
Protokoll führen *to take the minutes*
Protokollbuch *minutebook*
protokollieren *to minute, record*
Prototyp *prototype*
Provenienz *origin*
Provenienzzertifikat *certificate of origin*
Proviant *provisions*
Provinz *province(s)*
provinziell *provincial*
Provinzregierung *provincial government*
Provision *commission, key money, rake-off*
Provisionsagent/-in *commission agent*
Provisionsvertreter/-in *commission rep*
provisorisch *provisional(ly)*
Prozent *percentage*
Prozentpunkt *percentage point*
Prozentsatz *percentage*
prozentual *per cent*
prozentualer Anstieg/Rabatt *percentage increase/discount*
Prozess *court case, legal proceedings, litigation; trial*
Prozessführende(r) *litigant*
prozessieren *to take legal action, sue*
Prozesspartei *party (to an action)*
PR-Referent/-in *public relations officer (PRO)*
prüfen *to audit, check, consider, examine, inspect, test*
Prüfer/-in *inspector*
Prüfmuster *check sample*
Prüfstempel *inspection stamp*
Prüfung *examination, inspection, test, testing*

Publikation *publication*
Puffer *cushion*
Pufferbestände *buffer stocks*
Pull-down-Menü *pull-down menu*
Pump *credit* or *tick*
Punkt *point; item; dot spot*
Pünktchen *dot*
punktierte Linie *dotted line*
pünktlich *punctual, prompt; on time*
pünktliche Zahlung *prompt payment*
Pünktlichkeit *punctuality, (good) time-keeping*

Qq

Quadrat *square*
quadratisch *square*
Qualifikation *qualification*
Qualifikationsfrist *period of qualification*
qualifizieren: sich ~ *to qualify*
qualifiziert *qualified, skilled*
Qualität *quality*
qualitative Obsoleszenz *built-in* or *planned obsolescence*
Qualitätskontrolle *quality control*
Qualitätskontrolleur/-in *quality controller*
quantifizierbar *quantifiable*
quantifizieren *to quantify*
Quantität *quantity*
Quartalstag *quarter day*
quartalsweise *quarterly*
Quartil *quartile*
Quelle *source*
Quellensteuer *tax deducted at source, withholding tax*
quittieren *to receipt, give a receipt for*
Quittung *receipt*
Quittungsblock *receipt book* or *book of receipts*
Quittungsduplikat *duplicate (of a) receipt*
Quote *quota*
Quotenaktie *fractional certificate*
Quotensystem *quota system*

Rr

Rabatt *discount, rebate*
Rabatt gewähren *to discount*
Rabattmarke *trading stamp*
Radiergummi *eraser*
Rahmen *scale*
Rand *edge, side*
Rang *echelon, grade, rank, status*
ranghöchste(r,s) *top-ranking, senior-ranking*
rangmäßig *ranking*
Rangordnung *rank order*
rar *rare, scarce*
rasch *rapid(ly)*
Rat *advice* or *counsel; council, board*
Rate *instalment; rate*
raten *to advise; guess*
raten zu *to recommend*
Ratenkauf *hire purchase (HP)*
Ratenzahlung *deferred payment*
Ratgeber/-in *adviser* or *advisor*
rationalisieren *to rationalize, streamline*
Rationalisierung *rationalization, streamlining*
rationell *economical, efficient*
rationieren *to ration*
Rationierung *rationing*
räuberisch *predatory*
Rauchverbot *ban on smoking*
Raum *room, space, area*
räumen *to clear, vacate*
Räumlichkeiten *premises*
Raummaß *cubic measure*
Räumungsverkauf *clearance sale, closing down sale*
Raumverteilungsplan *floor plan*
Raumzahl *tonnage*
Rausschmiss *sacking*
rauswerfen *to sack*
reagieren auf *to react to*
Reaktion *reaction, response, feedback*
real *real*
Realeinkommen *real income*
Realignment *realignment*
realisierbar *practicable, feasible, realizable, viable*
realisierbare Vermögenswerte *realizable assets*
Realisierbarkeit *feasibility*
realisieren *to realize*
Realisierung von Vermögenswerten *realization of assets*
Reallohn *real wages*
Realzeit *real time*
Rechenfehler *computational error; miscalculation*
Rechengeschwindigkeit *computing speed*
Rechenhilfe *calculator*
Rechenmaschine *calculating machine*
Rechenschaft ablegen *to account for*
Rechenzeit *computer time*
Rechenzentrum *computer bureau*
rechnen *to count*
rechnen mit *to count on*
Rechner *calculator; computer*
rechnerischer Gewinn *paper profit*
Rechnerlauf *computer run*
Rechnersystem *computer system*
Rechnerverbund *computer network, networked system*
Rechnung *bill, invoice*
Rechnung ausstellen *to invoice*
Rechnungsabschluss *financial statement*
Rechnungsabteilung *invoicing department*
Rechnungsausstellung inklusive MwSt. *VAT invoicing*
Rechnungsbuch *account book*
Rechnungseinheit *unit of account*
Rechnungsjahr *financial year*
Rechnungslegung *accounting*
Rechnungslegung zum Wiederbeschaffungswert *current cost accounting (CCA)*
Rechnungspreis *invoice price*
Rechnungsprüfer/- *auditor*
Rechnungsstellung *billing*
Rechnungswesen *accountancy, accounting*
Recht *law; right*
rechte Hand *right-hand man*
rechtfertigen *to justify, warrant*
rechtlich *legal(ly)*
rechtlich verantwortlich *legally responsible*

rechtliche Stellung *legal status*
rechtliche(r) Vertreter/-in *attorney*
rechtmäßig *legal, lawful, rightful*
rechtmäßige(r) Besitzer/-in *rightful owner*
rechtmäßiger Anspruch *legal claim*
rechtmäßiges Handeln *lawful practice*
Rechtmäßigkeit *legality*
Rechtsabteilung *legal department or legal section*
Rechtsanspruch *legal claim, title*
Rechtsanwalt/-anwältin *lawyer, attorney(-at-law)*
Rechtsberater/-in *legal adviser*
rechtsgültig *in due form, (legally) valid*
rechtsgültig machen *or erklären to authenticate, validate*
Rechtsgültigkeit *validity*
rechtshängig *sub judice*
Rechtsmittel *appeal*
Rechtsnachfolger/-in *assignee, legal successor*
Rechtsposition *legal status*
Rechtsreferendar/-in *articled clerk*
Rechtsstreit *(legal) action, lawsuit, litigation*
Rechtsungültigkeit *invalidity*
rechtsverbindlich *legally binding*
rechtswidrig *illegal, wrongful*
Rechtswidrigkeit *illegality*
recyceln *to recycle*
Recyclingpapier *recycled paper*
Redakteur/-in *editor*
Redaktion *editing; editorial staff; editorial office*
redaktionell *editorial*
Redaktionskomitee *editorial board*
rediskontfähiger Wechsel *eligible bill or eligible paper*
redlich *bona fide, honest*
redlicher Vermittler *honest broker*
reduzieren *to reduce, cut, decrease*
reduziert *reduced*
Reduzierung *decrease, reduction*
Reduzierung des Verschuldungsgrads *degearing*
Reederei *shipping company or shipping line*
Reedereiangestellte(r) *shipping clerk*
Reexport *re-export(ation)*
REFA-Fachmann *time and motion expert*
REFA-Studie *time and motion study*
Referenz *(letter of) reference, testimonial; referee*
refinanzieren *to refinance*
Reflation *reflation*
reflationäre Maßnahmen *reflationary measures*
Regal *rack, shelves*
Regal(auf)füller *shelf filler*
Regalbrett *shelf*
Regale *shelving*
Regalfläche *shelf space*
Regalschild *shelf wobbler*
rege *brisk*
Regel *rule*
Regel: in der ~ *as a rule*
Regelkreis *control system*
regelmäßig *regular(ly)*
regeln *to control, regulate; sort out, arrange, settle*
Regelung *regulation, control*
regieren *to govern*
Regierung *government*
Region *region*
regional *regional*
Regionalplanung *regional planning*
Register *register; index*
Registerführer/-in *registrar*
Registratur *registration; registry; filing cabinet*
registrieren *to register, record*
Registrierkasse *cash register*
registriert *registered*
Registrierung *registration, recording*
Regress *redress, recourse*
regressive Besteuerung *regressive taxation*
regulär *regular*
regulatorisch *regulatory*
regulieren *to regulate, control, adjust; settle*
Regulierung *regulation; settlement*
rehabilitierte(r) Konkursschuldner/-in *certificated bankrupt*
Reibach *large profit, killing*
reich *rich, affluent*
reifliche Überlegung *due consideration*
Reihe *series*
Reihenfolge *order*
Reinertrag *net yield*
reines Konnossement *clean bill of lading*
Reinfall *flop*
Reingewinn *clear or net profit*
reinlegen *to con*
Reinschrift *fair copy or final copy*
Reinvermögen *net assets*
reinvestieren *to reinvest*
Reinvestition *reinvestment*
Reise *journey, trip*
Reisebranche *(the) travel trade*
Reisebüro *travel agency*
Reisebürokaufmann *travel agent*
Reisekostenzuschuss *travel allowance*
Reiseleiter/-in *courier, tour leader*
Reisemagazin *travel magazine*
reisen *to travel*
Reisen *travel*
Reisende(r) *traveller*
Reiseroute *itinerary*
Reisescheck *traveller's cheque*
Reisespesen *travel(ling) expenses*
Reiseveranstalter *tour operator*
Reißwolf *shredder*
Reißzwecke *drawing pin*
Reiz *appeal*
reizen *to appeal*
Reklamation *complaint*
Reklamationsabteilung *complaints department*
Reklamationsvorgang *complaints procedure*
Reklame *advertisement; advertising, publicity*
Reklame machen *to promote, publicize, plug*
Reklamebeilage *mailer, stuffer*
Reklametafel *advertisement hoarding*
Reklamezettel *handbill, publicity handout*
Rekord *record*
Rekord brechend *record-breaking*
Rekordverlust *record loss*
rekrutieren *to recruit*
relativ *relative(ly)*
relevant *relevant*
Remittenden *returns*
Rendite *(rate of) return, yield*
rentabel *economic, paying, profitable, profit-making, viable*
Rentabilität *profitability, viability*

Rentabilitätsberechnung *calculation of profitability*
Rentabilitätsmessung *measurement of profitability*
Rentabilitätssteigerung *gain in profitability*
Rente *(retirement) pension; annuity*
Rentenalter *pensionable or retirement age*
Rentenanspruch *pension entitlement*
rentenberechtigt *pensionable*
Rentenempfänger/-in *old age pensioner*
Rentenversicherungsbeiträge *pension contributions*
Rentenversicherungssystem *pension plan or pension scheme*
Rentner/-in *pensioner, old age pensioner (OAP); annuitant*
Reorganisation *reorganization, shakeup*
reorganisieren *to reorganize, restructure*
Reparatur *repair*
Reparaturwerkstatt *repair shop, service centre*
reparieren *to repair, fix*
Report *report; contango*
Reporttag *contango day*
Repräsentant *representative*
Repräsentation *representation*
Repräsentationsbüro *prestige office*
repräsentativ *representative*
repräsentieren *to represent*
reprivatisieren *to denationalize*
Reprivatisierung *denationalization*
Reserve *reserve(s), stockpile*
Reservefonds *reserve fund*
Reservewährung *reserve currency*
reservieren *to reserve*
Reservierung *reservation, booking*
Resolution *resolution*
Resonanz *feedback*
respektieren *to respect*
Ressort *department*
Ressourcen *resources*
Rest *rest, remainder, remnant*
Restauflagen *remainders*
Restaurant *restaurant*
Restbetrag *balance, residue*
Restdividende *final dividend*
restlich *residual*
restriktiv *restrictive*
restriktive Geldmengenpolitik *tight money policy*
restriktive Praktiken *restrictive practices*
Resultat *result*
resultieren in/aus *to result in/from*
retten *to save, rescue, recover, salvage*
Rettung *rescue*
Rettungsaktion *rescue operation*
Rettungsboot *lifeboat*
revanchieren: sich ~ *to get one's revenge; reciprocate*
revidieren *to revise*
Revision *audit, auditing, review*
Revisor/-in *auditor*
Revolvingkredit *revolving credit*
Rezeption *reception (desk)*
Rezession *recession*
R-Gespräch *transferred or reverse charge call or (US) collect call*
richten an *to address*
Richter/-in *judge*
richtig *correct, right*
Richtlinie *guideline*
Riesenauftrag *giant or outsize order*
Riesengewinn *huge profit, killing*
Ring *ring*
Ringbuch *ring binder*
Risiko *risk*
Risiko: auf ~ (des) Käufers *caveat emptor*
Risikoarbitrage *risk arbitrage*
risikofrei *risk-free or (US) riskless*
Risikokapital *risk capital, venture capital*
risikolos *risk-free*
Risikopapiere *junk bonds*
risikoreich *risky*
Risikoversicherung *contingent policy*
riskant *dangerous, risky*
riskieren *to risk, venture*
Roboter *robot*
Robotertechnik *robotics*
Robotik *robotics*
roh *raw*
Rohdaten *raw data*
Rohentwurf *rough copy*
Rohgewicht *gross weight*
Rohgewinn *gross profit*
Rohöl *crude (oil), crude petroleum*
Rohstoffe *raw materials, primary or basic commodities*
Rohstoffhändler/-in *commodity trader*
Rolle *roll*
rollen *to roll*
rollender Plan *rolling plan*
rollendes Budget *rolling budget*
rollendes Material *rolling stock*
Ro-Ro-Schiff *roll-on/roll-off ship*
Rotation *rotation*
Route *route*
Routine *routine*
routinemäßig *routine*
Rubel *ruble*
Rückantwort *reply coupon*
rückdatieren *to backdate*
rückerstatten *to refund*
Rückerstattung *rebate, refund, reimbursement, repayment*
Rückfahrkarte *return (ticket), round-trip ticket*
Rückfahrt *return journey*
Rückfall *reversion*
Rückforderung *clawback*
Rückfrage *query*
Rückgabe *return, restitution*
Rückgang *decline, decrease, downturn, drop, fall*
rückgängig machen *to annul, call off, go back on, rescind, revoke*
rückkaufen *to repurchase*
Rückkaufswert *surrender value*
Rückkaufvereinbarung *repurchase agreement or repo*
Rückkehr *return*
Rücklage *reserve*
Rücklagen für Sonderrisiken *contingency fund or contingency reserve*
Rückmeldung *feedback*
Rückschlag *setback*
Rückseite *back*
Rücksendung *return(s)*
Rückstand *arrears, shortfall, delay; backlog; residue, waste*
Rückstand: im ~ *in arrears*
Rückstände *arrears*

rückständige Zinsen *back interest*
Rückstellung *provision*
Rücktritt *resignation*
Rücktrittsfrist *cooling off period*
Rücktrittsklausel *cancellation* or *escape* or *let-out clause*
Rückübertragung *reassignment*
Rückvergütung *rebate, refund*
Rückversicherer *reinsurer*
rückversichern *to reinsure*
Rückversicherung *reinsurance*
rückwirkend *retroactive(ly)*
rückzahlbar *repayable*
Rückzahlung *back payment, repayment, payback; rebate, refund; redemption*
Rückzahlungsbedingungen *repayment terms*
Rückzahlungsbetrag *payoff, amount repayable*
Rückzahlungsklausel *payback clause*
Rückzahlungswert *redemption value*
Rückzoll *drawback*
Ruf *reputation, standing*
Rufnummer *telephone number*
Rufzeichen *ringing tone*
Ruhegehalt *retirement pension*
ruhend *dormant*
Ruhestand *retirement*
Ruhestand: in den ~ treten *to retire*
ruhig *calm, quiet, slack*
ruinieren *to ruin, bankrupt*
Rummel *hype*
Rumpfbelegschaft *skeleton staff*
Runde *round*
Rundreise *round trip, tour*
Rundschreiben *circular (letter), mail shot* or *mailing shot*
Rupie *rupee*
Rüstzeit *make-ready time, setting-up time*

Ss

Sachanlagen *tangible assets*
Sache *affair, business, matter*
Sachkenntnis *expertise*
sachkundig *(well-)informed, knowledgeable, experienced*
Sachleistung *payment in kind*
sachlich *objective*
Sachvermögen *tangible assets*
Sachverständige(r) *expert; surveyor*
Sachverständigenausschuss *panel of experts*
Sachverständigengutachten *expert's report*
Sack *sack*
Safe *safe*
Saison *season*
Saisonausverkauf *end of season sale*
saisonbedingte Arbeit *seasonal employment*
saisonbedingte Arbeitslosigkeit *seasonal unemployment*
Saisonbereinigungen *seasonal adjustments*
Saisonbeschäftigung *seasonal employment*
Saldenabstimmung *reconciliation statement*
saldieren *to balance*
Saldo *balance, bottom line*
Saldoübertrag or *Saldovortrag balance brought* or *carried forward* or *brought down*
Sammelladung *consolidated shipment*
sammeln *to gather*
Sammlung *collection*
Sandwichmann *sandwich man*
Sandwich-Plakate *sandwich boards*
sanieren *to redevelop; turn round, rescue*
Sanierer/-in *troubleshooter; company doctor*
Sanierung *redevelopment, reconstruction; rescue operation, reorganization, turnround*
sanktionieren *to sanction*
Sattelschlepper or *Sattelzug articulated lorry* or *vehicle*
sättigen *to saturate*
Sättigung *saturation*
Sättigungsgrad *saturation point*
Sättigungswerbung *saturation advertising*
Satz *rate; set*
Satzung *memorandum (and articles) of association; constitution, rules*
satzungsgemäß *constitutional*
satzungswidrig *unconstitutional*
Säulendiagramm *bar chart*
säumig *defaulting, in default*
Schachtel *box, packet*
Schaden *damage, harm*
schaden *to harm, hurt*
Schadenabteilung *claims department*
Schadenersatz *damages, compensation for damage, indemnification, restitution*
schadenersatzpflichtig sein *to stand liable for damages*
Schadenfeststellung *damage survey*
Schadenformular *claim form*
Schadenfreiheitsrabatt *no-claims bonus*
Schadenprüfung *damage survey*
Schadensanspruch *insurance claim*
Schadensregulierer *loss adjuster*
schadhaft *damaged, defective*
schädigen *to prejudice*
Schädigung *prejudice*
schaffen *to achieve; create, establish*
Schaffung *creation*
Schalterstunden *hours of business, opening* or *office hours*
Schankkonzession *liquor licence*
Schankzeiten *licensing hours*
scharfer Wettbewerb *stiff* or *keen competition*
Schattenwirtschaft *black economy*
Schatzamt *(the) treasury* or *(GB) Exchequer* or *(US) Treasury Department*
Schatzanweisungen *government* or *treasury bonds*
schätzen *to assess, value; calculate, estimate, guess; appreciate, value*
Schätzer/-in *estimator, valuer*
Schatzkanzler/-in *finance minister* or *(GB) Chancellor of the Exchequer* or *(US) Secretary to the Treasury*
Schatzmeister *treasurer*
Schätzung *rating, valuation, assessment; estimate, estimation, guess*
Schatzwechsel *treasury bill*
Schaubild *diagram, graph*
Schauermann *stevedore*
Schaufenster *shop window*
Schaufensterbummel *window shopping*
Schaufensterdekoration *window display* or *window dressing*
Schaukasten *display cabinet* or *display case* or *showcase*
Schaumpolystyrol *expanded polystyrene*

Schaupackung *display pack, dummy pack*
Scheck *cheque*
Scheckabschnitt *cheque stub*
Scheckanforderung *cheque requisition*
Scheckdurchlauf *cheque run*
Scheckheft *cheque book*
Scheckkarte *cheque (guarantee) card*
Scheffel *bushel*
Schein *(bank) note* or *banknote; ticket*
Scheinaktiva *fictitious assets*
scheinen *to appear*
scheitern *to break down, fail, fall through*
Scheitern *breakdown, failure*
schenken *to present*
Schenkung zu Lebzeiten *gift inter vivos*
Schenkungs- und Erbschaftssteuer *capital transfer tax*
Schicht *shift; layer, stratum, echelon*
Schichtarbeit *shift work*
schicken *to dispatch, send*
Schieber *fixer; profiteer*
Schiebung *fix, fiddle*
Schiedsgericht *arbitration board* or *court* or *tribunal*
Schiedsgericht für Mietstreitigkeiten *rent tribunal*
Schiedsgericht für wirtschaftliche Streitigkeiten *industrial arbitration tribunal*
Schiedsrichter/-in *adjudicator, arbitrator*
Schiedsspruch *arbitration award*
Schiff *boat, ship, vessel*
Schifffahrts- *maritime, shipping*
Schiffsausrüster *ship chandler* or *chandlery*
Schiffsladung *shipment*
Schiffsmakler/-in *ship broker*
Schiffsverpfändung *bottomry*
Schild *sign, tag*
schildern *to describe*
Schilderung *description*
schlagen *to beat, defeat; hit, smash*
Schlange *queue*
Schlange stehen *to queue*
Schlange von Arbeitslosen *dole queue*
Schlappe *setback, reverse*
schlecht verwalten *to mismanage*
schlecht wegkommen *to lose out*
schleppend *dull, slack, slow*
Schleuderpreis *rock-bottom* or *knockdown price*
schlicht *simple, plain*
schlichten *to arbitrate* or *mediate*
Schlichter/-in *adjudicator, arbitrator, official mediator, troubleshooter*
Schlichtung *arbitration, conciliation, mediation, settlement*
Schlichtungskommission *adjudication tribunal*
Schlichtungsverfahren *grievance procedure*
schließen *to close* or *shut (down); conclude, wind up*
schließlich *finally, in the end, ultimately*
Schließung *closing, closure*
Schloss *lock*
schludrige Handwerkerarbeit *bad* or *shoddy workmanship*
Schlupfloch *loophole*
Schlupfloch in der Steuergesetzgebung *tax loophole*
Schluss: zum ~ *finally*
Schlussbestand *closing stock*
Schlussdividende *final dividend; terminal bonus*
Schlüssel *key*
schlüsselfertiges Projekt *turnkey operation*
schlüsselfertiges Unternehmen *off-the-shelf company*
Schlüsselgeld *key money*
Schlüsselstellung *key position*
Schlusskurs or *Schlussnotierung closing price*
Schlusssitzung *closing session*
Schlusstag *closing date*
Schlussverkauf *(end-of-season) sale*
Schlusszeit *closing time*
Schmerzensgeld *damages*
schmieren *to bribe*
Schmiergeld *bribe, backhander, kickback*
Schmierpapier *notepaper*
Schmuggel *smuggling*
schmuggeln *to smuggle*
Schmuggelware *contraband (goods)*
Schmuggler/-in *smuggler*
Schnäppchen *bargain, snip*
Schneeballsystem *pyramid selling*
Schnelligkeit *speed*
Schnittstelle *interface*
Schnitzer *slip, blunder*
schönen *to manipulate*
Schönschrift *near-letter-quality (NLQ)*
Schornsteinindustrien *smokestack industries*
Schrank *cabinet*
Schranke *barrier*
Schreibarbeit *clerical work, paperwork*
Schreibblock *desk pad*
Schreiben *writing*
schreiben *to write*
Schreibfehler *clerical error*
Schreibhilfe *clerical assistance*
Schreibkraft *typist*
Schreibkräfte *clerical staff*
Schreibmaschine *typewriter*
Schreibmaschinenpapier *typing paper*
Schreibmaschinentisch *typing table*
Schreibmaschineschreiben *typing*
Schreibtisch *desk*
Schreibtischarbeiter/-in *white-collar worker*
Schreibtischjob *desk job* or *office job* or *white-collar job*
Schreibwaren *stationery*
Schrift *writing; type*
schriftlich *written, in writing, on record*
schriftliche Genehmigung *written permission*
Schriftverkehr *correspondence*
Schritt *step*
Schritte unternehmen *to take action*
schrittweise einführen *to phase in*
Schrott *scrap*
Schrotthändler *scrap dealer* or *merchant*
Schrottwert *scrap value*
schrumpfen *to shrink*
Schrumpfpackung *shrink-wrapping*
Schuld *blame, fault; debt*
Schulden einziehen *to collect a debt*
Schulden haben *to be in debt*
Schulden machen *to get into debt* or *incur debts*
schulden *to owe*
Schuldenbegleichung *clearing of a debt*
Schuldenberatung *debt counselling*
Schuldeneintreiber/-in *debt collector*
Schuldeneintreibung *debt collecting* or *collection*

Schuldentilgung *clearing of a debt or liquidation of debts*
schuldig *guilty*
Schuldner/-in *debtor*
Schuldnerland *debtor nation*
Schuldrecht *contract law or law of contract*
Schuldschein *note of hand or promissory note or IOU*
Schuldverschreibung *bond, debenture (bond)*
Schuldverschreibung ohne Fälligkeitstermin *undated bond*
Schuldverschreibungsgläubiger/-in *bondholder*
Schulung *training*
Schundanleihe *junk bond*
Schürfrecht *mineral or mining rights*
schütteln *to shake*
Schutz *protection, cover, shelter, hedge*
Schutzabdeckung *protective cover*
schützen *to protect*
Schutzhülle *protective cover*
Schutzzoll *protective tariff*
Schwäche *failing, weakness*
schwanken *to fluctuate, vary*
schwankend *fluctuating, variable*
Schwankung *fluctuation, variation*
Schwarzarbeit *moonlighting*
schwarzarbeiten *to moonlight*
Schwarzarbeiter/-in *moonlighter*
schwarze Liste *black list*
schwarzes Brett *message board, noticeboard*
Schwarzmarkt *black market*
Schwarzmarktpreise *black market prices*
schwebend *pending*
schwebende Belastung *floating charge*
Schweigepflichtklausel *zipper clause*
Schweizer Franken *Swiss franc*
Schwelle *threshold*
Schwellenpreis *threshold price*
Schwemme *glut*
Schwerarbeiter *manual labourer*
Schwergut *deadweight cargo*
Schwerindustrie *heavy industry*
Schwermaschinen *heavy equipment or machinery*
Schwerpunktstreiks *selective strikes*
Schwertransporter *heavy goods vehicle (HGV)*
Schwestergesellschaft *sister company*
Schwesterschiff *sister ship*
schwierig *difficult, awkward*
Schwierigkeit *difficulty*
Schwindel *confidence trick or con*
Schwindelgeschäft *fraudulent transaction*
Schwindler/-in *confidence trickster*
Schwund *leakage, shrinkage, wastage*
Schwung *drive, momentum*
schwungvoll *vigorous*
See *sea*
Seehafen *seaport*
Seehandel *maritime trade*
Seerecht *maritime law or law of the sea*
Seereise *voyage*
See(transport)versicherung *marine insurance*
Seetüchtigkeitszeugnis *certificate of or seaworthiness*
Seeversicherer *marine underwriter*
Seite *side*
Sekretär/-in *secretary*
Sekretariat *secretariat*
Sekretärinnenschule *secretarial college*
Sektor *sector*
sekundär *secondary*
selbst *self*
Selbstbauprodukte *knockdown (KD) goods*
Selbstbedienung *self-service*
Selbstbedienungsgeschäft/-laden *self-service shop or store*
selbstdurchschreibend *carbonless*
Selbstfinanzierung *self-financing*
Selbstklebeetikett *self-sticking label*
selbstklebend *self-adhesive*
Selbstkosten *direct cost(s)*
Selbstkostenpreis *cost price*
Selbstläufer *fast-selling item(s)*
selbstregulierend *self-regulatory*
selbstständig *self-employed; independent; self-sufficient*
Selbstständigen: die ~ *the self-employed*
selbstständiger Händler *independent trader*
Selbstüberwachungsorgan *Self-Regulatory Organization (SRO)*
selbstverständlich *of course*
Selbstwählferndienst *subscriber trunk dialling (STD)*
selektiv *selective*
Selfmademan *self-made man*
selten *rare, scarce*
Seltenheit *scarceness or scarcity*
Seltenheitswert *scarcity value*
Semester *term*
Sender *TV or radio station*
Seniorität *seniority*
Seniorpartner/-in *senior partner*
senken *to cut, bring down, depress, lower, reduce, mark down*
senkrecht *vertical*
Senkrechtstarter *high flier*
Senkung *cut, reduction, lowering, abatement*
sensibel *sensitive*
separat *separate(ly)*
Sequester *sequestrator*
Sequestration *sequestration*
sequestrieren *to sequester or sequestrate*
Serie *batch, series*
Serienbrief *standard letter*
Serienfertigung *batch production*
serienmäßig produzieren *to mass-produce*
serienmäßige Herstellung *mass production*
Seriennummer *serial number*
seriös *serious, reliable, reputable*
Service *service*
Set *set*
setzen *to place, put*
Shift-Taste *shift key*
-sicher *-proof*
sicher *safe, secure; certain*
sichere Kapitalanlage *safe or secure investment*
sicherer Arbeitsplatz *secure job*
Sicherheit *safety, security; reliability, sureness; surety, guarantee, collateral*
Sicherheit des Arbeitsplatzes *job security, security of employment*
Sicherheitsgründen: aus ~ *for safety reasons*
sicherheitshalber *for safety*
Sicherheitsleistung *security, surety*
Sicherheitsmarge *margin of safety*
Sicherheitsmaßnahmen ergreifen *to take safety measures*

Sicherheitsspielraum *safety margin*
Sicherheitsvorkehrungen *safety precautions*
Sicherheitsvorschriften *safety regulations*
Sicherheitszuschlag *margin of safety*
sichern *to save, safeguard*
Sicherungskopie *backup copy*
Sicht *sight*
Sicht: auf lange ~ *in the long term*
Sicht: auf lange ~ planen *to take the long view*
sichtbar *visible*
sichtbare Ausfuhren/Einfuhren *visible exports/imports*
Sichteinlage *demand deposit*
Sichttratte *sight draft*
Sichtvermerk *entry visa*
Sichtwechsel *demand bill, sight bill*
Siebenergruppe (G7) *Group of Seven (G7)*
Siegel *seal*
Signet *logo*
sinken *to sink, decline, depreciate, dip, fall*
Sinn *effect*
Sit-in *sit-in*
Situation *situation*
Sitz *headquarters, base; (parliamentary) seat*
Sitzladefaktor *load factor*
Sitzstreik *sit-down strike*
Sitzung *meeting, session*
Sitzungsperiode *term*
Sitzungsprotokoll *minutes of the meeting*
Sitzungssaal *boardroom*
Skala *scale*
Skizze *sketch, outline*
skizzieren *to sketch, outline*
Skonto *cash discount* or *discount for cash*
sofort *at once, directly, immediately, straight away*
sofort beziehbar *vacant possession* or *with immediate occupancy*
sofortig *immediate, instant, prompt*
Sofortliquidität *spot cash*
Software *software*
Solidargläubiger/-in *co-creditor*
Solidarität *solidarity*
Solidarität: aus ~ streiken *to strike in sympathy*
Solidaritätsstreik *sympathy strike*
solide *solid, sound, gilt-edged*
Solidität *soundness*
Soll *debit*
Soll und Haben *debits and credits*
Sollbuchung *debit entry*
Sollsaldo *debit balance*
Sollseite *debit* or *debtor side*
Sollspalte *debit column*
Sollzinsen *interest charges*
solvent *solvent*
Solvenz *solvency*
Sommerferien *summer holidays*
Sommerurlaub *summer holiday*
Sonderabschreibung *accelerated depreciation*
Sonderangebot *bargain offer, special offer*
Sonderangebotsabteilung *budget department*
Sonderangebotsstand *bargain counter*
Sonderausgaben *extras*
Sonderbeschluss *special resolution*
Sonderbestimmungen *special terms*
Sonderdividende *special dividend; capital bonus*
Sondereinlagen *special deposits*
Sondergericht *tribunal*
Sondergewinnsteuer *windfall (profits) tax*
Sonderposten *extraordinary* or *exceptional item(s)*
Sonderpreis *bargain price*
Sonderrabatt *special* or *deep discount*
Sondertisch *bargain counter*
Sonderurlaub *special leave, leave of absence*
Sonderziehungsrechte (SZR) *special drawing rights (SDRs)*
Sonderzubehör *optional extras*
sondieren *to sound out, probe, explore*
Sonntag *Sunday*
sonntags *on Sundays*
Sonstiges *any other business (AOB)*
Sorge *concern, worry*
Sorte *sort, type, variety*
sortieren *to sort*
Sortiment *product range*
Sortimentserweiterung *product diversification*
soziale Beratung *counselling*
Sozialhilfe *social security* or *(GB) supplementary benefit* or *(US) welfare*
sozialökonomische Gruppierungen *socio-economic groups*
Sozialstaat *welfare state*
Sozialversicherung *national insurance* or *social security*
Sozialversicherungsbeitrag *national insurance contribution (NIC)*
Sozius *partner*
Spalte *column*
Spaltung *split*
Sparbrief *savings certificate* or *(US) savings bond*
Sparbuch *savings book, bank book, passbook*
sparen *to save (up)*
Sparer/-in *saver*
Sparkampagne *economy drive*
Sparkasse *savings bank* or *(US) thrift*
Sparkonto *deposit* or *savings account*
Sparmaßnahme *economy measure*
Sparpackung *economy size*
Sparpreise *budget prices*
sparsam *economical, thrifty*
Sparsamkeit *economy, thrift*
Sparschuldverschreibung *savings bond*
Sparte *division*
spät *late*
Spediteur *(freight) forwarder, forwarding agent; carrier, haulage contractor, road haulier; shipper, shipping agent; furniture remover*
Spedition(sfirma) *carrier, (freight) forwarder, haulage firm, removals firm, shipper, shipping agent*
Speicher *memory; store, storage*
speichern *to store*
speisen *to feed*
Spekulant/-in *speculator*
Spekulation *speculation*
Spekulationsaktie *speculative share*
spekulieren *to speculate*
Sperre *stop, check*
sperren *to block, freeze, stop*
sperrig *bulky*
Spesen *expenses, allowance*
Spesenaufstellung *statement of expenses*
Spesenkonto *expense account*
Spesenrechnung *bill of expenses, expense account*
spezialangefertigt *custom-built* or *custom-made*

Spezialgebiet *speciality or specialty*
Spezialgeschäft *specialty store*
Spezialisierung *specialization*
Spezialist/-in *specialist*
Spezialität *speciality or specialty*
speziell *special, particular*
speziell angeben *to specify*
Spezifikation *specification*
spezifizieren *to specify, break down, itemize*
spezifizierte Rechnung *detailed account*
spezifizierter Kontoauszug *itemized statement*
Spezifizierung *breakdown*
Spiel *game, play*
Spiel: aufs ~ setzen *to venture*
Spielraum *scope*
Spinnerei *cotton mill*
Spirale *spiral*
Spitze *top*
Spitzenbeamte(r)/Spitzenbeamtin *top official*
Spitzenbedarf *peak demand*
Spitzenbedarfszeit *time of peak demand*
Spitzendelegation *high-level delegation*
Spitzenjahr *peak year*
Spitzenqualität *top quality*
Spitzenreiter *leader*
Spitzenumsätze *record sales*
Spitzenwert *peak value; leading share, high flier*
Sponsern *sponsorship*
sponsern *to sponsor*
Sponsor/-in *sponsor, backer*
spontan *spontaneous(ly), impulsive(ly), snap*
Spontankäufer/-in *impulse buyer*
Spotmarkt *spot market*
Spottpreis *bargain price*
Sprache *language*
Sprung *jump*
sprunghaft ansteigen *to jump, rocket, shoot up, soar*
sprunghafter Anstieg *jump*
Staat *state; country*
staatlich *state, government(al)*
staatlich gefördert *government-sponsored*
staatlich gelenkt *government-controlled or state-controlled*
staatlich vorgeschrieben *government-regulated*
staatliches Unternehmen *state enterprise*
Staatsangehörigkeit *nationality*
Staatsanleihe *government bond or loan or stock*
Staatsanwalt/Staatsanwältin *prosecution counsel or counsel for the prosecution*
Staatsanwaltschaft *prosecution*
Staatsausgaben *public expenditure*
Staatsbank *state bank*
Staatsbeamte(r)/-beamtin *civil servant*
Staatsbetrieb *state enterprise*
Staatsdienst *civil service*
staatseigen *state-owned*
Staatseigentum *state ownership*
Staatsfinanzen *public finance(s)*
Staatshaushalt *national budget*
Staatspapiere *government bonds or securities*
Staatsverschuldung *national debt*
Staatsvertrag *international treaty*
Stabdiagramm *bar chart*
stabil *firm, sound, stable, steady*
stabilisieren *to stabilize, peg*
Stabilisierung *stabilization*
Stabilität *stability, steadiness, soundness, firmness*
Stadium *phase, stage*
Stadt *town, city*
städtisch *municipal*
Stadtplan *street directory, street or town plan*
Stadtrat *town council*
Stadtteil *district*
staffeln *to grade, graduate; stagger*
Staffeltarife *differential tariffs*
Stagnation *stagnation*
stagnieren *to stagnate*
stagnierend *stagnant*
Stahlkammer *strongroom*
Stahlkassette *strongbox*
Stammaktien *ordinary shares, equities, common stock*
Stammaktionär/-in *ordinary shareholder*
Stammkunde/-kundin *regular customer*
Stand *stand, stall, booth; level, position, state*
Stand: auf den neuesten ~ bringen *to bring up to date, to update*
Stand: auf dem neuesten ~ sein *to be up to date*
Standard *standard*
Standardabzug *standard deduction*
Standardbrief *standard letter*
Standardgröße *regular size, stock size*
standardisieren *to standardize*
Standardisierung *standardization*
Stand-by-Kredit *standby credit*
Stand-by-Ticket *standby ticket*
Ständer *rack*
Standesamt *registry office*
Standesbeamte(r)/-beamtin *registrar*
ständig *constant(ly), continual(ly); permanent (ly), full(-time); regular(ly)*
ständig wiederkehrend *recurrent*
Standmiete *stand rent; stall rent, market dues*
Standort *location, site*
Standpunkt *view*
Stapel *pile, stack; batch*
stapeln *to pile (up), stack; batch*
Stapelverarbeitung *batch processing*
stark *strong, heavy, severe, great, hard*
stark fallen *to plummet or plunge*
stark herabsetzen *to slash*
starke Währung *strong currency*
Stärke *power, strength*
starker Konjunkturrückgang *slump*
starkes Pfund *strong pound*
Start *start*
Startkapital *initial capital*
statischer Markt *static market*
Statistik *statistics*
Statistiker/-in *statistician*
statistisch *statistical*
statistische Abweichung *statistical discrepancy*
stattfinden *to take place*
stattgeben *to allow*
stattlich *substantial, considerable*
Status *status*
Status quo *status quo*
Statussymbol *status symbol*
Stau *jam*
Stauer *stevedore*
Steckkarte *clock card or time-card or (US) time-clock card*

Stechuhr *time clock*
stecken *to put*
Stecker *plug*
steigen *to advance, climb, gain, improve, increase, rise*
steigend *increasing, mounting*
steigern *to increase, step up, raise, intensify*
Steigerung *buildup, increase, rise*
Steigerung der Lebenshaltungskosten *increase in the cost of living*
steil *sharp(ly), steep(ly)*
Stelle *appointment, job, employment, situation; place; spot*
Stelle: an ~ (von) *in place of, instead of, in lieu of*
stellen *to place, put*
Stellenabbau *downsizing*
Stellenangebote *situations* or *appointments vacant, job vacancies*
Stellenbeschreibung *job description* or *specification*
Stellenbesetzungsplan *manning agreement* or *agreement on manning*
Stellenbewerbung *job application* or *application for a job*
Stellengesuche *situations wanted*
Stellenkürzungen *job cuts*
Stellenvermittlung *employment office* or *bureau* or *agency; (GB) job centre*
Stellung *position, job, post; rank, status*
stellvertretend *deputy, assistant, vice-; acting*
Stellvertreter/-in *deputy, assistant; substitute; proxy, representative*
Stellvertretung *proxy, representation*
Stempel *stamp*
Stempelgebühr *stamp duty*
Stempelkissen *inking pad, stamp pad*
stempeln *to stamp*
stempeln gehen *to be on the dole*
Stenograf/-in *stenographer, shorthand secretary*
Stenografie *shorthand*
stenografieren *to take shorthand*
Stenotypist/-in *shorthand typist*
Sterbegeld *death benefit*
Sterbetafel *mortality tables*
Sterlinggebiet or *Sterlingzone sterling area*
Sterlingkrise *sterling crisis*
Stern *star*
Sterne-Hotel *graded hotel*
stetig *steady, steadily, continuous(ly)*
Steuer *tax, duty, levy*
Steuerabzüge *tax deductions*
Steueranpassungen *tax adjustments*
Steueranrechnung *tax credit*
Steueranreiz *tax incentive*
Steuerausweichung *tax avoidance*
steuerbefreit *tax-exempt*
Steuerbefreiung *exemption from tax* or *tax exemption*
Steuerbegünstigung *tax shelter*
Steuerberater/-in *tax adviser* or *tax consultant*
Steuereingangsstufe *tax threshold*
Steuereinnahmen *tax revenue(s)*
Steuereinnehmer *tax collector*
Steuererklärung *tax return* or *tax declaration*
Steuererleichterung *tax relief*
Steuerflüchtling *tax exile*
steuerfrei *free of tax* or *tax-free, exempt from tax* or *tax-exempt, non-taxable*
Steuerfreibetrag *tax allowance* or *allowance against tax, tax exemption*
steuerfreie Lieferungen *exempt supplies*
Steuerfreijahre *tax holiday*
Steuergutschrift *tax credit*
Steuerhinterziehung *tax evasion*
Steuerjahr *fiscal year, tax year*
Steuerklasse *tax bracket, tax schedule*
steuerlich absetzbar or *abzugsfähig tax-deductible*
steuern *to steer, control*
Steuern hinterziehen *to evade tax*
Steuernachlass *tax abatement*
Steueroase *tax haven*
steuerpflichtig *taxable*
steuerpflichtiges Einkommen *taxable income*
Steuerrückzahlung *remission of taxes*
Steuerschuld *back tax*
Steuerung *control*
Steuerungssytem *control systems*
Steuervergünstigung *tax concession, tax relief*
Steuerzahler *taxpayer*
Steward *steward*
Stewardess *stewardess, air hostess*
stichhaltig *valid*
Stichprobe *random check, random sample*
Stichprobenauswahl *random sampling*
Stichprobenerhebung *acceptance sampling*
Stichprobenfehler *sampling error*
Stichtag *effective date*
Stichwort *heading*
Stiftung *endowment*
Stil *style*
still *still, silent, dormant*
stille Reserven *hidden reserves*
stille(r) Teilhaber/-in *silent* or *sleeping partner*
stillgelegtes (Bank)konto *dormant account*
stilllegen *to close or shut down; lay up*
stilllegen *to close down*
Stilllegung *closure*
stillliegende Maschinen *idle machinery* or *machinery lying idle*
stillschweigend *tacit, silent*
Stillstand *standstill, stoppage, stop, deadlock; stagnation*
stillstehende Maschinen *idle machinery*
Stimmabgabe *voting*
Stimmrecht *voting right*
stimmrechtslose Aktien *non-voting shares*
Stimmrechtsübertragungsformular *proxy form* or *proxy card*
Stimmung *sentiment*
Stimmzettel *ballot paper, voting paper*
Stimulus *stimulus*
Stipendium *grant*
stocken *to stagnate*
stockend *stagnant*
Stockung *hold-up, jam*
Stockwerk *floor*
Stop-Loss-Auftrag *stop-loss order*
stoppen *to stop, block, freeze*
stören *to interfere*
stornieren *to cancel; to reverse, contra*
Stornierung *cancellation*
Störung *disturbance; disruption; interference; fault, defect*
Stoß *batch, stack*
stoßen *to knock*
Stoßzeit *peak period*

strafbar *punishable, criminal*
Strafe *penalty*
straffen *to streamline*
Straffreiheit *immunity from prosecution*
Straffung *streamlining*
Strafklausel *penalty clause*
Strafprozess *criminal action*
Strafrecht *criminal law*
strafrechtlich verfolgen *to prosecute*
strafrechtliche Immunität *immunity from prosecution*
strafrechtliche Verfolgung *criminal prosecution*
Straftat *crime*
Strafverteidiger/-in *defence counsel*
Straße *road, street*
Straßenadressbuch *street directory*
Straßenecke *street corner*
Straßenhändler/-in *street vendor*
Strategie *strategy, policy*
strategisch *strategic*
strategische Planung *strategic planning*
Streamer *streamer*
streben nach *to aim or strive for*
Strecke *route, run; stretch*
strecken *to stretch*
streichen *to cut, cancel; cross off, delete, remove*
Streik *strike, walk-out*
Streikabstimmung *strike ballot or strike vote*
Streikaufruf *strike call*
Streikbrecher/-in *strikebreaker, blackleg, fink, scab*
streiken *to strike, down tools, walk out*
Streikende(r) *striker*
Streikgelder *strike pay*
Streikkasse *strike fund*
Streikposten *picket*
Streikpostenkette *picket line*
Streikpostenstehen *picketing*
Streikrecht *right to strike*
Streikverbotsklausel *no-strike clause*
Streit *argument, dispute*
streiten *to argue*
streng *strict(ly), severe(ly), stiff(ly), rigid(ly), tight(ly)*
streng vertraulich *private and confidential*
Stress *stress*
Stressbewältigung *stress management*
stressig *stressful*
streuen *to spread*
Streuung *spread*
Strichdiagramm *line chart or line graph*
Strichkode *bar code*
strikt *strict(ly)*
Strohmann *front man*
Strom *electricity, current; stream*
Stromkosten *electricity charges*
Strom(zufuhr)kabel *input lead*
Struktur *structure*
strukturell *structural*
strukturelle Arbeitslosigkeit *structural unemployment*
strukturieren *to structure*
Stück *piece, unit*
Stückelung *denomination*
Stückkosten *unit cost*
Stücklohnsatz *piece rate*
Stückpreis *unit price*
Studie *study*
Studio *studio*
Stufe *step, level, stage, phase, grade, degree, bracket*
stufen *to grade, graduate, stagger*
Stunde *hour*
Stundenleistung *output per hour*
Stundenlohn *hourly wage or wage per hour*
stundenweise *hourly*
stundenweise bezahlt werden *to be paid by the hour*
stundenweise bezahlte Arbeiter *hourly-paid workers*
Stundenzettel *time sheet*
stündlich *hourly*
Sturmschaden *storm damage*
Sturz *collapse, slump*
stürzen *to fall, drop, slump, plummet, plunge*
stützen *to support, back, shore up; base*
Stützung der Währung *currency backing*
Stützungspreis *support price*
Submittent/-in *bidder, tenderer*
Substanzwert *asset value*
subtrahieren *to subtract*
Subtraktion *subtraction*
Subunternehmer *subcontractor*
Subunternehmervertrag *subcontract*
Subvention *subsidy, subvention, grant*
subventionieren *to subsidize*
subventioniertes Programm *grant-aided scheme*
Summe *sum, amount, total*
Supermarkt *supermarket*
Supertanker *supertanker*
suspendieren *to suspend*
Symbol *symbol, token*
symbolische Zahlung *token payment*
Sympathiestreik *sympathy strike*
Syndikat *syndicate*
Synergie *synergy*
synthetisch *synthetic*
System *system*
Systemanalyse *systems analysis*
Systemanalytiker/-in *systems analyst*
systematisch *systematic*
Systemberater/-in *systems analyst*
Szenario *scenario*

Tt

tabellarisch *tabular; in tabular form*
tabellarisch darstellen *to tabulate*
tabellarische Aufstellung *tabulation*
tabellarisieren *to tabulate*
Tabellarisierung *tabulation*
Tabelle *table, chart; scale*
Tabellenkalkulation *spreadsheet*
Tabellierpapier *listing paper*
Tabulator *tabulator*
Tachograph *tachograph*
Tag *day*
Tag- und Nachtdienst *24-hour service*
Tagebuch *diary*
Tagegeld *subsistence allowance*
Tagelöhner/-in *day worker*
Tagesgeld *money at call or call money*
Tageskurs *current rate of exchange*
Tagesmenü *set menu*

Tagesordnung *agenda*
Tagespreis *current price*
Tagesproduktion *daily production*
Tagesumsatz *daily sales returns*
Tagesverbrauch *daily consumption*
Tageszeitung *daily (newspaper)*
täglich *daily, day-to-day*
täglicher Verbrauch *daily consumption*
Tagschicht *day shift*
Tagung *conference*
Taktik *tactic*
Talsohle *trough*
Tanker *tanker*
Tankstelle *filling station*
Tante-Emma-Laden *corner shop*
Tantiemen *royalty*
Tara *tare*
Tarif *tariff*
Tarife *scale of charges* or *scale of prices*
Tarifrunde *pay round*
Tarifverhandlungen *pay* or *wage negotiations*
Tarifvertrag *union agreement*
Tasche *bag*
Taschengeld *pin money, spending money*
Taschenkalender *pocket diary*
Taschenrechner *pocket calculator*
Tastatur *keyboard*
Taste *key*
Tastenfeld *keypad*
tätig *active*
Tätigkeit *activity; occupation*
tatkräftig *energetic*
Tatsache *fact*
tatsächlich *actual(ly), in fact, in practice, really*
Tausch *exchange, swap*
tauschen *to exchange, swap*
Tauschgeschäft *barter (deal)*
Tauschhandel *barter(ing)*
Tauschhandel treiben *to barter*
Täuschung *deceit* or *deception*
Taxe or *Taxi taxi, cab*
Taxifahrer/-in *taxi driver, cabbie*
Teamwork *teamwork*
Technik *technique; technology*
Techniker/-in *technician*
technisch *technical; technological*
technische Kurskorrektur *technical correction*
technisieren *to mechanize*
Technisierung *mechanization*
Technologie *technology*
technologisch *technological*
Teepause *tea break*
Teil *part, piece, proportion; area, district*
Teil: zum ~ *in part, partly*
Teilabschreibung *writedown*
teilen *to divide*
Teilhaber/-in *associate, partner*
Teilhaberschaft *partnership*
Teillieferung *part delivery* or *part order* or *part shipment*
Teilnahme *participation*
Teilschaden *partial loss*
teilweise *in part, partly*
Teilzahlung *part(ial) payment*
Teilzahlungskauf *hire purchase (HP)*
Teilzahlungs(kredit)institut *hire-purchase company*
Teilzahlungssystem *hire purchase, installment plan*
Teilzahlungsvertrag *hire-purchase agreement*
Teilzeitarbeit *part-time work*
Teilzeitbeschäftigung *part-time employment*
Teilzeitkraft *part-timer*
Telefon *(tele)phone*
Telefon: ans ~ gehen *to answer the phone* or *to take a phone call*
Telefonbuch *(tele)phone book* or *directory*
Telefongespräch *(tele)phone call*
telefonieren *to make a (tele)phone call, to be on the (tele)phone*
telefonisch *(by) (tele)phone*
telefonische Bestellungen *telephone orders*
Telefonist/-in *operator*
Telefonist/-in *switchboard* or *telephone operator, telephonist*
Telefonkarte *phonecard*
Telefonleitung *telephone line*
Telefonmarketing *telemarketing*
Telefon-Notizblock *phone pad*
Telefonnummer *telephone number*
Telefonverkauf *telephone selling*
Telefonverkäufe *telesales*
Telefonzelle *telephone kiosk* or *booth, call box*
Telefonzentrale *telephone exchange; telephone switchboard*
Telegraf *telegraph*
Telegrafenamt *telegraph office*
telegrafieren *to cable, telegraph, wire*
telegrafisch *telegraphic*
telegrafische Überweisung *telegraphic transfer*
Telegramm *telegram, cable, cablegram, wire, telemessage*
Telegrammadresse *telegraphic* or *cable address*
Telekommunikation *telecommunications*
Telekonferenz *teleconference*
Telex *telex*
Telexbediener/-in *telex operator*
Tendenz *tendency, trend*
Tendenzwende *turnaround*
tendieren *to tend*
Termin *appointment; engagement*
Termin: auf ~ kaufen/verkaufen *to buy/sell forward*
Terminal *terminal; airport terminal* or *terminal building*
Termineinlage *time deposit*
termingerecht *on schedule*
Termingeschäft *forward dealing*
Termingeschäfte *futures*
Terminjäger *progress chaser*
Terminkalender *appointments book* or *diary*
Terminkauf *forward buying* or *buying forward*
Terminkontrakt *forward* or *futures contract*
Terminlieferung *future delivery*
Terminmarkt *forward market*
Terminplan *schedule*
Terminplanung *scheduling*
Terminverkäufe *forward sales*
Test *test*
Testament *will*
testamentarisch *testamentary*
testamentarische Verfügung *testamentary disposition*
Testamentsvollstrecker/-in *executor*
Testator *testator*
testen *to test*

teuer *expensive, costly, dear, highly-priced*
Teuerungszulage *cost-of-living allowance or bonus*
teures Geld *dear money*
Text *text*
Texteingabe *keyboarding*
Textilwaren *dry goods*
Textmarker *marker pen*
Textverarbeitung *word processing or text processing*
Textverarbeitungsanlage *word processor*
Theaterkarte *theatre ticket*
Theaterkasse *box office*
theoretisch *theoretical(ly), in theory, on paper*
Theorie *theory*
thesaurierter Gewinn *accumulated profit*
Ticket *ticket*
Tiefpunkt *or Tiefstand bottom, low (point)*
Tiefstpreis *lowest or rock-bottom price*
tilgen *to pay off, redeem, amortize*
Tilgung *repayment, redemption, amortization, discharge*
Tilgung vor Fälligkeit *redemption before due date*
Tilgungsfonds *sinking fund*
Tilgungshypothek *repayment mortgage*
Tilgungssumme *payoff*
Tilgungstermin *redemption date*
Tilgungszeitraum *payback period*
Timesharing *time-sharing*
Timing *timing*
tippen *to type*
tippen auf *to bet on, tip*
Tippen *typing*
Tippfehler *typing error*
Tisch *table*
Tischkalender *desk planner*
Titel *title; security*
Tochter(gesellschaft) *subsidiary (company)*
Tod *death, demise*
Toner *toner*
Tonerpatrone *toner cartridge*
Tonnage *tonnage*
Tonne *ton, tonne; bin*
Tor *gate*
tot *dead*
total *total(ly), complete(ly), all-out, full-scale*
Totalausverkauf *closing down sale*
Totalstreik *all-out strike*
Totalverlust *dead loss, total loss*
totes Kapital *dead or idle capital or money*
Tour *tour*
Tourismus *tourism*
Tourist/-in *tourist*
Touristeninformation *tourist information*
Touristenklasse *economy class or tourist class*
Touristenvisum *tourist visa*
tragbar *portable*
tragen *to bear, carry; defray*
Tragfähigkeit *deadweight tonnage*
Trägheitsverkauf *inertia selling*
Tranche *tranche*
Transfer *transfer*
transferieren *to transfer*
Transitgüter *goods in transit*
Transitraum *transit lounge*
Transitreisende(r) *transfer passenger*
Transitvisum *transit visa*
Transitwaren *goods in transit*
transnationaler Konzern *trans-national corporation*
tragen *to bear*
Transport *transport(ation), carriage, carrying, shipping*
transportabel *or transportfähig transportable*
Transporter *carrier*
Transportflugzeug *cargo plane*
transportieren *to transport*
Transportkosten *transport or haulage costs, carriage*
Transportschäden *damage in transport*
Transportschiff *cargo ship*
Transportunternehmen *carrier, transporter, haulage firm, shipping company*
Transportunternehmer *haulage contractor, haulier, shipper*
Transportverlust *loss in transport*
Trassant *drawer*
Trassat *drawee*
Tratte *draft, bill of exchange*
Treffpunkt *meeting place*
Treib- und Strandgut *flotsam and jetsam*
treiben *to drive; do, carry on, pursue; drift*
Treibstoff *fuel*
Trend *trend*
trennen *to separate*
Trennwand *room divider*
Tresen *counter*
Tresor *safe; safe deposit*
Tresorraum *strongroom*
Treuhänder/-in *trustee, fiduciary*
treuhänderisch *fiduciary, on trust*
Treuhandgesellschaft *trust company*
Treuhandkonto *escrow account*
Treuhandvermögen *trust fund*
Treuhandvertrag *trust deed*
Trick *trick, con*
Trickbetrug *confidence trick*
Trickbetrüger/-in *confidence trickster*
tricksen *to fiddle*
Trickserei *fiddle*
triftig *valid, sound, convincing*
Trinkgeld *tip*
Trip *trip*
trocken *dry*
Trockenmaß *dry measure*
Trödel *junk*
Troygewicht *troy weight*
Troyunze *troy ounce*
Trustzerschlagung *trustbusting*
tüchtig *capable, competent, efficient*
Tupfen *dot, spot*
Tür *door*
Turnus *rotation*
turnusmäßig *by rotation*
Tüte *bag*
Tycoon *tycoon*
Typenraddrucker *daisy-wheel printer*
typisch *typical, characteristic, representative*
Typung *standardization*

Uu

über *above, over, in excess of, via*
überarbeiten *to revise, rework*
überarbeitet *revised, reworked; overworked*

überbelegen *to overbook*
Überbelegung *overbooking*
Überbesetzung *overmanning*
Überbestand *overstocks*
überbevorraten *to overstock*
überbewerten *to overvalue*
überbewertet *overvalued, overrated*
überbezahlen *to overpay*
überbezahlt *overpaid*
Überbezahlung *overpayment*
überbieten *to outbid; improve on*
überblicken *to overlook*
Überbringer/-in *bearer*
Überbringerscheck *cheque (made payable) to bearer*
Überbrückungskredit *bridging loan*
überbuchen *to overbook*
Überbuchung *overbooking*
Überdenkungsperiode *cooling off period*
Übereignungsurkunde *deed of assignment*
Übereinkunft *arrangement, understanding*
übereinstimmen mit *to agree with, tally, correspond with*
Überfahrt *passage*
überfällig *overdue*
überflüssig *superfluous, redundant*
Übergabe *handover*
übergeben *to hand over, present*
übergeordnet *senior*
Übergewicht *overweight; excess baggage*
Übergewinn *excess profit(s)*
Übergewinnsteuer *excess profits tax*
Übergröße *outsize (OS)*
Überhang *glut*
überhöht *exorbitant, excessive*
überhöhte Preise *inflated prices*
überholt *obsolete, out of date*
überholte Industriezweige *sunset industries*
Überkapazität *excess capacity, overcapacity*
überkapitalisiert *overcapitalized*
überkauft *overbought*
überlastet *overworked*
Überlebensrente *reversionary annuity*
überlegen *superior*
überlegen *to consider*
Überlegung *consideration*
Überlegungsfrist *cooling off period*
übermäßig *excessive*
übermitteln *to transmit*
Übermittlung *transmission*
übernachten *to stay (the night)*
Übernahme *takeover; assumption*
Übernahmeangebot *takeover bid*
Übernahmekonsortium *takeover consortium; underwriting syndicate*
Übernahmeobjekt *takeover target*
Übernahmezeitraum *take-over period*
übernehmen *to agree to pay, bear, defray, meet; assume; take over, acquire; take (on), undertake*
Überproduktion *overproduction*
überproduzieren *to overproduce*
überprüfen *to check, examine, inspect, investigate, review, verify, vet*
Überprüfung *check(ing), examination, inspection, investigation, review, verification, vetting*
überqueren *to cross*
überreden *to persuade*
überregional *national*
überreichen *to hand over, present*
überschätzen *to overestimate*
Überschlag *estimate, rough calculation*
überschreiben *to make over*
überschreiten *to exceed, overrun*
Überschrift *heading*
überschuldet *overborrowed*
Überschuss *excess, overs, surplus*
überschüssig *surplus, excess, spare*
überschwemmen *to flood, deluge, inundate, swamp*
Überseehandel *overseas trade*
überseeisch *overseas*
Überseemärkte *overseas markets*
Überseeterminal *ocean terminal*
übersetzen *to translate*
Übersetzer/-in *translator*
Übersetzung *translation*
Übersetzungsbüro *translation bureau*
Übersicht *summary, review; table*
übersteigen *to exceed, top*
überstimmen *to outvote*
Überstunden *overtime*
Überstunden machen *to work overtime*
Überstundenlohn *overtime pay, call-back pay*
Überstundenverbot *overtime ban*
übertragbar *transferable*
übertragbares Wertpapier *negotiable instrument*
übertragen *to bring* or *carry forward* or *over; assign, transfer*
Übertragende(r) *assignor*
Übertragung *assignment, assignation, transfer; delivery*
Übertragungsurkunde *conveyance*
übertreffen *to improve on*
übertreten *to infringe*
überverkauft *oversold*
übervorteilen *to cheat*
überwachen *to monitor, supervise*
Überwachung *monitoring, supervision, control*
Überwachungsorganisation *regulatory organization*
überwechseln *to switch over to*
überweisen *to transfer, remit*
Überweisung *transfer, remittance*
Überweisung per Luftpost *airmail transfer*
überzählig *surplus, spare, redundant*
überzeugt *convinced, confident*
überziehen *to overdraw; overrun; exceed*
Überziehungskredit *overdraft (facility)*
überzogen *overdrawn*
überzogenes Konto *overdrawn account*
üble Nachrede *slander*
üblich *normal, standard, usual*
üblicher Preis/Satz *going* or *usual price/rate*
üblicher Tarif *going* or *market rate*
übrig *residual, remaining, spare*
Uhr *clock*
Uhrzeit *time*
Ultimatum *ultimatum*
Ultimo *month end*
um Antwort wird gebeten (u.A.w.g.) *RSVP*
Umfang *volume*
umfangreich *extensive, heavy, large-scale*
umfassend *comprehensive, extensive, full-scale*
umfassender Bankservice *full-service banking*
umfassender Factoring-Service *full factoring service*

umfinanzieren *to refinance*
umformulieren *to redraft*
umgehen *to avoid, evade, get round*
umgehend *immediate(ly), prompt(ly), rapid(ly)*
Umgehung *avoidance, evasion*
umgekehrt *reverse*
umkehren *to reverse*
umladen *to reload, transfer, tranship*
Umlauf *circulation; circular letter*
Umlaufvermögen *current assets*
umlegen *to apportion*
Umlegung *apportionment*
Umpacken *repacking*
umpacken *to repack*
umplanen *to reschedule*
Umrechnungskurs *conversion price* or *rate*
umreißen *to outline*
Umrüstung *refit(ting)*
Umsatz *sales, turnover*
Umsatzanalyse *sales analysis*
umsatzloses Konto *dead* or *inactive account*
umsatzschwache Jahreszeit *slack season*
umsatzschwacher Markt *inactive market*
Umsatzsteuer *turnover tax* or *sales tax*
Umsatzsteuererklärung *sales tax return*
Umsatzsteuerstelle *VAT office*
Umsatzvolumen *sales volume* or *volume of sales*
Umsatzzahlen *sales figures*
Umschalttaste *shift key*
umschichten *to redistribute*
Umschlag *envelope; handling, turnover, transhipment*
umschlagen *to handle, turn over, tranship*
Umschlaghafen *entrepot port, port of transhipment*
Umschlaghandel *entrepot trade*
Umschlaghäufigkeit *turnover*
Umschlagspesen *handling charges*
umschulden *to refinance, reschedule*
umschulen *to retrain*
Umschulung *retraining*
Umschwung *reversal, about-turn*
umsetzen *to turn over*
umsonst *gratis, free (of charge)*
umstellen *to switch over to*
umstrukturieren *to restructure, reorganize*
Umstrukturierung *restructuring, reorganization, shakeup*
umtauschbar *exchangeable*
umtauschen *to exchange*
umverteilen *to redistribute*
Umwandlung *change, transformation, conversion*
umziehen *to move*
Umzug *move, removal*
unabhängig *independent; self-sufficient*
unannehmbar *unacceptable*
Unannehmlichkeiten *trouble*
unausgefüllt *blank*
unbearbeitete Daten *raw data*
unbedeutend *insignificant, minor, negligible, petty*
unbefristet *unlimited, indefinite, open-ended*
unbefugt *unauthorized*
unbegrenzt *unlimited*
unbeladen *unladen*
unbelebt *inactive*
unbenutzt *unused*
unbeschränkt *unlimited, unrestricted, open-ended; absolute*
unbeschränkte Haftung *unlimited liability*
unbesehen *unseen*
unbesetzt *vacant, unoccupied, not taken*
unbeständig *changeable, variable, unsettled*
unbestätigt *unconfirmed*
unbeweglich *immovable*
unbewegliches Vermögen *immovable property*
unbewohnt *unoccupied, vacant*
unbezahlt *unpaid, outstanding, owing*
uneinbringliche Forderung *bad* or *irrecoverable debt*
uneingelöstes Pfand *unredeemed pledge*
uneinheitlich *mixed, varied*
unerlässlich *essential*
unerlaubt *unauthorized, forbidden, illicit*
unerledigte Aufträge *back* or *outstanding orders*
unerschwinglich *exorbitant, prohibitive*
unfähig *incapable, unable; incompetent, inefficient*
Unfall *accident, crash*
Unfallgeld *injury benefit*
Unfallversicherung *accident insurance*
ungeachtet *regardless of*
ungebraucht *unused*
ungebunden *independent*
ungedeckter Scheck *uncovered* or *dud cheque* or *(US) rubber check*
ungedecktes Papiergeld *fiat money*
ungefähr *approximate(ly), rough(ly)*
ungeklärt *uncleared, unsettled; unaccounted for*
ungelernt *unskilled*
ungelernte(r) Gartenarbeiter/-in *jobbing gardener*
ungenau *inaccurate, inexact*
ungeprüft *untested, unchecked; unaudited*
ungerade Zahlen *odd numbers*
ungerechtfertigte Entlassung *unfair dismissal*
ungesetzlich *illegal, unlawful*
Ungesetzlichkeit *illegality*
ungesicherte Verbindlichkeit *unsecured debt*
ungesichertes Darlehen *unsecured loan*
Unglück or *Unglücksfall accident, disaster*
ungültig *invalid, null, void*
Ungültigkeit *invalidity*
Ungültigkeitserklärung *invalidation*
ungünstig *adverse, unfavourable*
unilateral *unilateral(ly)*
Universalversicherung *comprehensive* or *all-in* or *all-risks policy*
unkontrollierbar *uncontrollable*
unkündbare Anleihe *irredeemable bond*
unlauter *unfair*
unlautere Geschäftspraktik *sharp practice*
unlauterer Wettbewerb *unfair competition*
unliniertes Papier *unlined paper*
unmittelbar *direct(ly), immediate(ly)*
unmöglich *impossible*
unökonomisch *uneconomic*
unpersönlich *impersonal*
unrechtmäßig *illegal, unlawful, wrongful*
unrechtmäßige Entlassung *wrongful dismissal*
Unrechtmäßigkeit *illegality*
Unregelmäßigkeit *irregularity*
unreines Konnossement *foul bill of lading*
unrentabel *unprofitable, uneconomic(al), not commercially viable*

unrichtig *incorrect, false*
unsaubere Geschäftspraktik *sharp practice*
unschlüssig sein *to hesitate*
unsicher *uncertain, shaky, unstable*
unsichtbar *unseen, invisible*
unsichtbare Einkünfte *invisible earnings*
unsichtbare Importe *invisible imports*
unsichtbare Vermögenswerte *invisible assets*
unsichtbarer Handel *invisible trade*
Unstimmigkeit *discrepancy*
untätig *dormant, inactive*
unten genannt *undermentioned*
unter vier Augen *in private, privately*
unter Vorbehalt *conditional*
unter Zollverschluss *bonded*
Unterausschuss *subcommittee*
unterbeschäftigt *underemployed*
Unterbeschäftigung *underemployment*
unterbesetzt *short-staffed*
unterbewerten *to underestimate, underrate, undervalue*
Unterbewertung *underestimate, undervaluation*
unterbezahlt *underpaid*
unterbieten *to underbid, undercut*
unterbrechen *to interrupt, break off, suspend*
Unterbrechung *interruption, stoppage, suspension*
unterbringen *to place*
Unterbringung *placement; placing*
untere(r,s) *lower, low-grade, junior, minor*
unterentwickelt *underdeveloped*
Untergebene(r) *subordinate*
untergehen *to go down, sink*
untergeordnet *junior, low-grade, low-level, subordinate*
Untergeschoss *basement*
unterhalten *to entertain; maintain*
Unterhaltung *entertainment*
Unterhändler/-in *negotiator, mediator*
unterkapitalisiert *undercapitalized*
Unterkunft *accommodation*
Unterlagen *documents, papers, records*
unterlassen *to fail, omit; fail to pay, default*
Unterlassung *failure, omission, default*
unterliegen *to be liable* or *subject to*
Untermiete *subtenancy*
Untermieter/-in *subtenant, sublessee*
Untermietvertrag *sublease* or *underlease*
Unternehmen *business, company, concern, corporation, enterprise, establishment, firm, undertaking*
Unternehmen mittlerer Größe *medium-sized company*
Unternehmensberater/-in *management consultant*
Unternehmensbereich *division*
Unternehmensgewinne *corporate profits*
Unternehmensgruppe *consortium, group*
Unternehmensplan *business* or *corporate plan*
Unternehmensplanung *corporate planning*
Unternehmenspolitik *company policy*
Unternehmensrecht *company law*
Unternehmensregistrator *registrar of a company*
Unternehmensspitze *senior* or *top management*
Unternehmenszusammenschluss *merger; combination, combine*
Unternehmer/-in *entrepreneur*
unternehmerisch *entrepreneurial*
Unternehmertum *enterprise*
Unterpacht *subtenancy*
Unterpächter/-in *sublessee, subtenant*
Unterpachtvertrag *sublease* or *underlease*
Unterredung *discussion*
unterrichten *to advise, inform, notify*
unterschätzen *to underestimate, underrate*
Unterschätzung *underestimate*
Unterschied *difference*
unterschiedlich *different*
unterschlagen *to embezzle*
Unterschlagung *embezzlement*
unterschreiben *to sign*
Unterschrift *signature*
unterschwellige Werbung *subliminal advertising*
unterstützen *to support, aid, assist, help; back (up)*
Unterstützung *assistance, help, support, backing*
untersuchen *to examine, explore, inquire into, inspect, investigate, study, survey*
Untersuchung *examination, inspection, investigation, study, survey*
Untersuchungskommission *commission of enquiry*
untertreiben *to understate*
untervermieten *to sublet*
Untervermieter/-in *sublessor*
Untervermietung *sublease* or *underlease*
unterverpachten *to sublet*
Unterverpächter/-in *sublessor*
Unterverpachtung *sublease* or *underlease*
Untervertrag *subcontract*
Untervertreter/-in *sub-agent*
Untervertretung *sub-agency*
unterwegs *en route, on the way; away, travelling*
unterworfen *liable to* or *subject to*
unterzeichnen *to sign*
Unterzeichner *signatory*
Unterzeichnete(r) *undersigned*
untragbar *unbearable, intolerable; prohibitive*
unumgänglich *unavoidable*
ununterbrochen *continual(ly), non-stop*
unverändert *unchanged*
unverarbeitet *raw, unprocessed*
unverbindliche Preisempfehlung *manufacturer's recommended price (MRP)* or *recommended retail price (RRP)*
unverkäuflich *unsellable*
unverkauft *unsold*
unverlangt *unsolicited*
unvermeidlich *unavoidable*
unverpackt *loose*
unvorhergesehene Sonderausgaben *contingent expenses*
unvorhergesehenes Ereignis *contingency*
unvorschriftsmäßig *irregular*
unwahr *untrue*
unwesentlich *insignificant, slight, trivial*
unwichtig *unimportant, minor, petty*
unwiderruflich *irrevocable*
unwiderrufliches Akkreditiv *irrevocable letter of credit*
unwirtschaftlich *uneconomic*
Unze *ounce*
unzeitgemäß *out of date*
unzulänglich *inadequate, incompetent, defective; insufficient*
unzulänglich ausgerüstet *underequipped*

unzulässig *inadmissable*
unzureichende Kontendeckung *insufficient or non-sufficient funds*
unzuverlässig *unreliable*
Urabstimmung *strike ballot or strike vote*
Urheberrecht *copyright (law)*
urheberrechtlich geschützt *copyright(ed)*
urheberrechtlich schützen *to copyright*
Urheberrechtsinhaber/-in *copyright holder*
Urheberrechtsvermerk *copyright notice*
Urkunde *deed, document*
Urkundenbeweis *documentary evidence or proof*
urkundlich *documentary*
Urlaub *holiday, leave, vacation*
Urlaubsanspruch *holiday entitlement*
Urlaubsgeld *holiday pay*
Urlaubszeit *holiday season*
Ursache *cause*
Ursprung *origin, source*
ursprünglich *original(ly), initial(ly)*
ursprüngliche Anschaffungs- *or Herstellungskosten historic(al) cost*
Ursprungsdaten *raw data*
Ursprungsland *country of origin*
Urteil *judgement*
Urteilsschuldner/-in *judgment debtor*
US-Aktien *dollar stocks*
Usance *usage, practice, the customs of the trade*
usw. *etc.*

Vv

Valuta *foreign currency*
Valutakonto *foreign currency account*
valutieren *to accrue*
Valutierung *accrual*
variabel *variable*
Variabilität *variability*
variieren *to vary*
Vaterschaftsurlaub *paternity leave*
Verabredung *appointment*
Veralten *obsolescence*
veraltend *obsolescent*
veraltet *obsolete, out of date*
veränderlich *variable, unsettled*
Veränderlichkeit *variability*
verändern *to alter*
Veränderung *variation*
Veranlagung *assessment*
veranlassen *to arrange, set up*
veranschlagen *to estimate, budget*
veranschlagt *estimated*
Veranschlagung *estimation*
veranstalten *to organize, put on, stage, hold*
Veranstaltungsort *venue*
verantwortlich *responsible, accountable, answerable, liable*
Verantwortlichkeit *responsibility, accountability*
Verantwortung *responsibility*
verantwortungsvoll *responsible*
verarbeitende Industrie *processing or secondary industry*
Verarbeitung *processing*
veräußern *to dispose of, sell*
Veräußerung *disposal*
Veräußerungsgewinn *capital gain(s)*
Veräußerungsgewinnsteuer *capital gains tax (CGT)*
Verband *association, federation, syndicate*
verbessern *to improve; correct*
Verbesserung *improvement; correction*
verbieten *to ban, forbid, prohibit*
verbinden *to connect, join, link*
verbindlich *binding, compulsory, firm*
verbindliche Gebührenordnung *fixed scale of charges*
Verbindlichkeiten *accounts payable, liabilities*
Verbindung *connection, contact, communication; line; combination*
verborgen *hidden*
Verbot *ban*
verboten *forbidden, prohibited, banned*
Verbrauch *consumption*
Verbraucher/-in *consumer*
Verbraucherausgaben *consumer spending*
Verbraucherberatung *consumer council*
Verbraucherforschung *consumer research*
Verbrauchergruppe *consumer group*
Verbrauchermarkt *superstore, hypermarket*
Verbraucherpanel *consumer panel*
Verbraucherpreisindex *consumer price index*
Verbraucherschutz *consumer protection*
Verbrauchertestgruppe *consumer panel*
Verbraucherwiderstand *consumer resistance*
Verbrauchsgüter *consumer goods or consumable goods*
Verbrauchssteuer *excise duty*
Verbrechen *crime*
verbrecherisch *criminal*
verbreiten *to spread, circulate*
Verbreitung *circulation*
verbrennen *to burn*
verbringen *to spend (time)*
verbuchen *to enter in a book or in the books, to register*
verbunden *affiliated, associate*
verdeckt *hidden, concealed*
verderben *to spoil*
verdienen *to earn*
Verdienst *earnings, earned income; merit*
Verdienstausfallentschädigung *compensation for loss of earnings*
Verdienstmöglichkeit *earning capacity or power or potential*
verdoppeln *to double*
verdreifachen *to treble*
Verein *club, society, association; bunch, crowd, outfit*
vereinbaren *to agree, arrange*
vereinbarter Preis *agreed price*
Vereinbarung *agreement, arrangement, stipulation*
vereinheitlichen *to standardize*
Vereinheitlichung *standardization*
vereinigen *to unite*
Vereinsmitgliedschaft *club membership*
Vereinten Nationen: die ~ (UNO) *the United Nations (UN)*
vereiteln *to frustrate, thwart*
vererben *to bequeath*
Verfahren *method, procedure, process, technique*
Verfahrensregeln *code of practice*
Verfahrensweise *method, practice, modus operandi*
Verfall *forfeit(ure)*

verfallen *to lapse*
verfallen lassen *to forfeit*
Verfallsdatum *expiry date*
Verfallsklausel *forfeiture clause, acceleration clause*
Verfälschung *falsification*
Verfassung *constitution*
verfassungsmäßig *constitutional*
verfehlen *to miss*
verfolgen *to chase, pursue*
verfrachten *to freight*
Verfrachter *freighter*
verfügbar *available*
verfügbares Einkommen *disposable income*
verfügbares Kapital *available capital*
Verfügbarkeit *availability*
Verfügung *disposal*
Verfügung: zur ~ *to hand*
Vergabe *allocation*
vergeben *to allocate, assign, award*
vergeblich *unsuccessfully*
vergessen *to forget*
vergeuden *to waste*
Vergleich *comparison; arrangement, settlement, composition*
vergleichbar *comparable*
Vergleichbarkeit *comparability*
vergleichen (mit) *to compare (with)*
Vergleichsjahr Sitz *base year*
Vergleichslohn *pay comparability*
Vergleichsvorschlag *scheme of arrangement*
vergrößern *to enlarge, expand, extend, increase*
Vergrößerung *expansion*
Vergünstigung *concession*
vergüten *to remunerate, pay; reimburse; refund; compensate, indemnify*
Vergütung *payment, remuneration; reimbursement; refund(ing); compensation, indemnity*
Verhältnis *proportion, ratio; relationship*
verhältnismäßig *relative(ly), proportionate(ly), proportional(ly)*
verhandeln *to negotiate*
Verhandlung *negotiation*
Verhandlungsausschuss *negotiating committee*
Verhandlungsbasis (VB) *basis for negotiation; or near offer (o.n.o.)*
Verhandlungsführer/-in *negotiator*
Verhandlungspaket *package deal*
Verhandlungsposition *bargaining position*
Verhandlungssache *matter for negotiation*
Verhandlungsstärke *bargaining power*
verhängen *to impose*
Verhängung *imposition*
verheerend *disastrous*
Verheimlichung *concealment*
verhindern *to prevent*
verhören *to question*
verhüten *to prevent*
Verjährungsfrist *statute of limitations*
Verkauf *sale; sell; vending*
Verkauf: zum ~ *on sale*
verkaufen *to sell*
verkaufen: zu ~ *for sale*
Verkäufer/-in *sales(wo)man, sales girl, shop assistant, sales clerk; seller , vendor*
Verkäufermarkt *seller's market*
verkäuflich *saleable or sellable*
Verkaufsabteilung *sales department*
Verkaufsaktion *sales campaign*
Verkaufsargument *sales pitch*
Verkaufsautomat *automatic vending machine*
Verkaufsbedingungen *conditions* or *terms of sale*
Verkaufserlös *sales revenue, proceeds of a sale*
Verkaufsförderung *merchandizing, sales promotion*
Verkaufsgespräch *sales pitch*
Verkaufskampagne *sales drive*
Verkaufskonferenz *sales conference* or *sales meeting*
Verkaufskunst *salesmanship*
Verkaufsleiter/-in *sales executive, sales manager*
Verkaufsoption *put option, option to sell*
Verkaufsort *point of sale (POS)*
Verkaufspersonal *sales personnel* or *staff*
Verkaufspreis *selling price*
Verkaufsprospekt *sales prospectus* or *sales brochure*
Verkaufsquote *sales quota*
Verkaufsrechnung *sales invoice*
Verkaufsschlager *best-seller*
Verkaufsstand *floor stand*
Verkaufsstelle *point of sale (POS); (retail* or *sales) outlet*
Verkaufsteam *sales team*
Verkaufswagen *mobile shop*
Verkaufszahlen *sales figures*
Verkaufsziel *sales target*
Verkehr *traffic; contact, communication; circulation*
Verkehrsflugzeug *commercial aircraft*
Verkehrsmittel *means of transport(ation)*
Verkehrsstau *traffic jam*
Verkehrsunternehmen *transport company, common carrier*
Verkehrsverbindung *communication; connection, link*
verklagen *to take legal action, sue, bring a lawsuit against, proceed against*
Verknappung *shortage*
verkürzen *to shorten*
Verladedock *loading dock*
Verladen *lading*
Verlag *publisher, publishing company*
Verlagerung *shift*
verlangen *to demand, ask (for), charge; require*
verlängern *to extend, prolong, renew*
verlängerte Garantie *extended guarantee*
verlängerter Kredit *extended credit*
Verlängerung *extension, renewal*
verlangsamen *to slow down*
Verlangsamung *slowdown*
verlassen *to leave, go away; abandon*
verlassen: sich ~ auf *to bank on, count on, rely on*
verlässlich *reliable*
Verlässlichkeit *reliability*
Verlauf *course, progress*
Verlauf: im ~ *in the course of*
verlegen *to move, redeploy, relocate, transfer; publish*
Verleger/-in *publisher*
Verlegung *redeployment, relocation*
verleihen *to lend, loan; hire* or *rent (out)*
Verleihen *lending*

Verleiher *lender*
verletzen *to injure, hurt; infringe, violate*
Verletzung *injury; breach, infringement, violation*
Verletzung des Urheberrechts *infringement of copyright or copyright infringement*
Verletzung einer vertraglichen Zusicherung *breach of warranty*
verleumden *to libel, slander*
Verleumdung *slander; libel*
Verleumdungsklage *action for slander or libel, slander action, libel action*
verlieren *to lose*
verlockend *attractive*
verlorene Arbeitsplätze *job losses*
Verlust *loss*
Verlustfaktor *downside factor, loss factor*
vermachen *to leave, bequeath*
Vermächtnis *bequest, legacy*
Vermächtnisnehmer/-in *legatee*
Vermarktung *marketing*
vermehren *to multiply*
vermeiden *to avoid*
Vermeidung *avoidance*
vermessen *to measure*
Vermessung *survey*
vermieten *to let, rent (out)*
Vermieter *landlord; lessor*
Vermieterin *landlady; lessor*
vermindern *to diminish, lessen, reduce*
Verminderung *reduction, decrease*
vermitteln *to mediate*
Vermittler/-in *intermediary*
Vermittlung *mediation, negotiation; telephone exchange, (telephone) operator*
Vermögen *fortune, wealth*
Vermögenseinkünfte *unearned income*
Vermögenssteuer *capital levy, wealth tax*
Vermögensumverteilung *redistribution of wealth*
Vermögensverschleierung *concealment of assets*
Vermögensverwalter/-in *investment or portfolio manager; trustee*
Vermögensverwaltung *asset management; trust business*
vermutlich *probably*
Vermutung *guess*
vernachlässigt *neglected*
verneinend *negative*
vernetzen *to network*
vernünftig *sensible, reasonable*
veröffentlichen *to publish, issue, release*
Veröffentlichung *publication*
Verordnungen *regulations*
verpachten *to lease*
Verpächter/-in *lessor*
Verpachtung *lease; demise*
verpacken *to pack, package, wrap*
Verpackung *packing, packaging, wrapping*
Verpackungsgewicht *tare*
Verpackungskiste *packing case*
Verpackungskosten *packing charges*
verpassen *to miss*
verpfänden *to pawn*
verpflichtet *obliged*
Verpflichtung *obligation, commitment*
Verpflichtungen *responsibilities*
verplomben *to seal*
verrechnen *to settle; clear; credit, debit to an account, book*
verrechnen: sich ~ *to miscalculate, make a mistake (in a calculation), be out*
Verrechnung *settlement, clearing, clearance, balancing*
Verrechnungsscheck *crossed cheque*
verringern *to decrease, diminish, depress, reduce, scale down, slow down*
Verringerung *decrease, reduction, slowdown*
Versagen *failure*
Versalien *capital letters or block capitals*
Versammlung *meeting*
Versand *dispatch, consignment, forwarding, shipment*
Versandabteilung *dispatch department*
Versandanweisungen *forwarding instructions, shipping instructions*
Versandanzeige *advice note*
Versandhandel *mail-order selling*
Versandhaus *mail-order business or firm or house*
Versandhauskatalog *mail-order catalogue*
Versandschein *dispatch note*
Versandvorschriften *forwarding instructions, shipping instructions*
versäumen *to neglect, omit*
Versäumnis *omission; default*
verschärfen *to increase, intensify, tighten (up on)*
verschenken *to give away*
verschicken *to send, consign, dispatch, forward, ship*
verschieben *to defer, hold over, postpone, put back, put off*
verschieden *different, miscellaneous, sundry, various*
Verschiedenes *sundry items or sundries; any other business (AOB)*
verschiffen *to ship*
Verschiffung *shipment, shipping*
Verschleierung *concealment*
Verschleiß *wastage*
Verschleißerscheinung *sign of wear*
verschließen *to lock (up), close, shut*
verschlossene Angebote *sealed tenders*
verschlossener Briefumschlag *sealed envelope*
verschnüren *to tie up*
verschrotten *to scrap*
Verschulden *fault*
verschulden: sich ~ *to get into debt*
verschuldet *indebted*
Verschuldung *state of indebtedness*
verschwenden *to waste*
verschwenderisch *wasteful*
Versehen *mistake, error, oversight, slip(-up)*
Versehen: aus ~ *by mistake*
versehentlich *inadvertent(ly), by mistake, in error*
versenden *to send, consign, dispatch, forward, ship*
Versender/-in *sender, consignor, forwarder, shipper*
versetzen *to transfer, move; pawn*
Versetzung *transfer*
versicherbar *insurable*
Versicherer *insurer*
versichern *to insure, assure*
Versicherung *insurance, assurance*

Versicherungsanspruch *insurance claim*
Versicherungsbeitrag *insurance premium*
versicherungsfähig *insurable*
Versicherungsgesellschaft *insurance company*
Versicherungsmakler/-in *insurance broker*
Versicherungsmathematiker/-in *actuary*
versicherungsmathematisch *actuarial*
Versicherungsnehmer/-in *policy holder*
Versicherungspolice *insurance policy*
Versicherungsprämie *insurance premium*
Versicherungsschein *insurance certificate*
Versicherungsschutz *insurance cover*
versicherungsstatistische Tabellen *actuarial tables*
Versicherungssumme *sum insured*
Versicherungsträger/-in *insurer, assurer* or *assuror*
Versicherungsverein auf Gegenseitigkeit (VVaG) *mutual insurance company, friendly society*
Versicherungsvertrag *insurance contract*
Versicherungsvertreter/-in *insurance agent*
versiegeln *to seal*
Versiegelung *seal*
versorgen *to supply, provide, furnish*
Versorgung *supply*
verspätet *delayed, late; belated*
Verspätung *delay*
Versprechen *promise*
versprechen *to promise*
Versprechensurkunde *deed of covenant*
verstaatlichen *to nationalize*
verstaatlichte Industrie *nationalized industry*
Verstaatlichung *nationalization*
verständigen: sich ~ *to communicate*
Verständigung *communication; agreement, understanding*
verständlich *clear, comprehensible, understandable*
verständlich machen *to get across, make clear, get through*
Verständnis *understanding, sympathy*
verständnisvoll *understanding, sympathetic*
versteckt *hidden*
verstehen *to understand*
versteigern *to auction*
Versteigerung *auction*
Verstoß *breach, infringement*
Versuch *attempt*
versuchen *to attempt, try*
Versuchsprojekt *pilot project*
versuchsweise *on trial, on approval*
vertagen *to adjourn, defer, hold over, postpone*
Vertagung *adjournment, deferment, postponement*
verteidigen *to defend*
Verteidiger/-in *defence counsel*
Verteidigung *defence*
verteilen *to allot, apportion, distribute, share, spread*
Verteiler *distributor*
Verteilernetz *distribution network* or *network of distributors*
Verteilerzettel *distribution slip*
Verteilung *allotment, apportionment, distribution, shareout, sharing, spread*
vertikale Integration *vertical integration*
vertikale Kommunikation *vertical communication*
vertikale Preisbindung *resale price maintenance, administered price*
Vertrag *contract, agreement, covenant; treaty*
vertraglich *contractual(ly)*
Vertragsabschluss *completion of a contract*
Vertragsbedingungen *conditions* or *terms of a contract*
Vertragsbestimmung *stipulation*
Vertragsbruch *breach of contract*
vertragsbrüchig *in breach of contract*
Vertragshaftung *contractual liability*
Vertragshändler/-in *authorized* or *appointed dealer* or *distributor*
Vertragspartner/-in *party to an agreement, contracting party*
Vertragsrecht *contract law* or *law of contract*
Vertragsverlängerung *extension of a contract*
Vertragsverletzung *breach of contract, default*
Vertrauen *confidence, trust*
Vertrauensbruch *breach of trust*
Vertrauensmann *fiduciary*
Vertrauensstellung *position of trust*
vertrauenswürdig *trustworthy*
vertraulich *confidential(ly), in confidence*
vertraulicher Bericht *confidential report*
Vertraulichkeit *confidentiality*
vertreiben *to distribute, market, sell*
vertreten *to represent; deputize for*
Vertreter/-in *agent, (sales) representative; replacement, deputy; canvasser*
Vertreterprovision *agent's commission*
Vertretung *agency, representation; proxy, replacement*
Vertretung: in ~ *per procurationem* or *per pro*
Vertrieb *distributorship, distribution, marketing, sale(s), selling*
Vertriebsabteilung *marketing* or *sales department*
Vertriebsagent/-in *distributor*
Vertriebsbranche *distributive trade*
Vertriebskosten *cost of sales*
Vertriebskosten *distribution* or *marketing* or *selling costs*
Vertriebsleiter/-in *distribution* or *marketing* or *sales manager*
Vertriebsnetz *network of distributors, distribution* or *marketing network*
Vertriebspolitik *marketing policy*
Vertriebsrecht *distributorship, selling right*
Vertriebsweg *channel of distribution* or *distribution channel*
verunsichert *unsettled, unsure*
veruntreuen *to embezzle, misappropriate*
Veruntreuung *defalcation, embezzlement, misappropriation*
verursachen *to cause*
vervielfachen *to multiply*
Vervielfältigung *duplication*
Vervielfältigungsapparat/-gerät *duplicating machine* or *duplicator*
Vervielfältigungspapier *duplicating paper*
vervierfachen *to quadruple*
vervollkommnen *to perfect*
Verwahrung *safekeeping*
Verwahrungsort *depository*
verwalten *to administer, manage, operate, run*
Verwalter/-in *administrator, manager*

Verwaltung *administration*
Verwaltungsausschuss *management committee*
Verwaltungsbezirk *administrative district, precinct*
Verwaltungsfachmann/-frau *administrator*
Verwaltungskosten *administration costs or expenses*
Verwaltungsrat *board of directors (of a public sector institution)*
verwaltungstechnisch *administrative*
verwandt *related*
verwechseln *to confuse, mix up*
verweigern *to refuse*
Verweigerung *refusal*
verwenden *to use, utilize*
Verwendung *use, utilization*
verwerfen *to throw out, reject, dismiss*
verwirken *to forfeit*
verwirklichen *to realize*
Verwirklichung *realization*
verwirkt *forfeit*
Verwirkung *forfeit(ure)*
Verwirkungsklausel *forfeit clause*
verwirren *to confuse*
verzählen: sich ~ *to miscount*
verzeichnen *to record, list*
Verzeichnis *register, record; list, schedule; directory; index*
verzeihen *to excuse, forgive*
Verzicht *renunciation, waiver*
verzichten (auf) *to renounce, waive*
Verzichterklärung *waiver, disclaimer*
Verzichtklausel *waiver clause*
verzögern *to delay, hold up*
Verzögerung *delay, hold-up*
verzollt *duty-paid*
Verzug *delay*
viel *a lot (of), a great deal (of), much, many*
vielfach *multiple*
Vielfalt *variety*
Viererpack *four-pack*
vierte(r,s) *fourth*
vierteilig *four-part*
Viertel *quarter; area, district*
Vierteljahr *quarter*
vierteljährlich *quarterly*
vierteljährlicher Kontoauszug *quarterly statement*
vierteljährlicher Umsatzbericht *quarterly sales return*
Viertelliter *quarter of a litre or quarter litre*
Viertelstunde *quarter of an hour*
viertes Quartal *fourth quarter*
VIP-Lounge *VIP lounge*
Virement *virement*
Visitenkarte *business card*
Visum *visa*
Visum zur mehrmaligen Einreise *multiple entry visa*
Vitrine *display cabinet or display case or showcase*
Vize- *vice-*
Volk *nation*
Völkerrecht *international law*
Volkseinkommen *national income*
Volkswirt/-in *economist*
Volkswirtschaft *(macro-)economics, national economy*
voll *full; fully*
voll abschreiben *to write off*
voll ausgelastet sein *to work at full capacity*
voll beladenes Schiff *fully-laden ship*
voll betriebsfähig *in full working order*
voll bezahlte Aktien *fully-paid shares*
voll einbezahltes Kapital *fully paid-up capital*
voll machen *or* **voll tanken** *to fill up*
Vollabschreibung *write-off*
Vollbeschäftigung *full employment*
voller Fahrpreis *full fare*
voller Rechnungsbetrag *total invoice value*
voller Satz *full rate*
voller Versicherungsschutz *full cover*
voller *full of*
völlig *full(y), complete(ly), absolutely, totally*
vollkommen *perfect, complete, absolute; completely, absolutely*
vollkommenes Monopol *absolute monopoly*
Vollkosten *full costs*
Vollmacht *(legal) power, power of attorney; proxy*
Vollsichtregal *display stand or unit*
vollständig *complete(ly), full(y); in full, outright*
Vollstreckungsaufschub *stay of execution*
Vollversammlung *plenary meeting or session*
vollziehen *to implement*
Vollzug *implementation*
Volumen *volume*
vor kurzem *recently*
vor Ort sein *to be on the spot*
vorab *in advance*
vorankommen *to get on*
vorantreiben *to chase, hurry up*
Vorarbeiter/-in *fore(wo)man, chargehand, overseer*
voraus *in front (of), ahead (of)*
Vorausberechnung *advance calculation, forecast*
vorausbezahlt *prepaid*
vorausgehend *preliminary, prior*
vorausgesetzt, dass *provided that or providing*
vorauslaufender Indikator *leading indicator*
Voraussagen *forecasting*
voraussagen *to forecast, predict*
voraussichtlich *prospective*
voraussichtliche Ankunft(szeit) *estimated time of arrival (ETA)*
Vorauszahlung *advance payment, money in advance or up front, prepayment*
Vorbehalt *reservation, proviso, qualification*
vorbehaltlos *unconditional(ly)*
vorbeikommen *to call (in), drop in*
vorbereitend *preliminary*
Vorbereitung *arrangement, preparation*
Vorbesprechung *preliminary discussion or meeting*
vorbeugend *preventive*
vorbildlich *exemplary, model*
Vorbildung *previous experience, educational background*
vorbringen *to say, express, put forward, raise*
vordatieren *to date forward, postdate*
Vorderseite *front*
vordrängeln: sich ~ *to jump the queue*
Vordruck *form*
voreilig *rash(ly), hasty, hastily*
Vorentwurf *rough draft*
Vorfinanzierung *pre-financing*
vorführen *to demonstrate, display, show*

Vorführer/-in *demonstrator*
Vorführmodell *demonstration model*
Vorführung *demonstration, display*
Vorgabezeit *allowed time*
Vorgänger/-in *predecessor*
vorgeben *to pretend*
Vorgehen *action, procedure*
Vorgehensweise *procedure*
vorgesehen *designated, planned*
Vorgesetzte(r) *superior*
Vorhaben *intention, plan, project, scheme*
vorhaben *to intend, have planned*
Vorhand *first option*
vorher *previously, formerly*
vorhergehend *preceding, previous*
Vorhersage *forecast, projection*
vorig *previous, last*
Vorkaufsrecht *pre-emptive right*
Vorkehrungen *precautions, provisions*
vorladen *to summon(s), subpoena*
Vorladung *summons, subpoena*
Vorlage *presentation, production*
vorläufig *temporary, interim, preliminary, provisional, tentative*
vorläufige Baugenehmigung *outline planning permission*
vorläufiger Versicherungsschein *cover note*
vorlegen *to present, produce, submit, table*
vorletzte(r,s) *last but one, penultimate*
vorletzten Monat *the month before last*
Vorliebe *preference*
vormalig *former*
vormittags *in the morning, a.m.*
Vorrang haben *to have priority*
vorrangige Belastung *prior charge*
vorrangige Schulden *senior debts*
Vorrat *reserve(s), stock(s), store, supply, stockpile*
Vorräte anlegen *to stockpile*
vorrätig *in stock*
Vorreiter/-in *forerunner, pioneer*
Vorrichtung *device*
Vorschlag *suggestion, proposal*
vorschlagen *to suggest, propose*
Vorschrift *rule, regulation, provision; instruction, order, direction, directive*
vorschriftsmäßig *due, correct; duly, in due form, according to regulations*
vorschriftswidrig *contrary to (the) regulations, against the rules, irregular(ly)*
Vorschriftswidrigkeit *irregularity*
Vorschub *feed*
Vorschuss *advance*
vorsehen *to plan, schedule; design(ate), earmark; provide for*
vorsichtig *careful(ly), cautious(ly), conservative (ly)*
Vorsichtsmaßnahme *precautionary measure* or *precaution*
Vorsitz *chairmanship, presidency*
Vorsitz: den ~ führen/übernehmen *to chair, preside/take the chair*
Vorsitzende(r) *chair(wo)man, chair(person)*
Vorsorge treffen für *to make provision for, provide for*
Vorspiegelung falscher Tatsachen *fraudulent misrepresentation, false pretences*
Vorstand *executive (committee), (managing) board (of directors); chairman, managing director, head*
Vorstandsgremium *management committee*
vorstehen *to be in charge, (be the) head, manage*
vorstellen *to introduce; (re)present*
Vorstellung *introduction; (re)presentation*
Vorstellungsgespräch *interview*
Vorsteuer *input tax*
vortäuschen *to pretend, fake*
Vorteil *advantage*
vorteilhaft *advantageous, favourable*
vortragen *to report, express, state*
vorübergehend *temporary, temporarily*
Vorverkaufskasse or *Vorverkaufsstelle (advance) booking office*
vorverlegen *to advance, bring forward*
Vorwahl *area code, dialling code*
Vorwurf *reproach, accusation*
Vorzeigen *production*
vorzeigen *to produce, show*
vorzeitig *early*
vorziehen *to prefer*
Vorzug *preference*
Vorzugsaktien *preference shares, preferred stock*
Vorzugsaktionär/-in *preference shareholder*
Vorzugsbedingungen *preferential terms*
Vorzugsfahrpreis *concessionary fare*
Vorzugsgläubiger *secured creditor*
Vorzugszins *prime rate* or *prime*
Vorzugszoll *preferential duty* or *tariff*
Vostrokonto *vostro account*

Ww

Waage *scales; weighing machine*
waagerecht *horizontal*
Wachmann *security guard, (night) watchman*
wachsen *to grow, increase*
wachsend *increasing*
Wachstum *growth*
Wachstumsaktie *growth share* or *growth stock*
Wachstumsbranche *boom* or *growth industry*
Wachstumsindex *growth index*
Wachstumsindustrie *boom* or *growth industry*
Wachstumsmarkt *growth market*
Wachstumspotenzial *growth potential* or *potential for growth*
Wachstumsrate *growth rate*
Wagen *car*
Waggon *wagon, freight car*
Wagniskapital *risk* or *venture capital*
Wahl *choice, pick; election, vote, ballot*
wählbar *eligible*
Wählbarkeit *eligibility*
Wahlbetrug *ballot-rigging*
wählen *to choose, pick; elect, vote; dial*
Wähler/-in *voter*
Wahlhelfer/-in *canvasser*
wahllos *indiscriminate(ly), at random*
Wahlstimmenwerbung *(political) canvassing*
Wählton *dialling tone*
Wahlurne *ballot box*
wahr *true*
während *during, in the course of*
wahrscheinlich *probable, probably*
Währung *currency*
Währungsdeckung *currency backing*

Währungseinheit *monetary unit or unit of currency*
Währungskorb *currency basket or basket of currencies*
währungspolitisch *monetary*
Währungsreserven *currency reserves*
Währungsstandard *monetary standard*
Wandel *change, shift*
Wandelanleihe *convertible loan*
Wandelschuldverschreibung *convertible debenture or bond*
Wanderarbeiter/-in *itinerant worker*
Wandtresor *wall safe*
Ware *article, commodity, merchandise, product*
Waren unter Zollverschluss *goods in bond*
Waren zweiter Wahl *seconds*
Warenannahme *receiving department or office*
Warenaufzug *goods lift, freight elevator*
Warenausgang *sale of goods*
Warenausgänge *outgoing goods*
Warenausgangsbuch *sales book, sales day book (SDB), sales ledger*
Warenausgangsbuchhalter/-in *sales ledger clerk*
Warenbegleitschein *docket*
Warenbeschaffung *purchasing*
Warenbeschreibung *trade description*
Warenbestand *stock*
Warenbestände übertragen *to carry over stock*
Warenbestandsaufnahme *physical inventory or physical stock check*
Warenbörse *commodity exchange or market*
Wareneingangsbuch *purchase book*
Warenhaus *(department) store, emporium*
Warenkode *stock code*
Warenkorb *market basket*
Warenlager *goods depot*
Warenlieferung *delivery of goods*
Warenprobe *sample*
Warentermingeschäft *commodity futures*
Warenumsatzsteuer *sales tax*
Warenzeichen *trademark*
Warenzustellung *delivery of goods*
warmer Regen *windfall*
warnen *to warn*
Warnstreik *token strike*
Warnung *warning*
warten *to await, wait (for); hold or hang on; service, maintain*
Warteschlange *queue*
Wartung *maintenance, service*
Wartungs(hand)buch *service handbook or service manual*
Wartungsvertrag *maintenance or service contract*
waschen *to wash; launder*
Waschzettel *leaflet*
wasserdicht *watertight, waterproof*
wasserfest *waterproof; indelible*
Wechsel *change, alternation, exchange, rotation; bill (of exchange), draft*
Wechselautomat *change machine*
Wechselforderungen *bills receivable (B/R)*
Wechselgeld *change, (cash) float*
Wechselkurs *rate of exchange or exchange rate*
Wechselkursfreigabe *floating*
Wechselkursmechanismus *exchange rate mechanism (ERM)*
Wechselmaklerfirma *bill broker*
wechseln *to change*
Wechselprotest einlegen *to protest a bill*
wechselseitig *reciprocal*
wechselseitige Beteiligungen *reciprocal holdings*
wechselseitiger Handel *two-way trade*
Wechselstube *bureau de change*
Wechselverbindlichkeiten *bills payable (B/P)*
Weg *way, channel*
Weg: auf dem ~ *en route*
Wegbereiter/-in *pioneer*
wegen *due to, owing to*
Wegerecht *right of way*
weglassen *to leave out, omit*
wegstehlen *to steal*
Wegwerf- *disposable*
wegwerfen *to throw out*
wehren: sich ~ (gegen) *to resist*
Wehrmaterial *military hardware*
weich *soft*
weiche Landung/Währung *soft landing/ currency*
Weide *field*
weigern: sich ~ *to refuse*
Weigerung *refusal*
Weihnachtsgeld *Christmas bonus*
Weißbuch *White Paper*
weiterbilden *to train further, retrain*
weitermachen *to carry on, keep on*
weiterverfolgen *to follow up*
weitervergeben *to subcontract*
Weiterverkauf *resale*
weitgehend *largely*
weitverbreitet *widespread, common*
Welt *world*
Weltbank *World Bank*
Welthandelsorganisation *World Trade Organization (WTO)*
Weltmarkt *world market*
Weltwährungsfonds *International Monetary Fund (IMF)*
weltweit *worldwide*
Wende *turning point; (German) reunification*
Wendung *turn*
wenig *little, few*
weniger *less, fewer*
Werbeabteilung *publicity department*
Werbeagentur *advertising or publicity agency, publicity bureau*
Werbeaktion *publicity campaign*
Werbebeilage *magazine insert*
Werbebranche *advertising*
Werbeetat *advertising or promotion(al) or publicity budget*
Werbefachmann *advertising expert, adman*
Werbefläche *advertising space*
Werbegeschenk *free gift, premium offer, giveaway, freebie*
Werbegrafiker/-in *commercial artist*
Werbekampagne *publicity or advertising campaign*
Werbekosten *publicity expenditure*
Werbeleiter/-in *advertising or publicity manager*
Werbematerial *publicity matter, sales literature*
Werbemedium *advertising medium*
werben *to advertise, promote, publicize*
Werbeplakatträger *sandwich man*
Werbeprospekt *publicity handout*

Werbeschild *showcard*
Werbeschreiben *sales sheet*
Werbesendezeit *slot*
Werbeslogan *publicity slogan*
Werbespot *commercial*
Werbetarif *advertising rates*
Werbetext(entwurf) *advertising* or *publicity copy*
Werbetexter/-in *copywriter*
Werbezettel *publicity leaflet, broadside*
Werbung *advertising, promotion, publicity; advertisement; commercial*
Werdegang *background, career*
Werft *dockyard, shipyard*
Werk *factory, works*
Werksarzt/-ärztin *company doctor*
Werk(s)spionage *industrial espionage*
Werkstatt *workshop*
Werkszeitung *house journal*
Werkzeug *implement, tool*
Werkzeugmaschinen *machine tools*
Wert *value, worth*
Wert: an ~ gewinnen/verlieren *to gain (in value), appreciate/lose value, depreciate*
wert *worth*
Wertberichtigung *provision, valuation, adjustment*
Wertgegenstände *valuable property* or *valuables*
wertlos *worthless*
Wertminderung *decrease in value, depreciation*
Wertpapierbörse *stock exchange*
Wertpapiere *securities, stocks and shares*
Wertpapierhandel *stockbroking*
Wertpapierhändler/-in *dealer on the stock exchange, marketmaker, securities trader*
Wertpapiermakler/-in *stockbroker*
Wertpapiermarkt *stock* or *securities market*
Wertschätzung *appreciation, esteem, respecr*
Wertsteigerung *increase in value, appreciation*
Wertsteuer *ad valorem tax*
Wertverlust *depreciation*
wertvoll *valuable*
Wertzoll *ad valorem duty*
Wertzuwachs *appreciation, gain*
wesentlich *essential, fundamental, prime*
Wettbewerb *competition*
wettbewerbsbeschränkende Geschäftspraktiken *restrictive trade practices*
Wettbewerbsbeschränkung *restraint of trade*
wettbewerbsfähig im Preis *competitively priced*
wettbewerbsfähige Preisgestaltung *competitive pricing*
wettbewerbsfähiger Preis *competitive price*
wettbewerbsunfähig *uncompetitive*
Wette or *Wetteinsatz bet*
wetten *to bet*
wettmachen *to make good*
Wettsteuer *betting tax*
wichtig *important*
Wichtigkeit *importance*
Widerklage *counter-claim*
Widerklage erheben *to counter-claim*
widerrechtliche Aneignung von Geldern *conversion of funds*
widerrufen *to cancel, revoke, withdraw; countermand*
widersetzen: sich ~ *to oppose, resist*
Widerstand *resistance*
Widerstand leisten (gegen) *to resist*
widrigenfalls *failing which, failing that*
wieder abtreten *to reassign*
wieder ansteigen *to rebound*
wieder aufblühen *to revive*
wieder auffüllen *to restock*
wieder aufnehmen *to resume*
wieder beschäftigen *to re-employ*
wieder einstellen *to reappoint, re-employ; reinstate*
wieder erkennen *to recognize*
wieder ernennen *to reappoint, reassign*
wieder eröffnen *to reopen*
wieder gutmachen *to make up for*
wieder in Besitz nehmen *to repossess*
wieder verpacken *to repack*
wieder vorlegen *to re-present*
wieder wählen *to re-elect*
Wiederabtretung *reassignment*
Wiederanlage *reinvestment*
Wiederaufbau *reconstruction*
Wiederauffüllung *restocking*
Wiederaufnahme *resumption*
Wiederaufnahme *resumption*
Wiederausfuhr *re-export(ation)*
wiederausführen *to re-export*
Wiederbelebung *recovery*
Wiederbeschaffungskosten *replacement cost* or *cost of replacement*
Wiederbeschaffungswert *replacement value*
Wiederbeschäftigung *re-employment*
Wiedereinfuhr *reimport(ation)*
wiedereinführen *to reimport*
Wiedereinreise *re-entry*
Wiedereinstellung *reappointment, re-employment; reinstatement*
wiedererlangbar *recoverable*
wiedererlangen *to retrieve*
Wiedererlangung *recovery, retrieval*
Wiederernennung *reappointment, reassignment*
Wiedereröffnung *reopening*
wiedergewinnen *to retrieve*
Wiedergewinnung *recovery, retrieval*
wiederholen *to repeat*
wiederholt *repeated(ly)*
Wiederinbesitznahme *repossession*
Wiederverkauf *resale*
wiederverkaufen *to resell*
Wiederverkäufer/-in *reseller*
Wiederverkäuferrabatt *trade discount*
Wiederwahl *re-election*
wilder Streik *wildcat strike*
willkürlich *random, arbitrary*
wirklich *really*
wirksam *effective, effectual*
wirksam bleiben *to remain in effect*
wirksam werden *to operate, become operative*
Wirksamkeit *effectiveness*
Wirkung *effect; impact*
Wirtschaft *economy*
wirtschaftlich *economic*
wirtschaftliche Auslastung *commercial load*
wirtschaftliche Entwicklung *economic development*
wirtschaftliche Stagnation *economic stagnation*
wirtschaftliches Interesse *vested interest*
Wirtschaftlichkeit *economics; economy*

Wirtschaftsbüro *trade bureau*
Wirtschaftskorrespondent/-in *business correspondent*
Wirtschaftskrise *economic crisis*
Wirtschaftsmodell *economic model*
Wirtschaftsplaner *economic planner(s)*
Wirtschaftsplanung *economic planning*
Wirtschaftsprüfer/-in *auditor(s)*
Wirtschaftsprüfer/-in *chartered accountant, certified public accountant*
Wirtschaftspublikation *business publication*
Wirtschaftssanktionen *economic sanctions*
Wirtschaftsspionage *industrial espionage*
Wirtschaftsverbrechen *white-collar crime*
Wirtschaftswachstum *economic growth*
Wirtschaftswissenschaft *economics*
Wirtschaftswissenschaftler/-in *economist*
Wirtschaftszweig *branch of industry*
wissen *to know*
Wissen *knowledge*
Wissenschaft *science*
wissenschaftliche Forschung *scientific research*
Wissenschaftspark *science park*
Woche *week*
Wochentag *weekday*
wöchentlich *weekly, by the week*
Wochenzeitschrift *weekly (magazine)*
Wohlfahrtsstaat *welfare state*
wohlhabend *affluent, prosperous, rich, wealthy, well-off*
Wohlstand *affluence, prosperity, wealth*
Wohlstandsgesellschaft *affluent society*
Wohltätigkeitsbasar *charity bazaar, jumble sale*
Wohltätigkeitsorganisation *charitable* or *voluntary organization*
Wohnblock *(residential) block*
wohnhaft *resident*
Wohnsitz *domicile, residence*
Wohnung *flat*
Wohnungsmakler/-in *letting agent, estate agent*
Wohnzimmer *lounge*
Workshop *(discussion) workshop*
Workstation *workstation*
Wortlaut *wording*
Wrack *wreck*
Wucher *usury*
Wucherer/Wucherin *profiteer*
Wuchergeschäfte *profiteering*
Wuchermiete *rack rent*
Wucht *momentum*
Wühlkorb *dump bin*
Würdigung *appreciation*

Xx

xerographieren or *xerokopieren to xerox*
Xerokopie *xerox*

Yy

Yen *yen*

Zz

z.B. *e.g.*
z.Hd. *fao*
Zahl *number, figure*
zahlbar *payable*
zahlbar bei Lieferung/Sicht *payable on delivery/demand*
zahlen *to pay*
zählen *to count*
zahlenmäßig *numeric(al)*
zahlenmäßige Reihenfolge *numerical order*
Zahler *payer*
Zähler *meter*
Zählmaschine *comptometer*
zahlreich *numerous*
Zahltag *pay day*
Zahlung *payment*
Zahlung an Aussteller *pay self*
Zahlung bei Erhalt der Rechnung *payment on invoice*
Zahlung in voller Höhe *full payment* or *payment in full*
Zahlung leisten *to remit*
Zahlungsanweisung *money order*
Zahlungsaufforderung *demand* or *request for payment*
Zahlungsaufschub *moratorium*
Zahlungsbedingungen *terms of payment* or *payment terms*
Zahlungsbilanz *balance of payments*
Zahlungsempfänger/-in *payee*
Zahlungserleichterungen *easy terms*
zahlungsfähig *solvent*
Zahlungsfähigkeit *solvency*
Zahlungsfrist *term of payment, time (allowed) for payment*
zahlungsunfähig *insolvent, bankrupt*
Zahlungsunfähigkeit *insolvency*
Zahlungsverpflichtungen *liabilities*
Zahlungsversprechen *promise to pay*
Zahlungsweise *method* or *mode of payment*
Zeche *pit, mine; bill*
Zedent *assignor*
Zehnertastatur *numeric keypad*
Zeichen *sign, token, mark; reference*
Zeichnung einer Neuemission *subscription to a new share issue*
Zeichnungsangebot *subscription offer, offer for sale*
Zeichnungsberechtigte(r) *signatory*
Zeichnungsliste *subscription list*
Zeichnungsquote *take-up rate*
zeigen *to show*
Zeilendrucker *line printer*
Zeit *time*
Zeitarbeit *temporary work* or *employment*
Zeitarbeiter/-in *temporary worker* or *temp*
Zeitarbeitskräfte *temporary staff*
Zeitersparnis *time-saving*
Zeitkarte *season ticket*
zeitliche Begrenzung *time limitation*
zeitlicher Rahmen *time scale*
Zeitlimit *time limit*
Zeitlohn *time wage* or *pay* or *rate*
Zeitplan *schedule, timetable*

Zeitraum *period, lapse of time*
Zeitschrift *magazine, periodical*
Zeitschriftenabonnement *subscription to a magazine*
Zeitschriftenabonnent/-in *subscriber to a magazine or magazine subscriber*
Zeitschriftenbeilage *magazine insert*
Zeitschriftenzustellung per Post *magazine mailing*
Zeitspanne *period*
zeitsparend *time-saving*
Zeitungsausschnitt *press cutting*
Zeitungsausschnittdienst *press cutting agency or clipping service*
Zeitungsbericht *report in a newspaper or newspaper report*
Zeitungshändler/-in *newsagent*
Zeitungsstand *news stand*
zeitweilig einstellen *to suspend*
zeitweilige Einstellung *suspension*
Zeitwert *present value (PV)*
Zentimeter *centimetre*
Zentner *hundredweight*
zentral *central*
Zentralbank *central bank*
Zentralbankrat *board of a central bank*
Zentrale *head or main office, headquarters (HQ)*
Zentraleinkauf *central purchasing*
zentraler Schreibdienst *typing pool*
zentralisieren *to centralize*
Zentralisierung *centralization*
Zentralregierung *central government*
Zentralwert *median*
Zentrum *centre*
zerbrechlich *fragile*
zerkleinern *to shred*
Zerobond *zero-coupon bond*
zerstören *to destroy, ruin, wreck*
Zession *cession, assignment, transfer*
Zessionsurkunde *deed of transfer*
Zettel *note, slip, chit*
Zeuge/Zeugin *witness*
Zeugnis *(letter of) reference, testimonial*
Ziel *aim, goal, objective, target*
Zielmarkt *target market*
Zielort *final or ultimate destination*
ziemlich *quite, rather*
Ziffer *digit; figure, number*
Zimmer *room*
Zimmerbelegung *occupancy rate*
Zimmerreservierung *room reservations*
Zimmerservice *room service*
Zins *interest*
Zins und Zinseszins *cumulative interest*
Zinsbelastung *interest charge*
Zinsen zahlen *to pay interest*
Zinseszins *compound interest*
zinsgünstiger Kredit *soft loan*
zinsloses Darlehen *interest-free credit or loan*
Zinsrückstand *back interest*
Zinssatz *interest rate or rate of interest*
Zinsschein *interest coupon*
Zinsthesaurierung *accrual of interest*
zinstragend *interest-bearing*
Zinszuwachs *accrual of interest*
zirka *about, approximately, around*
Zirkularkreditbrief *circular letter of credit*
zitieren *to quote*
Zivilprozess *civil action*
Zivilrecht *civil law*
zivilrechtliche Klage *civil action*
zögern *to hesitate, hold back*
Zoll *(customs) duty or tariff; customs*
Zollabfertigung *customs clearance*
Zollabfertigungsschein *clearance certificate*
Zollabgabe *customs duty*
zollamtlich abfertigen (lassen) *to effect customs clearance, clear through customs*
Zollanmeldestelle *customs entry point*
Zollbeamte(r)/-beamtin *customs officer or customs official*
Zollbehörde *customs (authorities)*
Zolldeklaration *or Zollerklärung customs declaration*
Zollformalitäten *customs formalities*
zollfrei *free of duty or duty-free*
Zollfreigebiet *free zone*
Zollkontrolle *customs examination*
Zolllager *bonded warehouse*
zollpflichtige Güter *dutiable goods*
Zollrückvergütung *drawback, customs refund*
Zollschranke *customs barrier or tariff barrier*
Zollsiegel *customs seal*
Zolltarif *customs tariff*
Zollunion *customs union*
Zollverschluss *customs seal*
Zone *zone, area*
zudecken *to cover*
zuerkennen *to award*
zufällig *random, chance; at random, by chance*
zufällige Stichprobe *random sample*
Zufallsfehler *random error*
Zufluchtsort *place of refuge or sanctuary, haven*
Zufluss *influx*
zufrieden *content(ed, happy, satisfied*
Zufriedenheit *satisfaction*
zufriedenstellen *to satisfy*
Zufuhr *supply; influx, injection*
Zug *train*
zugeben *to admit*
zugehen *to head for*
zugkräftig *attractive, eye-catching*
zugreifen auf *to access*
Zugriffszeit *access time*
zugrunde richten *to bankrupt, ruin, wreck*
zugunsten *in favour of*
zugute kommen *to benefit*
Zuhause *home*
zukleben *to seal*
Zukunft *future*
zukünftig *future*
Zulage *allowance; bonus; rise, raise, increment*
zulässig *authorized, licensed, registered; allowable, allowed, permissible, permitted; admissible*
Zulassung *authorization, licensing, registration; licence, permit; admission, admittance*
Zulassungsbescheinigung *certificate of approval, test certificate*
Zulassungspapiere *vehicle registration certificate or document*
Zulieferbetrieb *component firm, subcontractor*
Zulieferer *supplier*
zumachen *to close or shut (down)*
Zunahme *gain, growth, increase, rise*
zunehmen *to grow, increase, multiply, rise*
zunehmend *increasing(ly), mounting*
Zunft *guild*

zurechenbarer Gewinn *attributable profit*
zurechnen *to allocate*
Zurechnung *allocation*
zurechtkommen *to cope, get along or on*
zurück *back; behind*
zurück an Absender *return to sender'*
zurück an Aussteller *refer to drawer (R/D)*
zurückbehalten *to retain*
Zurückbehaltungsrecht *lien*
zurückbekommen *to get back, recover*
zurückbezahlen *to repay*
zurückbringen *to bring or take back*
zurückdatieren *to bcakdate or antedate*
zurückerlangen *to reclaim*
zurückerstattbar *refundable*
zurückerstatten *to refund*
Zurückfallen *reversion*
zurückfordern *to claim back or reclaim*
zurückgeben *to give back or return*
zurückgegebenes Leergut *returned empties*
zurückgehen *to decline, decrease, drop, fall away, fall off, shrink*
zurückgewinnen *to win back or retrieve*
Zurückgewinnung *retrieval*
zurückgreifen auf *to fall back on*
zurückhalten *to hold or keep back*
Zurückholen *retrieval*
zurückholen *to retrieve*
zurückkaufen *to buy back or repurchase; buy in*
zurücknehmen *to take back or withdraw; go back on*
zurückrufen *to phone or ring back; recall*
zurückschicken *or zurücksenden to send back or return*
zurückstellen *to put back or aside, defer, pigeonhole, shelve*
Zurückstellung *deferment, shelving*
zurückstufen *to demote, downgrade*
Zurückstufung *demotion*
zurücktreten *to back out, pull out, withdraw; step or stand down, resign, retire*
zurückübertragen *to reassign*
zurückweisen *to turn down, refuse, reject, repudiate*
Zurückweisung *refusal, rejection, repudiation*
zurückwerfen *to set back*
zurückzahlen *to pay back, repay, redeem*
zurückziehen *to draw or pull back, withdraw*
Zusage *promise; acceptance; confirmation; undertaking, commitment; assent, consent*
zusagen *to promise; confirm; accept*
Zusammenarbeit *collaboration, co-operation*
zusammenarbeiten *to collaborate, co-operate*
Zusammenbau *assembly*
zusammenbauen *to assemble, put together*
zusammenbrechen *to break down, collapse, crash*
Zusammenbruch *breakdown; collapse, crash, failure*
zusammenfassen *to bracket or group together, unite, combine, integrate; summarize*
Zusammenfassung *union, combination, integration; summary, synopsis, résumé, abstract, précis*
Zusammenhang *connection; context, background*
Zusammenhang: in ~ mit *in connection with, in relation to*
zusammenhängend *related, connected*
zusammenheften *to staple together*
zusammenkommen *to come together, meet*
Zusammenlegung *consolidation*
zusammenpacken *to pack up*
zusammenrufen *to convene*
zusammenschließen *to amalgamate, consolidate, integrate, merge*
Zusammenschluss *amalgamation, consolidation, integration, merger, tie-up*
Zusammenstoß *collision, crash*
zusammenzählen *to add or count up*
Zusatz *addition, supplement*
Zusatzklausel *additional clause, rider*
zusätzlich *additional, extra, further, supplementary; in addition*
zusätzliche Geldmittel *extra funds*
Zusatzsteuer *surtax*
Zuschauerzahl *gate*
Zuschlag *surcharge; supplement*
zuschneiden *to tailor*
Zuschuss *allowance, grant, subsidy*
Zusicherung *undertaking*
zuspielen *to leak*
zusprechen *to award*
Zustand *condition, state*
zuständig *responsible; relevant, appropriate; competent*
Zuständigkeit *responsibility; competence , jurisdiction*
zustellen *to deliver*
zusteuern auf *to head for*
zustimmen *to agree, consent, approve*
zustimmend *affirmative, positive*
Zustimmung *agreement, assent, consent, approval, sanction*
Zustrom *inflow, influx*
zuteilen *to allocate, allot; ration, apportion*
Zuteilung *allocation, allotment; apportionment, ration*
Zuteilungsanzeige *letter of allotment or allotment letter*
Zuteilungskurs *striking price*
Zutritt *admission, admittance*
Zutritt gewähren *to admit*
zuverlässig *reliable*
Zuverlässigkeit *reliability*
zuversichtlich *confident, optimistic*
zuvorkommen *to pre-empt, forestall*
Zuwachs *accrual, gain, increase*
zuweisen *to allocate, assign*
Zuweisung *allocation, assignment*
Zuwendung *subsidy, handout*
zuzüglich *plus*
Zwangsliquidation *compulsory liquidation*
Zwangsliquidationsbeschluss *compulsory winding-up order*
Zwangsverkauf *forced sale*
zwangsverwalten *to sequester or sequestrate*
Zwangsverwalter/-in *sequestrator*
Zwangsverwaltung *sequestration*
Zwangsvollstreckung *foreclosure*
Zweck *purpose*
Zweckentfremdung *misuse*
zweifelhaft *doubtful, dubious, shady*
Zweigstelle *branch (office)*
Zweigstelle der Post *sub-post office*
zweijährlich *biennially*
zweimal jährlich *bi-annually*
zweimal monatlich *bi-monthly*

zweiseitig *bilateral*
zweiseitiger Handel *reciprocal trade*
zweistellig *double-digit; in double figures*
zweite(r,s) *second*
zweiteilig *two-part*
zweites Halbjahr *second half(-year)*
zweites Quartal *second quarter*
Zweithypothek *second mortgage*
Zweitinserat *readvertisement*
zweitklassig *or zweitrangig inferior, second-rate, secondary*
Zweitschrift *duplicate*
zwielichtig *shady*
zwingen *to force, compel*
Zwischenbericht *interim report*
Zwischendividende *interim dividend*
Zwischenhändler *middleman*
Zwischenlandung *stopover*
Zwischenstation machen *to stop over*
Zwischenstopp *stopover*
Zwischensumme *subtotal*
Zwischenzeit *interim*
zyklisch *cyclical*
Zyklus *cycle*
zz(t). *pro tem*

Numbers

you write	*you say*
0	zero *or* nought *or* oh
0.4[(1)]	point four *or* nought point four
0.5126[(2)]	nought point five one two six
¼	one quarter *or* (informal) a quarter
½	one half *or* (informal) a half
¾	three quarters
5/16	five sixteenths
1	one
2	two
3	three
4	four
5	five
6	six
7	seven
8	eight
9	nine
10	ten
12	twelve *or* (informal) one dozen[(3)] *or* a dozen
15	fifteen *or* one-five[(4)]
50	fifty *or* five-oh
67	sixty-seven
100	one hundred *or* (informal) a hundred
106	one hundred and six[(5)] *or* (US) one hundred six
556	five hundred and fifty-six
1000	one thousand *or* (informal) a thousand *or* one K
5001	five thousand and one[(6)]
10,000	ten thousand
1,000,000 *or* 1m	one million *or* (informal) a million
1000,000,000 *or* 1bn	one billion *or* (informal) a billion
	Telephone
01-608-9940[(7)]	oh one, six oh eight, double nine four oh
	Year
1987	nineteen eighty-seven
1621	sixteen twenty-one
2000	the year two thousand
1905	nineteen five *or* nineteen hundred and five *or* nineteen oh five
	Date
2.1.70[(8)]	the second of January nineteen seventy *or*
2/1/70	(US) the first of February nineteen seventy
2 Jan 70	
2 January 1970	the second of January, nineteen seventy
2nd January, 1970	
	Code number
1600	sixteen hundred *or* one six oh oh *or* one six zero zero
45038	four five oh three eight

Note

1. The point (.) is used to show decimals. The comma (,) to show thousands or millions or billions
2. After the decimal point you read number by number
3. The plural is 'two dozen', 'three dozen', etc
4. The difference between numbers like 13 (thirteen) and 30 (thirty) is sometimes difficult to hear so it may be necessary to say 'one-three', 'three-oh' when repeating
5. 'and' is normally said after hundreds; Americans often leave the word out
6. A comma (,) or a space is used to show thousands or millions or billions. There is usually no comma or space in 1000.
7. see also section on *telephone*
8. American dates use the order: month/date/year
   European and British dates use the order: day/month/year

Movement of Numbers

A Graph

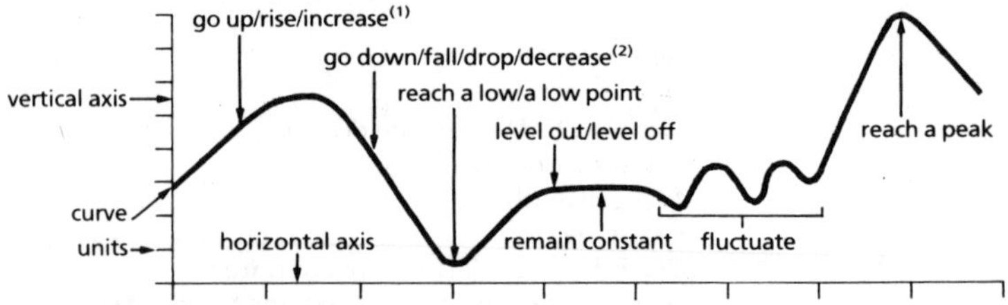

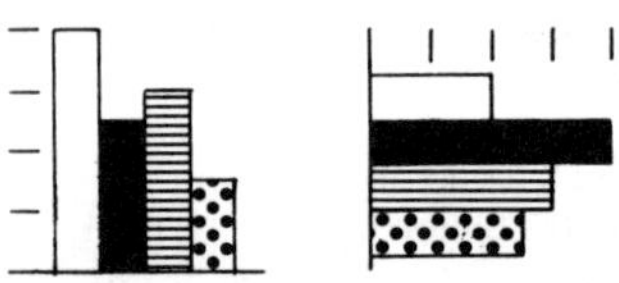

A column chart/bar chart

A pie chart

Note:

1. when describing increase or decrease you can say:

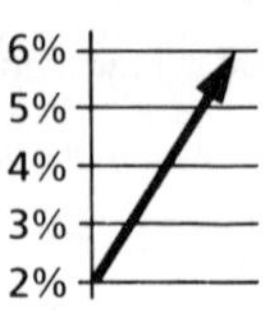

inflation

"inflation	rose/fell went up/went down increased/decreased	*to*	6%"
"inflation	went up/went down increased/decreased rose/fell	*by*	4%"
"inflation	now stands	*at*	6%"

2. when describing increase or decrease you can say:

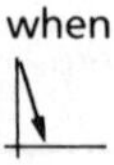

"inflation fell/rose sharply"

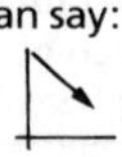

"inflation fell/rose gradually"

Measurement

When you describe measurements you say:
"The pipe is five metres (5m) long" *or* "the pipe is five metres in length" *but* "It is a five-metre (5m) pipe".

You can say: "The cable is two hundred feet (200ft) long" *but* "It is a two-hundred-foot (200ft) cable"

The most common measurements are given on the table below:

British and American				*Metric*	
we say	*we write*			*we say*	*we write*
		Length			
inch	in *or* "	0.039	25.40	millimetre	mm
		0.394	2.540	centimetre	cm
foot	ft *or* '	3.218	0.305	metre(1)	m
yard	yd	1.094	0.914		
mile	m *or* mi	0.621	1.609	kilometre	km
		Weight			
ounce	oz	0.035	28.350	gram	gm
pound	lb	2.205	0.454	kilogram(2)	kg
hundredweight	cwt	0.196	50.18		
ton		0.984	1.016	metric tonne	tonne
		Capacity			
pint	pt	1.70	0.568	litre(1)	l
gallon	gal	0.220	4.546		
		Area			
square inch	sq in *or* in^2	0.155	6.452	square centimetre	cm^2
square foot	sq ft *or* ft^2	10.764	0.093	square metre	m^2
square yard	sq yd *or* yd^2	1.196	0.836		
acre		2.471	0.4047	hectare	ha
square mile	sq m *or* mi^2	0.387	2.59	square kilometre	km^2
		Volume			
cubic inch	cu in *or* in^3	0.061	16.4	cubic centimetre	cm^3 *or* cc
cubic foot	cu ft *or* ft^3	35.315	0.0283	cubic metre	m^3
cubic yard	cu yd *or* yd^3	1.308	0.765		

Note

1. metre, litre, etc=US: "meter, liter", etc.
2. informal: 'kilo'

Abbreviations

You can find abbreviations of business terms in the body of the dictionary and abbreviations of measurements in the measurement section.
These are commonly used abbreviations[1]. If the abbreviation is marked (*), you can *say* it as well as *write* it[2].

a/c *or* acc *or* acct	account
a.m.* *or* am	in the morning, before midday
approx	approximately
arr	arrival or arrived
cc	copies (on a letter, to show that copies of the letter have been sent
c/o*	care of (on an address to show that the person lives at the address but only as a visitor)
COD* *or* c.o.d.	cash on delivery
cont *or* cont'd	continued
dep *or* dept	department
ditto *or* do	the same (to show that an item, for example in a list, is the same as the previous one)
e.g.* *or* eg	for example
encl *or* enc	enclosure (on a letter, to show that another written paper has been sent in the same envelope)
esp	especially
et al	and others
etc	etcetera, and so on
fig	figure
HQ*[3]	headquarters
i.e.*	that is, in other words
K*	thousand
max	maximum
misc	miscellaneous, mixed and various
NB	note, take special note that...
no	number
ono *or* o.n.o	or near offer (after a price)
p.m.* *or* pm	in the afternoon, in the evening, after 12 midday
ps *or* PS	post script (in a letter, to introduce an added message after the signature)
qty	quantity
recd	received
re* *or* ref	reference, with reference to
RSVP	please reply (on an invitation)
SAE *or* sae	stamped addressed envelope
tel	telephone
v *or* vs	versus, against
wk	week
x *or* ext	extension (after a telephone number)

Note:

1. abbreviations can be written in different ways and sometimes the same letters can have more than one meaning:

m	million *or* mile *or* metre
min	minimum *or* minute
MD	managing director* *or* doctor of medicine
p.a. *or* P.A.	per annum (every year) *or* personal assistant*
pp*	on behalf of (used on letters below a signature when one person signs on behalf of another) or pages

2. in modern English writing, many abbreviations can be written with or without punctuation, in capital letters or small letters:
   fmcg *or* FMCG *or* F.M.C.G. fast-moving customer goods
   plc *or* p.l.c. *or* PLC *or* P.L.C. public limited company
3. you say *a* headquarters, but *an* HQ
   a managing director, but *an* MD

PUNCTUATION

.	full stop *or* point, US: period	-	dash *or* hyphen
,	comma	/	stroke *or* oblique *or* solidus
:	colon	( )	brackets
;	semi-colon	[ ]	square brackets

SYMBOLS

%	per cent
°	degrees
=	equals
≈	is approximately equal to
≠	is not equal to
<	is less than
>	is more than
+	plus
−	minus
÷	divided by
×	multiplied by
∴	therefore
&	and
∝	infinity
√	root

ROMAN NUMERALS

I *or* i	1
II *or* ii	2
III *or* iii	3
IV *or* iv	4
V *or* v	5
VI *or* vi	6
VII *or* vii	7
VIII *or* viii	8
IX *or* ix	9
X *or* x	10
XI *or* xi	11
XX *or* xx	20
L	50
C	100
D	500
M	1000

Business Letters

A letter to a company

- printed letterhead (company name, address, postcode, telephone and telex numbers)
- company name & address
- reference codes
- "salutation" or opening phrase(1)
- opening sentence
- text
- closing sentence
- "complimentary close"(2)
- writer's signature
- name and position of writer

Colville International plc
65 Holt Street, London W5 2LJ
tel: 01-221 6010
telex: 359126 Colin

Export Components
245 Ocean Road
SYDNEY
N.S.W.
AUSTRALIA

11 July 1987

Your ref: AK/341

Our ref: OS/6

Dear Sirs

With reference to your advertisement in the 5th July edition of "Export Magazine", we would want to draw your attention to the services we can offer, and therefore the possibility of co-operating on the project, as it is in an area which we understand and have experience

We look forward to your reply.

Yours faithfully

H. Roberts

H. Roberts
Purchasing Manager

A letter to an individual(3)

Colville International plc
65 Holt Street, London W5 2LJ
tel: 01-221 6010
telex: 359126 Colin

Bennet R. Lee
Production Director
Micro Aerospace
175 Golden Crescent
Aberdeen, SCOTLAND

11 July 1987

Dear Mr Lee

Thank you for your letter of 3rd July which I found very encouraging.

I look forward to hearing from you with[in a] few weeks.

Yours Sincerely

Harold Roberts

H. Roberts
Purchasing Manager

A letter to a colleague or friend

Colville International plc
65 Holt Street, London W5 2LJ
tel: 01-221 6010
telex: 359126 Colin

11.7.87

Dear John

Further to our short telephone conversation yesterday, I'd like to say how glad we are

Best wishes

Yours

Harry

H. Roberts

Note:

1. In modern business letters punctuation is kept to a minimum. Commas (,) are possible after "Dear Sir", "Yours faithfully", etc, but are not necessary.
2. If you begin a letter "Dear Sir", you must end with "Yours faithfully". If you begin "Dear Mr X", you must end with "Yours sincerely" or "Sincerely yours".
3. If you are writing to a woman, begin the letter "Dear Madam" if you don't know her name. If you know her name, you can begin "Dear Miss X" or "Dear Mrs X", but many women now prefer "Dear Ms X". (Ms is pronounce "Miz")
4. For business and personal letters in English many styles and layouts are acceptable. The examples shown here are probably the most common and widely accepted forms.

The Telephone

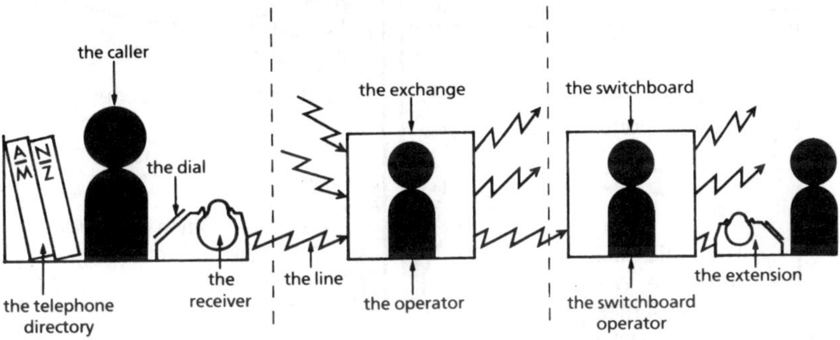

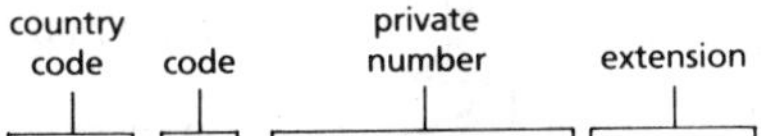

we write: (44) 01-221 6010 x142

we say: "four four, oh one, two two one, six oh one oh, extension one four two"

Certain key phrases are used in most telephone conversations. Opposite are three model telephone calls and five phrases used when there are problems on the line.

Using the Telephone

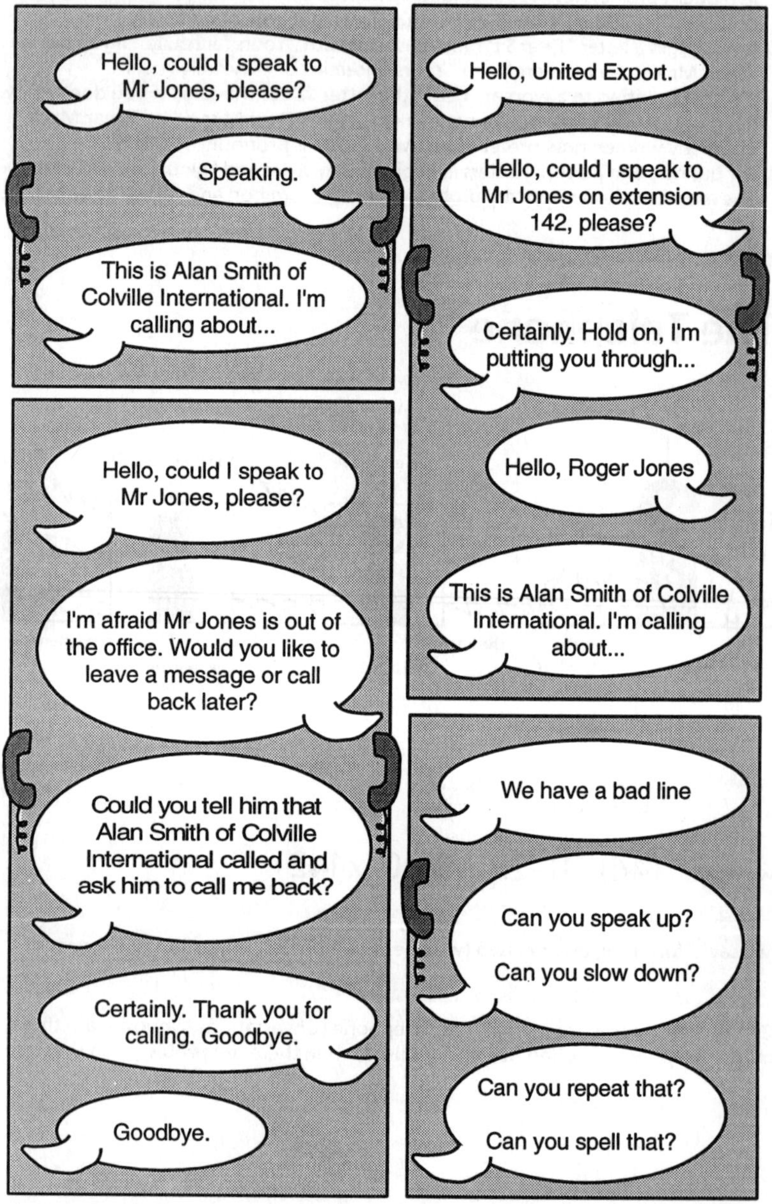

International Telephone Calls

Country codes (preceded by 00)

Afghanistan	93
Albania	355
Algeria	213
Argentina	54
Armenia	374
Australia	61
Austria	43
Azerbaijan	994
Bahamas	1 242
Bahrain	973
Bangladesh	880
Barbados	1 246
Belarus	375
Belgium	32
Bolivia	591
Bosnia-Herzegovina	387
Botswana	267
Brazil	55
Brunei	673
Bulgaria	359
Burundi	257
Cambodia	855
Cameroon	237
Canada	1
Central African Republic	236
Chad	235
Chile	56
China	86
Colombia	57
Congo (Republic)	242
Congo (Democratic Republic)	243
Croatia	385
Cuba	53
Cyprus	357
Czech Republic	42
Denmark	45
Dominican Republic	1 809
Ecuador	593
Egypt	20
El Salvador	503
Estonia	372
Ethiopia	251
Fiji	679
Finland	358
France	33
Gabon	241
Gambia	220
Georgia	995
Germany	49
Ghana	233
Greece	30
Guatemala	502
Guinea	224
Guinea-Bissau	245
Guyana	592
Haiti	509
Honduras	504
Hong Kong	852
Hungary	36
Iceland	354
India	91
Indonesia	62
Iran	98
Iraq	964
Ireland	353
Israel	972
Italy	39
Jamaica	1 809
Japan	81
Jordan	962
Kazakhstan	7
Kenya	254
Korea (North)	850
Korea (South)	82
Kuwait	965
Kyrgyzstan	7
Laos	856
Latvia	371
Lebanon	961
Libya	218
Liechtenstein	4175
Lithuania	370
Luxembourg	352
Macedonia	389
Madagascar	261
Malawi	265
Malaysia	60
Malta	356
Mauritania	222
Mauritius	230
Mexico	52
Moldova	373
Mongolia	976
Morocco	212
Mozambique	258
Myanmar	95
Namibia	264
Nepal	977
Netherlands	31
New Zealand	64
Nicaragua	505
Niger	227

International Telephone Calls - *continued*

Country codes (preceded by 00)

Nigeria	234
Norway	47
Oman	968
Pakistan	92
Panama	507
Papua New Guinea	675
Paraguay	595
Peru	51
Philippines	63
Poland	48
Portugal	351
Qatar	974
Romania	40
Russia	7
Rwanda	250
Saudi Arabia	966
Senegal	221
Seychelles	248
Sierra Leone	232
Singapore	65
Slovakia	42
Slovenia	386
South Africa	27
Spain	34
Sri Lanka	94
Sudan	249
Suriname	597
Swaziland	268
Sweden	46
Switzerland	41
Syria	963
Taiwan	886
Tajikistan	7
Tanzania	255
Thailand	66
Togo	228
Tonga	676
Trinidad & Tobago	1 809
Tunisia	216
Turkey	90
Turkmenistan	993
Uganda	256
Ukraine	380
United Arab Emirates	971
United Kingdom	44
Uruguay	598
USA	1
Uzbekistan	7
Venezuela	58
Vietnam	84
Yemen	967
Yugoslavia	381
Zambia	260
Zimbabwe	263

Money

In the list of world currencies that follows, words marked (*) usually have no plural: e.g. 1 kyat (one kyat), 200 kyat (two hundred kyat), etc.

Country	*Currency*	*Divided into*	*Abbreviation*
Afghanistan	Afghani*	puli	Af *or* Afs
Albania	Lek*	qindars	Lk
Algeria	Algerian dinar	centimes	DA
Andorra	French franc, Spanish peseta	centimes	
Angola	Kwanza*	lwei	Kzrl
Antigua	East Caribbean dollar	cents	Ecar$ *or* EC$
Argentina	Argentinian peso	australes	
Australia	Australian dollar	cents	A$
Austria	Schilling *or* euro	groschen	Sch *or* ASch
Bahamas	Bahamian dollar	cents	B$
Bahrain	Bahraini dinar	fils	BD
Bangladesh	Taka*	poisha	Tk
Barbados	Barbados dollar	cents	Bd$ *or* BD$
Belarus	Rouble	kopeks	
Belgium	Belgian franc *or* euro	centimes	Bfr *or* Bf *or* FB
Belize	Belize dollar	cents	BZ$
Benin	CFA franc	centimes	CFA Fr
Bermuda	Bermuda dollar	cents	Bda$
Bhutan	Ngultrum*	chetrum	N
Bolivia	Boliviano *or* Bolivian peso	centavos	$b
Bosnia	Marka	para	
Botswana	Pula	thebe	P
Brazil	Real	centavos	R$
Brunei	Brunei dollar	sen	B$
Bulgaria	Lev*	stotinki	Lv
Burkina Faso	CFA franc	centimes	CFA Fr
Burma *(see Myanmar)*			
Burundi	Burundi franc	centimes	Bur Fr *or* FrBr
Cambodia	Riel*	sen	RI
Cameroon	CFA franc	centimes	CFA Fr
Canada	Canadian dollar	cents	Can$ *or* C$
Cape Verde Islands	Escudo Caboverdiano	centavos	CV esc
Cayman Islands	Cayman Island dollar	cents	CayI$
Central African Republic	CFA franc	centimes	CFA Fr
Chad	CFA franc	centimes	CFA Fr
Chile	Chilean peso	centavos	Ch$
China	Yuan* *or* renminbi*	fen	Y
Colombia	Colombian peso	centavos	Col$
Comoros	CFA franc	centimes	CFA Fr
Congo (Republic of)	CFA franc	centimes	CFA Fr
Congo (Democratic Republic of)	Congolese franc	centimes	
Costa Rica	Colón*	centimos	₡
Croatia	Kuna	lipas	
Cuba	Cuban peso	centavos	Cub$
Cyprus	Cyprus pound	cents	£C *or* C£
Czech Republic	Koruna	haleru	K¢

Country	*Currency*	*Divided into*	*Abbreviation*
Dahomey *(see Benin)*			
Denmark	Krone	öre	DKr *or* DKK
Djibouti	Djibouti franc	centimes	Dj Fr
Dominica	East Caribbean dollar	cents	EC$
Dominican Republic	Dominican peso	centavos	DR$
Ecuador	Sucre*	centavos	Su
Egypt	Egyptian pound	piastres	£E *or* E£
Eire *(see Irish Republic)*			
El Salvador	Colón*	centavos	ES¢
Equatorial Guinea	CFA franc	centimes	CFA Fr
Estonia	Kroon	sents	
Ethiopia	Birr* *or* Ethiopian dollar	cents	EB
Fiji	Fiji dollar	cents	$F *or* F$
Finland	Marka *or* Markka *or* euro	pennia	MK
France	French franc *or* euro	centimes	Fr *or* F *or* FF
French Guiana	French franc	centimes	Fr *or* F *or* FF
Gabon	CFA franc	centimes	CFA Fr
Gambia, The	Dalasi*	butut	Di
Germany	Mark *or* euro	pfennig	DM
Ghana	Cedi*	pesewas	¢
Georgia	Lari	tetri	
Great Britain *(see United Kingdom)*			
Greece	Drachma	lepta	Dr
Grenada	East Caribbean dollar	cents	Ecar$ *or* EC$
Guatemala	Quetzal	centavos	Q
Guinea	Guinea franc	centimes	
Guinea-Bissau	CFA franc	centimes	CFA Fr
Guyana	Guyana dollar	cents	G$ *or* Guy$
Haiti	Gourde*	centimes	Gde
Holland *(see Netherlands)*			
Honduras	Lempira*	centavos	La
Hong Kong	Hong Kong dollar	cents	HK$
Hungary	Forint	filler	Ft
Iceland	Króna	aurar	Ikr
India	Rupee	paisa	R *or* Re *or* R$
Indonesia	Rupiah*	sen	Rp
Iran	Rial*	dinars	RI
Iraq	Iraqi dinar	fils	ID
Irish Republic	punt *or* Irish Pound *or* euro	pence	IR£
Israel	Shekel	agora	IS
Italy	Lira *or* euro	centesimi	L
Ivory Coast	CFA franc	centimes	CFA Fr
Jamaica	Jamaican dollar	cents	J$
Japan	Yen*	sen	Y *or* ¥
Jordan	Jordanian dinar	fils	JD
Kazakhstan	Tenge		
Kenya	Kenya shilling	cents	KSh *or* Sh
Korea (North)	North Korean won*	chon	NK W
Korea (South)	South Korean won*	jeon	SK W
Kuwait	Kuwaiti dinar	fils	KD

Money - *continued*

Country	*Currency*	*Divided into*	*Abbreviation*
Kyrgystan	Som	tyin	
Laos	Kip*	at	K *or* Kp
Latvia	Lat	santims	
Lebanon	Lebanese pound	piastres	£Leb *or* L£
Lesotho	Loti*	lisente	L
Liberia	Liberian dollar	cents	L$
Libya	Libyan dinar	dirhams	LD
Liechtenstein	Swiss franc	centimes	SFr *or* FS
Lithuania	Lita		
Luxembourg	Luxembourg franc *or* euro	centimes	LFr
Macedonia	Dinar	paras	
Macau	Pataca*	avos	P *or* $
Madeira	Portuguese escudo	centavos	Esc
Malagasy Republic	Malagasy franc	centimes	FMG *or* Mal Fr
Malawi	Kwacha*	tambala	K *or* MK
Malaysia	Ringgit *or* Malaysian Dollar	sen	M$
Maldives	Rufiyaa	laaris	MvRe
Mali	CFA franc	cents	CFA Fr
Malta	Maltese pound *or* lira	cents	£M *or* M£
Mauritania	Ouguiya*	khoums	U
Mauritius	Mauritius rupee	cents	Mau Rs *or* R
Mexico	Peso	centavos	Mex$
Moldova	Leu		
Monaco	French franc	centimes	Fr *or* F *or* FF
Mongolian Republic	Tugrik*	möngös	Tug
Montserrat	East Caribbean dollar	cents	Ecar$ *or* EC$
Morocco	Dirham	centimes	DH
Mozambique	Metical*	centavos	M
Myanmar	Kyat*	pyas	Kt
Namibia	Namibian dollar	cents	
Nauru	Australian dollar	cents	A$
Nepal	Nepalese rupee	paise	NR *or* Nre
Netherlands	Guilder *or* Gudlen *or* Florin *or* euro	cents	HFl *or* DFl *or* Gld *or* Fl
New Hebrides *(see Vanuatu)*			
New Zealand	New Zealand dollar	cents	NZ$
Nicaragua	Córdoba	centavos	C$ *or* C
Niger	CFA franc	centimes	CFA Fr
Nigeria	Naira*	kobo	N *or* ₦
Norway	Krone	o	NKr
Oman	Rial Omani	baizas	RO
Pakistan	Pakistan rupee	paise	R *or* Pak Re
Panama	Balboa	centesimos	Ba
Papua New Guinea	Kina*	toea	Ka *or* K
Paraguay	Guarani*	centimos	G
Peru	Sol	cents	S
Philippines	Philippine peso	centavos	P *or* PP
Poland	Zloty	groszy	Zl
Portugal	Escudo *or* euro	centavos	Esc
Puerto Rico	US dollar	cents	$ *or* US$

Money - *continued*

Country	*Currency*	*Divided into*	*Abbreviation*
Qatar	Qatar Riyal	dirhams	QR
Reunion	CFA franc	centimes	CFA Fr
Romania	Leu*	bani	L *or* l
Russia	Rouble	kopeks	Rub
Rwanda	Rwanda franc	centimes	Rw Fr
St Lucia	East Caribbean dollar	cents	Ecar$ *or* EC$
St Vincent	East Caribbean dollar	cents	Ecar$ *or* EC$
Samoa	Tala	sene	
Saudi Arabia	Saudi riyal *or* rial	halala	SA R
Senegal	CFA franc	centimes	CFA Fr
Seychelles	Seychelles rupee	cents	Sre *or* R
Sierra Leone	Leone	cents	Le
Singapore	Singapore dollar	cents	S$ *or* Sing$
Slovakia	Koruna	haliers	Sk
Slovenia	Tolar	stotin	SIT
Solomon Islands	Solomon Island dollar	cents	SI$
Somalia	Somali shilling	cents	Som Sh *or* So Sh
South Africa	Rand*	cents	R
Spain	Peseta *or* euro	centimos	Pta
Sri Lanka	Sri Lankan rupee	cents	SC Re
Sudan	Sudanese dinar	pounds	SD
Suriname	Suriname guilder	cents	S Gld
Swaziland	Lilangeni*	cents	Li *or* E
Sweden	Krona	örer	SKr
Syria	Syrian pound	piastres	S£
Taiwan	New Taiwan dollar	cents	T$ *or* NT$
Tanzania	Tanzanian shilling	cents	TSh
Thailand	Baht*	satang	Bt
Togo	CFA franc	centimes	CFA Fr
Tonga	Pa'anga	seniti	
Trinidad & Tobago	Trainidad & Tobago dollar	cents	TT$
Tunisia	Tunisian dinar	millimes	TD
Turkey	Turkish lira	kurus	TL
Turkmenistan	Manat	tenesi	
Tuvalu	Australian dollar	cents	$A
Uganda	Uganda Shilling	cents	Ush
Ukraine	Hryvna	kopiykas	
United Arab Emirates	UAE dirham	fils	UAE Dh *or* UD
United Kingdom	Pound sterling	pence	£ *or* £Stg
United States of America	Dollar	cents	$ *or* US$
Uruguay	Uruguayan peso	centesimos	N$
Uzbekistan	Sum	tiyin	
Vanuatu	Vatu	centimes	
Venezuela	Bolívar	centimos	BS
Vietnam	Dong*	xu	D
Virgin Islands	US dollar	cents	US$
Yemen	Riyal	fils	YR
Yugoslavia	Dinar	paras	DN
Zambia	Kwacha*	ngwee	K
Zimbabwe	Zimbabwe dollar	cents	Z$